新譯唐六典（三）

朱永嘉
蕭木　注譯

三民書局　印行

國家圖書館出版品預行編目資料

新譯唐六典／朱永嘉，蕭木注譯.－－初版一刷.－－
臺北市；三民，2002
面；　公分──(古籍今注新譯叢書)

ISBN 957-14-3275-X　(精裝)
ISBN 957-14-3276-8　(平裝)

1. 人事制度－中國－唐(618－907)

573.414　　　　89009727

網路書店位址　http://www.sanmin.com.tw

 新譯唐六典(三)

注譯者　朱永嘉　蕭　木
發行人　劉振強
著作財產權人　三民書局股份有限公司
臺北市復興北路三八六號
發行所　三民書局股份有限公司
地址／臺北市復興北路三八六號
電話／二五〇〇六六〇〇
郵撥／〇〇〇九九九八──五號
印刷所　三民書局股份有限公司
門市部　復北店／臺北市復興北路三八六號
重南店／臺北市重慶南路一段六十一號
初版一刷　西元二〇〇二年十一月
編　號　S 03198C
基本定價　拾參元肆角
行政院新聞局登記證局版臺業字第〇二〇〇號

4710841100185　(平裝)

新譯唐六典 目次

第三冊

卷一四

太常寺

卷目

太常寺

卿一人
少卿二人
丞二人
主簿二人
錄事二人
府十二人
史二十三人
博士四人
謁者十人
贊引二十人
太祝三人
祝史六人
奉禮郎二人
贊者十六人
協律郎二人
亭長八人
掌固十二人
太廟齋郎京都各一百三十人
太廟門僕京都各三十二人❶

兩京郊社署

令各一人
丞一人❷
府二人
史四人
典事三人❸

---

❶太廟門僕京都各三十二人　《冊府元龜》卷五六三掌禮部總序同此；《舊唐書・職官志》作「三十人」，《新唐書・百官志》作「三十三人」。

❷丞一人　丞及丞以下，亦當是「各」若干人，「各」字均省。正文亦同。卷目中其餘凡諸署合列者，均同此。

❸典事三人　《舊唐書・職官志》同此，《新唐書・百官志》作「五人」。

掌固五人
門僕八人
齋郎一百一十人

諸陵署❹

令各一人
丞一人
錄事一人
府二人
史四人
主衣四人
主輦四人
主藥四人
典事三人
掌固二人
陵戶❺

永康興寧二陵署

令各一人
丞一人
錄事一人
府一人
史二人
典事二人
掌固二人
陵戶各二千一百人❻

諸太子陵署

令各一人
丞一人
錄事一人
府一人
史二人
典事二人
掌固一人
陵戶各三十人

---

❹諸陵署　唐諸陵署之隸屬，開元以後變易較多。此處仍將其列於太常屬下，而卷中正文獻、昭、乾、定、橋、恭諸陵署令員品下之原注則云：「開元二十五年（西元七三七年），諸陵、廟隸宗正寺。」此中詳情，見第二篇篇旨及相關注釋。又，此下卷目中「永康、興寧二陵署」、「諸太子陵署」和「諸太子廟署」之歸屬亦同。

❺陵戶　此處無列員數。正文陵戶下原注有乾、橋、昭陵各四百人，獻、定、恭陵各三百人。新舊《唐書》官志均同。

❻陵戶各二千一百人　據《新唐書・百官志》當作「各一百人」。「二千」二字衍。

諸太子廟署

令各一人
丞一人
錄事一人
府一人
史二人
典事二人
掌固一人

太樂署

令一人
丞一人
府三人
史六人
樂正八人
典事八人
掌固六人
文武二舞郎一百四十人

鼓吹署

令一人
丞一人
府三人
史六人
樂正四人
典事四人
掌固四人

太醫署

令二人
丞二人
府二人
史四人
主藥八人
藥童二十四人
醫監四人
醫正八人
藥園師二人
藥園生八人
掌固四人
醫博士一人
醫助教一人
醫師二十人
醫工一百人
醫生四十人

典學二人
鍼博士一人
鍼助教一人
鍼師十人
鍼工二十人
鍼生二十人
按摩博士一人
按摩師四人
按摩工十六人
按摩生十六人❼
咒禁博士一人
咒禁師二人
咒禁工八人
咒禁生十人

太卜署

令一人
丞二人
府一人
史二人
卜正二人
卜師二十人
巫師十五人
卜博士二人
助教二人
卜筮生四十五人
掌固二人

廩犧署

令一人
丞一人
府一人
史二人
典事二人
掌固二人

汾祠署

令一人
丞一人
府二人
史四人❽

兩京齊太公廟署

❼按摩生十六人　正德本作「十五人」，《舊唐書・職官志》亦為「十五人」。
❽史四人　此下《新唐書・百官志》尚有「廟幹二人」。

令各一人

丞一人

錄事一人

府二人

史四人

廟幹二人

掌固四人

門僕八人

卷旨

太常之名，取義於「欲令國家盛大常存，故稱太常」（《通典・職官七》）。在唐代，太常寺在九寺中地位最高。九寺的長官稱卿，次官為少卿，其餘八寺卿和少卿的品秩分別為從三品和從四品上，唯太常寺例外：卿為正三品，少卿為四品。太常卿的主要職掌是祭祀和禮儀，大體相當於周代位居六卿之一的春官大宗伯卿。秦漢時稱奉常或太常，負責宗廟禮儀，兼管文化教育，官位清要，「常以列侯、忠孝敬慎者」（《宋書・百官志》）居之，儘管其職權在兩漢已分化降落，然在總體格局上，它還是居於九寺之首，這一點唐亦不例外。

唐代九寺除大理寺外，其餘皆設有署一級下屬機構。諸寺所隸各署分上、中、下三等。太常寺在唐初設有郊社、諸陵、太廟、太樂、鼓吹、太醫、太卜、廩犧八署，除太卜、廩犧屬下等外，其他皆屬上等。其中太廟署在開元二十四年（西元七三六年）裁省，改由少卿一人知太廟事。本卷目錄和正文中尚有「永康興寧二陵署」、「諸太子陵署」和「諸太子廟署」，其歸屬變易頻頻，我們在第二篇中略有說明；還有「汾祠署」和「兩京齊太公廟署」等實際上並未形成單獨的署一級機構。此外，高祖武德時尚有衣冠署，太宗貞觀元年（西元六二七年）廢。

唐代九寺與尚書省六部及其二十四司的關係是，前者屬執行機構，後者則是政令機構。與太常寺相對應的是尚書禮部。從某種意義上說，它們都是中央一級分管意識形態的部門，區別在於禮部是執政令者，而太常寺則負責依政令具體組織實施。如關於樂懸，其制度的制訂屬禮部郎中的職掌（見本書第四卷第一篇），而在宗廟如何依制懸掛樂器，那就要由太常寺太樂署的令、丞帥其所屬來具體執行（見本卷第三篇）。再如禮部祠部司的職掌之一是將一年七十七次祭祀依所祭對象劃分為大、中、小三等，而具體組織這大、中、小三等七十七次祭祀則是太常寺下屬郊社署、太樂署、太卜署等的事情。當然真要完成這七十七次祭祀，太常寺光靠自己一個部門也是不夠的，還得有諸寺眾多相關機構的配合。僅以祭品用料一項，就牽涉到諸寺中的好幾個部門：犧牲的原料牲畜，由太僕寺的典牧署下屬沙苑監提供；省牲後，牲畜的宰殺、烹煮由光祿寺的太官署負責；祭祀時籩、豆、簠、簋等器皿，由光祿寺的太官署陳設，而置於其中的果實，則由珍羞署提供；珍羞署其實也只是一個配置祭料的單位，原料的生產還得依靠司農寺。此外酒料是由光祿寺的良醞署釀製，魚料則要由都水監去採集來。如果這些祭料的供應發生了這樣那樣的問題，那便要由太常卿打報告給尚書禮部祠部司。《文苑英華》第五百十七卷便錄有一則頗為耐人尋味的判文：「太常申：博士請鬱鬯酒，光祿以久無匠人，且金草不知所出，不造。祠部亦以禮有沿廢，不允所請。寺執見著唐禮，豈得不行。祠部云：『籍田準會兼給廩犧，今或不供，犧亦廢用，酒無鬱鬯，於事何闕！』寺猶固執。」判文涉及的雖然只是太常、光祿二寺在供應祭祀用酒問題上的一場扯皮官司，但它反映的卻是在集權專制制度下，官僚機構龐大臃腫、遇事相互推諉的通病。引文中「犧亦廢用」一句，又說明祭祀用犧牲，實際上不可能按規定完全得到保證，即使用了犧牲，也大打折扣。這倒告訴了我們一個讀古書的方法：儘管制度上白紙黑字規定得清清楚楚，實際執行起來有時卻成了另外一副樣子，故讀時不可字字信以為真。

除執掌祭祀禮儀外，太常寺還分管著文化、教育、衛生方面的事務。在古代，一切意識形態上的問題，都離不開巫術，離不開人和神之間的溝通。禮樂制度是環繞著祭祀為軸心來展開的，早期的教育亦是從學習舞蹈、音樂，參加宗廟的祭祀活動作為起步。最古老的醫術亦與巫祝密不可分，「醫」的古字便作「毉」。正由於這些悠遠的歷史關係，醫藥、教育一類機構亦被組合在太常寺這一個部門之內，從北齊起，方始把國子學從太常寺分離出去，但有關的一些專業知識或技能的教育，仍都保留為太常寺各署的職能範圍。如太樂署設教坊，進行音樂歌舞的專業教育；太醫署設醫博士、鍼博士、按摩博士和咒禁博士，都有教習生員的職責；太卜署亦設有卜博士，教卜筮生四十五人。此外還設有太常博士，禮院的禮生三十五人，受其教授和管轄。

唐代太常寺衙的地址是在西京皇城承天門街之東，第七橫街之北，從西起第一個衙門便是太常寺。《太平廣記》引《國史異纂》：「崔日知歷職中外，恨不居八座及為太常卿。於都寺廳事後起一樓，正與尚書省相望，時人謂之『崔公望省樓』。」東都洛陽亦置太常寺衙，其位置在東城承福門內南北街之東，從南第一橫街之北，在街之東側，與尚書省的衙門隔街相望。

太常寺

【篇旨】本篇敘述太常寺卿、少卿、丞以及主簿、錄事的定員、品秩、沿革和職掌，並連帶介紹了唐代的謚號、尊彝之制以及樂舞教學的若干制度。

太常寺北齊始置，位列九寺之首。隋唐為管理郊廟禮樂祭祀事務的機構，政令仰承尚書省禮部。唐代高宗、武則天時曾一度改名為奉常、司禮。下設郊社、太廟、諸陵、太樂、鼓吹、太醫、太卜、廩犧八署，其中太廟署，在開元二十四年（西元七三六年）改由少卿一人知太廟事而被裁省。原另有衣冠署，已在貞觀元年（西元六二七年）廢省。其主要的職官還有太常博士、太祝、協律郎和奉禮郎。

需要特別提出的是太常博士一職。其定員四人，從七品上；職掌為辦五禮之儀式，在大祭祀及朝會大禮時贊導禮儀，並擬議王公及三品以上官員的謚號。太常博士居太常禮院，可說是朝廷禮儀制度方面的權威，甚為清選，資位則與補闕大體相當。他們在禮院議禮，皆得自專，無須關白太常卿和少卿。德宗貞元十九年（西元八〇三年）曾敕令：「太常博士其位雖卑，所任頗重，至於選擇，不易得人。郊祀禮儀，朝廷典法，舉措取則，職事實繁。所請俸料，宜準六品已下常參官例處分。」（《唐會要》卷六五）太常禮院另有禮生，分置於東都和西京，號稱兩院禮生，定員為三十五人，並有修撰官、檢討官、孔目官等職。宣宗大中九年（西元八五五年），「太常卿高銖決罰禮院禮生，博士李慤引故事，見執政，以禮院雖係太常寺，從來博士自專，無關白者，太常三卿始蒞事，博士無參集之禮。今之決罰，有違故典。」（同上）結果宰相以銖舊德，不能詰責，銖慚而請退。此例可以看出太常博士在太常寺下屬中是獨立性較強的一個機構。

太祝三人，祝史六人，掌出納神主及跪讀祝文等事。奉禮郎二人，掌朝會及祭祀時，安排君臣版位及贊導跪拜之節。協律郎二人，掌校正樂律和對太樂署、鼓吹署教習樂舞規定課程期限及監試考核的職責，並在大祭祀和宴享時，升堂執麾，為之節制。

一

太常寺：卿一人，正三品；唐、虞之時❶，伯夷作秩宗，典三禮❷；皋夔典樂❸，以教胄子❹。《周官》❺：「大宗伯卿❻一人，掌建邦天神、人鬼、地祇之禮。」秦曰奉常❼，典宗廟禮儀。至漢高祖，名曰大常❽。惠帝復曰奉常❾。景帝又曰太常❿。漢制以列侯忠孝敬慎者居之⓫，秩中二千石⓬。王莽改曰秩宗⓭。後漢太常⓮掌禮儀、祭祀；及行事，掌贊天子；大射⓯、養老⓰、大喪⓱，皆奏其禮儀；每月前晦，察行陵廟⓲；并選試博士⓳，奏其能否。魏因之⓴。晉太常置功曹、主簿、五官等員㉑，品第三，銀章、青綬㉒，進賢兩梁冠㉓，五時朝服㉔，佩水蒼玉㉕。宋太常用尚書，亦轉為尚書，加遷選曹尚書、領、護等㉖。齊因之㉗。梁天監七年㉘，象四時置十二卿㉙，太常、宗正、司農為春卿。太常位視金紫光祿大夫㉚，班第十四㉛。陳因梁。後魏太常與光祿勳、衛尉為三上卿㉜，位從一品下。北齊太常卿掌陵廟、群祀、儀制、天文、術數、衣冠之屬㉝；太常卿第三品。後周為宗伯㉞。隋太常寺卿一人㉟，正三品。皇朝因之。龍朔二年㊱改為奉常，咸亨元年㊲復舊。光宅元年㊳改為司禮，神龍元年㊴復故。

少卿二人，正四品上。《周禮》有小宗伯中大夫二人。秦、漢無聞。後魏太和十五年，初置少卿㊵官，太常少卿一人，第三品上；至二十二年，降為正四品上㊶。北齊因之㊷。後周為小宗伯㊸。隋太常寺置少卿一人㊹，正四品上；煬帝㊺即位，加置二人，降為從四品㊻。皇朝武德㊼中，置一人；貞觀中，加置二人㊽。龍朔、咸亨、光宅、神龍並隨寺改復。

【章　旨】敘述太常寺卿、少卿之定員品秩及沿革。

【注　釋】❶唐虞之時　指傳說中的唐堯、虞舜時代。堯帝屬陶唐氏，故又稱唐堯，簡稱唐。舜帝屬有虞氏，故又稱虞舜，簡稱虞。❷伯夷作秩宗典三禮　語出《尚書・舜典》：「帝曰：『咨！四岳，有能典朕三禮？』僉曰：『伯夷！』帝曰：『俞，咨，伯，汝作秩宗。』」伯夷，人名。賈公彥疏稱：「伯夷姜姓，能禮於神，以佐堯。」秩宗，官名。鄭玄注：「秩序宗尊也，主郊廟之官。」賈公彥疏：「主郊廟之官，掌序鬼神尊卑，故以秩宗為名。」三禮，鄭玄注：「天、地、人之禮。」賈公彥疏：「郊謂祭天南郊，祭地北郊，廟謂祭先祖，即周禮所謂天神、人鬼、地祇之禮是也。」❸臯夔典樂　句首「臯」，陳仲夫點校本作「又」，並稱：「『又』字原本殘缺，正德以下諸本並作『皐』，廣池校近衛本曰：『臯夔』疑當作『后夔』。玉井是博《南宋本大唐六典校勘記》云：『案《通典・職官七》作「兼」，宋本似作「又」』。按：據殘存字形及文義，玉井所云似作『又』者，是也。今據以補。」語出《尚書・舜典》：「夔！命汝典樂。」夔，人名。舜之樂正。《呂氏春秋・察傳》：「魯哀公問於孔子曰：『樂正夔一足，信乎？』孔子曰：『昔者舜欲以樂傳教於天下，乃令重黎舉夔於草莽之中而進之，舜以為樂正。夔於是正六律，和五聲，以通八風，而天下大服。重黎又欲益求人，舜曰：「夫樂，天地之精也，得失之節也，故唯聖人為能和。樂之本也。夔能和之，以平天下，若夔者一而足矣。」故曰夔一足，非一足也。』」❹以教胄子　語出《尚書・舜典》。指以音樂來教育誘導貴族子弟。胄子，鄭玄注：「胄，長也。謂元子以下至卿大夫子弟，以歌詩蹈之舞之，教長國子中和祇庸孝友。」❺周官　亦稱《周禮》。儒家經典之一。係搜集周王室官制和戰國時各國制度，添附以儒家政治理想，增減排比而成之彙編。❻大宗伯卿　《周禮》春官長官。其職掌原文為：「掌建邦之天神、人鬼、地示之禮，以佐王建保邦國。」

❼奉曰奉常　《漢書・百官公卿表》云：「奉常，秦官。掌宗廟禮儀，有丞。」❽至漢高祖名曰大常　漢高祖，西漢皇帝劉邦。大常，即太常。漢七年（西元前二〇〇年）叔孫通為漢王劉邦行朝儀，「御史執法舉不如儀者，輒引去。竟朝置酒，無敢讙譁失禮者。於是高帝曰：『吾迺今日知為皇帝之貴也！』迺拜叔孫通為太常，賜金五百金」（《史記・叔孫通列傳》）。❾惠帝復曰奉常　惠帝，西漢皇帝劉盈，為劉邦之子，在位七年，終年二十三歲。蔡質《漢官典職儀式》稱：「惠帝改太常為奉常，景帝復為太常，蓋《周官》宗伯也。」（見《藝文類聚・職官部》、《太平御覽・職官部》）❿景帝又曰太常　景帝西漢皇帝劉啟，在位十六年，終年四十八歲。《漢書・百官公卿表》云：「景帝中元六年（西元前一四四年）更名太常。」⓫漢制以列侯忠孝敬慎者居之　西漢，從《漢書・百官公卿表》可知任太常者多為列侯，然陵寢、宗廟諸事務，皆由太常總掌，事繁而雜，且寢廟中發生之事故，太常都要論罪免官。如：「蓼侯孔常為太常，三年，坐南陵橋壞，衣冠道絕免」；「繩侯周平為太常，四年，坐不繕園陵免」；「俞侯欒賁為太常，坐犧牲不如令免」；「廣安侯任越人為太常，坐廟酒酸論」；「睢陵侯張昌為太常，二年，坐乏祠論」；「牧丘侯石德為太常，三年，坐廟牲瘦，入穀贖論」；「當塗侯魏不害為太常，六年，坐孝文廟風發瓦免」；「轑陽侯江德為太常，四年，坐廟郎夜飲失火免」；「弋陽侯任官為太常，四年，坐人盜茂陵園中物免」。⓬秩中二千石　漢制百官秩俸自中二千石至百石，凡十二等。中二千石即月俸一百八十斛，多授以諸卿，故亦用以指代諸卿。《漢書・朱博傳》：「故事，選郡國守相高第為中二千石，選中二千石為御史大夫，任職者為丞相，位次有序。」《漢書・宣帝紀》：「潁州太守黃霸以治行尤異，秩中二千石。」注：「如淳曰：『霸得中二千，九卿秩也。』師古曰：『漢制，秩二千石者，一歲得一千四百四十石，實不滿二千石也，其云中二千石者，一歲得二千一百六十石，舉成數言之，故曰中二千石，中者滿也。』」⓭王莽改曰秩宗　《漢書・百官公卿表》云：「王莽改太常曰秩宗。」王莽，字巨君，魏郡元城（今河北大名東）人，原籍東平陵（今山東章丘西北）。漢元帝皇后姪，以外戚專權，初始元年（西元八年）稱帝，改國號為新，年號始建國，在位十五年。為攻入長安的綠林軍所殺，新朝亦隨之而亡。⓮後漢太常　東漢太常寺設卿一人，中二千石。⓯大射　中國古代天子與諸侯將要舉行大祭祀前特設的射箭比賽儀式，用以擇定參加祭祀者。《儀禮》有〈大射篇〉詳敘其事，史著亦有行大射記載。如《後漢書・禮儀上》：明帝永平二年（西元五十九年）三月，「行大射之禮。郡、縣、道行鄉飲酒于學校，皆祀聖師周公、孔子，牲以犬。」注引《袁山松書》：「天子皮弁素積，親射大侯。」大射與鄉射有別。鄉射是在鄉或州一級的學校（即序）中進行的射箭比賽儀式。《儀禮》亦有〈鄉射篇〉詳敘其事。《後漢書・禮儀上》注引《石渠論》：「鄉射合樂，而大射不，何也？韋玄成曰：『鄉人本無樂，故於歲時合樂以同其意。諸侯故自有樂，故不復合樂。』」⓰養老　指

皇帝舉行躬養三老、五更的儀式。應劭《漢官儀》：「三老、五更，三代所尊也。安車輭輪，送迎至家，天子獨拜于屏。三者，道成於天、地、人。老者，久也，舊也。五者，訓於五品。更者，五世長子，更更相代，言其能以善道改更己也。三老五更，皆取有首妻，男女完具。」鄭玄注《禮記》：「皆年老更事致仕者也。」蔡邕曰：「五更，長老之稱也。」養老之禮儀過程，據《後漢書・禮儀上》為：天子迎於門屏，「親袒割牲，執醬而饋，執爵而酳，祝鯁在前，祝饐在後」；次日，三老五更要「詣闕謝恩，以見禮遇大尊顯故也」。⑰大喪　指皇帝去世時之禮儀。其過程極其繁瑣。其中包括「皇后詔三公典喪事，百官皆衣白單衣，白幘不冠。閉城門、宮門，近臣中黃門持兵嚴宿衛，皇后、皇太子、皇子哭踊如禮。沐浴如禮。金縷玉柙如故事。飯唅珠玉如禮。槃冰如禮。百官哭臨殿下。是日夜，下竹使符告郡國二千石、諸侯王。竹使符到，皆伏哭盡哀，小斂如禮。梓宮如故事。大斂于兩楹之間。太常上太牢奠，太常、大鴻臚傳哭如儀。太子即日即天子位于柩前。群臣吉服入會。太尉以傳國玉璽綬東面跪授皇太子，即皇帝位。群臣稱萬歲。三公太常如禮。故事：百官五日一會臨，天下吏民發喪臨三日，既葬，釋服」（《後漢書・禮儀下》）。⑱每月前晦察行陵廟　指每月月底前，太常卿要去陵廟巡察一遍。陵指陵墓；廟指宗廟。陵與廟皆設官吏管理。《漢官》稱：「高廟，員吏四人，衛士一十五人」；「世祖廟，員吏六人，衛士二十人」；「先帝陵，每陵食監一人，秩六百石，監丞一人，三百石，中黃門八人，從官二人」。⑲選試博士　推選和考試博士。博士，《漢官儀》稱：「秦官也。博者，通博古今；士者，辨於然否。」在漢代，博士為太常卿屬官。《漢書・百官公卿表》：奉常之屬官：「博士及諸陵縣皆屬焉」。《漢書・百官公卿表》稱其「秩比六百石，員多至數十人」。職掌傳授。博士的產生，由地方推舉，經太常卿或其他官員及至皇帝策試認可，正式任命。《漢官儀》錄有地方保舉書大體內容：「其舉狀曰：『生事愛敬，喪沒有禮。通《易》、《尚書》、《孝經》、《論語》，兼綜載籍，窮微闡奧。隱居樂道，不求聞達。身無金痍痼疾，世六屬不與妖惡交通，王侯賞賜。行應四科，經任博士。』下言某甲某官保舉。」如公孫弘，通《春秋》，武帝初即位，以賢良徵為博士，使匈奴，還報，不合上意，免歸。元光五年（西元前一三〇年）復徵賢良文學，菑川國復推舉公孫弘，於是弘至太常，「時對者百餘人，太常奏弘第居下。策奏，天子擢弘為第一，召入見，容貌甚麗，拜為博士，待詔金門」（《漢書・公孫弘傳》），元朔中為丞相，封平津侯。⑳魏因之　魏因東漢官制，在太常卿屬官中除設有太史令、博士祭酒、太祝令、太宰令、太樂令等外，還增設了太常博士。《晉書・職官志》稱：「太常博士，魏官也。魏文帝初置，晉因之。掌引導乘輿。王公已下應追謚者，則博士議定之。」㉑晉太常置功曹主簿五官等員　晉制列卿「各置丞、功曹、主簿、五官等員」（《晉書・職官志》），太常作為列卿之一，亦置之。功曹，漢代司隸屬吏有功曹從事、功曹書佐；郡縣有功曹史，位居佐吏之右，為各府綱紀之任，省稱功曹。魏晉沿置，或改作西曹書佐，位任頗重。主簿，掌文書簿籍之事，為中央與地方諸官之屬吏，至東漢其地位日見重要，魏晉以下，多居將帥重臣幕僚之右。五官，屬官佐吏之泛稱；《晉書．職官志》作「五官」，而同書〈輿服志〉作「五官掾」。㉒銀章青綬　銀章，古代官員佩印有金、銀、銅之分。漢代秩比二千石以上佩銀印。《漢官儀》：「銀印，背龜紐，其文曰章，謂刻曰某官之章也。」青綬，綬為絲織之帶，古代繫玉，漢以後繫印。色有赤、綠、紫、青、黑等數種。《後漢書．輿服下》：「九卿、中二千石、二千石青綬。三采：青、白、紅，淳青圭，長丈七尺，百二十首。」㉓進賢兩梁冠　進賢冠即緇布冠，文儒者之服。前高七寸，後高三寸，長八寸，有五梁、三梁、二梁、一梁之別，以梁多為貴。列卿冠兩梁。㉔五時朝服　漢制，一歲五郊，天子與執事者所服各如五方之色，即青、赤、黃、白、黑五色。㉕佩水蒼玉　古代官員按品級佩玉石。如一品山玄玉，二品以下、五品以上水蒼玉。水蒼玉因其色青而有水花紋故名。《禮記．玉藻》：「大夫佩水蒼玉而純組綬。」㉖宋太常用尚書亦轉為尚書加遷選曹尚書領護等　句中「加」，據《職官分紀．太常》引《唐六典》原注此句及南宋本當作「如」。此長句意謂南朝劉宋為太常卿者，或由尚書轉，亦遷轉為尚書，如選曹尚書即吏部尚書，領軍將軍、護軍將軍等。領，指領軍將軍。護，指護軍將軍，都是中樞機要部門。如據《宋書》列傳所載：鄭鮮之，宋初建轉奉常，高祖踐祚遷太常、都官尚書，永初二年（西元四二一年）出為丹陽尹，後入為都官尚書。又如，王敬弘宋初為度支尚書，遷太常，高祖受命，補宣訓衛尉，加散騎常侍，永初三年（西元四二二年）轉吏部尚書，常侍如故。可見任太常者，皆為宋武帝劉裕身邊的親貴，其遷轉亦不離機要。㉗齊因之　蕭齊因宋制，太常卿與尚書亦可互遷。如蕭惠基，在齊太祖蕭道成時，先為都官尚書，轉掌吏部；永明三年（西元四八五年）以久疾徙為侍中，五年（西元四八七年）遷太常，加給事中。又如張瓌，據《南齊書》本傳先後曾任都官尚書、度支尚書、雍州刺史、左民尚書；永明十年（西元四九二年）轉太常，後自陳衰疾，願從閑養，明年轉散騎常侍、光祿大夫。《太平御覽．職官部．太常卿》云：「《齊書》曰：張瓌以雍州刺史拜太常，自謂閑職，武帝曰：『卿輩未富貴，謂人不與，既富貴，復欲委左。』瓌曰：『陛下御臣等若養馬，無事就閑廄，有事復牽來。』帝猶怒，遂以為散騎常侍。」㉘梁天監七年　即西元五〇八年。天監為梁武帝蕭衍年號。㉙象四時置十二卿　指依四季十二月設十二卿。《隋書．百官上》稱：「天監七年，以太常為太常卿，加置宗正卿，以大司農為司農卿，三卿是為春卿。加置太府卿，以少府為少府卿，加置太僕卿，三卿是為夏卿。以衛尉為衛尉卿，廷尉為廷尉卿，將作大匠為大匠卿，三卿是為秋卿。以光祿勳為光祿卿，大鴻臚為鴻臚卿，都水使者為太舟卿，三卿是為冬卿，凡十二卿，皆置丞及功曹、主簿。」而太常卿「統明堂、二廟、太史、太祝、廩犧、太樂、鼓吹、乘黃、北館、典客館等令、丞，及陵監、國學等。又置協律校尉、總章校尉監、掌故、樂正之屬，以掌樂事。太樂又有清商署丞，太史別有靈臺丞。」㉚金紫光祿大夫　散官名。魏晉以來，有左、右光祿大夫及光祿大夫，皆銀印青綬；重者詔加金章紫綬，稱金紫光祿大夫。㉛班第十四　梁武帝天監七年（西元五〇八年）改革選制，徐勉為吏部尚書，奉命改九品制為十八班制，以班多為貴。與太常卿同列十四班的尚有中領護軍、吏部尚書、太子詹事等。第十四班相當於從三品。㉜三上卿　據《魏書・官氏志》，北魏孝文帝太和十七年（西元四九三年）頒佈職令，將諸卿分成兩檔：太常、光祿勳、衛尉為三上卿，列從一品下；太僕、廷尉、大鴻臚、宗正、大司農、少府為六卿，列第二品上。太和二十三年（西元四九九年）職令則改為三卿與六卿皆位列第三品。㉝北齊太常卿掌陵廟群祀儀制天文術數衣冠之屬　句中「卿」當係「寺」之誤，近衛本已校出。太常寺是九寺之一。此處所列太常寺職掌中，「儀制」下尚缺「禮樂」二字。《隋書・百官中》記為：北齊太常寺「掌陵廟群祀、禮樂儀制、天文術數、衣冠之屬」。其屬官有博士四人，掌禮制；協律郎二人，掌監調律呂音樂；以及八書博士二人等。統諸陵、太廟、太樂、衣冠、鼓吹、太祝、太史、太醫、廩犧、太宰等署令、丞；而太廟兼領郊祠、崇虛二局丞，太樂兼領清商部丞，鼓吹兼領黃戶局丞，太史兼領靈臺、太卜二局丞。太常寺下屬機構中原有國子博士，後分而另設國子寺，是為隋、唐國子監前身；而太史在隋唐則轉為秘書省。㉞後周為宗伯　據《通典・職官七》當為「大宗伯」。北周依《周禮》天、地、春、夏、秋、冬六官設職，春官府設大宗伯卿一人，品秩正七命。北周任大宗伯者，如獨孤信曾任太保大宗伯，于謹為太傅大宗伯，達奚武以太保任大宗伯，侯莫陳崇亦曾任大宗伯等，皆係宇文周之勳臣權貴。㉟隋太常寺卿一人　隋時牛弘以禮部尚書除太常卿。奉敕修撰五禮，改定雅樂。㊱龍朔二年　即西元六六二年。龍朔為唐高宗李治年號。《新唐書・百官三》：「龍朔二年，改太常寺曰奉常寺，九寺卿皆曰正卿，少卿曰大夫。」㊲咸亨元年　即西元六七〇年。咸亨亦為唐高宗李治年號。㊳光宅元年　即西元六八四年。光宅為武則天稱制時年號。㊴神龍元年　即西元七〇五年。神龍為唐中宗李顯年號。㊵後魏太和十五年初置少卿　太和十五年，即西元四九一年。太和是北魏孝文帝拓跋宏年號。《魏書・官氏志》：太和十五年十二月，「置司空、主客、太倉、庫部、都牧、太樂、虞曹、宮輿、覆育、少卿官。」太和十七年（西元四九三年）職令列少卿於第三品上。㊶至二十二年降為正四品上　二十二年，當是「二十三年」之訛。《魏書・官氏志》：「二十三年，高祖復次職令，及帝崩，世宗初班行之，以為永制。」二十三年，指太和二十三年，西元四九九年。是年之職品令定太常少卿為第四品上。㊷北齊因之　北齊九寺皆置卿、少卿各一人。㊸後周為小宗伯　北周依《周禮》設官，置小宗伯上大夫二人，為春官府屬官，正六命。北周任小宗伯者，《北史・尉遲迥傳》：「六官建，拜小宗伯」；《周書・楊忠傳》：「孝閔帝踐祚，入為小宗伯」；《北史・盧同傳》：其兄子辯，「明帝即位，遷小宗伯，進位大將軍，出為宜州刺史」。㊹隋太常

寺置少卿一人　隋時，許善心在仁壽二年（西元六〇二年）攝太常少卿，與牛弘等議定禮樂。㊺煬帝　隋朝皇帝楊廣，在位十四年，終年五十歲。㊻加置二人降為從四品　隋開皇時，太常少卿為一人，品秩為正四品；煬帝大業三年（西元六〇七年），「少卿各加置二人，為從四品」（《隋書・百官下》）。㊼武德　唐高祖李淵年號。㊽貞觀中加置二人　貞觀，唐太宗李世民年號。《舊唐書・職官志》：太常寺少卿「武德置一人，貞觀加置一員。」自貞觀至神龍，其員數復有改易，《通典・職官七》本注：「太常少卿本一員，神龍中加一員。」《唐會要》卷六五：「少卿，神龍元年（西元七〇五年）七月三十日加一員，徐彥伯為之。」

【語　譯】太常寺：卿，定員一人，品秩是正三品。在唐堯、虞舜的時候，曾任命伯夷作秩宗，主管對天神、地祇、人鬼祭祀的禮儀。又任命夔主管音樂，以教授帝室和公卿子弟。《周禮》的春官設大宗伯卿一人，它的職務是：「掌管建立國家對天神、人鬼、地祇祭祀的禮制。」秦朝的這一職務稱奉常，掌管宗廟的禮儀活動。到漢高祖時，稱名為太常，惠帝時再稱原名奉常，景帝時又改名為太常。漢朝的制度規定，從列侯中選擇忠孝敬慎的人來擔任這個職務，俸秩為中二千石。王莽執政時，又改名為秩宗。東漢太常寺卿的職掌是分管禮儀、祭祀方面的活動，每當舉行重大禮儀祭祀活動時，要引導和協助天子；如果舉行大射、養老這些禮儀活動，或者逢上國君去世而舉行大喪時，事先要奏報禮儀活動的程序和相關事項；每個月的月底前幾天，要巡行和視察陵廟；此外還要考試和選拔各地推舉上來應試博士的人選，並向皇帝奏報哪些可以授任，哪些不能錄用。三國魏因承東漢的制度。晉朝太常卿設置的佐吏有功曹、主簿、五官等吏員，品秩為第三品，繫銀章青綬，戴進賢兩梁冠，穿五時朝服，佩有水蒼紋的玉石。南朝宋時太常卿的地位很高，任命為太常卿的，常由尚書遷轉；反過來，太常卿亦可以遷轉為尚書，譬如吏部尚書，或者領軍將軍、護軍將軍這些重要的職務。南齊因承劉宋的這些成制。梁朝在武帝天監七年時，仿效一年四季十二月設置十二卿，其中太常寺、宗正寺、司農寺的三卿稱為春卿。太常卿的地位比照金紫光祿大夫，品秩列為第十四班。陳朝因承梁的制度。北魏從九卿中把太常、光祿勳、衛尉三卿列出來稱為上三卿，品秩為從第一品下。北齊太常寺的職掌包括陵廟、群祀〔、禮樂〕、儀制、天文、術數以及衣冠之類，太常卿的品秩列為第三品。北周時，與太常卿相對應的，是在春官府設大宗伯卿一人。隋朝設太常寺卿一人，品秩為正三品。本朝因承隋制。高宗龍朔二年改太常為奉常，咸亨元年又恢復舊稱。武后光宅元年又改稱太常為司禮，中宗神龍元年再次恢復舊稱。

少卿，定員二人，品秩為正四品上。《周禮》在春官屬官中有小宗伯中大夫二人。秦漢時期沒有聽說有這方面的設置。北魏孝文帝太和十五年，方始為九卿設置少卿的官職，太常寺設少卿一人，品秩為第三品上；到太和二十二(三)年，降為正四品上。北齊因承北魏的體制。北周時設小宗伯。隋朝太常寺設置少卿一人，品秩亦是正四品上。煬帝即位後，定員增加到二人，品秩則降為從四品。本朝高祖武德年間設置少卿一人，太宗貞觀年間增加到二人。龍朔、咸亨、光宅、神龍年間，這一職名曾隨著寺名的改易而改易，恢復而恢復。

【說　明】太常寺，周稱大宗伯，秦稱奉常，至漢初定名為太常。漢代宗廟禮儀的奠基者是叔孫通。叔孫通為漢高祖劉邦制訂朝儀，包括宗廟禮儀。他是歷史上首任太常：「高帝崩，孝惠帝即位，迺謂叔孫生曰：『先帝園陵寢廟，群臣莫習。』徙為太常，定宗廟儀法。」《史記·叔孫通傳》惠帝又改太常為奉常，至景帝時復更名為太常。至此，太常之名才穩定了下來，被歷代所沿用。太常的主要職責是宗廟禮儀。其所以稱太常，「欲令國家盛大，社稷常存，故稱太常。以列侯為之，重宗廟也」《漢官儀》。在古代宗法制下，社會組織以血緣關係為紐帶，因而不僅祭祀，連軍國大事亦集中於宗廟，朝廷即是廟堂，朝廷的禮儀和宗廟的祭祀儀式是相通的。秦漢後，隨著社會的發展和國家機構的擴大，朝廷與宗廟雖逐漸分離，然宗廟在政治上仍然佔著重要地位，故太常要以列侯為之，居九卿之首。在祭祀的各種儀式中，「太常主導贊助祭，皆平冕七旒，玄上纁下，華蟲七章」《漢舊儀》。太常不僅守宗廟，還要管理陵寢。凡是天子陵寢所在，皆屬太常管轄。「漢陵屬三輔，太常一月行。」《漢舊儀》太常巡行陵廟時非常隆重，《齊職儀》稱：「王朗云：『西京太常行陵，赤車十乘。』」由於太常負責祭祀禮儀，因而居此官者常常要進行齋戒，以免褻瀆祖宗神祇。東漢時任太常的周澤既年老又多病，卻猶經常獨居齋宮，難得歸家。其妻放心不下，一次往齋宮探視，因不近女色亦是齋戒內容之一，周澤勃然大怒，掾吏代為叩頭求饒也不聽，硬是命人將老妻押送詔獄，並自劾謝罪。時人作詩嘲諷說：「生世不諧為太常妻，一歲三百六十日，三百五十九日齋，一日不齋醉似泥，既作事，復低迷。」《漢官儀》

在古代，教育亦曾是太常的職掌。這是因為當時的教育對象主要是帝王宗室和貴族子弟，教育內容又離不開宗廟禮儀，所以隋以前，國子學一直由太常掌管。漢代的博士官就設在太常，博士弟子員從選拔、教授到補吏，都由太常負責。漢武帝時，設博士弟子員便是公孫弘與太常孔臧等商議之後奏請的。所以任太常者，不僅要有列侯的身份，還要有學問。《通典．職官七》本注稱東漢「桓榮及子郁皆為太常，初，榮受學章句，減其煩辭，後郁又刪定，由是有桓君大小太常章句。」華嶠《後漢書》：「劉愷為太常，論議常引大義，諸儒為之語曰：『難經忼忼劉太常。』」漢代拜太常的，強調其德行清廉，如上面提到的周澤，罪妻劾己的做法雖近迂腐，史傳卻稱其「拜太常，果敢數有直言，朝廷嘉其清廉」。至魏晉仍有此遺風，如《三國志》稱魏「邢顒字子昂，時人稱德行堂堂邢子昂，文帝以為太常」；「魏明帝時和洽為太常，清貧守分，至賣田宅自給，明帝聞之，加賜穀帛」。又如《益部耆舊傳》：「趙典為太常，雖處上卿，而布被瓦器。」藏榮緒《晉書》稱：「華表清貧履道，內圓外順，歷位忠恪，言行不玷，其以表為太常卿。」不過如果仔細品味此類讚語，又不難看出自漢以後，太常的地位逐漸下降，遠離權勢和政治中心的旋渦，成為清閑的部門，一些職權逐漸有分化降落之勢。如漢初三輔有陵廟之縣，均屬太常管轄，故當時公牘中每以太常與三輔並稱；元帝永光元年（西元前四十三年）分諸陵邑屬三輔，此後言三輔陵廟之事，即不再涉及太常。又，考試之權，武帝後亦轉歸尚書。魏晉以後，太常在人們心目中已屬閒職，如我們在本章㉗注中提到的那個以雍州刺史拜太常的張璦，便自謂太常為「閒職」。北齊李元忠，「先為太常卿，後自中書令復求為太常，以其有音樂而多美酒，故神武欲用為僕射，又嘗言其放達常醉不可委以臺閣，其子聞之，請節酒，元忠曰：我謂僕射不勝飲酒作樂，愛僕射時宜勿飲酒」（《職官分紀》卷一八）。你看這個李元忠就是為了可以自由自在地飲酒作樂，才要求再做太常卿的，事實上此職也往往成了帝王安排那些宿舊時的一張冷板凳。隋時任太常卿較有名的僅牛弘一人。唐時太常卿的地位也不高，如主持《貞觀禮》修訂的，不是太常卿，而是中書令房玄齡和秘書監魏徵。此後《顯慶禮》、《開元禮》的修訂，太常卿都未被列入主持、領銜者的名單。唐代在開元以後，使職差遣亦波及到太常寺，在太常卿之外，另置了禮儀使。最早是開元九年（西元七二一年），以韋縚除國子司業仍知太常禮儀事；至二十三年（西元七三五年）凡四改官，至太常卿，並帶禮儀事。這樣，贊導禮儀的實際職務便歸到了禮儀使，而不再是太常卿。天寶九載（西元七五〇年）由太子左庶子韋述為禮儀使，從而使原本為太常的職掌正式由禮儀使主管，而太常卿或少卿反而要另外受命兼知禮儀事，才能掌理原來屬於自己的職務。如「至德二載（西元七五七年）八月二十九日，御史中丞崔器除兼戶部侍郎知禮儀使，至乾元元年（西元七五八年）四月，太常少卿王璵兼知禮儀事，其月十八日，除中書侍郎同中書門下平章事，充禮儀祠祭等使。二年（西元七五九年）九月七日，太常少卿于休烈除工部侍郎，充禮儀使」（《唐會要》卷三七）。置禮儀使的事，至德宗大歷五年（西元七七〇年）才敕停，但七年（西元七七二年）又置使，唯以太常卿楊綰為之。至建中元年（西元七八〇年）才又停止，唯每有南郊大禮時權為置使，事畢即停。

二

太常卿之職，掌邦國禮樂、郊廟、社稷之事，以八署分而理焉：一曰郊社❶，二曰太廟❷，開元二十四年，敕廢太廟署，令少卿一人知太廟事。三曰諸陵❸，四曰太樂❹，五曰鼓吹❺，六曰太醫❻，七曰太卜❼，八曰廩犧❽，總其官屬，行其政令；少卿為之貳。凡國有大禮，則贊相禮儀❾；有司攝事，則為之亞獻❿；率太樂之官屬，設樂縣以供其事⓫。燕會亦如之。若三公行園陵，則為之副⓬，公服乘輅，備鹵簿⓭，而奉其禮。若大祭祀⓮，則先省其牲器⓯。凡太卜占國之大事及祭祀卜日⓰，皆往莅⓱之於太廟南門之外。中祀已上⓲，則太常卿莅卜；若小祀及非大祀⓳，則太卜令莅卜也。凡大駕巡幸，出師克獲，皆擇日告于太廟⓴。太廟有修造，亦如之。凡仲春薦冰，及四時品物甘滋新成者皆薦焉㉑。凡有事於宗廟，少卿率太祝㉒、齋郎㉓入薦香燭，整拂神幄㉔，出入神主㉕；將享，則與良醞令㉖實尊罍㉗。凡備大享之器服有四院，各以其物而分貯焉。一曰天府院，藏瑞應及伐國所獲之寶，禘祫㉘則陳之於廟庭。二曰御衣院，藏乘輿之祭服。三曰樂縣院，主藏六樂㉙之器物。四曰神廚院，主藏御廩㉚及諸器物。

【章　旨】 敘述太常卿和少卿之職掌及其下屬諸署之設置。

【注　釋】 ❶郊社　指郊社署。古制冬至日祭天於南郊稱郊，夏至日祭地於北郊稱社，合稱為郊社。唐代在太常寺下置兩京郊社署，掌祭祀天地、社稷、明堂之禮儀。❷太廟　指太廟署。唐初設太廟署，以奉宗廟之祭祀。其後變易甚多：「乾封六年（西元六六六年）正月，改為清廟臺，神龍元年（西元七〇五年）復為太廟署。開元二十四年（西元七三六年）四月四日廢，以太常寺奉宗廟」（《唐會要》卷六五）。又，《新唐書・百官三》：「開元二十四年（西元七三六年），以宗廟所奉不可名以署，太常少卿韋縚奏廢太廟署，以少卿一人知太廟事。」❸諸陵　指諸陵署。其隸屬關係在唐代常有變異。《新唐書・百官三》：「（開元）二十五年（西元七三六年）濮陽王徹為宗正卿，恩遇甚厚，建議以宗正司屬籍，乃請以陵寢、宗廟隸宗正。天寶十二載（西元七五三年）駙馬都尉張垍為太常卿，得幸，又以太廟諸陵署隸太常。十載（西元七五一年）改獻、昭、乾、定、橋五陵署為臺，升令品，永康、興寧二陵稱署如故。至德二年（西元七五七年）復以陵廟隸宗正。永泰元年（西元七六五年）太常卿姜慶初復奏以陵廟隸太常，大曆二年（西元七六七年）復舊。」❹太樂　指太樂署。掌禮儀和祭祀時之音樂和樂器。❺鼓吹　指鼓吹署。掌鹵簿儀仗中之鼓吹樂隊。❻太醫　指太醫署。掌醫藥及治療疾病事宜。❼太卜　指太卜署。掌卜筮之法。❽廩犧　指廩犧署。掌祭祀時所用犧牲粢盛之事。❾國有大禮則贊相禮儀　指國家有皇帝親自參加的祭祀和禮儀活動時，太常卿要在一旁協助和導引禮儀的過程。❿有司攝事則為之亞獻　指若皇帝不能親自參加祭祀，由有關官司代行其事時，則由太尉為初獻，太常卿為亞獻，光祿卿為終獻。重大的祭祀活動，都要由不同等級者依次進行三次祭奠，稱初獻、亞獻、終獻。⓫設樂縣以供其事　在重大禮儀和祭祀活動時，要在殿堂懸掛不等數量的樂器，稱樂縣。縣同「懸」。樂縣以樂器的不同數量分若干等級：天子參加的稱宮縣，太子參加的稱軒縣。⓬若三公行園陵則為之副　三公，指太尉、司徒、司空。三公巡陵時，太常為之副。按《貞觀禮》歲以春秋仲月巡陵。「顯慶五年（西元六六〇年），詔歲春秋季一巡，宜以三公行陵，太常少卿貳之，太常給鹵簿，仍著於令」；「至武后時，乃以四季月、生日、忌日，遣使詣陵起居」（《新唐書・禮樂志四》）。然唐很少置三公，實際是太常卿行諸陵拜祭之禮儀，故《開元禮》設「太常卿行諸陵」之禮儀。⑬公服乘輅備鹵簿　指巡陵時之衣冠及車乘。公服，亦名從省服，包括：冠，幘纓，簪導，絳紗單衣，白裙襦，革帶，鉤緤，假帶，方心，襪，履，紛，鞶囊。輅，大車。鹵簿，即儀仗。如是三公巡陵，依一品之鹵簿；太常卿行諸陵，則依三品之鹵簿。⑭大祭祀　唐制祭祀分大、中、小三等。大祭祀指皇帝參加的對天地、宗廟、五帝及追尊之帝后的祭祀。⑮先省其牲器　指太常卿須在祭祀前，行省察祭祀所用犧牲和器物之儀式。其過程是在省牲之日，「謁者引太常卿，贊引引御史，入詣壇東陛，升視滌濯，降，就省牲位，南向立。廩犧令少前，曰：『請省牲』。太常卿省牲。廩犧令北面舉手曰：『腯』。諸太祝各循牲一匝。西向舉手曰：『充』。諸太祝與廩犧令以次帝牲詣廚，授大官」（《新唐書・禮樂一》）。⑯凡太卜占國之大事及祭祀卜日　太，通大。大卜是為國之大事及大祀卜日。大事，如國君之加元服、納后、巡狩、封禪。大祀，指對天地、宗廟、五帝及追尊帝后之祭祀。大祀有的有常日，如冬至，正月上辛日之祈穀，立春、立夏以及季夏之土王，立秋、立冬，祀五帝於四郊等；無常日的，如孟夏，雩祀昊天上帝於圓丘，孟冬，祭神州地祇於北郊等。無常日則需卜日。卜日於祭祀前四十五日左右進行，地點在太廟南門外。其儀式是太常卿立於門之東側，太卜正占者立於門之西側，由太卜令受龜詣太常卿，卿受視後，令受龜，少退俟命。卿曰：「皇帝以某日祗祀於某。」令曰：「諾」。然後由卜正占之，若吉，則由令告卿曰：「某日從。」如不吉，則更卜中旬及下旬。⑰涖　即「蒞」。下同。⑱中祀已上　指中祀和大祀。大祀係對天地、宗廟、五帝及追尊帝后之祭祀，中祀則為對社稷、日月星辰、岳鎮海瀆、帝社、先蠶、七祀、文宣、武成王及古帝王、贈太子等之祭祀。⑲小祀及非大祀　小祀，指對司中、司命、司人、司祿、風伯、雨師、靈星、山林、川澤、司寒、馬祖、先牧、馬社、馬步之祭祀及州縣社稷之釋奠。小祀則筮日。非大祀，據南宋本當為「非大事」，即為之占卜吉日者，非屬國家大事。⑳凡大駕巡幸出師克獲皆擇日告于太廟　古代天子將巡幸或出師必先告於祖廟。天子親告用牲，史告用幣。大事如封禪、南北郊、祀明堂、巡省四方、御臨戎出征、皇太子加元服、寇賊平蕩、纂戎、解嚴，合十一條，則徧告七廟；如講武、修宗廟明堂、臨軒封拜王公、四夷穎化貢萬物等合六條，則告於一室。唐告廟之例，如「儀鳳二年（西元六七七年）太常以仲春告祥瑞於太廟，高宗令禮官徵求故實，博士賈大隱對曰：『古者薦用仲月，近代相承，元旦奏祥瑞，二月然後告於廟。蓋緣告必有薦，便於禮也。又檢貞觀以來，敕令無文，禮司因循，不知所起。』上令依前行焉。」（《通典・禮十五・告廟》）故唐代每年經常舉行的是仲春告祥瑞於太廟。㉑凡仲春薦冰及四時品物甘滋新成者皆薦焉　仲春薦冰，是指冬季藏冰於窖至仲春開啟時，要先薦冰於太廟。《呂氏春秋・仲春》：「是月也，天子乃獻羔開冰，先薦寢廟。」古代四時品物新收時亦都要先薦於太廟。《呂氏春秋》十二紀幾乎每個月都規定天子要以新品祭享宗廟，如季春三月「薦鮪于寢廟，乃為麥祈實」；孟夏四月「乃以彘嘗麥，先薦寢廟」；仲夏五月「以雛嘗黍，羞以含桃，先薦寢廟」；孟秋七月，「農乃升穀。天子嘗新，先薦寢廟」。唐代的時享，據《通典．禮九》稱：「四時各以孟月享太廟、室，各用一太牢。若品物時新堪進御者，有司先送太常，令尚食相知，簡擇務令潔淨，仍以滋味與新物相宜者配之。太常卿及少卿一人奉薦太廟。卿及少卿有故，即差五品以上攝。有司行事，不出神主。仲春薦冰亦如之。」所薦新物之品類，據《通典．禮七十六》稱有：「冬魚、蕨、筍、蒲、白韭、菫、小豆、眢豆、蘘荷、菱人、子薑、麮索、春酒、桑落酒、竹根、黃米、粳米、糯米、粱米、稷米、茄子、甘蔗、芋子、雞頭人、苜蓿、蔓菁、胡瓜、冬瓜、瓠子、春魚、水蘇、枸杞、芙茨、子藕、大麥麵、瓜、油麻、麥子、椿頭、蓮子、栗、冰、甘子、李、櫻桃、杏、林檎、橘、椹、菴羅果、棗、兔脾、麞、鹿、野雞。」㉒太祝　西周始置，為眾祝官之長，掌祭祀祝禱等事。歷代沿置。隋初太常寺置太祝署，有令、丞各一員，太祝二員；煬帝罷署而留太祝八員於太常寺。唐因之，置六員，正九品上。㉓齋郎　三國魏始置，掌郊廟祭祀雜務。八品。隸太常屬官太廟令。唐代於太常寺之太廟和所屬之郊社署、鴻臚寺司儀署及岳瀆等處置齋郎，處理祭祀事務。太廟齋郎一般為五品以上官子孫，郊社齋郎為六品官子，皆取文義粗通、儀容端正者。太廟齋郎經六考、郊社齋郎經八考於禮部簡試如貢舉法，中第者於吏部注冬集散官；不第者番上如初。再經六考試而仍不第者，亦量注散官。任齋郎年久者，太廟齋郎可補室長，郊廟齋郎可補掌座；室長十年，掌座十二年，便可於吏部參選，稱為黃衣選人。㉔神幄　貯藏神主之帷幄或帳幕。㉕神主　指已故國君之牌位。《穀梁傳．文公二年》：「丁丑作僖公主。」范寧《集解》：「為僖公廟作主也。主，蓋神之所憑依。天子長尺二寸，諸侯長一尺。」《通典．禮八》：「大唐之制（神主）長一尺二寸，上頂經一寸八分」，「以光漆題謚號於其背」。㉖良醞令　光祿寺良醞署之長官，正八品。掌祭祀所用之酒醬。㉗實尊罍　指給酒器盛滿酒。尊罍，泛指祭祀用酒器。尊，亦作「樽」、「罇」。酒器。敞口，收頸，腹大，底小，盛行於商周，其種類名目多至十餘。罍，釀酒之器。小口，寬肩，下腹瘦小，瓶底似壺。《爾雅．釋器》郭璞注：「罍形似壺，大者受一斛。」《周禮．春官．鬯人》：「凡祭祀社壝用大罍。」鄭玄注：「大罍，瓦罍。」㉘禘祫　古代合祭名。即天子、諸侯集合其遠近祖先之神主於太廟，舉行盛大的合祭儀式。三年喪畢之次年一禘，此後每三年一祫，享於孟冬，五年一禘，享於孟夏。唐開元六年（西元七一八年）秋，睿宗皇帝喪畢，祫享於太廟。自後相承三年一祫，五年一禘，各自計年，不相通數。至開元二十七年（西元七三九年），凡經五禘七祫，其年夏禘訖，冬又當祫。「是歲，（韋）縚奏：『四月嘗已禘，孟冬又祫，祀禮叢數，請以夏禘為大祭之源。』自是相循，五年再祭矣」

《新唐書・韋安石附韋縚傳》。㉙六樂 泛指古代的各種音樂。㉚御廩 指供太廟祭祀用之食品。

【語譯】太常卿的職務是，掌管國家禮儀和郊廟、社稷祭祀的事務。這些事務由它所屬的八個署來分別管理：一是郊社署，二是太廟署，開元二十四年曾頒發敕令，撤除了太廟署，由少卿一人直接負責有關太廟的事務。三是諸陵署，四是太樂署，五是鼓吹署，六是太醫署，七是太卜署，八是廩犧署。由太常卿總領八個署的官屬，推行相關政令。少卿做太常卿的副手。凡國家有由君王親自參加的重大的禮儀活動，太常卿便要贊引和協助禮儀的全部過程；如果是有司譬如三公攝事的祭祀活動，太常卿就要承當亞獻。每逢舉行禮儀和祭祀活動時，要率領太樂署的官員，事先按照相應規格懸掛樂器，以供禮儀的需要。如果三公行陵致祭，太常卿要隨同輔助，穿公服，乘大車，配備規定的鹵簿，奉行禮儀。如果是大的祭祀，太常卿要先省察祭祀時用的犧牲和器物。凡是國家遇有大事，以及舉行重大祭祀活動需要占卜吉日的，太常卿都要親自蒞臨，列位在太廟的南門之外，督察占卜。凡是為中祀以上占卜吉日的，太常卿都要親臨占卜；如果是小祀，或非大祀（事）需要占卜吉日的，那就由太卜令親臨占卜。凡是君王大駕外出巡幸，發兵出征獲得勝利，都要選擇吉日到太廟告祭。太廟有修造，亦須事先告祭。凡是仲春二月獻冰，以及一年四季時鮮物品、優美滋味剛成熟時，都要先薦享於宗廟。每逢有祭祀於宗廟，太常少卿就要帶領太祝、齋郎入太廟敬獻香燭，整理和打掃神幄，取出和安置神主；將要祭享時，則與良醞令一起把祭祀用的尊、罍灌滿酒醬。凡是供給大型祭享所用的器物，都各自分門別類貯存在四個院。一是天府院，貯藏征伐敵國所獲得的，以及各地所作為祥瑞進獻的寶物，每逢禘、祫大祭祀時，要將這些寶物在廟庭陳列起來。二是御衣院，貯藏皇上祭祀時所穿的祭服。三是樂縣院，貯藏演奏各種樂曲所需用的樂器。四是神廚院，貯藏祭祀時所使用的食品和存放食品的各種器物。

【說明】太常寺的下屬機構除本章所記述的八署外，在唐初武德時尚有衣冠署，置令一人，品秩正八品上；貞觀元年（西元六二七年）廢。所記八署中，太廟署廢於開元二十四年（西元七三六年），「以宗廟所奉不可名以署，太常少卿韋縚奏廢太廟署，以少卿一人知太廟事」（《新唐書・百官三》）。故太廟署的實際職司都附載於太常職掌之下。又諸陵署，在開元以後，忽而屬於宗正，忽又歸入太常，變異頻頻，致使諸書記載不一。如《舊唐書・職官三》繫於太常寺之下，而《新唐書・百官三》則列之於宗正寺下；本書本卷第二篇，則於「兩京郊社署」下分列諸陵各署，不再有統一的「諸陵署」這一機構。

宗廟是歷朝祭祀列祖列宗的場所。關於建立宗廟的意義，東漢班固在《白虎通・宗廟》中稱：「王者所以立宗廟何？曰：生死殊路，敬鬼神而遠之。緣生以事死，敬亡若事存。故欲立宗廟以祭之，此孝子之心，所以追孝繼養也。宗者，尊也；廟者，貌也，象先祖之尊也。所以有室何？所以象生之居也。」在周代，君王每年四時都要在宗廟裡祭祀祖先：春為礿，夏為禘，秋曰嘗，冬稱烝。此外天子巡幸、出征、凱旋而歸，亦都要告祭於太廟。秦在統一六國之前，即已有宗廟的建築，近年在陝西鳳翔馬家莊曾發現秦國宗廟的遺址，由大門、中庭、祖廟、昭廟、穆廟等建築組成。漢代，高帝十年（西元前一九七年）劉邦父親去世，劉邦下令諸侯王皆立宗廟於國都，致使宗廟徧及全國各地。至宣帝本始二年（西元七十二年），「凡祖宗廟在郡國六十八，合百六十七所；而京師自高祖下至宣帝，與太上皇、悼考皇各自居陵旁立廟，并為百七十六」（《漢書・韋玄成傳》）。漢代宗廟的祭祀活動也很頻仍，所謂「日祭于寢，月祭于廟，時祭于便殿；寢日四上食，廟歲二十五祠，便殿，歲四祠。又月一游衣冠。而昭靈后、武哀王、昭哀后、孝文太后、孝昭太后、衛思后、戾太子、戾后，各有寢園，與諸帝合，凡三十所。一歲祠，上食二萬四千五百五十五。用衛士四萬五千一百二十九人，祝宰樂人萬二千一百四十七人，養犧牲卒不在數中」（同上）。從這個粗略的統計也可以看出，到漢代中後期，宗廟祭祀的費用在國家財政上已是一筆沉重的負擔。魏晉以後，廟數減少到僅留一個，一廟分七室，以室代廟，以合七廟之制。晉武帝太康元年（西元二八五年）詔稱：「古雖七廟，自近代以來皆廟七室，於禮無廢，於情為敘，亦隨時之宜也。」（《通典・禮七》）

唐建國後，以隋之太廟改為唐之太廟，至玄宗先天元年（西元七一二年）又易地改置，位於西京皇城內，安上門街之東，第七橫街之北。其地本隋太府寺的玉作坊，坊中有御井，貞觀中廢玉作坊，於此置太府寺賜坊，以曝曬四方貢賦物之濕者。太廟東側為中宗廟及原來的太廟署，西側便是太常寺。武后垂拱四年（西元六八八年），又於東都立高祖、太宗、高宗三廟，四時享祭如西京太廟禮儀。武則天稱帝後，還在東都建武氏太廟，有七廟室；原西京太廟改為享德廟，四時唯享祭高祖以下三室，其他四室則關閉。而與此同時，又把西京祭祀武氏祖先的崇先廟改為崇尊廟，其祭享禮儀一如太廟。中宗即位後，遷武氏七廟之神主於西京崇尊廟，在東都創立太廟，其位置在皇城的東朝堂之南，第四横街之北，太府寺與中宗廟之間，左掖門街之東，原為隋少府監之地，武后造武氏七廟於此，中宗改為李氏之太廟。因此唐代自中宗至玄宗安史之亂以前，西京、東都皆立有太廟，《唐六典》對東都設太廟事，則存而不論。安史之亂中，東都陷，安祿山以唐之太廟為軍營，作馬廄，神主棄於街巷，後由有司收聚在大徵宮新造的小屋內。德宗即位，東都已收復，太廟舊址仍在，而朝廷對是否復置神主於東都的太廟一事，爭論不休。至宣宗時，以廢弘敬寺為東都之太廟，自大徵宮迎神主祔廟。西京太廟，則毀於唐末黃巢軍進入長安之時。

據《舊唐書・禮儀五》，唐武德初建太廟時，始享四室，這四室是宣簡公李熙，懿皇帝李天錫，景皇帝李虎，元皇帝李昞。貞觀九年（西元六三五年）高祖李淵去世，因要以高祖神主祔於太廟，改為六室，除了李淵，再加上弘農府君李重耳，也就是從高祖起上推至六世祖先。貞觀二十三年（西元六四九年），太宗李世民去世，為把他的神主祔廟而將弘農府君的神主藏於夾室，仍為六室。文明元年（西元六八四年）高宗去世神主祔廟，又把宣皇帝的神主遷於夾室，這樣還是六室。中宗即位時，又以孝敬皇帝李弘祔廟，唐代第一次出現了享祭七室。神龍元年（西元七〇五年）八月中宗李顯享祭七室於東都之太廟。中宗去世，於景雲元年（西元七一〇年）以其神主祔廟，而將孝敬皇帝的神主遷東都從善里另行建廟享祭。開元四年（西元七一六年）睿宗去世，祔廟時，礙於七廟之制，睿宗與中宗又是兄弟，因而便以睿宗祔太廟上繼高宗，而以儀廟為中宗廟，以後又改造中宗廟於西京太廟之西。開元十一年（西元七二三年），太廟由七室改為九室。又把宣皇帝李熙尊為獻祖，列位正室；光皇帝李天錫為懿祖，還中宗神主於太廟，拆毀中宗舊廟，東都太廟則移孝敬皇帝李弘祔廟，自此太廟九室遂成定制。至宣宗時，又增加到九代十一室，直至唐末，唐宗廟一直維持在十一室，太廟的規模則為十一室、二十三間、十一架。

宗廟常規的祭祀是四時祭，即在每年的四孟月及臘日大享於太廟，室各用一太牢。二月薦冰，四時品物甘滋新成者，由太常卿及少卿一人奉薦於太廟。四時祭的名稱，春曰祠，夏曰禴，秋曰嘗，冬曰烝。《禮記・王制》：「春薦韭，夏薦麥，秋薦黍，冬薦稻。韭以卵，麥以魚，黍以豚，稻以雁。」除每歲固定的四時祭外，還有三年一祫祭，五年一禘祭。《白虎通・宗廟》：「謂之禘、祫何？禘之為言諦，序昭穆，諦父子也。祫者，合也。毀廟之主，皆合食於太祖。」這時因為四時享祭時，除七室或九室外，總有一部份列祖列宗無法祭祀到，祫祭、禘祭的用意，就在於使毀廟的神主（在唐代是指藏在夾室的神主）也能一起請出來與太祖共享祭祀。祭祀時，要向神主行禮。關於神主，《白虎通・宗廟》作了這樣解釋：「祭所以有主者何？言神無所依據，孝子以主繫心焉。」「所以用木為之者何？木有始終，又與人相似也。蓋題之以為記，方尺，或曰長尺二寸，孝子入宗廟之中，雖見木主，亦當盡敬也。」故一旦宗廟神主丟失，便成了大事。如寶應元年（西元七六二年）肅宗還京師，「以宗廟為賊所焚，於光順門外設次，向廟哭」（《舊唐書・禮儀五》）。唐末僖宗光啟元年（西元八八五年）避難去寶雞，「其太廟十一室并祧廟八室及孝明太皇太后別廟三室等神主，緣室法物，宗正寺官屬奉之隨駕鄠縣，為賊所劫，神主法物皆遺失」（《舊唐書・禮儀五》）。後來僖宗還京時，要先謁太廟，但太廟及神主全被毀棄，僖宗為之素服避殿，輟朝三日，並下詔擇日新造列祖列宗神主。神主造好後，又無太廟可以安置，只得暫時存放於長安殿，舉行了饗告之禮。

三

丞二人，從五品上；秦有奉常丞，漢因之❶，比千石。魏、晉、宋置一人。《宋百官春秋》❷：「太常丞視尚書郎，銅印、黃綬，一梁冠❸，品第七，掌舉陵廟非法。」齊因之❹。梁班第五。《梁選部》❺：「太常丞舊用員外郎，遷尚書郎。天監七年❻，改視尚書郎❼。」陳因之。後魏太常丞五品下，太和二十二年，降為七品上❽。北齊從六品下。隋太常丞二人，從六品下；大業三年，增為五品❾。皇朝因之。

主簿二人，從七品上；《漢官儀・鹵簿篇》❿：「太常駕四馬，主簿前車八乘，有鈴下、侍閤、辟車、騎吏、五伯等員⑪。」梁天監七年，十二卿⑫各置主簿一人，遷為五官、功曹⑬；又位不登十八班者別為七班，太常主簿班第四。《梁選》⑭：「太常主簿視二衛主簿⑮。」陳因之。後魏不見。北齊太常寺有功曹、五官、主簿等⑯。隋太業中主簿二人⑰。武德中，正八品上；貞觀中，從七品上。

錄事二人，從九品上。《晉令》⑱：「太常置主簿、錄事。」北齊亦置之。隋增置二人，皇朝因之。

丞掌判寺事。凡大享太廟⑲，則修七祀於太廟西門之內⑳；若祫享㉑，則兼修配享功臣之禮㉒。

主簿掌印，勾檢稽失㉓，省署鈔目㉔。

錄事掌受事發辰㉕。

【章旨】太常寺丞和主簿、錄事之定員、品秩及沿革。

【注釋】❶秦有奉常丞漢因之　《漢書・百官公卿表》：「奉常，秦官，掌宗廟禮儀，有丞。」《後漢書・百官二》：太常「丞一人，比千石。本注曰：掌凡行禮及祭祀小事，總署曹事。」比千石，月俸八十斛。❷宋百官春秋　書名。《隋書・經籍志》著錄：「《百官春秋》五十卷，王秀道撰。」《舊唐書・經籍志上》則錄為：「《百官春秋》十三卷，王秀道撰。」❸銅印黃綬一梁冠　謂太常丞之佩印及冠。古代官員佩印，以其材質分金、銀、銅三等。《東觀書》：「漢制，秩四百石以上皆銅印墨綬。」唐代諸司則多用銅印。綬為繫印之絲帶，以其顏色分貴賤。漢時有赤、綠、紫、青、黑、黃數種。《漢官儀》：「綬者，有所受，以別尊卑，彰有德也。」又《宋書・禮志五》稱諸卿尹丞並「銅印、墨綬」，與此處「銅印、黃綬」有異。一梁冠，即進賢一梁冠，為儒者之冠。前高七寸，後高三寸，長八寸。有五梁、三梁、二梁、一梁之別，以梁多為貴。❹齊因之　《通典・職官七》原注引《職官要錄》：「齊梁墨綬。」與上文魏、晉、宋為「黃綬」不同。❺梁選部　據《梁書》，「部」當作「簿」。書名。《隋書・經籍志》著錄「《梁選簿》三卷，徐勉撰」。❻天監七年　即西元五〇八年。天監為梁武帝蕭衍年號。❼視尚書郎　意謂太常寺丞品秩比照尚書郎。梁尚書郎中與太常寺丞同列為第五班。❽太和二十二年降為七品上　太和二十二年，即西元四九八年。太和為北魏孝文帝年號。但此處所載年份、品秩與《魏書・官氏志》有異，彼謂太和二十三年（西元四九九年）孝文帝復次職令，太常丞作為三卿丞之一，列於從第六品。❾大業三年增為五品　大業三年，即西元六〇七年。大業為隋煬帝年號。此處所載年份、品秩亦與《隋書・百官志下》不一，彼謂「〔大業〕五年（西元六〇九年），寺丞並增為從五品」。❿漢官儀鹵簿篇　《漢官儀》，應劭撰，十卷，《隋書・經籍志》有著錄。〈鹵簿篇〉是其中之篇名。⓫自「太常駕四馬」至「五伯等員」　此長句言君王出巡之鹵簿中，與太常寺相關車乘之排列次序。太常乘駕都為四匹馬的車，主簿率領的前車有八乘，其成員包括以鈴下、侍閤、辟車、騎吏、五伯等為名目的屬員。其中五伯為武官，辟車是文官。《後漢書・輿服志》：「黃綬，武官五伯，文官辟車。鈴下、侍閤、門蘭、部署、街里走卒，皆有程品，多少隨所典領。」又《後漢書・周紆傳》注引《漢官儀》：「鈴下、侍閤、辟車，此皆以各自定者。」⓬十二卿　梁象四時而置十二卿，其名稱為：太常、宗正、司農，是為春卿；太府、少府、太僕，是為夏卿；衛尉、廷尉、將作大匠，是為秋卿；光祿、大鴻臚、太舟，是為冬卿。⓭遷為五官功曹　《晉書・職官》：梁列卿各置功曹、主簿、五官等屬員。故其遷轉亦在此範圍之內。⓮梁選　當作《梁選簿》，脫一「簿」字。詳前❺注。⓯太常主簿視二衛主簿　太常主簿與二衛主簿品秩相同。《隋書・百官上》皆列為十八班外別為七班之第四班。二衛，指左、右衛。⓰北齊太常寺有功曹五官主簿等　《隋書・百官中》北齊之九寺「各有功曹、五官、主簿、錄事等員」。⓱太業中主簿二人　句中「太業中」疑係「太常寺」之誤。據《隋書・百官下》，太常寺在開皇時即有主簿二人，煬帝大業時，並未有更易太常寺主簿之記載。⓲晉令　書名。《隋書・經籍志》著錄：「《晉令》四十卷。」《舊唐書・經籍志》著錄：「《晉令》四十卷，賈充等撰。」⓳大享太廟　唐制，每年四孟月及臘日皆須大享於太廟。⓴修七祀於太廟西門之內　七祀是司命、戶、竈、中霤、門、厲、行。本書第四卷第三篇尚書禮部祠部郎中職掌：「春享則兼祭司命及戶，夏享則兼祭竈，季夏之月祭中霤，秋享兼祭門及厲，冬享兼祭行，若臘享則七祀偏祭，皆於太廟西門內之南。」祫禘之日亦徧祭。㉑祫享　古代合祭名。即天子、諸侯合其遠近祖先之神主於太廟舉行盛大祭祀。《說文解字》：「祫，大合祭親疏遠近也。」《禮記・王制》鄭玄注：「祫，合也。天子諸侯之喪畢合先君之主于祖廟而祭之，謂之祫。」唐代三年一祫祭，於孟冬。㉒兼修配享功臣之禮　唐貞觀十六年（西元六四二年）定制，祫享功臣配祭於宗廟，禘享則不配。配享時，列功臣神座於太廟之庭。據《開元禮》，高祖李淵配享之功臣有殷開山、劉政會、李神通、李孝恭；太宗李世民配享之功臣有房玄齡、魏徵、屈突通、高士廉；高宗李治配享之功臣有李勣、馬周、張行成；中宗李顯配享之功臣有桓彥範、敬暉、張柬之、袁恕已；睿宗李旦配享之功臣有蘇瓌、劉幽求。㉓勾檢稽失　指檢查公文處理上有無違反制度和是否在規定日程內處理完畢。㉔省署鈔目　鈔目是官府收發公文抄下的目錄及其要點。省視和署理鈔目是主簿職掌之一。㉕受事發辰　受事指所受之事。發辰指受事之始日。即登錄公文目錄、要點和時間，以便檢查是否在規定程限內完成，此即所謂「稽程」。

【語　譯】〔太常寺：〕太常丞，定員二人，品秩為從五品上。秦朝奉常設有丞，漢因承秦制，亦設丞一人，俸秩為比一千石。魏、晉和南朝宋都設置一人。《宋百官春秋》中說：「太常丞，官位比照尚書郎，掛銅印，繫黃綬，戴進賢一梁冠，品秩列為第七品，職掌是舉發陵廟中的非法之事。」齊因承宋制。梁列為第五班。《梁選部（簿）》記載：「太常丞以前是由員外郎轉任，任滿後遷任尚書郎。梁武帝天監七年，它的品秩改為比照尚書郎。」陳因承梁制。北魏孝文帝太和前制，太常丞列為第五品下；到太和二十二（三）年的後制，降為第七品上。北齊時位列從六品下。隋朝太常丞的定員是二人，品秩在從六品下；煬帝大業三（五）年，增加到〔從〕五品。本朝因承隋制。

主簿，定員二人，品秩為從七品上。《漢官儀・鹵簿篇》中說：「太常乘駕有四匹馬的車，主簿的前車有八乘，下有鈴下、侍閤、辟車、騎吏、五伯等屬員。」梁武帝天監七年，摹擬一年有四季、十二個月而設置十二卿，每卿各設置主簿一人，主簿如果遷轉，就在五官、功曹之間。還有，梁朝對品秩未能列入十八班的官員，另外又制定了七班，太常主簿就位列七班中的第四班。據《梁選（簿）》說：「太常寺主簿的品秩，比照左、右兩衛主簿的品秩。」陳因承梁制。北魏不見有關於主簿定員和品秩的記載。北齊在太常寺亦設有功曹、五官、主簿這些名目的吏員。隋朝在太業中（太常寺）設置主簿二人。本朝高祖武德時期主簿的品秩列為正八品上，太宗貞觀年間改為從七品上。

錄事，定員二人，品秩為從九品上。《晉令》規定：「太常寺設置主簿、錄事。」北齊在太常寺亦有錄事的定員。隋朝增加為二人，本朝因承隋制。

太常丞的職掌是，主管太常寺內的日常事務。每逢四時大享太廟，太常丞要在太廟西門的南側，先後依次主持司命、戶竈、中霤、門、厲、行等七祀；如果舉行祫享，還要兼管在太廟庭前祭祀配享功臣的禮儀。

主簿掌管太常寺的印章，還要負責勾檢公文處理上有無違反制度和是否延誤程限，審署公文登錄是否符合實際。

錄事則是具體負責登錄受理公文的目錄和日期。

四

太常博士四人，從七品上；《漢書・百官表》❶云：「博士，秦官，掌通古今❷，秩比六百石❸，員多至數十人。」高祖❹時，叔孫通始為博士❺，定禮制。後漢置十四人❻，魏因之❼。《晉中興書》❽：「博士之職，端委佩玉❾，朝之大典，必詢度焉。當道正詞，克厭人望❿，然後為可。」齊、宋太常府有博士⓫，亦謂之太學博士。梁、陳亦兼統國學博士⓬。後魏太常博士從七品下⓭。北齊置四人，品同魏⓮。隋因之⓯，置謁者三十人，贊引六十人。皇朝武德⓰中，置博士二員，正八品上⓱；貞觀中，加其員品⓲，減謁者置十人，贊引二十二人。

謁者十人；秦、漢有謁者⓳，即今通事舍人⓴。隋太常寺有謁者三十人㉑，皇朝減置十人。

贊引二十人。隋太常寺有贊引六十人，貞觀中省置二十人。

太常博士掌辨五禮㉒之儀式，奉㉓先王之法制，適變隨時而損益焉。凡大祭祀㉔及有大禮㉕，則與太常卿以導贊其儀。凡王公已上㉖擬謚，皆跡其功德而為之褒貶。

議謚[27]：職事官[28]三品已上，散官[29]二品已上，佐史[30]錄行狀，申考功[31]勘校，下太常擬謚訖，申省議定奏聞。無爵稱子[32]。沈約[33]《謚法》[34]云：「晉大興三年[35]，始詔無爵謚皆稱子也。」養德丘園，聲實明著，則謚曰先生[36]。大行則大名，小行則小名之[37]。舊有《周官・謚法》[38]，《大戴禮・謚法》[39]。又漢劉熙《注謚法》[40]一卷，晉張靖[41]撰《謚法》兩卷。又有《廣謚》[42]一卷。至梁，沈約總集謚法，凡有一百六十五卷[43]。若大祭祀，卿省其牲器[44]，謁者為之導。若小祀[45]及公卿大夫有嘉禮[46]，亦命謁者以贊相焉。

【章旨】敘述太常博士之定員、品秩、沿革和職掌；屬官謁者、贊引亦略有介紹。

【注釋】❶漢書百官表　即東漢班固所撰《漢書》中之〈百官公卿表〉。為秦漢二代官制實錄，開創了歷代修史設〈職官志〉的先河。❷博士秦官掌通古今　博士，春秋戰國已有其稱，初泛指學者，戰國末年齊、魏、秦等國置為職官。《宋書・百官志》：「史臣案：六國時往往有博士，掌通古今。」應劭《漢官儀》：「博士，秦官也。博者，通博古今；士者，辯於然否。」秦及西漢初充當皇帝顧問，參與議政、制禮，典修書籍，秩四百石，秩雖卑而職位尊顯。設僕射為之長，名義上隸太常。秦始皇時有七十餘人，二世時有三十餘人，西漢文帝時亦達七十餘人。武帝改置五經博士，兼具學官職能。東漢以降，議政職能削弱，學術技藝性加強，地位遂輕。❸秩比六百石　即月俸六十斛。❹高祖　西漢皇帝劉邦，字季，沛（今江蘇省沛縣）人。在位十二年，終年六十二。關於高祖之稱，《史記集解》引張晏曰：「禮謚法無『高』。以為功最高而為漢帝之太祖，故特起名焉。」❺叔孫通始為博士　叔孫通，薛（今山東省曲阜縣）人。原為秦之博士，率諸儒生降於漢。漢王劉邦拜叔孫通為博士，號稷嗣君。漢五年（西元前二〇二年）劉邦稱帝於定陶（今山東定陶），朝會時，群臣飲酒爭功，醉或妄呼，拔劍擊柱，高帝患之。叔孫通徵魯諸生三十餘人，為劉邦定朝儀。漢七年（西元前二〇〇年）長樂宮成，群臣依次行禮如儀，御史執法舉不如儀者輒引去，無敢讙譁失禮者。高帝曰：「吾迺今日知皇帝之貴也！」於是拜叔孫通為太常。❻後漢置十四

人　東漢所置十四博士係五經博士。五經指《易》、《尚書》、《詩》、《禮》、《春秋》。《後漢書・百官二》：「博士十四人，比六百石。本注曰：《易》四，施、孟、梁丘、京氏；《尚書》三，歐陽、大小夏侯氏；《詩》三，魯、齊、韓氏；《禮》二，大小戴氏；《春秋》二，公羊、顏氏。掌教弟子。國有掌承問對。本四百石，宣帝增秩。」又，《後漢書・儒林傳》所列為十五博士，其中《詩》有「齊、魯、韓、毛」四家，較同書〈百官二〉上述引文多毛一家。《太平御覽》卷二三六國子祭酒條引沈約《宋書》亦為十五博士，其文稱：「博士……光武增為十五人，并益一經有數家之學故也。」❼魏因之　《宋書・百官志》：「魏及晉兩朝置〔博士〕十九人，江左初減為九人，皆不知掌何經。」《三國志・魏書・文帝紀》黃初五年（西元二二四年）「立太學，置五經課試之法，置《春秋穀梁》博士。」同書〈杜畿傳〉注引《魏略》：「黃初中徵拜博士，於是太學初立，有博士十餘人。」同書〈衛覬傳〉：「請置律博士，轉相教授，事遂施行。」三國時，不僅魏設博士，吳、蜀亦設，蜀有許慈任博士，吳亦曾「置學官，立五經博士」（《三國志・吳書・孫休傳》）。❽晉中興書　書名。《隋書・經籍志》著錄：「《晉中興書》七十八卷，起東晉，宋湘東太守何法盛撰。」兩《唐書》志亦有著錄，唯皆為八十卷。❾端委佩玉　端委，禮服。《左傳・昭公元年》：「劉子謂趙孟曰：『吾與子弁冕端委。』」佩玉，《禮記・玉藻》：「古之君子必佩玉。天子佩白玉，公侯佩山玄玉，大夫佩水蒼玉。」❿克厭人望　厭，滿也。指眾望所屬。⓫齊宋太常府有博士　齊宋，當係「宋齊」之誤倒。《宋書・百官志》：宋太常府置「國子祭酒一人，國子博士二人，國子助教十人，《周易》、《尚書》、《毛詩》、《禮記》、《周官》、《儀禮》、《春秋左氏傳》、《公羊》、《穀梁》各為一經，《論語》、《孝經》為一經，合十經。助教分掌」；齊承宋制，「博士，謂之太學博士。國子祭酒一人，博士二人，助教十人」。⓬梁陳亦兼統國學博士　梁太常寺統國學，設祭酒一人，博士二人，助教十人，太學博士八人。又有限外博士員。梁武帝天監四年（西元五〇五年）置五經博士各一人。另有正言博士一人，位視國子博士。陳承梁制。⓭後魏太常博士從七品下　北魏孝文帝太和前制，設有太學博士、太史博士、律博士、禮官博士，品秩為第六品中；太和後制，設有太學博士、太常博士、國子助教，品秩為從第七品下階。⓮北齊置四人品同魏　北齊太常寺的屬官有博士四人，掌禮制，八書博士二人。北齊另設國子寺，領博士五人，太學博士十人，四門學博士二十人。北齊太學博士、太常博士品秩列從第七品下階。⓯隋因之　隋因北齊之制，太常寺有博士四人，國子寺已是一個獨立的機構，統國子、太學、四門，各置博士五人，書算各置博士二人，太常、太學之博士皆列從七品下階；煬帝時國子博士品秩列正五品。⓰武德　唐高祖李淵年號。⓱正八品上　《舊唐書・職官一》：「太常博士、太學助教，武德令，從八品下也。」與此處異。⓲貞觀中加其員品　貞觀，唐太宗李世民年號。貞觀中太常博士定員由二人增至四人，品秩自從八品下增至從七品上。⓳秦

漢有謁者　謁者，戰國時齊、秦、楚等國均置，掌引見賓客贊導受事。漢承秦制，置謁者，屬光祿勳，有謁者僕射為其長。員七十人，秩比六百石。多選用孝廉威儀而能賓贊者任之，或選端莊聲音宏亮之郎中補之。無常職，或奉命傳諭，或收捕考察貴戚大臣，或受命出使，皆視受命而有不同稱謂。在內廷供奉者稱中謁者，或中宮謁者，以郎中任謁者稱郎中謁者，滿一年後稱給事謁者，諸如此類通稱謁者。⑳通事舍人　隋初置為內史省屬官，職如前朝謁者，掌承旨傳宣之事。唐武德四年（西元六二一年）廢謁者臺，置通事舍人十六人，從六品上，隸四方館，名義上屬中書省。凡朝見引納、殿廷通奏、近臣入侍、文武官員就位，均掌其贊拜進退出入之禮儀。㉑隋太常寺有謁者三十人　《隋書·百官下》太常寺條下未見設有謁者之記載。煬帝時置謁者臺，其屬官有通事謁者二十人，通直三十六人，將事謁者三十人，謁者七十人，皆掌出使。㉒五禮　指吉禮、嘉禮、軍禮、賓禮和凶禮。㉓奉　《太平御覽》卷二二九引《唐六典》原文作「本」。㉔大祭祀　即大祀。唐制祭祀分大、中、小三等。大祀指對天、地、宗廟、五帝及追尊帝后之祭祀。㉕大禮　指皇帝之婚禮、冠禮以及元正、冬至之大朝會。㉖凡王公已上　《太平御覽》卷二二九引《唐六典》原文、《通典》之〈職官七〉、〈禮六十四〉及《舊唐書·職官三》並作「凡公以下」，唯《新唐書·百官三》為「按王公三品以上」。㉗議謚　謚是古代對已故帝王及其宗室或百官等，一般須在葬前依其生前行狀作出的評價性的稱號。此處則是指對職事官三品以上、散官二品以上給謚。謚號的給予有請謚、議謚、定謚、賜謚這樣一些程序。議謚，是指已由死者親屬或下屬等提出請求並附以死者生平事跡行狀，經考功郎勘校，由太常博士依行狀擬出謚號，然後由尚書省禮部參議，經尚書都省送中書門下裁定，最後奏報皇帝決定。議謚時，尚書省禮部和中書門下等可以駁議。如宇文士及卒於貞觀十六年（西元六四二年）贈左衛大將軍、涼州都督，陪葬昭陵。其謚號，初據其能「撫幼弟及孤兄子，以友愛見稱，親戚故人貧乏者輒遺之。然厚自封植，奉養必極奢侈，謚曰『恭』。黃門侍郎劉洎駁之曰：『士及居家侈縱，不宜為恭。』竟謚曰『縱』」（《舊唐書·宇文化及傳》）。親屬若對謚號不滿，還可上書申述，稱「論枉」。㉘職事官　《舊唐書·職官一》稱職事官是：「職事者，諸統領曹事，供應王命，上下相攝，以持庶績。近代已來，又分為文武二職，分曹置員，各理所掌。」據此可知職事官即有組織系統，有具體職務，有官位品級的職官。㉙散官　表示官員品階的稱號，與表示所任職務的職事官相對而言。亦有僅有散官品位而無職事者。而職事官皆有散官之本品，即入仕者本來的品第。㉚佐史　即諸司之佐吏。隋、唐在中央臺省者稱令史，在地方者稱佐史。㉛考功　指尚書省吏部之考功郎中。㉜無爵稱子　指無爵位之官員，其謚號可以稱「子」。《儀禮·士冠禮》：「生無爵，死無謚，卿大夫有爵，故有謚。」（據《通典·禮六十四·諸侯卿大夫謚議》）在漢代生前封侯者，死後才有謚。曹魏時始規定「得謚者秩品之限」，規定「五等列侯以上嘗為郡國太守、內史都尉、牙門將、騎督以上，薨者，皆賜謚」。《藝文類聚》卷四九引《晉中興書》：晉元帝時，王導上疏：「近代已來，唯爵得謚，武官牙門有爵必謚，卿校常伯，無爵悉不賜謚，甚失賜謚之本。」元帝依奏，下詔無爵亦可給謚。無爵者給謚時，在其謚號之後一般綴以「子」字。如南朝宋何偃卒，官正三品吏部尚書，無爵，謚曰「靖子」。（據《宋書・何偃傳》）㉝沈約　字休文，吳興武康（今浙江德清武康鎮）人。歷仕宋、齊、梁三代，官至尚書令，撰成《宋書》。㉞謚法　沈約曾著有《謚例》十卷，南宋後亡佚，其自序保存於《玉海・藝文類》，可以窺知此書內容分兩部份：一為謚法解。以《周書・謚法解》中謚字、謚解為主，根據劉熙《謚法注》敘次舊文，再將佚名《廣謚》、乘輿《帝王本紀・謚法》中新出謚字、謚解列於其下，所收謚解，據《郡齋讀書志》卷一，其總數達七百九十四條，是一部集解式的謚字總集。第二部份是歷代謚號彙編。在梁代，還有賀琛奉詔撰作的《新謚法》，按君謚、臣謚、婦謚分為三卷而條比謚例，且將卷內各謚字明確分為美、平、惡三類。由於該書係奉詔撰定，故至唐初仍被採用。此處所稱「沈約《謚法》」，或係上述二書中之一種。㉟大興三年　即西元三二〇年。大興為晉元帝司馬睿年號。是年晉元帝頒詔書宣佈無爵亦可賜謚。㊱養德丘園聲實名著則謚曰先生　指隱居在田園而德行、名聲著稱於世者，對其賜謚時則可稱先生。在西晉時，被追謚為先生者已有不少。如范平，吳時曾為臨海太守，孫皓時已謝病還家，太康中屢徵不起，年六十九卒，「有詔追加謚號曰文貞先生」（《晉書》本傳）。再如索襲，西涼隱士，謚「玄居先生」；河北公孫永，受苻堅謚「崇虛先生」；敦煌宋纖，在涼州被謚為「玄虛先生」（均見《晉書・隱逸傳》）。唐代亦有。如瑯邪道士王遠志，據記載死時已一百二十六歲，高宗調露二年（西元六八〇年）謚為「昇真先生」，武則天天授二年（西元六九一年）又改謚為「昇玄先生」；趙州潘師正，隱居於嵩山逍遙谷二十年，卒於永淳元年（西元六八二年），享年九十八，高宗與武則天「賜謚曰體玄先生」（均見《舊唐書・隱逸傳》）。㊲大行則大名小行則小名之　此是《周書・謚法解》中語。《太平御覽》卷五六二：「《周書》曰：『謚者，行之跡也，號者，功之狀也；車服者，位之章也。是以大行受大名，細行受小名。行出於己，名出於人。謚，慎也，以人行之始終，悉慎錄之以名也。』」鄭樵《通志・謚略・敘論二》：「大行受大名，細名受細行，行生於己，名生於人。」亦是指後人根據死者的行為來給予謚號。如柳宗元為其從祖父柳惟琛起草請求議謚狀文，原有「謚法：大行受大名，小行受小名。以狀考之，今所議謚，其大名者哉」等句，末尾又附有「下太常博士裴堪議。宜謚曰『貞』」。奉敕依」等字樣。（見《柳河東集》卷八）㊳周官謚法　周官，據《通典・禮六十四》當為「周書」。《周書》是一部與《尚書》性質相似的先秦歷史文獻彙編，東漢後稱之為《逸周書》。春秋時已有之，戰國後又輾轉附益，故其內容駁雜，清人崔述稱：「《周書》之作，蓋在戰國秦漢之間，彼固取前世王侯卿大夫之行事而揣度言之，復雜取傳記之文以附益之者。」（《豐鎬考信別錄》卷三）《逸周書》在漢時有七十一篇，今本加上序實存五十九篇，另有十一篇有目無文。〈謚法〉即此書中一篇。晉代五經博士孔晁為《逸周書》作注，並給每篇篇名後加一「解」字，故〈謚法〉亦稱〈謚法解〉。又因該篇序中宣稱此謚法係周公於成王元年三月十七日所述，故古人亦稱之為〈周公謚法〉。實際成書時間應在春秋末戰國初，周公所作云云，當係彼時儒生偽託。❸❾大戴禮謚法　大戴禮，即《大戴禮記》。大戴，指西漢戴德。另有《小戴禮記》則為其姪戴聖所編纂。鄭玄《六藝論》：「《戴德傳記》八十五篇，則《大戴禮》是也。」近人認為此書應成於東漢中期，可能是大戴後學為傳習《士禮》（即今《儀禮》前身）而編定的禮儀彙編。該書原有八十五篇，今僅有三十九篇，在唐以前已有亡佚，南宋韓元吉的《大戴禮記》便是殘本。〈謚法〉是《大戴禮記》中的一篇，但韓本中已佚。唐人除此處原注提到《大戴禮・謚法》外，虞世南的《北堂書鈔》亦曾引述過此書。《大戴禮・謚法》係沿襲《逸周書・謚法》而來，二者內容基本相同，謚字前者略多於後者。❹⓿漢劉熙注謚法　劉熙，字成國，北海（今山東昌樂）人，為東漢末名士。撰有《釋名》一書，為詁訓之要籍。所作《謚法注》一卷，選取《謚法解》中七十六謚字為之作注。原書已佚，然蘇間《嘉祐謚法》引有二十條，《經世大典・謚》亦引有六十八條，從中可見劉熙之注，既釋字義又疏通謚解。如「辟土有德曰襄」，其注為：「襄除也。除殄四方橫逆，得其土地，故曰襄。」「隱拂不成曰隱」，孔晁注為「不以隱括改其性」，劉熙則注為：「若魯隱公讓志未究，而為讒所拂違，使不得成其美，故曰隱。」這是以史例釋謚。❹❶張靖　生平不詳。❹❷廣謚　書名。作者佚名。沈約《謚例》曾收錄其新出之謚字。❹❸凡有一百六十五卷　句末「卷」，據南宋本當為「稱」。即共有一百六十五個謚字的稱謂。❹❹卿省其牲器　指在舉行祭祀天地、宗廟、五帝等盛大典禮前，太常卿都要親自省視在祭祀時需用的牲畜和器物。牲指牛、羊、豕。器指尊、坫、罍、洗、篚、冪等器物。省牲器有一定儀式，《新唐書・禮樂一》稱：「〔晡〕後三刻，謁者、贊引各引祀官公卿及牲皆就位」，「廩犧令少前，曰『請省牲』。太常卿省牲。廩犧令北面舉手曰『腯』。諸太祝各循牲一匝。西向舉手曰『充』。諸太祝與廩犧令以次牽牲詣廚，授太官，謁者引光祿卿詣廚，省鼎鑊，申視濯溉。」❹❺小祀　唐制祭祀分大、中、小三類。小祀指對司中、司命、司人、司祿、風伯、雨師、靈星、山林、川澤、司寒、馬祖、先牧、馬社、馬步以及州縣社稷之祭祀。❹❻嘉禮　古代五禮之一。《周禮・春官・大宗伯》：「以嘉禮親萬民。」鄭玄注：「嘉禮之別有六。」六種嘉禮是：「以飲食之禮，親宗族兄弟；以婚冠之禮，親成男女；以賓射之禮，親故舊朋；以饗燕之禮，親四方之賓客；以脈膰之禮，親兄弟之國；以賀親之禮，親異姓之國。」隋唐時通行之嘉禮，主要是婚冠之禮。

【語　譯】太常博士，定員四人，品秩為從七品上。《漢書．百官公卿表》說：「博士，是秦朝的官職。它的職掌要求有貫通古今的學識，品秩是比六百石，定員多到數十人。」漢高祖時，叔孫通最先擔任博士一職，為漢朝制定禮儀。東漢設置諸經博士十四人。三國魏因承東漢的體制。《晉中興書》記載：「擔任博士職務的，可以穿禮服，佩玉石，朝廷有盛大的典禮，必然要向他們咨詢。博士的人選，必須處事正直，眾望所歸，方才可以充任。」南朝齊、宋（宋、齊）太常府設有博士，亦被稱作太學博士。梁、陳時，太常寺亦兼統國學博士。北魏太常博士的品秩是從七品下，北齊太常博士的定員是四人，品秩與北魏相同。隋朝因襲北齊的體制，另外設置謁者三十人，贊引六十人。本朝高祖武德年間，博士的定員為二人，品秩正八品上；太宗貞觀時，太常博士的定員增加到四人，品秩提高到從七品上。另外減少謁者到十人，贊引亦減到二十人。

謁者，定員是十人。秦漢時期就有了謁者，這一職務相當於現今的通事舍人。隋朝在太常寺設謁者三十人，本朝減到十人。

贊引，定員為二十人。隋朝太常寺有贊引六十人，本朝貞觀時期減省到二十人。

太常博士的職掌是，根據先王的法制，辨別和掌理五禮的儀式，並適應時勢發展的需要加以刪改和補充。大凡逢有大祭祀和大的禮儀活動，太常博士要與太常卿一起導引協助儀式的進行。王公以上（下）的官員去世，都由太常博士擬定謚號，根據死者一生的功業和德行，作出或褒或貶的評價。議謚的範圍，是職事官三品以上，散官二品以上的官員。先由死者的佐史記錄他生前的行狀，申報考功郎中校勘，然後下達太常寺議擬；謚號擬出後，再申請尚書省都堂集省內官審定，最後經中書門下向皇帝奏報。如果受謚的官員生前沒有封爵，那就在他謚號末尾加一個「子」字。沈約的《謚法》說：「晉元帝大興三年，方始下詔規定沒有封爵賜謚的，都稱作『子』。」對歸隱在小丘田園，德行聲名都著稱於世的，賜謚號時，可以稱為「先生」。擬謚要根據受謚人一生的行狀，有大德行的就選用大謚號，小德行的就選用小謚號。過去《周官（書）》有《謚法篇》，《大戴禮》亦有《謚法篇》。又有東漢末劉熙注《謚法》一卷，晉朝的張靖亦曾撰寫《謚法》二卷。還有作者已佚名的《廣謚》一卷，到了梁朝，沈約總集各種論述謚法的本子，謚號總共有一百五十六卷（個稱謂）。如果遇上大祭祀，太常卿要在祭祀前省視祭祀時使用的牲畜和各種器皿，由謁者為他導引。如果是小祀或者公卿大夫有嘉禮時，也要叫謁者前往協助導引禮儀。

【說　明】 博士，《漢官儀》的詮釋是：「博者，博通古今；士者，辨于然否。」博士所以要通古今、善辨然否，《後漢書・百官志》本注說是「國有疑事，掌承問對」，就是為了準備給皇帝顧問應對。如秦二世對「楚戍卒攻蘄入陳」的情況弄不清楚，便要詢問博士和諸生（見《史記・叔孫通列傳》）。秦有七十餘博士，可能屬奉常管轄，只是未見有明確的文字記載；博士間亦尚未有明確的專業或職務分工。漢沿秦制，亦設博士官，如叔孫通便是漢初的博士。至漢文帝時，據《漢舊儀・補遺》，已有「博士七十餘人，朝服玄端，章甫冠」。在漢代，博士歸屬於太常，《漢書・百官公卿表》已記得很明確：「博士及諸陵縣皆屬〔太常〕焉。」博士的專業分工，則始於漢武帝：「武帝建元五年（西元前一三六年）初置五經博士。宣帝黃龍元年（西元前四十九年），稍增員十二人。」博士是在各地推舉的賢良文學之士中由太常考試確定。據《漢官儀》，出任博士者有一個年齡限制：「博士，限年五十以上。」同書錄有一則地方官員保舉博士人選的狀文，從中還可以看到對博士在品德、學識等方面的要求：「其舉狀曰：生事愛敬，喪歿如禮，通《易》、《尚書》、《孝經》、《論語》，兼綜載籍，窮微闡奧，隱居樂道，不求聞達，身無金痍痼疾，世六屬不與妖惡交通，王侯賞賜，行應四科，經任博士。下言某官某甲保舉。」在漢武帝時，由太常寺主持考核各地賢良文學之士，考試的題目便是皇帝的策問。各地被推舉的賢良文學之士在太常寺應試後，由太常寺閱卷，然後奏報皇帝審定。公孫弘便是菑川國（今山東菑博）推選的賢良文學之士：「時對者百餘人，太常奏弘第居下。策奏，天子擢弘對第一。召入見，容貌甚麗，拜為博士，待詔金馬門」（《漢書・公孫弘傳》）。公孫弘後由博士而拜相封侯。漢代出身博士而為丞相的有平當、韋賢、匡衡、張禹、孔光等；以博士而參預議政的，如賈誼、晁錯、董仲舒、貢禹等；以博士而遷任郡國守相的，數量就更多，在當時都曾產生過重大的政治影響。以博士而專掌經學教授的便是五經博士。但當時士人多以博士作為謀求出身入仕的一個階梯，取得博士的身份並不是他們最終目的。東漢設置的十四博士，是指五經博士。魏晉南朝隸屬於太常的太學博士、國學博士都是五經博士的延伸。北魏的博士太和前制在專業上已分化出太學博士、太史博士、律博士、禮官博士；太和後制，博士則總的分成太學博士和太常博士兩類。在北齊，太學從太常寺分出去，成為國子寺；在太常寺有博士四人，八書博士二人；在國子寺有太學博士十人，四門博士二十人。在太常的博士掌禮制，在國子寺的太學博士掌經學傳授。這是對博士隸屬關係一次較大的變化，隋唐設太常博士的制度便是承北齊而來，其職掌正集中在禮儀制度的損益上，唐代凡有關重大禮儀制度的議論和編撰，都有太常博士的直接參預。如《顯慶禮》便有太常博士蕭楚才、孫自覺、賀紀等重加緝定。高宗時因「顯慶新修禮多有事不師古，其五禮並依《周禮》行事，自是禮司益無憑準，每有大事，皆參會古今禮文，臨時撰定。然《貞觀》、《顯慶》二禮，皆行用不廢，時有太常卿裴明禮、太常少卿韋萬石，相次參掌其事，又前後博士賀數、賀紀、韋叔夏、裴守真等多所議定」(《舊唐書・禮儀志一》)。如編撰《開元禮》的過程中，太常博士施敬本便是重要的成員。

本章所敘的太常博士的職掌中，有一項是議謚。帝王將相等死後，朝廷依據其生前事跡，給予一個褒貶善惡的謚號，在我國有久遠的傳統。唐以前，皇帝都用一個字為謚號，偶亦有用二字者。一般開國第一、二代皇帝謚文、謚武，或立國後追謚其父祖為文、武。如魏曹操謚為武帝，曹丕謚為文帝；晉司馬炎謚武帝，司馬昭則是追謚為文帝；宋劉裕謚武帝，其子劉義隆謚文帝。據《史記》的《正義・謚法解》，文：「經緯天地曰文」，孔晁注：「成其道」；武：「剛強直理曰武」，孔晁注：「剛無欲，強不撓，直正無曲，理忠恕」。這都是文、武二字對帝王所包含的褒義。同一謚號，有時還有多重含義。如文，除了「經緯天地」外，還有「道德博聞」、「學勤好問」、「慈惠愛民」、「忠信達理」等含義。武，亦還有「威強致德」、「克定禍亂」、「刑民克敵」、「安民立政」等含義。雖說謚的原意是給死者一生功過以一個概括性的評價，理應有褒亦有貶，即應有美謚、惡謚與平謚之分，但事實上絕大多數帝王都是美謚，只有極少數例外。此弊秦漢後更有愈演愈烈之勢。一般朝臣既懾於皇權威力，又基於君臣榮辱共體的考慮，樂得隱惡揚美，大唱讚歌。就說謚號的用字吧，本來崇尚簡短，後來卻不斷增多，唐玄宗規定對祖宗的謚號要用七字，對以前不到七字的，也一律追加予以補足。如太宗初謚為「文皇帝」，加尊為「文武大聖大廣孝皇帝」；高宗初謚為「天皇大帝」，加謚為「天皇大聖大宏孝皇帝」。玄宗之後用字多少不齊，代宗謚四字，肅宗、順宗、憲宗皆九字，其餘諸帝多用五字，惟懿宗仍為七字。唐以後帝王謚號字數越加越多，美譽讚詞競向極端，如宋神宗的謚號多達二十字，清代努爾哈赤的謚號竟多達二十五字，全是頂級頌揚詞藻的堆砌，哪裡還能看出一點真面目來呢？

本章所言議謚，側重於對百官。唐代對臣僚謚號的頒賜有一套完整的制度。職事官三品以上，散官二品以上，去世後，由佐吏錄其行狀，內容大體包括死者的世系、名字、爵里、行歷、壽年等項。寫得好的行狀，亦可以是優秀的人物傳記，如唐李翺的〈韓文公行狀〉，就是一篇被人們傳頌的佳作。按照行狀的體例，最後一句總是：「謹具任官事跡如前，請牒考功下太常定謚，并牒史館。謹狀。」行狀先交吏部考功勘校，所敘是否附合歷年考功記錄，然後下太常寺之太常博士擬謚。如對高宗時曾任禮部尚書的許敬宗的前後兩次議謚，其間爭議頗多，可以看出賜謚過程中的某些細節。事詳《舊唐書》本傳。咸亨三年（西元六七二年）許敬宗卒，年八十一，高宗為之舉哀，廢朝三日，冊贈開府儀同三司，揚州大都督，陪葬昭陵。在安葬前，「太常將定謚，博士袁思古議曰：敬宗位以才昇，歷居清級，然棄長子於荒徼，嫁少女於夷落，聞《詩》學《禮》，事絕於趨庭；納采問名，唯聞於黷貨。白圭斯玷，有累清塵；易名之典，須憑實行。按謚法：名與實爽曰『繆』，請謚為『繆』。」這是一個貶謚。太常博士議詞中，包括許敬宗因子許昂與其繼室虞氏私通而以不孝罪奏請流放嶺南，以及為了多納金銀財寶而把女兒嫁給「蠻酋」馮盎之子，這樣兩樁被視為「白圭斯玷，有累清塵」的行跡，所以擬了一個「繆」字。由於謚號是對人一生是非善惡的評價，事涉毀譽，有關門楣，中國源淵流長的傳統觀念是特別計較這一點的，就在今天，我們不是還經常可以聽到某些政要去世後，悼詞中如何「高度評價」問題，其子女們總要為之爭鬧不休的傳聞嗎？許敬宗之子許昂，字彥伯，自嶺南流放遇赦回京並又任太子舍人後，就為這個「繆」字感到「不勝其恥」，因而與提出這個謚號的太常博士袁思古「大相忿競，又稱思古與許氏有嫌隙，請改謚官」。這種親屬對謚號不滿的上書稱作「論枉」。太常寺議後如果以為論枉無理，維持原謚，那就要說明理由，稱之為「駁議」。許昂論枉之後，接著便是太常博士的駁議。出面的是太常博士王福畤：「謚者，飾宗之稱也。得失一朝，榮辱千載，若使嫌隙是實，即合據法推繩，如其不虧直道，義不可奪，官不可侵，二三其德，何以言禮？福畤忝當官守，匪躬之故。若順風阿意，背直從曲，更是甲令虛設，將謂禮院無人，何以激揚雅道，顧視同列？請依思古謚議為定。」但許昂的論枉，得到了戶部尚書戴至德的支持，他責問王福畤：「高陽公（指許敬宗）任過如此，何以定謚為『繆』？」王福畤回答說：「昔晉司空何曾薨，太常博士秦秀謚為繆醜公。何曾既忠且孝，徒以日食萬錢，所以貶為『繆醜』。況敬宗忠孝不逮於曾，飲食男女之累有逾於何氏，而謚之為『繆』，無負於許氏矣。」

爭論相持不下，最後是皇帝出面，詔令尚書省五品已上重議，禮部尚書楊思敬議稱：「按謚法：既過能改曰『恭』，請謚曰『恭』。」結果是高宗圓場：「詔從其議」，也就是改謚許敬宗為「恭」。

本章原注著錄了歷代謚法著作，第一篇便是《逸周書・謚法解》。以前不少人正是依據這篇〈謚法解〉，認定謚法起源於周成王元年三月，是為了準備武王的葬禮，正式制定了謚法。此說在《春秋穀梁傳・桓公十八年》注中亦可找到根據：「昔武王崩，周公制謚法。」但近代學者經過研究認為《逸周書》中有後人偽託的成份，且武王之稱亦不是姬發死後的謚號，而是他生前就有的美稱。一九七六年三月，陝西臨潼出土的西周青銅器利簋，銘文是：「珷征商，唯甲子朝，歲鼎，克昏，夙有商。辛未，王在闌司，賜有司利金。用作旃公寶尊彝。」（釋文見《考古》一九七八年第一期）銘文之首「珷」便是「武王」二字的合文。鑄器物的時間是滅商當年，周武王十二年，那時姬發自然還活著，說明武王不是他死後的謚號，而是生時的美稱。不僅武王，西周的成、昭、穆、共、懿諸王之號，也都是生稱，現在都可以從出土的青銅器上的銘文找到證明。《春秋》一書是公認比較可靠的，魯國史官記事相當嚴格，書中記載的天子、諸侯、王臣、大夫，崩、薨、卒或被弒殺共一百八十七次都是先書其名或爵，沒有一例書其謚號的；但寫到這些人的葬事時，就不再稱名，而稱莊、穆、僖、閔、哀、姜等謚號，說明他們在下葬時已取得了謚號。書中記葬事一百十一次，無一例外。如魯隱公元年（西元前七二二年）稱鄭莊公為鄭伯，只書其爵，言「鄭伯克段于鄢」。到桓公十一年（西元前七〇一年）夏五月，鄭莊公死，寫為「鄭伯寤生卒」，這是書其名「寤生」，因為任何一位鄭國國君都能稱為鄭伯的，為了加以區別，須書其名。是年七月記其葬禮，則寫成「秋七月，葬鄭莊公」，顯然，在葬禮時，已正式定謚為莊公。當初設置謚號，主要還是為了避諱，鄭樵在《通典・謚略・序論》就主此說：「周人卒哭而諱，將葬而謚。有諱則有謚，無諱則謚不立。」因死者的神主遷入宗廟後，不可再言其名，因而給予一稱號，便是謚號。謚號之興較為可信的時間當在周穆王前後，到周孝王時（約西元前九〇九—前八九五年）謚法始成為周朝的制度。秦始皇時，曾一度廢止謚法，認為「子議父，臣議君也，甚無謂，朕弗取焉。自今已來，除謚法。朕始為皇帝，后世以計數，二世、三世至千萬世，傳之無窮」（《史記・秦始皇本紀》）。秦亡，劉邦建立西漢，不久就恢復了謚法，把謚法作為神化皇帝的工具，規定皇帝謚號時，要到南郊去祭天，在繼位天子參預之下，由太師宣讀謚策，稱天以謚，然後藏於金匱之中，從此謚法之制便被長期保存下來，直到辛亥革命推翻滿清王朝才被廢止。在整個漫長的封建制時代，謚法只是維護帝王制度和等級制度的一個工具，是弘揚封建禮教的載體，從未見對歷史有過什麼進步作用。但一項存在了如此長久，又為歷代當權者帶來了聲譽和實際好處的制度，是不會一下子消失得無影無蹤的。它事實上也還變相地存在著，只是那些謚字已換成了什麼階級的傑出革命家，什麼主義的忠誠戰士之類，至於行狀，大概就是悼詞或悼念文章吧，不無遺憾的是那些千篇一律的官樣文章，竟沒有一篇能與李翺所撰〈韓文公行狀〉相比的。還有，新稱號帶來的聲譽和實際好處，也與古代大同而小異，或有過之而無不及。

五

太祝三人，正九品上；《禮記》[1]曰：「天子建天官，先六太[2]。」則有太祝之置。此夏、殷之制也。《周禮》[3]：「太祝下大夫二人[4]，上士四人，掌六祝之詞[5]：順祝、年祝、令祝、化祝、瑞祝、策祝[6]，以事鬼神，祈福祥也。」秦、漢奉常屬官有太祝令、丞[7]。後漢太祝令一人，六百石；丞二人。晉、宋皆有太祝令、丞[8]。《齊職儀》[9]：「太祝令，品第七，四百石，銅印、墨綬[10]，進賢一梁冠[11]，絳朝服[12]，用三品勳位[13]。」《梁選部》[14]：「太祝令與二廟令品秩同[15]。」陳氏因之。後魏太祝令從五品中[16]，太和二十二年[17]，改為正九品上。北齊太常寺置太祝令、丞[18]。後周太祝下大夫一人[19]。隋太祝署令一人，丞一人，太祝八人，祝史十六人[20]。煬帝廢太祝署[21]，以太祝屬寺，後又增為十人。皇朝減置七人，後又增置九人；開元二十三年減六人[22]，祝史減七人[23]。

祝史六人；晉太祝令史三十人。後魏祝史從七品中㉔。隋置十六人。皇朝武德㉕中置十二人，今減六人。

奉禮郎二人，從九品上。漢大鴻臚有治禮郎三十七人㉖。晉太常諸博士有治禮史二十四人，大行令有治禮郎四人㉗。後魏治禮郎從六品下；太和二十二年改為從九品下㉘。北齊司儀置奉禮郎三十人㉙。後周治禮中士一人、下士一人㉚。隋太常寺有治禮郎十六人，其後改為奉禮郎，又置贊者十二人。煬帝減奉禮郎置六人。皇朝武德中為治禮郎，置四人；永徽㉛之後，改為奉禮郎。開元二十三年㉜減二人。掌師㉝贊者㉞，以供其事。

【章　旨】敘述太常寺屬官太祝、祝史、奉禮郎之定員、品秩及沿革。

【注　釋】❶禮記　亦稱《小戴記》或《小戴禮記》，儒家經典之一。相傳為西漢戴聖編纂。因戴聖與叔父戴德同學《禮》於后蒼，世稱其為「小戴」，而稱德為「大戴」。此書為戰國秦漢之際各種禮儀論著的選集。有〈曲禮〉、〈檀弓〉、〈王制〉、〈月令〉、〈禮運〉、〈大學〉、〈中庸〉、〈學記〉、〈樂記〉、〈明堂〉、〈玉藻〉、〈祭法〉、〈祭義〉等四十九篇，大體為孔子弟子及其再傳、三傳弟子所記，是研究中國古代社會情況、禮儀文物制度的重要參考書。注本有東漢鄭玄《禮記注》、唐孔穎達《禮記正義》等。❷天子建天官先六太　語見《禮記・典禮下》。「六太」原文作「六大」。六大是：「大宰、大宗、大史、大祝、大士、大卜，典司六典。」鄭玄注：「此蓋殷時制也。周則大宰為天官，大宗曰宗伯，為春官，大史以下屬焉。」朱熹注：「此六大者，天官之屬也。以其所掌重於他職，故曰先。」❸周禮　亦稱《周官》。儒家經典之一。係搜集周王室官制和戰國時各國制度，添附以儒家政治理想，增減排比而成之彙編。❹太祝下大夫二人　太祝，《周禮》春官宗伯屬官。掌禋祀、祭神、喪事、天災、征伐、會同等的禱辭祝號。下大夫是其爵稱。有上大夫、中大夫、下大夫，為《周禮》六官的屬官。大夫之下，有上士、中士、下士三等。❺掌六祝之詞　指掌六祝之辭命。六祝即下述之六祝。《周禮》在其下有「以事鬼神示，祈福祥，求永貞」，指祝辭的內容為侍奉人鬼、天神、地示，祈求福祥，永遠大吉大利。❻順祝年祝令祝化祝瑞祝策祝　此即所謂「六祝」。順祝，指以順辭祝之，以祈求豐年。年祝，即祈求永貞，年年都能大吉大利。令祝，令者，善也，吉也。《周禮》原文作「吉祝」。吉指福祥，祈求福祥。化祝，化謂化解，消除之意。祈求消除兵災。瑞祝，鄭玄注：「逆時雨，寧風旱也。」意謂祈求風調雨順。風雨及時謂瑞。策祝，鄭玄注：「遠罪疾。」指以簡冊之文辭祝告上帝，祈求以遠罪疾之災。❼秦漢奉常屬官有太祝令丞　奉常，秦、漢九卿之一，掌宗廟禮儀，秩中二千石。景帝時改名太常，一說入漢即改太常。惠帝時復名奉常。後世或置，多稱太常，亦以奉常作為太常別稱。《漢書・百官公卿表》在奉常屬官中有太祝令、丞。《宋書・百官上》稱：「漢西京置太祝令、丞，武帝太初元年（西元前一〇四年），更名曰廟祀。漢東京改曰太祝。」❽晉宋皆有太祝令丞　《晉書・職官志》未載晉之太祝令、丞，《宋書・百官上》載有太祝令一人，丞一人。❾齊職儀　《舊唐書・經籍志上》著錄：「《齊職儀》五十卷，范曄撰。」❿銅印墨綬　古代官員佩印，以其材質分金、銀、銅三等。《東觀書》：「漢制，秩四百石以上皆銅印墨綬。」唐代諸司則多用銅印。綬為繫印用絲帶，分紫綬、青綬、黃綬、墨綬等不同等級。墨綬亦稱黑綬，有青、紺二采。⓫進賢一梁冠　進賢冠，一稱緇布冠，為儒者之服。前高七寸，後高三寸，長八寸，分五梁、三梁、二梁、一梁等不同等級。一梁品級最低，六百石以下至令史、門郎、小史並冠一梁。⓬絳朝服　包括冠幘、簪導、絳紗單衣、白裙襦、革帶、鉤艓、假帶等，於朝會時服之。⓭用三品勳位　指九品之下，另列二等，一為三品蘊位，一為三品勳位，為不入品流的低級階位。⓮梁選部　近衛校正德本稱：據《梁書》，「部」應為「簿」。梁選簿，書名。《舊唐書・經籍志》著錄：「《梁選簿》三卷，徐勉撰。」徐勉是梁武帝時吏部尚書。天監七年（西元五〇八年）革選，徐勉奉命改九品制為十八班制，以班多為貴。⓯太祝令與二廟令品秩同　《隋書・百官上》所記與此異：太祝令為一班，二廟令為二班。二廟，指梁武帝蕭衍已故祖父蕭道生及父親蕭順之的祭廟。⓰後魏太祝令從五品中　《魏書・官氏志》：孝文帝太和十七年（西元四九三年）職令，太祝令列「從第五品上」，與此有異。⓱太和二十二年　即西元四九八年。太和為北魏孝文帝年號。但據《魏書・官氏志》孝文帝復次職令是在太和二十三年（西元四九九年）非太和二十二年。是年孝文帝卒，世宗頒行之。⓲北齊太常寺置太祝令丞　《隋書・百官中》：北齊太常寺下設太祝署，置令、丞，掌郊廟贊祝、祭祀、衣服等事。⓳後周太祝下大夫一人　《通典・職官・諸卿上》：「後周依《周官》。」即依照《周禮》天、地、春、夏、秋、冬六官設置官職。在春官府下設太祝下大夫一人，品秩正四命；小祝上士，正三命。北周任太祝下大夫者，見《隋書・儒林・辛彥之傳》：「周明、武時，歷職典祀、太祝、樂部、御正四曹大夫。」大將出征，則遣太祝以羊一，祭所過名山大川。⓴隋太祝署令一人丞一人太祝八人祝史十六人　《隋書・

百官下》稱：隋太常寺下設大祝署，設令、丞各一人，太祝二人；太祝令為正八品，太祝為從九品上階。㉑煬帝廢太祝署　煬帝，隋朝皇帝楊廣，在位十四年，終年五十歲。《隋書・百官下》：煬帝時，「太常寺罷太祝署，而留太祝員八人，屬寺；後又增為十人」。㉒自「皇朝減置七人」至「減六人」　唐代太祝員數前後有變化，諸書記載亦不一。《舊唐書・職官志》、《新唐書・百官志》太祝皆為六人，正九品上。《唐會要》卷六五所記較詳：「太祝，本每室一人，共六人，開元十年（西元七二二年）七月三日加至九員，二十七年（西元七三九年）減六員，留三員。」本章正文言「太祝三人」，原注歷述增減過程，末句謂「開元二十三年（西元七三五年）減六人」，意亦為留下三人，唯表達不如《唐會要》明確。㉓七人　據下文正文及原注應為「六人」。㉔後魏祝史從七品中　據《魏書・官氏志》，北魏孝文帝太和十七年（西元四九三年）職令祝史為從七品中；太和二十三年（西元四九九年）則無記載。㉕武德　唐高祖李淵年號。㉖漢大鴻臚有治禮郎三十七人　東漢設大鴻臚，為九卿之一。秦稱典客，西漢景帝時改名大行令，武帝太初元年（西元前一〇四年）始改大鴻臚。設卿一人。《後漢書・百官二》本注：「掌諸侯及四方歸義蠻夷。其郊廟行禮，贊導，請行事，既可，以命群司；諸王入朝，當郊迎，典其禮儀。」其下屬有「大行令一人，本注曰：主諸郎。丞一人。治禮郎四十七人」。劉昭注引《漢官》：「其四人四科，五人二百石，文學五人百石，九人斗食，六人佐，六人學事，十二人守學事。」㉗大行令有治禮郎四人　據《晉書・職官志》晉大行令屬大鴻臚。㉘太和二十二年改為從九品下　據《魏書・官氏志》，太和後制職令定於太和二十三年（西元四九九年），非二十二年；治禮郎品秩由太和前制的從六品下，改為從第九品，非為從九品下。㉙北齊司儀置奉禮郎三十人　據《隋書・百官中》，北齊司儀屬鴻臚寺，「司儀署，又有奉禮郎三十人」。又，《通典・職官七・諸卿上》：「奉禮本名理禮（按：『理』本當作『治』，唐人避高宗李治名諱而改），國家撰《五代史志》，至永徽七年（西元六五六年）乃成，於時此官已改，故《隋書・百官志》謂北齊及隋理禮皆為奉禮。奉禮之名雖見於前史，其改始自永徽。」㉚後周治禮中士一人下士一人　《通典・職官・奉禮郎》：「後周有治禮中士、下士各一人。」其品秩，治禮中士正二命，治禮下士正一命。㉛永徽　唐高宗李治年號。㉜開元二十三年　即西元七三五年。開元為唐玄宗李隆基年號。㉝師　據南宋本當為「帥」。㉞贊者　《舊唐書・職官志》太常寺條下有贊者十六人。

【語　譯】〔太常寺：〕太祝，定員三人，品秩為正九品上。《禮記》說：「天子建立天官機構時，先設置它的下屬六個『太』。」這六個「太」中便有一個太祝的設置。這是夏代和殷代的制度。《周禮》中規定：「下大夫二人，上士四人，掌理六祝的辭命。六祝是：順祝、年祝、令祝、化祝、瑞祝和策祝，用來奉事鬼神，祈求福祥。」秦漢時期的奉常，它的屬官有太祝令、丞。東漢設置太祝令一人，品秩為六百石；丞二人。晉和南朝的宋都設有太祝令和丞。南朝齊，據《齊職儀》記載：「太祝令，品列第七，俸秩是四百石，佩銅印，繫墨綬，戴進賢一梁冠，穿絳紗朝服，位列三品勳位。」《周選部（簿）》說：「太祝令與二廟令的品秩相同。」陳朝因承梁朝的官制。北魏太祝令位列第五品中（上）；到孝文帝太和二十二（三）年改為正九品上。北齊的太常寺亦設置太祝令、丞。北周設置太祝下大夫一人。隋朝的太祝署，設置令一人，丞一人，太祝八人，祝史十六人。煬帝撤除了太祝署，讓太祝直屬太常寺，後來又把太祝的定員增加到十人。本朝減為七人，後來又增到九人；開元二十三年減去了六人。祝史亦減為七（六）人。

祝史，定員為六人。晉朝設置太祝令史三十人。北魏時祝史的品秩是從七品中。隋朝祝史的定員為十六人，本朝高祖武德時期設置十二人，現在減到了六人。

奉禮郎，定員二人，品秩為從九品上。漢代大鴻臚有治禮郎三十七人。晉朝太常寺各博士下共有治禮史二十四人，大行令有治禮郎四人。北魏太和前制治禮郎的品秩是從六品下，孝文帝太和二十二（三）年改為從九品下。北齊在司儀署設置奉禮郎三十人。北周有治禮中士一人，下士一人。隋代太常寺有治禮郎十六人，後來改稱奉禮郎，又設置贊者十二人。煬帝時，奉禮郎減到六人。本朝武德時期稱治禮郎，設置四人；高宗永徽以後，改名為奉禮郎。開元二十三年減為二人，職掌是統率贊者，用以完成禮儀方面的事務。

六

太祝掌出納神主于太廟之九室❶，而奉享薦禘祫之儀❷。凡國有大祭祀❸，盥則奉匜❹，既盥則奉巾帨❺。凡郊廟之祝板❻，先進取署❼，乃送祠所；將事，則跪讀祝文❽，以信于神；禮成而焚之❾。凡大祭祀，卿省牲❿，則循牲而告「充」⓫。禮告訖，牽牲以授太官。既享，則以牲之毛、血置之於豆⑫而尊⑬焉；饌入而徹之⑭。既享，則酌上樽之福酒⑮，且減胙肉，加之於俎⑯，以贊祭酒歸胙之禮⑰。又奉玉帛之篚⑱及牲首之俎，俟禮成行焚瘞之儀⑲也。**凡祭天及日月、星辰之玉帛，則焚之；祭地及社稷、山嶽⑳，則瘞之；海瀆㉑，則沈之。奉禮郎掌設君臣之版位㉒，以奉朝會、祭祀之禮。**版位黑質赤文。天子方尺有二寸，厚三寸；太子方九寸，厚二寸；公卿已下㉓，方七寸，厚一寸有半。天子版位題曰「皇帝位」，太子曰「皇太子位」，百官題曰「某品位」。凡祭祀、朝廷㉔，以贊導焉。**凡祭祀、朝會，設庶官之位。**文左武右，東西相向，北方為上。東方、南方之使，次於文官之下；西方、北方之使，次於武官之下；二王之後，列於武官之下㉕；褒聖侯㉖，敘於文官之列。凡有事於神祇，則設御位於壇之東南；從祀公卿、獻官及掌事者，位於壝之內外㉗。若有事於宗廟，則設位於廟庭之中，宗廟之子孫㉘列焉，昭穆異位㉙，去爵從齒㉚也。**凡尊彝之制㉛十有四，祭祀則陳之。**一曰太尊㉜，二曰著尊㉝，三曰犧尊㉞，四曰象尊㉟，五曰壺尊㊱，六曰山罍㊲，七曰概尊㊳，八曰散尊，九曰山尊㊴，十曰蜃尊，十一曰雞彝㊵，十二曰鳥彝，十三曰斝彝，十四曰黃彝㊶。又陳勺㊷、冪㊸、篚、坫㊹之位，以奉其事。有事於神祇㊺，則用太尊至於山罍；有事於宗廟，則春、夏用雞、鳥之彝㊻，秋、冬用黃、斝之彝㊼。星之外官㊽用概尊，嶽鎮海瀆用山尊，山林川澤用蜃尊，眾星及丘陵已下用散尊也。**凡祭器之位，簠㊾、簋㊿為前，登(51)、鉶(52)次之，籩、豆(53)**

為後。簠、鉶、籩、豆之位在廟堂上，俱陳側階之北[54]，每坐四簠，次之以六鉶，次之以六登[55]；籩、豆為後，每坐異之[56]。皆以南為上，屈陳而下也。凡大祭祀及朝會，在位者拜跪之節皆贊導之，贊者承傳焉[57]。又設牲版之位，以成省牲之儀[58]。凡春、秋二仲公卿巡行諸陵，則主其威儀、鼓吹之節[59]，而相其禮焉。

【章　旨】敘述太祝和奉禮郎之職掌，連帶述及唐代尊彝簠簋之制。

【注　釋】❶出納神主于太廟之九室　神主，指已故君主之牌位。《穀梁傳·文公二年》：「丁丑作僖公主。」范寧《集解》：「為僖公廟作主也。主，蓋神之所憑依。天子長尺二寸，諸侯長一尺。」《通典·禮八》：天子皇后及諸侯神主條：「大唐之制：長一尺二寸，上頂徑一寸八分」；「以光漆題謚號於其背」。九室，晉以後以室代廟，九室相當於古之九廟。關於宗廟之數，《禮記·王制》載：「天子七廟，三昭、三穆，與太祖之廟而七。」漢元帝時仿周秦天子七廟之制，即一祖、二宗、四親廟（二昭、二穆）。至晉代，以廟數為室，把原七廟之神主集中於一宗廟而分列於七室。晉武帝太康六年（西元二八五年）詔曰：「古雖七廟，自近代以來，皆廟七室，於禮無廢，於情為敘，亦隨時之宜也。」唐初享祭四室，至貞觀九年（西元六三五年）高祖李淵去世，太廟擴建，改四室為六室；開元十年（西元七二二年）始創九室，分別供奉獻祖、懿祖、太祖、代祖、高祖、太宗、高宗、中宗、睿宗之神主，此即太廟之九室。每逢禘祫需遍祭列祖列宗神主於大殿，故太祝從諸室捧出神主，祭畢復置於諸室，此即所謂「出納神主」。出納神主亦有一定儀式，《新唐書·禮樂一》稱：「未明二刻，陳腰輿於東階之東，每室各二，皆西向北上。贊者引太廟令、太祝，宮闈令帥內外執事者，以腰輿升自東階，入獻祖室，開埳室。太祝、宮闈令奉神主各置於輿，出，置於座。」每室之神主都是依此程序出之。❷享薦禘祫之儀　指由太祝奉行禘祫合祭時享薦祖先的儀式。享薦，指以祭品奉享祖先。禘祫，古代合祭名。天子集合遠近祖先的神主於太廟舉行盛大的祭奠。三年之喪畢的次年舉行祫祭，此後隔三年舉行一次祫祭，隔五年舉行一次禘祭，各自計年；祫享於孟冬，禘享於孟夏。如唐開元六年（西元七一八年）睿宗之喪畢，此後三年一祫，五年一禘，各自計年，至開元二十七年（西元七三九年）經五禘七祫，其年孟夏禘祭訖，孟冬又當祫祭，故把禘、祫合併，改為五年一祭。❸大祭祀　唐制，祭祀分大、中、小三等。對天、地、宗廟、五帝及追尊帝后之祭祀，為大祭，亦即大祭祀。❹盥則奉匜　盥，澆水洗手。《禮記・內則》：「請沃盥。」沃，自上澆之，盥者手受之而水下流於盤。匜，古代盥器，形如瓢，青銅製。意為祭祀前，君王須洗手，太祝奉匜澆水於君王手上。❺奉巾帨　巾帨為擦手之手巾。意謂君王洗手畢，太祝即奉上手巾以供擦手。❻祝板　刻寫祝文的木板，並用以署寫主祭者姓名。板，亦寫作「版」。「凡天地郊祀及太廟，欲至享日，所司準程先進版取署，令人送往，若臨時卒急，並令附驛。其版仍令先一年所用數。若署版後，祭官有故，即削除，題所替行事人也。」（《通典・禮六十八・雜制下》）❼先進取署　指在祭祀前，先取祝版，進主祭官署名：若是皇帝主祭，便由皇帝御署。❽跪讀祝文　據《通典・禮六十九》載錄，郊祀時，須先後分別由太常、太祝兩次跪讀祝文。其全過程是：主祭官奠祭後，「太祝持版進於神座之右，東向跪讀祝文。『維某年歲次月朔日，子嗣天子臣某，敢昭告於昊天上帝：大明南至，長晷初昇，萬物權輿，六氣資始，式遵彝典，慎修禮物，敬以玉帛犧齊，粢盛庶品，備茲禋燎，祗薦潔誠，高祖神堯皇帝配神作主。』」（凡攝事祝版，應御署訖，皇帝北向再拜，侍臣奉版，郊社令受，遂奉出）皇帝再拜。（攝則太尉再拜）初讀祝文訖，樂作；太祝進，跪奠版於神座。興，還鐏所，皇帝拜訖，樂止」。然後由太常卿引皇帝至高祖神堯皇帝神座前，跪祭奠爵，於是「太祝持版進於神座之左，北向跪讀祝文曰：『維某年歲次月朔日，子孝曾孫開元神武皇帝臣某，敢昭告於高祖神堯皇帝：履長伊始，肅事郊禋，用致燔祀於昊天上帝。伏惟慶流《長發》，德冠《思文》，對越昭升，永言配命，謹以制幣犧齊，粢盛庶品，式陳明薦，侑神作主，尚饗。』初讀祝文訖，樂作；太祝進，跪奠版於神座，興，還鐏所，皇帝再拜訖，樂止」。❾禮成而焚之　指祭禮完畢，便將祝版焚毀。焚版時，「太常卿前奏：『請就望燎位。』太常卿引皇帝，樂作；皇帝就望燎位，南向立，樂止。於群官將拜，上下諸祝各執篚，進神座前，取玉幣、祝版，日月以上齋郎以俎載牲體、黍稷飯及爵酒，各由其陛降壇，南行，經柴壇西，過壇東行，自南陛登柴壇，以玉幣、祝版、饌物置於柴上。戶內諸祝史又以內官以下之禮幣皆從燎。奉禮曰：『可燎。』東西面各六人，以炬燎火。半柴，大常卿前，奏：『禮畢。』」（《通典・禮六十九・進熟》）。❿卿省牲　指太常卿省視犧牲及祭器的儀式。⓫循牲而告克　此為省牲過程中的一個程序。克即「充」字。《新唐書・禮樂一》：「諸太祝各循牲一匝。西向舉手曰：『充。』」諸太祝與廩犧令以次牽牲詣廚，授太官。」⓬豆　古代食器。形如高足盤，或有蓋，用以盛祭品。太官令帥宰人以鸞刀割牲時，祝史以豆取牲之毛血，用以祭奠。⓭尊　據《通典・禮六十九》當為「奠」。⓮饌入而徹之　饌，祭祀用食物。徹通「撤」。在太祝奠犧牲之毛血後，太官引饌入，進饌者於神座前設饌畢，「祝史俱進，跪徹毛血之豆，降自東陛以出」（《通典・禮六十九》）。⓯酌上樽之福酒　樽，盛酒器皿。

祭祀用的酒稱福酒。祭祀時太祝以爵酌上樽的福酒，合置於一爵，經侍中授皇帝祭奠於神座之前。⓰減胙肉加之於俎　胙肉，經烤煮的祭祀用牲肉。俎，盛胙肉之盤。由太祝減，即割取三牲之胙肉。一般皆取前腳第二骨，加於同一俎上，由太祝持俎以授司徒，司徒奉俎西向進，皇帝受以授左右奠於神座前。⓱祭酒歸胙之禮　指上述由太祝協助主祭官完成奠祭酒和胙肉的禮儀。⓲奉玉帛之篚　篚，盛放祭祀用玉帛之竹器。在祭祀時，由正座和配座之太祝取玉及幣於篚，在皇帝升壇時，由太祝加玉於幣以授侍中，侍中奉玉幣東向進，皇帝搢鎮珪受玉幣跪奠於昊天上帝神座。⓳焚瘞之儀　瘞，掩埋。凡祭天神，皆焚柴；祭地祇，皆瘞埋；祭山，皆庋懸；祭川，皆浮沉。⓴山嶽　指五嶽、四鎮。即東嶽泰山，東鎮沂山；南嶽衡山，南鎮會稽山；中嶽嵩山；西嶽華山，西鎮吳山；北嶽恆山，北鎮醫無閭。㉑海瀆　指四海四瀆。即東海、南海、北海、西海；東瀆淮，南瀆江，西瀆河，北瀆濟。㉒版位　指奉禮郎在祭祀時要安排君臣之位次。《新唐書・禮樂一》：「奉禮郎設御位於壇之東南，西向；望燎位當柴壇之北，南向；祀官公卿位於內壝東門之內南道，分獻之官於公卿之南，執事者又於其後，異位重行，西向北上。御史位於壇下，一在東南西向，一在西南東向。奉禮郎位於樂縣東北，贊者在南，差退，皆西向」。「從祀文官九品位於執事之南，東方、南方朝集使又於其南，蕃客又於其南，西向北上。介公、酅公位於中壝西門之內道南，武官九品又於其南，西方、北方朝集使又於其南，蕃客又於其南，東向北上。所以即而行事也」。㉓公卿已下　《通典・禮六十八・雜制》作「百官一品已下」。㉔朝廷　據本條正文「以奉朝會祭祀之禮」，應改作「朝會」。㉕二王之後列於武官之下　二王指介公、酅公之後，即北周宇文氏及隋楊氏之後裔。近衛校正德本稱：據唐《公式令》及《唐志》，「列於武官之下」當作「列於武官之上」。㉖褒聖侯　唐貞觀十一年（西元六三七年）封孔子裔為褒聖侯。㉗壝之內外　壝，環繞祭壇外之矮牆。意謂從祀公卿、獻官及掌事者之版位，皆設於祭壇矮牆之內外。㉘宗廟之子孫　宗廟，指九廟。古制七廟，唐開元制祭九廟，亦即九室。此處意謂凡神主列於九廟之子孫，亦可參加宗廟之祭祀，其版位在「齋坊內道東近南，西向北上」（《新唐書・禮樂一》）。㉙昭穆異位　宗廟之次序以父、子（祖、父）遞為昭、穆，左為昭，右為穆。此處指九廟之子孫，亦依昭穆次序而異位排列行禮。《禮記・祭統》：「夫祭有昭穆，昭穆者，所以別父子遠近、長幼、親疏之序而無亂也。」亦即依宗族輩份排列而行禮。㉚去爵從齒　指在同一輩份內，參預祭祀的九廟之子孫，其排列次序不依爵位之尊卑，而依年齒之長幼。㉛尊彝之制　尊彝是古代青銅禮器之通稱。《爾雅・釋器》：「彝、卣、罍，器也。」郭璞注：「皆盛酒，尊彝總其名。」意謂祭祀時使用禮器之體制。《周禮・春官》設有司尊彝，其職是「掌六尊六彝之位。詔其酌，辨其用與其實。」㉜太尊　即大尊，《周禮》六尊之一。鄭玄注：太古之瓦尊，以瓦為之，即瓦甒。㉝著尊　《周禮》六尊之一。無足而底著地。鄭玄注：「著尊者，著略尊也。或曰著尊著地無足。《明堂位》曰：著，殷尊也。」

[34]犧尊　即獻尊，酒尊之中者，《周禮》六尊之一。鄭玄注：「獻讀為犧。犧尊飾以翡翠。」《詩》孔穎達疏引王肅《禮器注》謂為犧牛及象之形，鑿其背以為尊。今觀故宮博物館所藏周代之犧尊，皆獸形，鑿其背為圓口，上有蓋，而以其腹為容器。犧為眾牲之名，固不必是牛。

[35]象尊　《周禮》六尊之一。當為象形。鄭玄注：「象尊以象鳳凰，或云以象骨飾尊。」

[36]壺尊　《周禮》六尊之一。鄭玄注：「壺者，以壺為尊，《春秋傳》曰：尊以魯壺。」

[37]山罍　青銅祭器。圓形，小口，廣肩，深腹，圈足，有蓋。腹下有一鼻，用以盛酒。

[38]概尊　概尊及此下散尊、蜃尊，皆為漆尊，區別是概尊有以朱帶為飾，散尊無飾，蜃尊則腹部畫有蜃形。《周禮・春官・鬯人》：祭祀，「凡山川四方用蜃，凡祼事用概，凡疈事用散。」鄭玄注：「蜃、概、散，皆漆尊也……蜃畫為蜃形，概尊以朱帶者，無飾曰散。」

[39]山尊　《周禮》六尊之一。尊上畫有山雲之形。

[40]雞彝　《周禮》六彝之一。彝是酒尊中之上等者。祼祭時，用此以行以酒灌地之儀式。鄭玄注謂此彝刻而畫之似雞之形狀。

[41]十二曰鳥彝十三曰斝彝十四曰黃彝　各為《周禮》六彝之一。鳥彝其上刻畫有鳳凰之形。斝彝，斝讀為「稼」。其上畫有禾稼。黃彝，其外以黃金鏤為目。按：《周禮・春官・司尊彝》列有「六尊六彝」之名。以上十四尊彝中，除「六尊」全部列入外，尚有山罍及概尊、散尊、蜃尊；「六彝」則僅列入雞、鳥、斝、黃四彝，餘虎、蜼二彝未列入。

[42]勺　古代舀酒器具。青銅製，形如曲柄小斗。

[43]冪　即巾，用以覆蓋酒尊之巾稱冪。《儀禮・公食大夫禮》：「簠有蓋冪。」《周禮・天官・冪人》：「祭祀，以疏布巾冪八尊，以畫布巾冪六彝。」《通典・禮六十九・省牲器》：「廟享則籩豆簋、簠皆設位，皆以巾蓋。」此巾即冪。

[44]坫　陳放食物和器皿之土臺，相當於後之茶几。

[45]神祇　指天神和地祇。

[46]春夏用雞鳥之彝　《周禮・春官・司尊彝》：「春祠夏禴，祼用雞彝、鳥彝。」意謂春天的祠祭和夏天的禴祭，行祼時分別用雞彝和鳥彝。

[47]秋冬用黃斝之彝　《周禮・春官・司尊彝》：「秋嘗冬烝，祼用斝彝黃彝。」意謂秋天嘗祭和冬天的烝祭，行祼時分別用斝彝、黃彝。

[48]星之外官　指日、月及星辰。

[49]簠　古代盛放穀物之器具。亦用於祭祀，則多為青銅器。長方形，器與蓋之形狀相同，可卻置，各有兩耳。《說文解字》：「簠，黍稷圜器也。」段玉裁注：「簠，盛稻粱，此云黍稷者，統言之則不別也。」《周禮・地官・舍人》：「凡祭祀，共（通「供」）簠、簋，實以陳之。」鄭玄注：「方曰簠。」

[50]簋　古代用以盛放食物之器具。亦用作祭祀。作為禮器，簋與鼎依一定比例配合，用以標誌貴族之身份。如四簋五鼎、六簋七鼎、八簋九鼎等。《說文解字》：「簋，黍稷方器也。」段玉裁注：「許云簋方簠圓，鄭云簋圓簠方，不同者師傳各異也。」《詩・小雅・伐木》：「于粲灑掃，陳饋入簋。」毛傳曰：「圓曰簋。天子八簋。」

[51]登　亦作「豋」。古代祭祀時盛肉用器具。木製，亦有陶製、銅製者。《說文解字》：「登，禮器也，從『癶』，持肉在豆上。」唐高宗〈宗廟薦

享別奠詔〉：「自今以後，宗廟薦享爵及籩、簠、登、鉶，各宜別奠。」(52)鉶　古代祭祀時盛羹器皿。《禮儀・公食大夫禮》：「宰夫設鉶四于豆西。」鄭玄注：「鉶，菜和羹之器。」(53)籩豆　兩種古代禮器。籩，竹製，用以盛果脯。豆，木製，亦有銅製、陶製者，用以盛醬胙等。《周禮・春官・內宗》：「內宗掌宗廟之祭祀，薦加豆籩，故書為籩豆。」鄭玄注：「謂婦人所薦。」杜子春云：「當為豆籩。」(54)俱陳側階之北　《通典・禮七十四・皇帝時享於太廟》作「俱東側階之北」。《新唐書・禮樂一》亦與《通典》同。(55)每坐四簠次之以六鉶次之以六登　句中「坐」通「座」。《通典・禮七十四・皇帝時享於太廟》與此相應文字為：「每座四簠居前，四簋次之，六登次之，六鉶次之。」《新唐書・禮樂一》與《通典》同。(56)每坐異之　指各個神座之前所陳列之籩、豆、登、鉶、簠、簋數量皆不一致。《通典・禮七十四・皇帝時享於太廟》在「每座異之」下注文曰：「祫禘攝事，簠、簋、登、洲與正數半之。」在宗廟九室四時享祭時，諸神座前所陳設各種祭器之數量相等，而在郊祀及其他祭祀時則有等級之差。據《通典・禮六十六・序例》稱：臘日䄍祭百神於南郊，有神座一百九十二，大明、夜明在壇上，每座籩豆各十，簠、簋、登、俎各一。神農、伊祁、五官每座籩豆各四，簠、簋、登、俎各一。夏至日祭皇地祇於方丘壇上，以高祖神堯皇帝配座，每座籩豆各十二，簠、簋、登、俎各一。宗廟九室，每歲四時享祭時，每室籩豆各十二，簠、簋各二，登、鉶、俎各三。仲春、仲秋上丁祭先聖孔子及先師顏子，有神座九十五，先聖、先師神座前籩豆各十，簠、簋各二，登、鉶、俎各三；其七十二弟子等神座前，籩豆各二，簠、簋、俎各一。在籩豆中陳放之供品，亦各有不等之數量規定。(57)自「大祭祀及朝會」至「贊者承傳焉」　奉禮郎在大祭祀及朝會時，為眾官跪拜之司儀，負有贊導之責。贊者則承而傳呼，使全體聽聞。贊者為太常寺屬員，掌贊唱、承傳，分番上下，本卷卷目列有「贊者十六人」。以大祭祀為例，奉禮郎贊導、贊者承傳其過程是：「未明二刻，奉禮郎、贊者先入就位，贊者引御史、博士、諸太祝及令史、祝史與執事者，入自東門壇南，北向西上。奉禮郎曰：『再拜。』贊者承傳，御史以下皆再拜」。繼而贊者引御史、諸太祝升壇東陛，謁者、贊引各引群臣就門外位，直至皇帝服袞冕乘輿以出；皇帝服大裘而冕；皇帝搢大珪，執鎮珪，然後是「皇帝至版位，西向立。太常卿前奏：『請再拜。』皇帝再拜。奉禮郎曰：『眾官再拜。』在位者皆再拜」；「太常卿前奏：『請再拜。』皇帝再拜。奉禮郎曰：『眾官再拜。』在位者皆再拜」，如此這般還得反復多次，才算禮成。（據《新唐書・禮樂一》）(58)設牲版之位以成省牲之儀　指舉行省牲及牲器儀式時，參加者太常卿、御史、廩犧令及諸太祝等之位置，須由奉禮郎設定，以保證儀式順利進行。又，句中「版」字，《舊唐書・職官志》及《開元禮》有關各卷並作「牓」。牓即「榜」字。(59)春秋二仲公卿巡行諸陵則主其威儀鼓吹之節　春秋二仲，指每年春秋二季之第二個月，即二月、八月。據《通典・禮七十六》，唐代每年春秋兩次擇定吉日由太常卿巡行諸陵進行祭祀。巡行時，在太常寺前要有軺車及儀仗，如青衣、團扇、曲蓋、繖扇等陳列，太常卿須公服乘車，奉禮郎以下公服陪從。在陵前，由奉禮郎設定位次，諸官依次就位後，以奉禮郎為司儀，贊者承傳，鼓吹奏樂，故言由奉禮郎「主其威儀、鼓吹之節」。

【語　譯】太祝的職掌是，祭祀前和祭祀後負責捧出和回放太廟九室的神主，以及奉行宗廟四時享祭薦新和禘祫合祭的儀式。凡是國家舉行盛大祭祀的場合，在主祭官員盥洗時，太祝要奉匜澆水；盥洗完畢，再奉上擦手的毛巾。凡是郊祀和宗廟祭祀，使用的祝版要先進奉給主祭官員署名，然後再送到祭祀的場所。在進行祭祀時，要跪著宣讀祝文，用這種虔誠取信於天神。祭禮完成，祝版就焚燒上天。每逢大祭祀，當太常卿履行省牲儀式時，太祝要隨著繞祭祀用的牲畜一周，然後報告說「充」，就是「中用」的意思。省察祭牲祭器的禮儀告成後，太祝要牽著祭牲去交給太官。開始享祭時，太祝要把祭牲的毛和血盛放在祭器豆裡，祭奠到神座之前。待到太官供上祭祀的食品，便可撤下盛毛血的豆了。繼續享祭的禮儀便是由太祝用爵酌上樽的福酒，由主祭官祭奠到神座之前；再由太祝分割牲肉放到俎上，又由主祭官祭奠到神座之前，這就是太祝贊助主祭官祭酒歸胙的禮儀。還要在神座前奉上盛放玉帛的篚和盛放牲首的俎。全部祭祀禮儀告成後，再進行焚燒或瘞埋祭品的儀式。凡是祭天及日月星辰所供奉的玉帛，要用柴火焚燒掉；祭地以及社稷、山嶽的祭品，要瘞埋在地下；祭海、瀆的供品就沉到水裡。奉禮郎的職掌是，負責設置皇上和大臣各自的版位，以便奉行朝會和祭祀的禮儀。祭祀時所用的版位，都是黑色作底，用紅色書寫文字。天子的版位要一尺二寸見方，厚三寸；太子的九寸見方，厚二寸；公卿以下官員，七寸見方，厚一寸半。天子的版位題為「皇帝位」，太子題為「皇太子位」，百官題為「某品位」。在祭祀和朝廷（會）時，版位的作用是贊導君臣就依各自的位次。每逢祭祀和朝會，奉禮郎還要設置百官的位次。文官在左面，武官在右面。來自東部地區和南部地區的朝集使，列位次於文官之下；來自西部地區和北部地區的朝集使，列位次於武官之下；前朝二王也就是介公、酅公的後裔，列位在武官的下（上）面；先聖孔子的後裔褒聖侯列在文官的行列。凡是對天神地祇有祭事，便在祭壇的東南設置君王的御位；隨從祭祀的公卿，太常寺參加祭獻的官員和執事人員，列位在壝牆的內外。如果在宗廟有祭事，那麼位次都設在廟庭之中。九廟子孫的列位，按「昭穆異位」的原則辦理，如果屬同一輩份的，不是依照官爵的高低，而是依照年齒的長幼來列位。關於陳設尊彝的制度：尊彝共有十四種，祭祀時都要陳設在壇上。一是太尊，二是著尊，三是犧尊，四是象尊，五是壺尊，六是山罍，七是概尊，八是散尊，九是山尊，十是蜃尊，十一是雞彝，十二是鳥彝，十三是斝彝，十四是黃彝。此外還要陳設勺、冪、篚、坫的位置，以便奉行祭事。對天神地祇有祭事時，可以使用上面所列的從太尊到山罍；在宗廟祭祀，春季和夏季用雞彝和鳥彝，秋季和冬季用黃彝和斝彝。對星以外的天官祭祀用概尊，五嶽、四鎮、四海、四瀆的祭祀用山尊，山林川澤的祭祀用蜃尊，眾星及丘陵以下神靈的祭祀用散尊。關於祭器排列的位次：簠和簋在前面，登和鉶其次，籩和豆在最後。在廟堂上，簠、簋、鉶、登、籩、豆的位次，都設在東側臺階的北面，每個神座都是四簋居前，其次是四簠，又其次是六登，再其次是六鉶，籩和豆在最後面。祭器的數量，每座神位前都不一樣。陳設的規制，都是以南為上，依次陳設下來。凡是大祭祀及朝會，奉禮郎要贊導站立在各自位次上的百官跪拜的節律，他的宣唱，由在場的贊者承接傳達給全體。還有，在舉行省牲器的儀式時，要設置參預儀式的有關官員的位次，以便完成這項儀式。每年春季和秋季的兩個仲月，當太常卿去各個皇陵巡行並祭祀時，奉禮郎要做好現場司儀，協調鼓吹節奏，輔助完成禮儀的程式。

七

協律郎二人，正八品。《漢書》❶：「武帝❷時，李延年❸善新聲，以為協律都尉。」後漢亦有之。至魏武帝❹平荊州❺，得杜夔❻，能識舊樂章，以為協律都尉。晉改為協律校尉。宋、齊亦有其官。梁太常屬官有協律校尉。後魏有協律郎。太和初❼，協律中郎從四品下，協律郎從五品上；至二十年❽，協律正八品下。北齊太常屬官有協律郎二人。隋太常寺協律郎二人，皇朝因之。

協律郎掌和六律、六呂[9]，以辨四時[10]之氣，八風[11]、五音[12]之節。陽為六律，所以統氣類物[13]：仲冬為黃鍾[14]，孟春為太簇[15]，季春為姑洗[16]，仲夏為蕤賓[17]，孟秋為夷則[18]，季秋為無射[19]。陰為六呂，所以旅陽宣氣[20]：季冬為大呂[21]，仲春為夾鍾[22]，孟夏為仲呂[23]，季夏為林鍾[24]，仲秋為南呂[25]，孟冬為應鍾[26]。凡律管之數起於九，以九相乘，八十一以為宮；三分去一，五十四以為徵；三分益一，七十二以為商；三分去一，四十八以為羽；三分益一，六十四以為角[27]。黃鍾為宮，太簇為商，姑洗為角，林鍾為徵，南呂為羽[28]，還相為宮，以生其聲焉。凡太樂、鼓吹教樂則監試，為之課限[29]。太樂署教教[30]：雅樂大曲，三十日成；小曲，二十日[31]。清樂大曲[32]，六十日；大文曲[33]，三十日；小曲，十日。燕樂[34]、西涼[35]、龜茲[36]、疏勒[37]、安國[38]、天竺[39]、高昌[40]大曲，各三十日；次曲，各二十日；小曲，各十日。高麗[41]、康國[42]一曲[43]。鼓吹署[44]：棡鼓一曲，十二日[45]，三十日；大鼓[46]一曲，十日；長鳴三聲[47]，十日；鐃鼓[48]一曲，五十日；歌、簫、笳[49]一曲，各三十日；大橫吹[50]一曲，六十日；節鼓[51]一曲，二十日；笛、簫、觱篥[52]、笳桃皮觱篥一曲，各二十日；小鼓[53]一曲，十日；中鳴[54]三聲，十日；羽葆鼓[55]一曲，三十日；錞于[56]一曲，五日；歌、簫、笳一曲，各三十日；小橫吹[57]一曲，六十日；簫、笛、觱篥、桃皮觱篥一曲，各三十日成。

凡教樂，淫聲、過聲、凶聲、慢聲皆禁之。淫聲，若鄭、衛者[58]；過聲，失哀樂之節[59]；

凶聲，亡國之聲，音若桑間濮上者⑩；慢聲，不恭者也。使陽而不敢散，陰而不敢集，剛氣不怒，柔氣不懾，暢於中，發於外，以應天地之和。若大祭祀、饗燕，奏樂于庭，則升堂執麾⑪以為之節制：舉麾，鼓柷⑫，而後樂作；偃麾，戛敔⑬，而後止。

【章　旨】敘述太常寺屬官協律郎之定員、品秩、沿革和職掌，並簡介六律六呂及唐代樂舞教學若干制度。

【注　釋】❶漢書　東漢班固撰。一百篇，分一百二十卷。是我國第一部紀傳體斷代史。❷武帝　西漢皇帝劉徹。在位五十四年，終年七十一歲。❸李延年　中山（今河北定州）人。世代為樂人，坐法受腐刑，給事狗監中。其妹受武帝寵幸，號李夫人。延年善歌，並能譜曲，任協律都尉，佩二千石印綬。李夫人卒後，李延年兄弟被族誅。❹魏武帝　指曹操。字孟德，小名阿瞞，沛國譙縣（今安徽亳州市）人。其子曹丕受禪建魏後，追尊為武皇帝。❺荊州　漢水以南稱荊州。東漢末之荊州包括今湖南、湖北及河南、貴州、廣東、廣西之部份地區，治所漢壽（今湖南省常德市東北）。曹操所平之荊州，在今湖北之江陵。❻杜夔　字公良，河南（治雒陽，今河南洛陽）人。以知音為雅樂郎，因世亂投奔荊州牧劉表，曹操取荊州，以夔為軍謀祭酒，參太樂事，因令創制雅樂。黃初中為太樂令、協律都尉。❼太和初　指太和十七年（西元四九三年），太和為北魏孝文帝年號。是年頒佈職員令，史稱太和前制。❽二十年　當是太和二十三年（西元四九九年），此處脫一「三」字。是年又頒新的職員令，史稱太和後制。❾六律六呂　即十二律。中國古代用三分損益法將一個八度分為十二個不完全相等的半音的一種律制。各律從低到高依次為：黃鍾、大呂、太簇、夾鍾、姑洗、仲呂、蕤賓、林鍾、夷則、南呂、無射、應鍾。十二律中，奇數各律稱「律」，也即「六律」，屬陽；偶數各律稱「呂」，也即「六呂」，屬陰。合稱六律六呂，簡稱律呂。❿四時　指春、夏、秋、冬四時。⓫八風　亦稱八音。《通志・樂略一》：「八音者，八卦之音，卦名各有風，謂之八風，其一曰乾之音石，其風不周；二曰坎之音革，其風廣莫；三曰艮之音匏，其風融；四曰震之音竹，其風明庶；五曰巽之音木，其風清明；六曰離之音絲，其風景；七曰坤之音土，其風涼；八曰兌之音金，其風閶闔。」故八音亦用以指稱樂器的八大類：一、金，為銅製之打擊類樂器，如鐘、鎛；二、石，如磬，石製，亦屬打擊類樂器；三、土，如塤，燒土為之；四、革，如鼓；五、絲，弦樂器，如琴、瑟、箜篌；六、木，如柷、敔，木製類樂器；七、匏，如笙、竽，列管於匏內；八、竹，管樂器，如笛、簫。

⓬五音　即五聲：宮、商、角、徵、羽五個音階。

⓭陽為六律所以統氣類物　陽為六律，見前❾注。古人又以十二律與一年十二個月、一日十二時辰相對應，分為陽律陰呂，以陰陽二氣之消長，來說明十二時辰一晝夜之循環，十二個月一年季節氣候之變化和相關諸類生物之生長和蕭殺及其相互關係。六律被認為在十二月中能統陽氣之生而促萬物之長。

⓮仲冬為黃鍾　黃鍾，亦作「黃鐘」。鍾、鐘可通。下同。古人以十二律配十二時辰和十二月。以黃鍾律配仲冬十一月，屬十二時辰中之子時。《呂氏春秋・音律》：「黃鐘之月，土事無作，慎無發蓋，以固天閉地，陽氣且泄。」

⓯孟春為太簇　以太簇律配孟春一月，屬寅時。《呂氏春秋・音律》：「太簇之月，陽氣始生，草木繁動，令農發土，無或失時。」

⓰季春為姑洗　以姑洗律配季春三月，屬辰時。《呂氏春秋・音律》：「姑洗之月，達道通路，溝瀆修利，申之此令，嘉氣趣此。」

⓱仲夏為蕤賓　以蕤賓配仲夏五月，屬午時。《呂氏春秋・音律》：「蕤賓之月，陽氣在上，安壯養俠，本朝不靜，草木早槁。」

⓲孟秋為夷則　以夷則配孟秋七月，屬申時。《呂氏春秋・音律》：「夷則之月，修法飭刑，選士厲兵，詰誅不義，以懷遠方。」

⓳季秋為無射　以無射配季秋九月，屬戌時。《呂氏春秋・音律》：「無射之月，疾斷有罪，當法勿赦，無留獄訟，以亟以故。」

⓴陰為六呂所以旅陽宣氣　陰為六呂，參見前⓭注。六呂被認為在十二月中能借陰氣以蕭殺，所以助陽之成功。

㉑季冬為大呂　以大呂配季冬十二月，屬丑時。《呂氏春秋・音律》：「大呂之月，數將幾終，歲且更起，而於農民，無有所使。」

㉒仲春為夾鍾　以夾鍾配仲春二月，屬卯時。《呂氏春秋・音律》：「夾鐘之月，寬裕秋平，行德去刑，無或作事，以害群生。」

㉓孟夏為仲呂　以仲呂配孟夏四月，屬巳時。《呂氏春秋・音律》：「仲呂之月，無聚大眾，巡勸農事，草木方長，無攜民心。」

㉔季夏為林鍾　以林鍾配季夏九月，屬未時。《呂氏春秋・音律》：「林鐘之月，草木盛滿，陰將始刑，無發大事，以將陽氣。」

㉕仲秋為南呂　以南呂配仲秋八月，屬酉時。《呂氏春秋・音律》：「南呂之月，蟄蟲入穴，趣農收聚，無敢懈怠，以多為務。」

㉖孟冬為應鍾　以應鐘配孟冬十月，屬亥時。《呂氏春秋・音律》：「應鐘之月，陰陽不通，閉而為冬，修別喪紀，審民所終。」

㉗自「律管之數起於九」至「六十四以為角」　這是運用所謂「三分損益法」以確定律管的不同長度，從而產生宮、商、角、徵、羽五個音階。律管長度以九個單位長度起計數。最長者，以九自乘即八十一個單位長度，其所發之樂音為「宮」。以此為基點，其餘四個音階的律管長度，便是各以前一音律管長度的「三分去一」或「三分益一」。如角，其前一音羽的律管長度為四十八，「三分益一」即：48+48/3=64。

㉘自「黃鍾為宮」至「南呂為羽」　言十二律與五音階的轉換關係。如果把黃鐘定為宮聲，則太簇便是商聲，姑洗為角聲，林鐘為徵聲，南呂為羽聲，依次而成宮、商、角、徵、羽五聲。

㉙凡太樂鼓吹教樂則監試為之課限　太樂，即太樂署；鼓吹，即鼓吹署，均屬太常寺，負有教習演奏樂曲之職掌。意謂協律郎要監督和考核二署

教習的效果及其期限。㉚教教　後一「教」字，近衛校正德本稱：「『教』恐當作『樂』。」㉛雅樂大曲三十日成小曲二十日　指雅樂大小曲教習時間之課限。雅樂，亦稱正樂，與「俗樂」相對而言。為帝王郊廟及朝會所用。周代用為宗廟之樂的〈六舞〉被儒家奉為雅樂之典範。歷代王朝大多要於開國之時循例制作雅樂，以歌頌本朝功德。《舊唐書・音樂三》：「貞觀二年（西元六二八年）太常少卿祖孝孫既定雅樂，至六年（西元六三四年），詔褚亮、虞世南、魏徵等分制樂章，其後至則天稱制，多所改易，歌辭皆自內出。開元初，則中書令張說奉制所作，然雜用貞觀舊詞。自後郊廟歌工樂師傳授多缺，或祭用宴樂，或郊稱廟詞。二十五年（西元七三七年）太常卿韋縚令博士韋逌、直太樂常沛、樂工沈元福、郊社令陳虔、申懷超等，銓敘前後所行用樂章為五卷，以付太樂、鼓吹二署令工人習之。」褚亮、虞世南、魏徵等所作樂章共八首，如其一為：「上靈睠命兮膺會昌，盛德殷薦葉辰良；景福降兮聖德遠，玄化穆兮天曆長。」據鄭樵《通志略・樂略一》，唐雅樂共十二和曲，供祭享用，其名稱為：〈豫和〉、〈順和〉、〈永和〉、〈肅和〉、〈雍和〉、〈壽和〉、〈太和〉、〈舒和〉、〈昭和〉、〈休和〉、〈正和〉、〈承和〉。㉜清樂大曲　清樂，亦稱清商樂，是東晉南朝在南方民歌「吳聲」、「西曲」基礎上，繼承漢魏相和歌的傳統發展起來的一個新樂種。一般是五言四句一曲，由琵琶、箜篌、箎組成的小型樂隊演奏，亦有一件樂器自拉自唱的，一般每曲之前有引子，末尾有尾聲，稱之為「送」或「和」。沈括《夢溪筆談》：「唐以後稱先王之樂為雅樂，前世新樂為清樂，合番部者為宴樂。」《舊唐書・音樂二》：「清樂者，南朝舊樂也。永嘉之亂，五都淪覆，遺聲舊制，散落江左。宋梁之間，南朝文物，號為最盛；人謠國俗，亦世有新聲。後魏孝文、宣武，用師淮漢，收其所獲南音，謂之清商樂。隋平陳，因置清商署，總謂之清樂，遭梁陳亡亂，所存蓋鮮。隋室已來，日益淪缺。武太后時，猶有六十三曲。」大曲，是唐代從漢代相和歌基礎上發展形成的一種歌與器樂演奏及舞蹈相結合的表演形式。大曲的曲式，一般由「散序」、「歌」、「破」三部份組成。散序是散板引子，以器樂演奏為主；歌又稱「中序」，以抒情慢板歌唱為主；破或稱「排遍」，以快速舞曲為主，配有舞蹈，也可以同時配有歌唱。規模較小的即稱小曲。在大曲中，以清歌大曲藝術性最高，故下文規定教習時間要六十天。由唐玄宗李隆基創製的〈霓裳羽衣曲〉便是典型的清樂大曲。㉝大文曲　南宋本無「大」字，作「文曲」。陳仲文點校本疑「文曲」當作「次曲」。

㉞燕樂　《舊唐書・音樂二》稱：「讌樂，張文收所造也。工人緋綾袍，絲布袴。舞二十人，分為四部：〈景雲樂〉，舞八人，花錦袍，五色綾袴，雲冠，烏皮靴；〈慶善樂〉舞四人，紫綾袍，大袖，絲布袴，假髻；〈破陣樂〉，舞四人，緋綾袍，錦衿褾，緋綾袴；〈承天樂〉，舞四人，紫袍，進德冠，並銅帶。樂用玉磬一架，大方響一架，搊箏一，臥箜篌一，小箜篌一，大琵琶一，大五絃琵琶一，小五絃琵琶一，大笙一，小笙一，大篳篥一，小篳篥一，大簫一，小簫一，正銅拔一，和銅拔一，

長笛一，短笛一，楷鼓一，連鼓一，鞉鼓一，桴鼓一，工歌二。」張文收製作讌樂，時間當在太宗貞觀十四年（西元六四〇年）。㉟西涼　指來自西涼（今河西走廊地區）之樂舞。《隋書·音樂下》：「西涼者，起苻氏末，呂光、沮渠蒙遜等據有涼州，變龜茲聲為之，號為秦漢伎。魏太武既平河西得之，謂之西涼樂。至魏、周之際，遂謂之國伎。今曲項琵琶、豎頭箜篌之徒，並出自西域，非華夏舊器。〈楊澤新聲〉、〈神白馬〉之類，生於胡戎。胡戎歌非漢魏遺曲，故其樂器聲調，悉與書史不同。其歌曲有〈永世樂〉，解曲有〈萬世豐〉，舞曲有〈于闐佛曲〉。其樂器有鐘、磬、彈箏、搊箏、臥箜篌、豎箜篌、琵琶、五絃、笙、簫、大篳篥、長笛、小篳篥、橫笛、腰鼓、齊鼓、擔鼓、銅拔、貝等十九種，為一部。工二十七人。」唐立部使、慶善舞用西涼樂。㊱龜茲　指新疆龜茲地區之樂舞。《隋書·音樂下》：「龜茲者，起自呂光滅龜茲，因得其聲。呂氏亡，其樂分散，後魏平中原，復獲之。其聲後多變易。至隋有西國龜茲、齊朝龜茲、土龜茲等，凡三部。開皇中，其器大盛于閭閈。時有曹妙達、王長通、李士衡、郭金藥、安金貴等，皆妙絕絃管，新聲奇變，朝改暮易，持其音技，估衒王公之間，舉時爭相慕尚。」其樂器有「豎箜篌、琵琶、五絃、笙、笛、簫、篳篥、毛員鼓、都曇鼓、答臘鼓、腰鼓、羯鼓、雞婁鼓、銅拔、貝等十五種為一部，工二十人」。演奏時，「工人皂絲布頭巾，緋絲布袍，錦袖，緋布袴。舞者四人，紅抹額，緋襖，白袴帑，烏皮靴」。唐立部使、坐部使中，龜茲樂舞的影響最深。立部使中，〈破陣樂〉、〈大定樂〉、〈上元樂〉、〈聖壽樂〉、〈光聖樂〉皆用大鼓，雜以龜茲樂，其聲振厲；坐部使中，〈長壽樂〉、〈天壽樂〉、〈鳥歌萬歲樂〉皆用龜茲舞。㊲疎勒　指新疆疎勒地區之樂舞，隋九部樂之一。《隋書·音樂下》：「疎勒，歌曲有〈亢利死讓樂〉，舞曲有〈遠服〉，解曲有〈監曲〉。樂器有豎箜篌、琵琶、五絃、笛、簫、篳篥、答臘鼓、腰鼓、羯鼓、雞婁鼓等十種，為一部，工十二人。」唐代疎勒樂沿隋之舊，《舊唐書·音樂二》稱：「疎勒樂，工人皂絲布頭巾，白絲布袴，錦襟褾。舞二人，白襖，錦袖，赤皮靴，赤皮帶。」樂器與隋同。㊳安國　指安國（相當於今中亞哈布拉地區）之樂舞，隋九部樂之一。《隋書·音樂下》：「安國，歌曲有〈附薩單時〉，舞曲有〈未奚〉，解曲有〈居和祇〉，樂器有箜篌、琵琶、五弦、笛、簫、篳篥、雙篳篥、正鼓、和鼓、銅拔等十種，為一部。工十二人。」唐代之安國樂沿隋之舊。《舊唐書·音樂二》稱：「安國樂，工人皂絲布頭巾，錦褾領，紫袖袴。舞二人，紫襖，白袴帑，赤皮靴。」樂器與隋同。㊴天竺　指天竺（今印度地區）之樂舞，隋九部樂之一。《隋書·音樂下》：「天竺者，起自張重華據有涼州，重四譯來貢南使，天竺即其樂也。歌曲有〈沙石疆〉，舞曲有〈天曲〉。樂器有鳳首箜篌、琵琶、五弦、笛、銅鼓、毛員鼓、都曇鼓、銅拔、貝等九種，為一部。工十二人。」唐代之天竺樂沿隋之舊。《舊唐書·音樂二》稱：「天竺樂，工人皂絲布頭巾，白練襦，紫綾袴，緋帔。舞二人，辮髮，朝霞袈裟，行纏，碧麻鞋。」樂器與隋同。㊵高昌　指高昌（今新疆吐魯番地區）之樂舞。隋九部樂中無單獨之高昌樂，而將其列於龜茲樂中。煬帝大業六年（西元六一〇年），「高昌獻〈聖明樂〉曲，帝令知音者於館所聽之，歸而疑習。及客方獻，先於前奏之，胡夷皆驚焉。其歌曲有〈善工摩尼〉，解曲有〈婆伽兒〉，舞曲有〈小天〉，又有〈疏勒鹽〉」（《隋書・音樂下》）。唐十部樂列有高昌樂，係貞觀年間伐高昌，收其樂付太常，因設高昌樂，增九部使為十部使。《舊唐書・音樂二》稱：「高昌樂，舞二人，白襖錦袖，赤皮靴，赤皮帶，紅抹額。樂用答臘鼓一，腰鼓一，雞婁鼓一，羯鼓一，簫一，橫笛二，篳篥二，琵琶二，五弦琵琶二，銅角一，箜篌一。」㊶高麗　指高麗（今朝鮮地區）之樂舞，隋九部樂之一。《隋書・音樂下》稱：「高麗，歌曲有〈芝栖〉，舞曲有〈歌芝栖〉。樂器有彈箏、臥箜篌、豎箜篌、琵琶、五弦、笛、簫、小篳篥、桃皮篳篥、腰鼓、齊鼓、擔鼓、貝等十四種，為一部。工十二人。」此樂唐沿隋之舊。《舊唐書・音樂二》稱：「高麗樂，工人紫羅帽，飾以鳥羽，黃大袖，紫羅帶，大口袴，赤皮靴，五色縚繩。舞者四人，推髻於後，以絳抹額，飾以金璫。二人黃裙襦，赤黃袴，極長其袖，烏皮靴，雙雙並立而舞。」其樂器與隋基本相同，唯多搊箏一，義觜笛一。據《唐會要》卷三三，貞觀中滅高麗、百濟，「盡得其樂，至天后時，高麗樂猶有二十五曲，貞元末，唯能習一曲，衣服也漸失其本風矣。其百濟至中宗時，工人死散，開元中，岐王範為太常卿，後奏置焉」。㊷康國　指康國（今中亞撒馬爾罕地區）之樂舞，隋九部樂之一。《隋書・音樂下》：「康國，起自武帝娉北狄為后，得其所獲西戎伎，因其聲。歌曲有〈戢殿農和匹〉，舞曲有〈賀蘭鉢鼻始〉、〈末奚波地〉、〈農惠鉢鼻始〉、〈前拔地惠地〉等四曲。樂器有笛、正鼓、加鼓、銅拔等四種，為一部。工七人。」唐初的九部樂沿隋之舊。《舊唐書・音樂二》：「康國樂，工人皂絲布頭巾，緋絲布袍，錦領。舞二人，緋襖，錦領袖，綠綾渾襠袴，赤皮靴，白袴帑。舞急轉如風，俗謂之胡旋。」安祿山即善此舞，《舊唐書》本傳稱其「至玄宗前，作胡旋舞，疾如風焉」。㊸一曲　近衛校正德本曰：「『一曲』二字可疑，恐有脫誤。」依前文，當有大曲、小曲之分，並有教習時限。㊹鼓次署　「次」當是「吹」字之訛。㊺棡鼓一曲十二日　「十二日」之「日」字顯訛，近衛校正德本曰：「據《隋志》『日』當作『變』。」《隋書・音樂下》：「棡鼓一曲十二變。」棡鼓，亦稱掆鼓、剛鼓，單稱剛。一種有蓋之小鼓。隋唐時其制長三尺，奏樂時常先擊之以引大鼓。《文獻通考・樂九》：「隋大駕鼓吹有掆鼓，長三尺，朱髹其上，工人青地苣文。大業中，煬帝燕享用之。」《樂府詩集・橫吹曲辭題解》稱：隋以後鹵簿中之鼓吹由四部組成，其中之一便是棡鼓部，「其樂器有棡鼓、金鉦、大鼓、小鼓、長鳴角、次鳴角、大角七種」。㊻大鼓　《隋書・音樂下》稱：「大鼓一十五曲供大駕，一十二曲供皇太子，一十曲供王公等。」㊼長鳴三聲　亦稱長鳴色角。或作為鼓吹樂，入儀仗；或作為號角，作軍用。《隋書・音樂下》：「長鳴色角，一百二十具，供大駕；三十六具，供皇太子；十八具，供王公等。次鳴色角，一百二十具，供大駕；十二具，供皇太子；一十具，供王公等。大角，第一曲起捉馬，第二曲被馬，第三曲騎馬，第四曲行，第五曲入陣，第六曲收軍，第七曲軍下營。皆以三通為一曲。其辭並本之鮮卑。」㊽鐃鼓　打擊樂器。隋唐時大駕出行，鹵簿鼓吹所用。《隋書．音樂下》稱：「鐃鼓，十二曲供大駕，六曲供皇太子，三曲供王公等。其樂器有鼓，並歌、簫、笳。」㊾笳　亦作葭、葭、胡笳、羌笳等。原流行於匈奴及西域少數民族間，漢博望侯張騫出使西域傳入中原。初以蘆葉捲而為之，後易以竹、木。魏晉為軍樂，隋唐亦入鹵簿。《清會典事例．樂部》載其形制為：「以木為管，飾以樺皮，長二尺三寸九分六釐，內徑五分七釐，為三孔，兩端加角，末翹而上，口哆，加角哨吹之。」東漢蔡琰作〈胡笳十八拍〉，其〈悲憤〉詩云：「胡笳動兮邊馬鳴，孤雁歸兮聲嚶嚶。」㊿大橫吹　即橫笛。宋．陳暘《樂書》卷一三〇：「大橫吹、小橫吹，並以竹為之，笛之類也。」《隋書．音樂下》：「大橫吹，二十九曲供大駕，九曲供皇太子，七曲供王公。其樂器有角、節鼓、笛、簫、篳篥、笳、桃皮篳篥。」(51)節鼓　鼓名。其狀如博局，中開圓孔，恰容其鼓，擊之以節樂。《宋書．樂一》云：「傅玄節賦云：『黃鍾唱歌，〈九韶〉興舞。口非節不詠，手非節不拊。』此則所從來亦遠矣。」(52)觱篥　亦作篳篥、必栗。古代簧管樂器。起源於西域龜茲，南北朝時傳入中土。有大觱篥、小觱篥、豎觱篥、雙觱篥、桃皮觱篥等眾多類別。宋．陳暘《樂書》記其形制為：「以竹為管，以蘆為首，狀類胡笳。其大者九竅，以觱篥名之；小者六竅，以風管名之。」隋唐時已作為雅樂重要樂器，其聲激越悲淒。(53)小鼓　《隋書．音樂下》稱：「小鼓，九曲供大駕，三曲供皇太子及王公等。」(54)中鳴　號角之一種。帝王鹵簿鼓吹樂中用之。據《新唐書．儀衛下》：中鳴為鼓吹部樂器之一：「中鳴一曲三聲：一〈盪聲〉，二〈牙聲〉，三〈送聲〉。」《隋書．音樂下》：「次鳴色角，一百二十具，供大駕，十二具供皇太子，一十具供王公等。」(55)羽葆鼓　羽葆為儀仗中之華蓋，以鳥羽連綴為飾。此指置以羽葆之大鼓。(56)錞于　即錞。銅製打擊樂器。《宋書．樂志一》：「錞，錞于也。圜如碓頭，大上小下，今民間猶時有其器。《周禮》：『以金錞和鼓。』」(57)小橫吹　即橫笛。參見前㊾注。《隋書．音樂下》：「小橫吹，十二曲供大駕，夜警則十二曲俱用。其樂器有角、笛、簫、篳篥、笳、桃皮篳篥。」(58)淫聲若鄭衛者　鄭衛，指春秋戰國間鄭、衛二國之音樂。《禮記．樂記》載有子夏回答魏文侯的一段話，其中提到：「鄭音好濫淫志，宋音燕女弱志，衛音趨數煩志，齊音敖辟喬志。此四者皆淫於色而害於德，是以祭祀弗用也。」又《詩經》中之鄭風、衛風舊時以為刺淫之作，遂以鄭衛之音與之附會，以鄭衛之音為淫靡之音。(59)過聲失哀樂之節　近衛校明本曰：「『節』下恐脫『者』字。」
(60)亡國之聲音若桑間濮上者　桑、濮均為地名。桑間在濮水之上。相傳殷紂王曾使其樂師作〈朝歌〉、〈北鄙〉等靡靡之音，以為淫亂。武王伐紂時，樂師抱其樂器沉於濮水。後來衛靈公北朝於晉，途經濮水，夜聞水下有琴聲，便命師涓用琴把音調摹寫下來，拜見晉平公時，又令師涓為之彈奏。平公聽之喜形於色，其樂官師曠則曰：「此亡國之音也。當年紂之樂師攜樂器投於濮水，故此聲必得之於濮水之上。」亦有以桑濮之音為男女情歌者。如《漢書．地理志》稱：「衛地有桑間濮上之阻，男女亦亟聚會，聲色生焉。」❻❶麾　古代用以指示進止之旗幟。麾通「揮」。指揮。❻❷柷　據南宋本當作「柷」。柷，亦名椌。古代木製打擊樂器。形似方斗，雅樂開始時擊之。《尚書．益稷》鄭玄注：「柷，狀似漆桶，而有椎。合樂之時，投椎其中而搁之。」《宋史．樂一》：「柷如漆箭，方二尺四寸，深尺八寸，中有椎柄，連底搁之，令左右擊。」❻❸戛敔　戛即「戛」字，擊也。敔亦名楬。古代木製打擊樂器。周時已有，用於雅樂煞尾。《尚書．益稷》：「合止柷敔。」孔穎達疏：「樂之初擊柷以作之；樂之將末，戛敔以止之。」《宋史．樂一》稱：「敔，狀如伏虎，背上有七十二鉏鋙。以竹長尺名曰籈，橫擽之，以節樂終也。」鉏鋙為齒狀突起物，以籈括擊之，發聲以中止或結束演奏。

【語　譯】〔太常寺：〕協律郎，定員二人，品秩為正八品上。《漢書》記載：「武帝時，有個李延年，很善於音樂創作，所以讓他擔任協律都尉。」東漢亦設有協律都尉。到了魏武帝平定荊州，獲得了杜夔，因他熟悉漢代舊樂章，就任命他為協律都尉。晉代改稱為協律校尉。南朝宋、齊亦設有這一官職。梁代在太常寺的屬官中亦設有協律校尉。北魏設有協律中郎和協律郎，孝文帝太和十七年的職令，協律中郎品秩為從四品下，協律郎為從五品上；到太和二十〔三〕年再次頒佈職令，協律郎的品秩改為正八品下。北齊時，太常屬官有協律郎二人。隋代在太常寺亦設有協律郎二人，本朝因承隋制。

協律郎的職掌是諧和音律十二律的六律和六呂，辨別四時不同的陰陽之氣和八風、五音的節奏。六律屬陽，用來統率陽氣，和同萬物。一年中，仲冬十一月是黃鐘律，孟春正月為太簇律，季春三月為姑洗律，仲夏五月為蕤賓律，孟秋七月為夷則律，季秋九月為無射律。六呂屬陰，用來輔助陽氣，疏導陰氣。一年中，季冬十二月為大呂律，仲春二月為夾鍾律，孟夏四月為仲呂律，季夏六月為林鍾律，仲秋八月為南呂律，孟冬十月為應鐘律。關於律管的計數的起點是九，九與九相乘是八十一，作為宮音的律管長度；八十一減去它的三分之一，是五十四，作為徵音的律管長度；五十四加上它的三分之一，是七十二，作為商音的律管長度；七十二減去它的三分之一，是四十八，作為羽音的律管長度；四十八加上它的三分之一，是六十四，作為角音的律管長度。如果以黃鐘作為宮音，那麼按這個基音推算上去，大簇便為商音，姑洗便為角音，林鐘便為徵音，南呂便為羽音，依次又轉而為宮音，這樣便可以產生製作樂曲所需要的全部樂音。凡是太樂署、鼓吹署教習樂工習樂時，協律郎要負責監督和考核，並規定教習的時限。太樂署教習樂曲的期限是：雅樂大曲，三十日學成；小曲二十日學成。清樂大曲，六十日學成；大文曲三十日，小曲十日。燕樂、西涼、龜茲、疎勒、安國、天竺、高昌各樂的大曲，各限三十日學成；次曲各二十日，小曲各十日。高麗、康國一曲。鼓吹署教習的樂曲：棡鼓一曲十二日（變），教習的程限為三十日；大鼓一曲，教習的程限為十日；長鳴三聲，為十日；鐃鼓一曲，為五十日；歌、簫、笳一曲，各三十日；大橫吹一曲，六十日；節鼓一曲，二十日；笛、簫、觱篥、笳、桃皮觱篥一曲，各二十日；小鼓一曲，十日；中鳴三聲，十日；羽葆鼓一曲，三十日；錞于一曲，五日；歌、簫、笳一曲，各三十日；小橫吹一曲，六十日；簫、笛、觱篥、笳、桃皮觱篥一曲，各三十日學成。在音樂教習過程中，對淫聲、過聲、凶聲、慢聲，都必須嚴格禁止。所謂淫聲，就像鄭、衛地方那些音樂；過聲，是指歡樂或悲哀都失去了節制的音樂；凶聲，是指亡國的音樂，就像桑間、濮上那些樂曲；慢聲，指傲慢不恭的音樂。要使陽氣不致於分散，陰氣不致於過分聚集；剛氣剛而不勃怒，柔氣柔而不虛怯；這樣使人的元氣通暢於胸中，抒發於體外，與天地萬物相應和。如果遇有大祭祀、饗燕賓客等禮儀，在殿廷奏樂時，協律郎要登上殿堂，手執麾旌，指揮和節制樂隊的演奏：舉起麾，敲響柷，樂隊就開始演奏；放下麾，括擊敔，樂隊的演奏隨即停止。

【說　明】協律郎的主要職掌是協調音律。十二律最早見於《管子・地員》，其後《呂氏春秋・音律》作了更為系統的論述。古人在長期的音樂實踐中，逐漸認識到樂音的高低與律管或弦的長度成反比，而樂音高低的諧和表現在律管或弦的長度比例上，那就是三與二或三與四之比，由此便產生了所謂三分損益法。如何運用此法以制定十二律，《呂氏春秋・音律》作了詳細論述，本章所述則是借助此法以推定五音階律管長度的過程：「律管之數起於九，以九相乘為八十一以為宮」，然後「三分去一」或「三分益一」，五音階的宮、商、角、徵、羽便可一一取得，從而為十二律與五音階之間形成一個在數學上可以相互換算的比例關係。這在近代人看來沒有任何神秘可言，那是管弦振動振幅的不同長度所帶來的結果。但古人無法說明其物理上的原因，卻反而離開音律自身的規律去尋找其杳渺的終極原因。由於把十二律與一年十二月、一晝夜十二時辰，以及陰陽五行之說結合在一起，而且古代音樂又大多應用於祭祀活動，更增添了它神秘色彩。所謂音樂「生於度量，本於太一。太一出兩儀，兩儀出陰陽。陰陽變化，一上一下，合而成章」（《呂氏春秋．大樂》）；所謂「陽為六律，所以統氣類物」，「陰為六呂，所以旅陽宣氣」（本章語），實實在在的人間音樂，彷彿成了溝通天地鬼神之間的一種神秘之物。當然今天人們不會再受這種神秘主義的束縛了。

協律郎還有一個重要職掌，是監督和考核太樂署、鼓吹署的教習和演奏。唐代宮廷音樂大體可以分為雅樂、清樂、坐立二部伎、鼓吹樂、散樂和四夷樂，共六類。

關於雅樂　這是在郊廟祭祀時使用的音樂，如漢武帝時便有〈郊祀之歌十九章〉。歷史上各個王朝都要隨廟立舞，制禮作樂一番。唐初貞觀二年（西元六二八年）太常寺卿祖孝孫定雅樂，制十二和，號《大唐雅樂》。十二和之名，據《新唐書．禮樂十一》為：一曰〈豫和〉，以降天神；二曰〈順和〉，以降地祇；三曰〈永和〉，以降人鬼；四曰〈肅和〉，登歌以奠玉帛；五曰〈雍和〉，凡祭祀以入俎；六曰〈壽和〉，以酌獻飲福；七曰〈太和〉，以為行節；八曰〈舒和〉，以出入文武二舞；九曰〈昭和〉，皇帝、皇太子以舉酒；十曰〈休和〉，皇帝、皇太子以飯，以肅拜三老；十一曰〈正和〉，皇后受冊以行；十二曰〈承和〉，皇太子在其宮，有會以行。與雅樂相配合的，在宗廟祭祀時還有文舞與武舞。祖孝孫定樂時，更制文舞曰〈治康〉，武舞曰〈凱安〉。舞者各六十四人。高宗儀鳳時，太常卿韋萬石又定〈凱安〉舞為六變：一變象龍興參虛；二變象克定關中；三變象東夏賓服；四變象江淮平；五變象獫狁伏從；六變復位以崇，象兵還振旅。此外唐自制之雅樂有三，即〈七德舞〉、〈九功舞〉、〈上元舞〉。其中〈七德舞〉原名〈秦王破陣樂〉，秦王指李世民。李世民即位後，復令魏徵等更制歌辭，遂改名〈七德舞〉。此樂多演奏於元日、冬至朝會，參預演出的樂工多達一百二十八人。高宗龍朔以後，凡郊廟享宴皆先奏演此舞，至憲宗元和一百九十餘年未曾間斷，白居易的新樂府有〈七德舞〉專敘其事。歌曰：「七德舞，七德歌，傳自武德至元和。元和小臣白居易，觀舞聽歌知樂意，樂終稽首陳其事。太宗十八舉義兵，白旄黃鉞定二京，擒充戮竇四海清，二十有四功業成，二十有七即帝位，三十有五致太平。功成理定何神速，速在推心置人腹。亡卒遺骸散帛收，饑人賣子分金贖；魏徵夢見天子泣，張謹哀聞辰日哭。怨女三千放出宮，死囚四百歸來獄。剪鬚燒藥賜功臣，李勣嗚咽思殺身。含血吮瘡撫戰士，思摩奮呼乞效死。則知不獨善戰善乘時，以心感人人心歸。爾來一百九十載，天下至今歌舞之。歌七德，舞七德，聖人有作垂無極。豈徒耀神武，豈徒誇聖文，太宗意在陳王業，王業艱難示子孫。」從〈七德舞〉可以見到雅樂的主題無非都是為歷代帝王歌功頌德。

關於清樂　隋文帝時，把廟堂和宮廷音樂分成雅俗二部：雅樂用於廟堂上舉行禮儀時，俗樂則是宮廷內宴享時演奏。俗樂在隋開皇初定為七部樂，至煬帝大業中增為九部樂。九部樂之名是：清樂、西涼、龜茲、天竺、康國、疏勒、安國、高麗、禮畢。故清樂為隋九部樂之第一部。唐高祖李淵即位後，因承隋之九部樂，故唐代清樂也即隋之清樂。鄭樵《通志·樂略第一》曾敘述清樂的沿革稱：「清商曲，亦謂之清樂，出於清商三調，所謂平調、清調、瑟調是也。三調者，乃周房中樂之遺聲。漢魏相繼，至晉不絕。永嘉之亂，中朝舊曲，散落江右，所謂梁宋新聲是也。元魏孝文纂漢，收其所獲南音，謂之清商樂，即此等是也。隋平陳，因置清商府，傳採舊曲，若〈巴渝〉、〈白紵〉等曲皆在焉。」可見清樂的前身即漢魏間的相和歌，有的是以絲竹相和，一人執節而歌，清唱則稱組歌，一人唱，三人和。曹操父子三人為相和歌填了不少詞，相傳於後的有十三曲，如〈碣石〉是曲名，又稱〈步出夏門行〉。其中曹操填的四首，即〈觀滄海〉、〈冬十月〉、〈河朔寒〉、〈神龜雖壽〉，都是千古傳頌的名篇。又如〈短歌行〉是曲名，曹操填有〈對酒篇〉。有一些樂章還保留了古詞，如〈豔歌羅敷行〉、〈西門行〉都是漢代民間流傳的歌謠。東晉後添入了不少吳樂雜曲，如〈子夜〉，是晉時有女子名子夜，造此曲，其聲甚哀。在吳地，〈子夜〉與〈白紵〉同音，皆清商調，梁武帝時令沈約更製其辭，改為〈子夜吳聲四時歌〉。清商樂中的民間創作，以表現愛情或離別之情的題材居多，也有一些反映民間苦難生活的，如吳聲中的〈阿子歌〉：「野田草欲盡，東流水又暴；念我雙飛鳧，饑渴常不飽。」通過對一雙鴨子的描述，反映了浙江地區民間生活的苦難。因隋文帝篤好清樂，以為華夏正聲，故特盛於隋。唐沿隋之舊。唐初清樂保留的曲調尚多，至武則天時猶有六十三曲，《舊唐書·音樂二》具體著錄的為四十四曲，並介紹了其各自的淵源和沿革。

關於坐、立二部伎　屬於帝王宴享之樂。唐初將隋之九部之樂，分為立、坐二部，立部伎有〈安樂〉、〈太平樂〉、〈破陣樂〉、〈慶善樂〉、〈大定樂〉、〈上元樂〉、〈聖壽樂〉、〈先聖樂〉，凡八部；坐部伎有〈燕樂〉、〈長壽樂〉、〈天授樂〉、〈鳥歌萬壽樂〉、〈龍池樂〉、〈破神樂〉，共六部。諸樂都是歌舞樂相結合。至武則天和中宗時，坐、立二部又創作了不少歌舞樂，但都廢寢而沒有留傳下來。

關於鼓吹樂　主要為軍樂。在漢稱短簫鐃歌，南朝謂之鼓吹曲，又被稱作鼓角橫吹曲。《周禮》以鼖鼓鼓軍事，傳說黃帝戰蚩尤於涿鹿，帝命吹角為龍吟以禦之。魏武帝北征烏桓，越涉沙漠，軍士聞之悲思，於是減為中鳴，尤更悲矣。在漢時，《通志．樂略一》載鼓角橫吹有十五曲，其名稱為：〈黃鵠吟〉、〈隴頭吟〉、〈望人行〉、〈折楊柳〉、〈關山月〉、〈洛陽道〉、〈長安道〉、〈豪俠西〉、〈梅花落〉（又名〈胡笳曲〉）、〈紫騮馬〉、〈驄馬〉、〈雨雪〉、〈劉生〉、〈古劍行〉、〈洛陽公子行〉。《宋書．樂四》所記漢鼓吹鐃歌有十八曲，錄有曲名及文辭，內容多為歌頌曹操戰功。晉有鼓吹曲二十二篇，皆為傅玄所作，歌辭內容多為頌揚晉代先祖的功業。這些鼓吹曲的曲名換了，歌辭換了，而曲調依舊是漢代的鼓角橫吹曲。南朝宋有鼓吹鐃歌十五篇，曲名依漢，歌辭則為何承天在義熙中創作。唐代鼓吹成了儀仗隊使用的器樂曲，類似於現今的軍樂隊。根據樂器組合的不同，可分為鐃鼓、簫笳、大橫吹、小橫吹四種，用鼓、簫、笳、笛、篳篥等樂器。它的代表作如〈武舞〉，又稱〈凱樂〉，便是鼓吹樂。《舊唐書．音樂一》，錄有文宗太和三年（西元八二九年）太常禮院的一篇奏文，從中可以看到凱樂的由來及其大概：「魏晉以來鼓吹曲章，多述當時戰功。是則歷代獻捷，必有凱歌。太宗平東都，破宋金剛，其後蘇定方執賀魯，李勣平高麗，皆備軍容凱歌入京師……凡命將征討，有大功獻俘馘者，其日備神策兵衛於東門外，如獻俘常儀。其〈凱樂〉用鐃吹二部，笛、篳篥、簫、笳、鐃、鼓，每色二人，歌功二十四人，樂工等乘馬執樂器，次第陳列，如鹵簿之式。」

關於散樂　是歌舞和雜技魔術的混合，故又稱百戲。《舊唐書．音樂二》：「散樂者，歷代有之，非部伍之聲，俳優歌舞雜奏。漢天子臨軒設樂，舍利獸從西方來，戲於殿前，激水成比目魚，跳躍嗽水，作霧翳日，化成黃龍，修八丈，出水遊戲，輝耀日光。繩繫兩柱，相去數丈，二倡女對舞繩上，切肩而不傾。如是雜變總名百戲。」唐代宮廷演戲的情況，《明皇雜錄》稱：「每賜宴設酺會，則上御勤政樓。金吾及四軍兵士未明陳仗，盛列旗幟，皆披黃巾甲，衣短後繡袍。太常陳樂，衛尉張幕後，諸蕃酋長就食。府縣教坊，大陳山東旱船，尋撞走索，丸劍角抵，戲馬鬬雞。又令宮女數百，飾以珠翠，衣以錦繡，自帷中出，擊雷鼓為〈破陣樂〉、〈太平樂〉、〈上元樂〉。又引大象、犀牛入場或拜舞，動中音律。」當時教坊中有個稱王大娘的，「善戴百尺竿，竿上施木山，狀瀛州方丈，令小兒持絳節出入于其間，歌舞不綴」。從上述描述中可以看到，有各種音樂歌舞，加上雜伎、馬戲、魔術一起演出的生動場面。

關於四夷樂　這是唐代吸收周邊和邊疆少數族的音樂舞蹈。東如高麗、百濟，南如天竺、驃國，西有龜茲、疎勒、高昌，還有中亞地區的康國、安國等等。這些國家或地區的音樂舞蹈，都為唐王朝所吸收，並雜陳於宮廷，以裝點所謂大唐盛世。

附圖

一、古代樂器與舞器（選自《四庫全書・史部・明集禮》）

(一)樂器

金之屬：

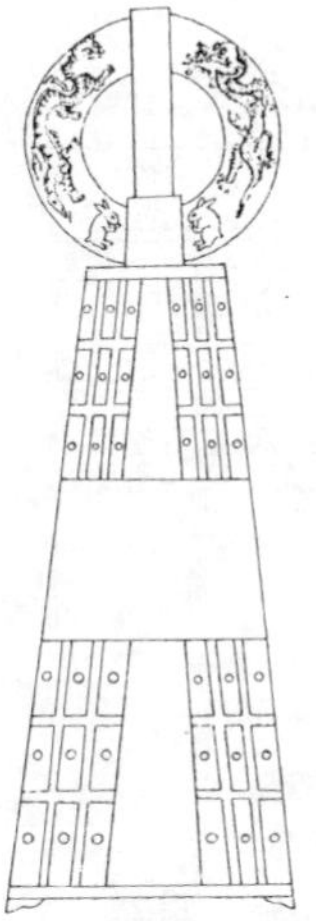

鐘

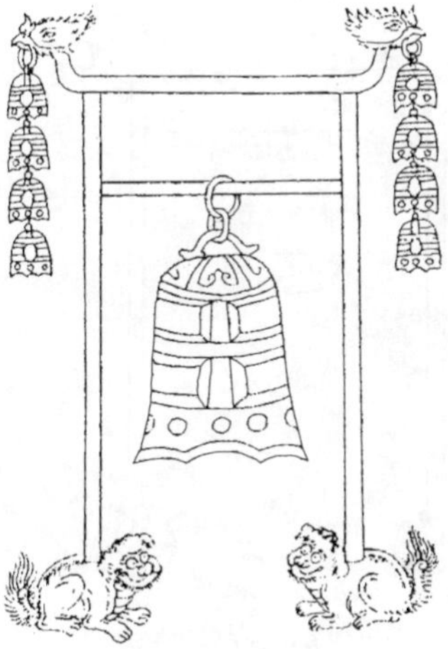

鏞

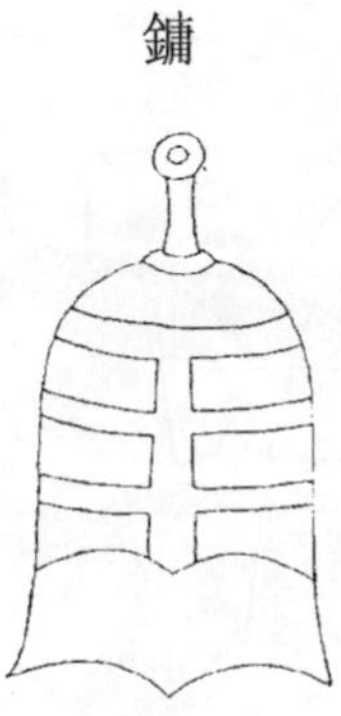

鎛

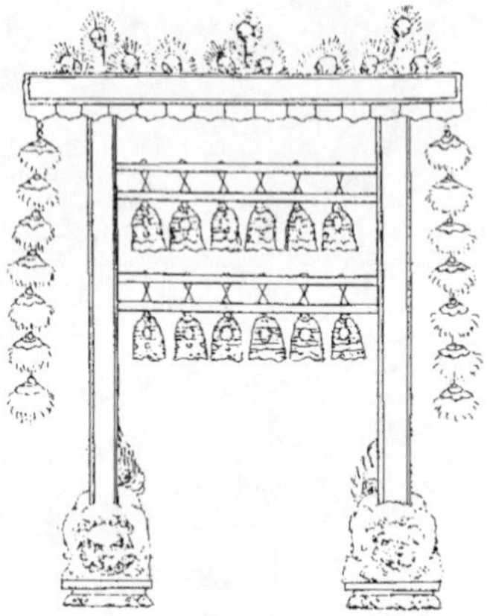

歌鐘、編鐘

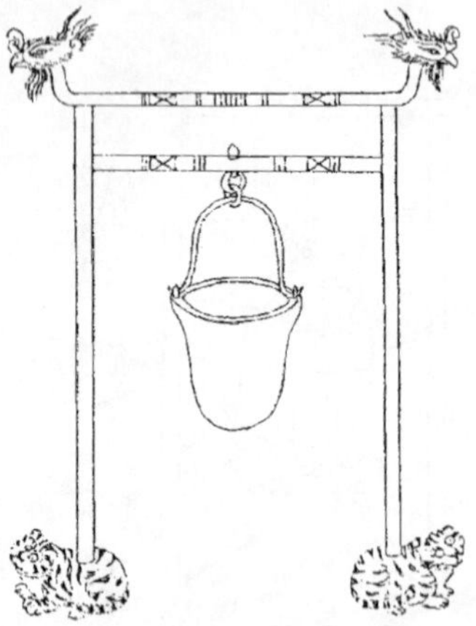

金錞、錞于

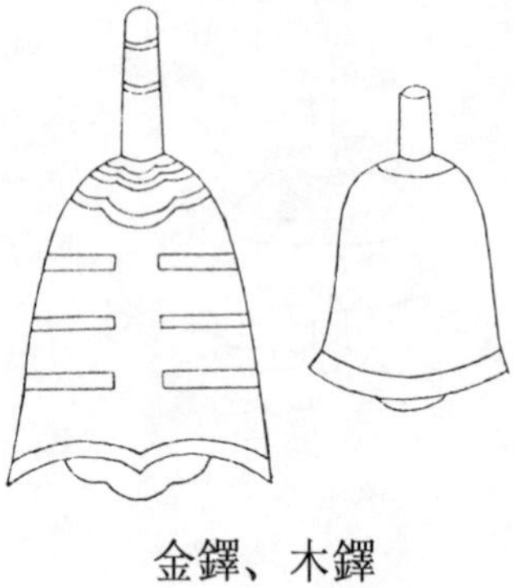

金鐸、木鐸

石之屬：

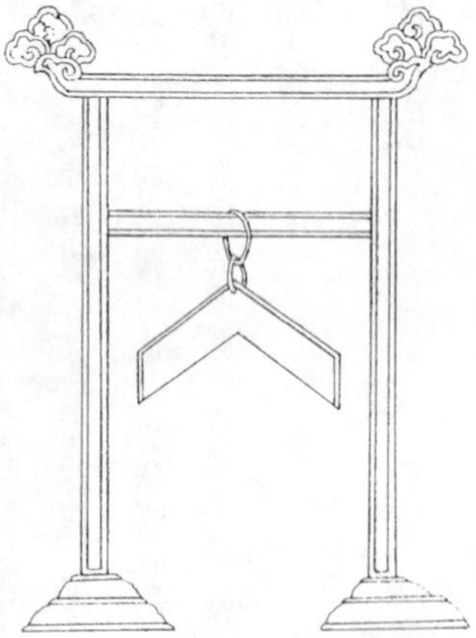

玉　磬

天　球

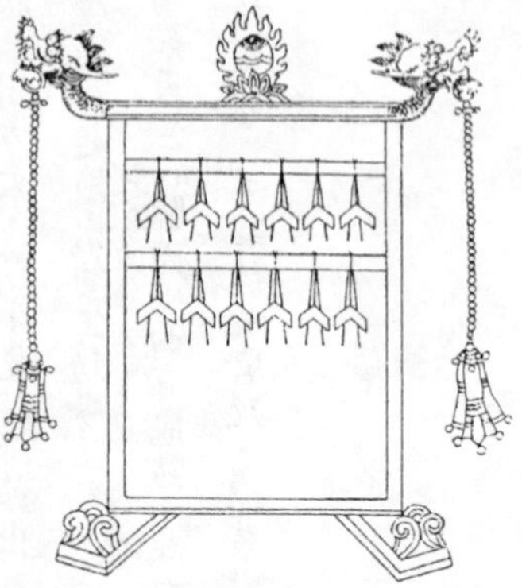

編　磬

土之屬：

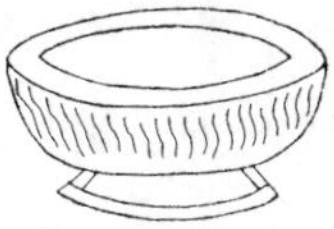

古缶

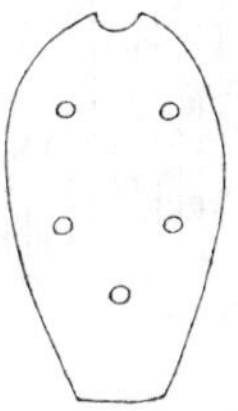

大塤

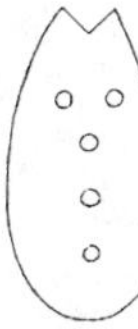

小塤

革之屬：

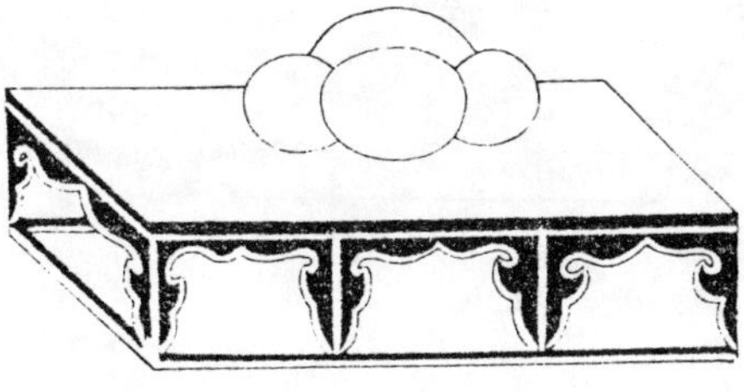

拊

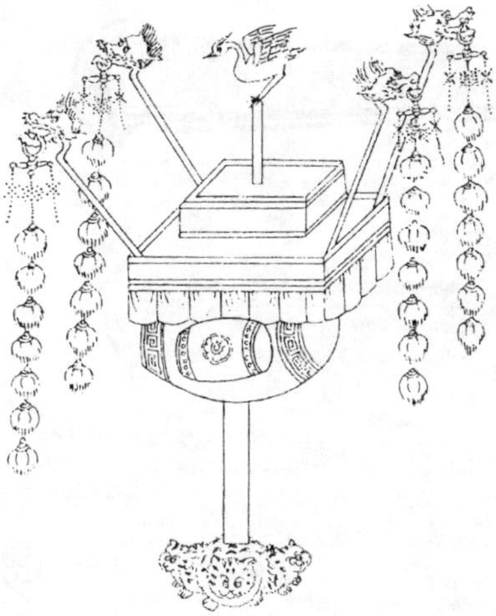

建鼓

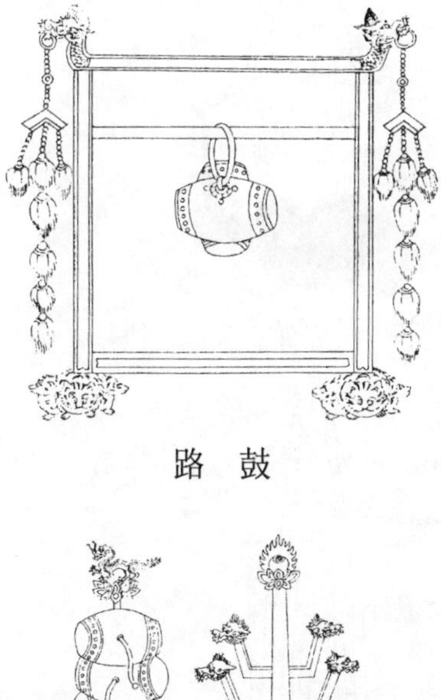

路鼓

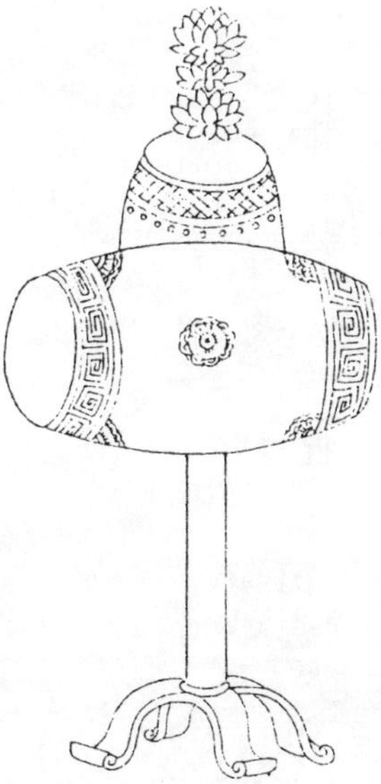

楹鼓

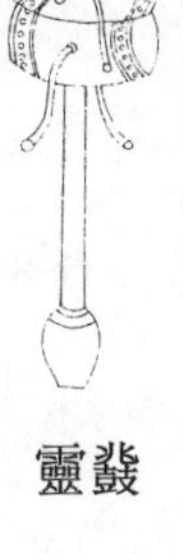

靈鼗

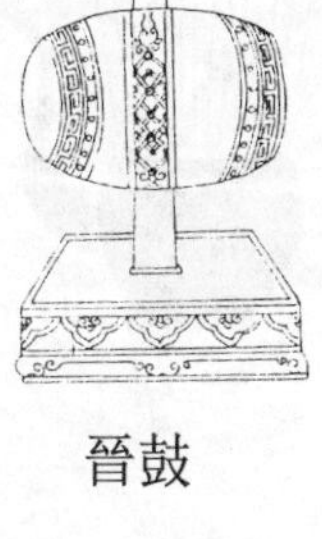

晉鼓

絲之屬：

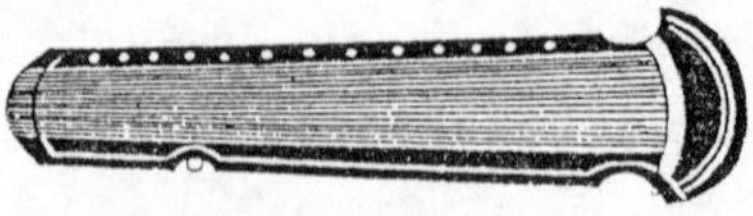

琴

瑟

匏之屬：

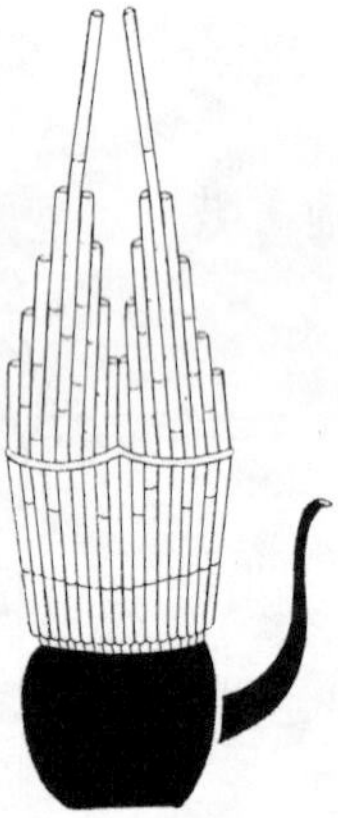

笙

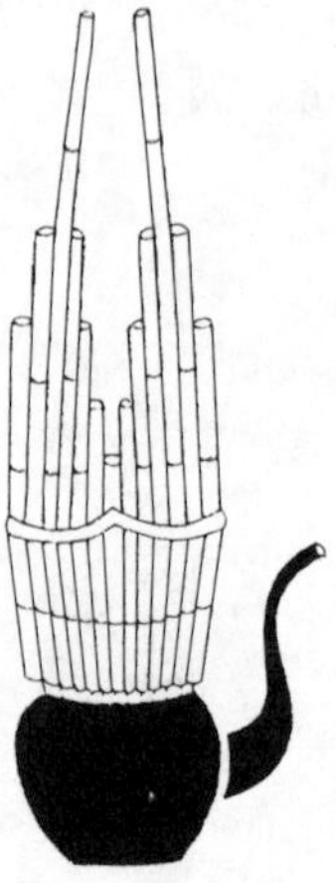

竽

竹之屬：

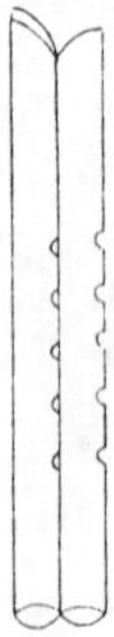

管

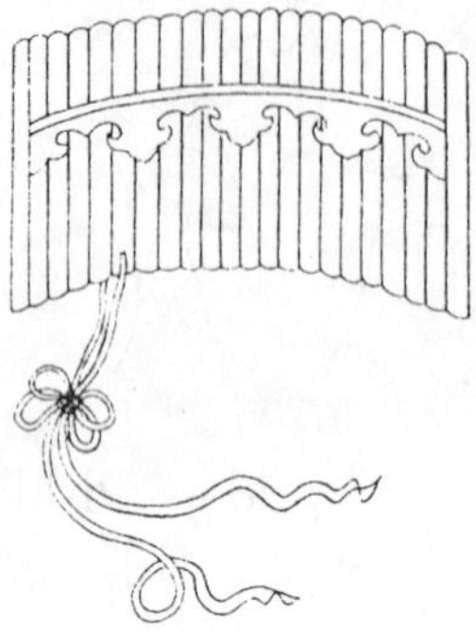

簫

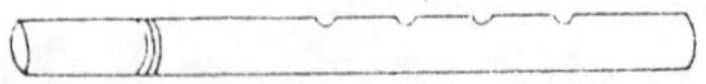

篴

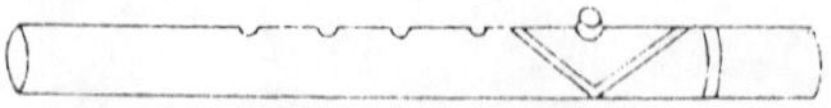

篪

木之屬：

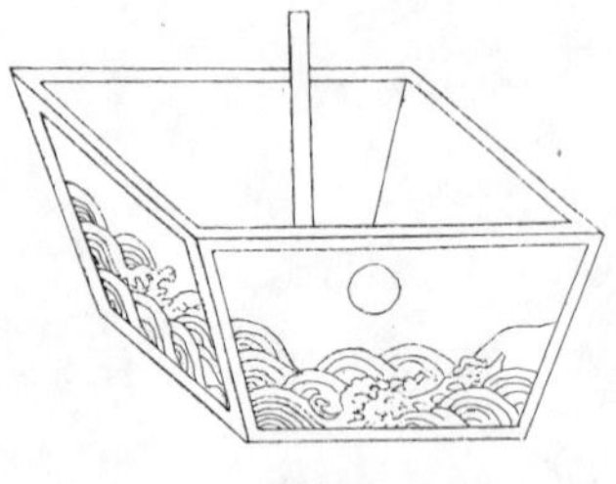

柷

敔

(二)舞器

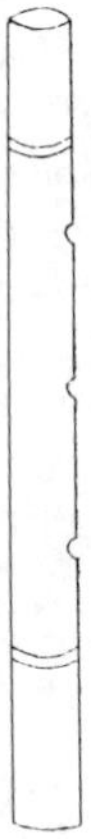
籥

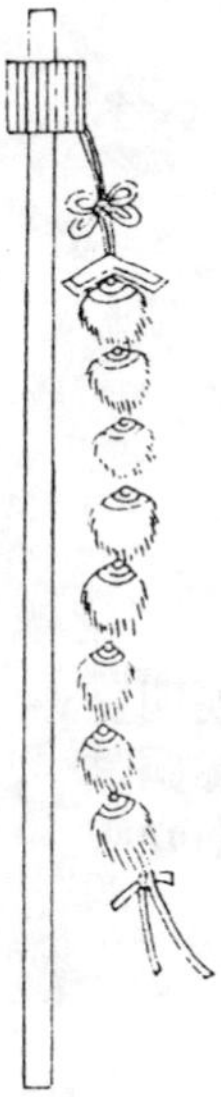
旌夏

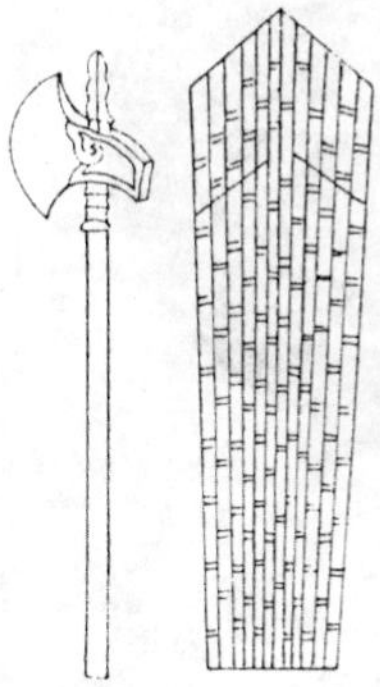
干舞

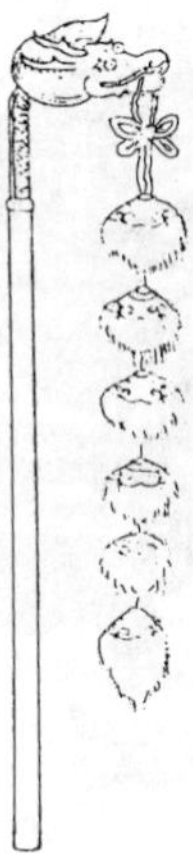
羽舞

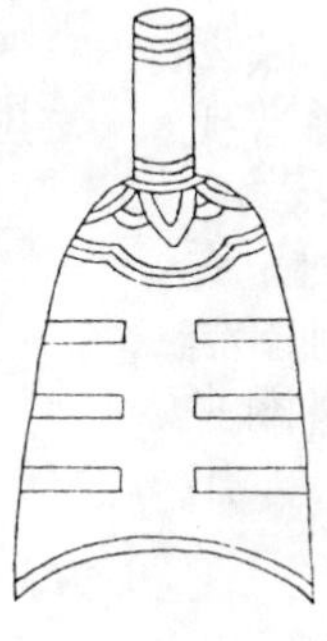
金鉦

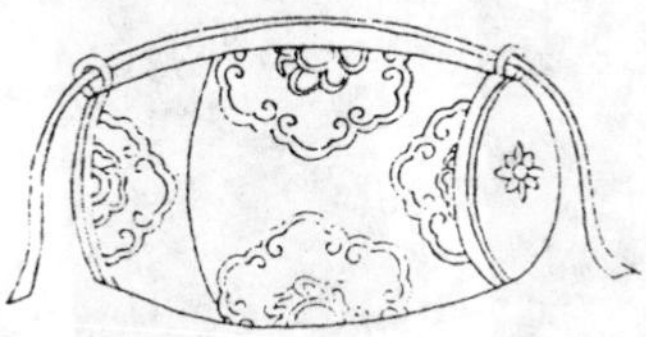
相

麾

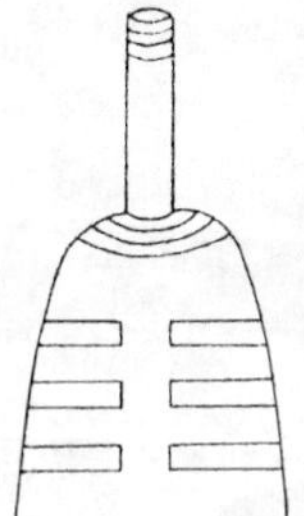
金鐃

雅

二、古代樂舞文物圖選（除注明出處外，皆選自《中國音樂史圖鑑》）

商代晚期雙鳥饕餮銅鼓（河南安陽出土）

左:西周中期編鐘，陝西長安縣普渡村出土。

下:戰國編鐘，河南信陽長臺關一號楚墓出土。

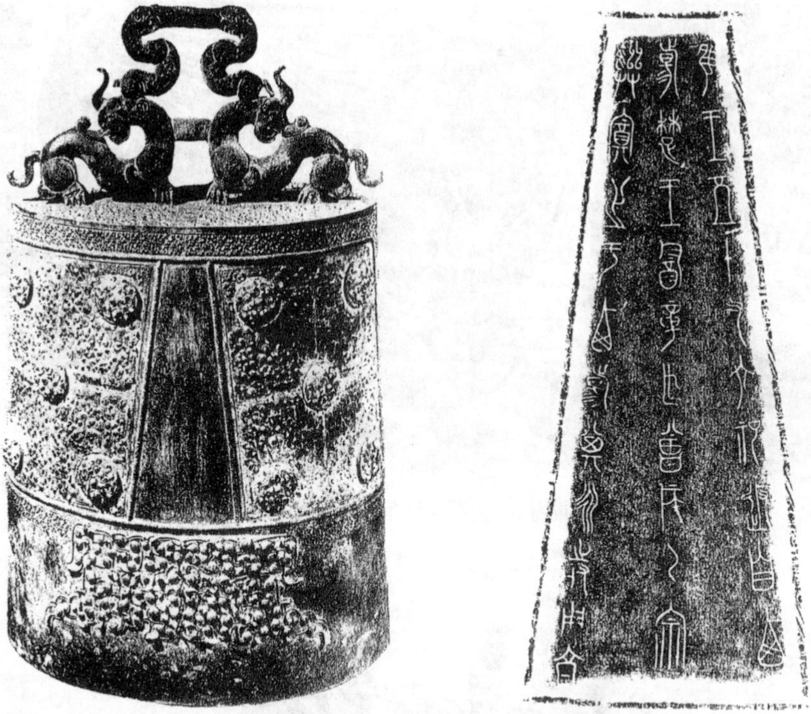

戰國銅鎛，楚墓出土，右為其銘文。

春秋末期銅壺樂舞圖。四川成都市郊百花潭出土。

河南鄧縣南朝墓彩色鼓吹畫像磚

四川新都漢騎吹畫像磚。
上，馬上奏樂；
下，擊建鼓。

唐代樂俑

唐宮樂圖，郭慕熙摹。原載《中國古代服飾研究》。

唐李壽墓線刻舞伎。原載《中國古代服飾研究》。

唐代宮樂。敦煌220窟壁畫。原載《中國古代服飾研究》。

兩京郊社署・諸陵署・永康興寧二陵署・諸太子陵署・諸太子廟署

【篇　旨】本篇包括兩個部分：一是兩京郊社署令、丞和門僕、齋郎等的定員、品秩及其沿革；一是獻陵等八個陵署及七太子陵署、七太子廟令、丞的定員、品秩及職掌。

郊社署在唐寺監諸署中屬上等，郊社令、丞主要的職掌是有關五郊、社稷、明堂祈禱祭祀方面的事務。周代郊祀天地社稷就在宮廷附近，即所謂「左宗廟，右社稷」；漢代武帝時，祭昊天是在長安西北的甘泉修泰畤建壇以祭，祭地祇則是在河東汾陰；漢成帝時始把祭祀天地的場所遷至京城的南北郊，東漢以後皆沿襲此制，又保留在汾陰祀后土的慣例。郊社祭祀的事務，歷代都隸屬於太祝、廟祀、明堂等令丞，北齊設有郊祠、崇虛二局，仍由太廟令丞兼領，至隋始在太常寺下設置郊社署，置令、丞各一人；唐因隋制，設兩京郊社署。

本篇中所說的諸陵，包括高祖李淵的獻陵，太宗李世民的昭陵，高宗李治的乾陵，中宗李顯的定陵，睿宗李旦的橋陵，都在長安附近；還有李弘的恭陵在洛陽，李虎的永康陵、李昞的興寧陵在河東，共八陵。在長安的五陵，只有獻陵是封土為陵的，其餘四陵都是依山而設，利用圓錐形孤山的自然形勢，在山南開鑿墓室，大多由山下鑿成階梯式墓道達於墓門，落葬後全部加以覆蓋。只有昭陵所在的九嵕山，因其南面為懸崖峭壁，故鑿山傍巖，架梁為棧道，迴旋通至墓門。在陵園內分別建有獻殿、寢宮，以適應上陵朝拜祭祀和日常供奉起居的需要。又仿照長安城的格局，設置外廓和皇城。在昭陵和乾陵，還有大量陪葬墓分列於主墓兩旁。

諸陵署的歸屬，本卷目錄及本篇正文皆置於郊社署之後，由太常寺統轄。《舊唐書・職官三》在太常寺下設有獨立的諸陵署，究竟是統管諸陵，還是各陵自設署，則未有說明。《新唐書・百官三》在宗正寺下設立諸陵臺。開元以後諸陵的歸屬更是變易頻頻，我們在第二章㉚注中作了簡略介紹。

君王的墳墓稱陵，始於戰國，唐代的陵寢制度，皆沿襲秦漢舊制而來。唐代的一個特殊現象是為七太子設置陵廟，並有相應的管理機構即陵署和廟署。此前歷史上只有漢武帝為其屈死的戾太子建過園。七太子陵廟是唐代建國後一百多年內在皇位繼承問題上連綿不斷骨肉相殘的產物。透過這七太子的遭遇，可以從一個側面看到帝王制度對人性的摧殘。

一

兩京郊社署：令各一人，從七品下；周人建國，左宗廟，右社稷❶。祭天於南郊之圜丘❷，就陽位也；祭地於北郊之方壇❸，就陰位也。故有典祀中士❹二人，下士四人，以時而祭則徵役于司隸❺，帥其屬而修除之。秦、漢奉常屬官有太祝令、丞，景帝❻改為祠祀，武帝❼更曰廟祀。後漢祠祀屬少府❽。魏、晉有太祝令、丞。宋有明堂令、丞，掌宗祀五帝之事❾。齊有太祝及明堂令❿。梁太常卿統明堂、太社⓫等令、丞。北齊太廟令、丞兼領郊祠、崇虛二屬⓬丞，郊祠掌五郊群神⓭，崇虛掌五嶽、四瀆⓮神祠。後周有司郎上士一人⓯、中士一人，又有司社中士一人、下士一人。隋太常統郊社署令⓰，又署門僕齋郎⓱，皇朝因之。

丞一人，從八品上；隋置，皇朝因之。

門僕八人；隋有二人。

齋郎一百一十人。後魏祀官齋郎九品中⑱，隋郊社署有齋郎一百人。

郊社令掌五郊、社稷、明堂之位⑲，祠祀、祈禱之禮；丞為之貳。凡大祭祀⑳，則設神坐於壇上而別其位。上帝之神，席以藁秸；眾神，席以莞㉑；升中于太山，則藉以三脊之茅㉒。與奉禮設尊、罍、篚、冪㉓之具，太官令實之㉔。凡有事於百神，則立燎壇㉕而先積柴焉。大祀，燎壇方一丈，高丈有二尺；中祀㉖，方八尺，其高一丈；下祀㉗，方五尺，高如其方。凡有合朔之變㉘，則置五兵㉙於太社㉚：矛㉛居東，戟㉜居南，鉞㉝在西，矟㉞在北；巡察四門，立纛㉟於壇四隅，朱絲縈之，以俟變過時而罷之。

【章旨】敘述兩京郊社署令、丞，及門僕、齋郎之定員、品秩、沿革及職掌。

【注釋】❶周人建國左宗廟右社稷　指周代建宗廟於路門之左側，建社稷於其右側。此句見於《周禮・春官・小宗伯》：「掌建國之神位，右社稷，左宗廟。」宗廟，《毛詩・疏》引《孝經・鄭注》：「宗，尊也。廟，貌也。親雖亡歿，事之若生，若立宮室，四時祭之，若見鬼神之言貌。」社稷，《白虎通》卷三：「王者所以有社稷何？為天下求福報功。人非土不立，非穀不食，土地廣博，不可不偏敬也；五穀眾多，不可一一祭也。故封土立社，示有土也。稷，五穀之長，故立稷而祭也。」

❷祭天於南郊之圜丘　《通典・禮二・郊天上》：「周制，冬至日，祭天於地上之圜丘。去國五十里內曰近郊，為兆位，於中築壇。昊天上帝，天之總名。所覆廣大，無不圓匝，故奠蒼璧。其神位曰圓丘，皆象天之圓匝也。」秦統一後，於雍行郊祀之禮。漢初亦行郊祀之禮，武帝時規定每三年郊祀天地一次，在長安西北甘泉修泰畤壇用來祭天。成帝時由丞相匡衡建議「建天于南郊，就陽之義也；瘞地于北郊，即陰之象也」。這樣把祭天地的處所，由分散集中到京城南北郊就近舉行。平帝元

始年間，又規定合祭天地於南郊，東漢光武帝築壇於鄗（今河北省柏鄉縣北）南，祭告天地。歷代都有郊祀天地於南北郊之典禮。至北齊始稱圜丘，元代後又稱天壇。唐代祭天的圜丘在今西安南郊吳家墳村，唐長安城明德門、啟夏門之間，近年已由中國考古研究所唐城考古隊發掘。經清理，面積為四千八百平方米，分四層，從下向上，直徑分別為五十、四十、二十九、二十米，層高一．五—二．三米，每層設有十二級臺階。與今存北京清代天壇富麗堂皇之建築風格大為不同，唐圜丘不用一磚一石，全由素土夯築而成，渾厚天然。❸祭地於北郊之方壇　《通典．禮五．方丘》：「周制，夏至日，禮地祇於澤中之方丘。其丘在國之北，就陰位。因下以事地。」西漢成帝時，因匡衡奏議：「祭地於北郊，即陰象也」，徙河東后土於長安北郊。東漢光武時在雒陽北郊祀地祇，歷代相沿。至隋，於宮城北郊十四里為方壇，唐因隋址，為方丘。❹典祀中士　《周禮》春官大宗伯屬官。掌理四郊外祀祭壇之守護，執掌壇城之禁令；祭祀前則率領屬徒除草清掃。❺司隸　據《周禮》，係秋官大司寇之屬官。設有中士二人，下士十二人。其職務為掌理五隸之政令，率領所屬隸民，服役於喪事和祭祀，及國中卑賤污褻一類事務。❻景帝　西漢皇帝劉啟。在位十六年，終年四十八歲。❼武帝　西漢皇帝劉徹。在位五十四年，終年七十一歲。❽後漢祠祀屬少府　《後漢書．百官志》太常寺條下：「本注曰：有祠祀令一人，後轉屬少府」；少府條下：「祠祀令一人，六百石。本注曰：典中諸祠祀。丞一人。本注曰：宦者。」東漢在太常寺另設有太祝令。❾宋有明堂令丞掌宗祀五帝之事　按《宋書．百官志》有明堂令一人，丞一人。丞，為漢東京初置；令，宋世祖大明中置。又有太祝令一人，丞一人。掌祭祀讀祝文及迎送神。宗祀，指宗廟祭祀。五帝，有二說：一為太昊、炎帝、黃帝、少昊、顓頊；一為東方青帝、南方赤帝、西方白帝、北方黑帝、中央黃帝。❿齊有太祝及明堂令　據《南齊書．百官志》句末「令」下當有「丞」字。⓫太社　據《隋書．百官上》當作「太祝」。⓬郊祠崇虛二屬　句中「二屬」，據《隋書．百官志》當為「二局」。指郊祠局、崇虛局。⓭五郊群神　五郊，指郊祀五方之帝。群神，指日月、內官、中官、外官及眾星之神。⓮五嶽四瀆　五嶽是指東嶽泰山，南嶽衡山，西嶽華山，北嶽恆山，中嶽嵩山。四瀆為東瀆淮，南瀆江，西瀆河，北瀆濟。⓯後周有司郎上士一人　句中「郎」，據《通典．職官七》當為「郊」。北周仿《周禮》天、地、春、夏、秋、冬六官設職。其春官府典祀中大夫之下屬有司郊上士一人，正三命；司郊中士一人，正二命；司郊下士一人，正一命。又有司社中士一人，正二命；司社下士一人，正一命。⓰隋太常統郊社署令　《隋書．百官志下》太常寺統郊社署設令一人，丞二人，又有典瑞四人。⓱又署門僕齋郎　句中「署」據南宋本當作「置」。齋郎，其職掌是協助郊社令、丞處理有關祭祀具體事務。郊社齋郎取六品官子，選其文義粗通、儀容端正者。經八考可於禮部簡試，中第者於吏部注冬集散官，不第者番上如初。⓲後魏祀官齋郎九品中　《魏書．官氏志》：北魏孝文帝太和十七年（西元四九三年）職令，祀官齋郎第九品中。⑲五郊社稷明堂之位　指祭祀時諸神位之安排。如冬至圜丘祭昊天上帝時，據《新唐書・禮樂二》，共分為壇上之第一等、第二等、第三等，及內壝之內、內壝之外共五等。五方帝及大明、夜明在壇之第一等，天皇大帝、北辰、北斗、天一、太一、紫微五座，並差在行位前，餘內官諸坐及五星、十二辰、河漢四十九坐，在第二等十有二陛間；中官、市垣、帝座、七公、日星、帝座、大角、攝提、太微、五帝、太子、明堂、軒轅、三臺、五車、諸王、月星、織女、建星、天紀十七座及二十八宿，差在前列，其餘中官一百四十二座皆在第三等十二陛之間；外官一百五在內壝之內，眾星三百六十則在內壝之外。⑳大祭祀　唐制祭祀分大、中、小三等，大祭祀指對天、地、宗廟、五帝及追尊之帝、后的祭祀。㉑上帝之神席以藁秸眾神席以莞　指上帝之神座以藁秸做墊子，眾神之神座則以莞草做墊子。藁秸，稻麥的稈莖。莞，蒲草的稈。《通典・禮六十九・皇帝冬至祀圜丘》：「祀前一日，晡後，太史令、郊社令各常服，帥其屬升，設皇天上帝神座於壇上北，南向，席以藁秸；設高祖神堯皇帝神座於東方，向西，席以莞。」㉒升中于太山則藉以三脊之茅　太山，即泰山。古代帝王因齊魯之士認為五嶽中以泰山最高，而有封禪泰山之舉：登泰山築壇祭天曰「封」，在山南梁父山上闢基祭地稱「禪」。此句謂若至泰山封禪，則神位須以三脊之茅為鋪墊。三脊茅，產於江淮間一種茅草，莖有三稜，古人視為祥瑞。《通典・禮十四・封禪》本注引管仲齊桓公語曰：「古之封禪，必鄗上之黍，北里之禾，所以為盛；江淮之間，一茅三脊，所以為藉也。」宋劉敞《三脊茅記》：「古之祭祀無不用茅者，而至於封禪則必三脊茅為神藉。三脊茅出於江淮之間，蓋非其地不生。而江淮之間則皆楚越國也，有王者則後服，無王者則先叛，自三代之君莫不患之。故封禪者必三脊茅，其意以為能服楚越，使以其職來貢。」㉓與奉禮設尊罍篚冪　指郊社令與奉禮郎一起在圜丘祭壇之諸神座前，安設酒尊等祭器於相應位置上。尊，古代酒器。青銅製。尊之品類眾多，《周禮》載有六尊，實際要多於此數。罍，古代盛酒或水之器皿。青銅製。小口，廣肩，深腹，圈足，有蓋，肩部有兩環耳，腹下又有一鼻，形制有方形，亦有圓形。篚，盛放祭祀用幣帛、玉石之竹筐。冪，遮蓋祭器用之疏布巾。《新唐書・禮樂一》稱：「凡尊，設於神座之左而右向。設御洗於午陛東南，亞獻、終獻同洗於卯陛之南，皆北向。罍水在洗東，篚在洗西，南肆。」㉔太官令實之　太官令屬光祿寺，從七品。祭天時，祭器之供品由其填實之。實尊之酒有五齊三酒之品，實俎以牲肉，實籩豆以石鹽、乾魚、乾棗、栗黃、榛子人、菱人、芡人、鹿脯、白餅、黑餅、糗餌、粉餈，實簠簋以稻粱黍稷。㉕燎壇　焚燒祭品之壇。凡祀天神之祭品，祭畢，皆置柴以焚之。㉖中祀　指對社稷、日月、星辰、岳、鎮、海、瀆、帝社、先蠶、七祀、文宣、武成王及古帝王、贈太子之祭祀。㉗下祀　即小祀。指對司中、司命、司人、司祿、風伯、雨師、靈星、山林、川澤、司寒、馬祖、先牧、馬社、馬步、州縣社稷之祭祀。㉘合

朔之變　指日蝕。《通典・禮三十八・天子合朔伐鼓》：「周制，日有蝕之，天子不舉樂，素服，置五麾，陳五鼓、五兵及救日之弓矢。又以朱絲縈社，而伐鼓責之。」唐制，《通典・禮九十三・合朔伐鼓》：「其日廢務，百官守本司。日有變，皇帝素服，避正殿，百官以下皆素服，各於廳事前重行，每等異位，向日立。明復而止。」㉙五兵　古代五兵指弓、矢、殳、矛、戈、戟五種兵器。《周禮・夏官・司右》：「凡國之勇力之士，能用五兵者屬焉，掌其政令。」鄭玄注：「《司馬法》曰：『弓、矢圍，殳、矛守，戈、戟助，凡五兵長以衛短，短以救長。』」賈公彥疏：「弓、矢圍者，圍城時也；殳、矛守者，守城時也；戈、戟助者，謂圍、守皆用戈戟助之。」唐時五兵則為矛、戟、鉞、矟、穳。㉚太社　唐設社稷於含光門內之右，有太社、太稷二壇。㉛矛　以尖形矛為頭之長槍，作刺殺用之兵器。㉜戟　一種可鉤可刺之兵器。其形制略同戈，唯前有刺，實為戈、矛之合體。㉝鉞　古代一種似斧而形體較大、用於劈砍之兵器。㉞矟　古代一種長矛，柄長一丈八尺，兩刃，多為騎兵所用，亦稱槊。《隋大業長白山謠》：「長矟侵天半，輪刀耀日光。」㉟穳　古代兵器。《集韵・去換》：「穳，鋋也；一曰小矟。」《隋書・煬帝紀》：「〔大業〕五年（西元六〇九年）民間穳刃之類皆禁絕之。」

【語　譯】 兩京郊社署：令，定員兩署各一人，品秩是從七品下。周人建國時，在京城路門的左側建宗廟，右側建社稷。祭天是在南郊的圜丘，所以設在南郊，是為了就陽位；祭地是在北郊的方壇，所以設在北郊，是為了就陰位。為此，《周禮》中設有典祀中士二人，下士一人，按四時祭祀天地神祇時，還要徵發司隸帶領所屬來服役，由他們擔當掃除污穢一類事務。秦漢時，奉常的屬官中，設有太祝令、丞，在漢景帝時改名為祠祀，武帝時又更名為廟祀。東漢時祠祀由太常寺改屬少府。魏晉設有太祝令、丞。南朝宋設有明堂令、丞，職務是掌管宗祀及五帝祭祀方面的事務。齊設有太祝及明堂令〔、丞〕。梁時，由太常卿統領明堂、太祝等署的令、丞。北齊設有太廟令、丞，太廟署兼管郊祀、崇虛二層（局）的丞，郊祀執掌五郊群神的祭祀，崇虛主管五嶽、四瀆等神靈的祭祀。北周在典祀中大夫之下設有司郊上士一人，中士一人，又有司社中士一人、下士一人。隋太常寺統領郊社署令，又設置了門僕、齋郎等。本朝因承隋制。

丞，定員一人，品秩為從八品上。隋朝設置，本朝因襲這一官制。

門僕，定員為八人。隋時設置門僕二人。

齋郎，定員為一百一十人。北魏有祀官齋郎，品秩為第九品中。隋朝郊社署有齋郎一百人。

郊社令的職掌是在五郊、社稷、明堂祭祀時，安置各個神座的位置，以及有關祭祀、祈禱各項禮儀的事務。丞是令的副職。凡是大型的祭祀，都要在祭壇上設置神座，不同的神分設不同的位置。上帝的神座要用藳秸做墊席，其他眾神用莞草做墊席。在泰山封禪，神座下要用三脊茅草做鋪墊。郊社令要與奉禮郎一起，在祭壇的各個神座前分別安置尊、罍、篚、冪這些祭祀用器，由太官令按規定分置祭品和用品。每逢祭祀百神，就要設立燎壇，並預先積存好焚燒用的柴禾。大祀的燎壇，面積一丈見方，高一丈二尺；中祀的面積是八尺見方，高一丈；下祀的是五尺見方，高亦是五尺。凡是遇到要發生日蝕這樣的變故，就要在太社設置五類兵器：矛，放在東面；戟，放在南面；鉞，在西邊；矟，在北邊。同時要巡察四門，在祭壇的四角樹立纛，繫上朱紅色的絲線，一直等到日蝕過了再撤下這些兵器。

【說　明】關於兩京郊社署令、丞以下諸吏胥的設置及職掌，《新唐書・百官三》稱：「有府二人，史四人，典事五人，門僕八人，齋郎百一十人。齋郎掌供郊廟之役。太廟九室，室有長三人，以主樽、罍、篚、冪、鎖鑰，又有罍洗二人；郊壇有掌坐二十四人，以主神御之物。皆禮部奏補。凡室長十年，掌座十二年，皆授官。祭饗而員少，兼取三館學生，皆絳衣絳幘。更一番者，戶部下蠲符，歲一申考諸署所擇者，太常以十月申解於禮部，如貢舉法，帖《論語》及一大經。中第者，錄奏，吏部注冬集散官，否則番上如初。六試而絀，授散官。」

兩京郊社署令，亦簡稱郊社令，從其在皇帝冬至祀圜丘時所參預的活動，可約略見其職掌的具體狀況。如在祀前一日，會同太史司陳設諸神座；在省牲器時，帥府史三人，諸儀二人及齋郎以鐏、坫、罍、洗、篚、冪入設於位；祭奠玉帛時，以祝版奉進，御署訖，近臣奉出，再由郊社令奠於坫。此外便是祭祀結束後的清掃工作了。在其他祭祀活動中，郊社令的職務大體亦是這樣一些。在合朔之變即遇有日蝕時，據《通典・禮九十三》稱：在合朔「前二刻，郊社令及門僕各服赤幘絳衣，守四門，令巡門監察」；「隊正一人，著平巾幘袴褶，執刀，帥衛士五人執五兵於鼓外，矛處東，戟在南，斧鉞在西，矟在北。郊社令立纛於社壇四隅，以朱絲縈之」。

二

獻陵❶、昭陵❷、乾陵❸、定陵❹、橋陵❺、恭陵❻署：令各一人，從五品❼；《周禮》❽有冢人下大夫❾二人、中士四人，掌公墓之地，辨其兆域❿，先王之葬居中，以昭穆為左右⓫。至漢，奉常管諸陵縣⓬，諸陵亦各有丞、令⓭。至元帝元光元年，分穆陵邑屬三輔⓮。後漢先帝陵令每令各一人⓯，秩六百石，每陵所皆置萬戶。晉太常統陵令、丞、主簿、錄事、戶曹史、禁備史⓰各一人，侍一人；凡吏四人，卒一人。宋太常統陵令。《齊職儀》⓱：「每陵令一人，品第七，秩四百石，銅印、墨綬⓲，進賢一梁冠⓳，絳朝服⓴。舊用三品勳位㉑，孝建三年㉒改為二品。」梁太常統陵監，其後改為令㉓，班第二，品正第九㉔。陳承梁制㉕，秩六百石。北齊太常寺亦統諸陵令、丞㉖。後周守陵，每陵上士一人㉗。《隋令》㉘：「諸署㉙，每陵令一人。」皇朝因之。開元二十五年，諸陵、廟隸宗正寺㉚。

丞一人，從七品下；漢、魏、晉諸陵並有丞；宋、齊、梁、陳並有陵令，無丞；北齊有丞。隋諸陵丞各一人，有主衣、主輦、主藥等員；皇朝因之。

錄事一人；皇朝置。

陵戶。乾陵、橋陵、昭陵各四百人，獻陵、定陵、恭陵各三百人。

陵令掌先帝山陵，率戶守衛之事；丞為之貳。凡朔望、元正、冬至、寒食，皆修享於諸陵㉛。若橋陵，則日獻羞焉㉜。凡功臣、密戚諸陪陵葬者聽之㉝，以文武分為左右而列㉞。墳高四丈已下，三丈已上㉟。若父、祖陪陵，子、孫從葬者，亦如之。若宮人陪葬，則陵戶為之成墳。凡諸陵皆置留守，領甲士，與陵令相左右㊱。兆域內禁人無得葬埋，古墳則不毀。

永康㊲、興寧㊳二陵署：令各一人，從七品下；

丞一人，從八品下。

陵令掌山陵塋兆之事，率其戶而守陵焉；兵仗並皆給之。丞為之貳。

【章旨】諸陵署令、丞之定員、品秩及其沿革和職掌。

【注釋】❶獻陵　唐高祖李淵陵墓。李淵卒於貞觀九年（西元六三五年）五月，終年七十，同年十月葬於獻陵。謚號大武皇帝，廟號高祖。其陵址在今陝西省三原縣北二十公里之荊原唐朱村。主持橋陵建築設計和施工的是高士廉和閻立德。陪葬墓，《唐會要》記為二十五座，《長安志》記二十三座，今調查則有六十七座，其陵墓封土高二十一米，東西寬一百五十米，南北寬一百二十米，用土夯築而成，層次明顯，每層一般在十五釐米左右，陵外形似覆斗狀。獻陵的陵園建築分為陵寢、柏城、封城三部份，陵寢為建築主體。柏城開有四門，即東華門、西華門、朱雀門、玄武門，分別建角樓四座，四門之外均置石虎一對。朱雀門的一對石虎東側的一隻如今仍雄立於田野之上。西側那隻則已搬至陝西省博物館石刻館收藏。虎作緩步行走勢，造型渾厚雄健，為初唐石刻藝術珍品。陵園柏城之內，封土之上，建有神游殿。陵南有獻殿，殿內陳列死者生前服用之物。在陵西南五里柏城外，設有寢宮，是墓主靈魂飲食起居之所，亦是宮女留守居住的地方。❷昭陵　唐太宗李世民陵墓。李世民卒於貞觀二十三年（西元六四九年）五月，終年五十二，八月葬於昭陵。謚號文皇帝，廟號太宗。其陵址原係李世民生前所選在禮泉縣東北二十二公里之九嵕山。昭陵由閻立德、閻立本兄弟設計監造。陪葬墓《唐會要》記有一百五十五座，《長安志》記有一百六十六座，今調查則為一百六十七座。據《文獻通考》記載：昭陵因山鑿石為玄宮，從埏道至墓室深七十五丈，前後安置五道石門，架梁為棧道，繞山二百三十步始達玄宮門。山上另建有寢殿。陵周圍築有城垣，南為朱雀門，門內即獻殿；北為玄武門（即司馬門），門內有祭壇，東西則分別是青龍門、白虎門。城垣周長六十公里，面積達三十萬畝。在昭陵的石刻中，有六匹駿馬，是為紀念當年唐太宗李世民在六次戰役中的坐騎而詔令雕刻的，圖樣由閻立本繪製。六駿刻成後，唐太宗親制讚詞，由唐初書法家歐陽詢書寫，刻於馬首上方方塊內。其中二駿在一九一四年被盜走，現藏美國費城賓夕法尼亞大學博物館；餘四駿則陳列於陝西省博物館石刻藝術館大廳。杜甫〈重經昭陵〉詩云：「陵寢盤空曲，熊羆守翠微；再窺松柏路，還見五雲飛。」唐亡後，軍閥溫韜對其境內唐皇諸陵悉以發掘，昭陵內藏有李世民生前寶愛之鍾王筆跡，遂傳人間。❸乾陵　唐高宗李治與武則天陵墓。李治卒於永淳二年（西元六八三年）十二月，終年五十六歲，睿宗文明元年（西元六八四年）葬於乾陵，其陵址在今陝西省乾縣北門外六公里梁山。陪葬墓《唐會要》記有十六座，《長安志》記為六座，《文獻通考》記作十七座，今調查亦為十七座。武則天卒於中宗神龍元年（西元七〇五年）十一月，終年八十三歲，謚為則天大聖皇后，次年五月附葬於乾陵。此陵是唯一迄今尚未被盜掘的唐代帝陵。溫韜在盜掘唐皇諸陵時，「惟乾陵風雨不可發」（《新唐書・溫韜傳》）。據《長安圖志》乾陵陵園分內外兩重城垣，外周五千八百米，四門分別為青龍、白虎、朱雀、玄武；中軸線上有闕樓、迴廊、偏房、獻殿等建築。今陵園已毀圮，但所留牆基及門址仍清晰可辨。乾陵墓道開鑿於梁山正南半山腰上，伸入山腹，長六十三米，寬近四米。墓道內用厚半米、長一點二五米的石條，由南向北作階梯式疊砌，近墓門的一層已疊達三十九層，根據墓道長度測算，墓內尚有石條三千塊。每層石條間均用重五到十公斤的鐵栓板亦稱鐵細腰固定，並灌注鐵水，在其上面再填土夯實，異常堅固，這大概也是乾陵未被盜掘的一個原因。乾陵前有華表、翼馬、鴕鳥、石人、石馬、石獅等大型雕刻，樹有「述聖碑」和「無字碑」，渾樸巍峨，赫赫壯觀。現已闢為博物館。❹定陵　唐中宗李顯陵墓。李顯中毒死於景龍四年（西元七一〇年）六月，終年五十五歲，前後在位僅六年。謚為孝和帝，廟號中宗。同年十一月葬於定陵。陵址在今陝西省富平縣西十公里之鳳凰山，依山為陵。其陪葬墓冢，《唐會要》記有八座，《長安志》記六座，今調查有十五座。❺橋陵　唐睿宗李旦陵墓。李旦卒於玄宗開元四年（西元七一六年）六月，終年五十五歲。謚號聖貞皇帝，廟號睿宗。同年十月葬於橋陵。陵址在今蒲城縣西北十五公里之豐山，也是依山為陵。其陪葬墓《唐會要》記有七座，《長安志》記為六座，今調查有八座。❻恭陵　高宗太子李弘陵墓。李弘係高宗第五子，武則天所生。《資治通鑑・唐紀十八》：「太子弘仁孝謙謹，上甚愛之；禮接士大夫，中外屬心。天后方逞其志，太子奏請，數迕旨，由是失愛于天后。義陽、宣城二公主，蕭淑妃之女也，坐母得罪，幽于掖庭，年踰三十不嫁。太子見之驚惻，遽奏請出降，上許之。天后怒，即日以公主配當上翊衛權毅、王遂古。己亥，太子薨于合璧宮，時人以為天后酖之也。」李弘死於高宗上元二年（西元六七五年），年僅二十四歲。武則天所以要酖殺李弘，除了請嫁蕭淑妃所生二女的原因外，更主要還是高宗因病而欲遜位於李弘，這直接威脅到武則天的專權。李弘死後葬於河南緱氏縣景山（今河南偃師南）。墓號恭陵，謚號孝敬皇帝，制度盡用天子之禮，高宗並為之制〈睿德紀〉，刻於石陵之側。❼從五品　《通典．職官二十二．大唐官品》為「從五品上」。❽周禮　儒家經典之一。係搜集周王室官制和戰國時各國制度，添附以儒家政治理想，增減排比而成之彙編。❾冢人下大夫　《周禮》春官大宗伯之屬官。掌冢墓表葬等事。在冢人下大夫之下，除中士四人外，尚有府二人，史四人，胥二十人，徒二百二十人。❿掌公墓之地辨其兆域　指冢人之職掌為管理王者之陵墓，辨明其墳域之界限。《周禮》原文在其下尚有「而為之圖」四字。指把陵墓之地形及丘壟之位置圖畫下來，加以保藏。⓫先王之葬居中以昭穆為左右　鄭玄注《周禮》此句稱：「先王造塋者，昭居左，穆居右，夾處東西。」賈公彥疏：「若文王在豐葬於畢，子孫皆就而葬之，即以文王居中，文王弟當穆，則武王為昭居左；成王為穆居右，康王為昭居左；昭王為穆居右，已下皆然。至平王東遷死葬即又是造塋者，子孫據昭穆夾處東西，若然兄死弟及，俱為君，則以兄弟為昭穆。」⓬至漢奉常管諸陵縣　指諸陵所在縣不屬郡，而由奉常直接管轄。《長安志》卷一四引《關中記》：漢諸陵「徙民置縣者凡七，長陵、茂陵各萬戶，餘五陵各五千戶，陵縣屬太常，不隸郡也。守陵、溉樹、掃除凡五千人。陵令一人，食官令一人，寢廟令一人，園長一人，園門令史三十二人，候四人。」漢最早就陵置邑始於高祖十年（西元前一九七年），太上皇卒，葬於櫟陽之北原，「起萬年邑，置長丞」。二年後，高祖卒，葬於長陵，在長安北四十里。《漢書．高后紀》六年（西元前一八二年）六月：「城長陵」。《長安志》卷一三引《關中記》：「長陵城有南北西三面，東面無城，陪葬者皆在東，徙關東大族萬家以為陵邑。」長陵邑的故城，在長陵、呂后陵以北，現存遺址確如《關中記》所記，南、北、西三面有城，殘存之城牆寬達九米，最高處約五米。《漢書．地理志》：「長陵，高帝置。戶五萬五十七，口十七萬九千四百六十九。」這是漢平帝元始二年（西元二年）之記錄，原來所徙齊諸田、楚昭、屈、景及諸功臣家不過萬戶。漢惠帝葬安陵，去長陵十里。《長安志》卷一三引《關中記》：「徙關東倡優樂人五千戶以為陵邑，善為嘲戲，故俗稱女嘲陵也。」惠帝死時僅二十四歲，故特徙倡優樂人，並在陵園中建果園鹿苑，以供其靈魂遊樂。故城遺址在安陵之北九百米。景帝之陽陵，據《漢書．景帝紀》：景帝五年（西元前一五二年）正月，「作陽陵邑，更募民徙陽陵，賜錢二十萬」。武帝之茂陵，《三輔黃圖》：「建元二年（西元前一三九年）初置茂陵邑，本槐里縣之茂鄉，故曰茂陵，周四三里」。又引《三輔舊事》：「武帝於槐里茂鄉徙戶一萬六千。」《漢書．武帝紀》：建元三年（西元前一三八年）「賜徙茂陵者戶錢二十萬，田二頃」；元朔二年（西元前一二七年）「又徙郡國豪傑及貲三百萬以上于茂陵」；太始元年（西元前九六年）「徙郡國吏民豪傑于茂陵雲陽」。《水經注・渭水》載成國故渠「東逕漢武帝茂陵南……又東逕茂陵縣故城南」。可知陵縣在茂陵之東南，在今竇馬村附近已發現有遺址。雲陵是武帝鉤弋太后陵墓。《漢舊儀》：「武、昭、宣三陵皆三萬戶。」以上是漢代就陵徙民設縣概況。這些縣都屬奉常管轄。⓭丞令　近衛校正德本曰：「『丞、令』當作『令、丞』。」⓮元帝元光元年分穆陵邑屬三輔　「元光」當是「永光」之訛；「穆陵」則是「諸陵」之訛。《漢書・百官公卿表》：「元帝永光元年，分諸陵邑屬三輔。」永光元年，西元四三年。永光是漢元帝劉奭年號。三輔，漢景帝二年（西元前一五五年）分內史為左、右內史，與主爵中尉同治長安城中所轄京畿之地，合稱三輔。武帝太初元年（西元前一〇四年）改左、右內史、主爵都尉為京兆尹、左馮翊、右扶風。轄境相當於今陝西中部地區。《漢書・元帝紀》繫此事於永光四年（西元前四〇年），是年十月「詔曰：『安土重遷，黎民之性，骨肉相附，人情所願也。頃者有司緣臣子之義，奏徙郡國民以奉園陵，令百姓遠棄先祖墳墓，破業失產，親戚別離，人懷思慕之心，家有不安之意。是以東垂被虛耗之害，關中有無聊之民，非久長之策也。今所為初陵者，勿置縣邑，使天下安土樂業，亡有動搖之心。布告天下，令明知之。』又罷先後父母奉邑。」初陵，指元帝初置陵，未有名，故稱初。諸陵之縣原屬太常，自此各以地界改屬三輔。⓯後漢先帝陵令每令各一人　句中「每令」當作「每陵」。《後漢書・百官二》：「先帝陵，每陵園令各一人，六百石。本注曰：掌守陵園，案行掃除。」此外每陵尚有丞及校長各一人，校長主兵戎盜賊事；食官令各一人，掌望晦時節祭祀。《漢官》曰：「每陵食監一人，秩六百石。監丞一人，三百石；中黃門八人，從官二人。」食監即食官令號。東漢建都洛陽，其陵墓主要分布於洛陽西北、東南二地區；西北區有光武帝之原陵、安帝之恭陵、順帝之憲陵、靈帝之文陵；東南區有殤帝之康陵、沖帝之懷陵、質帝之靜陵、桓帝之宣陵；另有三大冢，是否就是明帝之顯節陵、章帝之敬陵、和帝之慎陵，學界尚未有定論。⓰禁備史　南宋本作「禁備吏」。⓱齊職儀　書名。《舊唐書・經籍志》著錄：「《齊職儀》五十卷，〔梁〕范曄撰。」⓲銅印墨綬　古代官員佩印以其材質分金、銀、銅三等。《東觀書》稱：「漢制，秩四百石以上皆銅印墨綬。」唐代諸司則多用銅印。綬為繫印之絲帶，以其顏色分貴賤。漢時有赤、綠、紫、青、黑、黃數種。⓳進賢一梁冠　古緇布儒冠。前高七寸，後高三寸，長八寸，有五梁、三梁、二梁、一梁之別，以梁多為貴。六百石以下皆進賢一梁冠。⓴絳朝服　朝服即禮服，唐時亦稱具服。絳朝服包括絳紗袍、皂緣、中衣。㉑三品勳位　指九品正式官制以外的吏胥品位。㉒孝建三年　即西元四五六年。孝建是南朝宋孝武帝劉駿年號。按：孝建既是宋孝武帝年號，當不可繫以齊職官改制事。疑所引《齊職儀》「舊用三品勳位，孝建三年改為二品」二句，係衍文。㉓梁太常統陵監其後改為令　《隋書・百官上》記有梁武帝天監七年（西元五〇八年）改監為令之緣由：「詔以為陵監之名，不出前詁，且宗廟憲章既備典禮，園寢職司理不容異。諸正陵先立監者改為陵，於是陵置令矣。」㉔班第二品正第九　梁天監初，武帝命尚書刪定郎濟陽蔡法度定令九品，至七年（西元五〇八年）革選，徐勉為吏部尚書，改定為十八班，以班多為貴，同班者則以居下者為列。明堂、帝廟二陵令均列為二班，相當於正九品。㉕陳承梁制　據《隋書・百官上》陳之「明堂、太廟、帝陵等令已上六百石」，「品並第五」。㉖北齊太常寺亦統諸陵令丞　《隋書・百官中》北齊太常寺下有諸陵署，設令丞，掌守衛山陵等事。按：此處原注未言北魏陵署職官設置，北魏孝文帝太和前後兩次職令，亦未列有此類職官，但事實上北魏既建有相當規模陵園，自亦該有相應職官之設。如《魏書・官氏志》便有這類記載：「武定二年（西元五四四年）十一月，有司奏：『齊獻武王勳高德重，禮絕群辟，昔霍光陵邑亦置長、丞主陵，今置長一人，丞一人，錄事一人，戶曹史一人，禁備史一人，侍一人，皆降帝陵官品一等。其侍依舊。』詔曰：『可。』」齊獻武王即高歡，其去世是在東魏孝靜帝武定五年（西元五四七年），上述引文記為武定二年可能有誤。葬於鄴，漳水之西。北魏大規模的陵園營造由文明皇后馮氏開始，曾和孝文帝拓跋宏一起在方山（今山西省大同市西北二十五里西寺兒梁山）營造壽陵，稱永固陵；遷都洛陽後，在北邙山區修虛宮，號稱「萬年堂」。孝文帝又在洛陽北邙山區為自己營建長陵，世宗元恪便葬於其附近之景陵，肅宗元詡葬於定陵。引文所言陵署之長、丞、錄事、戶曹史、禁備史、侍等，當為北魏、北齊二朝相類建置。㉗後周守陵每陵上士一人　北周諸陵屬春官府。每陵上士一人，正三命；中士一人，正二命。北周所建陵園先後有文帝宇文泰之成陵，孝閔帝宇文覺之靜陵，明帝宇文毓之昭陵，武帝宇文邕之孝陵，宣帝宇文贇之定陵，以及靜帝宇文衍之恭陵。㉘隋令　《隋書・經籍志上》著錄有《隋開皇令》三十卷，裴正等撰；《令律》十二卷，裴寂撰。㉙諸署　《隋書・百官下》太常寺下有諸陵署，此處「諸」下似脫一「陵」字。隋文帝楊堅葬於太陵；煬帝卒於揚州，為陳稜葬於吳公臺下，唐平江南後，改葬於雷塘。㉚開元二十五年諸陵廟隸宗正寺　開元二十五年，即西元七三七年。《新唐書・百官三》稱：「開元二十五年，濮陽王徹為宗正卿，恩遇甚厚，建議以宗正司屬籍，乃請以陵寢、宗廟隸宗正。天寶十二載（西元七五三年）駙馬都尉張垍為太常卿，得幸，又以太廟諸陵署隸太常。十載（西元七五一年），改獻、昭、乾、定、橋五陵署為臺，升令品，永康、興寧二陵稱署如故。肅宗至德二年（西元七五七年），復以陵廟隸宗正。代宗永泰元年（西元七六五年），太常卿姜慶初再奏以陵廟逮太常，德宗大曆二年（西元七六七年）復舊。陵臺有錄事各一人，府各二人，史各四人，主衣、主輦、主藥各四人，典事各三人，掌固各二人，陵戶各三百人。昭陵、乾陵、橋陵，增百人。」㉛凡朔望元正冬至寒食皆修享於諸陵　指每年祭祀於諸陵之日期。朔望，即夏曆每月的初一與十五。寒食，指清明前一日。加上元旦和冬至日，都要在諸陵舉行祭祀的儀式。《新唐書・禮樂四》

較此為詳：「凡國陵之制，皇朝以上至太祖陵，皆朔望上食，元日、冬至、寒食、伏、臘、社各一祭。皇考陵，朔望及節祭，而日進食。又薦新於諸陵，其物五十有六品。始將進御，所司必以先送太常與尚食，滋味薦之，如宗廟。」此處未及之伏、臘、社三祭，其中伏，《漢書・郊祀志上》顏師古注：「伏者，謂陰氣將起，迫于殘陽而未得升，故為藏伏，因名伏日也。立秋以後，以金代火，金畏于火，故至庚日必伏。庚，金也。」臘，冬至後第三個戌日為臘日，後來改為十二月初八日。社日，古代春秋二次祭祀土神的日子，一般在立春、立秋後之第五個戊日。㉜若橋陵則曰獻羞焉　句中「曰」，據南宋本當作「日」。橋陵是唐睿宗李旦陵墓。李旦是唐玄宗李隆基之父，作為皇考，故須如同活著時一樣每日都要進獻食品。《周禮・天官・庖人》鄭玄注：「備物品曰薦，致滋味乃為羞。」㉝凡功臣密戚諸陪陵葬者聽之　句中「諸」字，《太平御覽》卷一三九引《唐六典》原文及《唐會要》卷二一均作「請」。《舊唐書・職官三》諸陵署條則無「諸」字。功臣密戚陪葬之制始於漢，唐亦盛行，定制於貞觀十一年（西元六三七年）。據《舊唐書・太宗本紀下》：太宗決定於九嵕山營建壽陵時詔稱：「佐命功臣，或義深舟楫，或謀定帷幄，或身摧行陣，同濟艱危，克成鴻業，追念在昔，何日忘之！使逝者無知，咸歸寂寞；若營魂有識，還如疇曩，居止相望，不亦善乎！漢氏使將相陪陵，又給以東園秘器，篤終之義，恩意深厚，古人豈異我哉！自今已後，功臣密戚及德業佐時者，如有薨亡，宜賜塋地一所，及以秘器，使窀穸之時，喪事無闕。所司依此營備，稱朕意焉。」唐之功臣陪葬都集中在唐初諸陵，其中尤以李世民之昭陵陪葬最多。《唐會要》記載為一百五十五座，《長安志》記有一百六十六座，今調查有一百六十七座。陪葬諸墓，有的在李世民生前即賜以此種殊遇的，如魏徵、尉遲敬德、秦叔寶、段志玄、馬周等；有的則賜於李世民死後，如李勣、許敬宗等。李世民有三個女兒新城公主、長樂公主、城陽公主亦都在昭陵陪葬，但諸子除十一子趙王李福外，大都無此資格。他們或死於流放地，或為武則天所誅殺；前廢太子恆山王李承乾，直至開元二十七年（西元七三九年）才因其任御史大夫的孫子李適之的奏請，得以歸葬昭陵。唐代自玄宗泰陵後，陪葬之數日益減少，代宗之陵甚至一座陪葬墓也沒有。㉞以文武分為左右而列　指陪葬墓文武功臣之排列次序。但實際墓葬大多只能以死亡先後為序，無法按文武分列。如昭陵中經學者考證已經確定墓主的五十七座陪葬墓的位置，既不按文武分列左右，也不論官職之高低，而是以埋葬的先後為序，由北向南排列。㉟墳高四丈已下三丈已上　指陪葬諸墓之規格。在漢代已有按死者生前身份尊卑以確定墳墓高低的規定。據記載，漢武帝茂陵墓高二十丈（《後漢書・禮儀志》劉昭注引《漢舊儀》），陪葬茂陵的李夫人墓為八丈（《三輔黃圖》），霍去病、衛青墓高二丈。唐代品官墳墓高度更有明確的規定，《通典・禮六十八・序例下》稱：「百官墓田，一品方九十步，墳高丈八尺；二品方八十步，墳高丈六尺；三品方七十步，墳高丈四尺。」每品以二尺為差。㊱與陵令相左右

《唐會要》卷二一陪陵名位引舊制作「與陵令相知，巡警左右」。㊲永康　高祖李淵祖父景皇帝李虎之陵墓。其皇帝之號為李淵稱帝後所追封。㊳興寧　高祖李淵父親元皇帝李昞之陵墓。其皇帝之號亦係李淵稱帝後所追封。

【語　譯】獻陵署、昭陵署、乾陵署、定陵署、橋陵署、恭陵署：各設令一人，品秩為從五品上。《周禮》在春官大宗伯下設有冢人下大夫二人，中士四人，掌管帝王所葬的墓地，辨明墳地的界域。墳墓排列的次序是：先王居中央，先王的子孫，左昭右穆，分列兩旁。到了漢代，由奉常管轄各個皇陵所在地的縣邑，各陵亦都設有令和丞。到漢元帝元（永）光元年，把各陵的縣邑改屬三輔管轄。東漢亦在先帝陵設令，每陵各置令一人，俸秩六百石，每陵所在地都安置百姓一萬戶。晉代由太常統率各陵的令、丞、主簿、錄事、戶曹史和禁備史各一人，還有侍一人，總計是吏四人，卒一人。南朝宋亦由太常統陵令。《齊職儀》規定：「每陵設令一人，品列第七品，俸秩為四百石，佩銅印，繫墨綬，戴進賢一梁冠，穿絳紗朝服。以前用三品勳位，到孝建三年改為二品。」梁代由太常寺統管陵監，後來又改監為令，班秩居第二，品秩正第九。陳因承梁制，俸秩為六百石。北齊時，亦由太常寺統管各陵的令和丞。北周設有守陵上士，每陵上士一人。《隋令》規定：「各個〔陵〕署，每陵設令一人。」本朝因承隋制。玄宗開元二十五年，將各陵以及宗廟都改為隸屬於宗正寺。

各設丞一人，品秩為從七品下。漢、魏、晉幾個時期，各陵在令之下都設有丞，南朝的宋、齊、梁、陳都只設令，不設丞，北齊在令之下設有丞。隋朝各陵在令之下各設丞一人，此外還有主衣、主輦、主藥等定員；本朝因承隋的體制。

錄事，定員各一人。本朝設置。

陵戶。乾陵、橋陵、昭陵各四百人；獻陵、定陵、恭陵各三百人。

陵令的職掌是掌管有關先帝山陵的事務，率領陵戶看守和衛護山陵。丞是令的副職。凡是逢到朔望、元正、冬至、寒食的日子，各陵都要享祭。至於橋陵，每天都要供獻美味的食品。凡是有功之臣和關係密切的親屬，請求陪葬的，都可以允許。陪葬的墳墓按文臣武將分列在主陵的左右。陪葬墳墓的高度，限定在四丈以下、三丈以上。若是父親、祖父陪葬的陵墓，兒子、孫子請求從葬的，亦按上述規定辦理。如果宮人陪葬，那就由陵戶為他修墳。各陵都要設置留守，統領甲士，與陵令一起負責，巡視陵園左右。在陵園界限以內，禁止他人埋葬，早先已存留在那兒的古墓則不必毀壞。

陵令的職掌是管理有關山陵墳塋界域以內的事務。率領所屬的陵戶守衛好陵園。都發給必要的兵仗。丞是令的副職。

永康、興寧二陵署：各設令一人，品秩為從七品下。

丞一人，品秩為從八品下。

【說明】從文獻記載上看，中國古代君王的墳墓稱「陵」是從戰國中期開始的，首先出現於趙、楚、秦諸國。《史記・趙世家》稱趙肅侯十五年（西元前三三五年）起「壽陵」，這是中國歷史上最早的記載。《史記・秦始皇本紀》末段載：惠文王「葬公陵」（秦惠王卒於西元前三一一年），悼武王「葬永陵」（秦武王卒於西元前三〇七年）。秦國是從秦惠王開始稱王，故其墓稱陵。陵的主體建築包括陵，唐人稱之為玄宮；寢，廟，這三部份，在寢之旁還有便殿。玄宮即墓穴和墳丘；寢建在墓頂或墓側，作為侍奉墓主靈魂日常起居之處；便殿是供奉墓主靈魂遊樂的場所。在寢陳設有神坐、床几、匣匱，被枕、衣冠及其他日常生活用具，由宮人如同侍奉活人一樣侍奉：「隨鼓漏，理被枕，具盥水，陳嚴（妝）具」（蔡邕《獨斷》），並每天四次按時進奉食品。便殿是附屬於正寢邊側的別殿，大概與地下墓室的便房差不多，作為墓主象徵性的休息閑宴之處。漢代還在陵旁立廟，高祖長陵旁有原廟，武帝茂陵旁有龍淵廟，宣帝杜陵旁有樂遊廟。與寢作為已逝帝王生活起居之所相對應，廟的建築則是模仿宮殿和朝堂，象徵其死後依然處理著政務，還要接受群臣的朝拜。《爾雅・釋宮》：「室有東西廂曰廟，無東西廂有室曰寢。」這東西兩廂便是群臣恭候朝見的場所。《漢書・韋玄附韋賢成傳》記載西漢的陵寢制度：「自高祖下至宣帝，與太上皇（高祖之父）、悼皇考（宣帝之父），各自居陵旁立廟，又園中各有寢、便殿。日祭于寢，月祭于廟，時祭（四季之祭）于便殿。寢日上四食，廟歲二十五祠，便殿歲四祠。又有一月一遊衣冠。」所謂「一月一遊衣冠」，是指每月有一次把君王的衣冠從寢殿，用車騎護送至宗廟，接受祭享。寢廟並不是一開始就和陵結合在一起的，先是秦始皇建陵墓時，開了在陵旁立寢之制，繼而到漢惠帝時廟與陵才建成了一體。在此之前，高祖的廟在長安城西安門內東太常街南，而寢則在未央宮以北桂宮的北面，為此每月祭祀時要把劉邦的衣冠從寢中取出，通過一條通道，到高廟去接受祭享。當時呂后住在長樂宮，惠帝住在未央宮，為方便省視母后，特建造了一條複道，偏這複道要經過高祖遊衣冠的通道，掌管禮儀的叔孫通便提出子孫不應在「宗廟道上行」，於是便在長陵之旁建造了一座原廟，此後每月的出遊衣冠便可在陵內的寢與廟之間進行了，近在咫尺。因了這一改，整個陵園的建築等於複制了宮殿和朝堂，並在其周圍修起城牆，儼然第二座皇城。唐代陵園的佈局亦大體如此，稍有不同的是宗廟則在京城內，不再是一帝一廟，而是在宗廟內分室祭祀，這樣寢殿成了陵廟的主要建築。

唐代皇帝的陵墓，大多依照昭陵的格局，穿鑿山腰而成。墓中分成前、中、後三室，以象徵太極宮或大明宮三殿制。三墓室間都有石門和過道。在墓上的建築有獻殿（即寢殿）和寢宮（即下宮），分在兩處建造，以分別適應上陵朝拜祭祀和日常供奉飲食起居的需要。昭陵的獻殿建在陵前，山下建有下宮，去陵五里左右，在墓門頂上另建有神遊殿，相當於漢代寢殿旁側的便殿。從《長安圖志》卷中所載〈唐昭陵圖〉看，陵建於九嵕山上，周圍有方形牆垣，牆垣的曲角建有角闕以為警衛，四邊中央各設一門：東青龍，西白虎，北玄武，南朱雀，獻殿便在朱雀門內，是朝拜獻祭的大殿。昭陵的寢宮原來造在山上，由於山上沒有井泉，供水困難，後來遷到山下西南側瑤臺寺旁，下宮至陵十八里。據圖在陵的西邊牆垣以外，有一套宮殿，後面有一排建築，即是原來寢宮所在，設有宮女，為供奉日常起居之所。據《昭陵志》稱：「高力士於太宗獻殿見小梳廂一，柞木梳一，黑角篦子一，草根刷子一，嘆曰：此先帝首創義旗，新王皇極，隨身服用，將欲傳示子孫，永存節儉。」據此，獻殿還闢有類似現今紀念某些已故黨政首腦的展覽室，珍藏著破舊的行軍床、綴有補釘的襯衣之類，以供後人瞻仰。從遺址看，牆垣東西長二三七米，南北長三三四米，呈長方形，牆基原約三・五米；寢宮南北長十米。乾陵的規模則要大於昭陵。

唐代二百九十年間，共二十一個皇帝，其中武則天與高宗合葬於乾陵；唐末的昭宗，被朱全忠挾持至洛陽，死後葬於河南省澠池縣境內，稱為和陵；哀帝葬於山東荷澤，稱為溫陵。其他十八帝陵墓都在渭河以北的禮泉、乾縣、涇陽、三厚、富平、蒲城六縣境內，以西安為中心呈一弧形展開，東西綿延一百餘里，南隔關中平原與秦嶺遙遙相對。除本章正文中提到的六陵外，還有玄宗李隆基的泰陵，肅宗李亨的建陵，代宗李豫的元陵，德宗李適的崇陵，順宗李誦的豐陵，憲宗李純的景陵，穆宗李恆的光陵，敬宗李湛的莊陵，文宗李昂的章陵，武宗李炎的端陵，懿宗李漼的簡陵，僖宗李儇的靖陵。這十八座陵墓，除了乾陵因風雨未能掘開外，都已被軍閥溫韜所盜掘。

關於陵廟的祭祀，蔡邕曾說過「聞古不墓祭」，上陵之禮始於東漢明帝時。光武帝死後葬於原陵，次年舉行元正朝會時，明帝感到光武帝再也見不到群臣朝拜的盛典，便把元正朝會儀式搬到陵寢神座前舉行。《漢書‧禮儀上》注引謝承《後漢書》記蔡邕所云：「光武即世，明帝嗣位踰年，群臣朝正，感先帝不復聞見此禮，乃帥公卿百僚，就園陵而創焉。尚書階西陛為祭設神坐，天子事亡如事存之意。苟先帝有瓜葛之屬，男女畢會，王、侯、大夫、郡國計吏，各向神坐而言，庶幾先帝神魂聞之。今者日月久遠，後生非時，人但見其禮，不知其哀。以明帝聖孝之心，親服三年，久在園陵，初興此儀，仰察几筵，下顧群臣，悲切之心，必不可堪。」除了元正朝會上陵之外，每年八月皇帝還須親自率領諸侯與百官到陵上舉行「飲酎」之禮，其儀式與上陵禮相同。後來演變為一年春、秋兩次行陵。唐代帝王亦行上陵禮，但不是每年舉行。據《新唐書‧禮儀四》記載，一次是「貞觀十三年（西元六三九年）太宗謁獻陵，帝至小次，降輿，納履，入闕門，西向再拜，慟哭俯伏殆不能興。禮畢，改服入寢宮，執饌以薦。閱高祖及太穆后服御，悲感左右。步出司馬北門，泥行二百步」。再一次是「永徽六年（西元六五五年）正月朔，高宗謁昭陵，行哭就位，再拜擗踊畢，易服謁寢宮。入寢哭踊，進東階，西向拜號，久，乃薦庶太牢之饌，加珍羞，拜哭奠饌。閱服御而後辭，行哭出寢北門，御小輦還」。還有一次是「開元十七年（西元七二九年），玄宗謁橋陵，至壖垣西闕下馬，望陵涕泗，行及神午門，號慟再拜。且以三府兵馬供衛，遂謁定陵、獻陵、昭陵、乾陵」。皇帝若不躬謁陵，便由太常卿行陵，時間放在春、秋仲月，武則天時以四季月、生日、忌日遣使詣陵起居；此外便是朔、望上食，元日、冬至、寒食、伏、臘、社各一祭，皇考之陵更須每日進食。玄宗時，規定橋陵的日進食為半隻羊。

三

隱❶、章懷❷、懿德❸、節愍❹、惠莊❺、文❻、惠宣❼七太子陵署：各令一人，從八品下；按：漢武帝❽戾太子園❾有官吏，自後不見，並皇朝置之。

丞一人，從九品下。

太子陵令、丞，皆掌陵園守衛。

諸太子廟❿：令各一人，從八品上；

丞一人，正九品下。有後，則官為置廟，子孫自主其祭；無後者，以近族人為主。緣祭樂、饌，並官供之⓫。

太子廟令、丞，皆掌灑掃開闔之節，四時享祭之禮。

【章旨】敘述七太子陵署及七太子廟令、丞之定員、品秩和職掌。

【注釋】❶隱　即隱太子建成，唐高祖李淵長子。武德元年（西元六一八年）立為皇太子；九年（西元六二六年）其弟李世民發動玄武門之變，在臨湖殿為李世民親手所射斃，死時年三十八。其子五人同時被殺。其弟元吉與姪五人亦在玄武門之變中被殺。高祖李淵被迫禪位於李世民。太宗李世民即位後，追封建成為息王，謚曰隱，葬地不詳。貞觀十六年（西元六四二年）詔復隱王建成為太子，因稱隱太子。❷章懷　即章懷太子李賢，字明允，高宗李治第六子，武則天所生。上元二年（西元六七五年）前太子李弘被武則天毒死後，高宗立李賢為皇太子，尋令監國。高宗手敕稱「皇太子賢自頃監國，留心政要。撫字之道，既盡於哀矜；刑網所施，務存於審察。加以聽覽餘暇，專精墳典，往聖遺編，咸窺壼奧」（《舊唐書・章懷太子傳》）。李賢曾召集當時學者張大安、劉納言等注范曄之《後漢書》。因其才幹類太宗，為武則天所忌，武數以書責賢，調露二年（西元六七九年）因明崇儼被殺事而搜查東宮，得皂甲數百領，廢賢為庶人。永淳二年（西元六八三年）遷於巴州；文明元年（西元六八四年）武則天臨朝稱制，遣酷吏丘神勣逼殺賢於巴州，死時年三十二，追封為雍王。中宗神龍初迎其柩陪葬於乾陵。睿宗踐祚，追贈皇太子，謚曰章懷。其陵墓在乾縣城北三公里，遷葬時以雍王禮，妻房氏與之合葬。墓為覆斗形冢，早年曾被盜。西元一九七一年發掘，墓由墓道、過洞、四天井、甬道、六便房及前後墓室組成，全長七十一米，寬三米三。出土唐三彩、陶俑等六百五十餘件。墓道東西兩壁的壁畫保存完好，有〈狩獵出行圖〉、〈馬球圖〉、〈迎客圖〉、〈演奏圖〉、〈侍女圖〉、〈觀鳥捕蟬圖〉等五十餘幅。❸懿德　即懿德太子李重潤，中宗李顯長子，高宗李治與武則天之孫子。生於永淳元年（西元六八二年），高宗立以為皇太孫。武周大足元年（西元七〇一年）因與其妹永泰郡主等竊議其時正倍受武則天寵幸的張易之兄弟一事，被武則天令人杖殺，年僅十九。永泰郡主亦同時被殺。中宗即位後，追贈李重潤為皇太子，謚曰懿德；追贈永泰郡主為永泰公主，備禮改葬於乾陵。懿德太子墓與永泰公主墓都在乾陵之東南，二墓東西相望。懿德太子墓在陪葬墓中規模最大，墓冢呈覆斗形。據一九七一年發掘，墓室全長一百米，深十八米，有過洞六，天井七，小龕八。墓內遍佈壁畫，有〈青龍白虎圖〉、〈馴豹圖〉、〈駕鷹圖〉、〈鷹犬畋獵圖〉、〈列戟圖〉、〈侍女圖〉等，尤以〈宮城圖〉最為壯觀，在巍峨的山巒背景下，豪華富麗的宮廷建築，高大森嚴的城牆，並列有一百九十六人的儀仗隊，氣勢恢宏。此墓早年已被盜掘。❹節愍　即節愍太子李重俊，中宗李顯第三子，神龍二年（西元七〇六年）立為皇太子。因其非韋后所生，受安樂公主等歧視，憤而發動兵變，殺武三思、武崇訓，頓兵於玄武門，索韋后與安樂公主，後士兵瓦解而失敗被殺。睿宗即位追贈為皇太子，謚節愍，陪葬於中宗之定陵。❺惠莊　即惠莊太子李撝，睿宗第二子。玄宗開元十二年（西元七二四年）卒，冊贈為惠莊太子，陪葬睿宗之橋陵。❻文　據南宋本當為「惠文」。即惠文太子李隆範，睿宗第四子。後因避玄宗隆基名諱而去「隆」單名「範」。睿宗即位時，進封為岐王。玄宗開元十四年（西元七二六年）卒，冊贈為惠文太子，陪葬橋陵。❼惠宣　即惠宣太子李隆業，睿宗第五子。後迴避玄宗隆基名諱而去「隆」單名「業」。睿宗即位時進封薛王，玄宗開元二十二年（西元七三四年）卒，冊贈惠宣太子，陪葬橋陵。❽漢武帝　西漢皇帝劉徹，在位五十四年，終年七十一歲。❾戾太子園　戾太子，劉據，漢武帝子，衛皇后所生。元狩元年（西元前一二二年）立為皇太子，征和二年（西元前九一年），太子三十八歲，巫蠱之禍起，江充治巫蠱事而連及太子，太子發兵捕充，武帝發三輔兵擊太子，死者數萬，太子兵敗，亡至湖縣，自經而死。事後田千秋訟太子冤，武帝復憐太子無罪，乃作思子宮，為歸來望思之臺於湖縣。死難於此事件者有太子之母衛皇后，太子之三男一女及太子之史良娣，皇孫妃王夫人；唯留下遺孫一人，即劉詢，為史皇孫之子，係王夫人所生，由廷尉監丙吉所扶養，十八歲即皇帝位，是為漢宣帝。宣帝本始元年（西元前七三年）追謚劉據為戾太子，史良娣為戾夫人，以湖縣閿鄉邪里聚為戾園，置奉邑二百家；以長安白亭東為戾后園，置守冢三十家。據徐松《兩京城坊考》唐長安皇城安福門之西有金城坊，本戾太子博望苑之故地，其西南隅之匠道府，即漢之思后園，為漢武帝衛皇后之墓園。金城坊的北門有漢戾后園，為戾太子史良娣墓園，其地本長安白亭，漢宣帝改葬史良娣於此。⑩諸太子廟　又稱七太子廟。據徐松《兩京城坊考》稱：永崇坊東南隅有七太子廟，高宗總章中，以為明堂縣，後徙縣於永樂坊。神龍中先於此立懿德太子廟。《禮閣新儀》載：天寶六載（西元七四七年）詔：章懷、節愍、惠莊、惠宣、惠文太子，雖官為立廟，比來子孫自祭，或時物有闕，禮儀不備。宜與隱太子及懿德太子列次諸室，同為一廟。遂於永崇坊東街就懿德太子廟同立廟，呼為七太子廟。《舊唐書》之〈禮儀六〉及〈玄宗本紀下〉亦載有此事。此後太子設廟者，尚有玄宗子靜德太子廟和肅宗子恭懿太子廟。⑪緣祭樂饌並官供之　指四時祭七太子廟所需懸掛之樂器以及所供之食品和器皿由官府供給。樂器，太子廟規定為軒縣，詳見下篇太樂署。所供之祭品及器皿，《通典・禮六十六》稱：「隱太子廟、章懷太子廟、懿德太子廟、節愍太子廟、惠莊太子廟、惠文太子廟，以上六廟，每年四享，籩豆十，簠簋各二，俎三，並新加此禮。」這是開元二十五年（西元七三七年）的規定。籩十，實以石鹽、乾魚、乾棗、栗黃、榛子人、菱人、芡人、鹿脯、白餅、黑餅。十豆為韭菹、醓、醢、菁俎、鹿醢、芹菹、兔醢、筍菹、魚醢、脾析菹、豚胉。簠簋二，簠實稻粱飯、簋實黍稷飯，三俎指豕、牛、羊之肉。

【語　譯】隱太子、章懷太子、懿德太子、節愍太子、惠莊太子、〔惠〕文太子、惠宣太子，這七位太子的陵署，各設置令一人，品秩為從八品下。按：漢武帝的戾太子陵園是設有官吏的，但從那以後，再也見不到這方面的記載。到本朝才設置這些官職。

丞，定員一人，品秩為從九品下。

各太子陵署的令、丞的職責，都是掌管陵園的守衛。

各太子廟：令，定員為各一人，品秩是從八品上。

丞，定員為各一人，品秩是正九品下。各已故太子，有後裔的，廟由官府設置，祭祀則由他們的子孫各自主持；沒有後裔的，就由近族人主祭。每次祭祀時，所需要懸掛的樂器和陳設的祭品，都由官府供應。

各太子廟令、丞的職掌，都是分管廟宇的灑掃和門戶的啟閉，一年四時每逢孟月時舉行享祭的禮儀。

【說　明】正如本章原注所言，為已故太子設置陵園及相應官職始於漢武帝時戾太子而「自後不見」，因而為之立廟的太子多到七位，並制定了完備的祭祀、管理制度，這該是唐代特有的一種政治現象。

已故皇子立廟，不見於古禮。從漢代的戾太子到唐代前期的隱、章懷、懿德、節愍諸太子，他們的死亡之所以成為朝廷上下關切的集中點，之所以過了若干年後還要用立廟祭祀這樣一種形式來慰藉死者和安撫生者，原因就在於他們都是非正常死亡，都是在宮廷權力角逐特別是皇位爭奪戰中的失敗者或犧牲者。因而隱藏在那莊嚴而輝煌的廟堂背後的卻是一幅幅宗室相互殘殺的血腥畫圖，更有成千成萬的無辜臣民為此付出了自己生命。

在中國歷史上，傳統的皇位繼承是嫡長制，即使立賢，也是要由父皇依法定程序定為太子。這種和平的有序的繼承方式，實際上是很難被尊重和執行的。李唐王朝從開國後的第一次嬗代，也就是現今所謂接班人的產生起，便進入了非和平的無序狀態。這種用公開暴力或暗中謀殺代替了嫡長制或擇賢制的皇位承續方式，從武德到開元、天寶年間相延一百餘年，而首開其例的便是後來成為唐太宗的李世民。

李世民在高祖李淵諸子中，既非長子，又非李淵指定的接班人，他是通過玄武門之變，即用武裝政變的方式搶到皇位的。在事變過程中，他親手射殺了他的哥哥——已被立為皇太子的李建成，並殺了弟弟齊王元吉，還佔有了元吉的妃子，又逼父親李淵禪位於己，史著稱其「逆取順守」。李世民雖然守住了皇位，在位期間也頗有建樹，但當他自己的兒子們長大以後，他也被推到了當年李淵所處地位。他的兒子們來了個「以其治人之道還治其人之身」，這便使他面臨到了太子李承乾與魏王李泰之間的抉擇問題，而此時這對兄弟圍繞皇位繼承權展開的爭鬪正愈演愈烈。承乾是太宗的長子，太宗即位後便立為太子，當時承乾還只有八歲。李泰是太宗第四子，愛好文學；貞觀十年（西元六三七年），太宗封之為魏王，並令置文學館。貞觀十四、五年間，太宗因故令人杖殺了一名太常樂人，而這名樂人卻正是承乾所寵愛的，為此承乾常託疾不上殿朝參。恰在這時，魏王泰召集一批名士編寫的《括地志》完稿了，書成上奏，深得太宗歡心，此後，魏王泰每月的俸料便超過了承乾。大約一年後，即在貞觀十五年（西元六四一年）末，太宗發出了一個令人不安的信號：讓魏王泰入居當年齊王元吉所居的武德殿，透露了他已在萌生廢立之意。在一旁冷靜觀察著這一幕幕皇位爭奪戲的魏徵以為該是說話的時候了，於是在貞觀十六年（西元六四二年）春正月上奏道：「陛下愛魏王，常欲使之安全，宜每抑其驕奢，不處嫌疑之地。今移居此殿，乃在東宮之西，海陵（元吉）昔嘗居之，時人以為不可，然亦恐魏王之心不敢安息也。」（《資治通鑑・唐紀十二》）太宗還算清醒，接受了這一建議，讓李泰回自己宅第，同年六月間詔復李建成為皇太子，元吉為巢王，這又是一個信號，表明當今皇上不希望看到當年玄武門之變的重演。至八月，又要魏徵做皇太子承乾的太師。這可為難魏徵了，他趕緊上表請辭。當年魏徵本是李建成麾下的人，「徵見太宗勳業日隆，每勸建成早為之所」；及建成敗後，太宗召之，謂曰：「汝離間我兄弟，何也？」徵曰：「皇太子若從徵言，必無今日之禍。」（《舊唐書・魏徵傳》）魏徵僥倖為太宗所接納，避免了殺身之禍。如今要他第二次輔助已很少有繼位希望的承乾，怎麼不使他處於一個左右為難的境地呢？因為你若站在承乾一邊就要得罪太宗，站在李泰一邊又不免要得罪李承乾，而兩邊無論得罪哪一邊都會有殺身之禍。那時魏徵做人真難啊！好在不到半年，魏徵便已死去。承乾不會心甘情願的聽候擺佈，魏王泰也不會放棄爭取皇位的可能，他們各有託附，自結朋黨，一場權力肉搏，箭已在弦。在這兩強相爭之際，太宗把注意力轉向了懦弱而多病的第三者，便是他的第九子李治。「初，文德王后崩，晉王（李治）最幼，太宗憐之，不使出閤」（《新唐書・十一宗諸子》）。這說明李治是太宗留在身邊的寵兒，他雖懦怯，卻得到長孫無忌、褚遂良這樣一些重臣的支持。貞觀十七年（西元六四三年）齊王李祐反於齊州，進一步激化了太宗與太子承乾之間的矛盾。承乾的近人紇干承基，因齊王案受牽連而告發太子說：「我宮西牆，去大內正可二十步耳，與卿為大事，豈比齊王耳。」這本來是一句私房話很難對證的，但對這時的太宗來說，已足以使他下定決心廢掉承乾了。承乾自知敗局已定，但他在被廢為庶人前，還不忘在父親面前告弟弟李泰一狀：「臣貴為太子，更何所求？但為泰所圖，特與朝臣謀自安之道。不臣之人，遂教臣為不軌之事。今若以泰為太子，所謂落其度內。」（《舊唐書・魏王泰傳》）而晉王李治亦在宮中告魏王泰威嚇他說：「汝與元昌善，元昌今敗，得無憂乎？」漢王元昌為太宗之弟，因與承乾相善而敗。經過如此一番折騰，太宗決定立晉王李治了，他對侍臣們說：「我若立泰，便是儲君之位可經求而得耳。泰立，承乾、晉王皆不存；晉王立，泰共承乾可無恙也。」又說：「自今太子不造，藩王窺嗣，兩棄之。傳之子孫，以為永制。」（同上）太宗李世民與其父高祖李淵面臨的是相同的問題，不同的地方，在於他對諸子尚未到失控的地步。他處死了漢王元昌，立晉王李治為太子。李治懦弱，不會威脅他的權力；但李治一旦繼位，是否真能做到「泰共承乾可無恙」呢？這就難說了。好在李治的這兩位冤家哥哥，一個死於他繼位之前（承乾），一個死於他登基後不久（李泰），僅僅因為他們自然生命的短暫，才使得太宗許下的諾言得以勉強實現。而李治的另一哥哥，即太宗的第三子吳王恪，因其有文武之才，且聲望素高，成了李治皇位的潛在威脅，便由長孫無忌找個藉口，讓他做了刀下之鬼。

現在，皇位承傳這個炙手的難題又推到了高宗李治面前。他的懦弱無能的性格，決定了他就連在位時也很難保持自己的權力。覬覦這誘人的權杖的人往往就在那些最親近的侍臣中間，很快是他的枕邊人武則天「近水樓臺先得月」，攫取了國家最高權力。這卻是太宗始料不及的。章懷太子李賢與懿德太子李重潤，還應包括孝敬皇帝李弘，相繼做了武則天為了保持她已經佔據的權位的犧牲品。他們並沒有攫取權力的野心，僅僅是因為他們的存在是武則天執政的障礙罷了。為了獨擅皇權，連人性中最珍貴的母愛也棄之猶若敝屣。武則天到八十歲，也還不甘心退居二線。在她病重實際上已無法執政時，中宗李顯在桓彥範、張柬之等協助下，策動羽林兵，發動了一次新的玄武門之變，殺了武則天的男寵張易之、張昌宗，才被迫傳位於中宗李顯。武則天共有四子二女，大女兒是還在搖籃時就被她掐死的，兩個大兒子李弘和李賢比較能幹，也都由她親自下手加以暗害。在武則天心目中，兒女的存在，只能是自己攫取權力的工具，所以一旦成為其攫取權力的障礙時，他們的死就變得比生對她更有利。留下的李顯與李旦都是平庸懦弱之輩。中宗李顯第一次即位時，想要以韋后父韋玄貞為侍中，中書令裴炎以為不可，中宗回答說：「我以天下與韋玄貞何不可，而惜侍中邪？」就因為說了這句話，便被廢為盧陵王。後來中宗復辟，第二次即位，立韋氏為皇后。由於他自己甚至比高宗更缺乏執掌政柄的能力，因而周圍覬覦權力者更是叢生，大抵可分為以韋氏、武三思、安樂公主為首和以太平公主、相王李旦諸子為首的這樣兩派，形同傀儡的皇帝，就被夾在這兩派中間。中宗有四子，只有懿德太子出於韋后，已被武則天杖殺。只好再立第三子重俊為太子，即節愍太子，又因其不堪武三思與安樂公主的欺壓，在玄武門前倉促發動了一次兵變，殺了武三思及其子武崇訓，但由於士兵隨即倒戈而失敗被殺。接著安樂公主為了讓韋后臨朝，毒死中宗，立十六歲的幼子重茂為帝，意欲仿效武則天以母后稱制，結果卻是武則天的女兒太平公主與李旦諸子集羽林軍在玄武門第四次發動兵變，一舉殺了韋后與安樂公主，這樣政權便轉到了太平公主與李旦這一派手上。他們趕下李重茂，讓相王李旦登上皇位，這便是睿宗。但這個政變成功的集團很快又一分為二：睿宗的兒子李隆基為一派，太平公主為另一派。睿宗又做了當年中宗的角色，被夾在兩派中間左右為難，以至「宰相奏事，上輒問：『嘗與太平議否？』又問：『與三郎議否？』然後可之。三郎謂太子（李隆基）也。公主所欲，上無不聽」（《資治通鑑・唐紀二十五》）。睿宗就這樣在皇位上搖搖晃晃坐了兩年，終於有一天李隆基又一次發動兵變，先殺了太平公主諸子及黨羽，死者數十人，然後賜她本人以死。夾於兩強之間的睿宗，一旦一強壓倒了另一強，那他也只有所謂「禪位」的份了，於是便宣布軍國政刑一律皆由李隆基處分。到這時，唐帝國的權力中心才重新穩定下來。

以李世民始作俑，唐代前期先後在玄武門有過四次兵變，除節愍太子那一次以失敗告終外，其餘都獲得了成功，太宗、中宗、睿宗、玄宗，都是通過兵變取得皇權的。武則天的先後稱制、稱帝，靠的則是陰謀和權術。玄宗登上極位後，與他的兩個赤誠相助的兄弟李隆範和李隆業，在興慶宮的花萼相輝樓同床共被，似乎天子兄弟友悌近古無比，其實卻只是李隆基駕馭他的兩個同樣有可能登上皇位的政敵的一種較為高明的手腕罷了。開元元年（西元七一三年），姚崇假裝腳有些跛，引起與玄宗對話，巧妙地點出了對方的這個「腹心之疾」。話頭是由張說曾到岐王李隆範私邸拜訪一事引起的，《資治通鑑・唐紀二十六》記載道：崇「行微蹇。上問：『有足疾乎？』對曰：『臣有腹心之疾，非足疾也。』上問其故。對曰：『岐王陛下愛弟，張說為輔臣，而密乘車入王家，恐為所誤，故憂之。』於是張說遷相州刺史」。諸如此類事，《舊唐書・惠文太子範傳》還有更詳細描述。如：「範好學工書，雅愛文章之士，士無貴賤，皆盡禮接待。」李隆範如此喜好接待文章之士，是否另有他圖，暫且不作考究；無論如何這是一個極為敏感的問題，立刻引起了玄宗的警惕：「時上禁約王公，不令與外人交結。駙馬都尉裴虛己坐與範遊讌，兼私挾讖緯之書，配徙嶺外。萬年尉劉庭琦、太祝張諤皆坐與範飲酒賦詩，黜庭琦為雅州司戶，諤為山茌丞。然未嘗間範，恩情如初。謂左右曰：『我兄弟友愛天至，必無異意，祇是趨競之輩，強相託附耳。我終不以纖芥之故責及兄弟也。』」玄宗這個辦法便是：我不動你李隆範一根毫毛，只是叫你與整個社會生活隔離開來，使你處於變相的軟禁狀態。對李隆範是如此，對李隆業亦一樣。開元十三年（西元七二五年）玄宗有病，「業妃弟內直郎韋賓與殿中監皇甫恂私議休咎。事發，玄宗令杖殺韋賓，左遷皇甫恂為錦州刺史」（《舊唐書·惠宣太子業傳》）。私下裡議論幾句竟會「事發」，這說明李隆業及所有會對已經有主的皇位帶來不利的人，都是處在玄宗李隆基嚴密監控下生活的。不僅他們，還有他們親戚朋友以至子孫後代，都難逃這張監控的羅網，這就是李隆基說的「恩情」和「友愛」所在！《新唐書·十一宗諸子》的下述記載，便約略透露了這類消息：「開元後，皇子幼，多居禁內，詔附苑城為大宮，分院而處，號『十王宅』」，「中人押之，就夾城參天子起居」；「既又諸孫多，則於宅外更置『百孫院』，天子歲幸華清宮，又置十王、百孫院於宮側。宮人每院四百餘，百孫院亦三四十人。禁中置維城庫，以給諸王月奉。諸孫納妃，嫁女，就十王宅」。這種圈起來餵養的辦法，已經頗有點現代集中營、教養所、勞改工廠或農場的味道，其中淒苦是皇宮以外的人無法得知的。這是對付宗室子弟的辦法。對付宗室女子，則在崇仁里特設禮會院，那簡直就是修道院了！直到德宗朝，沒有按時出嫁的公主、郡主、縣主還有一大批，有的在禮會院一住就是三十年，已是蒼蒼白髮，卻還梳著少女的髮式。不少人還從未見過哪個皇帝，因而德宗即位後，特意與禮會院的公主、郡主、縣主們安排了一次相見。見面時，這群不知是有幸還是不幸生在帝王家的女子，先是嗚咽啜泣，後來索性號啕大哭，哭聲傳得很遠。

上述對七太子廟的簡略的追溯，可能偏重於倫理道德和多了點感情色彩。如果從政治史的角度去考察，問題就不全是這樣。不能否認，正是在唐代前期一百餘年接連宮廷政變的血泊中，李世民、武則天、李隆基這幾位頗有作為的強人得以赫然崛起，倘若這段歷史是按照皇位的正常的傳承程序發展的，那麼就不會再有與他們名字聯繫在一起的「大唐盛世」了。這是因為在帝王制度下，唯有由強人來秉掌國政才能有所作為，一個過多強調溫良恭儉讓的皇帝，不是他自己受人宰割，就是他的國家被周邊國家宰割。但傳統的嫡長制卻無法保證當國者必然是強人。歷史上，按照這種方式被推上皇位的，因循守舊者，懦弱無能者，比比皆是，甚至白癡亦不乏其例。從這個意義上說，不符合道德評價的宮廷政變和陰謀權術，卻是嫡長制的突破或補充。誠然，它的成功是以皇室和近臣中許多人的犧牲為代價的，但若與一旦皇權失控引起全國規模的逐鹿戰爭給全社會帶來的大災難比較起來，損失畢竟還是要小得多。經歷了如此久長深重災難的中國人民，如今已經看得很清楚：無論宮廷政變還是逐鹿戰爭，都是帝王制度伴生物，是它固有矛盾的必然結果。只要帝王制度存在，這兩種災難，還應加上因君王懦弱無能而招致受周邊國家侵擾的災難，都是不可避免的。因而我們不妨把唐代的七太子廟看作是帝王制度固有弊端的一個縮影，是它從肉體和精神兩個方面摧殘人性的物證。七太子廟雖已灰飛煙滅，但留給後人的歷史思索卻似乎還剛剛開始。

太樂署・鼓吹署

【篇　旨】本篇包括太常寺所屬的太樂和鼓吹兩個署，分別敘述了二署的令、丞和樂正的定員、品秩、職掌及沿革。

太樂和鼓吹就各自職責範圍掌管音樂方面的事務。它們的這種分工，可以追溯到《周禮》。在《周禮》中，有關音樂事務方面的管理，一是春官大司樂系統，分管廟堂的雅樂，其屬下有樂師、大師、小師、大胥、小胥、瞽蒙、磬師、鐘師、笙師、鎛師、韎師、旄人、籥師等，其職掌包括樂舞的教育和各種樂器的演奏。另一個系統是屬於地官的鼓人和舞師，主要為軍隊提供軍樂和作戰時指揮進退的號角鼓樂。秦漢時，分管音樂的亦有兩個系統：在太常寺屬下設太樂，在少府屬下設樂府，前者掌管宗廟雅樂，後者分管宮廷音樂，而其中的鼓吹樂則逐漸演變成了鹵簿儀仗，東漢時又分屬於少府的黃門令和太僕寺的承華令。至晉代，太樂和鼓吹才一起歸屬於太常寺，成為太常寺屬下分管音樂的兩個平行的署。在南北朝時期，除太樂和鼓吹，又增設了一個清商署，分管的是宮廷音樂。至唐代又把清商與鼓吹合併，正式的音樂機構便只留下太樂和鼓吹二署。但不久，又在宮內另設教坊，玄宗時期，西京長安有一個內教坊，兩個外教坊，東都洛陽亦有二教坊。此外，在宮中還設有梨園，而且梨園亦有三個：一在宮中，一在太常寺，還有一個設在洛陽。它們的分工是：宗廟雅樂由太樂署承擔，鹵簿儀仗所用鼓吹樂由鼓吹署分擔；教坊和梨園則專管宮廷內部的音樂歌舞。

中國古代音樂歌舞的分類，不是按照它的藝術形式，而是依據它所承擔的功用。一類是配合郊廟祭祀用的所謂雅樂，內容除了歌頌三代之世的聖王以外，主要是為本朝列祖列宗歌功頌德，這種古老的「傳統教育」形式，從商周以來代代相傳。還有一類是供皇帝宴享用的，隋有九部樂，唐有十部樂，後來又分為立部伎、坐部伎，都是歌舞和音樂演奏的結合。其中包括漢魏以來傳統的民歌，稱為清商樂，和來自當時周邊國家和少數族地區的樂舞，包括西部地區的龜茲、康居、疏勒，東方的高麗、百濟、扶桑（日本），和南方的天竺（印度）、驃國（緬甸）等等的音樂舞蹈。此外還有散樂，那便是歌舞與馬戲、魔術、雜技的混合。在唐代諸帝王中，唐玄宗李隆基稱得上是一位頗有造詣的音樂家，他通曉音律，還親自執教於梨園。這個時期創作的〈霓裳羽衣曲〉是盛唐音樂歌舞的代表作，由白居易〈霓裳羽衣歌和微之〉一詩大致可以認定，此曲初期雖由楊敬忠所獻，但臻於如此完美，還是得力於李隆基的後期再創作。

本篇還敘述了有關古代宮縣、軒縣，即在宗廟或殿廷懸掛樂器的制度，以及文舞、武舞的悠久歷史沿革，它可以幫助我們瞭解古代傳統的樂器，諸如鎛、鐘、磬、鼓、笙、竽、柷、敔、琴、瑟、笳等的由來，以及雅樂在宗廟、朝會演奏的概況。有關鼓吹署幾章，著重介紹了鼓吹的樂器、曲目，皇帝及四品以上官員鹵簿儀仗中使用鼓吹樂的不同規格，以及夜警、晨嚴演奏樂曲的若干規定。

一

太樂署：令一人，從七品下；《周禮》❶：「太司樂中大夫二人，樂師下大夫四人❷，掌成均之法❸，以樂舞教國子❹〈雲門大卷〉❺、〈大咸〉❻、〈大韶〉❼、〈大夏〉❽、〈大濩〉❾、〈大武〉❿之舞。樂師掌國學之政，教國子⓫帗舞⓬、羽舞⓭、皇舞⓮、旄舞⓯、干舞⓰、人舞⓱之節。」又有「太師下大夫二人，掌六律、六呂，以合陰陽之聲⓲。」至秦、漢，奉常屬官有太樂令、丞，又少府屬官有樂府令、丞。後漢太常樂令⓳一人，六百石。魏復為太樂令、丞。黃初⓴中，以杜夔為之，使正雅樂。時，散騎侍郎鄧靜善詠雅樂，歌師丑胡能習宗祀之曲，舞師馮肅曉知前代諸舞，夔與創定，還協律都尉㉑。至晉元帝，并太樂於鼓吹㉒。宋太常有太樂令、丞㉓。齊因之，品第七，四百石，銅印、墨綬㉔，進賢一梁冠㉕，絳朝服㉖。梁太常屬官有太樂令，班第一㉗，品從九。又別領清商丞。太樂有庫丞，與清商丞並三品勳位㉘。陳因之。後魏太和十五年，置太樂官㉙，有太樂博士，六品下。北齊太常寺有太樂令、丞。後周有司樂上士、中士㉚。隋太常寺統太樂令、丞三人㉛。皇朝因之。開元二十三年㉜，各減一人。

丞一人，從八品下；歷代皆有一人，隋置二人，皇朝因之，開元二十三年減一人。

樂正八人，從九品下；後周依《周官》，置樂師上士一人、中士二人。隋太樂署有樂師八人，清商有樂師二人㉝。至煬帝改曰「正」，加置十人㉞，蓋採古樂正子春㉟而名官。皇朝因之。

典事八人；流外番官㊱。

文、武二舞郎一百四十人㊲。《周禮》：「韎師，主舞者十有六人㊳；旄人，主舞者眾寡無數㊴。」漢太常樂令有八佾舞三百八十一㊵。隋太常樂署有舞郎三百。

太樂令掌教樂人調合鍾律㊶，以供邦國之祭祀饗燕；丞為之貳。

【章旨】敘述太樂署令、丞以及樂正、典事等之定員、品秩、沿革和職掌。

【注釋】❶周禮　亦稱《周官》，儒家經典之一。係搜集周王室官制和戰國時各國制度，添附以儒家政治理想，增減排比而成之彙編。❷太司樂中大夫二人樂師下大夫四人　皆為《周禮》春官大宗伯之屬官。大司樂是樂官之長，掌國子六樂六舞；樂師掌國子小舞。❸掌成均之法　《周禮・春官宗伯下》所載大司樂職掌原文為：「大司樂掌成均之法，以治建國之學政，而合國之子弟焉。」成均，周制大學五學之一。五學是：中為辟雍，南為成均，北為上庠，東為東序，西為瞽宗。辟雍為王者子弟所居；國子即公卿大夫之子弟，則分入其餘四學。四學中以成均為最尊，故以成均為大學之通稱。此句意為大司樂職掌大學的教育，治理王國的學政，集合國子給予必要的教育。古代的教育都要借助於樂舞。❹以樂舞教國子　指以配上音樂的舞蹈來教育公卿子弟。❺雲門大卷　歌頌黃帝之樂舞。《周禮・春官・大司樂》鄭玄注：「黃帝能成名萬物，以明民共財，言其德如雲之所出，民得以有族類。」❻大咸　又名〈咸池〉，歌頌堯之樂舞。《周禮・春官・大司樂》鄭玄注：「大咸池堯樂也。堯能禪均刑法以儀民，言其德無所不施。」又，鄭玄注《禮記・樂記》：「咸，皆也；池之言施也。其意為普天之下皆受其恩澤。」❼大韶　《周禮・春官・大司樂》作「大磬」，磬為韶之古文。韶，繼也。歌頌舜之樂舞。鄭玄注：「言其德能召堯之道也。」❽大夏　歌頌夏禹之樂舞。《周禮・春官・大司樂》鄭玄注：「大夏，禹樂也。禹治水傅土，言其德能大中國也。」❾大濩　歌頌商湯之樂舞，《周禮・春官・大司樂》鄭玄注：「大濩，湯樂也。湯以寬治民，而除其邪，言其德能使天下得其所也。」❿大武　歌頌周武王之樂舞。《周禮・春官・大司樂》鄭玄注：「武王伐紂以除其害，言其德能成武功。」⓫樂師掌國學之政教國子　《周禮・春官・樂師》原文為：「樂師，掌國學之政，以教國子小舞。」國學，指城中王宮左旁之小學。國子，指入小學之年在十三至十九歲之卿大夫子弟。小舞指下文所言之〈帗舞〉、〈羽舞〉等六舞，以區別於〈雲門大卷〉、〈大咸〉等用於祭祀天地宗廟之大舞。⓬帗舞　祭祀社稷用帗舞。以五彩繒，由靈星舞子持之以舞。⓭羽舞　舞者持白羽之舞。《周禮・春官・樂師》鄭玄注：「宗廟以羽。」《周禮・地官・舞師》則以為「教羽舞，帥而舞四方之祭祀」。⓮皇舞　《周禮・春官・樂師》鄭玄注：「皇舞者以羽冒覆頭，上衣飾翡翠之羽。」用於因乾旱而求雨之祭祀。⓯旄舞　舞者持旄牛尾之舞。《周禮・春官・樂師》鄭玄注：「辟雍以旄舞。」⓰干舞　干猶盾，古代抵禦刀槍的一種兵器。《周禮・春官・樂師》鄭玄注：「兵事以干。」故干舞即兵舞。《周禮・地官・舞師》稱：「舞師掌教兵舞，帥而舞山川之祭祀。」賈公彥疏：「掌教兵舞，謂教野人使知之。國有祭山川，則舞師還帥領往舞山川之祀。」⓱人舞　《周禮・春官・樂師》鄭玄注：「人舞無所執，以手袖為威儀。」故人舞即為徒手舞。又稱「星辰以人舞」，指祭祀星辰時用人舞。⓲太師下大夫二人掌六律六呂以合陰陽之聲　太師，《周禮・春官》作「大師」，亦為春官大宗伯之屬官。六律，指十二律之六陽聲；六呂，指十二律中之六陰聲。陽聲六律為黃鐘、太簇、姑洗、蕤賓、夷則、無射；陰聲六呂為大呂、夾鐘、仲呂、林鐘、南呂、應鐘。⓳太常樂

令 句中「常」當係「予」之訛。近衛校正德本稱：「《後漢志》作『太子樂令一人』；《宋志》作『大予樂令』。」《宋書・樂志》稱：「太樂，漢舊名。後漢依讖，改太予樂官。」《後漢書・明帝紀》：「永平三年（西元六〇年）秋八月戊辰，改太樂為大予樂。」李賢注云：「《尚書・璇璣鈐》曰：『有帝漢出，德洽作樂，名〈予〉。』」⑳黃初 魏文帝曹丕年號。㉑自「以杜夔為之」至「遷協律都尉」 杜夔，字公良，河南人，以知音為雅樂郎，東漢靈帝中平五年（西元一八八年），以疾去官。後因世亂奔荊州劉表，表子劉琮降曹操，操以夔為軍謀祭酒，參太樂事，因令創制雅樂。《三國志・魏書・杜夔傳》稱：「夔善鐘律，聰思過人，絲竹八音靡所不能，惟歌舞非所長。時散郎鄧靜、尹齊善詠雅樂，歌師尹胡能歌宗廟郊祀之曲，舞師馮肅、服養曉知先代諸舞，夔總統研精，遠考諸經，近采故事，教習講肄，備作樂器，紹後先代古樂，皆自夔始也。」《宋書・樂一》及《晉書・樂上》關於杜夔正雅樂的事皆本於此。《唐六典》此處原注亦本於此。唯「尹胡」原注誤為「丑胡」。杜夔在曹丕黃初中曾任太樂令、協律都尉，其創制雅樂的時間當在曹操執政的建安時期，而非原注所言於文帝黃初中。據《三國志》本傳，其時杜夔已因事「黜免以卒」。原因是曹丕並不喜歡雅樂，且要杜夔「於賓客之中吹笙鼓琴，夔有難色，由是帝意不悅。後因他事繫夔」。《晉書・樂上》稱夔「遠詳經籍，近採故事，考會古樂，始設軒轅鐘磬。而黃初中，柴玉左延年之徒，復以新聲被寵，改其聲韵」。杜夔所傳之雅樂有四曲：「一曰〈鹿鳴〉，二曰〈騶虞〉，三曰〈伐檀〉，四曰〈文王〉，皆古聲辭。及〔魏明帝〕太和中，左延年改夔〈騶虞〉、〈伐檀〉、〈文王〉三曲，更自作聲節，其名雖有而聲實異。唯因夔〈鹿鳴〉全不改易。每正旦大會，太尉奉璧，群后行禮，東廂雅樂常作者是也。」〈鹿鳴〉等篇之詞，均見《詩經》。㉒至晉元帝并太樂於鼓吹 晉元帝，東晉皇帝司馬睿，字景文，在位五年，終年四十七歲。西晉太常設太樂令，但經永嘉之亂，東晉初期樂制多廢，復置太樂官及鳩集遺逸諸事，該已是成帝咸和時期。如《晉書・樂下》稱：「永嘉之亂，海內分崩，伶官樂器，皆沒於劉、石。江左初立宗廟，尚書下太常祭祀所用樂名，太常賀循答云：『舊京荒廢，今既散亡，音韻曲折，又無識者，則於今難以意言。』于時以無雅樂器及伶人，省太樂并鼓吹令。是後頗得登歌食舉之樂，猶有未備，太寧末，明帝又訪阮孚等增益之。咸和中，成帝乃復置太樂官，鳩集遺逸，而尚未有金石也。」同書鼓吹署令員品本注又云：「哀帝又省鼓吹，而有太樂。」

㉓宋太常有太樂令丞 《宋書・百官上》載宋太常寺設太樂令一人、丞一人。《宋書・樂一》稱：「宋文帝元嘉九年（西元四三三年），太樂令鍾宗之更調金石。」㉔銅印墨綬 指太樂令所佩為銅製印章，用以繫印為墨色綬帶。南齊之墨綬，為二采，長丈六尺，八十首。㉕進賢一梁冠 進賢冠為古之緇布儒冠，前高七寸，後高三寸，長八寸。梁分一梁、二梁、三梁、五梁四等。六百石以下皆戴進賢一梁冠。㉖絳朝服 朝服為古代官員禮服。唐時亦稱具服，絳朝服包括絳紗袍、皂緣中衣。㉗梁

太常屬官有太樂令班第一　《隋書・百官上》稱梁太常寺下設太樂令、丞，太樂又有清商署丞。太樂令為第一班，太樂丞屬三品勳位。㉘太樂有庫丞與清商丞並三品勳位　據《隋書・百官志》，梁制庫丞與太樂丞為三品勳位，清商丞則為三品蘊位。㉙後魏太和十五年置太樂官　太和十五年，即西元四九一年。太和是北魏孝文帝拓跋宏年號。《魏書・樂志》稱：「十五年冬，高祖詔曰：『方今釐革時弊，稽古復禮，庶令樂正雅頌，各得其宜。今置樂官，實須任職，不得仍令濫吹也。』次年太樂奏請中書監高閭詳採古今，以定雅樂。世宗正始元年（西元五〇四年）以給事中公孫崇兼太樂令，更調金石。北魏樂官除太樂令外，見於《魏書・官氏志》的尚有協律郎，第五品上；太樂祭酒，從第五品中；太樂博士，第六品下。㉚後周有司樂上士中士　北周依《周禮》設官，在春官府中設大司樂，司樂上士、中士為其屬官。《通典・職官・太常署》稱：「後周有大司樂，後改為樂部，有上士、中士。」據《周書》及《北史》，北周任樂官者，有孫紹遠，為大司樂；斛斯徵，為司樂中大夫等。㉛隋太常寺統太樂令丞二人　意當為令、丞各二人。《隋書・百官下》便記為隋太常寺統太樂令、丞為各二人。又，隋太樂署屬上署，其令為正八品下階，其丞為正九品下階。㉜開元二十三年　即西元七三五年。開元為唐玄宗李隆基年號。㉝清商有樂師二人　「清商」下當有一「署」字。㉞至煬帝改曰正加置十人　煬帝，隋朝皇帝楊廣，在位十四年，終年五十歲。《隋書・百官下》載煬帝時「改樂師為樂正，置十人」。又云：「罷衣冠、清商二署。」太樂署增加之二人，當即清商署裁下之二人。㉟樂正子春　人名。樂正為姓。春秋魯國曾子弟子。下堂而傷其足，數月不出猶有憂色。門弟子問之，答曰：君子頃步不敢忘孝，今予忘孝之道，是以有憂色。原注舉此以說明煬帝改太樂、清商二署樂師為樂正之所由。樂正原為古官名，係樂官之長。《呂氏春秋・孟春》：「命樂正，入學習舞。」高誘注：「樂正，樂官之長也。入學宮，教國子教習羽籥之舞。」隋時樂正與古樂正有別。㊱流外番官　流外，指未入九品、由雜途出身之吏員，如令史以下諸吏員。番官，指由番上服役者充當之吏員，帶有徭役性質，如亭長、掌固一類皆是。典事屬流外番上，故無品秩。㊲文武二舞郎一百四十人　古代六舞，分文、武二類，如〈雲門〉、〈大咸〉、〈大夏〉、〈大韶〉屬文舞，表示以揖讓得天下；殷之〈大濩〉、周之〈大武〉屬武舞，表示以征伐得天下。唐建國後，啟用隋樂官祖孝孫定樂，依隋之文舞、武舞，更文舞為〈治康〉，武舞為〈凱安〉，各六十四人。在宗廟祭祀時，初獻，作文舞之舞，亞獻、終獻則作武舞之舞。至高宗麟德時期，文舞改用〈功成慶善樂〉，武舞改用〈神功破陣樂〉。無論文舞或武舞，其主旨都是為王朝創業者歌功頌德。如〈凱安〉舞係貞觀中所造之武舞，「凡有六變，一變象龍興參野，二變象克靖關中，三變象東夏賓服，四變象江淮寧謐，五變象獫狁讋伏，六變復位以崇，象兵還振旅」（《舊唐書・音樂志一》）。大陸上世紀六十年代舞臺上反覆隆重上演的大型歌舞劇〈東方紅〉，就其類型大體屬武舞，主題「槍桿子裡面出政權」，即以征伐得天下。㊳韎師主舞者十有六人　《周禮・春官》：「韎師掌教韎樂，祭祀則帥其屬而舞之。」又：「韎師下士二人，府一人，史一人，舞者十有六人。」韎，東夷之樂名。舉一方以代指四方。東夷之樂稱〈韎離〉，南蠻之樂稱〈任〉，西戎之樂稱〈禁〉，北狄之樂稱〈昧〉，在門外舞夷樂。又有「鞮鞻氏掌四夷之樂與其聲歌，祭祀則歈而歌之。譙亦如之」。這是古人心目中周邊國家的音樂舞蹈。㊴旄人主舞者眾寡無數　《周禮・春官》稱：「旄人掌教舞散樂舞夷樂」；「旄人下士四人，舞者眾寡無數」。旄人，樂官名。旄人所教之散樂，鄭玄注為「野人為樂之善者，若今黃門倡矣」，指猶若東漢時之民間歌舞戲曲表演。夷樂，即四夷之樂。賈公彥疏：「旄人教夷樂而不掌，鞮鞻氏掌四夷之樂而不教，兩職互相統耳。旄人加以教散樂，鞮鞻氏不掌之也。」㊵漢太常樂令有八佾舞三百八十一　《後漢書・百官二》在太常寺下有「大予樂令一人，六百石。本注曰：掌伎樂。凡國祭祀，掌請奏樂，及大饗用樂，掌其陳序。」注引《漢官》稱：「樂人、八佾舞三百八十人。」後漢明帝時，改太常寺之太樂為太予樂。八佾，古代天子用之樂舞。佾，行列。舞者排列成行，縱橫皆八人，共六十四人。諸侯則六行，行六人；大夫四行，行四人。《論語・八佾》：「孔子謂季氏八佾舞于庭，是可忍也，孰不可忍也！」季氏係大夫，不該用八佾，故孔子無法容忍其此種僭越禮制之行為。㊶調合鍾律　意謂調節並諧和樂器的音階聲律，並與歌舞相配合，以便於樂隊及歌舞在祭祀和宴饗時之演奏。鍾通「鐘」，泛指各種樂器。律，指音響及其節奏之和諧。

【語　譯】太樂署：令，定員一人，品秩為從七品下。《周禮》規定：「大司樂爵位中大夫，定員二人，樂師爵位下大夫，定員四人。大司樂的職掌是分管大學的教育，以音樂舞蹈教育公卿的子弟。大舞有六部，就是：〈雲門大卷〉、〈大咸〉、〈大韶〉、〈大夏〉、〈大濩〉和〈大武〉。樂師分管小學的教育，教授卿大夫十三到十九歲的子弟，教學的內容包括帗舞、羽舞、皇舞、旄舞、干舞、人舞這樣一些通稱小舞的要領。」還設有「太師，爵稱下大夫，定員為二人。職務是掌管六律和六呂，調和好音樂的陰陽關係」。到秦漢時期，奉常的屬官中有太樂設令、丞，另外少府亦有樂府，亦設有令、丞。東漢在太常寺下有太常（予）樂，設令一人，俸秩為六百石。曹魏時重新稱為太樂，設有令、丞。魏文帝黃初年間，任命杜夔太樂令，〔在此之前的建安時期曹操執政時，〕曾命杜夔訂正雅樂。那時，散騎侍郎鄧靜善於吟詠雅樂，歌師丑（尹）胡熟習宗廟祭祀的曲調，舞師馮肅曉知前代各種樂舞，杜夔與他們一起創定雅樂，他也因而被遷昇為協律都尉。到東晉元帝時，把太樂歸併給了鼓吹署。南朝宋太常寺設有太樂令、丞，齊因承宋的這一官制，令的品階為第七，俸秩四百石，佩銅印墨綬，戴進賢一梁冠，穿絳朝服。梁代太常寺的屬官有太樂令，為一班，從九品；又另外統領清商丞。太樂下設有庫丞和清商丞，都是三品勳位。陳因承梁制。北魏孝文帝太和十五年設置太樂令，又設有太樂博士，品秩為第六品下。北齊的太常寺亦設有太樂令、丞。北周在春官府大司樂下設有司樂上士和中士。隋由太常寺統領太樂署，有令、丞各二人。本朝因承隋制。玄宗開元二十三年時，令與丞各減為一人。

丞，定員一人，品秩為從八品下。歷代的太樂署都設有丞一人，隋朝設置二人。本朝因承隋制，玄宗開元二十三年時減為一人。

樂正，定員八人，品秩為從九品下。北周依照《周官》，設置樂師上士一人，中士一人。隋朝太樂署有樂師八人，清商〔署〕有樂師二人。到煬帝時，改稱樂師為「樂正」，定員增加到十人。是摘取了古代樂正子春這個人名中的兩個字用來做官名。本朝因承隋制。

典事，定員為八人。屬於流外番上充任的官職。

文武二舞郎，定員一百四十人。《周禮》規定：「韎師屬下擔任主舞的定員有十六人；旄人屬下擔任主舞的，多少沒有定數。」東漢太常（予）樂令的屬下有八佾舞，有舞郎三百八十一人。隋朝太常寺的太樂署，設有舞郎三百人。

太樂令的職掌是教導樂人，調節樂器使它諧合音律，以供給國家在祭祀和饗宴時演奏。丞是令的副職。

【說　明】在中國古代，音樂、歌舞與祭祀、教育是緊密聯繫在一起的，樂和舞不僅是宗廟祭祀活動中的重要組成部份，而且亦是整個國家權力的標誌和象徵。對貴族子弟的教育，也首先從樂舞開始，不妨說它還保留著原始部落民生活的某些特點。起先可能是像《詩經・大雅・生民》那樣對本氏族或部族始祖帶有神話傳說色彩的讚頌，待國家出現以後，那便是對歷代先王，特別是開國帝王的歌功頌德了。那種通過樂舞的形式，潛移默化地對其宗室子弟或擴大到公卿大夫子弟所進行的教育，就類似我們現在非常熟悉的「革命傳統教育」。在《呂氏春秋》的十二紀中，每年從孟春開始，便有「命樂正入學習舞」，「命樂正入學習樂」，「擇吉日，大合樂」，「命樂師習合禮樂」等記載，可以從中看到一個循序前進的教學過程：由習舞始，繼以習樂，然後是合樂，再是禮樂混合，然後參加國家的祭祀活動，同時亦完成了整個傳統教育的歷史使命。所以在古代，樂官是既主管樂舞，又管理教育的機構。中國的儒學也正是從禮樂制度演化而來。如若運用現代術語將古代社會作一個宏觀分析，那麼禮樂制度便是它的硬件，儒家所闡發的思想則是它的軟件。這樣類比自然不盡恰當，但由此也可看到二者是緊密不可分的。正因為如此，孔夫子聽說魯國季氏以大夫的身份而用八佾舞於庭，便要憤慨地驚呼「是可忍，孰不可忍」了！要知道在當時那種社會制度下，這絕非只是跳舞多幾個人、少幾個人的問題，而是一種犯上的僭越行為，破壞了在禮儀制度中所反映的傳統的等級關係，也即社會秩序。

關於我國古代樂舞的分類，在《周禮》大司樂與樂師的職掌中還只是大致分成六大舞、六小舞這樣兩大類，都用於郊廟祭祀，只是使用範圍有不同，如祀天神用〈雲門大卷〉，祀地祇用〈大咸〉，祀四望用〈大磬〉，祭山川用〈大夏〉，享先祖用〈大武〉，享先妣用〈大濩〉等。此外，在同書鞮鞻氏和韎師的職掌中，還有四夷之樂，相當於今天的外國音樂，祭祀和燕享有時亦用。旄人所掌的為散樂和夷樂，散樂為民間音樂，包括那時的流行歌曲。漢以後分類逐步趨向具體和明確，如《隋書‧音樂上》稱：「漢明帝時，樂有四品：一曰大予樂，郊廟上陵所用。二曰雅頌樂，辟雍饗射之所用焉。三曰黃門鼓吹樂，天子宴群臣之所用焉。其四曰短簫鐃歌樂，軍中之所用焉。」《宋書‧樂二》載：「蔡邕論敘漢樂曰：『一曰郊廟神靈，二曰天子享宴，三曰大射辟雍，四曰短簫鐃歌。』」這兩種分類是一致的，都是以應用範圍為分類標準。此後至隋唐大體都是如此。在這個分類中，郊廟祭祀始終處於首要地位。正因為這個緣故，太常寺的樂官亦名之為「太樂」：「凡音樂以舞為主，自黃帝〈雲門〉以下，至於周〈大武〉，皆太廟舞名也。然則其所司之官，皆曰太樂。」（《宋書‧樂一》）這些配合祭祀、演出於廟堂的樂舞，每一次改朝換代，往往都要重新制作一番，即所謂「制禮作樂」，這被視為一個正統王朝具有標誌性的盛舉。而那些開國皇帝之所以重視這件事，自然還有更為實際的功利考慮：只有本朝新制或改制的樂舞，才能將那些最美好的頌詞，最輝煌的光環，全都集中到他頭上來。在隋朝開皇時，牛弘受命作樂而遲遲不能完成，為此「高祖大怒曰：『我受天命七年，樂府猶歌前代功德邪？』命治書侍御史李諤，引弘等下，將罪之。諤奏曰：『武王克殷，至周公相成王，始制禮樂。斯事體大，不可速成。』高祖意稍解。」牛弘的性命總算因李諤的巧妙進言而勉強保住。從這件事充分說明了帝王們想利用樂舞這種形式來神化自己的心情有何等急切！每個新王朝經過一番制禮作樂後，其樂舞在總體組成上大致分成三個部份：一是沿襲前朝的樂舞，二是前朝樂舞的修改版，第三部份是本朝新制的樂舞。如周有六舞，至秦時只保留了〈韶舞〉與〈武舞〉，而把周舞改成了〈五行舞〉。漢高祖把〈韶舞〉改為〈文始舞〉，自己又造作了〈武德舞〉。叔孫通根據秦樂人宗廟迎神樂曲為漢高祖制作了〈嘉至樂〉；漢高祖因蜀漢伐楚，用版楯蠻為前鋒，其人好為歌舞，以其歌舞制作了〈巴渝舞〉。魏取代漢時，也是如此：改漢代的〈巴渝舞〉為〈昭武舞〉，〈嘉至樂〉為〈迎靈樂〉，〈武德舞〉為〈武頌舞〉；同時恢復〈文始舞〉原名〈大韶舞〉，〈五行舞〉原名〈大武舞〉；又命王粲為〈巴渝舞〉改填新詞。各個王朝樂舞的整體主題，都是為了宣揚本朝先王的豐功偉績，至於保留韶樂武舞之類，僅是用以作為本朝乃堂堂華夏正統的一種標榜。至今我們仍然可以從歷代正史〈樂志〉中看到大量歌頌它們各自王朝的新詞，那便是當時樂官們煞費苦心地制作出來的。不可否認他們都應是各該時代的文學精英，但在千百年後的我們現代人看來，那麼多頂級的美言諛詞疊床架屋地堆積在一起，毫無生命氣息，亦無藝術性可言，倒像一堆堆骷髏。這說明即使是天才的作家，一旦受役於權勢便失去了真性情，而藝術若沒有真性情便等於宣告自己的死亡。相比之下，像《詩經・大雅・生民》那樣一些出於先民原始樸實的感情真誠地歌頌自己世祖的作品，還是會具有恆久的魅力。

唐代樂舞的制作，也承襲前朝的模式。《新唐書・禮樂十一》稱：「《史記》曰：『功成作樂。』蓋王者未作樂時，必因其舊而用之。唐興，即用隋樂。武德九年（西元六二六年），始詔太常少卿祖孝孫、協律郎竇進等定樂。」祖孝孫制定的樂曲稱《十二和》，號為《大唐雅樂》，至貞觀二年（西元六二八年）樂成，奏之。「及孝孫卒，〔張〕文收復採《三禮》，更加釐革，然後樂教大備」（《通典・樂三》）。

二

凡天子宮縣❶，太子軒縣❷。宮縣之樂：鎛鍾❸十二，編鍾❹十二，編磬❺十二，凡三十有六簴❻。宗廟與殿庭同。郊丘❼、社❽，則二十簴；面別去編鐘、磬各二簴也。東方、西方，磬簴起北，鐘簴次之；南方、北方，磬簴起西，鐘簴次之。鎛鐘在編縣之間[9]，各依辰位[10]。四隅建鼓[11]，左柷[12]、右敔[13]。又設笙[14]、竽[15]、笛[16]、簫[17]、篪[18]、塤[19]，繫于編鐘之下；隅歌[20]琴[21]、瑟[22]、箏[23]、筑[24]，繫于編磬之下。其在殿庭前，則加鼓吹[25]十二按於建鼓之外，羽葆之鼓[26]、大鼓、金錞[27]、歌簫、笳[28]置於其上焉；又設登歌[29]鐘、磬、節鼓[30]、琴、瑟、箏、筑於堂上，笙、簫、和[31]、簫[32]、篪塤於堂下。宮縣、登歌工人皆介幘[33]、朱連裳[34]、革帶[35]、烏皮履，鼓人及階下工人皆武弁[36]、朱褠衣[37]、革帶、烏皮履。若在殿庭，加白練褡襠[38]、白布襪。鼓吹按工人亦如之也。軒縣之樂：去其南面鎛鐘、編鍾、編磬各三，凡九簴，設於辰、丑、申之位[39]。三建鼓亦如之。餘如宮縣之制。凡宮縣、軒縣之作[40]，則奏二舞以為眾樂之容，一曰文舞，二曰武舞。宮縣之舞八佾[41]，軒縣之舞六佾[42]。文舞之制：左執籥[43]，右執翟，二人執纛[44]以引之。文舞六十四人，供郊廟；服委貌冠[45]、玄絲布大袖、白練領褾[46]，白紗中單、絳領，玄絲布大口袴[47]，革帶，烏皮履，白布襪。其執纛人衣冠各同也。武舞之制：左執干[48]，右執戚[49]，二人執旌[50]居前；二人執鼗鼓[51]，二人執鐸[52]，四人持金錞，二人奏之；二人執鐃[53]以次之，二人執相[54]在左，二人執雅[55]在右。武舞六十四人，供郊廟；服平冕[56]，餘同文舞。若供殿庭，服武弁，平巾幘[57]，金支[58]緋絲布大袖[59]、緋絲布裲襠[60]、甲金飾[61]、白練褡襠、錦騰蛇[62]，起梁帶[63]、豹文大口布袴[64]、烏布鞾[65]。其執旌人衣冠，各同當色舞人，餘同工人也。凡簨簴，飾以崇牙、旒蘇樹羽[66]，宮縣則金五博山[67]，軒縣則金三博山。凡樂器之飾，天地之神尚赤，宗廟及殿庭尚彩，東宮亦赤。凡中宮[68]之樂，則以大磬代鐘鼓，餘如宮縣之制。凡磬，天地之神用石，宗廟及殿庭用玉。凡有事於天神，用雷鼓、雷鼗[69]；地神，用靈鼓[70]、靈鼗；宗廟及帝社[71]，用路鼓、路鼗[72]，皆建于宮縣之內。

【章　旨】敘述唐代天子宮縣與太子軒縣之制，以及與其相關之文舞和武舞。

【注　釋】❶宮縣　縣通「懸」。古代樂懸制中最高一等，用於天子。在殿堂或宗廟四周懸掛鐘磬之類樂器，稱宮縣。因其四面懸，猶宮室，故名。《舊唐書・音樂二》：「周天子宮縣，諸侯軒縣，大夫曲縣，士特縣。故孔子之堂，聞金石之音；魏絳之家，有鐘磬之聲。」❷軒縣　太子殿堂懸掛樂器之制，低於天子之宮縣。只懸掛東、西、北三側，缺南方，形如車輿，故名。❸鎛鍾　大型之鐘。鍾通「鐘」，下同。《爾雅》稱之謂鏞。青銅製樂器，平底，有紐可以懸掛，用槌扣之而鳴。每一鎛鐘懸一簨簴（木架），各應律呂之音。中國歷史博物館藏有春秋齊國之「𪎭鎛」。❹編鍾　亦稱小鐘。銅製打擊樂器。因按大小、厚薄、從低音到高音依次編排成組懸掛於同一簨簴上而名編鐘。各個時代形制有異，枚數亦不同。唐代定制以十六枚為一組，八枚懸於下簨，八枚懸於中簨，用木槌敲擊發聲，以應十二正律加四半律。《隋書・音樂志下》：「編鐘，小鐘也，各應律呂，大小依次，編而懸之。上下皆八，合十六鐘，懸於一簨虡。」河南信陽出土的編鐘有十三枚，湖北省隋縣出土的編鐘有六十四枚。每枚可發二個音，有三個八度，能演奏完整的半音列。❺編磬　磬為玉製或石製之打擊樂器。狀若矩，以槌擊之而鳴。由一系列依大小、厚薄分兩排懸掛於簨簴之磬稱為編磬。各個時代磬之大小、形制和枚數不一，常見以十六枚為組。《初學記》卷一六引《三禮圖》稱：凡磬「十六枚同一簨虡謂之編磬」。❻簴　懸掛編鐘或編磬之木架稱簴或虡，亦稱簨虡、或簨簴。《新唐書・禮樂十一》：「凡橫者為簨，植者為虡。虡以懸鐘磬，皆十有六，周人謂之一堵，而唐人謂之一虡。自隋以前，宮懸二十虡，及隋平陳，得梁故事，用三十六虡，遂用之。唐初因隋舊，用三十六虡。」❼郊丘　祭天於南郊之圓丘，祭地於北郊之方丘。❽社　據《通典・樂四》應為「社稷」，此處脫一「稷」字。❾鎛鐘在編縣之間　指鎛鐘懸掛的位置在編磬和編鐘之間。❿各依辰位　辰在地支中位次第五，因用以代指第五。指鎛鐘之位次排列在第五位。⓫建鼓　《舊唐書・音樂志二》稱：「夏后加之以足，謂之足鼓；殷人貫之以柱，謂之楹鼓；周人縣之，謂之縣鼓；後世從殷制建之，謂之建鼓。」指把鼓懸掛在木柱之間。⓬柷　亦名椌。打擊樂器。用於雅樂之開始。木製，形似方斗，旁開圓孔，手持椎擊之以示開始作樂。《尚書・益稷》鄭玄注：「柷，狀如漆桶而有椎。合樂之時，投椎其中而挏之。」《爾雅・釋樂》郭璞注：「柷如漆桶，方二尺四寸，深一尺八寸，中有椎柄連底，挏之，令左右擊。」⓭敔　打擊樂器。用於雅樂之煞尾。《尚書・益稷》孔穎達疏：「樂之初擊柷以作之，樂之將末，戛敔以止之。」《爾雅・釋樂》郭璞注：「敔如伏虎，背上有二十七鉏鋙，刻以木，長尺櫟之。籈者其名。」籈是擊敔之木棒，刮擊其鋸齒狀之鉏鋙處而發聲。⓮笙　簧管樂器。笙管為長短不一之竹管，於上端開音窗，下端開按孔，嵌接於木質之笙角，並插入斗之內，連有吹口，簧管十三至十九根不等。演奏時用手按指孔，借助吹吸振動簧片而發音。⓯竽　古代簧管樂器。形似笙而較大，管數亦較多。長沙馬王堆漢墓出土之竽有二十二管。⓰笛　竹製橫吹之管樂器。又稱橫笛，俗稱笛子。⓱簫　管樂器。古代稱若干竹管排編成的排簫為簫，後世則以竹製單管直吹者為簫。⓲篪　古代竹製管樂器。單管橫吹。⓳塤　古代陶製吹奏樂器。有球狀或橢圓形等，音孔一至五個不等。《詩・大雅・板》：「如塤如篪。」說明塤和篪可以和諧合奏。⓴隅歌　據《通典・樂四》當作「偶歌」。即漢之相和歌。以絲竹相和，執節者歌，漢代有相和歌三十曲。此處則是指下述所列係為偶歌配樂之樂器。㉑琴　指七弦琴，撥弦樂器。琴身為狹長型，通常以桐木作面，梓木作底板，合為音箱。演奏時以右手彈弦，左手按弦，有吟、猱、綽、注等手法。音域較寬。在漢魏六朝時期，它是伴奏相和歌的樂器之一。㉒瑟　撥弦樂器。形似琴，有二十五根弦，每弦一柱。瑟常與琴一起合奏。㉓箏　撥弦樂器。音箱亦為木製，長方形，其上張弦，弦下設柱，柱可移動以調節音高。唐時教坊用箏為十三弦，唯清樂用十二弦，以寸餘長之鹿骨爪撥奏，右手諸指彈弦，左手諸指按弦。㉔筑　擊弦樂器。形與箏相似，有十三弦，弦下設柱。演奏時左手按弦之一端，右手執竹尺擊弦發音。㉕鼓吹　《初學記》卷一六引《古今樂錄》稱：「鼓吹有龍頭大棡，中鼓獨揭，小鼓。」即一套鼓吹由大、中、小三鼓組成。《宋書・樂一》稱：「魏晉世給鼓吹甚輕，牙門督將五校，悉有鼓吹。」㉖羽葆之鼓　張有羽蓋之大鼓。羽葆，以羽毛裝飾之頂蓋。《漢書・王莽傳下》：「莽乃造華蓋九重，高八丈一尺，金瑵羽葆。」㉗金錞　即錞于，古代銅製樂器。形如圓筒，頂有鈕，可以懸掛，以槌擊之而鳴。《周禮・地官・鼓人》：「以金錞和鼓。」鄭玄注：「錞，錞于也。圜如碓頭，大上小下，樂作鳴之，與鼓相和。」㉘笳　古代管樂器。原流行於匈奴及西域，漢張騫出使西域傳入中原。初以蘆葉捲而為之，後乃易以竹木。魏晉以後以笳笛為軍樂，唐時入鹵簿。《清會典事例・樂部》載其形制為：「以木為管，飾以樺皮，長二尺三寸九分六釐，內徑五分七釐，為三孔，兩端加角，末翹而上，口哆，加角哨吹之。」㉙登歌　《初學記》卷一四：「堂上奏樂而歌，曰登歌。」此處則指郊廟祭祀時，在樂隊伴奏下，對先祖所唱之頌歌。南朝宋有顏延之所造之宋宗廟登歌歌詞共八篇，見於《宋書・樂志二》。漢代登歌為清唱。《漢書・禮樂志》：「乾豆上，奏登歌，獨上歌，不以管弦亂人聲，欲在位者徧聞之，猶古清廟之歌也。」魏晉以後，登歌多有樂器伴奏。㉚節鼓　古代打擊樂器。《舊唐書・音樂二》：「節鼓，狀似博局，中間圓孔，適容其鼓，擊之節樂也。」㉛和　即和鼓。《舊唐書・音樂志二》：「正鼓、和鼓者，一以正，一以和，皆腰鼓也。」㉜簫　此「簫」與上「笙」下之「簫」字重出，當為衍文。㉝介幘　即黑介幘。幘是古代覆髻之巾。文官長，一般要蓋到額頭稱介幘；武者短，謂之平上幘。㉞朱連裳　朱紅色之連衣裳。㉟革帶　繫於腰間，革製，用以繫佩韍。㊱堦下工人皆武弁　堦即「階」字。武弁，即韋弁。士兵之冠服，戴平巾幘。㊲朱褠衣　朱紅色單衣。《舊唐書・輿服志》：「諸流外官行署三品以上絳公服，九品以上絳褠衣。」原注：「絳公服，用緋為之，制同絳紗單衣。絳褠衣，制同絳公服，袖狹，形直如溝，不垂。」㊳白練褡襠　以白練布製作之坎肩。㊴凡九簴設於辰丑申之位　指樂器之排列，鎛鐘在辰位，即第五位；編鐘在丑位，即第二位；編磬在申位，即第九位。辰、丑、申在地支中之位次，分別為第五、第二、第九。㊵凡宮縣軒縣之作　指按宮縣、軒縣之制所懸掛的樂器的演奏。宮縣諸樂演奏之規制，東晉賀循有如下描述：「然此諸樂，皆和之以鐘律，文之以五聲，詠之以歌詞，陳之於舞列。宮縣在下，琴瑟在堂，八音迭奏，雅樂並作，登歌下管，各有常詠，周令舊也」（《宋書・樂志一》）。㊶八佾　佾，行列。古代用於天子之樂舞。排列成行，縱橫都是八行，共六十四人，即是八佾。㊷六佾　用於太子之樂舞。縱橫都是六行，共三十六人。㊸籥　古代管樂器。其形似笛而短，三孔，單管直吹。《周禮・春官》有籥師，掌教國子舞羽籥。鄭玄注：文舞有持羽吹籥而舞。即左執籥，右執翟。翟指野鴙之羽毛。㊹纛　古代大旗。用於儀仗或軍旅。文舞或武舞時以二面大旗為前導。㊺委貌冠　古代一種黑布禮冠。形制由夏之毋追、殷之章甫演變而來。《儀禮・士冠禮》：「委貌，周道也；章甫，殷道也；毋追，夏后氏之道也。」《後漢書・輿服志》載其形制稱：「委貌冠，皮弁冠同制。長七寸，高四寸，形似覆杯，前高廣，後卑銳。」《晉書・輿服志》：「行鄉射禮，則公卿委貌冠，以皂絹為之。」唐代則為郊廟文舞郎之服。㊻白練領褾　以白練布作領口和袖口。褾，袖端。㊼絳領玄絲布大口袴　此句南宋本、廣池本作「絳領褾，絳布大口袴」。㊽干　類盾，古代抵禦刀槍之兵器。武舞時，舞者執干而舞。《周禮・春官》樂師所教之六小舞之一即為干舞，亦稱兵舞。㊾戚　即斧。武舞時，舞者以戚為道具，與執干者對舞。㊿旌　即旗。以旄牛尾綴於杆頭，下有五彩折羽。古時用以指揮軍隊，此處則以為武舞之旗幟。❺❶鼗鼓　類今之撥郎鼓。《隋書・音樂下》稱其「鼓以桴擊，鼗貫其中而手搖之」。舞者持其柄搖而舞之。❺❷鐸　古代樂器。形狀如大鈴。其框以銅為之，木舌為木鐸，金舌為金鐸。舞者手持鐸以舞。《晉書・樂下》有「鐸舞歌一篇」。❺❸鐃　古代打擊樂器。青銅製。體短而闊，有中空之短柄，插以木柄可執，以槌擊之而鳴。《周禮・地官・鼓人》：「以金鐃止鼓。」鄭玄注：「鐃，如鈴，無舌，有柄，執而鳴之。」❺❹相　古代撞擊樂器。亦稱頓相、舂牘。截粗竹為之，中空，無底，上端相對有二孔，兩手舉以頓地如舂杵，故稱。擊節用。清盧文弨《荀子・成相篇》校語稱：「相乃樂器，所謂舂牘。」《周禮・春官・笙師》引鄭司農云：「舂牘，以竹大五六寸，長七尺，短者一二尺，其端有二孔，髹畫，以兩手築地。」係由舂米或築地之器具演化而來的一種樂器。❺❺雅　古代撞擊樂器。如漆筩，中有椎，亦用以擊節。《周禮・春官・笙師》：笙師掌教「應、雅以教祴樂。」鄭玄注：「雅，狀如漆筩而弇口，大二圍，長五尺六寸，以羊韋鞔之，有兩紐疏畫。」《史記・樂書》：「治亂以相，訊疾以雅。」《續文獻通考・樂九》：「雅鼓，元武舞器有雅鼓二制，如漆筩，鞔以羊革，旁有兩紐，工人持之築地以節舞。」❺❻平冕　即平上幘。幘較高，因其形上平故名。屬武官之服。❺❼平巾幘　即平上幘。❺❽金支　金製髮飾。支通「枝」。《漢書・禮樂志》：「金支秀華，庶旄翠旌。」顏師古注引臣瓚曰：「樂上眾飾，有流遡羽葆，以黃金為支，其首敷散，若草木之秀華也。」❺❾緋絲布大袖　大紅色絲布大袖。❻⓪裲絲布緉襠　裲，疑誤，當為「緋」。緉襠，又作裲襠、兩當。即馬甲，或稱背心。《釋名・釋衣服》：「裲襠，其一當胸，其一當背也。」❻❶甲金飾　指以金色飾衣甲。❻❷錦騰蛇　句中「騰」，近衛校正德本稱：「當作『螣』。」《新唐書・車服志》稱：「螣蛇之制：以錦為表，長八尺，中實以綿，象蛇形。」飾在裲襠之上。❻❸起梁帶　《新唐書・車服志》稱：「起梁帶之制：三品以上，玉梁寶鈿，五品以上，金梁寶鈿，六品以下，金飾隱起。」❻❹豹文大口布袴　繪有豹形花紋之大口套褲。❻❺鞾　即「靴」字。❻❻崇牙旒蘓樹羽　簨簴上種種裝飾。崇牙，橫檔上雕鑲成鋸齒狀，既為裝飾，亦用以懸掛大小不等之鐘磬。旒蘓，當為「旒蘇」，下垂之飾物。樹羽，插以五彩羽毛。《詩經・周頌・有瞽》有「崇牙樹羽」之句，即描繪簴上此類裝飾。❻❼宮縣則金五博山　《舊唐書・音樂二》，此句「宮縣」下尚有「每架」二字。指凡用於宮縣之每架簨簴均以金色線條繪飾五座山形之圖案。下句用於軒縣，則減為三個此類圖案。❻❽中宮　皇后所居之宮殿稱中宮。❻❾雷鼓雷鼗　兩種相配合的打擊樂器。雷鼓，一鼓有八面可擊（一說有六面者），鼓上繪有雲雷紋，取象於天，故用以祭祀天神。《周禮・春官・大司樂》：「雷鼓雷鼗。」鄭玄注：「鄭司農云：雷鼓雷鼗，皆謂六面有革可擊者也。」又，《周禮・地官・鼓人》：「以雷鼓鼓神祀。」鄭玄注：「雷鼓八面鼓也。神祀，祀天神也。」雷鼗，即與雷鼓相應之鼗鼓。鼗鼓，見前❺⓪注，形制小於雷鼓。古代擊鼓常大、小鼓相應：堂上擊大鼓時，堂下擊小鼓，或先擊大鼓，小鼓繼之以為應。故雷鼗也即雷鼓之應鼓。下文靈鼓與靈鼗、路鼓與路鼗，同此。(70)靈鼓靈鼗　靈鼓，古代打擊樂器，有六面可擊。鼓上繪有龍紋，龍為水物，故用以祭祀地祇。《周禮・地官・鼓人》：「以靈鼓鼓社祭。」鄭玄注：「靈鼓，六面鼓也。社祭，祭地祇也。」賈公彥疏：「〈大宗伯〉亦云：血祭祭社稷，五祀亦舉社以表地祇，其實地之大小之祭皆用靈鼓也。」靈鼗係靈鼓之應鼓，參見前(69)注。(71)帝社　漢代及魏初，皆一社一稷，至魏明帝景初年間，更立太社太稷，又特立帝社，始是二社一稷，共立三壇。梁時，三壇外更立官社官稷，並為五壇。隋及唐初，置太社太稷二壇。至中宗時增設帝社帝稷。《通典・禮五・社稷》稱「神龍元年（西元七〇五年）改先農壇為帝社壇，於太壇西立帝稷壇，禮同太社太稷，其壇不備方色，異於太社。」(72)路鼓路鼗　路鼓，古代打擊樂器，有四面可擊。《周禮・地官・鼓人》：「以路鼓鼓鬼享。」鄭玄注：「路鼓，四面鼓也。鬼享，享宗廟也。」《舊唐書・音樂二》：「路鼓四面以祀鬼神。」路鼗係路鼓之應鼓，參見前(69)注。

【語　譯】關於樂縣的制度，天子用宮縣，太子用軒縣。宮縣的樂器有：鎛鐘十二虡，編鐘十二簴，編磬十二虡，合計三十六虡。宗廟與殿庭懸掛的規格相同。郊祀的丘壇，社稷壇都是二十虡，四面分別減去編鐘、編磬各二虡。在東側和西側，都是從北起，磬簴在先，其次是鐘簴；南側和北側，都是從西起，磬簴在先，其次是鐘簴。鎛鐘的位置放在編縣的中間，各處於辰位。四角隅設建鼓，左邊設柷，右邊設敔。再陳設笙、竽、笛、簫、篪、塤，都連接在編鐘下方。隅（偶）歌使用的樂器琴、瑟和箏、筑，緊挨在編磬的下方。如果是在殿庭上，還要增加鼓吹十二部，安放在建鼓之外。另外還有羽葆之鼓、大鼓、金錞、歌簫、笳放置在殿上。再在堂上設置演奏登歌使用的鐘、磬、節鼓、琴、瑟和箏、筑、笙、簫、和、篪、塤，則放置在堂下。宮縣，登歌演奏的工人，都穿介幘，朱紅色的連衣裳，腰間佩革帶，腳上穿烏皮履；擊鼓手以及階下演奏的工人，都是帶武弁帽，穿朱褠衣，腰佩革帶，腳穿烏皮履。如果在殿庭之上，還要增加白練布裲襠，白布的襪子。鼓吹的工人，亦是這樣穿著。軒縣的樂器，較宮縣的減去南側的鎛鐘、編鐘、編磬各三虡，留下的九簴陳設在辰、丑、申的位置上。三建鼓的位置亦這樣。其餘樂器的安放與宮縣的規定相同。凡是宮縣、軒縣樂器的演奏，都要有文武二舞伴舞，以顯示眾多樂器合奏那種氣勢宏偉的景觀。演奏的程序，一是文舞，二是武舞。為宮縣配置的歌舞是八佾之舞，為軒縣配置的歌舞是六佾之舞。文舞的規則是：左邊的人執籥，右邊的人執翟，另有兩個人手持大旗作引導。文舞有六十四人，供郊廟祭祀時用。舞者戴委貌冠，穿黑色的絲布大袖，鑲有白練布的領口和袖口，襯裡是白紗布的中禪，紅色的領子，黑色的布製的大口套褲，腰間繫革帶，腳上穿白布襪烏皮履。那手持大旗的衣冠格式與舞者相同。武舞的規制是：左面的人執干，右邊的人執戚，另有兩個人手持旌旗站在前面。兩個人手持鼗鼓，兩個人執著鐸，四個人手提金錞，兩人在旁演奏；再有兩個人拿著鐃隨著後面，兩個人執相左右側，兩個人執雅左右側。武舞有六十四人，供郊廟祭典用。舞者戴平冕，其他服飾都與文舞相同。如果在朝廷宮殿上演出，要戴武弁，平巾幘插金支，穿緋絲布大袖，裶（緋）絲布裲襠，用金色飾甲，白練布的披肩，織錦的騰（螣）蛇，起梁帶，繪有豹紋的大口布套褲，烏布靴。執旌旗的人，衣冠與當色的舞者相同，其他與演奏的工人服飾相同。關於簨簴的裝飾，是要雕刻崇牙，掛上旅（旒）蘇，和插上彩色的羽毛；屬於宮縣的，繪上金色的五博山；屬於軒縣的繪金色的三博山。關於樂器的裝飾用來祭祀天地之神的，崇尚赤色；用於宗廟和殿庭上的，崇尚五彩色；用於太子東宮的，亦崇尚赤色。凡是在皇后中宮懸掛的樂器，要用大磬來代替鐘、鼓，其他方面與宮縣的規格相同。至於磬的材質，祭祀天地之神時演奏的，用石製；在宗廟和殿庭上演奏的，用玉製。關於鼓，祭祀天神，用雷鼓、雷鼗；祭祀地神，用靈鼓、靈鼗；祭祀宗廟及帝社的用路鼓、路鼗，都陳設在宮縣範圍之內。

【說　明】樂縣的制度，起始於周代。周天子有宮縣（四面懸），諸侯有軒縣（東、西、北三面懸），大夫判縣（東、西二面懸），士特縣（僅有東一面懸），這同樣成為一種顯示尊卑關係的禮制，不可踰越。懸掛的樂器同時用於郊廟祭祀，與神鬼共享。《詩經．周頌．有瞽》便是對在宗廟演奏〈大武〉之舞那種盛況的描繪：「有瞽有瞽，在周之庭。設業設虡，崇牙樹羽；應田懸鼓，鞉磬柷圉，既備乃奏，簫管備舉。喤喤厥聲，肅雝和鳴，先祖是聽。我客戾止，永觀厥成。」毛注：「以為始作〈大武〉之樂，合於太廟之時，有此瞽人。有此瞽人，其作樂者皆在周之廟庭矣。既有瞽人，又使人為之，設其橫者之業，又設其植者之簴，其上刻為崇牙，因樹置五彩之羽，以為之飾。既有應之小鼓，又有田之大鼓。其鼓懸之簴業，為懸鼓也。」可以看出，宮縣的基本雛形已經具備了，為武舞伴奏所需的各種樂器，和懸掛樂器的簨簴都有了，宗廟祭祀則是其演奏的場合。只是規模還沒有後代那麼宏大。上世紀七十年代初，在湖北省隋縣曾侯乙墓中出土了大量樂器，其中有成套的編鐘，多達六十五枚。磬呈曲尺形，全長十・七九米，高二・二九米。簨簴是銅木結構木質，橫梁上飾有崇牙、旒蘇、樹羽及金博山，兩端則套著浮雕或浮雕的青銅套。編鐘分上、中、下三層，以中下二層為主體，分成三組。編磬則有四十一枚，分兩層懸掛。其規模大致屬於諸侯的軒縣。在這個樂隊中，編鐘是旋律樂器。演奏時由三個樂工雙手執著丁字形木槌，分別敲擊中層的三組編鐘，以為樂曲的主旋律；下層的甬鐘，相當於鎛鐘，則作為和音。編磬也是旋律樂器，與編鐘相配合，「近之則鐘聲亮，遠之則磬音彰」（《淮南子》），二者相得益彰。編鐘發音基本上按羽、宮、角、徵、羽的次序，並且包括著以黃鐘為首的十二律。在這個樂隊中還有建鼓，由一個樂工用木槌敲擊，以控制樂隊的節奏。其他樂器還有篪、笙、排簫、瑟、琴等。墓的西室有陪葬棺木十三具，或許就是為墓主人演出的歌舞女樂的代表性人物吧？這些出土文物是《周禮》相關記載的可靠物證，說明有關宮縣、軒縣一類建置確實淵源有如，且從周代經春秋戰國到隋唐綿延不斷。漢樂府中亦有「高張四縣，神來讌饗」這樣的詩句，這「四縣」也就是宮縣。魏明帝時，群臣在議論宗廟樂制中多次提到宮縣，如侍中繆襲提到魏文帝「文昭皇后廟，置四縣之樂」；「散騎常侍王肅議曰：『漢武帝東巡封禪還，祠太一于甘泉，祭后土于汾陰，皆盡用其樂。言盡用者，為盡用宮縣之樂也』。『禮，天子宮縣，舞八佾。今祀圜丘方澤，宜以天子制，設宮縣之樂，八佾之舞』。衛臻、繆襲、左延年等咸同肅議。奏可」（《宋書・樂一》）。《舊唐書・音樂二》稱：「魏晉已來，但云四廂金石，而不言其禮，或八架，或十架，或十六架。梁武始用二十六架，貞觀初增三十六架，加鼓吹熊羆按十二於四隅。後魏周齊皆二十六架。建德中，後梁三十六架。隋文省，煬帝復之。」宮縣中簨簴的架次有多有少，但這套體制自周代至隋唐基本上延綿不絕。

三

凡大燕會則設十部之伎於庭以備華❶〔夷：一曰燕樂伎❷，有〈景雲樂之舞〉❸、

〈慶善樂之舞〉❹、**〈破陣樂之舞〉**❺、**〈承天樂之舞〉**❻；玉磬❼、方響❽、搊箏❾、筑❿、臥箜篌⓫、小箜篌、大琵琶⓬、小琵琶、大五弦⓭、小五弦、吹葉⓮、大笙⓯、小笙、長笛⓰、尺八⓱、大篳篥⓲、小篳篥、大簫⓳、小簫、正銅鈸⓴、和銅鈸各一，歌二人，揩鼓㉑、連鼓㉒、鼗鼓㉓、桴鼓㉔、貝㉕各二。**二曰清樂伎**㉖；編鐘㉗、編磬㉘各一架，瑟、彈琴、擊琴、琵琶、箜篌、箏、筑、節鼓㉙各一，歌二人，笙、長笛、簫、篪㉚各二，吹葉一人，舞四人。**三曰西涼伎**㉛；編鐘、編磬各一架，歌二人，彈箏、搊箏、臥箜篌、豎箜篌、琵琶、五弦、笙、長笛、短笛、大篳篥、小篳篥、簫、腰鼓、齊鼓㉜、擔鼓㉝各一，銅鈸二，貝一，白舞㉞一人，方舞㉟四人。**四曰天竺伎**㊱；鳳首箜篌㊲、琵琶、五弦、橫笛、銅鼓㊳、都曇鼓㊴、毛員鼓㊵各一，銅鈸二，貝一，舞二人。**五曰高麗伎**㊶；彈箏㊷、臥箜篌、豎箜篌、琵琶、五弦、笙、橫笛、小篳篥、簫、桃皮篳篥㊸、腰鼓㊹、齊鼓、擔鼓、貝各一，舞四人。**六曰龜茲伎**㊺；豎箜篌、琵琶、五弦、笙、簫、橫笛、篳篥各一，銅鈸二，荅臘鼓㊻、毛員鼓、都曇鼓、羯鼓㊼、侯提鼓㊽、腰鼓、雞婁鼓㊾、貝各一，舞四人。**七曰安國伎**㊿；豎箜篌、琵琶、五弦、橫笛、大篳篥、雙篳篥、正鼓、和鼓(51)各一，銅鈸二，舞二人。**八曰疏勒伎**(52)；豎箜篌、琵琶、五弦、橫笛、簫、篳篥、荅臘鼓、羯鼓、侯提鼓、雞婁鼓各一，舞二人。**九曰高昌伎**(53)；豎箜篌、琵琶、五弦、笙、橫笛、簫、篳篥、腰鼓、雞婁鼓各一，銅角(54)一，舞二人。**十曰康國伎**(55)。笛二，正鼓、和鼓各一，銅鈸二，舞二

人。〕

【章　旨】敘述大燕會之十部伎。

【注　釋】❶華　此下本章正文及原注，四庫本脫漏，茲據陳仲夫點校本補上，並加方括號以為區別。陳本此卷底本為南宋本。❷燕樂伎　樂舞名。為協律郎張文收所作。《唐會要》卷三三：「貞觀十四年（西元六四〇年）有景雲見，河水清，協律郎張文收採古朱雁天馬之義，制景雲河清歌，名曰讌樂，奏之管弦，為諸樂之首。今元會第一奏者是也。」❸景雲樂之舞　燕樂組舞之第一部份。《舊唐書・音樂二》：「景雲樂，舞八人，花錦袍，五色綾袴，雲冠，烏皮靴。」❹慶善樂之舞　燕樂組舞之第二部份。《舊唐書・音樂二》：「慶善樂，舞四人，紫綾袍，大袖，絲布袴，假髻。」又，慶善樂，原為太宗李世民所造，以太宗誕生於武功之慶善宮，因之取名。舞蹈安徐，以象文德洽而天下安樂也。張文收吸取此樂改編成為燕樂組舞的一部份。❺破陣樂之舞　燕樂組舞之第三部份。《舊唐書・音樂二》稱此舞為「四人，緋綾袍，錦衿襟，緋綾袴」。又破陣樂原亦為太宗李世民所造。太宗為秦王時，征伐四方，人間歌此秦王破陣樂之曲，後又命呂才協音律，李百藥等制歌辭，享宴演奏時，天子避位，坐宴者皆為之起立。張文收吸取其部份樂章作為燕樂組舞之一。❻承天樂之舞　燕樂組舞之第四部份。《舊唐書・音樂二》：「承天樂，舞四人，紫袍，進德冠，並銅帶。」❼玉磬　又稱鳴球。擊奏樂器。《禮記・郊特牲》孫希旦集解：「玉磬，《書》所謂鳴球，天子之樂器也。」《爾雅》稱其「形似犁錧，以玉為之」。清・戴震《樂器考》則以為石製：「鳴球、玉磬，同謂石磬。古人於石之美者，多以玉名。」❽方響　打擊樂器。南北朝時梁始有之。初創時為銅質，隋唐時易以鐵。通常由十六枚大小相同、厚薄不一的長方形板片組成，仿照編磬次第排列，用小鐵棰擊奏，發出十二律及四個半律之樂音，為燕樂中常用樂器。❾搊箏　箏之一種。以演奏時指法為搊（抓撥）而區別於彈法之彈箏。唐時始見，西涼樂、高麗樂中用之。《新唐書・禮樂志十一》：「高麗伎，有彈箏、搊箏、鳳首箜篌、豎箜篌、琵琶。」❿筑　擊弦樂器。形如箏而頸細、肩圓，有五弦、十二弦、十三弦、二十一弦不等。演奏時左手按弦之一端或握持，右手以竹尺擊弦發音，亦因而得名。戰國時已流行，後漸失傳。湖南長沙馬王堆三號漢墓出土筑之明器一件，長約一尺，狀似四棱長棒，端部有一圓柱，首尾均排有小竹釘五枚，當為張五弦用。⓫臥箜篌　箜篌為古撥弦樂器，分臥式、豎式兩種。臥箜篌為漢武帝時樂人侯調所造。形似瑟而小，七弦，用撥彈之。⓬大琵琶　彈撥樂器。原流行波斯、阿拉伯等地，漢代傳入我國。後經改造，圓體修頸，有四弦、十二柱，俗稱「秦漢子」。《風俗通》稱：「以手琵琶之，因為名。案舊琵琶者以木撥彈之，太宗貞觀中始有手彈之法，今所謂搊琵琶者是也。」⓭大五弦　指五弦琴。⓮吹葉　即嘯葉。《舊唐書・音樂二》稱：「嘯葉，銜葉而嘯，其聲清震，橘柚尤善。」⓯大笙　簧管樂器。由簧片、笙管、斗子三部份組成，簧片用竹製，笙管長短不一，插入斗子內，斗子連有吹口，吹奏時用指按孔，能奏和音。⓰長笛　管樂器。有長、中、短之分。原出於羌，故又稱羌笛。⓱尺八　亦稱簫管。因管長一尺八寸而有此名。竹製，有六指孔，另一孔蒙竹膜，豎吹，後傳至日本，現仍流行於日本。⓲大觱篥　亦稱箄篥、悲栗，又名笳管。簧管樂器。以竹為管，上開八孔，前七後一，管口插有蘆葦製之哨子，起源於龜茲。為隋唐燕樂重要樂器。白居易有〈小童薛陽陶吹觱栗歌〉：「翕然聲作疑管裂，詘然聲盡疑刀截。有時婉軟無筋骨，有時頓挫生稜節。」⓳大簫　管樂器。古代稱若干竹管編成之排簫為簫，後世則稱單管直吹者為簫。大簫指排簫，有二十三管。⓴正銅鈸　碰擊樂器。《舊唐書・音樂二》：「銅拔，亦謂之銅盤，出西戎及南蠻。其圓數寸，隆起若浮漚，貫之以韋皮，相擊以和樂也。南蠻國大者圓數尺。」唐代十部樂中用之者七。後在民間廣為流傳，並形成多種形制，有鐃、鑔、小鑔等變體。此處正銅鈸與下文和銅鈸為一主一輔，相互應和。㉑揩鼓　即答臘鼓。形若羯鼓，鼓框較短，鼓面直徑大於鼓框，演奏時以左手掌托鼓，以手指揩擦或彈擊鼓面發聲，故有揩鼓或鞳鼓之稱。出於西域，南北朝時傳入中原，唐代用於龜茲、高昌、疏勒諸部樂。《舊唐書・音樂二》：「答臘鼓，制廣羯鼓而短，以指揩之，其聲震，俗謂之揩鼓。」㉒連鼓　腰鼓之一種。俗稱雞婁鼓，首尾皆可擊之。㉓鼗鼓　亦稱鞉鼓，鼓有柄，曰鞞，搖之以擊鼓面發聲，類今之撥郎鼓。《初學記》引《纂要》：「應鼓，曰鞞鼓，亦曰輮鼓，樂之所成曰鞉鼓，大鼗謂之麻，小鼗謂之料，徒擊鼓謂之咢。」㉔桴鼓　亦稱抱鼓、枹鼓。原為戰鼓，唐代用於燕樂。《世本》：「夷作鼓，以桴擊之曰鼓。」桴即鼓槌。《史記・田叔列傳》：「提桴鼓，立軍門。」又〈司馬穰苴列傳〉：「援枹鼓之急，則忘其身。」㉕貝　亦稱螺，字或作「蠡」、「嬴」。古代吹奏樂器。以海螺殼為之，大小皆有。磨穿螺尖為吹嘴，口吹發聲嗚嗚，音色渾厚，高低也有差別。隋唐時用於龜茲、西涼、高麗、天竺諸樂部。《舊唐書・音樂二》：「貝，蠡也，容可數升，並吹之以節樂，亦出南蠻。」㉖清樂伎　《唐會要》卷三三：「清樂，九代之遺聲，其始即清商三調是也，並漢氏以來舊曲、樂器制度，并諸歌章古調，與魏三祖作者，皆被於史籍。」「隋平陳後獲之，隋文聽之善其節奏，曰：此華夏正聲也。」「至煬帝乃立清樂西涼等九部。」天后朝有六十三曲，至開元時存者僅四十四篇。又，《舊唐書・音樂二》稱：「自長安已後，朝廷不重古典，工伎轉缺，能合于管弦者，唯〈明君〉、〈楊伴〉、〈驍壺〉、〈春歌〉、〈秋歌〉、〈白雪〉、〈堂堂〉、〈春江花月〉等八曲。」㉗編鐘　古代打擊樂器。凡十六枚，各應律呂，大小依次，編而懸列於同一簨簴上的青銅鐘，謂之編鐘。㉘編磬　古代的打擊樂器。凡十六枚，各應律呂，大小依次，編而懸掛於同一簨簴上的磬，謂之編磬。㉙節鼓　古代打擊樂器。《舊唐書・音樂二》稱：「節鼓，狀如博局，中間圓孔，適容其鼓，擊之節樂也。」傅玄有〈節鼓賦〉。㉚篪　古代一種單管吹奏樂器。竹製，橫吹。七孔，並有一孔上出。《爾雅・釋樂》：「大篪謂之沂。」郭璞注：「篪，以竹為之，長尺四寸，圍三寸，一孔上出，一寸三分，名翹，橫吹之。小者尺二寸。《廣雅》云：八孔。」㉛西涼伎　《隋書・音樂下》：「西涼者，起苻氏之末，呂光、沮渠蒙遜等據有涼州，變龜茲聲為之，號為秦漢伎。魏既平河西，得之，謂之西涼樂。至魏周之際，為之國伎。」「其歌曲有〈永世樂〉，解曲有〈萬世豐〉，舞曲有〈于闐佛曲〉。」《舊唐書・音樂二》稱：「其樂具有鐘磬，蓋涼人所傳中國舊樂，而雜以羌胡之聲也。魏世共隋咸重之。」西涼伎的代表作便是流傳至今的獅子舞，白居易〈西涼伎〉有生動描述：「西涼伎，假面胡人假獅子，刻木為頭絲作尾，金鍍眼睛銀帖齒。奮迅毛衣擺雙耳，如從流沙來萬里，紫髯深目兩胡兒。」㉜齊鼓　鼓之一種。雲崗石窟北魏石雕中已見其形，隋唐時用於西涼、高麗諸部樂。《舊唐書・音樂二》稱：「齊鼓，如漆桶，大一頭，設齊於鼓面如麝臍，故曰齊鼓。」㉝擔鼓　鼓之一種。隋唐時用於西涼、高麗諸部樂。《通志・樂略二》稱：「擔鼓，如小甕，先冒以革而漆之。」㉞白舞　《舊唐書・音樂二》稱：白舞一人，今闕。㉟方舞　《舊唐書・音樂二》：「方舞四人，假髻，玉支釵，紫絲布褶，白大口袴，五綵接袖，烏皮靴。」㊱天竺伎　《隋書・音樂下》：「天竺者，起自張重華據有涼州，重四譯來貢男伎，天竺即其樂也。歌曲有〈沙石疆〉，舞曲有〈天曲〉。」《舊唐書・音樂二》稱：「天竺樂，工人皂絲布頭巾，白練襦，紫綾袴，緋帔。舞二人，辮髮，朝霞袈裟，行纏，碧麻鞋。袈裟，今僧衣是也。」如印度舞曲〈婆羅門〉，於唐開元年間，經西涼人傳入長安，此曲被西涼府節度楊敬述吸收創作了著名法曲〈霓裳羽衣曲〉。㊲鳳首箜篌　箜篌為古撥弦樂器。形似箏而小，傳為漢代樂工侯暉所製，故有此名。有臥箜篌、豎箜篌二類。鳳首箜篌則類同豎箜篌而加之以鳳首雕飾。《文獻通考・樂考十・鳳首箜篌》：「出於天竺伎也，其制作曲頸鳳形焉。扶婁、高昌等國，鳳首箜篌其上，頗奇巧也。」㊳銅鼓　《舊唐書・音樂二》：「銅鼓，鑄銅為之，虛其一面覆而擊其上。南夷扶南、天竺類皆如此。嶺南豪家則有之，大者廣丈餘。」㊴都曇鼓　腰鼓之一種。自西域傳入，隋唐時用於天竺、龜茲、扶南諸部樂中。《舊唐書・音樂二》：「都曇鼓，似腰鼓而小，以槌擊之。」㊵毛員鼓　腰鼓之一種。兩頭粗，中部稍細，以手拍擊發聲。自西域傳入，盛行於隋唐。敦煌壁畫及五代王建墓石刻浮雕中多見。隋唐時用於天竺、龜茲、扶南諸部樂。《舊唐書・音樂二》：「毛員鼓，似都曇鼓而稍大。」㊶高麗伎　《舊唐書・音樂二》稱：「高麗樂，工人紫羅帽，飾以鳥羽，黃大袖，紫羅帶，大口袴，赤皮靴，五色縚繩，舞者四人，椎髻於後，以絳抹額，飾以金璫。二人黃裙襦，赤黃袴，極長其袖，烏皮靴，雙雙並立而舞。」《隋書・音樂下》稱：

「高麗，歌曲有〈芝栖〉，舞曲有〈歌芝栖〉。」㊷彈箏　箏之一種。以演奏時之指法為彈而區別於用搊法之搊箏。唐時始見。西涼樂、高麗樂中用之。㊸桃皮觱篥　觱篥為簧管樂器。起源西域龜茲，後傳入中土。一般以竹為管，上開八孔，前七後一，管口一般有蘆葉作哨子。有大、小觱篥，以及豎觱篥、雙觱篥、桃皮觱篥等多種形制。《舊唐書·音樂二》：「今東夷有管木者，桃皮是也。」「桃皮，卷子以為篳（同「觱」）篥。」㊹腰鼓　亦稱答鼓。兩端廣中間細，右以杖擊之，左以手拍之，聲相應和。西漢時由西域傳入，盛於唐。《舊唐書·音樂二》稱：「腰鼓，大者瓦，小者木，皆廣首而纖腹，胡鼓也。石遵好之，與橫笛不去左右。」㊺龜茲伎　《隋書·音樂下》稱：「龜茲者，起自呂光滅龜茲，因得其聲。呂氏亡，其樂分散，後魏平中原，復獲之。其聲後多變易，至隋有西國龜茲、齊朝龜茲、土龜茲等，凡三部。開皇中，其器大盛於閭閈。時有曹妙達、李士衡、郭金樂、安進貴等，皆妙絕弦管，新聲奇變，朝改暮易，持其音技，估衒王公之間，舉時爭相慕尚。」「其歌曲有〈善善摩尼〉，解曲有〈婆伽兒〉，舞曲有〈小天〉，又有〈疏勒鹽〉。」㊻荅臘鼓　即揩鼓。㊼羯鼓　鼓之一種。因出羯中而有此名。形如漆桶，下以小牙牀承之，以兩杖敲擊，故又名兩杖鼓。其音主太簇一均，急促高烈。南北朝時自西域傳入中原，盛於唐。《舊唐書·音樂二》：「羯鼓，形如漆桶，兩手具擊，以其出羯中，故號羯鼓，亦謂之兩杖鼓。」㊽侯提鼓　鼓之一種。有曲柄，可於馬上提持擊之。亦稱簡提。《周禮·夏官·大司馬》：「師帥執提。」鄭玄注引鄭司農云：「提讀如攝提之提，謂馬上鼓，有曲木提持鼓立馬髦上者，故謂之提。」㊾雞婁鼓　亦作雞樓鼓。鼓框呈球形，兩端手所擊處平可數寸，腰有環，以帶繫於腋下，以手擊之。常與鼗鼓並用。《舊唐書·音樂二》：「雞婁鼓，正圓，兩手所擊之處，平可數寸。」㊿安國伎　安國在今中亞烏茲別克、布哈拉一帶。指發源於這一地區之歌舞音樂。《隋書·音樂下》稱安國伎「歌曲有〈附薩單時〉，舞曲有〈末奚〉，解曲有〈居和祇〉」。《舊唐書·音樂二》：謂此樂舞之「工人皂絲布頭巾，錦褾領，紫袖袴，舞二人，紫襖，白袴帑，赤皮靴」。(51)正鼓和鼓　《舊唐書·音樂二》稱：「正鼓、和鼓者，一以正，一以和，皆腰鼓也。」(52)踈勒伎　踈，當係「疎」之訛。疎，即「疏」字。疏勒伎，指今新疆疏勒地區之古代樂舞。《隋書·音樂下》稱：「疏勒，歌曲有〈亢利死讓樂〉，舞曲有〈遠服〉，解曲有〈鹽曲〉。」《舊唐書·音樂二》稱其樂舞「工人皂絲布頭巾，白絲布袴，錦襟褾。舞二人，白襖，錦袖，赤皮靴，赤皮帶。」(53)高昌伎　指今新疆吐魯番市東南地區之古代樂舞。《唐會要》卷三三：「貞觀十六年（西元六四二年）十二月，宴百僚，奏十部樂。先是伐高昌，收其樂府太常，乃增九部為十部伎。」(54)銅角　吹奏樂器。《舊唐書·音樂二》稱：「西戎有吹金者，銅角是也。」(55)康國伎　指今中亞烏茲別克撒馬爾罕一帶之古代樂舞。《隋書·音樂下》：「康國，起自周武帝娉北狄為后，得其所獲西戎伎，因其聲，歌曲有〈戢殿農和正〉，舞曲有〈賀蘭鉢鼻始〉、〈末奚波地〉、〈農惠鉢鼻始〉、〈前拔地惠地〉等四曲。」《舊唐書・音樂二》稱其「舞急轉如風，俗謂之胡旋。」白居易新樂府〈胡旋女〉詩中有「胡旋女，胡旋女，心應弦，手應鼓，弦鼓一聲雙袖舉，迴雪飄颻轉蓬舞，左旋右轉不知疲，千匝萬周無已時，人間物類無可比，奔車輪緩旋風遲」等句，其注稱：「天寶末，康居國獻之。」

【語　譯】凡是遇有大燕會，便在殿庭設十部伎，使中原華夏〔和四方蠻夷的樂舞都得以齊備。十部伎的名稱：一是燕樂伎，其中有〈景雲樂之舞〉，〈慶善樂之舞〉，〈破陣樂之舞〉，〈承天樂之舞〉，共四組樂舞；所用樂器有玉磬、方響、搊箏、筑、臥箜篌、小箜篌、大琵琶、小琵琶、大五弦、小五弦、吹葉、大笙、小笙、長笛、尺八、大觱篥、小觱篥、大簫、小簫、正銅鈸和銅鈸各一，歌者二人，揩鼓、連鼓、鼗鼓、桴鼓和貝各兩個。二是清樂伎；樂器有編鐘、編磬各一架，瑟、彈琴、擊琴、琵琶、箜篌、箏、筑、節鼓各一，歌者二人，笙、長笛、簫、篪各二，吹葉一人，舞四人。三是西涼伎；編鐘、編磬各一架，歌者二人，彈箏、搊箏、臥箜篌、豎箜篌、琵琶、五弦、笙、長笛、短笛、大觱篥、小觱篥、簫、腰鼓、齊鼓、擔鼓各一，銅鈸二枚，貝一個，白舞一人，方舞四人。四是天竺伎；鳳首箜篌、琵琶、五弦、橫笛、銅鼓、都曇鼓、毛員鼓各一，銅鈸二枚，貝一個，舞二人。五是高麗伎；彈箏、臥箜篌、豎箜篌、琵琶、五弦、笙、橫笛、小觱篥、簫、桃皮觱篥、腰鼓、齊鼓、擔鼓、貝各一，舞者四人。六是龜茲伎；豎箜篌、琵琶、五弦、笙、簫、橫笛、觱篥各一，銅鈸二個，荅臘鼓、毛員鼓、都曇鼓、羯鼓、侯提鼓、腰鼓、雞婁鼓、貝各二，舞者四人。七是安國伎；豎箜篌、琵琶、五弦、橫笛、大觱篥、雙觱篥、正鼓、和鼓各一，銅鈸二個，舞者二人。八是疎（疏）勒伎；豎箜篌、琵琶、五弦、橫笛、簫、觱篥、荅臘鼓、羯鼓、侯提鼓、雞婁鼓各一，舞者二人。九是高昌伎；豎箜篌、琵琶、五弦、笙、橫笛、簫、觱篥、腰鼓、雞婁鼓各一，銅角一枚，舞者二人。十是康國伎。笛二管，正鼓、和鼓各一個，銅鈸二枚，舞者二人。」

【說　明】本章所敘的十部伎中，只有燕樂伎與清樂伎出自中原傳統音樂，其餘都屬周邊國家或地區的歌伎，從數量也可以看到外來音樂佔著統治的地位。採取較為開放的政策，可說是唐代文化繁榮的一個重要原因，但若要追溯歷史，卻也由來已久。魏晉六朝時期，西域的音樂便輸入中土，北齊後主，尤賞胡聲，因而有曹妙達、安未弱之輩，得以音樂封王開府。這些人後來由齊入周，又由周而入隋。開皇初年置七部樂：國伎、清商伎、高麗伎、天竺伎、安國伎、龜茲伎和文康伎，此外又雜有疏勒、扶南、康國、百濟、突厥、倭國等伎。及煬帝大業中增為九部伎，包括清樂、西涼、龜茲、天竺、康國、疏勒、安國、高麗和禮畢，其中只有國伎、清商伎和禮畢即文康樂為中原傳統歌舞。《隋書・音樂下》稱：「禮畢者，本出自晉太尉庾亮家，亮卒，其伎追思亮，因假為其面，執翳以舞，象其容，取其謚以號之，謂之文康樂。每奏九部樂終則陳之，故以『禮畢』為名。其行曲有單交路，舞曲有散花。」唐武德初，因隋之舊制，每有讌享即奏九部樂，至貞觀十六年（西元六四二年）宴享百僚時，始奏十部樂，故十部樂當始於這一年。與隋之七部樂、九部樂相比較，唐之讌樂相當於七部樂之國伎，取消了禮畢，增加了高昌伎。實際上在唐代有影響的外來音樂，還不限於十部伎中列出的那些國家或地區。《新唐書・禮樂十二》稱：「周、隋與北齊、陳接壤，故歌舞雜有四方之樂。至唐，東夷有高麗、百濟，北狄有鮮卑、吐谷渾、部落稽，南蠻有扶南、天竺、南詔、驃國，西戎有高昌、龜茲、疏勒、康國、安國，凡十四國之樂，而八國之伎列於十部樂。」

唐王朝對於外來的歌舞古樂，亦不是一概接受，而是有所選擇，也有所改造。如對天竺伎，原有自斷手足、穿腸刺胃一類情節，高宗惡其驚俗，詔不令入中國。開元天寶時又將十部伎分化為立、坐二部，堂下立奏為立部伎，堂上坐奏為坐部伎，這可以看作是對中土與外來音樂歌舞整體上的重新組合與再創造。立部伎有八，其中〈安舞〉為北周武帝平齊所作，太平樂為周隋之遺音，亦稱之為〈五方獅子舞〉，綴毛為之，人居其中，象其俛仰馴狎之容，二人秉拂，為弄習之狀，類似於今南方兩廣之舞獅子。〈破陣樂〉李世民時所作，〈慶善樂〉則為李世民而作，〈大定樂〉為李世民晚年的作品，出自〈破陣樂〉，以象徵平定遼東而邊隅大定。〈上元樂〉為高宗所造，〈聖壽樂〉為高宗、武后時所造，〈光聖樂〉為玄宗所造。上述立部伎八部樂，自〈破陣樂〉以下六部皆擂大鼓，雜以龜茲樂，〈大定樂〉加金鉦，〈慶善樂〉則用西涼樂，大抵由吸收十部伎的歌舞古樂再創作而成。坐部伎有六部，其中〈讌樂〉仍十部伎之舊，〈長壽樂〉、〈天授樂〉分別為武則天長壽、天壽年間所造，還有〈鳥歌萬歲樂〉，據說是因武則天宮中所養之鳥能言萬歲而作此樂以象之。〈龍池樂〉玄宗所造，因其所居之隆慶坊冒出泉水居然成為「龍池」而作此樂以頌之。〈破陣樂〉亦係玄宗時所造作。上述六部坐部伎，自〈長壽樂〉以下皆用龜茲樂，惟〈龍池樂〉用雅樂，但不用鐘磬。立部和坐部共十四部歌舞伎，因於周隋的僅二部，太宗時期創作的有四部，高宗、武則天時期的有五部，玄宗時期的有三部。總的可以說是創作於不同時期，定型於玄宗時期。以立部伎和坐部伎取代原來的十部伎，是中外音樂歌舞互相融合的結果，不按地域而按曲目來劃分歌舞應該說是一個進步。在原來的十部伎中，對立部伎、坐部伎影響最大的是龜茲的音樂，在宮廷享宴的音樂中，龜茲樂幾乎佔了統治地位。至德宗時又增加了驃國樂。驃國是在今緬甸伊洛瓦底江流域的國家，貞元十七年（西元八〇二年），其王太子率樂隊到長安表演，又給唐帝國帶來了南亞的音樂歌舞，白居易有〈驃國樂〉專敘其事。

在原來的十部伎和後來的立部伎和坐部伎格局中，中原傳統的雅樂的地位可謂每況愈下，通常只有在郊廟祭祀，或朝會這樣的場合還保留著雅樂的演奏，至於在太常的音樂教習中，雅樂已被安排到最受冷遇的位置上了。如《新唐書・禮樂十二》便有這樣記載：「太常閱坐部，不可教者隸立部，又不可教者，乃習雅樂。」白居易為此而憤憤不平，他的《新樂府》中有一首〈立部伎〉寫道：「太常部伎有等級，堂上者坐堂下立。堂上坐部笙歌清，堂下立部鼓笛鳴。笙歌一聲眾側耳，鼓笛萬曲無人聽。立部賤，坐部貴，坐部退為立部伎，擊鼓吹笙和雜戲；立部又退何所任？如就樂懸操雅音，雅音替壞一至此，長令爾輩調宮徵。圜丘后土郊祀時，言將此樂感神祇，欲望鳳來百獸舞，何異北軒將適楚。工師愚賤安足云，太常三卿爾何人？」對中原傳統文化有深厚修養的香山居士，眼看著雅樂的失位因惋惜而有此激憤之詞是不難理解的。他的《新樂府》中另有一首〈法曲歌〉把唐自安史之亂以後的中衰，歸罪於夷聲夷樂的泛濫。詩中嚮往於「政和世理音洋洋」的開元盛世，認為不幸的是「法曲法曲合夷歌，夷聲邪亂華聲和；以亂干和天寶末，明年胡塵犯宮闕」，因而「願求牙曠正華音，不令夷夏相交侵」。其實安史之亂決不是什麼夷歌夷聲干擾了華聲引起的，根子還在李隆基晚年的昏庸腐敗和專制獨斷所造成的失誤，而夷夏音樂的融和倒是歷史進步的一種表現。

四

〔凡大祭祀❶、朝會用樂，則辨其曲度❷、章句❸，而分終始之次❹。郊祀❺，降神

奏〈豫和〉之樂，文舞作焉❻；迎皇帝則奏〈太和〉之樂❼，奠玉則奏〈肅和〉之樂❽，迎俎則奏〈雍和〉之樂❾，酌獻則奏〈壽和〉之樂❿，送神則奏〈舒和〉之樂，武舞作焉⓫。若有事於地祇，則迎神以〈順和〉之樂⓬；有事於宗廟，則迎神以〈永和〉之樂⓭；餘如郊祀之儀。饗先農用〈豐和〉⓮，孔宣父廟、齊太公廟用〈宣和〉之樂⓯。元正、冬至大朝會，迎送皇帝用〈太和〉，迎送王、公用〈舒和〉，群臣上壽用〈休和〉⓰，皇帝舉酒登歌用〈昭和〉⓱。文舞用〈九功〉之舞⓲，武舞用〈七德〉之舞⓳。若祠祀，武舞用〈凱安〉之舞⓴。凡有事於太廟，每室酌獻，各用舞焉。獻祖之室，用〈光大〉之舞㉑；黃鍾宮調。懿祖之室，用〈長發〉之舞㉒；黃鍾宮調。太祖之室，用〈大政〉之舞㉓；太簇宮調。代祖之室，用〈大成〉之舞㉔；姑洗宮調。高祖之室，用〈大明〉之舞㉕；蕤賓宮調。太宗之室，用〈崇德〉之舞㉖；夷則宮調。高宗之室，用〈鈞天〉之舞㉗；黃鍾宮調。中宗之室，用〈文和〉之舞㉘；太簇宮調。睿宗之室，用〈景雲〉之舞㉙；黃鍾宮調。孝敬廟，用〈承先〉之舞㉚；諸太子廟，用〈凱安〉之舞㉛。凡祭昊天上帝㉜及五方帝㉝、大明㉞、夜明㉟之樂，皆六成；夾鍾宮調，三成；黃鍾角調，一成；太簇徵調，一成；姑洗羽調，一成。若五郊迎氣㊱，黃帝用黃鍾宮調㊲，青帝用姑洗角調㊳，白帝用太簇商調㊴，赤帝用林鍾徵調㊵，黑帝用南呂羽調㊶。

祭皇地祇㊷、神州㊸、社稷㊹之樂，皆八成；林鍾宮調，二成；太簇角，二成；姑洗徵，二成；南宮羽，二成。享宗廟之樂九成㊺。黃鍾宮，三成；大呂角，二成；太簇徵，二成；應鍾羽，二成。其餘祭祀三成而已。皆用姑洗之調㊻。

【章旨】敘述大祭祀和朝會時所用之樂舞。

【注釋】❶大祭祀　唐制祭祀分大、中、小三等。大祭祀指對天地、宗廟、五帝及追尊之帝后的祭祀。❷曲度　指祭祀、朝會所用音樂之曲名和音調。曲為唐初太常少卿祖孝孫及協律郎張文收擬定之雅樂《十二和》，以為祭祀諸項程序之所配樂曲。如降神用〈豫和〉，飲福用〈壽和〉；調則是指五聲、十二律還相為宮。如以黃鐘為宮，以十二律配五聲，便是以太簇為商，姑洗為角，林鐘為徵，南呂為羽。餘依此類推。❸章句　指祭祀用諸曲調所配之歌詞。同一曲調，在不同場合或太宗、武則天、中宗、玄宗等不同時期，所用歌詞往往各不相同。如祭祀時，皇帝行都用〈太和〉之曲，而其詞章以首句為例，太宗時為「穆穆我后，道應千齡」；中宗時為「恭臨寶位，肅奉瑤圖」；玄宗時則為「郊壇齊帝，禮樂祠天」。❹分終始之次　指祭祀過程中，諸如降神、奠玉帛、入俎、酌獻飲福等，所演奏之曲調、歌詞都各不相同，須嚴格依照規定程序進行。❺郊祀　指冬至祭圜丘、上辛祈穀、孟夏雩、季秋享明堂，以及朝日、夕月、巡狩、告昊天上帝於圜丘。❻降神奏豫和之樂文舞作焉　唐制，祭昊天上帝於圜丘時，降神與送神皆用〈豫和〉之樂，但二者歌詞的章句不同。如貞觀六年（西元六三二年）由褚亮、虞世南、魏徵所作降神之詞為：「上靈睠命兮膺會昌，盛德殷薦叶辰良。景福降兮聖德遠，玄化穆兮天曆長」；送神之詞為：「歌奏畢兮禮獻終，六龍馭兮神將昇。明德感兮非黍稷，降福簡兮祚休徵」（《舊唐書・音樂三》）。奏樂「以圜鐘為宮三奏，黃鐘為角一奏，太簇為徵一奏，姑洗為羽各一奏，文舞六成」（《新唐書・禮樂十一》）。引文中「圜鐘為宮」等語，見《周官・大司樂》。關於圜鐘有二說：馬融曰：「圜鐘，應鐘也。」賈逵、鄭玄稱：「圜鐘，夾鐘也。」降神時，〈豫和〉之樂要演六遍。文舞，前後亦有變化。武德初，祖孝孫定樂，更隋之文舞為〈治康〉，高宗時因避諱改名為〈化康〉，又一度以〈慶善舞〉為文舞。文舞六成，亦即六遍。❼迎皇帝則奏太和之樂　指皇帝起行時，所奏之樂為〈太和〉。《新唐書・禮樂十一》：「〈太和〉以行為節，亦以黃鐘為宮。凡祭祀，天子入門而即位，與其升降，至于還次，行則作，止則止。其在朝廷，天子將自朝廷內出，撞黃鐘之鐘，右五鐘應，乃奏之。其禮畢，興而入，撞蕤賓之鐘，左五鐘應，乃奏之。皆以黃鐘為宮。」

貞觀時，冬至祀昊天圜丘，皇帝行用〈太和〉，其詞章為：「穆穆我后，道應千齡。登三處大，得一居貞。禮唯崇德，樂以和聲。百神仰止，天下文明。」❽奠玉則奏肅和之樂　指祭奠玉帛於昊天上帝及諸神時，所奏為〈肅和〉之樂。《新唐書・禮樂十一》：「〈肅和〉，登歌以奠玉帛，于天神，以大呂為宮；于地祇，以應鐘為宮；于宗廟，以圜鍾為宮；祀先農、釋奠，以南呂為宮；望于山川，以函鐘為宮。」貞觀時登歌奠玉帛所用〈肅和〉之詞為：「闓陽播氣，甄耀垂明，有赫圓宰，深仁曲成。日麗蒼璧，煙開紫營。聿遵虔享，式降鴻禎。」（《舊唐書・音樂三》）❾迎俎則奏雍和之樂　指牲肉安放入俎以祭奠於神位之前，須奏〈雍和〉之樂。俎，盛牲之托盤。《新唐書・禮樂十一》：「〈雍和〉，凡祭祀以九俎。天神之俎，以黃鐘為宮；地神之俎，以太簇為宮；人鬼之俎，以無射為宮。又以徹豆。凡祭祀，俎入之後，接神之曲亦用之。」貞觀時，迎俎入〈雍和〉之詞為：「欽惟大帝，載仰皇穹。始命田燭，爰啟郊宮。雲門駭聽，雷鼓鳴空。神其介祀，景祚斯融。」（《舊唐書・音樂三》）❿酌獻則奏壽和之樂　酌獻，指祭祀時向昊天上帝及諸神進酒和獻食，其酒即稱福酒。舉行進酒的儀式時，要奏〈壽和〉之樂。《新唐書・禮樂十一》：「〈壽和〉，以酌獻，飲福。以黃鐘為宮。」貞觀時，酌獻飲福所用〈壽和〉之詞為：「八音斯奏，三獻畢陳。寶祚惟永，暉光日新。」（《舊唐書・音樂三》）⓫送神則奏舒和之樂武舞作焉　指郊祀圜丘送神時，奏〈舒和〉之樂。〈舒和〉之樂還應用於其他場合。《新唐書・禮樂十一》：「〈舒和〉，以出入二舞，及皇太子、王公群后、國老若皇后之妾御、皇太子之宮臣，出入門則奏之。皆以太簇為商。」貞觀時冬至祭昊天送神用〈豫和〉，而送文舞出、迎武舞入則用〈舒和〉，其詞為：「疊璧凝影皇壇路，編珠流彩帝郊前。已奏黃鐘歌大呂，還符寶曆祚昌年。」（《舊唐書・音樂三》）⓬有事於地祇則迎神以順和之樂　指夏至日祭皇地祇於方丘，降神時奏〈順和〉之樂。《新唐書・禮樂十一》：「〈順和〉，以降地祇。夏至祭方丘，孟冬祭神州地祇，春秋祀，巡狩告祀，宜于社，禪祀首，皆以函鐘為宮，太簇為角，姑洗為徵，南呂為羽，各三奏，文舞八成。望于山川，以蕤賓為宮，三奏。」貞觀時，由褚亮等所作之詞為：「萬物資以化，交泰屬昇平。易從業惟簡，得一道斯寧。具儀先玉帛，送舞變咸英。黍稷良非貴，明德信惟馨。」（《舊唐書・音樂三》）⓭有事於宗廟則迎神以永和之樂　〈永和〉為宗廟降神之樂。《新唐書・禮樂十一》：「〈永和〉，以降人鬼。時享、禘祫，有事而告謁於廟，皆以黃鐘為宮，三奏；大呂為角，太簇為徵，應鐘為羽，各二奏。」貞觀時，享太廟迎神用〈永和〉樂，其詞為：「於穆烈祖，弘此丕基。永言丕命，子孫保之。百神既洽，萬國在茲。是用孝章，神其格思。」（《舊唐書・音樂四》）⓮饗先農用豐和　唐制，孟夏吉亥享先農於東郊，以后稷配。《唐會要》卷三三：「祭先農樂章三，奏〈豐和〉之舞。」本注稱：「顯慶三年（西元六五八年）太子洗馬郭瑜撰。」曲調和章句不見記載。⓯孔宣父廟齊太公廟用宣和之樂　孔宣父廟為文廟，即孔子廟；齊太公廟為武廟，即呂尚廟。《唐會要》卷三三：「釋奠樂章八文宣公廟奏〈宣和〉之舞。」本注稱：「顯慶三年（西元六五八年）國子博士范頵等撰。」又，「武成王廟樂章五，奏〈宣和〉之舞，三變。」本注稱：「貞元六年（西元七九〇年），厚王傅、于邵撰。」曲調和詞章不詳。⑯群臣上壽用休和　〈休和〉為宴飲時群臣向皇帝上壽時用樂。此外皇帝用飯亦以此樂。《新唐書・禮樂十一》：「〈休和〉，皇帝以飯，以肅拜三老，皇太子亦飯。」⑰皇帝舉酒登歌用昭和　《新唐書・禮樂十一》：「〈昭和〉，皇帝、皇太子以舉酒。」⑱文舞用九功之舞　唐初文舞沿隋之舊，至祖孝孫定樂，更文舞曰〈治康〉。〈九功舞〉，即〈功臣慶善樂〉，以太宗生於武功慶善宮而有此名。貞觀六年（西元六三二年）太宗在慶善宮宴群臣、賦詩，起居郎呂才被之管絃，名曰〈功臣慶善樂〉。高宗麟德二年（西元六六五年）詔：「郊廟享宴奏文舞，用〈功成慶善樂〉。」⑲武舞用七德之舞　此舞本名〈秦王破陣樂〉，後因魏徵、褚亮、虞世南、李百藥等更製歌詞，因改名為〈七德舞〉。元日、冬至朝會慶賀時演奏。高宗麟德二年（西元六六五年），以〈七德舞〉為武舞。凡遇享燕奏此二樂時，天子必避位，坐者皆興。⑳若祠祀武舞用凱安之舞　指郊廟祭祀時，武舞用〈凱安〉之舞。此舞為貞觀中所造，凡六變：一變象龍興參野；二變象克靖關中；三變象東夏賓服；四變象江淮寧謐；五變象獫狁讋伏；六變復位以崇，象兵還振旅。武舞〈凱安〉在不同時期、不同場合所用的詞亦不盡相同。如貞觀中祭昊天上帝時，其詞為：「昔在炎運終，中華亂無象。酆郊赤烏見，邙山黑雲上。大賚下周車，禁暴開殷網。幽明同叶贊，鼎祚齊天壤。」（《舊唐書・音樂三》）㉑獻祖之室用光大之舞　獻祖，宣皇帝李熙；祭奠用〈光大〉之舞。有詞一章：「肅肅藝祖，滔滔濬源。有雄玉劍，作鎮金門。玄王貽緒，后稷謀孫。肇禋九廟，四海來尊。」（《舊唐書・音樂四》）㉒懿祖之室用長發之舞　懿祖，光皇帝李天錫；祭奠用〈長發〉之舞。有詞一章：「具禮崇德，備樂承風。魏推幢主，周贈司空。不行而至，無成有終。神興五業，天歸帝功。」（《舊唐書・音樂四》）㉓太祖之室用大政之舞　太祖，景皇帝李虎，為高祖李淵之祖父；祭奠用〈大政〉之舞。有詞一章：「於赫元命，權輿帝文。天齊八柱，地半三分。宗廟觀德，笙鏞樂動。封唐之兆，成天下君。」（《舊唐書・音樂四》）㉔代祖之室用大成之舞　代祖，元皇帝李昞，高祖李淵之父；祭奠用〈大成〉之舞。有詞一章：「帝舞季歷，襲聖生昌。后歌有嶠，胎炎孕黃。天地合德，日月齊光。肅邕孝享，祚我萬方。」（《舊唐書・音樂四》）㉕高祖之室用大明之舞　高祖，李淵；祭奠用〈大明〉之舞。有詞一章：「赤精亂德，四海因窮。黃旗舉義，三靈會同。早望春雨，雲披大風。溥天來祭，高祖之功。」（《舊唐書・音樂四》）㉖太宗之室用崇德之舞　太宗，李世民；祭奠用〈崇德〉之舞。有詞一章：「皇合一德，朝宗百神。削平天下，大拯生人。上帝配食，單于入臣。戎歌陳舞，曄曄震震。」（《舊唐書・音樂四》）㉗高宗之室用鈞天之舞　高宗，李治；祭奠用〈鈞天〉之舞。有詞一章：「高皇邁道，端拱無為。化懷獯鬻，兵戢句驪。禮尊封禪，樂盛來儀。合位媧后，同稱伏羲。」（《舊唐書·音樂四》）又，按以上文例，此句當為正文，不應排成小號字。語譯改正。

㉘中宗之室用文和之舞　中宗，李顯；祭奠用〈文和〉之舞。《舊唐書·音樂四》作「〈太和〉之舞」。有詞一章：「退居江水，鬱起丹陵。禮物還舊，朝章中興。龍圖友及，駿命恭膺。鳴球秉瓚，大糦是承。」（《舊唐書·音樂四》）

㉙睿宗之室用景雲之舞　睿宗，李旦；祭奠用〈景雲〉之舞。有詞一章：「景雲霏爛，告我帝符。噫帝沖德，與天為徒。笙鏞遙遠，俎豆虛無。春秋孝獻，迴復此都。」（《舊唐書·音樂四》）

㉚孝敬廟用承先之舞　「廟」以上本章正文及原注，四庫本脫漏，茲據陳仲夫點校本補上，並加方括號以為區別。陳本此卷底本為南宋本。孝敬，孝敬皇帝李弘，高宗李治第五子，顯慶時立為皇太子，上元時為武則天毒死於洛陽合璧宮，追謚為孝敬皇帝，其廟在東都洛陽。據《舊唐書·音樂四》，祭奠孝敬皇帝用〈承光〉之舞。此處作「〈承先〉」，疑誤。其詞不詳。

㉛諸太子廟用凱安之舞　諸太子廟，指七太子廟。七太子為隱、懿德、章懷、節愍、惠莊、惠宣、惠文七太子。其廟址在長安永崇坊之東南隅。諸太子廟各有樂章，如隱太子廟武舞用〈凱安〉，其樂章為：「天步昔將開，商郊初欲踐。撫戎金陣廓，貳極瑤圖闡。雞戟遂崇儀，龍樓期好善。弄兵隳震業，啟聖隆祠典。」又，隱太子廟迎神之詞為：「蒼震有位，黃離蔽明。江充禍結，戾據災成。銜冤昔痛，贈典今榮。享靈有秩，奉樂以迎」；送神之詞為：「皇情悼往，祀儀增設。鐘鼓鏗鍠，羽旄昭晰。掌禮云備，司筵告徹。樂以送神，靈其鑒闋」（均見《舊唐書·音樂四》）。從這些詞章中，可知唐人對皇位承續問題上所造成的宮廷悲劇，深有所痛。

㉜昊天上帝　指上天的最高神。

㉝五方帝　指東方青帝靈威仰，南方赤帝赤熛怒，西方白帝白招拒，北方黑帝叶光紀，中央黃帝含樞紐。

㉞大明　指日。《禮記·禮器》：「大明生于東。」

㉟夜明　指月亮。

㊱五郊迎氣　唐武德、貞觀制，每年四立之日及季夏，各於其方之近郊迎其帝而祭之。立春日迎青帝威靈仰於東郊，立夏日迎赤帝赤熛怒於南郊，立秋日迎白帝白招拒於西郊，立冬日迎黑帝叶光紀於北郊，季夏日迎黃帝含樞紐於南郊。五帝之號皆以其德而名：靈威仰者，以其三春之始，萬物稟之而生，莫不仰其靈德服而畏之。赤熛怒者，以火色熛怒，其靈炎至明盛也。白招拒者，以其秋時集成萬物，其功大也。叶紀光者，以其冬時收拾光華之色，伏而藏之，皆有法也。含樞紐者，以其樞機有開闔之義，紐者結也。歷代相沿，唐亦如之。

㊲黃帝用黃鍾宮調　指季夏祭祀黃帝於南郊，樂用黃鍾宮調。貞觀時其降神之詞為：「黃中正位，含章居貞。既彰六律，兼和五聲。畢陳萬舞，乃薦斯牲。神其下降，永祚休平。」（《舊唐書·音樂三》）

㊳青帝用姑洗角調　指立春日祀青帝於東郊，樂用角調。貞觀時其降神之詞為：「鶴雲旦起，鳥星昏集。律候新風，陽開初蟄。至德可饗，行潦斯挹。錫以無疆，蒸人乃粒。」（《舊唐書·音樂三》）

㊴白帝用太簇商調　指立秋日祀白帝於西郊，樂用商調。貞觀時其降神之詞為：「白藏應

節，天高氣清。歲功既阜，庶類收成。萬方靜謐，九土和平。馨香是薦，受祚聰明。」（《舊唐書・音樂三》）㊵赤帝用林鍾徵調　指立夏日祀赤帝於南郊，樂用徵調。貞觀時其降神之詞為：「青陽告謝，朱明戒序。延長是祈，敬神椒酳。博碩斯薦，笙鏞備舉。庶盡肅恭，非馨稷黍。」（《舊唐書・音樂三》）㊶黑帝用南呂羽調　指立冬日祀黑帝於北郊，樂用羽調。貞觀時其降神之詞為：「嚴冬季月，星迴風厲。享祀報功，方祈來歲。」㊷皇地祇　指神州之地神。陸德明《釋文》：「天曰神，地曰祇。」《說文解字》：「祇，地祇。提出萬物者也。」源於古人對土地的自然崇拜。開元時，祭皇祇於汾陰，迎神用〈順和〉之樂，林鐘宮調。黃門侍郎韓思復作其詞為：「大樂和暢，殷薦明神。一降通感，八變必臻。有求斯應，無德不親。降靈醉止，休徵萬人。」（《舊唐書・音樂三》）㊸神州　隋於方丘祭九州之神。九州，有多說，《隋書》記為神州、迎州、冀州、戎州、拾州、柱州、營州、咸州、陽州。貞觀初，中書令房玄齡與禮官議，以為：「依禮有益於人則祀之。神州者，國之所託，餘八州則義不相及。近代通祭九州，今除迎州等八座，唯祭皇地祇及神州，以正祀典。」（《通典・禮五》）開元時祭神州於北郊，樂章八首，登歌、奠玉帛用〈肅和〉，其詞為：「大矣坤儀，至哉神縣！包含日域，牢籠月竁。露潔三清，風調六變。皇祇屆止，式歆恭薦。」（《舊唐書・音樂三》）㊹社稷　唐設社稷於含光門之右，仲春、仲秋二時戊日，祭太社、太稷。唐有太社樂章二首，迎神之詞為：「烈山有子，后土有臣。播種百穀，濟育兆人。春官緝禮，宗伯司禋。戊為吉日，迎享茲辰。」送神之詞為：「告祥式就，酬功載畢。親地尊天，禮文經術。既徵令序，福流初日。神馭爰歸，祠官其出。」（《舊唐書・音樂三》）㊺享宗廟之樂九成　九成，即九變。一次演奏共九遍。《新唐書・音樂四》載貞觀時太廟樂章，迎神用〈永和〉，黃鐘宮調三成，大呂角調二成，太簇徵調二成，應鍾羽調二成，總九成同用。其詞為：「於穆烈祖，弘此丕基。永言配命，子孫保之。百神既洽，萬國在茲。是用孝享，神其格思。」（《舊唐書・音樂四》）㊻姑洗之調　指以姑洗為宮調，以三分損益之法（見本卷首篇七章）使十二律與五聲相生。據《通志・樂略二》五聲十二略還相為宮條：「以姑洗為宮，姑洗下生應鐘，為徵，應鐘上生蕤賓為商，蕤賓上生大呂為羽。」

【語　譯】〔凡是遇有大祭祀和朝會需用樂舞，太樂令要分辨清楚所該用的曲調和詞章，區別它們的先後次序。郊祀祭祀昊天上帝時，降神要演奏〈豫和〉的樂章，同時演出文舞；迎皇帝時奏〈太和〉的樂章，祭奠玉帛時演奏〈肅和〉的樂章，迎俎時演奏〈雍和〉的樂章，酌獻飲福時演奏〈壽和〉的樂章，送神時演奏〈舒和〉的樂章，同時演出武舞。如果要祭祀地祇，那麼迎神時使用〈順和〉樂章；要祭祀太廟，迎神時使用〈永和〉樂章，其餘與郊祀的禮儀相同。

祭享先農用〈豐和〉樂章，祭享孔宣父廟、齊太公廟，用〈宣和〉樂章。在元正、冬至舉行大朝會時，迎送皇帝出入用〈太和〉樂章，迎送王公出入用〈舒和〉樂章；群臣向皇帝上壽用〈休和〉樂章，皇帝舉酒登歌用〈昭和〉樂章。文舞用〈九功〉之舞，武舞用〈七德〉之舞。若是祠祀，武舞用〈凱安〉之舞。凡是在太廟舉行祭事，每室的酌獻，各用不同的歌舞。祭奠獻祖之室，用〈光大〉之舞；以黃鐘為宮的樂調。祭奠懿祖之室，用〈長發〉之舞；以黃鍾為宮的樂調。祭奠太祖之室，用〈大政〉之舞；以太簇為宮的樂調。祭奠代祖之室，用〈大成〉之舞；以姑洗為宮的樂調。祭奠高祖之室，用〈大明〉之舞；以蕤賓為宮的樂調。祭奠太宗之室，用〈崇德〉之舞；以夷則為宮的樂調。祭奠高宗之室，用〈鈞天〉之舞；以黃鍾為宮的樂調。祭奠中宗之室，用〈文和〉之舞；以太簇為宮的樂調。祭奠睿宗之室，用〈景雲〉之舞；以黃鍾為宮的樂調。祭奠孝敬皇帝」廟，用〈承先（光）〉之舞。祭奠各個太子廟，則用〈凱安〉之舞。凡是祭奠昊天上帝和五方帝以及大明、夜明，所用的樂曲都要演奏六遍。其中以夾鐘為宮的曲調三遍，以黃鐘為角的曲調一遍，以太簇為徵的曲調一遍，以姑洗為羽的曲調一遍。如果舉行五郊迎氣的祭奠儀式，那麼祭黃帝用以黃鐘為宮的樂調，祭青帝用以姑洗為角的樂調，祭白帝用以太簇為商的樂調，祭赤帝用以林鐘為徵的樂調，祭黑帝用以南呂為羽的樂調。

祭奠皇地祇、神州、社稷的樂章，都要演奏八遍。其中以林鐘為宮的曲調二遍，以太簇為角的曲調二遍，以姑洗為徵的曲調二遍，以南呂為羽的曲調二遍。享祭宗廟的樂章要演奏六遍。其中以黃鐘為宮的曲調三遍，以大呂為角的曲調二遍，以太簇為角的曲調二遍，以應鍾為羽的曲調亦二遍。其餘的祭祀，都只要演奏三遍即可。都是用以姑洗為宮的曲調。

【說　明】唐代雅樂代表作品便是《十二和》，是貞觀年間由太常少卿祖孝孫製作，《舊唐書・音樂一》記其事稱：孝孫以為「陳梁舊樂，雜用吳楚之音；周齊舊樂，多涉胡戎之伎。於是斟酌南北，考以古音，作為大唐雅樂。以十二律各順其月，旋相為宮，按《禮記》云：「大樂與天地同和」，故制十二和之樂，合三十一曲，八十四調」。貞觀六年（西元六二三年）太宗詔令魏徵、虞世南、褚亮等人分製樂章，據《舊唐書・音樂三》記載，郊祀天地的有〈冬至祀昊天於圜丘樂章〉八首，〈正月上辛祈穀於南郊樂章〉八首，〈季秋享上帝於明堂樂章〉八首，〈孟夏雩祀上帝於南郊樂章〉八首，〈祀五方上帝於五郊樂章〉各八首，〈祀朝日樂章〉八首，〈祀夕月樂章〉八首，〈蜡百神樂章〉八首，〈夏至祭皇地祇於方丘樂章〉八首，〈祭神州於北郊樂章〉八首，〈祭太社樂章〉八首，〈享先農樂章〉八首等，共一百二十首。之所以每個樂章都為八首，是由於每一次祭祀的全過程，包括著降神、皇帝行、登歌奠玉帛、迎俎入、酌獻飲福、送文舞出迎武舞入，武舞作、送神這樣八個程式，每個程式選用《十二和》中諸調之一，如祀天神，降神時用〈豫和〉曲，調則為黃鍾宮調。貞觀中享於宗廟的樂章有十三首，亦由魏徵等撰寫，應用於祭祀過程中的各個程式，樂曲亦從《十二和》中選擇，有的與郊祀相通，有的則不同。酌獻諸室時，各室所奏樂曲多有不同，調亦是以十二律配五聲。如黃鍾宮調，迎神時有變調：黃鍾宮調三成，大呂角調二成，太簇徵調二成，應鍾羽調二成，總共九成即九遍。郊祀與宗廟用的樂曲都是《十二和》，貞觀以後歷朝相沿，但詞章幾乎每換一個皇帝就要重填一次，有的還不止改一次。如開元初，玄宗令張說製作諸曲詞章，開元二十五年（西元七三七年）又令太常卿韋縚等重新釐定，彙編前後行用的樂章有五卷之多。

郊祀音樂與宗廟祭享用音樂在漢代是分開的。關於宗廟音樂，《漢書・禮樂志》稱：「高祖時，叔孫通因秦樂人制宗廟樂。大祝迎神于廟門，奏〈嘉至〉，猶古降神之樂也。皇帝入廟門，奏〈永至〉，以為行步之節，猶古〈采薺〉、〈肆夏〉也。乾豆上，奏〈登歌〉，獨上歌，不以筦弦亂人聲，欲在位者徧聞之，猶古〈清廟〉之歌也。〈登歌〉再終，下奏〈休成〉之樂，美神明既饗也。皇帝就酒東廂，坐定，奏〈永安〉之樂，美禮已成也。」至於郊祀音樂，則另有定制。同書記載：「武帝定郊祀之禮，祠太一於甘泉，就乾位也。祭后土於汾陰，澤中方丘也。乃立樂府，采詩夜誦，有趙、代、秦、楚之謳。以李延年為協律都尉，多舉司馬相如等數十人造為詩賦，略論律呂，以合八音之調，作十九章之歌。以正月上辛用事甘泉圜丘，使童男女七十人俱歌，昏祠至明。」這些歌詞皆因一時之盛事而作，各有其名，但並未與祭奠的儀式如降神、送神直接配合，只是祭奠時讓童男女為之通宵達旦地吟唱，事畢即罷。魏晉以後，郊禮與宗廟所用的樂曲和章句亦多為即事而歌，如夕牲之時有〈夕牲歌〉，降神之時則有〈降神歌〉，既無偉績可頌，又無題命可紀。至梁武帝時，作雅歌十二曲，如〈皇雅〉皇帝出入時奏之，〈胤雅〉皇太子出入時奏之；皇帝食舉奏〈需雅〉，徹饌奏〈雍雅〉，還有祭牲出入奏〈滌雅〉，降神、迎神奏〈誠雅〉等等，這樣把祭祀天地和祭祀宗廟以及明堂朝會在音樂上統一了起來：都以《十二雅》為其節奏。北周平荊州獲得了梁之《十二雅》，改為《九夏》，如皇帝出入奏〈皇夏〉，賓客出入奏〈昭夏〉等。在這個漫長的歷史積累的基礎上，才有了唐代《十二和》的創制，把郊祀之樂、宗廟之樂、君臣朝堂之樂都統一在《十二和》的基本曲調之內，它是漢魏以來郊祀之樂、宗廟之樂逐漸演化的結果，亦是音樂與祭祀禮儀及詞章結合的結果。

唐代在祭祀和朝會時演奏的文舞和武舞，也有一個演化過程。三代有六舞即〈雲門〉、〈大咸〉、〈大韶〉、〈大夏〉、〈大濩〉和〈大武〉，若按屬性分，也可說文武兩類。秦時，六舞保留下來的只有〈韶〉舞與〈武〉舞，漢高祖改〈韶〉舞為〈文始〉，又造〈武德〉之舞，是即文武二舞。原來文舞、武舞有譜無辭，至晉武帝泰始九年（西元二七三年）荀勗典樂時，改文舞名為〈正德〉，武舞名為〈大豫〉，令郭夏、宋識為其舞節，由張華為之辭章。在南朝宋，文舞稱〈前舞〉，武舞為〈後舞〉，以舞之次序為名。梁武帝又更其名，武舞名〈大壯〉，文舞為〈大觀〉，至隋更名為文舞、武舞。唐又改文舞為〈治康〉舞，武舞為〈凱安〉舞。有時又以〈七德〉舞為武舞，九功舞為文舞。降神時用文舞，送神時用武舞。宗廟每室酌獻時，又別立舞名，每室各為一舞，其制亦始於梁。就藝術形式而言，都是音樂、舞蹈、歌詞三者結合為一體，而其藝術功能，都是通過歌頌上帝和鬼神以達到尊崇和鞏固皇權的目的，都是《詩經》中「頌」這一形態的提升和發展，而「風」和「雅」則只是音樂與歌唱的配合而已。表面上這樣的樂舞似乎是一種廟堂藝術，但因古代的祭祀是一種特殊形態的政治，常常成為一個政權能否承受天命、是否符合正統的頭等大事，這就給作為祭祀儀式組成部份的樂舞也加上了超越其本體娛樂欣賞功能的沉重的負荷，以至歷來有一種說法，把音樂與王朝興亡、君主榮辱聯繫了起來。其實強使藝術為政治服務，只能窒息藝術的生命。在那種情況下，藝術就不再是來自生活，出自人們內心的呼喚；藝術的表演者也只是屈從於統治者意志的無可奈何的麻木的機械造作。中國藝術有為皇權謳歌的久遠傳統，這不是它的幸運，而是它的悲哀。這個本該早已過時的古老的話題，不幸而至今仍具有深刻的現實意義。

五

凡習樂立師以教❶，每歲考其師之課業❷，為上、中、下三等，申禮部；十年大校之，若未成，則又五年而校之❸，量其優劣而黜陟焉。諸無品博士❹隨番少者，為中第❺；**經十五年，有五上考者，授散官，直本司。若職事之為師者，則進退其考❻。習業者亦為之限，既成，得進為師。凡樂人及音聲人應教習，皆著簿籍，覈其名數而分番上下，**短番散樂一千人❼，諸州有定額。長上散樂一百人❽，太常自訪召。關外諸州者分為六番❾，關內五番，京兆府❿四番，並一月上；一下五百里外，兩番併上⓫。六番者，上日教至申時；四番者，上日教至午時。**皆教習檢察以供其事。**若有故及不任供奉，則輸資錢以充伎衣、樂器之用⓬。

【章　旨】關於對樂師的資格考核和對樂人的管理。

【注　釋】❶凡習樂立師以教　在太樂署任音樂教習者，設太樂博士、音聲博士及助教；其弟子自官戶男年十三以上，在外州者十五以上，擇容貌端正者送大樂充。博士教之，功多者為上第，功少者為中第，不勤者為下第。各曲的教習日程皆有定額，如雅曲三十日成，清樂大曲六十日，習難色大部伎需三年而成，次部二年而成，易色小部伎一年而成。業成，行為修謹者，為助教，博士有缺時，可依次補博士。❷每歲考其師之課業　意謂每年要考核博士教習之績。如「教長上弟子四考，難色二人，次難色二人業成者進考，得難曲五十以上任供奉者為業成」(《新唐書・百官三》)；指所教長上弟子難色和次難色各二人業成者，可折合為四考；所教有一人能演奏難曲五十以上並進內廷供奉者，亦作為業成，可以進考。諸無散品之博士在十五年內，有五上考、七中考者，可以授以散官品級，然仍在本司供職。習大小橫吹難色四番而成，易色三番而成，不成者博士有謫。❸十年大校之三句　指對太樂博士十年進行大比，若達不到目標，過五年再行考核，達到五上考、七中考者，可授散官品階，進入士流。年滿考少於此者，則不敘遷。❹無品博士　指無散官品秩之太樂博士、音聲博士。❺隨番少者為中第　此句疑有脫誤。《新唐書・百官三》記與此相關內容有：「博士教之，功多者為上第，功少者為中第，不勤者為下第，禮部覆之。」❻若職事之為師者則進退其考　職事，指有散官品秩之職事官兼任太樂博士、音聲博士者。進退其考，指依樂官之殿最，即能否達到「音律克諧，不失節奏」（本書第二卷第五篇考功郎中職掌）的標準，以進退其考課。❼短番散樂一千人　指每年番上一至三個月，至太常寺學習或演出散樂之人數。散樂指歌舞雜伎和魔術等。短番散樂人員由近京諸州官戶中選充，各州皆有定額。這是一支業餘的散樂演出隊伍。❽長上散樂一百人　指長期番上學習或演出散樂之人數。這是一支專業的散樂演出隊伍。❾關外諸州者分為六番　關外，指潼關以東地區。六番是指每次番上一個月，以六人為一組輪流番上，每年每人番上的時間為二個月。又，下文所言：五番，為五個人輪番，每人每番亦為一個月，每年每人為七十二天；四番，為四個人輪番，每人每番一個月，每年每人為三個月。❿京兆府　指唐代京師長安就近二十縣，本為雍州，開元元年（西元七一三年）置京兆府。今陝西省西安市附近。⓫一下五百里外兩番併上　句首「一下」，據南宋本當作「一千」。「兩番併上」，指將兩次番上時間併在一起，即一次番上兩個月。此制用於離京路遠者，以節省往返時間。⓬若有故及不任供奉二句　按規定，不能番上服役者，可以輸資代役。散樂以月計，包括閏月在內，每月人出資錢一百六十；長上音聲人若免徭役，則一年須納資錢二千。所納資錢，可作為太樂署置備樂器、服裝費用。

【語　譯】凡是在太樂署學習音樂的，設立太樂博士進行教學。每年都要考核教師教學的成績，分為上、中、下三等，申報禮部。每十年要進行一次總的考核，如果尚未完成課業，那就過五年再進行一次考核，依據他們的成績的優劣決定或升或降。各個沒有散品品秩的博士，隋番上時間少的，列為中第；滿十五年，有五次獲得「上考」的，可以授給散官品秩，仍在本司敘用。如果原來便是職事官兼任太樂博士的，那就每年依據他的等第來進退他的考課。在太樂署學習音樂的，亦規定有學習程限，完成了學業，可以進升為師，也就是太樂的助教或博士。凡是樂人和聲音人，在太樂署接受教習的，都要登錄名冊在籍，核實姓名、員數，然後分番上下。短番散樂定員有一千人，各個州都有向太樂署選送的定額。長期番上的散樂樂人定員為一百人，由太常寺自行訪選徵集。屬於定期番上的樂人、聲音人，在關外各個州的，分為六番；關內的分為五番，京兆府是四番，每次番上時間都是一個月。距離京師一下（千）五百里以外的，兩番併在一起番上，即一次番上兩個月。六番的，番上日接受教習每天到申時為止；四番的，接受教習的時間到午時為止。都由教習負責檢察，以供奉音樂演奏上的各項事務。如果聲音人、樂人有故不能充任供奉的，可以輸錢代役，所輸的錢可充作製作樂器和服裝的費用。

【說　明】在唐代從事音樂歌舞等活動的文化人，還沒有擺脫世代充當樂戶即官奴婢的身份，其社會地位低於一般民戶。高祖武德四年（西元六二一年）有一道詔令：「太常樂人，本因罪譴，沒入官者，藝比伶官，前代以來轉相承襲，或有衣冠繼緒，公卿子孫，一霑此色，累世不改，婚姻絕於士庶，名籍異於編氓，大恥深疵，良可矜愍。其大樂鼓吹諸舊樂人，年月已久，時代遷移，宜並蠲除，一同民例。」（《唐會要》卷三四）免除樂籍，與編民同例，已是莫大恩典，但這個恩典是有條件的：一是武德元年（西元六一八年）配充樂戶者，不在此例；二是即使改入民籍以後，仍然不能脫離音樂職業，理由是：「音律之伎，積學所成，傳授之人，不可頓缺，仍令依舊本司上下。」既然入了民籍，那就排除了進入仕流的障礙，故《唐會要》錄此詔令的附注稱：「樂工之雜士流，自茲始也。太常卿竇誕又奏用音聲博士皆為太樂鼓吹官僚，於後箏簧琵琶人白明達，術踰等夷，積勞計考，並至大官，自是聲伎入流品者，蓋以百數。」這也就是本章原注中所言「十五年有五上考者」可授予散官的實例。唐代開元年間，以樂工出身而有才學盛名者，如李氏龜年、彭年、鶴年兄弟三人，彭年善舞，鶴年、龜年能歌，他們在東都所建宅院踰於公侯。其後龜年流落江南，每遇良辰勝賞為人歌數闋，座中聞之莫不掩泣罷酒。杜甫嘗贈以詩：「岐王宅裡尋常見，崔九堂前幾度聞；正值江南好風景，落花時節又逢君。」此外有名的還有許和子的歌唱，李謨的笛子，賀懷智、裴興奴的琵琶，張野狐的箜篌等。歌女許和子，又名許永新，吉州（今江西吉安）人，因擅歌而入宮。一天玄宗「賜大酺于勤政樓，觀者數千萬眾，喧嘩聚語，莫得聞魚龍百戲之音。上怒，欲罷宴。中官高力士奏請，命永新出樓歌一曲，必可止喧。上從之。永新乃撩鬢舉袂，直奏曼聲。廣場寂寂，喜者聞之氣勇，愁者聞之腸斷」（段安節《樂府雜錄》）。這些音樂家、歌唱家其出身與社會地位卻都是很低微的。

唐代音樂的教育和演出機構，主要還不是太常寺的太樂署，而是教坊。《新唐書・百官三》載：「武德後，置內教坊於禁中。武后如意元年（西元六九二年），改曰雲韶府，以中官為使。開元二年（西元七一三年）又置內教坊于蓬萊宮側，有音聲博士、第一曹博士、第二曹博士。京都置左右教坊，掌俳優雜伎。自是不隸太常，以中官為教坊使。」

在唐玄宗時，長安的內教坊設在禁苑的蓬萊宮側。外教坊有二，一設於延政坊，名左教坊，以舞見長；一設於光宅坊，名右教坊，以善歌取勝。洛陽的兩個教坊設在明義坊。此外由於玄宗自己深諳音律，酷愛法曲，在宮中設置梨院，「選坐部伎子弟三百，教於梨園，聲音誤者，帝必覺而正之，號『皇帝梨園弟子』。宮女數百，亦為梨園弟子，居宜春北院。梨院法部，更置小部音聲三十餘人」（《新唐書‧禮樂十二》）。這個「小部音聲」是由十五歲以下的孩子組成。「帝幸驪山，楊貴妃生日，命小部張樂長生殿，因奏新曲，未有名，會南方進荔枝，因名曰〈荔枝香〉」（同上）。在唐玄宗時，梨園設有三個，一在長安宮中宜春院，主要表演法曲，並擔負唐玄宗新作的排演任務；一在長安太常寺內，稱太常梨園別教院，演奏藝人們創作的新曲；一在洛陽太常寺內，稱梨園新院，主要演奏民間樂曲。直至近代，戲班子都喜歡自稱梨園，以抬高身價。在中國這個社會，只要與帝王沾上一點邊，便可身價百倍，即使是假冒的，也自認為高人一等，這大概是在帝王思想的長期灌輸下形成的一種心態吧？玄宗時，在長安和東都洛陽的演出和藝術教學的機構可以分成三個層次，最高的是三個梨園，其次的是教坊，再次的是太樂署與鼓吹署。不僅京師有，地方州縣也建有音樂機構，稱作衙前樂，演出各地的民間音樂、散樂、百戲等。《新唐書‧禮樂十二》稱：「唐之盛時，凡樂人、音聲人、太常雜戶子弟隸太常及鼓吹署，皆番上，總號音聲人至數萬人。」可見其規模之大。

唐代在玄宗時期，還出過一大批影響廣泛而深遠的演出劇目，其中最負盛名的當推〈霓裳羽衣曲〉。《新唐書‧禮樂十二》稱：「是時，民間以帝自潞州還京師，舉兵夜半誅韋皇后，製〈夜半樂〉、〈還京樂〉二曲。帝又作〈文成曲〉與〈小破陣樂〉更奏之。其後河西節度使楊敬忠獻〈霓裳羽衣曲〉十二遍，凡曲終必遽，唯〈霓裳羽衣曲〉將畢，引聲益緩。」據白居易在〈霓裳羽衣歌和微之〉中記述，全曲共分三十六編，由散序（六編）、中敘（十八編）、曲破（十二編）三部分組成。散序的六編，是各種樂器獨奏、輪奏，起到校準音響的作用，即所謂「凡法曲之初，眾樂不齊，唯金石絲竹次第發聲，霓裳序初亦復如此。」中序開始有節拍，於是慢板起舞，白居易用「飄然轉旋回雪輕，嫣然縱送游龍驚；小垂手後柳無力，斜曳裾時雲欲生」這樣四句描摹霓裳初舞之態。接著是中序，仍屬慢板：「蜠蛾斂略不勝態，風袖低昂如有情；上元點鬟招萼綠，王母揮袂別飛瓊。」詩句中萼綠、飛瓊皆是仙女之名。隨著樂曲由中序轉入曲破，節奏亦由慢板進入快板，詩人把這中間的過渡寫得十分微妙：「朦朧閒破初成後，婉轉柔聲入破時」。由散板引起稱入破，入破也就進入了快板：「繁音急節十二遍，跳珠撼玉何鏗錚」！強烈的快節奏把樂和舞都推向了高潮。唐代一般法曲的結尾，大多聲板促速，戛然而止，唯此霓裳曲之結尾卻是一聲長引，緩緩逝去，餘音繞樑。白居易詩中作了這樣描繪：「翔鸞舞了卻收翅，淚鶴曲終長引聲」，留下無窮的回味。白居易詩中有「楊氏創聲君造譜」之句，說明此曲雖係楊敬忠所獻，但只有急拍十二遍，經玄宗重新譜曲，並增加了散序和中敘，才使舞曲成為一件完整的藝術品，達到了相當完美的境界。白居易看完全部舞曲用兩句詩寫下了他的總的感受：「當時乍見驚心目，凝視諦聽殊不足。」在獲得巨大審美享受同時卻又感到並不饜足，這正是藝術作品成功所在。不幸的是「漁陽鼙鼓動地來，驚破〈霓裳羽衣曲〉」（白居易〈長恨歌〉），緊接著發生了使李唐王朝急劇走向衰亡的安史之亂，從而使後人很容易把〈霓裳羽衣曲〉視為「亡國之音」，把它比作陳後主的〈玉樹後庭花〉。這種看法首先從安史之亂後唐代詩人的作品中反映了出來。如李益〈過馬嵬〉：「世人莫重〈霓裳曲〉，曾致干戈是此中」；李約〈過華清宮〉：「君王游樂萬機輕，一曲〈霓裳〉四海兵」；杜牧〈過華清宮絕句〉：「新車綠樹起黃埃，數騎漁陽探使回；〈霓裳〉一曲千峰上，舞破中原始下來」；吳融〈華清宮〉四首其二：「漁陽烽火照函關，玉輦匆匆下此山；一曲〈霓裳〉聽不盡，至今遺恨水潺潺」等等，還可以舉出很多。在國家歷經一次或多次變亂後，是理應作出認真的反思的，可惜的是，中國的歷史傳統之一，便是這種反思往往引入歧途，不是把全部罪責轉嫁到後宮某個后妃身上，便是找出三兩個亂臣賊子來充當口誅筆伐的眾矢之的，而對主要責任者皇帝以及導致一切災難的總根源帝王制度，卻一如既往地加以頌揚和維護。至於以為一曲〈霓裳〉引來四海兵的說法自然也不新鮮，它不過是先秦時期早有的把桑濮上音樂視為亡國之音那種傳統觀念的翻版。其實音樂舞蹈也好，小說戲曲或其他什麼也好，只不過是各具審美功能的藝術作品而已，既不應讓它們去承擔國家危亡的重責，也不該希冀於它們會有什麼回天之力，你就是整天演奏什麼主題宏偉的進行曲，或是高唱旭日東升一類頌歌，一旦違反了歷史潮流，畢竟難逃政治覆滅的命運。這樣的事，就在剛剛逝去的二十世紀裡，我們也已親眼目睹了不止一次，因而不妨說它已成了一種歷史「輪迴」。

六

鼓吹署：令一人，從七品下；《周禮》❶：「鼓人❷中士六人，掌六鼓、四金之音。」所謂雷鼓❸、靈鼓❹、路鼓❺、鼖鼓❻、鼛鼓❼、晉鼓❽；金錞和鼓❾，金鐲節鼓❿，金鐃止鼓⓫，金鐸通鼓⓬。崔豹《古今注》⓭云：「漢代鼓角橫吹⓮者，始張騫⓯使西域，得〈摩訶兜勒〉一曲⓰。其後，李延年因之立為二十八解⓱，若〈隴頭〉、〈折楊柳〉、〈黃鵠〉、〈覃子〉、〈望行人〉、〈出關〉、〈入關〉、〈出塞〉、〈入塞〉之曲是也⓲。其短簫鐃吹⓳者，雜出漢代，多戰陣之聲，若〈思悲翁〉⓴、〈艾如張〉㉑、〈上之回〉㉒、〈戰城南〉㉓、〈樹〉㉔、〈上郎〉㉕、〈玄雲〉㉖、〈朱鷺〉㉗之曲是也。後漢少府屬官有承華令，典黃門鼓吹百三十五人㉘、百戲師二十七人。晉遂置鼓吹令、丞，屬太常。元帝省大樂，并于鼓吹㉙；哀帝㉚又省鼓吹，而存太樂。宋、齊並無其官。至梁，太常卿統鼓吹令、丞及清商署㉛，陳因之。後魏闕文。北齊太常領鼓吹令、丞，掌百戲、鼓吹樂人等事，又兼黃戶局，掌供樂人衣服等；太樂又領清商部㉜。隋太常寺統鼓吹、清商二令、丞，各二人㉝。皇朝因省清商，并于鼓吹㉞。開元二十三年㉟，減一人。

丞一人，從八品下；隋置二人，皇朝因之；開元二十三年，減一人。

樂正四人，從九品下。其說已具太樂樂正下。隋清商署樂師二人，煬帝㊱改為樂正也。

【章旨】敘述鼓吹署令、丞和樂正之定員、品秩及沿革。

【注釋】❶周禮　儒家經典之一。係搜集周王室官制和戰國時各國制度，添附以儒家政治理想，增減排比而成之彙編。❷

鼓人　《周禮》地官大司徒之屬官。掌教擊鼓鳴金者。有中士六人，府二人，史二人，徒二十人。❸雷鼓　有八面（一說六面）可擊之鼓。鼓上繪有雲雷之紋，取象於天，故用以祭祀天神。❹靈鼓　六面之鼓。鼓上繪有龍紋，龍為水物，故用以祭祀地祇。❺路鼓　四面之鼓。享宗廟鬼神時用之。❻鼖鼓　《周禮》作「蕡鼓」。大鼓也。鄭玄注：長八尺，軍事用之。鼖鼓則形制較小，《隋書・音樂下》稱其「鼓以桴擊，鼖貫其中而手搖之」，類今之撥郎鼓。❼鼛鼓　大鼓。鄭玄注：長丈二尺，役事用之。❽晉鼓　鄭玄注此鼓長六尺六寸。作樂時，先擊鐘、鎛，而後以此鼓和之。❾金錞和鼓　金錞，鄭玄注其圜如碓頭，大上小下。作樂時，鳴此以與鼓相和。❿金鐲節鼓　金鐲，形似小鐘，進軍時鳴以節鼓。⓫金鐃止鼓　金鐃，形似鈴而無舌有柄，柄半在上半在下，執柄搖之，與體相擊為聲。退軍時鳴以止鼓。⓬金鐸通鼓　金鐸，大鈴。其框以銅為之，木舌為木鐸，金舌為金鐸。在軍擊鼓，必先振鐸，而後諸鼓齊鳴，故云「通鼓」。⓭崔豹古今注　崔豹，字正熊，西晉漁陽（今北京市密云縣西南）人。《古今注》為崔豹所著筆記，三卷。分輿服、都邑、音樂、鳥獸、魚蟲、草木、雜注和問答釋義八門，對各類名物制度作了解釋和考訂。⓮鼓角橫吹　指以橫吹即笛作為主奏樂器，配以鼓、角、笳等樂器的演奏樂隊。⓯張騫　西漢漢中成固（今陝西城固）人。漢武帝時為郎官，建元二年（西元前一三九年）奉命率百人出使大月氏，欲相約夾攻匈奴，經匈奴而前後被扣押十一年，其間亡走而終於得以親歷葱嶺以西中亞地區之大宛、康居、大月氏、大夏等地。至元朔三年（西元前一二六年）返漢，歸來時唯剩二人。元狩四年（西元前一一九年）曾再次奉命出使烏孫。官拜大行，封博望侯。⓰得摩訶兜勒一曲　句中「一曲」，近衛校正德本曰：「《古今注》『一』作『二』。」《晉書・樂志》、《通典・樂一》均與此處同為「一曲」，而《通志略・樂略》則作「二曲」，其文稱：「漢博望侯張騫入西域，傳其法，惟得〈摩訶〉、〈兜勒〉二曲，是為胡曲之本。摩訶、兜勒皆胡語也。」⓱李延年因之立為二十八解　李延年，中山（今河北定州）人。樂工出身，父母兄弟皆為樂工，善工，又善創作。漢武帝時，在樂府任協律都尉，為漢郊祀歌十九章配樂，又仿張騫傳自西域之〈摩訶兜勒〉作新聲二十八解，用於軍中，稱橫吹曲。⓲自「若隴頭」至「入塞之曲是也」　此為列舉二十八解中唐時尚存之曲名。諸書所載有異。南宋本為：「若〈隴頭水〉、〈赤之楊〉、〈黃覃子〉、〈望行人〉、〈出關〉、〈入關〉、〈出塞〉、〈入塞〉之曲是也。」《通志略・樂略》：胡角十曲，所列曲名為「〈黃鶴吟〉、〈隴頭吟〉亦曰〈隴頭水〉，〈出關〉、〈入關〉、〈出塞〉、〈入塞〉、〈折楊柳〉、〈黃覃子〉、〈赤之楊〉、〈望人行〉」。《樂府古題要解上》云：「〈隴頭吟〉一曰〈隴頭水〉」；《樂府詩集》卷二一亦謂：「〈隴頭〉一曰〈隴頭水〉」。《晉書・樂志》、《古今注》皆有「〈折楊柳〉」。〈覃子〉，《古今注》、《晉書・樂志》、《樂府古題要解》、《樂府詩集》並作「〈黃覃子〉」。抑或魏晉後二十八解曲目已殘缺不齊，故諸書所錄亦不一。今《樂府詩集》中存有〈出塞〉一首：

「侯旗出甘泉，奔命入居延；旗作浮雲影，陣如明月弦。」描寫的是漢武帝時出征西域急速行軍的狀貌。⓳短簫鐃吹　據南宋本句中「吹」字當作「歌」。短簫鐃歌，一種以笳、排簫、鼓、鐃等樂器在馬上演奏的軍樂，南北朝時謂之鼓吹曲。《宋書・樂四》載漢鼓吹鐃歌有十八曲：〈朱鷺曲〉、〈思悲翁曲〉、〈艾如張曲〉、〈上之田曲〉、〈翁離曲〉、〈戰城南曲〉、〈巫山高曲〉、〈上陵曲〉、〈將進酒曲〉、〈君馬黃歌〉、〈芳樹曲〉、〈有所思曲〉、〈雉之曲〉、〈聖人出曲〉、〈上邪曲〉、〈臨高臺曲〉、〈遠如期曲〉和〈石留曲〉。《晉書・樂志》除上述十八曲之名外，尚有〈務成〉、〈玄雲〉、〈黃爵行〉、〈釣竿〉等曲名。本書原注下文〈思悲翁〉等七曲名，便是對此所作的例舉。⓴思悲翁　鼓吹曲名。《宋書・樂志》載其詞為：「思悲翁，唐思，奪我美人侵以遇，悲翁也，但我思。蓬首狗，逐狡兔，食交君，梟子五，梟母六，拉沓高飛莫安宿。」魏晉以後，多藉此曲填新詞，如魏曰〈戰滎陽〉，言曹操；吳曰〈漢之季〉，言孫堅之憫漢；晉曰〈宣命〉，言宣帝之禦諸葛亮；梁曰〈賢首山〉，言梁武帝之破魏軍於司州；北齊曰〈出山東〉，言神武之戰廣阿破爾朱兆；北周曰〈征隴西〉，言宇文泰之誅侯莫陳悅。歷代所填之詞皆是歌頌戰功以為軍歌。㉑艾如張　鼓吹曲名。《宋書・樂志》載其詞為：「艾而張羅，夷於何。行成之，四時和。山出黃雀亦有羅，雀以高飛奈雀何？為此倚欲，誰肯礞室。」溫子昇敘〈艾如張〉之事云：「誰在閑門外，羅家諸少年。張機蓬艾側，結網檻籬邊。若能飛自勉，豈為繒所纏。黃雀儻為戒，朱絲猶可延。」李賀詩：「艾葉綠花誰剪刻？中藏禍機不可測。」剪艾葉是為了掩蔽所張之網具。此曲在魏曰〈獲呂布〉，言曹操東圍臨淮，生擒呂布事；吳曰〈攄武師〉，言孫權征伐；晉曰〈征遼東〉，言司馬懿討滅公孫淵；梁曰〈桐柏山〉，言梁武帝於司州創基業；北齊曰〈戰韓陵〉，言高歡定京洛；北周曰〈迎魏帝〉，言宇文泰西幸關中，創立北周帝業。㉒上之回　鼓吹曲名。《宋書・樂志》載其詞為：「上之回，所中益。夏將至，行將北。以承甘泉宮，寒暑德。游石關，望諸國，月支臣，匈奴服。令從百官疾驅馳，千秋萬歲樂無極。」此言漢武帝因至雍州，遂通回中道之功業。魏改為〈克官渡〉，言曹操於官渡敗袁紹；吳改名〈烏林〉，言周瑜破魏武於烏林；晉稱〈宣輔政〉，言司馬懿創業；梁名〈道亡〉，言齊東昏侯失道，蕭衍起兵樊鄧；北齊名為〈殄關隴〉，言高歡派侯莫陳悅滅賀拔岳，以定關隴。㉓戰城南　鼓吹曲名。《宋書・樂志》載其詞為：「戰城南，死郭北，野死不葬烏可食。謂我為烏，且為客豪，野死諒不葬，腐肉安能去子逃？水深激激，蒲葦冥冥。梟騎戰鬭死，駑馬悲回鳴。梁築室，何以南？梁何北，禾黍無獲君何食？願為忠臣安可得？思子良臣，良臣誠可思，朝行出攻，莫不夜歸。」此曲言戰爭之慘烈。魏改名為〈定武功〉，言曹操之破鄴；吳改名為〈克皖城〉，言孫權於皖城戰曹操；晉曰〈景龍飛〉，言司馬師之事；梁曰〈漢東流〉，言梁克魯山城之戰；北齊曰〈立武定〉，言高歡定都於鄴；北周曰〈克沙苑〉，言宇文泰俘齊軍十萬於沙苑事。㉔樹　據南宋本應為「芳樹」。鼓吹曲名。《宋書・樂志》

載其詞為：「芳樹日月，君亂如於風，芳樹不上無心，溫而鵠，三而為行。臨蘭池，心中懷我悵。心不可匡，目不可顧，妬人之子愁殺人。君有它心，樂不可禁。王將何似？如孫如魚乎？悲矣！」似言臣子失寵後的悲哀。此曲魏名〈邕熙〉，言君臣邕穆，庶績咸熙；吳名〈承天命〉，言踐位為君；晉曰〈天序〉，言用人盡其才；梁曰〈於穆〉，言君臣和樂；北齊曰〈克淮南〉，言高洋遣兵克壽春；北周曰〈受魏禪〉，言宇文泰子覺代西魏稱帝。㉕上郎　據南宋本應為「上邪」。鼓吹曲名。《宋書・樂志》載其詞為：「上邪，我欲與君相知，長命無絕衰。山無陵，江水為竭，冬雷震震夏雨雪，天地合，乃敢與君絕。」原為情歌。魏改名為〈太和〉，言魏明帝太和改元時德澤流布；吳曰〈玄化〉，言以道化天下；晉曰〈大晉承運期〉，言晉應籙受天下；梁曰〈惟大梁〉，言梁德廣運；北齊曰〈平瀚海〉，言高洋之滅蠕蠕；北周曰〈宣光〉，言周明帝宇文邕承帝位。㉖玄雲　鼓吹曲名。《宋書・樂志》未載其詞。晉依原名，言聖皇用人各盡其材；北齊曰〈成禮樂〉，言功成化洽，制禮作樂。㉗朱鷺　鼓吹曲名。《宋書・樂志》載其詞為：「朱鷺，魚以烏路訾邪！鷺何食？食茄下。不之食，不以吐。將以問誅者。」鷺惟白色，漢有朱鷺之祥，因以為詩。魏改名為〈初之平〉，言魏武之起兵；吳曰〈炎精缺〉，言漢衰而孫堅扶王室；晉為〈靈之祥〉，言司馬懿之佐魏猶虞舜之事堯；梁曰〈木紀謝〉，言齊凋謝而梁上升；北齊曰〈水德謝〉，言魏室凋謝而齊室興起；北周曰〈玄精季〉，言魏道陵遲而宇文氏之開創王業。㉘後漢少府屬官有承華令典黃門鼓吹百三十五人　句首「承華令」，《職官分紀》卷一八引《唐六典》原注作「黃門令」。按：承華為天子六廄之一，稱承華廄，設有令一人，屬太僕寺。騎吹為天子出行時之儀仗，其馬匹當屬承華廄，歸太僕寺；但其人員則屬黃門令，歸少府管轄。此處既言少府屬官，當以「黃門令」為是。又，句中鼓吹定員為「百三十五人」，而《後漢書・安帝紀》注引應劭《漢官儀》則為「百四十五人」。㉙元帝省太樂并于鼓吹　元帝，東晉皇帝司馬睿，字景文，在位五年，終年四十七歲。《晉書・樂志下》稱：元帝時「以無雅樂器及伶人，省太樂，并鼓吹令。」是後頗得登歌，至成帝而復置太樂官。㉚哀帝　東晉皇帝司馬丕，字千齒。在位四年，桓溫執政，終年二十五歲。㉛至梁太常卿統鼓吹令丞及清商署　《隋書・百官上》載梁太常寺統太樂、鼓吹等署，太樂又有清商署丞。故清商署隸屬於太樂。㉜自「北齊太常」至「又領清商部」　據《隋書・百官中》，北齊太常寺下屬有關音樂的機構有太樂署、鼓吹署，太樂掌諸樂及行禮節奏，鼓吹掌百戲及鼓吹樂人等事；太樂兼領清商部丞，鼓吹兼領黃戶局丞，掌供樂人衣服。㉝隋太常寺統鼓吹清商二令丞各二人　《隋書・百官下》稱：隋置鼓吹、清商署，各置令一人；丞，清商署為一人，鼓吹署為二人。隋煬帝時罷清商署。㉞皇朝因省清商并于鼓吹　《新唐書・百官三》鼓吹署本注稱：「唐并清商、鼓吹為一署，增令一人。」故同書鼓吹署令定員為二人，至開元時又減為一人。㉟開元二十三年　西元七三五年。㊱煬帝　隋朝皇帝楊廣。在位十四年，終年五十歲。

【語　譯】鼓吹署：令，定員一人，品秩為從七品下。《周禮》規定：「鼓人，中士六人，掌管教導六鼓、四金的演奏。」六鼓便是所謂雷鼓、靈鼓、路鼓、鼖(鼛)鼓、鼛鼓、晉鼓；四金便是金錞和鼓、金鐲節鼓、金鐃止鼓、金鐸通鼓。崔豹的《古今注》說：「漢代的鼓角橫吹，是從張騫出使西域歸來，得到一曲〈摩訶兜勒〉以後才有的。此後李延年依據它的音調，創製了二十八解，譬如〈隴頭〉、〈折楊柳〉、〈赤之陽〉、〈黃鵠〉、〈(黃)覃子〉、〈望人行〉、〈出關〉、〈入關〉、〈出塞〉、〈入塞〉這些曲子便是。關於短簫鐃吹(歌)，那是產生於漢代不同時期，大都屬於軍隊歌唱戰陣的歌曲，例如〈思悲翁〉、〈艾如張〉、〈上之回〉、〈戰城南〉、〈(芳)樹〉、〈上郎(邪)〉、〈玄雲〉、〈朱鷺〉這類曲子便是。東漢少府屬官有承華令(黃門令)，統領黃門鼓吹一百三十五人，百戲師二十七人。晉朝方始設置鼓吹令、丞，屬於太常寺管轄。東晉元帝時省去了太樂署，留下的職務併到鼓吹署；成帝時又恢復了太樂署，到哀帝時省去了鼓吹署而保留了太樂署。南朝的宋、齊都沒有鼓吹署這方面的官職。到梁代，由太常寺的太常卿統領太樂和鼓吹令、丞，而由太樂兼領清商署丞。陳朝因承梁的體制。北魏缺略這方面建置的記載。北齊太常寺統領鼓吹令、丞，掌理百戲以及鼓吹樂人等事務，又兼領黃戶局丞，掌管供應樂人服裝方面的事務。太樂署又兼領清商部丞。隋代太常寺統領鼓吹、清商二署的令、丞各二人。本朝因承隋制，但省去清商署，併給鼓吹署，設令、丞各二人，開元二十三年減為一人。

丞，定員一人，品秩為從八品下。隋朝設置二人，本朝初期亦按這個員額設置，到開元二十三年減為一人。

樂正，定員四人，品秩為從九品下。關於樂正設置沿革的說明，已具載在太樂署樂正條下。隋清商署有樂師二人，煬帝時改名為樂正。

【說　明】本章的敘述，涉及鼓吹樂的起源，以及鼓吹署的建置這樣兩個問題。關於起源，本章原注一直上溯到《周禮》地官大司徒屬下的鼓人掌理的六鼓四金。在《周禮》中，有關音樂的管理機構，除地官大司徒這一系統外，另外還有屬於春官的大司樂系統，二者雖都與祭祀有關，但鼓人偏重於軍樂，大司樂則多與歌舞相結合。如在鼓人的職掌中，規定調度軍隊時要擊鼖鼓，集散徒役時要擊鼛鼓，用金鐲節制行軍的鼓聲，用金鐃制止退軍的鼓點，用金鐸使眾鼓齊鳴，軍旅守備夜警則擊鼙鼓。這些職能決定了鼓吹樂的基本屬性是軍樂。但那時鼓人的樂器還局限於「鼓」而沒有「吹」，只有鼓與金這樣二類打擊樂器。鼓樂與吹奏樂器如笛、笳、角等的結合是漢代以後的事。吹奏樂器多來源於北方和西北地區的遊牧族，本章原注將其歸之於張騫出使西域所帶來的〈摩訶兜勒〉吹奏樂曲，李延年以之為素材而作新聲二十八解，即由二十八首歌曲聯綴而成，後人稱之為《漢橫吹二十八解》。從樂器的組成來看，如角與笳這兩種樂器，與北方的游牧生活有著密切的關係。角最初是用獸角製作的，後改用竹、木、銅等器材，它是後來銅管喇叭的先聲。笳，最初是用蘆葉捲起來吹奏，後改將蘆葉做成哨子，裝在一個有按孔的管子上吹奏，稱為笳管，類似後來的嗩吶。鼓吹樂傳入中原以後，在各地區與當地民間音樂結合，形成了不同風格的吹奏樂曲，逐漸使笛子成為主要的樂器之一。從《漢橫吹二十八解》在《樂府詩集》中保存的一首〈出塞〉詞（見本章注⑱引錄），以及短簫鐃歌中所列舉的那幾首歌詞，大多帶有明顯的軍歌特色。也有若干首原在中原地區流行的歌曲，屬於情歌一類，如〈有所思〉描寫女子對負心男子的決絕，〈上邪〉描寫女子堅貞不渝的愛情等。但漢以後改編的詞，則都帶有軍樂性質，如歌頌某個戰役的勝利，或者先王的創業之類。在古代，軍樂常與騎兵結合在一起，樂隊也多在馬背上演奏，因稱為「騎吹」。在漢代，鼓吹樂還作為君王出行時導引的鹵簿，也就是儀仗。

關於鼓吹署的建置，該是晉以後的事。《後漢書・安帝紀》永初元年（西元一〇七年）九月壬午「詔太僕、少府，減黃門鼓吹，以補羽林士」。一道裁減鼓吹員額的詔令，要同時下達給太僕與少府，這說明直到東漢永初，還沒有專門管理鼓吹樂的單一機構，而是分屬於少府寺的黃門令和太僕寺的承華令。黃門令管轄皇帝出行時的儀仗，承華令則掌管作為天子六廄之一中的馬匹。這樣，作為儀仗組成部份的鼓吹樂隊自然要受到少府黃門令管轄，而作為騎吹，其所需馬匹又要仰仗太僕承華令供給，因而便形成了這種「一隊二主」的格局。本章原注誤將這兩個機構混而為一，逕書「少府屬官有承華令，典黃門鼓吹」，抑或由行文求簡、交代不清所致。鼓吹署的正式建置始於晉，然亦時而併省，時而復建，至北齊、隋、唐才穩定下來，作為與太樂署相並行的一個獨立機構隸屬在太常寺系統內，它也經歷了一個漫長的發展過程。

七

鼓吹令掌鼓吹施用調習之節[1]，以備鹵簿[2]之儀；丞為之貳。凡大駕[3]行幸，鹵簿則分前、後二部以統之。前部[4]：掆鼓[5]十二，夾金鉦[6]十二；次大鼓一百二十；次長鳴[7]一百二十；次鐃鼓[8]十二，夾歌[9]、簫[10]、笳[11]各二十四；次大橫吹[12]一百二十，節鼓[13]二，夾笛、簫、觱篥[14]、笳、桃皮觱篥[15]二十四；次掆鼓十二，夾金鉦十二；次小鼓一百二十；次中鳴[16]一百二十；次羽葆鼓[17]十二，夾歌、簫、笳各二十四。後部[18]：羽葆鼓十二，夾歌、簫、笳各二十四[19]；次鐃鼓十二，夾歌、簫、笳各二十四；次小橫吹一百二十，夾笛、簫、觱篥、笳、桃皮觱篥各二十四。大駕鼓吹並朱漆畫，大鼓、小鼓加金鐲[20]，羽葆鼓、鐃[21]、節鼓皆五綵重蓋，其羽葆鼓仍飾以羽葆。長鳴、中鳴、大小橫吹五綵衣幡，緋掌，畫蛟龍五綵腳[22]；大角幡亦如之[23]。大鼓、長鳴、大橫吹、節鼓及橫吹後笛、簫、觱篥等工人服，皆緋地苣文袍、袴及帽[24]，金鉦、掆鼓、小鼓、中鳴、小橫吹及橫吹後笛、簫、觱篥、笳、桃皮觱篥等工人服，並青地苣文袍、袴及帽，羽葆、鐃鼓[25]及歌、簫、笳工人服，並武弁[26]、朱褠衣[27]、革帶[28]，大角工人平巾幘、緋衫、白布大口袴[29]。其鼓吹主師[30]服與大角同，以下主師服亦准此也。法駕則三分減一，小駕則減大駕之半。皇太后、皇后出，則如小駕之制。

【章　旨】敘述鼓吹令之職掌及大駕、法駕、小駕鹵簿中鼓吹樂之編制。

【注　釋】❶掌鼓吹施用調習之節　指掌管鼓吹樂隊的使用及樂隊調諧、合練樂曲諸事。❷鹵簿　即儀仗。蔡邕《獨斷》：「天子出，車駕次第，謂之鹵簿。」封演《封氏聞見記》：「鹵以甲為之。按字書：『鹵，大楯也。』字亦作『櫓』，又作『樐』，音義皆同。鹵以甲為之，所以捍敵……甲楯有先後部伍之次，天子出則案次導從，故謂之鹵簿耳。」漢以後，不僅皇帝，皇后、太子、三公、大臣亦皆有鹵簿，並各有定制。在歷代陵墓出土的陪葬明器中，也還能看到這類儀仗的規模和排列次序。❸大駕　指皇帝出行之車駕及儀仗。依其規模分為大駕、法駕、小駕三等。西漢，郊祀祭天時，皇帝行備大駕；東漢，皇帝出喪時備大駕。《後漢書・輿服志》：「乘輿大駕，公卿奉行，太僕御，大將軍參乘。屬車八十一乘，備千乘萬騎。西都行祠天郊，甘泉備之。官有其注，名曰甘泉鹵簿。東都唯大行乃大駕。」唐代鹵簿之制，具《開元禮》。❹前部　指前部鼓吹，即在御車前儀仗中的鼓吹樂隊。❺掆鼓　一種有蓋小鼓。奏時常先擊之以引大鼓。《文獻通考・樂九》：「隋大駕鼓吹有掆鼓，長三尺，朱髹其上，工人青地苣文。大業中，煬帝燕享用之。」❻金鉦　打擊樂器。形似鐘而狹長，有柄可執，以槌擊之而鳴。為行軍所用，鳴鉦則止。❼長鳴　號角類樂器。陳暘《樂書》：「胡角本應胡笳之聲，通長鳴、中鳴凡有三部之曲。魏武帝北征烏丸，越沙漠，軍士聞之，靡不動鄉關之思，於是武帝減之為中鳴，其聲尤更悲切。」❽鐃鼓　軍鼓之一。隋唐亦用於鹵簿。五彩重蓋。隋大業中有鐃鼓十二曲供大駕，六曲供皇太子。❾歌　指歌者。唱號子者。亦稱歌簫。❿簫　古以若干竹管編製而成之排簫為簫。大者二十三管，小者十六管，鼓吹簫則為十三管。《景祐樂記》：「十三管之簫，凡三種，鼓吹部用之。」⓫笳　管樂器名。最初用蘆葉捲起來吹奏，後改以蘆葉做成哨子，裝於有按孔之管上吹奏，稱笳管。魏晉後為軍樂，隋唐則入鹵簿。⓬大橫吹　即笛子。⓭節鼓　打擊樂器。《舊唐書・音樂二》：「節鼓，狀如博局，中間圓孔，適容其鼓，擊之節樂也。」⓮觱篥　亦作篳篥，悲栗。簧管樂器。出於西域龜茲，後傳入中土，成為隋唐雅樂重要樂器。其形制為蘆管，三孔，金口下哆，管長五寸三分七釐。亦有以竹、木為管者，管端插有蘆哨，八孔（前七後一）。其聲激越悲淒。⓯桃皮觱篥　觱篥之一種，以桃皮捲之以為吹奏哨子者。又，據《通典・禮六十七》「桃皮觱篥」下當有一「各」字。⓰中鳴　號角類樂器。其長度為長鳴之半。⓱羽葆鼓　有以五彩羽毛裝飾作頂蓋之鼓。蓋懸於架上，架又飾以旒蘇，植以彩羽，鼓則與掆鼓、鐃鼓屬同一類型。⓲後部　指後部鼓吹，即御車後儀仗隊中之鼓吹樂。⓳羽葆鼓十二夾歌簫笳各二十四　《通典・禮六十七・開元禮纂類二序例中》作「羽葆鼓十二面，工人十二，歌、簫、笳各工人二十四。」⓴金鐲　據《隋書・音樂中》「鐲」當是

「鐲」字之誤。金鐲為小鐘，打擊樂器，用以節鼓。㉑鐃　據《隋書・音樂中》「鐃」字下脫一「鼓」字。當為「鐃鼓」。㉒五綵衣幡緋掌畫蛟龍五綵腳　均為長鳴、中鳴及大小橫吹等樂器之飾物及裝飾。衣幡，旗幡；其色五綵。緋掌、蛟龍、五綵腳，繡繪於旗幡上之圖紋。㉓大角幡亦如之　據《通典・禮六十七》，在後部鼓吹前有大角一百二十具。大角，形似獸角之大型吹奏樂器。大角幡，即是繫於大角之旗幡。上面所繡繪之圖紋則與上文相同。㉔工人服皆緋地苣文袍袴及帽　工人，指上文所列演奏大鼓、長鳴等樂器之樂工。據《通典・禮六十七》大駕鹵簿條上述諸樂器本注稱：「自前掆鼓以下，工人皆自副並騎，分左右，橫行，每鼓皆二人夾」；後部鼓吹則「羽葆鼓十二面，工人十二；歌、簫、笳各工人二十四。次鐃鼓十二面，工人各十二，歌、簫、笳各工人二十四。次小橫吹百二十具，工人百二十；節鼓二面，工人各二；笛、簫、篳篥、笳、桃皮篳篥各工人二十四」。諸樂器之工人數，一般是一件樂器一人，唯鼓需二人夾，一人擊。樂工服裝因所掌樂器不同而分若干類。此一類之袍、袴、帽均為緋地苣文，即以大紅作底色，繡繪以火炬形花紋。㉕羽葆鐃鼓　當為「羽葆鼓、鐃鼓」。參見前㉑注。㉖武弁　武官之禮帽。㉗朱褠衣　為流外官之公服。《舊唐書・輿服志》稱其「制同絳公服，袖狹，形直如溝，不垂」。㉘革帶　在大帶之下，繫於腰間，革製，廣二寸。用以繫韍及佩巾。㉙大角二人平巾幘緋衫白布大口袴　大角二人，《隋書・音樂志中》作「大角工人」。「二」字當是「工」字之誤。平巾幘，覆蓋髮髻之巾。緋衫，紅色之上衣。白布大口袴，為白色之大口套褲。㉚主師　據南宋本當為「主帥」。下文「主師」亦同。主帥，鼓吹之統領。《通典・禮六十七》大駕鹵簿條本注：「每隊皆有主帥五人以上統領。」

【語譯】鼓吹令的職責是掌管鼓吹樂的使用，以及樂隊調諧樂器、練習樂曲各項關節，以保證鹵簿禮儀的需要。丞是令的副職。凡是皇帝外出巡行，如果用大駕，鹵簿中鼓吹樂隊分為前後二部，由鼓吹令統率。前部：掆鼓十二面，中間夾金鉦十二面；依次是大鼓一百二十面，又次是長鳴一百二十具，再次是鐃鼓十二面，中間夾歌、簫、笳各二十四；然後是大橫吹一百二十具，節鼓二面，中間夾笛、簫、觱篥、笳、桃皮觱篥各二十四；接著是掆鼓十二面，中間夾金鉦十二面；隨後是小鼓一百二十面，又次是中鳴一百二十具，最後是羽葆鼓十二面，中間夾歌、簫、笳各二十四。後部：羽葆鼓十二面，中間夾歌、簫、笳各二十四；接著是鐃鼓十二面，中間夾歌、簫、笳各二十四；最後是小橫吹一百二十具，中間夾笛、簫、笳、桃皮觱篥各二十四具。大駕鼓吹的樂器都要畫上朱紅色的漆，大鼓、小鼓要配上金鍻（鐲），羽葆鼓、鐃〔鼓〕、節鼓上面，都配有五綵重蓋，羽葆鼓的頂上還要裝飾五綵羽毛。長鳴、中鳴、大小橫吹這些樂器，都要配上五綵的幡衣、緋掌，畫上蛟龍五綵腳。大角幡旗的裝飾亦是這樣。演奏大鼓、長鳴、大橫吹、節鼓以及橫吹後面笛、簫、觱篥等樂工，都穿戴大紅作底色、繡繪有火炬形花紋的長袍、褲和帽。演奏金鉦、㭊鼓、小鼓、中鳴、小橫吹以及橫吹後面笛、簫、觱篥、笳、桃皮觱篥等樂工，都是穿戴以青色作底、繡繪有火炬形花紋的長袍、褲和帽。演奏羽葆〔鼓〕、鐃鼓以及歌、簫、笳的樂工，都要穿戴武弁、朱褠衣和鞶革帶。吹大角的樂工則穿戴平巾幘、緋衫和白布大口褲。鼓吹部主師（帥）的衣冠與大角樂工相同。其他鼓吹樂主師（帥）的服飾亦照此規定。法駕的規制是比大駕減少三分之一。小駕則比大駕減少一半。皇太后、皇后出行時，鹵簿儀仗按照小駕的規定。

【說　明】關於鼓吹樂曲的情況，陳暘在《樂書》中有一個概括介紹：「古者更鹵簿作鼓吹，鼓吹之樂在魏晉則輕，在江左則重，至隋始分為四等：一、㭊鼓，二、鐃鼓，三、大橫吹，四、小橫吹。唐又別為五部：一、鼓吹，二、羽葆，三、鐃吹，四、大橫吹，五、小橫吹。」所謂五等，即五種鼓吹樂隊的組合，各有自己專門的曲調。《新唐書・儀衛下》：「凡鼓吹五部：一、鼓吹，二、羽葆，三、鐃吹，四、大橫吹，五、小橫吹，總七十五曲。」鼓吹部樂器，以㭊鼓領頭，包括金鉦、大鼓、小鼓、長鳴、中鳴。羽葆部樂器有羽葆鼓、歌、簫、笳。鐃吹部樂器為鐃鼓、歌、簫、笳。大橫吹樂器有角、鼓角、笛、簫、笳和觱篥。小橫吹則有角、笛、簫、笳、觱篥和桃皮觱篥。鼓吹部有「㭊鼓十曲：一、〈警雷震〉，二、〈猛獸駭〉，三、〈鷙鳥擊〉，四、〈龍媒蹀〉，五、〈靈夔吼〉，六、〈鵰鶚爭〉，七、〈壯士怒〉，八、〈熊羆吼〉，九、〈石墜崖〉，十、〈波蕩壑〉。大鼓十五曲，嚴用三曲：一、〈元驎合邏〉，二、〈元驎他固夜〉，三、〈元驎跋至慮〉；警用十二曲：一、〈元咳大至遊〉，二、〈阿列乾〉，三、〈破達析利純〉，四、〈賀羽真〉，五、〈鳴都路跋〉，六、〈他勃鳴路跋〉，七、〈相雷折追〉，八、〈元咳赤賴〉，九、〈赤咳赤賴〉，十、〈吐咳乞物真〉，十一、〈貪大訐〉，十二、〈賀栗胡真〉。小鼓九曲：一、〈漁陽〉，二、〈雞子〉，三、〈警鼓〉，四、〈三鳴〉，五、〈合節〉，六、〈覆參〉，七、〈步鼓〉，八、〈南陽會星〉，九、〈單搖〉。皆以為嚴、警，其一上馬用之。長鳴一曲三聲：一、〈龍吟聲〉，二、〈彪吼聲〉，三、〈河聲〉。中鳴一曲三聲：一、〈盪聲〉，二、〈牙聲〉，三、〈送聲〉。羽葆部十八曲：一、〈太和〉，二、〈休和〉，三、〈七德〉，四、〈騶虞〉，五、〈基王化〉，六、〈纂唐風〉，七、〈厭炎精〉，八、〈肇皇運〉，九、〈躍龍飛〉，十、

〈殄馬邑〉，十一、〈興晉陽〉，十二、〈濟渭險〉，十三、〈應聖期〉，十四、〈御宸極〉，十五、〈寧兆定〉，十六、〈服遐荒〉，十七、〈龍池〉，十八、〈破陣樂〉。鐃吹部七曲：一、〈破陣樂〉，二、〈上車〉，三、〈行事〉，四、〈向城〉，五、〈平安〉，六、〈歡樂〉，七、〈太平〉。大橫吹部有節鼓二十四曲：一、〈悲風〉，二、〈遊弦〉，三、〈閒絃明君〉，四、〈吳明君〉，五、〈古明君〉，六、〈長樂聲〉，七、〈五調聲〉，八、〈烏夜啼〉，九、〈望鄉〉，十、〈跨鞍〉，十一、〈閒君〉，十二、〈瑟調〉，十三、〈止息〉，十四、〈天女怨〉，十五、〈楚客〉，十六、〈楚妃歎〉，十七、〈霜鴻引〉，十八、〈楚歌〉，十九、〈胡笳聲〉，二十、〈辭漢〉，二十一、〈對月〉，二十二、〈胡笳明月〉，二十三、〈湘妃怨〉，二十四、〈沉湘〉。」《新唐書·儀衛下》以上為鼓吹五部前四部曲名，第五小橫吹部曲名已失傳。從這八十餘支曲名中可以約略看出，其中羽葆部的曲子多係唐人創作或改編，以歌頌唐皇創業為主題，鼓吹曲主要來自北方和西北地區游牧族，大橫吹部諸曲則大多源於南方諸地民間歌謠。又，《文獻通考·樂十一》另載有大橫吹二十四曲，內三曲馬上警嚴用之：「一曰〈懽樂樹〉，二曰〈空口蓮〉，三曰〈賀六渾〉。」其餘二十一曲則為備擬所用：「一曰〈靈泉雀〉，二曰〈達和若倫空〉，三曰〈日淨王子〉，四曰〈他置逸勤〉，五曰〈鳴和邏純羽琨〉，六曰〈歎度熱〉，七曰〈吐九利純比倫〉，八曰〈六比敦〉，九曰〈植普離〉，十曰〈胡笛爾笛〉，十一曰〈鳴羅特罰〉，十二曰〈比久伏大汗〉，十三曰〈於理真斥〉，十四曰〈素和斛律〉，十五曰〈鳴纜真〉，十六曰〈烏鐵甘〉，十七曰〈特介漠〉，十八曰〈度賓哀〉，十九曰〈阿若於樓達〉，二十曰〈大賢真〉，二十一曰〈破陣樂〉。」樂曲的名稱大抵多由北方游牧語的音譯，其原義已無從得知。柳宗元亦曾撰唐鐃歌鼓吹十二曲，《文獻通考·樂十五》錄其曲名為：「一、〈晉陽武〉，言唐起師晉陽，拯隋末之亂；二、〈獸之窮〉，言李密歸唐；三、〈戰武牢〉，言太宗討伐王世充、竇建德；四、〈涇水黃〉，言太宗平定薛仁杲以定秦地；五、〈奔鯨沛〉，言討平輔公祐；六、〈苞枿〉，言討平蕭銑；七、〈河右平〉，言平李軌以定河西；八、〈鐵山碎〉，言破突厥取其地；九、〈靖平邦〉，言討平劉武周；十、〈吐谷渾〉，言命李靖討平吐谷渾；十一、〈高昌〉，言命李靖討平高昌；十二、〈東蠻〉，言克東謝蠻。」馬端臨以為柳宗元在京時間短促，很快就謫貶永州，因而所撰寫的上述曲詞並未付諸應用。

八

凡皇太子鼓吹亦有前、後二部。前部則掆鼓❶、金鉦各二；次大鼓三十六❷；次長鳴三十六，鐃鼓二❸，簫、笳各六❹；次掆鼓、金鉦各二；次小鼓一十六；次中鳴三十六。後部則鐃吹一部：鐃鼓二，夾簫、笳各六；橫吹一部：橫吹十，節鼓一，夾笛、觱篥、簫、笳各五。大鼓、小鼓無金鐲、羽葆❺，長鳴、中鳴、大橫吹五綵衣幡，緋掌，畫蹕豹五綵腳❻；餘並同上。親王已下亦各有差。親王鼓吹❼：掆鼓、金鉦各一❽，次大鼓十八，次長鳴十八，次掆鼓、金鉦各一❾，次小鼓十、中鳴十。後部，鐃吹一部❿：鐃鼓一，夾簫、笳各四，次橫吹一部：橫吹六，節鼓一，夾笛、簫、觱篥、笳各四⓫。第一品鼓吹：掆鼓、金鉦各一，大鼓十六，長鳴十六；鐃吹一部：鐃一，簫、笳各四；橫吹一部：橫吹六，節鼓一，笛、簫、觱篥各四⓬。二品鼓吹：掆鼓、金鉦各一，大鼓十四；鐃吹一部：鐃一，簫、笳各四；橫吹一部：橫吹六，節鼓一，笛、簫、觱篥各四⓭。三品鼓吹：掆鼓、金鉦各一，大鼓十四；鐃吹一部：鐃一，簫、笳各二；橫吹一部：橫吹四，笛、簫、觱篥、笳各一⓮。三品鼓吹減二品大鼓之四，橫吹之二。四品鼓吹又減大鼓之二，而去其橫吹。一品已下，三品已上鼓吹並朱漆；鐃及節鼓、長鳴、大橫吹五綵衣幡，緋掌，畫蹕豹五綵腳；大角幡亦如之。其大鼓、長鳴、大笛，橫吹、節鼓及橫吹後笛、簫、觱篥、笳等工人服緋紬帽，赤布袴褶⑮；金鉦、掆鼓工人服青紬帽，青布袴褶；鐃鼓、簫、笳工人服武弁，朱褠衣，革帶；大角工人服平巾幘，緋衫，白布大口袴。四品鐃鼓及簫、笳工人衣服同三品，餘鼓皆綠沈⑯；金鉦、掆鼓、大鼓工人服青紬帽，青布袴褶。凡鉦、鼓並列于道，左鼓右鉦。大駕之鉦、鼓皆加八角紫繖⑰，皇太子之鉦、鼓加六角紫繖，王公已降加四角青繖。

【章旨】敘述皇太子前後二部鼓吹之編制及親王以下至品空設置鼓吹之規定。

【注釋】（本章所記之樂器及樂工服飾，凡與前章同者，恕不再注，請參閱前章。）❶掆鼓　即棡鼓。❷次大鼓三十六　《通典．禮六十七》皇太子鹵簿條此句下本注稱「騎，橫行正道。」指演奏大鼓之樂工皆騎馬，因持鼓而只能側身橫行。❸鐃鼓二　《通典．禮六十七》皇太子鹵簿條：「此鐃吹一部，鐃鼓二面，各一騎執，二人騎夾。」意謂四馬並列，鐃鼓樂工二人各騎一馬，兩側各有一騎相夾而行。❹簫笳各六　屬部鐃吹一部。《通典．禮六十七》於其下本注並謂「騎並橫行」。指吹奏簫、笳樂工各六人皆騎馬，側身吹奏樂器，故稱其橫行。又，在其次尚有「次橫吹一部，（本注曰：橫吹十具，節鼓二面，各一騎執，二人騎夾。）笛、簫、觱篥、笳各六。（本注曰：騎並橫行）」。此段文字為本書所缺。從前後部鼓吹對應看，則前部亦應補上「橫吹一部」四字。❺大鼓小鼓無金鍋羽葆　句中「鍋」據《隋唐．音樂志》當為「鐲」。此句疑有缺文。上章與此句大駕鹵簿對應之文字為：「大駕鼓吹並朱漆畫，大鼓小鼓加金鍋（鐲），羽葆鼓、鐃（鼓）、節鼓皆五彩重蓋，其羽葆鼓仍飾以羽葆。」雖規格下降一等，也不至於僅留此簡單數字。又，本書第二十七卷第二篇太子率更令職掌中提到太子鼓吹樂器稱：「其樂器應漆者，皆朱漆之。鐃鼓、節鼓、朱漆畫，加五彩重蓋；大鼓、小鼓及餘鼓吹並朱漆，羽葆鼓飾以羽葆。」與上述引文相比，此處原注缺略若干樂器及其朱漆和文飾。且《隋書．音樂中》亦稱：「皇太子，鐃及節鼓，朱漆畫，飾以羽葆。餘鼓吹並朱漆。大鼓、小鼓無金鐲。」唐承隋制。似以唐初撰寫之《隋書．音樂志》所言為是。❻蹲豹五綵腳　《隋書．音樂志》「蹲豹」作「蹲獸」。❼親王鼓吹　其下脫「前部」二字。因親王鼓吹有前、後部之分。且後文有「後部」二字。❽掆鼓金鉦各一　掆鼓、金鉦各一面，一人騎馬執掆鼓或金鉦，兩側各有二騎相夾。成前後二列。❾次掆鼓金鉦各一　《通典．

禮六十七》親王鹵簿條無此七字。疑衍，當刪。❿鐃吹一部　指以鐃鼓為主樂器之一部鼓吹樂，包括下述鐃鼓一面，簫笳各四。下文「橫吹一部」同為此義。⓫橫吹六節鼓一夾笛簫觱篥笳各四　《通典・禮六十七》親王鹵簿條稱其在鹵簿隊列中為：「橫吹六騎，節鼓一騎，二人夾騎，笛、簫、篳篥、笳各四騎。」⓬笛簫觱篥各四據　《開元禮・二序例中》及《通典・禮六十七》，此句「觱篥」下尚有「笳」字。後文二品鼓吹橫吹一部中，亦脫此「笳」字，均應補。⓭自「二品鼓吹」至「笛簫觱篥各四」　上述文中所列樂器數與南宋本有異：「簫、笳各四」，宋本為「簫笳各二」；「橫吹六」，宋本為「橫吹四」；「節鼓」，宋本無；「笛簫、觱篥各四」，宋本作「笛、簫、觱篥、笳各二」。⓮自「三品鼓吹」至「笛簫觱篥笳各二」　上述文字為衍文，當刪。三品鼓吹下文有敘。但此段文字若首改成「二品鼓吹」，所列樂器數又正與南宋本相合。⓯赤布袴褶　袴褶，為上衣下褲之服。《晉書・輿服志》：「袴褶之制，未詳所起，近世凡車駕親戎，中外戒嚴服之。」⓰餘鼓皆綠沈　意謂其餘擊鼓樂工所服皆為深綠色。綠沈，濃綠；深綠。杜甫〈重遇何氏詩〉：「雨拋金鎖甲，苔臥綠沈槍。」⓱繖　即「傘」字。

【語　譯】皇太子的鼓吹，亦分前後二部。前部：有掆鼓、金鉦各二面，依次是大鼓三十六面，再次是長鳴三十六具，鐃鼓二面，中間夾簫、笳各六管。然後是掆鼓、金鉦各二面，再次是小鼓三十六面，最後是中鳴三十六具。後部：有鐃吹一部：鐃鼓二面，中間夾簫、笳各六管；橫吹一部：有橫吹十具，節鼓一面，中間夾笛、觱篥、簫、笳各五管，大鼓、小鼓無金鐲，羽葆，長鳴、中鳴、大橫吹都裝飾有五彩幡衣，緋掌，畫蹲豹五綵腳。其餘與上面大駕鼓吹相同。

親王以下官員所配置的鼓吹，各有差等。親王鼓吹：〔前部，〕掆鼓、金鉦各一面，依次是大鼓十八面，再次是長鳴十八具，隨後是掆鼓、金鉦各一面，最後是小鼓十面，中鳴十具。後部，鐃吹一部：鐃鼓一面，中間夾簫、笳各四管；接著是橫吹一部：橫吹六管，節鼓一面，中間夾笛、簫、觱篥、笳各四具。第一品鼓吹：掆鼓、金鉦各一面，大鼓十六面，長鳴十六具；鐃吹一部：鐃鼓一面，簫、笳各四管；橫吹一部：橫吹六具，節鼓一面，笛、簫、觱篥〔、笳〕各四具。第二品鼓吹：掆鼓、金鉦各一面，大鼓十四面；鐃吹一部：鐃鼓一面，簫、笳各四管；橫吹一部：橫吹六具，節鼓一面，笛、簫、觱篥〔、笳〕各四具。三品鼓吹：掆鼓、金鉦各一面，大鼓十四面；鐃吹一部：鐃鼓一面，簫、笳各二管；橫吹一部：橫吹四具，笛、簫、觱篥、笳各一管。三品鼓吹：比照二品的樂器數，減少大鼓四面，橫吹二具。四品鼓吹：比照三品的樂器數，再減去大鼓二面，取消橫吹。一品以下、三品以上官員鹵簿中的鼓吹樂器，都要塗上朱紅油漆；鐃鼓以及節鼓、長鳴、大橫吹都配以五彩衣幡旗，緋掌，畫上蹲豹五綵腳；大角幡的裝飾亦是這樣。演奏大鼓、長鳴、大笛、橫吹、節鼓，以及橫吹後面笛、簫、觱篥、笳等樂器的樂工，都穿戴紅色的紬紗帽，紅布製作的褲褶；演奏金鉦、掆鼓的樂工戴青色的紬紗帽，穿青布褲褶；鐃鼓、簫、笳的樂工戴武弁帽，穿朱紅褠衣，繫革帶；吹大角的樂工戴平巾幘，穿緋衫，白布大口褲。四品官員鹵簿中演奏鐃鼓以及簫、笳的樂工的冠服，與三品鹵簿中這類樂工相同，其他鼓種的樂工都著深綠色。演奏金鉦、掆鼓、大鼓的樂工，戴青色的紬紗帽，穿青布褲褶。凡是金鉦、掆鼓並列在一起的，那就鼓在左面，鉦在右面。大駕的金鉦、掆鼓都要張上八角紫繖，皇太子鹵簿中的金鉦、掆鼓張六角紫繖，王公以下官員鹵簿中的這些樂器，則張四角青繖。

九

凡大駕行幸有夜警晨嚴❶之制。大駕夜警十二曲❷，中警七曲❸，晨嚴三通❹。皇太子夜警九曲，公卿已下夜警七曲，晨嚴並三通。夜警眾一曲，轉次而振❺。晨嚴之曲，第一曰〈元驎合邏〉❻，第二曰〈元驎他固夜〉，第三曰〈元驎跋至慮〉。凡大駕鹵簿❼一千八百三十八人，分為二十四隊，列為二百一十四行；小駕鹵簿一千五百人，分為二十四隊，列為一百二十行；東宮鹵簿六百二十四人，分為九隊，列為三十一行。

【章旨】有關大駕行幸地之夜警晨嚴制度和諸類鹵簿之總定員。

【注釋】❶夜警晨嚴　指皇帝出行地早夜警衛戒嚴制度。❷大駕夜警十二曲　指皇帝出行地夜間戒嚴時，鼓吹樂演奏之曲目數。《新唐書・儀衛下》錄其曲名為：「警用十二曲：一、〈元咳大至遊〉，二、〈阿列乾〉，三、〈破達折利純〉，四、〈賀羽真〉，五、〈鳴都路跋〉，六、〈他跋鳴路跋〉，七、〈相雷折進〉，八、〈元咳赤賴〉，九、〈赤咳赤賴〉，十、〈吐咳乞物真〉，十一、〈貪大訐〉，十二、〈賀粟胡真〉。」❸中警七曲　《新唐書・儀衛下》作「中警三曲」。曲名不詳。❹晨嚴三通　即五更戒嚴時演奏的三支樂曲。曲名見於下文。❺夜警眾一曲轉次而振　句中「眾」、「振」，近衛校正德本稱：據《隋志》，「眾」當作「用」；「振」當作「盡」。指十二曲依次而反覆演奏。《隋書・音樂下》：「掆鼓一曲，十二變（與金鉦同），夜警用一曲俱盡，次奏大鼓。」十二變即十二曲。夜警時依次奏盡，然後奏大鼓曲。此類樂曲大抵源於北方游牧族，彼時通宵反覆演奏，可能有防止外族或野物侵襲牧群的警戒作用，演化成為帝王行幸地演奏曲後，仍取其警戒之意，並使終宵反覆演奏成為制度。❻元驎合遝　句中「遝」，廣池本作「⿺辶翏」，南宋本作「邏」。❼大駕鹵簿　皇帝出行所使用鹵簿，依出行規格分大駕、法駕、小駕三等。西漢郊祀祭天時備大駕，東漢皇帝出喪時備大駕；唐代鹵簿之制具《開元禮》。

【語　譯】凡是皇帝用大駕外出巡行在途中停留的駐蹕地，有夜警和晨嚴的制度。鼓吹樂演奏曲數，大駕夜警有十二曲，中警七曲，晨嚴三通。皇太子夜警用九曲，公卿以下夜警用七曲，五更晨嚴都是三通。夜警時間，這些樂曲逐一反覆演奏。晨嚴三曲：第一是〈元驎合遝〉，第二是〈元驎他固夜〉，第三是〈元驎跋至慮〉。大駕鹵簿的列隊共有一千八百三十八人，分為二十四隊，列為二百一十四行；小駕鹵簿是一千五百人，分為二十四隊，列為一百二十行；東宮鹵簿六百二十四人，分為九隊，列為三十一行。

十

凡合朔之變❶，則帥工人設五鼓於太社❷，執麾旒❸，於四門之塾置龍牀❹焉。有變則舉麾，擊鼓齊發，變復而止❺。馬射❻，則設掆鼓、金鉦，施龍牀，而偶作焉。二人聲作，著苣文袍、袴褶。大儺❼，則帥鼓角以助侲子❽之唱。《唐禮》：「鼓角十人為一隊(ㄉㄨㄟˋ)❾。」

【章　旨】敘述日蝕、馬射、大儺時之擊鼓規定。

【注　釋】❶合朔之變　指發生日蝕。朔，即月球運行於太陽與地球之間，以地球的某一地區為觀察點，便是月亮遮蔽了太陽的部份或全部，形成了日蝕現象。在中國古代很早便有對日蝕的預測和發生日蝕的記載，唐代的《戊寅曆》、《麟德曆》、《大衍曆》都對日蝕有所預測。❷設五鼓於太社　唐於含光門內設太社，預測到將發生日蝕時，由鼓吹令在太社及其四門各設龍蛇之鼓，以備合朔時行伐鼓之禮。❸執麾旒　麾，旌幡；旗幟。用以指揮。旒，懸掛於麾之飾物。麾杆各長一丈，旒各以方色，長八尺。❹牀即「床」字。下同。四門之塾置龍牀　塾，門之側堂。龍牀，指安置大鼓之木座。龍蛇鼓分設於太社四門之位置是：「東門者立於北塾，南面；南門者立於東塾，西面；西門者立於南塾，北面；北門者立於西塾，東面」(《通典・禮九十三・開元禮纂類二十八》)。❺有變則舉麾擊鼓齊發變復而止　有變指出現初蝕。《通典・禮九十三・開元禮纂類二十八》規定合朔伐鼓之禮全過程為：「其日合朔，前二刻，郊社令及門僕各服赤幘絳衣，守四門，令巡門監察。鼓吹令平巾幘，袴褶，帥二人以方色執麾旒，分置四門屋下，龍蛇鼓隨設於左。」其他相關人等各以規定服飾、禮器站立於規定方位，然後是「太史官一人著赤幘、赤衣，立於社壇北，向日觀變。黃麾次之，龍鼓一面，次之在北；弓一張，矢四隻，次之。諸工鼓靜立候。日有變，史官曰：『祥有變』。工人齊舉麾，龍鼓齊發，聲如雷。史官稱『止』，工人罷鼓。日有變，皇帝素服，避正殿；百官以下皆素服，各於廳事前重行，每等異位向日立。明復而止」。❻馬射　指天子大射之禮。北齊馬射之禮是在三月三日，皇帝常服詣射所，登歌、進酒行爵。皇帝入便殿更衣出，驊騮令進御馬，有司進弓矢，皇帝射訖，還御座。射懸侯。又畢，群官乃射。唐自太宗貞觀至高宗麟德年間，行三月之射、九月之射，有太樂令設宮縣之樂，鼓吹令設十二案於殿之庭。高宗以後，不常舉行，開元二十二年(西元七三四年)又舉行過一次。❼大儺　古時臘月驅除疫鬼之儀式。《呂氏春秋・季冬》：「命有司大儺。」高誘注：「大儺，逐盡陰氣為陽導也。今人臘歲前一日擊鼓驅疫，謂之逐除是也。」唐代禁中行大儺之禮時，預選年十二以上、十六以下侲子百餘，著假面、穿赤布袴褶，分列成行，由鼓吹令帥領，按規定路線鼓譟出入於諸門，其間有唱詞、磔牲、讀祝文等儀式，詳《通典・禮九十三・開元禮纂類二十八》。❽侲子　行大儺之禮時，被選定唱歌跳舞以驅疫鬼之兒童。《後漢書・禮儀中》：「選中黃門子弟年十歲以上、十二以下，百二十人為侲子，皆赤幘皁製，執大鼗」；舉行儀式時，「黃門令奏曰：『侲子備，請逐疫』。於是中黃門倡，侲子和，曰：『甲作食殈，胇胃食虎，雄伯食魅，騰簡食不祥，攬諸食咎，伯奇食夢，強梁、祖明共食磔死寄生，委隨食觀，錯斷食巨，窮奇、騰根共食蠱。凡使十二神追惡凶，赫女軀，拉女幹，節解女肉，抽女肺腸。女不急去，後者為糧！』」歷代皆因襲選侲子以行驅疫鬼儀式。唐代侲年齡為十二以上、十六以下，唱詞與《後漢書》所載相同。❾鼓角十人為一隊 《通典・禮九十三・開元禮類纂二十八》謂：「鼓角各十，合為一隊。」

【語　譯】凡是預報將出現合朔日蝕的變化時，鼓吹令要率領樂工在太社設置五面龍蛇鼓，拿好用來指揮的麾旒，在東西南北太社四門的側堂屋下擺好鼓座。一到初蝕開始，鼓吹令就舉起麾旒，於是眾人擊鼓，鼓聲齊作。到太陽復原，鼓聲亦隨即停止。舉行馬射儀式，則設置掆鼓、金鉦，擺好鼓架，雙雙對偶擊鼓。由二人相對擊鼓，他們穿的是有火炬形圖紋的袍和褲褶。逢到大儺，鼓吹令要帶領鼓角樂隊，用吹鼓樂配合侲子的歌唱。《唐禮》規定：「鼓角各十人，合為一隊。」

【說　明】合朔伐鼓之制由來已久。發生日蝕何以要擊鼓，東漢班固的《白虎通》作了這樣解釋：「日食必救之，陰侵陽也。鼓攻之，以陽責陰也。故《春秋》「日食，鼓，用牲于社」。所以必用牲者，社，地別神也，尊之，不敢虛責也。日食、大小則鼓，用牲。大旱則雩祭求雨，非虛言也。助陽責下，求陰之道也。」古人以陰陽學說來解釋日食的現象，日是眾陽之宗，人君之表，日蝕是陰蔽陽；社是土地之主，月是土地之精，上繫於天而犯日，故須鳴鼓而攻之。所以祭社以牲，是表示以臣禮接之，所以為順也。古人還把日月之間陰陽關係附會到朝廷的君臣關係，以為月者陰之精，盈毀有常，臣之表也，因而一旦發生日蝕，便視為陰凌陽，臣乘君，昭示著君臣關係的異常。這些觀念，在現代人看來自然極為荒謬，但當它們成為一種固定的模式，演化為受到皇權支持的禮制，它就能千百年連綿不斷地傳承了下來。日蝕是依據天體運行規律發生因而是可以預測的，在中國古代曆法上早就有了預測日蝕的記載，此事由掌管曆法的太史（屬秘書省，見本書第十卷）負責預報。如東漢建安年間，太史曾奏報將要發生日蝕的時間，朝廷為此討論是否要廢務，以待日變之復原。也有預報而實際並未應驗的，如魏高貴鄉公正元二年（西元二五五年）太史預報三月一日寅時將有日蝕，朝廷作了「救日」的種種準備，不料卻是空忙一場。事後曹爽曾要追究太史官預報不實的罪責，結果以「有備蝕之制，無考負之法」而不了了之。這樣的事在唐代也曾有過若干次。除了宥於當時技術條件，預報不全都準確以外，也可能實際上日蝕還是發生了，只是在那時中國版圖的經緯度內無法觀察到。值得一提的是，這樣幾次以後，在唐代曾一度廢止過這種荒謬的救日舉措。如德宗「貞元三年（西元七八七年）八月，日有食之，有司將伐鼓，德宗不許。太常卿董晉言：『伐鼓所以責陰而助陽也，請聽有司依經伐鼓。』不報。由是其禮遂廢。」（《新唐書・禮樂六》）看來唐德宗倒還有一點革新精神。然而到了後一王朝，例如宋代，一切又照舊不變。新朝初始所謂制禮作樂，一切從頭作起為了表明自己的正統地位，往往會再一次捧出周公以至三皇五帝一大串老祖宗來，強化傳統的封建體制，所以新朝不見得就一定比舊朝好，歷史有時會後退一兩步再緩慢地前進。

太醫署

【篇旨】本篇敘述太醫署令、丞，及其所屬醫監、醫正、醫師、鍼師、按摩師、咒禁師、醫工、醫生等的定員、品秩和沿革及職掌。

關於太醫署的沿革，值得注意的是，在中國古代原始階段，醫與巫是不分的，巫術的一個重要內容便是給人治病。《周禮》所記載的醫官在天官大宰卿屬下，有醫師、食醫、疾醫和瘍醫四官，此外還專門設有獸醫。四醫官中醫師是掌政令的，食醫是依照四時調配不同飲食以治病，疾醫相當於現今內科，瘍醫則為外科。秦漢分設兩個太醫，一在太常寺，一在少府。北朝和隋唐，醫療機構亦分設幾處，除了在太常寺設有太醫外，隋在門下省又有尚藥局，唐在殿中省另有尚藥局，在內官省還設有司藥、典藥、掌藥等官員。它們之間的分工，大體說來，太醫署側重醫學教育，並掌對醫生的考課，同時也為百官治療疾病；而殿中省尚藥局的奉御、侍御醫等專為皇帝治病，內官省司藥一類醫官的服務對象則是後宮妃嬪。

關於太醫署的職掌，基於上述分工，便有既是醫療行政機構，又是醫學教育這樣一個雙重性的特點，設醫博士、鍼博士、按摩博士、咒禁博士四科，以教授、培養四類生員，並由太醫令掌管對醫生的考試和登用。本篇在醫博士、鍼博士、按摩博士、咒禁博士諸章敘述醫學教學中，規定必須學習若干部醫經，如《素問》、《黃帝鍼經》、《本草》、《甲乙脈經》、《脈訣》、《明堂》、《偃側》等。我國傳統的醫學便是在這些經典著作的滋養下，培育了一代又一代的醫療人才的。貫串這些經典著作的基本觀念是黃老思想和陰陽五行學說。在中國歷史上，儒道二家對醫學都曾有過影響，比較起來，道家更佔主導地位。在歷代史傳中，著名醫生的傳記，不入儒林而歸於方伎，與專談術數、神仙之類的道士放在一起，這也可以作為醫術的某些方面還未完全擺脫巫術影響的一個例證。再如《隋書·經籍志》，反映的是隋唐時期人們的圖書分類觀點，志中醫方類著作共二百五十六部，其中就有不少內容為神仙、服食、養生以及房中術一類書籍。反過來亦同樣：道家在《道藏》中，也收了不少醫書。還有，一些著名的道士或醫生，大多同時又是著名的醫生或道士，即往往一身而二任，他們既著醫書，又著道書，如晉代的皇甫謐、葛洪便是這樣的典型。瞭解了這一點，讀到本篇所敘的太醫署職官體系中，竟有咒禁博士這樣官職，治病的方法中居然還有禹步、掌決一類道教特有的方術，也就不會再感到奇怪。

一

太醫署：令二人，從七品下；《周禮》❶有醫師上士、下士❷。秦少府屬官有太醫令、丞❸，無員，多至數十人。後漢又有藥丞一人❹，魏因之。晉氏宗正屬官有太醫令、丞❺，銅印、墨綬❻，進賢一梁冠❼，絳朝服❽，品第七；過江，省宗正，而太醫以給門下省❾。宋、齊太醫令、丞隸侍中。梁門下省有太醫令、丞，令班第十一❿，丞為三品勳位⓫。陳因之。魏有太醫博士、助教⓬。北齊太常寺統太醫令、丞⓭。後周有太醫下大夫、小醫上士⓮。隋太常寺統太醫署丞、令⓯，有主藥、醫師、藥園師、按摩、咒禁博士⓰；煬帝又置醫監五人、醫正十人⓱。皇朝因之。

丞二人，從八品下；秦、漢以來皆有丞一人⓲。至隋，又置二人⓳，皇朝因而不改⓴。

醫監四人，從八品下；醫正八人，從九品下；後周有醫正上士、中士、下士㉑。隋煬帝置醫監五員、醫正十員，皇朝減之。隋又有藥園師、藥生㉒等，皇朝因之。

醫師二十人，醫工一百人，《周禮》有醫師上士、下士。漢㉓有醫工長，第五倫補為淮陽王醫工長㉔是也。隋太醫有師二百人㉕，皇朝置二十人，醫工一百人。

醫生四十人，典學二人。後周醫正有醫生三百人，隋太醫有生一百二十人，皇朝置四十人。貞觀㉖後，置典學二人。

【章　旨】敘述太醫署之令、丞以及醫監、醫正、醫師、醫工等之定員、品秩和沿革。

【注　釋】❶周禮　亦名《周官》。儒家經典之一。係搜集周王室官制和戰國時各國制度，添附以儒家政治理想，增減排比而成之彙編。❷醫師上士下士　醫師，《周禮》天官冢宰之下屬。鄭玄注：「醫師，眾醫之長。」主管醫藥事務之政令。把醫生分為疾醫（內科）和瘍醫（外科）二類，年終考核其醫療成績，以為俸酬依據。設上士二人，下士四人。其下屬尚有府二人，史二人，徒二十人。❸秦少府屬官有太醫令丞　少府是秦官，其源出於《周禮》天官屬官太府，戰國時韓、趙等國已有置，秦漢時，其職務為掌山海地澤之稅，以給供養，為九卿之一。少府之下屬機構極多，太醫令、丞為其屬員。秦漢時，除了少府有太醫之外，太常寺亦設有太醫。有二說：一以為太醫令、丞先屬太常，後屬少府；一以為太常之醫主治百官之病，少府之醫則專治宮廷有病。據《漢官》記載，在太醫令、丞之下，有「員醫二百九十三人，員吏十九人」。見於《漢書》之醫官名稱有太醫監（〈外戚傳〉）、侍醫（〈貢禹傳〉）、女侍醫（〈宣帝紀〉）、醫工長（〈燕刺王傳〉）、醫待詔（〈董賢傳〉）、乳醫（〈霍光傳〉）、本草待詔（〈郊祀志〉）等。從這些名稱中，可以看出其各有等級和分工之不同。❹後漢又有藥丞一人　《後漢書・百官志》稱：「太醫令一人，六百石。本注曰：掌諸醫。藥丞、方丞各一人。藥丞主藥，方丞主藥方。」見於漢簡、漢印者，有藥長（《居延漢簡釋文》卷一五〇頁）、藥府（西元一九五二年西安家口早期漢墓出土）、藥府藏和藥藏府（《漢印分韵》續集）。東漢和帝時有太醫丞程高，師事廣漢名醫郭立，診脈能區分男女。❺太醫令丞　《晉書・職官志》「令丞」作「令史」。❻銅印墨綬　古代官員佩印，以其材質分金、銀、銅三等。《東觀書》稱：「漢制，秩四百石以上皆銅印墨綬。」唐代諸司則多用銅印。綬為繫印之絲帶，以其顏色分尊卑。漢時有赤、綠、紫、青、黑、黃等數種。❼進賢一梁冠　進賢冠為儒者所服。前高七寸，後高三寸，長八寸，有五梁、三梁、二梁、一梁之別，以梁多為貴。秩千石以上戴二梁冠。❽絳朝服　外披絳紗單衣之朝服。五品以上官員陪祭、朝饗、拜表等大事則服之。❾過江省宗正而太醫以給門下省　過江，指西晉滅亡，建武元年（西元三一七年）晉元帝司馬睿在南方重建晉朝，都建康（今江蘇南京），史稱東晉。江，指長江。《晉書・職官志》與此對應之句記為：「及渡江，哀帝省拜太常，太醫以給門下省。」❿令班第十一　句中「十」為衍字。《隋書・百官上》：梁太醫令班第一。梁武帝天監七年（西元五〇八年）徐勉為吏部尚書，受命定百官品秩，分為十八班，以班多為貴，同班者以居下者為劣。第一班為十八班中最低一班，相當於從九品。⓫丞為三品勳位　據《隋書・百官上》，梁太醫二丞、中藥藏丞應為「三品蘊位」。蘊位係流外吏胥之品秩。⓬魏有太醫博士助教　近衛校正德本稱：「『魏』上恐脫『後』字。」《職官分紀》卷一八引《唐六典》原注此句實有「後」字。據《魏書・官氏志》，太醫博士在太和十七年（西元四九三年）其品秩為從第七品下，太醫助教為第九品中。又據《北史・藝術》，北魏任太醫令者，有周澹、李脩等。⓭北齊太常寺統太醫令丞　據《隋書・百官中》，北齊在太常寺屬下設太醫令、丞，在門下省設尚藥局，有典御二人，總御藥之事，在集書省又設中尚藥局，有典御二人，典中宮醫藥之事。此外，東宮還設有太子侍醫。⓮後周有太醫下大夫小醫上士　北周仿《周禮》設官，在天官府下有太醫下大夫一人，為太醫司長官，正四命。掌醫藥之政令，多供奉禁中，診治帝、后及諸大臣之疾患。領小醫下大夫、小醫上士等。小醫下大夫、小醫上士品秩分別為正四命和正三命。北周任太醫下大夫者，見《周書・藝術・姚僧垣傳》：「大象二年（西元七八〇年），除太醫下大夫。」⓯隋太常寺統太醫署丞令　「丞令」二字互倒，應為「令、丞」。據《隋書・百官下》，隋之太常寺統太醫署，設令二人，丞一人。又於門下省另有尚藥局，設典御二人，侍御醫、直長各四人，醫師四十人。⓰有主藥醫師藥園師按摩咒禁博士　《隋書・百官下》在此句「藥園師」之下尚有「醫博士及助教」。其定員為主藥二人，醫師二百人，藥園師二人，醫博士二人，助教二人，按摩博士二人，咒禁博士二人。⓱煬帝又置醫監五人醫正十人　煬帝，隋朝皇帝楊廣，在位十四年，終年五十歲。《隋書・百官下》稱煬帝時「太醫又置醫監五人，醫正十人」。又，醫正，梁時已有，如《北史・藝術・姚僧垣傳》稱：「姚僧垣字法衛，吳興武康（今浙江省德清縣）人，仕梁為太醫正，加文德主師。」⓲秦漢以來皆有丞一人　上文太醫署令員品原注云：「秦少府屬官有太醫令、丞無員，多至數十人。」《太平御覽》卷二二九引《漢書・百官表》亦言「丞無員，多至數十人」，而今本《漢書・百官公卿表》則無此句。按：令、丞只能是一、二人，醫工或醫師則可能無員，多至數十人。⓳至隋又置二人　《隋書・百官下》稱：太醫署設令二人，丞一人。⓴皇朝因而不改　唐朝太醫署設令二人，丞二人，太醫署丞較隋多一人。㉑後周有醫正上士中士下士　醫正上士，正三命，醫正中士，正二命，醫正下士，正一命。北周任醫正上士者，見《周書・藝術・褚該傳》：「〔明帝〕武成二年（西元五六〇年）除醫正上士，亞於姚僧垣。天和初，遷縣伯下大夫。」㉒藥生　本篇第二章正文「藥園師以時種蒔收採諸藥」下原注稱：「取庶人十六已上、二十已下充藥園生。」依此，「藥生」當作「藥園生」。《新唐書・百官三》太醫署條亦作「藥園生」：「京師以良田為園，庶人十六以上為藥園生，業成者為師。」㉓漢　據下文第五倫、淮陽王之所生活年代，及《通典・職官七》太醫署條本注有「後漢又有醫丞、醫工長」之句，應補一「後」字，當為「後漢」。㉔第五倫補為淮陽王醫工長　第五倫，字伯魚，京兆長陵（今陝西省咸陽市東北，長陵為漢高祖劉邦陵墓）人。其先為齊之諸田，諸田徙陵園者多，故以次第為氏。曾為鄉嗇夫。建武二十七年（西元五十一年）舉孝廉，補淮陽國醫工長，隨王之國。淮陽王，東漢光武帝劉秀之第四子劉延。醫工一詞最早見於《黃帝內經》，為古代對醫生之一般稱謂。漢設醫工長，為主管宮廷醫藥之官。㉕隋太醫有師二百人　《隋書・百官下》載隋太醫署有醫師二百人。句中「師」之上似應補一「醫」字。㉖貞觀　唐太宗李世民年號。

【語　譯】太醫署：令，定員二人，品秩為從七品下。《周禮》在天官大宰卿下屬中有醫師上士、下士的設置。秦朝少府的屬官中設有太醫令、丞，沒有固定編員，多的時候達到數十人。東漢時又設有藥丞一人。曹魏因承漢制。晉代在宗正屬下設有太醫令、丞，佩銅印墨綬，戴進賢一梁冠，穿絳朝服，秩為第七品；南渡長江建立東晉以後，省去了宗正，將太醫改屬了門下省。南朝的宋、齊太醫令、丞都隸屬於侍中。梁朝門下省統領太醫令、丞，丞為三品勳（蘊）位。陳朝因承梁代的體制。北魏設有太醫博士和助教。北齊由太常寺統領太醫令、丞。北周設有太醫下大夫，小醫下大夫和下醫上士。隋代亦以太常寺統領太醫署之丞、令（令、丞），下屬有醫師、藥園師、按摩博士、咒禁博士。煬帝時，又增加了醫監五人，醫正十人。本朝因承隋制。

丞，定員二人，品秩為從八品下。秦漢以來，一般都設有丞一人，到隋朝又置二人，本朝因承隋制，亦設二人。

醫監，定員四人，品秩為從八品下；醫正，定員八人，品秩為從九品下。北周設有醫正上士、中士、下士。隋煬帝時設置醫監五員，醫正十員，本朝減少了它的定員。隋朝又有藥園師、藥〔園〕生等定員，本朝因承隋的這些設置。

醫師，定員二十人；醫工，定員一百人。《周禮》在天官大宰卿的屬官中有醫師上士和下士。東漢設有醫工長，第五倫曾補為淮陽王醫工長，便是這一職務。隋太醫署有醫師二百人。本朝設置醫師二十人，醫工一百人。

醫生，定員四十人；典學，定員二人。北周的醫正有醫生三百人。隋太醫署有醫生一百二十人，本朝置四十人。太宗貞觀後，設置了典學二人。

二

太醫令掌諸醫療之法；丞為之貳。其屬有四：曰醫師、鍼師❶、按摩師❷、咒禁師❸，皆有博士以教之，其考試、登用如國子監之法❹。諸醫、鍼生讀《本草》❺者，即令識藥形而知藥性；讀《明堂》❻者，即令驗圖識其孔穴；讀《脈訣》❼者，即令遞相診候，使知四時浮、沈、澁、滑之狀❽；讀《素問》❾、《黃帝鍼經》❿、《甲乙脈經》⓫皆使精熟。博士月一試，太醫令、丞季一試，太常丞年終總試。若業術過於見任官者，即聽補替。其在學九年無成者，退從本色⓬。凡醫師、醫正、醫工療人疾病，以其痊多少而書之，以為考課⓭。每歲常合傷寒⓮、時氣⓯、瘧⓰、痢⓱、傷中⓲、金瘡⓳之藥，以備人之疾病者。藥園師以時種蒔、收採諸藥。京師置藥園一所，擇良田三頃，取庶人⓴十六已上、二十已下充藥園生，業成補藥師㉑。凡藥有陰陽配合，子母兄弟，根葉花實，草石骨肉之異，及有毒、無毒，陰乾曝乾，採造時月，皆分別焉。凡藥八百五十種：三百六十，《神農本經》㉒；一百八十二，《名醫別錄》㉓；一百一十四，《新修本草》新附㉔；一百九十四，有名無用。皆辨其所出州土，每歲貯納，擇其良者而進焉。

【章　旨】敘述太醫署令、丞之職掌。

【注　釋】❶鍼師　鍼即「針」字。鍼師即針灸師，以針灸為人治病者。❷按摩師　以推拿為人治病者。❸咒禁師　以咒語驅趕邪魔為人治病者。❹其考試登用如國子監之法　指前述醫師、鍼師、按摩師、咒禁師諸生之考試登用，與國子監諸生學習儒家諸經典考試之辦法相同。其法詳本書第二十一卷國子監。❺本草　我國古代記載藥物一類著作包括圖譜之總稱。所記藥物有植物、動物、礦石，但以草類為最多，故名本草。最早之本草著作當為《神農本草經》，三卷，成書於東漢以前，是古代藥物學總彙。梁代陶弘景著有《本草經集注》，合《神農本草經》及《名醫別錄》而注解之，唐代初年使用之《本草》即指此。蘇敬於高宗顯慶二年（西元六五七年）重新為之修訂，由李勣監定，稱《新修本草》。此外，《隋書・經籍三》著錄有《神農本草》八卷，其附注稱：「梁有《神農本草》五卷，《神農本草屬物》二卷，《神農明堂圖》一卷，《蔡邕本草》七卷，《華陀弟子吳普本草》六卷，《陶隱居本草》十卷，《隋費本草》九卷，《秦承祖本草》六卷，《王季漢本草經》三卷」，及《新唐書・藝文志》著錄有《本草》二十卷等。❻明堂　泛指針灸經絡圖譜類書籍。《隋書・經籍三》著錄有《明堂孔穴圖》三卷，《舊唐書・經籍志》著錄有《黃帝明堂經》三卷，《黃帝內經明堂》十三卷，《明堂圖》三卷，南朝宋秦承祖撰。其所以稱明堂，錢曾《讀書敏求記》謂：「昔黃帝問岐伯以人之經絡，盡書其言，藏於靈臺之室。洎雷公請問，乃坐明堂授之，後世言明堂者以此。」故以明堂代指針灸經脈類書籍。❼脉訣　脉即「脈」字。下同。泛指中醫經脈類書籍。《隋書・經籍三》著錄之脈經有《脈經》十卷，王叔和撰；《脈經》二卷，《脈生死要訣》二卷。《舊唐書・經籍下》亦錄有《脈經訣》三卷，徐氏撰。又有《脈訣》一卷，宋崔嘉彥撰，以《難經》所論浮、沉、遲、數四脈為綱，將諸脈系歸屬其下，繫以四言歌訣，簡明扼要，雖係宋人著作，年代稍晚，但亦能窺見脈訣類書籍之概貌。❽四時浮沈澁滑之狀　四時，指脈合四時。中醫理論認為脈象隨著四季氣候的轉換而相應變化，即所謂春弦、夏洪、秋毛、冬石。浮沈澁滑，四種脈象。澁即「澀」字。常見脈象有二十八種之多，浮、沉、澀、滑則為具有代表性四象。浮脈，指脈來浮取即得，重按反覺感弱，為浮大無力，見於感冒和某些急性病初期。沉脈，指脈來輕取不應，重按始得。滑脈，指脈往來流利，應指圓滑，主痰飲、食滯、食熱等症。澀脈，指脈動往來不流利，見於貧血、心臟機能不全。❾素問　全稱《黃帝內經素問》。傳為黃帝所作，實非出自一人一時之手，約成於春秋戰國時期。《隋書・經籍志》著錄有《黃帝素問》九卷。第七卷早佚，唐王冰以舊藏之卷補入，共八十一篇，分編為二十四卷。全書闡述陰陽、藏象、經絡、病因、病機、診法、治則等醫學原理，其中不少論述，至今仍指導著臨床實踐。❿黃帝鍼經　書名。梁有《黃帝鍼經》十二卷，《隋書・經籍志》著錄有《黃帝鍼經》九卷，唐有《靈寶法黃帝九經》。⓫甲乙脉經　書名。《隋書・經籍三》著錄有《黃帝甲乙經》十卷，梁為十二卷。《新唐書・藝文志》亦錄有《黃帝甲乙經》十二卷。又《四庫總目提要》著錄有《甲乙經》八卷，晉皇甫謐撰。書首有謐自序，稱「《七略》、《藝文志》著錄《黃帝內經》十八卷，今有《鍼經》九卷，《素問》九卷，此十八卷即《黃帝內經》。又有《明堂孔穴》、《鍼灸治要》，皆黃帝岐伯選事也。乃撰集三部，使事類相從，刪其浮詞，除其重複，至為十二卷」。全書凡一百一十八篇。句中夾注多引楊上達《太素經》、孫思邈《千金方》、王冰《素問注》、王惟德《銅人圖》，參考異同。其書皆在謐後，蓋宋之高保衡、孫奇、林億等校正所加，非謐書之舊。考隋志所錄之《明堂孔穴》五卷，《明堂孔穴圖》三卷，唐志著錄之《黃帝內經明堂》十三卷，《黃帝十二經脈明堂五藏圖》一卷，《黃帝十二經明堂偃側人圖》十二卷，秦承祖撰《明堂圖》三卷，楊上善撰《黃帝內經明堂類成》十二卷，楊玄孫撰《黃帝明堂經》三卷，今並亡佚，惟賴是書，存其精要，且節解章分，具有條理，亦尋省較易。至今與《內經》並行，不可偏廢，蓋有由焉。⓬退從本色　指若九年學業無成，則仍退為庶民。諸生取自年十六以上，二十以下之庶人。⓭以其痊多少而書之以為考課　指醫師、醫正、醫工等為人治病，以治癒率高低作為考課標準。《周禮・醫師》：「歲終則稽其醫事，以制其食。十全為上，十失一次之，十失二次之，十失三次之，十失四為下。」食，指醫師等之俸祿。十全，即治療十人痊癒十人，治癒率為百分之百。唐考課〈二十七最〉（見本書第二卷考功郎中）中，第二十三為「占候醫卜，效驗居多，為方術之最」。⓮傷寒　中醫學病名。廣義指一切熱性病，如《素問・熱論》：「今夫熱病者，皆傷寒之類也。」《難經・五十八難》：「傷寒有五：有中風，有傷寒，有濕溫，有熱病，有溫病。」狹義指風寒侵襲體表而引起之疾病，如頭痛項強，惡寒發熱，骨節酸痛，無汗脈緊等。⓯時氣　為「時行戾氣」之簡稱。指流行之烈性傳染病。⓰瘧　指瘧疾。中國古代對瘧疾早有認識，如《黃帝內經・素問》便有〈瘧論篇〉，對其病因、病理、症狀和治療都有較系統論述。⓱痢　即痢疾，通常所謂急性腸炎。中醫描述其症狀為下痢濃血，腹痛，裡急後重，尿短赤，苔黃膩脈滑細。⓲傷中　指內傷。內臟或皮下因撞擊跌撲而受到傷害，或強力負重而傷及氣血。⓳金瘡　指由金屬利器造成之創傷。包括因創傷而引起化膿潰爛之瘡。⓴庶人　指無官爵之平民。所謂「庶人力于農穡」則指從事農業生產之農民。㉑藥師　近衛校正德本以為「『藥』下恐脫『園』字」。又，本條正文亦為「藥園師」。㉒三百六十神農本經　指《神農本經》收藥三百六十種。該書實際收藥為三百六十五種，分上、中、下三品。㉓一百

八十二名醫別錄　指《名醫別錄》新收藥一百八十二種。《名醫別錄》係漢魏以下諸名醫所用藥物輯錄，故有此書名。《隋書・經籍志》著錄為三卷，陶弘景撰。㉔一百一十四新修本草新附　指《新修本草》新附之藥一百一十種。《新修本草》，據《舊唐書・經籍下》著錄有《本草圖經》七卷，《新修本草》二十一卷，《新修本草圖》十六卷，《本草音》三卷，皆為蘇敬等所撰。原書已佚，內容尚有散見於宋人《經史證類備急本草》中者，包括藥圖、圖經、本草三部份，共收載藥物八百四十四種，詳細介紹其性味、產地、效用，是我國歷史上第一部國家藥典。據《唐會要》卷八二載錄，右監門府長史蘇敬於顯慶二年（西元六五七年）上言：「陶景（即前注中之陶弘景——引者）所撰《本草》，事多舛謬，請加刪補。詔令檢校中書令許敬宗、太常寺丞呂才、太史令李淳風、禮部郎中孔志約、尚藥奉御許孝崇，并諸名醫等二十人，增損舊本，徵天下郡縣所出藥物，并書圖之。仍令司空李勣總監定之，并圖合成五十五卷。至四年（西元六五九年）正月十七日撰成。及奏，上問曰：《本草》行來自久，今之改修何所異也？于志寧對曰：舊《本草》是陶宏景合《神農本經》及《名醫別錄》而注解之，宏景僻在江南，不能遍識藥物，多有紕謬，其所誤及《別錄》不書，四百有餘種，今皆考而正之。《本草》之外，新藥行用有效者，復百餘種，今附載之，此所以為勝也。上稱善，詔藏于秘府。」

【語譯】太醫令執掌有關醫療的政令和方法，太醫丞做他的副職。太醫令的下屬分設四科，就是醫師、鍼師、按摩師和咒禁師。各科都設有博士，用以對生員進行教學。考試和登用生員的辦法，與國子監相同。醫師、鍼師各科生員，攻讀《本草》這一科目的，就要讓他們能識別藥物的形狀，懂得藥物的特性；攻讀《明堂》這一科目的，就要讓他們能識別經絡和穴位；攻讀《脈訣》這一科目的，就要讓他們反復診候切脈，從而能知曉四時脈象的區別，以及浮、沉、澀、滑等脈象的性狀；攻讀《素問》、《黃帝鍼經》、《甲乙脈經》這幾部醫學經典著作的，都要精到熟練。對於在學的生員，博士每月要考試他們一次，太醫令和太醫丞每個季度要測試一次他們的學習成績，到年終，太常丞再對他們進行年度總試。如果學業技術能夠超過現任醫官的，便可以准許補替。如果其在學九年而仍無成就的，那就要退回去依舊做庶民。醫師、醫正、醫工在為病人治療疾病時，要記錄下他們診治過的病人痊癒的有多少，作為對他們考課的依據。每年他們都要經常和合一些治療傷寒、時氣也就是各種流行病，以及瘧疾、痢疾、內傷、外傷的藥物，以備人們患了此類疾病時的需要。藥園師的職務是適時地種植和採集各種藥物。在京師設置藥園一所，選擇良田三百畝，由庶人中年齡在十六以上、二十以下的來充當藥園生，學業有成就的，可以補為藥〔園〕師。關於藥物的性能，它們都有陰陽配合，還有子母、兄弟關係，既有根、葉、花、實之分，又有草、石、骨、肉之異，以及有毒或是無毒，需要陰乾還是曬乾，採集和製作時間適宜於冬時還是夏月，都必須作出區別。能作為藥物的，總數有八百五十種。其中，《神農本經》記載了三百六十種；《名醫別錄》增加了一百八十二種；《新修本草》新附的有一百一十四種；另外一百九十四種，有名稱而不知其用途。對各種藥物，都要辨別它們所出產的州縣，每年都要預為貯納，選擇質地優良的進貢給宮廷。

【說　明】唐代醫療機構，除了太常寺所屬的太醫署外，殿中省還設有尚藥局，宮官內有典藥、嘗藥，在東宮又另設有藥藏局。這些機構的職能各有所側重，比較起來，太醫署更偏重於醫療的教學與研究以及對醫務人員的考核，殿中省的尚藥局等則主要是治療。關於醫學的分科，從本章太醫令的屬官中，可以分出醫療、針灸、按摩、咒禁這樣四科；在下一章醫博士的職掌中，又把醫療具體分為相當於現今的內科、外科、少兒、五官、角法這樣幾科。唐以後分科漸趨細密，如宋代太醫局分有九科，即大方脈、風科、小方脈、瘡腫兼折傷、眼科、產科、口齒兼咽喉科、針兼灸科和金鏃兼書禁科，稱「宋九科」。元代分為十三科：大方脈科、雜醫科、小方脈科、風科、產科、眼科、口齒科、咽喉科、正骨科、金瘡腫科、針灸科、祝由科和禁科。明代稍作調整，亦為十三科。清代太醫院有分為五科的，有分為十一科的，十八世紀時分為大方脈、傷寒、婦人、小方脈、瘡瘍、眼科、口齒咽喉、針灸、正骨九科。從分科的變化，多少可以看到中醫學在漫長的歷史發展中摸索著前進的軌跡。

唐代對太醫署諸生的考核，《唐會要》卷八二載有肅宗乾元三年（西元七六〇年）以下具體規定：「自今已後，各試醫經方術策十道，《本草》二道，《脈經》二道，《素問》十道，張仲景《傷寒論》二道，諸雜經方義二道。通七以上留，已下放。」唐以後的考核辦法，《太醫局程文》一書亦有所提及，該書之四庫提要稱：「宋時考試醫學之制也，其命題有六：一曰墨義，試以記問之博；二曰脈義，試以察脈之精；三曰大義，試以天地之奧與臟腑之源；四曰論方，試以古人論製方佐輔之法；五曰假令，試以證候方治之宜；六曰運氣，試以一歲陰陽客主與人身感應之理。考宋史，醫學初隸太常寺，元豐開始置提舉判局，設三科以教之：曰方脈科，鍼科，瘍科。凡方脈以《素問》、《難經》、《脈經》為大經，以《巢氏病源》、《龍樹論千金翼方》為小經；鍼科、瘍科則去《脈經》而增三部針灸經。」又稱「其考試法第一場問三經大義五道，次場，方脈及臨診運氣各二道，鍼科、瘍科試小經大義三道，運氣二道，三場假令治病法三道，中格高等為尚藥局醫師以下職」。

三

醫博士一人，正八品上；助教一人，從九品上。晉代以上手醫子弟代習者，令助教部教之。宋元嘉二十年❶，太醫令秦承祖❷奏置醫學，以廣教授；至三十年❸省。後魏有太醫博士、助教。隋太醫有博士二人❹，掌醫。皇朝武德❺中，博士一人，助教二人；貞觀❻中，減置一人，又置醫師、醫工佐之，掌教醫生❼。

醫博士掌以醫術教授諸生，習《本草》、《甲乙脈經》，分而為業：一曰體療❽，二曰瘡腫❾，三曰少小❿，四曰耳目口齒⓫，五曰角法⓬。諸醫生既讀諸經⓭，乃分業教習，率二十人以十一人學體療，三人學瘡腫，三人學少小，二人學耳目口齒，一人學角法。體療者，七年成；少小及瘡腫，五年；耳目口齒之疾并角法，二年成。

【章旨】敘述太醫署醫博士、助教之定員及品秩。

【注釋】❶元嘉二十年　即西元四四三年。元嘉是南朝宋文帝劉義隆年號。❷秦承祖　生卒年里不詳。《隋書・經籍志》

著錄有《秦承祖藥方》四十卷，《舊唐書．經籍志》著錄有《藥方》十七卷，秦承祖撰。其書已佚。❸三十年　指宋文帝元嘉三十年，即西元四五三年。❹隋太醫有博士二人　《隋書．百官志》其下尚有「助教二人」。❺武德　唐高祖李淵年號。❻貞觀　唐太宗李世民年號。❼又置醫師醫工佐之掌教醫生　《舊唐書．職官三》稱：「諸藥醫博士一人，正八品上；助教一人，從九品下；醫師二十人，醫工一百人，醫生四十人，典藥二人。博士掌以醫術教授諸生。」❽體療　相當於今之中醫內科。❾瘡腫　相當於今之中醫外科。❿少小　相當於今之中醫兒科。⓫耳目口齒　相當於今之中醫五官科。⓬角法　中醫外科治療方法之一，類似於後世拔火罐。係利用負壓作用來吸引桃膿或造成局部失血，有疏風、清熱、鎮痛的作用。唐．王燾《外臺秘要》卷四〇稱：「遂依角法，以意用竹依作小角，留一節長三四寸，孔徑四五分……鐺內煮熟，取之角螫處，冷即換。初被螫，先以針刺螫處，出血，然後角之。」⓭諸經　指《新修本草》、《素問》、《黃帝鍼經》、《甲乙脈經》以及張仲景《傷寒論》等。

【語　譯】〔太醫署：〕醫藥博士，定員一人，品秩為正八品上；助教，定員一人，品秩為從九品上。晉代以前，醫師的子弟，世代傳習的，由助教帶領教授他們。南朝宋文帝元嘉二十年，太醫令秦承祖奏請設置醫學，以擴大醫科教育；到元嘉三十年，又省去了這一設置。北魏設有太醫博士和助教。隋設太醫博士二人，掌醫學教學。本朝高祖武德時期，設博士一人，助教二人；貞觀年間，減置助教一人，又設置醫師、醫工作為輔助，負責教授醫學生員。

醫藥博士的職掌是給生員講授醫術，輔導他們先學習《本草》、《甲乙脈經》，然後分為四個科目教授專業：一是醫療，二是瘡腫，三是少小，四是耳目口齒，五是角法。各醫學生員先熟讀有關醫經，然後分科目進行教習。大體是如以二十人為一個班級，那麼其中十一人學習體療，三人學習瘡腫，三人學習少小，二人學習耳目口齒，一人學習角法。學習體療的，七年完成學業；少小和瘡腫，五年完成學業；耳目口齒疾病的治療和角法，二年之內完成學業。

【說　明】中國歷史上正規的醫學教育起始較晚，晉以前尚無系統的醫學教育機構，至南北朝時始有建置。唐代對醫學教育和醫生的培養方始比較重視。本章所敘太醫署的醫博士和助教實際上是一個醫學院校。這樣的學校不僅京師有，在唐初各個州亦都有設。太醫署的生員雖不過四十名，若再加上諸州，數額就相當可觀了。《唐會要》卷八二醫術條有這樣記載：「貞觀三年（西元六二九年）設諸州治醫學。至開元十一年（西元七二三年）七月五日詔曰：『遠路僻州，醫術全無，下人疾苦，將何恃賴。宜令天下諸州，各置職事醫學博士一員，階品同於錄事，每州《本草》及《百一集驗方》與經史同貯。』至二十七年（西元七三九年）二月七日敕：『十萬戶已上州，置醫生二十人，十萬戶以下置十二人，各於當界巡療。』」這說明生員在學業時期已參加了醫療的實踐。至德宗貞元十二年（西元七九六年）又重申前議，三月十五日敕：「貞觀初，諸州各置醫博士；開元中兼置助教，簡試醫術之士，申明巡療之法。比來有司補擬，雖存職員，藝非專精，少堪使用，緬思牧守，實為分憂，委之採擇當悉朕意。自今以後，諸州應闕醫博士，宜令長史各自訪求選試，取藝業優長堪效用者，具以名聞，已出身入式，吏部更不須選集。」

四

鍼博士一人，從八品上；鍼助教一人，九品下。皇朝置，又置鍼師、鍼工佐之，以教鍼生也。

鍼博士掌教鍼生以經脈❶、孔穴❷，使識浮、沉、澀、滑之候❸，又以九鍼❹為補瀉之法❺。一曰鑱鍼，取法於布鍼❻，長一寸六分，大其頭，銳其末，令不得深入，主熱在皮膚者❼。二曰圓鍼，取法於絮鍼❽，長一寸六分，主療分間氣❾。三曰鍉鍼，取法於黍粟之銳❿，長二寸半⓫，主邪氣出入。四曰鋒鍼，取法於絮鍼⓬，長一寸六分，刃三隅，主決癰出血⓭。五曰劍鍼，取法於劍⓮，令其末如劍鋒，廣二分半，長四寸，主決大癰腫⓯。六曰圓利鍼，取法於氂，直圓銳⓰，長一寸六分，主取四支癰、暴痺⓱。七曰毫鍼，取法於毫毛⓲，長一寸六分，主寒熱痹在胳者⓳。八曰長鍼，取法於綦鍼⓴，長七寸，主取深邪遠痺。九曰火鍼，取法於鋒㉑，長四寸，主取火氣不出關節。凡此九鍼，以法九州、九野之分㉒，九鍼之形及所主疾病，畢矣。凡鍼疾，先察五臟㉓有餘、不足而補、瀉之。人心藏神㉔，肺藏氣㉕，肝藏血㉖，脾藏肉㉗，腎藏志㉘，內連骨髓，外通津液，以成四支、九竅、十六節、三百六十五部，必先知其病之所在㉙。凡鍼生習業者，教之如醫生之法。鍼生習《素問》㉚、《黃帝鍼經》㉛、《明堂》㉜、《脉訣》㉝，兼習《流注》㉞、《偃側》㉟等圖，《赤烏神鍼》㊱等經。業成者，試《素問》四條，《黃帝鍼經》、《明堂》、《脉訣》各二條。

【章　旨】敘述太醫署鍼博士、助教之定員、品秩及職掌。

【注　釋】❶經脉　脉即「脈」字。中醫理論以為經脈是人體內氣血運行的主要幹線。分為正經、奇經二類。正經有十二，包括手太陰肺經、手陽明大腸經、足陽明胃經、足太陰脾經、手少陰心經、手太陽小腸經、足太陽膀胱經、足少陰腎經、手厥陰心包經、手少陽三焦經、足少陽膽經和足厥陰肝經。奇經亦稱脈，有八條，即任脈、督脈、沖脈、帶脈、陽維脈、陰維脈、陽蹻脈和陰蹻脈。經與脈互相聯繫，並與人體內臟腑等器官有對應關係。❷孔穴　亦稱經穴。分佈在經脈體表循行路線上諸穴位之總稱。其中包括十二正經之經穴和八奇經中任、督二脈之經穴。❸識浮沉澁滑之候　指能夠熟識諸種脈象並據以診斷人之疾病所在。澁即「澀」字。候，症候，患病之表象。《靈樞．衛氣失常》：「候，病所在。」切脈為中醫診斷疾病的主要方法之一，其所據即不同的脈象。常見脈象有二十八種，浮、沈、澀、滑是其中具有代表性的四種。浮，指脈來浮取即得，重按反覺減弱；主病在表，多見於感冒和某些急性熱病初期。沉，指脈來輕取不應，重按始得；主病在裡。滑，指脈往來流利，應指圓滑，如圓珠滾於盤之狀。澀，指脈動往來不流利，虛細而遲，如輕刀刮竹之狀；實為早搏跡象，多見於心之機能不全。❹九鍼　指九種金針之形狀及其功效，同時亦涉及中醫針灸的一些基本理論。見於《黃帝靈樞經》之〈九針論篇〉：「黃帝曰：『敢問九鍼焉生？何因有名？』岐伯曰：『九針者，天地之大數也，始于一而終于九。故曰，一以法天，二以法地，三以法人，四以法時，五以法音，六以法律，七以法星，八以法風，九以法野。』一者，天也。天者，陽也。五臟之應天者肺。肺者，五臟六腑之蓋也，皮者肺之合也，人之陽也。故為之治針，必以大其頭而鋭其末，令無得深入而陽氣出。二者，地也。人之所以應土者肉也。故為之治針，必筩其身而圓其末，令無得傷肉分，傷則氣得竭。三者，人也。人之所以成生者，血脈也。故為之治針，必大其面圓其末，令可以按脈勿陷，以致其氣，令邪氣獨出。四者，時也。時者，四時八風之客于經絡之中為瘤病者也。故為之治針，必筩其身而鋒其末，令可以瀉熱出血而痼病竭。五者，音也。音者，冬夏之分，分于子午，陰與陽別，寒與熱爭，兩氣相搏，合為癰膿者也。故為之治針，必令其末如劍鋒，可以取大膿。六者，律也。律者，調陰陽四時，而合十二經脈，虛邪客于經絡，而為暴痹者也。故為之治針，必令尖如氂，且圓且鋭，中身微大，以取暴氣。七者，星也。星者，人之七竅，邪之所客于經而痛痹，舍于經絡者也。故為之治針，必令尖如蚊虻喙，靜以徐往，微以久留，正氣固之，真邪俱往，出針而養者也。八者，風也。風者，人之股肱八節也。八正之虛風，八風傷人，內舍于骨解腰脊節腠理之間為深痹也。故為之治針，必長其身，鋒其末，可以取深邪遠痹。九者，野也。野者，人之節解皮膚之間也。淫邪流溢于身，如風水之狀而溜，不能過于機關大節者也。故為之治針，令小大如鋌，其鋒微圓，以取大氣之不能過于關節者也。」所言實為區別九種針之長短形狀，以針刺治療不同疾病。中醫理論每藉陰陽五行和天人合一觀念以為其說，此即一例。其中自然多有虛空無當、牽強附會之處，但其基本點還是包含著大量具體經驗的概括，於臨床實踐具有一定指導作用。❺補瀉之法　補、瀉是中醫治療中的兩個重要原則，補以治虛，瀉以治實。此處則指在針刺中以不同手法產生不同刺激強度以分別達到補、瀉的療效。瀉亦作「寫」。《靈樞・九針十二原篇》：「補寫之時，以針為之。」又，《靈樞・刺節真邪篇》：「寫其有餘，補其不足，陰陽平伏，用針若此。」所謂補法：「凡欲補者，徐納其針而疾出之則為補，故曰徐而疾則實也。」所謂瀉法：「凡欲寫者，疾納其針而徐出之者為寫，故曰疾而徐則虛也。」（《靈樞經》馬蒔注文）除此疾徐補瀉法外，尚有迎隨補瀉、提插補瀉、捻轉補瀉等多種，都是應用不同手法而獲得不同的針刺效果。❻一曰鑱針取法於布針　據《靈樞經・九針論篇》，句中「布」當作「巾」字。鑱針用於淺刺，治療熱病和皮膚病。❼主熱在皮膚　《靈樞經・九針論篇》作「主熱在頭身也」。❽二曰圓鍼取法於絮鍼　針體如圓筒狀，針尖則呈卵圓形。多用於按摩穴位，以治療肌肉疾病。❾主療分間氣　《靈樞經・九針論篇》作「主治分肉間氣」。❿三曰鍉鍼取法於黍粟之鋭　鍉針針體粗大，而針尖鈍尖。多用於治療血脈病及熱病。⓫長二寸半　《靈樞經・九針論篇》作「長三寸半」。⓬四曰鋒鍼取法於絮鍼　即現代常用的三棱針。針體圓，針尖呈三棱狀，有刃。主要用於刺破皮下靜脈及小血管，治療癰瘇。⓭主決癰出血　《靈樞經・九針論篇》作「主癰熱出血」。⓮五曰劍鍼取

法於劍　句中第一個「劍」字據《靈樞經．九針論篇》當作「鈹」。鈹針，下端似劍，兩面有刃。多用於外科，以刺破癰疽，排出膿血。⑮主決大癰腫　《靈樞經．九針論篇》作「主大癰膿兩熱爭者也」。⑯六曰圓利鍼取法於氂直圓銳　句末「直圓銳」三字《靈樞經．九針論篇》作「微大其末，反小其身，令可深內也」。圓利鍼其狀如牦牛尾，針尖又圓又尖，多用於治療癰腫、痹病和某些急性病。⑰主取四肢癰暴痺　《靈樞經．九針論篇》作「主取癰痺者也」，無「四肢」及「暴」字。⑱七曰毫鍼取法於毫毛　毫針為現代常用之針刺工具。其長度由五分至四、五寸不等。⑲主寒熱痹在絡者　《靈樞經．九針論篇》作「主寒熱痛痺在絡者」。指一般內科疾病。⑳八曰長鍼取法於綦鍼　長針針體較大，一般為六至七寸或更長，多用於深刺，以治療慢性風濕病及坐骨神經等。㉑九曰火鍼取法於鋒　《靈樞經．九針論篇》作「九曰大針，取法於鋒針，其鋒微圓」。大針針體較粗，針尖微圓，多用於治療全身水腫，及腹中癥瘕。㉒凡此九鍼以法九州九野之分　古人認為天有九野，地有九州，且相互對應。九野指星宿所在之九個空間區域，以中央和八方為區劃：中央鈞天，東方蒼天，東北變天，北方玄天，西北幽天，西方顥天，西南朱天，南方炎天，東南陽天。九野各有相對應的星宿。九州：河漢之間為豫州，兩河之間為冀州，河濟之間為兖州，東方為青州，泗上為徐州，東南為揚州，南方為荊州，西方為雍州，北方為幽州。依照天人合一的觀念，所謂天地萬物，一人之身，人體的各個部位，不僅在空間上與九州、九野相對應，還在時間上與四時八節相關聯。在《靈樞經．九針論篇》中，黃帝問身形如何應九野，岐伯回答以左足應立春，左脅應春分，左手應立夏，膺喉首頭應夏至，右手應立秋，右脅應秋分，右足應立冬，腰尻下竅應冬至，六腑膈下三臟應中州。而按星書，立春應冀州，春分應徐州，立夏應荊州，夏至應雍州，立秋應梁州，秋分應袞州，立冬應青州，冬至應揚州。上述兩種對應是可以互通的，因而身體各部位亦可以對應九州。針論正是依據這些理論定出諸多禁忌，如在所值之日禁止針刺潰治，稱之為「天忌」等。這些自然都屬牽強附會，不足憑信。㉓五臟　包括心、肝、脾、肺、腎。中醫理論中的五臟，不止於對上述人體器官的指稱，還包括與其相關的系統的功能及其病理變化。例如脾，相當於消化系統及其功能，又包括部份代謝功能及血液系統的功能；心，既指心臟實體和循環系統方面的生理功能，又包括中樞神經方面的一些活動。針刺時須根據五臟氣血之虛實以決定其補瀉之法。㉔心藏神　《素問》之《調經論》以為心藏神即心在臟腑中居於首要地位。其《靈蘭秘典論》又謂：「心者，君王之官也，神明出焉。」中醫理論中心的概念包括人的中樞神經活動，人的臟腑氣血在心這個中樞神經系統的支配下，協調全身的生理活動，因而當心力失常時，便會引起全身性的病變。㉕肺藏氣　指氣的運行於全身須仰助於肺的呼吸功能。如肺氣失降，便會出現喘逆、咳嗽以至窒息致死。《素問．五臟生成篇》：「諸氣者，皆屬於肺。」㉖肝藏血　指肝為貯藏血液之臟器。肝既能貯藏血液，又能調節血量，如因暴怒而傷肝，便將影響其藏血功能。㉗脾藏肉　脾指消化系統，為吸收和供應營養之所。《素問・厥論》：「脾主為胃行其津液者也。」在脾的作用下，胃吸收飲食中的營養，並將其輸送到各個臟腑，供應全身的肌肉。脾氣健運，營養充足，則肌肉豐滿，故言「脾藏肉」。㉘腎藏志　中醫理論「腎為先天之本」，是人體藏精之所。其所藏之精，包括「先天之精」（男女交媾之精氣）和「後天之精」（由五臟六腑水穀所化生之精氣）。腎又「藏志」（《素問・調經論》），「志」通「誌」，指記憶力。因腦和髓均為腎精所化，故腎虛者每多健忘。按：以上即中醫所謂「五臟所藏」理論，見於《素問・調經論篇》。他處亦有載，唯稍有不同。如《素問・宣明五氣篇》為心藏神、肺藏魄、肝藏魂、脾藏意、腎藏志；《難經・三十四難》則為肝藏魂、肺藏魄、心藏神、脾藏意與智、腎藏精與志。㉙自「內連骨髓」至「病之所在」　此段文字見於《素問・調經論》：「帝曰：人有精、氣、津、液、四支、九竅、五藏、十六部、三百六十五節，乃生百病，百病之生皆有虛實。今夫子乃言有餘有五，不足亦有五（指上文岐伯所言神、氣、血、形、志皆「有餘有不足」——引者），何以生之乎？岐伯曰：皆生於五臟也。夫心藏神，肺藏氣，肝藏血，脾藏肉，腎藏志，而此成形；志意通，內連骨髓，而成身形五臟。五臟之道，皆出於經隧，以行血氣，血氣不和，百病乃變化而生，是故守經隧也。」說明人身經脈是氣血運行的道路，內通五臟六腑，外絡三百六十五節，外邪侵襲人體，由經絡傳入臟腑，引起氣血陰陽的失調，產生虛實病變。故治病必須先知道病情所在，在治療時根據不同病變調治其經絡，使病邪不致深入，以達到正常的生理活動。四支，指手足。九竅，指耳、目、口、鼻七竅合前陰、后陰（肛門），總稱九竅。十六節，即十六部，有二說：張志聰以為指手足經脈十二、蹻脈二、督脈一、任脈一，共十六部；另一說以為指手足二、九竅九、五藏五，共十六部。㉚素問　全稱《黃帝內經素問》。相傳黃帝所作，實非出自一時一人之手，約成於春秋戰國時期。漢魏以後，傳本多有，篇目頗不一致。據晉皇甫謐《甲乙經・序》稱《素問》九卷，又《鍼經》九卷，皆為內經。《漢書・藝文志》載《黃帝內經》十八篇，即分為《素問》與《鍼經》兩部份。《隋書・經籍志》著錄《黃帝素問》九卷，注文中有「梁八卷」，為全元起所注。唐代肅宗寶應年間王冰注此書時，自稱得舊藏之本，卷帙自六十八篇增至八十一篇，注文排抉隱奧，多所發明。宋代林億、高保衡等校正此書時，以為王冰所補即是張機《傷寒論》提到的《陰陽大論》之文。又，王冰注《素問》在《唐六典》問世之後，故此處原注所指之《素問》當是隋志著錄之全元起注本，即八卷本。㉛黃帝鍼經　書名。《隋書・經籍志》著錄有《黃帝鍼經》九卷，注文有「梁有《黃帝針灸經》十二卷」。《舊唐書・經籍志下》著錄有《黃帝針經》十卷，《黃帝九靈經》十二卷，靈寶注。有稱王冰更《九靈經》名為《靈樞》，現在我們能看到的只是《靈樞經》。馬蒔注《靈樞經》時，認為其首篇〈九鍼十二原〉中，有「先立鍼經」一語，故皇甫謐以《鍼經》名之。且本書本章原注有關九鍼的論述，全取於《靈樞經》之〈九鍼論篇〉。因而以為《靈樞經》即《黃帝內經》中之《鍼經》九卷，也頗有據。但宋代有人懷疑此書係王冰雜採逸書，聯而成篇。唐太醫署使用之《黃帝鍼經》是否即《黃帝九靈經》或另一《黃帝鍼經》十卷，抑或原係一書而僅因版本不同，今已難確考。㉜明堂　針灸經脈類書籍之總稱。《舊唐書・經籍志》和《新唐書・藝文志》專設明堂經脈一類，所錄多為經絡學說和穴位圖譜方面書籍，如有《黃帝明堂經》三卷，《黃帝內經明堂》十三卷，《明堂圖》三卷等。明堂之稱，據錢曾《讀書敏求記》謂：「昔黃帝問岐伯以人之經絡，盡書其言，藏於靈臺之室。洎雷公請問，乃坐明堂授之，後世言明堂者以此。」明堂為古代天子祭先祖、朝諸侯、理政事之所，意謂明政教之堂。一說醫家記針灸之穴，為偶人，點誌其處，名曰「明堂」。㉝脉訣　脉即「脈」字。指經脈類書籍。《隋書・經籍志》著錄有《脈經》十卷，晉，王叔和著，闡述脈象二十四種，並論及臟腑、經絡、病症、治則及預後。新舊《唐書》書志著錄有《脈經訣》三卷，徐氏撰。唐太醫署以何種本子為教本，不詳。此後宋人崔彥嘉著有《脈訣》，以《難經》所論之浮、沈、遲、數四脈象為綱，將其餘脈象分隸其下，文用四言歌訣，簡明扼要，雖係後來宋人著作，也尚能窺見此類書籍之概貌。㉞流注　書名。《隋書・經籍志》著錄有《黃帝流注脈經》一卷，其注云：「梁有《明堂流注》六卷，亡。」㉟偃側　書名。《隋書・經籍志》著錄：《明堂孔穴圖》三卷，其注云：「梁有《偃側圖》八卷，又《偃側圖》二卷。」新舊《唐書》書志載有「曹氏《黃帝十二經明堂偃側人圖》十二卷。」《偃側》與《流注》都係經絡穴位圖。㊱赤烏神鍼　書名。《隋書・經籍志》及新舊《唐書》書志皆著錄有張子存所撰《赤烏神鍼經》一卷。赤烏為吳大帝孫權年號，當是該書問世年代。

【語　譯】〔太醫署：〕鍼博士，定員一人，品秩為從八品上；鍼助教，定員一人，品秩為從九品下。本朝所置。同時還設置鍼師、鍼工輔助他們，以便教授鍼生學習。

鍼博士的職掌是，教授鍼生學習經脈穴位知識，使他們能夠識別浮、沈、澀、滑等各種脈象以及它們所反映的不同疾病的症候，並能運用九鍼根據不同病情進行或補或瀉的方法。所謂九鍼，一是鑱鍼，形狀仿效布（巾）鍼，長一寸六分，鍼的頭部較大，而末端銳利，使針刺不得深入，適用於淺刺，主治熱在表皮一類疾病。二是圓鍼，形狀仿效絮鍼，長一寸六分，多用來治療肌肉疾病。三是鍉鍼，形狀仿效黍粟的尖端，長三寸半，主治邪氣出入，也就是血脈病和熱病一類病症。四是鋒鍼，形狀亦是效法絮鍼，長一寸六分，針尖呈三棱狀，三面有刃，多用來挑破癰瘤，放出膿血。五是劍（鈹）鍼，形狀仿效寶劍，使它末端像劍的鋒尖，寬二分半，長四寸，主要用於穿刺大癰腫，排出膿血。

六是圓利鍼，形狀仿效牦牛尾，鍼直，鍼尖又圓又細，長一寸六分，主要用來治療四肢癰癱、瘋痹和某些急性病。七是毫鍼，形狀仿效毫毛，長一寸六分，主治在經絡方面的寒熱瘋痺一類疾病。八是長鍼，形狀仿效綦鍼，鍼體長七寸，多用於深刺，治療深邪遠痺，也就是慢性的風濕性關節炎及坐骨神經痛一類疾病。九是火（大）鍼，形狀仿效鋒（鍼），長四寸，主治因大氣不出關節造成的一些疾病。這九種鍼，原是效法九州、九野的區劃。關於九鍼的形狀以及所主治疾病的敘述，到此結束。凡是要用鍼刺來治療疾病，先得觀察五臟的氣血，看是有餘還是不足，從而決定在用針的手法上，究竟採取補法還是瀉法。人的心臟藏神，肺臟藏氣，肝臟藏血，脾臟藏肉，腎臟藏志。五臟內連骨髓，外通人的津液，以溝通四肢、九竅、十六節、三百六十五部。所以對病人用針刺時，必須先知道他病情之所在。凡是鍼生學習鍼灸專業的，對他們所施行的教學方法，與教醫學專業學生相同。鍼生學習的經典著作有《素問》、《黃帝鍼經》、《明堂》、《脈訣》，兼習《流注》、《偃側》等圖譜，《赤烏神鍼》等經典。在學習完成時，規定要考核《素問》四題，《黃帝鍼經》、《明堂》、《脈訣》各二題。

【說　明】隋太醫署設有醫博士、按摩博士和咒禁博士；唐除沿置上述之博士外，又增設針博士，在醫學教育中針灸獨立成科，亦始於唐。但以針灸治病，在中國有著悠久的歷史傳統。《靈樞經・九針十二原》開頭黃帝在問岐伯中提到：「余子萬民，養百姓，而收其租稅，余哀其不給而屬有疾病，余欲勿使被毒藥，無用砭石，欲以微針通其經脈，調其血氣，營其逆順出入之會。」黃帝云云，自然是假託，而以針灸治病卻確是費用低廉，簡單易行，尋常百姓亦能接受的辦法。在漫長的歲月中，經過無數人摸索探究，積累了豐富的經驗，歷代多有一些「神針」見於史著。如曹操患偏頭痛，屢治無效，聞華佗善施針，召而往，結果是「佗針，隨手而差（同「瘥」，病癒）」（《後漢書・華佗傳》）。從華佗學習的彭城樊阿，亦善針：「凡醫咸言背及胸藏之間不可妄針，針之不過四分，而阿針背入一二寸，巨闕胸藏乃五六寸，而病皆瘳」（同上）。在胸腔與腹腔施針，有很大的風險，但也不是完全不可以。南北朝時著名針家也不少。如北齊的馬嗣明，「武平中，為通直散騎常侍，針灸孔穴，往往與《明堂》不同。嘗有一家，二婦俱患，身體遍青，漸虛羸不能食。訪諸醫，無識者。嗣明為灸兩足趺上各三七壯，便愈」（《北史・藝術・馬嗣明傳》）。隋唐間有個叫甄權的，亦是這樣的神針。魯州刺史庫狄嶔苦於多年風患，手不能張弓，請了多少名醫都不見效，「權謂曰：『但將弓箭向垛，一鍼可以射矣。』鍼其肩隅一穴，應時即射。權之療疾，多此類也」（《舊唐書・方伎・甄權傳》）。這個記載不假，因肩周炎而手不能舉，有時確能一針奏效。史著稱甄權還著有《脈經》、《鍼方》、《明堂人形圖》。貞觀時，太宗曾訪其家。正因為如此，所以能在唐代特設鍼博士，建立針灸的專門學科。

本章原注中所介紹的九針，是指因不同功用而設計的九種針的形制。這九種針，實際屬於兩類不同的醫療器械：有屬於外科的，如大鍼、鈹鍼、鋒鍼，可說是割取癤癰的手術刀；另一類才是用來針刺人穴位的，如毫鍼等，至今仍是中醫常用的針刺工具。在實際應用中，自然不會限於九數，之所以稱九針，無非為湊合天人感應理論，把九針與九州、九野和四時八節對應起來。這種牽強附會的聯繫，是我國古代包括社會科學和自然科學許多理論著作中常見的現象，不限於醫學。就中醫理論而言，包含其中的天人感應一類觀念，還有它特殊的複雜性，即它往往借以強調的是辨證論治的思想，提醒醫家要注意事物的整體性和相互聯繫的普遍性，要通過望、問、聞、切，因時、因地、因人制宜地施治，這就有它合理的一面，不可籠統地予以一概摒棄。如「脈合四時」之說，雖然有點玄，但人體的生理節奏，也確實隨著季節和晝夜的更替而變化，現代醫學稱之為生物鐘。至於許多慢性病和老年病帶有很大的季節性，在臨床上更屬常見。中醫理論有自己獨特的語言和思惟方法，有的可以得到實證科學的驗證，有的則還需要人們進一步去探索。如關於經脈是古代諸多醫經的基本理論之一，但在解剖上至今尚未找到它確實的載體，有人以為是各種腺體和內分泌的綜合，也還有待進一步研究和證實。又如關於脈象的論述，在中醫典籍中也是言之鑿鑿，但更多還是停留在經驗感覺的表述上，很難將它定型，又不能像心律那樣可以量化，以致往往人言人異。唐初有一名醫，名許胤宗，「時關中多骨蒸病，得之必死，遞相連染，諸醫無能療者。胤宗每療，無不愈。或謂曰：『公醫術若神，何不著書以貽將來？』胤宗曰：『醫者，意也，在人思慮。又脈候幽微，苦其難別，意之所解，口莫能宣。』」（《舊唐書・方伎・許胤宗傳》）病人脈狀的變化，許胤宗只是自己感覺得到，卻無法用語言表達。有人勸他著述，他卻認為「脈之深趣，既不可言，故不能著述耳」（同上）。所以中醫經典中，雖已有大量關於脈理的敘述，但每個醫生的識別脈象主要還得靠自己長期在實踐中摸索積累，才能體會不同脈象所表示的症候上的種種細微差別。至今人們還沒有辦法把脈象轉化為圖象，以提供更多的人用同一個標準去識別和判斷。但令人驚嘆不已的是，當現代醫學借助現代科技的介入而更加迅猛發展的情況下，古老的中醫依然在某些領域起著西醫無法替代的作用，因而受到越來越多的人群的青睞。無疑中醫是有生命力的，也許這亦如同人們的思維方式那樣：當實證科學無法達到或無能為力的時空範圍內，模糊思維卻從容自如地展示了自己存在的價值。

五

按摩❶博士一人，從九品下；崔寔《政論》❷云：「熊經鳥伸❸，延年之術。」故華佗有六禽之戲❹，魏文有五槌之鍛❺。《仙經》❻云：「戶樞不朽，流水不腐。」謂欲使骨節調利，血脈宣通，即其事也。隋太醫有按摩博士二十人❼，皇朝因之。貞觀中，減置一人，又置按摩師、按摩工佐之，教按摩生也。

按摩師四人，按摩工十六人❽，隋太醫有按摩師一百二十人，無按摩工，皇朝置之。

按摩生十五人❾。隋太醫有按摩生一百人。皇朝武德中置三十人，貞觀中減置十五人也。

按摩博士掌教按摩生以消息導引❿之法，以除人八疾：一曰風⓫，二曰寒⓬，三曰暑⓭，四曰濕⓮，五曰飢⓯，六曰飽⓰，七曰勞⓱，八曰逸⓲。凡人支、節⓳、府、藏⓴積而疾生，導而宣之，使內疾㉑不留，外邪㉒不入。若損傷折跌者，以法正之。

呪禁㉓博士一人，從九品下。隋太醫有呪禁博士一人㉔，皇朝因之，又置呪禁師、呪禁工以佐之㉕，教咒禁生也。

咒禁博士掌教咒禁生以咒禁拔除㉖邪魅之為厲㉗者。有道禁㉘，出於山居方術之士㉙；有禁咒，出於釋氏㉚。以五法神之：一曰存思㉛，二曰禹步㉜，三曰營目，四曰掌決㉝，五曰手印㉞。皆先禁食葷血，齋戒於壇場以受焉。

【章旨】敘述太醫署按摩博士、咒禁博士之定員、品秩及職掌。

【注釋】❶按摩　古稱按蹻，亦稱推拿。是醫者用自己的手或上肢協助病人進行被動的運動的一種醫療方法。具有調和氣血、疏通經絡、促進新陳代謝和提高抗病能力，改善局部血液循環和營養狀態等作用。常用的手法有按、摩、推、拿、揉、掐、搓、搖、滾、抖等方法，應用於關節炎、神經痛、軟組織損傷和其他多種疾病。❷崔寔政論　崔寔，字子真，一名台，又字元始，東漢涿郡安平（今屬河北）人。曾任議郎，五原太守。著有《政論》。《隋書·經籍志》著作五卷，現存清嚴可均輯本一卷。❸熊經鳥伸　古代的一種健身活動。《後漢書·華佗傳》：「古之仙者，為導引之事，熊經鴟顧，引挽腰體，動諸關節，以求難老。」劉昭注：「熊經，若熊之攀枝自懸也。鴟顧，身不動而迴顧也。莊子曰：『吐故納新，熊經鳥申，此導引之士，養形之人也。』」❹華陀有六禽之戲　「陀」當作「佗」。「六禽之戲」當是「五禽之戲」。華佗，東漢末名醫。一名旉，字元化，沛國譙（今安徽省亳州市）人。精內外諸科，尤擅長外科，曾為曹操以針治偏頭痛，後因不從曹操徵召而為其所殺。五禽之戲，《後漢書·華佗傳》稱：「〔華〕佗語〔吳〕普曰：『人體欲得勞動，但不當使極耳。動搖則穀氣得銷，血脈流通，病不得生，譬猶戶樞，終不朽也。』又言：『吾有一術，名五禽之戲：一曰虎，二曰鹿，三曰熊，四曰猨，五曰鳥。亦以除疾，兼利蹏足，以當導引。體有不快，起作一禽之戲，怡而汗出，因以著粉，身體輕便而欲食。』普施行之，年九十餘，耳目聰明，齒牙完堅。」《正統道藏》所收陶弘景《養性延命錄·導引按摩篇》錄有華佗五禽戲，並作了概括解釋：「虎戲者，四肢距地，前三躑，卻二躑，長引腰側腳，仰天即返，距行前卻，各七過也。鹿戲者，四肢距地，引頸反顧，左三右二，伸左右腳，伸縮亦三亦二也。熊戲者，正仰以兩手抱膝下，舉頭，左擗地七，右亦七，蹲地，以手左右托地。猨戲者，攀物自懸，伸縮身體，上下一七，以腳拘物自懸，左右七，手鉤卻立按頭各七。鳥戲者，雙立手，翹一足，伸兩臂，揚眉，用力各二七，坐伸腳，手挽足趾各七，縮身二臂各七也。」❺魏文有五槌之鍛 「槌」，宋本作「搥」。❻仙經 書名。當是漢末魏晉間道教創始時經典之一。史著中未見著錄，葛洪《抱朴子》有所徵引。如〈地真卷〉引《仙經》曰：「子欲長生，守一當明」；〈譏惑卷〉：「《仙經》云：『仙人目瞳皆方』」。唯其〈遐覽卷〉著錄為《九仙經》，不知是否同一書。❼隋太醫有按摩博士二人 《隋書・百官下》稱太醫署下有「按摩博士二人」，非「二十人」。❽按摩工十六人 《新唐書・百官三》作按摩工五十六人。❾按摩生十五人 本卷目錄作「按摩生十六人」。❿消息導引 消為減，息為增。指以呼吸配合肢體運動的一種按摩和鍛鍊身體的方法。《莊子・刻意》：「吹呴呼吸，吐故納新，熊經鳥伸，為壽而已。此導引之士，養形之人，彭祖壽考者之所好也。」李頤注：「導氣令和，引體令柔。」葛洪《抱朴子・別旨》：「或曲伸，或俯仰，或行臥，或倚立，或躑躅，或徐步，或吟，或息，皆導引也。」⓫風 中醫理論稱風、寒、暑、濕、燥、火六種病邪為「六淫」。淫，過也，甚也。此風，即風邪，六淫之一，是導致多種疾病的重要原因。在臨床上由風邪引起的疾病最為廣泛，如在外感中，風與寒結合，就成風寒；與濕結合，就成風濕；與熱結合，就成風熱。風又指疾病變化過程中出現的症狀，如眩暈、抽搐、肢體震顫、麻木等。《素問・風論》：「風者善行而數變，腠理開，則洒然寒，閉則熱而悶。其寒也，則衰飲食；其熱也，則消肌肉。」又謂：「故風者，百病之長也。主其變化，乃為他病也。無常方，然致有風氣也。」⓬寒 指寒邪，六淫之一。屬陰邪。易傷陽氣而影響氣血之活動。寒有內外之分，內寒指陽氣虛弱，臟腑功能衰退；外寒指寒邪侵襲肌膚，出現惡寒、發熱、無汗、頭痛等症狀。⓭暑 指暑邪，六淫之一。暑為陽邪，因而夏季多暑病。臨床表現為頭痛、發熱、口渴、心煩、多汗，脈為洪、數等。暑邪又易耗氣傷津，故常出現身體疲倦，四肢乏力，口乾等病。⓮濕 指濕邪，六淫之一。亦屬陰邪。有內外之別：外濕，指外界濕邪侵襲，如氣候潮濕，久居濕者，或涉水淋雨，長期在水中作業等；臨床表現為胸悶腰酸，四肢困倦，關節酸痛。內濕，指體內水濕停滯，由於脾腎陽虛，不能運化水濕而導致的病症；臨床表現為食欲不振，腹瀉、腹脹而小便少，下肢浮腫、舌質淡苔潤，脈濡緩等。⓯飢 飢餓。指由於飲食無節律，胃納不佳引起的營養不良類疾病。⓰飽 指膏粱厚味引起的內熱和瘡瘍。《呂氏春秋・本生》：「肥肉厚酒，務以自彊，命之曰爛腸之食。」⓱勞 指勞損。中醫有五勞五損：心勞，血損；肝勞，神損；脾勞，食損；肺勞，氣損；腎勞，精損。或因勞逸不當，氣血筋骨活動失調而引起的五類損傷。《素問・宣明五氣》：「久視傷血，久臥傷氣，久坐傷肉，久立傷骨，久行傷筋，是謂五勞所傷。」⓲逸 由於貪圖安逸造成各種機能的衰退，或因肥胖致病。《呂氏春秋・本生》：「出則以車，入則以輦，務以自佚，名曰招蹶之機。」《素問・至真要大論》：「逸者行之。」即通過適量運動來治療由過分安逸而導致的諸種疾病。⑲支節　指人之四肢及全身各種關節。包括上肢之肩、肘、腕和下肢之股、膝、踝以及頸關節。⑳府藏　即所謂六腑五臟。六腑包括膽、胃、大腸、小腸、膀胱和三焦。腑一般是指胸腹腔內那些中空有腔的器官，具有出納傳輸、傳代水穀的功能，所謂「傳化物而不藏」。五臟，包括心、肝、脾、肺、腎。臟器一般指胸腹腔中的內部組織充實，並有貯存和分泌、製造精氣的功能，所謂「藏精氣而不瀉」。㉑內疾　指由身體內在的風寒濕熱所引起的各種疾病。㉒外邪　亦稱客邪。泛指侵害身體的各種邪氣，因邪氣自外而入，故有此稱。㉓咒禁　僧道方士等自稱可以驅鬼降妖的口訣。《三國志・張魯傳》注引《魏略》稱：「太平道者，師持九節杖為符祝，教病人叩頭思過，因以符水飲之，得病或日淺而愈者，則云此人信道，或其不愈，則為不信道。」此符祝，即是禁咒口訣。又，《北史・由吾道榮傳》稱：「其人道家，符水禁咒陰陽曆數，天文藥性，無不通解。」佛教則為密宗的真言咒語。《大日經疏》卷一：「真言：梵曰漫怛攞，即是真語，如語不妄不異之音。」㉔隋太醫有咒禁博士一人　《隋書・百官下》「一人」作「二人」。㉕又置咒禁師咒禁工以佐之　據新舊《唐書》官志，唐設咒禁師二人，咒禁工八人，咒禁生十人。㉖拔除　據南宋本當為「祓除」。原為古代除災去邪的一種儀式。如《周禮・春官・女巫》：「掌歲時祓除釁浴。」鄭玄注：「歲時祓除，如今三月上巳如水上之類。」此處則泛指以宗教儀式，祓除邪魅和不祥，治療疾病。㉗厲　通「癘」。災疫。㉘道禁　指道教用以驅趕鬼怪、為人治病之咒語。咒語有多種，以治療不同疾病。如驅除濕痹瘡穢一類疾病用「北斗七星在水中咒：「北斗七星之精降臨此水中，百殗之鬼速去萬里，如不去者斬死付西方。白童子，急急如律令！」咒訖，即含水噴灑，穢氣都散。當噴之時，存正一，真官，朱衣，頭戴籙巾九鳳之冠，含水噴灑亦自解」（《雲笈七籤》卷四五）。㉙出於山居方術之士　指這一類咒禁秘訣皆出於隱居深山之道士。南北朝和隋唐之著名道士，大多隱居山林，如葛洪、陶弘景、寇謙之等都是如此，許多道教經典的整理皆出於他們之手。㉚出於釋氏　釋氏，佛教創始人釋迦牟尼，此處泛指佛教。意謂一部份禁咒秘訣出自佛教。具體當是密宗。密宗是從大乘佛教中產生和發展起來的一個秘密教派，它把佛教行事分為儀規和經釋兩部份，儀規中有很多祭祀的儀式，諸如誦咒、祈神、結壇、護摩、降魔等，通過誦咒或治病，或祈求安宅、長生、消災、驅魔。在唐代，密宗的真言咒語廣泛流行，諸如〈安宅神咒經〉、〈八陽神咒經〉、〈灌頂經〉等。在敦煌寫經中，真言類經要佔相當比例，其中有〈隨求真言〉、〈無垢淨光真言〉、〈隨心真言〉等。〈隨求真言〉所標舉的是隨誦隨求，隨得滿願。如有偈云：「此大陀羅尼，能摧諸難者。諸極惡重罪，若得才聞此隨求陀羅尼，一切罪消滅，安樂諸有情，解脫一切病。大悲眾生故，是故世尊說。」〈無垢淨光真言〉有偈云：「若有聞此陀羅尼者，滅無逆罪，閉地獄門，除滅慳貪嫉妬罪垢，命短促者皆得延壽，諸吉祥事無不成辦。」這些咒文是以最廉價的辦法給各有所求的世俗人等以某種心靈上的慰藉。唐代經文中，還有大量真言，如〈吉祥真言〉、〈解多生冤結真言〉、〈淨口業真言〉、〈報父母恩真言〉、〈長命真言〉、〈解惡夢咒〉、〈避鬼神咒〉、〈驅邪鬼咒〉、〈觀世音頭痛咒〉等等，更與人們的日常生活密切相關。㉛存思 道教的一種修煉方術。以為人身中之神為外界所惑，常返遊於外，遊不以時，還為身害。故須行存思之法，使外界之神還歸身中，如此則形神相依，神守身舍，百疾不生。《雲笈七籤》卷四三〈存思〉：「修身濟物，要在存思。存思不精，漫瀾無感。感應由精，精必有見。見妙如圖，識解超進。」又謂：「凡存思之時，皆閉目內視。人體多神，必以五臟為主。主各料其事，事各得其成，成正則一而不二，則隱顯無邪，無邪則眾如可見，見則與聖符同。同聖可弘，積學自然感會。是以存思不可懈怠。」行存思之法有一定儀式程序。同書〈存思三洞法〉稱：「常以旦思洞天，日中思洞地，夜半思洞淵。」存思方法很多，如有老君存思、臥朝存思、夕夕存思等。㉜禹步 道教方術之一。《洞神八帝元廣經·禹步致靈》第四：「禹步者，蓋是夏禹所為術，召役神靈之行步；以為萬術之根源，玄機之要旨。」其產生由來，據說是大禹治水時，「屆南海之濱，見鳥禁咒，能令大石翻動。此鳥禁時，常作此步。禹遂模寫其行，令之入術。自茲以還，術無不驗。因禹制作，故曰禹步」。道書對禹步記述各異，較多以為先舉左足，三步九跡，跡成離坎卦。實際上是古代巫覡的舞蹈步伐。葛洪《抱朴子·仙藥》稱：「禹步法：前舉左，右過左，左就右；次舉右，左過右，右就左；次舉右，右過左，左就右。如此三步，當滿二丈一尺，後有九迹。」同書〈登涉篇〉又謂：「禹步法：立正，右足在前，左足在後，次復前右足，以左足從右足并，是一步也。次復前右足，次前左足，以右足從左足并，是二步也。次復前左足，以左足從右足并，是三步也。如此禹步之道畢矣。凡作天下百術，皆宜知禹步。」㉝掌決 道教方術之一。名目繁多，有天師訣、本師訣、日君訣、月君訣、天綱訣等。以天神訣為例，其法為左手大指掐中指第一節上，其餘三指平伸，指尖向上。拜請神靈降臨用此。㉞手印 道教方術之一。道士行法事誦咒，以手結印訣，稱手印。道教念咒方法甚多，此掐訣念咒法即其中之一。據說作手印誦諸咒，易得成驗。

【語譯】〔太醫署：〕按摩博士，定員一人，品秩為從九品下。崔寔在《政論》中說：「熊經鳥伸，這是一種延年益壽的健身運動。」所以華佗創造了六（五）禽之戲，魏文有五槌之鍛。《仙經》說：「經常轉動的戶樞不會朽蝕，晝夜流動的活水不會腐臭。」那便是說如果要使人的筋骨協調利索，血脈循環通暢，就必須經常活動這個道理的。隋朝的太醫署設有按摩博士二十人（二人），本朝因承隋制，亦設二人；貞觀時期減少到一人。另外設置按摩師、按摩工，協助教授按摩生。

按摩師，定員四人。按摩工，定員十六人。隋朝太醫署有按摩師一百二十人，無按摩工；本朝才設置按摩工。

按摩生，定員十五人。隋朝太醫署有按摩生，定員為一百人。本朝高祖武德年間減為三十人，太宗貞觀時期又減少到十五人。

按摩博士的職掌是，教授按摩生學習和掌握運用呼吸和導引的方法，幫助人們消除八類病痛：一是風，二是寒，三是暑，四是濕，五是飢，六是飽，七是勞，八是逸。凡是人的四肢、關節、六腑、五臟，呆滯鬱積就要引起各種疾病，因此要引導排洩到體外，從而使人們內疾不滯留，外邪不能侵入。至於因折跌而造成了各種損傷的，那就要用治療外傷的方法使它恢復到正常狀態。

咒禁博士，定員一人，品秩為從九品下。隋朝的太醫署有咒禁博士二人，本朝因承隋的這一官制。另外又設咒禁師、咒禁工，以協助咒禁博士教授咒禁生。

咒禁博士的職掌是教授咒禁生學會用咒禁的方法，來祓除各種給人們帶來災疫的邪惡鬼魅。有道家的禁咒，出於山居有方術的道士；有釋家的禁咒，出於佛教密宗的真言。他們通常用五種方術使禁咒發生神效：一是存思，二是禹步，三是營目，四是掌決，五是手印。學習和運用這五種方術，事先都要禁食葷血的食物，沐浴齋戒，在壇場上接受這種方術。

【說　明】在中國古代，巫和醫是相通的，古文字「巫」曾寫作「毉」，也就是巫醫。巫又是與祝聯繫在一起的，稱巫祝，或稱祝由，《素問．移精變氣論》裡便提到有「祝由」，包含著以禁咒治病的因素。誠然《史記．扁鵲列傳》所說「病有六不治」，把「信巫不信醫」也列為其中一條，但在中國傳統文化中，道家以及道教對醫學始終保持著深刻的影響，這也該是巫醫不分傳統的一種演化吧？

中醫的基本理論，與道家和陰陽五行學說以及後來的道教，都有著非常密切的關係。中醫的典籍，不少冠以「黃帝」之名，亦可視為道家黃老思想在醫學上的反映。如《呂氏春秋》及《淮南子》都有相當篇幅論及養生之術，《淮南子》中〈時則〉篇所說的四時之氣與五臟六腑互相感應的理論，與《素問》中的〈四時調神大論〉、〈金匱真言大論〉、〈陰陽應象大論〉，可以明顯看出屬於同一源流。中醫理論最基本的著作如《黃帝內經》的《素問》、《靈樞》貫串始終的思惟方式可說是徹頭徹尾的陰陽五行化了，這就難怪歷代經籍志或藝文志，在圖書分類上，要把醫學類與五行類聯繫在一起。凡是冠以「黃帝」之名的書籍，除與醫學(包括醫方、經方、明堂經脈類書籍)有關外，還廣泛地分布於道家、陰陽家、五行、雜占、房中、神仙、兵書等類，黃帝或者黃老，在思想理論上作為一個學派，它是以老莊思想為其內核而衍化到了各個方面。在歷代史著的人物分類上，醫家亦列在方術一類，而與占卜、巫術方面的人物相並列。如《後漢書．方術傳》除郭玉、華佗、吳普、樊阿等著名醫家外，更有大量屬於講究「河洛之文，龜龍之圖，箕子之術，師曠之書，緯候之部，鈐決之符」，包括「風角、遁甲、七政、元氣、六日七分、逢占、日者、挺專、須臾、孤虛之術，及望雲省氣，推處祥妖」之類人物，大都可歸入巫術這一類。如徐登、趙炳便是兩個亦巫亦醫的人物。據《後漢書．方術傳》載錄，當兩人初次相遇，共約以其術為人治病時，便有一段相互比試咒禁之術的描寫：「登乃禁溪水，水為不流；炳復次禁枯樹，樹即生荑」。於是「二人相視而笑，共行其道焉」。

魏晉以後，著名的醫生依然帶有濃厚的道士色彩。如皇甫謐，魏晉間人，醫書中如《甲乙經》、《寒食散論》、《黃帝三部針經》，都經由他整理而行世，此人卻同時又是著名的道士。晉代的葛洪，著有《抱朴子》，在〈外篇．自敘〉中他說：「其〈內篇〉言神仙方藥，鬼怪變化，養生延年，禳邪卻禍之事，屬道家。」此外他還著有《肘後備急方》和《神仙傳》，一言醫術，一論道術，恰好說明醫道合於葛洪一身。南朝的陶弘景亦是如此，既有《肘後百一方》、《陶景弘本草》、《陶氏服餌方》、《名醫別錄》、《效驗方》等醫學文獻，又有《真誥》、《登真隱訣》、《真人水鏡》一類道教的著述。還有隋末唐初的孫思邈、楊上善等一代名醫，亦是在醫道兩方面各有著作傳世。唐代整理注釋《黃帝內經素問》的王冰，在其自序中說：「冰弱齡慕道，夙好養生。」他又別撰《玄珠密語》，亦名《素問六氣玄珠密語》，在序言中宣稱「此乃玄珠子密授」，並自號為啟元子，聲言若有人會得此書真旨，即「可長生百二十歲」云云，可見王冰亦是一位道家式人物。再從道教的典籍看，不少中醫著作同時成了道教典籍中重要組成部份。如《太平經》中便列有〈草木方訣〉、〈生物方訣〉、〈灸刺訣〉、〈神祝文灸〉、〈方藥厭固相治訣〉等不少醫藥內容，其中的〈齋戒思神救死訣〉

還把卜卦、藥物、針、灸、劾（處罪）、祈神等雜揉在一起。至於《道藏》、《雲笈七籤》這一類道教的總集，收錄的醫書就更多。例如《黃帝內經素問補注釋文》五十卷，《黃帝內經靈樞略》一卷，《黃帝素問靈樞纂注》二十三卷，《黃帝內經素問遺篇》五卷，《素問入式運氣論奧》三卷等，都原原本本地被收入了《道藏》。

道教的醫療疾病，可以分成三個層次，一是湯藥、針灸，這與中國傳統醫藥並無本質性的不同，其中道教獨具的則有服餌和外丹。二是導引、調息，包括五禽戲、按摩以及守一、存思和靜坐、氣功等，通過外在和內在的運動達到養生的目的。它與中國傳統醫學也有不少相通處。三是運用一些方術，如咒禁、符水、神籤、占卜、齋戒一類，以其神秘的昭示，有時也可使病人在思想或精神上獲得某種慰藉而收到相應的療效。這三個層次，用現代醫學的術語來表述，第一個層次相當於內、外科和藥物學，第二個層次相當於體育醫學，第三個層次可勉強稱之為心理治療，多少也可以使病人在思想和精神起到一點作用。這樣類比自然不一定完全恰當，因為總體上它們還處於初級階段，且其中還夾雜著許多迷信和虛妄的內容；但理解了這三個層次在醫療作用方面的相互關係，有助於我們去弄懂唐代之所以要把醫博士、鍼博士、按摩博士、咒禁博士合在一起，都作為太醫署醫學教育的一個組成部份的原由了。

附圖

一、古代醫療及成藥器具（選自《中國古代名物大典》）

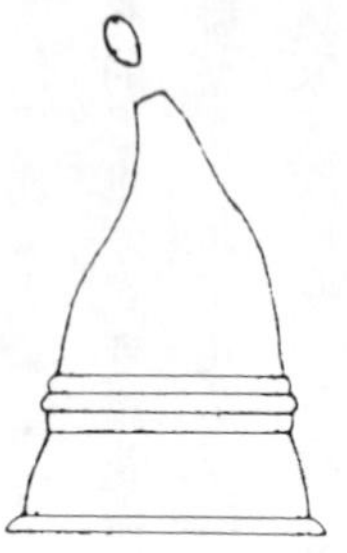

角狀灌藥器。河北省滿城西漢中山靖王劉勝墓出土。

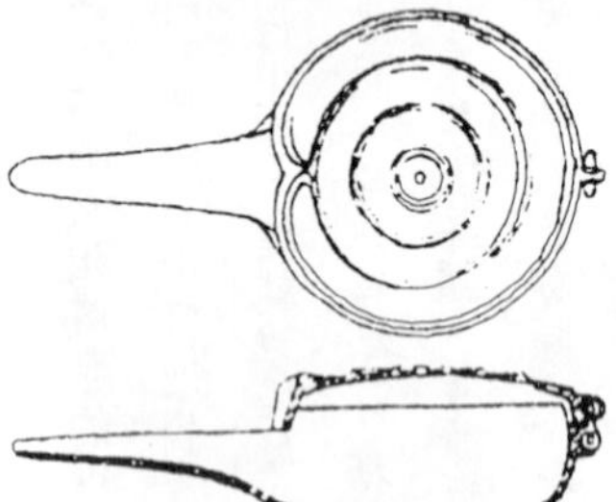

壺狀灌藥器。上，俯視圖；下，側視圖。出土地點同上。

溫藥壺。浙江寧波唐遺址出土。

石榴罐。出土地
點同上。

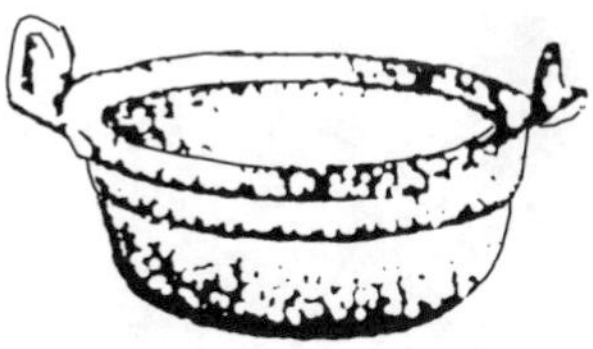

煮藥銀鍋。陝西
西安何家村唐
代窖藏出土。

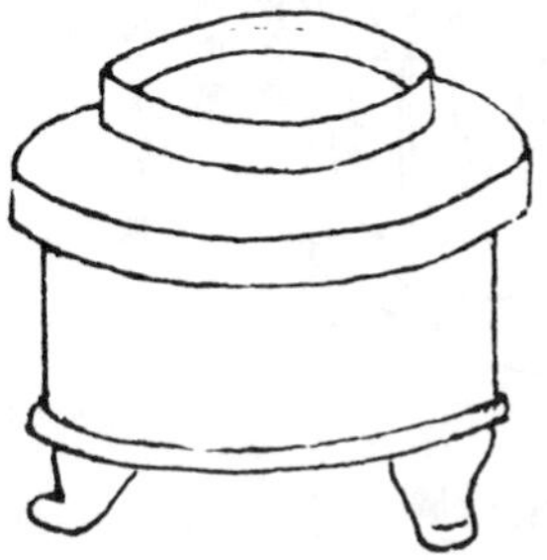

三足銀藥盒。出
土地點同上。

貯藥罐。出土地
點同上。

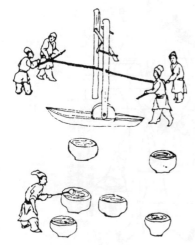

碾藥。原載《天
工開物》。

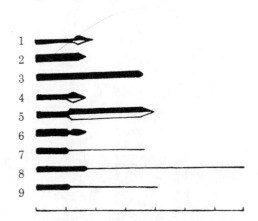

九針。 1.鑱針 2.圓針 3.鍉針
4.鋒針 5.鈹針 6.圓利針 7.毫
針 8.長針 9.大針。

二、經脈圖選（選自《醫宗金鑑》）

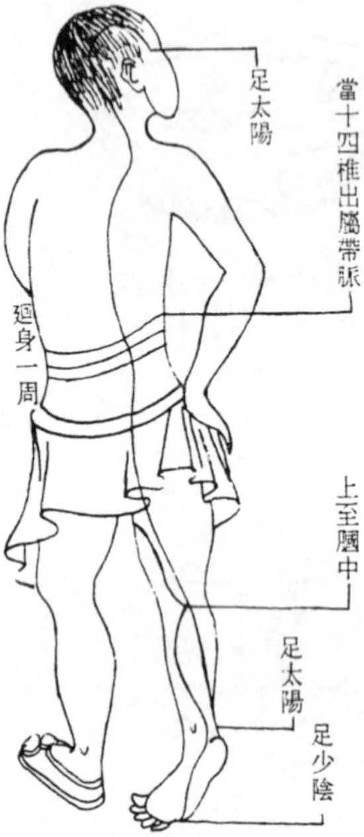

帶脈循行圖

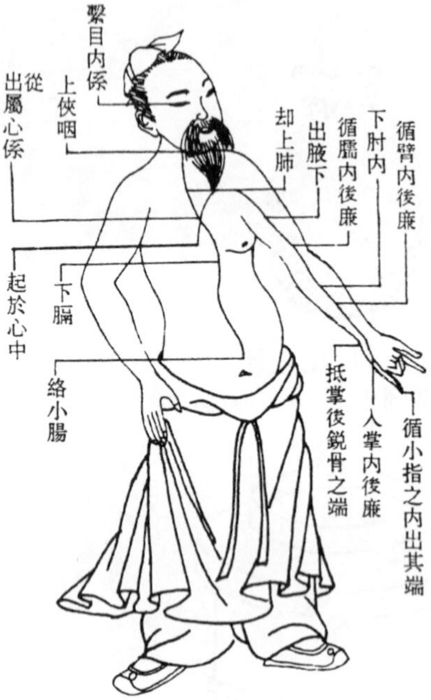

心經循行圖

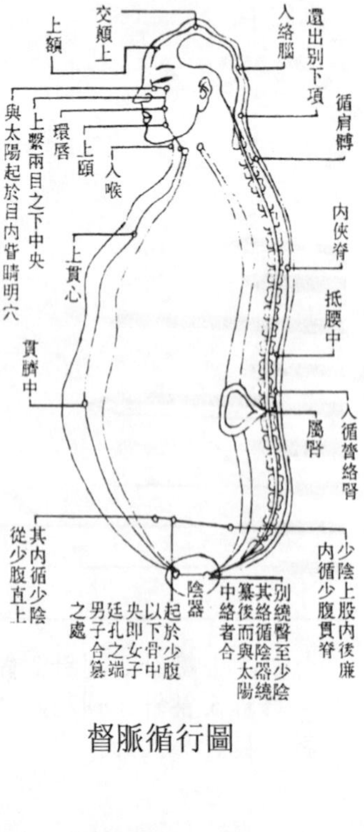

督脈循行圖

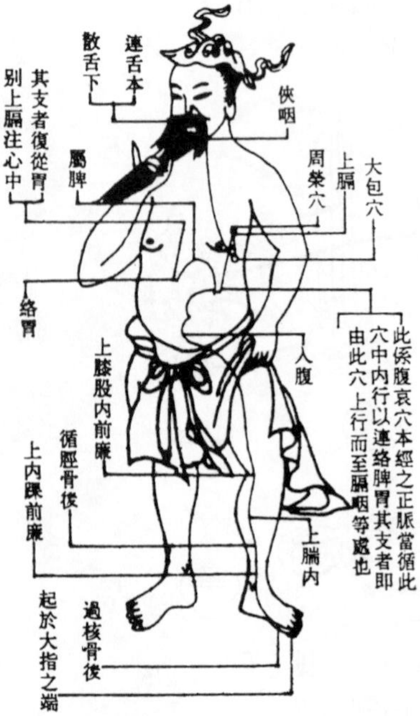

脾經循行圖

太卜署

【篇　旨】本篇敘述太卜署令、丞和卜正、卜師、巫師以及卜博士、助教、卜筮生的定員、品秩沿革和職掌。

卜筮在我國有著悠久的歷史，司馬遷稱：「三王不同龜，四夷各異卜，然各以決吉凶。」（《史記・太史公自序》）夏、商、周三代各有卜吉凶的方法。《周禮・春官・太卜》所謂「三兆之法：一曰玉兆，二曰瓦兆，三曰原兆」；「三局之法：一曰連山，二曰歸藏，三曰周易」；「三夢之法：一曰致夢，二曰觭夢，三曰咸陟」。這些很可能都是三代的占書，只不過有的占龜，有的占筮，有的占夢，內容各有側重罷了。可惜大多早已亡佚，倖存至今的只有一部《周易》。通常單稱卜，即指龜卜。卜和筮二者是並行的，即所謂「先筮後卜」，「卜長筮短」。大體說來，商周卜法占統治地位，戰國以後筮法更受重視，且有取卜而代之之勢。

本篇原注敘述了專掌卜筮之事的機構太卜署，自周秦至隋唐的沿革。篇中依《周禮》把太卜、卜師、龜人，作為周代始置的卜筮機構。太卜在秦漢屬奉常。卜筮在漢代是相當盛行的：「代王之入，任於卜者。太卜之起，由漢興而有」（《史記・日者列傳》），說明其時確有專司卜筮之官。太卜作為太常寺的一個下屬機構，據《漢書・百官公卿表》，似應始於漢武帝太初元年（西元前一〇〇年），東漢則併於太史。在古代巫、史不分家，《禮記》中早有「王前巫而後史」一說。魏晉以後省。它的恢復是在北朝，北魏重置太卜博士，至北齊及隋唐才正式恢復太卜署的建置，並成為太常寺的一個下屬機構。

本篇在太卜令、丞的職掌中，介紹了龜、兆、易、式四種卜筮方法。龜指龜卜，易即筮法；兆有五兆，原由龜卜派生；式分三式，即由《易》筮而來。所以四種方法，實屬龜、筮兩類。在龜卜方面，介紹了龜之分類，灼龜的工具與程序，以及如何依據兆象判斷吉凶的規則與方法。在《易》筮方面，介紹了十八變成卦的程序，雷公、太乙、六壬三式之異同及應用。在唐代實際應用的占卜方法比這裡說的還要多些，但也大抵由此演化而來。《隋書·經籍志》五行類著錄的書籍有二百七十二部，大多屬於占卜之類。如有占曆以知吉凶的，有占天象災異的，有論陰陽嫁娶的，有相宅院、占墓葬的，有相面相手的，有占夢、望氣的等等，本篇原注提到陰陽雜占時，亦略有所及。

篇末一章還記述了祭祀卜日及歲末大儺驅鬼等儀式。凡此種種，都反映了我國古代農業社會拜物教和多神教的傳統特色。秦漢以降直至隋唐，這類儀式和慣例，就史著記載而言，很難看出有什麼明顯變化。於此可知，在意識形態領域，傳統的影響何等根深蒂固！

一

太卜署：令一人，從八品下；《周禮》[1]有太卜下大夫、卜師上士[2]，掌方兆、功兆、義兆、弓兆之法[3]；有龜人中士，掌六龜之屬[4]，主天子卜筮之事。秦、漢奉常屬官有太卜令、丞。武帝置太卜博士[5]。後漢并于太史[6]；又靈臺待詔員有龜卜三人，《易》筮二人[7]。魏晉宋、齊、梁、陳無其職。後魏有太卜博士，從七品下[8]。北齊太常有太卜丞[9]。後周有太卜下大夫、小卜上士，及又有龜占中士[10]。隋太常寺有太卜令、丞，皇朝因之。

丞二人，正九品下；隋有一人，皇朝加置一人。

卜正二人，從九品下；隋煬帝省太卜博士，置太卜十人卜正二十人[11]，皇朝減置二人。

卜師二十人；隋置，皇朝因之。

巫師十五人；《周禮》有男巫、女巫，無數，其師中士⑫。巫能制神之處，位次主者。隋太卜署有男巫十六人、女巫八人。

卜博士二人，從九品下；助教二人；隋有太卜博士、助教⑬，皇朝因之。

卜筮生四十五人。隋有卜生四十人、筮生三十人。

【章旨】敘述太卜署之令、丞和卜師、巫師、卜博士等之定員、品秩及沿革。

【注釋】❶周禮　儒家經典之一。係搜集周王室官制和戰國時各國制度，添附以儒家政治理想，增減排比而成之彙編。❷太卜下大夫卜師上士　太卜為《周禮》春官大宗伯屬官，卜官之長，總掌卜筮之事。大夫為爵號，分上、中、下三等。《周禮》太卜設下大夫二人，卜師設上士四人。另外尚有卜人，設中士八人，下士十六人；龜人，中士二人。大卜師，掌龜卜；卜人，助太卜、卜師行事；龜人，掌取龜、藏龜、治龜以俟卜。❸掌方兆功兆義兆弓兆之法　此即所謂四兆之法。兆，徵兆。此處則指龜卜時龜甲因燒灼而呈現之裂痕，稱之為兆，用以占事。《周禮・春官・太卜》：「其經兆之體，皆百有二十。」當是此四兆，每兆有三十體，但其詳已不可考。鄭玄注：「方、功、義、弓之名，未聞。」又，據《周禮》，此係卜師之職掌，非太卜職掌。太卜職掌應是掌三兆（玉兆、瓦兆、原兆）、三易（連山、歸藏、周易）、三夢（致夢、觭夢、咸陟）之法。❹六龜之屬　《周禮・春官・龜人》：「六龜之屬，各有名物：天龜曰靈屬，地龜曰繹屬，東龜曰果屬，西龜曰靁屬，南龜曰獵屬，北龜曰若屬。各以其方之色與其體辨之。」天龜指龜甲前向下俯而甲緣為玄色者，地龜指龜甲前向上俯而甲緣為黃色者，東龜指龜甲前長而甲緣為青色者，西龜指龜甲左斜長而甲緣為白色者，南龜指龜甲後長而甲緣為赤色者，北龜指龜甲右斜長而甲緣為黑色者。關於龜的類屬，我國古代尚有《爾雅・釋魚》分為十種、《史記・龜策列傳》褚少孫補文分為八種等不同記載，本書本篇下一章原注則分為九類，其中都難免雜有神秘、臆測成份，不盡符合科學。近代動物學通常分為十二種，即山龜、水龜、澤龜、呷蛇龜、綠毛龜、鶚龜、黃龜、綠龜、髭龜、嚙龜、錢龜、象龜。❺秦漢奉常屬官有太卜令丞武帝置太卜博士　奉常，秦官。掌宗廟禮儀。西漢景帝中元六年（西元前一四四年）更名為太常。其屬官中有太卜令、丞。武帝，西漢皇帝劉徹，在位五十四年，壽七十一。置太卜博士，有誤。西漢未置太卜博士。太卜、博士為二職。此處但言太卜，不及博士。《漢書・百官公卿表》此句全文為：「景帝中六年更名太祝為祠祀，武帝太初元年（西元前一〇四年）更曰廟祀，初置太卜。博士，秦官，掌通古今，秩比六百石，員多至數十人。武帝建元五年（西元前一三六年）初置五經博士，宣帝黃龍元年（西元前四十九年）稍增員十二人。」原文「太卜」與「博士」不能連讀，否則將產生漢武帝時已置「太卜博士」之歧義。太卜設博士始於北魏。❻後漢并于太史　意謂東漢不設太卜，而將太卜職務併入太史。太史令為太常寺屬官。《後漢書・百官志》注引《漢官〔儀〕》稱：「太史待詔三十七人，其六人治曆，三人龜卜，三人廬宅，四人日時，三人易筮，二人典禳，九人籍氏、許氏、典昌氏各三人，嘉法、請雨、解事各二人，醫一人。」其中太史的不少職務，原屬太卜職掌。❼靈臺待詔員有龜卜三人易筮二人　《後漢書・百官志》注引《漢官〔儀〕》曰：「靈臺待詔四十一人，其十四人候星，二人候日，三人候風，十二人候氣，三人候晷氣，七人候鐘律，一人舍人。」據此，龜卜三人、《易》筮二人（據《漢官儀》應亦為三人），皆不在靈臺待詔成員範圍之內，而屬太史待詔三十七人之中。漢代的待詔在太史是正官，若在公車、金馬、宦署、黃門，則是聽候差遣的候補官員。❽後魏有太卜博士從七品下　《魏書・官氏志》：北魏孝文帝太和十七年（西元四九三年）職令設有太卜博士，從七品下；太和二十三年（西元四九九年）復次職令則只設太學博士和太常博士，未見有太卜博士。❾北齊太常有太卜丞　據《隋書・百官中》，北齊太常統太史，由太史兼領靈臺、太卜二局丞，太卜掌諸卜筮。❿後周有太卜下大夫小卜上士及又有龜占中士　北周仿《周禮》六官設官，在春官府下設太卜下大夫，品秩正四命；小卜上士，正三命；龜占中士，正二命；龜占下士，正一命；筮占中士，正六命；筮占下士，正一命。北周任卜官見於記載的如《隋書・藝術・來和傳》：「初為夏官下士，累遷小卜上士。」⓫隋煬帝省太卜博士置太卜十人卜正二十人　隋煬帝，隋朝皇帝楊廣，在位十四年，終年五十歲。此二句《隋書・百官下》為：「太卜又省博士員，置太卜卜正二十人」。據此，第二句「太卜」下「十人」二字疑為衍文。⓬周禮有男巫女巫無數其師中士　《周禮》春官大宗伯卿，其屬官有司巫中士二人，男巫，無數，女巫，無數，其師中士四人。司巫掌群巫之政令。男巫「掌望祀望衍」等，指遙望五嶽、四鎮、四瀆以為祭祀，並以幣致其神。賈公彥疏：「遙望延其神，以言語責之。」女巫「掌歲時祓除釁浴，旱暵則舞雩」，即每年按時舉行祓除和釁浴以及大旱雩祭時往舞。此外國中若有大災，女巫要為向神求請免災而歌哭。⓭隋有太卜博士助教　據《隋書・百官下》：「隋有太卜博士助教二人，相博士助教各一人。」

【語　譯】太卜署：令，定員一人，品秩正八品下。《周禮》在春官大宗伯下，設有太卜下大夫和卜師上士。〔卜師上士的〕職務是掌理方兆、功兆、義兆、弓兆這四兆之法。又設有龜人中士，掌理六種卜用的龜類。〔太卜〕為天子主管卜筮方面的事務。秦漢時期奉常的屬官中有太卜令及丞，始置於漢武帝時。東漢時太卜的職務併給了太史令、丞。又，靈臺太史待詔的定員中，有龜卜三人，《易》筮二（三）人。魏、晉和南朝宋、齊、梁、陳沒有設置太卜這一職務。北魏設有太卜博士，品秩為從七品下。北齊在太常寺的太史署下設有太卜局丞。北周仿照《周官》，設有太卜下大夫、小卜上士，以及龜占中士等。隋太常寺設有太卜令、丞，本朝因承隋的體制。

丞，定員二人，品秩為正九品下。隋代丞的定員只有一人，本朝增加了一人。

卜正，定員二人，品秩為從九品下。隋煬帝時省去了太卜博士，置太卜〔十人〕卜正二十人。本朝減為二人。

卜師二十人。隋朝設置，本朝因承隋的體制。

巫師十五人。《周禮》在春官大宗伯的屬官中，設有男巫和女巫，沒有規定員數。教授男巫女巫的是中士。巫士中有能夠制約神鬼本領的，可以升為主管的地位。隋朝太卜署設有男巫十六人，女巫八人。

卜博士，定員二人，品秩為從九品下。助教，定員為二人。隋朝時便設有太卜博士和助教，本朝因承隋的體制。

卜生、筮生，定員為四十五人。隋朝時設有卜生四十人，筮生三十人。

【說　明】卜筮在我國有悠久而古老的傳統。《尚書．洪範》：「稽疑：擇建立卜筮人，乃命卜筮。」在這裡，卜和筮是兩種占問神鬼以決疑惑的方法。卜用龜甲，筮用蓍草。為什麼要用龜甲和蓍草來作為卜占問神的手段呢？《白虎通．蓍龜》稱：「此天地之間壽考之物」，「龜之為言久也。蓍之為言耆也。久長意也。」至於所以稱卜和筮，同書解釋說：「卜，赴也。爆見兆也。筮也者，信也。見其卦也。」就是說，卜是燒灼龜甲，使之爆裂而呈現裂紋，作為兆象，用以判斷所問之事的吉凶；筮是依蓍草數字的變化而成卦象，以定問事之吉凶。這就是我們從文獻上看到的關於卜筮的基本內涵的概括。這樣簡單的介紹，自然免不了會給人一種似乎純屬迷信的印象。但在古代，卜和筮的舉行，都是極莊嚴隆重的大事，舉凡祭祀、征戰等軍國要事以至君主婚娶生育之事，都得預先求助於卜筮。當時留下的大量實物(出土甲骨)以及後人記載、研究的無數文獻,又使之成為一門極為複雜而深奧的專門學問,而且作為人類最初踏進文明社會門檻時的一種蘊含著無窮智慧的文化現象,又具有吸引人們去探究的永恆的魅力。

中國古代關於用卜筮來稽疑的記載很多,《史記・龜策列傳》稱:「自古聖王將建國受命,興動事業,何嘗不寶卜筮以助善!唐虞已上不可記已,自三代之興,各據禎祥:塗山之兆從而夏啟世,飛燕之卜順故殷興,百穀之筮吉故周王。王者決定諸疑,參以卜筮,斷以著龜,不易之道也。」說夏、商、周三代之興都是靠了卜筮,這自然未免誇張,但至少說明我國至遲於三代之世就廣泛應用卜筮。不僅有實踐,還出現了相應的文獻或理論著作。本章注❸中提到的三兆——《玉兆》、《瓦兆》、《原兆》和三易——《連山》、《歸藏》、《周易》,學者們大多認定為分別對應於夏、商、周三代的卜筮之書。三兆屬龜卜之書,三易則是載卜卦爻辭之書。可惜我們現在還能完整見到的唯有一部《周易》了,其他的只是在古代文獻上因敘述所卜之事約略提到一二而已。所幸的是我們現在能夠通過考古發掘,目睹商周二代遺留地下的大量卜辭,從中可以認定《周禮》上有關龜卜機構及其官員,如太卜、卜師、龜人、菙氏、占人等等的設置和分工,大體上是可信的。周代的問卜在文獻上亦有不少記載,如《史記・齊太公世家》:「西伯將出獵,卜之,曰:所獲非龍非螭,非虎非羆,所獲霸王之輔。于是西伯獵,果遇太公于渭之陽。」又如《詩經・大雅・文王有聲》提到武王卜居鎬京的事:「考卜維王,宅是鎬京。維龜正之,武王成之。」《尚書》中有關周代求卜的記載亦不少,如〈召誥〉中有卜建東都,〈金縢〉有周公為武王卜病等。周代筮法也相當盛行。卜與筮是並行的,卜重於筮,大事卜,小事筮,國之大事則先筮而後卜。《周禮・春官・占人》:「占人亦占筮,言掌占龜者,筮短龜長,主于長者。」春秋時期龜卜更為盛行,故《左傳》有大量關於各國占卜的記載。卜官的設置在各國也很普遍。如《左傳・魯閔公元年》提到的卜偃,便是晉國執掌龜卜的大夫,名偃,因其職掌而稱為卜偃。此人在《韓非子・南面篇》名為郭偃,在《呂氏春秋・當染》中名為郄偃,而在《墨子・所染》中則為高偃,是為同人異名。這個時期占卜的命題亦極為廣泛。有學者統計,《左傳》中卜戰事的有二十條,卜郊祀的有八條,任命官員的七條,立太子、營建都邑和卜問疾病各四條,有關婚姻和生育的各三條,卜雨及卜夢各一條。這些卜例,屬於魯國的有十九條,晉國十八條,楚國九條,衛國七條,陳國二條,秦國以及梁、邾、蔡、吳、隋、滕等國各一條。到戰國時期,筮明顯多於卜。《史記・龜策列傳》稱:自秦及漢，漢「因秦太卜官。天下始定，兵革未息，及孝惠享國日少，呂后女主，孝文、孝景因襲掌故，未遑講試，雖父子疇官，世世相傳，其精深微妙，多所遺失」。當然這個時期問卜的事仍還有，如「代王之入，任於卜者」便是。及至漢武帝即位，卜筮又興，「數年之間，太卜大集。會上（指漢武帝）欲擊匈奴，西攘大宛，南收百越，卜筮至預見表象，先圖其利。及猛將推鋒執節，獲勝於彼，而蓍龜時日亦有力於此。上尤加意，賞賜至或數千萬。如丘子明之屬，富溢貴寵傾於朝廷」（同上）。不僅朝廷，在漢代，卜筮在民間亦頗為流行。《史記・日者列傳》說到宋忠與賈誼在卜肆中與卜人司馬季主的一番對話，反映了時人對卜者的看法以及卜者巧於辯說的某些伎倆。先是宋賈二人以為在坊間的卜者「居之卑而行之汙」為賢者所不齒而提出責難，司馬季主則以「今公所謂賢者，皆可謂羞矣」開篇，侃侃談來，用大量的例證說明那些所謂賢者無非是欺世盜名，實在是「為盜不操矛弧者也，攻而不用強刃者也，欺父母未有罪而弒君未伐者也」，可謂痛快淋漓之極。然後話鋒一轉，說到自己：「且夫卜筮者，掃除設坐，正其冠帶，然後乃言事，此有禮也。言而鬼神或以饗，忠臣以事其上，孝子以養其親，慈父以畜其子，此有德者也。而以義置數十百錢，病者或以愈，且死或以生，患或以免，事或以成，嫁子娶婦或以養生：此之為德，豈直數十百錢哉！此夫老子所謂『上德不德，是以有德。』」一席長談，竟使得宋賈二人「悵然噤口不能言」；攝衣再拜而辭，乘上車子，猶「伏軾低頭，卒不能出氣」。這個卜者的形象，已被太史公賦予了全新的含義，與如今街頭巷尾相面卜卦算命之流，當不可同日而語。

魏晉以後，卜筮逐漸趨於衰落，有所復興是在北魏，至隋唐而又盛行起來。其原因是統治者的提倡。如北魏末，有劉靈助者，好陰陽占卜，「因事爾朱榮，榮性信卜筮，靈助所占屢中，遂被親待，為榮府功曹參軍」（《魏書・術藝・劉靈助傳》）。北朝《易》筮多於龜卜。如《北齊書・方伎》和《北史・藝術》所記載卜筮方面的人物，大都屬于《易》筮。在高歡身邊這類人物有一批，也是他的智囊團。如許遵，「明《易》，善筮，兼曉天文、風角、占相、逆刺，其驗若神，高祖引為館客」（《北齊書・方伎・許遵傳》）。隋唐兩代的帝王對卜筮方術亦深信不疑。如隋文帝楊堅與北周少卜上士來和往來密切，「高祖微時，來詣和相，和待人去，謂高祖曰：『公當王有四海。』」（《隋書・藝術・來和傳》）有這段淵緣，楊堅當上皇帝而重視卜筮者一類人物，自然也就不難理解了。隋朝還有個叫蕭吉的卜者，原是南朝蕭梁的宗室，獨孤文獻皇后死，文帝「令吉卜擇葬所，吉歷筮山原，至一處，云『卜年二千，卜世二百』，具圖而奏之」《隋書·藝術·蕭吉傳》。這時楊廣也暗中派人對蕭吉說：「公前稱我當為太子，竟有其驗，終不忘也。今卜山陵，務令我早立。我立之後，當以富貴相報。」蕭吉的答復是：「後四載，太子御天下。」然隋竟短命而亡，即使連頭帶尾，也只有三十多年。這時蕭吉又為自己開脫說：「前紿云卜年二千者，是三十字也；卜世二百者，取三十二運也。」可見卜人的話大都亦是迎合著時主的心理說的，而一旦事敗，又很善於詭辯以自圓其說。唐代復行龜卜。《舊唐書·張公瑾傳》：「時太宗為隱太子建成、巢王元吉所忌，因召公瑾問以自安之策，對甚合旨，漸見親遇。及太宗將討建成、元吉，遣卜者灼龜占之，公瑾自外來見，遽以投地而進曰：『凡卜筮者，將以決嫌疑、定猶豫，今既事在不疑，何卜之有？縱卜之不吉，勢不可已。願大王思之。』太宗深然其言。」此次被史家稱為「玄武門之變」的宮廷政變，雖因張公謹的進言而事先未曾占卜，但從中還是可以看到唐代帝王依然保持著臨事卜問神靈的習慣。李世民六月間發動政變，八月即皇帝位，九月就下令嚴禁「私家妖神淫祀，占卜非龜易五兆者」（《新唐書·太宗紀》）。並非禁止一切卜筮，而只是禁止「非龜易五兆者」，也就是把龜易五兆抬高到了欽定的正統地位。所謂龜易五兆是指占卜與陰陽五行之說相結合，依五行為兆象分類以推斷吉凶的方法。李世民獨尊此法，似亦包含著對精通陰陽五行的張公瑾的一種回報。影響所及，《新唐書·藝文志》所著錄的卜筮類書籍大多屬龜易五兆之法，其中僅龜經便有柳彥詢《龜經》三卷，柳世隆《龜經》三卷，劉寶真《龜經》一卷，王弘禮《龜經》一卷，莊名道《龜經》一卷，孫思邈《龜經》一卷，又《五兆算經》一卷，《龜上五兆動搖經》一卷。唐代統治者又嚴格禁止他人妄談王室之休咎。開元十年（西元七二二年），玄宗曾敕：「宗室、外戚、駙馬，非至親毋得往還；其卜相占候之人，皆不得出入百官之家。」（《資治通鑑·唐紀二十八》）後來中書令張說所以被撤職勒令致仕的一個重要原因，便是「私度僧王慶則往來與說占卜吉凶」（《舊唐書·張說傳》）。《唐律疏議·盜賊二》規定：「諸所祆書及祆言休咎者絞。」疏議曰：「造祆書及祆言者，謂構成怪力之書，詐為鬼神之語。休，謂妄說他人及己身有休徵；咎，謂妄言國家有咎惡。觀天畫地，詭說災祥，妄陳吉凶，並涉於不順者絞。」其中的界線是民間和百官不能以占卜論述國家，也就是王室的吉凶禍福。其中原因，除了帝王之家尊嚴不可侵犯以外，還可能與唐代宮廷內部權力角逐爭鬬其頻繁及酷烈程度尤甚於歷朝這一點有關。此中時時處處深藏機關，豈容草野小民說三道四！

二

太卜令掌卜筮❶之法，以占邦家動用之事❷；丞為之貳。一曰龜❸，二曰兆❹，三曰易❺，四曰式❻。凡龜占辨龜之九類、五色❼，依四時而用之。一曰石龜，二曰泉龜，三曰蔡龜，四曰江龜，五曰洛龜，六曰海龜，七曰河龜，八曰淮龜，九曰旱龜❽。春用青靈❾，夏用赤靈，秋用白靈，冬用黑靈，四季之月用黃靈。龜，上員，象天；下方，法地❿。甲有十三文，以象十二月，一文象閏。邊下甲有二十八匡，法二十八宿⓫。骨有六間⓬，法六府⓭。匡有八間，法八卦⓮。文有十二柱，法十二時⓯。故象天地，辨萬物者矣。欲知龜神，骨白如銀⓰；欲知龜聖，千里徑⓱正；欲知龜志，看龜十字⓲。分四時所灼之體而用之：春灼後左足，夏灼前左足，秋灼前右足，冬灼後右足⓳。凡兆以千里徑為母，兩翼為外⓴；正立為木，正橫為土，內高為金，外高為火，細長芒動為水兆㉑，有仰、伏倚、著落、起發、摧折、斷動之狀，而知其吉凶㉒。又視五行十二氣。一曰受氣，二曰胎，三曰養，四曰生，五曰沐浴，六曰冠帶，七曰臨官，八曰王，九曰老，十曰病，十一曰死，十二曰葬㉓，以占之。凡五兆之策三十有六㉔。用三十六筭㉕，六變而成卦㉖：一變為兆，再變成卦，二為甲乙，三為丙丁，四為戊己，五為庚辛，六為王癸㉗。其用五行相生、相剋，相扶、相抑㉘，大抵與氣同占㉙。

【章旨】敘述太卜令、丞之職掌及龜占之法。

【注釋】❶卜筮　古時占卜，用龜甲稱卜，用蓍草稱筮。卜的方法是用火灼龜甲取兆，據以推測吉凶。筮則以蓍草之莖葉，按某種規則劃分不同的數而定卦象，據以推測吉凶。《白虎通》稱：「天子下至士，皆有蓍龜者，重事決疑，亦不自專。《尚書》曰：『汝則有大疑，謀及卿士，謀及庶人，謀及卜筮。』」又謂：「乾草枯骨，眾多非一，獨以蓍、龜何？此天地之間壽考之物，故問之也。龜之為言久也，蓍之為言耆也，久長意也。龜曰卜，蓍曰筮何？卜，赴也，爆見兆也。筮也者，信也，見其卦也。」❷占邦家動用之事　指邦國重大事務通過卜筮詢之以神。《周禮・春官》太卜的職掌中有「以邦事作龜之八命」，即國家大事有八類需要向龜詢問命辭。八命是：「一曰征，二曰象，三曰與，四曰謀，五曰果，六曰至，七曰雨，八曰瘳。」所列舉大事包括立君主、封建諸侯、大祭祀日期和大規模的軍事行動或遷徙等。❸龜　指占卜用龜。龜有各種等級和種類。《白虎通》引《禮三正記》：「天子龜長一尺二寸，諸侯一尺，大夫八寸，士六寸。龜陰，故數偶也。」❹兆　《說文解字》：「兆，灼龜坼也。」兆、卜二字皆為龜甲裂紋之象形。董作賓稱：「余意兆之為象形字，同于卜，其異點則在兆為多數坼文之代表，卜則僅表一坼文而已。」（《商代龜卜之推測》）兆紋有體、色、墨、坼四種特徵。《周禮・春官・占人》：「凡卜筮，君占體，大夫占色，史占墨，卜人占坼。」這四種特徵首先是占坼，即兆枝，指細的裂紋；其次是占墨，即兆幹，指大的裂縫；然後是色，即兆氣；最後是體，即完整的兆象。兆體辨其吉凶，兆色辨其善惡，兆墨辨其大小，坼則辨其微明。《周禮》鄭玄注：「凡卜，象吉，色喜，墨大，坼明則逢吉。」又謂：「尊者視兆象而已，卑者依次詳其餘。」❺易　《周禮》鄭玄注：「易者，揲蓍變易之數，可占者也。」所謂三易，即《連山》、《歸藏》、《周易》。《周禮・春官・太卜》稱三易「其經卦皆八，其別皆六十有四。」關於如何變易其數以求卦象的方法，《周易・繫辭上傳》稱：「大衍之數五十，其用四十有九，分而為二以象兩，掛一以象三，揲之以四以象四時，歸奇於扐以象閏。五歲再閏，故再扐而後掛。天一，地二；天三，地四；天五，地六；天七，地八；天九，地十。天數五，地數五。五位相得而各有合，天數二十有五，地數三十，凡天地之數五十有五，此所以成變化而行鬼神也。」又謂：「是故四營而成易，十有八變而成卦。八卦而小成。引而伸之，觸類而長之，天下之能事畢矣。」這段文字古今注家甚多，卻似乎都還沒有能夠真正說清楚，然通過蓍草的分化組合，以獲得卦象卜問吉凶這一點還是明確的。❻式　《周禮・春官・簭人》有九簭之名，其三曰巫式。鄭玄注：「式謂筮制作法式也。」賈公彥疏：「式，是法式。」又式，通「栻」，卜具。《史記・日者列傳》：「今夫卜者，必法天地，象四時，順於仁義，分策定卦，旋式正棊，然後言天地之利害，事之成敗。」李隱曰：「式，即栻也，旋轉也。栻之形上圓象天，下方法地，用之則轉天綱加地之辰，故曰旋式。棊者，筮之狀。正棊，蓋謂卜之作卦也。」式亦即卜卦之方式，因而有各種流派，往往眾說紛紜。同傳褚少孫補文稱：「臣為郎時，與太卜待詔為郎者同署，言曰：『孝武帝時，聚會占家問之，某日可娶婦乎？五行家曰可，堪輿家曰不可，建除家曰不吉，叢辰家曰大凶，曆家曰小凶，天人家曰小吉，太一家曰大吉。辯訟不決，以狀聞。制曰：『避諸死忌，以五行為主。』』」❼龜之九類五色　龜之九類，即下文原注中提到的按產地區分的九種龜。古代關於龜的分類，除上章原注所引《周禮》的「六龜之屬」以外，還有其他一些記載。如《史記・龜策列傳》褚少孫補文有八類名龜之說：「一曰北斗龜，二曰南辰龜，三曰五星龜，四曰八風龜，五曰二十八宿龜，六曰日月龜，七曰九州龜，八曰玉龜。龜圖各有文在腹下，文云云者，此某之龜也。」這反映了在卜者心目中龜已是神物，因而將各種天象神話附會到了龜的身上。五色，指青、赤、白、黑、黃，即五方色。❽自「一曰石龜」至「九曰旱龜」　此九類龜皆以其生存之環境或地區為其名。其中蔡龜，指蔡水所產之龜。蔡水，即古之沙水，「沙」本音「蔡」。在今之河南，由潁入淮，後為黃河決流所奪，今殘存淮陽以下入潁一段，以其產卜用大龜著聞。《論語・公冶長》：「臧文仲居蔡。」何晏《集解》：「蔡，國君之守龜，出蔡地，因以為名焉。長尺有二寸。」江龜，長江九江地區所產之龜。《史記・龜策列傳》：「神龜出於江水中，廬江郡常歲時生龜長尺二寸者，二十枚輸太卜官。」洛龜產於洛水之龜。洛水，即今河南之洛河。❾春用青靈　青靈，即青龜。古人以為龜千歲而靈，故以靈代指龜。因卜而用龜時，以四時和四季之月配以五方之色，春季屬青，用甲緣為青色之龜。下文原注「夏用赤靈，秋用白靈，冬用黑靈，四季之月用黃靈」，同為此意。❿龜上員象天下方法地　句中「員」通「圓」。古人心目中天地的形狀是天圓地方。這種觀念見諸於文獻，如《易傳・說卦》：「乾為天，為圓。」《大戴禮記・曾子天問篇》：「天圓而地方。」《呂氏春秋・圜道》：「天道圜，地道方。」而龜之背甲近似圓形，腹甲又略呈方形，且較為平整，因而被附會為上象天而下法地。此外龜背上的紋印，亦被卜者們賦予種種宏大的含義，如下文原注中所謂「甲有十三文，以象十二月，一文象閏；邊翼甲有二十八匡，法二十八宿」等等便是。其中可能有遠古圖騰崇拜的殘留，但是難保沒有出於著意神化的成分，目的無非是為了抬高龜卜的神秘性和權威性。⓫二十八宿　亦稱二十八舍或二十八星。分佈於黃道赤道帶附近的二十八個星官，是觀察日、月、五星在空中運行位置的相對標誌。可分為四組，每組七宿，與四方及四種動物形象相配，即東方蒼龍，有角、亢、氐、房、心、尾、箕七宿；北方玄武，有斗、牛、女、虛、危、室、壁七宿；西方白虎，有奎、婁、胃、昴、畢、觜、參七宿；南方朱鳥，有井、鬼、柳、星、張、翼、軫七宿。二十八宿與三垣結合一起，成為隋唐以後劃分天區的標準。⑫骨有六間　龜背中間有一條直線紋印，即所謂千里徑，將甲骨左右一分為二；又有五條橫線，將其分為上下六排。這六排便稱「六間」。⑬六府　古代以水、火、金、木、土、穀為六府。《尚書・大禹謨》：「水、火、金、木、土、穀惟修，正德、利用、厚生惟和……六府三事允治。」三事指治理人民的三件政事，即引文所言「正德、利用、厚生」。⑭八卦　即《周易》之經卦。八卦之名為乾（☰）、坤（☷）、震（☳）、巽（☴）、坎（☵）、離（☲）、艮（☶）、兌（☱）。《周易》之六十四卦皆由八卦之兩兩相重而成。《易傳》的作者認為八卦主要分別象徵天、地、雷、風、水、火、山、澤八種自然現象，每卦又可象徵多種事物。⑮十二時　指一晝夜之十二時辰，即子、丑、寅、卯、辰、巳、午、未、申、酉、戌、亥。⑯骨白如銀　近衛校正德本曰：「『骨』上脫『看』字。」陳仲夫點校本稱：「下文『看龜千里徑正』、『看龜十字』，均有『看』字。」⑰千里徑　指龜腹甲中間平分左右甲版之豎紋。⑱十字　指龜之腹甲豎紋與橫紋交叉呈十字形處。⑲自「春灼後左足」至「冬灼後右足」　指一年四季因占卜而需燒灼龜甲，其部位各不相同：春近後左足處，夏近前左足處，秋近前右足處，冬近後右足處。灼龜是占卜過程中極為隆重的一道程序，須用特定的工具。《周禮・春官・菙氏》稱：「菙氏掌共燋契。」這燋契便是灼龜工具。關於燋，鄭玄注：「燋謂炬，存其火。」《說文解字》：「燋，所以然持火也。」《玉篇》釋：「炬火也。」董作賓謂：「燋之為物，實今之木炭。」（《商代龜卜之推測》）諸家解釋大同小異，可知燋為炭狀柴薪所燃起之火焰。關於契，杜子春注稱：「契謂契龜之鑿也。《詩》云：『爰始爰謀，爰契我龜。』」鄭玄注則引《士喪禮》「楚焞置于燋，在龜東」，以為「楚焞即契，所用灼龜也」。又謂：「楚，荊也。荊焞所以灼龜者。燋，炬也，所以然火者也。」賈公彥疏稱：「云楚荊者，荊本草之名，以其與荊州之荊名同，楚又是荊州之國，故或言荊也。荊焞所以灼龜者，古法灼龜用荊，謂之荊焞也。……是楚焞與契為一，皆灼龜之荊。」指產於楚地之荊條，燃以灼龜。龜甲作為占卜用之前，須經過整治，其燒灼處則先須鑽鑿，使之變薄，易於爆出裂紋。《周禮・春官・菙氏》又稱：「凡卜，以明火爇燋，遂吹其焌契，以授卜師。」所謂明火，杜子春注中以為是「陽燧取火於日」，即由陽光聚焦而產生之火焰，用以點燃荊焞。焌契，鄭玄注：「焌如戈鐏之鐏，謂以契柱燋火而吹之也。」鐏當是戈柄下端圓錐形之銅套，可柱戈入地。焌契，即以契架於燋火之上吹之使燃，其火力之熾熱，達到足以令龜甲鑽鑿處迅即爆裂，從而出現裂紋，此裂紋便是兆。兆紋之不同走向及形狀，便成了判斷吉凶之依據。⑳凡兆以千里徑為母兩翼為外　此句言判別兆紋走向之座標。以千里徑即平分龜甲之豎紋作為母線，其左右側為兩翼，靠近千里徑者為內，邊緣為外。㉑自「正立為木」至「細長芒動為水兆」　此以金木水火土五行附會兆紋之不同走向。灼龜甲而出現之裂紋，縱者為墨，即兆幹；橫者為坼，即兆枝。甲骨文中「卜」字，作⺊、卜、⺊、⺊諸形，皆象兆紋之縱橫之狀；而卜字之讀音，正是裂紋之爆發聲。《說文解字》段注卜音為「博木切」。董作賓謂：「今或讀作pu或puo其音同於爆、破。」關於兆紋與五行之對應，《禮記·玉藻》「君定體」賈公彥疏：「云體，兆象也者，謂金、木、水、火、土五種之兆。」又稱：「其兆直上向背者，為木兆；直下向足者，為水兆；邪向背者，為火兆；邪向下者，為金兆；橫者為土兆，是兆象也。」正立為木，是指兆幹，即墨是筆直的。正橫為土，指兆枝，即坼與兆幹向垂直。坼紋又可分為首、身、足三段：首指接近兆幹之處，足指尾部，中間一段稱身。內高，指坼之首部向上昂，是為金。外高，指坼之身部向上昂，是為火。細長芒動，指坼紋之足部走向或上或下裂紋細而長，是為水兆。如何據兆紋推斷吉凶，《史記·龜策列傳》褚少孫補文列有多例，其一為：「卜求財物，其所當得。得，首仰足開，內外相應；即不得，呈兆首仰足肣。」即求卜者先提出所卜問事為求財物，然後設定可得、不可得兩種不同兆象，最後依據燒灼龜甲後呈現的實際兆紋，經過推斷而作出預言：可得或不可得。㉒有仰伏倚著落起發摧折斷動之狀而知其吉凶　近衛校正德本曰：「『仰』上疑脫『俯』字。」是。俯仰、伏倚、著落、起發、摧折、斷動，都是描述坼紋之不同走勢。坼之身、首、足三部份，可以呈現出種種不同形態，或平或斜，或粗或細，或高或低，或俯或仰，或起或伏等。胡煦在《卜法詳考》一書中對兆象歸納為四十七種，且同一走勢，說法亦多有不同。如：「曰平者，無高下也。曰直者，不斜曲也。曰伏者，首足垂下也。曰落者，足垂也。曰折者，斷也。曰發者，大起也。曰滯者，足重也」等等。如何依據如此紛繁兆象判斷吉凶，胡煦在同書中作了如下概括：「凡兆言吉者，高、仰、旺、相、洪潤、明健、纖活、有情、矜管、平、直、圓實、剛振、輕清、浮、發、豁、靜、回，皆是也。凡言凶者，低、伏、臨、垂、脫落而漏、蒙昧而暗、灑淒、窃兜、縱橫、擢折、夾絲、拖墜、休囚、乖拗、枯朽、顛狂、衰野、滯蛀、戴白而出，皆是也。」以《漢書·文帝紀》所載文帝尚為代王，將被迎立為帝前的一次卜問為例：其時陳平、周勃已誅諸呂，遣使者迎立代王，「代王報太后，計猶豫未定。卜之，兆得大橫」。所謂「兆得大橫」，就是龜甲上呈現的兆紋為大橫，亦即正橫，屬土。於是卜人根據占書對大橫這一兆象的說明作了以下解釋：「占曰：『大橫庚庚，余為天王，夏啟以光。』」解釋中「余為天王」一句最為關鍵。「代王曰：『寡人固以為王，又何王乎？』卜人曰：『所謂天王者，乃天子也。』」於是代王乃遣太后弟薄昭見太尉勃，勃等具言所以迎立王者。昭還報曰：『信矣，無可疑者。』」㉓自「一曰受氣」至「十二曰葬」　此即正文中所謂「十二氣」。十二氣所表示的是包括人在內的萬事萬物從發生、發展到消亡的各個過程。十二氣與五行、天干地支一起，同為卜人用以推測事物處於何種狀態以論定吉凶的一種工具。據《三命會通》解釋，受氣，亦稱絕或胞，「以萬物在地中，未有其象，如母腹空，未有物也」。胎，指「天地氣交，氤氳造物，其物在地中萌芽，如人受父母之氣也」。養，意為成形，「萬物生在地中成形，如人在母腹成形也」。生，指生長，「萬物發生向榮，如人始生而向長也」。沐浴，又稱敗，「以萬物始生，形體柔脆，易為所損，如人生後三日，以沐浴之，幾至困絕也」。冠帶，意為長成，「萬物漸榮秀，如人具以冠也」。臨官，指長成之個體進入與外界交往階段，「如人之臨官也」。王，又稱帝旺，「萬物成熟，如人之興旺也」。老，又稱衰，「萬物皆衰老，如人之氣衰也」。病，「萬物皆有病，如人之有病也」。死，「萬物皆有死，如人之死也」。葬，又稱庫，「以萬物成功而藏之庫，如人之終而歸墓也」。㉔凡五兆之策三十有六　依五行為兆象分類，測吉凶之法有三十六算。《隋書・經籍志》及《新唐書・藝文志三》都著錄有《五兆算經》一卷，《龜上五兆動搖經訣》一卷，所言當係此種以五兆策算命運之方法一類。㉕筭　即「算」字。策算指以其他物品代替龜甲進行占卜，通過變易其數字同樣可以形成兆體。㉖六變而成卦　即通過六次變換而構成類似於卦象之卜兆。㉗二為甲乙三為丙丁四為戊巳五為庚辛六為壬癸　句中「巳」當為「己」。古人把天干與五行相對應，再分出陰陽，亦作為一種推算工具。如甲乙為木，甲木為森林之木，乙木為花草之木；丙丁為火，丙火為太陽之火，丁火為燈盞之火；戊己為土，戊土為大地之土，己土為田園之土；庚辛為金，庚金為斧鉞之金，辛金為首飾之金；壬癸為水，壬水為大海之水，癸水為雨露之水。㉘其用五行相生相剋相扶相抑　五行指金、木、水、火、土，其間有相生相克關係。相生指木生火，火生土，土生金，金生水，水生木；相克指木克土，土克水，水克火，火克金，金克木。相扶與相生對應，相抑與相克對應。㉙大抵與氣同占　句中「氣」字，南宋本與正德本均作「龜」。據近衛校稱當作「易」。指五兆占卜方法，大體與《周易》占卦之方法相同。

【語　譯】太卜令的職務是掌管卜筮的方法，國家有重大舉措，通過占卜來作出決定。丞做令的副職。占卜的方法有四類：一是龜，二是兆，三是易，四是式。凡是用龜占卜，要分辨龜的九種分類和五種顏色的區別，並依照春夏秋冬四時的差異使用不同的龜。這九類龜一是石龜，二是泉龜，三是蔡龜，四是江龜，五是洛龜，六是海龜，七是河龜，八是淮龜，九是旱龜。春天用甲緣為青色的龜，夏天用甲緣為紅色的龜，秋天用甲緣為白色的龜，冬天用甲緣為黑色的龜，四季的季月則用甲緣為黃色的龜。龜甲的形狀，上面龜背是圓形，下面腹甲呈方形，上圓象徵天，下方仿效地。甲上有十三塊紋格，象徵一年十二個月，還有一塊象徵閏月。龜甲的邊翼有二十八匡，效法二十八星宿。骨中有六個間隔，仿照金、木、水、火、土、穀六府。匡有八間，象徵八卦。龜背的紋印有十二柱，模仿一晝夜十二時辰。所以龜甲包含著整個天地，人們可以依此分辨出宇宙萬物了。要知道龜是否神靈，就看它的骨是否白皙如銀；要知道龜是否聖潔，就看它背上的千里徑是否正直；要知道龜的志向是否廣闊，就看它背上的十字紋是否端正成直角。燒灼龜甲，要分不同季節選用不同的部位。春天灼左邊靠近後腳處，夏天灼左邊靠近前腳處，秋天灼右邊靠近前腳處，冬天灼右邊靠近後腳處。灼龜所出現的兆紋，以中背中間的豎紋即千里徑作為「母」線，它的左右兩翼稱為「外」。兆紋正立的部位為木，正橫的坼紋為土，內高的為金，外高的為火，足部細長芒動的為水兆。兆紋〔有俯〕有仰，有伏有倚，有著落、有起發，有摧折還有斷動等各種形狀，依據這些不同的形狀，可以測知所卜問的事由或吉或凶。此外，觀察這五行兆象，還須知道十二氣的名稱：一是受氣，二是胎，三是養，四是生，五是沐浴，六是冠帶，七是臨官，八是王，九是老，十是病，十一是死，十二是葬。依照這十二個方面去占問。關於五兆的策算，共有三十六算。用三十六算的方法，經過六變可以成卦：一變為兆，再變成卦，二為甲乙，三為丙丁，四為戊己，五為庚辛，六為壬癸。關於運用的方法，是依照五行之間相生、相剋、相扶、相抑的關係，大體上與氣〔《易》〕占的方法相類同。

【說　明】在《周禮・春官》太卜的屬官中，龜人、菙氏、占人、卜師這樣一些官稱，由其分工，大體可以知道龜卜的整個過程。要龜卜，首先得有龜，取龜便是龜人的職掌之一。自商周至漢，龜是由各地貢來的。在商代，貢龜的數量，常常刻於甲橋、中尾或背甲上。胡厚宣曾經作過一個統計，以為商代共有過貢龜四百九十一次，共貢一萬二千餘版。《史記・龜策列傳》記載：「神龜出於江水中，盧江郡常歲時生龜長尺二寸者二十枚，輸太卜官。」這已是漢代的事。盧江，即今江西九江附近的江段，那裡確實是龜的產地。江上百姓得到龜是不能殺的，只能上貢於官府。那時龜被視為靈物，只有明王聖主才能殺而用之。盧江的龜大到一尺二寸，實際使用的，當然不可能都有那麼大。從殷墟出土的龜甲看，卜用的龜大小不一，一般在五六寸至七八寸之間，其中最大的殷武丁時期的一枚龜甲，董作賓測量其長度為四十四釐米，寬三十五釐米。據陳夢家在《殷墟卜辭綜述》一書中引用生物學家卡美辛氏鑒定的材料說，這些龜大都產在今福建、廣東、廣西、海南等地區，那些長一尺二寸的大龜與馬來半島所產的龜為同種。當然長江流域也是龜的重要產區。商代都今安陽，那麼大量的卜用龜不可能產於本地，只能主要依靠各地，特別是南方地區的貢龜。

一般是每年秋季取龜，待第二年春季加以攻治，才能成為合格的占卜用龜。《周禮・春官・龜人》：「取龜用秋時，攻龜用春時。」鄭玄注：「攻，治也。治龜骨以春，是時乾解不發傷也。」清代胡煦以《卜法詳考》解釋說：「秋，物成之時，故秋取之。歷冬至春而乾，故春攻之。可知取龜之時即殺龜之時也。若是生龜，歷冬至春，何乾之可言。取之在秋，攻之在春，攻龜為釁龜而言，非謂至春始殺之也。」殺龜也屬龜人職掌。將龜之腹腸及皮肉去掉，留下空殼，然後作出分類，在周代是藏之於龜室。到第二年春天，龜甲已晾乾水份而變得堅硬，便可舉行釁龜的儀式。《周禮・春官・龜人》稱：「上春釁龜，祭祀先卜。」釁龜是把牲血塗在龜甲上，用以祭祀最先發明和使用龜卜的聖人。釁龜用牛血，卜辭中有「㚔龜三牛」的話，董作賓認為「㚔龜」即釁龜，意謂釁龜時用了三條牛。《管子・山權數》中亦有「一日而釁之以四牛」的記載。龜甲經釁，才能進行攻治。攻治有四道工序：一是鋸。由於龜甲的背甲凸起程度較大，先須沿千里徑將它一鋸為二。商代鋸龜的工具係青銅所製。二是刮。把龜甲表面一層膠質鱗片，包括鱗片的紋痕，都刮去。刮去這些自然紋痕，是為了便於書寫卜辭和燒灼後看清兆紋。三是銼，使龜甲進一步平坦和變薄。董作賓說：「今所出土之大龜甲，其版面甚薄，知其二面錯治之故。且全體平整如簡牘，甚美觀也。」（〈商代龜卜之推測〉）最後第四道工序是，再作一些打磨，使龜甲表面顯得光滑美觀，然後便是對預擬燒灼的部位進行鑽與鑿。鑽鑿點通常成◯◯形。凡有此孔穴處，甲殼更薄如絹紙，一遇烈火，即刻爆裂。其所以要鑽鑿成◯或◯形狀，是因此種預設，燒灼後易於呈現「卜」或「┤」形兆象。通常一枚龜甲可占卜不止一次，至於可鑽鑿多少孔穴，似乎要視甲片的大小，還包括鑽鑿者技術的熟練程度而定。《莊子》中有所謂「七十二鑽而無遺策」之語，董作賓認為「策」即「冊」，指龜板，即一枚甲片可容納七十二鑽。這可能指中型龜板。西元一九三六年的一次殷墟發掘中，有一長四十四釐米、寬三十五釐米的大型龜版，其背面的鑽鑿孔穴多達二百零四個。龜甲經過以上四道工序，龜人便完成了自己全部職司，於是遇到祭祀時，便可「奉龜以往」。

但對龜卜來說，這還只是完成了材料的準備階段。接下去，作為舉行正式龜卜儀式前奏，便是命龜。《周禮・春官・太卜》：「以邦事作龜之八命。」鄭玄注：「國之大事待著龜而決者有八，定作其辭于將卜以命龜也。」就所卜之大事撰寫命龜之辭，這是太卜的職掌。《史記・龜策列傳》錄有命龜之辭的一種格式：「靈龜卜祝曰：『假之靈龜，五巫五靈，不如神龜之靈，知人死，知人生。某身良貞，某欲求某物。即得也，頭見足發，內外相應；即不得也，頭仰足肣，內外自垂。可得占。」文中所謂「頭見足發」、「頭仰足肣」，便是可得或不可得兩種兆象的預設，以便與灼龜後實際呈現的對照、驗證。命龜後，才進入占卜的實質性的程序，那便是灼龜。灼龜用的工具是菙氏掌管的燋契。《周禮・春官・菙氏》稱：「菙氏掌共（通「供」）燋契以待卜事。」這個燋契便是由荊條點燃的炭火，亦稱為契柱。灼龜時把它放在龜背經過鑽鑿的部位，不斷吹氣，使它具有熾熱的火力，直至相對於鑽鑿孔穴處的龜版發生爆烈，呈現兆象。此事一般屬占人的職掌，稱占龜。《周禮・春官・占人》：「占人掌占龜。」關於灼龜的部位，《史記・龜策列傳》稱：「卜先以造灼鑽。」注引《索隱》：「造謂燒荊之處。」胡煦在《卜法詳考》中亦說：「其灼處必在契刻（即鑽鑿處）之上。」從殷墟出土的實物看，大多灼於鑽中處，無鑽者則灼於緊挨鑿處之左或右，鑽、鑿之處，都是龜甲背面離正面最薄的地方。契柱的火力足以令鑽鑿處很快爆裂，從而使龜甲正面出現兆幹和兆枝。關於兆的特徵，據《周禮・春官・占人》提到的有體、色、墨、坼四種。體與色，都是就兆的整體狀況而言，如體有金、木、水、火、土五種，即所謂五兆；色也有五種，鄭玄注稱：「五色者，《洪範》所謂曰雨、曰霽、曰蒙、曰驛、曰克。」墨，是指兆幹，即粗大的裂紋；坼，是指兆枝，即細橫紋，以其走向，又分首、身、足三部份，它們對判斷兆象的吉凶具有特別重要的意義。董作賓在《商代龜卜之推測》一文中說：「蓋龜背之見兆文，定吉凶，全視卜兆之橫劃為準。」所謂以「橫劃為準」，也就是本章正文指出的以坼紋「〔俯〕仰、伏倚、著落、起發、摧折、斷動之狀，而知吉凶。」辨兆論定吉凶後，還有最後一道程序，便是將與此次占卜有關事項書契于龜甲之上。書是用筆寫，契是用刀刻。書契的目的，是用以作為考察卜官政績的依據，即《周禮・春官・占人》所謂「歲終則計其占之中否」。同時，經過書契的龜甲，也便於分類集中保藏，構成王室的檔案。正由於這層緣故，殷墟甲骨文成了今天我們研究商代歷史的寶貴資料。

在商周時代，占卜官員實際上起著參預決策的重要作用，他們該是當時具有一流文化素養的人材。經過長期的占卜實踐，積累了豐富的經驗，並撰作了眾多上升到理性的著作。如《周禮・春官・太卜》提到：「太卜掌三兆之法：一曰玉兆，二曰瓦兆，三曰原兆。」這《玉兆》、《瓦兆》、《原兆》，有的學者便認為是夏、商、周三代解釋卜兆的占書。又稱：「其經兆之體，皆有百二十，其頌皆千有二百。」這體即是兆體，有一百二十之多。頌，指繇辭，是解釋兆體吉凶的文字，有一千二百條，即每體平均有十條繇辭。每部占兆之書很可能分成四個部份，這從《周禮・春官・卜師》的下述記載中可以看出：「卜師掌開龜之兆，一曰方兆，二曰功兆，三曰義兆，四曰弓兆。」至於占書如何區分四兆，連鄭玄也考究不出，只好在注中說「未聞」。這些占書可惜早已散佚，其形態應當與《周易》相彷彿。《周易》言八卦，占書所論則為四兆。所幸占書的繇辭，在先秦典籍中依稀還能見到一些。如《左傳・莊公二十二年》：「初，懿氏卜妻敬仲，其妻占之曰：『吉。是謂鳳凰于飛，和鳴鏘鏘。有嬀之後，將育于姜。五世其昌，并于正卿。八世之後，莫之與京。』」按「鳳凰于飛，和鳴鏘鏘」二句便是繇辭，後面六句則是卜者因事增入之詞。後來這八句亦往往一起被作為繇辭使用。再如《左傳・僖公四年》：「初，晉獻公欲以驪姬為夫人，卜之不吉，筮之吉。公曰：『從筮。』卜人曰：『筮短龜長，不如從長。且其繇曰：專之渝，攘公之羭，一薰一蕕，十年尚猶有臭。必不可。』弗聽，立之。」「繇曰」以下十七字亦為繇辭。秦漢時亦尚能零星見到一點，如我們在本章㉒注中已引的《漢書・文帝紀》「占曰」以下那十二字，也該是繇辭。繇辭的體例與《周易》的卦辭、爻辭相近，只是沒有《周易》「八卦」那樣嚴整。後來易筮逐漸取代龜卜，原因主要是龜甲的製作，龜卜的操作，過於繁難，繇辭又不夠規整，這樣當占卜流傳範圍進一步擴大時，較為簡易的筮卜便逐漸取代了龜卜。

三

凡《易》之策四十有九❶。用四十九筭分而揲之❷，其變有四：一曰單爻，二曰拆爻，三曰交爻，四曰重爻❸，凡十八變而成卦❹。又視卦之八氣❺：王、相、囚、死、胎、沒、休、廢，及飛伏、世應❻而使焉。凡八純之卦，十六變而復❼：初為一變，次曰二變，三曰三變，四曰四變，五曰五變，六為游魂，七為外戒，八為內戒，九為歸魂，十為絕命，十一為血脈，十二為肌肉，十三為體骨，十四為棺槨，十五為冢墓。凡內卦為貞，朝占用之；外卦為悔，暮占用之[8]。凡式占辨三式[9]之同異。一曰《雷公式》[10]，二曰《太乙式》[11]，並禁私家畜；三曰《六壬式》[12]，士庶通用之。凡用式之法，《周禮》[13]：「太史抱天時，與太師同車[14]。」鄭司農[15]云：「抱式以知天時[16]也。」今其局以楓木為天，棗心為地，刻十二辰，下布十二辰[17]，以加占為常，以月將加卜時[18]，視日辰陰陽以立四課[19]：一曰日之陽，二曰日之陰，三曰辰之陽，四曰辰之陰。四課之中，察其五行[20]，取相剋者，三傳為用[21]。又辨十二將、十二月神。十二將以天一為首，前一曰螣蛇，二朱雀，三六合，四勾陳，五青龍；後一曰天后，二太陰，三玄武，四太常，五白獸，六天空[22]。前盡於五，後盡於六，天一立中，為十二將。又有十二月之神[23]：正月登明[24]，二月天魁[25]，三月從魁[26]，四月傳送[27]，五月小吉[28]，六月勝先[29]，七月太卜[30]，八月天閏[31]，九月太衝[32]，十月功曹[33]，十一月大吉[34]，十二月神后[35]。凡陰陽雜占，吉凶悔吝[36]，其類有九[37]，決萬民之猶豫：一曰嫁娶，二曰生產[38]，三曰歷注[39]，四曰屋宅，五曰祿命，六曰拜官，七曰祠祭，八曰發病，九曰殯葬。凡歷注之用六，一曰大會，二曰小會，三曰雜會，四曰歲會，五曰除建[40]，六曰人神[41]。凡祿[42]命[43]之義六，一曰祿，二曰命，三曰驛馬[44]，四曰納音[45]，五曰湴河[46]，六曰月之宿[47]也。皆辨其象數[48]，通其消息[49]，所以定吉凶焉。

【章　旨】論述以《易》卜之策數、方法、格式及應用。

【注　釋】❶凡易之策四十有九　語出《周易・繫辭上》。原文為：「大衍之數五十，其用四十有九。」衍，演也。先秦稱算卦為衍，漢人稱演。金景芳《易通》謂：「當作『大衍之數五十有五』，轉寫脫去『有五』二字。」〈繫辭上〉：「凡天地之數五十有五，此所以成變化而行鬼神也。以一至十十個數字中之單數為天數，其和為二十五；偶數為地數，其和為三十。如此則天地數之總和即為「五十有五」。以此天地之數用於筮卜，除去六策以象徵一卦六爻之數，實際用於筮卜的為四十九策，即四十九根蓍草。❷四十九筭分而揲之　筭，即「算」字。此處指用以策算之蓍草。揲，陸德明曰：「揲，猶數也。」《說文解字》：「揲，閱持也。」全句大意為手持四十九根蓍草分而數之。其計數方法有一定規則。《周易・繫辭上》：「其用四十有九，分而為二以象兩。掛一以象三。揲之以四，以象四時。歸奇于扐以象閏。五歲再閏，故再扐而後掛。」這段文字，據朱熹《周易本義》附載〈筮儀〉之解釋，及近代學者之相關著述，綜合而簡化之，大意為：先將四十九策蓍草分為兩部份，一部份橫置於上方，以象天；一部份橫置於下方，以象地。再從上方之蓍草中抽出一策，豎置於上下兩部份之間，以象人立於天地之間。這樣天、地、人三才俱備，故稱「掛一以象三」。然後把上方之蓍草以四策為一組分數之，這便是「揲之以四，以象（春、夏、秋、冬）四時」。在揲四之後，將所餘之蓍草，無論其為一策、二策、三策或四策，置於卦蓍之左旁，或挾在手指間，以象徵閏月，即所謂「歸奇于扐以象閏」。「五歲再閏」，是指按古代曆法，五年之中有兩次閏月。故在歸奇之後，對下方之蓍草再揲之以四，揲過之策，仍置於下方。將所餘之蓍草，無論其為一策、二策、三策或四策，置於卦蓍之右旁，或挾在手指間，此稱「後掛」，即為再歸奇於扐。這兩次歸奇掛扐，象徵五年之中的兩次閏月。以上為一變。然後再將餘下的蓍草併而為一（掛在中間的蓍草不動）如上法第二次揲之，是為二變。如此三變，始得一爻。其結果是上下兩部份蓍草有四種可能：一是九揲，即為三十六根蓍草，此即為「老陽」之爻，為可變之陽爻；二是七揲，即為「少陽」之爻，為不變之陽爻；三是六揲，即為「老陰」之爻，為可變之陰爻；四是八揲，即為「少陰」之爻，為不變之陰爻。最後成為現實的，自然只有其中一種可能性。三變始成一爻，一卦有六爻，故須十八變始成一卦。這便是以筮法算卦的大體過程。❸自「其變有四」至「四曰重爻」　即前注所言每一變的四種可能，即出現九、六、七、八這四個數字的可能。筮家稱九為重爻，八為拆爻，七為單爻，六為交爻。❹凡十八變而成卦　指筮卜時，三變成一爻，一卦六爻，故十八變而成一卦。變是指蓍草策數的變化。易卦的基本符號是「⚊」與「⚋」；「⚊」為陽爻，「⚋」為陰爻。三次變更蓍草揲數的結果，無非是九、六、七、八四種可能中之一種。其中九、六分別稱老陽、老陰，為可變之爻；七、八分別稱少陽、少陰，為不可變之爻。這樣經十八變得六爻而形成一卦，稱本卦，若其中有老陽、老陰之爻，須分別由陽爻變為陰爻，或由陰爻變為陽爻，其變化後形成之卦稱變卦。從某卦變到某卦稱為「某卦之某卦」。筮卜時，要參照本卦、六卦的變動情況，結合卦爻辭以推斷其象數，分辨其義理，再依據所占卜事宜而後得出結論。朱熹在《易學啟蒙》中曾歸納出七條《易》筮推占的法式：一、「一爻變，則以本卦爻辭占」；二、「二爻變，則以本卦二變爻辭占，仍以上爻為主」；三、「三爻變，則占本卦及六卦之彖辭（即卦辭，下同），而以本卦為貞（即內卦），六卦為悔（即外卦）」；四、「四爻變，則以六卦二不變卦爻占，仍以下爻為主」；五、「五爻變，則以六卦不變爻占」；六、「六爻變，則〈乾〉、〈坤〉占二用（指〈乾〉卦用九辭及〈坤〉卦用六辭），餘卦占六卦之彖辭」；七、「六爻皆不變，則占本卦彖辭」。這把易筮過程中可能遇到的各種情況大體都已歸納在內。❺又視卦之八氣　指卦之八種狀態，即下述所謂王、相、囚、死、胎、沒、休、廢。❻飛伏世應　指兩種於推斷吉凶具有特別意義的卦象。其說出自漢代京房所創之八宮卦例。所謂八宮卦的基本體例，是以《周易》六十四卦中的乾、坤、震、巽、坎、離、艮、兌八純卦為本宮，各變出七卦。凡純卦初爻變，所成之卦稱「一世卦」；二爻變，所成之卦稱「二世卦」；三爻變，所成之卦稱「三世卦」；四爻變，所成之卦稱「四世卦」；五爻變，所成之卦稱「五世卦」；上爻不變而回變已變之第四爻，所成之卦稱「遊魂卦」；最後變遊魂卦之下體三爻，終成「歸魂卦」。如以純卦〈乾〉（䷀）為例，初爻變，成一世卦〈姤〉（䷫）；二爻再變，成二世卦〈遯〉（䷠）；三爻再變，成三世卦〈否〉（䷋）；四爻再變，成四世卦〈觀〉（䷓）；五爻再變，成五世卦〈剝〉（䷖）；上爻不變，回變〈剝〉之第四爻，成遊魂卦〈晉〉（䷢）；最後變〈晉〉之下體三爻，成歸魂卦〈大有〉（䷍）。如此由八純卦衍變為六十四卦，八純卦分領八宮，成為獨具特殊規律的六十四卦卦象組合，即稱八宮卦。飛伏、世應分別是八宮卦體系中的重要條例。飛，指八宮卦中某宮、某世卦或遊魂、歸魂卦已顯現的「世爻」的卦象；伏，指「世爻」所由變成的，或與之相對的隱伏不顯的卦象。凡飛伏之象，必陰陽相對，飛陽則伏陰，飛陰則伏陽；其所昭示的是陰陽之間矛盾對立、盈虛消息的原理。故徐昂《京氏易傳箋》說：「陰陽消長，斯有飛伏。顯者飛而隱者伏，既飛則由顯而隱，既伏則由隱而顯。飛中有伏，伏中有飛，消息循環，罔有盡時。」世應中之世，指某卦在八宮卦中屬某宮之第幾世卦，則其相應之爻即為世；其中本宮卦以上爻為世，遊魂卦同四世，歸魂卦同三世。應，指確定世爻之後，此爻若為初爻，即與上爻應，二爻與五爻應，三爻亦與上爻應，反之亦然。世應之說，在京房《易》學中佔有重要地位，且為歷代所重，成為筮卦占斷基本法則之一。尚秉和《周易古筮考》稱：「世應者，卦中之主，所恃以推吉凶者也，略如貞悔（貞指內卦，悔指外卦）。世為我，應為彼。然世應究值何爻，仍原本于遇卦之本宮。」❼八純之卦十六變而復　八純之卦，指六十四卦中以八卦自身相重而成的八個六畫卦。其卦各以三畫卦之本名為名，即二乾相重為〈乾〉卦（䷀），二坤相重為〈坤〉卦（䷁），二震相重為〈震〉卦（䷲），二巽相重為〈巽〉卦（䷸），二坎相重為〈坎〉卦（䷜），二離相重為〈離〉卦（䷝），二艮相重為〈艮〉卦（䷳），二兌相重為〈兌〉卦（䷹）。此八純卦十六變而復，即相重。下文原注便是十六變之名稱及其不同狀態。❽內卦為貞朝占用之外卦為悔暮占用之　意謂早晨占卜用內卦稱貞，晚上占卜用外卦稱悔。《尚書・洪範》：「曰貞，曰悔。」鄭玄注：「內卦曰貞，外卦曰悔。」賈公彥疏：「筮法，爻從下起，故以下體為內，上體為外。下體為本，故而重之以下卦為貞。貞，正也，言下體是其正。」鄭玄又云：「悔之言晦，晦，猶終也，晦是月之終，言上體是其終也。下體言正，以見上體之不正；上體言終，以見下體為始，二名互相明也。」《易傳》亦以下卦為內卦，上卦為外卦，將二經卦上下之位，視為內外之位。如六十四卦中之〈明夷〉（䷣），其內卦為離（☲），外卦為坤（☷）。內文明而外柔順。」離，文明也；坤，柔順也。指人內有文明之德，外抱柔順之態度。離卦象日，坤卦象地，猶若日入地中，光明殞傷，故名「明夷」。離在內為文明，坤在外為柔順，喻示有德君子而身逢亂世，則宜持自晦其明、守正不移之雅操。此處則指朝占用內卦之卦辭，暮占用外卦之卦辭。❾三式　式為卜卦之各種格式。此指唐代流行的三種占卜格式即下述原注所言之雷公式、太乙式和六壬式。❿雷公式　《新唐書・藝文志》著錄有《雷公式經》一卷。⓫太乙式　《隋書・經籍志》著錄有《太乙龍首式經》一卷，董氏注，梁三卷。《太乙經》二卷，宋混撰。《太乙式雜式》十卷，梁二十卷。《新唐書・藝文志》著錄有《太乙式經》二卷，《太乙式經雜占》十卷，《太乙九宮雜占》十卷。太乙亦作「太一」，為天神之別名，又作萬物之本源。此外亦指占術格式的一種。⓬六壬式　《隋書・經籍志》著錄有《六壬式經雜占》九卷，梁有《六壬式經》三卷，已亡。《新唐書・藝文志》著錄有《六壬式經雜占》九卷。按：在上述三種占式中，在唐代雷公式及太乙式之占經禁止私家持有，唯六壬式允許民間通行，故三式中亦以六壬式流傳最廣。現存有明郭載騋所校《六壬大全》十二卷，袁祥撰《六壬大全》三十三卷。在六壬式體系中，五行以水為首，五行與十天干相對應，壬癸皆屬水，壬為陽水，癸為陰水，捨陰取陽，故名壬。六十甲子中，屬壬有六：壬申，壬午，壬辰，壬寅，壬子，壬戌，故名六壬。六壬共有七百二十課，其中有天盤、地盤、十二將、十二月神，加臨漸近奇遁九宮之式，由干支而有四課，也為二儀四象，由發用而有三傳；以一生三、三生萬物以至六十四課，以仿《周易》之六十四卦，用以占卜吉凶禍福。此下正文「凡用式之法」下之原注，即是唐時六壬式之占法。沈括《夢溪筆談》曾論及一二。⓭周禮　儒家經典之一。係搜集周王室官制和戰國時各國制度，添附以儒家政治理想，增減排比而成之彙編。⓮太史抱天時與大師同車　《周禮・春官・大史》原文作「大師，抱天時與大師同車」。前一「大師」，指大起軍師，即有大規模軍事行動；後一「大師」，指統率軍隊軍師。此處把前一「大師」改為「太史」，意為有大的軍事行動時，由太史抱持占候天時之圖籍與大師同車。⑮鄭司農　字仲師，河南開封（今河南開封）人。曾任給事中，建初六年（西元八十一年）代鄧彪為大司農，故稱其為鄭司農。傳其父之古文經學，兼通《易》、《詩》，注《周禮》。曾受詔作《春秋刪》，已佚。清．馮國翰《玉函山房輯佚書》輯有《周禮鄭司農解詁》六卷。⑯抱式以知天時　《周禮．天官．大史》鄭司農原注為：「太史抱式以知天時，處吉凶。史官主知天道。」賈公彥疏：「抱式者，據當時占文謂之式，以其見時候有法式，故謂載天文者為式。知天時處吉凶者，候天時知吉凶以告王，故云處吉凶。」由此可知敘述占文之冊籍為式。⑰刻十二辰下布十二辰　與下文相對應，當是「刻十二將，下布十二辰」。前一「辰」字為「將」之訛。⑱以加占為常以月將加卜時　指卜算推衍時，都要加占，如地盤式，加天盤式，加貴神式。月將，指十二月神及十二將。在占卜時，追加求卜時的日辰，從而使占卜過程更加繁瑣。其方法如《龍首經》上，有〈占諸更吉凶遷否法〉稱：「以月將加時日辰及人年，得吉神將上下相生，即大吉。其神又有王相氣時，加王相之鄉得遷。非此者皆凶，得休氣且免官退罷。囚氣且繫，上下又相賊，有罪。死氣凶惡神。傳得吉神，將有救。」⑲視日辰陰陽以立四課　日辰，天干地支。沈括《夢溪筆談》卷七〈象數一〉：「以十干言之，謂之今日；以十二支言之，謂之今辰，故干支謂之日辰。」天干與地支皆分陰陽，天干以甲、丙、戊、庚、壬為陽，以乙、丁、己、辛、癸為陰；地支則以子、寅、辰、午、申、戌為陽，以丑、卯、巳、未、酉、亥為陰。因而天干、地支各有陰陽二課，故稱「以立四課」。⑳四課之中察其五行　意謂再將日辰即干支中各自之陰陽四課與五行相配比。以十天干與五行相配，則木為甲、乙，火為丙、丁，土為戊、己，金為庚、辛，水為壬、癸。以十二地支與五行相配，則無法規整劃一，因而難免有重複：以寅、卯、辰為木，巳、午、未為火，辰、戌、丑、未為土，申、酉、戌為金，亥、子、丑為水。㉑取相剋者三傳為用　指上述四課中各自所屬之五行，須選取其相剋者下傳。五行間有相生相剋關係。相剋指木剋土，土剋水，水剋火，火剋金，金剋木。依此順序向左或右下傳三次。右傳者，若始於木，則一傳於火，二傳於土，三傳於金；左傳者，若始於土，則一傳於火，二傳於木，三傳於水。㉒自「天一為首」至「六天空」　六壬式中十二將之名稱及位次。此十二將原多為星辰或神話傳說中動物之名，陰陽家將其納入方術體系後，出於裝神弄鬼的需要，作了完全不同的解釋。《六壬大全．十二將釋》有詳解，茲姑據以簡注如下：天一，為十二神主將。又稱艮神。往返於天地之間，並依據一定周期巡視八方。據稱凡其所值之方不得冒犯，出行者須避忌。螣蛇，位居前一。丁巳火旺六十日凶將。主文字、虛譽、公信、小財。遇水火之交，其戾主火燭、驚恐、怪夢、火光、官司、口舌、血光等事。朱雀，位居前二。丙午火夏旺春相凶將。得地則吉，主文章、印信、敕命、服色、王庭事；失地則凶，主火燭、口舌、疾病、獄訟、失財、馬畜災傷等事。六合，位居前三。乙卯木旺春三月六乙日吉將。係和合之神，主婚姻、喜慶、信息、求望、交易、胎產、媒妁、牙保、陰私、財物、文契等。勾陳，位居前四。戊辰土旺四季凶將。主兵戈、官訟、公事、印信、虎符、留連等。青龍，位居前五。甲寅木旺春三月吉將。主文字、財帛、舟車、林木、衣服、書契、官府、升遷、僧道、高人、婚姻、喜慶、媒妁、胎產、宴會、男藥之屬。天后，位居後一。壬子水旺冬三月吉將。主宮廷、陰私、喜慶、婦人、財物、婚姻、胎產、賞赦、恩澤等。太陰，位居後二。辛酉金旺秋三月吉將。主婦女、財帛、金銀、錢物、喜慶、陰私、婚姻。玄武，位居後三。癸亥水旺冬三月凶將。主智慧、文章、巧技、求望財物、干謁貴人。太常，位居後四。乙未土旺四季各十八日吉將。主文章、印綬、公裳、服飾、信息、交關、酒食、宴樂、絹帛、田地、五穀之屬。白獸，原為「白虎」，因避唐高祖李淵祖李虎名諱而改。位居後五。庚申金旺秋三月凶將。主道路、信息、兵戈、動眾、權威、財帛、犬馬、金銀、寶物。天空，位居後六。其所以有「天空」之名，據《夢溪筆談・象數一》解釋是，十二將中天一為主將，其餘居前和居後十將，分別為木火之神和金水之神，各自相對；「唯貴人（指天一）相對無物，如日之在天，月對則虧，五星對則逆，避之莫敢當，其對貴人亦然，莫有對者，故謂之『天空』。空者無所有也。以之占事吉凶皆空也，唯求對見及有所伸理於君者，遇之乃吉。」㉓又有十二月之神　六壬式十二月神之名，原亦多為星辰名，陰陽家稱之為神，借以作為推衍方術的某種符號。《六壬大全》又將此十二神與天干地支、五音五味、星辰分野以至屬相等對應起來，形成了一個龐大斑雜的系統。以下簡注即摘自該書。㉔登明　六壬式正月神，亥。壬寄其上，木生其下，玄武之象。音角，數四，味鹹。星實、壁，禽豬、貐、熊，宮雙魚，分野衛、并州，屬豬，位天門。所主禎祥、徵召、陰私、自刑，為極陰之位。又主爭訟、獄囚、取索、亡失等。㉕天魁　亦作河魁。六壬式二月神，戌。辛寄其上，火墓其下，天空之象。音商，數五，味甘。星奎、婁，禽狼、狗、豺，宮白羊，分野魯、徐州，屬犬。所主欺詐、印綬及奴婢逃亡。若發用舊事重新之家，又主虛耗、失錢物等。㉖從魁　六壬式三月神，酉。正祿不受所寄，太陰之象。音羽，數六，味辛。星胃、昴，禽雉、雞、烏，宮金牛，分野趙、冀州，屬雞，位止西。所主陰私、解散、賞賜，又主金、刀、奴婢、信息。㉗傳送　六壬式四月神，申。庚寄其上，水生其下，白虎之象。音徵，數七，味辛。星觜、參，禽猴、猿、猱，宮陰陽，分野晉、益州，屬猴，位西南。所主道路、疾病、信耗事。㉘小吉　六壬式五月神，未。丁寄其上，木墓其下，太常之象。音徵，數八，味甘。星井、鬼，禽犴、羊、鷹，宮巨蟹，分野秦、雍州，屬羊，位西南方。所主酒食、婚姻、祠、祀事。㉙勝先　一作勝光。六壬式六月神，午。正祿無寄，朱雀之象。音宮，數九，味苦。星柳、昴、張，禽獐、馬、鹿，宮獅子，分野周、兩河，屬馬，位正南。所主光怪、絲綿，又主文書、官事。㉚太卜　《夢溪筆談・象數一》作「太乙」。六壬式七月神，巳。丙寄其上，金生其下，騰蛇之象。音角，數四，味苦。星翼、軫，禽蛇、蚓、蟬，宮雙女，分野楚、荊州，屬蛇，位南方。所主鬥爭、口舌、憂驚、怪異事，又主飛禍、賞賜等。㉛天閏　《夢溪筆談・象數一》作「天罡」。六壬式八月神，辰。乙寄其上，水土墓其下，勾陳之象。音商，數五，味甘。星角、亢，禽蛟、魚、龍，宮天秤，分野鄭、襄州，屬龍，位東南方近東多。所主鬥訟、死喪、田宅、舊事，專主獄訟、官府。唐・易靜〈兵要望江南・占六壬〉：「三刑內，最惡是天罡。或是季兮為日上，沖加四煞必相傷，夜即恐驚亡。」本注：「魁罡臨日，主大將死；臨辰，主小將死；日辰俱臨，俱死。」㉜太衝　亦作大衝。六壬式九月神，卯。正祿無寄，六合之家。音羽，數六，味酸。星氐、房、心，禽狢、兔、狐，宮天蝎，分野宋、豫州，屬兔，位正東。所主驛馬、船車。㉝功曹　六壬式十月神，寅。甲寄其上，火生其下，青龍之象。音徵，數七，味酸。星尾、箕，禽虎、豹、貓，宮人馬，分野燕、幽州，屬虎，位東北。所主水器、文書、婚姻、財帛、官吏之事。㉞大吉　六壬式十一月神，丑。癸寄其上，金墓其下，貴人之象。音徵，數八，味甘。星斗、牛，禽獬、牛、龜，宮磨蝎，分野吳、揚州，屬牛，位北方。所主園圃及鬥爭事，專主田宅、財帛、宴喜。㉟神后　六壬式十二月神，子。正祿無寄，天后之象。音宮，數九，味鹹。星女、危、虛，禽蝙、鼠、燕，宮寶瓶，分野齊、青州，屬鼠，位正北。所主陰私、暗昧、婦女之事。㊱悔吝　猶言悔恨。《易・繫辭上》：「悔吝者，憂虞之象也。」《抱朴子・自敘》：「悔吝百端，憂懼競戰。」㊲其類有九　指一般在民間問卜的事由有九個類別。即下文原注所言嫁娶等九類。實際問卜類別要遠遠超過此數。在《古今圖書集成・六壬大全・類占》中便列有數十類，包括天文、地理、選舉、官爵、謁見、家宅、婚姻、胎產、出行、行人、求財、商賈、訟獄、賊盜、逃亡、占叩門何人等，以及行人占、求財占、疾病占、賭博占、搖會占、渡江過水占、堪輿地占、乘舟占之類，內容十分寬泛。《龍首經・六壬十二經》中所列的占課類別，不限於一般官民，亦有帝王卜疑的某些方面，如占歲利道吉凶法，占月利道吉凶法，占月吉日嫁娶祠祀法，占月宿何星法，占星宿吉凶法，占天倉天府法，占知臣吏心善惡法，占人君欲拜署五官法，占諸君吏吉凶法，占諸吏吉凶遷占法，占諸吏安官否法，占諸郡縣有盜賊否法，占殺人亡命可得與否法，占被盜無名盜可得否法，占聞盜吉凶亡人所在欲捕得否法，占問囚徒知得實情否法，占知囚繫罪輕重法，占諸遠行使出吉凶法等。㊳生產　指生育兒女之事。《隋書・經籍志》著錄有《生產符儀》、《產圖》、《推產婦何時產法》等占問孕婦生產吉凶類書。㊴歷注　歷通「曆」。歷注，指曆書上有關吉凶宜忌一類附注。《隋書・經籍志》、《舊唐書・經籍志》五行類著錄有《黃帝飛鳥曆》、《黃帝四神曆》、《太乙土遊曆》、《六壬曆》等多種。此類曆書一般都有年神方位、月事吉凶神、日事總事、用事宜忌等附注，用以推算不同時日、不同方位舉事之吉凶。敦煌莫高窟發現的漢元康三年（西元前六十三年）木簡曆書首次出現「建」字曆注。東漢永元六年（西元九十四年）的木簡曆注中已有了建、除、平、定、執、破、危、開、閉等多字。至清代由欽天監頒發的時憲曆書，更可說成了曆注大全。㊵除建　通常稱建除。陰陽家把天上十二辰分別象徵十二種人事狀況，即建、除、滿、平、定、執、破、危、成、收、開、閉。因首二字為「建除」，故名。建日為吉日，諸事皆吉；除日宜去舊迎新，餘不吉；滿日宜祭祀祈願，餘不吉；平日萬事皆吉；定日宜宴會、協議，忌醫治、訴訟；執日宜新建、種蒔，忌遷居、旅行；破日萬事不利；危日萬事皆凶；成日宜婚姻、開業、入學，不利訴訟；收日宜事之終者，不宜事之始者，故宜收穫、貯財，不宜旅行、成禮；開日宜婚姻、開業，忌出葬等凶事；閉日萬事皆凶。㊶人神　陰陽家認為人體中各主要部位均有神在，稱之為人神。人神之所在又隨時日干支而變換，古代曆書上注有人神逐日之所在，如云：甲日在頭，乙日在項，丙日在肩背，丁日在胸脅；子日在目，丑日在耳，寅日在胸，卯日在鼻等。唐・孫思邈《千金方》有「灸法當避人神」之語，意謂凡人神所在處，皆須避針灸。㊷祿　指卜算個人命運注定的廩祿豐薄或財富多寡的方法。㊸命　指卜算個人一生中吉凶禍福貴賤壽夭等命運的方法。即所謂「死生有命，富貴在天」。㊹驛馬　叢神之一。所謂叢神，是以陰陽五行配合歲、月、日、時所定出之諸吉凶神煞。凡吉神所理之方、所在之時，被認為宜於某事；凶煞所理之方、所在之時，則忌為某事。《協紀辨方書・義例・驛馬》：「《神樞經》曰：驛馬者，驛騎也。其日宜封贈、官爵、詔命、公卿、遠行、赴任、移徙、遷居。」《三命通會》卷三引《燭神經》：「驛馬生旺，主人氣韵凝峻，通變趨時，平生多聲望；死絕，則為性有頭無尾，或是或非，一生少成，漂泊不定。」星命家以為生於驛馬之辰者為吉，背之者為凶。《舊唐書・呂才傳》：「背驛馬三刑，當此生者，並無官爵。」民間亦有以驛馬為主奔波勞碌之星，如《官場現形記》三十三回：「想是我命裡注定的，今年犯了驛馬星，所以要叫我出這一趟遠門。」㊺納音　以五音與十二律相合為六十音，再與六十甲子相配，按五行之序旋相宮稱納音。《名義考》稱：「鬼谷子作納音。納者，受也；音者，感物助聲也。水音一六，火音二七，木音三八，金音四九，上音五十，此生成之數也。」唐《李虛中命書》以納音與干支合稱三元，謂：「干支納音之氣，順四柱以定休咎。」㊻湴河　星命家用以比喻遭逢惡運。清・俞樾《茶香室續鈔・湴河》：「湴河之義，正謂如行泥淖中。」《夢溪筆談・辨證》云：《唐六典》述五行有祿、命、驛馬、湴河，今人不曉湴河之義。余在鄜延（宋代路名，治所延州，今陝西延安）見安南行營諸將閱兵馬籍，有稱過范河損失，問其何謂，范河乃越之所謂淖沙，范河北人謂之活沙。予嘗過無定河，度活沙，人一陷，則人馬駝車應時皆沒，至有數百人平陷無子遺者，或謂此即流沙也。又謂沙隨風流，謂之流沙。湴，字書亦作「埿」。案古文埿，深泥也。術書有湴河者，蓋謂陷運如今之空亡也。」

《隋書・經籍志》著錄有《湴河祿命》三卷，注有「梁有《五行祿命厄會》十卷，已亡。」㊼月之宿　指月宿於何星。宿，位次。《龍首經》占法中有「占月宿何星法」，以月所宿之星宿來占人之命運。㊽象數　象和數分別是筮卜之爻、卦中的兩個基本屬性，象是可視之形，數是可計之數，合而成為判斷吉凶推衍理義之依據。《周易・繫辭下》：「是故易者象也；象者像也。」孔穎達疏：「謂卦為萬物象者，法像萬物，猶若乾卦之像法于天也。」如卦中之乾（☰）象徵陽氣上升為天，坤（☷）象徵陰氣下凝為地等。在象徵的泛延形態下，乾卦之象天，可以延伸為象君、父，坤卦之象地亦可以延伸為象臣、母。八卦卦卦相重而為六十四卦，又各有所象；每卦六爻，凡三百八十四爻，亦各有所象。每卦之卦辭便是總括一卦所象旨趣，卜辭則是揭示特定之卜的象徵旨趣，卦形與文辭相輔而明。數，指筮卜中的陰陽奇偶之數，如「天一、地二；天三、地四；天五、地六；天七、地八；天九、地十」（《周易・繫辭上》）。天地數之和為五十五，減去六爻為四十九，陰陽二爻及諸卦便是在這四十九策的不斷變化中產生。六爻成卦，又有初上九六之數。故數在筮卜中是一個在被不斷交錯運用變化中的綜合概念，借以說明事物之發展變化過程及其相互關係。《周易・繫辭上》稱象與數的關係是：「參伍以變，錯綜其數，通其變，遂成天下之文，極其數，遂定天下之象。」㊾消息　消滅與增長互為更替，泛指事物之生滅、盛衰。《易・豐》：「日中則長，月盈則食，天地盈虛，與時消息。」《莊子・秋水》：「消息盈虛，終則有始。」

【語　譯】 關於《易》卜的用策，一共是四十九根。用四十九根蓍草，經過幾次分疊，它們的數量變化有四種可能：一是七，為單爻；二是八，為拆爻；三是六，為交爻；四是九，為重爻。經過這樣三次變化，便形成一爻，十八次變化形成一卦。還要注意卦的八氣，那就是旺、相、囚、死、胎、沒、休、廢；以及飛伏、世應各種卦象狀態，綜合占驗吉凶。六十四卦中乾、坤、震、巽、坎、離、艮、兌這八個純卦，都需要經過十六變才能相重：初為一變，次為二變，三為三變，四為四變，五為五變，六為遊魂，七為外戒，八為內戒，九為歸魂，十為絕命，十一為血脈，十二為肌肉，十三為體骨，十四為棺槨，十五為冢墓。一卦中的內卦，亦就是下卦，稱為貞，早晨占卜時用；外卦，亦就是上卦，稱為悔，傍晚占卜時用。對於筮卜格式，要區別三種式的異同。一是《雷公式》，二是《太乙式》——這兩種，禁止民間私家畜藏；三是《六壬式》——這一式民間士庶都能通用。關於用式占卜的各種法，《周禮・春官・太卜》說：「太史捧著占候天時用的圖籍，行軍時與太師同乘一輛兵車。」鄭司農在注文中說：「太史捧的圖籍就稱式，用來占候天時的吉凶。」現今占卜的格局，便是用楓木象徵天，棗心象徵地，要雕刻十二辰（將）的形象，下面佈置十二月神，占卜時以加占為常，以月將加卜時，根據日辰，也就是干支的陰陽分作四課：一是天干中的陽，二是天干中的陰，三是地支中的陽，四是地支中的陰。在這四課中，按照它們各自所對應的五行，選擇以相剋關係為順序，經過三傳後確定下來。在這同時，還要辨別十二將和十二月神。十二將的名稱，是以天一為首，前面有五將，一是騰蛇，二是朱雀，三是六合，四是勾陳，五是青龍；後面有六將，一是天后，二是太陰，三是玄武，四是太常，五是白獸，六是天空。前面最後是第五將，後面最後是第六將，天一立在中間，統領十二將。又有十二月之神：正月登明，二月天魁，三月從魁，四月傳送，五月小吉，六月勝先，七月太卜，八月天罡，九月太衝，十月功曹，十一月大吉，十二月神后。關於民間用陰陽雜占，卜問吉凶悔吝，萬千庶民感到猶豫不決事，大體有九類：一是嫁娶，二是生兒育女，三是曆注，四是屋宅，五是祿命，六是拜官，七是祠祭，八是疾病，九是殯葬。關於應用曆注的六種方法，一是大會，二是小會，三是雜會，四是歲會，五是除建，六是人神。關於占卜祿命的六類含義，一是祿，二是命，三是驛馬，四是納音，五是湴河，六是月之星宿。都要辨別爻卦中的象數，通達其中消長盛衰的道理，用來斷定所卜問之事的吉凶。

【說　明】《周易》是卜筮之書。《周禮·春官·太卜》提到太卜「掌三易之法，一曰連山，二曰歸藏，三曰周易」。學者大多認為「三易」是指夏、商、周三代講究筮法的三部書，現在留下來的只有《周易》這一部了。又《周禮·春官·簭人》中除亦提到上述「三易」外，另有「九簭之法」，並列九簭之名為：「一曰巫更，二曰巫咸，三曰巫式，四曰巫目，五曰巫易，六曰巫比，七曰巫祠，八曰巫參，九曰巫環」。按：《周禮》有「簭」而無「筮」，「簭」、「筮」通。可見古代以辨吉凶的筮法就有九種之多。卜與筮在很長時期是並行而兼用的方法，《周禮》春官下的占人，便是既掌占龜，又掌占簭。占龜與占筮的次序是先龜後筮，這亦意味著龜卜重於筮卜，叫作「筮短龜長」。如《左傳·僖公四年》：「初晉獻公欲以驪姬為夫人，卜之不吉，筮之吉。公曰從筮。卜人曰：『筮短龜長，不如從長。』」這是重卜輕筮傳統在觀念上的反映。在《左傳》、《國語》中關於龜卜的記載有六七十條之多，筮卜則為二十多條，這也從一個側面說明，在春秋時期，人們以人事占問吉凶時，是龜卜為主，以卜包容筮。這種格局，大抵至戰國、秦漢，漸漸發生了變化。如《漢書．藝文志》著錄有蓍龜十五家、四百零一卷，其次序雖仍是龜書在前，筮書在後，但龜僅有五家，一百二十二卷，其餘十家、二百七十九卷都屬於《周易》著書。可見筮法至漢已有取代卜法的趨勢。其中原因尚待進一步深究，推想龜卜操作過程的過於繁瑣和取材上的困難，該是一個重要因素。

在先秦典籍中記載《易》筮案例最多的是《左傳》和《國語》。我們選擇《左傳》魯莊公二十二年（西元前六七二年）的一個筮例，可以大致瞭解古代是如何以《易》筮推測未來的。那年成周的太史攜帶著《周易》來到陳國見陳厲公，厲公便請他為自己兒子陳敬仲作了如下一次占筮：「遇〈觀〉（䷓）之〈否〉（䷋）曰：『是謂「觀國之光，利用于賓王」，此其代陳有國乎？不在此，其在異國；非此其身，在其子孫。光，遠而自他有耀者也。坤，土也；巽，風也；乾，天也。風為天於土上，山也。有山之材而照之以天光，於是乎居土上，故曰：「觀國之光，利用于賓王。」庭實旅百，奉之以玉帛，天地之美具焉。故曰：「利用賓于王。」猶有觀焉，故曰：「其在後乎？」風行著于土，故曰：「其在異國乎？」若在異國，必姜姓焉。姜，太岳之後焉，山岳則配天，物莫能兩大。陳衰，此其昌乎。』」引文說是所得為〈觀〉卦變為〈否〉卦，後面便是太史依據卦象作出的解釋、推衍和占斷。所謂遇〈觀〉（䷓）之〈否〉（䷋），是指所得的原卦是〈觀〉，但因遇到四位爻屬「老陰」（其數為六），按照規則必須變此陰爻為陽爻，即由「䷓」變為「䷋」，〈觀〉便變成了〈否〉。原卦稱「本卦」，變卦稱「之卦」。太史的那番話，可以分成三個層次來理解。第一，本卦〈觀〉為下坤上巽（䷓），之卦〈否〉為下坤上乾（䷋）。此屬「一爻變」之例，按規則首先取本卦變爻辭占。〈觀〉之六四爻辭便是：「觀國之光，利用賓于王。」大意為諸侯或臣屬任朝於王，以觀國朝的輝光，作王之賓客則利。太史據此斷言陳敬仲將來必有機會觀仰大國盛治之輝煌，成為該國君王的座上嘉賓。這裡已暗示著陳敬仲將成為齊桓公的上賓。第二，本卦〈觀〉的上卦〈巽〉（☴），象風，下卦〈坤〉（☷），象地；之卦〈否〉的上卦是〈乾〉（☰），象天，下卦亦是〈坤〉（☷），象地。這便使太史引伸出「風為天於土上，山也。觀國之禮，有山之材而照之以天光，於是乎居土上」那樣一番話。他甚至描繪了「觀國之光」當時的具體景象：必定在王庭之上盡列貢品，又奉以玉帛，真可謂備陳「天地之美」啊！但歷史的事實是，陳氏在齊國昌盛並進而代姜氏而擁有齊國的，不是陳敬仲本人而是他的子孫後代。因而太史又在所筮之卦名〈觀〉字上做文章。其觀仰之物必綿延不絕：「猶有觀焉，故曰其在後乎？風行而著於土，故曰其在異國乎？」所要表達的意思是：陳氏將復興有國，但不在本土，而在異國；不在陳敬仲自身，而在他的子孫後代。第三，將被陳氏取代的異國，又在哪裡呢？「若在異國，必姜姓也」，也就是齊國。太史這一結論，是從〈巽〉卦象風，「風為天於地上，山也」，而姜姓的始祖是大岳，「大岳」即高大的「山岳」，這樣打了好幾彎才引伸出來的。在太史作了如此占斷以後的二百餘年中，預言一一應驗：先是在魯莊公八年（西元前五三四年），陳國首次被楚國滅亡，而陳敬仲的五世孫陳桓子則在齊國昌大興盛起來；後來到魯哀公十七年（西元前四七八年）陳國再度被楚國滅亡，而陳敬仲的七世孫陳成子終於獲取了齊之國政。因而緊接上述引文之後《左傳》又記下證明其應驗的這段史實：「及陳之初亡也，陳桓子始大於齊；其後亡也，成子得政。」難道太史的預言，包括古代典籍上載錄的那麼多筮例、卜例，真有如此靈驗嗎？我們現代人讀後都不禁會提出這樣的懷疑。事實上，這與其說是當時卜人的預言，不如說是後來的史官依據已經成為歷史的事實，倒過來選擇占書中若干差強與之相應的象數與釋辭作出的敷衍和說明。但在古代，由於卜筮幾乎是國君和帝王的專利（如本章原注提到，到了唐代，也還只允許「六壬式」這一式「士庶通用」），因可以被用來神化君權或皇權而受到歷代當國者「身體力行」的倡導，再加上卜筮的神聖含義既已載之於「經書」，自然要被奉為圭臬，在這種受到皇權支持的正統觀念的長期灌輸下，生活在那時的極大多數人幾乎不會再想到要去懷疑。除此之外，亦還有受到科技發展程度、認識工具和認識水平限制一類原因。所以我們現代人是無權譏笑古人的，因為那是歷史。

不過，對多少懷有一點誠意和有意作假這樣兩種情況，還應有所區別。漢魏以來，關於《易》筮的記載，史不絕書，其中多有明顯逢迎阿諛者，便當另作別論了。據《北史．藝術傳》有個名叫吳遵世的，以卜筮知名，後來做了北齊文襄王高澄的大將軍府墨曹參軍。一次他與諮議參軍李業興一起從文襄王遊東山，忽有陰雲布天，文襄王便命二人占卜是否有雨：「遇〈剝〉。李業興云：『坤上艮下，〈剝〉。艮為山，山出雲，故知有雨。』遵世云：『坤為地，土制水，故知無雨。』文襄使崔暹書之云：『遵世若著，賞絹十四；不著，罰杖十。業興若著，無賞，不著，罰杖十。』業興曰：『同是著，何獨無賞？』文襄曰：『遵世著，會我意，故賞也。』須臾雲散，二人各受賞罰。」此例已屬兒戲，卜者對卦象的判斷要由主人的意願而定，還有什麼占筮法則可言呢？《舊唐書．后妃傳》亦有一條有關太宗文德皇后長孫氏占筮的記載：「年十三，嬪於太宗。隋大業中，常歸寧於永興里，后舅高士廉媵張氏，於后所宿舍外見大馬，高二丈，鞍勒皆具，以告士廉。命筮之，遇〈坤〉之〈泰〉，筮者曰：『至者乾元，萬物盜生，乃順承天。坤厚載物，德合無疆。牝馬地類，行地無疆。變而之〈泰〉，內陽而外陰，內健而外順，是天地交而萬物通也。象曰：后以輔相天地之宜而左右人也。龍，〈乾〉之象也；馬，〈坤〉之象也，變而為〈泰〉，天地交也。繇協於〈歸妹〉，婦人之兆也。女處尊位，履中居順也。此女貴不可言。』」這一《易》筮故事，分明是高士廉事後為了討好李世民與長孫皇后而編造出來補於史著的，無非借以說明李世民發動玄武門之變，奪取皇位，全都是天命所歸，長孫氏之終於成為皇后，亦早已天定。

最後在結束這篇已經過於冗長的說明以前，還得表明一下我們對《易》筮的總的看法。無疑，《周易》（包括經和傳兩部份）是我國古代一部內容廣博、含義精深的重要典籍。無論象數及其所蘊含的義理，都是古人觀察天地萬物、體驗世事人事之所得，表現了我們先輩力圖從整體上和內在聯繫中去把握外部世界的勇氣和智慧，特別是其中某些人生感悟，彌足珍貴。如人們經常引用的，〈乾〉（☰）卦的《大象傳》辭：「天行健，君子以自強不息」，其本旨便是在於激勵人們效法「天」的剛健氣質，不停頓地去自我發憤圖強。又如〈坤〉卦初六爻辭：「履霜，堅冰至。」《文言傳》云：「積善之家，必有餘慶；積不善之家，必有餘殃」，這幾乎成了我國家喻戶曉的人生格言。誠然，就總的思想體系而言，它是把天地自然與人事人生直接對應起來的天人合一的觀念，在人事上貫徹始終的又是封建倫常和帝王思想，這些問題本屬多數古籍所共有，似也在所難免。我們覺得在論《易》忽又成為熱門的今天，值得提出來引起注意的是它本身原是一部專供卜筮的工具書。由陰陽二儀而六爻，而八卦，而六十四卦、三百八十四爻，又相應地繫有六十四則卦辭、三百八十四則爻辭，經相互交錯變幻而產生出無數可能性來。至於如何為求卜者從這無數可能性中顯示出一種可能性，一切占卜的本質都是崇拜並聽憑於偶然性。偶然也或有似乎被說中之時，但終究不是必然。無論採用筮卜或金錢卜卦，或是本章正文及原注中所說的諸種格式再設上諸神諸將之類，實際上都無非是在繁化和神化那個偶然性，借以消解人們的懷疑，並為其最後作出的占斷塗上一層神聖而權威的色彩。又因為《周易》是一部筮卜的書，許多方術都可以託名於它而招搖人世。不妨看看《四庫全書》經部中，便是說《易》的書最多，又別出術數數類，簡直成了一切神鬼迷信的淵藪。

我們的看法，可以簡單歸結為這樣兩句話：一是讓我們把《周易》作為一部古代哲理書來讀吧；二是倘若為了遊戲，你想照著筮卜一下也未嘗不可，只是切莫信以為真。

四

凡國有祭祀，則率卜正、占者卜日於太廟南門之外❶，命龜❷既灼而占之❸。命龜曰：「假爾泰龜有常。」乃授卜正作龜，與眾占之。乃告太常卿曰：「某日從。」乃徹龜也。先卜上旬，不吉，次卜中旬、下旬。若卜國之大事，亦如卜日之儀。凡歲季冬之晦❹，帥侲子❺入于宮中，堂贈❻、大儺❼，天子六隊，太子二隊，《周禮》❽：「男巫❾冬堂贈，無方無筭❿。」鄭玄⓫云：「贈，送也。歲終，以禮送不祥，其行必由堂始。巫與神通，言東則東，西則西，可近則近，可遠則遠，無常數。」大儺禮選人年十二已上、十六已下為侲子，著假面，衣赤布袴褶⓬，二十四人一隊，六人作一行也。方相氏⓭右執戈⓮、左執楯⓯而導之，一人為方相氏，著假面，黃金四目，蒙熊皮，玄衣、朱裳。唱十二神以逐惡鬼。甲作食殈，胇胃食虎，雄伯食魅，騰簡食不祥，攬諸食咎，伯奇食夢，彊梁、祖明共食磔死、寄生，委隨食觀，錯斷食巨，窮奇、騰根共食蠱⓰。儺者既出，乃磔⓱雄⓲於宮門及城之四門以祭焉。

【章旨】敘述祭祀卜日及堂贈和大儺。

【注釋】❶卜日於太廟南門之外　唐制，凡大祀、中祀無常日者卜，時間在祭祀前四十五日，地點在太廟南門之外。卜日時，太常卿立在太廟南門外東側，太卜、卜正、占者則立於西側。先由卜正祭奠占卜所用之龜，灼龜用具置於龜之北首。執龜立於席位之東，北向。太卜令執龜進而受龜，詣太常卿前視灼龜處，太常卿受視訖，太卜令受龜，少退俟命。太常卿曰：「皇帝以某日祗祀於某。」令曰：「諾。」於是還自己座席，向西面坐。卜日前之準備，至此畢。❷命龜　即告龜以所卜之事。《周禮・春官・太卜》：「凡喪事，命龜。」周制，凡重大占卜事，多由占卜機構之最高長官負責命龜，有時小宗伯也任此事。唐代則規定由太卜令命龜。《史記・龜策列傳》錄有命龜辭的一種格式：「假之靈龜，五巫五靈，不如神龜之靈，知人死，知人生。某身良貞，某欲求某物。即得也，頭見足發，內外相應；即不得也，頭仰足肣，內外自垂。可得占。」文中「頭見足發」、「頭仰足肣」，便是可得或不可得兩種兆象之預設，以便與灼龜後實際呈現的對照、驗證。❸既灼而占之　指龜卜過程中的兩道主要程序：灼龜和占龜。灼龜，先把荊條木之一端削製成圓柱形，再將其置於炭火上，使之燒熾，然後持以燒灼龜甲上經過鑽鑿之處，卜官還要向發火點吹氣，使其達到足夠火力，直到龜甲鑽鑿處之對應面爆裂出兆紋。占龜，指根據兆紋走勢，參照占書所載的相關規則，判定所卜之事的吉凶。董作賓引孫希旦《禮記集解》稱：「凡卜以火灼龜，視其裂紋，以占吉凶。其巨紋謂之墨，其細紋旁出者謂之坼。謂之墨者，卜以墨畫龜腹而灼之，其從墨而裂者吉，不從墨而裂者凶。故卜吉謂之從。」（〈商代龜卜之推測〉）唐代是由占人占龜，占人「占之，不釋龜，進告於卿曰：『某日從。』乃以龜還卜正」（《新唐書・禮樂志一》）。❹季冬之晦　即夏曆十二月之末。晦，陰曆月終之日稱晦。❺侲子　行大儺之禮時，被選定在儀式中歌舞以驅疫鬼之兒童。在漢代是選黃門子弟年十歲以上、十二以下之童子，唐代侲子年齡則在十二以上、十六以下。❻堂贈　指年末以侲子歌舞一類儀式送走不祥及惡夢。其行皆由堂始，故稱堂贈。贈，送也。❼大儺　歲末驅逐疫癘惡鬼舉行的儀式。《呂氏春秋・季冬》：「命有司大儺。」高誘注：「逐盡陰氣為陽導也。今人臘歲前一日擊鼓驅疫謂之逐除是也。」❽周禮　儒家經典之一。係搜集周代官制和戰國時各國制度，添附以儒家政治理想，增減排比而成之彙編。❾男巫　《周禮》春官宗伯之屬官，掌望祀等相關事務，用茅旌向四方呼招所祭之神。❿無方無筭　筭即「算」字。杜子春注《周禮》此句云：「無方，四方為可也；無算，道里無，遠近益善也。」意謂舉行此儀式之方位及道路遠近，均無硬性規定，可依當時具體情況行事。⓫鄭玄　字康成，北海高密（今山東高密）人。曾從馬融學古文經，為其登堂入室弟子。以古文經說為主，兼採今文，成為漢代經學集大成者。《十三經注疏》中三禮注即採用鄭注。⓬赤布袴褶　紅色的上衣和下褲。⓭方相氏　《周禮・夏官》有方相氏，稱其「掌蒙熊皮，黃金四目，玄衣朱裳，執戈揚盾，帥百隸而時難，以索室毆役」。時難，即四時行儺禮，由方相氏率侲子，至各室驅疫癘和惡鬼。⑭戈　古代裝有長柄橫刃之兵器。⑮楯　同「盾」。即藤牌。⑯自「甲作食殃」至「窮奇騰根共食蠱」　甲作等等，即正文所謂「十二神」。其中「椎伯」，據南宋本及《後漢書・禮儀中》當作「雄伯」。「食虎」，《通典・禮九十三》作「食疫」。此段文字，原係大儺時侲子之部份唱詞，當是召此十二神盡食殃、虎、魅、不祥諸惡鬼。《後漢書・禮儀中》所錄侲子唱詞此下尚有：「凡使十二神追惡凶，赫女（女通「汝」。下同）軀，拉女幹，節解女肉，抽女肺腸。女不急去，後者為糧！」⑰磔　分裂牲體以祭門神。《禮記・月令》：「九門磔攘。」孫希旦《集解》：「磔，磔裂牲體也。九門磔攘者，逐疫至於國外，因磔牲以祭國門之神，欲其攘除凶災，禁止疫鬼，勿使復入也。」⑱雄　據南宋本應作「雄雞」，脫一「雞」字。

【語譯】凡是國家有重大祭祀活動需要卜日時，就由太卜令率領卜正、占者一起，在太廟南門之外卜日。首先舉行命龜的儀式，然後燒灼龜甲，占卜日期。命龜時說：「憑藉您大龜之靈，必有兆象。」於是把龜授給卜正，與眾人一起占卜。然後報告太常卿說：「某日可以從事祭祀。」再撤龜。占卜時，先卜上旬的日子，不吉，再依次卜中旬、下旬的日子。倘若卜國家大事的吉凶，儀式亦與卜日的相同。每年季冬歲末之時，太卜令要率領侲子進入宮中，舉行堂贈和大儺的儀式。按規定，行大儺之禮時，天子住處用六隊，太子住處用二隊，每隊二十四人。《周禮》說：「男巫在冬季之末，舉行堂贈的儀式，方位和路程，都沒有硬性規定。」鄭玄注：「堂贈的贈，是送的意思。歲終年末要用禮儀送走不祥的鬼怪。出行時，一定要從殿堂開始。由於男巫能與神通，他說東，鬼怪就往東；他說西，鬼怪就往西。可以近就近，可以遠便遠，沒有固定的方位和里程。」舉行大儺禮時，要挑選年齡在十二以上、十六以下的少年做侲子。他們要戴上假面，穿上紅色的布短衫和長褲，二十四人為一隊，六人為一行。方相氏右手提戈，左手執盾，在前面導引。由一個人扮作方相氏，戴著金黃色的假面，有四隻眼睛；身上裝著熊皮，穿玄色的上衣紅色的下裳。唱誦十二神的名字，讓他們驅逐鬼怪。唱詞中說：甲作去吃掉殃，胇胃去吃掉虎（疫），椎（雄）伯去吃掉魅，騰簡去吃掉不祥，攬諸去吃掉咎，伯奇去吃掉惡夢，彊梁和祖明一起去吃掉被磔死和寄生的鬼怪，委隨去吃掉觀，錯斷去吃掉巨，窮奇和騰根一起去吃掉蠱。驅鬼完畢，大儺的隊伍出去時，要在宮門和京城四門磔殺雄（雞），祭祀門神。

附圖

一、龜卜示意圖（選自劉玉建《中國古代龜卜文化》）

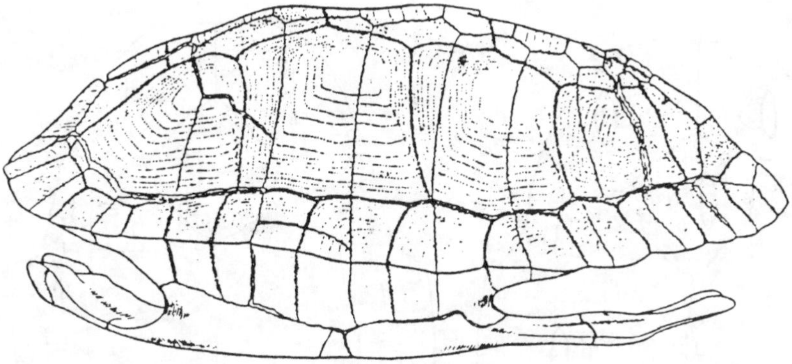

殷墟出土之龜殼

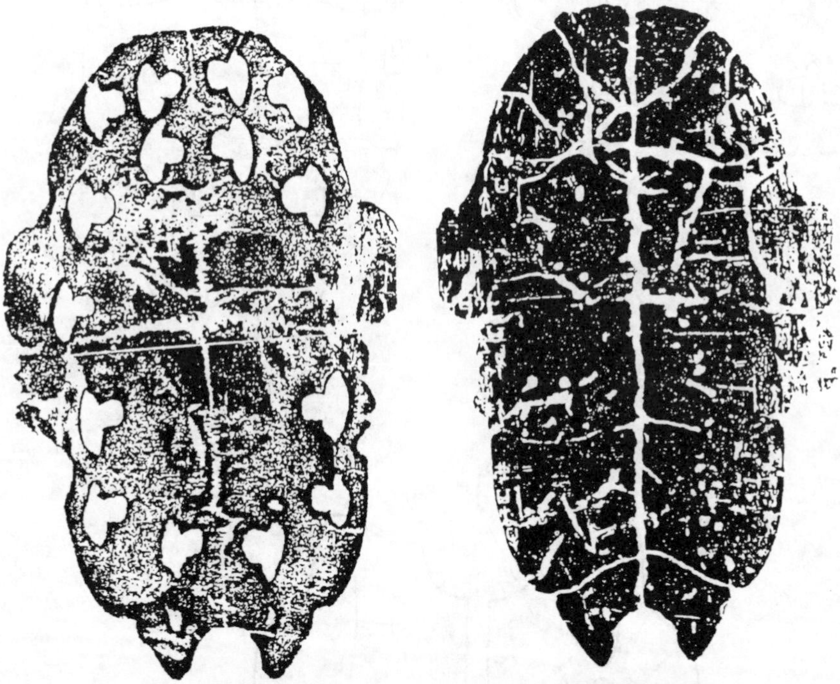

武丁時期之大龜腹甲。左，反面；右，正面。

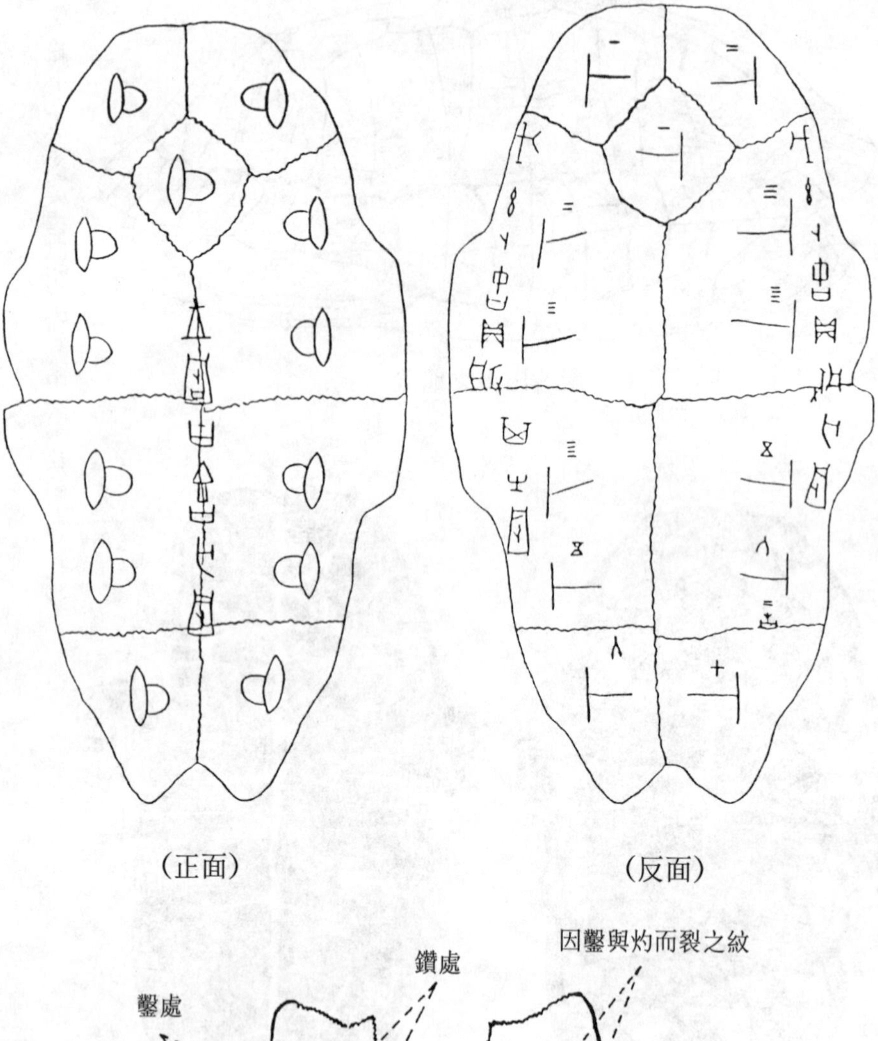

（正面）　　（反面）

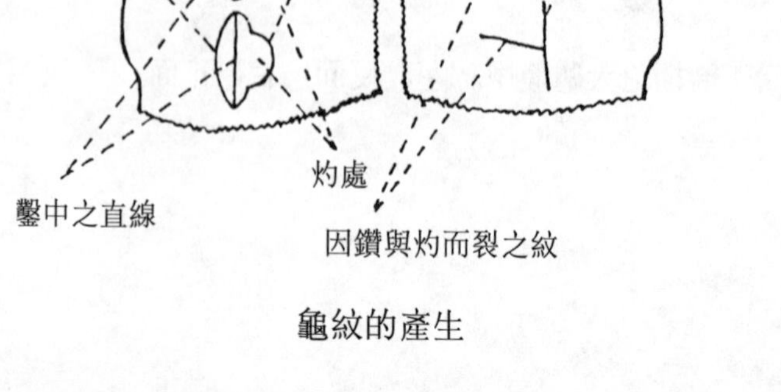

龜紋的產生

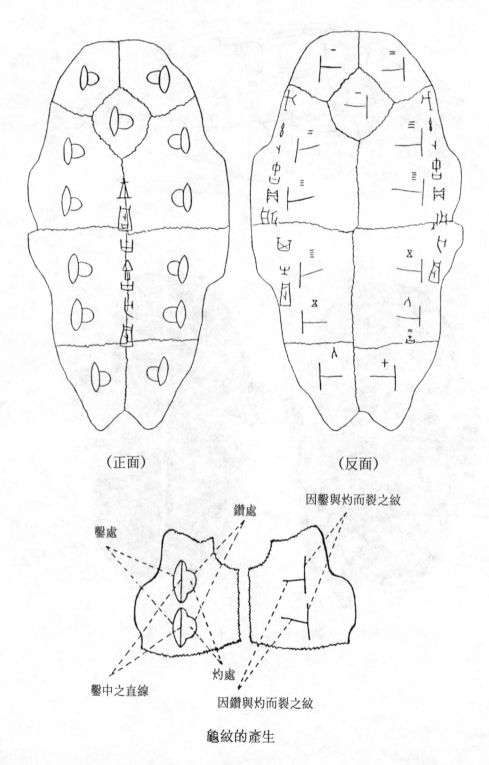

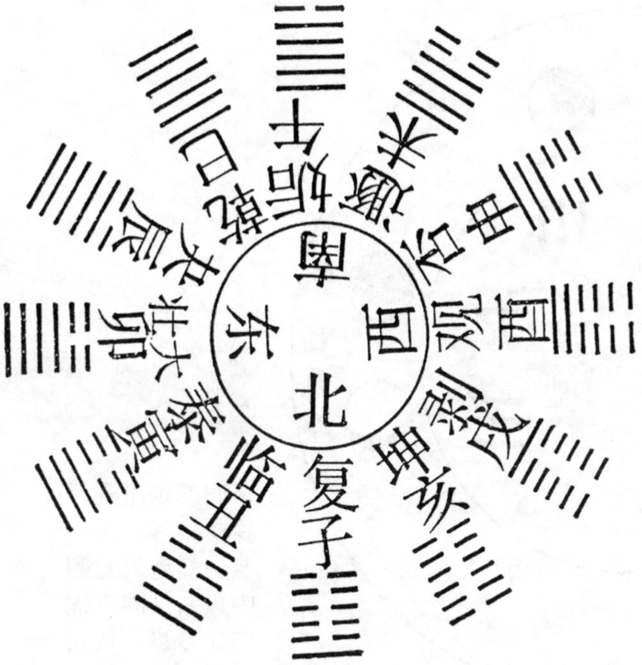

十二辟卦圖。據朱震《漢上易傳》所傳李溉《卦氣七十二候圖》繪製而成。其中自復至乾為息封（陽盈），自姤至坤為消卦（陰虛），十二卦分直十二月。

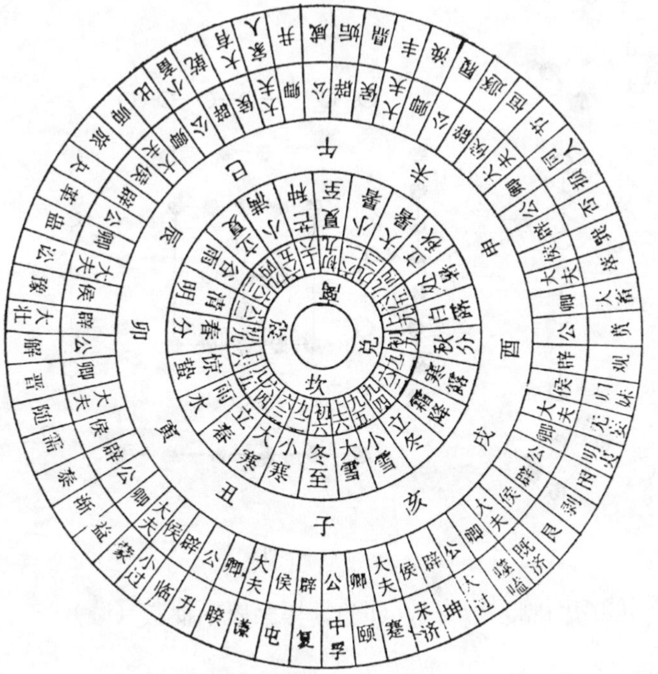

卦氣六日七分圖。採自惠棟《易漢學》。圖中坎、離、震、兑四卦分居四正，主四時；外六十四卦分屬十二月，卦主六日七分。

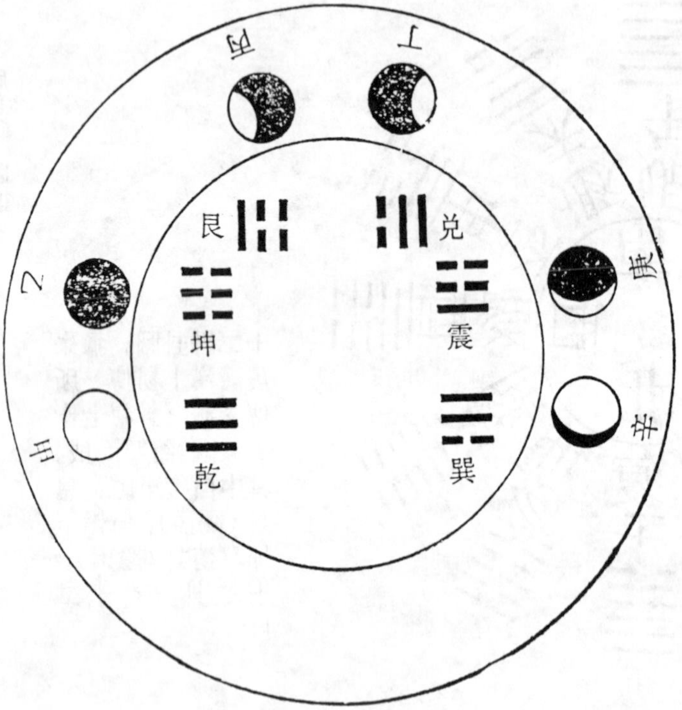

參同契納甲圖。採自朱熹《周易參同契考異》。圖中以六圓圈中黑白之多寡，代表月魄之盈虛規律。

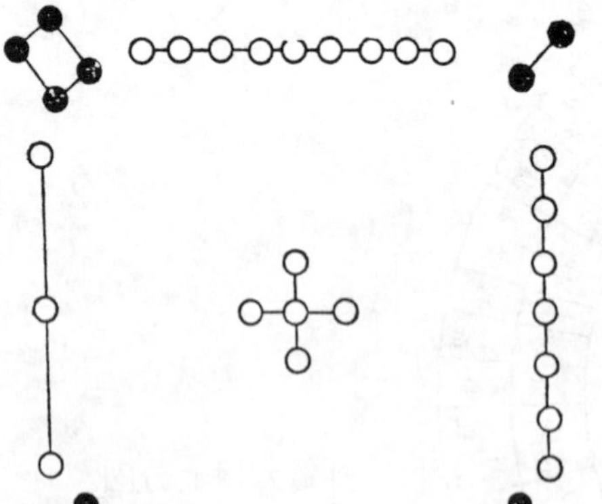

洛書

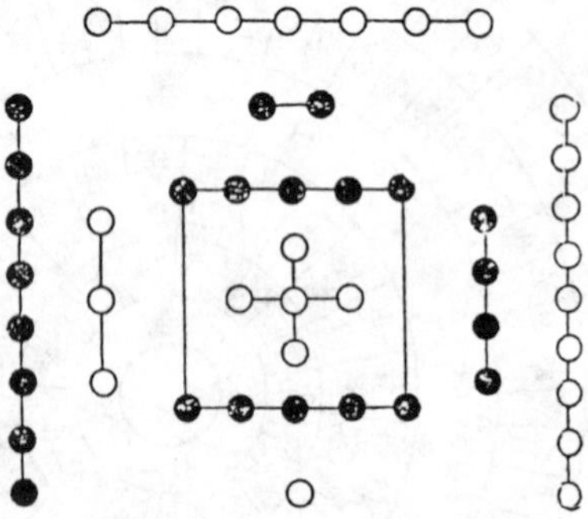

河圖

採自朱熹《周易本義》卷首。圖中白點表示奇數（陽），黑點表示偶數（陰）。

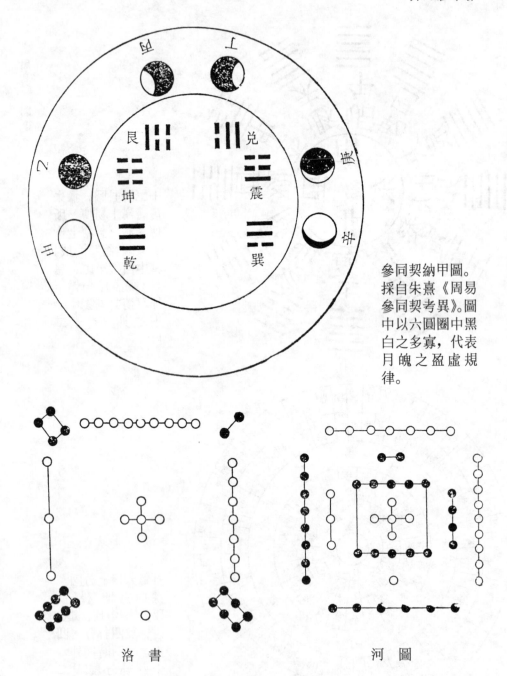

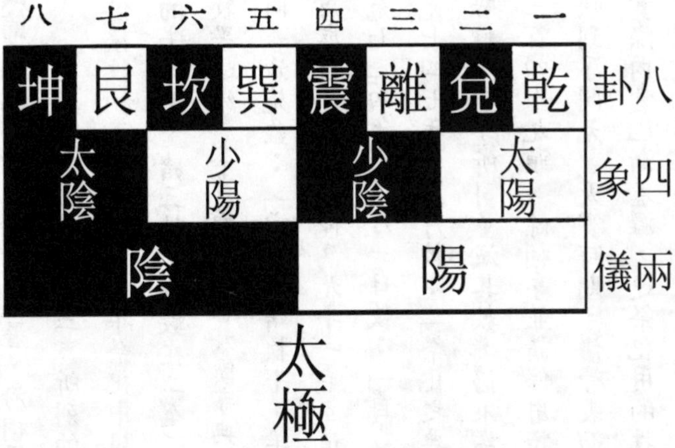

伏羲八卦次序圖。採自朱熹《周易本義》卷首。

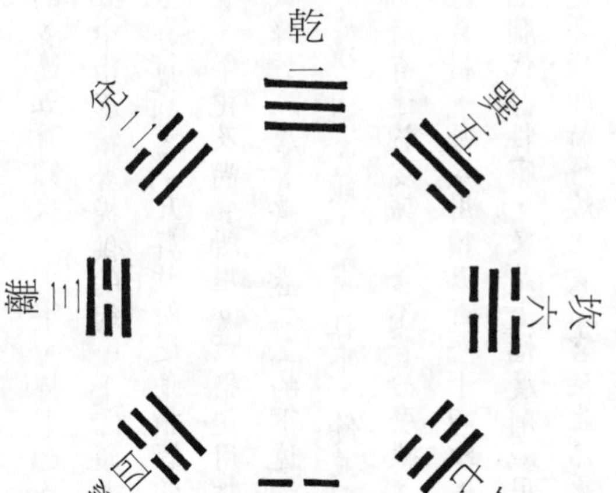

伏羲八卦方位圖。採自朱熹《周易本義》卷首。

廩犧署・汾祠署・兩京齊太公廟署

【篇 旨】本篇敘述廩犧署、汾祠署和兩京齊太公廟署的令、丞之定員、品秩及職掌。

在《新唐書・百官三》所列的諸署上、中、下三等的名單中，廩犧署屬於下等署。其職掌為各類祭祀提供犧牲和粢盛。唐代每年祭祀中規定要用太牢的多達五百餘次，少牢、特牢也各有數百次，一年供應祭祀用的牛、羊、豬三牲，總數在二至三千頭左右，其中由廩犧署提供的約一千餘頭，廩犧署則又需沙苑監經由典牧署送給。本書第十七卷太僕寺典牧令的職掌中，就提到：「凡群牧所送羊犢皆受之，而供於廩犧尚食之用。」同卷沙苑監：「掌隴右諸牧牛、羊，以供其宴會、祭祀及尚食所用。」祭祀用牲所需數量如此浩大，其於大唐盛世，似乎也僅為九牛一毛。值得注意的是載錄於《唐會要》卷二三的下述兩道敕文：開元二十二年（西元七三四年）正月一日敕：「自古聖帝明王，岳、瀆、海、鎮，祭用牲牢，餘並以酒脯充奠」；天寶六載（西元七四七年）正月敕：「祭祀之典，犧牲所備，將有違於虔誠，蓋不資於廣殺。自今以後，每大祭祀，應騂犢，宜令所司量減其數，仍永為常式……右據舊料，每歲用犢五百一十四頭，今請減一百六十五頭，既用三百四十九頭，餘祠享並請停用犢。」又是用酒脯代替牲牢，又是大幅度削減用牲數額，這也從一個側面反映到了開元、天寶時期，儘管表面上唐王朝還是那樣顯赫輝煌，玄宗宮廷生活更是揮霍無度，奢侈靡費，但實際內囊已漸羞澀，連祭祀用的牲牢也難以為繼了。因而即使沒有安史之亂，其社會經濟之殆勢初現，李唐政權的衰落已只是時間早晚的問題。

廩犧署供應粢盛所需的糧料，按規定來源於籍田所穫。這就是本篇中廩犧令職掌所言：「凡籍田所收九穀，納于神倉，以供粢盛及五齊三酒之用。」籍田，本來是古代天子倡導農耕的一種形式，每年舉行一次，自周秦而漢唐據說都是實行的；但皇帝帶著三公九卿一幫大臣，前呼後擁來到南郊，接過近臣奉上的耒耜裝模做樣推幾下就又前呼後擁地去了，留下那麼多農活誰來幹呢？由「太常卿率其屬耕於千畝」（《新唐書・禮樂志四》）。這也不能信：那些官兒真能赤腳下田去耕耘嗎？還不是要徵用民力。結果是吃「大鍋飯」，誰也沒有積極性自然不可能有好收成：「籍田準令兼給廩犧，今或不供，犧亦廢用，酒無鬱鬯，於事何闕！」（《文苑英華》卷五一七引錄祠部語）所以實際上祭祀用粢盛糧料，還得由司農寺來提供，本書第十九卷司農寺丞職掌中就提到：「凡朝會、祭祀米物薪芻，皆應時而給。」而司農寺的糧料主要來自田租，也就是說最後又是把負擔落到了農民頭上。可見所謂皇帝躬耕籍田，無非是就像現今黨政要人參加勞動那樣的一種花花架子，唬弄老百姓的！

篇末簡介的汾祠署和兩京齊太公廟署，則在寺監諸署中連下等署也算不上，並非正式的署一級機構。汾祠在汾水之陰，為祭祀后土之祠。齊太公廟則為祭祀在唐代被尊為武聖的呂尚而設。與此相仿的還有文聖孔廟，在山東曲阜，由孔子的後裔代管，在京都的則由國子監管。此外尚有老君祠、前代帝王廟，均未見建署。本書所以列此二署，或由於係開元時新建或重建的緣故。

一

廩犧署：令一人，從八品下；《周禮》❶：「牧人下士❷掌牧六牲，以供祭祀。」秦漢內史、左馮翊屬官有廩犧令、丞、尉❸，後屬大司農❹。後漢河南尹屬官有廩犧令、丞❺，魏、晉因之。宋、齊亦有令、丞❻。《齊職儀》❼：「令，品第七，秩四百石，銅印、墨綬❽，進賢一梁冠❾，絳朝服❿。今用三品勳位⓫。」梁太常卿統廩犧令、丞，為三品勳位。陳因之。後魏，令從五品下⑫。北齊太常寺屬官有廩犧令、丞，隋及皇朝因之。

丞一人，正九品上。隋置二人⑬，皇朝因之，開元二十三年減一人⑭。

【章旨】敘述廩犧署令、丞之定員、品秩及其沿革。

【注釋】❶周禮　儒家經典之一。係搜集周王室官制及戰國時各國制度，添附以儒家政治理想，增減排比彙編而成。❷牧人下士　《周禮》地官大司徒屬下設牧人下士六人，掌放牧六牲等事務，以供祭祀之牲牷。❸秦漢內史左馮翊屬官有廩犧令丞尉　《漢書·百官公卿表》稱：「內史，周官，秦因之，掌治京師。景帝二年（西元前一五五年）分置左右內史，右內史武帝太初元年（西元前一〇四年）更名京兆尹」，「左內史更名左馮翊，屬官有廩犧令、丞、尉」。顏師古注：「廩主藏穀，犧主養牲，皆所以供祭祀也。」❹大司農　漢置，掌管國家財政經濟之官員。秦稱治粟內史，掌穀貨，有二丞。漢景帝後元元年（西元前一四三年）更名大農令，武帝太初元年（西元前一〇四年）更名大司農。秩中二千石，為九卿之一。❺後漢河南尹屬官有廩犧令丞　河南尹，《後漢書·百官志》云：「河南尹一人，主京都，特奉朝請。」《漢官儀》記河南尹之沿革稱：「河南尹所治周地也。洛陽本周城，周之衰微分為〔東〕西周，秦兼天下，置三川，守河洛伊也。漢更名河南，孝武皇帝增曰太守。世祖中興，遷都洛陽，改號為尹。尹，正也。《詩》曰：赫赫師尹。」據《後漢書·郡國志》，改號為尹時間在建武十五年（西元三十九年）。又據《後漢書·百官志》大司農條下本注：「又有廩犧令，六百石，掌祭祀犧牲鴈鶩之屬。及雒陽市長、滎陽敖倉官，中興皆屬河南尹。」❻宋齊亦有令丞　魏晉廩犧令之歸屬，史著未有明確記載，宋之廩犧令歸屬亦不明。《南齊書·百官志》於太常寺屬官中設有廩犧令、丞一人，至此始有明文記載，廩犧令、丞隸太常寺。❼齊職儀　《隋書·經籍志》著錄有《齊職儀》五十卷，齊長水校尉王珪之撰。《新唐書·藝文志》亦著錄有「王珪之《齊職官儀》五十卷」，書名多一「官」字。又，《舊唐書·經籍志》著錄有「《齊職儀》五十卷，范曄撰」。按范曄卒於宋元嘉二十二年（西元四四五年），不可能著其身後之《齊職儀》。《南齊書·王逡之傳》：「從弟王珪之，有史學，撰《齊職儀》。」據此，著者應為王珪之，《舊唐書·經籍志》有誤。❽銅印墨綬　古代官員佩印，以其材質分金、銀、銅三等。《東觀書》稱：「漢制，秩四百石以上皆銅印墨綬。」唐代諸司則多用銅印。綬為繫印之絲帶，以其顏色別貴賤。漢時有赤、綠、紫、青、黑、黃數種。❾進賢一梁冠　進賢冠為儒者之服。前高七寸，後高三寸，長八寸，有五梁、三梁、二梁、一梁之別，以梁多為貴。據《後漢書・輿服志下》，自博士以下至小吏私學弟子皆一梁。⑩絳朝服　外披絳紗單衣之朝服。官員陪祭、朝饗、拜表等大事則服之。⑪勳位　指九品以外一般吏胥之品階。⑫後魏令從五品下　《魏書・官氏志》：北魏孝文帝太和十七年（西元四九三年）職品令廩犧令為從五品下，而太和二十三年（西元四九九年）職品令，則諸署令不滿六百石者，位從九品上。⑬隋置二人　據《隋書・百官志下》隋廩犧丞僅有一人。⑭開元二十三年減一人　開元二十三年，即西元七三五年。唐廩犧署丞之定員，《舊唐書・經籍志》為丞一人，品秩正九品上；《新唐書・百官志》為丞二人，品秩正九品下。可能原為二人，開元時減為一人。

【語譯】廩犧署：令，定員一人，品秩為從八品下。《周禮》在地官司徒下屬中設有牧人下士，職掌是放牧六牲，以供給祭祀的需要。秦漢時期的內史、左馮翊的屬官中，設有廩犧令、丞、尉，後來歸屬於大司農。東漢時，在河南尹的屬官中，有廩犧令、丞，魏、晉因承了這一官制。南朝宋、齊亦設有廩犧令、丞。《齊職儀》說：「廩犧令，官居第七品，俸秩為四百石，佩銅印，繫黑綬，戴進賢一梁冠，穿絳朝服；現今則用三品勳位。」南朝梁由太常卿統廩犧令、丞，令的品秩為三品勳位。陳因承梁制。北魏時，廩犧令的品秩是從五品下。北齊在太常寺的屬官中有廩犧令、丞，隋朝及本朝都因承北齊的這一官制。

丞，定員一人，品秩為正九品上。隋朝時置二人。本朝沿襲隋制。到玄宗開元二十三年，減少了一人。

二

廩犧令掌薦犧牲❶及粢盛❷之事；丞為之貳。凡三祀❸之牲牢❹各有名數❺。昊天上帝❻之牲以蒼犢❼，皇地祇❽之牲以黃犢❾，神州❿之牲以黝犢⓫，五帝之牲各以方色犢⓬，大明⓭青牲，夜明⓮白牲，宗廟⓯、社稷⓰、嶽、鎮、海、瀆⓱、先農⓲、先蠶⓳、前代帝王⓴、孔宣父㉑、齊太公㉒廟等皆以太牢㉓，風師㉔、雨師㉕、靈星㉖、司中、司命、司人、司祿㉗及五龍祠㉘、司永㉙、諸太子廟㉚皆以少牢㉛，其餘則以特牲㉜。凡冬至圜丘㉝，加羊、豕各九；夏至方丘㉞，羊、豕各五，五郊迎氣㉟，羊、豕各二。蜡祭神農、伊耆已下㊱，方別㊲各用少牢。

【章　旨】敘述廩犧令、丞之職掌及其所供三祀用牲之名稱和數量。

【注　釋】❶犧牲　古代祭祀用牲之通稱。色純為犧，全體為牲。❷粢盛　盛於祭器以供祭祀之穀物。《周禮・春官・春人》：「祭祀共其粢盛之米。」鄭玄注：「粢盛，謂黍稷稻粱之屬，可盛以為簠簋實。」❸三祀　唐制祭祀分大祀、中祀、小祀三等。大祀，如祀天、地、宗廟、五帝；中祀，如祀社、稷、日、月；小祀如祀司中、司命等。❹牲牢　祭祀所用牲犧不同等級之通稱。包括太牢、少牢、特牢等。❺名數　指有關祭品之品名和數量之規定。❻昊天上帝　古籍中稱天之總名。此處指天神。天所覆廣大，無不圓匝，故其神位曰圓丘，以象天之圓匝。❼蒼犢　指牲用青灰色之牛犢。取象天色。❽皇地祇　指主崑崙之神，也即地神。《通典・禮五》本注稱：鄭玄以為皇地祇是崑崙。在古人心目中崑崙乃地之最高處，既舉最高之稱，則四和之地皆及。祭皇地祇於方丘，在國門之北，就陰位，故方丘必於澤中為之。❾黃犢　指牲用黃色之牛犢。取象地色。❿神州　古籍中稱王者所卜居之吉土，京師周圍五千里內稱神州。《通典・禮五》本注引《禹受地統書》則稱「崑崙東南地方五千里，名曰神州」。此處指神州地神。⓫黝犢　淡黑色之牛犢。《周禮・地官・牧人》：「陰祀用黝牲，毛之。」鄭玄注引鄭司農曰：「黝，讀為幽。幽，黑也。」⓬五帝之牲各以方色犢　五帝指五方之帝。東方為青帝靈威仰，南方為赤帝赤熛怒，西方為白帝白招柜，北方為黑帝叶光紀，中央為黃帝含樞紐。祭祀五方之帝，各配祀以方色之犢，即東方為青犢，南方為赤犢，西方為白犢，北方為黑犢，中央為黃犢。⓭大明　指太陽。日壇稱王宮。⓮夜明　指月亮。祭月之壇亦稱夜明。⓯宗廟　古代帝王祭祀祖先之廟堂。《禮記・王制》：「天子七廟，諸侯五廟。」⓰社稷　社，五土之神。五土指山林、川澤、丘陵、墳衍、原隰。五土各有所育，群生賴之。稷，於五土中特指原隰之神，以其能生五穀，而稷為五穀之長，故取以名其神。唐祭祀社稷時，分設太社、太稷；中宗時又增設帝社、帝稷。⓱嶽鎮海瀆　諸大山大川之神。嶽有五嶽：東嶽泰山，南嶽衡山，西嶽華山，北嶽恆山，中嶽嵩山。鎮有四鎮：東鎮沂山，南鎮會稽山，西鎮吳山，北鎮醫無閭山。海有四海：東海祭於萊州，南海祭於廣州，西海祭於同州，北海祭於河南府。瀆有四瀆：東瀆淮河，祭於唐州；南瀆長江，祭於益州；西瀆黃河，祭於同州；北瀆濟，祭於河南府。⑱先農　指神農氏。唐貞觀三年（西元六二九年），大宗親祭先農，籍於千畝之甸，武則天改籍田為先農壇，中宗神龍時又改先農壇為帝社壇。開元二十三年（西元七三五年），玄宗祀神農於東郊，以句芒配。⑲先蠶　蠶即「蠶」字。據《通典・禮六》，先蠶所指之神有多說：一說指天駟，一說指苑窳婦人，寓氏公主，一說為黃帝軒轅氏。自周代始，后妃要享先蠶並躬桑。⑳前代帝王　唐開元時祭奠的先代帝王有：帝嚳、帝堯、帝舜、夏王禹、殷王湯、周文王，周武王、漢高祖。㉑孔宣父　即孔子。唐於開元二十七年（西元七三九年）進謚為文宣王。在兩京及諸州皆設有孔廟。㉒齊太公　即呂尚。年七十餘遇文王於渭水之陽，文王與語大悅曰：「吾太公望子久矣。」因號「太公望」；又佐武王滅紂，封於齊營丘，故稱「齊太公」。唐於開元時令兩京及諸州各置太公廟一所。以孔子及呂尚為文武二聖。㉓太牢　古代帝王祭祀時，牛、羊、豕三牲全備稱太牢。㉔風師　《通典・禮四》本注引鄭司農曰：「風師，箕也。」指二十八宿中之箕宿，舊說以為風神。《尚書・洪範》：「庶民惟星，星有好風，星有好雨。」孔安國傳：「箕星好風，畢星好雨。」《史記・天官書》正義：「箕主八風。」立春後丑日祀風師。㉕雨師　《通典・禮四》本注引鄭司農曰：「雨師，畢也。」指二十八宿中之畢宿，古人以為雨神。立夏後申日祀雨師。㉖靈星　《通典・禮四》靈星條本注稱：「東南祭之，就歲星之位也。歲星五星之始，最尊，故就其位。王者所以復祭靈星者，為人祈時，以種五穀，故別報其功也。」立秋後辰日祀靈星。㉗司中司命司人司祿　均為星神名。《史記・天官書》：「斗魁戴匡六星曰文昌宮，一曰上將，二曰次將，三曰貴相，四曰司命，五曰司中，六曰司祿。」《晉書・天文上》所載三臺六星中：西近文昌二星曰上臺，為司命，主壽；次二星曰中臺，為司中，主宗室；東二星曰下臺，為司祿，主兵。司人，不詳。立冬後亥日，祀司中、司命、司人、司祿。㉘五龍祠　唐在興慶宮內有五龍祠。五龍，有多說，其一指蒼龍、朱鳥、麟、騶虞、玄武五種傳說中的動物之神。五龍祠所在地原為隆慶坊，有井，據說一次忽湧水成池，周廣數十丈，且有雲氣。因其曾是唐玄宗李隆基早年宅第，人謂水下有龍，故稱龍池，並設祠以祭。㉙司氷　據南宋本當作「司冰」。即司寒之神。《呂氏春秋・仲春》：「天子乃獻羔開冰。」古代立春藏冰，至春分開冰，獻羔羊以祭司寒之神。冰則先薦寢廟然後用之。㉚諸太子廟　又稱唐七太子廟。有隱太子及章懷、懿德、節愍、惠莊、惠文、惠宣共七太子，同為一廟。其位置在西京永崇坊東南隅。此後唐代太子設廟的尚有玄宗子靜德太子廟，肅宗子恭懿太子廟。㉛少牢　指以豕、羊為祭牲者，少於太牢一牲。㉜特牲　三牲中僅用一牲者為特牲。《國語・晉語二》：「子其為我，具特羊之饗。」韋昭注：「凡牲一為特。」㉝圜丘　為帝王祭天之壇。唐圜丘壇設於京城明德門外，道東二里。壇有四層，層高各八尺一寸，下層廣二十丈，再層廣十五丈，三層廣十丈，四層廣五丈。㉞方丘　為帝王祭皇地祇之壇。唐方丘壇在宮城北郊十四里。嶽、鎮、海、瀆、山林、川澤、丘陵、墳衍、原隰之神皆從祀。㉟五郊迎氣　指春、夏、秋、冬及季夏五時，分別迎氣於五方相應之郊。《呂氏春秋》孟春、孟夏、孟秋、孟冬諸篇，有天子親率三公九卿諸侯大夫以「迎春於東郊」、「迎夏於南郊」、「迎秋於西郊」、「迎冬於北郊」之記載。唐制，立春之日祀春帝於東郊，立夏之日祀赤帝於南郊，季夏土王日祀黃帝於南郊，立秋之日祀白帝於西郊，立冬之日祀黑帝於北郊，以迎各時之氣降臨。㊱蜡祭神農伊耆已下　蜡祭，古代歲終祭百神之稱。《禮記．郊特牲》：「蜡也者，索也。歲十二月，合聚萬物而索饗之也。」神農，此處即指先農之神。伊耆，古帝號。《禮記．郊特牲》：「伊耆氏，始為蜡。」鄭玄注：「伊耆氏，古天子號也。」劉勰《文心雕龍》：「昔伊耆氏始蜡，以祭百神。」神農、伊耆以下諸神，包括五星、三辰、五官、后稷、田畯七宿、五方之嶽、鎮、海、瀆、大明、夜明以及勾芒、祝融、后土、蓐收、玄冥、蒼龍、朱鳥、麟、騶虞、玄武等。㊲方別　指祭神時，分東、南、西、北各方。各方均須具祭牲，並依次向各方宣讀祝文。

【語譯】廩犧令的職掌是，管理供給祭祀薦享用的犧牲和粢盛方面的事務。丞做令的副職。凡是屬於大、中、小三類祭祀所用的犧牲，都規定各有名數。祭祀昊天上帝用的犧牲是蒼犢，祭祀皇地祇用的犧牲是黃犢，祭祀神州用的犧牲是黝犢，祭祀五方之帝用的犧牲毛色是相對應的方色的牛犢，祭祀大明用青牲，祭祀夜明用白牲。在祭祀宗廟、社稷、嶽、鎮、海、瀆、先農、先蠶、前代帝王和孔宣父、齊太公廟等時，都用太牢享祭；在祭祀風師、雨師、靈星、司中、司命、司人、司祿和五龍祠、司冰以及各太子廟時，都用少牢享祭；其餘各神則都用特牲即一牲享祭。冬至在圜丘祭祀昊天上帝，羊和豕各要增加到九；夏至在方丘祭祀皇地祇，羊、豕各要增加到五；五時到五郊迎氣，羊和豕各增加到二。歲末蜡祭神農、伊耆以下百神，要四方分別設牲，都用少牢。

三

凡大祀❶養牲在滌❷九旬，中祀❸三旬，小祀❹一旬。其牲方色❺難備者，以純色代之。凡告祈之牲❻不養。凡祭祀之犧牲不得捶扑傷損，死則埋之，病則易之。凡藉田❼所收九穀❽納于神倉❾，以供粢盛及五齊❿、三酒⓫之用；若有餘及穰槀，供飼犧牲焉。凡供別祀用太牢者，則三牲加酒、脯⓬及醢⓭。犢、羊、豬各一，酒二斗，脯四段，醢四合。凡大祭祀，則與太祝以牲就牓位⓮；太常卿省牲⓯，則北面告「腯⓰」，乃牽牲以授太官⓱而用之。

【章旨】敘述犧牲和粢盛之規格以及大祭祀時省牲之儀禮。

【注釋】❶大祀　指對天、地、宗廟及五帝之祭祀。❷滌　此處指餵養祭牲之室。《公羊傳・宣公三年》：「帝牲在于滌，三月。」何休注：「滌，宮名，養帝牲三牢之處也。謂之滌者，取其蕩滌潔清。」❸中祀　指對社、稷、日、月等諸神之祭祀。❹小祀　指對司中、司命、風伯、雨師等神之祭祀。❺方色　指五方之色。東方為青色，南方為赤色，中央為黃色，西方為白色，北方為黑色。❻告祈之牲　有重大事宜稟報或祈請於上天或宗廟所舉行的祭祀儀式，稱告祈。如天子或諸侯因事出行、皇帝即位、太子冊立等。此類禮儀所用之牲稱「告祈之牲」。❼藉田　古代天子親耕之田。亦稱籍田。所謂天子籍田千畝於南郊，即於每年孟春之月率三公九卿諸侯大夫以行躬耕儀式，其餘仍借助民力為之。籍田所穫之穀物，則供祭祀之用。❽九穀　據《周禮》，為稷、秫、黍、稻、麻、大豆、小豆、大麥、小麥。❾神倉　指存放祭祀用糧之倉。❿五齊　齊，通「劑」，指造酒中所調配的米、麴、水、火之量。五齊為祭祀所用五種清濁不等之酒。《周禮・天官・酒正》：「辨五齊之名：一曰汎齊，二曰醴齊，三曰盎齊，四曰醍齊，五曰沈齊。」五齊皆為未經過濾之酒，味淡薄，供祭祀用。⓫三酒　經過過濾的三種酒，供人飲用。《周禮・天官・酒正》：「辨三酒之物，一曰事酒，二曰昔酒，三曰清酒。」事酒也即新酒，因事而釀，供祭祀執事者飲用。昔酒釀造時間較久，冬釀春熟，味較事酒為厚，色亦較清。清酒冬釀夏熟，較昔酒味更厚且清者。⓬脯　乾肉。⓭醢　用魚或肉製造之醬。⓮牓位　指放置犧牲之位。⓯太常卿省牲　指由太常卿親自審視犧牲是否符合祭祀要求。省牲有規定儀式，詳《通典・禮六十九》。⓰腯　肥壯。《左傳・桓公元年》：「吾牲牷肥腯。」孔穎達疏引服虔曰：「牛羊曰肥，豕曰腯。」在太常卿省牲後，由廩犧令宣告所省之犧牲為「腯」，即肥壯合格。⓱太官　官名。掌供膳之事。祭祀時，由太官令率宰人以鸞刀割牲，由祝史以豆取毛血，遂烹牲。

【語　譯】凡是大祭祀所用的犧牲，都須先在滌室圈養九十天，中祀是三十天，小祀是十天。如果所用的犧牲按方色要求難以備辦的話，可以用毛色純淨的代替。凡是用於告祈的犧牲，可以不必先在滌室圈養。凡是祭祀使用的犧牲，都不能有捶扑損傷的疤痕，如果死了，便把它埋葬；有病要換掉。凡是籍田所收的九穀，都要貯存在神倉，用來供給粢盛以及釀造五齊、三酒。倘若還有剩餘穀物，以及稻麥等稈草，可供給犧牲作為飼料用。凡是其他祭祀要供應太牢的，則除三牲之外還要增加酒、脯和醢。三牲是牛犢和羊、豬各一，酒二斗，脯四段，醢四盒。凡是遇有大祭祀，廩犧令與太祝一起把犧牲安置在牓位，當太常卿省察犧牲時，廩犧面北站著，省察完畢，報告說「腯」，然後牽著犧牲到廚房去交給太官，準備供祭祀用。

四

汾祠❶署：令一人，從七品下。

丞一人，從八品上。並開元二十一年❷置。

汾祠令、丞掌神祀、享祭、灑掃之制。

兩京齊太公廟❸署：令各一人，從七品下；

丞各一人，從八品上。並開元十八年置❹。

太公廟令、丞掌門闔、灑掃及春、秋二仲釋奠之禮。

【章　旨】敘述汾祠署和兩京太公廟署令、丞之定員、品秩及職掌。

【注　釋】❶汾祠　唐在汾陰（今山西萬榮西南榮河鎮北）設汾祠，祭后土。《通典・禮五》：「〔漢〕武帝即位，曰：『朕親郊而后土無祀，則禮不答也。』於是東幸汾陰。汾陰男子公孫滂洋等見汾旁有光如絳，遂立后土祠於汾陰脽上，澤中為五壇，壇一黃犢，以高帝配。牢具已祠，盡瘞。而從祠者衣尚黃。始用樂舞。帝親遙拜如上帝禮。」此後歷代都有在汾陰祠地祇后土慣例，唐亦不例外。本書第四卷第二篇祠部郎中職掌原注：「汾陰后土祠廟亦四時祭焉。」❷開元二十一年　即西元七三三年。開元為唐玄宗年號。❸齊太公廟　祭祀武聖呂尚之廟。❹並開元十八年置　開元十八年，即西元七三〇年。他書所記與此有異。如《新唐書・百官志》：「神龍二年（西元七〇六年）兩京置齊太公廟署，其後廢；開元十九年（西元七三一年）復置。」《唐會要》卷六五太常寺條：「神龍二年，始分兩京置。」《舊唐書・玄宗本紀》：「〔開元〕十九年四月丙申，令兩京及天下諸州各置太公尚父廟，以張良配饗。」

【語　譯】汾祠署：令，定員一人，品秩為從七品下。

丞，定員一人，品秩為從八品上。都是開元二十一年設置的。

汾祠令、丞的職掌是，分管對神祀的享祭和祠廟的灑掃。

兩京齊太公廟署：令，各設置一人，品秩為從七品下。

丞，各設置一人，品秩為從八品上。都是在開元十八年設置的。

太公廟署令、丞的職掌是，負責廟門的開閉，平日的灑掃整潔，以及仲春、仲秋兩次祭奠的禮儀。

卷一五

光祿寺

卷目

光祿寺

卿一人
少卿二人
丞二人
主簿二人
錄事二人
府十一人❶
史二十一人
亭長六人
掌固六人

太官署

令二人
丞四人
府四人
史八人
監膳十人
監膳史❷十五人
供膳二千四百人
掌固四人

珍羞署

令一人
丞二人
府三人
史六人
典事八人
餳匠五人
掌固四人

良醞署

令二人
丞二人
府三人

---

❶府十一人 《新唐書·百官志》與此同，廣雅本及《舊唐書·職官志》則並作「十二人」。
❷監膳史 《舊唐書·職官志》作「主膳」。

史六人

監事掌醞二十人❸

掌匠❹十三人

奉觶一百二十人

掌固四人

酢匠十二人

豉匠十二人

葅醢匠八人

掌固四人

掌醢署

令一人

丞二人

府二人

史四人

主醢十人

醬匠二十三人

---

❸監事掌醞二十人　據正文，「監事」下當補「二人」二字。按本書卷目編排慣例，「掌醞二十人」應另起一行。又，《舊唐書·職官志》作「掌醞三十人」。

❹掌匠　據《舊唐書·職官志》當作「酒匠」。

卷旨

光祿寺在漢代稱光祿勳，由漢武帝太初元年（西元前一〇四年）改秦郎中令之名而來。《宋書·百官志》解釋是「光，明也。祿，爵也。勳，功也。」當時的職掌是掌管宮庭門戶，又居於禁中，下轄左、右、五官三署，三署郎官是那時人們進入仕途的一條重要捷徑，所以光祿勳曾是一個眾人矚目的職務。漢武帝以張安世為光祿勳，昭帝繼位，又封為富平侯，詔書稱：「右將軍光祿勳安世輔政宿衛，肅敬不怠，十有三年，咸以康寧。夫親親任賢，唐虞之道也，其封安世為富平侯。」（《漢書》本傳）從詔書可知光祿勳的職務相當於皇帝的宿衛的長官，參預宿衛的三署郎亦被視為君王的侍衛軍和子弟兵，地位都頗為特殊。東漢時光祿勳兼掌郊祀。魏晉以後光祿勳不再居禁中，其下屬亦不再設置三署郎，這使它的地位一落千丈，「養老疾，無職事」，簡直成了養老院。北齊後，光祿寺開始專掌祭祀宴享時的膳食供設，才成為一個有實職的部門。隋唐光祿寺的建置是在因襲北齊的基礎上演化而來。其間，高宗龍朔、武后光宅時，曾先後改名為司宰寺、司膳寺，中宗神龍元年（西元七〇五年）復稱為光祿寺。光祿寺置卿一人，少卿二人，丞二人；下設太官、珍羞、良醞、掌醢四署。光祿寺所掌膳食供設，主要用於郊社祭祀、朝會宴享，此外廊下食亦由其供擬。唐代任光祿卿者，武德時，李密歸唐後，曾拜為光祿卿，封邢國公，這當然使李密大失所望，叛唐而去，終為史萬寶所殺。貞觀時，柳亨亦曾任行光祿少卿，「太宗每誡之曰：『與卿舊親，情素兼宿，卿為人交遊過多，今授此職，宜存簡靜。』亨性好射獵，有饕酒之名，此後頗自勗勵，杜絕賓客，約身節儉，勤於職事，太宗亦以此稱之」（《舊唐書》本傳）。由此二例，可知光祿卿、少卿之任，在唐代皇帝心目中亦只是一閒職而已。

唐代光祿寺官署，設於西京的，在皇城承天門街之東，第四橫街之北，東與軍器監臨街相望，西則與都水監為鄰；設於東京的，在東城承福門內南北街之東，從南第一橫街之北，介於司農寺與太常寺之間。

光祿寺・太官署

【篇　旨】本篇敘述光祿寺卿、少卿、丞以及主簿、錄事之定員、品秩、沿革和職掌。

光祿寺下屬有太官、珍羞、良醞、掌醢四署；太官署亦在本篇中敘述，其餘三署，則分屬於下篇。

在唐代，太官署主要職掌便是祠祀、宴饗膳食。但在秦漢時期，太官令的首要職責是主掌宮廷御膳，百官膳食只是兼事。揚雄的〈太官令箴〉把太官司王饗這一點說得很明確：「時惟膳夫，實司王饗；祁祁庶羞，口實是供。奉物八品，八珍清觴；以御賓客，以膳于王。」謝承在《後漢書》中記到光武帝時期的一樁公案：一次發現「以髮貫炙」，有人誣陷係太官令陳政所為，光武「敕斬政」，陳政則以「臣罪當死者三」的口氣，實際上是提出三條理由，確證他所進的御食絕不可能發生頭髮掉進炙肉這樣的事來為自己申辯。此事也證明到東漢時期太官令還是主掌御食的。這種格局，到南北朝時北方的北魏也還大體如此。變化是從北齊開始的。北齊以光祿卿領太官，而在門下省、集書省分設尚食、中尚食，皇帝膳食由門下省主管，太官令的主要職掌則轉向為祭祀和百官供膳。隋、唐承襲北齊體制，膳食有三套班子並行：光祿寺有太官署領祭祀和百官膳食，門下省（唐為殿中省）有尚食局專主御膳，內侍省則有內尚食局掌後宮膳食。本篇中因太官令職掌，連帶對唐代各類祭祀中名目繁多的禮器、祭品的陳設，以及在舉行朝會、宴饗時對不同品秩官員膳食的供應，都有詳細的規定。從中可以看到太官署的職責頗為不輕。如祭祀前，在太常卿省牲完畢後，廩犧令把牲牢牽至廚房，太官令便要統領所屬宰割及烹煮犧牲。在祭壇上，除禮器及玉帛的陳設分別屬太常寺司禮郎和郊社令的職掌外，動輒各以數百計的籩、豆、簋、簠等，則都需由太官令帥進饌者，包括珍羞署、掌醢署的成員，實以各種祭料。唐代一年大、中、小祀有七十餘次，每次祭祀，每個神座各種禮器中都要按規定盛放相應的祭料，要做到分毫不爽實在不是一件容易對付的事。此外還有那麼多參預祭祀的官員的膳食，亦要由太官署依其品秩分別供應。所以太官署單是供膳的定員就多達二千四百人，以三番計，每月也有八百人為之掌勺，這在管理上也是一個難題。

一

光祿寺：卿一人，從三品；《漢書·百官表》❶云：「郎中令❷，秦官，武帝太初元年❸，更名光祿勳❹，掌宮殿門戶，秩中二千石。」今雖取其名，職務則別❺。後漢兼掌郊祀三獻❻。獻帝❼末，又改為郎中令。魏文帝黃初元年❽，復為光祿勳。晉光祿勳有署丞、功曹、主簿、五官等員❾。東晉哀帝興寧二年❿，省并司徒；孝武帝寧康元年⓫，復置。魏、晉已來無三署郎⓬，光祿勳不復居禁中，宮殿門戶猶屬焉。宋、齊因之⓭。梁置十二卿⓮，除「勳」字，光祿卿為冬卿，班第十一⓯。陳因梁⓰。後魏光祿卿從第一品下；太和二十二年重次職令⓱，九卿⓲並第三品。北齊光祿寺置卿，掌諸膳食、帳幕、器物、肴藏⓳。隋光祿寺置卿、少卿、丞、主簿、錄事等員，統太官、肴藏、良醞等署令、丞⓴。開皇三年廢光祿入司農，十二年復置㉑。煬帝㉒即位，降卿為從三品，皇朝因之。龍朔二年㉓，改為司宰寺正卿，咸亨㉔中復舊；光宅元年㉕改為司膳寺卿，神龍元年㉖復舊。

少卿二人，從四品上。後魏太和十五年㉗，初置少卿官，第三品上；至二十二年㉘，降為正四品上。北齊因之。隋初依北齊，煬帝即位，加置一人，降為從四品。皇朝置一人，貞觀中加置二人㉙。龍朔、咸亨、光宅、神龍，並隨寺改復。

光祿卿之職，掌邦國酒醴㉚膳羞㉛之事，總㉜太官、珍羞、良醞、掌醢四署之官屬，修其儲備，謹其出納；少卿為之貳。凡國有大祭祀，則省牲、鑊㉝，視濯、溉。若三公攝祭㉞，則為之終獻㉟。朝會、燕饗，則節其等差，量其豐約以供焉。

【章旨】敘述光祿寺卿、少卿之定員、品秩和沿革及職掌。

【注釋】❶漢書百官表 《漢書》，東漢班固撰，我國第一部紀傳體斷代史。一百篇，一百二十卷。〈百官表〉，全稱〈百官公卿表〉，《漢書》八表之一。敘述秦漢官制沿革。❷郎中令 秦漢九卿之一。主廊內諸官，包括郎官、大夫、謁者。《初學記》卷一二引《齊職儀》稱其「主諸郎之在殿中侍衛，故曰郎中令」。宿衛宮殿門戶和侍從君王左右這兩條職掌，使得郎中令的地位顯得特別的重要。秦二世時，趙高曾為郎中令；漢初陳平因害怕諸呂弄權，固請為郎中令；漢文帝以代王被立為帝，一進未央宮當夜即拜其親信「張武為郎中令，行殿中」(《漢書・文帝紀》)。這些都說明郎中令一職在宮廷權力角逐中的特殊作用。❸武帝太初元年 即西元前一〇四年。武帝，西漢皇帝劉徹，在位五十四年，終年七十一。太初是漢武帝年號。❹光祿勳 漢九卿之一。關於此職名之含義，《漢書・百官公卿表》應劭注曰：「光者，明也；祿者，爵也；勳，功也。」如淳曰：「胡公(廣)曰：勳之言閽也。閽者，古主門官也。光祿主宮門。」師古曰：「應說是也。」❺今雖取其名職務則別 指唐代之光祿寺，雖取漢光祿之名，其職務則與漢有別：漢為掌宮殿門戶，唐則為酒醴羞膳之事，類似於漢代少府屬下之太官、湯官所掌。❻後漢兼掌郊祀三獻 據《後漢書・百官二》光祿勳本注稱：「職屬光祿者，自五官將至羽林右監，凡七署。自奉車都尉至謁者文屬焉。」郊祀，指祭天儀式。三獻，獻即「獻」字；三獻，指祭祀過程中的初獻、亞獻、終獻三次祭奠。❼獻帝 即獻帝，東漢皇帝劉協。即位時東漢已名存實亡，先後為董卓、曹操的傀儡。延康元年(西元二二〇年)被廢為山陽公，曹丕代漢稱帝，建立魏朝。❽魏文帝黃初元年 即西元二二〇年。黃初為魏文帝曹丕年號。❾晉光祿勳有署丞功曹主簿五官

等員 《晉書・職官志》稱晉「光祿勳統武賁中郎將、羽林郎將、冗從僕射、羽林左監、五官左右中郎將、東園匠、太官、御府、守宮、黃門、掖庭、清商、華林園、暴室等令」。此指其下屬機構。從中可知晉之光祿勳雖不居禁中，仍主宮廷門衛及宮內勤雜事務。丞、功曹、主簿、五官等員，則為光祿勳自身佐吏。功曹，漢代司隸屬吏有功曹從事、功曹書佐，皆掌選署功勞，位居佐吏之右。主簿，掌文書簿籍之事。漢代中央及州郡縣諸官署多置主簿，職主省署簿書，錄門下眾事。五官，漢世中央及州郡屬吏有五官掾，簡稱五官。地位僅次於功曹，祭祀居諸吏之首。無固定職掌，凡功曹及諸曹員吏出缺即代理其職務。❿哀帝興寧二年 即西元三六四年。哀帝，東晉皇帝司馬丕，在位四年，終年二十五歲。興寧為其年號。⓫孝武帝寧康元年 即西元三七三年。孝武帝，東晉皇帝司馬曜，在位二十四年，終年三十五歲。寧康為其年號。⓬三署郎 指漢代光祿勳屬官中之五官中郎將和左、右中郎將，均為三署所屬郎官。《初學記》：「郎中令屬官有五官中郎將，左、右中郎將，曰三署。署中各有中郎、議郎、侍郎、郎中，皆無員，多至千人，主執戟衛宮陛，及諸虎賁、羽林郎皆屬焉。」《漢舊儀》：「三署為五官署也，左、右署也，各署中郎將以司之。郡國舉孝廉以補三署郎，年五十以上屬五官，其次分在左、右署。」⓭宋齊因之 南朝宋、齊光祿勳因晉之舊。《南齊書・百官志》稱齊「光祿勳，府置丞一人，領官如左：左右光祿大夫，位從公，開府置佐史如公；光祿大夫、太中大夫、中散大夫。諸大夫官，皆處舊齒老年重者加親信二十人」。⓮梁置十二卿 《隋書・百官上》稱：「諸卿，梁初猶依宋、齊，皆無卿名。天監七年（西元五〇八年），以太常為太常卿，加置宗正卿，以大司農為司農卿，三卿是為春卿。加置太府卿，以少府為少府卿，加置太僕卿，三卿是為夏卿。以衛尉為衛尉卿，廷尉為廷尉卿，將作大匠為大匠卿，三卿是為秋卿。以光祿勳為光祿卿，大鴻臚為鴻臚卿，都水使者為太舟卿，三卿是為冬卿。凡十二卿，皆置丞及功曹、主簿。」⓯班第十一 《隋書・百官上》記梁官制稱：「至（天監）七年（西元五〇八年），革選，徐勉為吏部尚書，定為十八班，以班多為貴，同班者，則以居下者為劣。」光祿卿與司農、少府、廷尉諸卿皆居十一班。⓰陳因梁 指陳之光祿卿屬下建置，因襲梁制，光祿卿品居第三。⓱太和二十二年重次職令 據《魏書・官氏志》北魏重次職令是在太和二十三年，即西元四九九年。太和是北魏孝文帝年號。是年孝文帝卒，世宗初始頒行之。⓲九卿 指太常、光祿、衛尉、太僕、廷尉、大鴻臚、宗正、大司農、太府九卿。⓳北齊光祿寺置卿掌諸膳食帳幕器物肴藏 《隋書・百官中》稱北齊光祿寺「掌諸膳食、帳幕器物、宮殿門戶等事」。其所統諸署，有守宮署，掌凡張設等事；太官署，掌食膳事；宮門署，主諸門籥事；供府署，掌供御衣服玩弄事；肴藏署，掌器物鮮味等事；清漳署，主酒，歲二萬石，春秋中半；華林署，掌禁籞林木等事。各有令、丞。宮門署，置僕射六人，以司其事。又領東園局，設丞等員，掌諸凶喪之具。⓴隋光祿寺置卿少卿丞主簿錄事等員統太官肴藏良醞等署令丞　據《隋書・百官志》隋光祿寺置卿、少卿各一人，丞三人，主簿二人，錄事三人。錄事，職掌主文書等事。光祿寺所統之署除太官、肴藏、良醞外，尚有掌醢署。諸署屬員太官署有令三人，丞八人，監膳十二人；肴藏署令二人，丞二人；良醞署令二人，丞四人，掌醞五十人；掌醢署令一人，丞二人，掌醢十人。㉑開皇三年廢光祿入司農十二年復置　開皇三年，即西元五八三年。是年廢光祿寺及都水臺入司農。同時被廢的還有衛尉，入太常、尚書省；鴻臚亦入太常。十二年，指開皇十二年，即西元五九二年。是年復置光祿、衛尉、鴻臚等寺。開皇，隋文帝楊堅年號。㉒煬帝　隋朝皇帝楊廣。在位十四年，終年五十歲。㉓龍朔二年　即西元六六二年。龍朔為唐高宗李治年號。㉔咸亨　唐高宗李治又一年號。㉕光宅元年　即西元六八四年。光宅為武則天年號。㉖神龍元年　即西元七〇五年。神龍是唐中宗李顯年號。㉗太和十五年　即西元四九一年。太和是北魏孝文帝拓跋宏年號。又，北魏職員令的初次制定據《魏書・高祖紀》在太和十七年（西元四九三年），見於是年六月乙巳詔書。㉘二十二年　指太和二十二年，西元四九八年。《魏書・官氏志》則繫於太和二十三年。㉙貞觀中加置二人　貞觀是唐太宗李世民年號。唯少卿加置二人，當在睿宗時。《唐會要》卷六五光祿寺條云：「少卿，本一員，景龍（當作景雲）二年（西元七一一年）十一月四日，加一員，以劉正為之。」《舊唐書・睿宗本紀》：「景雲三年（太極元年，西元七一二年）二月丁酉（是月庚子朔，無丁酉日，疑有誤——引者），光祿、大理、鴻臚、太府、衛尉、宗正各增置少卿一員。」㉚酒醴　以酒為代表的各種飲料。醴，甜酒或清泉。㉛膳羞　飯食和菜餚。㉜緫　即「總」字。㉝省牲鑊　唐制，大祭祀時，太常卿省牲（省察用作犧牲的牛、羊、豬是否符合祭祀標準）完畢，便由「謁者引光祿卿詣廚，省鼎鑊，申視濯溉」（《新唐書・禮樂二》）。即在烹煮祭牲前，要檢查鼎鑊是否完好，對鼎鑊及牲肉的洗滌是否符合要求。㉞三公攝祭　指皇帝不能親臨郊社、宗廟祭祀時，由三公代替皇帝主祭。三公，通常指太尉、司徒、司空。㉟終獻　祭奠的禮儀分初獻、亞獻、終獻三次。終獻是最後一次在神座前奠爵。

【語　譯】光祿寺：卿，定員一人，品秩為從三品。《漢書・百官公卿表》說：「郎中令，秦朝設置的官職，漢武帝太初元年，改名為光祿勳，職掌是分管宮殿門戶，俸秩中二千石。」現今雖仍沿用光祿這個名稱，但職務已與漢代有了區別。東漢時，光祿勳的職掌還兼管郊社祭奠的三獻。東漢獻帝末年，一度改名為郎中令，到魏文帝黃初元年，又恢復稱光祿勳。晉朝的光祿勳，除了所統的守宮、黃門各署以外，還設有丞、功曹、主簿、五官等員為屬吏。東晉哀帝興寧二年，簡省了光祿勳，把它的職事併給了司徒。孝武帝寧康元年，又恢復設置光祿勳。從魏、晉以來，已沒有三署郎的機構，光祿勳的官署亦不再設在禁中，但宮殿門戶仍舊歸它管轄。南朝宋、齊因仍晉制。梁朝設置十二卿，除去「勳」字，稱光祿卿，列為十二卿之一，屬冬卿，品秩居於第十一班。陳沿襲梁制，北魏光祿卿的品秩為從第一品下；孝文帝太和二十二（三）年第二次頒布職員令，九卿都列為第三品，光祿卿作為九卿之一亦為第三品。北齊的光祿寺設置卿，掌管有關膳食、帳幕、器物、肴藏等方面的事務。隋朝光祿寺設有卿、少卿和丞，還有主簿、錄事等吏員，統轄太官、肴藏、良醞等署的令和丞。隋文帝開皇三年，一度撤銷光祿寺，把它的職務併到了司農寺；到開皇十二年又恢復設置光祿寺。煬帝即位以後，把光祿卿的品秩下降到從三品，本朝因仍隋制。高宗龍朔二年把它改名為司宰寺正卿，咸亨期間又恢復了舊稱。武后光宅元年又改名為司膳寺卿，中宗神龍元年再次恢復舊稱。

少卿，定員二人，品秩為從四品上。北魏孝文帝太和十五年，初次設置少卿官，品秩是第三品上；到太和二十二（三）年降為正四品上。北齊因承北魏的這一官制。隋初依北齊的制度，煬帝即位後增加了一人，品秩則降為從四品。本朝初置一人，太宗貞觀時期加置為二人。龍朔、咸亨、光宅、神龍年間，這一官職的名稱隨著寺名的更改和恢復而更改和恢復。

光祿卿的職責是，掌管國家酒醴、膳羞方面的事務，總管太官、珍羞、良醞、掌醢四個署的官屬，整治好物資的儲備，嚴謹於物資的出納。少卿做他的副手。凡是國家有盛大的祭祀，光祿卿要省視宰牲的鼎鑊以及灌水洗滌過程是否潔淨。如果由三公攝祭，便由光祿卿負責終獻。在舉行朝會和宴饗時，光祿寺要根據百官品秩的高下，供應豐約各有區別的設會料，也就是宴會用餐。

【說　明】光祿寺的職掌和地位，自秦漢至隋唐有一個較大的變化。由秦及漢，光祿勳都是宮殿門戶和廊下武士的總管，在隋唐其所掌管的轉為朝廷酒醴膳食方面的事務。二者無論職務性質或所處地位差別都甚大。光祿勳原名郎中令，主殿中侍衛諸郎中，為三署郎的總管。其屬下郎官可以多達數千以至上萬人，名稱有中郎、議郎、侍郎、郎中四等，其來源或由二千石子弟以「任子」蔭補，「郡縣孝廉以補三署郎，年五十以上，屬五官，其次分在左、右署」（《宋書·百官志上》）；或由文學技藝、射策甲科進補，亦有以捐納資財入充者。任職期滿，可以外放為地方之縣令、長、丞、尉，亦可上升為中央臺省的尚書郎、侍郎，故兩漢文武大臣中有不少就出身於郎官。由於三署郎成了當時入仕的主要途徑，主管三署郎的光祿勳的地位自然就特別顯眼；再加上他身處禁中，又是宮廷門戶進入的主管，因而成了眾人欽羨的要職和美差。光祿勳地位的變化和下降發生在取消了三署郎之制以後。曹魏實施九品中正制，官吏的任免不再由光祿勳的三署郎，三署郎的不復存在，使光祿勳頓時失去了往日的風光，形式上雖還主管宮廷門戶，但其官署已不在禁中。南朝宋、齊時，在光祿勳還保留了左、右光祿大夫、中散大夫這樣一些職名，那已只是一些沒有職事、用以安慰老臣宿舊的空銜。至北齊時，光祿寺的職掌便開始向膳食酒醴這方面傾斜，這一點可以從其所統轄諸署職務性質看出：除宮門署外，其他多為供應酒食之事，且宮門署也非關門衛，僅主諸門籥而已。至隋唐就連對宮門的這一職掌也已省去，即如本章正文所言，光祿之職，專「掌邦國酒醴膳羞之事」。

二

丞一人[1]**，從六品上**；漢光祿勳丞一人[2]，秩比千石[3]。魏、晉因之，銅印、黃綬[4]。宋、齊列卿丞並視朝請[5]；梁天監七年[6]，改視員外郎[7]，陳因之。後魏列卿丞從五品中；太和二十二年，第七品上[8]。北齊光祿寺丞一人，從六品[9]；隋因之，加置三人，大業五年加為從五品[10]。皇朝改為六品。

主簿二人，從七品上；《漢官儀》[11]光祿有主簿[12]，《晉令》[13]亦置主簿，宋、齊因之。梁天監七年，位不登十八班者別置七班，主簿位三班[14]，陳因之。後魏闕文。北齊光祿寺有功曹[15]、五官[16]、主簿。隋光祿寺主簿一人，皇朝因之。武德[17]中，正八品上，貞觀[18]之後遂改焉。

錄事二人，從九品上。《晉令》光祿勳置錄事史⑲。北齊光祿寺置錄事⑳等員。隋光祿寺錄事三人，並流外㉑為之。皇朝置二員，掌寺事㉒。

主簿掌印，勾檢稽失㉓。

錄事掌受事發辰㉔。

【章旨】敘述光祿寺丞、主簿、錄事之定員、品秩以及沿革和職掌。

【注釋】❶丞二人　卷首目錄為丞二人。新舊《唐書》官志光祿寺之丞皆為二人。❷漢光祿勳丞一人　《通典·職官七》光祿卿條稱：「丞，漢二人，多以議郎博士為之；後漢一人。」《漢書·百官公卿表》光祿亦有丞，但未言員數。《後漢書·百官志》稱：「丞一人，比千石。」❸秩比千石　顏師古《漢書注》：「秩比千石者，八十斛。」即月俸八十斛。❹銅印黃綬　古代官員佩印，以其材質分金、銀、銅三等。《東觀書》稱「漢制，秩四百石以上皆銅印」。綬為繫印之絲帶，以顏色分貴賤，漢時有赤、綠、紫、青、黑、黃數種。《後漢書·輿服志》注引《漢儀》：「黃綬一采，八十首，長丈七尺，以為常式。」❺視朝請　指其位比照奉朝請，也即可以奉朝請的名義參加朝會。奉朝請為兩漢朝廷給予退休大臣、列侯、宗室、外戚等的一種政治優待。當時春季朝會稱朝，秋季朝見稱請。授此者可以參加朝會，班次也可有所提高。❻天監七年　即西元五〇八年。天監為梁武帝蕭衍年號。❼視員外郎　指其位比照員外郎。員外郎在隋唐以前是指員外散騎侍郎。《晉書·職官志》：「員外散騎侍郎，武帝置，無員。」簡稱為員外郎。隋唐時，則置為尚書六部諸司次官。❽太和二十二年第七品上　太和二十二年，即西元四九八年。太和為北魏孝文帝年號。據《魏書·官氏志》太和後制是在太和二十三年，西元四九九年。此年所頒發的職令規定，太常、光祿勳、衛尉三卿的丞為從六品下，列卿丞則在第七品下。❾從六品　據《隋書·百官下》，隋之三寺丞列在從六品下階，隋承北齊，則北齊光祿丞亦應為從六品下階。❿大業五年加為從五品　大業五年，即西元六〇九年。大業為隋煬帝年號。《隋書·百官下》稱：「〔大業〕五年，〔光祿以下八寺〕丞並增為從五品。」⓫漢官儀　《隋書·經籍志》著錄《漢官儀》十卷，應劭撰。《後漢書·應劭傳》稱其曾為袁紹軍謀校尉，「時始遷都於許，舊章堙沒，書記罕存，劭慨然嘆息，乃綴集所聞，著《漢官禮儀故事》」。《漢官儀》當是其簡稱。書已佚，今僅有清孫星衍所輯佚本，上、下二卷。⑫主簿　漢代中央及州郡縣諸官署多置主簿，職主省署簿書，錄門下眾事。西漢時地位嘗低，時有「兩府高士不向主簿」之說。但主簿在吏職中與府主最為親近，至東漢而地位漸崇，其職亦不限於簿書，凡匡輔拾遺，出宣教命，奉送要函，接待賓客，以至府主家務私事，亦多所涉及，遂為門下諸職之首。此是漢之主簿，與隋唐時有異。⑬晉令　書名。《舊唐書・經籍志》著錄《晉令》四十卷，賈充撰。⑭主簿位三班　《隋書・百官上》稱「宗正等十一卿主簿為三班」。係十八班外另置七班之第三班。⑮功曹　佐吏名。漢代司隸屬吏有功曹從事、功曹書佐，皆掌選署功勞，位居佐吏之右。⑯五官　佐吏名。漢世中央及州郡屬吏有五官掾，簡稱五官。⑰武德　唐高祖李淵年號。⑱貞觀　唐太宗李世民年號。⑲錄事史　佐吏名。漢置。位在錄事掾下，佐掾主文書。晉唯置錄事史，以當錄事掾之任。北齊諸州置都錄事及史、箱錄事及史，隋以下無。⑳錄事　佐吏名。兩漢郡縣有錄事掾史，職主文書等事，省稱錄事。晉州郡縣有錄事史，其下或別置錄事一人，北魏司州亦置，北齊中央諸臺府寺及郡縣並置錄事，州府又有都錄事及史。隋中央諸臺府寺皆設有錄事。唐制，門下、御史等省臺寺監署都置錄事一至四人，掌受事發辰。㉑流外　指不入九品，由雜途出身之吏員，亦稱為未入流。如諸司之錄事、令史、府、史、亭長、掌固之類。㉒掌寺事　此據《舊唐書・職官志》當作「丞，掌判寺事。」且應為正文。語譯依《舊唐書》。㉓勾檢稽失　指勾檢來往公文之有無失誤。失，指公事失錯，亦即政務處理違反定制。稽，查稽程限，公文處理有否延誤規定日程。㉔受事發辰　指受理公文或訴狀時，要登錄收受或發送之日期，以便考核。

【語　譯】〔光祿寺：〕丞，定員一（二）人，品秩為從六品上。漢代光祿勳設丞一人，俸秩為比千石。魏、晉因承漢制。光祿丞可以佩銅印黃綬。南朝宋、齊包括光祿丞在內的列卿的丞都是位視朝請。梁天監七年改為視員外郎，陳因梁制。北魏列卿的丞品秩都是從五品中，孝文帝太和二十二（三）年後制，定為第七品上（從六品下）。北齊光祿寺設丞一人，品秩為從六品下。隋因承北齊的這一官制，定員增加為三人，到大業五年，又增加品秩為從五品。本朝改為從六品上。

主簿，定員二人，品秩為從七品上。《漢官儀》記載說：「光祿勳下屬設有主簿。」《晉令》亦規定要設置主簿。南朝宋、齊因承晉制。梁武帝天監七年改制後，規定品位不登十八班的，另外設置七班，主簿品列在第三班。陳因梁制。北魏未見有關主簿品秩的記載。北齊光祿寺的吏員設有功曹、五官、主簿等。隋朝光祿寺設有主簿一人，本朝因襲了這一官制。高祖武德時期主簿的品秩定為正八品上，太宗貞觀以後遂改為從七品上。

錄事，定員二人，品秩為從九品上。《晉令》規定，光祿寺設置錄事史。北齊的光祿寺則設置錄事等吏員。隋朝光祿寺亦設置錄事三人，都是由流外吏員充當。本朝設置二員。

丞，主持光祿寺內部的日常事務。

主簿，掌管印章以及勾檢來往公文的處理上，有否失錯或延誤。

錄事，負責登錄來往公文的收發日程。

三

太官署：令二人，從七品下；《周禮》❶有庖人❷外饔❸中士，蓋其任也。秦、漢少府❹屬官太官、湯官令丞❺，太官主膳食，湯官主餅餌。《漢官儀》❻：「太官令秩二千石❼。」桓帝延熹元年❽，使太官令得補二千石，置四丞❾。魏氏因之。晉光祿勳屬官有太官令❿。宋侍中屬官有太官令一人⓫，齊因之。梁門下省領太官⓬，陳因之。後魏、北齊分太官令為尚食、中尚食⓭：尚食，門下省領之；中尚食，集書省領之；太官，光祿卿領之。尚食、中尚食掌知御膳，太官掌知百官之饌。後周有典庖中士一人。隋光祿寺統太官署令、丞⓮。皇朝置令二人。

丞四人，從八品下；《周禮》庖人外饔有下士⓯，秦有太官丞，漢太官二丞。後漢太官丞一人，三百石；又有左丞、甘丞、湯官丞、果丞。桓帝時，太官置四丞，又有左、右丞⓰。魏、晉、宋、齊並有太官丞。梁有四人，又有市買丞、正廚丞。後魏、北齊有太官丞一人。後周內膳有中士四人。隋太官署有丞八人，皇朝置四人。

監膳十人，從九品下；晉太官令有廚史二十四人，後周內膳有主食十二人，隋太官有監膳十二人⑰。武德⑱中，太官監膳八人；貞觀⑲中，加置十二人；開元二十三年⑳減二人。

監膳史㉑十五人，皇朝貞觀中置。

供膳二千四百人。隋太官供膳二千人，皇朝武德中置一千五百人，永徽㉒中加置二千四百人。

太官令掌供膳之事；丞為之貳。

【章旨】敘述太官署令、丞和監膳、供膳等之定員、品秩以及沿革和職掌。

【注釋】❶周禮　儒家經典之一。係搜集周王室官制和戰國時各國制度，添附以儒家政治理想，增減排比而成之彙編。❷庖人　《周禮》天官設有庖人中士四人，據載其職「掌共六畜六獸六禽，辨其名物」，即主管供給食用牲畜方面的事務。❸外饔　《周禮》天官設有外饔中士四人。據載其職「掌外祭祀之割亨，共其脯脩刑膴，陳其鼎俎，實之牲體魚腊。凡賓客之飧饔饗食之事，亦如之」。即祭祀及饗宴中有關烹煮方面的事務。❹少府　秦漢時，少府為九卿之一。掌管山海池澤，以給國君之供養。歷代皆沿其制。❺屬官太官湯官令丞　據《職官分紀》卷一八引《唐六典》原注此句「屬官」下尚有一「有」字。太官，秦漢時少府屬官有太官令、丞，掌帝王及宮廷宴饗之飲食。顏師古注云：太官主膳食；湯官主餅餌。《宋書・百官志》：尚書郎入直，則「太官供食物，湯官供餅餌及五熟果實之屬」。❻漢官儀　《隋書・經籍志》著錄：《漢官儀》十卷，應劭撰。據《後漢書・應劭傳》，應劭曾「為袁紹軍謀校尉。時始遷都於許，舊章堙沒，書記罕存。劭慨然嘆息，乃綴集所聞，著《漢官禮儀故事》」。其書已佚。今存清孫星衍輯佚之《漢官儀》二卷。❼太官令秩二千石　據南宋本當為「秩一千石」。漢制，秩千石者，月俸九十斛。又按《後漢書・百官志》太官令秩為「六百石」。劉昭注引荀綽《晉百官表注》則曰：「漢制，太官令秩千石。」❽桓帝延熹元年　即西元一五八年。桓帝，東漢皇帝劉志，在位二十年，終年三十六歲。延熹係其年號。❾置四丞　《後漢書・百官志》太官令之本注稱四丞為左丞、甘丞、湯官丞、果丞，各一人。其掌「左丞主飲食，甘丞主膳具，湯官丞主酒，果丞主果」。劉昭注引荀綽《晉百官表注》：「丞四人，秩四百石。」又《太平御覽》卷二二九太官令條引應劭《漢官儀》曰：「太官令，兩梁冠，秩千石，丞四人。郡孝廉年五十，清修聰明者，光祿上名，迺召拜，皆秩四百石。三歲為令以供養勞苦遷（案：此下當有闕文）。左丞。有湯官丞（案：當云：「有左丞，有湯官丞。」）掌諸甘肥（案：當云：「有甘丞，掌諸甘肥。」）有菓丞，掌菓瓜菜茹薪炭。」❿晉光祿勳屬官有太官令　《晉書・職官志》在光祿勳屬官中有太官、守宮、黃門等令。⓫宋侍中屬官有太官令一人　《宋書・百官志下》侍中條下有「太官令一人，丞一人」。《南齊書・百官志》：「太官令一人，丞一人。屬起部，亦屬領軍。」《通典・職官七》太官署令丞條曰：「宋、齊屬侍中。」⓬梁門下省領太官　《隋書・百官上》稱，梁由門下省之侍中祭酒與侍郎功高者對掌禁令、公車、太官、太醫等令。⓭後魏北齊分太官令為尚食中尚食　《隋書・百官中》：北齊門下省領尚食局，設典御二人，總知御膳事；但中尚食局並非隸屬於集書省而由中侍中省統領，下設典御、丞各二人，監四人。《通典・職官七》太官署令丞條稱：「後魏分太官為尚食、中尚食，知御膳，典門下省；而太官掌百官之饌，屬光祿卿。北齊因之。」《冊府元龜》卷六二〇卿監部總序則與此處原注相同。⓮隋光祿寺統太官署令丞　《隋書・百官志下》稱：光祿寺統太官署，設令三人，丞八人。⓯周禮庖人外饔有下士　《周禮》天官之庖人及外饔各設有下士八人。漢在太府設胞人，顏師古注《漢書》曰：「胞人，主掌宰革者也。胞與庖同。」⓰桓帝時太官置四丞又有左右丞　桓帝，東漢皇帝劉志，在位二十一年，終年三十五歲。桓帝時太官置四丞，即左丞、甘丞、湯官丞、果丞，各一人。左丞已在四丞之中，未見四丞之外別置左、右丞之記載。⓱隋太官有監膳十一人　《隋書・百官志下》稱隋太官有監膳十二人。⓲武德　唐高祖李淵年號。⓳貞觀　唐太宗李世民年號。⓴開元二十三年　即西元七三五年。開元為唐玄宗李隆基年號。㉑監膳史　《舊唐書・職官志》作「主膳」。㉒永徽　唐高宗李治年號。

【語譯】太官署：令，定員二人，品秩為從七品下。《周禮》在天官下設有庖人、外饔中士，也就是現在太官的職任。秦漢時期少府的屬官有太官、湯官的令和丞，太官主管膳食，湯官主管餅餌。《漢官儀》說：「太官令俸秩為二千（一千）石。」東漢桓帝延熹六年，允許太官令可以補二千石，令下設置四丞。曹魏因襲漢制。晉朝光祿勳的屬官中有太官令。南朝宋則在侍中的屬官中設太官令一人。齊因仍宋的舊制。梁朝改由門下省統領太官，陳因襲梁制。北魏和北齊從太官令中分出尚食和中尚食兩個機構，尚食局歸門下省統領，中尚食局則由集書省（中侍中省）統領，太官仍歸光祿卿管轄。尚食局和中尚食局的職掌是主管御膳，太官則負責供應百官饌食。北周設有典庖中士一人。隋朝由光祿寺統管太官署的令、丞。本朝設置令二人。

丞，定員四人，品秩為從八品下。《周禮》在天官下設有庖人和外饔下士各四人。秦朝太官署設有丞，漢朝太官設丞二人，東漢太官設丞一人，俸秩為三百石。此外還有左丞、甘丞、湯官丞和果丞。桓帝時，太官置丞四人，又有左、右丞。魏、晉以及南朝的宋、齊，在太官署都設有太官丞。南朝梁設有丞四人，又有市買丞和正廚丞。北魏、北齊太官署設太官丞一人。北周內膳設有中士四人。隋朝的太官署有丞八人，本朝設丞四人。

監膳，定員十人，品秩為從九品下。晉代太官令的屬下有廚史二十四人，北周的內膳設有主食十二人，隋朝太官署有監膳十一人。本朝高祖武德時期，太官署有監膳八人，太宗貞觀年間增加到十二人，玄宗開元二十三年減少了二人。

監膳史，定員為十五人。本朝貞觀年間設置。

供膳，定員為二千四百人。隋太官供膳設二千人，本朝高祖武德年間，定為一千五百人，高宗永徽時期增加到二千四百人。

太官令的職掌是分管供膳方面的事務；太官丞是他的副職。

【說　明】太官令品秩不高，其所屬品官僅十四人，但吏員數量眾多，有府四人，史八人，監膳十人，監膳史十五人，掌固四人；其下屬供膳更多達二千四百人，若以三番計，每月當上的也應在八百人上下，為殿中省供御膳的主膳的三倍多（主膳七百人，詳一一卷一篇）。一支如此龐大的炊事隊伍，其主要任務除了每年為大、中、小共七十餘次祭祀供應祭料外，平時便是負責配備朝會宴饗以及廊下會食，由此也可約略推知唐帝國的官僚機構，該有一個何等龐大的規模！

四

凡祭之日，則白卿詣諸廚省牲、鑊[1]，取明水[2]於陰鑑[3]，取明火[4]於陽燧[5]，火以供爨[6]，水以實尊[7]。帥宰人[8]以鑾刀[9]割牲，取其毛、血，實之於豆[10]，遂烹牲焉。又帥進饌者[11]實簠[12]、簋[13]，設於饌幕之內。凡冬至[14]圜丘[15]之祀昊天上帝[16]，籩[17]、豆各十二，簠、簋、㽅[18]、俎[19]各一；配帝[20]亦如之；五帝，籩、豆各去其二；大明、夜明，又去其二[21]；內官、中官[22]，籩、豆各二，簠、簋、俎各一[23]；外官眾星[24]，籩、豆各一，簠、簋、俎各一。孟春祈穀[25]之祀昊天上帝、配帝[26]、五方帝，如冬至之儀。孟春雩祀昊天上帝[27]、配帝[28]、五方帝，如祈穀之儀；五帝，籩、豆各八，簠、簋、㽅、俎各一[29]；五官[30]，籩、豆各二，簠、簋、俎各一。季秋享明堂如雩祀[31]。五郊迎氣[32]：正坐、配坐[33]，籩、豆各十二，簠、簋、㽅、俎各一；五星[34]、十二辰[35]、二十八宿[36]、五官，籩、豆各二，簠、簋、俎各一。蜡祭[37]大明、夜明，籩、豆各十，簠、簋、俎各一[38]；神農、伊耆，籩、豆各四，簠、簋、俎各一[39]；五星已下凡九十八坐[40]，籩、豆各二，簠、簋、俎各一；丘陵以下凡八十五坐，籩、豆各一，簠、簋、俎各一[41]。朝日、夕月[42]，籩、豆各十，簠、簋、㽅、俎各一。風師、雨師、靈星、司中、司命、司人、司祿[43]，籩、豆各八，簠、簋、俎各一。夏至方丘祭皇地祇[44]，籩、豆各十二，簠、簋、㽅、俎各一；配帝[45]亦如之。神州[46]，籩、豆各四，簠、簋、㽅、俎各一；嶽、鎮已下[47]，籩、豆各二，簠、簋、俎各一；邱陵已下，籩、豆各一，簠、簋、俎各一[48]。孟冬祭神州[49]，籩、豆各十二，簠、簋、㽅、俎各一；配帝亦如之。太社、太稷[50]，籩、豆各十，簠、簋、鈃、俎各二[51]；配帝亦如之[52]。馬祖、馬社、先牧、馬步[53]，籩、豆各八，簠、簋、俎各一。時享太廟，每室籩、豆各十八，簠二，簋二，㽅三，鈃三，俎三[54]；七祀[55]及配帝功臣[56]，每坐籩、豆各二，簠、簋、俎各一。舊制籩、豆十二，開元十四年[57]加籩、豆各六。二帝社[58]、先蠶[59]，籩、豆各十，簠二，簋二，㽅三，鈃三，俎三；配坐亦如之。司寒，籩、豆八[60]，簠、簋、俎各一。五龍祠[61]，每坐籩、豆各八，簠、簋、㽅、鈃、俎各一[62]。釋奠于孔宣父[63]，籩、豆各十，簠、簋各二，㽅、鈃、俎各三；配坐[64]亦如之；從祀八十六坐[65]，籩、豆各二，簠、簋、俎各一。釋奠于齊太公[66]，籩、豆各十，簠、簋各二，㽅、鈃、俎各三；配坐[67]亦如之。凡籩之實，有石鹽[68]、魚脯[69]、棗、栗、菱[70]、芡[71]、白餅、黑餅、糗餌[72]、粉餈[73]；豆之實，有葅[74]、醢[75]、酏食[76]、糝食[77]、豚胉[78]；簠、簋之實，有黍、稷、稻、粱[79]；㽅實大羹，鈃實肉羹。凡祭有牲者，皆豚右胖體[80]十一：前節三，肩、臂、臑[81]；後節二，肫、胳[82]；正脊一；脡脊一；橫脊一[83]；長脇一；短脇一；代脇一[84]；背[85]二骨以並。脊，從前為正；脇，傍中為正。

【章旨】由太官令在祭禮中的具體職司，而詳述唐代各類祭祀陳設禮器、供品之規制。

【注釋】❶白卿詣諸廚省牲鑊　指大祭祀時，太官要告請光祿卿到諸廚去省視宰犧烹牲的鍋鑊是否完好並洗滌潔淨。白，告白；稟白。《新唐書・禮樂一》：太常卿省牲後，「諸太祝與廩犧令以次牽牲詣廚，授太官。謁者引光祿卿詣廚，省鼎鑊，申視滌溉」。❷明水　祭祀所用之淨水。《周禮・秋官・司烜氏》：「以鑑取明水于月。」孫以讓正義：「竊意取明水，止是用鑑盛露。」❸陰鑑　形似大盆，用以盛水或冰之容器。古時無鏡，因亦盛水於鑑，用以照影。❹明火　古代以陽燧映日所點燃之火，供祭祀和占卜時用。《周禮・秋官・司烜氏》：「以夫遂，取明火于日。」鄭玄注：遂，即陽燧。又，《周禮・春官・龜人》：「凡卜，以明火爇燋。」❺陽燧　亦稱夫遂、金燧。古代取火於日之銅鏡。《禮記・內則》鄭玄注金燧、木燧句：「金燧，可取火於日」；「木燧，鑽火也」。陸德明釋文：「燧音遂，火鏡。」孔穎達疏：「皇氏云：晴則以金燧取火於日，陰則以木燧鑽火也。」❻爨　燒火煮飯。❼尊　古代酒器之通稱。❽宰人　官名。掌製作犧牲或肉食。《莊子・說劍》：「王乃牽而上殿，宰人上食。」《呂氏春秋・過理》：「晉靈公無道」，「使宰人臑熊蹯不熟，殺之」。❾鑾刀　亦作鸞刀。帶有鸞鈴之刀，供祭祀割牲用。《詩・小雅・信南山》：「執其鸞刀，以啟其毛，取其血膋。」鄭玄箋：「鸞即鈴也，謂刀環有鈴，其聲中節。」❿豆　古代食器。形似高足盤，用以盛食品或祭品。⓫進饌者　祭祀時在祭壇上為神座陳設祭品的人。饌，食品。⓬簠　古代食器。青銅製，長方形，器與蓋形狀相同，各有兩耳。用以盛黍、稷、稻、麥一類穀物。⓭簋　古代食器。青銅或陶製，圓形，圓口圈足。亦用以盛放稻麥一類糧食作物。⓮冬至　陽曆每年十二月二十二日，太陽直射南回歸線時為冬至日。陰曆是在十一月中。一年中此日夜最長、晝最短。⓯圜丘　古時祭天之壇。唐圜丘壇設於明德門外，道東二里。壇高四層，層各高八尺一寸，下層廣二十丈，再層廣十五丈，三層廣十丈，四層廣五丈。⓰昊天上帝　古人對天之通稱。以其所覆廣大，無不圓匝。或稱之為天皇大帝。⓱籩　古代祭祀和宴會時盛放果脯之竹器，其形若木製之豆。《周禮・天官・籩人》：「掌四籩之實。」⓲瓾　形狀似豆之陶製禮器。⓳俎　古代祭祀饗宴時用以載牲之禮器。長方形，兩端有足。青銅製，亦有木製者。⓴配帝　唐祭昊天上帝時，貞觀中以高祖配祭，武則天時以高祖、太宗、高宗配祭，開元初又改以高祖配祭。㉑五帝籩豆各去其二大明夜明又去其二　五帝，指五方帝。《開元禮・序例》稱五方上帝為東方青帝靈威仰，南方赤帝赤熛怒，西方白帝白招拒，北方黑帝叶光紀，中央黃帝含樞紐。祭祀五帝之籩豆數較祀昊天上帝各少二，即為籩十、豆十。大明、夜明，指太陽、月亮。其籩豆數又較祀五帝少二，即為籩八、豆八。此處所記禮器數與《開元禮・序例上・俎豆》稍異，後者為：

「五方上帝、大明、夜明，每座籩八、豆八、簋一、簠一、甄一、俎一。」㉒內官中官　本書第四卷第二篇祠部郎中職掌條稱：「又祀內官五十五坐於壇之第二等；又祀中官一百五十九坐於壇之第三等。」內官、中官，指處於內官、中官等次之星座。古人以天上星辰與地面人事相對應，即所謂「在野象物，在朝象官，在人象事」（《後漢書・天文志》注引張衡《靈憲》）。因而星座也被視為具有高低尊卑之分，猶若人間之官曹列位。㉓籩豆各二簠簋俎各一　《開元禮一・序例上》祭祀內官、中官所列禮器數，較此多「甄一」。㉔外官眾星　本書第四卷第二篇祠部郎中職掌條稱：「又祀外官一百五坐，眾星三百六十坐，於內壝之內。」㉕孟春祈穀　指正月上辛日祈穀於圜丘，祀昊天上帝。㉖配帝　指祈穀祀昊天上帝，以高祖配。㉗孟春雩祀昊天上帝　句首「孟春」，據南宋本當為「孟夏」。指夏曆四月間，為求雨而祭祀昊天上帝於圜丘。《左傳・桓公五年》：「龍見而雩。」服虔注：「謂四月昏，龍星體見，萬物始盛，待雨而大，故雩祭而求雨也。」唐開元十一年（西元七二三年）定制：孟夏以後，若出現旱情，則祈雨，審理冤獄，賑恤窮乏，掩骼埋胔。先祈嶽鎮海瀆及諸山川能興雲致雨者，皆於北郊遙祭而告之。又祈社稷，又祈宗廟，每以七日皆一祈。不雨，還從嶽瀆如初。旱甚，則大雩。秋分後，不雩。㉘配帝　指雩祀祭昊天上帝，以太宗配。㉙五帝籩豆各八簠簋甄俎各一　五帝，指五人帝，即太昊、炎帝、黃帝、少昊、顓頊。此處所記禮器數，與《開元禮一・序禮上》稍異，後者為：「五人帝，各籩四、豆四、簠一、簋一、俎一。」㉚五官　指勾芒、祝融、后土、蓐收、玄冥五官。㉛季秋享明堂如雩祀　季秋，夏曆九月。《通典・禮四》大享明堂條：「開元二十年（西元七三二年）季秋，大享於明堂，祀昊天上帝，以睿宗配。又以五方帝、五官從祀。籩豆罇罍之數，與雩禮同。」㉜五郊迎氣　指立春之日祀青帝於東郊，以迎春氣降臨；立夏之日祀赤帝於南郊，以迎夏氣降臨；季夏土王日祀黃帝於南郊；立秋之日祀白帝於西郊，以迎秋氣降臨；立冬之日祀黑帝於北郊，以迎冬氣降臨。㉝正坐配坐　正坐指五方天帝，配坐指五人帝。坐通「座」。㉞五星　東方歲星，即太陽系行星中之木星；南方熒惑，即火星；中央鎮星，即土星；西方太白星，即金星；北方辰星，即水星。㉟十二辰　亦即十二次。中國古代天文學把一周天分成十二個等分，以量度日、月、行星之位置和運動。十二次各有稱謂，《漢書・律曆志》記為：星紀、玄枵、娵訾、降婁、大梁、實沈、鶉首、鶉火、鶉尾、壽星、大火、析木。《舊唐書・天文志》稱：「天文之為十二次，所以辨析天體，紀綱辰象。」十二辰又與二十四節氣、四季的變化相聯繫，每季各三辰，成為祭祀之對象。始於梁武帝，以為祭二十八宿，無十二辰，於義闕然。於是加十二辰與二十八宿，各以其方為壇。唐代五郊迎氣時，每一方位以三辰相配。㊱二十八宿　亦稱二十八舍或二十八星。分佈於黃道、赤道附近一周天之二十八星官。分為四組，每組七宿，與四方及四種動物形象相配，稱為四象，即東方蒼龍，北方玄武，西方白虎，南方朱鳥。在五郊迎氣時，二十八宿依其各自方位，也成為祭祀對象。如唐代立春祀青帝，以太皞氏配，歲星、三辰在壇下之東北，七宿在西北，句芒在東南；立夏祀赤帝，以神農氏配，熒惑、三辰、七宿、祝融氏之位如青帝；立秋祀白帝，以少昊氏配，太白、三辰、七宿、蓐收之位如赤帝；立冬祀黑帝，以顓頊氏配，辰星、三辰、七宿、玄冥氏之位如白帝。(據《新唐書·禮樂志二》) ㊲蜡祭歲末祭百神於南郊，周稱蜡，秦稱臘。《禮記·郊特牲》：「蜡也者，索也。歲十二月，合聚萬物而索饗之也。」㊳籩豆各十簠簋俎各一 《舊唐書·禮樂志》記為「籩豆各四」。《開元禮一·序例上》、《通典·禮六十六》及新舊《唐書》禮志「俎」上均尚有一「㽅」字。又，《通典·禮七十七》䄍百神條稱：「設日月酒罇之位。大明，太罇二，著罇二，罍一，在壇上，於東南隅，北向；夜明，太罇二，著罇二，罍一，在壇上，於西南隅，北向。」㊴神農伊耆籩豆各四簠簋俎各一 神農、伊耆，均為傳說中古代聖帝。神農始教民耒耜，興農業，故尊為神農。此處即指先農之神。伊耆，《禮記·郊特牲》稱其「始為蜡」。劉勰《文心雕龍》亦云：「昔伊耆氏始蜡，以祭百神。」此句《開元禮一·序例上》、《通典·禮六十六》及新舊《唐書》禮志「簋」下均尚有一「㽅」字。又，《通典·禮七十七》䄍百神條稱：「神農氏、伊耆氏各著罇二，各於其壇上。」㊵五星已下凡九十八坐 據《通典·禮六十六·序例上》䄍百神條：五星以下，包括方田畯、嶽鎮海瀆、二十八宿、五方山林川澤等。㊶丘陵以下凡八十五坐籩豆各一簠簋俎各一 據《通典·禮六十六·序例上》䄍百神條：丘陵以下，包括墳衍、原隰、青龍、朱鳥、白獸、玄武、鱗、羽、毛、介、於菟、井泉等八十五座。籩豆各二，簠、簋、俎各一。㊷朝日夕月 唐制，春分日朝日於東郊，秋分日夕月於西郊。朝、夕為祭名。㊸風師雨師靈星司中司命司人司祿 風師、雨師，分別為二十八宿中之箕宿和畢宿，古人以其主風、主雨，視為風神、雨神。靈星，《通典·禮四》靈星條本注稱：「東南祭之，就歲星之位也。歲星五星之始，最尊，故就其位。王者所以復祭靈星者，為人祈時，以種五穀，故別報其功也。」司中、司命、司人、司祿，均為星神名。《史記·天官書》：「斗魁戴匡六星曰文昌宮，一曰上將，二曰次將，三曰貴相，四曰司命，五曰司中，六曰司祿。」《晉書·天文上》所載三臺六星中，西近文昌二星曰上臺，為司命，主壽；次二星曰中臺，為司中，主宗室；東二星曰下臺，為司祿，主兵。司人，不詳。據《通典·禮六十六·序例上》神位條稱：「立春後丑日祀風師於國城東北。立夏後申日，祀雨師於國城南。立秋後辰日，祀靈星於國城東南。立冬後亥日，祀司中、司命、司人、司祿於國城西北。」本注云：「已上四祀，舊不用樂，籩豆各八，簠俎等各一。」㊹夏至方丘祭皇地祇 唐制，夏至日，祭皇地祇於宮城之北郊十四里，渭水之北，為方丘壇。皇地祇，主崑崙之神，也即地神。《通典·禮五》本注稱：鄭玄以為皇地祇是崑崙。在古人心目中，崑崙乃地之最高處，既舉最高之稱，則四和之地皆及。夏至，陽曆每年六月二十二日，太陽直射北回歸線時，為夏至日。陰曆是在五月中。㊺配帝　唐制，夏至日祭皇地祇，以高祖李淵配座。㊻神州　唐制，夏至日祭皇地祇時，祀神州地祇於壇之第一等。神州，古籍中稱王者所卜居之吉土，京師周圍五千里內稱神州。《通典・禮五》本注引《禹受地統書》亦稱「崑崙東南地方五千里，名曰神州」。此處則指神州地神。㊼嶽鎮已下　據《通典・禮六十六・序例上》神位條，嶽鎮以下，包括五嶽、四鎮、四海、四瀆、五山、五川、五林、五澤等。每座籩、豆各二，簠、簋、俎各一。㊽邱陵已下籩豆各一簠簋俎各一　邱陵即「丘陵」。據《通典・禮六十六・序例上》神位條：丘陵以下，包括五丘、五陵、五墳、五衍、五原、五隰，於內壝之外，各依方面，每座亦是籩豆各一，簠、簋、俎各一。㊾孟冬祭神州　孟冬，夏曆十月。據《通典・禮六十六・序例上》神位條：「立冬後，祭神州地祇於北郊，以太宗文武聖皇帝配座。」㊿太社太稷　社為五土之神。五土指山川、川澤、丘陵、墳衍、原隰。五土各有所育，群生賴之。稷，於五土中特指原隰之神，以其能生五穀，而稷為五穀之長，故用以名神。唐之社稷壇設於含光門內之右，並分設太社、太稷，中宗時又增設帝社、帝稷。玄宗天寶三年（西元七四四年）詔：「社稷列為中祀，頗紊大猷。自今已後，社稷升為大祀。」(51)簠簋鉶俎各二　祭社稷禮器，《通典・禮六十六・序例上》與此稍異。後者記為：「簠、簋各二，鉶俎各三。」鉶，古代盛羹器皿，亦用作祭器。鄭玄注：「鉶，菜和羹之器。」(52)配帝亦如之　祭祀社稷之配座，據《通典・禮五》社稷條：「社以勾龍配，稷以后稷配。」又，《通典・禮六十六・序例上》神位條稱：祭太社、太稷皆以「后土配」。《祭法》曰：「共工氏霸有九州，其子曰后土，能平水土，故祀以為社」；又稱「烈山氏之有天下，其子曰柱，能殖百穀，故祀為稷」。(53)馬祖馬社先牧馬步　《通典・禮六十六・序例上》神位條：「仲春祀馬祖，仲夏祀先牧，仲秋祀馬社，仲冬祭馬步。」以上四時祭，皆於大澤，用剛日，即逢甲、丙、戊、庚、壬日。馬祖，即天駟；先牧，始養馬者；馬社，始乘馬者；馬步，災害馬者。皆為馬神。(54)時享太廟每室籩豆各十八簠二簋二㽅三鉶三俎三　據《通典・禮六十六・序例上》神位條：唐制太廟九室，每歲五次享祭，時間是在四季之孟月及歲末臘祭。舊制每室籩豆各十二，簠、簋各二，㽅、鉶、俎各三；開元二十四年（西元七三六年）加籩豆各六，故為十八。(55)七祀　據《通典・禮六十六・序例上》，七祀指春祀司命及戶，夏祀灶，季夏別祀中霤，秋祀門及厲，冬祀行；在䄍祭及禘祫大祭時偏遍祀之。(56)配帝功臣　近衛校正德本曰：「『帝』當作『享』。」《通典・禮六十六・序例上》神位條：「三年一祫以孟冬，五年一禘以孟夏。祫禘之時，功臣享配於庭。」本注稱：「高祖室：殷開山、劉政會、淮安王神通、河間王孝恭；太宗室：房玄齡、魏徵、屈突通、高士廉；高宗室：馬周、李勣、張行成；中宗室：桓彥範、敬暉、張柬之、崔玄暐、玄恕己；睿宗室：蘇瓌、劉幽求也。」(57)開元十四年　據南宋本當為開元二十四年，即西元七三六年。(58)二帝社　近衛校正德本：「『二』當削。」南宋本無此「二」字。古制天子立三社。

《祭法》云：王為群姓立社曰大社，於庫門內之西立之；王自為立社曰王社，於籍田立之；亡國之社曰亳社，廟門之外立之。大社即太社，王社亦稱官社或帝社。魏明帝景初年間立二社一稷，二社是太社和官社。唐太宗貞觀三年（西元六二九年）祭先農，籍田於東郊，武后改籍田為先農壇。中宗神龍元年（西元七〇五年）又改先農壇為帝社壇，並於太社壇西立帝稷壇，禮同太社、太稷，其壇不備方色。❺❾先蠶　先蠶所指之神有多說：或稱天駟，或稱苑窳婦人、寓氏公主，亦有以為黃帝軒轅氏者。自周代始，每年季春吉巳，王后要享先蠶而後躬桑。唐代高宗顯慶元年（西元六五六年）皇后武氏，玄宗先天元年（西元七一二年）皇后王氏，肅宗乾元二年（西元七五九年）皇后張氏，並有事於先蠶。❻⓿司寒籩豆八　司寒，北方之神。亦稱司冰。孟冬祭之。又，唐制，立春前三日，用黑牡、秬黍，祭司寒之神於冰室；祭訖，鑿冰千段，方三尺，厚尺五寸而藏之。仲春開冰，祭如藏禮。黑牡，黑牲；秬黍，黑黍。以司寒係北方之神，故祭物尚黑。籩豆八，據《通典・禮六十六》，當為「籩豆各八」。❻❶五龍祠　唐在興慶宮有五龍壇於龍池之旁。五龍，有多說，其一指蒼龍、朱鳥、麟、騶虞、玄武五種傳說中動物之神。其地原為隆慶坊，有井，據說一次忽湧水成池，周廣數十丈，且有雲氣繚繞。因其曾是唐玄宗李隆基早年宅第，人謂水下有龍，故稱龍池，並設祠以祭。❻❷籩豆各八簠簋甄鉶俎各一　《開元禮一・序例上》、《通典・禮六十六》及《新唐書・禮樂志》均無「鉶、俎」。❻❸釋奠于孔宣父　唐制，仲春、仲秋上丁釋奠於太學，即國子監。按唐國子監在安上門西。孔宣父，即孔子。唐於開元二十七年（西元七二九年）進謚為文宣王。釋奠孔子一般以祭酒、司業、博士為三獻。貞觀二十年（西元六四六年）「詔皇太子于國學釋奠于先聖先師，皇太子為初獻，國子祭酒張復裔為亞獻，光州刺史攝司業、趙宏智為終獻。既而就講，宏智演《孝經》忠臣孝子之義」（《唐會要》卷三五）。❻❹配坐　祭孔宣父以顏回為配坐。顏回，孔子弟子，字子淵，魯人。❻❺從祀八十六坐　據《通典・禮六十六・序例上》神位條，從祀於孔宣父及顏子者，「凡九十五座，其七十二弟子及左丘明、公羊高、穀梁赤、伏生、高堂生、戴聖、毛萇、孔安國、劉向、鄭眾、杜子春、馬融、鄭玄、服虔、賈逵、王肅、王弼、王元凱等從祀」。列有名姓的為九十三座。又，本書第四卷第二篇則列有九十八人，其中孔門弟子七十七，歷代先儒二十一。❻❻釋奠于齊太公　每年仲春、仲秋各釋奠一次。齊太公，即呂尚。年七十餘，遇文王於渭水之陽。文王與語大悅曰：「吾太公望子久矣。」因號「太公望」；又佐武王滅紂，封於齊營丘，故稱「齊太公」。❻❼配坐　祭奠齊太公以漢留侯張良為配座。❻❽石鹽　即岩鹽。❻❾魚脯　乾魚。❼⓿菱　菱仁。水生植物，四角曰芰，二角曰菱。❼❶芡　芡仁。果類植物。水生，花莖及葉皆有刺，夏日莖端開花，結實如栗毬，《說文》謂之雞頭，可以療飢。❼❷糗餌　糕餅。糗為乾糧，此處指米、麥粉。合而蒸之則為餅餌。❼❸粉餈　米粉做成的糍糰、糍巴。❼❹葅　即菹。酢菜，醃菜。❼❺醢　用肉、魚等製成之醬。❼❻飽食　《通典・禮六十六・序例上》作「酏食」。釀酒用之薄粥。䬰與䬰通，即飴，指甜食。❼糝食　即米飯。❽豚胉　豬身之肋條肉。鄭玄注《儀禮・士喪禮》「兩胉」：「胉，脅也。」❾簠簋之實有黍稷稻粱　據《通典・禮六十六・序例上》，若簠、簋各二，則簠實稻粱飯，簋實黍稷飯；若簠、簋各一，則簠實粱飯，簋實稷飯。❽右胖體　指用祭牲之右半體。凡牲體，左體謂之左胖，右體謂之右胖。《儀禮・少牢饋食禮》：「司馬升羊右胖。」❽肩臂臑　祭牲之右前肢，最上謂之肩，肩下謂之臂，臂下謂之臑。❽肫胳　牲後腿肢骨最上謂之肫，其下謂之胳。❽正脊一脡脊一橫脊一　凡牲中體謂之脊，脊骨三：前骨為正脊，中骨為脡脊，後骨為橫脊。❽長脇一短脇一代脇一　牲體脊兩旁為脇，前骨謂之長脇，中骨謂之代脇，後骨謂之短脇。❽背　據南宋本當為「皆」。

【語　譯】在祭祀那一天，太官署令要向光祿卿稟白，請他到各個廚房去省察宰牲用的鍋鑊。用陰鑑卣取明水，通過陽燧取得明火。火用來燒煮牲肉，水斟到各種酒尊裡。還要帥領宰人用鑾刀宰割祭牲，將牠們的毛、血盛到豆內，然後便烹煮犧牲。再帥領進饌的人，將祭祀用的簠、簋按規定裝滿各種穀物，並陳設到饌幕之內。凡是冬至日在圜丘祭祀昊天上帝，在神座前設置的籩、豆數各為十二，簠、簋、㽅、俎各一；配祭的先帝的神座前，設置的供品與此相同；五方帝神座前的籩、豆數較前減去二，就是十；大明、夜明神座前的籩、豆數再減去二，就是八；內官、中官神座前的籩、豆數各為二，簠、簋、㽅、俎各一；外官眾星神座前的籩、豆各為一，簠、簋、俎亦是各一。孟春上辛日在圜丘祈穀祭祀昊天上帝、配帝高祖、五方帝，祭器的陳設與冬至日祭祀時陳設的儀式相同。孟夏為求雨在圜丘祭祀昊天上帝、配帝太宗、五方帝，祭器的陳設與祈穀時陳設的儀式相同。此外五人帝的神座前，則設置籩、豆各八，簠、簋、㽅、俎各一。季秋在明堂享祭昊天上帝，祭器的陳設與孟夏的雩祭相同。五郊迎氣分別祭祀五方帝時，正坐、配坐陳設籩、豆數各為十二，簠、簋、㽅、俎各一；五星、十二辰、二十八宿、五官神座前，陳設籩、豆各二，簠、簋、俎各一。歲末蜡祭，大明、夜明神座前籩、豆各十，簠、簋、㽅、俎各一；神農、何者神座前籩、豆各四，簠、簋、㽅、俎各一；五星以下共九十八神座，陳設籩、豆各二，簠、簋、俎各一；丘陵以下共八十五神座，陳設籩、豆各一，簠、簋、俎各一。舉行春分朝日、秋分夕月，神座前陳設籩、豆各十，簠、簋、㽅、俎各一。祭祀風師、雨師、靈星、司中、司命、司人、司祿，陳設籩、豆各八，簠、簋、俎各一。夏至日在方丘祭皇地祇，神座前陳設籩、豆各十二，簠、簋、甑、俎各一；配祀的高祖神座前的陳設，亦與此相同；神州的神座前陳設籩、豆各四，簠、簋、甑、俎各一；嶽、鎮以下的各個神座前，陳設籩、豆各二，簠、簋、俎各一；丘陵以下各個神座前，陳設籩、豆各一，簠、簋、俎各一。孟冬祭祀神州，陳設籩、豆各十二，簠、簋、甑、俎各一；配帝太宗神座前的陳設亦與此相同。仲春、仲秋戊日祭祀太社、太稷，神座前陳設籩、豆各十，簠、簋、鈃、俎各二；配帝神座前的陳設亦與此相同。祭祀馬祖、馬社、先牧、馬步，神座前陳設籩、豆各八，簠、簋、俎各一。四時享祭太廟九室，每室神座前籩、豆數各為十八，簠二、簋二、甑三、鈃三、俎三。七祀以及各室所配享的功臣，每個神座前陳設籩、豆各二，簠、簋、俎各一。舊制，四時享祭太廟九室的籩、豆各為十二，玄宗開元二十四年，籩、豆各增加了六，也就是增加到各為十八。孟春吉亥祭帝社，季春吉巳祭先蠶，神座前陳設籩、豆各十，簠二、簋二、甑三、鈃三、俎三；配坐的陳設亦是這樣。孟冬祭司寒，神座前陳設籩、豆各八，簠、簋、俎各一。仲春興慶宮祭五龍祠，設五座，每座陳設籩、豆各八，簠、簋、甑、鈃、俎各一。仲春、仲秋釋奠孔宣父，籩、豆各十，簠、簋各二，甑、鈃、俎各三；配座的陳設與此相同；從祀八十六座，陳設籩、豆各二，簠、簋各一。仲春、仲秋釋奠齊太公，陳設籩、豆各十，簠、簋各二，甑、鈃、俎各三；配座的陳設亦是這樣。陳放在籩內的供品有石鹽、魚脯、乾棗、栗子、菱仁、芡仁、白餅、黑餅、米糕、糍糰；陳放在豆內的供品有酢菜、肉醬、甜食、米飯、肋肉；簠、簋內的供品有黍、稷、稻、粱；甑內的供物是大羹，鈃內則是肉羹。凡是祭祀用的犧牲，放在俎盤上的都是豚體的右半爿，包括十一個部位：前面三個部位，就是肩、臂、臑；後面兩個部位，就是肫、胳；中間脊部有正脊一，脡脊一，橫脊一；脇部有長脇一，短脇一，代脇一。每一個部位都要並存二根骨頭。脊肉，以前端為正；脇肉，以旁中為正。

【說　明】唐代一年中，大祀、中祀、小祀有七十餘次，僅冬至日祭祀昊天上帝一次，上供的籩、豆數便各需一千零二十七，簠、簋、俎各七百餘，甑二百五十。所供的祭料有三類：犧牲，魚脯醯醢石鹽菜果麥飯，以及酒。這三類祭料各有來源。牲牢由太僕寺沙苑監提供，須先於廩犧署在滌一段時間，才能充作祭祀用。籩、豆、簠、簋所陳的乾果魚脯之類由珍羞署製作，但其原料則需由司農寺及都水監採供。至於酒類，多由良醞署釀造，用以造酒的糧食除籍田所產外，主要亦還是要由司農寺提供。本章所敘的太官署令，其職掌便是在祭祀前，負責將這些來自四面八方的祭料，依照禮制之明細規定，存放在籩、豆、簠、簋之內，陳設於神座之前。以上說的僅是冬至日一次。至於全年總數，《通典・禮六十六》神位條有一個統計：從正月上辛祈穀祀昊天上帝於圜丘算起，至歲末共需用籩、豆各三萬三千九百九十一，簠、簋各九千零十八，俎一萬二千九百二十八，甑五百零二，鉶一百七十四（以上數字當係按使用次數重複計量）。從所列祭器數量之多，不難推知每年所用祭料數量有何等巨大！祭祀完畢後，通常真正焚瘞的只是牲牢的毛血及牲首，其餘部份則照例給皇帝及百官食用，稱之為「歸胙」，所謂「將與施惠之教，以廣神明之福」（《唐會要》卷二三）。其中祭官為近水樓臺，自可捷足先登。張鷟的《龍筋鳳髓判》卷四便說到「太官丞李休供祭，餘胙肉少，依問，款稱：『太常博士王筠每分取肉常多，郎中吳爽拔劍割肉而去。』」無論如何，如此巨額祭料的真正享用者畢竟不是天國的鬼神，而是人間的官僚，對國家財政卻實在是一項沉重的負擔。到玄宗後期，首先是牲牢的供應不得不有所減少。天寶六載（西元七四七年）正月的敕文規定：「自今以後，每大祭祀應用騂犢，宜令所司量減其數，仍永為常式。」原來每年用牲五百一十四頭，此後便減少一百六十五頭，年用牲量仍需三百四十九頭。祭祀用的酒料，亦往往所供不及所需，《文苑英華》「鬯酒不供判」中就載錄了不少這類情況。但祭料在祭祀總費用中還只是一個部份，此外，如祭祀用的祭器，玉帛、圭璧和珠玉、珍寶，位版和祝版，輿輦和羽儀、節鉞等儀仗，祭服以及祭祀用的樂器，祭祀場所的興建，祭祀時的賞賜，這些費用彙總起來自然還要超過祭料的許多倍。但即便如此靡費，歷代帝王還是要把每年的祭祀列為頭等國事，這是因為他們需要通過這樣一種形式來維護帝王制度和神化皇權。

五

凡朝會、燕饗，九品已上並供其膳食[1]。凡供祭祀、致齊之官，則依其品秩，為之差降[2]。若國子監春、秋二分釋奠，百官之觀禮亦如之[3]。左、右廂南衙文武職事五

品已上及員外郎供饌百盤❹，餘供中書、門下供奉官❺及監察御史，每日常供具三羊，六參之日加一羊焉❻。行奉從官❼供六羊，釋奠觀禮具五羊。冬月則加造湯餅❽及黍臛❾，夏月加冷淘粉粥，寒食加餳粥❿，正月七日、三月三日⓫加煎餅，正月十五日、晦日加餻糜⓬，五月五日加粽䊦⓭，七月七日加研餅⓮，九月九日⓯加餻，十月一日⓰加黍臛，並於常食之外而加焉。凡行幸從官應供膳食，亦有名數。其南、北衙從官⓱，弘文、崇文館⓲，史館，集賢殿書院學士及修撰、校理官吏，並供五品⓳。

凡宿衛當上及命婦朝參、燕會者，亦如之⓴。

【章　旨】敘述舉行朝會、燕饗等禮儀時，對百官的供膳制度。

【注　釋】❶朝會燕饗九品已上並供其膳食　朝會燕饗有兩種情況。一是元正、冬至大朝會饗食百官，由光祿寺太官令，根據百官品秩供其膳食，食料由司農寺提供。據《新唐書・禮樂九》稱，饗宴時由尚食供御膳，而「太官令設升殿者酒尊於東、西廂，近北；設在庭群官酒尊各於其座之南」。酒後上食，由「尚食進御食」，「太官令又行群官案」。設食訖，殿上典儀唱：「就座。」階下讚者承傳，皆就座。皇帝乃飯，上下俱飯」。二是廊下食，起源於太宗時。崔元翰〈判曹食堂壁記〉稱：「太宗文皇帝克定天下……命庶官日出而視事，日中而退朝，既而宴歸，則宜朝食，于是朝食者食之廊廡下。」（《全唐文》卷五二三）貞觀四年（西元六三〇年）並就此專門下詔：「所司于外廊置食一頓。」（《唐會要》卷二四）此膳食由常參官廚供給。❷凡供祭祀致齊之官則依其品秩為之差降　據《舊唐書・職官志》句中「供」下尚有一「奉」字。又據南宋本「致齊」當作「致齋」。意謂供奉祭祀之官員，在致齋時，由太官署依照品秩供其膳食。《通典・禮六十八・序例下》：「其致齋日，三公於都省安置，所司鋪設。其餘官，皇城內有本司者於本司，無者於太常郊社太廟齋坊安置。皆日未出前到齋所。至祀前一日，各從齋所晝漏上水三刻向祠所。」致齋時間，大祀為三日，中祀為二日，小祀為一日。❸若國子監春秋二分釋奠百官之觀禮亦

如之　唐制，仲春、仲秋上丁日釋奠孔宣父於國子監。唐國子監在安上門西。釋奠之日，百官奉令隨同前往觀禮者，亦由太官署依品第供膳。❹左右廂南衙文武職事五品已上及員外郎供饌百盤　指廊中食由太官署供膳的範圍和標準。《唐會要》卷六五光祿寺條稱：「景雲二年（西元七一〇年）正月敕，左右廂南衙廊中食，每日常參官職事五品以上，及員外郎供百盤，羊三口。」常參官，指常日朝參皇帝之官員。唐時其範圍包括在京五品以上職事官，八品以上供奉官及員外郎、監察御史、太常博士。其中五品以上文武職事官與員外郎優先享有供饌百盤及羊三口，若有餘再賜中書門下供奉官及監察御史等。南衙，唐時習稱。指承天門以南皇城內諸司之官署。如《貞觀政要》卷二載有房玄齡等人的對話：玄齡問少府監竇德素：北門近來更何營造？德素以聞。太宗乃謂玄齡曰：「君但知南衙事，我北門少有營造，何預君事？」可見南衙係與北門（指宮城）相對應之稱謂。左右廂，指以承天門至朱雀門一線為中軸，把皇城分為東西兩部份，即為左、右廂。❺中書門下供奉官　侍奉皇帝左右之近臣。唐代指侍中、中書令、左右散騎常侍、黃門侍郎、中書侍郎、諫議大夫、給事中、中書舍人、起居郎、起居舍人、左右補闕、左右拾遺、御史大夫、御史中丞、侍御史、殿中侍御史。❻六參之日加一羊焉　《唐會要》卷六五光祿寺條稱：「六參日、節日加羊一口。」常參官五日一朝，一個月平均有六個朝參日，故稱六參日。此日之廊下食可比平時增加一口羊。❼行奉從官　據南宋本當為「行幸從官」。❽湯餅　切成條塊狀置於水中煮就之麵食。最早稱水溲餅。漢崔寔〈四民月令〉：「距立秋，毋食煮餅及水溲餅。」唐人亦稱不飥，實即麵條前身。❾黍脽　小米肉羹粥。脽同「臛」，肉羹。❿寒食加餳粥　清明前一日為寒食節，相傳為悼念介之推之隱山抱木焚死事，是日禁火寒食。《鄴中記》：「寒食三日，作醴酪，又煮粳米及麥為酪，搗杏仁煮作粥。」李商隱詩：「粥香餳白杏花天，省對流鶯坐綺筵。」（《全唐詩》卷五〇）便是對餳粥的讚美。⓫正月七日三月三日　正月七日為人日。古時於此日要剪彩為人，或貼之於屏風，或戴之於髮髻。還要登高飲酒，吟詩作賦。《北齊書・魏收傳》載：「魏帝宴百僚，問何故名人日，皆莫能知。收對曰：晉議郎董勳《答問禮俗》云：正月一日為雞，二日為狗，三日為豬，四日為羊，五日為牛，六日為馬，七日為人。」三月三日，為上巳日。《後漢書・禮儀志》：「三月上巳，官民皆潔於東流水上，曰洗濯祓除，去宿垢疢，為大潔。」王羲之〈蘭亭集序〉所記，即上巳日流觴吟詠之景。⓬正月十五日晦日加餻糜　正月十五日，元宵節。晦日，指夏曆月終那一日。餻即「糕」，下同。糜，據南宋本當為「糜」，米粥。⓭五月五日加粽糩　五月五日，端陽節。粽即粽子。糩，類似今之米糕。賈思勰《齊民要術》，載其製作方法，由米粉和水捏成團，蓋以棗肉、栗子肉，蒸熟即成。⓮七月七日加研餅　七月七日，七巧節。研餅，南宋本作「斫餅」。即今烘烤之槍餅。⓯九月九日　重陽節。⓰十月一日　依夏曆，十月已進入冬季。人們認為要為先人送寒衣。飲食上加一餐黍脽，即小米肉羹粥。⓱其南北衙從官　指由南衙、北衙諸司隨從皇帝行幸之官員。北衙，即北門。南衙、北門，見前❹注。⓲館　即「館」字。⓳並供五品　指上述諸官署隨從行幸官員，即使品秩不到五品，亦按五品職事官標準供應。⓴凡宿衛當上及命婦朝參燕會者亦如之　宿衛當上，指左右衛之親衛、勳衛、翊衛，分為五仗，即親仗、供奉仗、勳仗、翊仗和散手仗，當值宿衛者，亦供應廊下食。命婦，皇帝妃嬪及皇太子良娣以下為內命婦，皇室公主及諸王妃以下為外命婦。冬至、元正以及每月二十六日，寒食、五月五日，百官命婦亦有朝見皇后之禮儀，朝見後亦有燕饗，其供給膳食之名數，與百官朝會燕饗之規制相同。

【語　譯】朝會宴饗，凡是九品以上的官員，都供給他們膳食。參加祭祀、致齊（齋）的官員，則按照他們的品秩，供應不同等級的膳食。國子監在仲春、仲秋釋奠先聖先師時，如果有百官隨同前往觀禮的，亦一起向他們供應膳食。左右廂南衙五品官以上的文武職事官以及員外郎，廊下食每日供饌一百盤（和羊三頭），如果有多餘，再供給中書門下的供奉官以及監察御史。每天日常供應是三頭羊，遇到每月中的六個朝參日，另加一頭羊。皇帝外出行幸時，隨從的官員每天供應六頭羊。釋奠隨從觀禮的百官供應五頭羊。冬天廊下食的供應增加湯餅和肉糜粥，夏季則增加冷淘粉粥。寒食節加甜粥，正月七日、三月三日加煎餅，正月十五日及每月的晦日加糕糜（糜），五月五日加粽糧，七月七日加研（斫）餅，九月九日加餻，十月一日加肉糜粥。都是在常食之外增加供應的。對隨從君王行幸的百官，應供給膳食，亦有具體規定。南衙、北衙各司隨從行幸的官員，如弘文館、崇文館、史館、集賢殿書院學士以及修撰、校理官吏，都按照五品職事官的標準供應。

凡是左、右衛的三衛當值宿衛的，以及命婦參加朝參和燕會的，亦依照對百官的規定供應他們膳食。

【說　明】本章正文所言「朝會燕饗」，是指元正、冬至大朝會後的依例宴饗百官，而原注所言則是指廊下食，是常參官日常的工作午餐。

朝會宴饗，往往要大酺數日，一般是三至五日，多時可達七日，甚至八、九日。若對新舊《唐書》本紀所載大酺次數約略做個統計，則太宗時期有九次，高宗十三次，武則天二十次，玄宗十五次。朝會宴饗所用的食料稱設會料，形式上由光祿寺的太官署與尚食聯合提供，實際主要來源於司農寺，即由國家調撥。如果連續數日大酺，這一年就要增加賦稅，把負擔攤到老百姓頭上。《唐會要》卷五六有這樣一則記載：「先天元年（西元七一二年）正月，大酺，睿宗御安福門觀百司酺宴，經月不息。右拾遺嚴挺之上疏曰：『酺過于往年，王公大人各承微旨，州縣坊曲，競為課稅，損萬民之財，營百戲之資，臣以為四不可也。』」可見官老爺們用公款大吃大喝，在中國也可算是一種「傳統」了，不同的是，現在的饕餮們雖然一個個青出於藍而勝於藍，只是至今不見有像嚴挺之那樣的硬頭頸諫官站出來敢於直犯龍顏為老百姓說句公道話的！在唐代，除了大規模的朝會宴饗之外，在君臣之間更多的是三日一小宴，五日一大宴，以及席間的各種賞賜，我們現在還可以從當時宴會上那些應制詩和謝賜物狀中，看到所謂君臣宴樂的某些側面的真實記錄。當然，盛唐時期像太宗、玄宗這樣頗有作為的皇帝，是決非只圖口腹之樂的庸人。在他們，席間的觥籌交錯無非是一種手段，即是駕馭臣屬的一種權術。如貞觀十七年（西元六四三年）太宗宴群臣於玄武門上，散騎常侍劉洎亦在受宴之列。其間，「帝操筆作飛白字賜群臣，或乘酒爭取於帝手，洎登御座引手得之。皆奏曰：『洎登御牀，罪當死，請付法。』帝笑而言曰：『昔聞婕妤辭輦，今見常侍登牀。』」（《舊唐書・劉洎傳》）你看，簡直像老友相聚，君臣之間表現得何等親密無間。但在這種場合，太宗之所以暫時收斂龍威，無非是要把包括劉洎在內的身邊一批智囊籠絡住，使他們盡心竭智為他效命；而一旦以為再也不能為他所用時，他是絕不會「心慈手軟」的。果然，兩年後，便借故「賜洎自盡」（同上）。

本章對常參官每日一餐廊下食敘述較為詳細，而非常參官的辦公廚食，則因不屬太官署職掌而未有提及。非常參官的辦公廚食通常由各司官廚提供，其物料除有一部份亦要靠司農寺調撥外，其餘則源於當司的公廨田及食利本，有點類似現今某些單位的「小金庫」；諸司便是依靠各自小金庫的錢放高利貸來維持官廚的開支，每廚再配以若干官奴婢為無償勞動以造食。這樣所謂八仙過海，各顯神通，諸司官廚的高低便大有差別。據說中書門下政事堂的堂廚供應的膳食是最為豐盛的，人間至味，色色俱全（附參閱資料：唐・韋巨源食譜）。其所以能做到如此，一是官給充足食本豐厚；二是經營此食本的是江淮大賈，是典型的官商結合。《新唐書・李德裕傳》稱：「始，二省符江淮大賈，使主堂廚食利，因是挾貲行天下，所至州鎮為右客，富人倚以自高。」撐著「中書門下」這張虎皮做大旗，「挾貲行天下」，這就是古代官商倒爺的威風處。他獲得暴利後自然不會忘記去孝敬衙門的，政事堂餐桌之豐盛名聞京師內外，自也不足為怪。除了食本以外，諸司還有所謂宴設本，就是由國家賜錢為本，經營所得充當設宴之費。從這些規定可知唐代政府對官員們的公款吃喝，不說鼓勵，至少也是採取容忍的政策。其實這也難怪古人，今人又何嘗不是如此。這些年來，在大陸不知下了多少紅頭文件，就是管不住公款吃喝這張嘴。官廚亦越辦越多，全國幾乎村村都有，名之曰小食堂，還用不到什麼食利本、公廨田，直接往村民頭上攤派就是了。所以倘若不從體制上採取根本性措施，「反腐倡廉」云云，只是唬弄老百姓的一句空話。

如果說朝會燕饗往往是皇帝籠絡臣屬的一種手段的話，那麼公廚會食經常成為百官私下議政或進行政治交易的一個場所。譬如下述二則「食堂記」便透露了這樣的消息。一則是〈虔州孔目院食堂記〉，作者蔡祠立。文中說：「京百司至於天下郡府，有曹廚者則有公廚，亦非惟食為謀，所以因食而集評議公事者也，繇是凡在厥位，得不遵禮法，舉職司。事有疑，獄有冤，化未洽，弊未去，有善未彰，有惡未除，皆得以議之，然後可以聞于太守矣。冀乎小庇生靈以酬寸祿，豈可飽食而退，群居偶語而已」（《文苑英華》卷八〇六）。另一則是〈判曹食堂壁記〉，作者崔元翰，甚至以為「〔食〕堂之作，不專在飲食，亦有政教之大端焉」（《全唐文》卷五二三）。由於食堂記都是公之於眾且帶有宣教色彩的文字，所以話說得如此冠冕堂皇，彷彿那些當官的一個個都是謙謙君子，從不「群居偶語」，連舉筯進飯都在想著克盡王命；實際上，他們之中「飽食而退」者有之，以權謀私者更大有人在，決不會放過公廚會食這個拉關係、走後門，作種種政治交易的好機會。相比之下，一些私人筆記式文字反映的就較為真實。如孫樵在〈書何易于〉一文中說：「余居長安，歲聞給事中校考，則曰某人為某官，某人因上下考得某官。問其政，則曰：某人能督賦……某人能督役……某人當道，能得往來達官好言」，然後通過請客宴飲，往來巴結達官貴人，便可撈到莫大好處。有個叫白敏中的，原在郎署，「未有知者。雖李衛公器之，多所延譽，然而無資用以奉僚友。衛公遺錢十萬，俾為酒肴，會省閣諸公宴」，白敏中果然從此青雲直上，後來居然還做到宰相（《劇談錄》）。可見在中國有些人的官運就是從飯桌上起步的。但這個白敏中，雖曾身居首相，大抵還是尸位素餐，竟一事無成。

當年政事堂堂廚食譜，如今已很難看到，陶宗儀的《說郛》則錄有唐代韋巨源的一份家庭食譜。韋於中宗神龍年間曾任侍中、中書令，並拜為尚書令，當是政事堂堂廚常客。茲特為之摘出如左，供讀者一閱。（□處字缺）

〔原序〕：巨源拜尚書令，上燒尾食其家，故書中尚有食帳。今擇奇異者略記。

單籠金乳酥是餅但用獨隔通籠欲氣隔　曼陀樣夾餅公廳爐　巨勝奴酥蜜寒具　婆羅門輕高麵籠蒸　貴妃紅加味紅酥　七返膏七卷作四花恐是糕子　金鈴炙酥攪印脂□真　御黃王母飯徧縷印脂蓋飯面表雜味　通花軟牛腸胎用羊膏髓　光明蝦炙生蝦則可用　生進二十四氣餛飩花形餡料各異凡二十四種　生進鴨花湯餅廚興入內下湯　同心生結脯先結後風乾　見風消油浴餅　金銀夾花平截剔蟹細碎卷　火焰盞口䭔上言花下言體　冷蟾兒羹冷蛤蜊　唐安餤鬪花　水晶龍鳳糕棗米蒸□見花乃□　雙拌方破餅餅料花角　玉露團雕酥　漢宮棋錢能印花煮　長生粥　天花饆饠九鍊香　賜緋含香粽子蜜淋　甜雪蜜爁太例麵　八方寒食餅用木範　素蒸音聲部麵蒸象蓬萊仙人凡七十字　白龍臛治鱖肉　金粟平䭔魚子　鳳凰胎雜治魚白　羊皮花絲長及尺　逡巡醬魚羊體　乳釀魚完進　丁子香淋膾醋別　葱醋雞入籠　吳興連帶鮓不發缸　西江料蒸彘屑　紅羊枝杖蹄上裁一羊得四事　昇平炙治羊鹿舌拌三百數　八仙盤剔鵝作八副　雪嬰兒治蛙豆莢貼　仙人臠乳瀹雞　小天酥鹿雞糝拌　分裝蒸臘熊存白　卯羹純兔　青涼臛碎封狸肉夾脂　筋頭春炙活鶉子　暖寒花釀驢蒸耿爛　水煉犢炙盡火力　五生盤羊豕牛熊鹿並細治　格食羊肉腸豆莢各別　過門香薄治群物入沸油烹　纏花雲夢肉卷鎮　紅羅飣膋血　偏地錦裝鼈羊脂鴨卵脂副　蕃體間縷寶相肝盤七升　湯浴繡丸肉糜治隱卵花

附圖

禮器圖選（選自清・吳大澂《恒軒所見所藏吉金錄》）

微子鼎

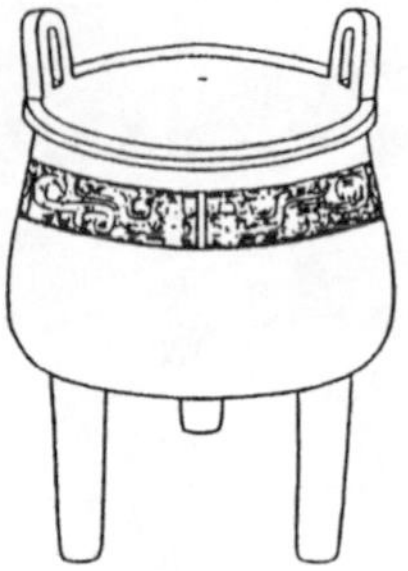

平安君鼎

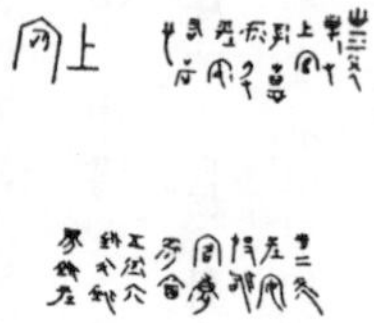

乙亥鼎

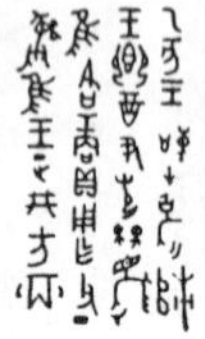

犧形敦 器 滿城楊氏藏

器　　蓋

立旗形婦鼎

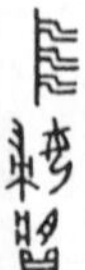

子執貝父癸敦

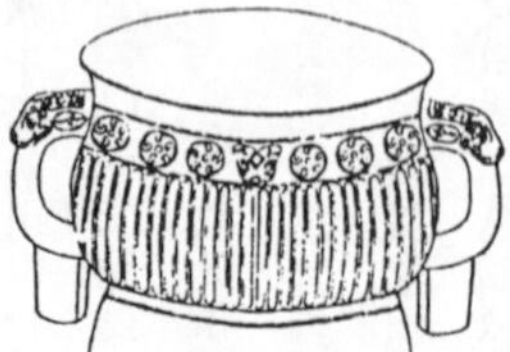

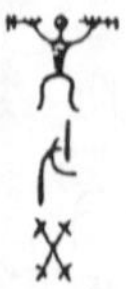

子犧形妣辛彝 王蓮生農部藏器

犧形尊 福山王廉生農部藏器

器 蓋

夊彝

父乙尊 方元仲觀察藏器

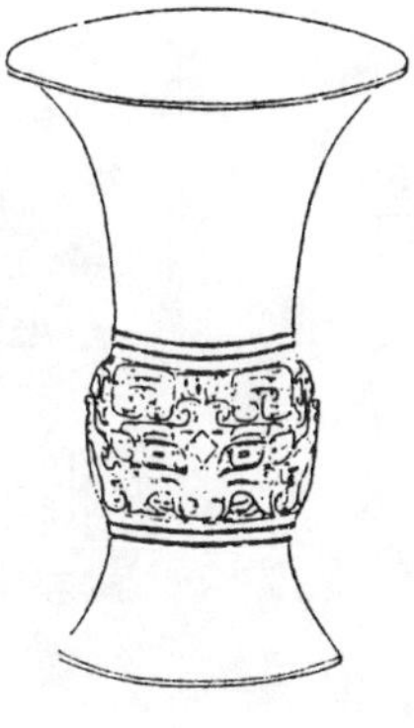

䖒作父辛尊

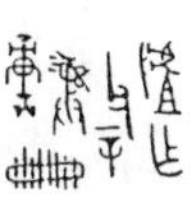

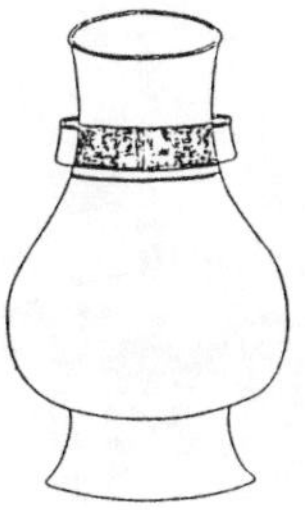

趩尊

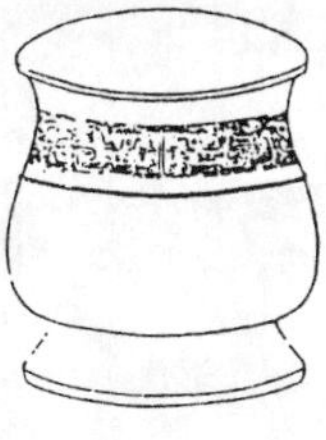

魚父癸壺

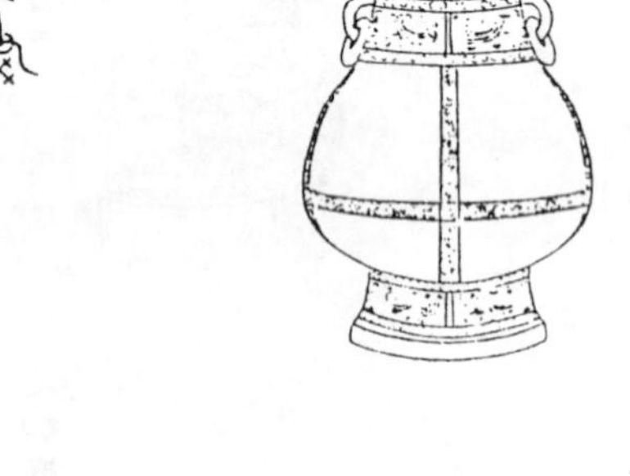

子立旂且乙卣

太姬壺

木父丁爵

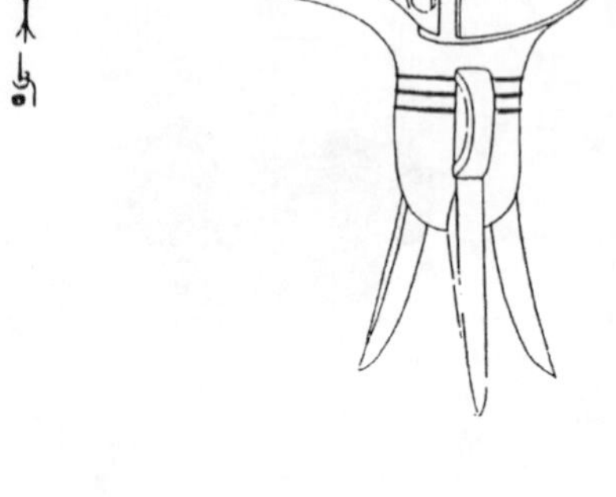

舉象形卣

器　盖

舉戊父爵

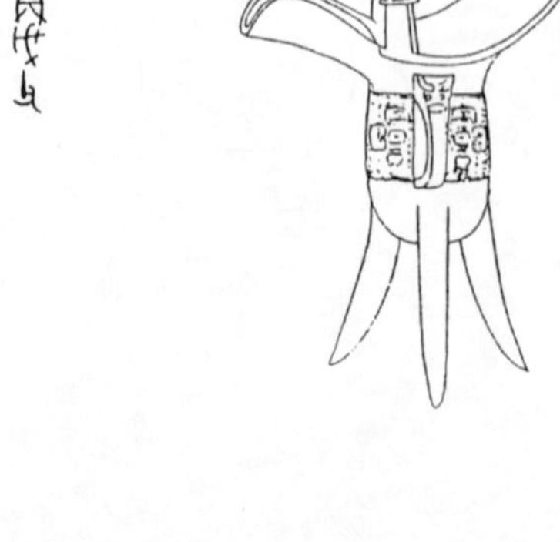

己父觚

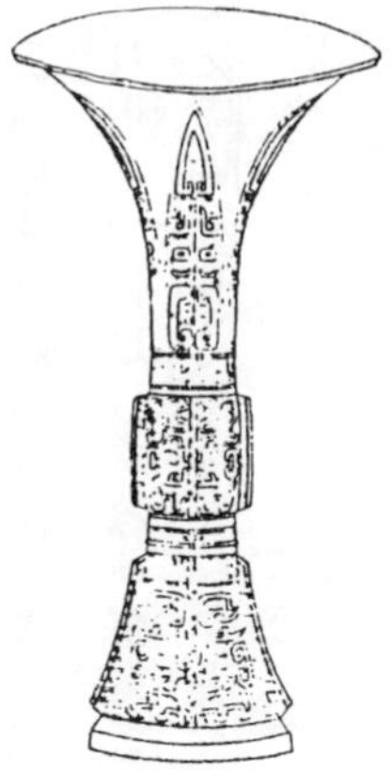

淋男父匜

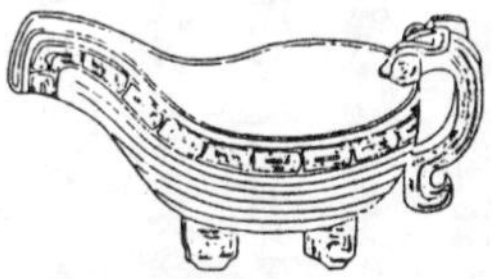

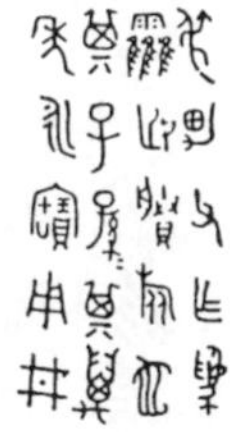

父丁觶

季良父簠

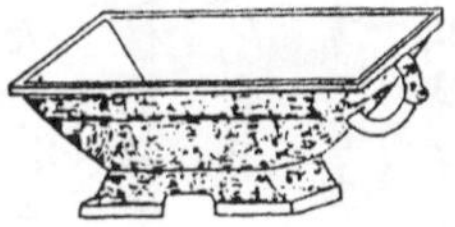

宗婦盤

𢽾王盉

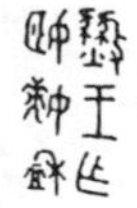

珍羞署・良醞署・掌醢署

【篇　旨】光祿署下屬四署，首署太官署上篇已作介紹，此篇敘述其餘三署，即珍羞署、良醞署和掌醢署之令、丞以及典事、錫匠、監事、酒匠、主醢等的定員、品秩、沿革和職掌。

在祭祀和朝會時，三署的分工是：良醞署供應各種酒類，珍羞署供應的是籩實，即經鹽或糖蜜醃製過的食品；掌醢署供應的是豆實，即經醬、醋、酒醃漬過的食品。三署實際上是三個各有專司的食品釀造和加工的作坊。在祭祀進饌時，籩實由珍羞署上供，豆實由掌醢署上供，祭奠用酒則由良醞署供應。篇中所列籩實、豆實和酒的品類，與《周禮》所規定的大體一致，說明傳統文化在祭祀這個領域內最具有惰性，往往可以從中窺見悠遠的上古先民信仰的種種痕跡。四籩、四豆的陳設有一套規定程序，不妨說它是對古代一次國宴的全過程的模擬。當然唐代宮廷實際生活中的飲食狀況，早已突破了《周禮》的格局，發生了很大的變化。如酒的品類，祭祀雖仍用五齊、三酒，進獻帝王飲用的，「則供春暴、秋清、酴醾、桑落等酒」（二章）。至於當時名酒，《唐國史補》就列有十三種之多。翻翻《全唐詩》，有李白的「買醉入新豐，笑盡一杯酒」，張繼的「長千日日酤春酒，高高酒旗懸江口」，處處可以聞到撲鼻的酒香。可見唐代釀造業的發達，已遠非《周禮》所載五齊、三酒那種原始的製作方式可以相比。又，篇中所反映的珍羞署、掌醢署那種食品加工方式，正是當時的貯藏技術。古代還沒有冷凍保鮮設備，除曬乾外，用鹽醃製，用糖蜜製，用酒、醋浸泡便成了保存食品使之在較長時間內不變質的基本方法。此類方法，迄今尚是我國對魚肉、蔬菜、瓜果一類食品加工製作的基本傳統工藝。

本篇中三署均屬食品釀造加工部門，其所加工之原料，則需仰仗於其他相應機構。如籩豆所盛放的果食料便要依靠司農寺諸署供給，而掌醢署的原料，有的來源於狩獵禁苑內的野生動物，有的由都水監的河渠署提供；良醞署釀酒所需糧食除籍田收穫外，大部份還得依賴司農寺的直接調撥。

一

珍羞署：令一人，正八品下；《周禮》[1]有籩人[2]奄一人、女籩十人、奚二十人，掌四籩之實，則朝事之籩[3]、饋食之籩[4]、加籩[5]、羞籩[6]之實也。後漢少府屬官有甘丞，主饍供[7]；果丞，主果[8]。晉太官令有餳官史二人，又有果官二人[9]。北齊光祿寺肴藏令[10]。後周有肴藏中士一人、下士一人。隋光祿有肴藏令[11]，皇朝因之。長安中改為珍羞署[12]，神龍初復為肴藏署[13]，開元初又改焉[14]。領餳匠五人。

丞二人，正九品下；後周有肴藏下士一人，北齊有肴藏署丞，隋肴藏署丞二人。武德[15]中置一人，貞觀[16]中加至二人。長安[17]、神龍、開元並隨署改復。

典事[18]八人；隋肴藏署有掌事十人。武德中有典事十四人，貞觀中減之。

餳匠[19]五人。皇朝置。

珍羞令掌供庶羞[20]之事，丞為之貳，以實籩、豆。陸產之品，曰榛[21]、栗[22]、脯修[23]；水物之類，曰魚、鹽、菱[24]、芡[25]，辨其名數，會其出入，以供祭祀、朝會、賓客㉖之禮。

【章　旨】敘述珍羞署令、丞以及典事、餳匠之定員、品秩、沿革和職掌。

【注　釋】❶周禮　儒家經典之一。係搜集周王室官制及戰國時各國制度，添附以儒家政治理想，增減排比而成之彙編。❷籩人　《周禮》天官屬官。掌祭祀、燕饗時盛放於籩中之果實脩脯一類食物。籩為盛放食物之竹器。籩人下有奄一人，女籩十人，奚二十人。奄，被閹割之男役。奚，供驅使之女奴。女籩，管理籩和所盛放祭品之女奴。❸朝事之籩　宗廟祭享時，第一次進獻之籩。其所盛放之祭品計有八種：麷，即炒麥；蕡，即麻子；白，炒米；黑，炒黍米；形鹽，呈虎形狀之岩鹽；膴，大塊魚肉；鮑，經火烘焙之魚；鱐，乾魚。❹饋食之籩　祭享時第二次進獻之籩。所盛放之祭品有：棗；㮚，即栗米；桃；乾橑，即乾梅之屬；榛實，有二種，一為榛子，味略似胡桃，一為棒栗，較栗小，味亦如栗。❺加籩　宗廟祭祀於正獻後，若眾兄弟、賓長為加爵，則再進加籩加豆。加籩所盛放之祭品有菱、芡、棗、乾肉各二。❻羞籩　宗廟祭祀於正獻後、加爵前所進之籩稱羞籩。故羞籩當在加籩之前。其所盛放祭品為糗、餌、粉餈，即用米、麥粉所製之糕餅糍糰一類。❼甘丞主饍供　南宋本為「甘丞主膳具」。《後漢書・百官志》亦同。又，劉昭注引荀綽《晉百官表注》：「甘丞掌諸甘肥。」❽果丞主果　《後漢書・百官志》劉昭注引荀綽云：「果丞別在外主果菜茹。」又《太平御覽》卷二二九太官令條引應劭《漢官儀》：「菓丞，掌菓瓜茹薪炭。」❾晉太官令有餳官史二人又有果官二人　《通典・職官志》太官署令、丞條，「餳官史」作「餳官吏」；「果官」下亦有「吏」字。❿北齊光祿寺肴藏令　據南宋本句中脫一「有」字，應為「北齊光祿寺有肴藏令」。《隋書・百官中》稱北齊的光祿寺下有肴藏署，設令、丞，掌器物鮮味等事。⓫隋光祿有肴藏令　據《隋書・百官下》隋光祿寺設肴藏令二人。⓬長安中改為珍羞署　長安，武則天稱帝時最後一個年號。共四年，自西元七〇一年至七〇四年。唯他書所記與此有異。如《唐會要》卷六五光祿寺條：「珍羞署，舊為肴藏署，垂拱九年二月二日改。」垂拱四年即改元永昌，無九年之數。《新唐書・百官三》珍羞署條注：「武后垂拱元年，改肴藏署曰珍羞署。」當以垂拱元年（西元六八五年）為是。⓭神龍初復為肴藏署　神龍，唐中宗李顯年號。《新唐書・百官三》稱：「神龍元年復舊。」神龍元年，西元七〇五年。⓮開元初又改焉　《新唐書・百官三》稱：「開元元年又改。」開元元年，西元七一三年。⓯武德　唐高祖李淵年號。⓰貞觀　唐太宗李世民年號。⓱長安　似應為「垂拱」。說同前⓬注。⓲典事　新舊《唐書》官志皆作「典書」。無論典事或典書皆為流外吏胥。⑲餳匠　製作甜食之工匠。⑳庶羞　指各種美味佳肴。庶，眾多。《周禮・天官・膳夫》：「羞用百二十品，珍用八物。」八物，鄭玄注：淳熬，淳母，炮豚，炮牂，擣珍，漬，醢，肝膋也。即以馬、牛、羊、豕、犬、雞六牲，用八種製作方法，可炮製出一百二十味佳肴。㉑榛　古作「亲」。喬木類植物，果實如小栗。㉒栗　即板栗。山毛櫸科，其果實供官用。㉓脯脩　乾肉。《禮記・內則》：「牛脩鹿脯。」即牛與鹿之乾肉。亦作脯脩。㉔菱　俗稱菱角。係水生植物。有四角、二角之分。可供食用。㉕芡　或稱芡實，即雞頭米。水生草木植物。果實可充食用。㉖賓客　唐所言賓客即國賓。指前代帝王之後。隋室楊氏子孫，為酅公；周室宇文氏子孫，為介公。他們在朔望朝及元正冬至朝會等大禮中，仍作為擺設享有一定待遇。另一類是指四夷藩客。有七十餘國，分國君與使節兩個層次。他們參加朝會和宴會時，有專門的設食料、設會料，其酒料、菜肴分別由光祿寺之良醞署、珍羞署提供，所需肉料則由太僕寺之沙苑監提供。

【語　譯】珍羞署：令，定員一人，品秩為正八品下。《周禮》天官屬官中設有籩人一職，它的下面有奄一人，女籩十人，奚二十人。職掌是負責供應四籩中盛放的食品，也就是在朝事之籩、饋食之籩、加籩和羞籩這四籩中盛放的食品。東漢少府的屬官中有甘丞，掌管各種膳食、甘肥的供應；果丞，掌管各種果瓜茹菜的供應。晉太官令下設有餳官史二人，又有果官史二人。北齊光祿寺下有肴藏署，署設有令。北周天官府的膳部下設有肴藏中士一人，下士一人。隋朝在光祿寺亦設有肴藏署，署置令二人。本朝因承隋制，設肴藏署，署令一人。武后長安年間（垂拱元年）肴藏署改名為珍羞署，中宗神龍元年恢復肴藏署的舊名，到開元三年又改名為珍羞署。它的屬下領有餳匠五人。

丞，定員二人，品秩為正九品下。北周在天官府的膳部下設有肴藏下士二人。北齊的肴藏署設丞一人。隋朝的肴藏署設有丞二人。本朝高祖武德時期改設一人，到太宗貞觀年間又加到二人。在長安（垂拱）、神龍、開元年間，這一職名隨著署名的更改、恢復而更改和恢復。

典事，定員為八人。隋代的肴藏署設有掌事十人。本朝武德時期典事定員有十四人，貞觀年間減到八人。

餳匠，定員為五人。本朝設置。

珍羞令的職務是，掌管有關供應各種美味佳肴方面的事務，祭祀時盛放到籩、豆等祭器中去；珍羞丞做他的副手。佳肴所使用的原料，陸上產品有榛、栗、脯脩，水生產品有魚、鹽、菱、芡這幾大類。珍羞署的令和丞要區別各種佳肴的品名及其數量，會計出入的帳目，用以供應祭祀、朝會、宴享賓客等各種禮儀活動的需要。

二

良醞署：令二人，正八品下；《周禮》❶有酒正中士、下士❷，掌酒之政令，以式法授酒材❸，辨五齊、三酒之物❹；又有酒人奄十人、女酒三十人、奚百人❺，掌為五齊、三酒，以供祭祀、賓客。後漢少府有湯官丞，主酒❻。晉太官有監釀吏四人，酒丞一人，四百石。《齊職儀》❼：「食官局有酒吏一人。」梁有酒庫丞。北齊光祿寺有清漳令、丞❽，主造酒，冬、春万石，夏、秋半之。後周有酒正中士二人、下士四人❾。隋有良醞署令二人。皇朝武德❿中置一人，貞觀⓫中加至二人，領掌醞、酒匠、奉觶⓬等。

丞二人，正九品下；隋有良醞丞四人，皇朝二人。

監事二人，從九品下；皇朝置。

掌醞二十人；隋有五十人。

酒匠三十人；皇朝置。

奉觶一百二十人。隋置一百人。

良醞令之職，掌供邦國祭祀五齊、三酒之事；丞為之貳。五齊：一曰汎齊⓭，二曰醴齊⑭，三曰盎齊⑮，四曰醍齊⑯，五曰沈齊⑰。三酒：一曰事酒⑱，二曰昔酒⑲，三曰清酒⑳。凡郊祀之日，帥其屬以實尊㉑、罍㉒：太尊㉓為上，實以汎齊；箸尊㉔次之，實以醴齊；犧尊㉕次之，實以盎齊；象尊㉖次之，實以醍齊；壺尊㉗次之，實以沈齊；山罍㉘為下，實以三酒。配帝㉙，箸尊為上，實以沈齊㉚；犧尊次之，實以醍齊㉛；象尊次之，實以盎齊；山罍為下，實以清酒。五帝、日、月㉜，俱以太尊，實以沈齊㉝。其內官之象尊㉞，實以醴齊㉟；中官之壺尊㊱，實以沈齊㊲；外官之概尊㊳，實以清酒㊴；眾星之散尊㊵，實以昔酒㊶。齊加明水㊷，酒加玄酒㊸，各實於上尊。若享太廟，供其鬱鬯㊹之酒，以實六彝㊺。若應進者，則供春暴㊻、秋清㊼、酴醾㊽、桑落㊾等酒。今內有郢州春酒㊿，本因其州出美酒。初，張去奢(51)為刺史，進其法。今則取郢州人為酒匠，以供御及時(52)燕賜。

【章　旨】敘述良醞署令、丞及監事、掌醞等之定員、品秩、沿革和職掌。

【注　釋】❶周禮　儒家經典之一。係搜集周王室官制及戰國時各國制度，添附以儒家政治理想，增減排比而成之彙編。❷酒正中士下士　酒正，《周禮》天官設有酒正，掌理釀酒之政令及方法。下設中士四人，下士八人。❸以式法授酒材　依據造酒之法式，撥給酒人以各種作酒之原材料。❹辨五齊三酒之物　辨別五齊三酒之成分，以供祭祀及王者飲用。五齊、三酒之名，均可見於下文。齊即今之「劑」字，所用米、麴、水、火之數量。五齊以其清濁程度分為五等，皆為味薄有滓未濾之酒，供祭祀用，三酒則為經過過濾，供人飲用之三種酒。❺酒人奄十人女酒三十人奚百人　酒人，《周禮》天官屬官，掌造酒者。

奄，指被閹割之男役。女酒為善造酒之女奴，以其才智，為奚之長。奚，造酒之女奴。又，奚百人，《周禮・天官》原文為「奚三百人」。❻後漢少府有湯官丞主酒　《後漢書・百官三》少府之下屬有太官，設令一人，其下設有「湯官丞，主酒」。❼齊職儀　書名。《隋書・經籍志》著錄「《齊職儀》五十卷，齊長水校尉王珪之撰」。《南齊書・王逡之傳》：「從弟珪之，有史學，撰《齊職儀》。」❽北齊光祿寺有清漳令丞　《隋書・百官中》稱北齊光祿寺下有清漳署，設令、丞各一人，主酒，歲二萬石，春秋中半。❾後周有酒正中士二人下士四人　北周酒正中士品秩為正二命，下士品秩為正一命。《隋書・食貨志》：「周末，官置酒坊收利。至隋開皇三年（西元五八三年）罷酒坊，與百姓共之。」❿武德　唐高祖李淵年號。⓫貞觀　唐太宗李世民年號。⓬掌醞酒匠奉觶　均為不同釀作工序中之具體操作人員。其中觶為古代酒器。圓形敞口，束頸鼓腹，器矮，量小，易於捧握手中。每觶可容三至四升。《禮記・禮器》：「凡觴，一升曰爵，……三升曰觶。」《儀禮・鄉飲酒禮》：「主人實觶酬客。」⓭汎齊　糟滓上浮之薄酒。此齊熟時，滓泛泛然上浮，故以名。⓮醴齊　液滓相將之薄酒。麴少米多，一宿而熟，其味稍甜。⓯盎齊　色白之濁酒。⓰醍齊　色赤之濁酒。⓱沈齊　糟滓下沉，稍清之酒。⓲事酒　冬釀春成有事而飲之酒。鄭眾注《周禮・天官・酒正》引鄭司農云：「事酒，有事而飲也。」賈公彥疏：「事酒，冬釀春成。」俞樾則謂：「事酒謂臨事而釀者，用以飲祭祀之執事者。以其隨時可釀，故謂之新酒。」⓳昔酒　久釀乃熟，故以名昔酒。冬釀春熟，其味較事酒為厚，色亦較清。⓴清酒　此酒釀造時間比昔酒更長，冬釀夏熟，較昔酒之味厚且清。㉑尊　古代酒器通稱。《周禮・春官》有司尊彝，掌六尊六彝之位。六尊之名，如下文所列。《新唐書・禮樂一》：「凡尊，設於神座之左而右向。尊皆加勺冪，五帝、日、月以上皆有坫，以置爵也。」㉒罍　古代容器。青銅製，亦有陶製者。圓形或方形，小口，廣肩，深腹，圈足，有蓋，肩部有兩環耳，腹下又有一鼻，用以盛酒或水。罍與尊常作為祭器配套使用。尊類似今酒杯，罍則類似今水壺。㉓太尊　六尊之一。以瓦為之，即瓦甒。亦稱太古之瓦尊。形制上銳，中寬，下直，平底，可容五升。《禮記・禮器》：「君尊瓦甒。」鄭玄注：「壺大一石，瓦甒五斗。」《儀禮・士冠禮》：「側尊一甒醴。」鄭玄注：「甒為酒器，中寬、下直、上銳、平底。」據《新唐書・禮樂一》：「設酒尊之位：上帝，太尊、著尊、犧尊、山罍各二，在壇上東南隅，北向；象尊、壺尊、山罍各二，在壇下南陛之東，北向，俱西上。」㉔著尊　六尊之一。據鄭眾注稱，無足而底著地為著尊。㉕犧尊　即獻尊。六尊之一。鄭玄注《周禮・春官・司尊彝》：「獻讀為犧。」朱熹注《詩・魯頌・閟宮》：「犧尊，畫牛於尊腹也。或曰尊作牛形，鑿其背以入酒也。」王肅《禮器注》：謂犧牛或象之形，鑿其背以為尊。今觀故宮博物館所藏周之犧尊，皆獸形，鑿其背為圓口，上有蓋，而以其腹為容器。犧為眾牲之名，似不必定為牛形。㉖象尊　六尊之一。或其形似象，或繪有象形和以象骨飾尊，無考。《明堂位》曰：「犧、象，周尊也。」㉗壺尊　六尊之一。鄭眾注云：「以壺為尊，按其形似壺也。」㉘山罍即山尊。為六尊之一。鄭玄注稱此尊刻畫有山與雲雷之形。《明堂位》曰：「山罍，夏后氏之尊。」㉙配帝　郊祀祭昊天上帝時，以高祖李淵配祭。據《新唐書・禮樂二》，配帝所設之尊為「箸尊、犧尊、象尊、山罍各二，在壇上於上帝酒尊之東，北向西上」。㉚實以沈齊　《開元禮四・皇帝冬祀圜丘》、《新唐書・禮樂志》「沈齊」並作「汎齊」；但《通典・禮六十九・皇帝冬至祀圜丘》則與此同。㉛實以醍齊　《開元禮》卷四、卷五，《通典・禮六十九》、《新唐書・禮樂志》「醍齊」並作「醴齊」。㉜五帝日月　五帝指五方帝，即東方青帝威靈仰，南方赤帝赤熛怒，西方白帝白招拒，北方黑帝叶光紀，中央黃帝含樞紐。日，即大明。月，即夜明。據《新唐書・禮樂一》五帝日月酒各設太尊二，位在第一等。㉝實以沈齊　《開元禮》卷四、五，《通典・禮六十九》、《新唐書・禮樂志》「沈齊」並作「汎齊」。㉞內官之象尊　內官，古人以天上星辰與地面人事相應，即所謂「在野象物，在朝象官，在人象事」（《後漢書・天文志》注引張衡《靈憲》）。因而星座也被視為具有高低尊卑之分，猶若人間之君臣上下班序列位。此處之內官指位列內官等次之星座。後文中官、外官同此。唐制，冬至祀昊天上帝於圜丘，設內官五十五座於壇之第二等。據《新唐書・禮樂志》其位各設象尊二。《開元禮》卷五、《新唐書・禮樂志》則作「箸尊」。㉟實以醴齊　《開元禮》卷四、《通典・禮六十九》「醴齊」並作「醍齊」；《開元禮》卷五、《新唐書・禮樂志》則與此處同。㊱中官之壺尊　唐制，冬至祀昊天上帝於圜丘時，祀中官一百五十九座於壇之第三等。據《新唐書・禮樂志》其位各設壺尊二。又，《開元禮》卷五、《新唐書・禮樂志》「壺尊」並作「犧尊」；《開元禮》卷四、《通典・禮六十九》則與此處同。㊲實以沈齊　《開元禮》卷五、《新唐書・禮樂志》「沈齊」並作「盎齊」；《開元禮》卷四、《通典・禮六十九》與此處同。㊳外官之概尊　唐制，冬至於圜丘祭祀昊天上帝時，設外官一百五座於內壝之內。《新唐書・禮樂志》：「外官每道間，各概尊二，外下壇下。」又，《開元禮》卷五、《新唐書・禮樂志》「概尊」並作「象尊」；《開元禮》卷四、《通典・禮六十九》則與此處同。㊴實以清酒　《開元禮》卷五、《新唐書・禮樂志》「清酒」並作「醍齊」；《開元禮》卷四、《通典・禮六十九》則與此處同。㊵眾星之散尊　唐制，冬至於圜丘祭祀昊天上帝時，設眾星三百六十座於內壝之外。《新唐書・禮樂志》：「眾星每道間各散尊二，於內壝之外。」又，《開元禮》卷五、《新唐書・禮樂志》「散尊」並作「壺尊」；《開元禮》卷四、《通典・禮六十九》則與此同。㊶實以昔酒　《開元禮》卷五「昔酒」作「沈齊」；《開元禮》卷四、《新唐書・禮樂志》則與此同。㊷齊加明水　古代祭祀，有初獻、亞獻、終獻等儀式，在亞獻、終獻時，需添酒。齊，指五齊。五齊加酒，所加為明水。明水，純淨之水，取於陰鑑，即盛於陰鑑之露水。㊸酒加玄酒　三酒加酒，所加為玄酒。玄酒即水。《禮記・禮運》：「故玄酒在室。」孔穎達疏：「玄酒，謂水也。以其色黑，謂之玄；而太古無酒，此水當酒所用，故謂之玄酒。」㊹鬱鬯　酒名。煮鬱金草取汁，釀黑黍一秠二米而成酒。氣味芬芳調暢，故稱鬱鬯。古代用於祭祀和敬賓客。《禮記・禮器》：「諸侯相朝，灌用鬱鬯。」鄭玄注：「灌，獻也。」㊺六彝　彝為古代祭祀禮器，用以盛鬱鬯和酒。六彝指彝器上刻有雞、鳥、蛇虺、象、虎、隼等不同圖形之六種彝。據《周禮・春官・司尊彝》六彝之名為：雞彝，鄭玄注其刻畫為雞形，裸祭時用以盛鬱鬯；鳥彝，刻畫有鳳凰之形；斝彝，斝讀為「稼」，鄭眾注以為其上畫有禾稼；黃彝，鄭玄注稱其外以黃金鏤為目；虎彝，上畫虎形；蜼彝，鄭眾注為刻畫有虺蛇形或鷹隼形，鄭玄則注為刻畫有蜼形似獮猴卬鼻而長尾者。㊻春暴　酒名。即春酒，春天所釀之酒。㊼秋清　酒名。即清酒。冬天釀製，至來夏方熟，秋天始享用之清酒。㊽醁醽　酒名。亦稱醁醽、醁酒。一種重釀酒。揚雄《蜀都賦》：「蒟醬醁清，眾獻儲斯。」章樵注：「蒟醬，枸椹醬。醁清，醁醽酒。」《酒譜》：「唐憲宗賜李絳醁醽，唐之上尊也。良醞令掌供之。」㊾桑落　酒名。因桑葉落時釀造而有此稱。酈道元《水經注・河水》：「民有姓劉名墮者，宿擅工釀，採挹河流，醞成芳酎，懸食同枯枝之年，排於桑落之辰，故酒得其名矣。」唐代詩人韓偓有〈偶成〉一詩曾詠及此酒：「數醆綠醅桑落酒，一甌香沫火前茶。」㊿郢州春酒　酒名。以產地名酒。郢州，在今湖北，治長壽，轄今鐘祥、京山二縣。郢州之春酒產於富水。(51)張去奢　新舊《唐書》均無其傳，《新唐書・公主傳》記張去奢娶玄宗女常芬公主為妻。《全唐文》卷三三六收有王維〈京兆尹張公德政碑〉一文，記及張去奢先為京兆尹，後調任郢州，時間約在開元末年。(52)時　南宋本為「特」。

【語　譯】良醞署：令，定員二人，品秩為正八品下。《周禮》天官屬官中有酒正，下設中士四人，下士八人，掌管有關造酒的政令，依據造酒的法式，撥給酒人釀酒的作料。酒正還要認真分辨五齊、三酒在品位上的差別，以供不同的用途。酒正下面設有幾種酒人，定員奄十人，女酒三十人，奚三百人，他們的職務是製作五齊、三酒，分別作為祭祀用酒和供賓客享用。東漢在少府的太官署下面設有湯官丞，主管酒的釀造和供應。晉代的太官署設有監釀吏四人，酒丞一人，俸秩為四百石。《齊職儀》記載：「食官局有酒吏一人。」梁代在光祿卿下有酒庫丞。北齊在光祿寺下設有清漳署，置令、丞各一人，主持酒的釀造，每年的造酒量，冬、春為一萬石，夏、秋產量為冬、春的一半。北周在膳部下設有酒正中士二人，下士四人。隋朝的光祿寺下有良醞署，設令二人，本朝高祖武德年間改為一人，太宗貞觀時期又加到二人。良醞令統領有掌醞、酒匠、奉觶等員。

丞，定員二人，品秩為正九品下。隋朝設良醞署丞四人，本朝減為二人。

監事，定員二人，品秩為從九品下。本朝設置。

掌醞，定員為二十人。隋朝時，定員有五十人。

酒匠，定員為十三人。本朝設置。

奉觶，定員為一百二十人。隋朝時，定員為一百人。

良醞令的職務，是掌管為國家提供祭祀所需的五齊、三酒方面的事務；良醞丞做他的副職。五齊：一是汎齊，二是醴齊，三是盎齊，四是醍齊，五是沈齊。三酒：一是事酒，二是昔酒，三是清酒。凡是郊祀昊天上帝的日子，良醞令要率領他的屬下將酒水斟到尊和罍中去。酒水和尊罍以及陳設的位置，都有不同等次，規定是：在昊天上帝的神座前，以太尊設在上位，斟的是汎齊；箸尊在次位，斟的是醴齊；犧尊在第三位，斟的是盎齊；象尊第四位，斟的是醍齊；壺尊第五位，斟的是沈齊；山罍在最下位，斟的是清酒。配帝的神座前，箸尊設在上位，斟的是沈齊；犧尊在第二位，斟的是醍齊；象尊在第三位，斟的是盎齊；山罍在下位，斟的是清酒。五方天帝以及日、月的神座前，陳設的都是太尊，斟的是沈齊。在內官神座前陳設的象尊，斟的是醴齊；中官神座前陳設的壺尊，斟的是沈齊；外官神座前陳設的概尊，斟的是清酒；眾星神座前陳設的散尊，斟的是昔酒。五齊添酒時加明水，三酒添酒時加玄酒，加酒都是斟在設於上位的酒器中。如果是享祭太廟，則要供應鬱鬯之酒，分別斟到六彝中去。如果是進獻給皇上宴飲用的，那就要供應春暴、秋清、酴醾、桑落等酒。現今宮內有郢州出產的春酒，那地方本來就出產美酒。當初，張去奢被任命為郢州刺史，曾經進獻過郢地造酒的方法。現在則徵用郢州人來做酒匠，以供皇上飲用和宴賜大臣。

【說　明】良醞署及其所屬，實際上是朝廷直屬的一個專門用來造酒的大型作坊。掌醞、酒匠、奉觶等都是具體操作的工匠。所造之酒，可分為供祭祀用和帝王宴飲用兩類。供祭祀用的，就是所謂五齊和三酒。凡是祭祀及與之相關的事物，總是最為守舊的，在這裡，所重的是使現實與古老的歷史連接起來，讓歷史來呵護現實，因而越是傳統似乎就越好。五齊三清的製作方式，自先秦至隋唐，一直保持著那種原始的傳統；祭祀時所用的種種酒器，包括那古老的稱謂以及繁瑣而又刻板的陳設規矩，直至唐代還在依照《周禮》的格局。供帝王宴飲用的，所重的就不再是傳統，而是現實的人生享受，那就要講究色、香、味。本章正文中提到的春暴、秋清、酴醾、桑落等便是帝王及受賜大臣享用的酒類。實際上當時帝王燕飲和民間飲用的酒的品類自然還要遠為豐富。唐朝有不少地方盛產名酒，《唐國史補》卷下云：「酒則有郢州之富水，烏程之若下，滎陽之土窟春，富平之石凍春，劍南之燒春，河東之乾和蒲萄，嶺南之靈谿、博羅，宜城之九醞，潯陽之湓水，京城之西市腔、蝦蟆陵、郎官清、阿婆清。」共列舉了十三種名酒，其中有的早在唐以前便享有盛名。例如宜城的九醞，《北堂書鈔》卷一四八引曹植〈酒賦〉、張華《博物志》、傅玄〈七謨〉及《初學記》卷二六劉孝儀〈謝晉安王賜宜城酒啟〉都已一致盛讚宜城所產美酒了。又如烏程若下酒，《吳地記》稱：「長城故屬烏城，太康十年（西元二八九年），分為五縣，若下出美酒。」《太平寰宇記》卷九四提到，湖州長興縣，若溪在縣南五十步，分上箬、下箬二村，「并出美酒」。唐《元和郡縣圖志》卷二五記湖州長興縣「若溪水，釀酒甚濃，俗稱若下酒」。《新唐書・地理志》載郢州富水郡、舒州同安郡、成都府蜀郡、邛州臨邛郡，分別進貢酒、麴、酒器等。可見酒的產地，在唐代徧佈大江南北，南方似更盛於北方。至於京師長安是全國政治中心，皇帝及王公大臣的集中居住地，他們是美酒佳餚的最大消費群體，因而自然同時亦成為全國釀酒業的中心，上述十三種名酒中有四種產於長安便是一個證明。如西市腔，因其產於長安城內西市而得名。又如河東之乾和蒲萄，即葡萄酒，亦產於長安。《太平御覽》卷八四四引《唐書》云：「蒲桃酒，西域有之，前代或有貢獻及〔貞觀十四年，西元六四〇年〕破高昌，收馬乳蒲桃實於苑中種之，並得其酒法，上自損益造酒。酒成，味兼醍醐，既須賜群臣，京師識其味。」先將西域葡萄移載於京師禁苑，獲得成功，又用以釀造了葡萄酒。

由於釀酒需用大量糧食，遇到糧荒，歷代都曾下令禁釀。西漢曾多次下令禁酒，東漢末，曹操亦須布過禁酒令。劉備在蜀，「天旱禁酒，釀者有刑。吏於人家索得釀具，論者欲令與作酒者同罰」（《三國志・吳書・雍簡傳》）。唯唐初無酒禁，安史之亂後，肅宗乾元元年（西元七五八年），「京師酒貴，肅宗以稟（通「廩」）食方屈，乃禁京城酤酒，期以麥熟如初。二年饑，復禁酤，非光祿祭祀、燕蕃客，不御酒」（《新唐書・食貨志》）。至德宗建中年間，始榷酒，「置肆釀酒，斛收值三千，州縣總領，醨薄私釀者論其罪」（同上）。此後，榷酒成了唐王朝財稅的一項重要收入。

三

掌醢署：令一人，從八品❶；《周禮》❷有醢人奄二人、女醢二十人、奚四十人❸，掌四豆之實❹，則朝事之豆❺、饋食之豆❻、加豆❼、羞豆之實❽也；又有醢人奄二人、女醢二十人、奚四十人❾，掌五齏、七菹❿，以供祭祀、賓客之事。《齊職儀》⓫：「諸公府有釀倉典軍二人。」後周有掌醢中士一人、下士十二人⓬。隋掌醢署令一人，皇朝因之，領主醢、醬匠、酢匠、豉匠、菹醢等匠⓭。

丞二人，從九品下；隋置，皇朝因之。

主醢十人。隋有掌醢十人。武德⓮中為主醢，加至十四人，貞觀⓯中減焉。

掌醢令掌供醯醢之屬，而辨其名物；丞為之貳。一曰鹿醢，二曰兔醢，三曰羊醢，四曰魚醢，和其麴櫱⓰，視其多少，而為之品齊。凡祭神祇，享宗廟，用菹醢以實豆；燕賓客，會百官，用醢⓱醬以和羹。

【章旨】敘述掌醢署令、丞和主醢之定員、品秩、沿革及職掌。

【注釋】❶從八品　新舊《唐書》官志及《通典・職官二十二》皆作「正八品下」。❷周禮　儒家經典之一。係搜集周王室官制及戰國時各國制度，添附以儒家政治理想，增減排比而成之彙編。❸醢人奄二人女醢二十人奚四十人　醢人，《周禮》天官屬官。掌供應豆類食器中所盛放的稱之為醢的諸種食物。醢是以魚或牲肉製成之醬。鄭玄注：「醢者，必先膊乾其肉，乃復苹之，雜以粱麴及鹽，漬以美酒，塗置瓶中，百日則成矣。」奄，被閹割之男役。女醢，造醢之女奴，以其才智而為奚之長。奚，造醢女奴。❹掌四豆之實　豆，食器。形似高足盤，有陶製、木製或青銅製者。四豆，即下文所言朝事之豆、饋食之豆、加豆和羞豆。醢人所掌，便是供應此四豆中所盛放之醢類食物。祭祀時，前後分四次進獻。❺朝事之豆　祭祀時第一次進獻之豆。所盛放食物，據《周禮・天官・醢人》為「韭菹、醓醢、昌本、麋臡、菁菹、茆菹、麇臡」。即醬韭菜、肉汁、醬菖蒲根、麋肉醬、醬蕪菁、醬莧葵和麇肉醬。此當是周代或戰國、秦漢之制。唐代首次所獻豆實，據《通典・禮六十六・序例上》所載為「韭菹、醓醢、菁菹、鹿醢、芹菹、兔醢、魚醢、脾析菹、豚胉、酏食、糝食」。二者大體一致。❻饋食之豆　祭祀時第二次進獻之豆。《周禮・天官・醢人》稱：「饋食之豆，其實葵菹、蠃醢、脾析、蜃醢、蚳醢、豚拍（亦作「胉」）、魚醢。」即醬秋葵、螺醬、牛肚、蚌醬、大蛤、蟻卵醬、豬肉和魚醬。❼加豆　《周禮・天官・醢人》稱：「加豆之實：芹菹、兔醢、深蒲、醓醢、箈菹、鴈醢、筍菹、魚醢。」即醬芹菜、兔肉醬、醬深蒲、肉汁、醬春筍、雁肉醬、醬冬筍和魚醬。此為祭祀中加爵時所加獻之豆盛放之食物。❽羞豆之實　《周禮・天官・醢人》稱：「羞豆之實：酏食糝食。」酏食即今之油煎米餅。糝食，以牛羊肉米作餡之油煎餅或蒸餅。此為祭祀中正獻後、加爵前所進獻之豆實。此章四豆之實與一章四籩之實，意在葷素相配，加上點心羹汁，合而成一桌完整的酒席。所以作如此安排，反映了禮儀制作者心目中的祭祀，正是王者一次宴飲的規格及其全過程。❾醢人奄二人女醢二十人奚四十人　句中「醢人」、「女醢」，據《周禮・天官》當作「醢人」、「女醢」。醢人，《周禮》天官屬官，掌理醢製食物者。醢，即醋。奄，經閹之男役。女醢，善於以醢醃泡食物之女奴，為奚之長。奚，女奴。❿五虀七菹　虀，亦寫作「齏」。以細切菜、肉製成之醃菜或醬菜。葅，即菹，經醋醬醃漬之酢菜。五虀七菹，據鄭玄注，五虀為：昌本，指菖蒲根；脾析，即牛肚；蜃，大蛤；豚胉，豬體之肋條肉；深蒲，生於水中之蒲，可以為菹。七菹為：韭，即韭菜；菁，韭菜之花；茆，即蒓菜；葵，即冬葵，古代曾是重要蔬菜，至明《本草綱目》已將其列入草類；芹，即芹菜；箈，水中苔衣，一說竹筍；筍菹。以上七種蔬菜，經醋醃漬，便稱七菹。《周禮・天官・醢人》稱：「共醢六十罋，以五齊、七醢、七菹、三臡實之。」都是指可以醃製或醬製食物的各種品類。古人保存食物的方法除曬乾外，還有鹽醃、醬漬、醋泡、酒浸等。⓫齊職儀　書名。《隋書・經籍志》著錄有「五十卷，齊長水校尉王珪之撰」。《南齊書・王逡之傳》：「從弟珪之，有史學，撰《齊職儀》。」《新唐書・藝文志》著錄與《隋書》同。⓬後周有掌醢中士一人下士十二人　北周掌醢中士品秩為正二命，下士為正一命。⓭主醢醬匠酢匠豉匠菹醢等匠　均為具體造作人員。其中「菹醢」據南宋本當作「菹醢」。其定員，據本卷目錄和《新唐書・百官志》，唐掌醢署下設主醢十人，醬匠二十三人，酢匠十二人，豉匠十二人，菹醢匠八人。⑭武德　唐高祖李淵年號。⑮貞觀　唐太宗李世民年號。⑯麴蘖　釀造發酵用之麴霉。蘖應作「糵」⑰醢　據南宋本當為「醢」。

【語　譯】掌醢署：令，定員一人，品秩為正八品下。《周禮》天官屬官中有醢人，下設奄二人，女醢二十人，奚四十人。職掌是負責供應四豆所盛放的食物，也就是在朝事之豆、饋食之豆、加豆和羞豆這四豆中所盛放的食物。又有醢（醯）人，其下設有奄二人，女醢（醯）二十人，奚四十人，職務是執掌五齏、七菹，用以供應祭祀和宴飲賓客的需要。《齊職儀》記載：「各公府設有釀倉典軍二人。」北周設有掌醢中士一人，下士十二人。隋朝掌醢署設令一人，本朝因承隋制，亦設令一人，統領主醢、醬匠、酢匠、豉匠、菹醢（醯）等工匠。

丞，定員二人，品秩為正九品下。隋朝設置，本朝因承隋的這一官制。

主醢，定員為十人。隋朝設有掌醢十人，本朝高祖武德時期改名稱主醢，並把定員增加到十四人；貞觀年間又減到十人。

掌醢令的職務是，掌管供應醢、醯兩類醃製的食物，分辨它們的名稱和品類；掌醢丞做他的副職。醢的大類，一是鹿醢，二是兔醢，三是羊醢，四是魚醢。醃製食品時，要調和好麴霉，依據醃製食物的品類和多少，確定麴霉的品種和劑量。凡是祭祀神祇和薦享宗廟，都用菹、醢兩類食物，盛滿豆器；宴飲賓客和會食百官，則要提供醢（醯）醬，用以調和羹餚的滋味。

卷一六

衛尉宗正寺

掌固六人

卷目

衛尉寺

卿一人
少卿二人
丞二人
主簿二人
錄事二人❶
府六人
史十一人
亭長四人
掌固六人

兩京武庫

令各一人
丞二人
府一人❷
史六人
監事一人
典事二人
掌固四人❸

武器署

令一人
丞二人
府二人
史六人
監事一人❹
典事二人
掌固四人

守宮署

---

❶錄事二人　據卷中正文應為「錄事一人」。
❷府一人　《舊唐書・職官志》為「二人」，《新唐書・百官志》則作「六人」。
❸掌固四人　新舊《唐書》官志均作「五人」。
❹監事一人　《舊唐書・職官志》同此，《新唐書・百官志》作「二人」。

令一人
丞二人
府二人
史四人
監事二人
掌設六人
幕士一千六百人
掌固四人

宗正寺

卿一人
少卿二人
丞一人❺
主簿二人
錄事一人❻
府五人
史九人❼
亭長四人
掌固四人

崇玄署

令一人
丞一人
府二人
史三人
典事六人
掌固二人

❺丞一人　新舊《唐書》官志並作「二人」。
❻錄事一人　《舊唐書・職官志》同此，《新唐書・百官志》作「二人」。
❼史九人　《舊唐書・職官志》同此，《新唐書・百官志》作「五人」。

卷旨

本卷包括衛尉寺和宗正寺兩個機構。它們各為九寺之一，是平行關係，職司上亦無特別內在聯繫，所以合為一卷，想來似乎主要出於安排每卷篇幅上的考慮。

衛尉秦漢已有，掌宮廷內衛戍士兵，官署設在宮內。在漢代，它與光祿勳、執金吾的分工是：衛尉掌宮內外圍，光祿勳掌宮廷內部，執金吾則掌宮廷以外、京城以內的警衛。由於其主管宮內衛戍的軍隊，地位就顯得特別重要，兩漢的每一次宮廷政變，衛尉都顯示出它的重要作用。魏晉以後，宮廷警衛制度變化，衛尉寺成了執掌儀衛兵仗的機構，其地位便逐漸下降。唐衛尉寺亦唯掌器械、儀仗，下設三署：武器、武庫和守宮。

宗正是管理皇室親屬籍帳的一個機構，自秦始置後，歷代一般皆相沿設置，只有東晉末及南朝宋、齊，其職能一度轉歸於太常寺。唐宗正寺掌皇帝宗族及外戚之事，其下屬機構僅有一崇玄署。

唐衛尉寺東西京皆設。西京的地址是在承天門街之西，第四橫街之北，處於尚輦局與大理寺之間。東都的地址是在東朝堂之南，第四橫街之北，處於鴻臚寺及太府寺之間。

唐在西京的宗正寺，座落於皇城承天門街之西，第六橫街之北，從東第一即是。在東都的宗正寺，位於外郭城之尚善坊，是定鼎門街東側最北的一坊；東鄰太史監，西鄰內部局，岐王、薛王宅亦在此坊內。坊北正靠近架在洛水上的洛陽著名的天津橋，唐人由西京至東都皆由此橋進入皇城，故東都宗正寺可謂地處交通衝要。

衛尉寺

【篇　旨】本篇所敘衛尉，原為秦官，兩漢間有過兩次更名。一次是景帝初，更名為中大夫令，後元年（西元前一四三年）復稱衛尉；一次是王莽時，改稱太衛，至東漢又恢復舊名。衛尉在兩漢的職務是統轄宮門衛士，專司晝夜巡警和檢查出入宮門者之門籍。與之並肩的是光祿勳亦名郎中令，掌殿內宿衛及侍從。魏晉以後，其領兵權已大為削弱，唯南朝衛尉八屯仍有警晝巡夜之職掌。北朝以來，特別是周隋府衛制的形成，衛尉已成為執掌儀衛兵仗的機關。唐代衛尉寺，在高宗、武則天時期曾二度改名為司衛寺，中宗神龍元年（西元七○五年）又恢復衛尉舊稱，所掌為儀仗兵器與帳幕的供設。凡兵器入庫，皆由衛尉寺登錄其名數，有損壞者則送少府監及金吾衛修繕。凡有祭祀、朝會，則向諸衛衛士供應儀仗，宮廷宿衛亦由其供給兵器；與之平行相關的機構，有兵部的庫部，以及諸衛和少府監的軍器監、甲坊署、弩坊署。庫部是執政令的機構，諸衛是儀仗和兵器的使用部門，少府監諸署則是儀仗兵器的生產和修繕單位。

篇中所敘的唐衛尉寺，設卿、少卿、丞和主簿、錄事等員，下屬有武庫、武器、守宮三署；諸署的定員除令、丞和府、史外，尚設有監事一至二人。武庫署掌兵械收藏，以供國用。開元二十五年（西元七三七年）東都亦置，稱兩京武庫署。其所掌兵器有金鼓、弓矢、刀槍、甲盾、旗、袍、鉞等，篇中有詳細記述，實際上只是供儀仗需用而已，然亦可約略窺知當時冷兵器發展的概貌。武器署亦掌儀仗兵器，與武庫署區別在於它專管在外使用的兵器，用畢則貯藏於武庫署。守宮署掌各種場合下帳幕的供設，如祭祀、朝會或巡幸時王公百官位次的帳幕，吏部、兵部、禮部舉行考試時的帳設，以及王公舉辦婚禮時所需的帳具，都由守宮署供應。

一

衛尉寺：卿一人，從三品；《漢書・百官表》❶云：「衛尉，秦官也，掌宮門衛屯兵❷。漢因之。景帝中六年，更名中大夫令❸；後元年，復為衛尉❹。屬官有公車司馬❺、衛士❻、旅賁❼三令、丞；又諸屯衛候司馬二十二官❽皆屬焉。又有長樂、建章、甘泉衛尉❾，各掌其宮之職，不常置。」後漢衛尉又有南宮、北宮衛士令、丞❿，餘同前漢。荀綽《百官表》⓫：「衛尉，品第三，銀章、青綬，五時朝服⓬，武冠⓭，佩水蒼玉⓮。」過江省⓯，宋孝建元年復置⓰，齊因之⓱。梁天監七年置十二卿⓲，衛尉與廷尉、大匠為秋卿，班第十二⓳，位視侍中，兼統武庫令⓴。陳因之。後魏衛尉卿從第一品下㉑，太和二十二年降為第三品㉒，北齊因之㉓。隋衛尉掌軍器、儀仗、帳幕，以監門衛掌宮門屯兵㉔。煬帝降卿為從三品㉕，皇朝因之。龍朔二年㉖改為司衛寺正卿，咸亨㉗中復舊。光宅元年㉘又改為司衛寺卿，龍朔元年㉙復故。

少卿二人，從四品上。後魏太和十五年初置少卿官㉚，第三品上；二十二年㉛降為正四品上，北齊因之㉜。隋煬帝降為從四品㉝，皇朝因之。貞觀中置二人㉞，龍朔、咸亨、光宅、神龍並隨寺改復。

衛尉卿之職，掌邦國器械、文物之政令㉟，總武庫、武器、守宮三署之官屬；少卿為之貳。凡天下兵器入京師者，皆籍其名數而藏之。凡大祭祀、大朝會，則供其羽儀㊱、節鉞㊲、金鼓㊳、帷帟㊴、茵席㊵之屬。其應供宿衛者，每歲二時閱之，其有損弊者，則移于少府監及金吾修之㊶。

【章旨】敘述衛尉寺卿、少卿之定員、品秩、沿革及職掌。

【注釋】❶漢書百官表 《漢書》，東漢班固撰，一百篇。為我國第一部紀傳體斷代史。紀傳之外，設八表、十志。〈百官表〉，即〈百官公卿表〉，《漢書》八表之一。簡要敘述秦漢官制之沿革。❷掌宮門衛屯兵 顏師古注《漢書》此句謂：「《漢舊儀》云：衛尉寺在宮內。胡廣云：主宮闕之門內衛士，於周垣下為區廬。區廬者，若今之仗宿屋矣。」故衛尉之職便是統轄衛士，護衛宮門以內地區。胡廣《漢官解詁》對此更有詳釋：「衛尉主宮闕之內，衛士于垣下為廬，各有員部。凡居宮中者，皆施籍於門，案其姓名。若有醫巫僦人當入者，本官長吏為封棨傳，審其印信，然後納之。人未定，又有籍，皆復有符。符用木，長二寸，以當所屬兩字為鐵印，亦太卿炙符，當出入者，案籍畢，復齒符，乃引內之也。其有官位得出入者，令執御者官，傳呼前後以相通。從昏至晨，分部行夜；夜有行者，輒前曰：誰、誰。若此不解，終歲更始，所以重慎宿衛也。」❸景帝中六年更名中大夫令 景帝，西漢皇帝劉啟。年三十二即位，在位十六年，終年四十八歲。據《史記・孝景本紀》記載，在中元六年（西元前一四四年）曾更改過一次官名，如更命廷尉為大理，主爵中尉為都尉，將行為大長秋等，但未見有衛尉更名為中大夫令之事。《漢書・景帝紀》則但言曾更改官名，未列所更改之官。此處原注將更名衛尉為中大夫令事繫於景帝六年，不知何所據。❹後元年復為衛尉 景帝後元共三年，後元元年為西元前一四三年。《史記・孝景本紀》稱：「後元年冬，更命中大夫令為衛尉。」至王莽時，又曾更名衛尉曰太衛。❺公車司馬 顏師古注《漢書》此句引《漢官儀》曰：「公車司馬，掌殿司馬門，夜徼宮中，天下上事及闕下，凡所徵召皆總領之，令秩六百石。」公車是官署名，以公車所在故名。司馬是未央宮殿門名，因門外有銅馬而得名。未央宮四面有門，而以北門、東門為正門，上書奏事和謁見皆由北門出入，公車司馬即設於此。漢武帝時，公孫弘被拜為博士，就待詔於金馬門。《漢書・張釋之傳》注引如淳曰：「〈宮衛令〉：諸出入殿門司馬門者皆下，不如令，罰金四兩。」設令和丞。西漢張釋之曾為公車令，任宣之子任章曾為公車丞。（據《漢書・儒林・

梁丘賀傳》）❻衛士　指衛士令、丞。王先謙《漢書補注》曰：「亦秦官，省文稱之曰衛令。〈李斯傳〉趙高將弒二世，詐詔衛士，而〈始皇紀〉云：遣閻樂至殿門縛衛令，可參證也。」設令一人，又有丞，《漢書・百官公卿表》則稱「衛士丞三人」。❼旅賁　諸侯之警衛武臣。周時已有。此處指旅賁令、丞。顏師古注《漢書》此句曰：「旅，眾也。賁與奔同，言為奔走之任也。」此官東漢省，《後漢書・百官志》本注曰：「中興省旅奔令。」❽諸屯衛候司馬二十二官　這是對《漢書・百官公卿表》相關文字的概括性的表述。實際包括屯司馬、衛司馬、候司馬、衛候等眾多屬官在內。王先謙《漢書補注》稱：「屯司馬若後漢南宮、南屯司馬之比。屯衛司馬一官，省文則稱屯司馬，或衛司馬，屯而為衛，上文衛尉云掌宮門衛屯兵，即其證也。衛司馬見〈元紀〉、〈陳湯〉、〈段會宗〉、〈谷永〉、〈鄭吉〉、〈傅介子〉、〈蓋寬饒〉、〈西域〉傳，衛候見〈馮奉世〉、〈西域〉傳，候及司馬共二十二官也。」屯衛司馬則是管轄諸門士兵之下級武官。又，比照東漢衛尉卿屬官，也可略知其名稱和職掌。如東漢在衛尉下設「左右都候各一人，六百石。本注曰：主劍戟士，徼循宮，及天子有所收考。丞各一人」；「宮掖門，每門司馬一人，比千石。本注曰：南宮南屯司馬，主平城門；〔北〕宮門蒼龍司馬，主東門；玄武司馬，主玄武門；北屯司馬，主北門；北宮朱爵司馬，主南掖門；東明司馬，主東門；朔平司馬，主北門：凡七門。」（《後漢書・百官二》）漢代整個衛尉系統所轄守衛宮廷士兵甚多，如《漢書・武帝紀》建元元年（西元前一四〇年）秋七月詔中提到：「衛士轉置，送迎二萬人，其省萬人。」注：「鄭氏曰：去故置新，常二萬人。」衛士多從各地徵來服役，一年更替一次，舊衛士復員時要舉行饗宴儀式。《漢書・蓋寬饒傳》：「及歲盡交代，上臨饗罷衛卒，衛卒數千人皆叩頭自請，願復留共更一年。」《漢書・王尊傳》：尊奏曰：「又正月行幸曲臺，臨饗罷衛士。」注引如淳曰：「諸衛士得盡更代去，故天子自臨而饗之。」❾長樂建章甘泉衛尉　長樂、建章、甘泉，皆為宮名。長樂，位於漢長安城東南部未央宮之東，為皇太后居所，因其在未央宮之東，故亦稱東宮，是在秦興樂宮基礎上修葺而成。建章，位於漢長安城西，與未央宮隔城相望，並有跨越城垣的飛閣相連，為漢武帝所修建，其規模超過未央宮。甘泉，本為秦之林央宮，漢武帝增築擴建，用以避暑，亦常在此接見諸侯王、郡國上計使及外國賓客。此三宮漢皆置衛尉，各隨所掌之宮以名官。諸宮衛尉不一定為衛尉卿屬官，其下屬亦有自成體系者。而如《漢書》中所見之長樂司馬（《律曆志》）、長樂屯衛司馬（《馮逡傳》）、長樂戶將（《儒林・瑕丘江公傳》）以及建章監侍中（《衛青傳》）或侍中建章監（《李陵傳》）等，則當為衛尉屬官。❿後漢衛尉又有南宮北宮衛士令丞　《後漢書・百官二》稱：東漢「衛尉，卿一人，中二千石。本注曰：掌宮門衛士，宮中徼循事。丞一人，比千石」。其下屬有「公車司馬令一人，六百石。本注曰：掌宮南闕門，凡吏民上章、四方貢獻及徵詣公車者，丞、尉各一人。本注曰：丞選曉諱，掌知非法。尉主闕門兵禁，戒非常」。

又設「南宮衛士令一人，六百石。本注曰：掌南宮衛士。丞一人」。注引《漢官》曰：「員吏九十五人，衛士五百三十七人。」「北宮衛士令一人，六百石。本注曰：掌北宮衛士。丞一人。」注引《漢官》曰：「員吏七十二人，衛士四百七十一人。」其職掌與前後相同。如：「凡居宮中者，皆有口籍於門之所屬。宮名兩字，為鐵印文符，案省符乃內之。若外人以事當入，本官長史為封棨傳；其有官位，出入令御者言其官。」⓫荀綽百官表　近衛《補考》曰：「《百官表》上當有『晉』字。」案《通志・藝文略》著錄：《百官表注》十六卷，荀綽撰。似不必有「晉」字。荀綽，字彥舒。永嘉末為司空從事中郎，沒於石勒。撰《晉後書》十五篇。⓬五時朝服　漢制，一歲五郊，天子與執事者所服各如方色。魏以後名為五時朝服，隨官給受，三年一易；實際所給為四時朝服，缺白色之秋服。⓭武冠　古代武官或侍從所戴之冠。又名武弁或大冠。為趙武靈王效胡服而製，以後襲用之。形制似弁，用金璫飾首並插貂尾。⓮水蒼玉　古代官員按品級佩玉石。如一品山玄玉，二品以下水蒼玉。水蒼玉因玉石之花紋有似水蒼而得名。⓯過江省　指東晉省去衛尉。西晉承魏制，亦設衛尉。《晉書・職官志》稱：「衛尉，統武庫、公車、衛士、諸治等令，左右都候，南北東西督治掾。及渡江，省衛尉。」過江，指渡過長江後，於江左建立之東晉政權。⓰宋孝建元年復置　孝建，宋孝武帝劉駿年號。孝建元年，即西元四五四年。《宋書・南郡王義宣傳》稱義宣子劉恢曾任衛尉：「晉氏過江，不置城門校尉及衛尉官。世祖欲重城禁，故復置衛尉卿。衛尉之置，自恢始也。」⓱齊因之　南齊因宋制，亦設衛尉。曾先後以蕭穎胄、胡諧之為衛尉。事見《南齊書》各自之本傳。《南齊書・百官志》稱：「衛尉，府置丞一人，掌宮城管籥。張衡〈西京賦〉曰：『衛尉八屯，警夜巡晝。』宮城諸卻敵樓上本施鼓，持夜者以應更唱，太祖以鼓多驚眠，改以鐵磬云。」⓲梁天監七年置十二卿　天監，梁武帝蕭衍年號。天監七年，即西元五〇八年。此年，倣四時十二月置十二卿。衛尉屬秋卿。⓳班第十二　梁天監七年（西元五八〇年），革選，徐勉為吏部尚書，奉命改九品制為十八班制，以班多為貴。衛尉卿列十二班之末。⓴位視侍中兼統武庫令　指衛尉卿品秩與侍中相等，同居十二班；其職掌並兼統武庫令。又，據《隋書・百官上》，「武庫令」下尚有「公車司馬令」。其文稱：梁之「衛尉卿，位視侍中，掌宮門屯兵。卿每月、丞每旬行宮徼，糾察不法。統武庫令、公車司馬令。又有弘訓衛尉，亦置屬官」。㉑後魏衛尉卿從第一品下　北魏太和十七年（西元四九三年）職員令定太常、光祿勳、衛尉三卿皆為右從第一品下。㉒太和二十二年降為第三品　太和二十二年，即西元四九八年。太和為北魏孝文帝年號。但據《魏書・官氏志》應是太和二十三年（西元四九九年）。是年復次職令，太常、光祿、衛尉三卿，俱降為第三品。㉓北齊因之　據《隋書・百官中》，北齊因北魏，亦設「衛尉寺，掌禁衛甲兵。統城門寺，置校尉二人，以司其職（掌宮殿城門，並諸倉庫管籥等事）。又領公車（掌尚書所不理，有枉屈，經判奏聞）、武庫（掌甲兵及吉凶儀仗）、衛士（掌京城及諸門士兵）等署令。武庫又有修故局丞（掌領匠修故甲等事）」。衛尉卿與太常卿、光祿卿並列，位第三品。㉔隋衛尉掌軍器儀仗帳幕以監門衛掌宮門屯兵　《隋書・百官下》稱：「衛尉寺統公車、武庫、守宮等署」。原北齊在衛尉下屬有城門寺，隋則另設左右監門府，以掌宮殿門禁及守衛事。案《隋書・百官下》有左、右衛等十二衛，與左右備身府、左右監門府合為十六府，後二者均不帶「衛」字。據此，句中「監門衛」似當作「監門府」。㉕煬帝降卿為從三品　煬帝，隋朝皇帝楊廣，在位十四年，終年五十歲。《隋書・百官下》稱：煬帝令「光祿已下八寺卿，皆降為從三品」。㉖龍朔二年　即西元六六二年。龍朔為唐高宗李治年號。㉗咸亨　唐高宗李治又一年號。㉘光宅元年　即西元六八四年。光宅為武則天稱制時年號。㉙龍朔元年　龍朔，據下文少卿員品條原注當為「神龍」。神龍元年，即西元七〇五年。神龍為唐中宗李顯年號。㉚後魏太和十五年初置少卿官　太和十五年，西元四九一年。據《魏書・高祖紀》是年冬，北魏始大定官品。唯《魏書・官氏志》載此年十二月所置司空、主客、太倉、庫部等少卿官中，未見有衛尉之少卿。太和十七年（西元四九三年）之職員令，則少卿位列於第三品上。㉛二十二年　指太和二十二年，即西元四九八年。據《魏書・官氏志》北魏高祖復次職令當在太和二十三年（西元四九九年）。㉜北齊因之　據《隋書・百官中》北齊衛尉寺設少卿一人，品秩為第四品上階。㉝隋煬帝降為從四品　據《隋書・百官下》隋煬帝時，光祿以下八寺卿之「少卿各加置二人，為從四品」。㉞貞觀中置二人　《唐會要》卷六五衛尉寺條：「少卿，本一員，景雲二年（西元七一一年）十一月四日，加一員，以傅忠孝為之。」《通典・職官七》衛尉卿條：「初，少卿一人，太極元年（西元七一二年）加一人。」《舊唐書・睿宗紀》：「景雲三年（即太極元年）二月丁酉，光祿、大理、鴻臚、太府、衛尉、宗正各增置少卿一員。」㉟掌邦國器械文物之政令　《太平御覽・職官二八》衛尉卿條引《唐六典》此句及《舊唐書・職官志》卿之職，皆作「掌邦國器械文物之事」，即「政令」並作「之事」。器械，指兵械。文物，指儀仗。又，尚書兵部庫部郎中（本書五卷四篇）亦有此職掌，二者分工是：衛尉掌京師之器械文物，庫部掌諸軍州兵器和儀仗之政令。㊱羽儀　儀仗隊中以鳥羽裝飾的旌旗之類。㊲節鉞　符節和斧鉞。古代授予將帥，作為授予權力之象徵。此處則是作為儀仗用之器械。㊳金鼓　銅製似鼓之樂器。古代作戰時用以指揮軍隊之進止。《周禮・地官・鼓人》：「掌教六鼓四金之音聲，以節聲樂，以和軍旅，以正田役。」《左傳・僖公二十二年》：「金鼓以聲氣也。」孔穎達疏：「謂金鼓佐士眾之聲氣。」㊴帷帟　即帳幕。亦專指軍帳。㊵茵席　墊於地上之草蓆。㊶移于少府監及金吾修之　指宿衛使用之軍器有損壞時，可移少府監及左右金吾衛整修之。唐少府監下設有北都軍器監、甲坊署、弩坊署，其職掌為修造兵器鎧甲。左、右金吾衛屬下有胄曹，掌諸曹翊府及外府軍戎器械及其公廨興造決罰之事。

【語　譯】衛尉寺：卿，定員一人，品秩為從三品。《漢書・百官公卿表》記載：「衛尉，秦朝設置的官職。掌理宿衛宮門的衛士和屯兵。漢代因襲秦朝的制度。景帝中六年，改名稱中大夫令；到後元年間，又恢復稱衛尉。屬官有公車司馬、衛士、旅賁三個令和丞；另外有各屯兵、衛士的候、司馬等二十二官職，都是衛尉的屬下。又在長樂、建章、甘泉三宮都設有衛尉，各自掌管所屬宮廷宿衛的職務，但不常設置。」東漢在衛尉下，另外設有南宮、北宮的衛士令、丞，其餘的體制與西漢相同。荀綽的《百官表注》說：晉代「衛尉，品秩居第三，掛銀印繫青綬，祭祀時穿五時朝服，戴武冠，佩水蒼玉」。晉代過江後，省去了衛尉。到宋孝武帝孝建元年，又恢復衛尉的建置。南朝齊因襲宋的官制。梁武帝天監七年，設置十二卿，衛尉與廷尉、大匠屬秋卿，列為第十二班，品位與侍中相同，兼統武庫令。陳因承梁的體制。北魏所設的衛尉卿，品秩開始列為從第一品下，到太和二十二（三）年再次發佈職令時，降為第三品。北齊因襲北魏的建置。隋朝衛尉掌軍器、儀仗、帳幕，另外設監門衛（府），執掌管理宿衛宮門的屯兵和衛士。隋煬帝把衛尉卿的品秩降為從三品，本朝因承隋朝的建置。高宗龍朔二年，一度改名為司衛寺正卿，咸亨年間又恢復了舊稱。武則天光宅元年再次改名為司衛寺卿，中宗神龍元年又恢復了舊稱。

少卿，定員二人，品秩為從四品上。北魏在太和十五年初置少卿這一職官，品秩列為第三品上；太和二十二（三）年再次發佈職令時，降為正四品上。北齊因承北魏建置。隋煬帝時又把少卿品秩降為從四品。本朝因襲隋制。太宗貞觀時期設置二人。以後在龍朔、咸亨、光宅、神龍年間，這一官職的名稱隨著寺名的更改而更改，恢復而恢復。

衛尉卿的職責是，掌管國家有關兵械、儀仗方面的政令，統領武庫、武器、守宮三個署的官屬；少卿做他的副職。凡是全國兵器上送到京師的，都要登錄它們的名稱、數量並貯藏好。每遇有大祭祀、大朝會，衛尉卿就要負責供應所需要的羽儀、節鉞、金鼓、帳幕和茵席一類物品。對供應給宿衛的屯兵衛士的器械，每年要作兩次檢查，如果有損壞的，要移送到少府監和金吾衛的有關衙署去修理。

【說　明】漢代宮廷內外的宿衛，依次有三個部門共掌。宮廷外部的宿衛，由執金吾主管，其主要職務是「徼循京師」，也就是負責首都的治安。宮廷內的宿衛，由光祿勳和衛尉分掌。虎賁、羽林是光祿勳的下屬，左、右都候是衛尉的下屬，皇帝在使用宮內兵力以對付宮外事變時，常把虎賁、羽林與左、右都候並列。二者的分工是：光祿勳下屬郎官所管轄的是宮廷內核的部位，衛尉下屬衛士令、丞所管轄的是宮廷外圍，包括宮殿諸門。此外還有屬少府的中黃門，由宦官執掌，主守禁門，分管省內。執金吾、光祿勳、衛尉、少府，均為卿級官吏，品秩都是二千石。需要特別指出的是，屯兵，即宮廷衛戍部隊，亦屬衛尉管轄。兩漢君主都注意要把屯衛宮廷的部隊掌握在自己的親信手上。呂后時，一方面以呂產、呂祿領南北軍，另一方面又以呂更始為長樂衛尉，二呂自然都是她的親信。只是對未央衛尉還未能安插心腹控制。後來周勃正是利用這一點，得以「令（朱虛侯）章監軍門，令平陽侯告衛尉，毋內相國〔呂〕產殿門」（《漢書・高后紀》），這才終於制服了諸呂。可見衛尉在宮廷政變一類事件中作用有何等重要。霍光執政時，以其女婿范明友為光祿勳，次婿任勝為羽林監，長婿鄧光漢為長樂衛尉。漢宣帝要奪霍家的權，就非得先把宮內這些宿衛的長官用自己的親信替換下來不可。同樣，在東漢梁冀、鄧騭這些外戚弄權時，他們首先想到的，亦是由自己的宗族去執掌衛尉、屯騎校尉等要害部門。所謂用刀把子（或槍桿子）奪取江山、用刀把子（或槍桿子）保衛江山，這是中國歷史上一切專制政權的特徵。衛尉地位之所以重要，就因為它手裡掌握著用以殺人的刀槍。衛尉地位的削弱，是魏晉以後，幾乎與光祿勳是同時：光祿勳之下不再有三署郎，衛尉之下不再統轄屯衛宮廷的軍隊，使它們雙雙失去了往日的威風。東漢末，建安四年（西元一九九年）曹操在丞相府置中領軍將軍，以曹休為主，主五校、中壘、武衛等三營。建安十二年（西元二〇七年），改護軍為中護軍，這樣京師和宮廷宿衛便主要由領軍和護軍這兩支部隊來擔當，衛尉只是還保留著宿衛宮門的衛士。齊王芳、曹爽執政時，以其弟曹羲掌中領軍，而中護軍卻在司馬師手上。這種格局，不久便導致了魏晉易代：司馬氏利用曹爽帶齊王芳離京上陵的機會，以中護軍發動政變，一舉奪取了中央權力。隋代以監門府掌宮門屯兵以後，衛尉就成了專門管理兵器儀仗的清水衙門。

二

丞二人，從六品上；秦、漢衛尉丞一人，比千石❶；魏、晉並同❷。宋孝建元年增置一人❸。

梁、陳各一人❹。《梁選簿》❺：「列卿丞班第三❻。」後魏列卿丞從五品中；太和二十二年，第七品上❼。北齊衛尉丞二人，從六品下❽。隋衛尉丞二人，品同北齊；大業五年，復為從五品❾。皇朝改為從六品上。

主簿二人，從七品上；《漢官儀・鹵簿篇》❿：「衛尉駕四馬，主簿前車八乘⓫，有鈴下、侍閤、辟車、騎吏等員⓬。」《晉令》⓭：「衛尉主簿二人。」宋、齊衛尉並有主簿員。梁天監七年，十二卿各置主簿，位三班⓮。陳因之。北齊衛尉寺有主簿⓯。隋主簿二人。皇朝武德中置二人，正八品；貞觀中減置一人，從七品上；後又置二人。

錄事一人，從九品上。

丞掌判寺事。凡器械出納之數，大事則承制敕⓰，小事則由省司⓱。

主簿掌印，句檢稽失⓲。

錄事掌受事發辰⓳。

【章旨】敘述衛尉寺丞、主簿、錄事之定員、品秩、沿革和職掌。

【注釋】❶秦漢衛尉丞一人比千石　《漢書・百官公卿表》：自太常至執金吾（含衛尉）丞皆千石。《後漢書・百官志》：衛尉丞，比千石。❷魏晉並同　本書第十五卷第一篇光祿寺丞原注稱：「魏晉因之，銅印、黃綬。」❸宋孝建元年增置一人　宋孝建元年，即西元四五四年。孝建為宋孝武帝劉駿年號。《宋書・百官志》：「舊一丞，世祖增置一丞。」《宋百官春秋》：「太常丞視尚書郎，銅印、黃綬，品第七。」宋衛尉丞之品秩大體與之相仿。❹梁陳各一人　據《南齊書・百官志》齊衛尉府亦置丞一人。此句「梁」上疑當有「齊」字。❺梁選簿　書名。《隋書・經籍志》著錄有「《梁選簿》三卷，徐勉撰」。❻列卿丞班第三　《隋書・百官志》：梁衛尉丞則為「班第四」。❼太和二十二年第七品上　太和二十二年，即西元四九八年。太和為北魏孝文帝年號。據《魏書・官氏志》，孝文帝復次職員令應是太和二十三年（西元四九九年）。又，所記品秩亦與此有異。其文稱：太和後制，太常、光祿勳、衛尉三卿丞並從第六品下。❽北齊衛尉丞一人從六品下　《隋書・百官中》稱：太常、光祿、衛尉三寺之丞，並列從六品下。❾大業五年復為從五品　大業五年，即西元六〇九年。大業為隋煬帝楊廣年號。《隋書・百官下》稱：是年「寺丞並增為從五品」。❿漢官儀鹵簿篇　《漢官儀》，十卷，應劭撰。〈鹵簿篇〉為其中之篇名。時漢獻帝遷都於許，舊章堙沒，書記罕存，劭綴集所聞，而作此書。為漢官諸書中最為系統而翔實者，史注及唐宋之類書徵引亦最多。《隋書・經籍志》有著錄。⓫主簿前車八乘　本書第十四卷第一篇太常主簿員品原注引《漢官儀・鹵簿篇》：「太常加四馬，主簿前車八乘。」按此指君王出巡時，鹵簿中與衛尉寺相關之車隊：衛尉乘由四馬駕之大車，主簿率領之前車有八乘。⓬有鈴下侍閤辟車騎吏等員　近衛校正德本曰：「《後漢志》『鈴』作『軨』。」案：「軨下」古亦通作「鈴下」。指主簿率領之八乘前車中，其成員包括以鈴下、侍閤、辟車、騎吏等名目之屬員。《後漢書・輿服志》：「鈴下、侍閤、蘭、部署、街里走卒，皆有程品，多少隨所典領。」又，《後漢書・周紆傳》載：周紆審案時，問鈴下。注引《漢官儀》曰：「鈴下、侍閤、辟車，此皆以名目定者。」可知鈴下、侍閤、辟車、騎吏等皆為衛尉屬吏。⓭晉令　書名。《舊唐書・經籍上》著錄有「《晉令》四十卷，賈充撰」。⓮梁天監七年十二卿各置主簿位三班　天監七年，即西元五〇八年。天監是梁武帝蕭衍年號。梁仿四時十二月置十二卿，對位不登二品者，又定七班，太常主簿居其中之第四班，餘十一卿之主簿均居其中之第三班。⓯北齊衛尉寺有主簿　據《隋書・百官中》北齊包括衛尉寺在內之九寺，各有主簿、錄事等員。⓰制勅　勅即「敕」字。帝王直接下達之命令。亦稱制書、敕令。此處意謂有關器械出納之重大事項，須依承制書辦理。⓱省司　指尚書省六部之有關司。此處指兵部所屬之庫部司。⓲句檢稽失　句通「勾」。意謂主簿之職掌為檢查衛尉寺公事處理中有無失誤，以及是否按規定時間將公務處理完畢。稽，遲延；失，過錯。⓳受事發辰　錄事之職掌是登錄收發公文之內容及日辰。所以要作如此登錄是為了便於日後檢查，亦即作為主簿「勾檢稽失」之依據。

【語　譯】〔衛尉寺：〕丞，定員二人，品秩為從六品上。秦、漢時衛尉寺設丞一人，品秩是比一千石。魏、晉都是這樣。南朝宋孝武帝孝建元年，增設了一員。衛尉丞定為二人。〔齊、〕梁、陳的衛尉丞都是一人。《梁選簿》中規定：

「各卿的丞，都列為第三班。」北魏各卿的丞開始都是從五品中，到太和二十二（三）年，降為第七品上（第六品下）。北齊衛尉丞定員一人，品秩從六品下。隋朝衛尉丞有二人，品秩與北齊相同，大業五年時，又改為從五品。本朝改為從六品上。

主簿，定員二人，品秩為從七品上。《漢官儀・鹵簿篇》記載說：「衛尉乘四馬駕的車，主簿率領前車八乘，包括鈴下、侍閤、辟車、騎吏等屬員。」《晉令》規定：「衛尉設有主簿，定員二人。」南朝宋、齊的衛尉都設有主簿的定員。蕭梁天監七年定制，十二卿各置主簿，位列三班。陳朝因承了這一官制。北齊衛尉寺亦設有主簿，隋代衛尉主簿的定員有二人。本朝高祖武德時期主簿設置二人，品秩為正八品；太宗貞觀年間定員減到一人，品秩則提高到從七品上。後來又重新設置為二人。

錄事，定員一人，品秩為從九品上。

衛尉丞的職掌是負責處理衛尉寺內的日常事務。凡是出納兵器軍械都須登錄數量，重大事項，秉承君王制敕執行；一般小事，依據省司的符文辦理。

主簿掌管衛尉寺的印章，勾檢來往公文內容以及辦理過程中有無錯失和延誤。

錄事負責登錄收發公文的內容及日辰。

三

武庫令：兩京各一人，從六品下；《周禮》❶有司甲下大夫❷、司弓矢下大夫❸、司兵中士❹、司戈盾下士❺，並武庫之任也。漢屬執金吾❻。後漢太僕屬官有考工令、丞❼，主作兵器弓、弩、刀、鎧之屬，成則付執金吾入武庫。又云❽：「武庫令，六百石。」魏、晉因之❾。宋尚書庫部屬官有武庫令，掌軍器❿；齊因之⓫。梁衛尉寺統武庫署令、丞⓬，掌甲兵及吉凶儀仗。後周依《周官》⓭。隋衛尉寺統武庫署令二人⓮，皇朝因之，後減置一人⓯。

丞一人，從八品下；漢、魏、晉時並有武庫丞⓰，北齊亦同⓱。隋有武庫丞二人，皇朝因之，後減一人⓲。

監事一人，正九品上。

武庫令掌藏天下之兵仗器械⓳，辨其名數，以備國用；丞為之貳。

【章　旨】敘述武庫令、丞和監事之定員、品秩、沿革及職掌。

【注　釋】❶周禮　儒家經典之一。係搜集周王室官制和戰國時各國制度，添附以儒家政治理想，增減排比而成之彙編。❷司甲下大夫　《周禮》夏官大司馬之下屬官，掌管兵甲。定員二人。其下屬包括中士四人，府四人，史八人，胥八人，徒八十人。❸司弓矢下大夫　《周禮》夏官大司馬屬官，掌六弓、四弩、八矢之法，辨其名物而掌其守藏，與其出入。定員二人。其下屬有中士八人，府四人，史八人，胥八人，徒八十人。❹司兵中士　《周禮》夏官大司馬屬官，掌五兵五盾，各辨其名物，與其等第，以待軍事之需。定員四人。其下屬有府二人，史四人，胥二人，徒二十人。❺司戈盾下士　《周禮》夏官大司馬屬官，掌戈盾之物分與授用。定員二人。其下屬有府一人，史二人，徒四人。❻漢屬執金吾　執金吾，秦官，原名中尉，漢武帝時改此。掌宮殿之外、京城之內宿衛，皇帝出行，則充任護衛及儀仗。據《漢書·百官公卿表》其屬官中有武庫令、丞，主兵器庫。❼考工令丞　《後漢書·百官二》稱：太僕卿下設考工令一人，左右丞各一人。劉昭注引《漢官》曰：「員吏百九人。」❽又云　上文未言出處。以下引文可見於《後漢書·百官二》。❾魏晉因之　據《晉書·職官志》，晉在衛尉下設武庫令、丞，兩漢武庫令、丞同屬執金吾。《宋書·百官上》武庫令條：「晉初罷執金吾，至今隸尚書庫部。」可能庫部令在魏尚依兩漢屬執金吾，至西晉初始屬衛尉，東晉省衛尉，武庫令轉屬尚書庫部郎曹。❿宋尚書庫部屬官有武庫令掌軍器指南朝宋武庫令、丞屬尚書省之庫部郎曹。《宋書・百官上》稱：「武庫令一人，掌軍器。秦官，至二漢，屬執金吾。晉初罷執金吾，至今隸尚書庫部。」⓫齊因之　《南齊書・百官志》稱：武庫令一人，屬庫部郎。庫部係都官尚書下屬四曹之一。

⓬梁衛尉寺統武庫署令丞　近衛校正德本曰：「『梁』下恐脫『衛尉卿統武庫令北齊』九字。」據《隋書・百官志》：梁衛尉卿統武庫令，北齊衛尉寺設武庫署，掌甲兵及吉凶儀仗。近衛所校甚是，語議據以補。梁設有南北武庫，令品秩屬第一班，北齊諸署令之品秩則屬從八品上階。⓭後周依周官　北周依《周官》，按天、地、春、夏、秋、冬六官設府。在夏官府下有武藏中大夫一人，品秩正五命；小武藏下大夫一人，正四命。北周任武藏中大夫者，見《周書・柳慶傳》：兄子帶韋，「天和五年（西元五七〇年）轉武藏中大夫，俄遷驃騎大將軍開府儀同三司」；《隋書・梁毗傳》：「宣政中，封易陽縣子，遷武藏大夫。」⓮隋衛尉寺統武庫署令二人　隋衛尉寺武庫署屬上等署，文帝開皇時，品秩居正八品下階；煬帝時，諸寺上等署令並增為正六品。又，隋「開皇中，署司唯典掌受納，至是署令為判首，取二卿判。丞唯知勾檢。令闕，丞判」（《隋書・百官下》）。⓯皇朝因之後減置一人　《唐會要》卷六五衛尉寺條：「武庫署，開元中分兩京置。」《新唐書・百官三》兩京武庫署條：「開元二十五年（西元七三七年），東都亦置署。」《舊唐書・職官志》衛尉寺武庫令下注文為「兩京各一人」。故武庫署，唐初僅西京長安有，設令一人；至開元時，東都亦置署，始為二京各一人。⓰漢魏晉時並有武庫丞　兩漢武庫屬執金吾，並有丞，見於《漢書・百官公卿表》及《後漢書・百官志》。魏晉沿置，記載不詳。宋、齊武庫屬庫部，未見有設丞之記載。梁、陳亦未有此類記載。⓱北齊亦同　《隋書・百官中》衛尉寺條：「武庫又有修故局丞，掌領匠修故甲等事。」⓲皇朝因之後減一人　隋武庫丞為二人，唐沿置，後減為一人；但開元二十五年（西元七三七年）東都亦置武庫署，故當是兩京武庫署各設丞一人。⓳武庫令掌藏天下之兵仗器械　《太平御覽》卷二三〇引《唐六典》此句及《舊唐書・職官志》，「天下」均作「邦國」；《資治通鑑》卷二一五天寶六載胡三省注引《唐六典》此句則作「武庫令掌兵器」。又，《舊唐書・職官志》武庫令條下尚有：「凡親征及大田巡狩，以羝羊、猳豬、雄雞釁鼓。若太子親征及大將出師，則用猳屯。凡有赦則先建金雞，兼置鼓於宮城門之右，視大理及府縣囚徒至，則撾其鼓。」

【語　譯】 武庫令：兩京武庫署各設令一人，品秩為從六品下。《周禮》夏官屬官中設有司甲下大夫、司弓矢下大夫、司兵中士、司戈盾下士，都是武庫的職任。漢代武庫屬執金吾。東漢太僕的屬官有考工令和丞，職務是製作兵器如弓、弩、刀、鎧之類，製成後交付執金吾入武庫。又〔《後漢書・百官志》〕說：「武庫令，品秩是六百石。」魏、晉因承漢制。南朝宋尚書庫部郎屬官中有武庫令，掌管軍器的貯藏。南齊因承宋制，武庫令亦屬尚書庫部。蕭梁則由〔衛尉卿統轄武庫令，北齊〕衛尉寺統武庫署令、丞，職務是掌管甲兵以及吉凶儀仗。北周依照《周官》設武藏中大夫。隋代在衛尉寺設武庫署，令增為二人。本朝因承隋制，後來減為一人。

丞，定員一人，品秩為從八品下。漢、魏、晉時期武庫都設有丞一人。北齊武庫署亦設有丞。隋代設有武庫丞二人。本朝因襲隋的建置，後來減為一人。

監事定員一人，品秩為正九品上。

武庫令的職掌是，分管貯藏全國的兵仗器械，辨別它們的名稱和數量，以備國家需要時使用。丞做他的副職。

【說明】武庫署的歸屬秦漢以來變化較多：兩漢屬執金吾，西晉時屬衛尉寺，東晉省衛尉寺，至宋、齊武庫署轉屬都官尚書的庫部郎，北齊及隋才又隸屬於衛尉寺。其主要職掌是兵器與儀仗的貯藏，而出納的職權，則屬於衛尉卿。使用兵器儀仗的機構主要是諸衛，按規定使用完畢後仍須歸還於武庫署。《唐會要》卷六五有這樣記載：「開元二十七年（西元七三九年）十一月，武庫署諸衛行從及冬至等甲仗袍襖旛旗幕等，衛尉卿李昇奏：『上件物，每年行幸溫湯及冬正陳設，兩京來往。諸衛將軍事畢後，多有污損，逾限不納。又比年因溫湯行幸，所由便奏勒留，充冬至及元日隊仗用，以此淹久，便長姦源，兼恐迴換。望自今以後，每事了，限五日內送納武庫。如有違限，所由長官及本官，望請科違敕罪，其典量決杖，仍不在奏留之限。』敕旨：依奏。」

四

凡軍鼓❶之制有三：一曰銅鼓，二曰戰鼓，三曰鐃鼓。《世本》❷曰：「巫咸❸作鼓。」《周官》❹云：「鼓人❺掌教六鼓❻、四金❼之音聲，以節聲樂，以和軍旅，以正田役。以鼖鼓鼓軍事❽。」然鼓名實繁，享祀所用，並具太樂、鼓吹署令❾。銅鼓蓋南中❿所置。軍旅之間，即有戰鼓，復有鐃鼓焉。金之制有四：一曰錞，二曰鐲，三曰鐃，四曰鐸。《周禮》云：「以金錞和鼓⑪，以金鐲節鼓⑫，以金鐃止鼓⑬，以金鐸通鼓⑭。」鄭玄⑮云：「鐲，鉦也，軍行鳴之以節鼓。鐃，如鈴無舌，鳴之以止鼓。鐸，大鈴，振以通鼓。」《司馬職》⑯曰：「卒長執鐃⑰，兩司馬執鐸⑱，公司馬執鐲⑲，司馬振鐸⑳。行軍，鳴鐲、鼓；退，鳴鐃且卻。兵戰，擊鼓以進之，擊金以止之。」

【章旨】敘述軍鼓與金之規制。

【注釋】❶皷 即「鼓」字。❷世本 書名。戰國時史官所撰。記自黃帝迄於春秋諸侯大夫之氏姓、世系、都邑、制作等。原書已散佚，清人雷學淇、茆泮林等有輯佚本。❸巫咸 商王太巫之大臣。相傳為用筮占卜之創始者，又是占星家，並發明鼓。❹周官 即《周禮》。儒家經典之一。係搜集周王室官制及戰國時各國制度，並添附以儒家政治理想，增減排比而成之彙編。❺鼓人 《周禮》地官大司徒屬官。掌教擊鼓鳴金。設有中士三人、府二人、史二人、徒二十人。❻六鼓 即雷鼓，祀天神時用之；靈鼓，祭社時用之；路鼓，享鬼神時用之；鼖鼓，即大鼓，以軍事時用之；鼛鼓，徵傜事用之；晉鼓，鼓金奏時用之。鼖鼓，大鼓。其形制，《周禮·考工·韗人》記為：「鼓長八尺，鼓四尺，中圍加三之一。」❼四金 即金錞、金鐲、金鐃、金鐸。❽以正田役以鼖鼓鼓軍事 《周禮·地官·鼓人》原文，「以正田役」之下為「教為鼓而辨其聲用」，非「以鼖鼓鼓軍事」；後者係原文敘述六鼓用途中之一句。賁鼓，大鼓，其形制，《周禮·考工記·韗人》記為：「鼓長八尺，鼓四尺，中圍加三之一。」❾太樂鼓吹署令 俱屬太常寺。❿南中 地區名。指大渡河以南貴州、廣西地區。其地古代苗族盛用大型青銅製銅鼓。⑪以金錞和鼓 錞，即錞于，古打擊樂器。其名出自漢之大予樂官。形制圓如碓頭，大上小下，作樂時，擊之與鼓相和。⑫以金鐲節鼓 鐲，鐘狀之鈴，古代軍中樂器。亦稱鉦。孫詒讓正義：「《周禮·地官·鼓人》注云：『鐲，正也，形如小鐘。』凡鐘上段殺小，其形如鐲，故謂之鉦。」進軍時鳴鐲，以節制鼓聲。⑬以金鐃止鼓 鐃，古打擊樂器。青銅製。體短而闊，有中空短柄，可插入木柄而執，以槌擊之而鳴。《周禮·地官·鼓人》「以金鐃止鼓」句賈公彥疏：「《春秋左氏傳》

曹劌云：一鼓作氣，再而衰，三而竭。」又，「進軍之時擊鼓，退軍之時鳴鐃」。⓮以金鐸通鼓　鐸，古打擊樂器。形如鐃、鉦而有舌，是大鈴之一種。《周禮・地官・鼓人》「以金鐸通鼓」句賈公彥疏：「此是金鈴金舌，故曰金鐸。」又，「通鼓者，兩司馬振鐸，軍將以下即擊鼓，故云通鼓。」⓯鄭玄　字康成，北海高密（今山東高密）人。東漢經學家，以古文經說為主，兼採今文經說，徧注群經，通行本《十三經注疏》中《周禮》注即採用鄭注。⓰司馬職　此係略語。意指「《周禮》夏官大司馬之職掌」。下述引文即出此。⓱卒長執鐃　據《周禮》，周軍制：百人為卒，卒置長皆上士，卒長執鐃以退兵。⓲兩司馬執鐸　據《周禮》，周軍制：二十五人為兩，兩置司馬，稱兩司馬。兩司馬執鐸以通鼓。⓳公司馬執鐲　《周禮・夏官・大司馬》「公司馬執鐲」句鄭玄注：「公司馬謂五人為伍，伍之司馬也。」又云：「伍長謂之公司馬者，雖卑，同其號也。由公司馬執鐲以節鼓。」⓴司馬振鐸　此司馬即兩司馬之司馬。振鐸，即通鼓也，下達擊鼓的命令，於是行軍鳴鐲鼓。

【語　譯】關於軍鼓的規制有三種：一是銅鼓，二是戰鼓，三是鐃鼓。《世本》說：「巫咸發明了鼓。」《周官》規定：「鼓人掌管教授如何敲擊六鼓、四金發出聲音，用不同的鼓聲節制聲樂演奏，調度軍隊進退，號令徒役勞作。〔鼓人不僅要教授擊鼓，還要教會分辨各種鼓聲的不同效用。如〕指揮軍隊作戰時要擊鼖鼓。」然而鼓的名目實在繁多，至於享祀所用的鼓樂，都已在第十四卷太常寺太樂署、鼓吹署令的職掌中作了敘述。銅鼓原是南中地區所創置的。至於軍旅之間使用的，既有戰鼓，還有鐃鼓。關於金的規制有四種：一是錞，二是鐲，三是鐃，四是鐸。《周禮》記載說：「用金錞調和作樂時的鼓聲，用金鐲節制行軍時的鼓聲，用金鐃制止退軍時的鼓聲，用金鐸通達擊鼓的號令。」鄭玄的注文說：「鐲，就是鉦。軍隊行進時，用敲鐲發聲來節制擊鼓。鐃，形狀像鈴但沒有舌，用擊鐃發聲來中止擊鼓。鐸，就是大鈴，用搖鐸發聲來傳達擊鼓的命令。」《周禮・夏官・大司馬》的職掌中說：「卒長執鐃，兩司馬執鐸，公司馬執鐲。軍隊要行進就敲鐲擊鼓；軍隊要後退，一面擊鐃，一面退卻。軍隊在作戰時，擊鼓表示急速地進攻，擊金則表示停止繼續前進。」

【說　明】本章所記述的金和鼓，古代在軍隊中既作為樂器，同時也是平時訓練，特別是行軍作戰時，用來激勵士氣和指揮將士進退的重要器具。所謂擊鼓以進，鳴金以止，在當時技術條件下，唯有鼓、金所發出的特殊音響，可以起到劃一萬千將士行動的作用。唐代府兵進行訓練時，就是以鼓和鉦，再配上角，作為指揮軍隊進退的信號。每年冬天，各府的折衝都尉要率領其在府的兵馬進行訓練。唐軍隊的編制以三百人為團，五十人為一隊；訓練時設置左右二校尉，各率十步兵隊和一騎兵隊，事先皆捲起矟幡、刃旗，散立以俟。規定角手吹大角一通，諸校皆斂人騎為隊；二通，偃旗矟，解幡；三通，旗矟舉。左右校擊鼓，二校之人合譟而進。右校擊鉦，隊少卻，左校進逐至右校立所；左校擊鉦，少卻，右校進逐至左校立所；右校復擊鉦，隊還，左校復薄戰；皆擊鉦，隊各還。大角復鳴一通，皆捲幡、攝矢弛弓、匣刃；二通，旗矟舉，隊皆進；三通，左右校皆引還。（據《新唐書．兵志》）

五

弓之制有四：一曰長弓，二曰角弓，三曰稍弓，四曰格弓。《釋名》❶曰：「弓，穹也，張之穹然❷。其末曰『彇』，言肅邪也❸；以骨為之，曰『弭』❹。中央曰『弣』❺，所撫持也。」今長弓以桑柘❻，步兵用之；角弓以筋角❼，騎兵用之；稍弓，短弓也，利於近射；格弓，綵飾之弓，羽儀所執。弩之制有七❽：一曰擘張弩，二曰角弓弩，三曰木單弩，四曰大木單弩，五曰竹竿弩，六曰大竹竿弩，七曰伏遠弩。《釋名》曰：「弩，怒也，有怒勢也。其柄曰『臂』，似人臂也。鉤弦者曰『牙』，似牙齒也。牙外曰『郭』，為牙之規郭也。合名之曰『機』，言如機之巧也，亦言如門戶樞機，開闔有節也。」蔡邕❾曰：「冀州❿強弩，幽州⓫突騎，天下之精也。」《漢書》⓬有《遠望連弩射法》⓭十五篇。華嶠《後漢書》⓮云：「陳敬王寵⓯善弩射，其秘法以天覆地載參連為奇；入有三微、三小，三微為經，三小為緯⓰，萬勝之方。然要在機牙，其射至十發十中，皆全孔。」《魏氏春秋》⑰曰：「諸葛亮⑱損益連弩⑲，謂之『元戎』。以鐵為矢，矢長八寸，一弩十矢俱發⑳。」《周禮》：「司弓掌六弓、四弩㉑。」今擘張弩、小弩，步兵所用；角弓弩，騎兵所用；木單、竹竿、伏遠等弩，其力益大，所及漸遠。箭之制有四：一曰竹箭，二曰木箭，三曰兵箭，四曰弩箭。《周禮》：「司弓矢掌八矢之法㉒：枉矢、絜矢㉓利火射，用諸守城、車戰；殺矢、鍭矢㉔用諸近射、田獵；矰矢、茀矢㉕用諸弋射；恒矢、庳矢㉖用諸散射。」《方言》㉗曰：「自關而東㉘謂之矢，江淮之間謂之鏃㉙，關西㉚謂之箭。」其本曰「鏑」㉛，體曰「幹」㉜，其旁曰「羽」㉝，其矢末曰「括」㉞，其括旁曰「乂」㉟。又《通俗文》㊱曰：「骨鏃曰『骲』㊲，鐵鏃曰『鏑』㊳，鳴箭曰『骹』㊴，靃葉曰『鈚』㊵，皆古之制也。竹箭以竹為笴㊶，諸箭亦通用；木箭以木為笴，唯利射獵；兵箭剛鏃而長㊷，用之射甲；弩箭皮羽而短，用之陷堅也。

【章旨】敘述武庫令所掌藏兵器中弓、弩、箭之規制。

【注釋】❶釋名　書名。漢·劉熙撰，八卷。熙字成國，北海（今山東濰坊地區）人。其書二十篇，以同聲相諧，推論稱名辨物之意。所釋器物，亦可因以推求古人制度之遺。❷弓穹也張之穹然　《釋名》卷七〈釋兵〉作「張之穹隆然也」。穹隆，形容中央隆起而四周下垂。此處用以喻指弓張滿後之充溢滿盈之狀。❸其末曰彇言肅邪也　《釋名·釋兵》原文「彇」作「簫」，「彇」亦作「簫」，「肅邪」則為「簫邪」。《禮記·曲禮》遺人以弓「右手執簫」句，鄭玄注曰：「簫，弭頭也。謂之簫，簫邪也。」即指弓兩端之末稍。據《廣雅·釋器》，彇亦指弓末彎曲處，則簫與彇本可通。❹以骨為之曰弭　弭，弓末彎曲處。以象骨為之。此句《釋名》原文為：「又謂之弭，以骨為之。」意謂弓之末既可稱「簫」，又可稱「弭」。❺中央曰弣　弣，亦作「柎」。弓兩側貼附之骨片，用以增強弓體之彈性。《考工記・弓人》：「於挺臂中有柎焉，故剽。」鄭玄注：「柎，側骨。」其位置在弓把之中央。❻桑柘　一種桑科灌木。木質黃赤色，有彈性，用以作製弓原料。《考工記・弓人》：「凡取幹之道七，柘為上，檍次之，檿桑次之，橘次之，木瓜次之，荊次之，竹為下。」❼筋角　指以動物的角及筋作為製弓之材料。❽弩之制有七　弩，設有機栝以發箭之弓。《事物紀原》以為是戰國楚琴氏所創。弩機外面有一稱之為「郭」的匣，其前有用以掛弦的「牙」也即鉤，鉤後與照門相連，因其上刻有距離的分劃，所以亦稱規。匣的下面便是扳機，古代稱懸刀。發射時，先將弓弦向後拉掛於鉤上，瞄準目標後，一扣扳機，箭即能射出。唐代弩有七種，即如下文所述。其中擘張弩、角弓弩屬輕弩，分別為步兵和騎兵使用。《太平御覽》卷三四八兵部弩引趙公王琚《教射經》：「擘張弩中三百步，步戰用之。馬弩（即角弓弩）中二百步，馬戰用之。」其餘木單弩等屬強弩。如《衛公兵法輯本》卷下稱木單弩「以黃連桑柘為之，弓長一丈二尺，徑七寸，兩殖三寸，絞車張之，大矢自付，一發聲如雷吼」。❾蔡邕　字伯喈，東漢陳留圉（今河南杞縣南）人。董卓專政時，官左中郎將，人稱蔡中郎。後為王允所捕，死於獄中。其著作有《獨斷》、《勸學》、《釋誨》、《敘樂》及詩賦、碑、銘等百餘篇。❿冀州　古代九州之一，漢武帝時十三刺史部之一。轄境相當於今河北省中南部。東漢末其治所在鄴縣（今河北臨漳西南）。⓫幽州　古九州之一，漢武帝十三刺史部之一。轄境相當於今河北省北部及遼寧省南部地區。東漢時其治所在薊縣（今北京市）。⓬漢書　東漢班固撰。我國第一部紀傳體斷代史。⓭遠望連弩射法　書名。《漢書・藝文志》著錄有「《遠望連弩射法具》十五篇」。此處「法」下脫一「具」字。⓮華嶠後漢書　華嶠，字叔駿，平原高唐（今山東高唐東）人。西晉初，以才學聞名，著《後漢書》，起於光武，終於孝獻，為帝紀十二，皇后紀二卷，十典十卷，傳七十卷，凡九十七卷。范曄著《後漢書》時，對此書採摘頗多。⓯陳敬王寵　《太平御覽》卷三四八兵部弩引華嶠《後漢書》作「陳愍、王寵」。其文稱：「中平中黃巾賊起，郡縣皆棄城走，陳愍、王寵有強弩數千張，出軍都亭，國人素聞王善射，不敢反叛，故陳獨得完，百姓歸之者眾十餘萬人。」⓰入有三微三小三微為經三小為緯　句首「入」，據正德本應為「又」。全句當指弩機上之瞄準器縱橫各有刻度，便於更精確對準目標。⓱魏氏春秋　書名。《隋書・經籍志》著錄有「《魏氏春秋》二十卷，孫盛撰」。下述引文見於《三國志・蜀書・諸葛亮傳》裴松之注引《魏氏春秋》。⓲諸葛亮　字孔明，琅玡陽都（今山東膠南縣琅玡臺西北）人。佐助劉備建立蜀漢政權。劉備稱帝，任丞相。終年五十四歲。⓳連弩　能連續射箭之弩機。秦代即有。如《史記・秦始皇本紀》記載，徐市入海求神藥，向秦始皇奏稱常為大鮫魚所苦，「願請善射與俱，見則連弩射之」。漢代李陵與匈奴戰，亦曾使用連弩。三國時，諸葛亮曾對連弩機加以改進。《三國志・蜀書》本傳稱：「亮性長於巧思，損益連弩。」⓴一弩十矢俱發　疑當為「連發」，而非「俱發」。諸葛亮改良後的「元戎」仍應是連射，不可能十箭同時齊發。連弩通常置十箭於弩槽，每扣動一次扳機便射出一箭，同時槽裡又自動落下一箭，再上弦、再發、再落，如此循環，便能連發十箭。此種弩的優點是靈便輕巧，發射速度快；缺點是射擊距離近，殺傷力小。㉑司弓掌六弓四弩　司弓，《周禮・夏官》原文為「司弓矢」，此處脫一「矢」字。司弓矢為夏官大司馬屬官，設下大夫二人，中士八人，府四人，史八人，胥八人，徒八十人。其所掌六弓為王弓、弧弓、夾弓、庾弓、唐弓、大弓。其中王弓、弧弓用於守城和車戰；夾弓、庾弓用於狩獵和弋射飛鳥；唐弓、大弓用於習射。據《考工記》上述六弓之形制依使用人之身長和體力而定，各分為上、中、下三等：一等弓長六尺六寸，稱上制；二等弓長六尺三寸，稱中制；三等弓長六尺，稱下制。所掌四弩是夾弩、庾弩、唐弩、大弩。其中夾弩、庾弩較輕便，射程遠發射速度快，通常用於攻守城壘；唐弩、大弩屬強弩，射程較遠，發射速度較慢，大多用於連戰和野戰。又，《周禮》原文為「司弓矢，掌六弓、四弩、八矢之法」，意謂其所掌為六弓之法、四弩之法、八矢之法。本書原注將此句原文分作兩處引用，下文尚有「司弓矢掌八矢之法」，而此處則單引「司弓掌六弓、四弩」，脫離了「之法」。㉒八矢之法　八矢即原注引《周禮・夏官・司弓矢》所言之八矢。鄭玄注：「弓弩各有四焉。枉矢、殺矢、矰矢、恒矢，弓所用也。絜矢、鍭矢、茀矢、庳矢，弩所用也。」㉓枉矢絜矢　鄭玄注：「枉矢者取名變星，飛行有光，今之飛矛是也，或謂之兵矢。」稱其有光是因在箭鏃和箭竿連結處，常縛以火球發射，故亦稱之為火箭。絜矢，鄭玄注：「絜矢象焉。」指其形制如枉矢，二者皆可結火以射敵之守城戰車者。枉絜二矢，其重心在箭之五分之二處。即重心在前，使之飛行疾速，射程遠，穿透力強。㉔殺矢鍭矢　鄭玄注：「殺矢言中則死。」可「伺候射敵之近者及禽獸，尤重中深而不可遠也」。箭之重心設於前三分之一處，故適用於近射。鍭矢，鄭玄注：「鍭矢象焉，鍭之言候也。」指其形制如殺矢，適用於候敵或禽獸臨近而射之。㉕矰矢茀矢　鄭玄注：「結繳於矢，謂之矰，矰高也。」矰矢較輕，以生絲線繫於箭末，可以升高射取飛鳥。茀矢，鄭玄注：「茀矢象焉，茀之言刜也。二者（指矰茀二矢）皆可以弋飛鳥。刜，羅之也。」賈公彥疏謂「二者皆可以弋飛鳥，刜羅之也者，解結繳以羅取而刜殺之義」。此二矢重心皆在七分之三處，即重心後靠，便於箭之升高。㉖恒矢庳矢　鄭玄注：「恒矢安居之矢也。」賈公彥疏：「恒矢安居之矢者也，按弓人有其人，安其弓，安其矢，安之文，此恒矢軒輖，是安居之矢也。」庳矢，鄭玄注：「庳矢象焉。」指其形制如恒矢，前後平均重心居中，飛行也較平穩。二矢可以散射，即適於禮射、習射等。㉗方言　書名。全稱為《輶軒使者絕代語譯別國方言》。漢・揚雄撰。今本十三卷。雄撰此書經二十七年，似尚未完成。體例仿《爾雅》，類集各地古今同義詞語，並注明其通行範圍。大體可以看出漢代各地方言分佈概貌。注本有晉・郭璞《方言注》，清・戴震《方言疏證》。㉘自關而東　指潼關以東地區。㉙鏃　《方言》第九原文「鏃」作「鍭」。注云：「音侯。」㉚關西　指潼關以西地區。㉛其本曰鏑　陳仲夫點校本注稱：「自『其本』起，至下文『曰乂』止，均節取自《釋名》卷七之〈釋兵〉，故『其本』上疑當有『《釋名》曰』三字。《釋名》之原文為：『其本曰足，矢形似木，木以下為本，以根為足，又謂之鏑，鏑，敵也，可以御敵也。齊人謂之鏃，言其所中皆族滅也。關西曰釭，釭，鈠，言有較刃也。』」㉜體曰幹　《釋名・釋兵》曰：「其體曰幹，言挺幹也。」㉝其旁曰羽　《釋名・釋兵》曰：「其旁曰『羽』，如鳥羽也。鳥須羽而飛，矢須羽而前也。齊人曰『衛』，所以導衛矢也。」箭之末裝以羽毛，意在克服空氣對箭的影響，使之保持飛行徑直之方向。㉞其矢末曰括　《釋名・釋兵》曰：「其末曰『栝』，栝，會也，與弦會也。」又，句末「括」，《釋名》原文作「栝」。畢沅注《釋名》此句稱：「《說文》『栝』字後一解云：『矢栝築弦處。』然則『栝』從『木』不從『手』。本或作『括』，非。」㉟括旁曰乂　「乂」當係「叉」之誤。《釋名・釋兵》曰：「栝旁曰『叉』，形似叉也。」㊱通俗文　書名。《隋書・經籍志》著錄：「《通俗文》一卷，服虔撰。」《舊唐書・經籍志》及《新唐書・藝文志》均著錄有李虔著之《續通俗文》二卷。㊲骨鏃曰骲　以骨製成之箭頭稱骲。鏃，箭頭。以骲為箭則稱骲箭。《資治通鑑・宋順帝昇明元年》：「帝乃更以骲箭射，正中其齊（臍）。」㊳鐵鏃曰鏑　以鐵製成之箭鏃稱鏑。箭鏃始為骨製，後銅製，至秦而有少量鐵鏃出現，東漢後，鐵鏃取代銅鏃。漢鐵鏃多呈四棱形，尖鋒；宋以後形制漸多，有平頭、月牙、菱葉頭、鑿子頭、狼舌、三叉等。㊴鳴箭曰骹　骹同「髐」，響箭。《集韻・爻韻》：「髐，鳴鏑也，或作骹。」其鏃鋌部通為骨製，並有小孔，故能作響。內蒙古自治區昭烏達盟出土之遼代鳴鏑長十點八釐米，鏃端鐵製，鋌部骨製葫蘆形，有三小孔。《史記・匈奴列傳》：「冒頓乃作為鳴鏑，習勒其騎射。」㊵靃葉曰鈚　《說文解字》：「靃，尗之少也。」即始生之豆葉。此處靃葉似當即「霍繹」。霍繹，飛速貌。張衡〈西京賦〉：「鳥畢駭，獸咸作，草伏木棲，寓居穴託，起後集此，霍繹紛泊。」薛綜注：「霍繹紛泊，飛走之貌。」鈚，同「錍」。箭桿長而箭鏃較薄而闊的一種箭。杜甫〈戲呈元二十一曹長〉詩：「長鈚逐狡兔，突羽當明月。」可能因其射擊突速，故又稱靃葉。㊶笴　箭桿。《考工記》總序：「燕之角，荊之幹，妢胡之笴，吳粵之金錫，此材之美者也。」妢胡之笴，意謂產於妢胡之箭桿最優良。妢胡，鄭玄注：「胡子之國，在楚旁。」約在今安徽省阜陽縣西北。㊷兵箭剛鏃而長　指作戰用的箭，須加長其鏃之長度和硬度，以利其穿甲。《晉書・劉曜載記》：「劉曜武力過人。鐵厚一寸，射而洞子。」又〈赫連勃勃載記〉稱：「赫連勃勃以阿利性尤造五兵之器，精銳又甚，射甲不入，即斬弓人。」

【語　譯】關於弓的規制有四種：一是長弓，二是角弓，三是稍弓，四是格弓。《釋名》說：「弓，就是穹，張開弓就像穹隆那樣。弓的末端稱作『彇』（簫），意思就是『肅邪』（簫邪）。弓的末端又可以稱為『弭』，是用象骨做的。中間挺臂的地方稱作『弣』，用來握手挺臂。」現今步兵使用的長弓，是用桑柘木製作的，騎兵使用的角弓，則以筋角為製作材料。稍弓屬於短弓，適宜於近距離射擊；格弓是用綵錦裝飾的弓，是儀仗隊用的。關於弩的規制有七種：一是擘張弩，二是角弓弩，三是木單弩，四是大木單弩，五是竹竿弩，六是大竹竿弩，七是伏遠弩。《釋名》說：「弩，即是『怒』，像發怒時那種勢態。它的柄叫『臂』，就像人的手臂。鉤絃的叫作『牙』，像牙齒。牙的外廓叫作『郭』，是裝牙的匣子。這一切合在一起叫作『機』，意思是像機關一樣巧妙。也可說是像門戶的樞機，開和關都可以節制。」蔡邕說：「冀州的強弩，幽州的突騎，都是天下最精良的。」在《漢書．藝文志》著錄有《遠望連弩射法（具）》十五篇。華嶠在《後漢書》中說：「陳敬（愍）、王寵善於用弩射箭，那奧秘的方法據說是像天覆地載那樣交錯連射令人稱奇；又有三微、三小，三微作為經，三小作為緯，是戰無不勝的訣竅。不過最要緊的還在機牙，射出去的箭，可以達到十發十中，而且都射中同一個孔穴。」《魏氏春秋》記載：「諸葛亮曾改進連射弩機，稱之為『元戎』。它是用鐵為箭，箭長八寸，一架弩機一次可以十支箭一齊發。」《周禮》規定：「司空（矢）掌握六弓、四弩（的法式）。」如今的擘張弩、小弩，為步兵所使用；角弓弩為騎兵所使用；木單、竹竿、伏遠等弩，都屬於強弩，發射力更大，射程亦更遠。關於箭的規制有四種：一是竹箭，二是木箭，三是兵箭，四是弩箭。《周禮》規定：「司弓矢掌理八矢的法式。八矢是：枉矢、絜矢，適宜於帶著火球射擊，可以應用於守城和車戰；殺矢、鍭矢，可應用於近射和田獵；矰矢、茀矢，可用來弋射，也就是箭末繫上絲線，射天空的飛鳥；恒矢、庳矢，可用作各種散射，也就是用於射禮和習射。」《方言》中說：「關於箭，潼關以東的地區稱為矢，江淮之間稱為鏃，潼關以西稱為箭。」《釋名》中說：「箭的本稱為『鏑』，箭的體稱為『幹』，它的兩旁稱『羽』，它的末端稱『括』（栝），括（栝）的旁邊叫作『叉』（叉）。」又，《通俗文》說：「用骨製成的箭頭稱骲，用鐵製成的箭頭稱鏑；會發出聲響的箭名為骹，射擊飛速的箭叫作鈚，這些都是古已有之的規制。」竹箭一般以竹為箭桿，稱作『笴』，各種箭都可以通用；木箭是以木為笴，只是利於射獵；兵箭用鋼鏃，剛而長，用於射穿鎧甲；弩箭用皮作羽而箭身較短，用於攻陷堅硬的城壘。

【說　明】本章所述弓、弩、箭，屬拋射型兵器，在冷兵器時代，它們都成為軍隊的主要裝備。弓、弩、箭的使用，在我國有著悠久的歷史，春秋戰國時便已有一套比較完整的從選材、配料到製作的工藝程序，品類及其用途，亦都已有了嚴格的規制。如《周禮》中司弓矢所掌理的六弓、四弩、八矢的法式，以及《考工記》中矢人、弓人關於弓矢製作的取材和規程都已達到相當高的技術水平。秦漢以後，又有了進一步的發展。漢代的弓有虎賁弓、雕弓、角瑞弓、路弓、彊弓等多種，其中有的鑲有銅飾或玉飾，造型較先秦時更為精緻美觀。晉代和南北朝在弓力上有所增大，如《梁書》載：「羊侃膂力絕人，所用至十二石，馬上用六石弓。」弓的優點是輕巧靈便，能在較遠距離射擊敵人；但射箭時必須以一臂托弓，一臂用力拉弦，射出的箭就較難命中目標，弩機便是針對這一缺點而發明的。《周禮》中司弓矢所掌的四弩，即戰國時通行的夾弩、庾弩、唐弩和大弩。其中夾弩、庾弩較輕便，用於攻守城壘；唐弩、大弩是強弩，射程遠，但發射速度慢，適用於車戰、野戰，特別是伏擊戰。如《史記·孫子吳起列傳》所載齊魏二國的馬陵之戰，齊軍在馬陵（今河南省范縣西南）兩側，埋伏了一萬多名弩手，魏軍經過時，萬弩齊發，大敗魏軍。韓國以能製作強弓勁弩著稱當時，名弩有谿子、少府、時力、距來等，射程都能達到六百步。《荀子·議兵篇》提到魏國的武卒有十二石之弩。漢代常用的弩有擘張弩和蹶張弩兩種，前者用臂拉開，後者用腳踏開。漢文帝時，李廣在與匈奴作戰中曾使用過弩機。東漢虞詡與羌人作戰時，以埋伏強弩獲得了大勝。三國時，本章原注提到諸葛亮改良了連射弩，稱之為「元戎」，能連射十箭。晉代弩力進一步加大，如東晉安帝時，劉裕有強弩，號稱「萬鈞神弩」。本章所列唐代的木單弩、大木單弩，實際上是用絞車來拉弓，因此其弓可以長達十二尺。弩的優點是比弓射得遠，且命中率高，但沒有弓輕便，一次連發完後間歇的時間又較長。弓、弩長短相輔，同是冷兵器時代軍隊中主要的射擊武器。關於箭，《周禮》中所謂的八矢，四種是弓使用的，四種是弩使用的。箭鏃有骨製、銅製、鐵製之分。古人在長期實踐中，注意到了箭的重心所在直接影響到箭的飛行狀況，因而對不同功用的箭規定了不同的重心點。《考工記·矢人》稱：「鍭矢，參（三）分；茀矢，參分一在前，二在後；兵矢、田矢，五分二在前，三在後；殺矢，七分三在前，四在後。」這說明那時人們已能基本掌握箭在飛行中的重力學作用。到東漢時，耿恭發明了用毒藥敷於箭鏃，增大了箭的殺傷效能。在晉代，箭鏃已大都用鋼製成，提高了穿甲的力度。唐代箭鏃的長度已達七寸。《太平御覽・兵部八十》引《唐書》曰：「太宗討劉黑闥，闥常於肥鄉列陣，太宗親率左右擊之。有一突將勇壯絕人，直衝太宗，刃將接，太宗以天策上將大箭射之，中心洞背，應弦而斃。遂傳此箭於北突厥，見而驚歎。」能夠中心而洞背，可見箭的穿透力之強。唐代羽林軍弓弩考核的標準，據《新唐書・兵志》稱：「凡伏遠弩自能施張，縱矢三百步，四發而二中；擘張弩二百三十步，四發而二中；角弓弩二百步，四發而三中；單弓弩百六十步，四發而二中；皆為及第。諸軍皆近營為棚，士有練習者，教試之，及第者有賞。」

六

刀之制有四：一曰儀刀，二曰鄣刀，三曰橫刀，四曰陌刀。《釋名》❶曰：「刀末曰『鋒』❷，其本曰『環』❸。」今儀刀蓋古班劍之類❹，宋、晉❺已來謂之御刀，後魏曰長刀，皆施龍鳳環；至隋謂之儀刀，裝以金銀❻，羽儀所執。鄣刀蓋用鄣身以御敵❼。橫刀，佩刀也，兵士所佩，名亦起於隋。陌刀，長刀也❽，步兵所持，蓋古之斷馬劍❾。槍❿之制有四：一曰漆槍，二曰木槍，三曰白幹槍，四曰撲頭槍。《釋名》曰：「矛，冒⓫也，刃下冒矜⓬也。丈八尺曰『矟』，馬上所執⓭。」蓋今之漆槍短，騎兵用之⓮；木槍長，步兵用之；白幹槍，羽林⓯所執；撲頭槍，金吾⓰所執也。甲之制十有三：一曰明光甲，二曰光要甲，三曰細鱗甲，四曰山文甲，五曰烏鎚甲，六曰白布甲，七曰皂絹甲，八曰布背甲，九曰步兵甲，十曰皮甲，十有一曰木甲，十有二曰鎖子甲，十有三曰馬甲。甲，似物之孚甲以自衛也⓱。

《史記》⑱曰：「楚人鮫革⑲以為甲。」《漢書》⑳曰：「魏氏武卒衣三屬之甲㉑。」謂上身一，髀褌一，兜鍪一，凡三屬也㉒。今明光、光要、細鱗、山文、烏錘、鎖子，皆鐵甲也，皮甲以犀、兕為之㉓，其餘皆因所用物名焉。彭排之制有六：一曰膝排，二曰團排，三曰漆排，四曰木排，五曰聯木排，六曰皮排。《釋名》曰：「彭，旁也，在旁排敵禦寇也㉔。」《纂文》㉕曰：「鹵，大楯也㉖，今謂之彭排。故諸葛亮曰：『帳下持彭排百枚㉗。』其膝、團、漆、木、皮，皆古制也，蓋亦因其所用物為名焉。」

【章旨】敘述武庫今所掌藏兵器中刀、槍與甲、彭排之規制。

【注釋】❶釋名　書名。漢劉熙撰，八卷。熙字成國，北海（今山東濰坊地區）人。其書二十篇，以同聲相諧，推論稱名辨物之意，所釋器物，亦可因以推求古人制度之遺。❷刀末曰鋒　《釋名·釋兵》自釋：「言若鋒刺之毒利也。」❸其本曰環　本指刀把手處，有環，形似環而稱。❹今儀刀蓋古班劍之類　儀刀，皇家禁軍作儀仗用之刀器。班劍，古代寶劍名。❺宋晉　二字互倒。近衛校正德本曰：「恐當作『晉、宋』。」❻裝以金銀　「裝」下當有「飾」字。指刀把及環上有以金銀製裝飾物。《資治通鑑·唐紀三十一》胡三省注引《唐六典》此句為「裝飾以金銀」。❼鄣刀蓋用鄣身以御敵　「用」下當有「以」字。同上胡三省注引《唐六典》此句作「鄣刀，蓋用以鄣身，以禦敵」。❽陌刀長刀也　陌刀柄長而兩面有刃，刃首呈尖形，全長一丈，重十五斤，為唐代常備兵器之一。《舊唐書·闞稜傳》：「闞稜善用兩刃刀，長一丈，名曰陌刀。」《新唐書·張興傳》：「安祿山反，攻饒陽，與環甲持陌刀，重十五斤。」至宋代則演化為「棹刀」。❾蓋古之斷馬劍　《資治通鑑·唐紀三十一》胡三省注引《唐六典》此句作「蓋古之斬馬劍」。《戰國策》：「韓卒之劍皆出於冥山、棠谿、墨陽、宛馮、龍泉、太阿，皆陸斷馬牛，水擊鴻雁，當敵於甲盾耳，此天下名器也。」又《漢書·朱雲傳》：「朱雲曰：『臣願賜尚方斬馬劍，斷佞臣一人，以厲其餘。』」《漢書·王莽傳》：「王莽使武賁以斬馬劍，挫董忠。」❿槍　古代一種長柄有尖頭之刺擊兵器。

其形制與矛相似，或削木為之，或裝置金屬尖頭；有一端尖者，亦有兩端尖者。東漢時大量使用鐵槍，但槍刃銳長，仍未脫離矛之原形。至晉代槍頭改為短而尖，比矛輕便而鋒利，故此後槍興而矛衰。唐以後，槍成為軍隊士兵使用主要兵器。⑪冒　《釋名．釋兵》原文為「冒」。下一「冒」字亦同。冒，冒犯；衝擊。⑫冒矜　指矛之木柄。矜同「穫」。⑬丈八尺曰矟馬上所執　《釋名．釋兵》原文作：「矛長丈八尺曰矟，馬上所持。言其矟，矟便殺也。「丈」上有一「長」字，「執」則作「持」。《舊唐書．尉遲敬德傳》：「元吉執矟躍馬，志在刺之，敬德俄頃，三奪其矟。」⑭蓋今之漆槍短騎兵用之　近衛校明本稱：「『今之』下疑當有『槍也』二字。」當如所校。補上後，即於「也」字下句斷。「漆槍短，騎兵用之」，則為下一句。⑮羽林　宮廷禁衛軍名。取其為國羽翼，其盛如林之意。漢代屬光祿勳，唐代於武則天垂拱元年（西元六八五年）置左右羽林軍，領羽林郎六千人，至天授二年（西元六九一年）改為左右羽林衛。中宗神龍元年（西元七〇五年）又改名為羽林軍。⑯金吾　京城警衛軍名。秦置中尉，漢武帝時改名為執金吾。掌宮廷外、京城內治安，督捕盜賊。唐設左、右金吾衛，掌京城晝夜巡警之法。配屬於金吾衛的部隊有翊衛、翊府、同軌、寶圖等五十府彍騎。⑰甲似物之孚甲以自衛也　近衛校正德本以為此句上疑脫「《釋名》曰」三字。當是。甲，《廣雅．釋器》：「甲，鎧也。」王念孫疏證：「今古用物不同，其名亦異，古用皮謂之甲，今用金謂之鎧。」孚甲，植物種子之外皮或殼。《禮記．月令》：「其日甲乙。」鄭玄注：「時萬物皆解孚甲，自抽軋而出，因以為日名焉。」又，此句中「自衛」，《釋名．釋兵》原文作「自禦」。⑱史記　原名《太史公書》，西漢司馬遷撰。一百三十篇，為我國第一部紀傳體通史。⑲鮫革　鮫為鯊魚。鮫革是以鯊之皮製為革，以造甲，稱鮫函。⑳漢書　東漢班固撰，一百篇，分一百二十卷，為我國第一部紀傳體斷代史。㉑魏氏武卒衣三屬之甲　語始見於《荀子．議兵篇》，原文為：「魏氏之武卒，以度取之，衣三屬之甲。」戰國時，魏國的士兵稱武卒，由民戶中挑選以充，入選者可免除徭役，給予田宅；條件是：「衣三屬之甲，操十二石弩，負服矢五十個，置戈其上，贏三日之糧，日中而趨百里。」㉒謂上身一髀褌一兜鍪一凡三屬也　此句原係《漢書》如淳之注文，解釋何為「三屬之甲」。漢代鎧甲由三個部份組成。穿於身有二，即上身和髀褌；髀褌是圍在腰以下的甲。這兩部份古代稱上旅和下旅。《考工記．函人》：「權其上旅，與其下旅，而重若一。以其長為之圍。」鄭玄注引鄭司農云：「上旅謂要（腰）以上，下旅謂要以下。」第三部份是兜鍪，即戴於頭的鋼盔，或稱鞮鍪、首鎧。㉓皮甲以犀兕為之　古代製甲每紮以多片皮革連綴而成：犀甲用犀牛皮七片，兕甲即雌性犀牛皮用六片，二者混合稱合甲用五片。所以如此製作，為使其堅固。《考工記．函人》：「函人為甲，犀甲七屬（片），兕甲六屬，合甲五屬。犀甲壽百年，兕甲壽二百年，合甲壽三百年。」㉔彭旁也在旁排敵禦寇也　彭可通旁。《易．大有》「匪其彭」孔穎達疏：「彭，旁也。」故彭排亦稱旁排、旁牌，即防護盾牌。《急就篇》卷三「矛鋋鑲盾刀刃鉤」顏師古注：「盾，一名瞂，亦謂之干，即今旁排也。」又，《釋名・釋兵》原文，句中「寇」字作「攻」。㉕纂文　書名。《舊唐書・經籍上》著錄：「《纂文》三卷，何承天撰。」㉖鹵大楯也　鹵，通「櫓」。大盾。《史記・秦始皇本紀》：「伏尸百萬，流血漂鹵。」《玉篇》：「盾，干櫓之屬。」三代即已有盾。為古代軍隊重要裝備，多由皮革、木材或籐條製作，有步盾、子盾等多種。孫詒讓《周禮正義》：「狹而長者曰步盾，步兵可持，與刀相配者也。狹而短者曰子盾，車上所持者也。子，小稱也。以犀皮作之曰犀盾，以木作之曰木盾，皆因其所用為名也。」開始稱騎兵所用之盾為旁排，後來旁排或彭排成為盾之通稱。㉗諸葛亮曰帳下持彭排百枚　《太平御覽・兵部八八・彭排》：「諸葛亮軍令曰：『帳下及右陣各持彭排。』」

【語譯】關於刀的規制有四種：一是儀刀，二是鄣刀，三是橫刀，四是陌刀。《釋名》中說：「刀的末端稱『鋒』，它的基部稱『環』。」現今使用的儀刀，就是古代班劍一類兵器，宋、晉（晉、宋）以來稱為御刀，北魏時期叫長刀，刀背上都掛有龍鳳環；到了隋朝，稱為儀刀，在刀具上裝金飾銀，成了羽儀的執仗。鄣刀是用來防身禦敵的。橫刀，就是佩刀，為兵士日常所佩，這個名稱亦起自隋朝。陌刀，是長柄刀，為步兵所用，原是古代的斷（斬）馬劍。關於槍的規制有四種：一是漆槍，二是木槍，三是白幹槍，四是樸頭槍。《釋名》解釋說：「矛，就是冒犯的意思。刃以下稱冐（冒）矜，也就是木杆，長度是一丈八尺，稱之為『矟』，是騎兵在馬上持用。」現今的漆槍比較短，為騎兵所用；木槍比較長，為步兵所用。白幹槍，那是羽林軍執掌的；樸頭槍，則為左、右金吾衛士兵所使用。關於甲的規制共有十三種：一是明光甲，二是光要甲，三是細鱗甲，四是山文甲，五是烏鎚甲，六是白布甲，七是皂絹甲，八是布背甲，九是步兵甲，十是皮甲，十一是木甲，十二是鎖子甲，十三是馬甲。《釋名》解釋說：「甲，猶如動植物外表的皮殼，是用來自衛的。」《史記》中說：「楚人用鯊魚的皮革來製作甲。」《漢書》記載說：「魏國的武卒，都穿上由三件組成的鎧甲。」這是說上身一件，髀褌一件，兜鍪一件，共三件。當今的明光甲、光要甲、細鱗甲、山文甲、烏鎚甲、鎖子甲，都是用鐵製作的甲；而皮甲則是用犀牛皮製作的，雄的稱犀，雌的稱兕。其餘的甲的名稱，都是依照所用以製作的材料來取名的。關於彭排的規制有六種：一是膝排，二是團排，三是漆排，四是木排，五是聯木排，六是皮排。《釋名》解釋說：「彭，就是旁的意思，指在一旁排除和抵禦敵人的進攻。」《纂文》中說：「鹵，就是大楯，現在稱之為彭排。當年諸葛亮就曾命令說：『帳下準備好彭排一百張。』至於滕排、團排、木排、皮排，這些名稱都是古代就有，那也是根據所用以製作的材料來取名的。」

【說　明】關於刀　《說文解字》：「刀，兵也，象形。」「刀」是個象形字，可從字形大體看出最初的刀形。最早的刀為石刀、骨刀，一般認為至夏代已有銅刀。一九七五年在甘肅東鄉村馬家窯遺址和永登連城蔣家坪馬廠文化遺址，分別出土的銅刀，尚未脫離石刀的形式，據測定距今已有四千多年。從殷墟出土的商代銅刀，形制大致有三種，即直脊、彎脊和直脊而首部上彎的。《周禮》所列「五兵」中沒有刀，周人可能更喜歡佩劍，所以刀的形制未得到發展。春秋戰國時，已有將刀作為殺敵兵器的記載，如《春秋穀梁傳·僖公元年》有「孟勞，魯之寶刀」。與周時相反，漢人喜歡佩刀而不復佩劍，故刀製作的形式更加多樣，鑲飾華美，且多以鋼鐵製造，質地精良。西漢之刀，柄短而刃長，適用於砍劈，刀脊厚實，刃口鋒利；刀柄首端有扁圓的環形，因名環柄刀或環首刀。東漢時出現百煉大刀，一九七四年山東蒼山縣出土的一把東漢永初六年（西元一一二年）造的鋼刀，上有錯金銘文「卅湅（即煉）大刀」字樣，經測定是由含碳百分之零點六至七的炒鋼反復疊折鍛打而成。曹植在〈寶刀賦〉中說能「陸斬犀革，水斷龍舟」，可見東漢末期這種鍛造技術已很普徧。關於造刀的技術史著上多有記載，刀的名稱與種類亦越來越多，本章中提到有儀刀、鄣刀、橫刀、陌刀，亦只是就其大類及其不同用途略作例舉而已。宋代以後，長刀成為常備的兵器，《武經總要》所記有屈刀、偃月刀、眉尖刀、鳳嘴刀、筆刀、戟刀等七種形制。作為兵器，刀的沿用，直至清代。

關於槍　槍是古代一種長柄有尖頭的刺殺兵器。《通俗文》以為「剡木傷盜曰槍」，那就凡是將竹、木削成尖頭用來刺殺敵人的都可以稱為槍。但金屬製槍則是由矛演化而來。矛是一種更古老的兵器。遠古時代，人們將獸骨或尖形石鏃綁縛於木杆或竹竿前端，用以獵捕陸上野獸水中魚鱉，那便是矛的雛形。銅矛的矛鋒圓鈍，擊刺時得靠力重才能洞穿敵人甲冑而達到殺傷的目的，所以矛頭須長而重，其柄亦較長。如因《三國演義》中張飛曾經使用而著聞於世的漢魏時期的「丈八矛」，折合今制約有四點一五米。自鋼製的矛頭出現後，矛鋒尖利，矛頭長度便逐漸縮短，重量亦漸次減輕，這就意味著矛已開始向槍演變。東漢時已大量使用槍。只是當時槍刃仍較長，還沒有完全脫離矛的形制。

到了晉代，槍頭改進為短而尖利的形式，矛和槍才有了比較明顯的區分。但在稱謂上，宥於習慣，有時人們仍含混地將槍稱為矛，如本章原注以矛注槍便是一例。又如漆槍實際就是騎兵使用的短矟。不過無論如何，槍在唐代戰場上已是經常使用的兵器。如秦叔寶便以使槍著名。《舊唐書》本傳稱：「叔寶每從太宗征伐，敵中驍將銳卒，炫耀人馬，出入來去者，太宗頗怒之，輒命叔寶往取。叔寶應命，躍馬負槍而進，必刺之萬眾之中，人馬辟易，太宗以是益重之，叔寶亦以此頗自矜尚。」但在篇末「史臣曰」則稱「叔寶善用馬矟」，這又是在稱謂上，唐人未將矛、矟、槍明顯區分的一例。唐代矟的使用亦相當普徧，且有不少高手。如羅藝，字子延，以善射，且能弄矟著名。李世民的兄弟齊王元吉亦頗善使矟，而尉遲敬德則又有避矟的絕招。《舊唐書》本傳稱：「敬德善解避矟，每單騎入陣，賊矟攢刺，終不能傷，又能奪取賊矟，還以刺之。是日，出入重圍，往返無礙。齊王元吉以善馬矟，聞而輕之，欲親自試，命去矟刃以竿相刺。敬德曰：『縱使加刃，終不能傷，請勿除之，敬德矟謹當卻刃。』元吉竟不能中。太宗曰：『奪矟、避矟，何者難易？』對曰：『奪矟難。』乃命敬德奪元吉矟。元吉執矟躍馬，志在刺之，敬德俄頃三奪其矟。」

關於甲　甲是古代在戰爭中的一種衛護人體的裝備。又稱介或函，其形類似衣服。另有防護頭部的盔，亦稱冑，其形似帽。甲最早是用皮革製成的，故《周禮・考工記・函人》謂：「函人為甲，犀甲七屬，兕甲六屬，合甲五屬。」後來盔先於甲改由銅製，從地下發掘的文物可以看到，早在殷代已有銅製的頭盔，而甲在周代和春秋時期仍以皮甲為主，只有在山東省膠縣西周車馬坑內出土過一件銅胸甲。鐵製鎧甲的出現當在戰國時期。如《史記・蘇秦列傳》已有「堅甲鐵幕」的記述，《索隱》注鐵幕「謂以鐵為臂脛之衣」，就是鐵製的護臂、護脛。鐵鎧甲到了漢代，製作逐漸完善，成為代替皮甲的人體主要防護裝備。當時稱為玄甲，如《太平御覽・兵部八六・甲上》引「《東觀漢記》：『祭遵薨，賜朱輪容車，遣校尉騎士四百人，被玄甲。』」所以稱玄甲，可能是用黑色金屬製作的緣故。那時鎧甲的數量、質料已成為衡量軍隊戰鬥力的一個重要依據。如魏武軍策令曰：「袁本初鎧萬領，吾大鎧二十領；本初馬鎧三百具，吾不能有十具。見其少，遂不施也。吾遂出奇破之。」（《太平御覽・兵部八七・甲上》）後來袁紹長子袁譚分析這次所以失敗，是由於「我鎧甲不精，故前為曹操所敗」（《後漢書・袁紹傳》）。袁紹所以失敗，當然主要還不在「鎧甲不精」，這裡只是藉以說明：在當時軍事決策者心目中，鎧甲已是直接影響戰爭勝負的重要裝備。除玄甲外，漢魏時期鎧甲的規制還有很多，曹植在〈先帝賜臣鎧表〉中就提到有黑光鎧、明光鎧、兩當鎧、環鏁鎧、馬鎧等名目。所謂明光鎧，是指其前胸和後背各有一圓形似鏡的金屬護心，陽光下能反射閃光，所以軍隊操練時，會有「玄甲耀日」(《文選》)的壯觀。兩當鎧又作裲襠鎧，是由一片胸甲和一片背甲組成。鎧的製作方法亦不斷有新創造，諸葛亮有所謂袖筒鎧和鐵帽，極為堅固，以至「二十五石弩射之不能入」(見《宋書．殷孝祖傳》)。有的鎧甲是以甲外所塗金漆、花紋來取名的，如細鱗甲、山文甲便是。據稱山文甲是唐太宗遣使百濟，取來金漆塗於鐵甲，色邁兼金，又以五彩染玄金，製作而成。士兵穿上山文甲，光彩耀日。有的鎧甲則以其製作方法而得名，如鎖子甲，係唐人所創製，用鐵鏈銜接，層層密扣，綴合而成衣形的甲。較大型堅甲輕巧，穿起來柔和便利，為後世所襲用。

關於彭排　彭排即盾，用以掩蔽身體，防衛敵人兵刃矢石的殺傷，通常與刀、劍、矛等兵器配合在一起使用，這可說是進攻與防禦的對立統一。《韓非子．難一》中那個大家熟知的矛與盾的寓言故事，是專就二者對立而言的，哲學家們由此概括出一個極重要的哲學範疇，就叫作「矛盾」。盾與甲都是防衛用裝備，史籍上往往並稱。如「〔周〕亞夫子為父買工官尚方甲楯五百被，可以葬者」(《漢書．周亞夫傳》)。這裡甲楯配成了套，被，即套。也就是五百套楯和甲，作為葬具之用。盾作為古代主要防禦兵器，隨著戰爭的發展和需要，出現多種不同形制和用途的盾。據《釋名．釋兵》載錄，大而平首的稱吳魁或吳科，高而隆首的稱滇盾或羌盾；步兵所持的盾狹而長稱步盾，車戰用盾狹而短稱孑盾；盾用幾塊木板組合而成稱木絡，上面蒙有犀皮的則稱為犀盾。本章列舉的六種所以冠以彭排這個總名，那是由於盾常被排在置弩的戰車兩旁以擋敵箭的緣故，即《釋名．釋兵》所謂「在旁排敵禦攻也」。還有一種大型的盾，稱為櫓或鹵，用於城守、水戰和布營。如果以防護為功能便是盾，那麼城亦是盾，而且是最大的盾。城是盾的功能的擴大和延伸。城，特別是長城，是古人防禦技術發展到極致的產物。盾在古代亦被稱之為干，有學者因而認為盾的最初形態便是「干」，即一根分杈的木桿，用以抵禦野獸與敵人的進犯。語言學家把作為原初盾的「干」與發展到極致的盾的「城」結合起來構成一個詞便是「干城」，其意已由物推進到人，即堅強的捍衛者。詩人對著國君的武士們唱道：「赳赳武夫，公侯干城。」(《詩經．周南．兔罝》)

附圖

古代兵器圖選（除注明出處外，皆選自段清波《刀槍劍戟十八般》）

劍：

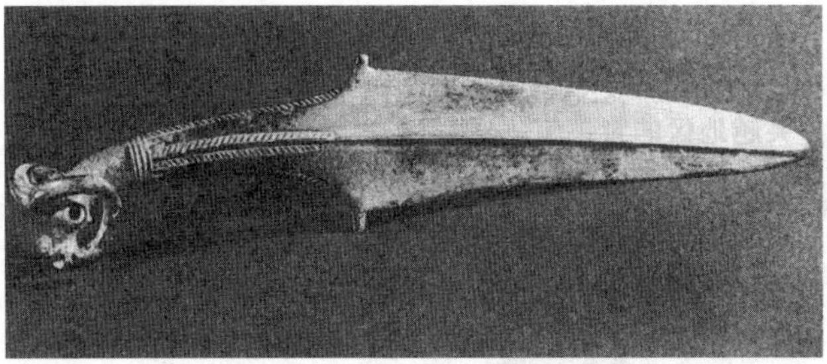

商代銅羊首劍

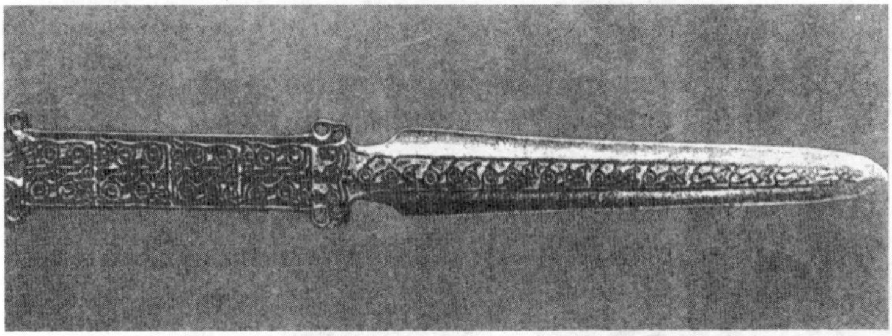

春秋銅短劍

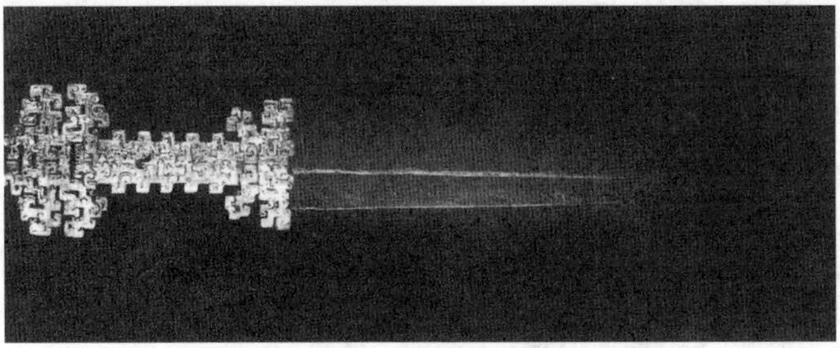

春秋金柄鐵劍

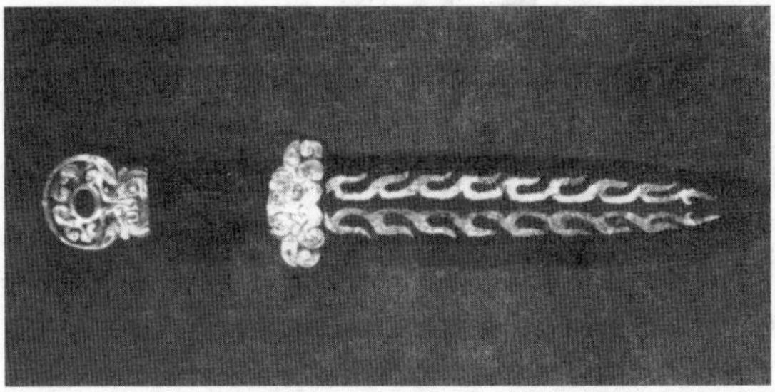

滿城漢墓鐵劍

戈：

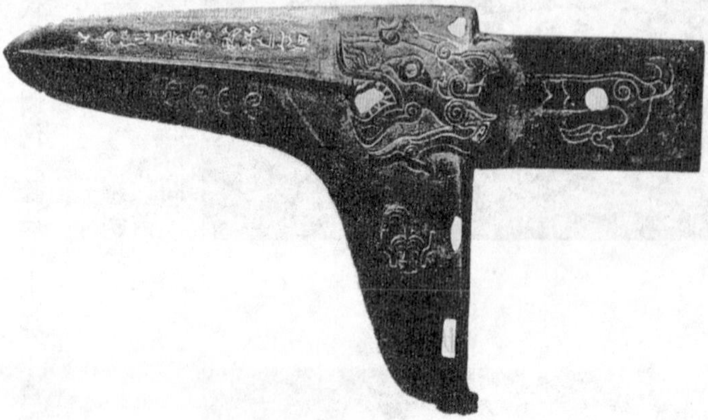

戰國銅戈

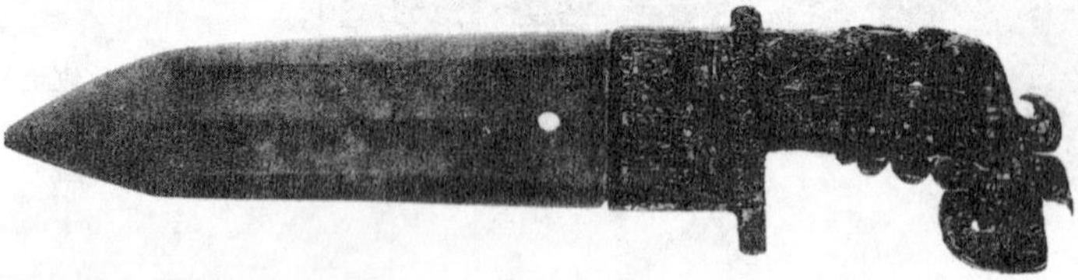

婦好墓玉
援銅戈

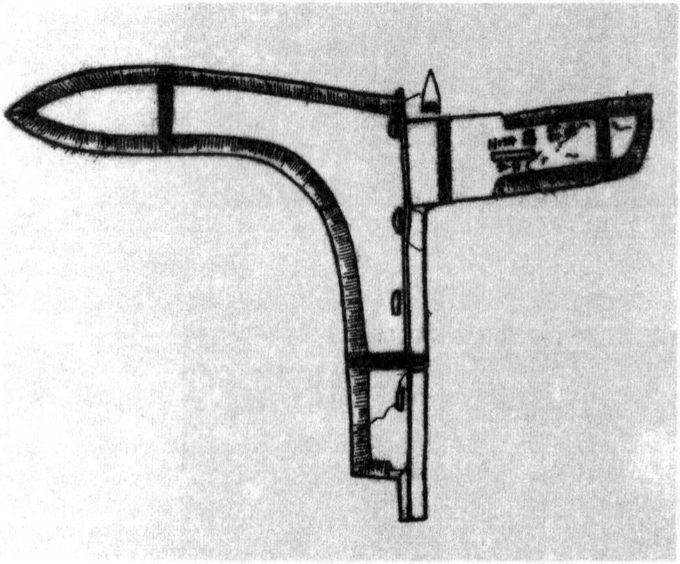

三年相邦
呂不韋戈

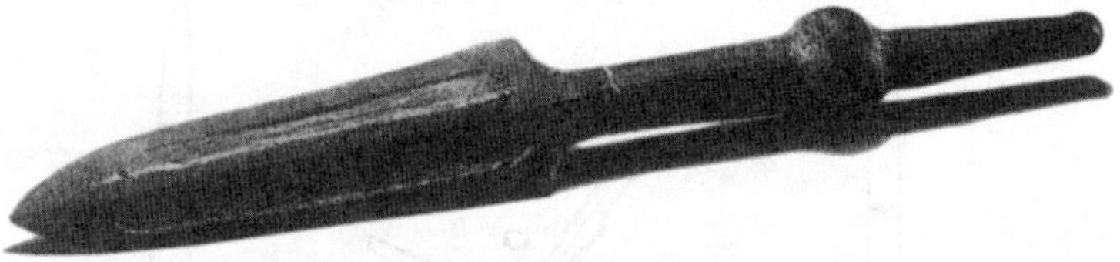

西漢鐵矛

東漢執矛戟俑

商代玉刃銅矛

戟：

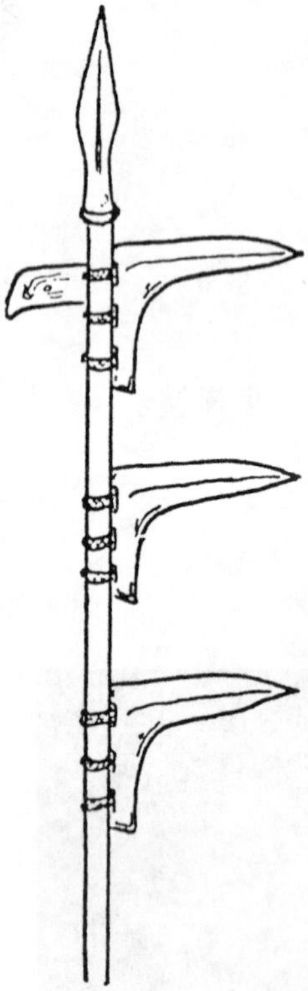

三戈戟。(湖北隨縣曾侯乙墓出土，原載《中國軍事史・兵器》)

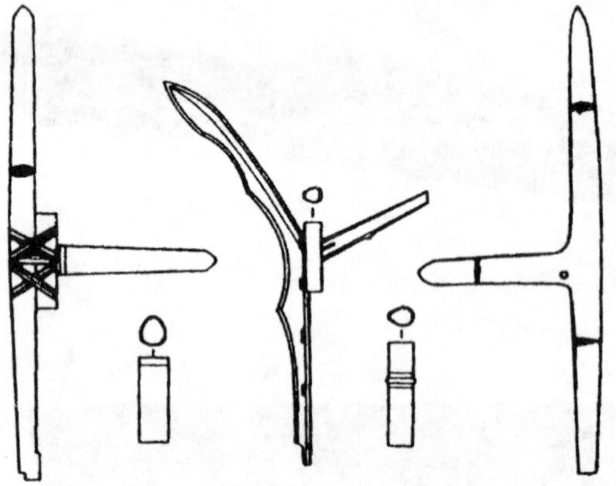

左:西漢鐵戟。中:西漢銅戟。下:三國鐵戟。(原載《古代兵器》)

漢陽陵「卜」字形鐵戟。

斧與鉞：

商代銅鉞

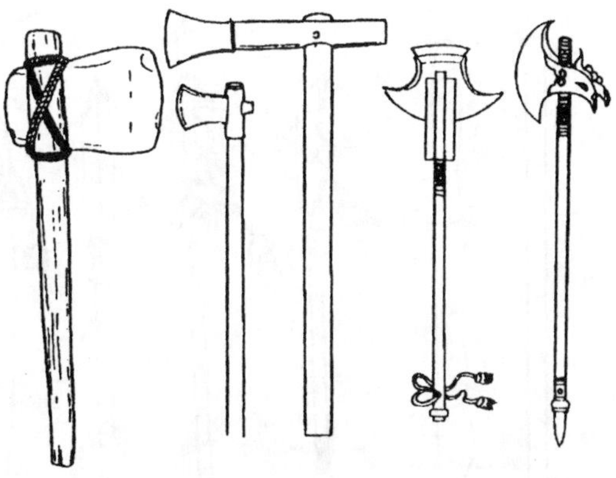

斧。由左至右:新石器時代石斧復原、商直銎式銅斧、西周管銎式銅斧、宋剉手斧、宋鳳頭斧。(原載《古代兵器》)

漢持鉞騎馬俑

商代三孔有銎鉞

刀：

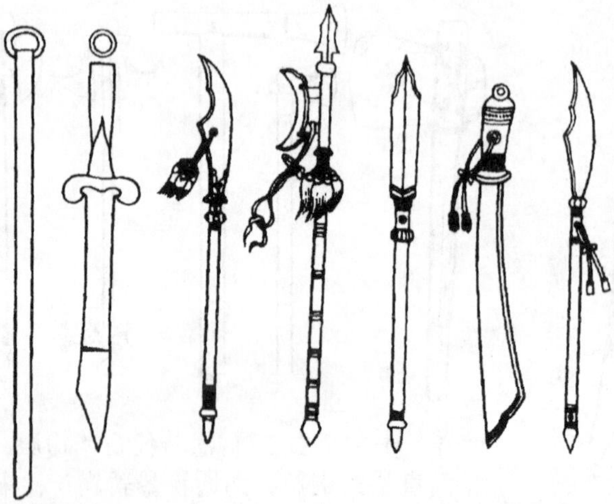

刀。由左至右：東漢鐵環首刀、東晉鐵刀、宋《武經總要》中的屈刀、戟刀、掉刀、手刀、筆刀。（原載《古代兵器》）

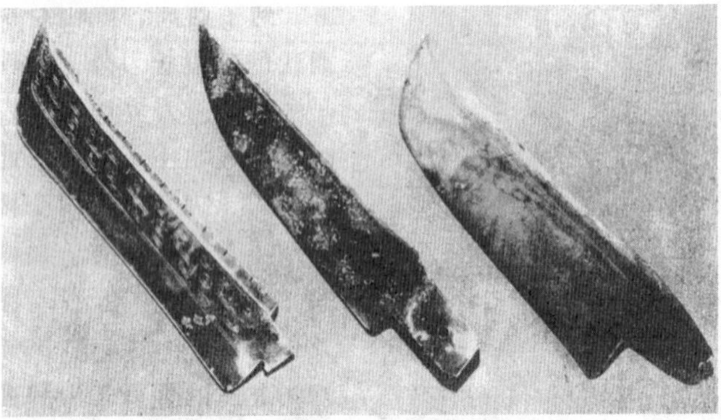

殷虛玉刀

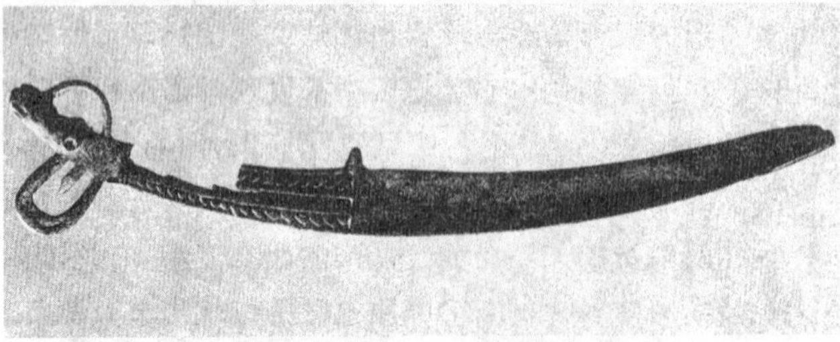

商代銅馬首刀

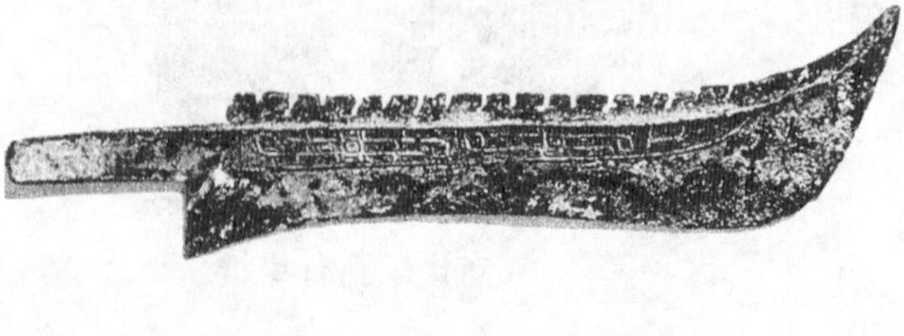

商代目雷紋銅刀

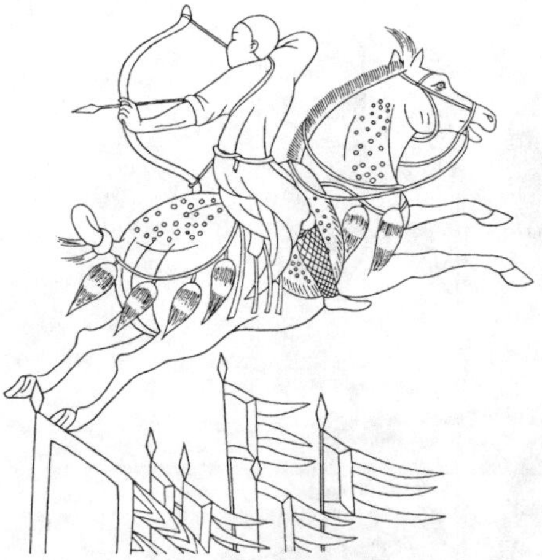

躍馬射箭。(敦煌130窟唐壁畫。原載沈從文《中國古代服飾研究》)

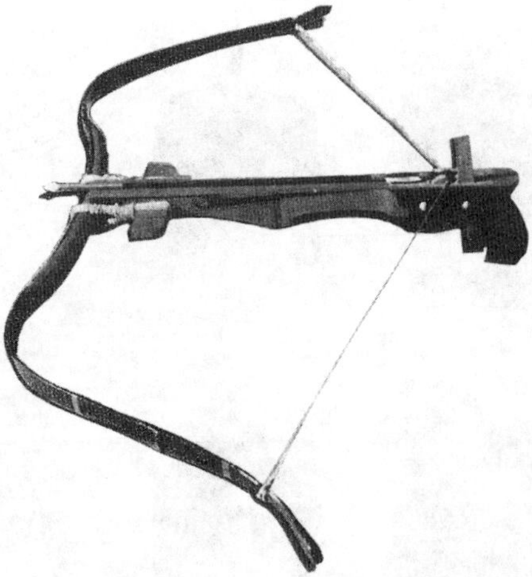

漢代木弩（復原）

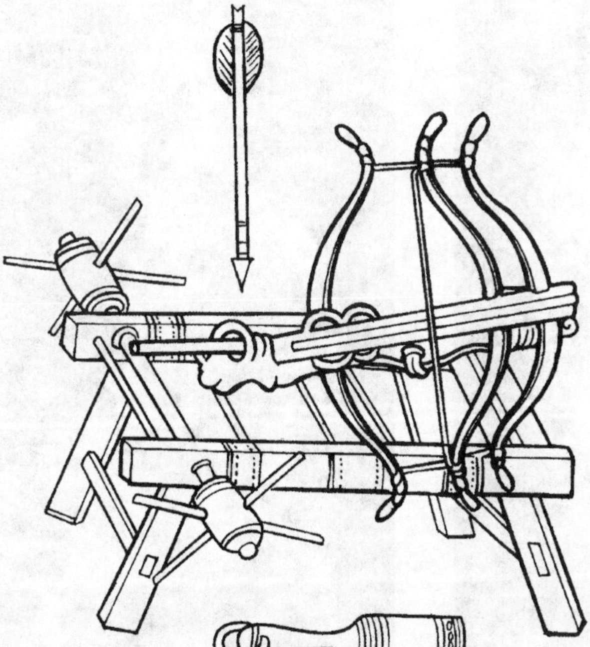

三弓床弩

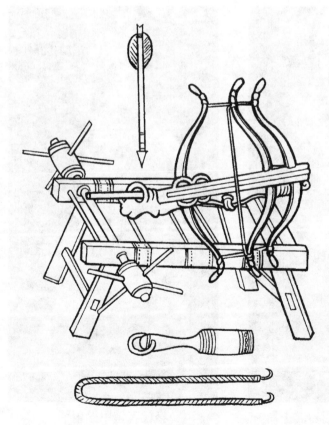

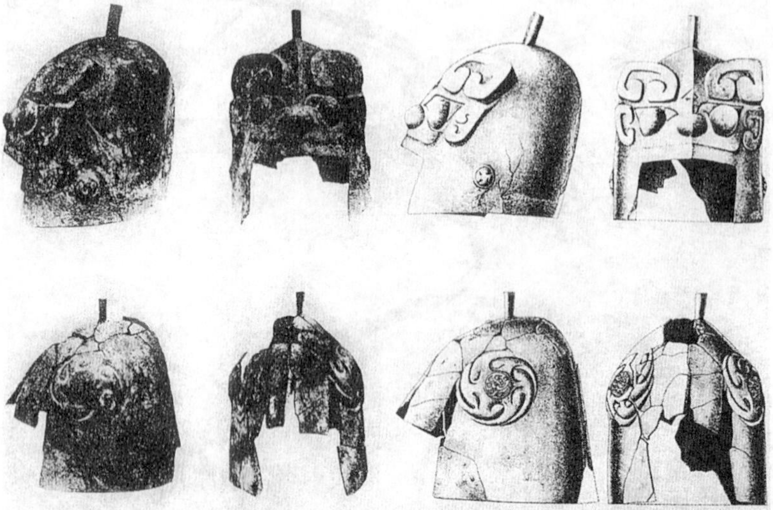

商代銅冑

唐彩繪著光明鎧武士俑

秦代著鎧甲跪射俑

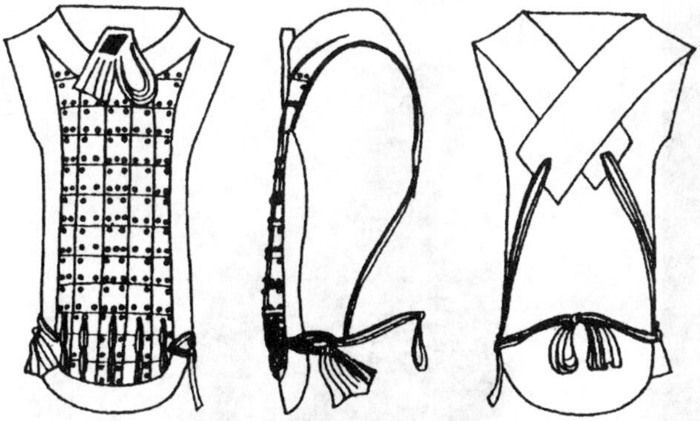

秦代武官甲復
原圖。（原載
《古代兵器》）

唐代甲士。（敦煌 130 窟壁畫。原載《中
國古代服飾研究》）

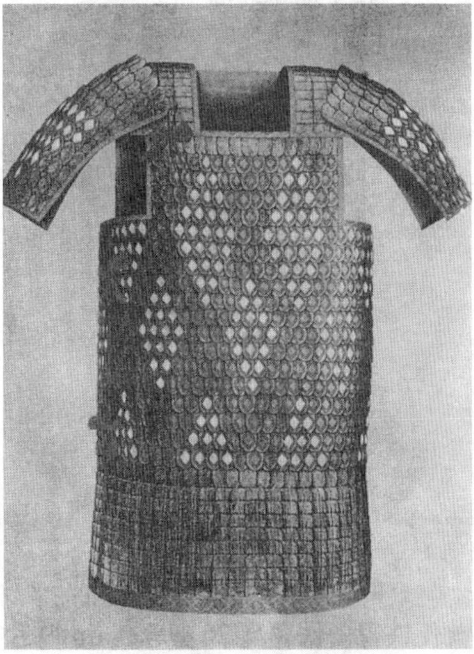

漢代鐵甲（復原）

北朝持盾武士俑

東晉執盾武士俑

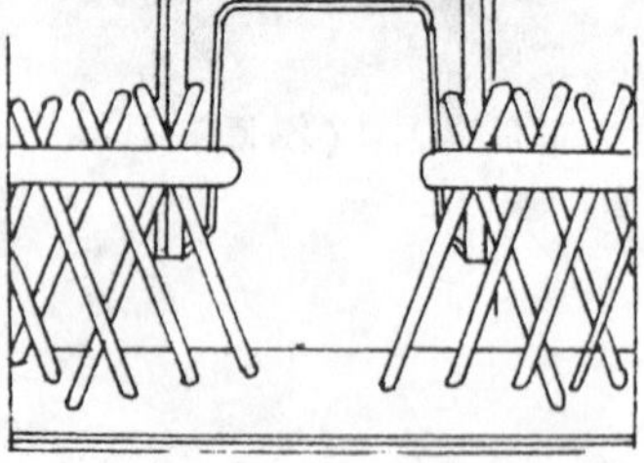

行馬。(原載《三才圖會》)

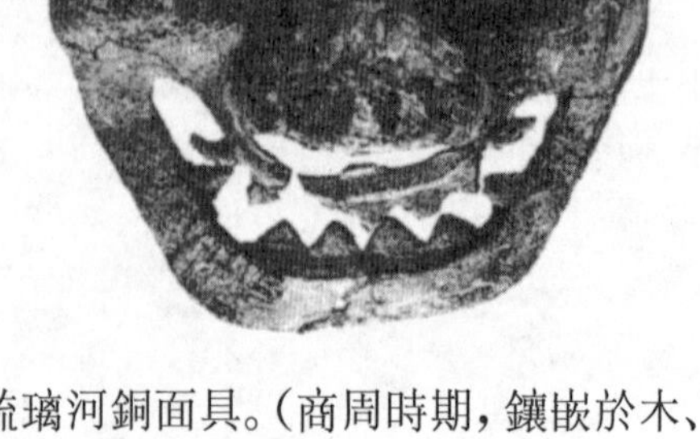

琉璃河銅面具。(商周時期，鑲嵌於木、藤或皮革製成的盾牌之首)

七

旗之制三十有二：一曰青龍旗，二曰白獸旗，三曰朱雀旗，四曰玄武旗，五曰黃龍負圖旗，六曰應龍旗，七曰龍馬旗，八曰玉馬旗，九曰鳳凰旗，十曰鸞旗，十一曰鵔鸃❶旗，十二曰太平旗，十三曰麒麟旗，十四曰飛麟旗，十五曰飛黃旗，十六曰駃騠旗，十七曰白澤旗，十八曰五牛旗，十九曰犀牛旗，二十曰金牛旗，二十一曰兕旗，二十二曰三角獸旗，二十三曰角端旗，二十四曰吉利旗，二十五曰騼䮑旗，二十六曰騶牙旗，二十七曰黃鹿旗，二十八曰白狼旗，二十九曰赤熊旗，三十曰辟邪旗，三十一曰苣文旗，三十二曰刃旗❷。《周禮》❸：「司常❹掌九旗之名物❺：日月為常❻，交龍為旂❼，通帛為旃❽，雜帛為物❾，熊虎為旗❿，鳥隼為旟⓫，龜蛇為旐⓬，全羽為旞⓭，析羽為旌⓮。」《列子》⓯曰：「黃帝⓰與炎帝⓱戰于阪泉⓲之野，以雕、鶡、鷹、鳶為旗⓳。」今白澤旗、朱雀、辟邪、玄武等旗，金吾隊所執⓴；青龍、白獸、麒麟、角端、赤熊等旗，左、右衛隊所執㉑；鳳凰、飛黃、吉利、兕旗、太平等旗，驍衛隊所執；五牛、飛麟、駃騠、鸞旗、犀牛、鵔鸃、騼䮑等旗，武衛隊所執；應龍、三角㉒、玉馬、白狼、龍馬、金牛等旗，領軍隊所執；黃龍負圖、黃鹿、騶牙、蒼鳥等旗㉓，威衛隊所執。苣文㉔旗，腳為苣文；刃旗，火爛熖㉕也。袍之制有五：一曰青袍，二曰緋袍，三曰黃袍，四曰白袍，五曰皁袍。《說文》㉖曰：「袍，襴也。以絮曰襴，以縕曰袍㉗。」今之袍皆繡畫以武豹、鷹鸇之類，以助兵威也。

【章旨】敘述有關旗與袍之規制。

【注釋】❶鵕鸃 據正德本應作「鵔鸃」。下文原注中「鵕鸃」亦同。鵔鸃，鳥名。《漢書·司馬相如傳》「射鵔鸃」句顏師古注：「鵔鸃，鷩鳥也，似山雞而小，冠背毛黃，腹下赤，項綠色，其尾毛紅赤，光彩鮮明。」按所指當為錦雞。❷刃旗 《通典·禮六十七·序例中》及《開元禮》卷二，並作「刀旗」。下文原注「刃旗」亦同。❸周禮 儒家經典之一。係搜集周王室官制及戰國時各國制度，添附以儒家政治理想，增減排比而成之彙編。❹司常 《周禮》春官大宗伯屬官。掌旌旗。設有中士二人，下士四人，府二人，史二人，胥四人，徒四十人。❺掌九旗之名物 「名物」，《周禮》原文作「物名」。指司常之職為掌管九種旗幟之名，各有類屬，用於國事。九旗，即下述引文所言：常、旂、旃、物、旗、旟、旐、旞、旌。❻日月為常 常，九旗之一。《周禮·春官·司常》：「王建大常。」《釋名·釋兵》：「九旗之名，日月為常，畫日月於其端，天子所建言，常名也。」古代的旌旗，附於桿之直幅為縿，綴於縿之橫幅為斿。常為十二斿。縿上畫日月，斿上畫交龍。縿斿皆以纁帛為之。❼交龍為旂 旂，九旗之一。旗上畫交龍，九斿。諸侯所建。《釋名·釋兵》：「交龍為旂，旂，倚也，畫作兩龍相依倚也。通以一赤色為之，無文彩，諸侯所建也。」❽通帛為旃 旃，又作旜。九旗之一。通帛，指通體皆用赤色。《釋名·釋兵》：「旃，戰也。戰戰恭己而已，三孤所建，象無事也。」《周禮·春官·司常》：「孤卿建旃。」❾雜帛為物 物，九旗之一。雜帛，指縿與斿異色。《釋名·釋兵》：「雜帛為物。以雜色綴其邊，為翅尾也。將帥之所建也。」《周禮·春官·司常》：「大夫、士建物。」❿熊虎為旗 旗，即大白，九旗之一。其縿、斿皆以白帛為之。縿畫熊虎。六斿。《釋名·釋兵》：「熊虎為旗，期也。將軍所建，象其猛如熊虎，與眾期其下也。」《周禮·春官·司常》：「師都建旗。」師指六軍將帥；都謂都家之主。⓫鳥隼為旟 旟，即大赤。九旗之一。其縿、斿皆以赤帛為之。縿畫鳥隼。七斿。《釋名·釋兵》：「鳥隼為旟。旟，譽也。軍吏所建也。急疾趨事則有稱譽也。」《周禮·春官·司常》：「州里建旟。」州里，指六卿之吏，即卿大夫、州長、黨正、族師、閭胥、比長。⓬龜蛇為旐 旐，即大麾。九旗之一。其縿、斿皆以黑帛為之。縿畫龜蛇。四斿。

《釋名・釋兵》：「龜蛇為旐兆也。龜知氣兆之吉兆，建之於後，察度事宜之形兆也。」《周禮・春官・司常》：「縣鄙建旐。」縣鄙，謂遂吏與公邑之長。⓭全羽為旞　旞，九旗之一。旗之杆首飾有五彩羽毛。《釋名・釋兵》：「全羽為旞。旞猶隤隤也，順滑貌也。」《周禮・春官・司常》：「道車載旞。」鄭玄注：「象路也，王以朝夕燕出入。」指王者平時在國內所乘象路，載大常而加全羽，故云載旞。⓮析羽為旌　旌，九旗之一。旗之杆首亦以五彩羽毛為飾。《釋名・釋兵》：「析羽為旌。旌，精也，有精光也。綏有虞氏之旌也。注旄杆首，其形爨爨然也。」《周禮・春官・司常》：「斿車載旌。」鄭玄注：「木路也，王於國外游行乘木路，建大常而加析羽。」⓯列子　書名。相傳為戰國列禦寇著。《漢書・藝文志》所著錄《列子》八篇已佚，今本《列子》八篇可能係晉人所作。下述引文出自《列子・黃帝》。⓰黃帝　傳說中中原各族祖先。少典之子，姓公孫，生於軒轅之丘，因號軒轅氏。⓱炎帝　傳說中上古姜姓部族首領。號烈山氏，一作厲山氏。原居姜水流域，後向東發展到中原地區。一說炎帝即神農氏。⓲阪泉　今河北涿鹿東南。相傳黃帝、炎帝曾激戰於阪泉，黃帝勝而炎帝敗。⓳以雕鶡鷹鳶為旗　《列子》原文為：「師熊、羆、狼、豹、貙、虎為前驅，鵰、鶡、鷹、鳶為旗幟。」熊羆等為陸地猛獸，鵰鶡等為空中猛禽。⓴今白澤旗朱雀辟邪玄武等旗金吾隊所執　此句廣雅本「澤」下無「旗」字。金吾，即執金吾。漢武帝時由秦中尉官改名置，掌京城晝夜巡警之法。又，本書第二十五卷第一篇左右金吾衛大將軍職掌條下有「凡車駕出入，則率其屬以清遊隊建白澤旗、朱雀旗以先驅，又以玄武隊建玄武旗以後殿」，缺辟邪旗之名；其長史之職掌則另有「凡大朝會行從給青龍旗、六纛、穳矟之類於衛尉」。㉑青龍白獸麒麟角端赤熊等旗左右衛隊所執　本書第二十四卷第一篇左右衛大將軍職掌條下有「麒麟旗、角端旗、赤熊旗之類，為左右廂之儀仗」。《通典・禮六十七・序例中》大駕鹵簿條有「麒麟旗、角端旗、赤熊旗，屬諸衛馬隊之左右廂二十隊」；在左右衛將軍之後，又有「左青龍旗、右白武旗各一」。白武，即是白獸旗。《新唐書・儀衛上》作「白虎旗」。唐人避高祖祖父李虎名諱，故改「虎」作「武」或「獸」。㉒三角　據正文，「三角」下應補一「獸」字。本書第二十四卷第二篇左右領軍衛大將軍職掌所列諸旗，亦作「三角獸旗」。㉓蒼烏等旗　正文所列三十二旗中，無此「蒼烏」之名，故近衛校以為「可疑」。《通典》、《玉海》所列二十四旗中則並有「蒼烏」，本書二十四卷第二篇第左右威衛大將軍職掌條所列諸旗中亦有「蒼烏」。㉔苣文　火炬形圖紋。㉕火爛旛　近衛校此句稱：「據《南齊志》當作『焰旛』。」按《南齊書・輿服志》所謂「火焰旛」，並未直指刃旗而言，且據《通典・禮六十七》，刃旗係唐新製之旗。其義難詳。抑或喻指刃旗其形若火焰燃燒爆爛之狀。語譯姑依此。㉖說文　即《說文解字》。東漢許慎撰。依據六書解釋文字，有清人段玉裁注本。㉗以絮曰襕以縕曰袍　因充填物不同而區分的兩種戰袍：以新綿絮充填者稱襕，以新綿混合舊絮充填者稱袍。縕，以新綿合舊絮。

【語　譯】關於軍旗的規制有三十二種：一是青龍旗，二是白獸旗，三是朱雀旗，四是玄武旗，五是黃龍負圖旗，六是應龍旗，七是龍馬旗，八是玉馬旗，九是鳳凰旗，十是鸞旗，十一是鵕（鵔）鸃旗，十二是太平旗，十三是麒麟旗，十四是飛麟旗，十五是飛黃旗，十六是駃騠旗，十七是白澤旗，十八是五牛旗，十九是犀牛旗，二十是金牛旗，二十一是兕旗，二十二是三角獸旗，二十三是角端旗，二十四是吉利旗，二十五是騼騆旗，二十六是騶牙旗，二十七是黃鹿旗，二十八是白狼旗，二十九是赤熊旗，三十是辟邪旗，三十一是苣文旗，三十二是刃旗。《周禮》記載：「司常掌理九旗的名數和有關制度。九旗是：畫有日月的稱常，畫有交龍的稱旂，縿斿為同一顏色的是旜，縿斿顏色不同的稱物，畫有熊虎的為旗，畫有鳥隼的是旟，畫有龜蛇的是旐，有五彩羽毛為飾的是旞，以不同顏色羽毛為飾的是旌。」《列子》中說：「黃帝與炎帝戰於阪泉的郊野，〔帥領熊、羆、狼、豹、貙、虎為前驅，〕舉著畫有鵰、鶡、鷹、鳶等圖案的旗幟。」現在左、右金吾衛騎兵隊執掌的是白澤、朱雀、辟邪和玄武等旗；左、右衛騎兵隊執掌的是青龍、白獸、麒麟、角端、赤熊等旗；左、右驍衛騎兵隊執掌的是鳳凰、飛黃、吉利、兕、太平等旗；左、右武衛騎兵隊執掌的是五牛、飛麟、駃騠、鸞、犀牛、騼騆等旗；左、右領軍騎兵隊執掌的是應龍、三角〔獸〕、玉馬、白狼、龍馬、金牛等旗；左、右威衛騎兵隊執掌的是黃龍負圖、黃鹿、騶牙、蒼烏等旗。此外新置的還有苣文旗，旗腳飾有火炬形花紋；刃（刀）旗，形狀就像燃燒的火焰。關於戰袍的規制有五種：一是青袍，二是緋袍，三是黃袍，四是白袍，五是皂袍。《說文解字》說：「袍，就是襺。用新綿絮充填的戰袍稱襺，用新綿舊絮混合充填的就稱袍。」現今兵士穿的戰袍上都繡畫有武豹和鷹鸇一類凶猛禽獸，藉以宣揚軍威。

【說　明】關於旗　本章正文所列舉三十二旗，都是諸衛馬隊的軍旗。朝會時，排列在左右兩廂，作為儀仗；皇帝出行，則作為大駕鹵簿。唐制規定清游隊以白澤旗開道，然後是屬左、右金吾衛的朱雀旗為首，接著是左、右衛的青龍、白虎二旗飄揚在兩側，隨後是諸衛二十四馬隊的二十四面軍旗，殿後則是左、右金吾衛的玄武旗。旗的名稱，其實就是旗上圖案的名稱。諸衛的軍旗不限於這三十二面，如左、右威衛馬隊所執的蒼烏旗，便是正文未列，而僅在原注中提到。據《通典．禮六十七》記載，唐時新製的軍旗除苣文旗、刀旗外，尚有雲旗，本章正文及原注均未提及。此外，唐代左、右羽林軍有自己獨特的軍旗，且其名數秘而不宣，本書自然也不便載錄，只在第二十五卷第二篇左、右羽林軍衛職掌原注中提到一句：「羽林禁兵旗幟、名數，秘莫得知，略之。」關於軍旗繪製圖案的具體規定，唐代未見有直接記載，《通志・器服略》錄有北周的一則相關材料，二者時代相近，或可約略推知，茲摘錄如下：「後周大常畫三辰，旂畫青龍，旟畫朱鳥，旌畫黃麟，旗畫白虎，旐畫玄武，皆加雲氣；其旛物在軍，亦畫其事號，加以雲氣。徽幟亦如之，旌節又畫白虎，而析羽於其上。」

關於袍　本章所記之袍有青、緋、黃、白、皂五色之分，這與陰陽五行說中的五色或五方之色是一致的。不僅戰袍，弓箭刀槍等兵器以及鎧甲亦有不同顏色，互為配套，當諸衛作為儀仗隊出現在禮儀場合時，全身裝備色彩須保持一律。諸衛各有規定的顏色，如本書第二十四卷第二篇左、右衛大將職掌：「凡大朝會卒其屬以黃質鍪、甲、鎧，黃弓箭、黃刀、黃楯、黃矟、黃麾」；其屬官胄曹參軍事職掌：「凡大朝會、行從，應諸（請）黃質甲鎧、弓箭之屬，則受之於衛尉，事畢，本而歸之，若有不應歸者，留貯於衛庫。」諸衛從衛尉領取的，除兵器與旗外，還包括袍。諸袍由少府監織造，武庫貯藏和發放。《新唐書・百官三》少府監條：「凡武庫袍襦，皆識其輕重乃藏之，冬至、元日以給衛士。」《唐會要》卷六五衛尉寺條亦載錄：「開元二十七年（西元七三九年）十一月，武庫置應諸衛行從及冬正等甲仗袍襖幡旗幕等。」唐番上宿衛的士兵估計在二萬人左右，據此武器庫貯存的戰袍至少在二萬件以上。

八

器用之制有八：一曰大角，《樂錄》❶曰：「角者，說云蚩尤氏❷率魍魎❸與黃帝❹戰于涿鹿❺，帝乃始命吹角為龍鳴以禦之。」至魏武❻北征烏丸❼，度沙漠，而軍士思歸，於是減為中鳴❽，而尤更悲矣。胡角❾者，本以應胡笳❿之聲，後漸用之。故有長鳴、中鳴、故角，凡三部。

今唯有大角，金吾主之也⑪。二曰纛，後漢有纛頭⑫，每天子行幸及大軍征伐，則建于旗上。隋煬帝⑬親征遼左，每百人置一纛，皇朝因而用之。三曰鉞斧，《石氏星經》⑭曰：「天鉞一星，在井旁⑮。」《輿服志》⑯曰：「鉞，黃帝所造⑰，塗以黃金，行則載以車⑱，可以斬戮。」《傳》⑲云：「湯⑳伐昆吾㉑，躬把大鉞。武王㉒入商國，周公㉓把大鉞，畢公㉔把小鉞，以夾王。」以鈇㉕為之。《六韜》㉖云：「武王軍中有大柯斧，刃廣八寸，重八斤，名為天鉞。」即今之大鉞也。魏、晉已來，上公親征，猶假其器㉗。四曰鐵蒺藜㉘，《漢書》㉙：鼂錯㉚上疏云「礨石、渠荅㉛」，注云「渠荅，鐵蒺藜也」㉜。至隋煬帝征遼，布鐵菱於地，亦其類也。五曰棒，太公《六韜》曰：「方扇及鐵棓㉝，重十二斤，柄長五尺，千二百枚。一名天棓。」《星占》㉞云：「天棓五星，天之杖也㉟。」六曰鉤㊱，《越絕書》㊲云：「船軍之備，必備長斧、長鉤。」長鉤者，所以鉤引敵船也。七曰鐵盂，古謂之盂，蓋今之鈇鍋也，為軍中食器也。八曰水斗。《漢書》云：「斗，所以量多少。」今軍中用斗以汲水。

【章旨】敘述諸衛軍器用之規制。

【注釋】❶樂錄　即《古今樂錄》。《隋書·經籍志》著錄有「《古今樂錄》十二卷，陳沙門僧匠撰。」《玉海》藝文類〈中興書目〉謂此書「陳僧智匠撰，起漢迄陳」。❷蚩尤氏　傳說中遠古南方九黎部族首領。《史記·五帝本紀》：「蚩尤作亂，不用帝命。於是黃帝乃徵師諸侯，與蚩尤戰於涿鹿之野，遂禽殺蚩尤。」❸魍魎　亦作罔兩、蝄蜽。傳說中之山精鬼怪。《國語·魯語下》：「木石之怪曰夔，曰蝄蜽。」張衡〈西京賦〉：「螭魅魍魎，莫能逢旃。」❹黃帝　傳說中中原各族之祖先。

少典之子，姓公孫，生於軒轅之丘，因號軒轅氏。❺涿鹿　今河北省涿鹿縣東南有涿鹿山，相傳黃帝與蚩尤氏戰於此山之野。❻魏武　指曹操。字孟德，小名阿瞞，沛國譙縣（今安徽省亳州市）人。建安二十一年（西元二一六年）封為魏王，魏文帝曹丕代漢，追尊為魏武帝。❼烏丸　又稱烏桓。本為東胡族一支，以游牧狩獵為生，為匈奴擊敗後，遷烏丸山，因以為名。建安十二年（西元二〇七年），曹操出兵敗烏丸部，斬蹋拓及各王以下，胡漢降者二十餘萬口。曹操遷其部份部落於河北代郡等地區。❽減為中鳴　中鳴，號角類樂器，與長鳴相對而言。據《通雅．樂舞》：「長鳴，今時之號通也。口圓而長如竹筩，一尺五寸，又有小柄空管，後筩中抽出吹之。其始似葭管，後以銅作。」中鳴其長度為長鳴之半。古代軍隊內有吹奏樂器的軍樂隊，又有以長鳴或中鳴為主的器樂隊。隋唐後長鳴、中鳴又列為鹵簿鼓吹樂器，唐太常寺鼓吹署中，長鳴、中鳴各有不同吹奏曲。此處指曹操軍隊中之軍樂演奏長鳴曲時，引起士兵思鄉情切，於是改奏中鳴曲。❾胡角　指以胡角為主樂器，由軍中樂隊吹奏之樂曲。陳仲夫點校本注稱：「日人林謙三《東亞樂器考》頁三五五引《唐管弦記》：『胡角即今畫角，後用之橫吹，有大橫吹部、小橫吹部。』」《通典．樂一》：「蚩尤氏帥魑魅與黃帝戰於涿鹿，帝乃命吹角為龍吟以禦之。」《通志．樂略一》則認為角之制始於胡，故稱胡角。「中國所用鼓角，蓋習胡角而為也。黃帝之說，多是謬悠。況鼓角與胡角聲類既同，故其曲亦相參用，而梅花之辭本與胡笳，今人謂角鳴，為邊聲，初由邊徼所傳也。」初以動物天然之角製成，後世演變以竹、木、皮革、銅等材料製作。漢魏時多為曲形角，唐以後則為竹筒狀。❿胡笳　古代管樂器。漢時流行於塞北西域一帶，漢時張騫出使西域後傳入中原。初以蘆葉捲而為之，後乃易之以竹木。《清會典事例．樂部》載其形制為：「以木為管，飾以樺皮，長二尺三寸九分六釐，內徑五分七釐，為三孔，兩端加角，末翹而上，口哆，加角哨吹之。」魏晉以笳笛為軍樂，隋唐則列為鹵簿吹奏樂器。笳聲悠揚蒼涼，摧人肝腸。蔡琰《悲憤》詩：「胡笳動兮邊馬鳴，孤雁歸兮聲嚶嚶。」⓫故有長鳴中鳴故角凡三部今唯有大角金吾主之也　句中「故角」據上文當是「胡角」之誤。此言唐代太常寺的鼓吹署保留有長鳴、中鳴、胡角三套吹奏曲，而在左、右執金吾衛，唯有以大角為主樂器之吹奏曲。然因大角同時又作為軍隊平時演練的號角使用，因而不僅左、右金吾衛，諸衛軍以及府兵都配有大角。如《新唐書．兵志》提到軍隊演練作戰時，便稱：「角手吹大角一通，諸校〔尉〕皆斂人騎為隊；二通，偃旗矟，解幡；三通，旗矟舉。」⓬纛頭　纛亦作翿，古時用作樂舞、殯葬、儀仗或軍中指揮的一種旗。《詩經．王風．君子陽陽》：「君子陶陶，左執翿。」毛傳：「翿，纛也。」鄭玄注：「舞者所持，為羽舞也。」此處纛頭，則猶如旄頭，置於大旗頂上，以羽毛為之裝飾物。⓭隋煬帝　隋朝皇帝楊廣。在位十四年，終年五十歲。⓮石氏星經　書名。戰國魏石申撰。原名《天文》，漢以後被尊為《石氏星經》。其著作在兩漢不斷得到補充和修訂。原書已佚，唐

《開元占經》錄有其較多片斷材料。⑮天鉞一星在井旁 天鉞星，在井口。井，指南方七宿中之井宿。井宿有八星，排列形狀似井，故有此名。井口有一星稱鉞，其在天空的位置為去極度六十九度弱，離參宿為八點五度。《隋書·天文志中》：「南方。東井八星，天之南門，黃道所經，天之亭候。主水衡事，法令所取平也。王者用法平，則井星明而端列。鉞一星，附井之前，主伺淫奢而斬之。故不欲其明。明欲井齊，則用鉞，大臣有斬者，以欲殺也。月宿井，有風雨。」古人以鉞星的亮度，來揣度君王是否要以斧鉞誅殺大臣。⑯輿服志 書名。《舊唐書·經籍志》著錄有「《輿服志》，一卷，董巴撰」；《新唐書·藝文志》著錄為「董巴，《大漢輿服志》一卷」。董巴，魏之博士。⑰鉞黃帝所造 鉞，古代一種似斧而形體較大的劈砍兵器。字本作「戉」，初為石製，後發展為青銅製，因加金旁作「鉞」。春秋戰國後，鉞多用於禮儀，以象徵帝王威儀，因而塗飾華美。黃帝所造，古籍上常把許多發明創造歸之於黃帝或其他傳說中帝王名下，無非謂其由來久遠而已。⑱行則載以車 指若皇帝出行，則將金鉞載以車而隨其後。據《晉書·輿服志》記載，在御車之後，有「金鉞車，駕三，中道。左右護駕尚書郎并令史，並騎，各一人」。《通典·禮六十七·序例中》在大駕鹵簿中亦有「黃鉞車，駕二馬，駕士十二人」。⑲傳 即《孔安國尚書傳》。東晉初年，豫章內史梅賾向朝廷獻出孔安國之《孔傳古文尚書》，分四十六卷，計五十八篇，較今文增多二十五篇。唐初孔穎達以之為底本著《尚書正義》，作為官定本頒行，宋人將其編入《十三經注疏》流傳至今。⑳湯 商朝建國君主。又稱成湯、成唐或高祖乙。建都於亳（今山東省曹縣南）。原為商族領袖，滅夏桀後建立商朝。㉑昆吾 夏之同盟部落，己姓，在今河南許昌東。以善於製造陶器和鑄造銅器著聞。相傳夏啟曾命人在昆吾鑄鼎。後為商湯所滅。西周時為許之封地。㉒武王 指周武王。姓姬名發。繼承其父周文王遺志，聯合各族軍隊，在牧野（今河南省淇縣西南）之戰中敗殷紂王，滅商後，建立西周王朝。建都於鎬（今陝西西安灃水以東）。㉓周公 周武王姬發之弟，名旦。因采邑在周（今陝西岐山北），故稱周公。曾助武王滅商紂。武王死後，成王年幼，由其攝政。㉔畢公 姓姬，名高，周文王庶子。周成王死時，曾命召公與畢公率諸侯相康王。《書經》之〈顧命〉即敘其事。因封於畢（今陝西西安咸陽北），故稱畢公。㉕鈇 即「鐵」字。㉖六韜 書名。《隋書·經籍志》著錄有「《太公六韜》五卷，梁六卷。周文王師姜尚撰」。新舊《唐書》書志亦有著錄，但未見於《漢書·藝文志》。考其文詞淺近，或係戰國以後之人依託。隋唐諸書多有徵引。孔穎達《尚書正義·泰誓》曾引「《太公六韜》云：『大柯斧重八斤，一名天鉞。』」㉗魏晉已來上公親征猶假其器 上公，周制，三公八命，出封時加一命，稱上公。《周禮·春官·典命》：「上公九命為伯，其國家宮室、車、旗、衣服禮儀皆以九為節。」漢制，太傅位在三公上，稱上公。《後漢書·百官志一》：「太傅，上公一人。」魏晉以後，以上公名義出征，假以斧鉞，以象徵其可專征伐之權。諸葛亮〈街亭自貶疏〉：

「親秉旄鉞，以屬三軍。」㉘鐵蒺蔾　蔾可通「藜」。正德及廣池諸本作「鐵蒺藜」。今通常寫成「鐵蒺藜」。下文原注「鐵蒺」亦同。鐵蒺藜，亦稱渠荅，一種軍事障礙器材。其形似蒺藜，有四個鋒銳之尖，狀若雞爪，中央有孔，以便用繩串紮，佈於敵人必經之道路，曾廣泛使用於守城和野戰。隋唐時稱作鐵菱。《衛公兵法・攻守戰具上》：「鐵菱狀如蒺莉，要道置之，以刺人馬。」㉙漢書　東漢班固撰，一百篇，分一百二十卷。我國第一部紀傳體斷代史。㉚晁錯　西漢潁川（今河南省禹縣）人。初從張恢生學申商刑名之學，復從伏生受《尚書》，以文學為太常掌故，受太子（即後來漢景帝劉啟）之寵信，號為智囊，以為太子舍人，遷博士。景帝即位，任御史大夫，獻削諸侯等。吳楚七國起兵作亂，以誅錯為名，因而被殺。《漢書・藝文志》著錄有《晁錯》三十一篇，今佚。所著政論有〈論募民遷塞下書〉、〈論貴粟疏〉等。㉛磊石渠答　句中「答」亦作「荅」。見於《漢書・晁錯傳》所錄之〈論募民遷塞下書〉。其前後文字為：「選常居者，室家田作，且以備之。以使為之高城深塹，具藺石，布渠答，復為一城其內。」意謂募民守邊，築城以居，在城上布藺石，在沼途布渠答，以作防衛。㉜注云渠答鐵蒺蔾也　注，指《漢書》所作之注。今本《漢書》注引「服虔曰：『藺石，可投人石也。』蘇林曰：『渠答，鐵蒺莉也。』」㉝方扇及鐵棓　《六韜》原文「扇」作「首」。意謂棒之首端呈方形，若捶。鐵棓即鐵棒。㉞星占　書名。《隋書・經籍志三》著錄有「《星占》二十八卷，孫僧化等撰」。新舊《唐書》書志皆著錄為三十三卷。㉟天棓五星天之杖也　天棓，恆星名。其位置在紫微垣，居北天中央，相當於現今所稱恆見圈。《史記・天官書》：「紫宮右五星曰天棓。」《晉書・天文志上》：「天棓五星，在女牀北，天子先驅也，主分爭與刑罰，藏兵亦所以禦難也。槍、棓皆以備非常也，一星不具，其國兵起。」㊱鉤即「鉤」字。下文原注中「鉤」亦同。㊲越絕書　書名。《隋書・經籍志二》著錄為「《越絕記》十六卷，子貢撰」。《舊唐書・經籍志上》則記為「《越絕書》，十六卷，子貢撰」。

【語　譯】軍事器物的規制有八種：一是大角，《樂錄》中說：「關於角，據說是蚩尤氏作亂時，曾率領魑魅魍魎這些怪物與黃帝在涿鹿大戰，黃帝於是就命令吹角，聲音像龍吼一樣，用以抵禦敵人的進攻。」魏武帝曹操北征烏丸，穿越沙漠時，士兵們聽到角聲油然升起歸鄉思緒，於是改為吹奏中鳴的樂曲，但中鳴的曲調更為悲切。關於胡角，本來只是吹奏胡笳各曲的聲調，後來漸漸為軍隊的鼓吹樂隊所應用，這才有長鳴、中鳴、故（胡）角各自的曲調，共有三部，而今只有大角的曲調以左、右金吾衛鼓吹樂隊吹奏為主，其餘都屬太常鼓吹署。二是纛，東漢設有纛頭，每逢天子外出巡行以及大軍出行征伐時，便把纛頭插在軍旗上。隋煬帝親征遼東時，每一百個人便設置一面纛旗。本朝採用了隋朝的這一做法。三是鉞斧，《石氏星經》說：「天鉞這一顆星，就在井宿的井口旁。」《輿服志》記載：「鉞，是當年黃帝所創造，在外表要塗上黃金色，天子出行時，要將斧鉞載在隨車上，表示天子隨時可以用以使用斬戮的權力。」《尚書．孔安國傳》說：「商湯征伐昆吾時，親自掌著大鉞，顯示他有至高無上的權力。周武王進入商國途中，由周公掌大鉞，畢公掌小鉞，夾侍在武王兩旁。」斧鉞現在是用鐵製作的。《六韜》中說：「周武王的軍隊中有大柄斧，鋒刃的寬度有八寸，重量有八斤，稱之為天鉞。」這就是現今所說的大鉞。魏晉以來，上公率領軍隊親征時，也還給予斧鉞，藉以顯示他在軍隊中的權威。四是鐵蒺蔾（莉），據《漢書》記載，晁錯在一篇疏文中曾提到「磊石、渠荅」這句話，注釋說：「渠荅，就是鐵蒺蔾（莉）。」到隋煬帝征遼時，曾在戰地佈置鐵菱，亦就是這一類給敵軍設置障礙的器具。五是棒，姜太公的《六韜》說：「方扇（頭）的鐵棓，重量有十二斤，柄長五尺，有一千二百枚，又被稱為天棓。」《星占》說：「天棓五星，是天的大杖。」六是鉤，《越絕書》說：「船軍的裝備，必須配備的是長斧和長鉤。」所謂長鉤，就是用來鉤引敵軍船隻的。七是鐵盂，古代稱之為盂，亦就是現今的鐵鍋，是軍隊必備的食器。八是水斗。《漢書》說：「斗，是用來計量多少的量器。」如今軍隊用斗來取水。

【說明】本章器用之制，主要是指軍中雜用器械，所列八項亦僅是例舉，實際所用自然遠不止此數，這在府兵的裝備上便可以看到。唐代府兵的編制，是以十人為火，五十人為隊，三百人為團。據《新唐書．兵志》一個火的雜物裝備包括「烏布幕、鐵馬盂、布槽、鍤、钁、鑿、碓、筐、斧、鉗、鋸皆一，甲牀二，鎌二」。一個隊的雜物裝備還需加上「火鑽一，胸馬繩一，首羈、足絆皆三」。屬於個人自備的裝備、兵器有：「人具弓一，矢三十，胡祿、橫刀、礪石、大觿、氈帽、氈裝、行縢皆一，麥飯九斗，米二斗，皆自備，并其介胄、戎具藏於庫。」唐代軍雜物品類記載最完備的當數安史之亂後不久李筌撰寫的《太白陰經》，它要超過《通典》的相關記述。《太白陰經》卷四〈軍裝篇〉稱：「驢六分（每分一千二百五十），七千五百頭，鞍轡自副。幕一萬二千五百口，竿、梁、釘、橛、鎚自副。鍋一分，一千二百五十口，乾糧十分，一人一斗二升，一軍一千五百石。麨袋十分，一萬二千五百口，韋皮縫可繞腰受一斗五升。馬盂十分，一萬二千五百口，皆堅木為之，或熟銅，受三升，冬月可以暖食。刀子、銼子、鑽子、藥袋、火石袋、鹽袋、解結錐、礪石各十分，一十一萬二千五百事。麻鞋三十分，三萬七千五百緉。攤子、驄幞、濾子各十分，三萬七千五百事。袴帑、襪額、六帶、帽子、氈帽子各十分，六萬二千五百事。氈床十分，一萬二千五百領。皮裘、皮袴各三分，七千五百領。或許為蕃兵用，柳鑵栲栳各三分，五千口，皮囊袋亦得。鍬、鎚、斧、鋸、鑿各二分，一萬二千五百事。鐮四分，五千張。切草刀二分，二千五百張。布行槽一分，一千二百五十具。大小胡瓢二分，二千五百枚。馬鞍、轡、革帶各十分，三萬七千五百具。人藥一分，三黃丸、水解散、虐痢藥、金鎗刀劍藥等五十貼。披氈、披馬氈、引馬索各十分，計三萬七千五百事。馬軍無幕，故以披氈代。插楗十分，一萬二千五百具。絆索二十分，二萬五千條。皮毛及連枝中半、中皮條三十分，三萬七千五百條，備收賊雜使用。右各隊備辦公廨軍裝，並須貴行貯備使用，勿令臨時有闕。」這大體上是一個軍即一萬二千五百人所需的雜用物品裝備，不包括兵器和馬匹。

九

凡諸道行軍，皆給鼓角：三萬人已上，給大角十四具、大鼓二十面；二萬人已上，大角八具、大鼓十四面；萬人已上，大角六具、大鼓十面；萬人已下，臨事量給。其鎮軍❶則給三分之二。凡大駕親征及大田、巡狩❷，以羝羊❸、猳豬❹、雄雞釁鼓❺；若皇太子親征及大將軍出師，則用猳豚❻。凡有赦則先建金雞❼，兼置鼓於宮城門之右，視大理及府、縣囚徒至，則撾其鼓。《關東風俗傳》❽云：「宋孝王❾嘗問先達司馬膺之❿曰後魏、北齊赦日建金雞事。膺之曰：『按《海中星占》⓫，天雞⓬星動，必當有赦。』蓋王者以雞為赦候。」按其所設，其制始於後魏，不知起自何帝也。《隋書・刑法志》⓭曰：

「北齊赦日，皆武庫令設金雞及鼓於闕門右⑭，撾鼓千聲。宣赦，釋囚徒。」隋因之。牛弘《大興記》⑮曰：「赦日建金雞，自後魏以來常然，或云起於呂后⑯，未之詳也。」

【章旨】敘述武庫為諸軍行軍配給鼓角，為皇帝等親征釁鼓，以及大赦時建金雞等方面的規定。

【注釋】❶鎮軍　指駐紮邊區諸鎮之軍隊。❷大田巡狩　為古代帝王兩項外出活動。大田，指藉四時田獵以檢閱師旅。《周禮・春官・大宗伯》：「大田之禮，簡眾也。」鄭玄注：「古者因田習兵，閱其車徒之數。」巡狩，亦作巡守。指出行巡視邦國州郡。《尚書・舜典》：「歲二月，東巡守，至于岱宗，柴。」孔安國傳：「諸侯為天子守土，故稱守。巡，行之。」《孟子・梁惠王下》：「天子適諸侯曰巡狩。巡狩者，巡所守也。」❸羝羊　公羊。《詩・大雅・生民》：「取羝以軷。」毛傳：「羝羊，牡羊也。軷，道祭也。」❹猳豬　公豬。猳，俗「豭」字。《管子・戒篇》：「東郭有狗，嘊嘊旦暮，欲齧我猳而不使也。」❺釁鼓　釁，祭名。以牲血塗於某種器物上。釁鼓，即以牲血塗於鼓上。另有釁旗、釁鐘等。《史記・高祖本紀》：「祭蚩尤於沛庭而釁鼓、旗。」《孟子・梁惠王上》：「將以釁鐘。」趙岐注：「新鑄鐘，殺牲以血塗其釁郄（隙），因以祭之，曰釁。」❻猳肫　公豬之胃。亦指豬後體股骨部份。❼有赦則先建金雞　本書第六卷第一篇刑部郎中職掌稱：「凡國有赦宥之事，先集囚徒於闕下，命衛尉樹金雞，待宣制訖，乃釋之。」❽關東風俗傳　書名。未見著錄。❾宋孝王　北齊人，生平年里不詳。❿先達司馬膺之　先達，有德行學問之前輩。唐・牟融〈贈浙西李相公〉詩：「文章政事追先達，冠蓋聲華義昔賢。」司馬膺之，字仲慶，雲中（今山西大同）人。歷中書、黃門侍郎，所與交往盡一時名流。其叔父為司馬子如，任北齊宰相。⓫海中星占　書名。《隋書・經籍志》著錄有「《海中星占》一卷」。著者不詳。⓬天雞　恆星名。屬東方七宿之箕宿。《晉書・天文志上》稱：「箕四星，亦後宮妃后之府，亦曰天津。一曰天雞，主八風，凡日月宿在箕、東壁、翼、軫者，風起。」⓭隋書刑法志　《隋書》，唐初官修五史之一。魏徵主編，參與編修者有顏師古、孔穎達、許敬宗等人。《隋書》與《梁書》、《陳書》、《北齊書》、《北周書》合稱五代史，完成於貞觀十年（西元六三六年），皆無史志。貞觀十五年（西元六四一年）下令由令狐德棻、于志寧、李淳風、韋安仁、李延壽等續修史志，至高宗顯慶元年（西元六五六年）成，共十志，三十卷，編入《隋書》，習稱其為「五代史志」。《隋書・刑法志》即五代史志之一。⓮闕門右　《隋書・刑法志》作「閶闔門外之右」。⓯牛弘大興記　牛弘，字里仁，安定鶉觚（今甘肅涇川北）人。本姓尞，其父允，任北魏侍中、工部尚書，賜姓為牛氏，隋文帝時歷任秘書監、禮部尚書等職，奉令修撰五禮，有文集十三卷。《大興記》為其所著，但未見史志著錄。⓰呂后　漢高祖劉邦之后，名雉，字娥姁。惠帝死後，臨朝稱制，秉政共十六年。又，近衛校曰：「〔后〕《談苑》作『光』。」呂光，後涼始祖。字世明，略陽（治今甘肅天水東）人。初為前秦將領，後割據涼州稱王。在位十三年，終年六十一歲，謚懿武皇帝。

【語　譯】凡是各道軍隊出行，都發給鼓角。發給的等差是：三萬人以上的，給大角十四具，大鼓二十面；二萬人以上的，給大角八具，大鼓十四面；一萬人以上的，給大角六具，大鼓十面；一萬人以下的，臨事酌量發給。至於邊鎮各軍，那就按萬人以下三分之二的標準發給。凡是大駕親征以及大田狩獵和外出巡視，都要舉行用羝羊、豭豬、雄雞之血釁鼓的儀式；如果是皇太子親征或者派大將軍出師征伐，那就用豭肫作祭奠。凡是遇有大赦，要由衛尉先樹立金雞，同時在宮城城門外右側設置大鼓，待大理寺和京兆府縣羈押的囚徒到達，便大聲撾鼓。《關東風俗傳》記載「宋孝王曾問先達司馬膺之關於北魏、北齊在赦免罪囚的日子樹立金雞方面的事情，膺之回答說：『按照《海中星占》的說法，天上天雞星有變動，就表示人間必定會有大赦。』那是王者以天雞星作為大赦的徵候。」這種設置金雞的做法，最早開始於北魏，只是不知究竟起始於北魏哪一個皇帝。《隋書・刑法志》說：「北齊在大赦的那一天，都是武庫令設置金雞和大鼓於宮廷閶闔外右側，先擊鼓千百聲，然後宣讀赦免的制文，再釋放囚徒。」隋朝因承北齊的這一制度。牛弘在《大興記》中說：「大赦之日在宮門外樹立金雞，自從北魏以來都是這樣做的，有說這一制度起始於呂后稱制時，是否這樣，詳情不得而知。」

十

武器署：令一人，正八品下；隋行臺尚書省有武器監令、錄事❶。皇朝永徽中始置其署❷，

以主器仗。

丞二人，從九品下❸；隋置，皇朝因之。

監事一人，從九品下。

武器署令掌在外戎器，辨其名物，會其出入；丞為之貳。凡大祭祀、大朝會、大駕巡幸，則納於武庫，供其鹵簿❹。若王公、百官拜命及婚、葬之禮應給鹵簿❺，及三品已上官合列棨戟者，並給焉❻。

【章旨】敘述武器署令、丞之定員、品秩及職掌。

【注釋】❶隋行臺尚書省有武器監令錄事　行臺，亦稱行臺省。三國魏置，為皇帝親征時隨侍身邊臨時執行尚書臺職權之機構，通常由尚書臺部份主要官員組成。如魏末，晉文帝討諸葛誕，以行尚書臺相從；晉懷帝永嘉四年（西元三一〇年）東海王司馬越，帥眾至許昌，以行臺自隨。北魏道武帝時置中山行臺，以秦王儀為尚書令；孝武帝永熙三年（西元五三四年）以宇文泰為大行臺，蘇綽為行臺度支尚書。東魏行臺兼統民事，孝靜帝武定八年（西元五五〇年）以辛術為東南道行臺，監治牧守。其屬官置令、僕射及尚書丞、郎等。隋亦置行臺省，如秦王楊廣先後任河北道行臺尚書令、淮南道行臺尚書令，秦王楊俊為山南道尚書令，其下屬設武器監與副監各一人，丞二人，錄事一人。唐初承隋制，亦設行臺，李世民曾任陝東道大行臺；貞觀後廢行臺，諸道各置採訪等使，每使有判官二人，兼判尚書六行事，當係行臺之遺制。❷皇朝永徽中始置其署　永徽，唐高宗李治年號。《唐會要》卷六五衛尉寺條：「武器署，貞觀年中分東都置。」與此處所記異。❸丞二人從九品下　《通典・職官二十二》大唐官品條，武器署丞之品秩為「正九品下」。❹鹵簿　古代帝王外出巡行時，在其御車前後之儀仗隊。蔡邕《獨斷》：「天子出，車駕次第，謂之鹵簿。」封演《封氏聞見記》：「鹵以甲為之，所以捍敵……甲楯有先後部伍之次，皆著之簿籍，天子出，則案次導從，故謂之鹵簿耳。」❺王公百官拜命及婚葬之禮應給鹵簿　唐《開元禮》對皇太子、皇太子妃、親王、百官六品以上出行使用鹵簿都有具體規定。如：「職事四品以上，散官二品以上，爵郡王以上及二王後，依品給。國公準三品給。官爵兩應給者，從高給。若京官職事五品，身婚葬並尚公主、娶縣主及職事官三品以上有公爵者嫡子婚，並準四品給。凡自王公以下在京拜官初上，正冬朝會及婚喪則給之。凡應導駕及都督、刺史奉辭至任上日，皆依品給。」（見《通典・禮六十七・序例中》）❻三品已上官合列棨戟者並給焉　戟是古代一種可鉤可刺之兵器，後亦作為儀仗。其形制略同戈，唯前有刺，實為戈矛之合體。棨，或稱棨戟。由戟演化而來，形似戟，木製，外有繒衣或油漆。古代官吏出行用為儀仗，執以前道；衙門前亦依官員品秩高卑列置不同數量棨戟。《漢書・韓延壽傳》：「功曹引車，皆駕四馬，載棨戟。」顏師古注：「棨，有衣之戟也。」《新唐書・百官志三》武器署條：「凡戟，廟社、宮殿之門二十有四，東宮之門一十八，一品之門十六，二品及京兆河南太原尹、大都督、大都護之門十四，三品及上都督、中都督、上都護、上州之門十二，下都督、下都護、中州、下州之門各十。衣幡壞者，五歲一易之。薨卒者，既葬，追還。」

【語　譯】武器署：令，定員一人，品秩為正八品下。隋朝行臺尚書省置武器監，設令、丞、錄事等員。本朝永徽時期方始設置武器署，由它主管器物儀仗。

丞，定員二人，品秩為正九品下。隋代設置，本朝因承隋朝的這一官制。

監事，定員一人，品秩為從九品下。

武器署令的職掌是，管理在外的戎器，辨別戎器的名數，做好出入的會計；丞做他的副職。凡是有大祭祀、大朝會和大駕外出巡行，就將所掌管的器物納入武庫，以供給儀仗鹵簿的需要。如果王公百官拜命上任，和舉行婚喪禮儀應給予鹵簿的，以及三品以上官員門前該列置棨戟的，都按規定供給。

十一

守宮署：令一人，正八品下；漢少府屬官有守宮令、丞❶，主御紙、筆、墨及財物諸用，并封泥之事❷。晉光祿勳屬官有守宮令，梁、陳大匠❸卿屬官有守宮令員。北齊光祿寺統守宮令、丞，掌凡張設之事。隋衛尉寺統守宮署令二人❹，皇朝減一人。

丞二人，正九品下；隋守宮丞四人，皇朝減置二人。

監事二人，從九品下。

守宮署令掌邦國供帳之屬，辨其名物，會其出入；丞為之貳。凡大祭祀、大朝會、大駕巡幸，則設王公、百官位於正殿南門❺外。若吏部、禮部、兵部考功試人❻，則供帳幕之屬。若王公婚禮，亦供其張具。

【章　旨】敘述守宮署令、丞和監事之定員、品秩、沿革及職掌。

【注　釋】❶漢少府屬官有守宮令丞　少府，秦官。《漢官儀》稱：「少府掌山澤陂池之稅，名曰私養，自別為藏。少者，小也，故稱少府。」所謂私養，指少府所掌為皇室財政，屬皇帝私府。少府機構之大，屬官之多，在漢代諸卿中居第一位。據《漢書・百官公卿表》兩漢少府有六丞，其他機構直屬長官僅一至二丞，由此也說明少府事務之繁雜。西漢少府無守宮令、丞之設，至東漢始增設「守宮令一人，六百石。丞一人」。❷主御紙筆墨及財物諸用并封泥之事　《後漢書・百官志》少府、守宮令條：「本注曰：主御紙筆墨及尚書財用諸物及封泥。」西漢時，尚書所需諸筆墨財用庫藏由尚書左丞執掌，至東漢始專歸守宮令執掌。封泥，也稱泥封。古代公私簡牘封發時，用繩綑縛，在繩端或交錯處，加以檢木，封以黏土，上蓋印章，作為信驗，以防私拆。封發物件亦用此法。此種鈐有印章之土塊稱為封泥。❸大匠　據《隋書・百官志上》當為「光祿」。光祿卿統守宮令，大匠卿只統左、右校諸署。❹隋衛尉寺統守宮署令二人　隋衛尉寺所屬之守宮署令屬中署令，品秩為從八品上。❺正殿南門　在長安西內的正殿是太極殿，正南門是承天門。大明宮的正殿是含元殿，正南門是丹鳳門。東都宮城的正殿是含元殿，正南門為乾元門。❻考功試人　《新唐書・百官三》守宮署條作「試貢舉人」。

【語　譯】守宮署：令，定員一人，品秩為正八品下。〔東〕漢少府的屬官有守宮令和丞，職掌是主管皇帝御用的紙、筆墨，和〔尚書需用的〕財貨以及各種用品，包括封泥等方面的事務。晉朝光祿勳的屬官有守宮令，梁和陳大匠〔光祿〕卿的屬官亦有守宮令的定員。北齊時光祿寺統轄守宮令、丞，職掌是有關殿廷張設方面的事務。隋朝衛尉寺統轄守宮署令，定員為二人，本朝減為一人。

丞，定員二人，品秩為從九品下。隋朝守宮署設丞四人，本朝減少了二人。

監事，定員二人，品秩為從九品下。

守宮署令的職掌是，主管國家有關供應帳幕一類事務，辨別帳幕的名數，做好出入的會計；丞做令的副職。凡是遇有大祭祀、大朝會和大駕要外出巡行，就要在正殿南門外為王公、百官設置班位，以便於儀式的進行。如果吏部、禮部、兵部考試各地貢舉的舉人，就要供應帳幕等相關物品；如果王公有婚禮，也要供應帳幕一類用具。

【說　明】唐代衛尉守宮署掌管供應的物品除帳幕等外，還包括席褥等床具。《新唐書・百官三》守宮署條：「京諸司長上官，以品給其牀罽，供番客帷帟，則題歲月，席壽三年，氈壽五年，褥壽七年；不及期而壞，有罰。」其屬員本卷卷目中尚列有掌設、幕士和掌固。特別是幕士，定員多達一千六百人。耐人尋味的是供帳用的席、氈褥等物品，以至幕士一類差役，常常成為官僚們私自挪用和役使的對象。《唐會要》卷六五所錄玄宗天寶八載（西元七四九年）十一月一道敕文，便提供了這樣一些材料：「衛尉幔幕氈褥等，所由多借人，非理損污，因循日久，為弊頗深。爰及幕士，私將役使，并廣配充廳子、馬子，並放取資，近今推問，事皆非繆。今後其幔幕氈褥等輒將一事借人，並同盜三庫物科罪，使幕士與人張設，及自取使，擅取放資，計受贓數，以枉法論。」這裡「私將役使」，便是把番上服役的募士，也就是從各地徵來的主要是農民，被官僚們轉化為供其私家役使，所謂「廳子、馬子」即是官僚們私人僕役的稱謂。「並放取資」，是指私自令番上人員以錢代役，這些錢自然通通都落進了官僚們的私人腰包。在玄宗時期，這種私自挪用公物、私人役使幕士的現象已經嚴重到非由皇帝親自頒發敕旨不可的地步，但此類「化公為私」弊端，原是封建專制體制使然，即使發再多的「紅頭文件」，結果也往往是「上有政策，下有對策」，應付一番過後，其所禁依然如故，甚或愈演愈烈。

在唐代官制體系中，與守宮署職掌相仿的尚有殿中省的尚舍局，其屬下番上幕士多達八千人。據《唐會要》所錄代宗廣德元年（西元七六三年）衛尉寺奏文稱：「當寺管幕士八百六十九人停，八十人依舊。定四十人長上幕士本司招補，不差百姓，並請依舊定四十人減外請留。其幕士申請停差，每人每月別給官錢三千五百文，付本司通勘處置。共據計一年當一千六百八十貫文。」一是壓縮番上幕士人數，二是長上幕士變成了傭役。長上指全年都在服役。

宗正寺

【篇　旨】本篇所敘的宗正寺，秦漢已有，職司為管理皇室親屬，皇族及外戚均有文籍藏於宗正府。從西漢到東漢以迄魏，任宗正職者，均為皇族，西晉始兼及庶姓。兩漢不僅在中央有宗正，在地方亦設有宗師，所以如此建置，緣於宗室親族日趨繁多。如至西漢平帝時，劉姓宗室已多達十萬人。東晉後期一度廢止宗正，以其職隸於太常。至梁又復置宗正，屬十二卿中春三卿之一。北魏、北齊、隋皆設宗正寺。唐沿隋制，設宗正寺，掌皇帝宗族及外戚之事。在高宗、武則天時期曾先後改名為司宗寺、司屬寺，至中宗神龍初又恢復稱宗正。

唐宗正寺，如本篇所敘，設有卿、少卿、丞，以及主簿、錄事、府、史等。此外篇中未及包括本卷卷目中亦未列的，還應有：知圖譜官一人，如憲宗「元和七年（西元八一二年）十二月，宗正寺奏，當司圖譜官一人，准元敕」（《唐會要》卷六五）；脩玉牒官一人，如文宗太和二年（西元八二八年）有修玉牒官屯田郎中李衢奏文（見同書）；知宗子表疏官一人，如「開元末拜右拾遺改右補闕起居郎，並知宗子表疏」（《冊府元龜》卷六二一）。

本篇主要篇幅，是由宗正卿的職掌而連帶敘述唐代開元前九廟之子孫，共有五十九族。唐制封爵分九等，一等為親王。所謂五十九族，便是從光皇帝至睿宗歷八世其子孫先後所封共五十九王。但其分封過程並非像篇中包括正文和原注所敘述的那樣端莊平和。在歷史上，分封宗室問題從來是宮廷權力角逐的焦點，充滿著奸詐和血腥氣，唐代更是如此，那五十九王中就有不少枉死冤魂。對此，我們在相關注文及章末說明中，聯繫史實約略作了介紹，供讀者參閱。

篇中所列宗正寺下屬機構，僅有一崇玄署。《新唐書．百官志》在宗正寺下則尚有諸陵臺。隋時，諸陵皆置署，合稱諸陵署。唐代因之，其後改陵署為陵臺，合稱諸陵臺，各有令、丞一人，掌先帝山陵率戶守衛之事。其隸屬關係，或繫於宗正，或繫於太常，變易頻頻。大抵開元時屬宗正，天寶時歸太常，此後肅宗、德宗二朝，猶往復不定。本書則歸諸陵署於太常寺（見一十四卷一篇），故此篇未及。

一

宗正寺：卿一人，從三品；《石氏星經》❶云：「宗正二星，在帝座東南❷。」《周禮》❸：「小宗伯❹掌三族之別❺，以辨親疏。」《漢百官表》❻云：「宗正，秦官，掌親屬❼。平帝元始四年，更名宗伯❽。王莽❾并其官於秩宗❿。」光武⓫復置。《續漢書．百官志》⓬：「宗正掌序錄王國嫡庶之次，宗室親屬遠近⓭。」漢宗正之官不以他族⓮，楚元王⓯子郢客⓰、劉辟強⓱、劉德⓲等遞為之。魏亦以宗室居之。晉桓溫奏省屬太常⓳，宋、齊並不置，梁天監七年⓴乃置焉。宗正，春卿㉑，位視列曹尚書，皆以宗室為之，班第十三㉒。陳因之。後魏亦曰宗正卿，第二品上㉓。北齊第三品㉔。隋開皇初，宗正卿三品㉕，煬帝為從三品㉖，皇朝因之。光宅元年改為司屬㉗，神龍初復為宗正。

少卿二人，從四品上；後魏太和中初置少卿，第三品；二十三年，為第四品㉘。隋初，正四品㉙，煬帝降為從四品㉚，皇朝因之。

丞一人㉛，從六品上；漢宗正有丞，秩千石㉜，歷魏、晉亦如之。東晉省，宋、齊因之。梁宗正丞為四班。陳六百石，第八品。後魏第七品㉝，北齊因之。隋初丞二人，並七品下；煬帝大業五年㉞，增為從五品。皇朝置一人㉟，從六品上。

主簿二人，從七品上；梁天監十年置，為七班㊱，陳因之，北齊同㊲。隋置二人，皇朝置一人，開元二十五年加一人。自卿以下，並於宗室中擇才行者補授也㊳。

錄事一人，從九品上。

宗正卿之職，掌皇九族㊴、六親㊵之屬籍㊶，以別昭穆㊷之序，紀親疏之列，并領崇玄署㊸；少卿為之貳。

【章　旨】敘述宗正寺卿、少卿、丞等之定員、品秩、沿革和職掌。

【注　釋】❶石氏星經　書名。戰國魏石申撰。原名《天文》，八卷。其書在戰國秦漢時不斷得到補充，西漢以後被尊為《石氏星經》。原書已佚，唐《開元占經》中有較多引錄。其所記錄的天象觀測資料多為戰國秦漢時期，也有的已屬東漢時期。❷宗正二星在帝座東南　宗正星屬天市垣，在房宿和心宿東北，按〈步天歌〉有星二十二顆，相當於今武仙、巨蛇、蛇夫等星座中之一部份。宗正星則大致即今之蛇夫β星。《晉書・天文志》稱：「宗正二星，在帝坐東南。宗，大夫也。慧星守之，若失色，宗正有事；客星守之，更號令也。宗人四星，在宗正東，主錄親疏享祀。族人有序，則如綺文而明正。動則天子親屬有變，客星守之，貴人死。宗星二，在侯星東，宗室之象。帝輔血脈之臣也。客星守之，宗支不和。」這種以星象論證帝王與宗親或臣屬之關係，是中國古代天文學中習見做法，實屬牽強附會。❸周禮　儒家經典之一。係搜集周王室官制及戰國時各國制度，添附以儒家政治理想，增減排比而成之彙編。❹小宗伯　亦稱少宗伯。《周禮》春官大宗伯之副貳。中大夫爵，設二人。❺掌三族之別　小宗伯主掌建國之神位，亦掌三族之別，指為帝王及公卿大夫查明三族，以區分其血緣之親疏關係。三族，謂父昆弟，己昆弟，子昆弟。❻漢百官表　即《漢書》之〈百官公卿表〉。《漢書》，東漢班固撰，一百篇，分一百二十卷，我國第一部紀傳體斷代史。〈百官公卿表〉敘述秦漢官制沿革，並排比漢代公卿之升降遷免。❼掌親屬　《後漢書・百官志》本注稱宗正之職為：「掌序錄王國嫡庶之次，及諸親屬遠近。」西漢至東漢，宗室均有屬籍，宗正便是依據屬籍管轄有關宗室事務之官員，外戚亦能因恩賜而屬籍宗正。宗室有罪，除屬籍也屬宗正職事。如楚元王子劉埶，因附和吳王劉濞罪而令「除其籍，毋令汙宗室」（《漢書・景帝紀》）。在籍的宗室可以獲得皇帝賞賜和其他特權，即使犯罪，髡以上也要上諸宗正，宗正奏聞後，才能報決。❽平帝元始四年更名宗伯　平帝，西漢皇帝劉衎。元始四年，即西元四年，元始是平帝年號。平帝時，王莽執政，改宗正之名為宗伯。由宗伯管理皇族在全國各地之親屬。次年在郡國又設宗師，並下詔稱：「惟宗室子皆太祖高皇帝子孫及兄弟吳頃、楚元之後，漢元至今，十有餘萬人，雖有王侯之屬，莫能相糾，或陷入刑罪，教訓不至之咎也。傳不云乎：『君子篤於親，則民興於仁。』其為宗室自太上皇以來族親，各以世氏，郡國置宗師以糾正之，致教訓焉。二千石選有德義者以為宗師。考察不從教令有冤失職者，宗師得因郵亭書言宗伯請以聞。」（《漢書・平帝紀》）各地宗師為宗伯所連繫之下屬。王莽設此，意在加強對劉氏宗室之控制。❾王莽　字巨君，魏郡元城（今河北大名東）人。原籍東平陵（今山東章丘西北）。漢元帝王皇后之姪，西漢末以外戚掌權執政，成帝時封為新平侯。元始五年（西元五年）毒死平帝劉衎，立其幼兒劉嬰為孺子，初始元年（西元八年）稱帝，改國號為新，年號始建國。於更始元年（西元二十三年）在綠林、赤眉軍的打擊下統治崩潰，綠林軍進入長安時被殺。在位十五年，終年六十八歲。❿秩宗　即太常。王莽改太常為秩宗。⓫光武　指東漢皇帝劉秀。字文叔，南陽蔡陽（今湖北棗陽西南）人，為西漢遠支皇族。建武元年（西元二十五年）稱帝，後即統一全國。在位三十二年，終年六十二歲。⓬續漢書百官志　《續漢書》，晉・司馬彪撰。今本《後漢書》為南朝宋范曄撰。范書原無志，劉昭從司馬彪所著《續漢書》中分出諸志，加以注釋，定為三十卷，與范書合併。但在唐代二書仍分別刻印，各自單行，至宋真宗乾興元年（西元一〇二二年）始將二書校勘合刻成今本《後漢書》之面貌。故《唐六典》所稱之晉・司馬彪《續漢書・百官志》即今所見宋・范曄之《後漢書・百官志》。⓭宗正掌序錄王國嫡庶之次宗室親屬遠近　《後漢書・百官志》原文及本注為：「宗正，卿一人，中二千石。本注曰：掌序錄王國嫡庶之次及諸親屬遠近，郡國歲因計上宗室名籍。若有犯法，當髡以上，先上諸宗正，宗正以聞，乃報決。」注引胡廣曰：「又歲一治諸王世譜差序秩第。」⓮漢宗正之官不以他族　指任宗正官者，限於皇族。《通典・職官七・宗正卿》：「兩漢皆以皇族為之，不以他族。」除下文原注中提到的郢客、劉辟強、劉德等以皇室成員在西漢先後任宗正外，在東漢尚有：《太平御覽》卷二三〇引《東觀漢記》曰：「劉般字伯興遷宗正，在朝廷竭忠盡節，勤身憂國」；「劉平字公子，以仁孝著聞，〔明帝〕永平三年（西元六〇年）為宗正卿」；又引《後漢書》曰：「劉軫字君文，梁孝王胤為宗正卒官，遂代掌宗正焉」。⓯楚元王　即劉交。為漢高祖劉邦同父少弟，漢高祖六年（西元前二〇一年）封為楚王，領地為薛郡、東海、彭城等三十六縣。楚元王多才藝，好詩，有《元王詩傳》，諸子皆讀詩。卒謚元。⓰郢客　楚元王之子。高后時為宗正，封上邳侯。漢文帝時嗣元王，是為夷王。⓱劉辟強　楚元王之孫。字少卿，亦好讀詩，能屬文。漢武帝時，以宗室子隨二千石論議，冠諸宗室。清靜少欲，常以書自娛，不肯仕。昭帝時才拜為光祿大夫，守長樂衛尉，時年八十，後徙宗正，數月便卒。⓲劉德　劉辟強之子。字路叔，修黃老術，有智略，武帝稱之為「千里駒」。昭帝初，為宗正丞，後因父為宗正，徙大鴻臚丞，後復為宗正。孫慶忌，為宗正太常。楚元王劉交一族，可謂西漢「宗正世家」。⓳魏亦以宗室居之晉桓溫奏省屬太常　《通典・職官七・宗正卿》：「兩漢皆以皇族為之，不以他族。魏亦然。晉兼以庶姓。」桓溫，東晉譙國龍亢（今安徽省懷縣西）人，字元子，明帝婿，曾專擅朝政。晉代以庶姓為宗正者，據《太平御覽・職官・宗正卿》載錄：「《晉起居注》曰：『〔武帝〕咸寧元年（西元二七五年）以太中大夫王賢為宗正卿』」；「泰始二年（西元二六六年）以侍中中書監朱整為宗正卿」；「《山公啟事》曰：『羊祜忠篤寬厚，然不長理劇，中正缺，不審可轉作否?』」東晉依桓溫奏請，一度省去宗正，將其職事歸之於太常。⓴梁天監七年　即西元五〇八年。天監為梁武帝蕭衍年號。㉑宗正春卿　梁仿一年四時十二月置十二卿，以太常卿、宗正卿、司農卿三卿為春卿。宗正卿主皇室外戚之籍。㉒班第十三　梁於天監七年（西元五〇八年），改九品制為十八班制，以班多為貴，同班者則以居下者為劣。宗正卿與中書令、列曹尚書、國子祭酒、太府卿等，同列第十三班。㉓後魏亦曰宗正卿第二品上　據《魏書・官氏志》，北魏官品太和前制與太和後制有別。宗正卿，太和前制為第二品上，太和後制則為第三品。㉔北齊第三品　北齊設大宗正寺，掌宗室屬籍，統皇子王國、諸王國、諸長公主家，置卿一人，列第三品。㉕隋開皇初宗正卿三品　開皇，隋文帝楊堅年號。隋宗正寺下不統署，置卿一人，正三品。㉖煬帝為從三品　煬帝，隋朝皇帝楊廣。煬帝時，宗正等八寺之卿皆降為從三品。㉗光宅元年改為司屬　光宅元年，即西元六八四年，光宅為武則天稱制時年號。《新唐書・百官志》：「〔高宗〕龍朔二年（西元六六二年）改宗正寺為司宗寺，武后光宅元年曰司屬寺。」《唐會要》卷六五宗正寺條：「龍朔元年（西元六六一年）改為司宗寺，卿為宗正卿。咸亨元年（西元六七〇年）改為宗正寺，光宅元年為司屬寺。〔玄宗〕天寶七載五月十一日升同太常寺。」㉘後魏太和中初置少卿第三品二十三年為第四品　太和，北魏孝文帝年號。太和十七年（西元四九三年）六月頒職員令，初置諸少卿，品秩為第三品上；太和二十三年（西元四九九年）復次職員令，九少卿俱列第四品上。㉙隋初正四品　《隋書・百官志》：隋初，宗正少卿列正四品上階。㉚煬帝降為從四品　煬帝時，光祿寺以下諸少卿加置二人，品秩均降為從四品。㉛丞一人　疑當為「丞二人」。《通典・職官七・諸卿上》宗正丞條：「至隋，有二人，大唐因之。」《舊唐書・職官志》、《新唐書・百官志》並作二人。《舊唐書・玄宗本紀》：「開元二十五年（西元七三七年）二月壬子，加宗正丞一員。」《唐會要》卷六五宗正寺條：「丞，開元二十五年二月八日加一員。」又「開元二十五年二月二日，宗正卿魯王道堅奏：『今年正月七日，敕道士、女冠並隸宗正寺。其崇玄署今既鴻臚不管，其署請屬宗正寺。』敕旨：依。」二事相差僅六日。本書此章下文宗正卿職掌中既云「並領崇玄署」，則宗正丞員數自當以開元二十五年定額為準，應為二人。㉜漢宗正有丞秩千石　據《漢書・百官公卿表》，西漢宗正有丞；《後漢書・百官三》宗正條：「丞一人，比千石。」千石者，月俸九十斛；比千石者，月俸八十斛。㉝後魏第七品　《魏書・官氏志》：北魏列卿之丞，太和十七年（西元四九三年）之職員令為從第五品中；太和二十三年（西元四九九年）復次職員令則為第七品下。㉞煬帝大業五年　即西元六〇九年。大業為隋煬帝楊廣年號。㉟皇朝置一人　應是置二人。說見前㉛注。㊱梁天監十年置為七班　句中「十」當係「七」之誤。據《隋書・百官上》梁於天監七年（西元五〇八年）改革選制，定十八班，以班多為貴。位不登二品者，又置為七班。宗正等十一卿之主簿，位列第三班。㊲北齊同　《隋書・百官中》有關北齊官制，僅言包括宗正寺在內之九卿各有主簿，並未提及其定員和品秩。又，北齊庶官不入九品者另有視品，與梁、陳不同，北齊官制承北魏。故疑「北齊同」三字上有脫文。㊳自卿以下並於宗室中擇才行者補授也　《唐會要》卷六五宗正寺條：「〔開元〕二十年（西元七三二年）七月七日詔：宗正寺官員，悉以宗子為之」；「〔開元〕二十五年（西元七三七年）七月敕：其宗正卿丞及主簿，擇宗室中才行者補授」。㊴九族　《書・堯典》：「以親九族。」有二說，一說為孔安國傳：「以睦高祖玄孫之親。」指本身以上之父、祖父、曾祖父、高祖父，和以下之子、孫、曾孫、玄孫。古代立宗法、定喪服皆以此為準。另一說見《白虎通》卷八：「《尚書》曰：『以親九族。』族所以有九何？父族四，母族三，妻族二。四者謂父之姓為一族也，父兄昆弟適人有子為二族也，身女昆弟適人有子為三族也，身女子適人有子為四族也。母族三者，母之父母為一族也，母之昆弟為二族也，母之女昆弟為三族也。母昆弟者男女皆在外親，故合言之也。妻族二者，妻之父為一族，妻之母為二族，妻之親略，故父母各一族。」㊵六親　亦有二說。一說見《漢書・賈誼傳》：「以承祖廟，以奉六親。」應劭注曰：「六親，父、母、兄、弟、妻、子也。」另一說見《左傳・魯昭公二十五年》所稱之「父子、兄弟、姑姊、甥舅、婚媾、姻亞」。其中父之姐妹謂姑，母之兄弟謂舅，妻之父母謂婚媾，婿之父母謂姻，兩婿相謂曰亞。㊶屬籍　指屬籍於宗正寺。九族、六親是屬籍的範圍。此外，在唐代另有異姓因賜姓李而屬籍宗正寺者。唐初賜姓屬籍是李淵籠絡異姓功臣及降附者的一種手段。如武德元年（西元六一八年）有「義安郡王李孝常賜屬籍宗正寺」；次年有「幽州總管燕郡王羅藝賜姓李氏屬籍宗正寺」，「曹國公徐世勣賜姓李氏，屬籍宗正寺」；三年（西元六二〇年）有「杜伏威賜姓李氏進封吳王屬籍宗正寺」，「蔚州總管高開道賜姓李氏屬籍宗正寺」；四年（西元六二一年）「竇建德行臺尚書令胡大恩以安鎮來降，賜姓李氏屬籍宗正」（《唐會要》卷六五）。隨著時間推移，親屬關係漸次疏遠，若已越出九族則應除籍。永徽二年（西元六五一年）高宗曾就除籍事查詢宗正卿李博文，李回答當時以屬疏降盡而除籍者，總計已有三百餘人。宗正屬籍可獲得特殊優待。如武德二年（西元六一九年）詔書稱：「宗緒之情，義超常品，宜有旌異，以明等級。天下諸宗姓任官者，宜在同列之上；無職任者，不在徭役之限。每州限置宗師一人，以相統攝。」（同上）㊷昭穆　指宗廟之次序。始祖廟居中，以下依父子遞為昭穆，左為昭，右為穆，父為昭，子為穆。《禮記・祭統》：「昭穆者，所以別父子遠近長幼親疏之序而無亂也。」㊸崇玄署　隋始置。初隸鴻臚，繼改隸太常，後又復隸鴻臚。唐隸宗正寺。掌京都諸寺觀名數與道士帳籍、齋醮之事。置令、丞各一員。

【語　譯】宗正寺：卿，定員一人，品秩為從三品。《石氏星經》中說：「與宗正對應的兩顆星，在皇帝星座的東南。」《周禮》規定：「小宗伯的職掌是，為王及公卿大夫查明三族的親屬關係，用以辨別血緣上的親疏等次。」《漢書・百官公卿表》記載：「宗正，原是秦朝的官職，掌管皇室的親屬關係。漢平帝元始四年，改名為宗伯。王莽執政時，將這一官職合併到秩宗。」漢光武時重新設置宗正。《續漢書・百官志》稱：「宗正的職掌是序錄王國嫡庶的次序，宗室親屬間遠近親疏的關係。」漢代宗正官職，不任用其他族人。如楚元王劉交的兒子劉郢客，孫子劉辟強，重孫劉德，就曾前後相繼擔任漢的宗正。曹魏的宗正亦由宗室出任。晉朝（前期曾經有過庶姓任宗正，到東晉哀帝時），桓溫奏請省去這一官職，有關事務併給了太常。宋、齊二朝都沒有設宗正，到梁武帝天監七年又恢復設置，宗正屬春卿之一，品位比照列曹尚書，都由宗室擔任，列為第十三班。陳朝因承梁制。北魏亦稱宗正卿，品秩居第二品上，北齊列為第三品。隋代文帝開皇初年，宗正卿列居正三品，到煬帝時降為從三品。本朝因承隋制。武后光宅元年，改名為司屬，中宗神龍初年恢復稱為宗正。

少卿，定員二人，品秩為從四品上。北魏孝文帝太和時期，開始為各寺設置少卿時，品秩居第三品（上），太和二十三年時，改為第四品〔上〕。隋朝初年，宗正少卿列正四品〔上〕，煬帝時降為從四品。本朝因承隋制。

丞，定員一（二）人，品秩為從六品上。漢代宗正設有丞，品秩為比一千石。歷經魏、晉，都是這樣。東晉一度省去了丞。宋、齊亦未有設置。梁朝恢復設宗正丞，列為第四班，陳朝為六百石，位居第八品。北魏宗正丞列為第七品下。北齊因承北魏。隋初宗正寺設丞二人，都是居正七品下，到煬帝大業五年，增為從五品。本朝宗正丞置一（二）人，居從六品上。

主簿，定員二人，品秩為從七品上。梁朝天監十（七）年設置，又對不登二品的制定了七班〔主簿位居七班的第三班〕。陳朝因承梁制。北齊在宗正寺亦設有主簿。隋朝主簿設置二人，本朝初期為一人，到玄宗開元二十五年加置一人。本朝定制，宗正寺自卿以下官員，都是在宗室中選擇有才行的補授。

錄事，定員一人，品秩為從九品上。

宗正卿的職務是，掌管皇室九族、六親的屬籍，用以區別昭穆的次序，綜理親疏的關係，並統領崇玄署。少卿是卿的副職。

二

九廟之子孫，其族五十有九❶：光皇帝❷一族，定州刺史乞豆❸；景皇帝❹之族六，譙❺、蔡❻、畢❼、雍❽、郇❾、鄭❿；譙王、蔡王二族無後。元皇帝⓫之族三，梁⓬、蜀⓭、漢⓮；梁王、漢王二族無後。高祖之族二十有一⓯，隱太子⓰、衛⓱、巢⓲、楚⓳、荊⓴、漢㉑、酆㉒、周㉓、徐㉔、韓㉕、彭㉖、鄭㉗、霍㉘、虢㉙、道㉚、鄧㉛、舒㉜、魯㉝、江㉞、密㉟、滕㊱；隱太子、衛王、巢王、楚王、荊王、漢王、酆王、周王八族無後。太宗之族十有三㊲，恒山㊳、楚㊴、吳㊵、濮㊶、齊㊷、蜀㊸、蔣㊹、越㊺、紀㊻、代㊼、江㊽、趙㊾、曹㊿；楚王、齊王、蜀王、越王、江王、代王、趙王七族無後。恒山王，貞觀中降為庶人；開元二十四年(51)，孫適之為御史大夫，朝政肅清，多所綱紀，上嘉其才能，因追雪而復舊焉。高宗之族六(52)，梁(53)、許(54)、澤(55)、郇(56)、孝敬(57)、章懷(58)；梁王、許王、孝敬三族無後，郇王追封許王。中宗之族四(59)，懿德(60)、庶人(61)、節閔(62)、殤帝(63)；懿德太子、庶人重福、殤帝並無後。睿宗之族五(64)，寧王(65)、惠莊(66)、惠文(67)、惠宣(68)、隋王(69)。隋王無後。

【章　旨】敘述唐宗室諸王之子孫五十九族。

【注　釋】❶九廟之子孫其族五十有九　九廟，指帝王之宗廟。《禮記．王制》：「天子七廟，三昭三穆與太祖之廟而七。」王莽增為祖廟五，親廟四，共九廟。此後列朝皆沿稱宗廟為九廟。自晉起，改為一廟七室。唐高祖武德元年（西元六一八年）始立四廟，貞觀時始立七廟，然太宗、高宗卒時，太廟皆為六室，中宗卒時始為七室；玄宗開元十年（西元七二二年）定太廟為九室。至晚唐其宗廟常為九代十一室。本章所述五十九族，實自光皇帝起至睿宗七世，而中宗與睿宗則是兄弟相繼。九廟之子孫，繼統為宗，稱宗子，其餘稱族。故自光皇帝以下，非繼統之諸子，皆稱族，共五十九族。❷光皇帝　指李天錫，字德真，為李淵曾祖父。曾仕魏為幢主，大統中，贈司空；儀鳳中，追尊為光皇帝。李天錫有三子，長曰起頭，長安侯，生達摩，北周羽林監，太子洗馬，長安縣伯，其後無聞；次子即李虎，為李淵之祖父；三子即定州刺史乞豆。❸定州刺史乞豆　乞豆為北魏之定州刺史。定州，在今河北之定州。據《新唐書．宗室世系表》，乞豆有三子：長子李貞，為開化郡公，北周秦、河、渭三州刺史；次子李慧，北周申、慧二州刺史；幼子李冷，為郇國公。❹景皇帝　指李虎，字文彬，高祖李淵之祖父。北魏時任左僕射，封隴西郡公，又為北周八柱國家之一，賜姓大野氏，周受禪，追封唐國公，至隋文帝作相，復姓李，武德初追尊為景皇帝。李虎有八子，其長子延伯，生於山東，李虎入關，延伯留於關東，仕北齊為散騎常侍，武德初追封為南陽伯，屬籍。❺譙　指譙王房。《新唐書・宗室世系表》稱：「譙王〔李〕真，字長宣。」無子，竟陵郡王道素以雍王弟王男詔子繼。❻蔡　指蔡王房。《新唐書・宗室世系表》：「蔡王〔李〕岡周朔州總管，相、燕、恒三州刺史，襄武縣公。」其子西平懷王李安，字玄德，隋右領軍大將軍，趙郡懷公；其孫平原王李瓊；重孫李崇，丹、冀、貝三州刺史，宗正卿；玄孫李法祥，蔡國公，曾為太常卿。❼畢　指畢王房。《新唐書・宗室世系表》：「畢王〔李〕璋，周汴、梁二州刺史。」❽雍　指雍王房。據《新唐書・宗室世系表》，雍王李繪，曾任隋江夏總管，其子為長平王李贄，東平王李韶；孫為淮陽王李道玄，為劉黑闥所殺，年僅十九。另有二孫淮陽王李道明，江夏王李道宗，後者唐初曾任靈州總管、鴻臚卿、大理寺卿等職。❾郇　指郇王房。據《新唐書・宗室世系表》，郇王李禕，隋陳留太守，長平郡公；有子武陵郡王李伯良及李叔良、李仲良、李季良、李德良等，孫郇國公李孝協等。❿鄭　指鄭王房。據《新唐書・宗室世系表》鄭孝王李亮，隋趙興太守，長社郡公；其子淮南靖王李神通，為唐代第一代宗正卿，曾隨李世民帶兵平定劉黑闥。李神通有子十一人，長子道彥封膠東王；次孝察，高密王；孝同，淄川王；孝慈，廣平王；孝友，河間王；孝節，清河王；孝義，膠西王。⓫元皇帝　指李昺。周安州總管，柱國大將軍，唐國仁公。高祖受禪，追尊為元皇帝。有四子，長子即唐高祖李淵，次子梁王李澄，三子蜀王李湛，幼子漢王李洪。⓬梁　指梁王房。《新唐書・宗室世系表》稱：梁王李澄，有子彭城王李士衍，江東郡王李世諮，衡山郡王李世訓，隴西恭王李博義，曾任宗正卿。⓭蜀　指蜀王房。《新唐書・宗室世系表》稱：蜀王李湛，有子襄城王李容兒，左衛大將軍渤海敬王李奉慈。⓮漢　指漢王房。據《新唐書・宗室世系表》，漢王李洪，有子巴陵郡王李盤陀。⓯高祖之族二十有一　高祖，即李淵，有子二十二人，太宗李世民一族以外之諸子為二十一。⓰隱太子　即李建成。係高祖李淵長子，武德元年（西元六一八年）立為皇太子，在武德九年（西元六二六年）玄武門之變中為其弟李世民所殺，死時三十八歲；有六子：承宗、承道、承德、承訓、承明、承義，皆在事變中被殺，並詔絕其宗室屬籍。李世民即位後，追封建成為息王，謚曰隱，以皇子趙王福為建成嗣。貞觀十六年（西元六四二年）追贈為太子，故稱隱太子。⓱衛　指衛王李玄霸，高祖李淵第三子，早卒，無子，武德元年（西元六一八年）追贈為衛王，謚曰懷。⓲巢　指巢王李元吉，高祖李淵第四子。武德元年（西元六一八年）進爵為王，九年（西元六二六年）在玄武門之變中被殺，時年二十四歲；有五子：梁郡王承業、漁陽王承鸞、普安王承獎、江夏王承裕、義陽王承度，同日被殺，並詔絕其宗室屬籍。李世民即位，追封元吉為海陵郡王，謚曰剌。貞觀十六年（西元六四二年）又追封為巢王，以曹王明為元吉後。⓳楚　指楚王李智雲，高祖李淵第五子。李淵起兵時，因年幼被留在太原，後為陰世師所殺害。武德元年（西元六一八年）追封為楚王，謚曰哀。⓴荊　指荊王李元景。高祖李淵第六子。武德三年（西元六二〇年）封為趙王，貞觀十年（西元六三六年）徙封荊王，高宗永徽四年（西元六五三年）因房遺愛謀反事而被賜死。中宗神龍初追復爵土，封其孫李逖為嗣荊王。㉑漢　指漢王李元昌，高祖李淵第七子。武德三年（西元六二〇年）初封為魯王，貞觀十年（西元六三六年）改封為漢王，因事連太子李承乾之事，為太宗賜自盡於家，妻子籍沒，國除。㉒酆　指酆王李元亨，高祖李淵第八子。武德三年（西元六二〇年）受封，貞觀六年（西元六三二年）卒，無子，國除。㉓周　指周王李元芳，高祖李淵第九子。武德四年（西元六二一年）始受封，貞觀三年（西元六二九年）卒，無子，國除。㉔徐　指徐王李元禮，高祖李淵第十子。武德四年（西元六二一年）始封為鄭王，貞觀六年（西元六三二年）徙封徐王，遷徐州都督，咸亨三年（西元六七二年）於病中，因子李茂不孝，憤而屏其藥膳而卒。㉕韓　指韓王元嘉，高祖李淵第十一子。其母為隋左武衛大將軍宇文述之女宇文昭儀，有寵於高祖，故少小時甚為高祖所喜愛。武德四年（西元六二一年）始封宋王，後徙封徐王，貞觀十年（西元六三六年）改封韓王，授潞州都督。好學，愛讀書，類士大夫。高宗末，為武則天所誅殺，中宗神龍初追封爵土，並以其第五子納嗣韓王，官至員外祭酒。㉖彭　指彭王李元則，高祖李淵第十二子。武德四年（西元六二一年）始封荊王，貞觀七年（西元六三三年）授豫州刺史，十年（西元六三六年）改封彭王，高宗永徽二年（西元六五一年）卒。無子，以霍王元軌之子絢嗣。其孫志暕，中宗神龍初封為嗣彭王，開元中，為宗正卿同正員。㉗鄭　指鄭王李元懿，高祖李淵第十三子。武德四年（西元六二一年）始封滕王，貞觀十年（西元六三六年）改封鄭王。高宗時曾任絳州刺史，咸亨四年（西元六七三年）卒。其子璥封為嗣鄭王，中宗神龍初，其孫希言為嗣鄭王，天寶初為太子詹事同正員。㉘霍　指霍王李元軌，高祖李淵第十四子。武德六年（西元六二三年）始封為蜀王，八年（西元六二五年）徙封吳王，貞觀十年（西元六三六年）改封為霍王，授絳州刺史，尋轉徐州刺史。元軌少多才藝，任刺史至州，亦唯閉閤讀書。武后垂拱四年（西元六八八年）坐與越王李員連謀起兵被誅。有子七人，其長子李緒最有才藝，亦為武則天所殺。中宗神龍初，復其爵位，並以李緒之孫李暉為嗣霍王。㉙虢　指虢王李鳳，高祖李淵第十五子。武德六年（西元六二三年）始封為豳王，貞觀十年（西元六三六年）徙封虢王，歷虢、豫二州刺史，高宗上元元年（西元六七四年）卒，終年五十二歲。㉚道　指道王李元慶，高祖李淵第十六子。武德六年（西元六二三年）始封為漢王，八年（西元六二五年）徙封陳王，貞觀十年（西元六三六年）改封為道王。歷任滑州刺史及徐、沁、衛三州刺史，高宗麟德元年（西元六六四年）卒。㉛鄧　指鄧王李元裕，高祖李淵第十七子。貞觀五年（西元六三一年）封為劊王，十一年（西元六三七年）改封鄧王。歷鄧、梁、黃三州刺史，高宗麟德二年（西元六六五年）卒。㉜舒　指舒王李元名，高祖李淵第十八子。貞觀五年（西元六三一年）封為譙王，十一年（西元六三七年）徙封舒王。曾拜壽州刺史，歷滑、許、鄭三州刺史。元名性高潔，罕問家人產業，告誡其子李亶等曰：「藩王所乏者，不慮無錢財官職，但勉行善事，忠孝恃身，此吾志也。」（《舊唐書・高祖二十二子列傳》）永昌年間，為武則天之酷吏所殺害。㉝魯　指魯王李靈夔，高祖李淵第十九子。少好學，善音律，工草隸。貞觀五年（西元六三一年）封魏王，十年（西元六三六年）徙封燕王，十四年（西元六四〇年）又改封燕王，垂拱四年（西元六八八年），為武則天所逼迫自縊而死。其孫李道監開元時曾任宗正卿，後其弟李道邃亦任宗正卿。㉞江　指江王李元祥，高祖李淵第二十子。貞觀五年（西元六三一年）封為許王，十一年（西元六三七年）徙許江王，授蘇州刺史。高宗時歷任金、鄜、鄭三州刺史，性貪鄙，多聚金寶，腰帶十圍，飲啖兼數，眇一目。少帝唐隆元年（西元七一〇年）卒。㉟密　指密王李元曉，高祖李淵第二十一子。貞觀五年（西元六三一年）受封，高宗上元三年（西元六七六年）卒。㊱滕　指滕王李元嬰，高祖李淵第二十二子。貞觀十三年（西元六三九年）以驕縱逸遊受太宗譴責，歷任蘇州、壽州、隆州刺史，梁州都督等，睿宗文明元年（西元六八四年）卒。有七子，垂拱中皆死於武則天之詔獄。㊲太宗之族十有三　太宗李世民有十四子，除高宗李治一族外，尚有十三。㊳恒山　即恒山王李承乾，李世民之長子。生於承乾殿，因以為名。武德三年（西元六二〇年）封恒山王，太宗即位，立為皇太子，時年八歲；貞觀十七年（西元六四三年）廢為庶人，十九年（西元六四五年）死於徙所。有二子，長子李厥，次子李象，厥官鄂州別駕，象官懷州別駕。李象之子李適之，由陝州刺史入拜河南尹，開元二十七年（西元七三九年）上疏請歸葬父、祖於昭陵之闕內，於是追贈李承乾為恒山愍王，李象為郇國公，李厥等並有褒贈。李適之拜刑部尚書，天寶元年（西元七四二年）代牛仙客為相，後為李林甫所中傷，五載（西元七四六年）罷知政事，貶為宜春太守，仰藥自盡於貶所。㊴楚　指楚王李寬，太宗第二子。早卒，貞觀初追封，無後，國除。㊵吳　指吳王李恪，太宗第三子，母為隋煬帝楊廣之女。武德三年（西元六二〇年）封蜀王，授益州大都督，十年（西元六三六年）徙封吳王。恪有文武才，太宗常稱其類己，名望素高。既立李治（即後來高宗），太宗又「欲立恪，長孫無忌固爭，帝曰：「公豈以非己甥邪？且兒英果類我，若保護舅氏未可知。」無忌曰：『晉王（即後來高宗）仁厚，守文之良主，且舉棋不定則敗，況儲位乎？』帝乃止」（《新唐書・太宗諸子》）。故恪深為長孫無忌等所忌疾。永徽中，以房遺愛謀反事，借故誅恪，人皆稱冤。恪「臨刑呼曰：『社稷有靈，無忌且族滅！』」（同上）有子四人：長子仁，改名千里，天授後歷唐、廬、許、衛、蒲五州刺史，時皇室諸王有德望者，多遭誅戮，惟千里褊躁無才，數進獻符瑞等以媚武后，故竟得免禍；次子李瑋早卒，三子李琨，四子李璄。㊶濮　指濮王李泰，字惠褒，太宗第四子。武德三年（西元六二〇年）封宜都王，次年封衛王，貞觀十年（西元六三六年）進封魏王。太宗以泰好士愛文學，特令就府置文學館，任自引招學士。十五年（西元六四一年）泰進所撰《括地志》，太宗賞賜踰於皇太子。魏王與太子各引朋黨，「十七年（西元六四三年）承乾敗，太宗面加譴讓，承乾曰：『臣貴為太子更何所求？但為泰所圖，特與朝臣謀自安之道，不逞之人，遂教臣為不軌之事，今若以泰為太子，所謂落其度內。』太宗因謂侍臣曰：『承乾言亦是，我若立泰，便是儲君之位可經求而得耳。泰立，承乾、晉王皆不存；晉王立，泰共承乾可無恙也。』乃幽泰於將作監。因謂侍臣曰：『自今太子不道，藩王窺嗣者，兩棄之。傳之子孫，以為永制。』」（《舊唐書・太宗諸子》）於是李泰被封為順陽王，二十一年（西元六四八年）進封濮王，永徽三年（西元六五二年）卒於鄖鄉，年三十五歲。有二子：長子李欣，次子李嶠。李欣嗣濮王，武則天時陷於酷吏所構詔獄。㊷齊　指齊王李祐，太宗第五子。武德八年（西元六二五年）始封宜陽王，次年改封楚王，貞觀二年（西元六二八年）徙封燕王，十年（西元六三六年）改封齊王，授齊州都督。祐好獵無度，接引群小，太宗以長史權萬紀約束之，祐使人殺權萬紀而起兵作亂，太宗命李勣率兵鎮壓，祐被執，押至京城賜死於內省，貶為庶人，國除。㊸蜀　指蜀王李愔，太宗第六子。貞觀五年（西元六三一年）始封梁王，十年（西元六三六年）改封蜀王，轉益州都督。愔畋獵無度，數為非法，太宗稱其「不如禽獸鐵石」。高宗乾封二年（西元六六七年）卒。㊹蔣　指蔣王李惲，太宗第七子。貞觀五年（西元六三一年）封郯王，十年（西元六三六年）改封蔣王，轉安州都督，高宗永徽三年（西元六五二年）除梁州都督，歷遂、相二州刺史，其在任多造器用服玩，高宗上元年間，有人詣闕告惲謀反，惲惶懼而自殺。子煒嗣爵，垂拱中為武則天所殺。㊺越　指越王李貞，太宗第八子。貞觀五年（西元六三一年）封漢王，十年（西元六三六年）先改封原王，尋徙封越王，拜揚州都督，十七年（西元六四三年）授相州刺史。有子李沖、李規，武則天時，父子三人等於相州起兵反抗武則天，僅二十日即敗而亡。㊻紀　指紀王李慎，太宗第十子。貞觀五年（西元六三一年）封申王，十年（西元六三六年）改封紀王，十七年（西元六四三年）遷襄州刺史，以善政聞。慎少好學，長於文史，皇族中與越王貞齊名。李貞兵敗，慎亦受株連下獄，臨刑放免，被改姓虺氏，配流嶺表，卒於道。其諸子並遇害，家屬徙嶺南。㊼代　指代王李簡，太宗第十二子。貞觀五年（西元六三一年）受封，其年即卒。㊽江　指江王李囂，太宗第十一子。貞觀五年（西元六三一年）始封，次年即卒。㊾趙　指趙王李福，太宗第十三子。貞觀十三年（西元六三九年）受封，十八年（西元六四四年）受秦州都督，二十三年（西元六四九年）加右衛大將軍，累授梁州都督。高宗咸亨元年（西元六七〇年）卒。中興初，封蔣王李惲之孫李思順為嗣趙王。㊿曹　指曹王李明，太宗第十四子。貞觀二十一年（西元六四七年）受封，詔令繼巢刺王李元吉之後。因故徙於黔州，為都督謝佑脅逼而自殺。有二子：李俊、李傑，垂拱中俱被武則天下令殺害。「神龍初，以傑為嗣曹王，諸王子孫自嶺外還，入見中宗，皆號慟，帝為泣下。初武后時，壯者誅死，幼皆沒為官奴，或匿人間傭保」（《新唐書・太宗諸子》）。51開元二十四年　即西元七三六年。52高宗之族六　高宗有八子，除中宗李顯、睿宗李旦外，尚有六房。53梁　指梁王李忠，字正本，高宗之長子，後宮劉氏所生。太宗貞觀二十年（西元六四六年）封為陳王，高宗永徽三年（西元六五二年）立為皇太子，因武則天已生子李弘，故於顯慶元年（西元六五六年）廢忠為梁王，轉房州刺史。忠年漸長大，因恐懼而寢食不安，數有妖夢，或衣婦人之服，以防刺客。顯慶五年（西元六六〇年）廢為庶人，徙居黔州，囚於當年李承乾之故宅。麟德元年（西元六六四年）被誣與上官儀等謀反，賜死於流所，年二十二。無子。神龍初追封為燕王。54許　指許王李孝，高宗第二子，後宮鄭氏所生。永徽元年（西元六五〇年）封為許王，三年（西元六五二年）拜并州都督，顯慶三年（西元六五八年）除遂州刺史，麟德元年（西元六六四年）卒。中宗神龍初追贈原王。55澤　指澤王李上金，高宗第三子，後宮楊氏所生。永徽元年（西元六五〇年）封杞王，三年（西元六五二年）遙授益州大都督。因為武則天所惡，乾封元年（西元六六六年）轉壽州刺史，免官，削封邑，於澧州安置。睿宗文明元年（西元六八四年）封畢王，又改封為澤王，授蘇州刺史。武后載初元年（西元六八九年），被酷吏周興誣為謀反，召至京城，繫於御史臺，因恐懼而自縊身亡。有子八人，七人並流配顯州而死。神龍追封其官爵，唯一子義珣竄在嶺外，匿於傭保之間，至玄宗開元時，始得復為嗣澤王。56郇　指郇王李素節，高宗第四子，蕭淑妃所生。永徽二年（西元六五一年）年六歲始封為雍王，十二歲時改封為郇王。受業於學士徐齊聃，能日誦古詩賦五百餘言，深受高宗喜愛。武則天立為皇后後，被出為申州刺史，不准入朝，其母淑妃也為武則天所殺，遂著《忠孝論》以自明心跡，武則天逾不悅，降封為鄱陽郡王，於袁州安置；儀鳳二年（西元六七七年）詔禁錮終身，又改於岳州安置。武后稱制，進封為許王；天授中，因被誣謀反，追赴京城，至都城南龍門驛被縊死，年四十三。其子瑛、琬、璣、瑒等九人同時被殺，惟少子琳、瓘、璆、欽古以年幼小，令長禁雷州；神龍、開元中，瓘、琳、璆等先後得封嗣王。57孝敬　指孝敬皇帝李弘，高宗第五子，武則天之長子。永徽四年（西元六五三年）封代王，顯慶元年（西元六五六年）立為皇太子。弘性仁孝，賓禮大臣，未嘗有過，唯數怫武后意而見惡。上元二年（西元六七五年）高宗苦於腦疾，議使武后攝知國政，中書侍郎郝處俊稱：「昔魏文著令，雖有幼主，不許皇后臨朝，所以杜禍亂之萌也。陛下奈何以高祖、太宗之天下，不傳之子孫而委之天后乎？」（《資治通鑑・唐紀十八》）武后欲逞意，必須除去太子這一障礙，故於同年四月酖殺李弘。時年二十四，無子。弘死後，高宗下詔：「朕方欲禪位太子，而疾遽不起，宜申往命，加以尊名，可謚孝敬皇帝。」58章懷　指章懷太子李賢，高宗第六子，武則天所生。永徽六年（西元六五五年）封潞王，顯慶元年（西元六五六年）遷授岐州刺史，咸亨三年（西元六七二年）徙封雍王，上元二年（西元六七五年）李弘死，李賢被立為皇太子，尋令監國，永隆元年（西元六八〇年）武后廢太子賢為庶人，幽於別所，次年遷於巴州，文明元年（西元六八四年）武后臨朝稱制，賢被逼自殺，年三十二歲。有三子：長子李光順，天授中被殺；次子李守義，垂拱時病死；幼子李守禮被幽禁宮中。中宗神龍中，進封邠王，賜實封五百戶。後玄宗因人言其能預知天氣晴雨而問之，「守禮曰：『臣無術也。則天時以章懷遷謫，臣幽閉宮中十餘年，每歲被敕杖數頓，見瘢痕甚厚。欲雨臣脊上即沉悶，欲晴即輕健，臣以此知之，非有術也。』涕泗霑襟，玄宗亦憫然」（《舊唐書．高宗中宗諸子》）。但守禮才識猥下，以外枝為王後，不修風教，多寵嬖，有子女六十餘人，也無可稱者。㊾中宗之族四　中宗，李顯，高宗第七子；有四子。㊿懿德　即懿德太子李重潤，中宗之長子，韋后所生。本名重照，為避武后名諱而改。武周聖曆初，封為邵王，大足元年（西元七〇一年），因與其妹永泰郡主、婿魏王武延基等竊議張易之兄弟何得恣入宮中，被武則天下令杖殺，時年僅十九。中宗即位，追贈皇太子，謚懿德，陪葬乾陵。(61)庶人　即庶人李重福，中宗第二子，後宮所生。初封唐昌王，武周聖曆三年（西元七〇〇年）徙封平恩王，長安四年（西元七〇四年）進封譙王，中宗神龍初，韋后因其曾與張易之兄弟潛構重潤以罪，左授濮州員外刺史，韋氏伏誅，睿宗即位，重福串通其弟重茂，起兵進東都，為東京留守裴談所敗，投漕河而死，時年三十二。(62)節閔　即節愍太子李重俊。閔、憫、愍皆可通。中宗第三子，後宮所生。神龍初封衛王，拜洛州牧，神龍二年（西元七〇六年）立為皇太子。因其非韋后所生，常為武三思及安樂公主所欺，呼之為奴，且有請廢太子之意，遂於次年七月，率左右羽林軍李多祚、李思沖等發羽林兵三百餘人，殺武三思及其子崇訓，並自率兵由肅章門斬關而入，搜捕韋后及安樂公主。韋后召左羽林將軍劉仁景樓下列守，並擁中宗登玄武門，中宗據檻詔諭，重俊所率兵多倒戈瓦解，後為其左右所殺。睿宗即位，追贈為皇太子，謚曰節愍。(63)殤帝　即殤皇帝李重茂，中宗第四子，後宮所生。武周聖曆三年（西元七〇〇年）封北海王，中宗神龍初進封溫王。景龍四年（西元七一〇年）中宗卒，韋后立重茂為帝而自臨朝稱制；韋氏敗，睿宗即位，重茂退居別所，景雲二年（西元七一一年），改封襄王，遷於集州，開元二年（西元七一四年）轉房州刺史，尋卒，年僅十七。謚殤皇帝。(64)睿宗之族五　睿宗，李旦，高宗之第八子；有六子，除三郎李隆基即帝位為玄宗外，為五房。(65)寧王　睿宗長子，本名成器。高宗文明元年（西元六八四年）曾立為皇太子，時年六歲，睿宗降為皇嗣，後武則天刪授成器為皇孫，武周長壽二年（西元六九三年）改封壽春郡王，少帝唐隆元年（西元七一〇年）進封為宋王。睿宗即位，建儲貳時，成器固讓，李隆基被立為太子。開元四年（西元七一六年）因避玄宗母昭成皇后竇氏之尊號，改名憲，封為寧王，開元九年（西元七二一年）兼太常卿。憲為人謹畏，未嘗因干政而與人交遊，故能保全始終。開元二十九年（西元七四一年）卒，終年六十三。謚曰讓皇帝。有十子。(66)惠莊　即惠莊太子，李撝，睿宗第二子。本名成義，母柳氏，掖庭宮人。武后垂拱三年（西元六八七年）封恒王，尋改封衡陽郡王；睿宗立，又進封申王。因避昭成皇后尊號之諱，改名撝。性弘裕，儀形瓌偉，善飲啖，開元十二年（西元七二四年）卒。無子。冊贈惠莊太子，陪葬橋陵。㊻惠文　即惠文太子李範，睿宗第四子，本名隆範，後因避與玄宗隆基連名，改單稱範。初封鄭王，尋改封衛王，睿宗即位，進封岐王，拜太常卿，為左羽林大將軍，並曾與玄宗一起謀誅太平公主黨羽，開元初，拜太子少師，歷絳、鄭、岐三州刺史。然玄宗對範限制甚嚴，開元初，中書令張說僅因詣範府第，即被左遷為相州刺史。範好學工書，雅愛文章之士，士無貴賤皆盡禮接待，玄宗禁約王公：不許與外人交結，駙馬都尉裴虛己坐與範遊讌，配徙嶺外，萬年尉劉庭琦、太祝張諤，皆坐與範飲酒賦詩，分別黜為雅州司戶和山茌丞。雖玄宗宣稱「我終不以纖芥之故責及兄弟也」，但李範在開元時期實際已被迫處於與世隔絕狀態。開元十四年（西元七二六年）卒，冊贈為惠文太子。㊽惠宣　即惠宣太子李業，睿宗第五子，本名隆業，後亦因避與玄宗隆基連名而改為單名業。武后垂拱三年（西元六八七年）封為趙王，長壽二年（西元六九三年）改封中山郡王，睿宗即位，進封薛王，拜秘書監，兼右羽林大將軍，俄轉宗正卿。玄宗誅太平公主黨羽時，以翊從有功，開元初歷同、涇、豳、衛、虢等州刺史。開元十三年（西元七二五年），玄宗有病不豫，業妃弟內直郎韋賓與殿中監皇甫恂私議休咎，事發，玄宗令杖殺韋賓，左遷皇甫恂為錦州刺史。妃惶懼，業則逡巡請罪，玄宗執其手曰：「吾若有心猜阻兄弟者，天地神明，所共咎罪。」這當然只是一種作態。業卒於開元二十二年（西元七三四年），冊贈惠宣太子，陪葬橋陵。有子十一人。㊾隋王　指李隆悌，睿宗第六子。初封汝南郡王，早卒，睿宗即位，追封為隋王，贈荊州大都督。無子。

【語　譯】九廟的子孫，共有五十九族。光皇帝的子息一族，就是北魏定州刺史乞豆；景皇帝的子息有六族，就是譙王真、蔡王岡、畢王璋、雍王繪、郇王禕和鄭王亮；其中譙王、蔡王二族沒有後代。元皇帝的子息有三族，就是梁王澄、蜀王湛和漢王洪；其中梁王、漢王二族沒有後代。高祖的子息有二十一族，就是：隱太子建成、衛王玄霸、巢王元吉、楚王智雲、荊王元景、漢王元昌、酆王元亨、周王元芳、徐王元禮、韓王元嘉、彭王元則、鄭王元懿、霍王元軌、虢王鳳、道王元慶、鄧王元裕、舒王元名、魯王靈夔、江王元祥、密王元曉和滕王元嬰；其中隱太子、衛王、巢王、楚王、荊王、漢王、酆王、周王八族，沒有後代。太宗的子息有十三族，就是恒山王承乾、楚王寬、吳王恪、濮王泰、齊王祐、蜀王愔、蔣王惲、越王貞、紀王慎、代王簡、江王囂、趙王福和曹王明；其中楚王、齊王、蜀王、越王、江王、代王、趙王七族，沒有後代。恒山王在貞觀時間被降為庶人，開元二十四年，他的孫子適之擔任御史大夫，由於能整肅朝政，有多方面建樹，皇上嘉獎他的才能，追雪了他的父親和祖父，恢復恒山王的封號。高宗的子息有六族，就是梁王忠、許王孝、澤王上金、郇王素節和孝敬皇帝弘、章懷太子賢；其中梁王、許王、孝敬皇帝三族沒有後代，郇王追封為許王。中宗的子息有四族，就是懿德太子重潤、庶人重福、節閔太子重俊和殤帝重茂；其中懿德太子、庶人重福、殤帝重茂，都沒有後代。睿宗的子息有五族，就是寧王憲、惠莊太子撝、惠文太子範、惠宣太子業和隋王隆悌。其中隋王沒有後代。

【說　明】唐諸子封王，所承為隋初之制。西元六一八年六月，李淵即皇帝位於長安，以建成為皇太子，旋即廣封諸子及宗室為王，從弟及姪，年始孩童數十人，亦皆封為郡王。如子李世民為秦王，元吉為齊王；從父弟孝基為永安王，叔良為長平王，神符為襄邑王，德良為新興王；弟之子博義為隴西王，奉慈為渤海王；從父兄子道玄為淮陽王。太宗即位之初，曾就宗室封王事，詢問群臣：『徧封宗室，於天下利乎？』封德彝對曰：『前世唯皇子及兄弟乃為王，自餘非有大功，無為王者。上皇敦睦九族，大封宗室，自兩漢以來，未有如今之多者。爵命既崇，多給力役，恐非示天下至公也。』上曰：『然。朕為天子，所以養百姓也，豈可勞百姓以養己之宗族乎？』（《資治通鑑．唐紀八．武德九年》）於是降宗室郡王為縣公，唯有功者數人不降。然而分封制的本質是權力再分配，原是一姓之私天下如影逐形般的伴生物。李世民作為李唐王朝二世皇帝，在他面前也仍然擺著一個如何安置自己子弟，如何由宗親屏藩京師而又使之永不產生異心這樣一個棘手的問題。據《資治通鑑．唐紀》載錄，此事頗為曲折，幾乎貫串於整個貞觀之世。在太宗當國三、五年後，曾再次就封王問題諮詢於近臣。當時顏師古建議：「分王諸子，勿令過大，間以州縣，雜錯而居，互相維持，使各守其境，協力同心，足扶京室；為置官僚，皆省司選用，法令之外，不得擅作威刑。」至貞觀十一年（西元六三七年）六月，詔荊王元景等二十一王為諸州都督刺史，咸令子孫代代承襲，非有大故，無或黜免；同時又以功臣長孫無忌等十四人為刺史，亦令世襲，非有大故，無得黜免。這實際上是把分封制與州縣制結合起來，既安置了宗室和功臣，又不使相互串連，以至發生漢代七國之亂那樣的事。但這未免是一廂情願的舉措。京師畢竟是帝王之鄉，被封諸王硬是不肯離開長安，你又能奈他何？至貞觀十三年（西元六三九年），左庶子于志寧便以為「古今事殊，恐非久安之道，上疏爭之」；而長孫無忌等皆不願就國，上表固讓，甚至說這個辦法是「因延世之賞，致成勦絕之禍，良可哀愍」；又為自己鳴不平：「臣披荊棘事陛下，今海內寧一，奈何棄之外州，與遷徙何異！」太宗不由嘆息說：「割地以封功臣，古今通義，意欲公之後嗣，輔朕子孫，共傳永久；而公等乃復言怨望，朕豈強公等以茅土邪！」於是「詔停世封刺史」。這樣便廢止了功臣世封刺史之制，而諸王輪流去各地為刺史的制度還是保留了下來，且成為定制。皇兄弟、皇子皆封國謂之親王，親王之子承嫡者為嗣王；皇太子諸子為郡王，親王之子承恩澤者亦得為郡王，諸子則封郡公，其嗣王及特封王子孫承襲者，降授國公，無後者，國除。諸王到各地任刺史、都督，並無管轄地方的實權，通常都是在王府長史的監控之下。如太宗第五子齊王李祐，名義上領齊州都督，「初，帝（太宗）用王府長史、司馬，必取骨鯁敢言者，有過失輒聞，而祐溺群小，好弋獵，長史薛大鼎屢諫不聽，帝以輔王無狀，免之，更用權萬紀」。權萬紀此人，出身於侍御史，因告訐而有寵於太宗，魏徵曾為此而進諫過，說「萬紀等小人，不識大體，以訐為直，以讒為忠。陛下非不知其無堪，蓋取其無所避忌，欲以警策群臣耳。而萬紀等挾恩依勢，逞其姦謀，凡所彈射，皆非有罪。陛下縱未能舉善以厲俗，奈何昵姦以自損乎？」太宗這一次沒有聽從魏徵的諫言。的確，他也並非不知權萬紀的「無堪」，但他更不放心的是諸王在各地的作為，因而還是要用「挾恩依勢」、「無所避忌」的權萬紀去管束諸王。先是讓他去做有文武之才、聲望素高的吳王李恪的長史，倒也還能相安無事；這時便又命他去接替薛大鼎做齊王祐的長史。「溺群小、好弋獵」的李祐，養了一幫彎弓跨馬的哥們，權萬紀一到，通通將他們趕走，又將那些鷹犬放掉，還不許齊王出城門。如此這般，導致矛盾不斷激化，直到李祐不勝其忿，索性發兵射殺萬紀而據城作亂，太宗只得派李勣率師鎮壓。最後李祐被執送京師，賜死於內侍省。此例可以說明，唐代的諸王在地方上，依然受到朝廷控制，無力與之分庭抗禮。所以一旦朝內發生變故，如武則天臨朝稱制，諸王及宗室雖人人自危，眾心憤慨，卻無起而抗衡的實力。徐敬業起兵很快便被鎮壓下去；垂拱四年（西元六八八年）那次越王李貞及其子李沖起兵時，諸王莫有應者，因而不到二十日即告潰敗。此後，當武則天指使一批酷吏大開殺戒之時，諸王及宗室只有一個個束手待斃。

在分封諸王中還有一個更為棘手的問題，是如何處理太子與諸王之間的名分關係。如已立為太子的李建成與封為秦王的李世民，劍拔弩張之勢是早已形成的，但李淵軟弱而寡斷，結果是二強相爭，勝者為王，一場玄武門之變，殺了建成、元吉，李淵被迫禪位於李世民。貞觀初，如何處理太子李承乾與諸王的關係，同樣是一個難題。所不同的是太宗要勝過父親，他是一個強者，能夠控制事態。《貞觀政要》卷四載：「貞觀七年（西元六三三年）授吳王恪齊州都督，太宗謂侍臣曰：『父子之情，豈不欲常相見邪？但家國事殊，須出作藩屏。且令其早有定分，絕覬覦之心，我百年後，使其兄弟無危亡之患也。』」讓吳王之州，是為了確立太子與吳王之間的名分，避免將來因爭奪嗣位而引起爭鬥。太宗處理這個問題時，是相當清醒的，但有時候，理智是一回事，感情又是一回事。貞觀十一年（西元六三七年）侍御史馬周上疏道：「漢晉以來，諸王皆樹置失宜，不預立定分，以至於滅亡，人主熟知其然。但溺於私愛，故前車既覆而後事不改轍也。今諸王有寵遇之恩過厚者，臣之愚慮，不惟慮其恃恩驕矜也。昔魏武帝寵樹陳思，及文帝即位，防守禁閉，有同獄囚，以先帝加恩太多，故嗣王從而畏之也，此則武帝之寵陳思，適所以苦之也。且帝子何患不富貴，身食大國，封戶不少，好衣美食之外，更何所須？而每年別加優賜，曾無紀極。俚語曰：『貧不學儉，富不學奢。』言自然也。今陛下以大聖創業，豈惟處置見在子弟而已，當須制長久之法，使萬代遵行。」這些話的背景是太宗對他的第四子魏王李泰的寵賜過當，因而提醒不要像當年曹操寵愛曹植那樣，最終導致愛之適足以害之的惡果。從上述令吳王恪之州的那段話中可以看出，太宗是有足夠的理智來認識此種關係的，但就像曹植過人的才華使得曹操分外喜愛一樣，太宗亦因李泰的「少善屬文」而寵愛有加。在這裡，作為皇帝和作為普通人的感情是有矛盾的，但皇帝畢竟還是一個人，他的私人感情有時也無法不表露出來：「太宗以泰好士愛文學，特令就府別置文學館，任自引召學士。又以泰腰腹洪大，趨拜稍難，復令乘小輿至於朝所。其寵異如此」（《舊唐書・太宗諸子》）。這「寵異如此」的結果，卻是導致太子李承乾與魏王李泰之間為爭奪嗣位而進行的明爭暗鬥更加激化。到了貞觀十七年（西元六四三年），齊王李祐事件的發生，引發了皇帝與太子的直接衝突，太宗要廢太子李承乾的決心已下，但在諸子中選擇誰為皇儲卻舉棋難定，這其中也包含著作為父親的私人感情因素：既已決定廢承乾，卻又想在廢後保全他；既想立魏王泰，又擔心立後其他諸子的安全問題。幾經猶豫，最後在長孫無忌、褚遂良等的慫恿下，立了他的第九子，即諸子中最軟弱的晉王李治。長孫無忌主張立李治，除了李治是他的外甥，就看中他的懦弱，便於控制。太宗決定立晉王，卻有一番苦心。他說：「我若立泰，則是太子之位可經營而得。自今太子失道，藩王窺伺者，皆兩棄之，傳諸子孫，永為後法。且泰立，承乾與治皆不全；治立，則承乾與泰皆無恙矣。」（《資治通鑑・唐紀十三》）司馬光稱讚唐太宗的這一決斷為「不以天下大器私其所愛，以杜禍亂之源，可謂能遠謀矣」。後來的歷史卻告訴我們，這實在是一次大失策。李治正是由於他的軟弱和無能，最後被武則天玩弄於股掌之上，不僅太宗想保全的承乾、魏王泰以及吳王恪等等，一個個結局悲慘，連李唐王朝也差點易姓。當然如果我們再深一層想想，在皇權傳承問題上，某個帝王的得策或失策，自然也會產生一些或好或壞的歷史影響，但從根本上說，宮廷內部無休止的權力角逐，特別是世系嬗替之際的肉搏和火併，都是由封建帝王制度本身決定的，因而是不可避免的。現代社會採取公民普選的辦法，新一屆政府與舊一屆政府之間的權力交替，與封建家天下的代代相傳比較起來，就要平和得多。在這裡，「屆」與「代」不僅分別是兩種不同的政權組成形式的指稱，也是兩種不同的權力交替形式各以為別的標誌。不信試看中國兩千多年來的歷史，曾有哪一朝、哪一代能夠真正和平接班而與無情鎮壓和血腥殘殺絕緣呢？

唐制，諸親王皆得開府置官屬，如置傅一人，諮議參軍一人，友一人，文學二人，長史、司馬各一人等，詳本書第二十九卷。王府官以四考為限。王府並無封土，其加實封者，則食其封邑租調。凡諸王及公所食之封邑，皆以課戶充。州縣與國官、邑官共執文帳，準其戶數，收其租調，均為三分：一分入官，二分入國。自武德至天寶年間，實封者百餘家；至德二年（西元七五七年）至大曆三年（西元七六八年）為二百六十五家，凡食四萬四千八百六十戶。

三

凡太皇太后、皇太后、皇后之親分五等，皆先定於司封❶，宗正受而統焉。凡皇周親❷、皇后父母為第一等，準三品；皇大功❸親、皇小功尊屬❹，太皇太后、皇太后、皇后周親，為第二等，準四品；皇小功親、皇緦麻尊屬❺，太皇太后、皇太后、皇后周❻大功親，為第三等，準五品；皇緦麻親為第四等，皇祖免親❼、太皇太后小功卑屬❽，皇太后、皇后緦麻親及舅母姨夫，為第五等，並準六品。其籍如州縣之法❾。

凡大祭祀及冊命、朝會之禮，皇親、諸親應陪位豫會者，則為之簿書，以申司封。若皇親為王公，子孫應襲封者❿，亦如之。

丞掌判寺事。

主簿掌印及勾檢稽失⓫。

【章旨】敘述皇帝、太皇太后、皇太后、皇后諸親之等第。

【注釋】❶司封　指尚書吏部之司封郎中，掌邦國之封爵。❷周親　即喪服為期一年之親屬。長輩如祖父母、伯叔父母、在室之姑等，平輩如兄弟、姊妹、妻，小輩如姪、嫡孫。因喪禮中規定為一年之服，故稱周親。❸大功　古代喪禮有斬衰、齊衰、大功、小功、緦麻五服。大功為五服中第三服，服期九個月。其親屬範圍為堂兄弟，未嫁之堂姊妹，已嫁女為伯叔父母，為丈夫之祖父母，為自己之兄弟，舅姑為嫡之妻。❹小功尊屬　小功，喪禮五服中第四服，服期為五個月。其尊屬包括本宗之曾祖父母、伯叔祖父母、堂伯叔父母、未嫁祖姑、堂姑，外親為外祖父母、母舅、母姨等。❺緦麻尊屬　緦麻，喪禮五服中之末服，服期為三個月。本宗高祖父母、曾伯叔祖父母、族兄弟及未嫁族姊妹，又外姓中為表兄弟、岳父母等。尊屬，指緦麻親中輩分長於本人者。❻周　《唐會要》卷六五宗正寺引舊例無此「周」字，疑衍。❼祖免親　祖，錯字，應作「袒」。祖免，古代喪服之最輕者，已屬五服以外。只需袒露大臂、去冠括髮即可。其親屬關係，指同承高祖之父者。❽小功卑屬　卑屬與尊屬相對而言。指小功親屬中輩分小於本人者。❾其籍如州縣之法　指宗室屬籍，如州縣造戶籍之法。唐制，每歲一造計帳，三年一造戶籍。縣以籍成於州，州成於省，戶部總而領之。宗室之屬籍州由京師，京師則由宗正卿管轄，其籍名為皇唐玉牒，子孫疏遠者，則須降除。《唐會要》卷六五宗正卿條：「永徽二年（西元六五一年）九月二十一日，召宗正卿李博文問曰：「比聞諸親何以得有除屬者？」對曰：「以屬疏降盡故除，總三百餘人。」」亦有以罪除屬籍者，如玄武門之變後，曾下詔除李建成、李元吉屬籍。諸異姓賜姓為李者，則可轉而屬籍宗正寺。如高祖武德元年（西元六一八年），幽州總管燕郡王羅藝、曹國公徐世勣等，皆賜姓李氏並屬籍宗正寺。此外如杜伏威、竇建德等因降附而賜姓李氏，予屬籍宗正寺。❿皇親為王公子孫應襲封者　唐之封爵有九等，即王、郡王、國公、郡公、縣公、縣侯、縣伯、縣子、縣男。皇兄弟及皇子之封國為親王，皇太子諸子為郡王，郡王諸子為郡公，郡王子孫承襲者降授國公，諸王、公、侯、伯、子、男之承襲，皆以嫡子相承，若無嫡子則立嫡孫，無嫡孫則依次立嫡子同母弟，無同母弟則立庶子。其承襲亦須由宗正卿申報司封審核。⓫勾檢稽失　指勾檢公文所示事項處理中有否錯失或延誤規定日程。又，《舊唐書・職官志》此下尚有「錄事掌受事發辰」一句，似應補。上文已言宗正寺設有錄事一員，本書諸寺、監皆具錄事職掌，此處不應獨缺。

【語　譯】關於太皇太后、皇太后、皇后的各個親屬分為五等，都是先由尚書吏部的司封司郎中確定等第，宗正卿再據而統管。五個等第是：皇帝的周親、皇后的父母為第一等，相當於三品；皇帝的大功親和小功親的尊屬，太皇太后、皇太后、皇后的周親，都屬第二等，相當於四品；皇帝的小功親和緦麻親的尊屬，太皇太后、皇太后、皇后的大功親，都屬第三等，相當於五品；皇帝的緦麻親為第四等；皇帝的袒（袒）免親，太皇太后的小功親的卑屬，皇太后、皇后的緦麻親和舅母、姨夫，都屬第五等，相當於六品。關於各親屬的屬籍，參照州縣造籍的辦法。凡是在大祭祀以及冊命、朝會的禮儀活動中，皇親和太皇太后、皇太后、皇后的各親屬，按規定應陪位或預會的，宗正卿要事先為他們起草簿書，向吏部司封司申報。若是皇親被封為親王、郡王、國公、郡公、縣公，他們的子孫依制應承襲封爵的，亦由宗正卿申報吏部的司封司。

宗正丞掌管寺內的日常事務。

主簿執掌本寺的印信，和勾檢往來公文事宜處理中有無錯失或延誤。

四

崇玄署：令一人，正八品下；北齊有昭玄寺，掌釋、道二教❶，置大統一人、都維那三人❷，亦有主簿、功曹員，以管諸州、縣沙門❸；又鴻臚寺統典寺署，有丞一人❹。後周有司寂上士、中士❺，掌法門之政；又有司玄中士、下士❻，掌道門之政。隋置崇玄署令、丞❼。煬帝改佛寺為道場，改道觀為玄壇❽，各置監、丞。皇朝又為崇玄署令。又置諸寺、觀監，隸鴻臚寺，每寺、觀各監一人。貞觀❾中省。開元二十五年❿，敕以為「道本玄元皇帝⓫之教，不宜屬鴻臚。自今已後，道士、女道士並宜屬宗正，以光我本根。」故署亦隨而隸焉。其僧、尼別隸尚書祠部也。

丞一人，正九品下。北齊昭玄寺有僧祇部丞⓬。隋崇玄署丞一人，皇朝因之。

崇玄令掌京、都諸觀之名數⓭，道士之帳籍⓮，與其齋醮⓯之事；丞為之貳。

【章旨】敘述崇玄署令、丞之定員、品秩、沿革及職掌。

【注釋】❶北齊有昭玄寺掌釋道二教　據《隋書・百官中》北齊置昭玄寺，掌諸佛教，非釋道二教。昭玄寺之設置源於北魏，《魏書・釋老志》稱：「先是，立監福曹，又改名昭玄，備有官屬，以斷僧務。」北魏孝文帝太和十七年（西元四九三年）「詔立僧制四十七條」。北魏不僅中央設有昭玄寺，地方州郡亦有相應的管轄僧尼寺廟機構。❷置大統一人都維那三人　《隋書・百官志》載北齊「置大統一人，統一人，都維那三人」。北齊所承係北魏之制。維那為北魏地方僧官名。維取漢語綱維之義，謂統攝僧眾；那係梵文羯磨陀那之略，意為知事、授事。漢梵合稱為維那，其在臺省則稱都維那。北魏在州縣以沙門統為最高僧官，以維那副之，主本地僧人之制度、行旅文移及僧祇粟等事。在臺省者則稱大統。《魏書・釋老志》：孝文帝延興二年（西元四七二年）夏四月「詔曰：『比丘不在寺舍，遊涉村落，交通姦滑，經歷年歲。令民間五五相保，不得容止，無籍之僧，精加隱括，有者送付州鎮，其在畿郡，送付本曹。若為三寶巡民教化者，在外齎州鎮維那文移，在臺省齎都維那印牒，然後聽行，違者加罪。』」又如孝明帝熙平二年（西元五一七年）春「靈太后令曰：『年常度僧，依限大州應百人者，州郡於前十日解送三百人，其中州二百人，小州一百人。州統、維那與官及精練簡取充數。若無精行，不得濫採，若取非人，刺史為首，以違旨論，太守、縣令、綱僚節級連坐，統及維那移五百里外，異州為僧。』」上述詔與令可知維那、統之實際職掌。❸亦有主簿功曹員以管諸州縣沙門　《隋書・百官志》作「亦置功曹、主簿員，以管州、郡、縣沙門曹」。沙門，即僧，又稱桑門。昭玄寺非直接統轄州、郡、縣之沙門，而是通過功曹、主簿以管轄州、郡、縣沙門曹。❹典寺署有丞一人　《隋書・百官志》作鴻臚寺所設有「典寺署，有僧祇部丞一人」。❺後周有司寂上士中士　北周在春官府禮部下大夫之下設司寂上士，品秩正三命；司寂中士，正二命，掌佛門僧侶事務。❻司玄中士下士　北周在春官府禮部下大夫之下設司玄中士，品秩正二命；司玄下士，正一命，掌道觀、道士之事務。❼隋置崇玄署令丞　據《隋書・百官下》，隋在鴻臚寺下設崇玄署，置令一人，從八品下。未言有丞。❽煬帝改佛寺為道場改道觀為玄壇　煬帝，隋朝皇帝楊廣，在位十四年，終年五十歲。《隋書・百官下》：煬帝時「郡縣佛寺改為道場，道觀改為玄壇」。隋代道觀與佛寺分設機構各自管轄。❾貞觀　唐太宗李世民年號。❿開元二十五年　即西元七三七年。開元為唐玄宗李隆基年號。⓫玄元皇帝　唐代推崇道教，並以老子李耳作為李姓祖先，高宗乾封元年（西元六六六年）三月二十日追尊老子為太上玄元皇帝。此後一再給老子加尊號：天寶二年（西元七四三年）號為大聖祖玄元皇帝；八年（西元七四九年）加號為大聖大道玄元皇帝；十三年（西元七五四年）又加號為大聖高上大道金闕玄元皇帝。⓬北齊昭玄寺有僧祇部丞　《隋書・百官中》：北齊在鴻臚寺下設「典寺署，有僧祇部丞一人」。句中「昭玄寺」當是「典寺署」之訛。⓭京都諸觀之名數　指京師長安與東都洛陽道觀之名籍。《唐會要》著錄唐代道觀有：龍興觀、昊天觀、東明觀、宏道觀、太平觀、光天觀、景雲觀、景龍觀、福唐觀、金仙觀、玉真觀、咸宜觀、太真觀、安國觀、玄都觀、三洞觀、清虛觀、天長觀、五通觀、崇真觀、興唐觀、昭成觀、九華觀、王芝觀、新昌觀、華封觀、元真觀、福祥觀和宗道觀等共二十九所，大都由親王、公主之邸宅改建。⓮道士之帳籍　唐制，道士、女道士及僧尼之簿籍，亦三年一造，由州縣為之。僧尼一以留縣，一以留州，一以上祠部；道士、女道士一以上宗正，一以上司封。據《新唐書・百官志》，開元時全國有道觀一千六百八十七座，道士七百七十六人，女道士九百八十八人；佛寺五千三百五十八座，僧七萬五千五百二十四人，尼五萬零五百七十六人。⓯齋醮　道教設壇祭禱的一種儀式，即供齋醮神，用以求福免災。在唐代法定的齋醮有七：一是金錄大齋，二是黃錄齋，三是明真齋，四是三元齋，五是八節齋，六是塗炭齋，七是自然齋。

【語　譯】崇玄署：令，定員一人，品秩為正八品下。北齊設有昭玄寺，掌管釋道二教。設置大統一人，〔統一人，〕都維那三人。亦有功曹、主簿等定員，以管轄地方各州、縣的沙門曹。另外在鴻臚寺下有典寺署，設〔僧祇部〕丞一人。北周設置司寂上士、中士，掌管有關沙門的政令；另外又設司玄中士、下士，掌管有關道觀的政令。隋在鴻臚寺設崇玄署，置令、丞；煬帝時改州郡的佛寺為道場，道觀為玄壇，分別設置監和丞。本朝初期又置崇玄署，設有令。另外又設各寺觀監，隸屬於鴻臚寺，每寺每觀各設監一人。太宗貞觀時期省去了這一建置。玄宗開元二十五年下了一道敕文，以為「道教教義本於玄元皇帝的教導，由鴻臚寺管轄不適宜，從今以後，道士、女道士都應隸屬於宗正寺，以光大我李氏宗室的本根。」所以崇玄署也就隨著轉隸到宗正寺。至於佛教的僧尼則另外歸尚書禮部的祠部管轄。

丞，定員一人，品秩為正九品下。北齊昭玄寺（典寺署）設有僧祇部丞一人。隋崇玄署亦設有丞一人。本朝因承隋制。

崇玄署令的職掌是，管轄京師和東都各道觀的名籍，道士、女道士的籍帳，以及有關齋醮方面的事務；丞做令的副手。

【說　明】崇玄署這一建置，類似於現今宗教事務管理局一類機構，但在唐代，它只管道教，不管佛教；佛教另由尚書禮部下的祠部司管轄。從本章⑭注摘引《新唐書·百官志》的若干數字看，開元年間，全國佛寺數四倍於道觀，僧尼數則更六、七倍於道士、女道士，這說明在民間，佛教的影響遠遠超過道教。但李唐為了抬高自己身價，在把老子認作本家始祖的同時，又竭力推崇道教，提高其在朝參和齋會中的地位，在處理道佛二教關係中，明顯地尊此抑彼。《唐會要》卷四九載錄有關佛道立位問題的不少文獻，如太宗貞觀十一年（西元六三七年）十五日詔：「道士女冠宜在僧尼之前」；高宗上元元年（西元六七四年）規定：「道士、女冠在東，僧尼在西，不須更為先後。」但在武則天執政時，為了壓制李唐宗室，又把尊道抑佛的政策倒了個個：有意抬高佛教而貶低道教。天授二年（西元六九一年）四月二日敕令：釋教宜在道教之上，僧尼宜處道士之上。隨著武周時期的倉促終結，睿宗景雲二年（西元七一一年）四月八日的詔文，採取的似乎是折衷政策：「自今已後，僧尼、道士、女冠，並宜齊行並集。」到玄宗繼位，周而復始，彷彿又回到了唐初道前佛後的格局。開元二十五年（西元七三七年）七月七日的制文規定：「道士、女道士宜隸宗正寺。」因而把崇玄署從鴻臚寺劃出轉歸宗正寺管轄，而僧尼則另由禮部的祠部郎中檢校。本書第四卷和此卷相關敘述所反映的，正是唐代這一時期的體制。但把對宗教與宗室的管理混而為一，未免有點不倫不類，因而這種隸屬關係存在的時間並不長，天寶二年（西元七四三年）三月十三日頒發的制文，規定僧尼仍隸祠部，道士、女道士則改由司封檢校，不再隸宗正寺。在此前後，除如本章⓫注所言為老子接連加尊號外，又把《老子》奉為《道德真經》，追尊莊子為南華真人，所著《莊子》為《南華真經》，文子為通元真人，列子為充虛真人，庚桑子為洞靈真人等。

唐代在開元後期，還曾設置崇玄學於玄元皇帝廟，天寶元年（西元七四二年）在兩京各置博士、助教各一員，學生一百人。次年又改崇玄學為崇玄館，博士稱學士，助教稱直學士，另置大學士一人，以宰相為之，領兩京玄元宮及道院。這一機構實際上已取代了前期的崇玄署。德宗貞元四年（西元七八八年）罷崇玄館大學士而「置左右街大功德使、東都功德使、修功德使，總僧尼之籍及功役」（《新唐書・百官志》）。憲宗元和二年（西元八〇七年）二月又詔「僧尼道士同隸左右街功德使，自是祠部、司封不復關奏」（《唐會要》卷五〇）。

卷一七

太僕寺

卷目

太僕寺

卿一人
少卿二人
丞四人
主簿二人
錄事二人
府十七人
史三十四人
獸醫六百人
獸醫博士一人❶
學生一百人
亭長四人
掌固六人

乘黃署

令一人
丞一人
府一人
史二人
典事八人
駕事❷一百四十人
羊車小史八人❸
掌固六人

典廄署

令二人
丞二人
府四人❹
史八人❺

---

❶獸醫博士一人　新舊《唐書》官志並作「四人」。
❷駕事　廣雅本及新舊《唐書》官志皆作「駕士」。當據以改。
❸羊車小史八人　羊車小史，《舊唐書・職官志》作「羊車小吏」。其員數，則新舊《唐書》官志均為「十四人」。
❹府四人　《新唐書・百官志》同此，《舊唐書・職官志》則為「二人」。
❺史八人　《新唐書・百官志》同此，《舊唐書・職官志》為「六人」。

主乘六人
典事八人
執馭一百人
駕士八百人
掌固六人

典牧署

令三人
丞四人
府四人
史八人
監事八人
典事十六人
主輅七十四人❻
駕士一百六十人
掌固四人

車府署

令一人
丞一人
史二人
典事四人
馭士一百七十五人
掌固六人

諸上牧監

監各一人
副監二人❼
丞二人
主簿一人
錄事一人
府三人
史六人
典事八人
掌固四人

中牧監副監丞府各減一人典事史減二人❽

❻主輅七十四人　《新唐書・百官志》同此，《舊唐書・職官志》則為「五十人」。

❼副監二人　此條及此下均指每監各若干人，「各」字省略。正文同此。

❽中牧監副監丞府各減一人典事史減二人　此條中「典事、史」次序，據前「諸上牧監」目錄應為「史、典事」。又，典事之員數，此處相對於諸上牧監「典事八人」「減二人」，即「六人」；《新唐書・百官志》與此同，而《舊唐書・職官志》則為「四人」。

下牧監典事掌固減二人

沙苑監

監一人

副監一人

丞一人

主簿一人❾

錄事一人

府三人

史六人

典事四人

掌固二人

❾主簿一人 《舊唐書・職官志》作「二人」。

卷旨

本卷所記述的太僕寺，在唐代為九寺之一。太僕之職，《周禮》已有，秦漢時位居九卿。東晉以後，或置或省，至梁而始稱其官為太僕卿，北魏設太僕卿和少卿，北齊始置太僕寺，設驊騮、左右龍、左右牝、駝牛、司羊、乘黃、車府等署令、丞，建置趨於完備。隋承北齊，唐承隋制。唐太僕寺在高宗、武則天時，曾先後改名司馭寺、司僕寺，至中宗神龍時又恢復太僕寺舊稱。

唐太僕寺總領乘黃、典廄、典牧、車府四署，及諸監牧之官屬。四署各有分工：乘黃署依據不同禮儀場合為天子提供不同車輅，典廄署為諸牧監按規定配置相應的人夫及草料，典牧署掌管諸牧監馬、牛、羊及諸雜畜之出納，車府署則掌王公以下車乘的供應與馴馭方法。設置在隴右及河東雲中、鹽、嵐三州的諸牧監，專主馬、牛、羊及諸雜畜的養牧和孳生事宜。在太僕寺統轄之下，共有牧監六十五，基本囊括了當時全國的國有牧場，是唐王朝戰馬和驛傳用馬的供應基地。

太僕寺諸署的職掌，涉及到許多部門：在其上有尚書兵部的駕部司，諸署要執行駕部郎中的相關政令，並接受其對諸署官員的考課；左右平行的，與其他諸寺監之間，又有多種供需關係。如殿中省尚乘局所需的馬匹，尚輦局所需的車輦，尚食局所需的肉食，都離不開太僕寺的供應；此外，光祿寺的太官署，太常寺的廩犧署，所需用的牲畜，亦得由太僕寺的典牧署及沙苑監提供。諸衛所用的官馬，驛傳所需的驛馬，皆由本寺所轄的諸牧監簡送。

唐代太僕寺官署，亦分設於東西二京。在西京的，位於皇城承天門街之東，第六橫街之北，東面與太府寺為鄰，西面與宗正寺隔承天門街相望；寺的西北隅為乘黃署，別開北門，署內貯有輦輅之屬以及指南車及記里鼓車等。東都的太僕寺，在西朝堂之南，第四橫街之北，位於尚食局之西。隋時原為長秋監之地，唐武德初改為內侍省，武后時作司宮臺，開元八年（西元七二〇年）因王毛仲的建議，把太僕寺自安業坊移置於此。

太僕寺・乘黃署

【篇　旨】本篇敘述太僕寺卿、少卿、丞及其他屬官的定員、品秩、沿革和職掌；本寺所屬四署之一的乘黃署，以及帝王車制，包括五輅及其副車、屬車等，則是本篇下半部分的主要內容。

太僕，掌輿馬之事，在秦漢即被列為九卿之一。太僕不僅常侍於君王左右，有時皇帝出行還親自為之駕車。漢代第一任太僕夏侯嬰，與高祖劉邦同為沛人，一直追隨在劉邦左右，當劉邦被項羽追逐，苦於不可脫而欲拋棄車上一對子女時，是夏侯嬰冒死固救保全了他們，其中一子便是後來繼位的漢惠帝。夏侯嬰不僅為劉邦駕車，後來還相繼為惠帝和呂后駕過車，呂后死，又是夏侯嬰駕車迎代王入京，立為文帝。在漢代太僕地位的崇高，與這一段歷史因緣不無關係。此外，在漢代太僕還兼管農官並知馬政，特別是馬政，它在當時軍事、政治體制中具有舉足輕重的意義，是太僕維繫其地位的一個重要因素。漢太僕的屬官，見於《漢書・百官公卿表》的，除了車府令主乘輿路車外，其他令、丞監長，如大廄、未央、家馬、路軨、騎馬、駿馬、龍馬、閑駒以及邊郡六牧師苑，都屬太僕管轄。西漢武帝時，「廄馬有四十萬匹，時匈奴數寇邊，遣衛青、霍去病發十萬騎，并負私從馬凡十四萬匹，窮追大破匈奴。」（《通典・職官七》太僕卿條注）。可見當時騎兵已成為作戰的主力，因而馬匹的數量亦成了衡量軍事實力的主要標誌。東漢馬政的規模遠小於西漢，太僕的屬官較之西漢亦多有減省。魏晉以降，隨著馬政的削弱，太僕的地位亦逐漸下降。東晉及宋、齊，連太僕的機構也被省略了，只是到郊祀時，才權置太僕卿御車，事罷即省。太僕寺地位的再度上升，是在北齊和隋，這與河東、朔方、隴右諸地區畜牧業的恢復和發展是相聯繫的。至唐代，隴右牧馬業到達鼎盛時期，歐陽修在《新唐書・兵志》中便認為「秦漢以來，唐馬最盛」，太僕卿的地位也更進一步提高。而如果主持馬政的職能一旦從太僕寺駁離，那麼太僕雖仍居九卿，但其實際地位卻已大為下降。唐代開元、天寶後，在諸監牧之上設使，在諸使之上另設群牧都使或閑廄使，如玄宗時以王毛仲、肅宗時以李輔國居此職，直接對皇帝負責，太僕寺卿的職權便盡為其所奪。安史之亂後，西北監牧使一般為中官所領，如李輔國便是宦官；或由邊州節度使、刺史兼職，太僕寺更成了閑司。

乘黃署的職掌是分管乘輿車輅。關於王者五輅，雖早在《周禮·春官·巾車》中已有具體記述，但秦漢時帝王乘用的卻是金根車，到了晉武帝司馬炎時，方始依古制製作五輅。此後南朝的梁，北朝的北魏、北齊、北周以及隋，都有過製作。唐承隋制，其所製作車輅即如本篇第四章所列。但在唐代，它們實際上已僅是儀仗用車，不為帝王日常所乘用。即使參加禮儀活動，帝王們亦大都不願意使用五輅，如高宗，遇有大禮通常乘的是輦，武則天亦然。又如玄宗，開元十一年（西元七二三年）冬，祀南郊，乘輅而往，卻是騎馬而還。然在今天，我們卻可以從篇中所詳盡描述的大駕車隊的組合及五輅的規制中，看到服務於帝王制度的那種濃重的意識形態，車輅上每一件設置，每一個圖案，都含有鮮明的象徵意義，其所不斷重複地向人們顯示的無非是這樣一個主題：皇權的威嚴、神聖和永恆。

一

太僕寺：卿一人，從三品；《周禮》❶有太僕下大夫❷二人。穆王命伯冏為太僕正❸。《漢書·百官表》❹云：「太僕，秦官，掌輿馬❺，秩中二千石❻，有兩丞❼。屬官有大廄、未央廄、家馬三令，各五丞、一尉❽；又車府、路軨、騎馬、駿馬四令、丞❾；又龍馬、閑駒、橐泉、騊駼、承華五監❿長、丞；又邊郡六牧師苑令，各三丞⓫。又有中太僕⓬，掌皇太后輿馬，不常置。」《漢官儀》⑬云：「天子駕出，太僕御，屬車八十一乘⑭。」後漢有車府、未央廄、長樂廄令、丞⑮，魏因之。晉太僕銀章、青綬，五時朝服，進賢兩梁冠，佩水蒼玉，品第四⑯；丞一人，部丞五人；置功曹、主簿、五官等員；統典農、典虞都尉，典虞丞、牧官都尉，左、右、中典牧都尉，典牧令、諸羊牧丞，乘黃、驊騮、龍馬三廄令⑰。過江⑱省，其後又置。成帝咸和七年⑲，省併宗正；蓋有事則權置，無事則省。宋因晉不置，若如祀，則權置太僕執轡，事畢省⑳。齊亦如之㉑。梁天監七年㉒置十二卿，太僕與太府、少府為夏卿，統南牧，左、右牧，龍廄，內、外廄㉓，班第十㉔。陳因之。後魏太僕卿第二品上，又置少卿㉕；太和二十二年㉖，九卿並第三品㉗。北齊太僕寺㉘統驊騮㉙，左、右龍，左、右牝㉚，駝牛㉛、司羊㉜、乘黃、車府等署。後周依《周官》㉝。隋太僕寺統驊騮、乘黃、龍廄、車府、典牧、牛羊等署㉞。煬帝㉟降卿為從三品，減驊騮署入殿內省尚乘局，改龍廄曰典廄署，又有左、右駮阜㊱二廄，加置主乘、司庫、司廩官，罷牛羊署。皇朝因之，而省駮阜等諸官㊲。龍朔二年㊳改為司馭寺正卿，咸亨㊴中復舊。光宅元年㊵改為司僕寺，神龍元年㊶復故。

少卿二人，從四品上。後魏太和十五年㊷，九卿各置少卿一人，品第三上；二十二年㊸，降為正四品上。北齊因之。隋加至二員，煬帝降為從四品上㊹，皇朝因之。龍朔、咸亨、光宅、神龍隨寺改復。

太僕卿之職，掌邦國廄牧、車輿之政令，總乘黃、典廄、典牧、車府四署及諸監牧之官屬；少卿為之貳。凡國有大禮、大駕行幸㊺，則供其五輅㊻、屬車之屬。凡監牧所通羊、馬籍帳，則受而會之，以上於尚書駕部㊼，以議其官吏之考課。凡四仲之月㊽，祭馬祖、馬步、先牧、馬社㊾。

【章旨】敘述太僕寺卿、少卿之定員、品秩、沿革及職掌。

【注釋】❶周禮 儒家經典之一。係搜集周王室官制和戰國時各國制度，添附以儒家政治理想，增減排比而成之彙編。❷太僕下大夫 太僕，《周禮》夏官大司馬屬官。其職掌理規正王者在禮儀場合之服飾及站位，傳達王者政令及受理群臣上書。王者出入國門、宮門時，在乘車左側，為之翼駕前導。其爵位為下大夫。❸穆王命伯冏為太僕正 語出《尚書．周書．冏命》。穆王，周穆王。姬姓，名滿，昭王之子，後世傳說他曾周遊天下，《穆天子傳》即敘述其西遊故事。太僕正，官名。伯冏人名。《冏命》便是周穆王任命伯冏為太僕之冊書。穆王認識到臣僕對君主影響很大：「后德惟臣，不德惟臣。」因而勉勵伯冏要注意選用賢人，杜絕腐敗，若是違反職責，就要受到懲罰。❹漢書百官表 即《漢書》之〈百官公卿表〉。《漢書》，東漢班固撰，一百篇，分一百二十卷，我國第一部紀傳體斷代史。列有八表、十志，〈百官公卿表〉即八表之一，敘述秦漢官制沿革，並排比漢代公卿大臣之升降遷免。❺太僕秦官掌輿馬 太僕在秦漢地位頗高，居九卿之一，掌帝王車馬之供給。揚雄〈太僕箴〉：「肅肅太僕，車馬是供。」有時亦為皇帝駕車，如《漢書．夏侯嬰傳》：「以嬰為太僕，常奉車。」師古注：「為沛公御車。」西漢還兼管官府畜牧業，東漢又兼掌兵器製作、織綬等。❻秩中二千石 〈百官公卿表〉此句顏師古注：「中二千石者，月各百八十斛。」❼有兩丞 漢代九卿均有丞，通常為一員，事務繁劇者，則置兩丞或更多，故〈百官公卿表〉特為指明太僕「有兩丞」。太僕之有兩丞或與分左、右太僕和分左、右曹有關。❽屬官有大廄未央廄家馬三令各五丞一尉 大廄、未央廄、家馬廄，〈百官公卿表〉所列舉三馬廄。大廄，戰國秦置。《睡虎地秦墓竹簡．廄苑律》：「其大廄、中廄、宮廄馬牛殹(也)，以其筋、革、角及其價錢效，其人詣其官。」掌秦王所屬馬匹牛畜。西漢沿置，設令，東漢省。未央廄，未央宮為漢代最大宮殿，故置有本宮之乘輿車馬。東漢屬太僕，秩六百石。《後漢書・百官志》：「未央廄令主乘輿廄中諸馬。」據《漢書・外戚傳》，上官桀曾任職未央宮廄。家馬廄，〈百官公卿表〉此句顏師古注：「家馬者，主供天子私用，非大事戎事軍國所需，故謂之家馬也。」同表稱：「〔漢〕武帝太初元年（西元前一〇四年）更名家馬為挏馬。」注引應劭：「主乳馬，取其汁挏治之，味酢可飲，因以名官也。」如淳曰：「主乳馬，以韋革為夾兜，受數斗，盛馬乳，挏取其上肥，因名曰挏馬。」挏，意為攪拌。據此則家馬廄改為挏馬廄後，其職掌已由供天子私用馬匹轉為供應馬乳製品。又，《十六金符齋印存》有「未央廄監」印，說明未央廄除設令、丞、尉外，尚有監。❾車府路軨騎馬駿馬四令丞　此四令、丞亦為太僕屬官。車府、路軨掌車輿，騎馬、駿馬主馬匹。《史記・秦始皇本紀》載趙高曾任中車府令。《史記集解》引「伏儼曰：中車府令，主乘輿路車。」路軨，〈百官公卿表〉注引伏儼曰：「主乘輿路車，又主凡小車。軨，今之小馬車，曲輿也。」此類小馬車適合於宮內行駛。《三輔黃圖》卷三：「路軨廄在未央宮中，掌宮中輿馬，亦曰未央廄。」路軨廄掌宮中御馬，小馬車所需馬匹當由此而來。騎馬，廄名。《漢書・嚴安傳》稱嚴安曾為騎馬令，顏師古注：「主天子之騎馬也。」駿馬，亦廄名。《漢書・傅介子傳》載，傅介子先為駿馬監，後又為平樂監。❿龍馬閑駒橐泉騊駼承華五監　龍馬、閑駒、橐泉、騊駼、承華，皆馬廄名，或以地名，或以馬之來源命名。《漢書・百官公卿表》注引如淳曰：「橐泉廄在橐泉宮下；騊駼，野馬也。」顏師古注：「閑，闌，養馬之所也，故曰閑駒。騊駼，出北海中，其狀如馬，非野馬也。」《漢書・補注》引沈欽韓曰：「《黃圖》，大宛廄在長安城外，疑此之龍馬監也。又云：騊駼廄在長安城外。《漢官儀》：承華廄、騊駼廄，馬皆萬匹，令秩六百石。」《後漢書・百官志》注引《古今注》：「漢安元年（西元一四二年）七月，置承華廄令，秩六百石。」《後漢書・順帝紀》注引《東觀記》：「時以遠近獻馬眾多，園廄充滿，始置承華廄，令秩六百石。」或許西漢時稱承華監，東漢時則稱承華廄。兩漢馬監當不止此處所列五個，據《三輔黃圖》卷六所記尚有：「翠華廄、大輅廄、果馬廄、軛梁廄、騎馬廄、大宛廄、胡河廄、騊駼廄皆在長安城外」；「霸昌觀馬廄在長安城外」。又，《漢書・谷永傳》有交通廄，注引晉灼曰：「交通廄去長安六十里，近延陵。」

⓫邊郡六牧師苑令各三丞　養馬之處除稱廄、監外，在邊境地區則另設苑以養馬。〈百官公卿表〉此句顏師古注引《漢官儀》曰：「牧師諸苑三十六所，分置西、北邊，分養馬三十萬頭。」《後漢書・百官志》本注：「有牧師苑，皆令官，主養馬，分在河西六郡界中，中興皆省，唯漢陽有流馬苑，但以羽林郎監領。」《三輔黃圖》卷四：「三十六苑。《漢儀注》：太僕牧師諸苑三十六所，分布北邊、西邊，以郎為苑監宦官，奴婢三萬人，養馬三十萬匹，養鳥獸者通名為苑，故謂牧馬處為苑。」《漢印文字類纂》卷一二頁三有「北地牧師騎丞」印，在邊境之苑其面積大於內地之廄，官階則相同，三十六苑分屬於河西

六郡。苑之主管官員為令和丞。又，《漢書・百官公卿表》原文在「各三丞」之下尚有「又牧橐、昆蹏令丞皆屬焉」一句。牧橐、昆蹏二廄所養多良種名馬。《漢書》注引「應劭曰：『橐，橐佗。昆蹏，好馬名也。蹏，音啼。』如淳曰：『《爾雅》曰「昆蹏研，善升甗」者也，因以為廄名。』師古曰：『牧橐，言牧養橐佗也。昆，獸名也。蹏研者，謂其蹏下平也。善升甗者，謂山形如甑，而能升之也。蹏即古蹄字耳。』」又，《爾雅・釋畜》邢昺疏曰：「甗者，阪也，言騉善登高歷險，上下於阪，秦時有騉蹄苑是也。」可知漢之昆蹏苑名沿秦而來。⑫中太僕　皇太后卿。《通典・職官七・諸卿・內侍省》：「成帝加置太僕一人，掌太后輿馬，謂之皇太后卿，皆隨太后宮為官號，在正卿上，無太后則闕。」漢太后所居宮有長信宮、長樂宮、中安宮、永樂宮，故中太僕亦當冠以宮名。《後漢書・百官志》載大長秋屬下，設有「中宮僕一人，千石。本注曰：宦者。主馭。太僕，秩二千石，中興省『太』，減秩千石，以屬長秋。」⑬漢官儀　書名。《隋書・經籍志》著錄：《漢官儀》十卷，應劭撰。《後漢書・應劭傳》：「建安二年（西元一九七年）詔拜劭為袁紹軍謀校尉，時始遷都於許，舊章堙沒，書記罕存。劭慨然歎息，乃綴集所聞，著《漢官禮儀故事》。」諸書引或作應劭《漢官》。⑭天子駕出太僕御屬車八十一乘　指皇帝外出時，由太僕御車，其後隨從之屬車有八十一乘。《後漢書・輿服志》所記較此為詳，其文為：「乘輿大駕，公卿奉行，太僕御，大將軍參乘，屬車八十一乘，備千乘萬騎。」關於屬車，劉昭注引薛綜曰：「屬之言相連屬也，皆在後，為三行。」⑮後漢有車府未央廄長樂廄令丞　東漢太僕之屬官較西漢減省。其車府，設令一人，秩六百石。又有丞一人。《後漢書・百官志》本注曰：主乘輿諸車。未央廄，設令一人，秩六百石。本注曰：「主乘輿及廄中諸馬。」長樂廄，設丞一人。以上並非東漢廄苑之全部。據《後漢書・百官志》太僕本注，尚有左駿令廄，別主乘輿御馬，後或併省；漢陽有流馬苑，以羽林郎監領；順帝時尚置有承華廄。⑯自「銀章青綬」至「品第四」　指晉太僕之衣冠品第。銀章青綬，銀質之印章，青色之綬帶。漢制，九卿皆銀印青綬。五時朝服，指郊祀時，所服之朝服各如五方之色。魏以來名為五時朝服，實際只給四時朝服，闕秋服，三年一易。進賢兩梁冠，進賢冠即儒者之服，冠前高七寸，後高三寸，長八寸，有五梁、三梁、二梁、一梁之別，九卿皆冠兩梁。水蒼玉，指諸卿所佩之玉石，因其色青而有水紋故有此名。位居第四品。⑰自「統典農典虞都尉」至「乘黃驊騮龍馬三廄令」　《晉書・職官志》無「牧官都尉」，「典牧」作「車府典牧」。⑱過江　指晉東渡長江後所建立之東晉王朝。⑲成帝咸和七年　即西元三三二年。成帝，東晉皇帝司馬衍，字世根。在位十八年，終年二十二歲。咸和係其年號。⑳若如祀則權置太僕執轡事畢省　《宋書・百官志》作「郊祀則權置，太僕執轡，事畢即省」。㉑齊亦如之　《南齊書・百官志》：「將作大匠、太僕、大鴻臚，三卿不常置。將作掌宮廟土木，太僕掌郊禮執轡，鴻臚掌導護贊拜。有事權置兼官，畢乃省。」㉒天監

七年　即西元五〇八年。天監為梁武帝蕭衍年號。㉓統南牧左右牧龍廄內外廄　此句《隋書・百官上》「南」下有「馬」字，「內外廄」下有「丞」字。其文稱梁之「太僕卿，位視黃門侍郎，統南馬牧、左右牧、龍廄、內外廄丞。又有弘訓太僕，亦置屬官」。㉔班第十　梁武帝天監七年（西元五〇八年），徐勉為吏部尚書，改革選制，定十八班，以班多為貴。太僕卿列為第十班。㉕後魏太僕卿第二品上又置少卿　北魏孝文帝太和十七年（西元四九三年）初次職員令，太僕卿列六卿之一，位居第二品上，少卿列第三品上。㉖太和二十二年　即西元四九八年。據《魏書・官氏志》太和後制制定時間當在太和二十三年。㉗九卿並第三品　指太常、光祿、衛尉、太僕、廷尉、大鴻臚、宗正、大司農、太府九寺之卿，皆列第三品。㉘北齊太僕寺　北齊太僕寺屬九寺之一，掌諸車輦、馬牛、畜產之屬。置卿、少卿、丞各一人，並設有功曹、五官、主簿、錄事等員，以統諸署，署下設局。又領司訟、典腊、出入等三局丞。太僕卿居第四品上階。㉙驊騮　原為駿馬名，此處則指驊騮署，掌御馬及諸鞍乘。下有奉承、直長二人。㉚左右龍左右牝　指左、右龍，左、右牝四署。掌駝馬。四署各有局，諸局並有都尉。㉛駝牛　指駝牛署，掌飼駝、騾、驢、牛。下設典駝、特牛、牸牛三局。㉜司羊　指司羊署。掌諸羊。下設特羊、牸羊二局。㉝後周依周官　北周官制總體上依《周官》，但並未按《周官》設太僕下大夫及校人大夫，而於夏官府之駕部中大夫下設左、右廄上士、中士，左右廄閑長下士，典牝上士、中士，典牡上士、中士，典駝中士、下士，典羊中士、下士，獸醫上士、中士、下士。㉞隋太僕寺統驊騮乘黃龍廄車府典牧牛羊等署　據《隋書・百官下》隋太僕寺所統諸署，各置令二人，其中乘黃署、車府署則為一人；丞二人，其中乘黃署為一人，典牧牛羊則各為三人。此外又有獸醫博士員一百二十人。太僕卿秩為正三品。㉟煬帝　隋朝皇帝楊廣。在位十四年，終年五十歲。㊱阜　即「皁」字。㊲皇朝因之而省駿阜等諸官　唐初所承為隋煬帝時建置。煬帝時，建殿內省，將太僕寺之驊騮署劃入殿內省建尚乘局，而其龍廄則承北齊左、右龍而來。《隋書・百官志》載煬帝時「改龍廄曰典廄署，有左右駿阜二廄」。唐在尚乘局下不再設署、廄一級官員，而直接掌管十二閑，分左、右各六閑馬，下設奉御四人：一人掌左六閑馬，一人掌右六閑馬，一人掌粟草，一人掌鞍、韉、轡、勒及有關供馬調度之事。㊳龍朔二年　即西元六六二年。龍朔為唐高宗李治年號。㊴咸亨　唐高宗李治年號。㊵光宅元年　即西元六八四年。光宅為武后稱制時年號。㊶神龍元年　即西元七〇五年。神龍為唐中宗李顯年號。㊷太和十五年　即西元四九一年。太和為北魏孝文帝年號。㊸二十二年　指太和二十二年，即西元四九八年。疑當為太和二十三年，參見前㉖注。㊹煬帝降為從四品上　《隋書・百官志》：「煬帝即位，多所改革，三年定令，品自第一至于第九，唯置正從，而除上下階。」又，「光祿已下八寺卿，皆降為從三品。少卿各加置二人，為從四品。」據此，句末「上」字疑衍。㊺凡國有大禮大駕行幸　《太平御覽・職官二八・太僕卿》引《唐六典》原文此句，「大禮」下尚有一「及」字。㊻五輅 輅，綁縛於車轅以備人牽輓之橫木，亦以代稱車。五輅，指五種車，即本篇第四章正文所言之玉輅、金輅、象輅、革輅和木輅。㊼尚書駕部 指尚書省兵部之駕部郎中。本書第五卷第三篇載駕部郎中之職掌中有：「掌邦國之輿輦、車乘，及天下傳驛廄牧官私牛馬雜畜之簿籍，辨其出入闌逸之政令，司其名數。」駕部掌政令，太僕寺則是執行機關。故太僕寺所屬監牧之籍帳最後彙總於駕部，由駕部議其所屬官吏之考課。㊽四仲之月 指夏曆四季之仲月。即二月、五月、八月和十一月。㊾馬祖馬步先牧馬社 四馬神名。馬祖，即天駟。馬步，為災以害馬之神。先牧，始養馬者，其人未聞。馬社，始乘馬者。春祭馬祖，執駒；夏祭先牧，頒馬、攻特；秋祭馬社，臧僕；冬祭馬步，獻馬，講馭夫。其祭皆於大澤之中，用仲月之剛日。甲、丙、戊、庚、壬之日為剛日。

【語譯】太僕寺：卿，定員一人，品秩為從三品。《周禮》在夏官大司馬之下，設有太僕下大夫二人。周穆王曾任命伯冏為太僕正。《漢書・百官公卿表》中說：「太僕，秦朝已設有的官職，掌理君王輿馬的供給，俸秩為中二千石，有兩個丞做他的副手。屬官中有大廄、未央廄、家馬廄三令，各有五丞、一尉；又有車府、路軨、騎馬、駿馬四令和四丞；還有龍馬、閑駒、橐泉、騊駼、承華五監的長和丞；再有邊郡六牧師苑的令和各苑所設的三丞。另外還有中太僕，掌管皇太后的輿馬，有太后便設置，無太后就缺，所以沒有固定建置。」《漢官儀》中說：「天子大駕出行時，由太僕駕御天子的乘輿，後面有隨從屬車八十一乘。」東漢太僕的屬官有車府令、未央廄令、長樂廄令，每令都有丞。三國魏因承東漢的制度，亦設有太僕。在晉代，太僕佩銀章、青綬，穿五時朝服，戴進賢兩梁冠，佩水蒼玉，品秩居第四品；設丞一人，部丞五人；又置有功曹、主簿、五官等吏員。下屬統轄典農都尉、典虞都尉、曲虞丞、牧官都尉，左、右、中典牧都尉和典牧令，各羊牧的丞，以及乘黃、驊騮、龍馬三廄的令。渡江建立東晉後，一度省去了太僕，後來又重新設置。東晉成帝咸和七年，將太僕省去，職務併給宗正，如果有事，就臨時設一下太僕，沒有事就省掉。南朝宋因承東晉的體制，亦不置太僕，若有如（郊）祀，就暫且任命一個太僕，由他為御駕執轡，祭事完畢便省去。齊承宋制，也是這樣。梁在武帝天監七年，設十二卿，太僕卿與太府、少府二卿屬夏卿，統領的下屬有南牧，左、右牧，龍廄，內、外廄，品秩列第十班。陳因承梁的體制。北魏前制，太僕卿位列第二品上，又設有少卿；太和二十二（三）年後制，九卿一律位居第三品。北齊設太僕寺，統轄驊騮署，左、右龍署，左、右牝署，以及駝牛署、司事署、乘黃署、車府署等。北周仿照《周官》設置相應的衙署。隋朝所設的太僕寺統驊騮、乘黃、龍廄、車府、典牧、牛羊等署。〔隋初太僕卿正三品，〕煬帝時降為從三品，減去驊騮署併入殿內省的尚乘局，改龍廄為典廄署，下面又有左、右駮皂二廄，加置主乘、司庫、司廩等官職，撤銷牛羊署。本朝因承隋的體制，但省掉了駮皂等官職。高宗龍朔二年太僕寺卿改名為司馭寺正卿，到咸亨時期又恢復太僕寺舊稱。武后光宅元年，再次改名為司僕寺，神龍元年又恢復原來名稱。

少卿，定員二人，品秩為從四品上。北魏孝文帝太和十五年，九卿各置少卿一人，位列第三品上；到太和二十二〔三〕年，降為正四品上。北齊因襲北魏的體制。隋代將少卿的定員增加到二人。少卿的品秩，煬帝時降為從四品上。本朝因承隋制。在龍朔、咸亨、光宅、神龍年間，少卿的官名隨著寺名的更改而更改，恢復而恢復。

太僕卿的職掌是，分管國家有關廄牧和車輿的政令，總領乘黃、典廄、典政、車府四署，以及各個監、牧的官屬；少卿為卿的副職。凡是國家有重大典禮和大駕要外出巡行，太僕卿就要供應五輅以及隨從屬車一類乘具。凡是下屬監牧通報上來的有關羊、馬的籍帳，由太僕卿受理和彙總，再上報給尚書省兵部尚書所屬的駕部司，用以作為官吏考課的依據。一年之中的四個仲月，要分別在澤中祭祀馬祖、馬步、先牧、馬社四位馬神。

二

丞四人，從六品上；秦、漢太僕有兩丞，秩千石❶。後漢一人，魏、晉並因之❷。東晉宋省或置❸，宋、齊省❹。梁天監七年❺置十二卿，各有丞；列卿丞通視朝請，班第三❻。陳因之❼。後魏列卿丞從五品中，太和末，降為七品上❽。北齊丞一人，從六品下❾。隋太僕丞三人，品同北齊❿；大業五年⓫，加為從五品，皇朝復為從七品上⓬。武德⓭中減置二人，永徽⓮中加一人，開元⑮初又加一人。領獸醫博士、學生等。

主簿二人，從七品上；梁天監七年，十二卿各置主簿二人⑯；位不登十八班者，別置七班，主簿班第三。陳因之。北齊置一人，隋置二人，皇朝因之。武德中，品正第八⑰，貞觀⑱中，加至從七品上。

錄事二人，從九品上。

丞掌判寺事。凡補獸醫生皆以庶人之子，考試其業，成者補為獸醫，業優長者，進為博士。

主簿掌印，勾檢稽失⑲，省署抄目⑳。

錄事掌受事發辰㉑。

【章　旨】敘述太僕寺所置丞、主簿、錄事之定員、品秩、沿革和職掌。

【注　釋】❶秩千石　其俸月為九十斛。❷魏晉並因之　魏晉因東漢，列卿皆置丞。❸東晉宋省或置　據《晉書·職官志》：「太僕，自元帝渡江之後或省或置。」故句中「宋」當作「或」。❹宋齊省　宋齊不置太僕卿，有郊祀時則權置太僕卿執轡，事畢即省，故亦不設太僕丞。❺天監七年　即西元五〇八年。天監是梁武帝蕭衍年號。❻列卿丞通視朝請班第三　據《隋書·百官志》載：梁宗正、太府、衛尉、司農、少卿、廷尉丞班第四，光祿、太僕、大匠丞班第三，鴻臚丞班第二，與此處列卿丞皆為班第三有異。通視朝請，指均比照奉朝請，可以參加朝會。❼陳因之　《隋書·百官志》：陳十二卿丞，並秩六百石，品第八。❽太和末降為七品上　太和，北魏孝文帝年號。《魏書·官氏志》：太和後制，列卿丞列，第七品下階。疑句中「上」是「下」之訛。❾北齊丞一人從六品下　據《隋書·百官中》北齊列卿丞皆一人，六寺丞列第七品下階。❿隋太僕丞三人品

同北齊　隋太僕丞三人，六寺卿丞秩皆為正七品下階。⓫大業五年　即西元六〇九年。大業為隋煬帝楊廣年號。⓬皇朝復為從七品上　本條正文已定為從六品上。「七」當是「六」之訛。⓭武德　唐高祖李淵年號。⓮永徽　唐高宗李治年號。⓯開元　唐玄宗李隆基年號。⓰梁天監七年十二卿各置主簿二人　天監七年，即西元五〇八年。天監為梁武帝蕭衍年號。然列卿置主簿非始於梁。據《晉書・職官志》，晉時列卿已置主簿、五官、功曹等員。又，《職官分紀》卷一九太僕寺主簿條「二人」作「一人」，「置」作「署」。⓱品正第八　據《舊唐書・職官一》所錄〈武德令〉：九寺主簿為正六品下。⓲貞觀　唐太宗李世民年號。⓳勾檢稽失　一為勾檢公事處理有無違反制度；二為稽核是否在規定日程內處理完畢。⓴省署抄目　指省察和署理來往符文所抄錄之提要和目錄。㉑受事發辰　受事，指符文中所受之事由。發辰，是登記受事之始日。這些登錄便是主簿勾檢稽失的原始依據。

【語　譯】〔太僕寺：〕丞，定員四人，品秩為從六品上。秦漢時期，太僕設有兩丞，俸秩一千石。東漢，太僕丞定員為一人。魏晉都因仍東漢。東晉有時省去，有時設置。宋、齊都不設置。梁朝在武帝天監七年設置十二卿，各卿都有丞，丞品位比照奉朝請，班列第三。陳朝因承梁制。北魏各卿的丞，孝文帝太和前期都是從五品中，到太和末，下降為第七品上。北齊設太僕丞一人，品列正六（七）品下。隋太僕寺置丞三人，品秩初期與北齊相同，到煬帝大業五年，加為從五品。本朝重新定為從七（六）品上。高祖武德時期，太僕丞的定員減為二人，高宗永徽年間加了一人，玄宗開元初又加了一人。太僕丞統領獸醫博士以及學生等。

主簿，定員二人，品秩為從七品上。梁朝在武帝天監七年，十二卿各設置主簿二人；對位不登十八班的，又另外定了個七班制，主簿位居七班中的第三班。陳朝因承梁制。北齊太僕寺置主簿一人，隋則置二人，本朝因承隋制。高祖武德時期，主簿品秩為第八品，太宗貞觀年間加到從七品上。

錄事，定員二人，品秩為從九品上。

丞的職掌是，主管本寺內的日常事務。關於增補獸醫生，規定都選取庶人子弟，經過考試，學業合格的，便可補為獸醫；獸醫中業績優秀的，可以進升為博士。

主簿的職掌是，保管太僕寺的印信，勾檢和稽核來往公文事宜有無錯失或延誤，並省署符文的抄目。

錄事掌管登錄公文受理或發送的日程。

三

乘黃署：令一人，從七品下；乘黃❶，古神馬名，亦曰飛黃，背有角，日行萬里。《六韜》云：「乘黃震死❷。」《淮南子》❸云：「天下有道，飛黃伏皁❹。」然車馬職仝。後漢有未央廄令、長樂廄丞❺。至魏，遂改為乘黃廄，晉因之❻。宋太常屬官有乘黃令一人，掌乘輿金根車及安車、追鋒諸馬車❼。《齊職儀》❽云：「乘黃，獸名也，龍翼馬身，黃帝乘之而僊，因以名廄。乘黃令品第七，秩四百石，銅印，墨綬❾，進賢一梁冠❿，絳朝服⓫。」梁太常屬官有乘黃令、丞，三品勳位⓬。陳因之。後魏有乘黃令、丞。北齊掌諸輦輅。隋太僕寺統乘黃署令、丞⓭，皇朝因之，領駕士、羊車小史等。

丞一人，從八品下。魏有乘黃丞，晉因之。宋、齊並有乘黃令，無丞⓮。梁、陳、後魏、北齊、隋，並有乘黃丞，皇朝因之。

乘黃令掌天下車輅⓯，辨其名數與馴馭之法；丞為之貳。

【章旨】敘述乘黃署令、丞之定員、品秩、沿革及職掌。

【注釋】❶乘黃　傳說中神馬名。《初學記》卷二四引《符瑞圖》：「騰黃者，神馬也。其色黃，一名乘黃，亦曰飛黃，或作古黃，或曰翠黃，一名紫黃。其狀如狐，背上有兩角，出白民之國，乘之壽可三千歲，黃帝乘之。」❷六韜云乘黃震死

《六韜》，兵書。舊題周呂望撰，實為戰國及秦漢時期作品。六韜為文韜、武韜、龍韜、虎韜、豹韜、犬韜。韜即用兵之謀略。共六十篇二萬餘言。一九七二年山東臨沂西漢初期墓中有《六韜》殘簡出土。「乘黃震死」文不見於今本之《六韜》。《太平御覽》卷三二九兵部引文中則有：「紂為無道，武王於是東伐紂，至於河上，雨甚雷疾，王之乘黃振而死，旗旌折，陽侯沒。」❸淮南子　書名。亦稱《淮南鴻烈》。西漢淮南王劉安及其門客蘇非、李尚、伍被等著。《漢書・藝文志》著錄內篇二十一篇，外篇三十三篇，內篇論道，外篇雜說。現只流傳內篇二十一篇。以黃老思想為主，糅合儒、道、法、陰陽五行等思想，一般歸之於雜家著作。注本有東漢高誘《淮南鴻烈解》。❹飛黃伏皁　皁，即「皂」。通「槽」。牛馬槽。意謂若天子有道，則神馬飛黃便會自動來伏於馬槽中。❺後漢有未央廄令長樂廄丞　近衛校曰：「『令』當作『令』。」《職官分紀》卷一九乘黃令條引《唐六典》原注此句「今」作「令」。《後漢書・百官二》：「未央廄令一人，六百石。」本注曰：主乘輿及廄中諸馬；長樂廄丞一人。❻至魏遂改為乘黃廄晉因之　《晉書・百職官志》：太僕卿統乘黃廄。又，《宋書・百官上》：晉「乘黃令一人。掌乘輿車及安車諸馬。魏世置」。❼掌乘輿金根車及安車追鋒諸馬車　金根車，省稱金根。帝王所乘之車。古讖諱之說，帝王有德，則山出根車。傳說殷時曾得此瑞車，並以為大路，其色黃。秦時依其禮，以金飾諸末，因稱金根車，歷代相因。安車，可供坐臥之車，與立車相對而言，較立車低，有車蓋，如輜軿、轀輬車之類皆是。秦漢前多為王室婦女所乘，也以賜年高重臣，或以徵召有重望者，後一般高官也得以乘之。追鋒車，亦稱傳乘，一種快速驛車，亦用於軍事。鋒即「鋒」。《晉書・輿服志》：「追鋒車，去小平蓋，加通幰，如軺車，駕二。追鋒之名，蓋取其迅速也。施於戎陣之間，是為傳乘。」又，此句《宋書・百官志》作「掌乘輿車及安車諸馬。」《太平御覽》卷二三〇乘黃令條作「掌乘輿金根車及安車追鋒諸車馬」。❽齊職儀　書名。《隋書・經籍志》著錄《齊職儀》五十卷，齊長水校尉王珪之撰。《新唐書・藝文志》作《齊職官儀》。《南齊書・王逡之傳》：「從弟珪之，有史學，撰《齊職儀》。」❾銅印墨綬　銅質之印章，墨色之綬帶。古代官員佩印以其材質分金、銀、銅三等，繫印之綬帶亦以不同顏色區分尊卑。《東觀書》稱：「漢制，秩四百石以上皆銅印墨綬。」墨綬長一丈六尺，八十首，三綵：青、赤、紺。❿進賢一梁冠　進賢冠，古文儒者之服。前高七寸，後高三寸，長八寸，有五梁、三梁、二梁、一梁之分，六百石以下至於令史、門郎、小史並冠一梁。⓫絳朝服　亦稱具服。五品以上官員陪祭、朝享、拜表等大事服之。包括冠、幘、纓、簪導，絳紗單衣，白紗中單，黑領袖，黑褾、襈、裾，白裙襦（或衫），革帶，金鉤䚢，假帶，曲領方心，絳紗蔽膝，白襪，烏皮履，紛和鞶囊。⓬梁太常屬官有乘黃令丞三品勳位　據《隋書・百官志》，梁太常寺統乘黃令、丞，乘黃令為三品勳位，不包括丞。⓭隋太僕寺統乘黃署令丞　隋乘黃署設令、丞各一人，乘黃屬中等署，令之品秩為從八品上。⓮宋齊並有乘黃令無丞　據《宋書‧百官志》，宋置乘黃令一人，掌乘輿車及安車諸馬，屬太常寺。齊，據《南齊書‧百官志》，設乘黃令一人，掌五輅安車，大行凶器及轀輬車。其歸屬不明。⓯乘黃令掌天下車輅　據《太平御覽‧職官部》乘黃令條引《唐六典》原文作「乘黃令掌天子車輅」。句中「下」當作「子」。

【語譯】乘黃署：令，定員一人，品秩為從七品下。乘黃是古代神馬的名稱，也稱作飛黃。背上有角，一天能跑一萬里路。《六韜》中說：「乘黃被雷電震死。」《淮南子》說：「誰治理天下有道，飛黃便會來到他的馬槽。」然而車與馬的職司是相同的。東漢在太僕之下，設有未央廄令（令）和長樂廄丞。到了曹魏，才改名為乘黃廄。晉朝因承曹魏體制。南朝宋在太常寺的屬官中設有乘黃令，掌管乘輿的金根車以及安車和追鋒車等馬和車。《齊職儀》說：「乘黃，是獸名。龍的翅膀，馬的身子，黃帝乘了牠化作仙人而去，因而用牠的名稱來稱廄。乘黃令居第七品，俸秩為四百石，佩銅印墨綬，戴進賢一梁冠，穿絳紗朝服。」在梁代，太常寺的屬官有乘黃令和丞，列三品勳位。陳朝因承梁制。北魏亦設有乘黃令、丞。北齊的乘黃令掌管君王的各種輦輅。隋朝乘黃令、丞歸太僕寺統領，本朝因承隋制，屬下有駕士和羊車小史等。

丞，定員一人，品秩為從八品下。曹魏設有乘黃丞，晉朝因承魏制。宋和齊都設有乘黃令，但沒有置丞。梁、陳和北魏、北齊以及隋，都設有乘黃丞，本朝因承前制。

乘黃令的職掌是，管理天下（子）的車輅，熟悉各種車乘的名籍，以及馴化馬匹和駕馭車輛的方法；丞是令的副職。

四

凡乘輿五輅。《周禮》❶：「巾車式掌王五輅❷。」有玉、金、象、革、木之制❸。至秦，唯乘金根車❹。漢承秦制，以為乘輿❺。晉武帝始備五輅，為天子法車❻。宋、齊、梁、陳相因不絕。後魏五輅各依方色，並駕五馬❼。後周設六官，置司輅之職❽。皇帝之輅十有二等：一曰蒼輅，二曰青輅，三曰朱輅，四曰黃輅，五曰白輅，六曰玄輅，七曰玉輅，八曰碧輅，九曰金輅，十曰象輅，十一曰革輅，十二曰木輅❾。後閱視武庫，得魏舊物，有乾象輦❿，駕二十四馬；又有大樓輦車，駕二十牛⓫；又有象輦⓬，初駕二象，後以六駝代之，皆魏天興⓭中之所制也。宣帝⓮以來，皆服御之，兼以賜皇后。隋開皇元年⓯，以魏、周輿輦非古之制，皆廢毀，改造五輅⓰也。一曰玉輅，祭祀、納后則乘之；二曰金輅，饗射⓱、郊征還⓲、飲至⓳則乘之；三曰象輅，行道則乘之；四曰革輅，巡狩、臨兵事則乘之；五曰木輅，田獵則乘之。凡玉輅青質，以玉飾諸末⓴，駕六蒼龍㉑；金輅赤質，以金飾諸末，駕六赤駁㉒；象輅黃質，以黃飾諸末㉓，駕六黃騮；革輅白質，鞔之以革㉔，駕六白駱㉕；木輅黑質，漆之，駕六黑驪也。五輅皆重輿㉖，左青龍，右白獸，金鳳翅，畫苣文鳥獸㉗；黃屋㉘，左纛㉙，金鳳一㉚，在軾㉛前；十二鑾，在衡㉜；二鈴，在軾；龍輈前設障塵㉝；青蓋三層，黃裡，繡飾，上設博山、方鏡，下圓鏡㉞。樹羽㉟，輪金根、朱班、重牙㊱；左建旂十有二旒，皆畫升龍，其長曳地㊲，青繡綢杠㊳；右載闟戟，長四尺、廣三尺，黼文，旂首金龍，頭銜錦結綬及綏帶，垂鈴㊴；金鍐、方釳，插翟尾五焦㊵；鏤錫，鞶纓十二就㊶。闕〔旌旗、蓋、〕鞶纓，皆從輅質㊷。耕根車㊸青質，三重蓋，飾如玉輅。安車㊹金飾；重輿曲壁㊺；八鑾在衡；

紫油通幰，紫油纁朱裡㊻，朱絲絡網㊼，朱鞶纓，朱覆髮具絡㊽。四望車㊾，制同安車，金飾；八鑾在衡；青油通幰，青油纁朱裡，朱絲絡網。大駕㊿，則太僕卿馭；五輅，駕士百三十二人(51)，並平巾幘(52)、青衫、大口袴；千牛將軍(53)一人陪乘。

【章　旨】敘述帝王五輅之名稱、沿革及其裝飾和乘用場合。

【注　釋】❶周禮　儒家經典之一。係搜集周王室官制及戰國時各國制度，添附以儒家政治理想，增減排比而成之彙編。❷巾車式掌王五輅　句中「式」，據《職官分紀》卷一九乘黃令條引《唐六典》原注此句當作「氏」。巾車氏，《周禮》春官大宗伯屬官。掌公車之政令。設下大夫二人，上士四人，中士八人，下士四人。五輅，古代帝王五種不同用途之車輛。輅，原指綁縛於車轅前以備人牽引之橫木，亦用以代指車。五輅之名，如下文所列。❸有玉金象革木之制　即五輅之制。據《周禮·春官·巾車》，五輅之制要義為：一、玉路，馬之裝飾有當盧、樊、纓、十二就，車上建樹之大常有十二斿；祭祀時乘用。二、金路，馬之裝飾有鉤、樊、纓、九就，車建大旂；會賓客和封同姓諸王時乘用。三、象路，馬之裝飾有朱勒、樊、纓、七就，車建大赤旗；視朝和封異姓諸王時乘用。四、革路，馬之裝飾有龍勒、條纓、五就，車建大白旗；行軍和分封四衛蕃國時乘用。五、木路，馬之裝飾有淺黑色的樊，白色的纓，車建大麾；田獵及分封邊疆蕃國時乘用。❹至秦唯乘金根車　金根車，指以金為飾之車。根，指車諸部件之末端。《後漢書·輿服志》：「秦拜天下，閱三代之禮，或曰殷瑞山車，金根之色。漢承秦制，御為乘輿，所謂孔子乘殷之路者也。」❺承輿　近衛校曰：「『承』當作『乘』」。《職官分紀》卷一九乘黃令條引《唐六典》原注此句「承」亦作「乘」。❻晉武帝始備五輅為天子法車　晉武帝，西晉皇帝司馬炎，在位二十五年，終年五十五歲。《周禮》巾車氏之五路，是否符合三代帝王車制實際，史著缺乏明確記載。《禮記·明堂位》則謂：「鸞車，有虞氏之路也。鉤車，夏后氏之路也。大路，殷路也。乘路，周路也。」至秦漢，則以金根車為帝王之乘輿，晉武帝時始依《周禮》備五輅。《晉書·輿服志》稱：「玉、金、象、革、木等路，是為五路，並天子之法車，皆朱班漆輪，畫為虡文。」又，「玉、金、象三路，各以其物飾車，因以為名。革者漆革，木者漆木。其制，玉路最尊，建太常，有十二旒，九軔委地，畫日月升龍，以祀天。金路建大旂，九旒，以會萬國之賓，亦以賜上公及王子母弟。象路建大赤，通赤無畫，所以祀朝，亦以賜諸侯。革路建大白，以即戎兵，亦以賜四鎮諸侯。木路建大麾，以田獵，其麾色黑，亦以賜藩國。玉路駕六黑馬，餘四路皆駕四馬，馬並以黃金為文髦，插以翟尾。」❼後魏五輅各依方色並駕五馬　北魏太祖天興初，始命禮官捃採古事，制三駕鹵簿，然多違舊章。至孝文帝太和中，儀曹令李韶更議改正，唯備五輅，各依方色，其餘車輦，猶未能具。明帝熙平中，又詔侍中崔光等，大造車服，定制五輅，並駕五馬。北齊車制多承北魏，文宣帝天保中所乘，便是太和中李韶所制作之五輅。❽後周設六官置司輅之職　北周仿《周禮》，設天、地、春、夏、秋、冬六官府，於春官府設司車輅下大夫，正四命；小司輅上士，正三命，以掌公車之政令。北周任司車輅下大夫者，如裴漢、蔡澤等，分別見《周書》之〈裴寬傳〉、〈蔡祐傳〉。❾自「一曰蒼輅」至「十二曰木輅」　《隋書・禮儀五》著錄北周十二輅，對其不同用途及裝飾有扼要說明。其文稱：「一曰蒼輅，以祀昊天上帝；二曰青輅，以祀東方上帝；三曰朱輅，以祀南方上帝及朝日；四曰黃輅，以祭地祇中央上帝；五曰白輅，以祀西方上帝及夕月；六曰玄輅，以祀北方上帝及感帝，祭神州。此六輅通漆之而已，不用他物為飾；皆疏面旒（指馬首），就以方色，俱十有二。七曰玉輅，以享先皇，加元服，納后；八曰碧輅，以祭社稷，享諸先帝，大貞於龜，食三老五更，享食諸侯及耕籍；九曰金輅，以祀星辰，祭四望，視朔，大射，賓射，饗群臣，巡犧牲，養國老；十曰象輅，以望秩群祀，視朝，燕諸侯及群臣，燕射，養庶老，適諸侯家，巡省，臨太學，幸道法門；十一曰革輅，以巡兵即戎；十二曰木輅，以田獵，行鄉畿。此六輅又以六色漆而畫之，用玉、碧、金、象、革物以飾諸末；皆錫面（亦指馬首）金鉤，就以五采，俱十有二。」❿乾象輦　《魏書・禮志》：「乾象輦：羽葆、圓蓋華蟲、金雞樹羽、二十八宿、天階雲罕、山林雲氣、仙聖賢明、忠孝節義、遊龍飛鳳、朱雀玄武、白虎青龍、奇禽異獸，可以為飾者皆亦圖焉。太皇太后、皇太后、皇后助祭郊廟則乘之。」⓫大樓輦車駕二十牛　「二十牛」，疑為「十二牛」之誤。《魏書・禮志》：「大樓輦：輈十二，加以玉飾，衡輪雕綵，與輦輅同，駕十二牛。」《太平御覽》卷七七四引《唐六典》原注此句亦作「十二」。又，輦輅之衡輪雕綵為「四衡，轂朱班，繡輪，有雕虬、文虎、盤螭之飾。龍首銜扼，鸞爵立衡，圓蓋華蟲，金雞樹羽，蛟龍游蘇」。⓬象輦　《魏書・禮志》：「象輦：左右鳳凰，白馬，仙人前卻飛行，駕二象。羽葆旒蘇，龍旂旌麾，其飾與乾象〔輦〕同。太皇太后、皇太后助祭郊廟之副乘也。」《隋書・禮儀五》：「〔北周〕又有象輦，左右金鳳，白鹿仙人，羽葆旒蘇，金鈴玉佩，初駕二象，後以六駝代之。」⓭天興　北魏太祖道武帝拓跋珪之年號。⓮宣帝　北周皇帝宇文贇。在位二年，終年二十二歲。⓯開皇元年　即西元五八一年。開皇為隋文帝楊堅年號。⓰以魏周輿輦非古之制皆廢毀改造五輅　《隋書・禮儀志》稱：「開皇元年，內史令李德林奏，周魏輿輦乖制，請皆廢毀。高祖從之。唯留太和時儀曹令李韶所制五輅，齊天保所遵用者。又留魏熙平中太常卿穆紹議皇后之輅，其從祭則御金根車，親桑則御雲母車，並駕四馬；歸寧則御紫罽車，遊行則御安車，弔問則御紺罽輧車，並駕三馬。於後著令，制五輅。」

⑰饗射 《舊唐書・輿服志》作「鄉射」。古代射禮。鄉大夫舉薦賢能後，王者舉行鄉射之禮，以徵詢眾人對被薦舉人的意見。《周禮・地官・鄉大夫》：「厥明，鄉老及鄉大夫群吏獻賢能之書于王，王再拜受之，登于天府，內史貳之。退而以鄉射之禮五物詢眾庶：一曰和，二曰容，三曰主皮，四曰和容，五曰興舞。」所謂五物，是對習射人五項考核標準。和，指射時須志正體和；容，指容儀，射時進退周旋要合乎禮；主皮，即中鵠，要求射擊準確；和容，古射時有歌樂，要射擊動作能符合歌樂節奏；興舞，射時須作弓矢舞，要求準確、優美。⑱郊征還 《舊唐書・輿服志》、《新唐書・車服志》及《通典・禮二十四・嘉禮九》並作「祀還」。⑲飲至 古代在宗廟舉行的一種典禮。凡諸侯朝見、會盟、征伐完畢返還時在宗廟飲酒慶賀，稱飲至。《左傳・隱公五年》：「三年而治兵，入而振旅，歸而飲至。」⑳以玉飾諸末 指以玉石裝飾車之轅、衡、轂頭與軛等部件之末端。㉑蒼龍 馬名。指青蒼色之馬匹。㉒赤駮 《隋書・禮儀志》及《舊唐書・輿服志》俱作「赤騮」。騮，亦作駵，駿馬名。㉓以黃飾諸末 《舊唐書・輿服志》、《新唐書・車服志》皆為「以象飾諸末」，當是。指以象牙飾諸末。㉔輓之以革 用皮革包裹軓和輢稱輓。《文獻通考・王禮考十一・乘輿》引陳氏《禮書》：「革路輓而漆之，木路漆之而不輓。」㉕白駱 即白馬。白馬而黑鬣、黑尾稱駱。㉖重輿 輿，車廂，為人所居。重輿，指有前後二室之車廂。近年出土秦王所乘之二號銅車馬，其輿便分前後二室，四周有帷，上有頂，左、右、前三面有窗，輿後有門，上有車蓋；坐乘，御者外坐。㉗左青龍右白獸金鳳翅畫苣文鳥獸 指車輿上繪製之裝飾圖案。左為青龍，右為白虎；兩邊都有展翅之金鳳凰及火炬形等花紋。白獸，即白虎。因避景皇帝李虎名諱而改。苣文，火炬形圖紋。又，《通典》作「櫎文」，《舊唐書・職官志》作「簴文」。櫎、簴同。亦作虡。原為飾有鹿頭龍身之鐘鼓架，亦泛指此種文飾。《後漢書・輿服志上》王先謙集解：「黃山曰：〈董卓傳〉李注引《前書音義》：虡，鹿頭龍身神獸也。」故二書均指其所繪為鹿頭龍身文飾。㉘黃屋 以黃繒為裡之車蓋。《晉書・輿服志》稱：「青蓋，黃為裡，謂之黃屋。」其形如傘，有柄，以環立於輿與軾之間，用以蔽日擋雨。不固定，可以取下，王者下車時，則以蓋相從。《周禮・夏官・道右》：「王式（扶軾）則下前馬，王下則以蓋從。」㉙左纛 纛，古時皇帝乘輿之裝飾物，用犛牛尾或雉尾製成，因設於車衡之左，故稱左纛。《漢書・高帝紀上》：「紀信乃乘王車，黃屋左纛。」注引李裴曰：「天子車以黃繒為蓋裡。纛，毛羽幢也，在乘輿車衡左方上注之。蔡邕曰以犛牛尾為之，如斗，或在騑頭，或在衡。」應劭曰：「雉尾為之，在左驂，當鑣上。」師古曰：「應說非也。」㉚金鳳一 《後漢書・輿服志》作「鑾雀立衡」。徐廣注：「置金鳥於衡上。」㉛軾 亦作式。為車廂前供人憑倚之橫木。其形如半框，有三面。《釋名・釋車》：「軾，式也。所伏以式敬

者也。」㉜十二鑾在衡　十二鑾鈴在車之衡木上。鑾，鑾鈴。亦作鸞鈴。車乘之馬鈴，青銅製。《古今注・輿服》：「鸞口銜鈴，故謂之鸞鈴。今或為鑾，或為鸞，事一而義異也。」衡，車轅頭上之橫木。《說文解字》：「人君乘車，四馬鑣，八鑾鈴，象鸞鳥小聲，聲和則敬也。」㉝龍輈前設障塵　輈，即「轅」。壓於車軸，伸向前端用以駕牛、馬之直木或曲木。帝王乘車之轅特稱龍輈。設於輈前以遮蔽馬蹄揚起塵土之布蓋稱障塵。㉞自「青蓋三層」至「下圓鏡」　此段文字，《舊唐書・輿服志》、《新唐書・職官志》、《通典・禮二十四・五輅》均為正文，非注文。青蓋三層，黃裡，繡飾，是描述黃屋之形制。蓋，如傘；三層，即蓋分成上、中、下三層。蓋之表為青色，飾有花紋；其裡為黃繒。傘在三層青蓋之間，有二層空間，上層設方鏡，下層設圓鏡，並飾有山形狀花紋。《通典・禮二十四・五輅》敘述隋制稱：「青蓋黃裡繡斿帶，金博山。綴以鏡子，下垂八珮。」㉟樹羽　懸掛於青蓋周邊有若樹枝或羽毛，能隨風飄揚一類飾物。㊱輪金根朱班重牙　輪，指車輪。輪之外周稱牙，重牙即雙層之輪圈。其所以稱牙，本字作枒，因輪圈是由若干彎曲之木拼接而成，相接之處有齒牙交叉使之固定。《後漢書・輿服上》注引《周禮》曰：「牙也者，以為固抱也。」鄭眾曰：「牙謂輪輮也，世間或謂之輞。」金根，指以金飾輪之諸條輻。《乘輿馬賦》注：「金根，以金為飾。」朱班，以朱紅漆輪之轂。轂是輪之中心。班，通「般」。盤旋，借以指轂。㊲左建旂十有二旒皆畫升龍其長曳地　此句言五輅左側所建樹之旂其形制及裝飾。旒，亦作斿、旆。古代旌旗下邊懸垂之飾物。升龍，指旒上所畫為龍之飛升圖形。其長曳地，指旒之長度幾乎及地。此旂之規制與古代天子立路所樹之太常相等，同為十二旒。《周禮・春官・巾車》：玉路「建太常，十有二斿。」太常所畫為日、月、星三辰。漢代金根車所建之大旂，隋代五輅所建之太常，並為十二旒，亦畫日、月及升龍。唐制即由此而來，唯減去日、月。㊳青繡綢杠　以有文繡之青綢裝飾蓋柄。杠，亦作桯，車蓋柄之下節。車蓋柄一般由上下兩節組成，上節稱達常，下節稱杠，中間以銅箍相接。《考工記・輪人》：「輪人為蓋，達常圍三寸，桯圍倍之，六寸。」鄭玄注引鄭眾曰：「桯，蓋杠也。」又，此句不見於《通典・禮二十四・五輅》及《舊唐書・輿服志》，《新唐書・車服志》則也有此四字。㊴右載闟戟長四尺廣三尺黼文旂首金龍頭銜錦結綬及綏帶垂鈴　此句言載於五輅右側之闟戟其形制及裝飾。闟戟，古代兵器。《史記・商君列傳》：「持矛而操闟戟始。」實即棨戟，由兵器演化而成之儀仗。戟是可刺可鉤之長兵器，為戈與矛之合體。棨戟則其杆外有繒衣或油漆。《隋書・禮儀志》敘述陳之五輅，有「加棨戟於車之右，韜以黻繡之衣，獸頭幡長丈四尺，懸於戟杪」。黼文，當指戟外之繒衣繡有黼紋。黑白相間之斧形紋飾。《通典・禮二十四・五輅》作「黻文」。黻文為黑與青相間紋飾，作亞字形。長四尺、廣三尺，指懸掛於闟戟末端之獸頭幡之長度與寬度。旗幡上繪有金龍頭，龍口銜有錦結綬帶及綏帶和垂鈴。㊵金鑁方釳插翟尾五焦　此言駕車馬之馬冠及其裝飾。鑁，字書無此字。當作「鍐」。金鍐，亦作金鋑、金爰。馬冠。方釳，亦稱防釳，省稱釳。馬首飾物。《後漢書·輿服志》李賢注引蔡邕《獨斷》曰：「金鍐者，馬冠也。高廣各五寸，上如王華形，在馬髦前。方釳，鐵也。廣數寸，在馬鍐後，後有三孔，插翟尾其中。」薛綜曰：「釳中央低，兩頭高，如山形，而貫中翟尾結著中。」《晉書·輿服志》注：「金爰謂以金爰為文。釳以鐵為之，其大三寸，中央低兩頭高，如山形，貫中以翟尾而結著之也。」翟尾，雉尾羽毛。五焦，五小撮。㊶鏤錫鞶纓十二就　此言馬首、馬胸飾物。鏤錫，著於馬額，因亦稱當朧、當盧。其形如半月，用銅鏤刻而成，所刻多為獸面狀。《說文解字》：「錫，馬頭飾也。」《晉書·輿服志》：「錫在馬面，所謂當顱者是也。」鞶纓，亦稱樊纓、繁纓。綴於馬鞅下之索裙狀裝飾物，以皮革或牦牛尾製成，或為穗狀，套於馬頸。長沙西晉墓出土之冠服俑馬胸前懸有此物。舊注或以為鞶纓為鞶帶與鞅，或以為縱橫於馬胸頸間之革帶，其說不一。如《周禮·春官·巾車》鄭玄注：鞶「謂今馬大帶也。鄭司農云：『纓謂當胸。』」賈公彥引賈逵、馬融曰：「鞶纓，馬飾，在膺前，十有二帀，以牦牛尾舉金塗十二重。」蔡邕《獨斷》卷下：「繁纓在馬纓前，如索裙。」十二就，即十二匝。㊷闕　鞶纓皆從輅質　此處闕文，據《新唐書·車服志》為「旌旗蓋」三字。姑據以補，並以方括號標出。旌旗，指建於五輅之旂和旛。蓋，即黃屋。全句意謂旌旗、黃屋表面以及鞶纓的顏色都依照輅車的底色。㊸耕根車　帝王耕籍田時所乘之車。《隋書·禮儀五》：「耕根車，案沈約云：『親幸耕籍御之。三蓋車，一名芝車，又名耕根車。置耒耜於軾上。』即潘岳所謂『紺轅屬於黛耜』者也。」㊹安車　古代車多立乘，安車則為可供坐臥之車。形制較立車低，行駛緩慢，可以安坐，故名。《禮記·曲禮上》：「大夫七十而致事……適四方，乘安車。」鄭玄注：「安車，坐乘，若今小車也。」《晉書·輿服志》：「坐乘者謂之安車，倚乘者謂之立車，亦謂之高車。」唐制，宮內之安車，為帝王臨幸時乘用。㊺曲壁　指弧形之車壁。㊻紫油通⿰車憲紫油纁朱裡　⿰車憲，即「幰」。張於車篷上方之布幔。前後貫通稱通幰，只張前部稱偏幰。用油布製作為油幰。意謂以紫色油布製作而前後貫通之車幔，絳紅色之襯裡。㊼朱絲絡網　在車帷上掛有紅色絲線絡繩織成網狀以為裝飾。《後漢書·劉盆子傳》：「乘軒車大馬，赤屏泥，絳襜絡。」李賢注：「襜，帷也。車上施帷以屏蔽者，交絡之以為飾。」㊽朱覆髮具絡　《舊唐書·輿服志》作「朱覆鬉髮，貝絡」。此句脫一「鬉」字；「貝」訛為「具」。鬉即「鬃」字。馬頸上之長毛。㊾四望車　有車窗可四望，故有此名。又因輪轂施黑漆，亦稱皂輪車。《晉書·輿服志》：「皂輪車，駕四牛，形制如犢車，但皂漆輪轂，上加青油幢，朱絲繩絡。」《舊唐書·輿服志》：「四望車，制同犢車。金飾，八鑾在衡，青油纁，朱裡通幰，朱絲絡網。拜陵、臨弔則供之。」㊿大駕　漢制，乘輿大駕，備車千乘，騎萬匹，屬車八十一乘；公卿奉行，太僕大將軍參乘。唐大駕屬車十二乘。大駕若出行，分前後，於鹵簿之內；若陳設，則分左右，施於衛內。其鹵簿制，見《開元禮》。51駕士百三十二人　正德本及廣池本均作「駕士各三十二人」。52平巾幘　亦稱平上幘。漢代初行，至魏晉為武官所戴一種平頂頭巾，隋唐時文武官皆服，天子、皇太子騎馬亦服之。《通志・器服一》：「武弁、平巾幘，諸武職及侍臣通服之。侍臣加金璫附蟬，以貂為飾。侍左者左珥，侍右者右珥。」53千牛將軍　指左、右千牛衛將軍。掌宮殿侍衛及供御之儀仗。

【語譯】關於天子的車輅，共有五種：《周禮》規定：「巾車式（氏）掌理帝王的五輅。」有玉、金、象、革、木五輅。到秦朝，皇帝只乘一種金根車。漢代沿襲秦朝的制度，以金根車為帝王的承（乘）輿。晉武帝時，才開始置備五輅，作為天子的法車。此後，宋、齊、梁、陳都相繼因承，從未斷過。北魏把五輅漆成五方之色，都用五匹馬駕車。北周依照《周官》設置天、地、春、夏、秋、冬六官，在春官府設置司輅下大夫的職務。皇帝的車輅分成十二等：一是蒼輅，二是青輅，三是朱輅，四是黃輅，五是白輅，六是玄輅，七是玉輅，八是碧輅，九是金輅，十是象輅，十一是革輅，十二是木輅。在檢閱武庫時，發現了北魏輿輦的舊物，其中有乾象輦，要用二十匹馬駕馭；又有一種大樓輦車，用二十條牛駕車；還有象輦，起初是用二匹象拖拉，後來用六匹駱駝來代替。這些都是北魏太祖天興年間製作的。北周宣帝以來，都曾經被使用過，並同時賞賜給皇后乘用。到隋朝開皇元年，以為北魏、北周那些輿輦的製作，不是遵循古代的規制，因而都被廢毀，重新改造和製作五輅。一是玉輅，君王祭祀、納后時乘用；二是金輅，饗（鄉）射、郊征（祀）歸還和舉行飲至禮時乘用；三是象輅，行道時乘用；四是革輅，巡狩、臨兵時乘用；五是木輅，田獵時乘用。玉輅的底色是青色，用玉石裝飾車輅各個部件的末端，由六匹蒼龍馬駕馭；金輅的底色是紅色，用金裝飾車輅各個部件的末端，由六匹赤騮馬來駕馭；象輅的底色是黃色，用黃色（象牙）裝飾各個部件的末端，由六匹黃騮馬駕車；革輅的底色是白色，用皮革包裹各個部件，用六匹白駱馬駕車；木輅的底色是黑色，用六匹黑色的驪馬駕車。五輅都設置重輿，左邊繪上青龍，右邊繪上白虎，還有展翅的金鳳、火炬、鳥獸等圖紋。撐著用黃繒做襯裡的車蓋，車衡左方有用毛羽製成的纛做裝飾，中間軾前有一隻金鳳。衡木上掛十二鑾鈴，軾前亦有二鈴，車轅的前面設有障塵。車蓋的面是青色的，有三層，襯裡是黃色的，繡有各種花紋；上層設方鏡，周圍有博山狀的花紋，下層則綴以圓鏡。車蓋的邊緣用樹羽做裝飾。車輪的輪圈是雙層的，條輻飾以金色，輪轂漆成紅色。車輅的左側樹起大旂，旂上有十二旒，都畫有飛騰的龍的圖形，旒長到快要拖到地。車蓋的柄用有文繡的青綢裝飾。車的右側插上闟戟，戟囊有繒衣，繡上黼(黻)紋，戟的杪末有幡，長四尺，寬三尺，旂首繪有金龍，龍首銜有錦製的綢帶和綏帶，繫著垂鈴。駕車的馬的頭上戴有金鍐(錽)方釳，插有五支翟尾；馬額上飾有鏤錫，馬胸前有鞶纓，圍胸十二匝。〔輅車上的旌旗、車蓋、〕鞶纓都與輅車同一種顏色。根耕車，底色是青色，三重蓋，其他的裝飾與玉輅相同。安車，用金裝飾，重輿曲壁，衡木上有八個鑾鈴，紫色的油布通幔，絳紅色的襯裡，用朱紅色的絲線織成網絡狀作為裝飾。馬胸前是紅色的鞶纓，覆鬃也是紅色的，並用具(貝)絡做裝飾。四望車，製作的式樣與安車相同，亦用金飾，八個鑾鈴掛在衡木上，青色的油布通幰，絳紅色的襯裡，用朱紅色的絲線織成網絡狀作為裝飾。若用大駕，則由太僕卿馭車，五輅各設駕士一百三十二人，都穿戴平巾幘、青衫、大口褲，並有千牛將軍一人陪乘。

【說　明】關於五輅的記載，最早見於《周禮·春官·巾車》，玉路、金路、象路、革路、木路之名，已經全備。同書王者又有喪車五乘：木車、素車、藻車、駹車、漆車；戎車五乘：戎路、廣車、闕車、苹車、輕車。此外還有王后五路和服王事者所用的服車五乘等等。這些名目繁多、規制各異的車乘，包括與之相應的駕車的馬匹及其裝備裝飾，都因為畢竟年代久遠而無法讓我們親眼目睹那實物原貌，以至歷史上是否真正存在過也難以詳考。使我們感到欣喜的是，近年在山西省曲沃縣北趙村發掘了十七座諸侯墓，上起晉國第三代武侯下至第十代文侯的墓地，時間跨度為從西周中期早段至東周春秋初年。其中晉獻侯蘇的墓地有一個目前所知西周時期最大的車馬坑，為我們瞭解古代帝王公侯的車輿之制提供了不少珍貴的實物佐證。儘管由於這項發掘尚在進行中，主事部門按規定不能提供照片和正式報告，但先睹為快的記者卻為我們作了發掘現場的實地報導。下面是《文匯報》記者徐曉蔚發表於該報一九九八年四月三日第六版的〈百馬橫陳驚魂魄——晉侯墓地八號車馬坑發掘先睹記〉一文的摘錄：

車馬坑位於已經回填的八號墓東側，坑上現在建了一座巨大的工作棚。走進工作棚可以看到一個長二十一米、寬十六米的長方形陪葬坑。車和馬在坑內是分開落葬的。馬坑在東邊，約一百多平方米，佔總面積三分之一，現已挖完。記者走到坑邊，一幅驚心動魄的圖景橫陳眼前：在七米深的坑底，密密麻麻地排列著一副副馬屍的完整骨架，看上去白森森一片，總共有百餘匹之多，排成一個龐大的「死亡戰陣」。據考古工作者分析，這些馬是被打暈後推下坑去的，在填土掩埋的過程中，許多馬驚醒並瘋狂掙扎，現出挖出的屍骨逼真地保留著臨死前的各種動態。在西南角的一具屍骨頭顱高高昂起半米多，似在悲嘶，四肢呈蜷縮發力狀；好幾匹馬大幅度地揚起前蹄或後蹄，若干個局部則是馬屍重疊，足以想見當時互相殘踏蹬踹的場面。

車坑與馬坑隔著一道約四十釐米寬的土樑，目前車坑挖至三米深，到了夯土層，預期在年內挖完。從其他墓中零星出土的車輛來看，估計坑內有木製轎車、戰車、運輸車等多種型制，大約四十輛左右。車坑的考古價值比馬坑高得多，挖掘難度也大，因為木頭不比骨頭，更不比青銅、玉器，經二千四百多年早已朽爛成痕，要讓它出土後獨立「站」起來，沒有高科技是絕對辦不到的。據介紹山西省考古研究所正與復旦大學高分子材料專業的科技人員進行合作，去年已對馬坑的屍骨作了表面噴塗處理，使其硬化，今年將用高分子材料對車坑的木車的朽痕作難度更高的噴塗、滲透等保護性處理。

據《史記》記載，這八號墓墓主晉獻侯姓姬名籍，《世本》及譙周則皆稱其名蘇，在位不過九年，時間相當於周宣王時期，即約西元前八世紀。他僅是一個侯，死後居然也有如此規模的車馬坑，生前擁有的車馬自然不會低於此制。這大致可以證實，《周禮・春官・巾車》中關於王者五輅一類記載，還是有所根據的。古代天子、諸侯都配備有一支裝備精良的車隊，以適應各種禮儀和政務活動的需要。晉侯八號墓這支陪葬的車馬隊伍，當是墓主姬籍生前的隨身儀仗。當然它與那氣勢恢宏的秦皇陵兵馬俑，和漢皇帝在甘泉祭祀太乙時「車千乘，馬萬匹」的儀仗隊比較起來，畢竟還不可同日而語。古代帝王似乎把他的車馬隊視為流動的宮殿，要充分體現其至高無上的尊嚴和權威，因而歷朝都十分重視乘輿的建置。本章原注認定首次依照《周禮・春官・巾車》所載規制製作五輅，始於西晉武帝司馬炎，也許我國考古工作者將來有更驚人的發掘將此時限提前，但到目前為止它還是有文獻為據的最早時限。晉以後南朝的梁，北朝的北魏、北齊、北周亦有過類似製作，其中北周之制更其繁雜，到隋文帝開皇時和煬帝大業初年又重新依據古制製作了五輅。唐在武德四年（西元六二一年）始定衣服車輿之令，製作自己的五輅。但在唐代，五輅實際上僅作鹵簿儀仗之用，並非帝王日常乘用的車輦。《通典・禮九・五輅》稱：五輅及其屬車，「大駕行幸，則分前後，施於鹵簿之內；

若大陳設則行分左右，施於儀仗之中。高祖、太宗大禮則乘輅。高宗不喜乘輅，每有大禮則御輦，至武太后以為常。玄宗以輦不中禮，廢而不用。開元十一年（西元七二三年）冬，禮南郊，乘輅而往，禮畢騎還。自是行幸郊祀皆騎儀仗之內。其五輅腰輿，陳於鹵簿而已。」

五

五輅皆有副車。按：蔡邕《獨斷》❶云：「五輅之外，復設五色安車、立車各一乘，皆駕四馬，是為五輅副車❷。」故張良擊始皇，中副車❸。《魏志》❹云：「天子命太僕❺駕金根，六馬，設五時副車。」江左乃闕，至〔梁〕始備❻。隋開皇十四年始造五輅及貳❼，皇朝因之❽。**又有指南車、**崔豹《古今注》❾云：「指南車❿，舊說云周公⓫所作也。周公理致太平，越裳氏⓬重譯來獻，使者迷其歸路，周公錫以軿車⓭五乘，皆為司南之制⓮，使越裳氏載之，周年而至其國。故常為先導，示服遠人，而正四方也。」秦、漢其制無聞⓯。後漢張衡⓰始復創造，漢末喪亂，其法不存。沈約《宋書》⓱云：「魏明帝⓲始令博士馬鈞造之⓳，晉亂又亡。石虎使鮮飛、姚興使令狐生又造⓴，宋武㉑平關中，得之。其制如鼓車㉒，設木人於車上，舉手指南。車驟回轉，所指微差。」至齊，祖沖之㉓又造之。歷梁、陳、隋，無所變改，皇朝因之。駕四馬，正道，先啟而行。匠一人，駕五十四人㉔。**記里鼓車㉕、**崔豹《古今注》云：「車上為二層，皆有木人執槌。行一里，下一層擊鼓；行十里，上一層擊鐲。亦名大章車，所以識道里也。**白鷺車、**《隋志》名鼓吹車㉖。上施層樓，樓上有翔鷺棲焉。**鸞旗車**㉗、《晉志》㉘云：「鸞旗車，先輅所載也。鸞旗者，謂析羽旄而編之，十二旒㉙，列繫幢傍也。」**辟惡車**㉚、崔豹《古今注》云：「秦制也，桃弓、葦矢㉛，所以禳祓㉜不祥。」太卜令㉝一人在車，執弓箭，平巾幘㉞、緋裲襠㉟、大口袴㊱。**皮軒車**㊲、《晉志》：「以獸皮為軒。」左金吾衛隊正㊳一人在車，執弩，服同太卜令。自指南車皆駕四馬，正道㊴，匠一人，駕士一十四人。**耕根車**㊵、《晉志》云：「建赤旗十有二旒㊶，天子親耕㊷所乘也。一名芝車，一名三蓋車。置耒耜於軾㊸上。」駕六馬，駕士三十二人。**安車**㊹、《晉・輿服志》㊺云：「座乘㊻謂之安車，倚乘謂之立車，各一乘㊼，名五時車，俗謂之五帝車。」駕四馬，駕士二十四人。**四望車**㊽、《晉志》云：「陽遂四望㊾，繐窓㊿、皁輪，小形車，駕牛。」《晉中朝大駕鹵簿》(51)曰：「御四望車，駕牛，中道。」皇朝駕四馬也。**羊車**(52)、周遷《輿服雜事》(53)曰：「羊車，一名輦車(54)，其上如軺(55)，伏兔箱(56)，漆畫輪軛(57)。小兒衣青布袴褶(58)，紫碧褠青耳屩(59)，五辨髻(60)，數人引之，今代名為羊車小史。而漢代或以人牽，或以駕果下馬(61)。」《晉志》(62)曰：「武帝(63)乘羊車於後宮，恣意所之，宮女插竹葉、楊條，候帝之來。」**黃鉞車**(64)、崔豹《古今注》云：「黃鉞三代通用以斷斬，今以黃鉞為乘輿之飾。武王(65)以黃鉞斬紂(66)，故王者以為戒。」駕二馬，左武衛隊正一人在車執之(67)，武弁(68)、朱衣、革帶(69)。駕士一十二人。**豹尾車**(70)、崔豹《古今注》云：「豹尾車，周制也，所以象君子豹變(71)。尾，言謙也。古車正建之(72)，今唯乘輿得建焉。」《漢書》(73)曰：「成帝(74)以幸姬趙飛燕(75)，置屬車間豹尾中。」駕二馬，右武衛隊正一人在車執之，武弁、朱衣、革帶。駕士十二人也。屬車一十有二，屬車一曰副車，一曰貳車，一曰佐車(76)。漢因秦制，大駕屬車八十一乘(77)，行則中央、左、右分之；法駕屬車三十六乘(78)，最後車懸豹尾，皆皁蓋、朱裡(79)。蔡邕《獨斷》曰：「古者，諸侯貳車九乘。秦滅九國，兼其車服，故為八十一乘。漢武(80)祠太乙、甘泉(81)皆盡用之，明帝上原陵(82)又用之。法駕三十六乘，小駕(83)一十二乘。」大業(84)初，備八十一乘；三年(85)，帝嫌其多，問閻毗(86)，毗曰：「此起於秦，遂為後式。宋孝建(87)時，議準旂旒之數，設十二乘。今(88)憲章往古，大駕依秦，法駕依漢，小駕依宋。」帝曰：「大駕宜三十六，法駕宜用十二，小駕除之可也。」皇朝因之，置十二乘，駕牛、駕士各八人。

自指南車駕士皆平巾幘、緋衫(89)、大口袴，唯耕根車青衫，羊車服則殊也(90)。大駕則用之。若法駕，則減五副輅(91)、白鷺、辟惡、安車、四望車，四分屬車之一(92)，餘同大駕。若小駕，又減象輅、革輅、木輅、指南車、記里鼓車、鸞旗、皮軒、耕根、羊車、屬車、黃鉞、豹尾等車，餘同法駕。若有大禮，則以所御之輅進內；既事，則受而藏之。凡將有事，先期四十日，尚乘供馬，馬如輅色，率駕士預調習。指南等車亦如之。

【章　旨】敘述五輅之副車和屬車，其沿革及規制。

【注　釋】❶蔡邕獨斷　蔡邕，字伯喈，陳留圉（今河南省杞縣南）人。東漢著名文學家、書法家。靈帝時，因上書議論時政而被徙朔方。董卓專權被迫為侍御史，官左中郎將，人稱蔡中郎。通經史、音律。董卓被誅後，為司徒王允所捕殺。著有《獨斷》、《勸學》、《釋誨》、《敘樂》、《女訓》等。《獨斷》為敘述漢代禮儀典章制度之著作。❷五輅副車　據正德本、廣池本當為「五時副車」。五時副車，亦稱五色副車。由五色立車、五色安車各五輛組成。五色為青、赤、黃、白、黑，分別與春、夏、季夏、秋、冬相應。《通典・禮二十四・副車》：「秦平天下，以諸侯所乘之車為副。漢制，安車、立車各五乘，為乘輿副車。」《晉書・輿服志》：「有青立車、青安車、赤立車、赤安車、黃立車、黃安車、白立車、白安車、黑立車、黑安車，合十乘，名為五時車，俗謂之五帝車。天子所御則駕六，其餘並駕四。」《通典》又稱：晉之五帝車「立車則正豎其旗，安車則斜注。駕車不易漢制。左右騑驂，金鍐鏤錫，黃屋左纛，如金根之制，行則從後。」❸張良擊始皇中副車　張良，字子房，韓人，秦滅韓，良悉以家財求刺客欲殺秦王。其擊始皇副車事，《漢書》本傳稱：良「得力士，為鐵椎重百二十斤。秦皇帝東游，至博浪沙中，良與客狙擊秦皇帝，誤中副車。」❹魏志　即《三國志》之〈魏書〉。西晉陳壽撰。❺太僕　廣池本作「太祖」。《職官分紀》卷一九引《唐六典》原注此句亦為「太祖」。太祖指魏武帝曹操。❻江左乃闕至闕始備　正德本及廣池並作「江左乃闕，至梁始備」。此句中第一個「闕」字當非闕文之意，因而也不必用小號字。第二闕文處所脫為「梁」。據《通典・禮二十四・副車》：「東晉過江，副車遺缺，有事權以馬車代之，建旗其上。其後制五色木牛，象五時車，豎旗於牛背，行則使人輿之」。宋、齊皆無副車。「梁依晉制，五牛旗車，左青、赤，右白、黑，黃居其中，象古之五時副車也」。似亦難稱「始備」。❼隋開皇十四年始造五輅及貳　句末「貳」，正德本作「副」。開皇十四年，即西元五九四年。開皇為隋文帝楊堅年號。據《隋書・禮儀五》：「開皇中，不置副車，平陳得之，毀而弗用。」更置副車，是在煬帝大業元年（西元六〇五年）：「更製車輦，五輅之外，設副車。」並謂：「至是復並設之。副玉輅，色及旗章，一同正輅，唯降二等，駕用四馬，馭士二十四人，餘四副準此。」❽皇朝因之　《通典・禮二十四・副車》：「大唐之制，副輅五乘，大駕行幸，皆次於五輅後為副。又五牛旗輦五，黃牛旗處內，赤、青在左，白、黑在右，各八人執，左、右威衛隊正各一人檢校。大駕鹵簿，在小輦後。」❾崔豹古今注　崔豹，西晉人，字正熊，漁陽（今北京市密雲縣西南）人。著《古今注》三卷，分輿服、都邑、音樂、鳥獸、魚蟲、草木、雜注和問答釋義八門，對古代名物制度作了考訂和解釋。❿指南車　其車配有指南針，可以指示方向。傳說創製於黃帝與蚩尤作戰時，但無據。漢以後，大駕鹵簿常以此車為前導。其形制，據《晉書・輿服志》稱：「司南車，一名指南車。駕四馬，其下制如樓，三級，四角金龍銜羽葆，刻木為仙人，衣羽衣，立車上，車雖回運而手常指南。大駕出行，為先啟之乘。」⓫周公　姓姬名旦，亦稱叔旦，周文王之子，武王之弟，因采邑在周，故稱周公。曾助武王滅商，武王卒，成王年幼，由周公攝政。相傳他平定管叔、蔡叔、霍叔叛亂後，營建洛邑為東都，並制禮作樂，建立典章制度。其言論見於《尚書》之〈大誥〉、〈康誥〉、〈多士〉、〈無逸〉、〈立政〉等篇。⓬越裳氏　古南海國名。《後漢書・南蠻傳》：「交趾之南，有越裳國。」清・魏源《聖武記》卷七：「老撾，即古越裳氏。」周公輔成王，越裳氏重譯來獻白雉。⓭軿車　古代有帷帳之牛車。《釋名・釋車》：「軿車，軿，屏也。四面屏蔽，婦人所乘牛車也。」⓮司南之制　指配有指南針，為車輛指明方向。⓯秦漢其制無聞　零星也有所載。如《隋書・禮儀志》：「漢初，置俞兒騎，並為先驅。左太沖曰：『俞騎騁路，指南司方。』後廢其騎而存其車。」其車當配有指南針。⓰張衡　字平子，東漢河南南陽西鄂（今河南省南陽縣石橋鎮）人。曾在京師洛陽就讀於太學，史著稱其善機巧，尤致思於天文、陰陽、曆算，故兩度為太史令。曾製作測量地震方位之候風地動儀等。⓱沈約宋書　沈約，宋休文，吳興武康（今浙江德清武康鎮）人。歷仕南朝宋、齊二代，後助梁武帝登位，官至尚書令。為南朝文學家，創四病八聲之說。其所著《宋書》，一百卷，成書於梁武帝時。其中八志三十卷，內容詳於魏晉，補《三國志》之缺。下述引文見於《宋書》之〈禮志・五〉。⓲魏明帝　即曹叡，字元仲。在位十三年，終年三十六歲。⓳令博士馬鈞造之　馬鈞，蜀漢扶風（今陝西興平東南）人。有巧思，嘗作指南車，又造翻車，令兒童轉之而灌，水自覆。曾見諸葛亮所作連弩，以為巧而不盡善，尚可使之加五倍。明帝令造指南車事，《宋書・禮志》稱：「魏高堂隆、秦朗皆博聞之士，爭論於朝，云無指南車，記者虛說。明帝青龍中，令博士馬鈞更造之而車成。」⓴石虎使鮮飛姚興使令狐生又造　這是一個雙主語連動句，前後兩位國君曾各自命臣屬造指南車。石虎，後趙國君，字季龍，羯族，石勒之姪。石勒死，虎廢勒之子弘自立為帝，遷都於鄴。前後在位十五年。鮮飛，正德本作「解飛」。其生平年里不詳。姚興，後秦國君，字子略，姚萇之子。立國於關中地區，前後在位二十六年。令狐生，生平年里不詳。㉑宋武　即宋武帝劉裕，字德輿，小字寄奴，祖籍彭城（今江蘇徐州），遷居京口，以北府兵起家執掌東晉大權，建立劉宋王朝。在位三年，終年六十歲。東晉義熙十三年（西元四一七年）劉裕平定關中，其所獲之指南車，即是姚興使令狐生所造。㉒鼓車　車上載有鼓及鼓吹樂人，故名。始於漢，南朝時改稱鼓吹車，至隋又稱白鷺車。其形制也愈來愈繁。《宋書・輿服一》記為：「赤質，周施花版，上有朱柱，貫五輪相重，輪衣以緋。皂頂及緋絡帶並繡飛鷺。柱杪刻木為鷺，銜鵝毛筩，紅綬帶。一轅。駕四馬，駕士十八人。」㉓祖沖之　字文遠，南朝齊范陽薊迺（今河北淶水）人。少稽古，精機思，有指南車、千里船等多種創製，並著《易老莊義釋》、《九章造綴述數》等。其造指南車事，《南齊書》本傳載：「初，宋武平關中，得姚興指南車，有外形而無機巧，每行，使人於內轉之。昇明中，太祖輔政，使沖之追修古法。沖之改造銅機，圓轉不窮，而司方如一，馬鈞以來未有也。」《南齊書・輿服志》注記其形制為：「四周廂上施屋，指南人衣裙襦天衣，在廂中，上四角皆施龍竿，縣雜色真孔雀毦，烏布皂複幔，漆畫輪，駕牛，皆校銅飾。」㉔駕五十四人　正德本及廣池本並作「駕士十四人」。㉕記里鼓車　《南齊書・輿服志》：「記里鼓車，制如指南，上施華蓋子，緋衣漆畫，鼓機皆在內。」鄭樵《通志略》記其由來及沿革云：「東晉安帝義熙十三年（西元四一七年），劉裕滅後秦所獲，未詳所由來。制如指南車，駕駟中，有木人執槌向鼓，行一里則打一槌……宋因之不易，大駕鹵簿，次指南車。後齊因宋制而加飾焉。梁因齊制，改駕以牛。唐復修，大駕鹵簿，次指南車後。」㉖隋志名鼓吹車　指《隋書・禮儀志》稱白鷺車為鼓吹車，並記其形制為：「上施層樓，四角金龍，銜旒蘇羽葆。凡鼓吹，陸則樓車，水則樓船，在殿庭則畫筍虡為樓。樓上有翔鷺棲鳥，或為鵠形。」唐因隋，駕四馬，大駕出，在記里鼓車後。㉗鸞旗車　《後漢書・輿服志》稱：「鸞旗者，編羽旄，列繫幢旁，民或謂之雞翹，非也。」胡廣注曰：「鸞旗，以銅作鸞鳥車衡上」。唐備於大駕鹵簿，次於白鷺車後。㉘晉志　指《晉書・輿服志》。㉙十二旒　《晉書・輿服志》無此三字。㉚辟惡車　亦稱崇德車。常作為皇帝駕出之前導車。始於秦，歷代相因。餘如以下原注。㉛桃弓葦矢　指以桃木製弓，蘆葦作矢，古人以為可以辟邪。《左傳・昭公四年》：「桃弧棘矢，以避其災。」㉜禳袚　以祭禱儀式驅逐鬼怪，消除災害。此處即指祛邪消災。㉝太卜令　掌卜筮之官。唐太常寺設太卜署，置令，正八品下。㉞平巾幘　幘為覆髻之巾，上加幘屋，因其上平，故亦稱平上幘。興於漢，原為武官所服，後文武官通服。唐代武官自一品至九品，以至流外吏皆服。㉟緋襴襠　緋紅色之襴襠。襴襠，一當胸，一當背，短袖覆膊，類今之馬甲，或稱背心。㊱大口袴　類今之套褲，前後無襠，僅有兩個褲筒。《釋名・釋衣服》：「袴，跨兩股，各跨別也。」㊲皮軒車　鄭樵《通志・器服略》：「漢制，皮軒車，以虎皮為軒，晉、宋相因，駕四馬。皆大夫載，自後無聞。唐備之，以大駕鹵簿次於辟惡事後。」軒，兩旁之壁或檻。㊳左金吾衛隊正　金吾衛，掌宮中及晝夜巡警之法，分左、右。隊正，唐府兵編制，以五十人為一隊，隊有正一人，稱隊正。㊴正道　即馳道，帝王車馬之大道。《禮記・曲禮下》「馳道不除」句孔穎達疏：「馳道，正道，如今御路也。是君馳走車馬之處，故曰馳道也。」㊵耕根車　古代帝王躬耕籍田及祭祀用車。形制似玉輅，車上華蓋三重，象芝草歲三華，故又稱芝車。車等間皮篋內插有耒耜等農具。車身為青色。始於漢代，歷代沿用。蔡邕《獨斷》卷下：「永安（平）七年（西元六四年），建金根、耕根諸御車，皆一轅，或四馬，或六馬。」劉昭注《後漢書・輿服志》引薛綜曰：

「農輿三蓋，所謂耕根車也。東耕于藉，乘馬無飾，故稱水也。」㊶十有二旒　旒，亦稱斿，旌旗上下垂之飾帶。十二旒，即旗上有十二條下垂及地之飾帶。㊷親耕　指皇帝於孟春之月，擇吉日在城郊舉行躬耕籍田之儀式。唐貞觀三年（西元六二九年）太宗曾躬耕籍田東郊。㊸軾　車箱前供人憑倚之橫木。有三面，形若半框。《釋名・釋車》：「軾，式也，所伏以式敬者也。」㊹安車　古代車多為立乘，安車則為可供坐臥之車。形制較立車低，行駛緩慢，可以安坐，故名。《禮記・曲禮上》「大夫七十致事乘安車」句鄭玄注：「安車，坐乘，若今之小車。」唐制，宮內安車，為帝王臨幸時乘用。㊺晉輿服志　即《晉書・輿服志》。㊻座乘　《晉書・輿服志》作「坐乘」。㊼各一乘　指依五方色各一乘，即共五乘。㊽四望車　因有車窗可四望，故名。亦有三望、夾望者。實為帝王與貴族官僚經常乘用之牛車。《隋書・禮儀志》稱：「今四望車，制同犢車，黃金飾，青油幢朱裡，紫通幰，紫絲網。駕一牛，拜陵臨吊則用之。」四望車另有二別名：因綵漆畫輪而稱畫輪車；或黑漆施輪而名皂輪車。《晉書・輿服志》：「畫輪車，駕牛，以綵漆畫輪轂，故名曰畫輪車。上起四夾杖，左右開四望，綵油幢，朱絲絡，青交路，其上形制事事如輦，其下猶如犢車耳。」《南齊書・輿服志》：「四望車，亦曰皂輪，以加禮貴臣。」㊾陽遂四望　遂，通「燧」。指四面有窗，陽光與空氣通暢，可四向望遠。㊿總窓　車窗以稀疏之布帛為簾。窓即「窗」字。(51)晉中朝大駕鹵簿　書名。《舊唐書・經籍志》著錄有《大駕鹵簿》一卷。著者不詳。《隋書・禮儀志》曾引錄此書：「四望車，案晉《中朝大駕鹵簿》：四望車，駕牛，中道。」(52)羊車　《隋書・禮儀志》：「羊車，案司隸校尉劉毅奏護軍羊琇私乘者也。金寶飾，紫錦幰，朱絲網。馭童二十人，皆兩鬟髻，服青衣，取年十四五者為，謂之羊車心史。駕以果下馬，其大如羊。」(53)周遷輿服雜事　書名。《隋書・經籍志》著錄：「《古今輿服雜事》二十卷，梁，周遷撰。」(54)輦車　古代用人挽行之車。《說文解字》：「輦，輓車也。從車、扶。扶在車前引之也。」《晉書・輿服志》：「輦，案自漢以來為人君之乘，魏晉御小出即乘之。」(55)軺　古代一種輕便馬車。因四面敞露，可以遙望，又稱遙車。據漢畫象石所示，曲輈，淺輿，中樹車蓋，多用一馬駕。戰國用於軍事，秦漢以降，為使臣及一般官吏常用車乘。《墨子・雜守》：「軺車，輪軲，廣十尺，轅長丈，廣六尺，為板箱長與轅等。高四尺，善蓋上治中令可載矢。」《晉書・輿服志》：「軺車，古之時軍車也。一馬曰軺車，二馬曰軺傳。漢世貴輜軿而賤軺車，魏晉重軺車而賤輜軿。」(56)伏兔箱　車乘部件。勾連車箱底板和車軸，以其形若蹲伏之兔而名。《考工記・輈人》：「良輈環灂，自伏兔不至軌七寸。」賈公彥疏：「伏兔銜車軸，在輿下，短不至軌。」(57)漆畫輪軛　輪，車輪。軛，馬具。指車輪與馬具皆以漆畫上花紋。(58)袴褶　袴即「褲」。褶，短上衣。《晉書・輿服志》：「袴褶之制，未詳所起，近世凡車駕親戎，中外戒嚴服之。服無定色，冠黑帽，綴紫標，標以繒為之，長四寸，廣一寸。腰以絡帶代鞶，中官紫標，外官絳標。」❺❾紫碧褠青耳屩　句中「褠」，正德本作「襻」，《職官分紀》卷一九引《唐六典》原注此句亦作「襻」。屩，一說草鞋，一說麻鞋。意謂紫碧的便鞋上，有青色的耳襻。❻⓿五辮鬢　鬢即「鬟」字。《隋書・禮儀志》及《職官分紀》卷一九引《唐六典》原注此句並作「五辮髻」。❻❶果下馬　亦稱果馬、果騮。一種形體矮小之馬。因乘之可行於果樹下而有此名。《後漢書・東夷傳・濊》：「〔濊〕又多文豹，有果下馬，海出班魚，使來皆獻之。」李賢注：「高三尺，乘之可於果樹下行。」李賀〈馬詩〉之八：「吾聞果下馬，羈策任蠻兒。」❻❷晉志　應是「《晉書》」。下述引文節錄於《晉書・胡貴嬪傳》。原文為：「武帝平吳之後，復納孫皓宮人數千，自此掖庭殆將萬人，而并寵者甚眾。帝莫知所適，常乘羊車，恣其所之，至便宴寢。宮人乃取竹葉插戶，以鹽汁灑地，以引帝車。」❻❸武帝　晉武帝司馬炎。在位二十五年，終年五十五歲。❻❹黃鉞車　古代帝王出行時所用之儀仗車。黃鉞為用黃銅裝飾之斧。此車以黃鉞為飾，以示帝王之威嚴。《通典・禮二十四・天子車輅》：「晉制，黃鉞車，駕一馬。大駕行，於華蓋後御屶麾左右。又有金鉞車、金鉦車，並駕三馬。大唐貞觀以後加之，備於大駕鹵簿。天寶元年（西元七四二年）改為金鉞車。」❻❺武王　周武王，姓姬名發。在牧野之戰大敗商軍，滅商而建立西周王朝。❻❻紂　帝辛，商代最後一個國君。《史記・殷本紀》載紂於牧野兵敗後，「登鹿臺，衣其寶玉衣，赴火而死。周武王遂斬紂頭，懸之大白旗，殺妲己」。❻❼左武衛隊正一人在車執之　指黃鉞車上由左武衛之隊正一人在車上執持黃鉞。左武衛，諸衛之一，掌宮廷警衛，以督其所屬諸隊之儀仗。唐兵制，五十人一隊，設隊正一人。❻❽武弁　即武冠，古代武官所服。初為戰國趙武靈王效胡服而制，以後為武官或侍從所戴。用金鐺飾首，並插貂尾。唐代為武官朝參、殿庭武舞郎、堂下鼓人、鼓吹按工之服。❻❾朱衣革帶　朱衣，即紅色之褠衣。單衣直袖，為卑者見尊者之服。革帶，用以繫鞍及佩巾之帶。繫於腰間，在大帶之下，廣二寸，用革製作。❼⓿豹尾車　皇帝出行時最後一輛隨車，因車上懸豹尾而有此名。由尚書御史乘之。此車通過，沿途警戒解除。《通典・禮二十四・天子車輅》：「漢制，大駕出，屬車八十一乘，法駕出，屬車三十六乘，最後一車懸豹尾，以前比之省中。胡廣曰：『施於道路，豹尾之內為省中。』」在此豹尾車前之車乘內官員稱為省中，即宮廷禁省之內官員。唐制豹尾車駕二馬。❼❶豹變　喻君子由窮而達之變已成。語出《周易》革卦上六爻辭：「君子豹變，小人革面。」注文：「居變之終，變道已成；君子處之，能成其文。」《楊子法言》：「貍變則豹，豹變則虎。」《三國志・蜀志・劉禪傳》：「降心為慮，應期豹變，履信思順，以享左右無疆之休。」❼❷古車正建之　崔豹《古今注》原文作「古者軍正建之」。句中「車」當作「軍」。意謂古代軍長官亦得建樹豹尾以肅正軍容。《宋書・禮志》注徐廣引《淮南子》：「軍正執豹皮以制正其眾。」❼❸漢書　東漢班固撰，一百篇，分一百二十卷，我國第一部紀傳體斷代史。❼❹成帝　西漢皇帝劉驁，字太孫。在位二十六年，終年四十五歲。(75)趙飛燕　本長安宮中官婢，及長，屬陽阿主家，學歌舞，號曰飛燕。漢成帝過陽阿主家作樂，見飛燕而悅之，召入宮，為倢伃。後與其妹皆為成帝所寵幸，飛燕立為皇后，其妹為昭儀。成帝暴卒，其妹昭儀為王莽逼迫自殺。哀帝立，飛燕尊為皇太后。哀帝卒後被廢為庶人，自殺。(76)一曰貳車一曰佐車　貳車，亦稱次車，即副車。《周禮・夏官》：「馭夫，掌馭貳車、從車、使車。」鄭玄注：「貳車，象路之副也。」佐車，同書：「田僕，掌佐車之政。」鄭玄注：「佐亦副。」《禮記・少儀》：「乘貳車則式，佐車則否。」鄭玄注：「貳車、佐車，皆副車也，朝祀之副曰貳，戎獵之副曰佐。」孫詒讓正義：「《大行人》說五等諸侯來朝，各有貳車，乘數不同，也不必皆象車也。蓋分言之，則象路稱貳車，戎車稱倅車，田路稱佐車；通言之，則王五路之副各十二，共六十乘，統稱貳車。」(77)大駕屬車八十一乘　古代天子出行時之鹵簿，有大駕、小駕、法駕之分。其屬車，大駕九九八十一乘；法駕三分減一，即六六三十六乘；小駕又減法駕三分之二，即十二乘。《通典・禮二十六・鹵簿》：「漢制，乘輿大駕，備車千乘，騎萬匹，屬車八十一乘，太僕卿、大將軍參乘，祀天於甘泉用之。」(78)法駕屬車三十六乘　《後漢書・輿服上》：「乘輿法駕公卿不在鹵簿中。河南尹、執金吾、雒陽令奉引，奉車郎御，侍中參乘。屬車三十六乘。前驅有九斿雲罕，鳳凰、闟戟、皮軒、鸞旗，皆大夫載。後有金鉦、黃鉞，黃門鼓車。」(79)皁蓋朱裡　皁即「皂」字。蓋，指車蓋，似傘形，有柄，用環立於輿與軾之間，以遮擋日曬雨淋。蓋一般用黃繒作裡，故稱黃屋。皁蓋朱裡，指蓋之表面為黑色，襯裡則為朱紅色。(80)漢武　指西漢皇帝劉徹。十七歲即皇位，在位五十四年，終年七十一歲。(81)祠太乙甘泉　指祭祀於太乙壇和甘泉圜丘。太乙壇，在長安城東南郊。甘泉，宮名。始建於秦，漢武帝時曾增築擴修，故址在今陝西省淳化縣西北甘泉山。《通典・禮二・郊天》：漢武帝時「亳人謬忌曰：『天神貴者太一，太一佐曰五帝。古者天子以春秋祭太一於東南郊，日一太牢，七日。為壇，開八通鬼道。』於是令太祝立祠於長安城東南郊。後人上書言：『古者天子三年一用太牢祠三一（天一、地一、太一）。』許之。令太祝領祠之於太一壇上，如其方。」又，「以正月上辛用事甘泉圜丘，使童男女七十人俱歌，昏祠至明。夜常有神光如流星止集於祠壇，天子自竹宮（以竹為宮，去壇三里）遙拜，百官侍祠者數百人，皆肅然心動。」(82)明帝上原陵　明帝，東漢皇帝劉莊，光武帝之子。在位十八年，終年四十八歲。原陵，光武帝劉秀陵墓。《後漢書・明帝紀》注引《帝王紀》曰：「原陵方三百二十步，高六丈，在臨平亭東南，去洛陽十五里。」在今河南省洛陽市東北約二十公里孟津縣白鶴鄉境內，南依邙山，北臨黃河。陵冢高大，周約一千四百米，高約二十米，陵園西有光武祠。永平元年（西元五十八年）正月，明帝曾率公卿以下，上朝於原陵。《漢官儀》云：「天子以正月上原陵，公卿百官及諸侯王、郡國計吏皆當軒下，占其郡國穀價，四方改易，欲先帝魂魄聞之也。」(83)小駕　《通典・

禮二十六・鹵簿》稱：漢之小駕「每出，太僕奉駕，中常侍小黃門副，尚書主者，郎令史副；侍御史、蘭臺令史副。皆執注，以督整車騎，謂之護駕。」❽❹大業　隋煬帝楊廣年號。❽❺三年　指大業三年，即西元六〇七年。❽❻閻毗　榆林盛樂（今內蒙托克托）人。煬帝時為起部郎，隋之輦輅車輿皆由其設計和製作。❽❼宋孝建　孝建係南朝劉宋孝武帝劉駿年號。孝武帝在位十一年，終年三十五歲。其造輅輦事，在大明三年（西元四五九年），使尚書左丞荀萬秋監造。時「建平王〔劉〕宏曰：『八十一乘，議兼九國，三十六乘，無所準憑。江左五乘，儉不中禮，但帝王文物，旂旒之數，爰及冕玉，皆同十二。今宜準此，設十二乘。』」（《宋書・閻毗傳》）❽❽令　據《隋書・閻毗傳》原文當作「今」。❽❾緋衫　短袖之大紅單衣。《篇海》：「衫，小襦也。一曰單襦。」《釋名・釋衣服》：「衫，芟也，衫衣無袖端也。」❾⓪羊車服則殊也　指駕羊車之小兒，仍穿童服，即上文所言「青布袴褶，紫碧褠（襻）青耳屩，五辮髻（辮髻）」，不同於駕士之平巾幘、緋衫，大口袴。❾❶五副輅　即前所言五輅之副車。❾❷四分屬車之一　指法駕，則屬車由十二乘減至四分之一，即三乘。

【語　譯】五輅都設有副車。按：蔡邕的《獨斷》說：「在五輅之外，另外又設五色安車、五色立車各五乘，分別由四匹馬駕駛，亦就是所謂五時副車。」張良在博浪沙僱力士襲擊秦始皇，鐵椎所擊中的副車便是。《三國志・魏志・武帝紀》說：「漢獻帝命魏王出行，乘金根車，駕六馬，設五時副車。」東晉在江左，副車遺缺，到〔梁朝〕方始備置五輅的副車。隋文帝開皇十四年重新開始製造五輅以及副車，本朝因承隋制。又有指南車、崔豹的《古今注》說：「指南車，過去傳說是周公旦製作的。周公以理治促使天下太平，南方有越裳氏派出使節，由於語言不通，經過輾轉翻譯前來獻禮，使者回去時迷失了歸路，周公便賜給他五乘軿車，都配備有能指示南方的儀器，讓越裳氏載了它踏上歸路，過了一年才回到自己國家。因此經常以指南車作為先導，使遠方的人們敬服，從而端正四方各國的治國之道。」秦漢間，沒有關於製作指南車的具體記載。到東漢張衡才開始重新創制指南車，由於東漢末年的喪亂，張衡製作的方法沒有保存下來。沈約在《宋書》中說：「魏明帝時，才又開始命令博士馬鈞製作指南車，西晉末的動亂，又再度亡失。後趙石虎曾經讓鮮卑飛製作指南車，後秦的姚興也曾使令狐生又造指南車。宋武帝劉裕攻滅後秦、平定關中時，得到了後秦製作的指南車。它的形制如同鼓車，設一個木人在車上，舉起手指著南方，如果車子急速轉變方向，木人的手仍然指向南方，只有稍微的差異。」到南齊時，又有祖沖之改造指南車。此後，歷經梁、陳、隋沒有什麼大的變動。

本朝因承前制，設置的指南車，用四匹馬駕駛，走在馳道的正中，作為大駕鹵簿的先導。設匠一人，駕五（十）四人。記里鼓車、崔豹的《古今注》說：「記里鼓車，車分上下兩層，各設有木人手執槌子，每行走一里，下一層的木人便擊鼓；行走十里，上一層的木人擊鐲。此車也被稱為大章車，用以識別車行距離的里數。白鷺車、《隋書·禮儀志》稱為鼓吹車。車上設有層樓，樓上鏤刻有吉祥的白鷺在棲息。鸞旗車、《晉書·輿服志》中說：「鸞旗車，是輅車之前的車輛，上面載有鸞旗；所謂鸞旗，就是分析羽旄編成鸞鳥，有十二旒，列繫在幢旁。」辟惡車、崔豹的《古今注》說：「此車屬於秦制。車上設有桃木製的弓，蘆葦製的箭，用來祛除災禍，驅逐鬼怪。」由太卜令一人，在車上手執弓箭，頭上戴平巾幘，身穿大紅馬甲和大口套褲。皮軒車、《晉書·輿服志》中說：「用虎皮作為車的藩欄。」由左金吾衛的隊正一人站立在車上，手執弓弩，他的服飾與辟惡車上的太卜令相同。以上自指南車以下各車，都用四匹馬駕車，行駛在馳道正中，設匠一人，駕士十四人。耕根車、《晉書·輿服志》中說：「耕根車上樹立赤色的旗幟，旗有十二旒，天子親耕籍田時乘用。又名芝車，也稱三蓋車。把耒耜置放在軾上。」用六匹馬駕駛，設駕士三十二人。安車、《晉書·輿服志》中說：「可以座（坐）著乘的稱為安車，立著憑靠軾而乘的稱立車。依照五方之色每色各一乘，稱之為五時車，俗稱五帝車。」用四匹馬駕駛，設駕士二十四人。四望車、《晉書·輿服志》中說：「四望車是有窗戶能四面遠望的車，車窗飾有稀疏的細布，黑色的輪子，車型較小，用牛來駕駛。」晉代的《中朝大駕鹵簿》中記載：「御用的四望車，用牛駕車，行駛在中道。」本朝的四望車則是用四匹馬駕車。羊車、周遷的《輿服雜事》說：「羊車，又名為輦車，車的上部像軺車，裝有伏兔箱，輪子和馬軛都用漆畫了花紋。由童子馭馬，他們身穿青色的布褲褶，腳著紫碧色的有褠（襻）的青耳屩，頭上梳著五辮鬟（辮髻）。由幾個童子一起牽引這輛車，現今的人們稱他們為羊車小史。在漢代有時亦是用人牽引，有時用矮小如羊的果下馬駕車。」《晉志》（《晉書》）中說：「晉武帝在後宮乘羊車代步，聽任果下馬要到哪裡就到哪裡，為此宮女們就在後宮插上竹葉、楊柳條，等候和招引羊車過來。」黃鉞車、崔豹的《古今注》說：「黃鉞這種兵器，三代時通常用來斷頭斬首，現今則已作為乘輿的裝飾。周武王曾用黃鉞斬過殷紂王的首級，所以現在用作鹵簿，含有王者要以此訓戒臣民的意思。」用二匹馬駕車，以左武衛的隊正一人在車上執持黃鉞，頭戴武弁帽，身穿朱衣，腰佩革帶。車上有駕士十二人。豹尾車，崔豹的《古今注》說：「豹尾車，是周代所創制，豹用來象徵君子由窮而達的『豹變』已成；尾，又有表示謙遜的意思。古代車（軍）正也可以在車上建樹豹尾，如今則只有御駕出行才可以在豹尾車上有這種裝飾。」《漢書》中說：「漢成帝出行時，讓幸姬趙飛燕乘在他屬車的豹尾車中。」駕豹尾車用兩匹馬，由右武衛的隊正一人在車上執持豹尾，頭戴武弁帽，身穿朱衣，腰佩革帶。車上有駕士十二人。屬車十二乘，屬車的名稱有好幾個，一個叫副車，一個叫貳車，一個叫佐車。漢承秦制：大駕，有屬車八十一乘，出行時車輛分左、中、右三行並列；法駕，屬車有三十六乘，最後一排的車乘懸豹尾，都是皂黑色的車蓋，朱紅色的襯裡。蔡邕在《獨斷》中說：「古代諸侯的副車有九乘，秦滅九國，兼有諸侯各國的車服，所以是八十一乘。漢武帝祭祀太乙和在甘泉祭天時，都用大駕八十一乘。東漢明帝春正月上原陵祭祀時，也用大駕八十一乘。法駕是三十六乘，小駕是十二乘。」隋煬帝大業初年改制車輅時，準備了八十一乘；到大業三年，煬帝嫌太多，為此事問過閻毗，閻毗回答說：「這個制度開始於秦代，以後便成了定式。宋武帝大明年間，曾議論過此事，決定依照旂旒的數目，設置十二乘。現在參照斟酌往古的規制，大駕可以依照秦朝的規定，法駕依照漢代的規制，小駕則依照南朝宋的建制。」煬帝說：「大駕宜用三十六乘，法駕宜用十二乘，小駕除去屬車，就照此辦吧。」本朝因承隋制，設置屬車十二乘，用牛駕車，駕士各設八人。以上自指南車以下駕士的服制，都是頭上戴平巾幘，上身穿大紅色短衫，下身是大口套褲。其中只有耕根車著青色的短衫，牽引羊車的小兒，服色與此不同。都是大駕時使用。若是法駕，則減去五副車、白鷺車、辟惡車、安車、四望車，屬車只保留四分之一，其餘與大駕的規格相同。如果是小駕，則再減去象輅、革輅、木輅、指南車、記里鼓車、鸞旗車、皮軒車、耕根車、羊車、屬車、黃鉞車、豹尾車等，其餘與法駕的規格相同。若有大型的禮儀活動，乘黃令要將皇上需用的輅車送進宮內，用畢，再收受下來貯藏好。凡是有事將要使用輦輅時，要提前四十日，由尚乘供馬，馬的色澤要與車輅的顏色相同，由乘黃令率領駕士預先對馬匹進行調習。指南車等車乘，亦須預先演習。

【說　明】車輿，本來是人們用來代步、載重，作為陸上交通和運輸工具使用，所謂服牛乘馬，任重而致遠。但在帝王制度下，輿輦卻成了炫耀皇權威嚴的一個載體，顯示帝王無上尊嚴的一種象徵。《周禮・冬官・考工記》中有一句話：「一器而工聚焉者，車為多。」車乘，特別是帝王的御駕，是當時條件下的工藝、繪畫、製作技巧以至奇珍異寶的最集中的體現。皇帝的乘輿就是一座流動的微型宮殿，它要表現車主不僅高踞於萬民、萬物之上，甚至也是宇宙的核心。就以五輅之一的玉輅來說吧，其上為圓形的黃蓋，象徵天，繪有二十八星宿的圖案；四方的輿，也即車廂，象徵地，繪有山川海岳和日月星辰運轉的圖象。又有左青龍、右白虎，金鳳展翅，百鳥朝凰。玉輅之左建大旂，十有二旒，皆畫日月升龍；玉輅之右載闟戟，旂首以金龍頭銜錦綬；就連拉車的馬亦好不威風：金鍐方釳，插翟尾五焦，鏤錫，鞶纓十二就。乘坐在玉輅中的皇帝，彷彿感到整個天地都圍著他旋轉，他前眺後望，那是一支多麼龐大的車馬隊啊！漢武帝天漢四年（西元前九十七年）那次郊祀太乙其鹵簿的規模便是：「車千乘，騎萬匹！」後來應劭在《漢官儀》中將其定型為：「乘輿大駕，公卿奉引，太僕御，大將軍參乘，屬車八十一乘，備千乘萬騎。」漢以後，真正按照《周禮》的五輅及大駕屬車八十一乘的規制付諸實施的，先有晉武帝司馬炎，後有南朝的梁，北朝的北魏、北齊和北周都有過製作。到了隋朝，即使以好大喜功著聞的隋煬皇帝，也感到大駕屬車八十一乘太多了，於是減為大駕屬車三十六，法駕十二。唐代則進一步把大駕的屬車減至十二，法駕的屬車為大駕的四分之一。但即使如此，仍然是一支龐大的車隊，而且車隊還只是整個鹵簿儀仗中的一個組成部分。據《開元禮》規定，唐代鹵簿中僅車隊的組成及排列次序是：以指南車為先導，依次是記里鼓車，白鷺車，鸞旗車，辟惡車，皮軒車；然後是巨大的步行鼓吹儀仗隊伍，在左、右衛供奉中郎將後面是皇帝的玉輅，車後又是龐大的鼓吹、旗幟步行隊伍，在乘黃令之後，才是金輅、象輅、革輅、木輅、五副輅、耕根車、安車、四望車、羊車和屬車十二乘，繼之以門下省、中書省、秘書省、殿中監等官員，殿後是黃鉞車、豹尾車。

附圖

一、五輅（原載《四庫全書·史部·明集禮卷》）

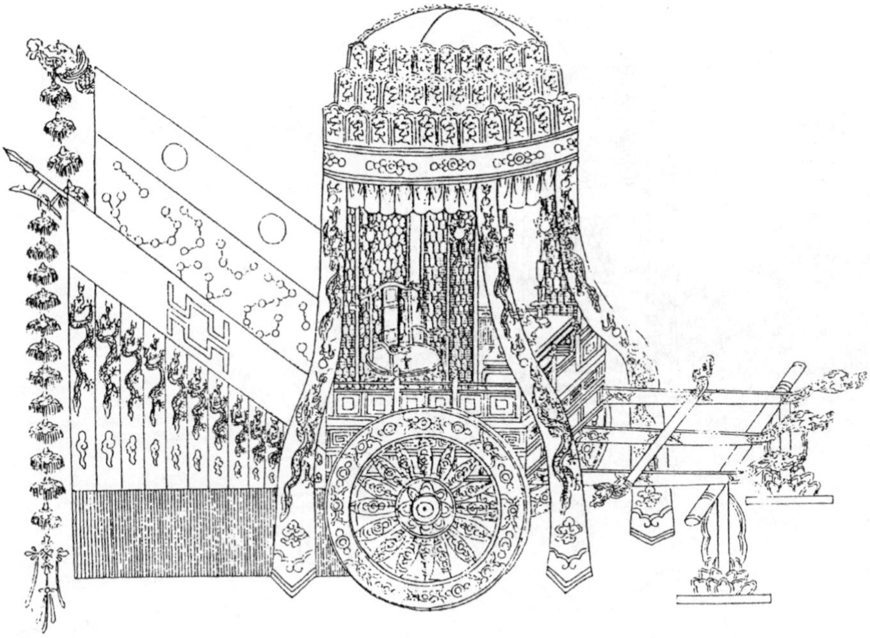

玉 輅

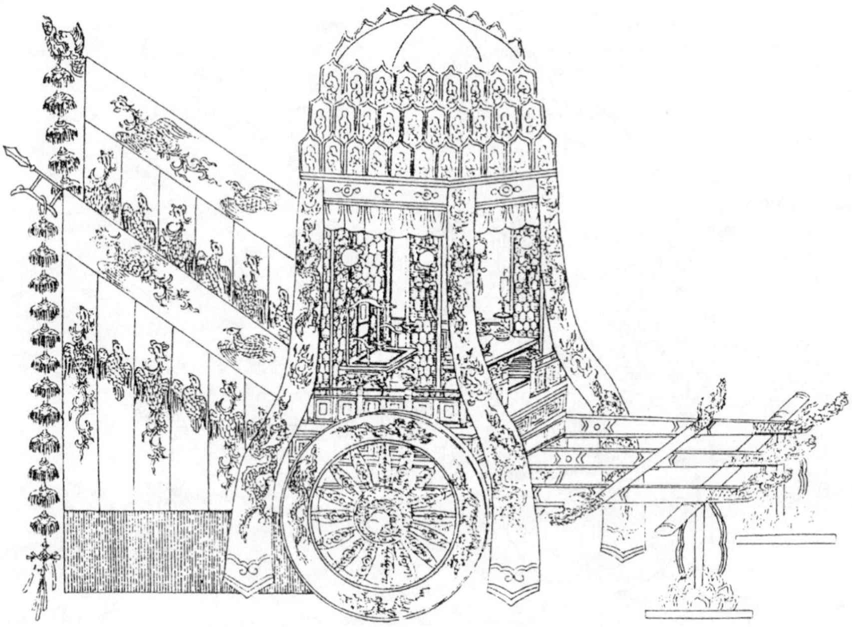

金 輅

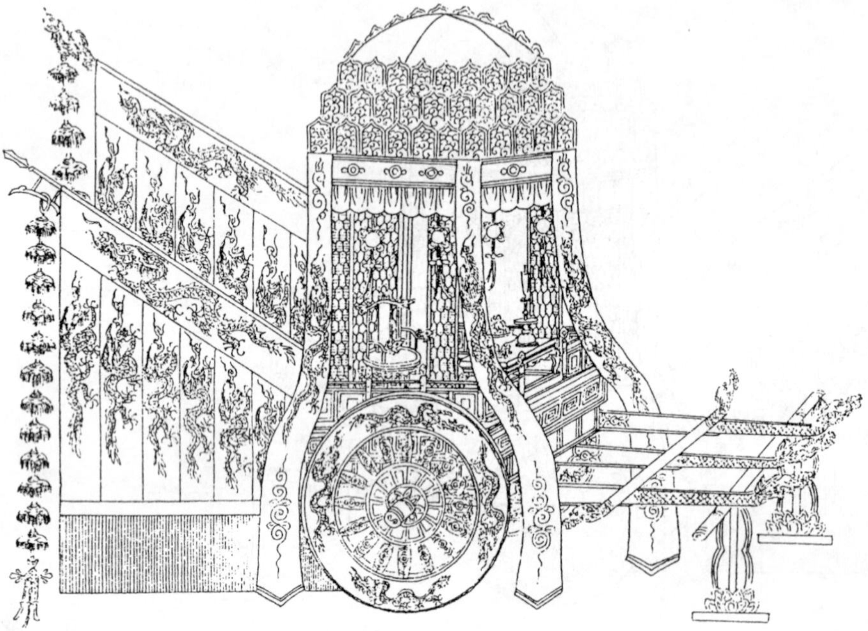

象　輅

革　輅

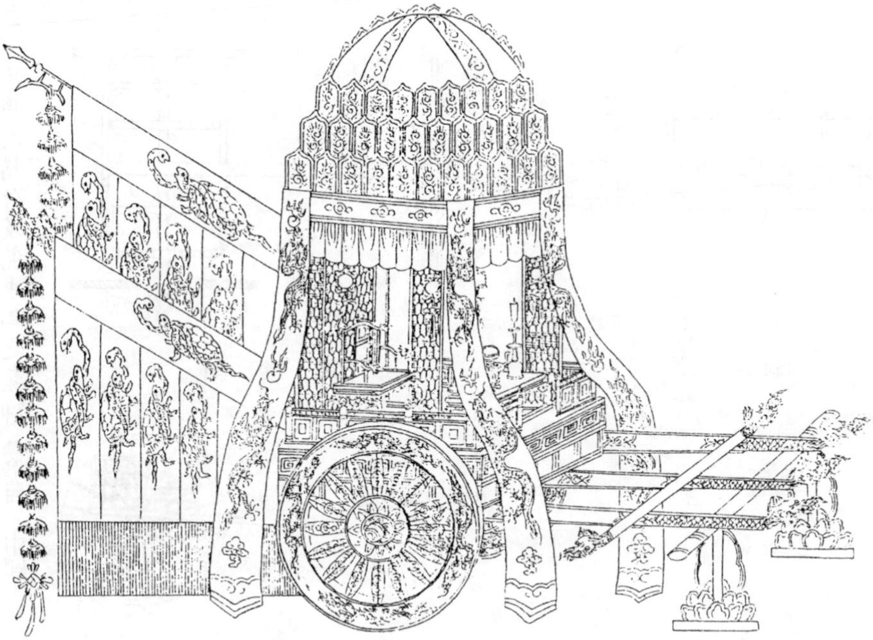

木 輅

二、車輿之構件及駕車馬之頭飾（選自《中國古代名物大典》）

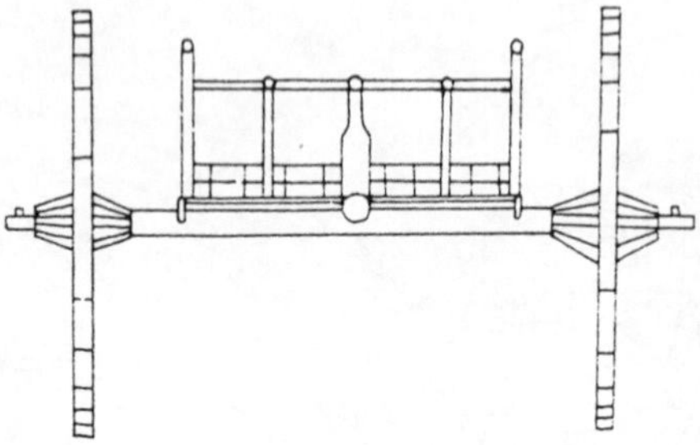

軸

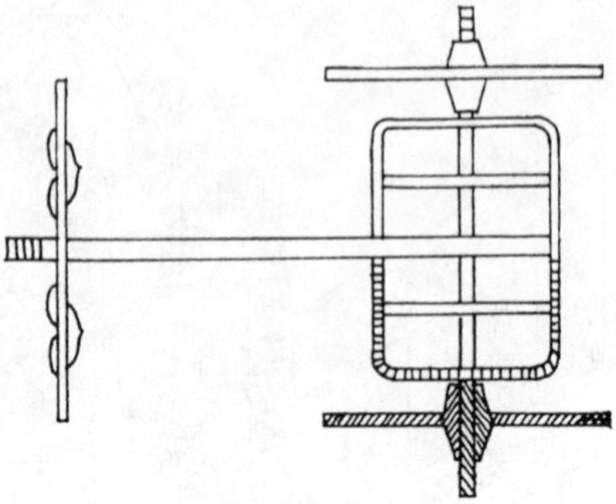

輿、輪、輈

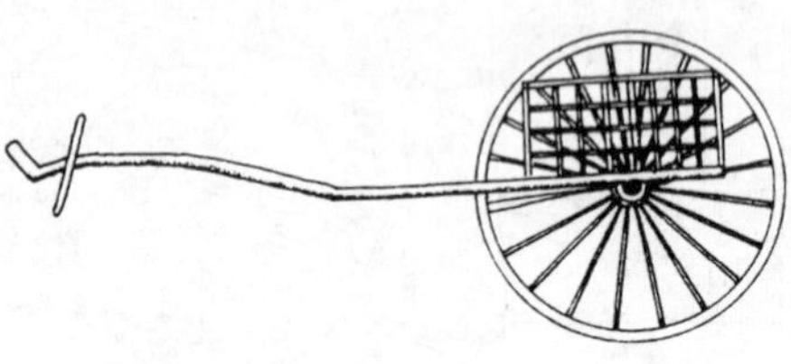

輈

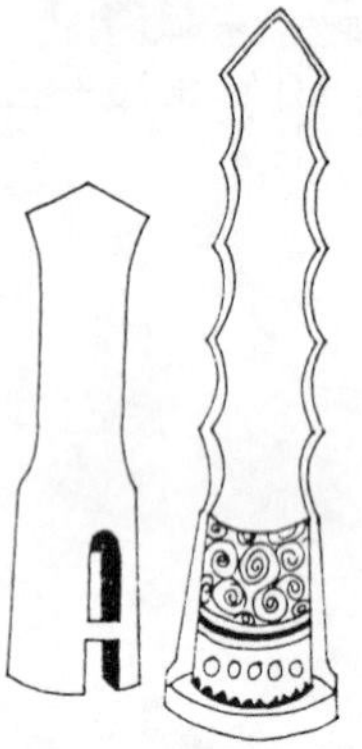

軎

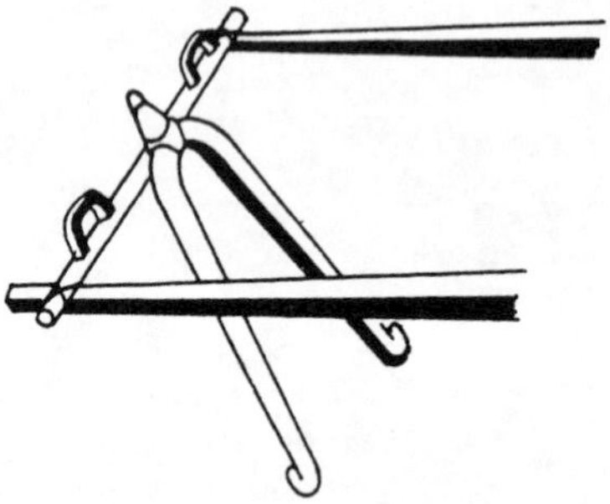

轅

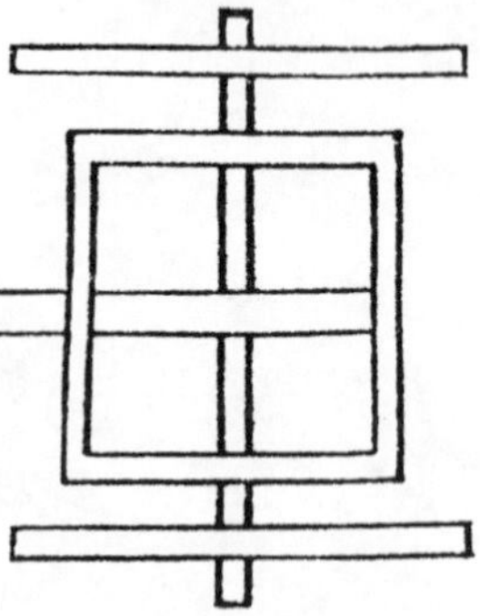

軫

軏

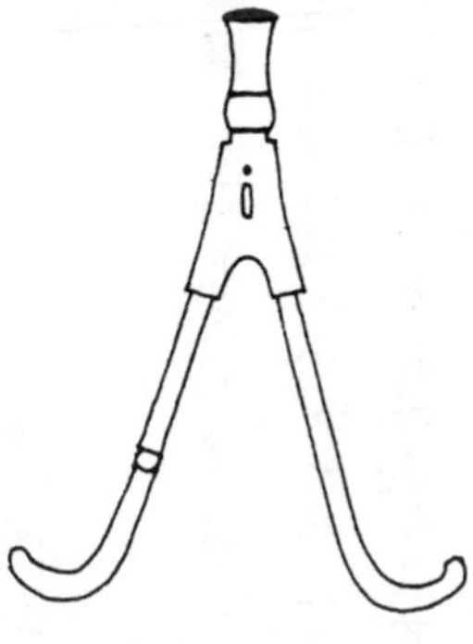

軛

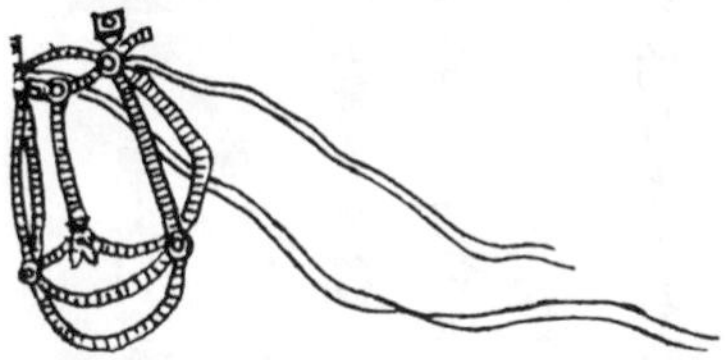

轡

銅馬冠（本書稱「金鍐」）

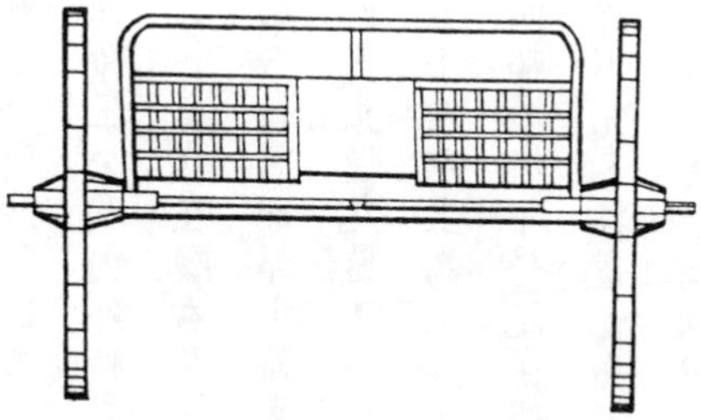

軾

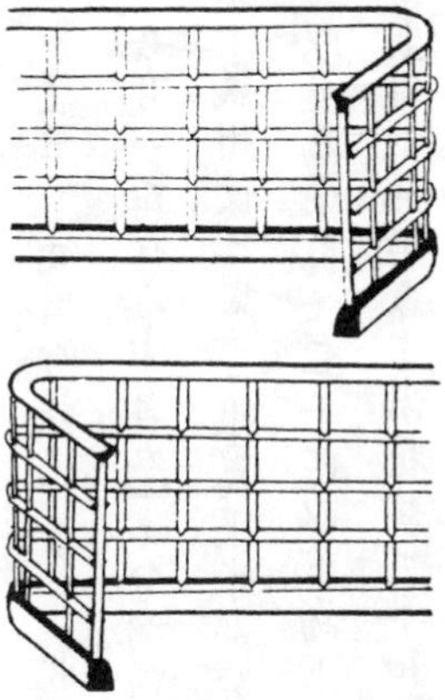

軨

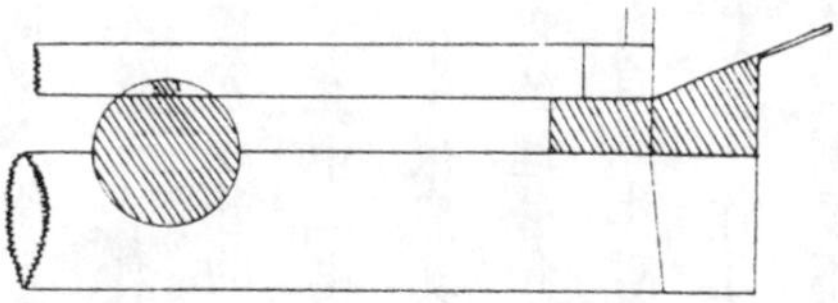

當兔

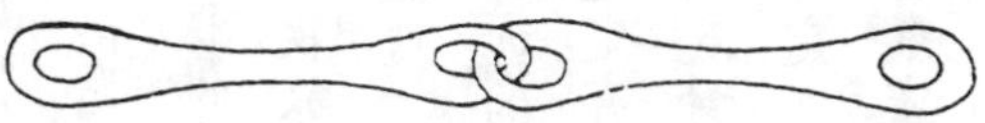

銜

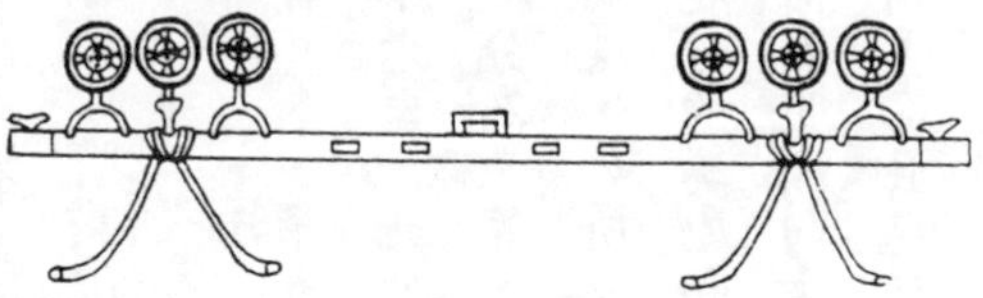

轙

典廄署・典牧署・車府署・諸牧監・沙苑監

【篇旨】本篇可分兩部分：一是繼上篇乘黃署之後，敘述太僕寺所屬四署中其餘三署，即典廄署、典牧署、車府署所設的令、丞和主乘、監事等的定員、品秩、沿革及職掌；二是太僕寺下設置於隴右及河東的諸牧監的組織系統及其沿革和職掌。

典廄署的職能是，依照諸牧監所養牧的牲畜，如象、馬（分細馬、中馬、駑馬）、駝、牛、驢、騾、羊及乳駒、乳犢等的數量，根據制度供給餵養人夫（如牧子、長户）及草料。典牧署掌管食用馬、牛及畜產品的出納，諸牧監所飼養凡供肉食的馬、牛雜畜以及乳酪，都先集中繳納於典牧署，然後供給光祿寺的太官署，殿中省的尚食局供食用。另有沙苑監則掌隴右諸牧監牛羊的屠宰，以供光祿寺的太官署和殿中省的尚食需用。典牧署與沙苑監二者分月供應。車府署掌王公以下乘用車輅和禮儀場合所需車乘的供應，如春秋二時謁陵，冊命王公及內外職事四品已上拜官，元旦、冬至朝會，以及婚喪奉使等，都按其品秩供應車輅。

唐代在隴右及河東雲中、鹽州、嵐州所設諸牧監，也就是由國家經營的牧場，牧放諸牲畜。本書第五卷第三篇駕部郎中職掌載錄，共有「監牧六十有五」，分別歸屬監使，其中「南使十五監，西使十六監，北使七監，東使九監，鹽州使八監，嵐州使三監」。本篇下半部分在敘述中，依照其放牧馬匹的數量，分為三等，即五千匹以上為上監，三千匹以上為中監，三千匹以下為下監。牧場的經營和管理規定有多項制度，如所有馬匹都要烙印登記在冊並逐年上報；每年春季游牝孳生率和每年牲畜自然死亡率，以及對孳課超分的獎勵和對課不充、牲畜亡失、非理死損等的賠償或懲處，都按不同畜類及數額，作了明細規定。獎勵固然明顯向主管者傾斜，賠償和懲處，各級長官同樣必須分擔或連坐。這一整套管理制度不僅相當嚴密和完備，而且還通過立法，如《唐律疏議》中的〈廄庫律〉等，以確保其切實執行。但任何良好的具體制度，都離不開總的體制的制約，基於帝王制度這一體制固有的種種弊端等因素，唐代諸牧監經過一個繁榮期後，畢竟還是衰落了下來。其中興衰脈絡，我們在相關章節之末簡略作了點說明。

一

典廄署：令二人，從七品下；《周禮》❶有校人❷、圉師、趣馬❸，掌天子十有二閑之馬❹。漢太僕屬官有大廄、未央廄❺。後漢太僕屬官有未央廄❻，主乘輿及宮中諸馬❼；其後，置左駿廄令，別主乘輿御馬。魏有驊騮廄令❽。晉太僕統乘黃、驊騮、龍馬等廄令，過江之後❾，或省或置；哀帝時，省驊騮為門下之職❿。宋、齊因之⓫。梁太僕統龍廄、內外廄⓬，陳因之。後周有左、右廄，各上士一人。北齊太僕寺統驊騮，左、右龍等署⓭。隋太僕寺統龍廄署⓮，皇朝改為典廄署令⓯，領執馭駕士等。

丞二人，從八品下；隋有龍廄丞，皇朝改為典廄丞⓰。武德⓱中四人，今減二人。

主乘六人，正九品下。隋置，皇朝因之。

典廄令掌繫飼馬牛、給養雜畜之事，丞為之貳。凡象一給二十⓲，細馬一、中馬二、駑馬三，駝、牛、騾各四，驢及純犢各六、羊二十各給一丁，純謂色不雜者⓳。若飼黃禾及青草，各準運處遠近，臨時加給也。乳駒、乳犢十給一丁。凡象日給稾⓴六圍，馬、駞、牛各一圍，羊十一共一圍，每圍以三尺為限也。蜀馬與騾各八分其圍㉑，騾四分其圍，乳駒、乳犢五共一圍；青芻㉒倍之。凡象日給稻、菽㉓各三斗，鹽一升；馬，粟一斗、鹽六勺㉔，乳者倍之；駞及牛之乳者、運者各以斗菽，田牛羊㉕之；駞鹽三合，牛鹽二合；羊，粟、菽各升有四合，鹽六勺。象、馬、騾、牛、駞飼青草日，粟、豆各減半，鹽則恆給；飼禾及青荳者，粟、豆全斷。若無青可飼，粟、豆依舊給。其象至冬給羊皮及故氈作衣也。

【章旨】敘述典廄署令、丞及主乘之定員、品秩、沿革和職掌。

【注釋】❶周禮　儒家經典之一。係搜集周王室官制及戰國時各國制度，添附以儒家政治理想，增減排比而成之彙編。❷校人　《周禮》夏官大司馬之屬官。掌王馬之政。設中大夫二人，上士四人，下士十有六人。《周禮》中養馬人員之編制是：乘馬一師四圉，三乘為皂，皁一趣馬；三皂為繫，繫一馭夫；六繫為廄，廄一僕夫；六廄成校，校有左、右。故鄭玄注稱：「校人，馬官之長。」❸圉師趣馬　皆為校人屬官。圉師，掌教圉人養馬。每乘有四匹馬，設圉師一人，統圉人四人。趣馬，三乘為一皂，皂設一趣馬，佐理校人教養良馬，掌理駕車用馬之次序。設下士皂一人，徒四人。❹掌天子十有二閑之馬　鄭玄注《周禮》此句：「每廄為一閑。」即天子之乘馬有十二閑，六種，三千四百五十六匹。❺漢太僕屬官有大廄未央廄　據《漢書・百官公卿表》「廄」下當有「令」字。大廄與未央廄都是西漢為餵養乘輿輅車用馬而設之馬廄。上官桀曾任職未央廄。❻後漢太僕屬官有未央廄　據《漢書・百官志》，句末「廄」下當有一「令」字。東漢未央廄令秩六百石。❼主乘輿及宮中諸馬　《後漢書・百官志》太僕條：「主乘輿及廄中諸馬。」「宮」作「廄」。❽魏有驊騮廄令　《宋書・百官志》：「漢西京為龍馬長，漢東京為未央廄令，魏為驊騮令。」❾過江之後　指渡過長江建立東晉政權後。❿哀帝時省驊騮為門下之職　哀帝，東晉皇帝司馬丕，字千齡。在位不足三年，終年二十五歲。《晉書・職官志》：「太僕省，故驊騮為門下之職。」⓫宋齊

因之　據《宋書・百官志》，宋在門下侍中之下，「設驊騮廄丞一人」。《南齊書・百官志》稱南齊設「內外驊騮廄丞各一人，屬起部，亦屬領軍」。⑫梁太僕統龍廄內外廄　《隋書・百官上》稱：梁太僕卿統「龍廄、內外廄丞」。⑬北齊太僕寺統驊騮左右龍等署　據《隋書・百官中》稱：北齊太僕寺統驊騮署，左、右龍署，皆設令、丞，驊騮署下又有奉承直長二人；左龍署下設左龍局，右龍署下有右龍局，局設都尉。⑭隋太僕寺統龍廄署　《隋書・百官下》稱：隋太僕寺下統驊騮、龍廄等署。⑮皇朝改為典廄署令　據《隋書・百官下》，煬帝時，將太僕寺之驊騮署劃歸殿內省之尚乘局，又把太僕寺之龍廄署改名為典廄署，有左、右駮皂二廄。唐殿中省下尚乘局不設署，在驊騮署基礎上，由奉御二人分設內外閑，而在太僕寺下則保留典廄署。故非皇朝改龍廄署為典廄署，而是唐因隋制。⑯皇朝改為典廄丞　是煬帝時改為典廄丞，唐因隋制。說同上注。⑰武德　唐高祖李淵年號。⑱二十　近衛校曰：「『十』當作『丁』。」據下文亦應為「丁」。⑲純謂色不雜者　此句注正文「純犢」。指純種幼驢。雜色則是指馬與驢雜交所生之騾。⑳稾　正德本作「藁」。藁，亦稱西芎、撫芎。多年生草木。此處泛指飼草。㉑八分其圍　圍，即「緉」。八分其圍是一圍的十分之八。下文「四分其圍」，即一圍的十分之四。騾的食量大於驢，故所給草料倍於驢。㉒青芻　餵牲口之青飼料。㉓菽　豆類。㉔勺　古代計量單位。十勺為一合，十合為一升，十升為一斗。㉕羊　據正德本當為「半」。

【語　譯】典廄署：令定員二人，品秩為從七品下。《周禮》夏官大司馬屬官中有校人、圉師和趣馬，掌管天子十二閑廄中的馬匹。西漢太僕的屬官中有大廄〔令〕、未央廄〔令〕。東漢太僕的屬官中有未央廄〔令〕，主管乘輿以及宮〔廄〕中的馬匹，這以後還設置左駿廄令，另外掌管乘輿的御馬。三國魏亦設有驊騮廄令。晉由太僕卿統轄乘黃廄、驊騮廄、龍馬廄令；過江以後的東晉，有時省略，有時設置，如哀帝時便省去驊騮廄，有關職務轉歸門下省執掌。宋和齊都因承晉制。梁代由太僕卿統轄龍廄、內外廄，陳因承梁制。北周在夏官府的駕部下，設有左、右廄，各置上士一人。北齊的太僕寺管轄有驊騮署，左、右龍署等。隋太僕寺統管龍廄署，本朝改為典廄署令，統領執馭、駕士等員。

丞，定員二人，品秩為從八品下。隋設有龍廄丞，本朝改為典廄丞。高祖武德時期定員為四人，現今減為二人。

主乘，定員六人，品秩為正六品下。隋朝設置，本朝因承隋制。

典廄令的職務是，掌管圈繫和飼養馬、牛，以及供給和餵養雜畜方面的事務；丞做令的副職。關於飼養人的員數，規定：象一頭，給飼養員二十（人）；細馬一匹，給一人；中馬二匹，給一人；駑馬三匹，給一人；駞、牛、騾各是四頭給一人；驢和純種犢各是六頭給一人；羊每二十頭給飼養員一人。純犢是指不是雜種的幼犢。若是飼養用的黃禾及青草，需要運輸勞力，就依據路途遠近，臨時加給勞力。正在哺乳的馬駒和牛犢，每十頭給飼養員一人。關於飼養所需草料的數額規定：每頭象每天給乾稾（藁）草六圍，每頭馬、駞、牛每天各給一圍，羊則十一頭每天供給一圍草料，草料每圍以直徑三尺為限。蜀馬及騾子供應十分之八圍，驢供應十分之四圍，哺乳的馬駒、牛犢每五頭每天供應一圍；如果是青飼料則加倍供給。糧料供給的標準是：象每天供給稻穀和豆菽各三斗，鹽一升；馬每天給粟米一斗，鹽六勺；若有需要哺乳幼仔的，則加倍供給。駞及牛需哺乳的，以及在拉車運輸的，亦各自給以一斗菽豆；耕田的牛則減羊（半）供給。駞每天供給鹽三合，牛為二合；羊，供給粟米和菽豆各一升四合，鹽六勺。象、馬、騾、牛、駞餵青飼料的日子，粟、豆的供應量各減一半，鹽則照常供給。如果飼養乾草和青豆時，粟米、菽豆的供應暫時中斷。如果沒有青飼料可以餵養，則依舊供給粟米和菽豆。至於象，一到冬天，還要供給羊皮和舊毛氈做衣服以保暖。

【說　明】本章原注在記述典廄署的沿革中，沒有提到北魏牧業管理的建置。北魏亦有太僕寺，只是它的下屬廄署史著未有載錄。北齊太僕寺下屬有驊騮及左、右龍等署，與北魏當有因襲關係，北魏不可能無置。事實上牧業在北魏佔有重要的地位，具有相當大的規模。《魏書・食貨志》稱：「世祖（拓跋燾）平統萬，定秦隴，以河西水草善，乃以為牧地。畜產滋息，馬至二百餘萬匹，橐駝將半之，牛羊則無數。高祖即位之後，復以河陽為牧場，恆置戎馬十萬匹，以擬京師軍警之備。每歲自河西徙牧於并州，以漸南轉，欲其習水土而無死傷也，而河西之牧彌滋矣。正光（孝明帝元詡）以後，天下喪亂，遂為群寇所盜掠焉。」北魏的牧場主要是兩大地區：一在隴右河西，繁滋著大量的馬匹，一直延續到隋唐；一在河東地區，向東到并州，並擴展到黃河以北的廣大地區。後一地區的牧場，有一部分屬於世襲的領民酋長，也就是部落首領，如北魏末年的爾朱榮，便是出身於秀容川的領民酋長。秀容川在今山西大同與太原之間，是爾朱榮家族世襲的牧場。其父新興，在這個牧場的「牛羊駝馬，色別為群，谷量而已。朝廷每有征討，輒獻私馬，兼備資糧，助裨軍用」（《魏書・爾朱榮傳》）。北魏太僕寺亦設有管理牧馬的機構，還可以從《冊府元龜・卿監・監牧》

載錄的下述一些資料中得到印證：「大延二年（西元四三六年）十一月，（世祖拓跋燾）行幸稒陽，驅野馬於雲中，置野馬苑」；「獻文帝（拓跋弘）時，呂文祖以勳臣子補龍牧曹，奏事中散牧產不滋，坐徙於武川鎮」；「孝文帝（元宏）時，李堅為太僕卿，檢課牧產多有滋息，其後宇文福為都牧給事。時遷洛，勑福檢行牧馬之所，福規石濟以西，河內以東，拒黃河南北千里牧地，事尋施行，今之馬場是也。及從代移雜畜於牧所，福善於將養，並無損耗，孝文嘉之。尋補司衛監」。北魏從都洛陽以後，牧場亦隨之南遷，組織實施此事的是太僕寺卿李堅。從以上記載，可以確知北魏太僕寺下至少設有龍廄等機構，在雲中則另有野馬苑。北齊諸廄署的建置當是因北魏而來，自然也可能有所變革。

二

典牧署：令三人，正八品上❶；《周禮》❷：「牧師❸下士四人，掌牧馬而頒之❹。」秦、漢太僕屬官有牧師苑令❺，皆在邊郡。歷魏、晉已下，皆牧監之職❻。隋太僕寺統典牧署、牛羊署等令、丞❼，皇朝因之。武德❽中二人，令加置三人，領上輅❾、駕士等。

丞四人，正九品上❿；隋置，皇朝因之。武德中三人，令加至四人。

監事八人，從九品下。

典牧令掌諸牧雜畜給納之事⓫，丞為之貳。凡群牧所送羊、犢皆受之，而供於廩犧、尚食之用；諸司合供者，亦如之。

【章旨】敘述典牧署令、丞和監事之定員、品秩、沿革及職掌。

【注釋】❶典牧署令三人正八品上　《新唐書・百官志》同此，《通典・職官二十二・大唐官品》典牧署令品秩為「從七品下」；《舊唐書・職官志》太僕寺條則稱：「典牧署：令二人，正八品下。」❷周禮　儒家經典之一。係搜集周王室官制和戰國時各國制度，添附以儒家政治理想，增減排比而成之彙編。❸牧師　《周禮》夏官大司馬屬官校人之下屬。掌理牧地，設置藩籬，劃分牧場。❹掌牧馬而頒之　指給國人頒定牧馬場地，以掌理牧地之政令。❺牧師苑令　據《漢書・百官公卿表》秦漢在太僕屬官中有「邊郡六牧師苑令，各三丞」。顏師古注引《漢官儀》：「牧師諸苑三十六所，分置北邊、西邊，分養馬三十萬頭。」《後漢書・百官志》本注：「有牧師苑，皆令官，主養馬，分在河西六郡界中，中興皆省，唯漢陽有流馬苑，但以羽林郎監領。」❻歷魏晉已下皆牧監之職　指魏晉以後，在太僕寺皆設有典牧牛羊之機構。據《晉書・職官志》在太僕卿之下設有左、右典牧都尉，在其下別設羊牧丞。至東晉，並隨太僕寺之省而省。宋、齊不見記載。梁在太僕卿下設南馬牧、左右牧、內外廄丞等。北齊在太僕寺下有左、右牝署，掌駝馬；駝牛署，掌駝騾驢牛；司羊署，掌諸羊。在左、右牝署下分別有左、右牝局；駝牛署下有典駝、特牛、牸牛三局；司羊署下有特羊、牸羊局，諸局皆設有都尉。北周在夏官府駕部中大夫下設有典牝上士、中士，典牡上士、中士，典駝中士、下士，典羊中士、下士。❼隋太僕寺統典牧署牛羊署等令丞　據《隋書・百官下》稱：隋煬帝罷牛羊署。❽武德　唐高祖李淵年號。❾上輅　本卷目錄典牧署所領有「主輅七十四人」，此處亦應為「主輅」。然新舊《唐書》官志則並作「主酪」。典牧署之職掌是雜畜給納及酥酪脯腊之事，與車輅無涉，故應以「主酪」為是。❿丞四人正九品上　典牧署原為中署，開元初列為上署，據《舊唐書・職官一》上署丞為從八品下。然《舊唐書・職官三》又將典牧署丞列為正九品下；《新唐書・百官志》亦為正九品下。未知孰是。⓫諸牧雜畜給納之事　指諸牧監之雜畜，經由典牧署接納，然後中轉給太常寺之廩犧署作犧牲，給殿中省尚食局供宮內膳食；亦有供光祿寺之太官署或諸司之官廚者。

【語　譯】典牧署：令，定員三人，品秩為正八品上。《周禮》規定：「在夏官大司馬屬官校人之下設牧師下士四人，職掌是給國人頒定牧馬的場地。」秦漢太僕的屬官有牧師苑令，都在邊郡。魏晉以下各代，都設有關於牧監的官職。隋朝的太僕寺統有典牧署和牛羊署等令、丞，本朝因承隋制。高祖武德年間，設令二人，現在加到三人。下屬領有上輅（主酪）、駕士等員。

丞，定員四人，品秩為正九品上。隋朝設置，本朝因承隋制。高祖武德年間，丞的定員為三人，現今加到四人。

監事，定員八人，品秩為從九品下。

典牧令的職掌是，分管接納各牧、監上送雜畜的事務；丞做令的副手。凡是各個牧、監送來的羊和牛犢，都由典牧署統一接受，然後轉供給廩犧署、尚食局應用；各司應由典牧署供應的，也按規定供給。

【說　明】典廄署與典牧署的分工，從其職掌看，前者是餵養供儀仗和乘用的牲口，後者則是供食用的肉牲。然二者都屬於諸牧監上送牲口的中轉機構，真正直接從事畜牧生產的，那是諸牧監。

三

車府署：令一人，正八品下；秦置車府令，以趙高為之❶。漢太僕屬官有車府令、丞，後漢主乘輿諸車❷，魏、晉因之❸。宋、齊、梁、陳並尚書駕部領❹。後魏闕文。北齊太僕寺領車府令、丞，遂與乘黃令分職❺；隋因之。皇朝因隋。

丞一人，正九品下。秦、漢已來，車府署並有丞二人，隋車府丞二人，皇朝省置一人。

車府令掌王公已下車輅，辨其名數及馴馭之法；丞為之貳。凡王公已下車輅：一曰象輅，二曰革輅，三曰木輅，四曰軺車❻。象輅以象牙飾諸末❼，畫輪❽，八鑾在衡❾；左建旂，畫龍，一升一降❿；右載闟戟⓫。革輅以革飾諸末⓬，左建通帛為旜⓭，餘同象輅。木輅以漆飾之，餘同革輅。三輅皆朱質，朱蓋，朱旂旜⓮。一品九旒⓯，二品八旒，三品七旒，四品六旒；其鞶纓就數⓰亦如之。軺車，曲壁⓱、青通轎⓲、碧裡也。

凡春秋二時謁陵，冊命，王公及內外職事四品已上拜官，正冬，朝會，婚葬，奉使，皆視其品秩而給之：親王以象輅，三品已上以革輅，五品已上以木輅；京縣令以軺車，道大駕⑲及初上給之。其婚葬則從京官三品已上給其馭⑳。給駕士：親王十有八，一品十有六，二品十有四，各駕以馬、駱四，輅車一；三品十有二，四品、五品十，有闕〔京〕縣令六也㉑。凡輅車之馬率馭士預調習之，然後入輅及車；以牛駕者亦如之。

【章旨】敘述車府署令、丞之定員、品秩、沿革及職掌。

【注釋】❶秦置車府令以趙高為之　趙高，趙國人，宦官，入秦宮，為車府令。《史記・秦始皇本紀》：「中車府令趙高，行符璽事。」《集解》引「伏儼曰：中車府令主乘輿路車。」《史記・李斯傳》亦稱：「丞相斯、中車府令趙高行符璽令事。」秦始皇三十七年（西元前二一〇年）出巡時，趙高是以中車府令主管乘輿路車而隨行於左右，秦始皇途經沙丘猝死，僅李斯、趙高、胡亥數人預知，故趙高得以弄權。❷後漢主乘輿諸車　《後漢書・百官二》太僕條：「車府令一人，六百石。本注曰：主乘輿諸車。丞一人。」《後漢書・吳良傳》：「永平中，車駕近出，而信陽陰就干突禁衛，車府令徐匡鉤就車，收御者送獄。」此事說明皇帝出行車府令即隨從於左右，故能當場拘留欲陰就車乘之御者。❸魏晉因之　據《晉書・職官志》：晉太僕屬官有車府典牧；《宋書・百官志》：「車府令一人，丞一人。秦官也。二漢魏晉並隸太僕。」❹宋齊梁陳並尚書駕部領　據《宋書・百官志》，由於東晉省太僕，車府令、丞改隸尚書駕部，南齊的車府令一人、丞一人亦屬駕部；梁，據《隋書・百官志》亦以駕部別領車府署，陳承梁制。❺北齊太僕寺領車府令丞遂與乘黃令分職　據《隋書・百官中》，北齊太僕寺之乘黃署掌諸輦輅，車府署則掌諸雜車。❻軺車　古代一種輕便馬車。四面敞露，可以遙望，又稱遙車。據漢畫象所示，曲輈，淺輿，中樹車蓋，多用一馬駕。《隋書・禮儀五》：「軺車，案《六韜》，一名遙車，蓋言遙遠四顧之車也。漢武帝迎申公，弟子二人乘軺傳從。此又是馳傳車也。《晉氏鹵簿》：御史軺車行中道。《晉公禮秩》云：『尚書令軺，黑耳後戶』，今軺車青通幰，駕二馬。王侯入學，五品朝婚，通給之。司隸刺史縣令、詔使品第六、七，則並駕一馬。」❼以象牙飾諸末　指以象牙裝飾車轅、衡木、轂頭與軛諸末端。❽畫輪　車輪至轂畫有圖紋。正德本及廣池本作「朱班輪」。❾八鑾在衡　指象輅之衡木上掛有八個鑾鈴。衡，車轅頭上之橫木。❿左建旂畫龍一升一降　指象輅之左側建樹大旂，旂上畫有交龍，其形一升一降。此為古代諸侯車上旂旗所繪之圖形。《周禮・春官・巾車》：「大旂，九旂之畫交龍者。」鄭玄注：「諸侯畫交龍，一象其升朝，一象其下復也。」賈公彥疏：「天子旌旂有日月星辰，諸侯旌旗無日月星，故龍有升降也，象升朝天子，象下復還國也。」⓫右載闟戟　指象輅之右側載有作為儀仗之闟戟。闟戟，原為古代兵器，實即棨戟，為戈與矛之合體，其形狀似戈，唯前有刺，載於象輅之右側則作儀仗用。⓬以革飾諸末　指革輅以皮革裝飾車輢、衡木、轂頭與軏諸末端。⓭通帛為旜　純赤色之曲柄旗。旜，即「旃」。《周禮・春官・司常》：「通帛為旜。」鄭玄注：「通帛謂大赤，從周正色，無飾。」賈公彥疏：「通帛為大赤者，巾車及明堂位皆明大赤也，云從正色。無飾者，以周建子，物萌包赤，今旌旗通體盡用絳之赤帛，是用周之正色，無他物之飾也。」⓮三輅皆朱質朱蓋朱旒旜　三輅，指象輅、革輅、木輅。朱質，指以朱紅為底色。朱蓋，指車右側之圓蓋也為紅色。朱旒旜，《舊唐書・輿服志》及《通典・禮二十五・公侯大夫等車輅》「旒」皆作「旂」。朱旒旂，朱紅色之旌旗。⓯一品九旒　旒，亦作斿，旌旗下邊懸垂之飾物，依尊卑定其多寡。天子十二旒，一品九旒，依次遞減。⓰鞶纓就數　鞶纓，亦稱樊纓。一說綴於馬鞅下之索裙狀飾物，鞅套於馬頸。一說馬當胸之服帶。就數，指鞶纓之匝數。亦依尊卑定其多寡，天子十二就，一品九就，依次遞減。⓱曲壁　弧形之車壁。⓲青通轞　轞通「幰」，張於車篷上方之布幔。前後通貫稱通幰，只張前部稱偏幰。意謂青色之通貫車幔。⓳道大駕　指京縣令為皇帝大駕鹵簿作導引。唐制大駕鹵簿，以萬年縣令導駕，此時可乘軺車為前引。⓴從京官三品以上給其馭　句中「三」，近衛校正德本以為應作「五」。當是。且下文原注對四品、五品皆規定有給駕士之數。㉑四品五品十有闕縣令六也　近衛校曰：「『有』疑衍。」是。闕字，近衛以為「當填以『京』字」。亦可依。

【語　譯】車府署：令，定員一人，品秩為正八品下。秦代始置車府令，讓趙高擔任此職。西漢太僕的屬官有車府令和丞，東漢亦設有車府令和丞，主管御駕的各種車乘。魏、晉因承漢制，亦設有車府令。南朝宋、齊、梁、陳的車府令、丞，都由尚書省兵部的駕部統轄。北魏沒有這方面的記載。北齊是太僕寺統領車府令、丞，掌管各種雜車，這樣便與掌管各種輦輅的乘黃令在職務上分開了。隋朝因承北齊的建置。本朝則因承隋制。

丞，定員一人，品秩為正九品下。秦漢以來，車府署都設有丞，定員都是一人。隋時車府丞定員為二人，本朝減省到一人。

車府令的職務是，掌管王公以下車輅的配置，熟悉車輅的名籍以及馴化、駕馭馬匹和車乘的方法；丞做車府令的副職。配置給王公以下官員車輅的種類：一是象輅，二是革輅，三是木輅，四是軺車。象輅是用象牙裝飾車乘主要部件的各個末端，用漆飾畫車輪；衡木上掛八個鑾鈴；車的左側樹著大旗，旗上畫有一升一降的交龍；車的右側載著闟戟。革輅是用皮革裝飾車乘主要部件的各個末端，左側建樹著大紅旜旗，其餘都與象輅相同。木輅用漆做裝飾，其餘與革輅相同。上述三輅都是以朱紅做底色，紅色的車蓋，紅色的旗旜。旌旗上，一品有九旒，二品是八旒，三品是七旒，四品是六旒；馬胸上鞶纓的匝數亦與旌旗上旒數一樣，一品為十二匝，以下遞減。軺車是弧形的車壁，青色的通貫車幰，襯裡是碧色。

每年春秋兩季王公大臣參加謁陵時，舉行冊命王公禮儀時，內外職事四品以上官員拜受官職時，元旦和冬至朝會以及婚喪和奉命出使時，都要按照官員的品秩給予車輅：親王給象輅，三品以上給革輅，五品以上給木輅。京縣縣令為大駕鹵簿導引，以及初上任時，給予軺車。在京三（五）品以上官員，若有婚喪禮儀，則供給駕車手。供給駕車手的規定：親王為十八人，一品為十六人，二品為十四人，各給以馬或駱四匹，輅車一輛；三品為十二人，四品、五品為十人，〔京〕縣令給六人。

凡是駕輅車的馬，駕士預先要進行調習，然後再套上輅或車。用牛駕車的，亦要事先調習。

【說　明】車府署與乘黃署共掌供車輅，卻各有分工：乘黃署供應的對象是皇帝，車府署則是為王公以下百官提供車輅。在管理車輅方面，還有兩個平行機構：一是為皇后及後宮供給車輅的內僕局，屬內侍省管轄；一是為太子提供車輅的太子僕寺。

四

上牧：監一人，從五品下；《漢舊儀》❶：「太僕牧師諸苑三十六所❷，分布北邊、西邊，以郎為苑監，官奴婢三萬人分養馬三十萬頭，擇取教習，給六廄❸；牛、羊無數，以給犧牲。中興省。漢陽有牧馬苑令❹，羽林郎監領。」魏置牧官都尉，晉因之❺。宋、齊闕文❻。梁太僕統南牧[7]，左、右牧等丞，陳因之。後魏闕文。北齊太僕寺統左、右牝，駝牛、司羊等署令、丞[8]。後周有典牡典牝上士一人、中士一人，又有典駝、典羊，各有中士一人[9]。隋太僕寺統典牧署、牛羊署等令、丞。皇朝因分為牧監。

副監二人，正六品下；

丞二人，正八品上；

主簿一人，正九品下。並皇朝置。

中牧：監一人，正六品下；

副監一人，從六品下；

丞一人，從八品上；

主簿一人，從九品上。

下牧：監一人，從六品下；

副監一人，正七品下；

丞一人，正九品上；

主簿一人，從九品下。

諸牧監掌群牧孳課[10]之事。凡馬五千匹為上監，三千匹已上為中監，已下為下監⑪。凡馬、牛之群以百二十，駝、騾、驢之群以七十，羊之群以六百二十；群有牧長、牧尉。補長，以六品已下子、白丁⑫、雜色人等⑬為之；補尉，以散官八品已下子為之。品子⑭八考，白丁十考，隨文、武簡試與資也⑮。

【章旨】敘述上牧、中牧、下牧諸監、副監、丞和主簿之定員、品秩、沿革及職掌。

【注釋】❶漢舊儀　書名。東漢衛宏撰，四卷。《後漢書・衛宏傳》：宏作《漢舊儀》四卷。《隋書・經籍志》著錄有《漢舊儀》四卷，衛敬仲撰。書已殘佚，清孫星衍有校補。此處引文分別見於《漢書・景帝紀》引如淳注，《後漢書・和帝紀》注，《三輔黃圖》卷四和《太平御覽・職官部》；各書所引文大同小異，而以《三輔黃圖》所引較為完整。❷牧師諸苑三十六所　《漢書・百官公卿表》作「邊郡六牧師苑、令各三丞。」邊境苑的規模比內地的廄和監要大得多，而其官階則相同。或許是一郡一牧師苑，則以《漢書》為是；也可能是三十六苑分屬於六郡，則二說皆可通。究竟何者為是，有待確考。❸六廄　指大廄、未央、家馬、騊駼、龍馬等閑廄。❹漢陽有牧馬苑令　《後漢書・百官志》：「又有牧師苑，皆令官，主養馬，分在河西六郡界中，中興皆省。唯漢陽有流馬苑，但以羽林郎監領。」漢陽郡在今甘肅省天水市西，屬隴西地區。❺魏置牧官都尉晉因之　據《晉書・職官志》晉在太僕寺屬官中有左、右中典牧都尉，當是因於魏。❻宋齊闕文　東晉省太僕寺，宋亦省，唯有祭祀則權置太僕卿以為執轡，事畢即省，故未見有設置牧官之記載。❼南牧　《隋書・百官上》所記梁太僕屬官作「南馬牧」。此處「南」下缺一「馬」字。❽北齊太僕寺統左右牝駝牛司羊等署令丞　此句《隋書・百官志》在「左、右牝」上尚有「左、右龍」。❾又有典駝典羊各有中士一人　正德本及廣池本此句在「典羊」下尚有「典牛」二字。❿孳課　指依牧群母畜之多寡課以該新增駒犢之數額。⓫已下為下監　《舊唐書・職官志》作「一千疋已上」為下監。⓬白丁　指平民百姓。⓭雜色人等　指由奴婢、番戶、雜戶出身因赦宥而為良人者。⓮品子　唐制，六品以下官之子稱品子。《新唐書・選舉志》：「武選，凡納課品子，歲取文武六品已下、勳官三品已下、五品以上子，年十八以上，每州為解上兵部，納課十三歲而試，第一等送吏部，第二等留本司，第三等納資二歲，第四等納資三歲。納已，復試，量文武授散官。」⓯隨文武簡試與資也　指為牧長、牧尉滿八年或十年，可以隨文武官員簡試，並作為正式任官的資歷，即成資，可為以後參加銓選時之前資。

【語　譯】上牧：監，定員一人，品秩為從五品下。《漢舊儀》記載：「太僕有牧師苑三十六所，分布在北邊和西邊，由郎擔任苑監，有官奴婢三萬人，分養著馬三十萬頭，選擇其中的良馬進行教習，上送給六廄，另有牛羊無數，供作犧牲用。漢光武中興後省去了這些建置。東漢在漢陽設有牧馬苑令，由羽林郎監領。」魏設置牧官都尉，晉代因承魏制。南朝宋、齊缺少有關牧監的記載。梁在太僕寺屬官中設有南〔馬〕牧、左右牧等丞。陳朝因承梁制。北魏亦缺少有關牧監建置的記載。北齊太僕寺統領有左右牝、駝牛、司羊等署的令和丞。北周設有典牧、典牝上士各一人，中士各一人；又有典駝、典羊〔、典牛〕中士各一人。隋太僕寺統領有典牧署、牛羊署等令、丞。本朝在因承隋制的同時，又把牛羊署分劃為各個牧監。

副監，定員二人，品秩為正六品下。

丞，定員二人，品秩為正八品下。

主簿，定員一人，品秩為正九品下。以上都是本朝設置。

中牧：監，定員一人，品秩為正六品下。

副監，定員一人，品秩為從六品下。

丞，定員一人，品秩為從八品上。

主簿，定員一人，品秩為從九品上。

下牧：監，定員一人，品秩為從六品下。

副監，定員一人，品秩為正七品下。

丞，定員一人，品秩為正九品上。

主簿，定員一人，品秩為從九品下。

各牧監的職掌是，負責對各牧長、牧尉依據母畜數量，按照規定課徵孳生駒犢等幼畜方面的事務。劃分牧監等第的標準是：有馬五千匹的為上監，三千匹以上的為中監，〔三千匹〕以下的為下監。凡是馬、牛以滿一百二十四為一群，駝、騾、驢滿七十頭為一群，羊則以滿六百二十隻為一群；群設有牧長和牧尉。要補充牧長，從六品以下官員的兒子，以及白丁、雜色人等中挑選充任；要補充牧尉，從散官八品以下官員的兒子中挑選充任。品子任滿八考、白丁任滿十考後，可以允許參加文武簡試，並承認他們的前資。

【說　明】唐代的牧監，主要分布在隴右諸郡，初期，諸牧監統由太僕卿、少卿管轄。唐太宗貞觀十五年（西元六四一年）令尚乘局奉御張萬歲為太僕少卿，勾當群牧，直至高宗麟德元年（西元六六四年）才免官，次年又以鮮於正俗除太僕少卿，檢校隴右群牧監。此後任此職者，尚有右衛中郎將邱義等，至高宗儀鳳三年（西元六七八年）以太僕少卿李思文檢校隴右諸牧監使，從此始有牧監使或群牧使的名號。前後任此職者有不少要人，如魏元忠、姚元之、宗楚客、王毛仲、牛仙客、安祿山、李輔國等，這反映了隴右諸牧監的馬匹對唐王朝的軍力乃至國力有著非同尋常的重要意義。唐代在隴右的諸牧監先是有八使、四十八監，後來又增加了八監合為五十六監。開元初年，玄宗以王毛仲為隴右諸牧監使，「毛仲部統嚴整，群牧孳息，遂數倍其初。芻粟之類，不敢盜竊，每歲迴殘，常致數萬斛。不三年，扈從東封（指封禪泰山）以諸牧馬數萬匹從，每色為隊，望如雲錦，玄宗益喜」（《舊唐書・王毛仲傳》）。為此，玄宗特命張說撰寫了為王毛仲評功擺好的〈監牧頌〉。此文收錄於《張燕公集》卷一一，題為〈大唐開元十三年隴右監牧頌德碑〉，文中說：「大唐承周隋離亂之後，貞觀初僅得牝牡三千，從赤岸澤徙之隴右，仍命太僕卿張萬歲葺政焉。至麟德中四十年，至七十萬六千匹，置八使以董之，設四十八監以掌之。跨隴右、金城、平涼、天水四郡之地，幅員千里，猶為隘狹，更折八監，布於河曲豐曠之野，乃能容之。於斯之時，天下以一縑易一馬，及張氏中廢，二十年間所殘益寡。」在高宗中葉，馬政有過一個衰落的時期，《唐會要》卷七三：「永隆二年（西元六八一年）七月十六日，夏州群牧使安元壽奏言：從調露元年（西元六七九年）九月已後，至二月五日前，死失馬一十八萬四千九百匹，牛一萬一千六百頭。」到了開元初年，王毛仲為隴右諸牧監使時，又曾有過一次復興。上文接著說：「開元元年（西元七一三年）牧馬二十四萬匹，十三年（西元七二五年）乃四十三萬匹；初有牛三萬五千頭，是年亦五萬頭；初有羊十一萬二千口，是年乃亦二十八萬六千口。」牛、馬、羊合在一起又有七十多萬頭。馬匹的數字，某種意義上也是唐王朝實力的標誌，太宗與高宗初年，以及玄宗開元時期，亦正是唐代最為強盛的時期。此後馬政的漸次敗落，亦幾乎與唐王朝的由盛而衰是同步的。天寶十三載（西元七五四年）六月一日，據《唐會要》卷七二載錄：「隴右群牧都使奏：臣差判官殿中侍御史張通儒、群牧副使平原太守鄭遵意等，就群牧交點，總六十萬五千六百零三頭、匹：口馬三十二萬五千七百九十二匹，內二十萬八千匹駒；牛七萬五千一百一十五頭，內一百四十三頭犛牛；駝五百六十三頭，羊二十萬四千一百三十四口，騾一頭。」已略低於開元時期。安祿山起兵作亂前，向玄宗要求做閑廄、隴右群牧等都使，後來又奪得樓煩監牧及張文儼馬牧，利用職務，從中挑選上馬以擴充自己的兵力。唐肅宗隨玄宗在安史之亂後逃出長安，玄宗赴蜀，肅宗奔隴西，至平涼郡蒐閱監牧的公私馬匹，得數萬匹，倒正是這些馬，挽救了唐王朝崩潰的命運。肅宗以心腹太監李輔國為隴右諸牧監使，也可見他對馬匹的重視。但亦由於肅宗抽空了隴右的馬匹和兵力，致使不久隴右便為吐蕃等所陷沒。「國馬盡沒，監牧使與走馬坊名額皆廢」（《唐會要》卷六六）。此後雖尚有樓煩監牧、龍陂監牧等養馬基地，但失去了隴右，等於搬走了一座大廈最主要基石，唐王朝不再有往昔強盛的支撐，從此一蹶難振。

肅宗以後唐代的馬政，《新唐書・兵志》有一簡要說明，引述於下：「〔肅宗〕乾元後，回紇持功，歲入馬取繒，馬皆病弱不可用。〔代宗〕永泰元年（西元七六五年），代宗欲親擊虜，魚朝恩乃請搜城中百官、士庶馬輸官，曰『團練馬』。下制禁馬出城者，已而復罷。德宗建中元年（西元七八〇年），市關輔馬三萬實內廄。貞元三年（西元七八七年），吐蕃、羌、渾犯塞，詔禁大馬出潼、蒲、武關者。〔憲宗〕元和十一年（西元八一六年）伐蔡，命中使以絹二萬市馬河曲。……十二年（西元八一七年），閑廄使張茂宗舉故事，盡收岐陽坊地，民生業者甚眾。十三年（西元八一八年），以蔡州牧地為龍陂監。十四年（西元八一九年）置臨漢監於襄州，牧馬三千二百，費田四百頃。穆宗即位，岐人叩闕訟茂宗所奪田，事下御史按治，悉予民。〔文宗〕大和七年（西元八三三年）度支鹽鐵使言：『銀州水甘草豐，請詔刺史劉源市馬三千，河西置銀川監，以源為使。』襄陽節度使裴度奏停臨漢監。開成二年（西元八三七年），劉源奏：『銀川馬已七千，若水草乏，則徙牧綏州境。今綏南二百里，四隅絕險，寇路不能通，以數十人守要，畜牧無它患。』乃以隸銀川監。」從這一段敘述，可以看到唐代自從肅宗年間失掉隴右諸牧監後，戰馬的來源，除了直接搜括民間馬匹，就只能依靠與北方諸游牧民族如回紇互市以取得少量補充。這畢竟不是長久之計。也曾想到在其他地區重新開闢牧場，但要把農田改為牧場又談何容易。而沒有馬匹的支撐，唐帝國便失去了往日的威風，只能在奄奄一息中茍延殘喘。從一定意義上說，唐代前期的繁榮和強盛是建立在馬背上的，隴右這塊肥美的水草地與隴右五十六牧監，是唐帝國賴以強大的命根子。

五

凡馬有左、右監以別其麤良❶，以數紀為名❷，而著其簿籍；細馬之監稱左，麤馬之監稱右。其雜畜牧皆同下監，仍以土地為其監名❸。凡馬各以年、名籍之。每歲季夏造。至孟秋，群牧使以諸監之籍合為一，諸群牧別立南使、北使、西使、東使，以分統之❹。常以仲秋上於寺。凡馬以季春游牝❺。〈月令〉❻：「季春乃合，累牛騰馬，游牝❼于牧。」其駒、犢在牧，三歲別群❽。若與本群同牧，不別給牧人。馬牧牝馬四游五課❾，駝四游六課，牛、驢三游四課，羊三游四課❿。四、五者⓫，皆言其歲而游牝也，羊則當年而課之。其課各有率，謂：牛、馬、騾⓬之牝百，而歲課駒、犢各以六十；馬二十歲則不課；三歲游牝而生駒者，仍別簿申。騾駒半之⓭。若馬從外蕃而至者⓮，初年課以四十，二年五十，三年全課。牝駝百而三年之課七十。羔羊之白者七十，羖者八十⓯。凡監牧孳生過分則賞；謂馬賸⓰駒一，則賞絹一匹；駝、騾之賸倍於馬，驢、牛之賸三，白羊之賸七，羖羊之賸十，皆與馬同。其賞物二分入長，一分入牧子。牧子謂長上專當者。其監官及牧尉各通計所管長、尉賞之。通計謂尉官十五長者⑰，騰駒十五匹，賞絹一匹；監官管尉五者，騰駒七十五匹，賞絹一匹之類。計加亦準此。應賞者，準印後定數⑱，先填死耗足外，然後計酬之。**其有死耗者，每歲亦以率除之。**謂駞、馬百頭以七頭為耗，騾以六，牛、驢、羖羊以十，白羊以十五⑲。從外蕃而新至者，馬、牛、驢、羖羊皆除二十，二年除十五；駒⑳除十四，二年除十；騾除十二，年除九㉑；白羊除二十五，二年除二十；三年，皆同耗也。**若歲疫，以私畜準，同者以疫除。**準牧側近私畜疫死數，同則聽以疫除。馬不在疫除之例。即馬、牛一十一歲以上，不入耗除限。若緣非時霜雪死多者，錄奏。**凡官畜在牧而亡失者，給程以訪㉒，過日不獲，估而徵之。**謂給訪限百日，不獲，準失處當時估價徵納，牧子及長各知其半。若戶奴無財者，準銅依加杖例㉓。如有闕及身死，唯徵見在人分㉔。其在廄失者，主帥準牧長，飼丁準牧子。其非理死損，準本畜徵納㉕也。**凡在牧之馬皆印。**印右髆以小「官」字㉖，右髀以年辰㉗，尾側以監名，皆依左、右廂㉘。若形容端正，擬送尚乘，不用監名。二歲始春則量其力，又以「飛」字印印其左髀、髆㉙，細馬、次馬，以龍形印印其項左；送尚乘者，尾側依左、右閑印以「三花」。其餘雜馬送尚乘者，以「風」字印印左髆，以「飛」字印印左髀㉚。騾、牛、驢則官名誌其左髆，監名誌其右髀。駞、羊則官名誌其頰，羊仍割耳。若經印之後簡入別所者，各以新入處監名印其左頰。官馬賜人者，以「賜」字印；配諸軍及充傳送驛者，以「出」字印，並印左、右頰也㉛。**凡每歲進馬麤良有差。使司每歲簡**

細馬五十匹、敦馬一百疋進之。若諸監之細馬生駒，以其數申所由司次入寺。其四歲以下麤馬，每年簡充諸衛官馬。凡馬牛皮、脯及筋、角之屬，皆納于有司。每年終，監牧使巡按孳課之數，以功過相除，為之考課焉。

【章　旨】有關諸牧監畜牧管理及考核之規定。

【注　釋】❶麤良　指馬匹之粗壯和精良。麤即「粗」字。馬分細馬、中馬、駑馬，細馬為馬中之優良者。❷以數紀為名　為馬製作名籍。數，指馬之編號順序。馬之名籍錄有其毛色、年齒、膚第印記等內容。❸仍以土地為其監名　即以監所在之地名為監名。❹諸群牧別立南使北使西使東使以分統之　指在牧監之上設諸牧使以統之。諸牧監設使始於高宗儀鳳中，以太僕少卿李思文檢校隴右諸牧監使，後又設群牧都使、閑廄使，使皆置副職，並配有判官。《新唐書・兵志》稱：「又立四使，南使十五，西使十六，北使十七，東使九。」即謂四使各自所統之監牧數。在張說所撰〈隴右監牧頌德碑〉中提到的諸使，有太僕少卿秦州都督監牧都副使張景順，明威將軍行右衛郎將南使梁守忠，忠武將軍行左羽林中郎西使馮嘉泰，右千年長史北使張知古，右驍騎衛中郎將兼鹽州刺史、鹽州監牧使張景遵等。❺馬以季春游牝　季春，夏曆三月。游牝，指處於發情期之雌性畜類。《呂氏春秋・季春》陳奇猷校釋：「案：游與『淫』通。……淫，即今所謂發情。」季春游牝不限於馬。《唐律疏議・廄庫》牧畜產課不逸者條疏議曰：「準《令》：牧馬、牛、驢、羊，牝牡常同群。其牝馬、驢每年三月游牝。」❻月令　《禮記》篇名，係秦漢間人，將《呂氏春秋》十二紀之首篇彙集而成。記述夏曆十二個月之時令及其相應之政令、人事，並以之歸納入五行相生之系統中。❼季春乃合累牛騰馬游牝　累，通「㹎」。㹎牛，原指處於交配期之公牛，亦泛指公牛。騰馬，公馬。指在季春即夏曆三月間，要把公羊、公馬與處於發情期之母牛、母馬混合在一起放牧，以使繁殖牲口。❽三歲別群　指馬駒、牛犢滿三歲，應與其母馬、母牛別行組群，按其數量，另行配給牧人。❾牝馬四游五課　指母馬滿四歲，可以與公馬混合放養；滿五歲，便要課駒。每百頭牝馬或牛，每年課駒、犢以六十。下文「駞四游六課，牛、驢三游四課，羊三游四課」，亦同。❿羊三游四課　句中「四」，近衛校稱「疑當作『三』」。即母羊滿三歲，與公羊混合放養的當年，即須課幼羊。下文原注亦言：「羊則當年而課之。」⓫四五者　近衛校正德本曰：「『五』疑是『三』字」。據正文當為「三」。⓬騾當是「驢」之誤。騾是公驢與母馬混合交配所產的雜種，一般無生殖能力，故不能對騾之牝者課以幼畜。《唐律疏議・廄庫》牧畜產課不充者條疏議引《廄牧令》應課之牲畜為「牝馬、牝牛、驢、羖羊」，無騾。⑬騾駒半之　指母馬與公驢雜交之騾駒，其課率可以減少一半，即一匹騾駒可以抵二匹馬駒。⑭若馬從外蕃而至者　指外蕃朝貢所獻之馬，或以絹或空名告身市易得外蕃之馬，亦置隴右諸牧監放養。如《冊府元龜》卷二六一：「開元二年（西元七一四年）九月，太常少卿姜晦上封請以空名告身於六胡州市馬，率三十匹馬酬一游擊將軍，時廄馬尚少，深以為然，遂命齎告身三百道，往市馬」。又如《舊唐書・王忠嗣傳》稱忠嗣「在朔方也，每至互市時，即高估馬價以誘之，諸蕃聞之，競來求市，來輒買之。故蕃馬益少，而漢軍益壯。及至河、隴，又奏徙朔方、河東戎馬九千匹以實之，其軍又壯，迄於天寶末，戰馬蕃息」。⑮羔羊之白者七十羖者八十　羖，黑色公羊。《唐律疏議・廄庫》牧畜產課不充者條：「白羊一百口，每年課羔羊七十口；羖羊一百口，課羔羊八十口。準此欠數者為課不充。」⑯賸　即「剩」字。此處意謂孳生之幼畜超過每年規定之課率。⑰尉官十五長者　據上文「其監官及牧尉各通計其所管長、尉賞之」，此句「十五」上似應補一「管」字。意謂指牧尉管轄之牧長有十五。⑱應賞者準印後定數　指計算孳生之牲畜是否超過定額和應予賞賜，必須以馬被烙印後之數量作為定數。⑲自「馳馬百頭以七頭為耗」至「白羊以十五」

此句言可允許的年死耗率，各類牲畜有別，從百分之六到百分之十五不等。《唐律疏議・廄庫》牧畜產課不充者條疏議引《廄牧令》：「諸牧雜畜死耗者，每年率一百頭論，馳除七頭，騾除六頭，馬、牛、驢、羖羊除十，白羊除十五。」⑳駒　正德本作「馳」，當改。㉑騾除十二年除九　《唐律疏議・廄庫》牧畜產課不充者條疏議引《廄牧令》：「騾除十二，第二年除九。」此句中「二」字下似當再補一「二」字。㉒給程以訪　指給以百日程限，尋訪走失之牲畜。㉓若戶奴無財者準銅依加杖例　戶奴，指為牧子之官奴婢或番戶雜戶。若戶奴無財可以賠償，則依價折算為銅，銅一斤笞十，銅十斤杖一百。以杖刑來抵償所失牲畜之價。㉔如有闕身死唯徵見在人分　意謂丟失牲畜之牧丁或已逃亡，或已身死，則其損失由現在之人均攤。㉕其非理死損準本畜徵納　非理死損，死指牲畜理不合死而死者；損指理不和走失而走失者。發生非理死損，須依本畜之價徵納賠償。《唐律》對此有比一般超過死耗率更嚴重的懲處規定。諸牧畜產若扣除規定死耗率更有死失及課不充者，《唐律・廄庫》規定每一匹馬或牛、驢牧長及牧子笞三十，三匹則加一等，過杖一百，十加一等，罪止徒三年；羊減三等。若非理致死者，則加一等罪，失者加二等處罪。牧尉及監，隨所管牧多少，通計為罪，即以所管群牧損耗之平均數定罪。治罪時以長官為首，佐職為從；監為首，丞、簿為從。㉖印右膊以小官字　即在馬前肢右胳膊上烙印一「官」字，以標誌其為官馬。又，《資治通鑑》卷二三三貞元三年九月丁巳條胡三省注引《唐六典》原注此句「右」作「左」。㉗右髀以年辰　髀，股部；大腿。意謂在馬之股部右側烙印上馬出生之年辰。㉘尾側以監名皆依左右廂　在馬尾的一側，烙印上所屬牧監名稱，若屬左監印左側，屬右監則印右側。㉙二歲始春則量其力又以飛字印印其左髀髆　《資治通鑑》卷二三三，德宗貞元三年九月丁巳條胡三省注引《唐六典》原注此句作「至三歲起，脊量強弱漸以『飛』字印印右髆」；《唐會要》卷七二諸馬監印條作「至二歲起，脊量強弱漸以『飛』字印印右髆」。據此，「春」當是「脊」字之訛；「又」似應作「漸」；「左髀髆」為「右髆」。㉚以飛字印印左髀　同上，「左髀」當作「右髀」。㉛並印左右頰也　同上，「右」上之「左」字衍。

【語　譯】凡是由左、右牧監餵養的馬匹，都要作出粗細也就是壯實和精良的區別，以牠們的編號和年齒為名目，登錄在簿籍。飼養細馬的監稱左監，飼養粗馬的監稱右監。其他放牧雜畜的稱下監，以當地的地名作為牠們的監名。凡是需要登錄的馬匹，每年季夏六月按照牠們的年齒及名目登記造冊，到孟秋七月，各群牧使分別將下屬各監牧馬匹的名冊彙總在一起，各群牧在隴右另外設有南使、北使、西使、東使，以分別統轄各個牧監。通常在仲秋八月便要將馬匹的冊籍上報給太僕寺。每年季春三月，須將牝馬遊牧。《禮記・月令》中說：「每年的季春三月是交配期，要將公牛、公馬與母牛、母馬混合放牧。」產下的馬駒和牛犢，在牧場滿三歲，就要與母畜分別飼養。若與母畜一同放牧，則不再另配牧子。在牧場，牝馬滿四歲游牝，滿五歲作為課孳對象；駝是滿四歲游牝，滿六歲起課；牛和驢滿三歲游牝，滿四歲起課；羊滿三歲游牝，滿四歲（當年）即起課。上面提到的「四」和「五（三）」，都是說牲畜到了這個年齒就要開始游牝。羊是當年就要課幼畜的。起課各有規定的比率。就是說：每一百匹牝性的牛、馬、驢，每年課生的駒、犢以六十為率；牝馬超過二十歲便不課；三歲游牝，如果當年便生馬駒的，就要另外著籍申報，如生騾駒，則減半。倘若馬匹是從外蕃引進牧場來的，第一年按照課率的百分之四十計算；第二年是百分之五十，第三年則全課，也就是同其他牝馬一樣課百分之六十。牝駝一百，每三年課百分之七十。白羊每一百隻，年課羔羊七十頭；羖羊一百隻，每年課羔羊八十頭。凡是監牧放養的牲口，孳生的幼畜超過所規定的比例時，可以得到獎賞。就是說，馬駒孳生超過一頭的，可以賞絹一匹；駝、騾超產，獎賞的絹數比馬駒多一倍。驢、牛超產三匹的，白羊超產七匹的，羖羊超產十匹的，也都能獎賞一匹絹。得到的獎品分成三份：二份歸牧長，一份歸牧子。牧子是指長上蕃役專充此職的。至於監官及牧尉，則分別按照他們所分管的牧長或牧尉的「通計」進行獎勵。所謂通計，就是平均數。如牧尉下屬有十五個牧長，超產幼畜滿十五匹，他就可以獎賞絹一匹；牧監下屬有五個牧尉的，那就要全牧監超產七十五匹馬駒，才能獎賞一匹絹等等之類。超產增加的計算，亦以此為準。應該得到獎賞的超產數額，要以牲畜烙印以後的數額作為定數，並且先要填充規定的死耗率後，然後才能計算獎賞的數額。關於牲口自然死亡率的扣除，每年亦給予一定的比率。就是說，駝、馬每年每百頭允許死耗七頭，騾子是六頭，牛、驢、羖羊是十頭，白羊是十五頭。從外蕃新致牧場的牲畜，馬、牛、驢、羖羊每年每百頭因自然死亡可以扣除二十頭；第二年扣除十五頭；駒（駝）第一年扣除十四頭，第二年扣除十頭；騾子第一年扣除十二頭，〔第二年〕扣除九頭；白羊第一年扣除二十五頭，第二年扣除二十頭，第三年則與本地牲畜的死亡損耗率相同。如果發生疫癘的年歲，以附近私養的牲畜的死亡率作為參照數，相同的，可以作為疫癘死耗扣除。依照牧監側近地區私畜的死亡率，比例相同，允許作為疫癘死耗扣除。馬不在以疫癘死耗扣除的範圍之內。即馬、牛十一歲以上，就不在疫癘扣除之列。如果因意外的霜雪凍死數量多的，由所在牧監記錄上報奏聞。凡是官畜在牧監逃走丟失的，給予規定日程尋訪追還；超過日程仍然查找不到，就要估價徵收賠償金。就是說給予尋訪的期限是一百天。過期不獲的，作為過失論處，依照當時當地的估價，徵收繳納賠償金，牧子和牧長各分擔一半。如果該戶奴婢沒有財產可以賠償，就依照時價折算成銅價，以杖刑來抵罰。如果當事人已不在或已死亡，那就由現在人員分攤。如果是在內外廄丟失的，主帥參照牧長的處分，飼丁參照牧子的處分。如果屬於非正常死亡損失的，亦依照本畜的時價徵納。凡是在牧監的馬匹，都要按時烙上相應的印記。在馬的右前肢胳膊上印上小的「官」字，在右髀上印上牠的出生年辰，在尾側印上監名，都以牠所屬的監作區分：屬於左監的就印左側，屬於右監的就印右側。如果馬匹的形體和容貌端正，準備送尚乘局的，就不用烙上監名。馬匹滿二（三）歲起，要估量牠春（脊骨）是否已達到一定的強度，再在牠左（右）髀膊印上一個「飛」字。細馬和次馬在頸項左側印上龍形烙印；送尚乘局的馬匹，在尾側依左、右閑印上「三花」。其餘雜馬準備送尚乘局的，在左膊烙印一個「風」字，在左髀烙印一個「飛」字。騾、牛、驢，都用官名烙記左膊，用監名烙記右髀。駝和羊則以官名烙記在牠們頰上。羊還是割下耳朵作為標誌。如果有牲畜經過烙印後又轉入其他牧監的，都以新入處所的監名烙印牠的左頰。官馬已賜人的，烙「賜」字印；配給各軍以及給驛站充傳馬的，則在馬的左、右頰各烙印上一個「出」字。每年各牧監上送的馬匹，有粗馬、細馬的區別。群牧使每年要挑選細馬五十匹、敦馬一百匹上送尚乘局。如果各牧監的細馬生駒，要將所生的馬駒數經所由司依次申報給太僕寺。四歲以下的粗馬，每年經過挑選充實給各衛作官馬。凡是馬、牛的皮張、脯肉以及筋角之類產品，都要繳納給有關官司。每年歲終，監牧使到各牧監巡按孳課的數額，以功過相抵作為考課的根據。

【說　明】牧監是太僕寺所轄放牧牲畜的基層單位。唐代牧監主要分布在隴西、河東這兩大邊境沿線的草場和牧區，前者集中在隴西、金城、天水、平涼四郡，也有少量在河西；後者則分置在雲中（今山西之大同）、鹽州（今寧夏之定邊）和嵐州（今山西之嵐縣）。在管理上，太僕寺卿與牧監之間設使，所謂「隴西八使以董四十八監」。八使之名，本章原注中提到有四使，即南使、西使、東使、北使。據《新唐書·兵志》南使統十五監，西使十六監，北使七監，東使九監，四使共統四十七監。在河東的則有鹽州使八監，嵐州使三監。當然這些記載都還是不完全的。在諸使之上，又有群牧都使、副使，以閑廄使或太僕卿、少卿兼任此職。這樣，整個管理系統便有三個層次：群牧都使，諸牧監使，基層則是牧監。牧監內部的組織結構還可分為三層：最底層是牧長，管轄一個牧群；牧長之上為牧尉，管轄十五個牧長；牧尉之上便是監與副監，管轄五個牧尉。牧監的規模以牧群頭數之多寡，分上、中、下三等。管理人員的來源多為品子，除各級長官外，還有丞、主簿、直司、團官、排馬、掌閑等名目，其中有的是技術人員。直接管理牧群的工人，那就是牧子，其來源是配沒的官奴婢和番戶，長期番上服役放牧，稱為「長上專當」。牧子的定員依照所養牧的各類牲畜的不等的數額標準配給，本章原注已有詳細規定。監牧官員有俸料供給，牧子、長戶、牧長、牧尉各有不同等第的衣料費。原注中對牧畜的草料或青飼料的配給亦有明細規定，而牧畜食料費的來源則依靠屯田。貞觀至麟德四十年間，張萬歲以太僕少卿領群牧，「置八坊岐、豳、涇、寧間，地廣千里，一曰保樂，二曰甘露，三曰南普閏，四曰北普閏，五曰岐陽，六曰太平，七曰宜祿，八曰安定。八坊之田，千二百三十頃，募民耕之，以給芻秣」。又，這類專給芻秣的屯田，亦歸諸牧使管轄。如「諸坊若涇川、亭川、闕水、洛、赤城，南使統之；清泉、溫泉，西使統之；烏氏，北使統之；木硤、萬福，東使統之」（《新唐書·兵志》）。此外，監牧的長戶、牧子也開墾土地，用以維持自己的口糧，同時向監牧繳納一定數量的租稅。所以張說〈頌德碑〉（詳上章末說明）說到王毛仲的功績時，其中便有一條：「五使長戶，數盈三萬，墾田給使，糧不外資，以勸農卻輓」；而「納長戶隱田稅三萬五千石」，也成了他功績之一。當然畜牧草料的供應還得依靠諸坊屯田。唐代屯田的勞力主要是服役的士兵，有時也靠內地征夫作點補充。所以整個官營監牧，無論草料的供應或牲畜的養牧，都是建立在以官奴婢和農奴為主體的無償勞動的基礎之上，是封建制與奴隸制殘餘混合的軍事經濟體制下的產物。

牧場牲口的來源，主要靠監牧的孳課。以隴右諸牧監為例，張說在〈頌德碑〉中提到，貞觀年間僅有的「牝牡三千，從赤岸澤徙之隴右」，至麟德中四十年間便達到了「七十萬六千匹」。這裡便不能不說到本章原注中介紹的唐代對畜牧生產採取了一整套不妨名之為定額承包、超產獎勵的有效辦法。如孳生課率的規定，每百匹牝馬或牛，年課駒犢各六十，扣除死耗以後，超產一匹獎絹一疋；此項超產獎勵的分配是牧子得三分之一，牧長得三分之二，即明顯向管理人員傾斜。在監牧內最重要的國有資產便是牲畜。在這方面，唐代諸監牧所採取的措施也是相當完備，且在一定時期內產生過效用。如首先要以鮮明的標記確定馬匹作為資產屬於國有，那就要在馬身上烙印：在右髆柏上印一個「官」字，以區別於私人所有的馬匹；其次要標記其各自的歸屬機構，那就是在每匹馬的尾側烙上監名，以及其他諸如烙印「三花」、「風」、「飛」等字樣，用以確立諸牧監各自的職責，並作為獎罰以至追究法律責任的依據。諸監牧對所管轄的馬匹，每年六月要造冊一次，七月由諸使彙總，八月要上報給太僕寺，馬匹若有走失要折價賠償；如果發生非理死亡，更要受到懲罰。不僅追究直接責任者，各級長官亦要分擔賠償以至刑事懲罰。為了保證這一整套管理制度的切實執行，還制定了相應的法律條文。如《唐律疏議・廄庫》便有這樣一些規定：「諸牧畜產，準所除外，死失及課不充者，一，牧長及牧子笞三十；三，加一等，過杖一百；十，加一等，罪止徒三年。羊減三等」；「新任不滿一年，而有死失者，總計一年之內，月別應除多少，準折為罪。若課不充，游牝之時，當其檢校者，準數為罪，不當者不坐」；「繫飼死者各加一等，失者又加二等，牧尉及監各隨所管牧多少，通計為罪，仍以長官為首，佐職為從」。值得特別提出的是，多少年來，各地虛報或瞞報，不僅成風，而且往往成為邀功請賞的一種手段；唐代法律卻明文規定，此種行為不但無獎且有罪：「諸驗畜產不以實者，一笞四十，三加一等，罪止杖一百；若以故價有增減，贓重者計所增減，坐贓論，入己者，以盜論。」當然唐代實行的是封建集權專制政治經濟體制，這就決定了即使有再好的具體管理制度，也不能保證國有資產永遠不流失。只要仔細作一點檢閱，便不難發現，這「漏洞」已存在於制度本身之中。譬如諸牧監所產馬匹等牲畜規定用於：一、供應尚乘局內外閑廄御用；二、供應諸衛充官馬；三、配諸軍作戰馬；四、給驛站充傳送之馬；五、供賞賜。且不說前四項的各個環節中都存在種種「化官為私」的潛在漏洞，單說第五項供賞賜實在是一個公開的大漏洞。「溥天之下，莫非王土；率土之濱，莫非王臣。」（《詩經・小雅・北山》）只要集政、軍、財權力於一身的皇帝被一批以邀功請賞為能事的小人圍住，賞賜更會成為一個可怕的無底洞。唐代在天寶後，作為國有資產的馬匹，正是通過賞賜這條途徑大量流失的。《新唐書・百官志》稱：「王侯、將相、外戚牛駝羊馬之牧布諸道，百倍於縣官，皆以封邑號名為印自別，將校亦備私馬。」最後不僅馬私有化了，牧地也私有化了，天寶十一年（西元七五二年）十一月不得不發了這樣一道敕文：「兩京去城五百里內，不得置私牧地，如有，一改官牧。」國有牧地已經到了節節敗退的地步，又豈以一紙命令改變得了呢？肅宗以後，隴右牧地為吐蕃所陷落，唐王朝所需馬匹除了直接徵用民間馬匹以外，不得不或是用大量絹帛去邊境互市購買，或是用一紙「空名告身」這種連哄帶騙方法向周邊牧民換得。在無可奈何的情況下，也曾嘗試在內地以至南方置監牧，改農田為牧場，結果不僅牲畜大批死亡，還引起民怨沸騰，只好作罷。韓愈有首〈入關詠馬〉詩寫道：「歲老豈能充上駟，力微當自慎前程；不知何故翻驤首，牽過關門妄一鳴。」老馬的這聲哀鳴，倒像是在為晚唐監牧的窮途末路而嘆息呢！

六

沙苑監：監一人，從六品下；沙苑在同州❶。

副監一人，正七品下；

丞一人，正九品上；

主簿一人，從九品下。

沙苑監掌牧養隴右諸牧❷牛、羊，以供其宴會、祭祀及尚食所用❸，每歲與典牧分月以供之；丞為之貳。凡屠宰，國忌廢務日❹、立春前後一日，每月一日、八日、十四日、十五日、十八日、二十三日、二十四日、二十八日、二十九日、三十日，每歲正月、五月、九月，皆罷之。諸雜畜及牸羊❺有孕者，雖非其日、月亦免之。若百司應供者，則以時皆供之。凡羊毛及雜畜皮、角皆具數申送所由焉❻。一本❼云：「太僕屬官有沙苑監，開元二十三年❽省。」

【章　旨】敘述沙苑監、副監、丞和主簿之定員、品秩及職掌。

【注　釋】❶同州　治馮翊，今陝西大荔境。所轄相當於今陝西大荔、合陽、韓城、澄城、白水等縣市。《新唐書・地理志》：同州，馮翊下有沙苑，在興德宮北三十二里。❷隴右諸牧　指隴右諸牧監使下屬之四十八監。❸供其宴會祭祀及尚食所用　宴會即朝會宴享，由光祿寺太官署掌管；祭祀指祭祀所用犧牲，由太常寺廩犧署掌管；尚食指殿中省尚食局及內官之尚食，供應皇帝御膳。上述各機構所需之牛羊，由沙苑監及典牧署分月供應。❹國忌廢務日　國忌，指唐歷代先帝逝世之日。如高祖李淵為五月六日，太宗李世民為五月二十六日，高宗李治為十二月四日，中宗李顯為六月二日，睿宗李旦為六月十日，等。每年逢這些國忌日，皆停止一切日常政務以誌哀思。所有國忌日皆不得屠宰牲畜。❺牸羊　指母牛與母羊。❻凡羊毛及雜畜皮角皆具數申送所由焉　《舊唐書・職官志》在此句「雜畜」下尚有一「毛」字。羊毛及雜畜毛、皮、角主要供應少府監所屬之中尚署、右尚署、軍器監，以為製作某些用品之原料。❼一本　廣雅本作「舊本」。❽開元二十三年　即西元七三五年。開元為唐玄宗李隆基年號。

【語譯】沙苑監：監，定員一人，品秩為從六品下。沙苑監在同州。

副監，定員一人，品秩為正七品下。

丞，定員一人，品秩為九品上。

主簿，定員一人，品秩為從九品下。

沙苑監的職務，是掌管隴右各牧監的牛羊，用以供應君王朝會宴享、祭祀和尚食的需要。本監與典牧署一起，每年按月保障供應。丞做監的佐助。關於屠宰牲口，凡是遇國忌規定停辦公務的日子，以及立春和立春前一日和後一日，每月的初一、初八、十四日、十五日、十八日、二十三日、二十四日、二十八日、二十九日和三十日，每年的正月、五月和九月，都要停止宰殺。各種雜畜以及母牛、母羊已懷身孕的，即使不屬於以上規定日期，亦不得宰殺。各個官司機構，如果按規定屬於應該供應牛羊的，那都要按時供應。凡是羊毛及雜畜的皮革、〔毛〕角，都必須彙總申報並送繳有關機構。有一種本子說：「太僕屬官有沙苑監，開元二十三年省去。」

【說　明】沙苑監的職能是將諸牧監的牛、羊由其集中屠宰後，供應諸司作食料用。其直接供應與御膳相關的機構有殿中省尚食局和內官的尚食，供應朝會宴享的要通過光祿寺的太官署，供應祭祀的則經由太常寺的廩犧署。此外，還有供應賓客的，如通過鴻臚寺的官廚向六品以下蕃客使；通過光祿寺的常參官廚向五品以上的蕃客使，分別供應食料。

卷一八

大理鴻臚寺

卷目

大理寺

卿一人
少卿二人
正二人
丞六人
主簿二人
錄事二人
府二十八人
史五十六人
獄丞四人❶
獄史六人
亭長四人
掌固十八人❷
問事一百人❸
司直六人
史十二人
評事十二人
史二十四人❹

鴻臚寺

卿一人
少卿二人
丞二人
主簿一人
錄事二人
府五人
史十人❺
亭長四人

❶獄丞四人 《新唐書・百官志》作「二人」。其所據可能為開元以後制。說詳本卷第一篇第三章⓲注。
❷掌固十八人 《新唐書・百官志》同此，《舊唐書・職官志》作「八人」。
❸問事一百人 《新唐書・百官志》同此，《舊唐書・職官志》為「一百四十八人」。
❹史二十四人 《新唐書・百官志》同此，《舊唐書・職官志》為「十四人」。
❺史十人 《新唐書・百官志》同此，《舊唐書・職官志》作「十一人」。

掌固六人

典客署

令一人

丞二人❻

掌客十五人

典客十三人

府四人

史八人

賓僕十八人

掌固二人

司儀署

令一人

丞一人

司儀六人

府二人

史四人

掌設十八人

齋郎三十三人❼

掌固四人

幕士六十人

❻丞二人　《舊唐書・職官志》同此，《新唐書・百官志》作「三人」，《通典・職官八・諸卿中》則為「一人」。

❼齋郎三十三人　《舊唐書・職官志》同此，《新唐書・百官志》則為「三十人」。

卷旨

本卷包括兩個機構，因而也就將其分成兩篇來敘述：上篇大理寺，下篇鴻臚寺。

大理寺是唐代中央最高審判機關，上篇敘述了大理寺的人員編制和職掌，司法審判的一些規章制度和行政法典。唐代司法審判實行三審制，地方的刑事案件，由州、縣二級推斷，死刑案件則須上報刑部，由刑部轉大理寺重審。大理寺直接審判的則是京師百官犯罪及京師徒刑以上案件。大理寺在唐代的司法系統中，與御史臺是並行關係，御史臺是監察機關，御史臺推訖，由大理寺決獄斷案，並執行刑罰；與尚書省刑部則是並非直屬的上下關係。刑部是掌握政令機關，大理寺是執行審判的司法機關，大理寺所判決的徒、流以上案件須報送刑部覆核，重要的還得請中書門下詳覆，死刑判決則最後必須奏報皇帝。大理寺法官的人選，一般亦由本寺與刑部長官先行議定，然後由中書門下任命。唐太宗曾說過：「大理之職，人命所繫，此官極需妙選。」（《唐會要》卷六六）

鴻臚寺是唐代中央政府接待外國使者、賓客的機構。本卷下篇敘述了鴻臚寺的人員編制和職掌，以及它的兩個下屬機構典客署和司儀署。與鴻臚寺直接相關的政令部門是尚書省禮部的主客司。

唐代大理寺官署的位置，西京的，是在皇城承天門街之西，第四橫街之北；寺的西側即是南北街，與順義門相近。東都的大理寺，則在東城承福門內南北街之西，從南第一橫街之北，軍器監的西側。

鴻臚寺官署在西京，位於皇城承天門街之西，第七橫街之北，從東第一門便是。其西側即鴻臚客館，為各國使節聚居之所。

大理寺

【篇　旨】本篇敘述唐代中央最高審判機關大理寺。列述其長官卿、少卿、丞以及大理正、司直、評事等審判官的定員、品秩、沿革和職掌；對唐代的有關司法制度也簡略作了介紹。

中國古代稱法官為理，春秋戰國時稱大理，秦漢時中央的最高司法官稱廷尉，北齊時稱大理寺，隋唐沿用，直到明清。大理寺在唐代雖是中央最高審判機關，但實際上它所判決的流、徒以上的刑事案件，還是要報送尚書省刑部覆核，重要的更要送中書門下詳覆，死刑的判決則必須奏報皇帝批准，在京師處決的要五覆奏，在州縣執行的也要經過刑部三次覆奏。這些程序的規定固然有對重要案件的判決及執行必須慎重的含義，但更主要的還是表明，所有獄案的終審權只能掌握在皇帝一個人手裡。司法依存於行政，這是中國司法制度一個源遠而流長的傳統特徵。

在大理寺，一般刑獄的審理，以大理丞為主，司直和評事參議。大理丞的定員六人，習稱六丞，分別受理尚書六部所領諸司及州縣的案件，其中六丞之一的刑部丞兼掌押獄。每一丞斷案，其餘五丞要一同署押。如有不同意見，均可各自分別署上。判徒刑以上的刑案，要通知案犯本人及其家屬，不服者可以重新起訴，如果刑部覆審表示異議，則由大理寺重新審理或改判。

大理丞判決的刑事案件，先要交大理正詳定，凡六丞有斷罪不當的，大理正可以法正之。內外官及爵五品以上犯罪當斬決者，由大理正監決。大理卿、少卿隨皇帝出巡時，由大理正留守代其職。

大理寺受理州府疑獄，除將案犯押解至京外，亦有派法官前往推鞫的，以出使推鞫為職掌之一的法官，便是大理司直和大理評事；他們的另一職掌是參議寺內疑獄，斷案時亦須連署其名。無論司直、評事或丞，斷案時，都是個人獨立審理，連署時則可表示個人不同的意見。

大理寺所屬的監獄，由獄丞管轄。唐制，所有監禁的囚犯依貴賤男女異獄，原為五品以上官員的囚犯，每月一沐，囚犯有病給醫藥，重病可脫械鎖，並允許家人入侍。犯人只有去家懸遠絕餉者，才官給衣糧，家人至日，則須依數徵納。對監繫囚犯，又有「慮囚」（慮通「錄」）制度，這是上級審判機關用以檢查有無冤獄，以使平反改正的一種措施，始行於漢。唐代在太宗、高宗時期，皇帝曾多次直接慮囚，有的囚犯因而獲得了厚宥、降刑或免刑。所以慮囚制度由檢查冤獄漸漸演變成為減緩刑罰的一種措施。

一

大理寺：卿一人，從三品；《尚書》❶云：「帝❷曰：『咎繇❸，汝作士❹，五刑有服❺。』」孔安國注❻曰：「士，理官也❼。」《周官》為司寇❽。《韓詩外傳》❾云：「晉文公使李離為理❿。」理，謂察理刑獄也。《史記·天官書》⓫：「斗魁四星，貴人之牢，曰大理⓬。」《漢書·百官表》⓭云：「廷尉，秦官，掌刑辟⓮，有正、左右監⓯。景帝更名大理⓰，秩中二千石⓱。武帝復為廷尉⓲。宣帝置左、右廷尉平⓳，哀帝復為大理⓴。王莽改曰『作士』㉑。」後漢復為廷尉㉒。魏初為大理，後復為廷尉㉓，置律博士㉔。晉置丞、主簿、明法掾㉕。歷宋、齊，皆為廷尉㉖。梁為秋卿，班第十三㉗。陳因之㉘。後魏置少卿、司直㉙。北齊及隋為大理寺㉚，隋置評事，皇朝因之。龍朔二年㉛改為詳刑寺正卿，咸亨元年㉜復為大理。光宅元年㉝改為司刑寺，神龍元年㉞復故。兩漢卿秩中二千石，魏、晉、宋、齊、梁、陳俱第三品。後魏第二品上，太和㉟以後降為第三品。隋正第三品，皇朝降為從三品㊱。

少卿二人，從四品上。後魏置，為第三品上；太和以後，降為第四品上。北齊第四品，隋因之㊲。皇朝置二人，降為從四品上㊳。

【章　旨】敘述大理寺卿、少卿之定員、品秩和沿革。

【注　釋】❶尚書　原稱《書》，西漢始稱《尚書》，又因儒家尊為經典之一，故亦稱《書經》。相傳由孔子編選，實為商周戰國間長期彙集而成。西漢初尚存二十八篇，即《今文尚書》。另有漢武帝時，在孔子古宅發現之《古文尚書》，和東晉梅賾所獻之偽《古文尚書》。現行《十三經注疏》所收之《尚書》即《今文尚書》與偽《古文尚書》之合編。下述引文出於《古文尚書·舜典》。❷帝　指帝舜，傳說時代帝王。姓姚，一說姓嬀，名重華，號有虞氏，史稱虞舜。相傳堯傳位於舜。❸咎繇　即皋陶，偃姓，傳說中東夷之首領。相傳曾為舜之大理，後被禹選為繼承人，因早死而未繼位。❹汝作士　意謂任命你為獄官之長。作士，獄官之長，亦即後來之大理。《史記·五帝本紀》：「皋陶為大理，平，民各伏得其實。」❺五刑有服　意謂五刑有所適從。五刑之名，所載不一。見於《尚書·呂刑》的是墨、劓、剕、宮、大辟；見於《周禮·秋官·司刑》的則是墨、劓、宮、刖、殺。五刑皆屬肉刑，在先秦曾普遍施行。❻孔安國注　即《尚書》之孔安國傳。孔安國，字子國，山東曲阜人，孔子後裔。漢武帝時曾任諫議大夫，相傳他曾得孔子住宅壁中所藏《古文尚書》，開《尚書》古文學派。舊說著有《尚書孔氏傳》或稱《孔安國傳》，宋明後經學者考證定為魏晉間人所偽作，但它彙集了前人研究《尚書》成果，比漢人之傳注更精審，迄今仍是閱讀《尚書》重要訓詁材料。❼士理官也　此句為偽孔安國注文。意謂作士即大理之官。理指處理刑獄能得其平正。❽周官為司寇　《周官》即《周禮》。意謂在《周禮》中刑官稱為司寇。依《周禮》，周代設秋官司寇，掌管刑獄糾察等事，置大司寇卿一人，小司寇中大夫二人。後世因以大司寇為刑部尚書之別稱，刑部侍郎則稱小司寇。《國語·周語上》：「司寇協奸。」注：「司寇，刑官，掌合奸民，以知死刑之數也。」孔子便曾為魯國之司寇。鄭國另有野司寇，司寇掌都城之內，野司寇掌郊外。❾韓詩外傳　書名。西漢韓嬰撰，今本作十卷。《詩》有魯、齊、韓三家，韓詩《漢書．藝文志》有《韓故》三十卷，《韓內傳》四卷，《韓外傳》六卷，《韓說》四十一卷。韓嬰，燕人，文帝時為博士，景帝時至常山太傅。其書歲久喪失，惟《新唐書．藝文志》尚著錄有《韓詩》卜商序，韓嬰注二十二卷，又《外傳》十卷，卜商《集序》二卷。歐陽修稱今但存其外傳。此書雜引古書古語，證以詩詞，與經義不相比附，故稱外傳。清趙懷玉曾輯《內傳》佚文，附於本書之後。❿晉文公使李離為理　今本《韓詩外傳》「公」作「侯」，「理」上有「大」字。晉文侯與晉文公為二人，且不同時。晉文侯是穆侯之子仇，在位三十五年（西元前七八〇—前七四六年）。其在位時，正是周幽王無道，犬戎殺周幽王，周平王東遷前後。晉文公，晉獻公之子，名重耳。曾出亡十九年，至六十二歲始回國，即位為晉國之國君，春秋五霸之一，前後在位九年（西元前六三六—前六二八年），終年六十九歲。李離，《韓詩外傳》稱：「晉文侯使李離為理，離過聽殺人，自拘於廷，請死於君。君曰：官有貴賤，罰有輕重，下吏有罪，非子之罪也。離曰：法失則刑失，刑失則在臣。臣居為長，不與下吏讓位；爵為多，不與下吏分，則君以為能聽微決疑，故使臣為理。今過聽，殺無罪，罪當死，臣不能以虛自誣。遂伏劍死。君子曰：忠矣，臣矣。」理，指獄官，亦即執法官。以理為稱者，除《韓詩外傳》外，古代典籍中尚有：《管子．小匡》「弦子章為理」，注云：「獄官也。」《禮記．月令》：「孟秋之月，命理瞻傷、察創、視折。」注云：「理，治獄官也。」此外《呂氏春秋》有齊宏章為大理，《說苑》有楚廷理，《新序》有石奢為大理，是列國皆以理名執法官，或名大理。⓫史記天官書　《史記》，西漢司馬遷撰，一百三十篇，為我國第一部紀傳體通史。除本紀、列傳、世家外，以八書記制度之沿革。〈天官書〉係八書之一，是我國現存較早而又比較完整的天文文獻之一。它把全天劃分為五大區域，列有八十九星組，包括五百多顆恒星，記錄了九次日食、九顆彗星和一次隕石墜落，敘述了五大行星運行的狀況，開創了歷代正史天文志的先河，是研究漢代及漢以前天文狀況的重要歷史文獻。⓬斗魁四星貴人之牢曰大理　此句非《史記．天官書》原文，而為《集解》引語。《史記》原文為：「在斗魁中，貴人之牢。」《集解》引孟康曰：「傳曰：『天理四星在斗魁中，貴人牢，名曰「天理。」』」《正義》：「占：明，及其中有星，此貴人下獄也。」大理，即天理。古人以處理貴人刑獄之官吏為天理。斗魁四星，指北斗七星中，天樞、天璇、天璣、天權四星，其形似斗，故稱斗魁；其餘三星五衡、開陽、搖光形似杓，稱斗杓。在斗魁之中另有四星，被稱為天理四星，屬紫微垣。古人以為此四星主貴人之牢，即為執法官。⓭漢書百官表　《漢書》，東漢班固撰。一百篇，分一百二十卷。我國第一部紀傳體斷代史。百官表，即〈百官公卿表〉，《漢書》八表之一。敘述秦漢官制沿革，開歷代正史百官志之先河。⓮廷尉秦官掌刑辟　廷尉，戰國秦始置，秦漢沿置，為最高司法官。尉字從寸，《說文解字》：「有法度者也從寸。」《左傳．

襄公二十一年》欒盈曰：「將歸死于尉氏。」杜預注：「尉氏討奸之官。」《漢書・百官公卿表》應劭注：「聽訟必質諸朝廷，與眾共之，兵獄同制，故稱廷尉。」李斯在秦任丞相前「官至廷尉」（《史記・李斯傳》），為列卿之一。掌刑辟，即掌管刑獄。辟，法也。⑮正左右監　指廷尉正和廷尉左監、廷尉右監。均為西漢廷尉屬官，秩皆千石。廷尉正，相當於諸卿之丞，可代表廷尉參加詔獄會審，或獨立決斷疑獄、平反冤案，參議案例律條。廷尉左、右監，秦置，入漢因之，秩與正同，但地位略低於正，職掌助廷尉平決詔獄。⑯景帝更名大理　景帝，西漢皇帝劉啟，字開。在位十六年，終年四十八歲。《漢書・百官公卿表》稱：景帝中元六年（西元前一四四年）更名廷尉為大理。⑰秩中二千石　即月俸一百八十斛。⑱武帝復為廷尉　武帝，西漢皇帝劉徹，字通。在位五十四年，終年七十一歲。《漢書・百官公卿表》稱：武帝建元四年（西元前一三七年）復為廷尉。⑲宣帝置左右廷尉平　宣帝，西漢皇帝劉詢，字次卿，係武帝戾太子之孫。在位二十五年，終年四十歲。《漢書・百官公卿表》稱：「宣帝地節三年（西元前六十三年）初置左右平，秩皆六百石。」左右廷尉平，即廷尉左平、廷尉右平。亦可稱廷尉平，簡稱廷平。位次於正、監。職掌具體判案，定員為四人。所以以「平」名官，據《漢書・刑法志》所載宣帝詔書稱：「『間者吏用法，巧文寖深，是朕之不德也。夫決獄不當，使有罪興邪，不辜蒙戮，父子悲恨，朕甚傷之。今遣廷史與郡鞠獄，任輕祿薄，其為置廷平，秩六百石，員四人，其務平之，以稱朕意。』於是選于定國為廷尉，求明察寬恕黃霸等以為廷平，季秋後請讞。」可知因原任廷史任輕祿薄、濫用刑罰，故新置廷尉平，以求獄案之平正。⑳哀帝復為大理　哀帝，西漢皇帝劉欣之，字喜，定陶王之子。在位六年，終年二十五歲。《漢書・百官公卿表》稱：「哀帝元壽二年（西元前一年）復為大理。」㉑王莽改曰作士　王莽，字巨君，魏郡元城（今河北大名東）人，漢元帝王皇后之姪，以外戚掌政，初始元年（西元八年）稱帝，改國號為新，年號始建國。始建國元年（西元九年）王莽改制，更大理名為「作士」，蓋仿古制也。㉒後漢復為廷尉　東漢光武後復稱廷尉。《後漢書・百官志》：廷尉，卿一人，中二千石。本注曰：「掌平獄，奏當所應。凡郡國讞疑罪，皆處當以報。」東漢廷尉之屬官，較西漢省右監和右平，唯有正及左監、左平各一人。東漢任廷尉者，如郭躬，始為廷尉正，後遷廷尉，且郭氏數世皆傳法律，子孫至廷尉者有七人。又如順帝時河南吳雄，一家三世為廷尉，被稱為名法之家。再如陳躬為廷尉左監，子寵為廷尉，其孫忠又為廷尉正。㉓魏初為大理後復為廷尉　《通典・職官七・諸卿》：「建安中，復為大理；魏黃初元年（西元二二〇年）改為廷尉。」據《三國志・魏志》，鍾繇、高柔，曾先後任大理、廷尉。㉔置律博士　《宋書・百官志》云：「律博士一人，魏武初建魏國置。」其初本為王國官。魏時廷尉其他屬官則仍依漢制，設正、監、評（同平）。正、監秩千石，評六百石。㉕晉置丞主簿明法掾　《晉書・職官志》稱：「廷尉，主刑法獄訟，屬官有正、監、評，并有律博士員。」又廷尉作為列卿之一，亦置「丞、功曹、主簿、五官等員」。㉖歷宋齊皆為廷尉　據《宋書·百官上》，宋置廷尉一人，丞一人，掌刑辟。其屬官有廷尉正一人，廷尉監一人，廷尉評一人，廷尉律博士一人。《南齊書·百官志》稱：「廷尉，府置丞一人，正一人，監一人，評一人，律博士一人。」㉗梁為秋卿班第十三　梁依春、夏、秋、冬四時十二月設十二卿，以廷尉、衛尉、將作大匠三卿為秋卿。梁武帝天監七年（西元五〇八年）改九品制為十八班制，以班多為貴。據《隋書·百官志》，梁廷尉卿當居十二班，非十三班。㉘陳因之　陳循梁制，廷尉卿秩中二千石，品第三。㉙後魏置少卿司直　少卿、司直，指廷尉少卿和廷尉司直。廷尉少卿，北魏孝文帝時始置，為廷尉卿次官，太和十七年（西元四九三年）定為三品上，太和二十三年（西元四九九年）改為四品上。廷尉司直，北魏孝莊帝永安二年（西元五二九年）始置，員十人，視五品，隸廷尉，掌復審御史檢核之案件。北魏廷尉屬官中還有正、監、平，皆列五品中。㉚北齊及隋為大理寺　據《隋書·百官志》，北齊，大理寺作為九寺之一，置卿、少卿、丞各一人，並有功曹、五官、主簿、錄事等員。其屬官有正、監、評各一人，律博士四人，明法掾二十四人，檻事督二人，掾十人，獄丞、掾各二人，司直、明法各十人；大理卿為第三品。隋初大理寺，置卿、少卿各一人，丞二人，主簿二人，錄事二人。不統署，但設有正、監、評各一人，司直十人，律博士八人，明法二十人，獄掾八人。開皇三年（西元五八三年）罷大理寺監、評及律博士員，加置正四人。煬帝大業時，大理寺丞改為勾檢官，增正員為六人，公判獄事。置司直十六人，降為從六品，後加至二十人。又置評事四十八人，掌頗同司直，正九品。㉛龍朔二年　即西元六六二年。龍朔為唐高宗李治年號。㉜咸亨元年　即西元六七〇年。咸亨為唐高宗李治年號。㉝光宅元年　即西元六八四年。光宅為武則天稱制時年號。㉞神龍元年　即西元七〇五年。神龍為唐中宗李顯年號。㉟太和　北魏孝文帝年號。㊱隋正第三品皇朝降為從三品　據《隋書·百官志》，煬帝大業三年（西元六〇七年）「光祿以下八寺卿皆降為從第三品」。㊲北齊第四品隋因之　據《隋書·百官志》，北齊及隋初，大理寺少卿俱為正四品上。㊳皇朝置二人降為從四品上　據《隋書·百官志》，隋煬帝大業三年（西元六〇七年）八寺少卿各加置二人，為從四品。唐係承隋煬帝時之規定。

【語　譯】大理寺：卿，定員一人，品秩為從三品。《尚書·舜典》記載：「帝舜說道：『皋陶，任命你為「士」，做獄官之長吧，五刑各有使用的範圍。』」孔安國注釋說：「士，是處理獄政的官員。」《周官》稱為司寇。《韓詩外傳》說：「晉文公委任李離為大理。」理，意思是察理刑獄。《史記》的〈天官書〉說：「北斗星的斗魁四星，稱作貴人的牢獄，其中另有四顆小星，就是大理。」《漢書》的〈百官公卿表〉說：「廷尉，是秦國設置的官職，執掌刑罰。

下屬官員有廷尉正和廷尉左監、廷尉右監。漢景帝中元六年，改名為大理，俸秩是中二千石。武帝建元四年，又恢復原名廷尉。宣帝時，屬官中增設了左、右廷尉平。哀帝元壽二年，又稱為大理。王莽在始建國元年，改稱為『作士』。」到東漢時，再次恢復稱廷尉。三國魏初年，又改稱大理，後來仍然稱為廷尉，並增設律博士。西晉在廷尉卿之下，又設置丞、主簿、明法掾等。歷經南朝的宋和齊，都設有廷尉卿。梁朝廷尉屬秋卿，列第十三（十一）班。陳朝因承梁制。北魏增置廷尉少卿和廷尉司直。北齊及隋稱大理寺，隋煬帝時，增置評事。本朝因承隋制。高宗龍朔二年一度改名為詳刑寺正卿，咸亨元年仍然稱大理寺。光宅元年又改名為司刑寺，神龍元年又恢復舊稱。兩漢時，廷尉卿的俸秩是中二千石，魏、晉和宋、齊、梁、陳，品秩都定在第三品。北魏太和前制大理卿品秩為第二品上，太和後制降為第三品。隋開皇時，大理寺卿的品秩為正第三品，本朝降為從三品。

少卿，定員二人，品秩為從四品上。北魏設置。太和前制品秩是第三品上，太和後制降為第四品上。北齊為第四品〔上〕，陳因襲齊的定制。本朝定員為二人，品秩降為從四品上。

二

大理卿之職，掌邦國折獄詳刑❶之事。以五聽察其情❷：一曰氣聽，二曰色聽，三曰視聽，四曰聲聽，五曰詞聽❸。以三慮盡其理❹：一曰明慎以讞疑獄❺，二曰哀矜以雪冤獄❻，三曰公平以鞫庶獄❼。少卿為之貳。凡諸司百官所送犯徒刑已上❽，九品已上犯除、免、官當❾，庶人犯流、死已上者❿，詳而質之，以上刑部，仍於中書門下⓫詳覆⓬。其杖刑已下則決之⓭。若禁囚有推決未盡、留繫未結者⓮，五日一慮⓯。若淹延久繫，不被推詰⓰；或其狀可知，而推證未盡⓱；或訟一人數事⓲及被訟人有數事，重事實⑲而輕事未決者，咸慮而決之。凡中外官吏有犯，經斷奏訖⑳而猶稱冤者，則審詳其狀。開元八年㉑敕：「內外官犯贓賄及私坐成殿、公坐官當已上㉒有合許雪及減罪者，並令大理審詳犯狀，申刑部詳覆；知實冤濫，乃錄送中書門下㉓。其有遠年斷雪，近請除痕㉔，亦準此。其餘具《刑部格》㉕。」凡吏曹補署法官㉖，則與刑部尚書、侍郎議其人可否，然後注擬㉗。

【章旨】敘述大理卿及少卿之職掌。

【注釋】❶折獄詳刑　審理案件和定罪量刑。❷以五聽察其情　指審判官對當事人須著重從五個方面去窺察其內心活動。下文所列之五聽與本書第六卷第一篇刑部郎中職掌所列之五聽內容相同，次序則略有差異。五聽始見於《周禮·秋官·小司寇》：「以五聲聽獄訟求民情。」❸自「一曰氣聽」至「五曰詞聽」　此五聽即出自《周禮·秋官·小司寇》。其中視聽、聲聽原文分別作「目聽」、「耳聽」。茲據鄭玄《周禮》注簡釋如下：氣聽，「觀其氣息，不直則喘。」不直，指若當事人無理。色聽，「察其顏色，不直則赧。」赧，臉紅。視聽，「觀其眸子視，不直則眊然。」眊然，眼神蒙蒙不明貌。《孟子·離婁》：「胸中不正，則眸子眊焉。」聲聽，「觀其聽聆，不直則惑。」惑，指注意力不集中，聽而不聞，不解所言。詞聽，「觀其出言，不直則煩。」煩，煩瑣，顛三倒四。❹以三慮盡其理　意謂在覆審囚犯中，須注意運用以下「三慮」，以使獄案審結符合實情和義理。慮，通「錄」。我國古代法律用語，專指向囚犯訊察決獄情況，如「慮囚」。下述三慮，分別對疑獄、冤獄、庶獄三種不同獄案而言。❺明慎以讞疑獄　強調要明細審慎地評議有疑問的案件，並作出明確的結論。讞，評獄議罪。《漢書·景帝紀》：「諸獄疑，若雖文致於法而於人心不厭者，輒讞之。」唐大理寺卿的一項重要職掌便是評議和覆審疑獄。❻哀矜以雪冤獄　強調要懷有同情和哀憐的心情，覆審冤案，為被冤屈者洗雪冤情。❼公平以鞫庶獄　強調要以公平、公正的原則，審理所有規定應由大理寺覆審的案件。鞫，審訊。❽徒刑以上　唐代刑罰分笞、杖、徒、流、死五刑，徒刑以上，指徒及流、死三等刑罰。唐制，在京諸司，徒以上送大理，杖以下則當司斷之。❾九品已上犯除免官當　除、免、官當，是唐代法律規定官員犯罪後，可享有或以除名、免官抵罪，或以官品折這樣三種特權。除名，指除去官職爵位。《唐律疏議・名例》：「諸除名者，官爵悉除，課役從本色。」這便是官吏可用撤職代替刑罰。免官，輕於除名，免去官職而不除爵。若有二官，即職官和勳官，則俱免。爵，指王、公、侯、伯、子、男諸爵。免官期年以後，降前品一等可再敘官。如「監臨主守，於所監守內犯姦盜略人，若受財而枉法者，亦除名，獄成會赦者，免所居官。」（《唐律疏議・名例二》）官當，指以官品折罪。如「諸犯私罪，以官當徒者」，「五品以上，一官當徒二年；九品以上，一官當徒一年」；若犯公罪，則「各加一年當者，五品以上，一官當徒三年；九品以上，一官當徒二年」（同上）。以官當流者，比徒四年。一人可以有二官，職事、散官、衛官為同一官，勳官為一官，可先以高者當，次以勳官當。唐制，官人犯除、免、官當者，大理審結後，寫案狀申刑部覆審，報中書門下申奏。❿庶人犯流死已上者　指大理及諸州斷庶人罪流以上者。流刑有三：二千里，二千五百里，三千里；死刑有二：絞和斬。庶人被判處上述二項刑罰時，大理審結後，須報刑部覆案，於中書門下申奏詳覆。⓫中書門下　官署名。唐開元後宰相議政辦公之所，實即宰相官署。中書、門下原為二省，中書省掌軍國政令，門下省掌出納帝命，在門下省設政事堂，加尚書省，三省長官共同議政。武后時，裴炎為宰相，政事堂由門下省遷中書省。玄宗時，依張說奏議，改政事堂名為中書門下，其「政事堂之印」亦改為「中書門下之印」，自此中書門下遂成為宰相官署之代名，相沿至宋不易。⓬詳覆　指由中書門下與法官等詳所犯輕重，具狀奏聞。⓭其杖刑以下則決之　指杖刑以下之案件，諸司可直接決斷並付諸執行。⓮有推決未盡留繫未結者　指經過審理，案情仍未完全弄清，罪犯仍監禁獄中未能結案之案件。⓯慮　即慮囚，對已經判決尚未執行的囚犯進行覆查的一種司法行政措施。唐代慮囚屬大理寺及刑部的日常職務，此處則把慮囚擴大至累年久繫未決之囚犯，亦須五日一慮，即審錄一次。⓰推詰　審問定案。⓱其狀可知而推證未盡　指犯罪事實情節已經明白，但其直接證據尚未取得。⓲訟一人數事　指告發一人犯有數罪。⓳重事實　意謂其重要罪行已被審明落實。⓴斷奏訖　指案情已由州或大理審結，刑部覆核，並報中書門下奏聞。㉑開元八年　即西元七二〇年。開元為唐玄宗李隆基年號。㉒私坐成殿公坐官當已上　私坐指官人因個人行為而私自犯罪者。殿，作為考課用語，與「最」相對而言，最指領先，殿指居後；作為司法用語，殿常與「負」一起，分別為官吏犯罪中的刑罰計量單位。此處為後者。唐制，諸官人犯罪者，計贖銅一斤為一負，十負為一殿，即其罪相當於笞刑一百之處罰。公坐官當，指官人因公務而犯罪，以官當抵罰者。其折抵規定詳前❾注。又，《唐會要》卷六六引開元八年（西元七二〇年）敕，此句作「私自侵漁入己，至解免已上」。㉓知實寃濫乃錄送中書門下　《唐會要》卷六六引開元八年（西元七二〇年）敕，此句中「知」作「如」，「乃」作「仍」。㉔遠年斷雪近請除痕　指案情雖早經平反昭雪，近時又請求消除過去寃案所遺留之影響者。㉕刑部格　格是唐代法律文書的形式之一。它是皇帝隨時發佈的旨在調整現行制度、法律的制文和敕令一類文書，其中既有刑法，也有行政法。以尚書省二十四司之名分別編纂成冊，《刑部格》即是其中之一，屬於「正刑定罪」一類內容，以補充《唐律》所不足的部分。如《神龍散頒格》中《刑部格》之殘卷，有「宿宵行道，男女交雜，因此聚會，並且禁斷，其鄰保徒一年，里正決杖一百」這樣的規定，便是對已有相關律法的補充。㉖吏曹補署法官　吏曹，即尚書省吏部尚書下屬之吏部郎中，為吏部四曹之一，故稱吏曹。其職掌為選任官吏，給其告身，定其階品。補署法官，即選任大理寺卿及其屬官，諸如大理正、丞、主簿、錄事、評事等，也屬吏部郎中職掌範圍。㉗注擬　官制用語。唐制，每年孟冬十月選官時，由吏部郎中先將應試求官獲選者之姓名履歷注於冊書，再經考詢後，依格擬其所放之官，稱注擬。對大理寺評事以上官，事先須與刑部尚書及侍郎協商所定人選是否合適，或令大理長官先行簡擇，然後注擬。如德宗建中元年（西元七八〇年）正月敕文中便規定：「大理法官及太常官，宜委吏部每至選時，簡擇才識相當者，與本司商量注擬。」（《唐會要》卷七五）

【語　譯】大理卿的職掌，是負責國家審理獄案、判定刑罰方面的事務。在審案中，要從五個方面觀察案犯的心理活動，以求弄清真實的案情。一是觀察聲氣，二是觀察臉色，三是觀察眼神，四是觀察聽覺，五是觀察詞語。還要區分三種不同獄案訊錄案犯，使案件的審結符合實情和義理。一是要明細審慎地評議有疑問的案件，二是要抱同情和哀憐的態度洗雪冤屈的案件，三是要以公平公正的原則覆審所有案件。少卿是卿的副職。凡是在京各個官司所報送的犯徒刑以上案犯，九品以上官員犯除名、免官、官當的案犯，州縣地方平民犯有流、死以上罪的案犯，大理寺都要詳細質詢，覆核後報送刑部，最後還要由中書門下詳覆。關於杖刑以下的案子，則可由各司自行決斷。如果在押的囚犯中，有由於案情情節尚未全部弄清而仍留在監獄不能結案的，規定每隔五天要訊錄一次。如果案犯囚禁日久，沒有得到審問結案；或者案情雖已基本弄清，但人證物證還不周全；或者訟告一人犯有數罪以及被告有多個罪項，其中重要的犯罪事實已查明落實而較輕的罪行卻尚未完全決斷的，都應該及時審訊結案。凡是京師內外官吏有犯法的，雖經斷案奏聞，但案犯仍然稱冤不伏的，那就再詳加審問，弄清案狀。玄宗開元八年的敕文說：「京師內外官員犯有受贓行賄罪行，以及私坐罪已成殿、公坐罪在官當以上，其中有附合昭雪和減罪條件的，都要由大理寺詳細審理案犯的狀況，申報刑部詳細覆核；查明確實屬於冤屈濫刑的，就要錄送中書門下奏聞。在早年已作決斷昭雪的舊案中，如果有近日又請求消除舊案所遺留的影響的，亦照此辦理。其餘則根據〈刑部格〉的相關規定。吏曹每年補署法官時，大理卿要與刑部尚書、侍郎一起商議人選是否合適，然後注擬。

【說　明】大理寺是唐代中央政府的最高審判機關。唐代刑事訴訟案件行三審制，在地方上是由里正上報到縣，為第一審，由縣報送州為第二審，由州報送到大理寺為第三審，作為終審結案。大理寺對地方報送的案件的覆審是由大理寺的司直、評事奉制出使推覆。大理寺直接審理的案子有兩類，一類是京師官員犯罪，另一類是京師徒刑以上案件。京師杖罪以下的輕案，涉及在京諸司的，由諸司自行審理；若是庶民犯案，則由京兆府和長安、萬年兩縣知縣審理。大理寺與御史臺的分工是：御史臺檢察推詰，大理寺根據御史臺的訴狀斷案判決，二者之間有一個互相制衡的關係。此制在唐代還是實行了的，即使在武則天時期，為酷吏來俊臣等掌管的御史臺所推鞫的案件，也還是要到大理寺斷案判決。正因為如此，作為司刑（即大理）少卿的徐有功，才得以利用覆審推翻一些冤案，「前後濟活數十百家」。他曾對親近的人說：「今既躬為大理，人命所懸，必不能順旨詭辭，以求苟免。」（《冊府元龜》卷六一七）大理寺與在京諸司及州縣的審判機關之間，則是上級對下級的覆核關係。在大理寺之上，還有刑部的覆核，「天下疑獄讞大理寺不能決，尚書省眾議之」（《新唐書・刑法志》）；在大理寺與刑部之上，又有中書門下詳覆，當然最後的終審權，則在皇帝手上。從大理寺前後左右那麼多複雜的相互關係中可以看到，在唐代，行政、審判、決策三者之間，雖然有所分工和相互制約，但在皇權獨尊的一元化統轄之下，司法特別是審判機關不可能完全獨立，無法從根本上擺脫來自行政和決策系統的干預。

關於刑事審判要掌握的原則，在本章大理卿職掌中規定了五聽和三慮。三慮是對審判官本身的要求：對疑案要採取明慎的態度，對冤案要抱有哀矜之心，對一般獄案都要堅持公平、公正的原則。儘管實際上並非真能全都照此執行，但既已寫入具有法定意義的《唐六典》，至少也說明是決策層以歷史為鑑作過一點思考的結果，比之於千百年後，同樣在法定文書上一再強調從重從快，任意草菅人命，總要清醒和明智一些。五聽是工作方法問題，即要通過五類外觀表象去窺察犯罪嫌疑人內在的心理活動，以判斷其有罪還是無罪。這其中自當含有古代審案大量實際經驗，從心理學上也可找到某些依據，但從整個審案過程看，包括「若詞有反覆，不能首實者」，可以刑訊逼供，側重的還是犯罪嫌疑人的主觀表現，而不是事實與證據的調查。如此斷案，就很難避免冤錯假案。《大唐新語·持法條列一案例》稱：「唐臨為大理卿，初蒞職，斷一死囚，先時坐死者十餘人，皆他官所斷。會太宗幸寺，親錄囚徒，他官所斷死囚，稱冤不已；臨所斷者，嘿而無言，太宗怪之，問其故，囚對曰：『唐卿斷臣，必無枉濫，所以絕意。』太宗歎息久之，曰：『為獄固當若是。』因遂見原。」從這次錄囚的情況看，赦免同樣不是依據犯罪事實是否有情有可原之處，而是根據其主觀的認罪態度。這種弊病當然不是唐代獨然，而是一個由來已久、且影響深遠的歷史傳統。究其原因，亦是在帝王制度下，長期主要實行人治而不是法治的結果。

本章正文中提到「推決未盡，留繫未結」、「淹延久繫，不被推詰」等情況，反映了中國司法制度中一個延續了千百年的通病，近數十年來，經常是三年、五年甚至更長期地把未決犯囚禁在那裡，不當一回事。《唐律》該已是中國歷史一部相當完備的法典了，卻也沒有對未決犯在監獄羈押時間作出限制。本書在本章大理卿和少卿的職掌中也只規定了「五日一慮」，對於淹延久繫的，要求「慮而決之」，既沒有確切的最後時限，更未提及若超過時限該作何處置。遙遙無期地久繫於獄，對未決犯及其親屬造成的痛苦，是常人難以想像的。囚犯在獄中，不論晝夜，都是枷鎖在身，蚊叮蟲咬，寒冬酷暑，久何以堪！要原為五品以上官才允許一月沐浴一次，一般庶民囚犯平日連喝口水也困難，要到夏暑日子才有一點茶水供應。未決犯的口糧例由自備，一日三餐都要家屬送來，風霜雨雪，自然難以長期維持。依《獄官令》，只有「囚去家懸遠絕餉者，官給衣糧」，但是一筆一筆記著帳的，「家人至日，依數徵納」。高宗時，張文瓘遷大理卿，史載其「至官旬日，決遣疑事四百餘條，無不允當，自是人有抵罪者，皆無怨言。文瓘嘗有疾，繫囚相與齋禱，願其視事」；文瓘調任他官時，「大理諸囚聞文瓘改官，一時慟哭，其感人心如此」（《舊唐書》本傳）。玄宗時，大理卿袁仁敬暴卒，繫囚聞之，皆慟哭悲歌，曰：「天不恤冤人兮，何奪我親兮，有理無由申兮，痛哉安陳訴兮！」（《唐會要》卷六六）舊時史著都把這些作為官員的政績來歌頌，但其實這裡所反映的卻正是「久繫未決」這一通病已經嚴重到了何種程度！正是在這種背景下，高宗儀鳳時期就任大理丞的狄仁傑，才會創造這樣的奇跡：「周歲斷滯獄一萬七千人，無冤訴者」（《舊唐書》本傳）。一年三百六十五天，斷案一萬七千，平均每天要處理五十件案子。只有長期累積下大量的冤假錯案，才能來一個快刀斬亂麻式的處理；不是狄仁傑有什麼超人能耐，只是多了一點敢於承擔風險的精神而已。

三

大理正二人，從五品下；秦置廷尉正一人，漢因之，與「監」及「平」謂之廷尉三官，秩千石。魏氏第六品。晉置二人❶，宋、齊、梁、陳並一❷人，品仝魏氏。後魏第六品上❸，北齊及隋並正第六品❹。煬帝❺增置六人。皇朝置二人。龍朔二年❻改為詳刑大夫，咸亨元年❼改為大理正。光宅元年❽改為司刑正，神龍初❾復舊。

丞六人，從六品上；晉武帝❿咸寧⓫中，曹志⓬上書請廷尉置丞，自此始也。宋、齊、梁各置一人，第七品⓭。陳第八品⓮，後魏第七品⓯。大業三年⓰，改丞為勾檢。皇朝置六人，增品從六品上⓱。

主簿二人，從七品上；魏、晉、宋、齊、梁、陳大理皆有主簿，晉至陳俱二人，正七品上，皇朝因而降之。

錄事二人，從九品上；

獄丞四人⓲，從九品下；《晉令》⓳有獄左、右丞各一人，宋、齊因之，史闕其品秩。梁、陳置獄丞二人，第七品；後魏、北齊亦二人⑳，正九品下。隋置獄掾八人。歷代並以卑微士為之。皇朝置四人，以流外入仕㉑者為之。

司直六人，從六品上；後魏永安三年，御史中尉高穆奏置司直十人㉒，視五品，隸廷尉，位在正監上，不置曹士，唯覆理御史劾事㉓。北齊及隋因之，並置十人，從第五品下㉔。皇朝置六人，降為從第六品上。

評事十二人，從八品下。《漢書》㉕云：「宣帝地節三年，置廷尉平㉖，秩六百石，員四人。」其務在平刑獄，故曰廷平。至後漢光武㉗省右平，唯置左平。魏、晉以來，不復云「左」，但云廷尉平。宋、齊各一人㉘，第六品。陳第七品。後魏、北齊及隋各置一人，正第六品下，官為評事，皇朝因之，置十二人㉙，從八品下。

【章旨】敘述大理事屬官大理正、丞和主簿、錄事、獄丞、司直、評事之定員、品秩及沿革。

【注釋】❶晉置二人 當指廷尉三法官正、監、平各置二人，但出處不詳。《漢書・百官公卿表》有廷尉正、左右監、左右評，未言定員。唯《漢書・宣帝紀》有「初置廷尉平，員四人」。《後漢書・百官志》在廷尉之下，設正、左監、左平，此即設置三法官之來歷，定員皆為一人。魏未見正之定員記載，但有司馬芝遷大理正，當是曹操建魏國之後事。晉，據《晉書・職官志》僅記其在廷尉卿之下，有「屬官正、監、評」，未明言定員數。《晉書・江統傳》曾載其曾「遷廷尉正，每州郡疑獄，斷處從輕」。《太平御覽・職官二九》引《晉中興書》有顧榮先遷廷尉平，累遷廷尉正；又引《晉起居注》，有任廷尉監陸鸞。❷宋齊梁陳並一人 據《宋書・百官志》，宋在廷尉下設廷尉正、監、評各一人，俱列第六品。齊，據《南齊書・百官志》，在廷尉下亦設正、監、評各一人。梁，《隋書・百官志》稱：「正、監、平三人，元會，廷尉三官，與建康三官，皆法冠玄衣朝服，以監東、西、中華門，手執方木，長三尺，方一寸，謂之執方。」梁廷尉三官俱列第六班。陳承梁制。故南朝四代都是正、監、平各一人。❸後魏第六品上　據《魏書·官氏志》，廷尉正、監、平，北魏孝文帝太和十七年（西元四九三年）職員令俱列第五品中，太和二十三年（西元四九九年）復次職員令降為第六品下。❹北齊及隋並正第六品　據《隋書·百官志》，北齊及隋大理寺正、監、評俱列第六品下，唯隋於開皇三年（西元五八三年）罷大理寺監、評及律博士員，加置正為四人。❺煬帝　隋朝皇帝楊廣。在位十四年，終年五十歲。❻龍朔二年　即西元六六二年。龍朔為唐高宗李治年號。❼咸亨元年　即西元六七〇年，咸亨也是唐高宗李治年號。❽光宅元年　即西元六八四年。光宅是武則天稱制時年號。❾神龍初　神龍僅二年，當指神龍元年，西元七〇五年。神龍是唐中宗李顯年號。❿晉武帝　即司馬炎，字安世，河內溫縣（今河南溫縣西南）人，西晉王朝建立者。在位二十五年，終年五十五歲。⓫咸寧　晉武帝司馬炎年號。⓬曹志　字允恭，譙國譙（今河南亳縣）人，魏陳思王曹植之子。⓭宋齊梁各置一人第七品　宋，《宋書·百官志》：廷尉設丞一人，諸卿丞皆列第七品。齊，《南齊書·百官志》廷尉府置丞一人，品秩與宋同。梁，據《隋書·百官上》廷尉卿列為十二卿之一，十二卿皆置丞；梁置十八班，廷尉卿列第四班。⓮陳第八品　據《隋書·百官上》，陳十二卿之丞並秩六百石，品第八。⓯後魏第七品　據《魏書·官氏志》，北魏孝文帝太和十七年（西元四九三年）職員令，列卿丞為從五品中；太和二十三年（西元四九九年）復次職令，太僕、廷尉等六卿丞並降為七品下。⓰大業三年　即西元六〇七年。大業為隋煬帝年號。⓱增品從六品上　隋大理寺丞為正七品下，至唐升為從六品上，故言增品。⓲獄丞四人　《新唐書·百官志》作「獄丞二人」。其所據可能為開元以後制，憲宗元和時曾減去二人。《唐會要》卷六六：「〔元和〕五年（西元八一〇年）二月，大理寺奏：當寺獄丞四員，準《六典》，合分直守獄，承前雖俸料寡薄，當寺自有諸色錢物優賞，免至虛貧。十年（西元八一五年）以來，曹司貧迫，無肯任者，遂令獄務至重，檢校絕官，今伏請省兩員，置兩員，取所省員料錢，併以優給見置者，庶令吏曹司注，職事得人。敕旨，依奏。」⓳晉令　書名。《舊唐書·經籍志》著錄：《晉令》四十卷，賈充撰。⓴後魏北齊亦二人　北魏，據《魏書·官氏志》，孝文帝太和十七年（西元四九三年）職員令，獄丞品秩為從六品下。北齊，《隋書·百官中》：設獄丞、掾各二人。㉑流外入仕　隋唐時，列入九品之官稱流內，其不列入九品、由雜途出身之吏員稱流外。獄丞為從九品下，屬流內，可由流外吏胥入仕。流外入流在唐代須滿八考，才有可能授職事官或散官。有一些職事官，如尚書省六部二十四司及中書、門下省之都事、主事，九寺之錄事等，由流外出身人專任，獄丞也是，他途出身者不得染指。㉒後魏永安三年御史中尉高穆奏置司直十人　永安三年，西元五三〇年。永安為北魏孝莊帝元子攸之年號。但據《魏書·官氏志》，此句中「永安三年」當為「永安二年」，「奏置」應是

「復置」。其文稱：「永安二年（西元五二九年）各詔復置司直十人，視五品，隸廷尉，覆治御史檢劾事。」高穆，即高道穆。六朝、隋唐人於人名之帶「之」字、「道」字者，常略而不書。高道穆，勃海蓨（今河北景縣南）人，本名高恭之，道穆為其字，以字行於世。魏莊帝時任侍中兼御史中尉。其請復置司直奏文，見於《魏書・高崇子道穆列傳》：「請依太和故事，還置司直十人，名隸廷尉，秩以五品，選歷官有稱，心平性正者為之。御史若出糾劾，即移廷尉，令知人數。廷尉遣司直與御史俱發，所到州郡，分居別館。御史檢了，移付司直覆問，事訖與御史俱還。中尉彈聞，廷尉科按，一如舊式。若御史、司直糾劾失實，悉依所斷獄罪之。聽以所檢，迭相糾發。如二使阿曲，有不盡理，聽罪家詣門下通訴，別加按檢。」司直與御史並行，御史相當於檢察，司直則為審判官。㉓不置曹士唯覆理御史劾事　據《通典・職官七》以及《資治通鑑》卷一八三胡三省注引、《職官分紀》卷一九引《唐六典》原注，皆為：「不署曹事，唯覆理御史檢劾事。」故此句中「置」當改作「署」，「士」應為「事」；「御史」下宜增一「檢」字。㉔北齊及隋因之並置十人從第五品下　《隋書・百官志》：北齊大理寺下設「司直、明法各十人」；隋大理寺下設「司直十人，明法二十人」，隋煬帝時，改「置司直十六人，降為從六品，後加至二十人」。㉕漢書　東漢班固撰，一百篇，分一百二十卷。我國第一部紀傳體斷代史。㉖宣帝地節三年置廷尉平　宣帝，西漢皇帝劉詢，字次卿，武帝之曾孫，戾太子之孫。在位二十五年，終年四十三歲。地節三年，即西元前六十七年，地節係漢宣帝年號。《漢書・宣帝紀》：「地節三年十二月，初置廷尉平四人，秩六百石。」《漢書・刑法志》載宣帝是年詔云：「夫決獄不當，使有罪興邪，不辜蒙戮，父子悲恨，朕甚傷之。今遣廷史與郡鞫獄，任輕祿薄，其為置廷平，秩六百石，員四人，其務平之，以稱朕意。」於是以黃霸等為廷平。㉗光武　東漢皇帝劉秀，字文叔，南陽蔡陽（今河南棗陽）人。在位三十二年，終年六十二歲。㉘宋齊各一人　據《宋書・百官志》，宋廷尉評一人，列第六品；《南齊書・百官志》，齊「廷尉：評一人」。

㉙自「後魏北齊及隋各置一人」至「皇朝因之置十二人」　《通典・職官七・諸卿上》記隋唐間大理評置廢情況較此為詳，其文稱：「開皇三年（西元五八三年）罷，至煬帝乃置評事四十八人，掌與司直同。其後官廢。大唐貞觀二十二年（西元六四八年），褚遂良議重法官，復奏置評事十員，掌出使推覆。後加二人，為十二員。」又，至憲宗元和十五年（西元八二〇年）六月，「敕減大理評事兩員，以增六丞之俸」（《唐會要》卷六六）。

【語　譯】〔大理寺：〕大理正，定員二人，品秩為從五品下。秦朝始置廷尉正，定員為一人。漢代因承秦制，正與監、平一起被稱作廷尉三法官，俸秩一千石，三國魏時定為第六品。晉朝大理正定員增加到二人，南朝宋、齊、梁、陳都是一人，品秩與魏相同，都是第六品。北魏孝文帝太和後制定為第六品上〔下〕。北齊及隋都是正第六品〔下〕。隋煬帝時將定員增加到六人，本朝改為二人。高宗龍朔二年改名為詳刑大夫，咸亨元年又恢復為大理正。武后光宅元年又改名為司刑正，中宗神龍初年再次恢復大理正舊稱。

丞，定員六人，品秩為從六品上。在晉武帝咸寧年間，由於曹志上書請求在廷尉設置丞，從此廷尉開始有丞的建置。在南朝，宋、齊、梁都是設置一人，品秩為第七品；陳時將品秩降為第八品。北魏太和後制定位為第七品〔下〕。隋煬帝大業三年，改稱丞為勾檢。本朝丞的定員增加到六人，品秩提升為從六品上。

主簿，定員二人，品秩為從七品上。魏、晉和宋、齊、梁、陳的大理寺，都設有主簿，從晉到陳，主簿的定員都是二人，品秩為正七品上。本朝因承前朝的設置，把品秩降為從七品上。

錄事，定員二人，品秩為從九品上。

獄丞，定員四人，品秩為從九品下。《晉令》中規定有獄左、右丞各一人，南朝宋、齊因承晉制，但史書缺略了有關它們品秩的記載。北魏、北齊亦各置獄丞二人，品秩是正九品下。隋朝設置獄掾八人。歷代都用地位卑微的人士充任此職。本朝設置四人，由流外入仕的人去擔任。

司直，定員六人，品秩為從六品上。北魏永安三年，御史中尉高穆上疏奏議設置司直十人，品秩為視五品，隸屬於廷尉，官品在正、監之上，不置（署）理曹士（事），專門覆核御史所〔檢〕劾的事。北齊及隋因承北魏的這一建置，都在大理寺設置司直十人，品秩為從第五品下。本朝司直的定員改為六人，品秩下降為從六品上。

評事，定員十二人，品秩為從八品下。《漢書・宣帝紀》說：「地節三年，設置廷尉評，俸秩六百石，定員為四人。」職務是平正刑獄，所以也簡稱廷平。到東漢光武帝時，省去了右平，只保留左平。魏晉以來，不再加「左」字，就稱廷尉平。南朝宋和齊各置廷尉平一人，品秩為第六品，陳朝降為第七品。北魏、北齊和隋朝，都設置一人，品秩為正第六品下階。此官的職務就是評事。本朝因承隋制，定員十二人。品秩為從八品下。

四

大理正掌參議刑獄❶、詳正科條❷之事。凡六丞斷罪有不當者，則以法正之。凡內外官及爵五品已上❸犯罪至棄市❹者，並監決❺。若車駕巡幸在京，則都一人留守❻，以總卿貳之職；在都，則京亦如之❼。

丞掌分判寺事。凡有犯，皆據其本狀以正刑名❽。六丞判尚書六曹所統百司及諸州之務❾，其刑部丞一❿掌押獄。每一丞斷事，五丞同押；若有異見，則得各言其不同之致⓫也。

徒已上⓬，各呼囚與其家屬，告以罪名，問其狀款⓭；不伏，則聽其自理⓮。無理者⓯，便以元狀斷定，上刑部⓰。刑部覆有異同者，下於寺，更詳其情理以申⓱，或改斷焉。

主簿掌印，省署抄目⓲，勾檢稽失⓳。凡官吏之負犯并雪冤者⓴，則據所由文牒而立簿㉑焉。凡贖銅者，一斤為一負㉒；公坐㉓而贖銅者，二斤為一負。各十負為一殿㉔。其有犯人未附而會恩免者㉕，本犯至免官以上及犯贓賄㉖〔入己恩前獄成者，仍以景迹㉗論。

錄事掌受事發辰㉘。

獄丞掌率獄吏，知囚徒。貴賤、男女異獄。五品以上月一沐，暑則置漿。禁紙筆、金刃、錢物、杵梃入者㉙。囚病給醫藥，重者脫械、鎖，家人入侍㉚。

司直掌承制出使推覆，若寺有疑獄，則參議之㉛。

評事掌出使推按㉜。凡承制而出推長吏，據狀合停務及禁錮者，先請魚書以往，皆據所受之狀鞫而盡之㉝。若詞有反覆，不能首實者，則依法栲之㉞。凡大理斷獄，皆連署㉟焉。」

【章　旨】敘述大理正、丞和主簿、錄事、獄丞、司直、評事各自之職掌。

【注　釋】❶參議刑獄　指對大理寺六丞審判之刑案，大理正要參預審議，檢視其定罪量刑之是否確當。❷詳正科條　指對六丞刑案之判詞，大理正要審視和校正其所引用法律條文的有失當或不盡準確之處。科條，其本義為兩種法制文書形式。科是格之前身。漢時有律令故事，晉賈充撰故事三十卷，梁易故事為梁科。北魏時以格代科。條是式之前身。北周蘇綽有三十六條謂之《大統式》。後也引伸指一般法律條文，即泛指律、令、格、式四種法制文書。此處取引伸義。在唐代，法官判詞引用法律條文乖謬，將受到刑罰。如《唐律疏議．斷獄上》：「諸斷罪皆須具引律令格式正文。」疏議曰：犯罪之人，皆有條制；斷獄之法，須憑正文。若不具引，或致乖謬，違而不具引者，笞三十。」❸內外官及爵五品已上　內外官，指京師和州縣之官。五品已上，包括職事五品、散官五品和爵五品以上之官員。封爵之稱號及等級歷代有異，唐分九等，其稱謂與品階是：王，正一品；嗣王、郡王，從一品；國公，從一品；郡公，正二品；縣公，從二品；縣侯，從三品；縣伯，正四品上；縣子，正五品上；縣男，從五品上。故唐爵五品以上，即指有縣男以上封號者。❹棄市　古代執行死刑方式之一。即將犯人在鬧市區當眾斬首處死，並暴屍街頭，意為與市人共棄之，故稱棄市。《禮記．王制》：「刑人於市，與眾棄之。」❺監決　指由大理正親臨刑場監督執行斬決。❻都一人留守　指皇帝出巡或在西京時，東都洛陽之大理寺由大理正一人留守。❼在都則京亦如之　與前句相對而言。若皇帝在東都洛陽，則西京之大理寺亦由大理正一人留守。❽據其本狀以正刑名　意謂大理丞要根據御史臺本狀所列犯罪事實及罪名，定罪和量刑。唐制大理寺與御史臺有分工，先由御史臺檢察案犯之犯罪事實，然後將本狀移送大理寺，由大理丞據而審判斷案。若御史臺與大理寺發生分歧時，則於殿廷論奏曲直作出定奪。❾六丞判尚書六曹所統百司及諸州之務　六丞與六曹相對，六曹即對應尚書省之六部。由於在京諸司，徒以上之獄案須送大理寺審結，故大理寺六丞在分別與尚書對應的同時，另外又有分工，以審結諸司上送之案卷。❿刑部丞　指大理寺六丞中分管刑部司之大理丞。⓫不同之致　據正德本當為「不同之狀」。⓬徒已上　指被判處徒刑、流刑、死刑之囚犯。⓭告以罪名問其狀款　指向囚犯及其親屬當面說明該犯所犯之罪狀及所判之刑罰，並詢問是否服罪。這是《唐律》規定必須履行的一項司法程序。有關官吏若不認真執行，將受到處罰。《唐律疏議．斷獄下》：「諸獄結竟，徒以上各呼囚及其家屬，具告罪名，仍取囚服辨，若不服者，聽其自理，更為審詳。違者笞五十，死罪杖一百。」⓮不伏則聽其自理　指罪犯不伏判決者，可自行提出上訴狀。若大理丞以為其上訴不合理，則出具不理狀，由罪犯家屬持此不理狀至尚書省左、右丞為申詳之；又不伏，復給不理狀，經三司陳訴；又不伏者，上表，受表者又不達，聽撾登聞鼓。若惸獨老幼不能自申者，乃立肺石之下。⓯無理者　指上訴而被認為無理者。⓰便以元狀斷定上刑部　即以原判定案上報刑部。元，通「原」。⓱更詳其情理以申　即重新詳細陳明定罪判刑理由上報。也有大理寺丞與刑部相持不下者，則上報中書門下奏聞。武周初曾有此例：「李日知天授中為司刑丞，時用法嚴急，日知獨寬平無冤濫，嘗免一死囚，少卿胡元禮斷請殺之，與日知往復至于數回。元禮怒曰：元禮不離刑曹，此囚終無生路。日知答曰：日知不離刑曹，此囚終無死法。竟以兩狀列上，日知果直。」（《冊府元龜．刑法部．正直》）⓲省署抄目　即登錄來往公文之目錄及事由。⓳勾檢稽失　指勾檢公事處理過程中，有無錯失和是否延誤日程。大理寺審案有規定期限，且有牒訪察使勾舉其是否遵制。《唐會要》卷六六錄有憲宗元和四年（西元八〇九年）九月如下敕文：「刑部大理，覆斷繫囚，過為淹滯，是長奸倖。自今以後，大理寺檢斷，不得過二十日，刑部覆下，不得過十日；如刑部覆有異同，寺司重斷不得過十五日，省司重覆不得過七日。如有牒，外州府看勘節目，及于京城內勘，本推即以報牒到後計日數，被勘司卻報，不得過五日。仍令刑部大理寺具初授文牒月日，及有牒勘者，具遣牒及報牒到月日，報牒都省，及牒訪察使，各準敕文，勾舉糾訪，如有違越，奏聽進止。其有獄情可疑，宜再三詳審，非限內可畢者，即別狀分析，寺司每月具已斷未斷囚姓名事由聞奏，並申報中書門下。」⓴官吏之負犯并雪冤者　負犯，指官吏所犯之過失或罪行折算成贖銅，一斤為一負；每笞刑十，折銅一斤，亦稱一負。雪冤，指因錯判蒙冤而予洗雪者。㉑據所由文牒而立簿　牒，公文書之一種。所由文牒，指該官吏所受處分、判罪和雪冤之承辦機關送達的公文。這些文牒都須登記入冊，建立檔案。㉒凡贖銅者一斤為一負　近衛校正德本此句以為「凡下疑脫『私坐而』三字」。當是。本書第六卷第一篇刑部郎中員外郎職掌正文也有：「凡贖罪以銅，其私坐也，一斤為一負。」私坐，指官吏因私而犯罪。《唐律疏議．名例二》諸犯私罪以官當徒者條疏議：「私罪，謂不緣公事私自犯者，雖緣公事，意涉阿曲，亦同私罪。對制詐不以實者，對制雖緣公事，方面不吐實，心挾隱欺，故同私罪。受請枉法之類者，謂受人囑請，屈法申情，縱不得罪，亦為枉法。」㉓公坐　指緣公事致罪而無私曲者。同上注疏議：「公事與奪，情無私曲，雖違法式，是為公坐。」❷殿　既是考課、亦為司法用語。用於前者，與「最」相對而言：最指考課中領先，殿則為居後。用於後者，與「負」同為官吏犯罪中的刑罰計量單位，即一負相等於笞刑十，或贖銅一斤；一殿相等於笞刑一百或贖銅十斤。此項司法處罰後，還須附狀於該官吏之考課，並作出相應的行政處分，即因私罪而成殿者，降職；因公罪成殿而若能在考課中獲上上者，可不降職；得上中以下考者，則一殿降一等，若當年勞劇異常者，可聽減一等。❷其有犯人未附而會恩免者　此句下當有脫文，據《唐律疏議·職制一》疏議引〈考課令〉，似應補「公私負殿，不在附限」八字。其所引〈考課令〉全文為：「校考之日，負殿皆悉附狀。若故違不附，及不應附而附者，謂蒙別敕放免，或經恩降，公私負殿不在附限；若犯免官以上，及贓賄入己，恩前獄成，仍附景迹。」補上後，全句意為：官吏犯有負殿，尚未附狀於考課而適逢皇恩放免，則無論因公因私而成之負殿，均可不再附狀。❷贓賄　此下直至本章之末，以及下篇一章「卿一人」之前，包括正文、原注近六百字，為四庫本所闕。南宋、正德、嘉靖諸本亦然。近衛校明本、廣雅本時「參考史志及諸書，以補充連之」。陳仲夫點校本又對近衛所補綴文字加以「酌情採取」。茲據陳本補上，以便讀者連讀，內容則僅供參考。起訖處各加方括號，以為區別。❷景迹　行跡；行狀。《隋書·煬帝紀上》：「太上每歲密上屬官景迹。」❷受事發辰　登錄大理寺所受公文之事由及受牒之日辰。❷禁紙筆金刃錢物杵梃入者　杵梃，木槌、棍棒。禁止上述物品入監，意在防止囚犯用來通消息、自殺、逃跑、行凶或買通獄吏等。若發生此類情事，獄吏將受到處罰。《唐律疏議·斷獄上》：「諸以金刃及他物可以自殺及解脫而與囚者，杖一百。若因以故逃亡，及自傷傷人者，徒一年；自殺殺人者，徒二年。若囚本犯流罪以上，因得逃亡，雖無傷殺亦準此。」❸囚病給醫藥重者脫械鎖家人入侍　《唐律疏議·斷獄上》：「諸囚應請給衣食醫藥而不請給」條之疏議引〈獄官令〉稱：「囚有疾病，主司陳牒，請給醫藥救療，此等應合請給，而主司不為請給，及主司不即給，準令。病重聽家人入視而不聽，及應脫去枷鎖杻而有司不為脫去者，所由官司合杖六十，以故致死者，所由官司徒一年。」❸司直掌承制出使推覆若寺有疑獄則參議之　司直職掌有二：一是奉制出使覆審獄案，二是參議疑獄。唐代宗時，竇參任大理司直，一次奉制出使「案獄江淮，次揚州，節度使陳少游驕蹇，不郊迎，令軍吏傳聞，參正辭讓之，少游悔懼，促詣參，參不俟濟江，還奏合旨。時婺州刺史鄧珽坐贓八千貫，珽與執政有舊，以會赦，欲免贓。詔百寮於尚書省雜議，多希執政意，參獨堅執正之於法，竟徵贓」(《舊唐書·竇參傳》)。其前一事便是奉制出使案獄，因司直是以朝廷派遣使者身分巡視地方刑獄，故節度使須郊迎；後一事即參議疑獄。❸出使推按　即奉制出使推覆獄案。評事出使之案例，如《大唐新語》卷四：「(睿宗)延和中，沂州人有反者，詿誤坐者四百餘人，將隸於司農，未即路，繫州獄。大理評事敬昭道援赦文刊而免之。時宰相均責大理：乃何免反者家口？大理卿及正等失色，引昭道以見執政，執政怒而責之。昭道曰：『赦云「見禁囚徒」。沂州反者家口並繫在州獄，此即見禁也。』反復詰對，至于五六，執政無以奪之。詿誤者悉免。」這位評事所以敢於與執政詰對至於五六，並終使詿誤者悉免，就因為有以奉制出使這一特殊身份，以至宰相也奈何他不得。㉝自「凡承制而出推長史」至「據所受之狀鞫而盡之」 此言若出使所推按之對象係地方長史以上官吏，而據案狀又須停職並監禁者，則須先領取魚書，然後才能前往審訊。長史，戰國秦已有置，掌顧問參謀。唐地方諸都護府、諸都督府、諸州皆設長史，員額、品秩各有不同，皆為幕僚之長，故有元僚之稱。魚書，指敕書和魚符。唐代行用魚書規定由尚書省敕牒，門下省奏請，預請官典就門下對封，封內連寫敕符，與左魚同函封，上用門下省印。㉞若訊有反覆不能首實者則依法栲之 句末「栲」通「拷」。指案犯不能如實供認且有反復者，可依法以刑拷訊。所謂依法，《唐律疏議．斷獄上》有關條文，如：「諸考囚不得過三度，總數不得過二百，杖罪以下不得過所犯之數，拷滿不承，取保放之」；「若拷過三度，及杖外以他法栲掠者，杖一百，杖數過者，反坐所剩，以故致死者徒二年」。㉟連署 指大理寺所斷之案卷，須由卿或少卿、正、丞等同職連署。唐代連署有四等，《唐律疏議．名例》同職犯公坐條疏議稱：同職者，謂連署之官。如大理寺斷事，即大理卿是長官，少卿及丞是通判官，丞是判官，府史是主典，是為四等。

【語　譯】大理正的職掌是，參議刑獄的審判是否得當，審議法律條文的引用是否準確等事務。凡是六丞所判決的案件中量刑定罪有不妥當之處，大理正都要依法予以糾正。京師內外（所有五品以上）包括封爵在五品以上的官員犯罪而被判決棄市的，處決時，大理正都要親臨刑場監督執行。如果御駕巡行在西京，那麼東都洛陽大理正二人中要有一人留守，以總攬本寺卿和少卿的職掌；或者御駕在東都，那麼在西京長安的大理寺，亦要有一位大理正留守，以總攬卿和少卿的職掌。

大理丞的職掌是，分司審判大理寺的刑獄。凡是審理案犯，都要根據各司本來的案狀作出量刑定罪。大理寺六丞分司審理尚書省六部各自所統轄百司及地方各州有關刑案方面的事務。其中分管刑部那一丞，掌管監獄及在押囚犯審理的狀況。每一丞審理案子判決時，其他五丞都要簽押署名，如果有不同意見，可以各自說明他的不同理由。

徒刑以上案犯判決後，要分別傳呼該在押囚犯和他的家屬一齊到場，當面告訴他的罪狀，詢問他是否服從判決；倘若不服，允許讓他自理表示不服的上訴狀。如果大理丞認為囚犯的上訴是無理的，可以維持原判，上報刑部。刑部覆核有不同意見的，再下達到大理寺，大理丞或者進一步詳細申述原判的理由，或者再重新改判。

主簿掌管大理寺的印章，登錄來往公文的目錄，勾檢公事處理過程中有無錯失和是否延誤規定日程。凡是官吏犯案滿殿負而後來又獲得洗雪的，主簿就要根據來往的文牒給他登記入冊建立檔案。關於用銅贖罪，〔凡是由於私罪而折贖的〕，銅一斤為一負；因公罪而折贖的，銅二斤為一負，都是十負為一殿。如在考課時，尚未對該官吏附陳負殿便遇到皇帝恩免的，〔就可以不再附陳〕；如果所犯的罪行達到免官以上，以及因犯贓賄〔入己的罪名，而在恩免以前已經結案的，那就仍然要將他犯過殿負這一行狀登錄入冊。

錄事的職掌是，登錄大理寺所受公文的目錄和日辰。

獄丞的職掌是，率領獄吏，管理囚徒。在監獄中，囚徒依貴賤和男女分別監禁。原來是五品以上的官吏，每月可以沐浴一次，熱天供給茶水。禁止紙、筆、金屬刀刃、錢物和木槌、棍棒一類物品帶入獄內。囚犯有病要給予醫藥，病重的可以脫去枷鎖，並允許家屬來監服侍病囚。

司直的職掌是承制出使州縣，覆審和推鞫獄案；如果大理寺有疑案，亦要參預審議。

評事的職掌亦是承制出使覆審和推鞫獄案。如果承制出使推鞫獄案的對象是地方長吏，據訴狀又應停止他職務並監禁扣押的，那就得先向門下省申請魚書然後前去，根據訴狀詳盡審理。如果案犯供詞有反復，不能如實供認的，可以依法進行拷問。凡是大理寺所斷的案卷，都要由長官、通判、判官、典官一起簽署。〕

【說　明】大理寺的屬官按職掌可分為兩類：一類是處理大理寺日常內部事務的，如主簿、錄事、獄丞；一類是覆審案件的法官，如正是通判官，丞是判官，府和史則為主典。本卷目錄上所列的府有二十八人，史五十六人，實際上府、史員數在各個時期亦不盡相同。如《唐會要》卷六六載文宗太和元年（西元八二七年）十月大理奏：「準吏部起請，當司府史二十員，減下三員。」可能中唐以後，國力衰微，朝廷已養不起那麼多府、史了。司直和評事也是審理案子的法官，其職掌一是奉敕出使到州縣覆審案子，一是在大理寺則依六丞分司參議疑案。這兩項職掌先後有序，按規定得先經奉敕出使，然後才能分司參議，但由於出使在中唐後條件頗為艱苦，因而常有人不經出使便要求分司在寺內審案。針對此類問題，宣宗大中三年（西元八四九年）三月，大理寺在奏文中稱：「當寺司直、評事，從前不循公理到官，便求分司，迴避出使，欲令官職失守，勞逸不均。伏請從今以後，待次充使後，即往分司，如未出使，不在分使限。敕旨依奏」（《唐會要》卷六六）。六丞是依尚書省六曹分司，相當於六個刑事審判庭，各自有一定的分管範圍。六員司直、十二員評事的分司，當是分別從屬於六丞，以分別組成合議庭。六丞各自審議，最後有一丞斷事，五丞合署。合署時，若有不同意見，包括參議的司直、評事的不同意見，都可同時署上，經大理寺卿審閱，作為疑案上報尚書省刑部。對此類疑案，刑部可以指定刑部員外郎另行判案，亦可在尚書臺集眾官議，那就會出現有上百人參議某一具體案件這樣的盛況。如武則天時，刑部丞徐有功與司直劉志素，對丘神鼎謀反一案署了截然相反的批文：徐認定丘無反狀，劉則以為丘謀反確鑿，且認定徐故意縱逆須緣坐。最後「申秋官及臺集眾官議，奉敕依得，春官員外郎楊思雅等一百一十七人依有功，議依緣坐為允得；夏官楊執柔等百二十二人等議並無反狀」（《冊府元龜・刑法部・獻議三》）。最後是以為無反狀的批文得到了多數人的認定。

《唐律》對法官斷案有出入者，亦有懲處規定。如「諸官司入人罪者（謂故增減情狀，足以動事者，若聞知有恩赦而故論決，及示導令失實辭之類）若入全罪，以全罪論」；「從輕入重，以所剩論；刑名易者，從笞入杖，從徒入流，亦以所剩論；從笞杖入徒流，從徒流入死罪，亦以全罪論。其出罪者亦如之」。計算的方法是：「斷罪失於入者，各減三等；失於出者，各減五等」（《唐律疏議・斷獄下》）。失於入，指輕罪重判；失於出，是重罪輕判。無論失於出或失於入，有關的斷案法官都將反坐，從上述規定可以看出，懲罰的側重點在輕罪重判。當然，由於封建制度的本質就是集權和專制，因而即使在唐代較為清明的時期，受帝王個人意向的影響，斷案的時輕時重也屢見。《大唐新語》卷四錄有如下一則對話：「太宗問大理卿劉德威曰：『近來刑網稍密，何也？』對曰：『誠在君上，不由臣下。主好寬則寬，好急則急。律文：失入減三等，失出減五等。今則反是：失入無辜，失出則獲戾，所以吏各自愛，競執深文，畏罪之所致也。』太宗深納其言。」引起這一對話的背景是，李世民錯殺了大理丞張蘊古。張在審理李好德一案時，竟與案犯在獄中弈棋，這自然應當受罰，但卻還不至於死罪。「主好寬則寬，好急則急。」從張的被誅中，大理寺法官們以為獲得了一個「上好急」的信息，於是便「競執深文」，彷彿展開一場輕罪重判的競賽。這說明「近來刑網稍密」的根子，恰恰就在太宗自己身上。史著所以稱道這件事，是因為李世民在「刑網稍密」不久便能覺察到這是一個問題，在劉德威指出後，又能「深納其言」。讀著這類歷史記載，不免使人引起今不如昔之嘆。幾十年來，先是「寧可錯殺一千，不可漏過一個」，後來是「事出有因，查無實據」，再後來是「從重從快，決不心慈手軟」，許多重要案子審判既不公開，又無失於出入反坐的規定，「競執深文」可謂有過之而無不及。有一種顯然大大落後於時代的歷史觀，認為中國農民就是希望有個好皇帝。可悲的是這種落後的歷史觀居然還有合理處，那就是：好皇帝如唐太宗多少還能「深納其言」。

鴻臚寺・典客署・司儀署

【篇旨】本篇敘述鴻臚寺卿、少卿、丞，以及本寺所轄典客、司儀二署的令、丞的定員品秩沿革和各自的職掌。

唐代鴻臚寺的主要職掌是接待外來使節和四夷君長之朝見，有時也奉命出使鄰國。類似的職務周秦時稱大行令、典客，漢武帝時改稱大鴻臚，東晉和宋、齊有事則權置，無事則廢省。南朝梁時始稱鴻臚寺，北魏置鴻臚卿，北齊鴻臚寺下領典客、司儀、典寺三署。隋文帝開皇初年一度廢省鴻臚寺，到十二年（西元五九二年）復置，並沿北齊制下設典客、司儀、崇玄三署。唐初稱鴻臚寺，高宗、武則天時曾先後改名為司文寺、司賓寺，後復舊稱。唐初因隋制，鴻臚寺下亦設典客、司儀、崇玄三署。開元二十五年（西元七三七年）將其中崇玄署劃歸宗正寺，本書即是據此而將崇玄署繫於第十六卷宗正寺下，此處鴻臚寺下則僅列典客、司儀二署。從本書成書後的天寶時起，在鴻臚寺外另置禮賓院，亦掌理接待賓客事宜，天寶十三載（西元七五四年）又把禮賓院劃歸鴻臚寺勾當檢校，在代宗朝，曾讓宦官魚朝恩帶鴻臚、禮賓等使，當時的賓禮院又成了與鴻臚寺並行的接待賓客的機構。

在中國古代帝王心目中，期望與周邊國家建立的不是互通有無的平等關係，而是以宗主國自居的從屬關係，附庸關係。這種思想漸漸形成傳統觀念，以致許多古籍都把周邊的國家和民族稱之為戎、夷、蠻、狄，它們存在的價值，似乎就是「乖隔魑魅，捍蔽諸夏」；對其實施的政策，只是「羈縻驅逐，勿使侵擾而已」。在唐帝國逐漸強盛，對鄰國已取得軍事優勢的情況下，貞觀四年（西元六二〇年）三月，「諸蕃君長詣闕，請太宗為天可汗，乃下制：今後璽書賜西域北荒之君長，皆稱皇帝天可汗，諸蕃渠帥有死亡者，必下詔冊立其後嗣焉。統制四夷，自此始也。」（《唐會要》卷一〇〇） 周邊各國對唐帝國要年年進貢、歲歲來朝，各國君主的承襲，在名義上亦須經唐帝國的冊封。本篇中有關鴻臚寺官員的職掌，便是在這種觀念下制定的，其中包括：一、凡藩主、藩使來朝，先據其所謂「藩望」，即國家的強弱、大小及與唐王朝親疏關係，確定一個等位，以為安排接待禮儀規格、生活待遇等次的依據；二、來客在京師住宿於由鴻臚寺管轄的客館或四方館。本書第五卷第二篇職方郎中職掌中還提到：「委鴻臚訊其人本國山川風土為圖以奏」，即鴻臚寺要代為向藩客訊問該藩國的風土人情，山川形勢，並繪製成圖，報送尚書兵部職方司；三、藩使朝貢之物，先上其數於鴻臚寺，再評估其價值，以便確定回賜物品的多少，上報於尚書禮部之主客司；四、諸藩國中若有君主去世而欲舉行承襲禮儀，則鴻臚寺要奉詔派員前往依旨冊封。以上職司說明，在中國封建時代的官制系統中，沒有嚴格意義上的外交機構，有的只是像鴻臚寺這樣用以接待臣屬國使節的特殊部門。

鴻臚寺下屬有典客、司儀二署，上述接待任務，主要便由典客署完成。司儀署掌理凶喪禮儀方面的事務。凡京官職事三品以上、散官二品以上等父母、祖父母去世，按不同等次供給喪葬之具；五品以上官員死於京者，則由司儀署按其品秩定出殯葬規格，並給以賻喪之物及營墓之夫。

一

〔鴻臚寺❶：卿一人，從三品；《周官》❷：「大行人❸掌大賓客之禮。」秦官有典客，掌諸侯及歸義蠻夷。漢改為鴻臚❹。景帝中二年❺令：諸侯王薨、列侯初封及之國，大鴻臚奏謚、誄、策❻；列侯薨及諸侯太傅初除❼之官，大行奏謚、誄、策。中六年❽，改大鴻臚為大行令。武帝太初元年❾，更名大鴻臚，又更名其屬官行人為大行令。秦時又有典屬國官❿，掌蠻夷降者，漢因之。成帝河平元年⑪省之，并大鴻臚。後漢大鴻臚卿一人⑫，諸王入朝，當郊迎，典其禮儀⑬，及郡國上計⑭；餘職與漢同。凡皇子拜王，贊授印綬；及拜諸侯，諸侯嗣子及四方夷狄封者，臺下鴻臚召拜之。王薨，則使使弔之及拜王嗣。魏及晉初皆有之⑮。自東晉至於宋、齊，有事則權置兼官，畢則省⑯。梁初猶依宋、齊，無卿名。天監以光祿勳為光祿卿，大鴻臚為鴻臚卿，都水使者為太舟卿，三卿是為冬卿。鴻臚卿位視尚書左丞，掌導護贊拜，班第九。陳品第三。後魏大鴻臚卿第二品上；太和二十三年⑰，降為第三品。北齊鴻臚寺卿一人，掌蕃客朝會，吉凶弔祭；統典客、典寺、司儀等署令、丞。後周司寇有蕃部中大夫⑱，掌諸侯朝覲之敘；有賓部中大夫，掌大賓客之儀。隋初鴻臚寺」卿一人，正第三品，統典客、司儀、崇玄等三署，開皇三年⑲省，并太常；十二年⑳復舊。煬帝降卿為從三品㉑，皇朝依焉。龍朔二年㉒改為同文正卿，咸亨元年㉓復曰鴻臚。光宅元年㉔改為司賓寺卿，神龍元年㉕復舊。舊屬官有崇玄署，開元二十五年㉖，敕改隸宗正寺。

少卿二人，從四品下㉗。後魏太和十五年㉘，九卿各置㉙少卿一人，第三品上；三十二年㉚，降為正四品上。北齊因之。後周有小賓部下大夫一人㉛。隋依北齊；煬帝加置少卿二人，降為從四品㉜。皇朝武德中置一人，貞觀中加置二人㉝。龍朔、咸亨、光宅、神龍並隨寺改復。

【章　旨】敘述鴻臚寺卿、少卿之定員、品秩和沿革。

【注　釋】❶鴻臚寺　自此三字起，至本條原注「隋初鴻臚寺」止，均為四庫本所闕。諸本亦然。近衛本參諸載籍補而述之。陳仲夫點校本取近衛所補，文字則稍有刪削。茲依陳本補上，並以方括號標出。❷周官　即《周禮》，儒家經典之一。係搜集周王室官制和戰國時各國制度，添附以儒家政治理想，增減排比而成之彙編。❸大行人　《周禮》秋官大司寇之屬官，設中大夫二人。掌四方朝聘賓客及使命往來。❹鴻臚　鴻臚作為官名之含義，據《通典・職官八》注引應劭稱：「郊廟行禮，贊導九賓，鴻，聲也；臚，傳也，所以傳聲贊導，故曰鴻臚。」亦有別解，如《太平御覽》卷二三二引韋昭《辨釋名》曰：「腹前肥者臚。言以京師為心腹，王侯外國為四體以養之。」辯云：鴻臚，本故典客，掌賓禮，鴻，大也；臚，陳序也。欲以大禮陳序賓客也。」❺景帝中二年　景帝，西漢皇帝劉啟。在位十七年，終年三十八歲。中二年，即西元前一四八年。❻諡誄策　對死者功過作出評價並示以哀悼的三種不同體裁文書。諡，帝王賜予死者之稱號。誄，臨喪時，用以表彰死者德行並致以哀悼之文辭，此亦即擬諡之依據。策，通「冊」。帝王對臣屬封土、授爵或免官之文書，因記於簡冊而稱策。此處既指列侯初封時之策文，亦指諸侯王臨葬時之策文。後者如《後漢書・東平王蒼傳》載其「及葬，策曰：『惟建初八年（西元八十一年）三月己卯，皇帝曰：咨王丕顯，勤勞王室，親受策命，昭于前世，出作蕃輔，克慎明德，率禮不越，傳聞在下。昊天不弔，不報上仁，俾屏余一人，夙夜煢煢，靡有所終。今詔有司，加賜鸞輅乘馬，龍旂九旒，虎賁百人，奉送王行。匪我憲王，其孰離之，魂而有靈，保茲寵榮。嗚呼哀哉！』」皆先由大鴻臚草擬，最後皇帝畫可。❼初除　拜受新官。《漢書・景帝紀》注引如淳曰：「凡言除者，除故官就新官也。」後亦泛指拜授職。❽中六年　指景帝中元六年，西元前一四四年。❾武帝太初元年　即西元前一〇四年。武帝，西漢皇帝劉徹，字通。在位五十四年，壽七十一。太初係其年號。❿典屬國官　《漢書・百官公卿表》云：「典屬國，秦官，掌蠻夷降者。武帝元狩三年（西元前一二〇年）昆邪王降，復增屬國，置都尉、丞、侯千人。屬官，九譯令。」⓫成帝河平元年　即西元前二十八年。成帝，西漢皇帝劉驁，字太孫。元帝在太子宮時所生，為漢宣帝所喜愛，故字太孫。在位二十六年，終年四十五歲。⓬後漢大鴻臚卿一人　《後漢書・百官志》稱：「大鴻臚，卿一人，中二千石。本注曰：掌諸侯及四方歸義蠻夷。其郊廟行禮，贊導，請行事，既可，以命群司。」⓭諸王入朝當郊迎典其禮儀

東漢大鴻臚之職掌，沿襲西漢，主典諸侯王之事，諸侯王入朝、迎送、接待、朝會、封授以及喪葬等禮儀，皆由大鴻臚掌理。如《後漢書・東平王蒼傳》載其上疏求朝過程中，便記有「使大鴻臚竇固持節郊迎」，「大鴻臚奏遣諸王歸國」；後蒼卒，

又「遣大鴻臚持節，五官中郎將副監喪，及將作使者凡六人，令四姓小侯諸國王主悉會詣東平奔喪」等，從中可以看出大鴻臚履行職掌的實際狀況。⓮郡國上計　指郡國計吏上計時，亦由鴻臚寺接待，具體負責安排其食宿者為大鴻臚卿屬下之郡邸。⓯魏及晉初皆有之　魏時有崔林為大鴻臚，其事蹟載於《三國志・魏志》本傳。又，《太平御覽・職官三十》引《魏略》，韓暨、韓宣先後曾為大鴻臚，且皆稱職，故鴻臚中人為之語曰：「大鴻臚，小鴻臚，前後治行曷相如。」三國時，不僅魏設大鴻臚，吳、蜀亦設，如張儼，孫皓時拜大鴻臚；蜀後主以杜瓊為大鴻臚。晉之置鴻臚事，《太平御覽・職官三十》鴻臚卿條引《山濤啟事》曰：「鴻臚職主胡事，前後為之者，率多不善了，今缺，當選御史中丞刀攸，不審可爾不?」可知亦有。⓰自東晉至於宋齊有事則權置兼官畢則省　《晉書・職官志》：「大鴻臚，統大行、典客、園池、華林園、鉤盾等令，又有青宮列丞、鄴玄武苑丞。及江左，有事則權置，無事則省。」《宋書・百官志》：「大鴻臚，掌贊導拜授諸王。晉江左初省。有事則權置，事畢即省。」《南齊書・百官志》以將作大匠、太僕、大鴻臚三卿並列，稱：「三卿不常置，鴻臚掌導護贊拜。有事權置兼官，畢乃省。」⓱太和二十三年　即西元四九九年。太和是北魏孝文帝元宏年號。⓲後周司寇有蕃部中大夫　北周仿《周禮》設天、地、春、夏、秋、冬六官府，司寇即大司寇卿，為秋官府長官。蕃部中大夫，秋正五命。大司寇卿屬官，秋官府蕃部司之長，掌諸侯朝覲禮儀。下設小蕃部下大夫、小蕃部上士、小蕃部下士以佐其職，須掌交上士、司匡上士等官屬。北周任蕃部中大夫者，據《周書》有達奚寔、陸逞等。⓳開皇三年　即西元五八三年。開皇為隋文帝楊堅年號。⓴十二年　指開皇十二年，即西元五九二年。㉑煬帝降卿為從三品　煬帝，隋朝皇帝楊廣。大業三年（西元六〇七年）煬帝降光祿寺以下八寺卿為從三品。㉒龍朔二年　即西元六六二年。龍朔為唐高宗李治年號。㉓咸亨元年　即西元六七〇年。咸亨亦為唐高宗年號。㉔光宅元年　即西元六八四年。光宅為武則天稱制時年號。㉕神龍元年　即西元七〇五年。神龍為唐中宗李顯年號。㉖開元二十五年　即西元七三七年。開元為唐玄宗李隆基年號。㉗少卿二人從四品下　《通典・職官二十二》及新舊《唐書》官志皆為「從四品上」。㉘太和十五年　據《魏書・官氏志》，當是「太和十七年」。太和十七年，西元四九三年。是年，北魏初次職員令，設九少卿。太和是北魏孝文帝元宏年號。㉙署　據正德本當作「置」。㉚三十二年　據《魏書・官氏志》當是太和二十三年，西元四九九年。㉛後周有小賓部下大夫一人　小賓部下大夫，北周秋官府賓部司次官，員一人，秋正四命。佐賓部中大夫掌南朝陳和北齊、突厥等敵國使臣晉見皇帝之禮儀。北周任小賓部下大夫者，據《周書》、《隋書》有柳雄、元暉等。㉜煬帝加置少卿二人降為從四品　煬帝大業三年（西元六〇七年）諸寺少卿各加置二人，為從四品。並以蘇夔為鴻臚少卿。煬帝曾詢於群臣：「『四夷率服，觀禮華夏，鴻臚之職，須歸令望。寧有多才藝，美容儀，可以接對賓客者為之乎?』咸以夔對，帝然之，即日拜鴻臚少卿。其年高昌王麴伯雅來朝，朝廷妻以公主。夔有雅望，令主婚焉」（《隋書・蘇威子夔傳》）。

㉝貞觀中加置二人 貞觀，唐太宗李世民年號。《唐會要》卷六六：「少卿，本二員，景雲二年（西元七一〇年）十一月四日，加一員，以劉興為之。」《舊唐書・睿宗本紀》：「景雲三年二月丁酉，光祿、大理、鴻臚、太府、衛尉、宗正各增置少卿一員。」《通典・職官八・諸卿中》：「少卿本一員，景雲二年加一員。」據上三書，加置少卿二人當是景雲中。景雲，唐睿宗李旦年號。

【語譯】〔鴻臚寺〕：卿，定員一人，品秩為從三品。《周官》規定：「大行人掌管大賓客的禮儀。」秦朝的職官中有典客，掌管諸侯以及歸順的蠻夷來朝時的禮儀活動。到了漢代改名為鴻臚。漢景帝中元二年頒佈的敕令說：「諸侯王去世、列侯初封以及到國，由大鴻臚奏請並主持有關謚、誄、策的禮儀活動，列侯去世以及諸侯太傅初拜官以及到任，由大行奏請並主持有關謚、誄、策的禮儀活動。」中元六年，改大鴻臚為大行令，武帝太初元年再次改名為大鴻臚，又將它的屬官行人改名為大行令。在秦代，另外還設有典屬國的官職，掌管歸降於秦朝的蠻夷，漢因承秦制。到漢成帝河平元年才省併給了大鴻臚。東漢大鴻臚設卿一人，各諸侯王入朝時，由鴻臚卿到郊外迎接，並主持歡迎儀式。郡國上計使來京師，亦由鴻臚卿接待。其餘職務與西漢相同。凡是皇子封拜諸侯王，由鴻臚卿協助授給印綬。還有封拜諸侯，諸侯嗣子以及四方夷狄接受封拜，都由尚書臺下達給鴻臚寺，再由鴻臚卿召拜。諸侯王去世，則由鴻臚寺派遣使節去弔祭，同時封拜王嗣。三國魏和晉朝初年，亦都設有鴻臚卿。從東晉到南朝的宋、齊，有事時，權且設置兼官執掌，事情完畢就省去。梁朝初年，還是依照宋、齊的做法，沒有設專職的鴻臚卿。天監初年設十二卿，以光祿勳為光祿卿，大鴻臚為鴻臚卿，都水使者為太舟卿，這三卿合稱為冬卿。鴻臚卿的官位比照尚書左丞，執掌在禮儀活動中導護贊拜，品秩為第九班，陳朝列為第三品。北魏太和前制大鴻臚卿列第二品上，到太和二十三年降為第三品。北齊鴻臚寺設置卿一人，職掌為有關蕃客朝會以及吉凶弔祭一類禮儀活動，統領所屬典客、典寺、司儀等署的令、丞。北周在秋官府大司寇之下有蕃部中大夫，掌管諸侯朝覲的禮儀活動；又有賓部中大夫，掌管大賓客的有關禮儀。隋初鴻臚寺」設卿一人，品秩為正第三品，統領所屬典客、司儀、崇玄三署。隋文帝開皇三年，將鴻臚寺省併歸了太常寺，到十二年又恢復了原來的機構。煬帝大業三年，鴻臚卿的品秩下降為從三品，本朝依隋制。高宗龍朔二年，改名為同文正卿，咸亨元年恢復稱鴻臚卿。武后光宅元年又改名為司賓寺卿，到中宗神龍元年，再次恢復鴻臚卿舊稱。鴻臚卿原有屬官崇玄署，開元二十五年敕令改為隸屬於宗正寺。

少卿，定員二人，品秩為從四品上。北魏太和十五（七）年，九卿各置少卿一人，鴻臚寺亦有了少卿，品秩為第三品上；到太和二十三年，品秩降為正四品上。北齊因承北魏的這一官制。北周在秋官府大司寇之下設有小賓部下大夫一人。隋依照北齊的官制，煬帝時，少卿定員增加到二人，品秩降為從四品。本朝高祖武德時期設置少卿一人，太宗貞觀（睿宗景雲）年間增加為二人。這個職名，在龍朔、咸亨、光宅、神龍年間，曾幾次隨著寺名的更改而更改，恢復而改復。

【說　明】鴻臚，秦名典客，漢初承秦制，亦稱典客。據《漢書·百官公卿表》，高祖劉邦時，任典客者有薛歐、審食其、劉揭，文帝時有馮敬、靚。景帝中元初年既設大鴻臚，又設大行，後又更名為大行令。武帝初年任大行令者，先後有光、過期、王恢、丘、李息和張騫。至太初元年（西元前一〇四年）改名為大鴻臚，是年任其職者為壺充國，此後相繼為商丘成、田千秋、戴仁、田廣明等。武帝以後，任大鴻臚較為知名的尚有韋賢、蕭望之、李彊、馮野王、韋安世等。東漢時，任大鴻臚者位望也不低，如魏應、竇固等。兩漢大鴻臚的職掌包括兩個方面，一是諸侯王及上計吏入朝及封拜的禮儀活動；一是四方歸順於漢的諸國的朝貢活動。二者相較，在漢代更偏重於前者。那是由於諸侯王在兩漢的地位高於後代，封拜、之國和入朝的禮儀活動很多，這些活動都要由大鴻臚奏請並付之實施。如東漢章帝時，東平王劉蒼，入朝時，由大鴻臚郊迎；歸國時，由大鴻臚奏遣；逝世時，又由大鴻臚持節監喪。又如大將軍鄧騭班師回朝，「軍到河南，使大鴻臚親迎，中常侍賚牛酒郊勞，王、主以下候望於道」（《後漢書·鄧騭傳》）。如果諸侯王出了問題需要處理，大鴻臚也要參預其事。如漢哀帝時梁王立殺人一案，便是派遣廷尉和大鴻臚持節去審訊的。至於所謂「歸義蠻夷」，即歸順於漢的周邊諸國，則由典屬國管理。典屬國在漢景帝時已設，如《漢書·李廣傳》中便有「典屬國公孫昆邪為上泣曰……」這樣的記載，公孫昆邪是人名，其職即為典屬國。又如蘇武在漢昭帝時被「拜為典屬國，秩中二千石」（《漢書·蘇武傳》）。「武帝元狩三年（西元前一二〇年）昆邪王降，復增屬國，置都尉、丞、侯、千人。

屬官，九譯令。」（《漢書・百官公卿表》）這屬國置都尉，官名為屬國都尉，與典屬國不同：典屬國為中央管轄周邊諸屬國的機構，屬國都尉則是在邊境上管轄歸降諸國在地方上的郡守。匈奴昆邪王來降時，在安定、天水、上郡、西河、西原置五屬國，宣帝時，置金城屬國以處降羌，置西河北地屬國以處匈奴降者。在上述諸地區歸降諸蠻夷皆受該地區之屬國都尉管轄，故其地位大體上與郡守相當。這些歸順降國的朝貢，由典屬國掌理。典屬國這一機構到漢成帝時併入大鴻臚，這使大鴻臚的職掌進一步擴大。魏晉以後直至隋唐，鴻臚職司的重點開始轉向與周邊諸朝貢國的關係上，如魏任崔林為大鴻臚和隋任蘇夔為鴻臚少卿的有關文書中，都偏重於與屬國交往的禮儀方面提出要求。

鴻臚寺下屬機構分典客、典寺、司儀三署，定型於北齊。把外事接待的禮儀活動與宗教事務以及寺廟以至官員喪儀的管理合在一起，實在難以說清這三者之間有多少相關性。也許在古人心目中，僧道已非世俗凡人，亦應以客相待，而喪儀雖屬凶禮，卻也不脫禮儀這一大範疇，故而便一起歸入了鴻臚寺。隋承北齊，在鴻臚寺下亦設此三署。唐武德年間，鴻臚寺也設有三署，除典客、司儀二署外，尚有崇玄署和諸寺觀監；貞觀中廢寺觀監。開元二十五年（西元七三七年）因李唐認老子李耳為本宗並進封為玄元皇帝，故玄宗以為不宜再把崇玄署放在鴻臚寺而將其劃歸宗正寺，僧尼則另隸於尚書省祠部司。這樣，唐代的鴻臚寺便如本篇所載錄的僅有典客、司儀二署。

二

鴻臚卿之職，掌賓客及凶儀❶之事，領典客、司儀二署，以率其官屬而供其職務；少卿為之貳。凡四方夷狄君長朝見者，辨其等位，以賓待之❷。凡二王之後❸及夷狄君長之子襲官爵者，皆辨其嫡庶，詳其可否，以上尚書。若諸蕃大酋渠有封建禮命，則受冊而往其國❹。凡天下寺觀三綱及京都大德❺，皆取其道德高妙、為眾所推者補亮，上尚書祠部。凡皇帝、皇太子為五服之親❻及大臣發哀臨弔❼，則贊相焉。凡詔葬大臣，一品則卿護其喪事；二品則少卿；三品，丞一人往，皆命司儀，以示禮制也。

【章旨】敘述鴻臚卿、少卿之職掌。

【注釋】❶凶儀 凶即「凶」字。唐制五禮之一為凶禮，其儀有十八，除會葬、弔祭、致奠等外，還包括凶年振撫、勞問疾患等。詳本書第四卷第一篇禮部郎中職掌。❷辨其等位以賓待之 唐對來朝之蕃主、蕃使，以其官品及聲望確定朝見時之等位。此等位係相比較於本朝官員品級而言，通常分三等、四等、五等。《新唐書・百官志》稱朝見時，「第三等居武官三品之下，第四等居五品之下，第五等居六品之下，有官者居本班」。有官者，指蕃主、蕃使受有唐之官職者。對來朝蕃主、蕃使之接待，包括客館、給食、給賜、給回程糧，若有死亡給葬費，均依此等位按不同標準由規定機構供給。如客館之日用具、寢具、食具由少府等監製和供應；其食料分米料、肉料、蔬果料、炭料等亦各有供司，如設食料、設會料，五品以上由光祿寺之太官署營辦，六品已下，則由鴻臚寺廚供給。故蕃主、蕃使入境後第一件事便是由鴻臚寺確定其等位，從而也就確定了相應的接待規格。❸二王之後 指北周帝之後裔為介國公，隋帝之後裔為酅國公。均以國賓之禮相待，且世代承襲。其襲爵由鴻臚寺卿報奏。❹若諸蕃大酋渠有封建禮命則受冊而往其國 意謂倘若周邊國君要舉行封國立嗣一類禮儀，鴻臚卿便要作為朝廷使節奉詔前往冊立。唐代此制始於貞觀四年（西元六三〇年）。《唐會要》卷一〇〇錄其事稱是年三月，「諸蕃君長詣闕，請太宗為天可汗，乃下制，令綴璽書賜西北荒之君長，皆稱皇帝天可汗，諸蕃渠帥有死亡者，必下詔冊立其後嗣焉。統制四夷自此始也」。鴻臚卿的這一職掌，說明他同時又常常成為唐王朝與周邊各國往還禮儀上的外交使節。如以與新羅關係為例：武周天授三年（西元六九二年）新羅王政明卒，便曾遣使弔祭，冊立其子理洪為新羅王；理洪卒，又遣使立其弟興光為新羅王。開元二十五年（西元七三七年），興光卒，再次遣左贊善大夫邢璹攝鴻臚少卿，前往弔祭並冊立其子承慶為新羅王；因新羅人多善弈碁，故同時派善弈之楊季鷹為副。天寶二年（西元七四三年）承慶卒，第四次遣使節魏曜往弔祭，冊立其弟憲英為新羅王。❺天下寺觀三綱及京都大德 三綱，寺觀教職名。道教道觀之三綱為觀主、上座、監齋各一人，稱三綱。佛教寺廟設上座、寺主、都維那各一人，亦稱三綱。綱，有綱紀、治理之意，亦即主管。大德，僧職名。在京師和東都皆置大德，統管僧尼。如隋置大德六人；唐，西京置左、右街大功德使，東都置功德使、修功德使，總僧尼之籍及功役。唐代僧、道的隸屬關係變化甚多。唐初，僧尼及道士、女官皆隸鴻臚寺，故寺觀三綱及兩京大德之任命皆由鴻臚寺提名，報經禮部之祠部司審核。武后延載六年（西元六九四年），改僧尼直接隸祠部，開元二十五年（西元七三七年）又改隸道士、女官於宗正寺，天寶二年（西元七四三年）以道士、女官隸司封，元和二年（西元八〇七年）以道士、女官隸左、右街功德使，會昌五年（西元八四五年）以僧尼隸禮部之主客，次年又改歸兩街功德使管轄。本書此處當係承襲唐初之體制。❻五服之親　五服，古代喪禮規定之五種服制，即斬衰、齊衰、大功、小功和緦麻。五服之親，指緦麻以上之親屬關係，凡本宗為高祖父母曾伯叔祖父母、族兄弟及未嫁族姐妹，外姓中包括中表兄弟、岳父母等以內之親，均屬之。❼發哀臨弔　舉行喪禮，哭弔死者。凡皇親及大臣去世，鴻臚寺要依其品級，按照下文所言不同規格，派員前往主持喪儀。在唐代，一些重臣的去世，常有超過此規定者。如魏徵的喪儀，「太宗親臨慟哭，廢朝五日，給羽葆鼓吹」（《舊唐書・魏徵傳》）；房玄齡臨終時，太宗「又親臨，握手敘別，悲不自勝，皇太子亦就之與之訣」（《舊唐書・房玄齡傳》）；李勣發喪時，高宗「為之舉哀，輟朝七日」，「及葬日，帝幸未央古城，登樓臨送，望柳車慟哭，并為設祭，皇太子亦從駕臨送」。

【語　譯】鴻臚卿的職掌是，分管有關賓客的迎送及凶儀方面的事務，統領典客、司儀兩個署，帶領所屬官員，以完成規定的職務。少卿做卿的副職。凡是四方夷狄君長進京來朝見的，由鴻臚卿給他們劃分等級和確定班位次序，用相應的賓禮規格接待他們。至於二王的後裔以及夷狄各國國君之子承襲爵位的，都由鴻臚卿辨明他們是否屬嫡親，詳細認定繼承是否符合規制，然後上報尚書省。如果各蕃國的大酋長要舉行封國立嗣的禮儀，鴻臚卿要奉使前往冊立。全國所有的寺廟、道觀的三綱和兩京的大德等教職官員，都由鴻臚卿選擇道行品德尚妙又為僧尼道士眾望所歸的人來充當，並上報尚書省的祠部司備案。凡是皇帝和皇太子五服以內的親屬以及大臣要發喪臨弔，則由鴻臚卿奉命前往監護和協助。凡是皇帝詔令為大臣舉行葬禮，官居一品的，由鴻臚卿前去護理喪事；二品的由少卿去，三品的則由鴻臚寺丞一人前往。以上鴻臚寺的派員都要負責主持喪葬禮儀，以顯示禮制的規範。

【說　明】關於鴻臚卿的職掌，《新唐書・百官志》有更具體的規定，如「海外諸蕃朝賀進貢使有下從，留其半於境；

緜海路朝者，廣州擇首領一人，左右二人入朝；所獻之物，先上其數於鴻臚。凡客還，鴻臚籍衣齎賜物多少以報主客，給過所。蕃客奏事，具至日、月及所奏之宜，方別為狀，月一奏，為簿，以副藏鴻臚。獻馬，則殿中、太僕寺涖閱，良者入殿中，駑病入太僕。獻藥者，鴻臚寺驗覆，少府監定價之高下。鷹、鶻、狗、豹無估，則鴻臚寺定所報輕重。凡獻物，皆客執以見，駝馬則陳於朝堂，不足進者州縣留之。」本書第五卷第一篇職方郎中職掌中還有「其外夷有番官到京，委鴻臚訊其人本國山川、風土，為圖以奏焉，副上於省」，這是配合兵部職方司瞭解周邊各國山川風土等情況。

鴻臚卿還有另一個重要職掌，便是受命出使周邊諸國。這種出使，可以是鴻臚卿本官，也可以由他官攝鴻臚卿之職前往，其使命則依據當時形勢和兩國關係發展狀況而各不相同。如貞觀四年（西元六三〇年）突厥頡利可汗遣使至唐請罪和請求內附時，太宗一面遣鴻臚卿唐儉、將軍安修仁持節前往安撫，一面則命李靖乘間夜襲，一舉攻滅頡利可汗。作為外交使節的鴻臚卿，起的是麻痺對方、掩護進攻的作用。又如開元十三年（西元七二五年）玄宗要去泰山封禪，又顧慮突厥乘間襲擊，於是便由中書直省袁振攝鴻臚卿奉命出使突厥，勸其派遣大臣扈從唐王同去封禪泰山，突厥毗伽可汗小殺果然這樣做了。這次出使起的是一種籠絡作用，使玄宗得以消除後顧之憂，順利完成封禪之舉。有的出使則是為了冊立蕃邦國君。如十姓部落的首領阿史那彌射，與唐通好，貞觀六年（西元六三二年）太宗遣鴻臚少卿劉善因前往立其為奚利邲咄陸可汗，賜以鼓纛和采帛萬段。肅宗乾元二年（西元七五九年）回紇毗伽闕可汗死，便以左金五衛將軍李通為試鴻臚卿攝御史中丞，充弔祭使，並為其冊立新君。唐公主遠嫁，亦以鴻臚卿作為禮儀使。如肅宗時，寧國公主出降回紇，肅宗以其堂弟李瑀為試太常卿、攝御史大夫，充冊命英武威遠毗伽可汗使，堂姪李巽為攝御史中丞、鴻臚卿，副之，兼充寧國公主禮會使，一起陪同前往。

三

丞二人，從六品上。秦有典客丞，漢因之，武帝改曰大鴻臚丞，比千石❶。魏晉皆因之。

東晉省。梁鴻臚丞班第三❷，陳因之❸。後魏列卿丞從五品中，太和二十二年，降為第七品❹，北齊為第七品下。後周賓部有上士一人❺。隋鴻臚丞二人，正七品上❻。大業五年加為從三品❼。皇朝為從第六品上。

主簿一人，從七品上。《漢官儀·鹵簿篇》❽：「鴻臚駕四馬，主簿❾。」《晉令》❿：「大鴻臚置主簿、錄事、史。」⓫梁天監七年⓬，十二卿各置主簿；位不登十八班者，別為七班，主簿班第三。陳因之。後魏闕文。北齊有功曹、五官、主簿⓭。隋鴻臚寺主簿一人⓮，皇朝因之。武德中，正八品；貞觀中減置一人，從七品上。

錄事二人，從九品上。

丞，掌判寺事。

主簿掌印，勾檢稽失⓯。

錄事掌受事發辰⓰。

【章旨】敘述鴻臚寺丞、主簿、錄事之定員、品秩、沿革和職掌。

【注釋】❶武帝改曰大鴻臚丞比千石　武帝，指漢武帝。漢因秦，置典客。景帝中元六年（西元前一四四年）更名大行令；武帝太初元年（西元前一〇四年）再次更名稱大鴻臚，其丞為大鴻臚丞，比千石，月俸八十斛。❷班第三　據《隋書·百官志》梁鴻臚丞為「班第二」。❸陳因之　陳諸卿丞為第八品，秩六百石。❹太和二十二年降為第七品　據《魏書·官氏志》，北魏孝文帝復次職員令是在太和二十三年（西元四九九年），列卿丞降為第七品下。故此句中「二十二」當為「二十三」；句末「品」下補一「下」字。太和，孝文帝年號。❺後周賓部有上士一人　北周秋官府設賓部，其長官為賓部中大夫，掌大賓客之儀，主要是南朝陳、北齊及突厥等敵國使臣晉見皇帝之禮儀。賓部上士為其下屬，秩正三命。❻隋鴻臚丞二人正七品上　據《隋書・百官志》；隋鴻臚寺等六寺丞皆為正七品下。❼大業五年加為從三品　大業五年，即西元六〇九年。大業為隋煬帝年號。據《隋書・百官志》：是年「寺丞並增為從五品」，非「從三品」。❽漢官儀鹵簿篇　《漢官儀》，應劭撰，據《後漢書・應劭傳》建安二年（西元一九七年）「詔拜劭為袁紹軍謀校尉。時始遷都於許，舊章堙沒，書記罕存。劭慨然嘆息，乃綴集所聞，著《漢官禮儀故事》」。〈鹵簿篇〉是書中篇名。❾鴻臚駕四馬主簿　此句引語疑有脫漏。本書第十四卷第一篇太常寺主簿員品，及第十六卷第一篇衛尉寺主簿員品，有「主簿前車八乘，有鈴下、侍閤、辟車、騎吏、五百等員」等語，《職官分紀》卷二〇引《唐六典》此句原注則作「鴻臚主簿駕四馬」。❿晉令　書名。《舊唐書・經籍志》著錄有「《晉令》四十卷，賈充等撰」。⓫大鴻臚置主簿錄事史　《晉書・職官志》稱列卿「各置丞、功曹、主簿、五官等員」。⓬天監七年　即西元五〇八年。天監為梁武帝蕭衍年號。⓭北齊有功曹五官主簿　據《隋書・百官志》，北齊九寺「各有功曹、五官、主簿、錄事等員」。⓮隋鴻臚寺主簿一人　據《隋書・百官志》，隋鴻臚寺置主簿二人，錄事二人。⓯勾檢稽失　指檢查來往公文事宜處理中有無錯失和是否延誤規定日程。⓰受事發辰　指登錄受事之公文目錄及受事日期。

【語　譯】〔鴻臚寺：〕丞，定員二人，品秩為從六品上。秦代設有典客丞，漢因承秦制，武帝時改名為大鴻臚丞，俸秩為比一千石。魏和晉都沿襲漢制。東晉省去了這一建置。南朝梁恢復鴻臚卿並設置丞，品秩列為第二班，陳因承梁制。北魏太和前制各個卿的丞都為從五品中，太和二十二（三）年，降為第七品（下），北齊亦第七品下。北周設有賓部上士一人。隋鴻臚寺丞的定員為二人，品秩是正七品下。煬帝大業五年提升為從五品。本朝為從第六品上。

主簿，定員一人，品秩為從七品上。《漢官儀・鹵簿篇》記載：「鴻臚駕四馬，主簿〔前車八乘，有鈴下、侍閤、辟車、騎吏等吏員〕。」《晉令》規定：「大鴻臚設置主簿、錄事、史。」南朝梁天監七年，十二卿都設有主簿；又規定品秩不夠進入十八班的，另外設七班，主簿位列七班中的第三班。陳因承梁制。北魏缺少這方面的記載。北齊在鴻臚寺下設有功曹、五官、主簿等定員。隋朝在鴻臚寺設有主簿二人，本朝因承隋制。在高祖武德時期，主簿品秩為正八品；到太宗貞觀年間減少了一人，品秩為從七品上。

錄事，定員二人，品秩為從九品上。

鴻臚丞，掌理本寺內部日常事務。

主簿，掌管本寺的印章，以及檢查公文處理中有無錯失和是否延誤規定的日程。

錄事負責登錄來往公文的目錄和日期。

四

典客署：令一人，從七品；《周禮》❶有掌客❷上士二人。漢鴻臚屬官有行人，武帝改為大行令❸；魏改曰客館令，晉改曰典客❹。宋永初❺中，分置南、北客館令、丞。齊有客館令❻。梁有典客館令、丞❼，在七班之下，為三品勳位。陳因之。後魏典客監從五品❽；太和十五年❾，置主客令。北齊鴻臚寺統典客署❿。後周有東、南、西、北四掌客，各上士一人。隋鴻臚卿統典客署令、丞⓫。煬帝⓬改曰典蕃署，又於國門外置四方館⓭，以待四方使客，各掌其方國及互市之事。皇朝以四方館隸中書⓮，改典蕃曰典客署。

丞二人，從八品下；《周禮》掌客有下士四人。漢大行令有丞，北齊有典客丞，隋有典客丞二人，皇朝因之。

掌客十五人，正九品上。隋置，皇朝因之，有典客、賓僕等員。

典客令掌二王後介公、酅公之版籍⓯，及東夷、西戎、南蠻、北狄歸化在蕃者之

名數⑯；丞為之貳。凡朝貢、宴享、送迎預焉⑰，皆辨其等位而供其職事⑱。凡酋渠⑲首領朝見者，則館而以禮供之。三品已上準第三等，四品、五品準第四等，六品已下準第五等。其無官品者，大酋渠首領準第四等，小酋渠首領準第五等。所乘私畜抽換客舍放牧，仍量給芻粟。若諸蕃獻藥物、滋味之屬，入境州縣與蕃使苞匭封印⑳，付客及使，具其名數牒寺。寺司勘訖，牒少府監及市，各一官領識物人定價，量事奏送㉑；仍牒中書，具客所將獻物。應須引見、宴勞，別聽進止㉒。若疾病，所司遣醫人給以湯藥。若身亡，使主、副及第三等已上官奏聞㉓。其喪事所須，所司量給㉔；欲還蕃者，則給轝遞至境。首領第四等已下不奏聞，但差車、牛送至墓所。諸蕃使主、副五品已上給帳、氈、席，六品已下給幕及食料㉕。丞一人判廚事，季終則會之。若還蕃，其賜各有差㉖，給於朝堂，典客佐其受領，教其拜謝之節焉。

【章旨】敘述典客署令、丞和掌客之定員、品秩、沿革及職掌。

【注釋】❶周禮 儒家經典之一。係搜集周王室官制及戰國時各國制度，添附以儒家政治理想，增減排比而成之彙編。❷掌客 《周禮》秋官大司寇屬官。掌饗宴四方賓客之牢禮餼獻等級之事。有上士二人，下士二人。❸漢鴻臚屬官有行人武帝改為大行令 《漢書·百官公卿表》稱：「大鴻臚屬官有行人、譯官、別火三令丞及郡邸長丞。漢武帝太初元年（西元前一〇四年）更名行人為大行令。」事之尊重者，遣大鴻臚，而輕賤者遣大行。《後漢書·百官志》稱東漢在大鴻臚卿下設「大行令一人，六百石。本注曰：主諸郎。丞一人。」❹晉改曰典客 《晉書·職官志》在大鴻臚下，設有典客令。❺永初 南朝宋武帝劉裕年號。❻齊有客館令　《南齊書・百官志》：「客館令。掌四方賓客。」❼梁有典客館令丞　《隋書・百官志》：梁客館令，列為七班下之三品勳位；未言有丞。❽後魏典客監從五品　《魏書・官氏志》：北魏孝文帝太和十七年（西元四九三年）職員令，典客監為從五品上。又，據《洛陽伽藍記》卷三，北魏在洛陽時，設四夷館，以居四鄰各國來往使節及來歸附者：吳人來投者處金陵館，北夷來附者處燕然館，東夷來附者處扶桑館，西夷來附者處崦嵫館。❾太和十五年　西元四九一年。❿北齊鴻臚寺統典客署　《隋書・百官中》：北齊鴻臚寺統典客署令、丞，又有京邑薩甫二人，諸州薩甫一人。⓫隋鴻臚卿統典客署令丞　《隋書・百官下》：隋鴻臚署設典客署，置令二人，又有掌客十人。⓬煬帝　隋朝皇帝楊廣。在位十四年，終年五十歲。⓭於國門外置四方館　句首「於」下疑脫一「建」字。《隋書・百官下》稱：「初煬帝置四方館於建國門外，以待四方使者，後罷之，有事則置，名隸鴻臚寺，量事繁簡，臨時損益。東方曰東夷使者，南方曰南蠻使者，西方曰西戎使者，北方曰北狄使者，各一人，掌其方國及互市事。每使者署，典護錄事、敘職、敘儀、監府、監置、互市監及副、參軍各一人。錄事主綱紀；敘職掌其貴賤立功合敘者；敘儀掌大小次序；監府掌其貢獻財貨；監置掌安置其駝馬船車，并糾察非違；互市監及副，掌互市；參軍掌出入交易。」⓮皇朝以四方館隸中書　唐之四方館與隋之四方館不同，它不是用以接待四方使者之客館，而是接受四方使者表章之所，類似隋之謁者臺，為通事舍人受事之司，故隸於中書省。唐四方館位於承天門街之西，宮城之南，第二橫街之北，與中書外省相鄰。有時亦作為恩遇以待勳臣。如《資治通鑑》卷二一一，開元四年（西元七一六年），姚崇「寓居罔擬寺，以病痁謁告，乾曜請遷崇於四方館，仍聽家人入侍疾，上許之。崇以四方館有簿書，非病者所宜處，固辭。上曰：『設四方館，為官吏也；使卿居之，為社稷也，恨不可使卿居禁中，此何足辭！』」唐接待各國使者另有客館，即位於鴻臚寺公署旁之鴻臚客館。⓯二王後介公酅公之版籍　介公、酅公，分別指北周和隋帝室後裔之襲封者。隋文帝開皇元年（西元五八一年）受北周禪位後，以周帝為介國公，邑五千戶，為隋室賓。唐高祖武德元年（西元六一八年）封隋帝為酅國公，以賓禮相待。二王後裔世襲介公與酅公。其版籍屬典客令掌管。二王後子孫視正三品；酅公歲賜絹三百，米粟亦如之；介公則減三之一。⓰東夷西戎南蠻北狄歸化在蕃者之名數　夷、戎、蠻、狄，古代對四周國家或部族地區之習稱。唐代周邊國家之數，本書第四卷第四篇主客郎中職掌中有一框計：「凡四蕃之國經朝貢已後自相誅絕及有罪見滅者，蓋三百餘國，今所在者有七十餘蕃。」⓱凡朝貢宴享送迎預焉　指蕃主、蕃使之朝貢、宴享、送迎皆由典客署具體安排。唐代蕃主、蕃使之朝貢分羈縻州貢及外蕃貢二類。羈縻州之蕃使與外蕃使其朝貢皆有限額，常年貢物由諸道都督府受理和轉輸。據本書第三卷第一篇戶部尚書職掌條中規定：關內道控北蕃突厥，河南道控海東、新羅、日本，河北道控契丹、奚、靺鞨、室韋，隴右道控西域胡戎，江南道控五溪之蠻，劍南道控西洱河群蠻，嶺南道控百越及林邑、扶南。元正朝貢時，諸州的貢物由戶部掌理，陳于太極門東西廂；諸蕃使之貢物先上其數於鴻臚，朝貢時則由禮部掌理，陳於朝堂之前。朝會時，據《通典·禮·嘉禮》，介公、酅公在橫街之南道西，諸蕃客三等以上東方、南方於東方朝集使之東，每國異位，北面西上；西方、北方於西方朝集使之西，每國異位，北面東上。四等以下，分方位於朝集使六品之下，每國異位。朝訖，賜宴亦有規定的座次：介公、酅公於御座西南；蕃客三等以上，東方、南方於東方朝集使之後，西方、北方於西方朝集使之後。蕃主、蕃使赴京上貢和歸程之糧料，由唐政府給，如《唐會要》卷一〇〇雜錄：武周證聖元年（西元六九五年）九月五日敕：「蕃國使入朝，其糧料各分等第給。南天竺、北天竺、波斯、大食等國使，宜給六月糧；尸利佛誓、真臘、訶陵等國使給五月糧；林邑國使，給三個月糧。」此類糧料由邊州和朝廷分別供給。凡客還，以其齎賜物之多少，由典客署申報禮部主客，給過所。

⑱辨其等位而供其職事　唐確定來朝諸蕃等位的依其蕃望，即視其國家之大小強弱及與唐之親善關係等。《新唐書·百官志》稱：「凡四夷君長，以蕃望高下為簿，朝見辨其等位，第三等居武官三品之下，第四等居五品之下，第五等居六品之下，有官者居本位。」有官者，指藩客在唐受有官職者。由此確定的等位，不僅是朝會宴享排列前後班位的依據，亦是享受不同的接待規格如住宿、用餐等的依據；若藩客在京師逗留時間較久，鴻臚寺還將據此等位供應其日常生活，且依例每月皆給月料錢。《唐會要》卷一〇〇雜錄：「(德宗)貞元十一年（西元七九五年）正月十九日，置懷化將軍，正三品，每月料錢四十五千文，雜料三十五千文；歸德將軍，從三品，料錢四十千文；懷化中郎將，正四品，料錢三十七千文。」懷化將軍等名號，皆授予諸蕃歸唐者。⑲酋渠　酋魁。指周邊國家或部族地區之首領。⑳苞匭封印　將裝盛藥物或食品之箱籠包裹起來，並加上封印。苞通「包」。匭，匣子；箱子。㉑牒少府監及市各一官領識物人定價量事奏送　牒，一種公文形式。此處用如動詞，指以牒文申報。市，指少府監下屬之互市監。由互市監與鴻臚寺各派一善於識別物品價值之官員共同為貢物定價，目的是用以確定回賜物品之數，以酬答其價。對於無法估價之貢品，則由鴻臚寺酌量酬答。《白氏六帖事類集》卷二二引唐《主客式》云：「諸蕃夷進獻，若諸色無估計物，鴻臚寺量之酬答也。」偶爾亦有退還的，如《冊府元龜·帝王部·卻貢》中便記有：「玄宗開元五年（西元七一七年）以康安國突騎施等貢獻多是珍異，謂之曰：朕所重惟穀，所寶惟賢。今之進獻未識朕懷，宜收其情，百中留一，計價酬答，務從優厚，餘並卻還。」酬答的物品以絹帛為主，間或有以金銀器物及瓷器者。為炫耀大唐帝國氣度，酬答一般均超過原貢物價值，賞賜絹帛更是動輒千疋，數額巨大。㉒別聽進止　指需由皇帝引見或宴勞的蕃主或蕃使，則須靜候朝廷派遣使者通知奉見或宴勞之日期。使者來客館傳旨之禮儀，據《通典·禮九十一·賓禮》載錄為：「使

者至，掌次者引就次。蕃主服其國服降立於東階下，西面；蕃國諸官立於蕃主之後，西而北上。使者朝服出次，立於門西，東面。蕃主有司出東門，西面曰：『敢請事。』使者曰：『奉制戒某主見日。』有司入告。蕃主迎於館門外之東，西面再拜。使者與蕃主俱入，使者升自西階，東面；蕃主升自東階，西面。使者稱：『有制。』蕃主再拜。宣制曰：『某日某主見。』蕃主又再拜稽首。使者降出，蕃主送於館門之外，西面再拜。使者還，蕃主入。」㉓若身亡使主副及第三等已上官奏聞　蕃主在京死亡奏報之例，如突厥頡利可汗貞觀八年（西元六三四年）卒於長安，因「詔其國人葬之，從其俗禮，焚屍於灞水之東，贈歸義王，謚曰荒。其舊臣胡祿達官吐谷渾邪自刎以殉……太宗聞而異之，贈中郎將，仍葬於頡利墓側，樹碑以紀之」（《舊唐書・突厥傳》）。㉔其喪事所須所司量給　唐前期，原由少府將作監提供喪事所需器物，天寶以後改為給錢以充葬費。《唐會要》卷六六鴻臚寺條：「天寶八載（西元七四九年）三月二十七日勅：九姓堅昆諸蕃客等，因使入朝身死者，自今後，使給一百貫充葬，副使及妻，數內減三十貫。其墓地州縣與買，官給其價值，其墳墓所由營造。」㉕諸蕃使主副五品已上給帳氈席六品已下給幕及食料　此項帳、氈、席等由衛尉寺之守宮署提供。《新唐書・百官志》衛尉寺守宮署令條：「供蕃客帷幕，則題歲月，席壽三年，氈壽七年，不及期而壞，有罰。」㉖若還蕃其賜各有差　唐代給諸蕃使賜物，有迎勞賜、辭還賜、宴設時賜等幾種，其禮儀各有規定。如迎勞賜，《通典・禮九十一・賓禮》載為：「使者朝服出次，立於門西，東面；從者執束帛立於使者之南。……使者宣制訖，蕃主受幣（采五匹為一束。其蕃主答勞使，各以土物，其多少相準，不得過勞幣。勞於遠郊，其禮同。蕃主還，遺贈於遠郊亦如之。勞番使即無束帛也。）退復位，以幣受左右，又再拜稽首。」皆由典客署令教其拜謝之儀節。

【語　譯】典客署：令，定員一人，品秩為從七品下。《周禮》中記載有掌客上士，定員為二人。漢鴻臚的屬官中有行人，漢武帝時改稱為大行令；三國魏又改名為客館令，晉朝再次改名為典客。南朝宋武帝永初年間，分別設置南北客館令和丞。齊亦設有客館令，執掌四方賓客方面的事務。梁設有典客館令、丞，品秩是在十八班、七班之外，為三品勳位。陳因承梁制。北魏孝文帝太和前制，典客監的品秩為從五品〔上〕，太和十五年設置主客令。北齊在鴻臚寺下設有典客署。北周設有東、南、西、北四個掌客，各設上士一人。隋由鴻臚卿統領典客署令、丞。煬帝時改名為典藩署，另外又在〔建〕國門外設置了四方館，用來接待來自四方的客使，分掌各自方位內蕃國貢使以及互市的相關事務。本朝一度將四方館隸屬於中書，改稱典蕃署為典客署。

丞，定員二人，品秩為從八品下。《周禮》中載有掌客下士，定員為四人。漢代在大行令下設有丞，北齊典客署下設典客丞。隋代的典客丞定員為二人，本朝因承隋制。

掌客，定員十五人，品秩為正九品上。隋代設置，本朝因承隋制，設有典客、賓僕等吏員。

典客令的職務是，掌理周、隋二王後裔介公、酅公的版籍，以及東夷、西戎、南蠻、北狄中歸順本朝成為藩屬國的名籍；丞做令的佐助。凡是蕃主、蕃使來京朝貢、參加宴享，送和迎都由典客署令、丞作具體安排，都先要分別核定他們的等級和朝會時的班位，然後依此完成職掌所規定的一切接待事務。凡是蕃國酋魁、首領來參加朝見的，要供給館宿，以禮相待。蕃主、蕃使授有三品官的，定為第三等；四品、五品的，定為第四等；六品以下的，定為第五等。如果沒有授予官品的，大酋首領比照第四等，小酋首領比照第五等。他們所乘的私畜，由客舍調換下來並派人放牧，也要酌量供給芻草和粟料。至於各蕃國所貢獻的藥物、食物之類，入境時，由邊境州縣與蕃使一起用箱匭包裝並封印，付還客人或使者，同時抄錄物品名稱和數量，用牒文申報鴻臚寺。寺司開封查驗完畢，再用文書通知少府監和它的下屬機構互市監，各派一官員並帶能識別貢物的人，一起評估定價，以便據價經過奏請酌情用相應物品酬答蕃使，同時還用牒文報告中書，詳細說明藩客所進獻的物品。如果需要皇帝引見、宴勞的，那就要另外聽候進止。如果客使有疾病，則由相關官司派遣醫師給予診治和藥物。倘有身亡，屬於蕃使的主、副以及第三等以上官員的，要奏聞皇上。舉辦喪事所需的各種物料，由有關官司酌量供給。如果棺柩要運還本國的，則給予車轝和驛遞護送到邊境。首領品秩在第四等以下的，不必奏聞，只要差車牛將棺柩送到墓所即可。各蕃使的主、副，品秩在五品以上的，要供給帳、氈、蓆；六品以下的，供給帳幕和食料。典客丞一人，主管客館供膳事務，每季度終末，會計供膳帳目。蕃使返還本國，賞賜各有差等，如果是在朝堂上賜給的，典客令要在一旁協助授領，並告知藩使有關拜謝的禮節。

【說　明】蕃主、蕃使進京朝貢的聚居地，在漢代主要是屬大鴻臚的郡邸，在北魏是洛陽的四夷館，在隋朝是四方館，在唐朝是鴻臚寺的客館。唐代對藩客的接待，都由鴻臚寺先依其「藩望」(指國之大小、強弱及與唐之親疏關係等)，定出等位，然後據以安排朝會班位及住宿、用餐的等級。《冊府元龜・外臣部》載錄一份頗為有趣的材料，說是吐火羅國有個久住長安客館的名叫僕羅的使節，以為自己藩望甚高而僅授四品，所定等位過低，「不勝苦屈之甚」，因而於開元六年（西元七一八年）十一月上書玄宗皇帝，狀告鴻臚寺不公。他在訴狀中說：「僕羅兄吐火羅葉護部下統諸國王、都督、刺史二百一十二人，謝颶國王所統之兵馬二十萬眾，罽賓國王統領兵馬二十萬眾，骨吐國王、石汗那國王、解蘇國王、石匿國王、悒達國王、護密國王、護時健國王、范延國王、久越德建國王、勃特山國王，各統領五萬眾。僕羅祖父已來，並是上件諸國之王，蕃望尊重；僕羅兄般都泥利承嫡繼襲，先蒙恩勑差使持節就本國冊立為王。然火羅葉護積代已來於大唐忠赤，朝貢不絕。本國緣接近大食吐蕃，東界又是西鎮，僕羅兄每徵發部落，下兵馬討論擊諸賊，與漢軍相知，聲援應接，在於邊境，所以免有侵漁。僕羅兄前後屢蒙聖澤，媿荷國恩，遂發遣僕羅入朝，侍衛王階，至願獻忠殉命，以為臣妾。僕羅至此為不解漢法，鴻臚寺不委蕃望大小，又不比類流例高下相懸，即奏擬授官。竊見石國、龜茲并餘小國王子、首領等入朝，原無功效，并緣蕃望授三品將軍。況僕羅身持勤本，蕃位望與親王一種，比類大小，與諸國王子懸殊，卻授僕羅四品中郎；但諸在蕃王子弟婆羅門瞿曇金剛、龜茲王子白孝順等，皆數改轉遷，位至諸衛將軍，唯僕羅最是大蕃，於神龍元年蒙恩勑授左領軍衛翊府中郎將，至今經一十四年，久被論屈，不蒙準例授職，不勝苦屈之甚。勑鴻臚卿準例定品秩，勿令稱屈。」吐火羅是中亞古國，位於今阿富汗北部，興都庫什山及阿姆河上游地區，東北與唐安西四鎮相接，東西分別與吐蕃、大食為鄰。這份訴狀把當時周邊小國在依附於大唐帝國中那種惶恐無奈而又相互爭寵的心態，描述得十分曲折、細緻，也從一個側面反映唐王朝國力之強盛，對周邊國家威懾力之強大。

僕羅在訴狀中特別提到他曾「侍衛王階」，以證明他對唐王朝「至願獻忠殉命」，一片赤誠。侍衛王階就是參加宮廷宿衛，這是唐王朝對與唐關係較為親密、留京時間又較長的諸蕃使節的一種特例。為此特在大明宮內的右銀臺門，設置客省，以安置蕃使中佐宿衛者。《新唐書・百官志》禮部主客郎中職掌中規定：「蕃客請宿衛，奏狀貌年齒。」說明蕃客宿衛是有選擇的。但安史之亂以後，唐王朝的朝政，包括接待外使制度，都處於鬆弛、混亂狀態，一時間朝集使與蕃使大量進入、滯留京師，以至大明宮內的客省人滿為患，廩食給養也不勝負擔。《唐會要》卷六六載：代宗大曆四年（西元七六九年）七月下詔「罷給客省之廩。每歲一萬三千斛，永泰已後，益以多事，四方奏計或連歲不遣，仍於右銀臺門客省以居之。上書言事者常百餘人，蕃戎將吏，又數十百人，其費甚矣，至是皆罷。」這裡的「蕃戎將吏」，亦是值宿衛的蕃使。為了安置蕃客，在京師還設了一些臨時客所。這在唐代前期已有先例。如突厥頡利可汗被俘後，太宗「仍詔還其家口，館於太僕，廩食之」（《舊唐書・突厥傳》）。《唐會要》卷六載錄，德宗貞元四年（西元七八八年）十月，回紇「凡遣人千餘納聘，馬三千匹。仍令朔州及太原分留回紇七百餘人，其宰相大首領至者，館於鴻臚寺、將作監」。連專掌營造宮室等土木工程的將作監也做了臨時客館，可見藩客已多到何種程度。人一多，除了財政上不堪負擔，還有一個治安問題。值得一提的是回紇使人鬧長安這件事。當初，唐曾借了回紇兵來平安史之亂，因而兩京收復後，那些回紇使便成了威風一時的特殊人物。《舊唐書・回紇傳》記載：「〔代宗〕大曆六年（西元七七一年）正月，回紇於鴻臚寺擅出坊市，掠人子女，所在官奪返，毆怒，以三百餘犯金光門。是日，皇城諸門盡閉，上使中使劉清潭宣慰，乃止。七年（西元七七二年），回紇出鴻臚寺入坊寺強暴，逐長安令邵說於含光門之街，奪說所乘馬將去。說脫身避走，有司不能禁……十年（西元七七五年），回紇白晝刺人於東市，市人拘之，拘於萬年縣。其首領赤心聞之，自鴻臚寺馳入縣獄，劫囚而去，斫傷獄吏。」昔日盛唐已成過去，如今堂堂京都亂哄哄的竟成了蕃使的天下。如果把上述回紇使人的胡作非為與僕羅訴狀作一個比較，便可以看到歷史的諷刺有何等辛辣！

在唐代，一些邊州和進出口岸，亦設有不少蕃人的聚居地。《新唐書・百官志》有關鴻臚寺卿、少卿的職掌中提到，「海外諸蕃朝賀進貢使有下從，留其半於境，繇海路朝者，廣州擇首領一人，左右二人入朝」，其餘人員則逗留在廣州。不僅廣州，還有泉州、揚州，也是唐代對外交往的重要口岸，設有被稱之為「蕃坊」的蕃人聚居地。據《宋高僧傳》卷一載，開元年間，釋不空「及將登船，采訪使召誡番禺（廣州）界蕃客大首領伊習賓等曰：今三藏往南天竺獅子國，宜約束船主，好將三藏。」這位蕃客大首領便是聚居在廣州的蕃人中的大首領。《新唐書・王鍔傳》記載當時「廣人與蠻雜處」，蕃人由蕃客的大首領管轄。在揚州習慣上把蕃人聚居地區稱為「蕃場」，新羅人聚居的地區稱「新羅坊」。場或坊皆由蕃客自己推舉一人為長，報請唐廷批准，皇帝任命，唐人稱其為都蕃長或蕃長。《唐會要》卷一〇〇有記載：「〔昭宗〕天祐元年（西元九〇四年）六月，授福建道佛齊國入朝進奉使都番長蒲訶西米寧遠將軍。」這個在福建泉州的都番長，是朝廷的命官，又是佛齊國的進奉使。李肇《唐國史補》卷下稱：「南海舶……至則本道奉報，郡邑為之喧闐。有蕃長為之主領，市舶使籍其名物，納舶腳，禁異珍。」這些都番長或蕃長成了官府與蕃使之間的中介，由他們協助地方與蕃使聯繫。都蕃長或蕃長又是蕃客們自身宗教活動的組織者。當時揚州、泉州、廣州都建有阿拉伯人的教堂，故阿拉伯人蘇萊曼在《東遊記》一書中記道：「中國商埠為阿拉伯商人群集者，曰康府（即廣州），其處有回教牧師一人，回教堂一所……各地回教商賈既多聚康府，中國皇帝因任命回教判官一人，依回教風俗，治理回民。判官每星期必有數日專與回民共同祈禱，朗讀先聖戒訓，終講時輒與祈禱者共為回教蘇丹祝福。」（張星烺《中西交通史料彙編》第二冊）

唐代接待蕃使的機構，於天寶年間，又新置了一個禮賓院。起初它是受鴻臚寺節制的，如《唐會要》卷六六便錄有這樣規定：「〔天寶〕十三載（西元七五五年）二月二十七日，禮賓院今後宜令鴻臚勾當，應緣供擬，一物已上，並令鴻臚勾當」；但在唐中葉以後，鴻臚寺的一部分職務，已移歸併給了禮賓院。唐後期在禮賓院置使，一般以宦官領之，而且往往同時兼任鴻臚使，如《舊唐書·魚朝恩傳》便提到魚朝恩曾任鴻臚使、禮賓使，田紹宗也曾任此二使。這說明中唐以後，外事接待的重心，已逐漸由鴻臚寺轉向禮賓院，所以至宋代，鴻臚寺只掌祭祀與朝會，而蕃使的宴享與送迎一類事，已轉歸禮賓院、國信所等機構專掌。

五

司儀署：令一人，八品下❶；《周禮》❷有司儀上士、中士❸，漢大鴻臚有治禮郎❹，後魏太和十五年置司儀官❺。北齊鴻臚寺統司儀令、丞❻。後周司儀上士一人、中士二人❼。隋鴻臚卿統司儀署令、丞❽，皇朝因之，領司儀、齋郎、掌設、幕士等。

丞一人，正九品下。北齊有司儀丞一人，隋有二人，皇朝減一人。

司儀令掌凶禮之儀式⑨及供喪葬之具；丞為之貳。若皇帝、皇太后、皇后、皇太子為五服之親⑩舉哀，本服周年者，三朝哭而止⑪；大功者，其日朝臨哭而止⑫；小功已下⑬，及皇帝為內命婦二品已上⑭者、百官執事及散官一品喪⑮，皇太后、皇后為內命婦三品已上⑯，皇太子為三師、三少及宮臣三品已上⑰，並一舉哀而止。皇帝臨臣之喪，一品服錫縗，三品已上緦縗，四品已上疑縗⑱。皇太子臨弔三師、三少則錫縗，宮臣四品已上緦縗，五品已下疑縗。凡京官職事三品已上、散官二品已上遭祖父母、父母喪，京官四品及都督、刺史并內外職事若散官以理去官⑲五品已上在京薨、卒⑳，及五品之官死王事者，將葬，皆祭以少牢㉑，司儀率齋郎執俎豆㉒以往；三品已上又贈以束帛㉓，一品加乘馬。既引㉔，又遣使贈於郭門之外，皆以束帛，一品加璧。凡百官以理去職而薨、卒者，聽斂㉕以本官之服；無官者，介幘、單衣㉖。婦人有官品者㉗，亦以其服斂。應佩者，皆用蠟代玉。凡設鬲㉘及銘旌㉙、輀車㉚之屬有差。一品懸鬲六，五品以上四，六品已下二。凡銘旌，三品已上長九尺，五品已上八尺，六品已下七尺㉛，皆書云「某官、封、姓名之柩」㉜。其輀車三品已上油幰㉝，朱絲絡網㉞，施襈㉟，兩廂畫龍，幰竿諸末垂六旒蘇；七品已上油幰，施襈，兩廂畫雲氣，四旒蘇；八品已下無旒蘇。男子幰、襈、旒蘇皆用素，婦人皆用蘇㊱。庶人鱉甲車㊲，無幰、襈畫㊳。飾凡引、披㊴、鐸㊵、翣㊶、挽歌㊷、方相、魌頭㊸、纛㊹、帳㊺之屬，亦如之。三品已上四引，四披，六鐸，六翣，挽歌六行三十六人；有挽歌者，鐸休歌人數㊻。已下準此。五品已上二引，二披，四鐸，四翣，挽歌四行十有六人。九品已上二鐸、二翣。其執引、披者，皆布幘、布深衣㊼；挽歌者，白練幘㊽、白褠衣㊾，皆執鐸、帗㊿。其方相四目，五品已上用之；魌頭兩目，七品以上用之(51)；並玄衣、朱裳，執戈、楯(52)，載於車。其纛五品以上竿長九尺，六品已下五尺(53)。其下帳五品已上用素繒(54)，六品已下用練，婦人用綵。凡五品已上薨、卒及葬合弔祭者，應須布深衣、幘，素三梁、六柱轝(55)，皆官借之。其內外命婦應得鹵簿(56)者，亦如之。凡葬禁以石為棺槨(57)者。其棺槨禁雕鏤、綵畫、施戶牖欄檻者，棺內禁金寶珠玉而斂者。凡職事官五品已上葬者，皆給營墓夫。一品百人，每品以二十人為差，五品二十人，皆役功十日。凡以理去官及散官三品已上，與見任職事同；其五品以上減見任職事之半；致仕者同見任。其百官薨、卒喪事及葬應以官供者，皆所司及本屬上于尚書省，尚書省乃下寺，寺下司儀，司儀準品而料上於寺。凡五品已上薨、卒及三品已上有周已上親喪者(58)，皆示其禮制焉。

【章　旨】敘述司儀署令、丞之定員、品秩、沿革和職掌，以及有關百官喪葬用具與禮儀制度。

【注　釋】❶八品下　據《通典・職官二十二》「八」字上當補一「正」字。❷周禮　儒家經典之一。係搜集周王室官制及各國制度，添附以儒家政治理想，增減排比而成之彙編。❸司儀上士中士　《周禮》在秋官大司寇之下，設有司儀上士八人，中士十六人，佐助大行人掌理九儀賓客擯相之禮儀及辭令揖讓之節度。❹漢大鴻臚有治禮郎　《後漢書・百官志》在鴻臚卿之大行令下，設「治禮郎四十七人」。劉昭注引《漢官》曰：「其四人四科，五人二百石，文學五人百石，九人斗食，六人佐，六人學事，十二人守學事。』」又引《東觀書》曰：「主齋祠儐贊九賓。又有公室，主調中都官斗食以下，功次相補。」❺後魏太和十五年置司儀官　太和十五年，即西元四九一年。太和，北魏孝文帝元宏年號。《魏書・官氏志》：「十五年七月，置司儀官。」❻北齊鴻臚寺統司儀令丞　《隋書・經籍志》稱北齊鴻臚寺統司儀署令、丞，司儀署又有奉禮郎三十人。❼後周司儀上士一人中士二人　北周夏官府司射下大夫下設司儀上士一人，正三命；司儀中士二人，正二命。❽隋鴻臚卿統司儀署令丞　《隋書・百官志》稱：鴻臚寺統司儀署，置令二人；司儀署另置掌儀二十人。❾凶儀之儀式　凶即「凶」字。凶禮，五禮之一。唐凶禮之儀式有十八，除會葬、弔祭、致奠等外，還包括凶年振撫、勞問疾患等，詳本書第四卷第二篇祠部郎中職掌。❿五服之親　五服，古代喪禮中五種服制，即斬衰、齊衰、大功、小功和緦麻。五服之親指緦麻以上之親屬關係，凡本宗為高祖父母、曾伯叔祖父母、族兄弟及未嫁族姊妹，外姓中包括中表兄弟、岳父母等以內之親屬，均屬之。⓫本服周年者三朝哭而止　服期周年以上包括：斬衰三年，若子為父服喪三年；齊衰三年，若子因父先卒而為母喪服；為祖父母服喪，周年而止。此外為伯父母、叔父母服喪亦周年而止。以上皆屬本服喪期滿一周年。意謂若皇帝、皇太后、皇后、皇太子為本服周年之親舉哀，則可以三朝哭後即中止喪服。⓬大功者其日朝臨哭而止　大功，五服之一。服期九月。女子已適人為夫之祖父母、伯父母、叔父母服大功。意謂若皇太后、皇后為大功親舉哀，則在喪儀日早晚哭後即可中止喪服。又，句中「臨」，正德本及廣池本皆作「晡」。當改。晡，申時，即黃昏時。⓭小功已下　小功，五服之一。服期五月。凡本宗為曾祖父母、伯叔祖父母、堂伯叔父母，未嫁祖姑堂姑，已嫁堂姊妹，兄弟妻及未嫁從堂姊妹；外親為外祖父母、母舅、母姨等，均服小功。小功已下，指五服中末服緦麻之親。⓮內命婦二品已上　唐制，皇帝後宮內命婦正一品者為貴妃、淑妃、德妃、賢妃，稱夫人；正二品者為昭儀、昭容、昭媛、充儀、充容、充媛，稱嬪。《通典・禮九十五・訃奏》：「為內命婦宗戚舉哀，其三夫人以上，其日仍晡哭而止。其九嬪以下，一舉哀而止，亦隨恩賜之深淺。」⓯百官執事及散官一品喪　《通典・禮九十五・訃奏》所敘較此為詳，錄以供參閱：「為貴臣舉哀，與諸王禮同，其異者，一舉哀而止。貴臣謂職事二品以上，散官一品。其餘官則隨恩賜之深淺。」⓰內命婦三品已上　指後宮之三夫人、九嬪及九婕妤。⓱皇太子為三師三少及宮臣三品已上　三師，指太子太師、太傅、太保。三少，指太子少師、少傅、少保。東宮宮臣三品以上者，尚有太子賓客四人，正三品；太子詹事府詹事一人，正三品。⓲皇帝臨臣之喪一品服錫縗三品已上緦縗四品已上疑縗　《周禮・春官・司服》：「王為三公六卿錫衰，為諸侯緦衰，為大夫士疑衰。」縗、衰可通。錫衰、緦衰、疑衰，皆古代君為臣弔喪之服。鄭司農云：「錫麻之滑易者，十五去其半，有事其布，無事其縷；緦亦十五升去其半，有事其縷，無事其布；疑衰十四升衰。」鄭玄注：「無事其縷衰在內，無事其布衰在外；疑之言擬也，擬於吉。」錫衰、緦衰、疑衰，皆由粗麻布製成，以有無加工、加工之程度區別輕重。古代以不事修飾表示傷痛之重。故錫衰最重，緦衰次之，疑衰最輕。⑲以理去官　指四年任滿去官待選，或年滿七十以上致仕退休者。⑳薨卒　古代諸侯死稱薨，大夫死稱卒。《新唐書・百官一》禮部郎中條稱：「凡喪，二品以上稱薨，五品以上稱卒，自六品達於庶人稱死。」㉑少牢　古代祭祀時用豬、牛、羊三牲稱太牢，用豬、羊稱少牢。何休注《公羊》云：「羊、豕凡二牲，曰少牢。」㉒俎豆　均為祭器。俎，盛放祭祀用肉之木盤。豆，本為食器，形似高足盤，有木製、陶製、銅製之別。此處指祭祀時用以盛放祭品之祭器。㉓束帛　帛五疋為一束，每疋從兩端捲起，共為十端。㉔既引　指柩車已從靈堂出發，前往墓地。引，牽引柩車的繩索。或稱紼，亦稱綍。弔喪者輓引柩車稱執引。㉕歛　當作「斂」。斂通「殮」。給死者穿衣下棺。下一「歛」字亦同。㉖介幘單衣　介幘，有耳之頭巾。《隋書・禮儀六》：「幘，尊卑貴賤皆服之。文者長耳，謂之介幘；武者短耳，謂之平上幘。」單衣，亦稱襌衣。周時已為常服，寬博而服於外。魏晉後，袖漸窄小。《禮記・儒行》「衣逢掖之衣」鄭玄注：「逢，猶大也。大掖之衣，大袂襌衣也。」又云：「庶人襌衣，袂二尺二寸，袪尺二寸。」此處則指無官者之殮服。㉗婦人有品者　內命婦、外命婦皆有官品；此外還包括職事、散官五品以上，勳官三品以上之母妻，或不因夫及子而別加邑號，夫人稱「某品夫人」，郡君稱「某品郡君」者。㉘鬲　古代喪禮中懸掛之瓦瓶。因懸掛於重木，故又稱重鬲。古時人初死，立重木於庭中，其上懸鬲，鬲中盛粥，意在使死者靈魂有所依憑。《儀禮・士喪禮》：「新盆、槃、瓶、廢敦、重鬲，皆濯，造於西階下。」鄭玄注：「新此瓦器五種者，重死事……重鬲，鬲將縣於重者也。」《禮記・喪大記》：「陶人出重鬲。」孔穎達疏：「重鬲者，謂懸重之罌也。是瓦瓶，受三升。」㉙銘旌　即明旌。豎於西階或靈柩前以表識死者姓名、官封之旗幡。《儀禮・士喪禮》：「為銘各以其物。」鄭玄注：「銘，明旌也。雜帛為物，大夫、士之所建也。以死者為不可別，故以其旗幟識之。」凡書銘之法，案《喪服小紀》云：「復與書銘，自天子達于士，其辭一也：男子稱名，婦人書姓與伯仲，如不知姓則書氏。」㉚轜車　即靈車。《釋名・釋喪制》：「輿棺之車曰轜。」㉛六品已下七尺　《通典・禮九十八》銘條本注及《新唐書・禮樂志》，俱作「六品以下幅長六尺」。㉜某官封姓名之柩　指銘旌書寫之格式。若是婦人，其夫有官封者，則云「某官封夫人姓之柩」；子有官封者，云「太夫人之柩」。郡縣君則隨其稱，若無封，則云「某姓官之柩」。㉝油幰　油布車幰。幰為張於車篷上之布幔，以禦日防雨。此處則用於轜車。㉞朱絲絡網　指車幰上懸掛之網狀飾物。㉟施襈　指車幰下腳飾有緣邊。《釋名》：「襈，撰也，青絳為之緣也。」㊱婦人皆用蘇　近衛校正德本：「『蘇』當作『綵』。」《五代會要・喪葬上》：「婦人使綵。」㊲鼈甲車　指喪車。因喪車迫地而慢行，狀似鼈甲，故有此稱。一說鼈甲指棺飾。

覆於棺柩上方，中央隆起若鼈甲狀，其頂端有齊，以彩色絲貫貝，絡於其上為飾。《釋名・釋喪制》：「輿棺之車曰輀，其蓋曰柳……亦曰鼈甲，似鼈甲然也。」畢沅疏證：「殯車之蓋曰輤，葬車之蓋名荒，其謂之鼈甲則同也。」㊳無幰襈畫　據正德本及廣池本，此句原注「畫」下脫一「飾」字，而此所脫之「飾」，卻被誤為正文置於此下正文之首。㊴披　古喪具。以帛為之，繫於柩車兩側，由人牽輓，以防傾覆。《周禮・夏官・司士》：「大喪，作士掌事。作六軍之士執披。」鄭玄注：「作，謂使之也。披柩車行，所以披持棺者，有紐以結之，謂之戴。」鄭司農云：「披者，扶持棺險者也。天子旁十二，諸侯旁八，大夫六，士四。」又，《儀禮・士喪禮》：「設披。」鄭玄注：「披輅柳棺上，貫給於戴，人居旁牽之，以備傾虧。」㊵鐸　古樂器。形似鐃、鉦而有舌，是大鈴的一種。《說文解字》：「鐸，大鈴也，軍法五人為伍，五伍為兩，兩司馬執鐸。」此處則執以送喪，以其聲節制輓柩車者之合力，並以數之多寡顯示死者官位之尊卑。《通典・禮九十九・凶禮六》：「鐸者，以銅為之，所以節挽者。」㊶翣　古代出殯時之棺飾。其形若扇，置於棺之兩旁，用以掩護，亦以其多寡顯出尊卑。《禮記・禮器》：天子八翣，諸侯六翣，大夫四翣。此處則為出殯時之儀仗。《通典・禮九十九・凶禮六》：「翣者，以木為筐，廣二尺，高二尺四寸，其形方，兩角高，衣以白布，柄長五尺。黼翣、黻翣，畫黼黻文於翣之內，四緣畫以雲氣。畫翣者，內外四緣皆畫雲氣。」㊷挽歌　挽通「輓」。輓柩車者，一面輓車，一面唱哀歌。輓歌指〈薤露歌〉、〈蒿里曲〉。《古今注》：「〈薤露〉、〈蒿里〉本出田橫門人，橫自殺，門人傷之，為作悲歌二章。孝武時李延年分為二曲，〈薤露〉送王公貴人，〈蒿里〉送士大夫庶人，使輓柩者歌之，亦謂之輓歌。」〈薤露歌〉：「薤上露，何易晞；露晞明朝更復落，人死一去何時歸。」〈蒿里曲〉：「蒿里誰家地，聚斂魂魄無賢愚。鬼伯一何相催促，人命不得少踟躕。」此處則指唱輓歌者之人數。㊸方相魌頭　古時為主司毆驅疫鬼之官吏，此處指喪禮中裝扮為驅趕鬼怪者。《周禮・夏官》有方相氏，「蒙熊皮，黃金四目，玄衣朱裳，執戈揚盾。」鄭玄注：「以驚毆疫厲之鬼，如今魌頭也。」《說文解字》：「魌，醜也。今逐疫有䫏頭。」注云：「䫏頭，方相四目也，今文作魌。」下文原注把方相與魌頭區分為二，方相四目，五品以上用；魌頭兩目，七品以上用，職掌相同。㊹纛　大旗。此處報喪用。㊺帳　帳幕。此處專供喪禮用。㊻鐸休歌人數　句中「休」據廣池本當作「依」。又，《慶元條法事類・服制門・喪葬》引《服制令》：「諸葬有挽歌者，鐸如歌人之數。」如、依義近。㊼布幘布深衣　布幘，指以麻布巾覆髻，使髮不下垂。布深衣，麻布製之深衣。《禮記・深衣》鄭玄注：「深衣者，謂連衣裳而純之以采。」孔穎達疏：「深衣，衣裳相連，被體深邃，故謂之深衣。」深衣短不能露出肌膚，長不能覆於地面，較朝服為短。上窄下寬，袂為圓形，長至腕，領為矩形。裳有十二幅構成，以應一年有十二月。㊽白練幘　以煮熟之白練麻布作覆髻之幘。㊾白褠衣　白麻布製作之褠衣。褠衣為古代禮服，謁見尊貴時服之，單衣直袖。《釋名・釋衣服》：「褠，禪衣之無胡（裡子）者也，言袖夾直形，如溝形。」(50)帔 近衛校正德本稱：「『帔』當作『披』。」是。前所列器用中，有「披」無「帔」。(51)其方相四目五品已上用之魌頭兩目七品已上用之 《通典・禮六十八・序禮下》：「凡四品以上用方相，七品已上用魌頭。」又《開元禮》卷一四七陳器用條本注云：「六品已下設魌頭之車。」均與此處稍異。(52)執戈楯 方相、魌頭皆手執戈和楯。戈，古代可鉤可啄、裝有長柄之兵器。楯，用以防護身體、抵禦刀箭之木製楯牌。(53)其纛五品已上竿長九尺六品已下五尺 《通典・禮六十八・序禮下》：「五品已上纛竿九尺，六品已上長六尺。」與此處小有不同。(54)素繒 素色之絲帛。(55)素三梁六柱轝 指載柩之轝車有三梁六柱，用以懸掛素色之車幔和帳幕。(56)鹵簿 指出喪時依官品按規定供給使用之儀仗。(57)棺槨 裝殮死人之器具。內棺稱棺，外棺稱槨。(58)有周已上親喪者 指齊衰杖周以上親，包括斬衰三年，齊衰三年親之凶喪。

【語　譯】司儀署：令，定員一人，品秩為正八品下。《周禮》在秋官大司寇下，設有司儀上士八人，下士十六人。漢代大鴻臚之下有治禮郎，北魏在孝文帝太和十五年設置了司儀官。北齊在鴻臚寺下統司儀署，設令、丞。北周設司儀上士一人，中士二人。隋朝鴻臚卿統領司儀署的令、丞。本朝因承隋制，由司儀署統領司儀、齋郎、掌設、幕士等員吏。

丞，定員一人，品秩為正九品下。北齊在司儀署設丞一人，隋朝設丞二人，本朝減為一人。

司儀署令的職務是，掌理有關凶禮的儀式以及喪葬用具的供應；丞做令的副職。如果皇帝、皇太后、皇后和皇太子為五服以內的親屬舉喪致哀，按喪禮規定該服周年以上的，經過三朝哭祭就可止服；為大功親服喪，在舉行喪儀那日經朝暮兩次哭祭便可止服；為小功以下親屬，以及皇帝為二品以上內命婦，為一品職事官和散官服喪，皇太后、皇后為三品以上內命婦服喪，皇太子為東宮的三師、三少以及三品以上宮臣服喪，都只要一舉哀即可止服。皇帝親自臨弔臣屬的喪事，所穿的喪服一品官喪為錫衰，三品以上為緦衰，四品以下為疑衰。皇太子臨弔三師、三少，服錫衰；臨弔四品以上宮臣服緦衰，五品以上服疑衰。凡是京官職事在三品以上，散官在二品以上，不幸遭受祖父母或父母喪；京官四品和地方都督、刺史，以及京師內外職事官連同散官以理去官五品以上而在京師去世的；還有五品官員為王事殉職的，將葬時，都要用少牢致祭，由司儀率領齋郎並攜帶俎豆等祭器前往。其中三品以上的，還要賜贈束帛，一品的另加乘馬。柩車發引後，再派遣使者在郭門之外都要賜贈束帛，一品的另加贈璧。百官凡是以理去職而去世的，允許穿戴本官的品服入斂；沒有官品的，則以介幘、禪衣入斂。婦女有官品封誥的，亦可以穿戴官服入斂。按規定可以佩玉的，都用蠟代替玉。關於供給鬲、銘旌、輀車一類喪葬器具，亦依照喪者的品位而有等差。一品懸掛六鬲，五品以上懸掛四鬲，六品以下懸掛二鬲。關於銘旌，三品以上的長九尺，五品以上長八尺，六品以下長七尺；在銘旌上都寫上「某官、某封、姓名之柩」的字樣。載柩的輀車，三品以上可以在車上掛油布車幰，上端飾有紅色絲繩網絡，下面綴有緣邊，兩廂畫上龍，幰竿的各個末端懸垂六個旒蘇；七品以上，可以在車上掛油布車幰，下端綴有緣邊，兩廂畫上雲氣，幰竿的末端懸垂四個旒蘇；八品以下的不能垂旒蘇。男子輀車上的邊緣、旒蘇都是用素色的，婦女則是用綵。平民的柩車叫鱉甲車，車上不張車幰，不綴邊緣，也不畫紋飾。關於喪葬使用的引、披、鐸、翣，唱挽歌的，扮作方向、魌頭的，以及纛、帳一類用品和人員，亦依喪者的品位而分有差次。三品以上可以用四引、四披、六鐸、六翣，唱挽歌的用六行、三十六人；凡是配有唱挽歌的，鐸的枚數就依挽歌的人數。三品以下各品官員，都參照此規定。五品以上的，有二引、二披、四鐸、六翣，唱挽歌的有四行、十六人。九品以上的是二鐸、二翣。其中執引、執披的人，都要著布幘和布深衣；唱挽歌的則穿白練幘、白褠衣，都同時執鐸、執披。方相戴的面具上有四目，五品以上的官員可用方相。魌頭戴的面具上有兩目，七品以上的官員可用魌頭。方相和魌頭都穿玄色上衣，朱紅色的下裳，一手執戈，一手持楯，站立在車上。喪禮使用的纛，五品以上，纛竿長九尺；六品以下，纛竿長五尺。下面的帳幕，五品以上用素色的繒，六品以下的用練麻布，婦女則用綵。五品以上官員去世和安葬，凡是符合給予弔祭規定的，喪禮中所應使用的布深衣、布幘，素色的三梁六柱輿車，都由官府借予；內外命婦依制應給予鹵簿作儀仗的，亦當配給。安葬時，禁止用石塊製作棺槨。在棺槨上，禁止有任何雕鏤、綵畫和設施窗戶欄檻之類。棺內禁止用金寶珠玉等隨死者一起斂葬。凡是職事官在五品以上的，安葬後都要依照規定給予營墓夫。營墓夫的數額：一品官給一百人，以下每品以二十人為差次，五品官給二十人。役功營墓的時間，都限定為二十日。凡是以理去官的，以及散官三品以上與現任的官員，同品職事官營墓夫的供給數額相同。五品以上的則較現任的同品職事官要減少一半；致仕退休的與現任的同品職事官相同。官員去世，喪禮和殯葬，依規定應由官府供給器具和人員的，都由他所在官司，或者他的下屬機構，上報給尚書省，尚書省下達公文給鴻臚寺，鴻臚寺通知司儀署，由司儀署根據喪者的品秩作出準備提供所需器用的預算，再上報鴻臚寺長官審批。凡是五品以上官員的去世，以及三品以上官員有周年以上服期的親屬死亡的，都要按照上述禮制的規定辦理。

卷一九

司農寺

卷目

司農寺

卿一人
少卿二人
丞六人
主簿二人
錄事二人
府三十八人❶
史七十六人
計史三人
亭長九人
掌固七人

上林署

令二人
丞四人
府七人
史十四人
監事十人❷
典事二十四人
掌固五人

太倉署

令三人
丞六人
府十人
史二十人
監事十人
典事二十四人
掌固八人

鉤盾署

令二人
丞四人

---

❶府三十八人 《新唐書・百官志》同此，《舊唐書・職官志》作「二十八人」。
❷監事十人 《新唐書・百官志》同此，《舊唐書・職官志》作「十九人」。

府七人

史十四人

監事十人

典事十九人

掌固五人

導官署

令二人

丞四人

府八人

史十六人

監事十人

典事二十四人

掌固五人

太原永豐倉❸

監一人❹

丞二人

錄事一人

府三人

史六人

典事八人

掌固六人

龍門等諸倉

每倉監一人

丞二人

錄事一人

府二人

史四人

典事六人

掌固四人

司竹監

監一人

副監一人

丞二人

錄事一人

府二人

史四人

典事三十人

掌固四人

---

❸太原永豐倉　據正文，指太原倉、永豐倉。

❹監一人　指太原倉、永豐倉各一人，省「各」字。此下丞、錄事等亦同。

溫泉湯監

監一人

丞一人❺

錄事一人

府一人❻

史二人

掌固四人

京都苑總監

監各一人

副監各一人

丞各二人

主簿各一人❼

錄事各二人❽

府各八人

史各十六人

典事各六人❾

亭長各四人

掌固各六人❿

京都苑四面監⓫

監各一人

副監各一人

丞各二人

錄事各一人

府各三人

史各六人⓬

典事各六人

掌固各六人⓭

---

❺丞一人　《新唐書・百官志》同此，《舊唐書・職官志》則作「二人」。

❻府一人　《新唐書・百官志》同此，《舊唐書・職官志》作「二人」。

❼主簿各一人　《舊唐書・職官志》同此，《新唐書・百官志》作「二人」。

❽錄事各二人　《新唐書・百官志》同此，《舊唐書・職官志》作「各三人」。

❾典事各六人　新舊《唐書》官志均不載此。

❿掌固各六人　《新唐書・百官志》此下尚有「獸醫各五人」一句。

⓫京都苑四面監　據正文，指京都苑總監、京都苑四面監。

⓬史各六人　《新唐書・百官志》同此，《舊唐書・職官志》作「三人」。

諸屯監

監一人⑭

丞一人⑮

錄事一人

府一人

史二人

典事二人

掌固四人

每屯主一人

屯副一人

九成宮總監

監一人

副監一人

丞一人

主簿一人

錄事一人

府三人

史五人

---

⑬掌固各六人 《新唐書・百官志》同此，《舊唐書・職官志》作「四人」。

⑭監一人 指諸屯監各有監一人。此下丞、錄事等亦同。

⑮丞一人 《新唐書・百官志》同此，《舊唐書・職官志》作「二人」。

卷旨

司農寺在唐代列為九寺之一。其前身可以追溯到秦漢的治粟內史、大農令，漢武帝時稱大司農；梁建十二卿，司農卿為十二卿之一，北齊建九寺，司農寺為九寺之一，隋唐皆沿北齊稱司農寺。長官為司農卿和少卿，並設丞，又有主簿、錄事等員。唐司農寺在高宗時一度更名為司稼寺，咸亨時復舊稱。其下屬機構和部門頗多，有上林、太倉、鉤盾、導官四署，又有諸監，包括諸轉運倉、司竹監、諸湯、宮苑、鹽池、諸屯等監。為方便閱讀，我們將本卷分為三篇，即司農寺本部一篇，所屬四署一篇，諸監另列一篇。

司農卿的職掌，自漢至魏晉，與諸卿有一個類同點，便是逐漸縮小。西漢的大司農是國家的財政機構，東漢時大司農卿還掌管錢帛的調度，魏晉以降，隨著尚書權限的擴大，六部建置的完備，錢、穀之屬漸次分流，至唐代，錢帛調度的財政職能已歸屬於尚書戶部的度支、金部、倉部三司，司農寺的職掌只保留了穀物倉儲及農林苑囿的管理，降為戶部諸司及工部屯田司的一個執行機構。當然司農的職掌中，與京都諸司還有諸多平行關係，如其下屬太倉署支給在京諸司官員的祿米以及諸司的公糧，鉤盾署負責供應薪炭，更牽涉到二十四司、九寺、五監的方方面面。又如上林署和京都苑總監等關於果樹蔬菜以及鵝鴨雞豬的供應對象中，包括殿中省的尚食局，太常寺的諸陵署、郊社署和鴻臚寺的典客署、光祿寺的太官署等眾多官司。另一方面，本寺太倉署和諸倉監糧食的出納貯藏，也須由御史臺派員監察，比部勾檢；出入宮門還得經左右監門衛檢驗等。所以要弄清楚司農寺的實際職掌，除瞭解它的沿革外，還要掌握它與各個官司機構間的網狀的相互關係。

唐司農寺官署，西京是在皇城承天門街之西，第四橫街之北，東面隔承天門街與尚書省相鄰；在第六橫街之北另有司農寺草坊。東都司農寺設於東城，其位置在承福門內南北街之東，從南第一橫街之北，舊為鴻臚寺地，高宗乾封中始徙入。

司農寺

【篇旨】本篇敘述司農寺卿、少卿、丞和主簿、錄事的定員、品秩、沿革及職掌；對唐代官吏祿廩和百官常料的供給制度，全國租稅轉運至京都後的受納程序，以及皇帝躬耕籍田的相關禮儀，亦都作了簡略介紹。

司農寺在秦及漢初名治粟內史，漢景帝時更名為大農令，武帝時又改稱為大司農；王莽時一度改名為義和、納言，東漢又復稱大司農。魏、晉及南朝宋、齊皆稱大司農，長官為卿。梁建十二卿，司農卿為其中之一。北朝北魏仍稱大司農，北齊建九寺，司農寺為九寺之一。隋唐皆沿北齊稱司農寺，惟唐高宗龍朔二年（西元六六二年）一度更名為司稼寺，咸亨中恢復舊稱。

司農寺的長官為司農卿，北魏起始置少卿，歷代皆置丞。司農卿的職掌歷史上變化較多。秦漢時期的大司農，領天下之錢穀，以供國之常用，是國家的財政機構。那時中央有兩個財政機構：一個是大司農，掌錢穀、金帛、租稅之收入，以供國用；另一個是少府，管池澤關市之稅，以給天子私用。漢武帝時，先後任大司農或大農丞，如咸陽，出身於齊地鹽商；孔僅，出身於南陽大冶；桑弘羊，是洛陽賈人之子，他們都是「言利事析秋毫」，為漢武帝斂括錢財的財稅官。魏晉以降，隨著尚書省郎曹建置完備，特別是戶部諸司職掌的不斷延伸，終使全國財政經濟管理的權力集中於戶部諸司，司農寺則降為執行具體事務的機構，其職掌中佔第一位的便是「掌邦國倉儲委積」（二章）。司農寺所統諸署前後的不同，亦反映了它職掌上的這種變化。西漢大司農屬官有太倉、均輸、平準、都內、籍田五令，以及鐵市兩長丞，兼管著官營的鹽鐵，著眼點是增加財政收入。東漢大司農的屬官有太倉令、平準令、導官令，從總體看，仍以掌管錢穀、金帛和諸貨幣為主要職能。至魏、晉及宋、齊，大司農所屬是太倉、導官、籍田三令，已開始偏重於農功倉廩。唐代司農寺統上林、太倉、鉤盾、導官四署與諸監，所掌明顯偏重於倉廩和農功，以供朝會、祭祀、御用及百官常料之所需。在這種格局下，太倉的出納和管理在司農寺的總體運作中便佔有重要地位，因而本篇三章在司農丞的職掌下，著重介紹了租稅的轉運、貯藏、出納諸程序的細節，提供了唐代經濟制度以至水陸運輸方面不少實際資料，值得注意。隋唐司農寺所統諸署較之於魏、晉和宋、齊、梁以及北齊，少了一個籍田令，但仍保留著原為籍田令的一項職掌，即在皇帝親行籍田之禮時，司農卿要為之「奉進耒耜」（二章）。西漢所設籍田令、丞，還有掌管貯藏籍田所獲穀物的籍田倉的職司，隋唐則把貯存籍田所產九穀以供粢盛的神倉，劃歸了太常寺的廩犧署，本書第十四卷第六篇廩犧令職掌中規定：「凡籍田所收九穀納于神倉，以供粢盛及五齊、三酒之用；若有餘及穰藁，供飼犧牲焉。」因而就沒有再設籍田令的必要。

一

司農寺：卿一人，從三品。《左傳》❶：「少昊氏❷九扈為九農正❸。」《尚書》❹：「舜命棄為后稷，播時百穀❺。」《周官》❻冢宰有太府下大夫❼，鄭氏❽注云：「若今司農。」《漢書·百官表》❾云：「治粟內史❿，秦官，掌穀貨，有兩丞。景帝更名大農令⓫，武帝更名大司農⓬，秩中二千石⓭。屬官有太倉⓮、均輸、平準⓯、都內⓰、籍田⓱五令丞，幹官、鐵市兩長丞⓲；又郡國諸倉農監、都水六十五官長丞⓳皆屬焉。又有治粟都尉，武帝軍官，不常置⓴。王莽㉑改大司農曰羲和㉒，後更為納言。」後漢改為大司農㉓，魏因之㉔，品第三。晉置功曹、主簿、錄事等員㉕，哀帝㉖省併都水，孝武帝㉗復置。宋、齊因之㉘，未有卿名。梁天監七年㉙，象四時置十二卿，司農為春卿㉚，班第十一㉛；又置勸農謁者㉜，亦隸司農。陳因之㉝。梁後魏大司農第二品上㉞，太和二十二年改第三品㉟，北齊因之㊱。後周依《周官》，有司農上士一人㊲，掌三農、九穀、稼穡之政令。隋司農卿一人，正三品；煬帝降為從三品，司農但統上林、太倉、鉤盾、導官四署，罷典農、華林二署，以平準、京市隸太府寺，掌苑囿、薪芻、蘊炭、市易、度量㊳。皇朝因之。龍朔二年㊴改司稼寺正卿，咸亨㊵中復舊。

少卿二人㊶，從四品上。後魏初置少卿，第三品㊷；太和二十二年，為正第四品上㊸。北齊因之㊹。後周司農有中士一人㊺。隋品仝北齊㊻，煬帝加置二人，降為從四品㊼。龍朔、咸亨隨寺改復。

【章　旨】敘述司農寺卿、少卿之定員、品秩和沿革。

【注　釋】❶左傳　亦稱《春秋左氏傳》，儒家經典之一。相傳為春秋末魯太史左丘明所作，近代學者多以為係由戰國初年人根據魯國及各國史料依時間彙編而成。起於魯隱公元年（西元前七二二年），終於魯悼公十四年（西元前四五四年）。為我國古代一部史學和文學名著。下述引文見書中〈魯昭公十七年〉。❷少昊氏　一作少皞氏。傳說中古帝王。名摯，號金天氏，黃帝之子，己姓之祖。一說玄囂、青陽即為少昊。相傳曾以鳥名官，設工正和農正，《左傳・昭公十七年》記其事稱：「秋，郯子來朝，公與之宴。昭子問焉，曰：『少皞氏鳥命官，何故也？』郯子曰：『……我高祖少皞摯之立也，鳳鳥適至，故紀於鳥，為鳥師而鳥名。』」❸九扈為九農正　九扈，指九種依時而至之鳥，並以之名九農官。《左傳》杜預注：「扈有九種也，春扈鳻鶞，夏扈竊玄，秋扈竊藍，冬扈竊黃，棘扈竊丹，行扈唶唶，宵扈嘖嘖，桑扈竊脂，老扈鷃鷃，以九扈為九農之號，各隨其宜以教民事。」《左傳》原文此句下尚有「扈民無淫者也」一句，意謂由於九扈為九農正，依時進行督促農事，使百姓不再偷閒淫放。❹尚書　儒家經典之一，因亦稱《書經》。為上古歷史文獻及追述古代歷史事跡著作之彙編。此書在西漢初年僅存二十八篇，即《今文尚書》，後東晉梅賾所獻《古文尚書》與之合而為一，即今存之《尚書》共有五十八篇。下述引文見於《尚書》之〈舜典〉。❺舜命棄為后稷播時百穀　《尚書·舜典》此句原文為：「帝曰：『棄，黎民阻饑，汝后稷，播時百穀。』」舜，傳說中之古帝王。姚姓，一作嬀姓，號有虞氏，名重華，史稱虞舜，繼堯位為帝。棄，相傳為帝嚳元妃姜原之子，封於邰，號后稷，別姓姬氏。《史記·周本紀》：「姜原出野，見巨人跡，心忻然悅，欲踐之，踐之而身動如孕者。居期而生子，以為不祥，棄之隘巷，馬牛過者皆避不踐。徙置之林中，適會山林多人，遷之，而棄渠中冰上，飛鳥以其翼覆薦之。姜原以為神，遂收養長之，因名曰棄。棄為兒時，屹如巨人之志，其游戲，好種樹麻、菽，麻、菽美。及為成人，遂好耕農，相地之宜，宜穀者稼穡焉，民皆法則之。」后稷，官名。稷是五穀之長，立官主稷事亦即主農事。后，君主。帝舜上述訓話，命棄為稷官，導民播種百穀，以救濟因洪水災害而饑餓中的百姓。❻周官　即《周禮》。儒家經典之一。係搜集周王室官制及戰國時各國制度，添附以儒家政治理想，增減排比而成之彙編。❼冢宰有太府下大夫　《周禮》天官大冢宰下設太府下大夫二人，其職掌是輔助大宰掌理九貢、九賦、九功，收取繳納之賦稅財物，分別撥交給受藏之府或受用之府。❽鄭氏　指鄭玄。字康成，北海高密（今山東高密）人，東漢著名經學家。所著書凡百餘萬言，今存者有《毛詩箋》、《周禮》、《儀禮》、《禮記》注。下引注文原文為：「太府為王治藏之長，若今司農矣。」❾漢書百官表　《漢書》，班固撰，一百篇，分一百二十卷，我國第一部紀傳體斷代史。除本紀、列傳外，有十志、八表。百官表，即〈百官公卿表〉，八表之一。敘述秦漢官制之沿革，並排比漢代公卿大臣升降遷免，簡明而扼要。❿治粟內史　官名。秦置，入漢因之。秩中二千石，有二丞，掌穀貨。漢高帝元年（西元前二〇六年）任執盾襄為治粟內史。⓫景帝更名大農令　景帝，西漢皇帝劉啟。在位十六年，終年四十八歲。景帝更名大農令事，《史記·孝景本紀》記為中六年（西元前一四四年），而《漢書·百官公卿表》則繫於後六年（西元前一四三年）。自景帝至武帝初，先後任大農令者，有惠、韓安國、鄭當事、顏異、孔僅、正夫、容、張成等。⓬武帝更名大司農　武帝，西漢皇帝劉徹。在位五十四年，終年七十一歲。武帝太初元年（西元前一〇四年）更大農令為大司農。漢曾先後以桑弘羊、朱邑為大司農。⓭秩中二千石　其月俸為一百五十斛。⓮太倉　漢代京師積穀之倉。太，大也。據《漢書·高帝紀》，高帝七年（西元前二〇〇年）二月，蕭何在長安治未央宮時，即設有太倉。此處則指主管太倉之太倉令。《通典·職官八》：「秦官有太倉令、丞，漢因之，屬大司農，後漢令主受郡國傳漕穀。」⓯均輸平準　指均輸令、平準令。均輸令，掌督令地方運輸官，轉運調劑郡國貢輸之物，以節省運往京師之費，減少物資損耗，並可從中獲利。《史記·平準書》：「桑弘羊為大農丞，筦諸會計事，稍稍置均輸以通貨物矣。」《集解》引孟康曰：「謂當所輸於官者，皆令其輸土地所饒，平其所在時價，官吏於他處賣之，輸者既便而官有利。」平準令，據《史記・平準書》，掌受各地委輸，盡籠天下之貨物，貴則賣之，賤則買之，使富商大賈無所牟大利，而物價得平。其《索隱》曰：「大司農屬官有平準令丞者，以均天下郡國轉販，貴則賣之，賤則買之，貴賤相權輸，歸于京都，故命曰平準。」均輸、平準又是兩個緊相聯繫的機構。《鹽鐵論・本議篇》稱：「大夫曰：往者郡國諸侯，各以其物貢輸，往來煩雜，物多苦惡，或不償其費，故郡置輸官，以相給運，而便遠方之貢，故曰均輸。開委府於京，以籠貨物，賤即買，貴即賣，是以縣官不失實，商賈無所貿利故曰平準。平準則民不失職，均輸則民齊勞逸。故平準、均輸所以平萬物而便百姓，非開利孔為民罪梯者也。」平準在京師，均輸在地方；平準在中央統一調度，均輸則在地方賣買和轉輸物資。東漢後保留平準而省均輸。《後漢書・百官志》：「平準令一人，六百石。本注曰：掌知物賈，主練染，作采色。」

⑯都內　京師藏錢之所。此處指主管都內之都內令。《漢書・張安世傳》：「詔都內別藏張氏無名錢以百萬數。」注引文穎曰：「都內，主藏官也。」西漢晚期，國家財政收入除支付官吏俸祿外，餘皆藏於都內。都內原稱大內。《史記・孝景本紀》載中六年（西元前一四四年）改稱「治粟內史為大農，以大內為二千石，置左右內官，屬大內」。其時治粟內史管農業，大內掌財貨，二者或許是平行機構，武帝後期改大農為大司農，不僅管農業，也統財貨，大內亦改稱都內，成為大司農屬下掌管財貨之機構。⑰籍田　供皇帝於每年春耕前率領群臣進行躬耕之禮的土地。籍田所獲穀物供宗廟祭祀之用。胡廣《漢舊儀補遺》卷下：「春始，東耕於籍田，官祠先農。皇帝親執耒耜而耕，為立籍田倉，置令、丞。穀皆給祭天地、宗廟。群神之祀，以為粢盛。」此處指籍田令。西漢文帝二年（西元前一七八年）始置，掌理籍田之事。東漢省籍田令、丞，西晉復置，隋又罷。

⑱斡官鐵市兩長丞　斡官，亦作斡官。《漢書》如淳注：「斡，音筦，或作斡。斡，主也。主均輸之事，所斡鹽鐵而榷酒酤也。」即掌理徵收鹽鐵稅和酒之專賣的機構。後來一度均輸亦屬其管轄。《漢書・百官公卿表》：「初，斡官屬少府，中屬主爵，後屬大司農。」斡官隸屬關係之一再變易，可能與漢武帝時鹽鐵制度之前後更改有關。鐵市，專營鐵器賣買之機構。漢武帝時，對鹽鐵是否實施官營，在朝廷曾有過一次爭論，詳《鹽鐵論・水旱篇》。鹽鐵實行官營後，民間使用之鐵器亦須仰給於官府，故設置鐵市長、丞以掌理。武帝元封元年（西元前一一〇年）郡國亦置鐵官，皆屬鐵市。東漢省地方鐵官則歸郡國。《後漢書・百官志》大司農條本注：「郡國鹽官、鐵官，本屬司農，中興皆屬郡縣。」⑲郡國諸倉農監都水六十五官長丞　諸倉，指郡國諸倉，即各地之官倉，其管轄諸倉之官員稱長。諸倉可考者，有陽周倉、定陶都倉、海曲倉、略倉等。如淳于意曾為齊太倉長，張敞曾為甘泉倉長。農監，監督農事之官，或稱農官。《漢書・食貨志》：「水衡、少府、太僕、大農各置農官，往往

郡縣比沒入田田之。」指漢代在楊可〈告緡令〉後，各地沒入之土地，置農官以監督農事耕作。當時農官之名稱頗多，如代郡農長、梁蓄農長、稻農左長、上久農丞、隴前農丞、官田丞、稻田使者、都田等；曹操在東漢末，又置典農中郎將、典農都尉、典農校尉等。都水，指都水長、丞。掌修護水利設施，或收取漁稅。太常所屬都水專管皇帝陵園，區域內之水利事務；大司農、少府所屬都水，則主管地方水利事務。水衡都尉也設置長、丞。東漢唯置於郡國。⑳治粟都尉武帝軍官不常置　治粟都尉，《漢書》原文「治粟」為「騪粟」。服虔曰：「騪音搜狩之搜。搜，索也。」正德本、廣池本皆作「搜粟」。搜粟都尉，西漢武帝置。為武官，屬大司農，職掌農耕及屯田事宜，不常置。據《漢書·食貨志》，武帝曾任趙過為搜粟都尉，趙在弘農、河東、三輔、邊郡如居延城駐軍中推廣代田法。搜粟都尉也有副官，稱丞。㉑王莽　字巨君，魏郡元城（今河北大名東）人，漢元帝王皇后姪。西漢末以外戚掌權，元始五年（西元五年）毒死漢平帝，自稱假皇帝；初始元年（西元八年）稱帝，改國號為新，年號始建國。新朝於更始元年（西元二十三年）在全國規模農民軍打擊下滅亡，王莽也被殺。在位十五年，終年六十八歲。㉒羲和　傳說中帝堯時代四位分掌天地四時之官其姓名之合稱。四人據傳皆為重黎之後，姓名為羲仲、羲叔，和仲、和叔。《尚書·堯典》：「乃命羲和，欽若昊天。」鄭玄注：「重黎之後，羲氏和氏，世掌天地四時之官，故堯命之，使敬順昊天。」馬融曰：「羲氏掌天官，和氏掌地官，四子掌四時。」應劭《漢官儀》：「大司農，古官也，唐虞分命羲和四子敬授民時。」王莽於平帝元始元年（西元元年）更大司農名為羲和，以劉歆為之。㉓後漢改為大司農　《後漢書·百官志》稱：「大司農，卿一人，中二千石。本注曰：掌諸錢穀金帛諸貨幣。郡國四時上月旦見錢穀簿，其逋未畢，各具別之。邊郡諸官請調度者，皆為報給，損多益寡，取相給足。」東漢任大司農者，據《東觀漢記》有劉據、高詡、羊融等。《續後漢書》也載有李固、趙典、耿國等任大司農事蹟；經學家鄭玄，獻帝特以「公車徵為大司農，安車一乘，所過長吏送迎」。㉔魏因之　指魏因漢制，亦設大司農卿。魏明帝太和二年（西元二二八年），梁習以「政治為天下最，徵拜大司農」（《三國志·魏志·梁習傳》）。又據《太平御覽·職官三十》所引《晉陽秋》，魏齊王芳時沛國桓範，亦曾任魏之大司農卿。《後漢書·百官志》注引《魏志》曰：「曹公置典農中郎將，秩二千石；典農都尉，秩六百石，或四百石；典農校尉，秩比二千石，所主如中郎。」又在州郡例置田官，有典農都尉、典農校尉、典農司馬、典農功曹、典農綱紀等名目。如鄧艾出身於稻田守叢草吏，後為典農綱紀、上計吏，因得司馬懿賞識而遷尚書郎，在淮南屯田。魏晉以後，農官之職側重於農耕。㉕晉置功曹主簿錄事等員　句中「錄事」《晉書·職官志》作「五官」。又西晉大司農統太倉、籍田、導官三令，襄國都水長、東西南北部護漕掾。㉖哀帝　東晉皇帝司馬丕，字千齡。在位四年，因服食長生藥，中毒而死，終年二十五歲。㉗孝武帝　東晉皇帝司馬曜，字昌明。

在位二十四年，為寵妃張貴人所毒死，終年三十五歲。㉘宋齊因之　《宋書・百官志》稱宋置大司農一人，掌九穀六畜之供膳羞者。文帝二十九年（西元四七二年）七月省。孝武帝大明四年（西元四六〇年）十一月復置。屬官有太倉令一人，丞一人。導官令一人，丞一人。籍田令一人，丞一人。《南齊書・百官志》：齊有「大司農，府置丞一人。領官如左：太倉令一人，丞一人；導官令一人，丞一人；籍田令一人，丞一人」。㉙天監七年　即西元五〇八年。天監為梁武帝蕭衍年號。㉚司農為春卿　梁象一年四時十二月置十二卿，春卿有太常、宗正、司農三卿。《隋書・百官志》稱：「天監七年（西元五〇八年），以太常為太常卿，加置宗正卿，以大司農為司農卿，三卿是為春卿。」梁司農卿主農功倉廩，統導官、太倉、籍田、上林令，又管樂遊、北苑丞，左右中三倉丞，莢庫、狄庫、箬庫丞，湖西諸屯主。㉛班第十一　梁武帝天監七年（西元五〇八年），徐勉為吏部尚書，奉旨定十八班制，以班多為貴。司農與少府、光祿、廷尉諸卿皆為第十一班。㉜置勸農謁者　據《隋書・百官志》，天監九年（西元五一〇年）置勸農謁者，屬司農卿。掌監督勸勉地方農事，位流外七班。㉝陳因之　陳因梁制，亦置司農卿，列第三品，秩中二千石。㉞梁後魏大司農第二品上　句首「梁」字當係衍文。《職官分紀》卷二引《唐六典》原注此句無「梁」字。北魏孝文帝太和十七年（西元四九三年）六月職員令，大司農位列六卿之一，品秩定為第二品上。㉟太和二十二年改第三品　據《魏書・官氏志》當為太和二十三年（西元四九九年）。是年高祖孝文帝元宏復次職令，大司農位列第三品。㊱北齊因之　北齊因北魏之制，設司農寺，為九寺之一，置卿一人，品秩亦為第三品；另置少卿、丞各一人，及功曹、五官、主簿、錄事等員，掌倉市薪菜，園池果實。統平準、太倉、鉤盾、典農、導官、梁州水次倉、石濟水次倉、籍田等署令、丞。鉤盾又別領大囿、上林、遊獵、柴草、池藪、苜宿等六部丞；典農署又別領山陽、平頭、督亢等三部丞；導官署又有御細部、麴麵部、典庫部等倉督員。㊲後周依周官有司農上士一人　北周仿《周禮》（即《周官》）設天、地、春、夏、秋、冬六官府，司農上士為地官府載師中大夫屬官，員一人，正三命。《通典・職官八》：「後周有司農上士一人，掌三農、九穀稼穡之政令，屬大司徒。」三農，《周禮》鄭眾注：平地農、山農、澤農也。鄭玄注：原農、隰農、平地農也。九穀：稷、秫、黍、稻、麻、大豆、小豆、大麥、小麥。㊳自「隋司農卿一人」至「掌苑囿薪芻蘊炭市易度量」　隋司農寺，據《隋書・百官志》「統太倉、典農、平準、廩市、鉤盾、華林、上林、導官等署，各置令。太倉又有米廩督、穀倉督、鹽倉督，京市有肆長，導官有御細倉督、麴麵倉督等員」。廩市，當即京市。煬帝時，「司農但統上林、太倉、鉤盾、導官四署，罷典農、華林二署，而以平準、京市隸太府」。又，此處原注所言司農寺之職「掌苑囿、薪芻、蘊炭、市易、度量」，當是指開皇時之職掌；若是煬帝大業時，則市易與度量已隨平準劃歸太府寺。趙元淑曾任隋司農卿；煬帝時，以潁川太守入朝，「會司農不時納諸郡租穀，元淑奏之。帝謂元淑曰：『如卿意者，幾日當了？』元淑曰：『如臣意不過十日。』帝即日拜元淑為司農卿，納天下租，如言而了」（《隋書・趙元淑傳》）。❸❾龍朔二年　即西元六六二年。龍朔為唐高宗李治年號。❹⓿咸亨　唐高宗李治又一年號。咸亨元年（西元六七〇年）恢復司農寺舊稱。❹❶少卿二人　《唐會要》卷六六司農寺條：「少卿，武德初置四員，貞觀二年（西元六二八年）減兩員。」❹❷後魏初置少卿第三品　《魏書・官氏志》太和十七年（西元四九三年）所頒之職員令少卿為第三品上。又，《太平御覽・職官三十》引《後魏職令》：「司農少卿，第三，清用堪勤，有幹能者。」❹❸太和二十二年為正第四品上　據《魏書・官氏志》，北魏孝文帝復次職令當在太和二十三年，西元四九四年。大司農少卿列第四品上。❹❹北齊因之　據《隋書・百官志》北齊司農寺少卿，品秩為第四品上階。❹❺後周司農有中士一人　北周司農中士品秩為正二命。❹❻隋品仝北齊　仝即「同」字。隋文帝開皇時，司農寺少卿為正四品上階，與北齊同。❹❼煬帝加置二人降為從四品　煬帝，隋朝皇帝楊廣。在位十四年，終年五十歲。大業時，諸寺少卿各加置二人，為從四品。

【語　譯】司農寺：卿，定員一人，品秩為從三品。《左傳》記載：「少昊氏用九種鳥名命名九位農官。」《尚書》中說：「帝舜任命棄為后稷，要他教導百姓按時播種百穀。」《周官》中的天官冢宰設有太府下大夫二人。鄭玄注釋說：「就像現今的司農。」《漢書・百官公卿表》說：「治粟內史，這是秦代的官名，職司是掌管穀物與錢貨，設有兩丞。景帝後元六年改稱為大農令，武帝時再次改名稱大司農，俸秩為中二千石。大司農的屬官有太倉、均輸、平準、都內、籍田五個令和丞，斡官、鐵市兩長、丞，又在郡國設置各倉、農監、都水共六十五官長及丞，都在大司農的管轄之下。此外，還設有治（搜）粟都尉，是武帝時的武官，不常置。王莽時，改大司農為羲和，後又更名為納言。」東漢時仍然改回稱大司農。三國魏因承漢制，亦設大司農，品秩列為第三品。西晉在大司農卿下設置功曹、主簿、錄事等員，東晉哀帝時，省併都水，孝武帝時又恢復設置。南朝宋、齊因承晉制，設大司農，但未有卿名。梁武帝天監七年，模仿一年四季十二個月設置十二卿，司農屬於春季三卿之一，品秩為第十一班；又另外設置勸農謁者，亦隸屬於司農。陳朝因承梁制，亦設置司農卿。北魏大司農的品秩，太和前制列為第二品上，太和二十二（三）年改為第三品。北齊沿襲北魏的官制。北周依照《周官》，設有司農上士一人，掌管三農、九穀、稼穡方面的政令。隋司農寺設置卿一人，品秩為正三品；煬帝時降為從三品，並規定司農寺只統上林、太倉、鉤盾、導官四個署，撤銷了典農、華林兩個署，把平準、京市劃歸太府寺。隋司農寺的職掌包括苑囿、薪芻、藴炭、市易、度量各個方面。本朝因承隋制。高宗龍朔二年，一度更名為司稼寺正卿，到咸亨時期又恢復了舊稱。

少卿，定員二人，品秩為從四品上。北魏最初設置少卿時，品秩列為第三品；到孝文帝太和二十二（三）年復次職令時，品秩降為正第四品上。北齊因承北魏的體制。北周設有司農中士一人。隋少卿的品秩與齊相同。隋煬帝時少卿的定員加為二人，品秩則降為從四品。本朝在高宗龍朔、咸亨年間，這一職名曾隨著寺名的更改、恢復而更改、恢復過。

【說　明】大司農在秦漢時期掌管國家財政經濟，它與少府是兩個平行的機構。西漢的史游在《急就篇》中說：「司農、少府國之淵。」顏師古注：「司農領天下錢穀，以供國之常用；少府管池澤之稅及關市之資，以供天子……司此二者，百物在焉，故以深泉為喻也。」《漢官儀》亦稱：「大用由司農，小用由少府。」所謂大用指國用，小用指皇帝家用。實際上二者又很難區分。在家天下的封建專制時代，朕即國家，國用與皇帝家用常常是一回事。兩漢時，國家的錢穀收入和支出，均由大司農掌管，至東漢，財稅收入悉歸大司農，從經濟用度看，二者已合而為一：少府所掌僅為宮廷日常生活用品的供應和財寶的保管等雜務，司農則是國家財政經濟的主要部門。

本章原注提到，始創於漢武帝而在中國經濟史上產生了深遠影響的一項增加國家財稅收入的措施，那就是平準均輸、鹽鐵專賣和鑄錢榷酒，還包括入粟補官，就是賣官的辦法。好大喜功的漢武帝動用了眾多斂括錢財的辦法以支持其「外事四夷，內興功利」的政策。凡是支持他這樣做的，如大農丞桑弘羊便升官；反對的，如大農顏異不贊成造白鹿皮幣便被殺。張湯殺顏異的罪名是「見令不便，不入言而腹非，論死」。所謂腹非，便是不贊成發行面額為四十萬的白鹿皮幣。留存至今的《鹽鐵論》所載錄的，就是當時財稅政策上的一場大爭論，以大夫桑弘羊為一方，以賢良文學為另一方，桑弘羊堅持鹽鐵國營專賣，賢良文學則持反對意見；因武帝的支持，勝利屬桑弘羊一方。在中國歷史上，每當出了急功好利的皇帝的時候，總要啟用一批善於斂財聚富的能手去掌管經濟部門，他們唯恐百姓富起來，千方百計與民爭利，要把天下財富都集中到皇帝手裏。宇文融、劉宴輩便是唐代桑弘羊式的人物。唐王朝前期，便是由宇文融倡其端，王鉷繼其事，楊國忠殿其後，皆以聚斂為能事，結果卻弄出了一個葬送盛唐的安史之亂。仲尼有言：寧有盜臣，而不畜聚斂之臣。誠哉斯言！但前車已覆，後車往往不鑒。歷代統治者所以如此熱衷於國營專賣以斂財的做法，除了原始的佔有慾望以外，或許還因為有一種幼稚的幻想，以為這些辦法真有「民不益賦而天下用饒」（《漢書・食貨志》）的神效。殊不知就連始作俑者的漢武帝本人，到了晚年也有所悔悟，不僅下了「罪己詔」，還封丞相田千秋為富民侯，以趙過為搜粟都尉並施行代田法，大司農的職司重點也轉向發展農業生產。至於桑弘羊，昭帝時因參預宮廷政變失敗而為霍光所殺。魏晉以後，尚書六部的建置日趨完備，尚書省的戶部逐漸在財政經濟和稅收上成為指令性機構，取代了兩漢的大司農。隋唐時期司農寺的職掌便集中在倉儲委積和上林苑囿諸屯監的管理上，而錢貨的貯藏和管理則轉歸了太府寺。

二

司農卿之職，掌邦國倉儲委積之政令[1]，總上林、太倉、鉤盾、導官四署與諸監[2]之官屬，舊屬官又有太和[3]、玉山[4]、九成宮[5]農圃等三監，開元二十三年[6]省。謹其出納而脩其職務；少卿為之貳。凡京、都百司官吏祿稟，皆仰給焉[7]。每年支諸司雜物，各有定額。開元二十三年，敕以為費用過多，遂節減[8]光祿寺、左右羽林[9]、左右萬騎[10]、左右三衛[11]、閑廄使[12]、五坊使[13]、洛城西門[14]、東宮[15]、南衙[16]、諸廚[17]及總監[18]、司農、鴻臚等司年支雜物，并括少府監庫內舊物四百餘萬。凡朝會、祭祀、供御所須[19]，及百官常料[20]，則率署、監所貯之物以供其事。凡孟春吉亥㉑，皇帝親籍田㉒之禮，有事于先農㉓，則奉進耒耜㉔。兩漢及魏、晉並有其禮，過江草創未暇，至宋始有㉕，齊因之，猶不齋不祭㉖。至梁天監中，依《國語》、《禮記》，散齋七日，致齋三日，於耕所設先農神座，薦羞之禮如社稷㉗。陳因之。後魏闕。北齊籍於城東南千畝㉘，設御壇於阡陌東㉙。正月吉亥，使公卿祀先農於壇上；祀訖，帝降至耕位，執耒三推，升壇即坐㉚。一品五推，二品七推，三品九推。籍田令帥屬以牛耕終千畝，以青箱奉穜稑之種，司農詣耕所灑之㉛，耰訖，省功㉜，奏事畢。帝降之便殿更衣，宴饗、班賚㉝而還。後周無聞。隋於啟夏門㉞外置地千畝，為壇。孟春吉亥祭先農，以后稷㉟配，牲用太牢㊱。皇帝服袞冕㊲，備法駕㊳，乘耕根車㊴，祀三獻訖㊵，因耕。司農授耒，皇帝三推，執事以授應耕者，各以班五推、九推㊶，司農率其屬終畝㊷。皇朝因之。開元二十三年正月，上親耕於洛陽東門外，諸儒奏議，以為古者耦耕㊸，以一撥㊹為一推，其禮久廢；今用牛耕，宜以一步為一推。及親籍田，太常卿告三推禮畢，上曰：「朕憂農人之勤勞，欲俯同九推。」遂九推而止㊺。於是公卿以下皆過於古云。季冬藏冰，祭司寒以黑牡秬黍㊻。仲春啟冰亦如之。

【章 旨】敘述司農卿、少卿之職掌。

【注 釋】❶掌邦國倉儲委積之政令　句末「政令」，《太平御覽·職官三十》司農卿條引《唐六典》原文及新舊《唐書》官志俱作「事」。唐代掌倉儲政令者應是尚書省戶部之倉部司，大司農則是管理倉儲之執行機構。唐制，寺、監上承尚書省六部之政令，親事執行，復以執行之結果上報於尚書省六部。故尚書省六部為上級機關，主政務；寺、監為下級機關，掌事務。

❷諸暨　暨，字書無此字。當係「監」之誤。正德本、廣池本皆作「監」。諸監，指太原、永豐、龍門諸倉監及諸苑監、屯監、溫泉湯監、九成宮監等。❸太和　指太和監。在大明宮東苑之東側，有二門，南即太和門，管轄禁苑之園藝農圃。《舊唐書・職官志三》從第八品上階諸倉、諸冶、司竹、溫湯監丞條下注文有「《神龍令》有太和監丞」。又《元和郡縣圖志》卷一稱京兆府萬年縣有太和宮，亦見於《唐會要》卷三〇太和宮條。❹玉山　指藍田山。藍田縣又名玉縣。宋敏求《長安志》：「《三秦記》曰：『蓋以縣出美玉故名藍田。』」北周閔帝二年（西元五五八年）折藍田縣置白鹿、玉山二縣；唐武德三年（西元六二〇年）又折藍田置玉山縣，貞觀三年（西元六二九年）省。《唐會要》卷三〇：「（高宗）儀鳳三年（西元六七八年）正月七日，於藍田縣新作涼宮，宜名萬全宮；宏道元年（西元六八三年）十二月七日，遺詔廢之。」高宗時，置農圃監於此，故稱玉山。杜甫〈崔氏東山草堂〉詩：「愛汝玉山草堂靜，高秋爽氣相鮮新。」仇兆鰲注引邵長蘅曰：「東山，即藍田山，又名玉山，在長安藍田縣東南。」❺九成宮　在岐州麟遊縣西五里，本隋之仁壽宮，貞觀五年（西元六三一年）改名為九成宮，為唐太宗避暑之地。高宗永徽二年（西元六五一年）更名萬年宮，乾封二年（西元六六七年）復稱九成宮。周垣一千八百步，並置禁苑及府庫官寺等。九成宮監為管理九成宮禁苑之農圃。❻開元二十三年　即西元七三五年。開元為唐玄宗李隆基年號。

❼京都百司官吏祿廩皆仰給焉　指京師長安、東都洛陽所有官署官員之祿廩，皆由司農寺所屬太倉署之太倉與北太倉供給。具體是江淮地稅回造米入北太倉，供京官祿及諸司糧料；河南、河北之租回充米豆入太倉，供皇帝御膳及諸司廚料。❽飭減　整頓、減省。正德本、廣池本皆作「停減」。❾左右羽林　唐中央禁軍。襲用漢之羽林騎名。《唐會要》卷七二：「垂拱元年（西元六八五年）五月十七日，置左右羽林軍，領羽林郎六千人」；「神龍二年（西元七〇六年）七月二日敕：左右羽林飛騎廚食準國子監例」。大將軍各一員，正三品下；將軍各二員，從三品下。羽林將軍統領北衙禁兵之法令。❿左右萬騎　唐北衙禁軍。《唐會要》卷七二：「貞觀十二年（西元六三八年）十一月三日，於玄武門置左右屯營，以諸衛將軍領之，其兵名曰飛騎，中簡才力驍健善騎射者，號為百騎……至永昌元年（西元六八九年）十二月二十八日，改百騎為千騎，至景雲元年（西元七一〇年）九月二十七日，改千騎為萬騎。」⓫左右三衛　左右衛，唐宿衛宮廷之禁軍機構。禁軍有十六衛，左右衛為其首。各置大將軍一人統率，將軍二人為其副。左右三衛，指左右衛之親衛、勳衛、翊衛。武德、貞觀世重資蔭，二品、三品子補親衛；二品曾孫、三品孫、四品子、職事官五品子若孫得補勳衛；勳官二品、縣男以上及散官五品以上子若孫補翊衛。三衛非權勢子弟輒退番。每月番上者數千人，官給廩食。⓬閑廄使　唐使職名。武周萬歲通天元年（西元六九六年）置

仗內閑廄，以殿中丞袁懷哲檢校，聖曆三年（西元七〇〇年）始置閑廄使，掌仗內六廄，管理御用馬匹，以受寵之殿中監充任，實為削奪殿中省、太僕寺之部份職權。玄宗開元初年，以殿中省之尚乘局隸閑廄使，後閑廄使又兼宮苑之職。⓭五坊使　即五坊宮苑使。五坊是指鵰、鶻、鷹、狗、雞五坊，以供狩獵之需，宮苑以一使掌之。開元十九年（西元七三一年）以金吾將軍楊崇慶除五坊宮苑使，其後又有牛仙客、李元祐、李輔國等相繼為之。代宗寶應二年（西元七六三年）入隸內宮苑使，領五坊小兒若干。其後此等小兒，往往「張捕鳥雀，罪於閭里者，皆為暴橫，以取人錢物。或有張羅網於門，不許人出入者；或以張井上，使不得汲者，近之輒曰：汝驚供奉鳥雀，即痛毆之，出錢物求謝，乃去。或相聚飲食於酒肆，醉飽而去。賣者或不知，就索其值，多被毆詈，或時留蛇一囊為質曰：此蛇所以食鳥雀而捕之者，今留付汝，幸善飼之，勿令飢渴。賣者媿謝求哀，乃攜挈而去」（《唐會要》卷七八）。⓮洛城西門　東都洛陽宮城西面有二門，北側是嘉豫門，南側即雒城西門，為宮城出禁苑之門。⓯東宮　指太子所居之宮殿。西京東宮在宮城之東，南北與宮城齊，南面為嘉福門，北面為玄德門，宮之正殿為嘉德殿。東都之東宮在宮城東南隅，正門為重光門，東西各有小門，東稱賓善門，西為延義門。此處則指東宮諸官衙，如詹事府及左右春坊等，凡一府、三坊、十率府，皆東宮之官屬。⓰南衙　指皇城之諸衙。皇城在宮城之南，隋唐皆於皇城之內列府寺之衙門，故稱南衙，而宮城則稱北門。《大唐新語》卷二記有南衙、北門之說：「房玄齡與高士廉偕行，遇少府少監竇德素，問之曰：『北門近來有何營造？』德素以聞太宗。太宗謂玄齡、士廉曰：『卿但知南衙事，我北門小小營造，何妨卿事？』玄齡等拜謝。」⓱諸廚　指南衙諸司之官廚。常參官每日由廊下供食一頓，非常參官之辦公廚食由本司公廚提供。各司皆有官廚，由當司勾官負責。此處原注所言敕文指命諸廚減省費用。百司官廚費用除主要靠當司公廨田及食利本收入外，部份亦有賴於司農寺提供。如《唐會要》卷六六木炭使條稱：「景雲二年（西元七一一年）六月十三日敕：中書、門下、御史臺、尚書省造食戶衣糧，令司農每季給付。」⓲總監　指京都苑總監及九成宮總監。⓳朝會祭祀供御所須　朝會包括百官朝見皇帝，及皇帝賜會百官，其支用亦分為朝日費及朝會費兩部份；朝日之費包括宮廷陳設衣服等費，會日費主要有酒食費、賜東帛費。朝會饗百官時，由尚食供御食，太官署行群官案，供百官食，而設會料之原料便由司農寺提供，光祿寺主膳製作。祭祀，指祭料中米物薪芻、果實蔬菜等，由司農寺提供，太官署製作。供御，一般指皇帝在宮中個人所費，包括衣食住行等，分別由司農、太府、太僕、少府、將作提供，由殿中省負責諸御用物品之管理與供給。由司農寺提供的主要是供御膳及諸陵上食，包括糧料、鹽料等。如司農寺所屬之導官署專職導擇御膳用米，上林署主供果樹蔬菜，鉤盾署飼養鵝鴨雞彘等。為確保供給，司農寺除統領所屬相關機構組織生產外，還須通過和市取得，其中部份糧料則由轉運至京師太倉之米粟以充。⓴百

官常料　即常食料，依據本品而區分等差供官員每日享受之食料。本書第四卷第四篇膳部郎中員外郎職掌規定，親王以下常食料分為四等：親王，三品以上，四品、五品，六品以下、九品以上。如三品以上的常食料每天細米二升二合，粳米八合，麵二升四合，酒一升半，羊肉四分，醬、醋各四合，瓜三顆，以及炭春三斤、冬五斤等。除常食料外，還有粥食料、設食料、設會料、節日食料等，其主要構成成份為糧料（如米、麵），調料（如油、鹽、醋、蜜），蔬果料，魚肉料，酒料及木橦炭料，都由國家撥給，其中糧料、木橦炭料、鹽料由司農寺提供。㉑孟春吉亥　孟春，夏曆正月。吉亥，古代以干支紀日，有祭事於天用天干，有事於地用地支。地支有十二，即子、丑、寅、卯、辰、巳、午、未、申、酉、戌、亥。行籍田之禮，有事於地，故用地支亥。每月有二至三亥日，吉亥即選擇吉利之亥日，以舉行籍田儀式。㉒皇帝親籍田　籍田，古代專供天子於春耕前行躬耕禮之田畝，以示其對農耕之重視，籍田所獲米粟則供祭祀用。據載錄，此制始於周。《禮記・月令》：孟春之月，「乃擇元辰，天子親載耒耜，措之于參保介之御間。帥三公九卿諸侯大夫躬耕帝籍，天子三推，三公五推，卿、諸侯九推。」歷代相沿。如《史記・孝文本紀》：「詔曰：『農，天下之本，其開籍田，朕親率耕，以給宗廟粢盛。』」《漢書・景帝紀》：後元二年（西元前一四二年）詔曰：「朕親耕，后親桑，以奉宗廟粢盛祭服，為天下先；不受獻，減太官，省繇賦，欲天務農蠶，素有積畜，以備災害。」唐在貞觀三年（西元六二九年）正月二十一日，太宗親耕籍田；開元二十三年（西元七三五年）玄宗躬耕籍田於千畝之甸。㉓有事于先農　指在躬耕籍田前，先舉行祭祀神農氏之儀式。先農，傳說中始教民農耕者。一般指神農氏。《後漢書・禮儀志》劉昭注引《漢舊儀》：「先農，即神農炎帝也。」一說指后稷氏。㉔奉進耒耜　指躬耕籍田禮開始時，司農寺卿要向皇帝奉進耒耜。耒耜，古代翻土耕地之農具，相傳為神農氏始作。㉕過江草創未暇至宋始有　過江，指渡過長江所建立之東晉。鄭樵《通志略》：「東晉元帝將修耕籍，事終不行。」故稱草創未暇，難成其禮。同書記南朝宋始行籍田之禮於文帝元嘉二十一年（西元四四四年）：「先立春九日，司空大司農京尹令尉，度宮之辰地，八里之外，整制千畝，中門阡陌，立先農壇于中，阡西陌南；設御耕壇于中，阡東陌北。將耕，宿青幕于耕壇之上」，「耕田，太祝令以一太牢祀先農」。「孟春上辛後吉亥，駕出如郊廟儀。至籍田，侍中跪奏，至尊降車臨壇，大司農跪奏先農已享，請皇帝親耕。太史讚曰：皇帝三推三反。於是群臣依次耕：王公及諸侯五推五反，孤卿大夫七推七反，士九推九反，籍令率其屬耕終畝，灑種即耰，禮畢」。㉖齊因之猶不齋不祭　指南朝齊武帝永明三年（西元四八五年）親耕籍田，用丁亥，使御史乘馬車載耒耜。皇帝事先未齋戒，亦未親自祭祀先農。㉗自「梁天監中」至「薦羞之禮如社稷」　天監，梁武帝蕭衍年號。《國語》，書名。相傳為左丘明所著，二十一卷，記周、魯、楚、晉、吳、越諸國事，可與《左傳》相參證。有三國時韋昭注本。《禮記》，儒家經典之一。為秦漢以前儒家各種禮儀論著之選集，相傳為西漢戴聖所編纂。今本為東漢鄭玄注，共四十九篇。散齋、致齋，都是皇帝舉行祭祀前清心潔身以示莊敬之表示。散齋須居別殿，理事如舊；致齋居則於主殿，唯行祀事。薦羞，指祭祀先農之供品，其規制與祭祀社稷相同。關於梁依《國語》、《禮記》行籍田禮事，《隋書・禮儀二》所記較詳，其文稱：「天監十二年（西元五一三年）武帝以為：『啟蟄而耕，則在二月節內。《書》云：「以殷仲春。」籍田理在建卯。』於是改用二月。『又《國語》云：「王即齋宮，與百官御事並齋三日。」乃有沐浴祼饗之事。前代當以耕而不祭，故闕此禮。《國語》又云：「稷臨之，太史讚之。」則知耕籍應有先農神座，兼有讚述耕旨。今籍田應散齋七日，致齋三日，兼於耕所設先農神座，陳薦羞之禮。讚辭如社稷法。』又曰：『齊代舊事，籍田使御史乘馬車，載耒耜於五輅後。《禮》云：「親載耒耜，措于參保介御之間。」則置所乘輅上。若今輅與古不同，則宜升之次輅，以明慎重。而遠在餘處，於義為乖。且御史掌視，尤為輕賤。自今宜以侍中奉耒耜，載於象輅，以隨木輅之後。』」㉘北齊籍於城東南千畝　《隋書・禮儀二》於句中「城」上尚有一「帝」字。其文稱：「北齊籍於帝城東南千畝內，種赤粱、白穀、大豆、赤黍、小豆、黑穄、麻子、小麥，色別一頃。」㉙設御壇於阡陌東　據《隋書・禮儀二》，北齊設御耕壇於阡東陌北，並作祠壇於陌南阡西。每歲正月上辛後吉亥，使公卿以一太牢祠先農神農氏於壇上，先行祭祀，司農進穜稑之種，祠訖，行親耕之儀式。㉚帝降至耕位執耒三推升壇即坐　據《隋書・禮儀二》，皇帝親耕之冠服及程序為：通天冠，青紗袍，黑介幘，佩蒼玉，黃綬，青帶，襪，舄。備法駕，乘木輅。耕官具朝服。殿中監進耒於壇南，百官定列。帝出便殿，升耕壇南陛，即御座。應耕者各進於列。帝降自南陛，至耕位，釋劍執耒，三推三反，升壇即坐。㉛以青箱奉穜稑之種司農詣耕所灑之　穜稑，兩種穀物。先種後熟稱穜，後種先熟稱稑。此處指穀種。灑，散落。唐制，籍田播種時，由籍田令以盛放有穀種之青箱跪呈司農，司農至已翻耕的田畝撒之。㉜耰訖省功　耰，播種後覆土以掩蓋種籽。《論語・微子》：「耰而不綴。」鄭玄注：「耰，覆種也。」省功，指平土覆種後，由司農省察農作之結果。㉝班賚　籍田儀式結束時，由皇帝對臣屬班佈賞賜。賚，賞賜；贈送。㉞啟夏門　隋之西京外郭城南面有三門，東面一門即啟夏門。門外西南十四里，有圜丘及先農、籍田二壇。㉟后稷　古代周族之始祖，名棄。傳說是有邰氏之女姜源踏巨人跡懷孕而生。善於種植各種糧食作物，堯時為農師，舜時為稷官，因稱后稷。十五傳而至武王，建立周王朝。周族認其為稷、麥之始種者。㊱太牢　古代帝王諸侯祭祀社稷時，牛、羊、豬三牲全備稱為太牢。亦有以牛為犧牲即稱太牢者。㊲袞冕　古代天子及諸侯祭祀時所穿之禮服。隋制，採用北齊之法，皇帝袞冕垂白珠十二旒，以組為纓，色如其綬；黈纊充耳，玉笄；玄衣纁裳。㊳法駕　據蔡邕《獨斷》，皇帝車駕以其規模之等差而有大駕、小駕、法駕之分。隋初平陳時，大駕依秦，法駕依漢，法駕有屬車三十六乘；文帝開皇中，大駕十二乘，法駕減半。㊴耕根車　皇帝行籍田之禮乘車。《隋書・禮儀五》：「耕根車，案沈約云：『親幸耕籍御之。三蓋車，一名芝車，又名耕根車。置耒耜於軾上。』即潘岳所謂『組轅屬於黛耜』者也。開皇無之，駕出親耕，則乘木輅，蓋依宋泰始之故事也。今耕根車，以青為質，三重施蓋，羽葆雕裝，並同玉輅。駕六馬。其軾平，以青囊盛耒而加於上。籍千畝，行三推禮，則親乘焉。」㊵祀三獻訖　《隋書・禮儀二》作「禮三獻訖」。古代祭祀獻禮，分初獻、亞獻、終獻三次。㊶各以班五推九推　指三公、諸王五推，尚書、卿九推。㊷司農率其屬終畝　《隋書・禮儀二》作「司徒帥其屬，終千畝。播種九穀，納于神倉，以擬粢盛。穰稾以餉犧牲云」。㊸耦耕　有兩解：一指二人駢肩而耕；一指耕作之方法，即併兩耜而耕。《漢書・食貨志四》：「后稷始甽田，以二耜為耦。」顏師古注：「併兩耜而耕。」此處應取後解。《說文解字》：「耦，耒廣五寸為伐，二伐為耦。」段玉裁注：「《匠人》：『耜廣五寸，二耜為耦。一耦之伐，廣尺深尺，謂之甽。』注：『古者耜一金，二人併發之，其壟中曰甽。甽土曰伐。伐之言發也。甽，畎也。今之耜岐頭兩金，象古之耦也。』」參見下注。㊹撥　近衛校正德本曰：「『撥』當作『墢』。」是。墢，耕地時第一臿起出之土塊。《國語・周語上》：「王耕一墢。」韋昭注：「王耕一墢，一耦之發也。耜廣五寸，二耜為耦。一耜之發，廣尺深尺。」㊺九推而止　玄宗於開元二十三年（西元七三五年），在東都躬耕籍田，據杜佑《通典》，是年親耕，有司進儀注：天子三推，公卿九推，庶人終畝。帝欲重耕籍，遂進耕五十餘步，盡隴乃止。於是公卿以下皆終畝。㊻祭司寒以黑牡秬黍　《通志・禮略》：「唐制，先立春三日，因用黑牡秬黍祭司寒之神於冰室。祭訖，鑿冰千段，方三尺，厚尺五寸而藏之。」司寒，水神。黑牡秬黍，即黑黍。黑黍被古人視為嘉穀。《詩經・大雅・生民》：「誕降嘉種，維秬維秠。」

【語　譯】司農卿的職掌是，分管有關國家倉儲積蓄方面的政令（事務），統轄上林、太倉、鉤盾、導官四個署以及各個監的官屬，原來在它的屬官中還有太和、玉山、九成宮農圃等三個監，開元二十三年省去了。謹慎地做好有關出納和相關事務；少卿是卿的副職。凡是京城及東都所有官司官吏的祿米和稟給，都要仰賴司農寺供給。司農寺每年供給各個官司的雜物，各自都有定額。開元二十三年，下過敕令以為費用太多，因而便整頓和減少光祿寺、左右羽林、左右萬騎、左右三衛、閑廄使、五坊使、洛城西門、東宮、南衙各個官廚以及各總監、司農寺、鴻臚寺等官司每年支付的雜物，並清理了少府監庫內歷年積存的雜物共有四百餘萬。

凡是朝會、祭祀和君王御用所需的各種物料，以及按規定要供給百官的常料，都由司農寺卿率領所屬各個署和監的官吏，用所貯存的物品完成上述供應任務。每年孟春正月吉亥這一日，舉行皇帝親自耕種籍田的禮儀和祭祀先農，司農寺卿要在一旁向皇上奉進耒耜。兩漢和魏晉，都有過君王躬親籍田的禮儀。剛剛渡過長江建立的東晉，百事草創，無暇顧及。到南朝宋方始恢復此項禮儀，南齊因承宋制，但皇帝躬耕前，還是既沒有齋戒，也沒有祭祀先農。到梁武帝天監年間，依照《國語》、《禮記》上的相關記載，實行散齋七日，致齋三天，又在躬耕之地設置了先農的神座，薦羞供品的規格與祭祀社稷時相同。陳因承梁制。北魏則缺少這方面的記載。北齊躬耕籍田之禮在帝城東南的千畝之甸進行，御耕壇設在阡東陌〔北〕。正月吉亥那一天，先由公卿在祠壇前祭祀先農，祭祀完畢，皇帝從南陛走下來站到躬耕的位置上，拿起耒耜推過三下，就登上御壇就座。這時按規定可參加耕作的官員，一品的上去推五下，二品的推七下，三品的推九下。然後由籍田令率領屬下用牛耕完這一千畝籍田，向司農卿奉上盛放著穜、稑種籽的青箱，由司農卿拿到翻耕好的田畝上去撒播，平土覆種後，再由司農卿察看全部勞作是否符合要求，最後向皇帝奏報籍田禮的各項程序全部完畢。皇帝從耕壇走下來到便殿，更換衣冠，並饗宴群臣，班佈賞賜後還宮。北周沒有聽說有關籍田禮儀方面的活動。隋朝是在京城的啟夏門外，闢地一千畝，築了耕壇，孟春正月吉亥日這一天在壇前祭祀先農，並以后稷配享，犧牲用太牢。皇帝穿戴袞冕冠服，配備法駕，乘用耕根車。祭祀三獻禮完畢，開始耕地。由司農卿向皇帝奉上耒耜，皇帝推過三下後，辦事人員就把耒耜授給按規定可以參加耕地的官員，各自按照官位，有的推五下，有的推九下，最後由司農卿率領屬下完成這千畝籍田的全部耕作。本朝籍田之禮因承隋制。開元二十三年正月，皇上親耕在東都洛陽東門外的籍田，親祠神農於東郊，當時有幾個儒者奏議，他們說是古代實行耦耕，用一耦，也就是兩耜起出一撥（墢）土算作一推，這一禮法長久被廢棄。如今通行用牛耕，應該要一步算作一推。到皇上躬親籍田時，太常卿報告說，三推之禮已經完畢，皇上卻說：「朕一直牽掛著農民的辛勤勞苦，所以這回想降格同臣僚們一樣，也推九下。」於是到推足九下方才停止。這樣，公卿以下各級官員的耕作次數都超過了過去的制度。季冬十二月藏冰時，要祭祀司寒之神，用黑牡秬黍作為祭品。仲春二月開冰時，要用同樣祭品祭祀司寒之神。

【說明】唐司農寺卿、少卿的職掌，主要是保障皇帝和官僚機構的穀物供饋。因而在此職者倘要拍起皇帝馬屁來，那麼國庫便將成為皇室的私府。貞觀初，竇靜為司農卿，趙元楷為司農少卿。史載：「靜頗方直，甚不悅元楷之為人，嘗因官屬大集，謂元楷曰：『如隋煬帝時，意在奢侈，竭四海以奉一人者，司農須公矣。方今聖人躬履節儉，屈一人以安兆庶，司農何用於公哉！』」（《冊府元龜・卿監部》）在奢侈這一點上，隋煬帝與唐太宗是有所區別的，但後者也決不會節儉到願意「屈一人以安兆庶」。生活靡費，這是封建專制體制下歷代帝王的通病，只是程度有所不同而已。不過中國官場的傳統，大凡說到「今上」，總是完美無缺，讚頌有加，倘有貶斥，則往往拉出前朝的倒霉皇帝來做箭靶，歷來如此，並非竇靜獨然，故也不必深究。唐代高宗時期的司農少卿韋機，大概也該是竇靜所說的「甚不悅其為人」的人物。「受詔檢校東都營田園苑之事，高宗謂之曰：兩都是朕東西兩宅也，今之宮館，隋代所造，歲序既淹，漸將頹頓，欲有修造，又費財力，如何？機奏曰：臣任司農向已十年，前後省費，今見貯錢三千萬貫，若以供葺理，可不勞而就也。上大悅」（《太平御覽・職官・司農少卿》）。韋機的這番話，當然會受到高宗的讚賞和寵信，至於那三千萬貫錢，是否真是他十年之中「省費」而來，只有天知道。此後便發生了這樣的事：「機為司農少卿，兼之東都營田，甚見委過。有官者於苑中犯法，機杖而後奏，高宗嗟賞賜絹數十疋，謂曰：更有犯者，卿即鞭之，不復奏也。」（《職官分紀》卷二〇）到了這一步，韋機可謂已達人臣之極；但真到了這一步，垮臺的日子也已離他不遠。東都營建完畢了，洛水中橋遷移好了，上陽宮也落成了，享受的人當然是皇帝，但誰來背奢侈靡費這口黑鍋呢？大臣們開始議論：尚書左僕射「劉仁軌謂侍御史狄仁傑曰：『古之陂池臺榭，皆在深宮重城之內，不欲外人見之，恐傷百姓之心也。機之所作，列榭修廊，在於煙堞之外，萬方朝謁，無不覩之，此豈致君堯舜之意哉？』機聞之曰：『天下有道，百司各奉其職，輔弼之臣，則思獻替之事。府藏之臣，行詔守官而已，吾不敢越分故也。』」仁傑竟求索機過失奏劾之，遂坐免官」（《冊府元龜・卿監部》）。韋機縱然可以用高宗這塊擋箭牌，把劉仁軌的抨擊頂了回去，但狄仁傑繞了個彎子，找他其他的岔子，終於還是把他趕下了臺。這其中自然也免不了含有官場中相互排抵和爭寵的因素，但從總體上看，即使在封建社會裏，聚斂之臣在道義上也要受到人們鄙視。其實韋機垮臺的命運是早已注定了的。在封建制度下，每個王朝為保持其世系的連續性，各個帝王在位時，自然必須把他說成是極頂的聖君、英主，古今無雙；即使在他死後的一個相當長時期內，其光輝形象，按照繼位者的需要經過一番裝點後，依然不容任何人侵犯。因而無論為帝王營造逍遙宮的聚斂之臣，還是為帝王排除異己的心腹黨羽，都不能不時刻準備著去扮演一個很不光彩的角色：替罪羊。一旦他的主子認為有必要時，便會毫不可惜地把他推上椹案。無論如何韋機還算幸運，至少他還保住了性命。

三

丞六人，從六品上。秦治粟內史有兩丞，漢因之❶。武帝改為大司農，亦兩丞。及桑弘羊❷為大司農，置部丞數十人，分部主郡國❸，將以興利。後漢司農丞一人，比千石；部丞二人，六百石❹；部丞主帑藏。魏因之，品第七。晉亦品第七，進賢一梁冠❺，介幘❻，皁衣❼，銅印、黃綬❽。宋、齊、梁、陳司農丞墨綬❾。後魏從五品中，太和二十二年為七品下❿，北齊因之⓫。隋司農丞五人，品從第六⓬；大業五年⓭，加至從五品。皇朝武德⓮中置四人，貞觀⓯中加置六人。

主簿二人，從七品上。晉太康⓰中置主簿二人。宋、齊無聞。梁置一人⓱，七班之中第三⓲；陳因之。後魏不見。北齊司農寺有功曹、五官、主簿。隋司農主簿二人⓳，皇朝因之。

錄事二人，從九品上。

丞掌判寺事。凡天下租稅及折造轉運于京、都⓴，皆閱而納之。每歲自都轉米一百萬石，以祿百官及供諸司；若駕行幸東都，則減或罷㉑之。凡受租皆於輸場對倉官、租綱、吏人執籌數函㉒，其函大五斛，次三斛，小一斛。其諸州稾秸應輸京、都者，閱而納之，以供祥麟、鳳苑之馬㉓。凡朝會、祭祀米物薪芻，皆應時而給。若應供御進內，則據本司移牒而供之㉔。其中書、門下、尚書省，御史臺、史館、集賢院別敕定名使㉕，并吏部、兵部入宿令史，中書、門下令史，諸楷書手寫書課㉖，皆有炭料。凡官戶、奴婢男女成人，先以本色媲偶㉗；若給賜，許其妻、子相隨㉘。若犯籍沒，以其所能各配諸司，婦人巧者入掖庭㉙。

主簿掌印，省署抄目㉚，勾檢稽失㉛。凡署木契二十隻㉜，應須出納㉝，與署合之。十隻與太常署㉞合，十隻與導官署合，皆對刊作雌㉟，雄，主簿掌；雌留署，勘然後出給。

錄事掌受事發辰㊱。

【章旨】敘述司農寺丞和主簿、錄事之定員、品秩、沿革及職掌。

【注釋】❶秦治粟內史有兩丞漢因之　秦和西漢，治粟內史或後來的大司農之下，皆設有兩丞。《通典．職官八》稱其「或謂之中丞」，即大司農中丞，耿壽昌、桑弘羊和王閎曾先後任此職。有時大司農丞和大司農中丞這兩個官稱出現在同一人身上。如桑弘羊，《漢書．食貨志》記其為大司農中丞，《史記．平準書》則名之為大農丞；偶而還有稱為鹽鐵丞的，如《漢書．食貨志》先言以「東郭咸陽、孔僅為大農丞，領鹽鐵事」，繼而又稱：「大農上鹽鐵丞孔僅、咸陽」，當是以大司農丞專領鹽鐵之事。❷桑弘羊　洛陽（今河南省洛陽市東）人。出身於商人家庭，漢武帝時任治粟都尉，領大司農，推行鹽鐵酒類官營及專賣政策，設立平準、均輸。武帝「北至朔方，東封泰山，巡海上，旁北邊遠以歸，所過賞賜，用帛百餘萬匹，錢金以領萬計，皆取足大農」（《漢書．食貨志》）。武帝卒，昭帝即位時，受詔與霍光、金日磾共同輔政，任御史大夫。始元六年（西元前八十一年）鹽鐵廷議中，力主鹽鐵官營之說。次年被指為與上官桀等謀廢昭帝而被殺。❸置部丞數十人分部主郡國　部丞，指大司農部丞。始置於漢武帝時，《漢書・食貨志》記為出自桑弘羊奏議：「請置大農部丞數十人，分部主郡國，各往往置均輸鹽鐵官，令遠方各以其物如異時商賈所轉販者為賦，而相灌輸。」據《漢書・平帝紀》載，元始元年（西元元年）六月又置「大司農部丞十三人，人部一州，勸農桑」。這兩條材料皆說明其屬臨時性差遣之官，至東漢而定置，管理大司農所掌國庫。❹後漢司農丞一人比千石部丞二人六百石　句中「部丞二人」，正德本、廣池本皆作「一人」。東漢比千石，月俸八十斛。六百石，月俸七十斛。又，《後漢書・百官志》劉昭注引《古今注》曰：「（章帝）建初七年（西元八十二年）七月，為大司農置丞一人，秩千石，別主帑藏」，則部丞應是一人，而秩不同。應劭《漢官儀》亦云二千石。❺進賢一梁冠　進賢冠，古代儒生所戴之冠。形制為前高七寸，後高三寸，長八寸。冠上之橫脊稱梁，有一梁至五梁之別，以梁多為貴。晉制，郎官以下至小史皆冠一梁。❻介幘　漢代興起至魏晉為文官所戴之一種長耳頭巾。後代多有沿革，且文武皆服。《隋書・禮儀志六》：「幘，尊卑貴賤皆服之。文者長耳，謂之介幘；武者短耳，謂之平上幘。各稱其冠而制之。」《晉書・輿服志》：「《漢注》曰：冠進賢者宜長耳，今介幘也。」❼皁衣　即黑色之朝服。皁即「皂」字。❽銅印黃綬　銅製之印章，黃色之繫印綬帶。《後漢書・輿服志》劉昭注引丁孚《漢儀》載太僕、大中大夫襄言：「黃綬一采，八十首，長丈七尺，以為常式。」❾墨綬　即黑綬。《後漢書・輿服志》劉昭注引丁孚《漢儀》載太僕、大中大夫襄言：「黑綬，羽青地，絳二采，八十首，長一丈七尺。」❿太和二十二年為七品下　據《魏書・官氏志》應為太和二十三年，即西元四九九年。太和為北魏孝文帝年號。是年復領職員令，包括司農丞在內之諸卿丞均列為第七品下。⓫北齊因之　據《隋書・百官志》北齊司農寺置丞一人，品秩為正七品下。⓬品從第六　《隋書・百官志》：太常、光祿、衛尉三寺丞品秩為從六品下，宗正、司農等六寺丞則為正七品下。⓭大業五年　即西元六〇九年。大業為隋煬帝年號。⓮武德　唐高祖李淵年號。⓯貞觀　唐太宗李世民年號。⓰太康　晉武帝司馬炎年號。⓱梁置一人　《隋書・百官志》稱梁凡十二卿皆置丞及功曹、主簿。⓲七班之中第三　梁武帝天監七年（西元五〇八年）徐勉為吏部尚書，改革選制，以十八班代替九品，位不登十八班者，又列七班。宗正寺等十一卿主簿為七班中之三班。⓳隋司農主簿二人　《隋書・百官志》稱隋司農寺置主簿二人，錄事四人。⓴天下租稅及折造轉運于京都　租，指租庸調之租；稅，指地稅。折造，指所納租稅以稻穀折成糙米。折造有規定比例，《夏侯陽算經》卷上：「《倉庫令》云：其折糙米者稻三斛，折納糙米一斛四斗。」京都，指西京之太倉、北太倉，和東都之含嘉倉。轉運，指江南之租米，經東都洛陽，由黃河、渭河轉運至長安。唐代在貞觀、永徽年間，河渭漕運已開始運轉，運量每年約二十萬石。其中三門峽以西一段水路過於艱險，只好採取陸運。開元二十二年（西元七三四年），玄宗接受裴耀卿建議，置河陰縣及河陰倉，三門東西分別置集津倉和三門倉，又開三門北山十八里，以避湍險。此後江南、河東和淮河流域之租粟，悉納於河陰倉，由河陰送達東都之含嘉倉，經三門倉遞納至太原倉，再水運入渭至京師之北倉。頭三年漕運糧食總數已達七百萬石。㉑或罷　此二字，正德本及廣池本亦為正文。㉒受租皆於輸場對倉官租綱吏人執籌數函　此句言唐前期租稅輸納之規範過程。按規定，江南租及地稅轉運至京，先由司農寺長官錄奏，然後是輸場簡納。西京輸場設於東渭橋，所受輸稅分別納於太倉和北太倉。太倉供應宮內御用糧及百司祿米，北太倉則供給諸司百僚及諸衛廩糧。東都輸場，武周長安時設於立德坊，後因水淺運船難進，又遷至積德坊。倉官、租綱、吏人，皆為參預和操作輸納過程之官員。倉官是負責接納州縣輸入租稅和管理倉場之朝廷命官，包括該倉之倉史、監事和丞、令，司農寺丞知倉事者，及司農卿或少卿。租綱則為州縣負責督送租稅之官員，多由諸州之錄事參軍或縣丞任其職；綱是首，另有典為其從。《唐律疏議．職制下》諸奉使有所部送條疏議：「奉使有所部送，謂差為綱典部送官物」；「綱典自相放代者笞五十，取財者坐贓論」。說明押送租稅之官員，必須綱典二人雙檔，便於互相監督，防止中途盜賣或丟失。一九七一年唐東都洛陽含嘉倉故址發掘出一批土銘磚，可以從中看到當時倉儲輸納運營的一些實際情況，據《文物》一九七二年第三期所載〈銘磚一〉（原件分排多行，無標點，當由多磚組成；現加以標點連排，以省篇幅）：「含嘉倉：東門從南第廿三行，從西第五窖，〔合納〕蘇州通天二年租糙米白多一萬三□□十五石，□□□（耗在內）。又，聖曆二年正月八日納了。□（典）劉長，正綱錄事劉爽，倉史王花，監事楊智，丞呂徹，丞趙瓌，令孫忠，令□忠，令□思，寺丞知倉事張綜，左監門王宣，右監門賈立，長上龐昉，押倉使孫亮，監倉御史陸慶，卿□璇□□同。」〈銘磚二〉：「倉中門東西大街北，南北橫街東，從西向東數窖，從南向北數行，第八行第三窖，合納邢州長壽元年租小□（麥）七千五百石九斗八升，耗在內。長壽二年三月廿四日納了。輸□（典）王簡，副綱青山，縣丞張謙、張僑，倉史趙□，丞田□，知倉事張琮。」此二件銘物皆出於武則天時期。磚上刻著倉名、窖之位置、藏粟之來源、品種、數量和入窖時間，以及繳納綱典、受納倉官雙方之職銜、姓名。吏人執籌數函，指以籌碼計算交納租稅之方法。《吐魯番出土文書．七》載有唐中宗神龍二年（西元七〇六年）白澗屯納官糧帳二件，記錄了此種計算方法之實際施行過程。其一為：「白澗屯神龍二年九月十五日，□（納）青稞雜大麥，交用兩碩函量。壹函為壹點，拾點成一大上□（字）。尚：建、藝、獻、初；尚：建、藝、獻、初；尚：建、藝、獻、初；（下略）已上三十三上字，計青稞雜大麥陸佰陸拾碩。倉督曹建，監倉□□□（官王）、□□（屯官）侯獻、監納官鎮副劉初。」每滿一函，畫「尚」字中之一筆，「尚」字共十筆（其中二方折算四筆），計足十函。畫全一「尚」字，則倉官、租綱、監納人分別在「尚」字後署名，即引文中之「建、藝、獻、初」。一函為二碩，亦即二斛，故三十三「尚」字，共為六百六十碩或斛。此下正文言函有大小之分，一函有五斛、三斛、一斛不等。據上述引文亦有以二斛為一函者。㉓諸州槀秸應輸京都者閱而納之以供祥麟鳳苑之馬　句中「槀秸」，據正德本應為「槀秸」。徵納西京及東都五百里內諸州之稅草，也屬司農寺職掌。西京稅草輸場，唐前期即在司農寺草坊附近，後期改在中渭橋與東渭橋，而貯存草料之草坊則轉入禁苑。《文苑英華》卷四三四常袞〈放京畿丁役免制〉云：「其草粟等并于中渭橋、東渭橋納，仍各隨當縣道路穩便，如法搬入苑南及苑北面貯積及檢納，宜委中書門下與所由計會處置。」東都稅草之輸場，似在外郭城。徐松《唐兩京城坊考》卷五：「定鼎門街東第四街，即長夏西街，從南第一曰歸德坊……水南倉。水南草場。」此處可能即為東都稅草輸納之地。祥麟、鳳苑，二廄名。殿中省尚乘局所屬十二閑分為二廄，分別以祥麟、鳳苑為其名。仗內閑廄之馬則養於騂騮馬坊，其址據《唐兩京城坊考》卷一西京皇城條稱：「承天門街之西，第六橫街之北，從東第一，宗正寺，次西御史臺，次西，司天監。監西含天門街，街西第一，廢石臺，臺北司農寺草坊，次西，騂騮馬坊。」貯存草料之司農寺草坊所以建於馬坊左近，當為便於餵養。㉔若應供御進內則據本司移牒而供之　供御進內，指供皇帝御食。唐制，皇帝膳食由殿中省尚食局及內官尚食供應，其所需之糧料、蔬菜、鵝鴨雞彘及炭料等，則由上述諸司移牒司農寺下屬諸署提供，有時亦可市易以為補充，由度支給值。如德宗貞元七年（西元七九一年）十月，「司農卿李模，有罪免官，司農當供三宮冬菜二千車，以度支給值稍錢，又阻雨不時，菜多傷敗，模以度支為辭，上責其不先聞奏，故免之。於是模奏司農菜不足，請京兆市之。京兆尹薛珏，萬年令韋彤禁有菜者私賣，上令奪珏俸一月，彤俸三月」《唐會要》卷六六）。㉕集賢院別敕定名使　集賢院，官署名。開元十三年（西元七二五年）改集仙殿麗正書院為集賢院，掌修書之事。院內五品已上為學士，六品已下為直學士。在集賢院任職者，皆以他官差遣之使職，故謂別敕定名使。如以中書令張說為學士，知院事，散騎常侍徐堅為副，都是以他官為集賢院之使職。使職本身不備品秩，任使職者，其品秩仍依原官。㉖吏部兵部入宿令史中書門下令史諸楷書手寫書課　令史係流外官，凡在吏部、兵部、考功、都省、御史臺、中書、門下任令史者，屬前行七司，或稱前行要望。唐制，京官五品以上日給炭料二斤。令史本不屬供炭範圍，但由於其在官衙值宿，以及楷書手因要書寫皆作為特例，亦予配給炭料，以供取暖。㉗官戶奴婢男女成人先以本色媲偶　官戶，指官府的番戶和雜戶。奴婢，指沒官為奴婢者。唐制，凡反逆相坐，沒其家為官奴婢，男十四以下者配司農寺，若遇恩赦所及，一免為番戶，再免為雜戶，皆稱為官戶。官奴婢長輸作，番戶則一年三番，雜戶五年二番，每番皆為一月。男女成年，須各依其類配偶，不得養良人之子，亦不得以子繼人。《唐律疏議・戶婚下》規定：「諸與奴娶良人女為妻者，徒一年半」；「妄以奴婢為良人，而與良人為夫妻者，徒二年」。官戶實為世襲賤民。㉘若給賜許其妻子相隨　指敕賜司農寺之官奴婢，若賜給諸王、公主和功臣，妻和子可相隨，三歲以下隨母。給賜之例，如高祖武德五年（西元六二二年），「安州刺史李大亮，以破輔公祐功，賜奴婢百人，大亮謂曰：『汝輩多衣冠子女，破亡至此，吾亦何忍以汝為賤隸乎?』一一皆放還。高祖聞而嗟賞，更賜奴婢三十人」（《唐會要》卷八六）。若簡選入宮，則只取無丈夫之女婢。㉙若犯籍沒以其所能各配諸司婦人巧者入掖庭 奴婢初配沒，依其技藝分配給相適合之官司服役。一般是男子進蔬圃，女子入廚饎。奴婢長輸其作者，由官給衣糧，番戶和雜戶則分番服役。婦人有工巧者，入於後宮掖庭，其餘無使能者皆隸於司農寺。諸司之官奴婢，「每年正月要造籍兩通，一通送尚書省，一通留於本司。每年置簿，點身團貌，然後關金部給衣糧」（《唐會要》卷八六）。㉚省署抄目 省察和署理來往公文之目錄。㉛勾檢稽失 檢查公文所處理事項中，有無錯失和是否在規定日程內完成。若發生類此情事，皆應由勾官糾出。㉜凡署木契二十隻 《舊唐書・職官志》作「凡置木契二十隻」。「署」當作「置」。木契，指木契符，木製符信。分左、右，合契以驗。《新唐書・車服志》：「木契符者，以重鎮守、慎出納，畿內左右皆三，畿外左右皆五。皇帝巡幸，太子監國，有軍旅之事則用之，王公征討皆給焉，左右各十九。太極殿前刻漏所，亦以左契給之，右以授承天門監門，晝夜勘合，然後鳴鼓。玄武門苑內諸門有喚人木契，左以進內，右以授監門，有敕召者用之。」㉝出納 當係「出給」之誤。本條原注即有「勘然後出給」之句。㉞太常署 正德本為「太倉署」。「常」當是「倉」之訛。㉟對刊作雌 據正德本和廣池本當作「九雄一雌」。㊱受事發辰 指登錄收發公文之始日，以便日後核查處理之程限。發辰，即發日。

【語譯】〔司農寺：〕丞，定員六人，品秩為從六品上。秦時，治粟內史設有兩丞，漢初因承了這一官制。漢武帝時，改稱為大司農，亦設有兩丞。到了桑弘羊擔任大司農時，設置的大農部丞達幾十人，分別主管各郡國的均輸，用來為朝廷興利。東漢在大司農卿下設置丞一人，俸秩是比一千石；部丞一人，俸秩六百石；部丞的職掌是主管國庫。三國魏因承漢制，亦置司農丞一人，品秩為第七品。晉代亦列為第七品，戴進賢一梁冠，介幘，穿黑色的朝服，佩銅印和黃綬。南朝宋、齊、梁、陳的司農丞都佩黑綬。北魏太和前制司農丞品秩為從五品中，太和二十二（三）年改為第七品下。北齊因承北魏官制。隋朝司農寺丞的定員為五人，品秩為從第六品（正七品下），煬帝大業五年，加到從五品。本朝高祖武德時期，司農寺丞的定員為四人，太宗貞觀年間增加到六人。

主簿，定員二人，品秩為從七品上。晉武帝太康時期，司農寺設有主簿，定員為二人。南朝的宋、齊沒有見到這方面記載。梁朝在司農卿之下設有主簿一人，位列十八班以外的七班中的第三班，陳朝因承梁制。北魏不見有記載。北齊司農寺設有功曹、五官、主簿、錄事等員吏。隋在司農寺設主簿二人，本朝因承隋制。

錄事，定員二人，品秩為從九品上。

司農丞的職掌是，主管本寺內部的日常事務。凡是全國各地繳來的租稅包括已經折算成的糙米，轉運到東都和西京的，都由司農寺檢閱後接納入太倉。每年從東都轉運到京師來的米總數有一百萬石，用以供應百官的廪祿以及各司的官廚。如果皇帝大駕在東都，那麼在這段時間裏就要減少轉輸的數量或者中止轉輸。凡是受納租稅，都是要在輸場，由倉官與州縣送租的綱典吏人相對執掌籌碼，計算所繳納的租稅的函數。函的容量，有大小不同，大的五斛一函，中等的三斛一函，最小的一斛一函。在距京師、東都百里內的各州應輸送的稾（槀）秸，亦由司農寺在輸場驗閱後接納，用以供應祥麟和鳳苑二廄的馬匹。凡是朝會祭祀所需的米物、薪炭、芻稾，都由司農寺按時供給。如果是供應御用而進大內的，那要根據各主管官司申報給司農寺的牒文，其中中書、門下、尚書三省，御史臺、史館和集賢院別敕定名使，以及吏部、兵部的入宿令史，中書門下令史，各楷書手進行寫書課程期間，都應有炭料供給。凡是本寺所屬的官戶和官奴婢男女已經成年的，都要以本色配婚；如果賜給了王公大臣，允許他們的妻子、兒女相隨。倘若有人因犯罪籍沒為官奴婢，要依據他們的技能或特長，分別配給相適合的官司，婦人有工巧者，則輸入掖庭。

主簿的職責是，掌管本寺印章，省署來往文書的抄目，並勾檢有無違失或延誤。本寺共置有木契符二十隻。有關物料的出納（給），與相關的署合符後，便出給。其中十隻木契符與太常（倉）署合，十隻木契符與導官署合，都是對刊作雌（九雄一雌），雄的由主簿執掌，雌的留在太倉署與導官署，主簿出木契符，與相關署勘合後，便出給。

錄事的職掌是記錄公文來往的日辰。

上林署·太倉署·鉤盾署·導官署

【篇旨】本篇敘述司農寺所屬的上林、太倉、鉤盾、導官四署令、丞等的定員、品秩和職掌。從沿革上看，除太倉署歷來屬於司農寺管轄外，其他三署原都另有歸屬。如上林署，在西漢屬於水衡都尉，而導官與鉤盾則由少府管轄；東漢僅將導官隸之於大司農，而上林與鉤盾二署仍屬少府。魏晉因漢制，但也有所變化，如鉤盾一度曾歸屬於大鴻臚，宋、齊、梁、陳均被省略，至北齊始復置並歸之於司農寺。上林署在宋、齊隸尚書殿中曹及少府，至梁、陳始轉屬於司農。故唐代司農寺設有四署這種體制，是魏晉南北朝至隋在機構上不斷重新組合的結果，反映了從兩漢大司農到北齊司農寺的職掌重心的轉移，即從掌管國家財政轉變為偏重於農功和倉儲管理，以及保障宮廷在朝會、祭祀、宴享、御用主副食品及其他包括薪炭雞鴨鵝豬等農副產品的需求。

上林署掌苑囿園池果樹蔬菜的種植，用以供應朝會、祭祀及尚食諸司所需的常料。冬季藏冰，立春開冰而納於冰井，以備食品保鮮或冷藏的需要。中國歷代帝王，從周文王起都有修建苑囿的傳統，其規制與規模則既有繼承又有發展，對此我們在相關的注釋和說明中簡要地作了介紹。

太倉署掌理太倉的收納和貯藏。太倉是唐代倉廩系統中一個重要環節，其所藏糧不僅供御用，還包括京師百官祿米及公糧的供給。唐代的太倉在長安有二，一稱太倉，在宮城之內；一稱北倉，即東渭橋倉，位於灞渭二水交匯處。北倉設有輸場，以受納東都轉運來的漕糧。在東都的含嘉倉除儲糧外，又具有轉運的職能。篇中第二章詳細敘述了太倉諸倉糧收納、貯藏、支給等方面的操作程序和相關規定。近年來從洛陽含嘉倉故址的發掘中，出土了一批銘磚，為我們瞭解唐代太倉管理諸多細節提供了可靠的資料。在有關注釋和說明中，我們擇要引用了一些，以印證和補充原文的記載。

鉤盾署所掌有二，一是木炭柴薪的供給，二是家禽家畜如雞豬鵝鴨的餵養。木炭薪柴的主要來源是和市採購與募丁採伐，若尚不足，則以苑內之藁根柴充之。木炭薪柴的供給京官和蕃客在館者皆依品為差，而家禽家畜則由司農寺所屬之官奴婢課養。

導官署掌米麥糧食的再加工，如精擇細糧，製作乾糧以及麴櫱、粉類、油脂等，以供御用和在京百官的常食料。

一

上林署：令二人，從七品下。《漢書・百官表》❶：「水衡都尉❷，武帝置❸，掌上林苑❹。屬官有上林令、丞、尉，又有甘泉上林長、丞❺。又，步兵校尉掌上林苑❻。又，少府屬官有上林中土地監❼。」上林者，漢之苑囿也。司馬相如有〈上林賦〉❽。後漢上林苑令一人，六百石❾，主苑中禽獸；頗有人居，皆主之；捕得其獸，送太官❿。丞一人，三百石⓫。魏、晉因之⓬。江左闕其官。宋武帝復置⓭，隸尚書殿中曹及少府；齊因之⓮。梁、陳屬司農⓯。後魏闕文。北齊及隋並屬司農⓰，皇朝因之⓱。

丞四人，從八品下。漢水衡都尉上林有八丞⓲。後漢、魏、晉並一人⓳，江左省，宋武帝置，齊、梁、陳並一人⓴。後魏闕文。北齊上林丞八人㉑，隋置二人㉒，皇朝置四人。

監事十人，從九品下。

上林署令掌苑囿、園池之事；丞為之貳。凡植果樹蔬菜，以供朝會、祭祀；其尚食進御及諸司常料亦有差㉓。諸司吏執抄牓詣圃，然後給之。凡季冬藏冰，每歲藏一千段，方三尺，厚一尺五寸，所管州於山谷鑿而取之。先立春三日，納之冰井。《周禮》㉔：「凌人掌冰，政歲十有二月，令斬冰，三其凌㉕。春始治鑑㉖，夏頒冰，秋刷。」鄭玄云：「凌，冰室也；刷，清也，刷除凌室，更納新冰。西陸朝覿而出之㉗，以進御焉。」

【章旨】敘述上林署令、丞和監事之定員、品秩、沿革及職掌。

【注釋】❶漢書百官表　即《漢書》之〈百官公卿表〉。《漢書》，東漢班固撰，一百篇，分一百二十卷，我國第一部紀傳體斷代史。除本紀、列傳外，有八表、十志，〈百官公卿表〉即其八表之一。敘述秦漢官制沿革，並排比漢代公卿大臣之升降遷免。❷水衡都尉　顏師古《漢書》注引「應劭曰：『古山林之官曰衡。掌諸池苑，故稱水衡。』張晏曰：『主都水及上林苑，故曰水衡；主諸官，故曰都；有卒徒武事，故曰尉。』師古曰：『衡，平也，主平其稅入。』」歸納起來，其職掌一是上林，即禁苑之生產和管理；二是稅收，主要指鹽鐵，《史記・平準書》：「置水衡，欲以主鹽鐵。」漢自楊可告緡錢後，上林苑保管財物眾多，因又令其主上林。此外還兼管一部份鑄錢之事務。《史記・平準書》有「于是禁郡國無鑄錢，專令上林三官鑄」之記載。《漢書・百官公卿表》在水衡都尉之屬官中有鍾官、辯銅、均輸三官，可能與鑄錢有關。《鹽鐵論》：「廢天下諸錢，而專命水衡三官作」，當即指此三官。❸武帝置　武帝，西漢皇帝劉徹，在位五十四年，終年七十一歲。水衡都尉初置於武帝元鼎二年（西元前一一五年）。武帝晚年設置水衡都尉，意在分割原由少府執掌帝室收入之大部份職權，如原屬少府之御羞、上林、衡官及鑄錢之屬官，此時已全轉歸水衡。據《漢書・王嘉傳》載錄，元帝時，都內有錢四十萬萬，水衡二十五萬萬，少府十八萬萬。水衡錢與少府錢皆為皇帝私產，水衡錢比少府多，說明帝室收入大部份已為水衡都尉所掌管。❹上林

苑　秦漢宮苑名。秦都咸陽時置，始皇三十五年（西元前二一二年）營建朝宮於苑中，阿房宮即其前殿。漢初荒廢，高帝十二年（西元前一九五年）許民入苑開墾。武帝時，又收為宮苑，周圍擴充，《漢舊儀》稱其廣長三百里。苑內放養禽獸供皇帝射獵，並建離宮、觀、館七十所，皆容千乘萬騎。上林令之屬官有八丞、十二尉。揚雄〈上林苑令箴〉云：「芒芒天田，芃芃柞棫；山有陘陸，野有林麓；夷原污藪，禽獸攸伏；魚鱉以時，芻蕘咸植；國以殷富，民以家給。」❺甘泉上林長丞　此係對《漢書・百官公卿表》所列甘泉上林職官之簡略概括。原表列有「甘泉上林都水七官長丞」，又有「甘泉上林四丞」。甘泉，宮名。甘泉上林，指甘泉宮之上林苑。甘泉宮故址在今陝西淳化西北甘泉山，原為秦之林光宮，漢武帝加以擴建，並常在此避暑和接見諸侯王。《三輔黃圖》：「甘泉苑中起仙人觀，緣山谷行，至雲陽三百八十一里，入右扶風，凡周匝五百四十里。」❻步兵校尉掌上林苑　《漢書・百官公卿表》云：「步兵校尉掌上林苑門屯兵。」❼少府屬官有上林中土地監　句末「土地監」，《漢書・百官公卿表》原文為「十池監」，當據以改。少府，亦稱小府，秦漢時亦為財政機構，與大司農之分工是，大司農掌國家之財政，少府則掌帝室之財政。《漢官儀》：「少府掌山澤陂池之稅，名曰禁錢，以給私養，自別為藏。少者，小也，故稱少府。」上林中十池監，指上林苑中的十個池監。據《三輔黃圖》十池為：初池、麋池、牛首池、蒯池、積草池、東陂池、西陂池、當路池、犬臺池和郎池。因係陸續增設，故實際可能還不止此數。如《漢舊儀》云：「上林苑中，有昆明池、鎬池、牛首渚池」；《漢書・外戚許皇后傳》中提到女醫淳于衍之夫欲求「安池監」一職。此四池名皆在上述十池之外。上林中十池監，是上林中十池之監署。❽司馬相如有上林賦　司馬相如，字長卿，蜀郡成都（今四川成都）人。西漢辭賦家。景帝時為武騎常侍，因病免。作〈子虛賦〉為漢武帝所賞識，得以召見，又作〈上林賦〉，全文見於《漢書・司馬相如傳》。其文以虛設子虛、烏有、亡是公三人為辭，「以推天子諸侯之苑囿。其卒章歸之於節儉，因以諷諫」，漢武帝見後大悅，用為郎。❾後漢上林苑令一人六百石　東漢上林苑在洛陽，班固〈兩都賦〉稱其「外則因原野以作苑，順流泉而為沼，發蘋藻以潛魚，豐圃草以毓獸，制同乎梁騶，義合乎靈囿」。東漢除上林苑外，尚有多處苑囿，如《東觀漢記》：「桓帝延禧元年（西元一五八年）置鴻德苑」；《初學記》卷二四引薛瑩《後漢紀》：「靈帝光和五年（西元一八二年）校獵廣成苑以及畢圭、靈德諸苑」；《讀史方輿紀要》卷四八：桓帝延熹二年（西元一五九年）「袁紹誅宦官，董卓自顯陽苑急進至城西」等。六百石，月俸七十斛。❿捕得其獸送太官　太官，秦漢為少府屬官，設太官令，主膳食。《漢官舊儀》云：「上林苑中以養百獸，禽鹿嘗祭祠祀，賓客用鹿千枚，麕兔無數。佽飛具繒繳以射鳧雁，應給祭祀置酒，每射收得萬頭以上，給太官。」⓫三百石月俸四十斛。⓬魏晉因之　魏文帝、明帝在洛陽修芳林苑，又稱華林苑。裴松之《三國志・魏明帝紀》注引《魏略》稱其

「起土山于芳林苑西北陬，使公卿群僚皆負土成山，樹松竹雜木善草於其上，捕山禽雜獸置其中」。《讀史方輿紀要》卷四八：「在洛陽城東北隅，與城相接，有東西二門，魏文帝所起，亦曰芳林苑。《水經注》：大夏門內東際，側城有景陽山，在芳林苑西北，魏明帝景初元年（西元二三七年）所起土山也，齊王芳即位改芳林曰華林。」魏在鄴城尚有玄武苑。兩晉先後將華林苑隸之於光祿勳、大鴻臚。此外，晉尚有「平樂、鹿子、桑梓諸苑，並在洛陽」（《初學記》卷二四）。⑬宋武帝復置　宋武帝，南朝宋開國皇帝劉裕。在位三年，終年五十九歲。但《宋書‧百官志》記宋復置上林令一人、丞一人為宋世祖大明三年（西元四五九年）。疑「宋武帝」係「宋孝武帝」之誤。宋孝武帝劉駿，字休龍，小字道民。劉宋在金陵之帝苑稱華林園。《宋書‧孝武帝紀》多次提到「上於華林園聽訟」。同書〈前廢帝紀〉亦記有「帝於華林園竹林堂射鬼。時巫覡云：『此堂有鬼。』故帝自射之」。⑭齊因之　《南齊書‧百官志》在少府屬下設上林令一人、丞一人，亦屬尚書殿中曹。南齊之帝苑有華林和芳樂，在《齊書‧東昏侯紀》所錄太后令列數東昏侯罪狀中，有「芳樂、華林，竝立闤闠」之句。⑮梁陳屬司農　指梁改變宋、齊以上林屬少府之體制，在司農卿下設上林令一人，領樂遊、北苑丞。又，梁武帝在晚年另修王遊苑，「太清元年（西元五四七年）九月癸卯，王遊苑成。庚戌，輿駕幸苑」（《梁書‧武帝紀》）。陳承梁制。⑯北齊及隋並屬司農　據《隋書‧百官志》北齊在司農寺勾盾署設大囿、上林、遊獵、池藪、苜草等六部丞。又，《北齊書‧幼帝紀》有帝「於華林園立貧窮村舍」之句，可知北齊御苑亦稱華林園。隋司農寺下設華林、上林二署，上林置令三人，華林惟置令一人，煬帝時，罷華林署。隋之上林苑在東都，因位於宮城之西，故亦稱西苑。又名會通苑，以其與通濟渠相連。方二百二十九里一百三十八步，為隋煬帝所修。西苑是中國古代園林史上以建築為主轉為以山水為主組織景區造園的開端。《隋書‧煬帝紀》大業元年（西元六〇五年）三月，「於皁澗營顯仁宮，將海內奇禽異獸草木之類以實園苑，徙天下富商大賈數萬家來京。辛亥，發河南諸郡男女百餘萬，開通濟渠，自西苑引穀、洛水達于河，自板渚引河通于淮」，即從西苑出發，可直接由水路抵達江都。隋在西京之帝苑稱大興苑，周圍一百二十里。置於隋文帝開皇元年（西元五八一年），入唐即為禁苑。⑰皇朝因之　指唐因隋制，在司農寺下亦設上林署，置上林署令二人，丞四人。唐在西京大內有三苑，皆在都城之北。一為西內苑，南北一里，東西與宮城齊。西京太極宮所在宮城稱西內，西內苑在西內之北，故亦稱北苑。二為東內苑即興慶宮之內苑，中有龍首池。位於東內之東南隅，南北二里，東西盡一坊之地。三即隋之大興苑，入唐為禁苑，苑中有宮廷二十四所，東距滻，北枕渭，西包漢長安城，南接都城，東西二十七里，南北二十三里，周圍一百二十里；近西苑之門稱芳林門，故亦名芳林園。唐東都帝苑即隋之會通苑，或稱上林苑，武德初改稱芳華苑，武后時又改名為神都苑。其範圍，西至孝水，北靠邙山，東距兆山，穀洛二水會於其間；周圍一百二十里，築城垣高一丈九尺。苑內有合璧、明德、黃女、高山、宿羽、望春、冷泉、積翠、青城、凌波等宮，亭臺樓館，依勢林立。⑱漢水衡都尉上林有八丞　《漢書・百官公卿表》在水衡都尉屬官中稱「上林有八丞十二尉」。唯八丞、十二尉之名史著不載，難以完全考實。當屬掌管苑中禽獸之飼養，宮館之管理，以及巡邏警衛一類事務之官吏，如虎圈之嗇夫（見《漢書・張釋之傳》），楊得意、李延年所任之狗監（見《漢書》之〈司馬相如傳〉、〈佞幸傳〉）等，皆在上林管轄之內。上林還有農官，有「上林農官」出土瓦當（見《金石萃編》漢十八）。⑲後漢魏晉並一人　據《後漢書・百官志》，東漢上林苑在令之下設丞、尉各一人。魏、晉上林苑唯置丞，未見有其他記載。⑳宋武帝置齊梁陳並一人　應是「宋孝武帝置」。參見前⑬注。《宋書・百官志》稱：「上林令一人，丞一人，宋世祖大明三年（西元四五九年）後置，隸尚書殿中曹及少府。」《南齊書・百官志》在少府之下設「上林令一人，丞一人，亦屬尚書殿中曹」。《隋書・百官志》稱梁在司農卿之下設上林令，又管樂遊、北苑丞。陳因梁制。㉑北齊上林丞八人　《隋書・百官志》在北齊司農寺鈎盾署下「別領大囿、上林、遊獵、柴草、池藪、苜宿等六部丞」，未言上林設丞八人。㉒隋置二人　《隋書・百官志》未言隋司農寺之上林署置丞，惟稱鈎盾、上林、導官等署各置令二人，上林則加至三人。㉓其尚食進御及諸司常料亦有差　指司農寺上林署供應殿中省尚食局為供給皇帝御用和諸司之水果和蔬菜亦各有定量。據《唐會要》卷六六載錄，德宗貞元七年（西元七九一年）十月「司農當供三宮冬菜二千車」，這便是當年供應御用之定額。若司農寺供應不足，則可由和市以為補充。如同年，司農卿李模「奏司農菜不足，請京兆市之」。又，文宗太和七年（西元八三三年）八月九日也發過類此內容之敕文，規定：「司農寺每年供宮內及諸廚冬藏菜，並委本寺自供，其菜價，委京兆府約每年時價支付，更不得配京兆府和市。」㉔周禮　儒家經典之一。係搜集周王室官制及戰國時各國制度，並添附以儒家政治理想，增減排比而成之彙編。㉕凌人掌冰政歲十有二月令斬冰三其凌　凌人，《周禮》天官冢宰屬官主冰凌之事。政，《周禮》原注不一。鄭司農云：掌冰政，主藏冰之政也。杜子春云：政，當為正，正為夏正。賈公彥疏云：正歲，謂夏之建寅為正，十有二月謂建丑之月，冰堅腹厚之時，令入山斬冰。三其凌，鄭玄注：「凌，冰室也。三之者，為消釋度也。」賈公彥疏：「三其凌者，凌謂冰室之中，三倍納冰，備消釋度故也。」㉖春始治鑑　鑑，陶製容器。大口，以盛冰。漢稱甀，亦即甕。食物藏於器而置於冰鑑中，因低溫而可以保存較長時間。春天開始治鑑，是因為據《禮記・月令》，孟春二月，「乃鮮（獻）羔開冰，先薦寢廟」，即正式啟用去冬所藏之冰，故須整治冰鑑，以備盛放。㉗西陸朝覿而出之　此句言宜於出冰之時間。鄭玄注引《春秋傳》曰：「古者日在北陸而藏冰，西陸朝覿而出冰。」北陸、西陸，分別為二十八宿中虛宿、昴宿之別名，此處則用以代指太陽在天空運行之位置。太陽位於北陸，即夏曆十二月間，故須藏冰；太陽位於西陸，即三、四月間，故可出冰而用之。朝覲，群臣朝見帝王。

【語譯】上林署：令，定員一人，品秩為從七品下。《漢書·百官公卿表》說：「水衡都尉，是漢武帝時設置的，掌管上林苑。屬官有上林令和丞、尉，又有甘泉上林長和丞。還設有步兵校尉，掌管上林苑門屯兵。又，在少府屬官中有上林中的土地（十池）監。」所謂上林，就是漢代的苑囿。司馬相如曾經寫過一篇〈上林賦〉。東漢設上林苑令一人，俸秩六百石，主掌苑中的禽獸；苑中有不少人居住，都由上林苑令掌管；捕到苑中的禽獸，規定要送太官以供御膳。設丞一人，俸秩三百石。三國魏和兩晉都因承漢制，東晉未設這方面的官職。南朝宋〔孝〕武帝重新設置上林令，歸尚書殿中曹和少府管轄。南齊因承宋制。梁和陳上林令都屬司農寺。北魏缺少這方面的記載。北齊和隋朝的上林都屬於司農寺，本朝因承隋制。

丞，定員四人，品秩為從八品下。漢代水衡都尉的上林令下屬有八丞。東漢以及三國魏、西晉的上林都設丞一人，東晉省去。南朝宋〔孝〕武帝恢復設置丞一人，齊、梁、陳都置丞一人。北魏缺少這方面的記載。北齊設上林丞八人。隋朝有丞二人，本朝設置丞四人。

監事，定員十人，品秩為從九品下。

上林署令的職掌是管理苑囿、園池方面的事務；丞是令的副職。在上林苑種植的果樹和蔬菜，都是用來供應朝會和祭祀的需要，殿中省尚食局進獻給御用的膳食的及各官司官廚常用的蔬菜果料的供應，都各有不等的定量。各官司的官吏憑本司的牓文到上林菜圃領取，然後菜圃按文供給。每年季冬十二月藏冰，每年藏冰一千段，每段體積為方三尺，厚一尺五寸。由冰產地所管轄的州在山谷開鑿取得。立春前三日開冰，存放於冰井。《周禮》規定：「凌人的職掌是主管冰，夏曆每年季冬十二月，派人進山鑿冰，冰的數量要有冰庫容積的三倍。到來年仲春開始整治冰鑑，夏天向群臣頒發冰，秋天洗刷冰庫。」鄭玄注：「凌，貯藏冰的庫房；刷，清洗冰庫，以備容納新的冰。當太陽位於西陸附近，百官來朝見天子的春季裏，便要出冰，首先進獻給天子御用。」

【說明】帝王苑囿的修建，最早可以推溯到周代的靈囿，《詩經·大雅·靈臺》：「王在靈囿，麀鹿攸伏；麀鹿濯翟，白鳥翯翯。」毛萇注云：「囿所以域養禽獸也，天子百里，諸侯四十里。靈者，言文王之有靈德也，靈囿言道行於苑囿也。孟子曰：文王之囿，方七十里，蒭蕘者往焉，雉兔者往焉，與民同利也。」文王靈囿故址在今長安縣西四十二里。所謂「方七十里」，大概就是歷代帝王修建苑囿的一個依據吧。但中國的事情，凡為顯示皇權或用於帝王享受的，往往是規模越搞越大，花樣越翻越多。例如漢代的上林苑，周圍廣袤達三百里，甘泉上林更擴展到五百餘里。《三輔黃圖》卷四稱武帝「初修上林苑，群臣遠方各獻名果異卉三千餘種植其中，亦有制美名以標奇異」。苑中樓亭觀閣，更多到不可勝數。單說觀吧，「上林苑有昆明觀，武帝置。又有繭觀，平樂觀，遠望觀，燕昇觀，觀象觀，便門觀，白鹿觀，三爵觀，陽鹿觀，陰德觀，鼎郊觀，樛木觀，椒唐觀，魚鳥觀，元華觀，走馬觀，柘觀，上蘭、郎池觀，富路觀」等。當時，茂陵有個富戶叫袁廣漢，在北山下築園東西四里，南北五里，積沙為洲嶼，激水為波濤，又養珍禽奇獸，植美樹芳草，雖在規模上遠不能與上林相比，但在玲瓏精緻上倒也略勝一籌。結果卻是「廣漢後有罪沒入為官園，鳥獸草木皆移入上林苑中」。這個倒霉的富戶究竟犯了什麼罪，史無明說，這不免使後人懷疑：是否就因為他營造的這個小花園，使皇帝或其周圍某些人發生興趣了呢？

西漢除上林、甘泉苑外，還有：御宿苑，在長安城南御宿川中；思賢苑，孝文帝為其太子建，招賓客苑中；博望苑，漢武帝為太子劉據而建，在長安城南杜門外；西郊苑，內有離宮別館三百餘所，周垣廣達四百餘里。

如此龐大的園林規模，要有一支巨大的管理隊伍和相應的經費來支撐，漢武帝設置水衡都尉以統轄上林諸苑，便是這一建置，它還可以幫助其籌措經費。《史記·平準書》稱：「初，大農筦鹽鐵，官布多，置水衡，欲以主鹽鐵；及楊可告緡錢，上林財物眾，乃令水衡主上林，上林既充滿，益廣。」漢代徵收算賦，人賦百二十為一算，後來「算軺車賈人之緡錢」，商人「各以其物自佔，率緡錢二千而算一」，「楊可告緡徧天下，中家以上大氐皆遇告」，「得民財物以億萬計，奴婢以千萬數」，「於是商賈中家以上大氐破」（《漢書·食貨志》）。楊可告緡後的收入全部進入上林的水衡都尉，它成了少府之外，漢武帝第二個供其個人揮霍的「小金庫」。這雖是漢代上林特有的現象，但小金庫之設，卻在兩千多年後的今天大行其時起來，大小官署以至基層單位往往所在多有，以供長官們諸種公款享受，其中包括嫖娼。據說如今早已「換了人間」，可歷史的嘲弄偏是那樣的無情。

漢以後的上林，特別是北齊和隋、唐的上林署，則主要是執掌苑囿、園池及其蔬果生產的管理。唐代苑囿的規模承隋而來，不亞於兩漢：西京長安有禁苑、東內苑、西內苑，東都洛陽有東都苑。據徐松《唐兩京城坊考》，唐在長安的禁苑即隋之大興苑，東距滻水北枕渭水，西包漢長安城，南接都城，東西二十七里，南北二十三里，周圍一百二十里，四面共有十門。苑中有宮亭二十四所，可考者如南望春亭、北望春亭、坡頭亭、柳圓亭、月坡亭、毬場亭、神泉亭、七架亭、青門亭、桃園亭、臨渭亭、蠶壇亭、禎興亭，青城橋、龍麟橋、棲雲橋、凝碧橋，廣運潭，九曲宮、魚藻宮、元沼宮等。唐在東都的神都苑，西至孝水，北至邙山，南拒兆山，東抵宮城，穀、洛二水會其間，周長一百二十六里。四面共十七門。苑內著名的宮殿有合璧宮、龍鱗宮、明德宮、黃女宮、高山宮、宿羽宮、望春宮、冷泉宮、積翠宮、青城宮、淩波宮，以及芳榭亭、金谷亭等。圈地修建苑囿，盡羅天下珍奇，從古以來就是帝王奢侈靡費的一個重要方面，直到清朝末年，這個傳統也還沒有大的變化，如慈禧太后還把建設北洋海軍的銀兩用於修建她的頤和園，當時已多少感受到了一點世界新思潮的朝野臣民為之譁然，但在帝王心目中這是理所當然的：朕即國家，國即朕家，干爾等草民何事！

二

太倉署：令三人，從七品下。《石氏星經》❶：「天倉六星，在婁南，倉穀所藏❷；南四星天庾，積廚粟之所❸；天囷十三星❹，乃倉廩之屬❺，主御糧也。」《史記》❻云：「武王❼伐殷，散鉅橋❽之粟。」《周禮》❾有廩人下大夫❿、上士。秦、漢大司農屬官太倉令、丞各一人。文帝⓫時，淳于意⓬為之。後漢太倉令一人，六百石⓭。魏品第七，晉、宋、齊、梁、陳亦然⓮。後魏闕文。北齊司農統太倉令、丞⓯。後周有司倉下大夫⓰。隋太令署令二人⓱，米廩督二人，穀倉督四人，鹽倉督二人。皇朝署太倉令三人⑱，東都則曰含嘉倉⑲。

丞六人，從八品下。秦、漢、魏、晉、宋、齊、梁、陳、北齊，皆有丞一人。隋太倉丞六人，皇朝因之。

監事十人，從九品下。

太倉署令掌九穀廩藏⑳之事；丞為之貳。凡鑿窖、置屋，皆銘甎為庾斛之數，與其年、月、日，受領粟官吏姓名。又立牌如其銘焉㉑。輸米、粟二㪷，課稾一圍㉒；三斛，橛㉓一枚；米二十斛，籧篨㉔一領；粟四十斛，者一蕃㉕；麥及雜種亦如之，以充倉窖所用。仍令輸人營備㉖之。凡粟支九年，米及雜種三年。貯經三年，斛聽耗一升；五年已上，二升。凡京官之祿，發京倉以給㉗。中書、門下、御史臺、尚書省、殿中省、內侍省、九寺㉘、三監㉙、左右春坊㉚、詹事府，京兆、河南府，並第一般，上旬給；十八衛㉛、諸王府㉜，率更、家令、僕寺㉝，京都總監、內坊㉞並第二般，中旬給；諸公王府邑司㉟、東宮十率府㊱、九成宮總監、兩京畿府官㊲並第三般，下旬給。餘司無額，準下旬。給公糧者，皆承尚書省符㊳。丁男日給米二升、鹽二勺五撮，妻、妾、老男、小男則減之。若老、中、小男㊴元㊵官及見驅使，兼國子監學生、鍼醫生，雖未成丁，亦依丁例。

【章旨】敘述太倉署令、丞和監事之定員、品秩、沿革及職掌。

【注釋】❶石氏星經　書名。戰國時魏人石申所作。原書名《天文》，八卷，西漢以後尊為《石氏星經》。石氏屬戰國秦漢時期一個重要的天文學派。漢人對其不斷有所修訂和補充。原書已佚。唐《開元占經》輯有其不少片斷材料，諸史天文志亦多有引用。❷天倉六星在婁南倉穀所藏　婁宿，二十八宿中西方七宿之一。《晉書・天文志》：「婁三星，為天獄，主苑收犧牲，供給郊祀，以為興兵聚眾。」在婁宿之南，先是左更五星在東，右更五星在西，其南即為天倉六星。❸南四星天庾積廚粟之所　天庾四星，在天倉六星之西南腳。一說為天庾三星。張衡〈週天大象賦〉：「天庾積粟以示稔。」《晉書・天文志》：「〔天倉〕西南四星曰天庾，積廚粟之所也。」❹天囷十三星　在胃宿三星之南。《宋書・天文志四》：「天囷十三星，如乙形，在胃南。」《晉書・天文志》：「囷，倉廩之屬也，主給御糧也。星見則囷倉實，不見則虛。」《周禮・冬官》：「圓曰囷，方曰倉。」《說文解字》：「囷從禾在口中，圓謂之囷。」❺乃倉廩之屬　句首「乃」字疑誤。正德本及廣池本均作「囷，倉廩之屬」。❻史記　原稱《太史公書》，西漢司馬遷撰，一百三十篇，為我國第一部紀傳體通史。記事起於傳說中之黃帝，迄於漢武帝，首尾三千年左右。❼武王　指周武王。姓姬，名發。以牧野之戰敗殷紂滅商而建立周王朝，都於鎬（今陝西長安灃水以東）。❽鉅橋　商代倉名。遺址在今河北省曲周縣東北。武王滅紂，曾發鉅橋之粟以濟民。❾周禮　儒家經典之一。係搜集周王室官制和各國制度，添附以儒家政治理想，增減排比而成之彙編。❿廩人下大夫　廩人，《周禮》地官大司徒屬官。設有下大夫二人，上士四人，中士八人，下士十六人。廩人之職為「掌九穀之數，以待國之匪（分）頒，賙賜稍食。以歲之上下數邦用，以知足否，以詔穀用，以治年之凶豐」。⓫文帝　西漢皇帝劉恒。在位二十三年，終年四十六。⓬淳于意　齊臨菑（今山東淄博）人，曾任齊太倉令，故世稱倉公。精於醫術，《史記・扁鵲倉公列傳》稱其曾從公孫光學醫，並從公孫陽慶習黃帝扁鵲脈書，為人治病，決死生輒驗。後因故獲罪當刑，無男而有五女，乃嘆曰：「生子不生男，緩急非有益也！」其少女緹縈自傷悲泣，上書願以身代，文帝憐其意，得免，因又頒廢除肉刑之詔令。⓭後漢太倉令一人六百石　《後漢書・百官志》：「太倉令一人，六百石。本注曰：主受郡國傳漕穀。丞一人。」六百石俸，月七十斛。⓮晉宋齊梁陳亦然　據《晉書・職官志》，晉在大司農下設太倉令。《宋書・百官志》記：「晉江左以來，又有東倉、石頭倉丞各一人」；宋在大司農下設「太倉令一人，丞一人」。梁，據《隋書・百官志》在司農卿下設太倉令，又設左、右、中部三倉丞。陳因梁制。⓯北齊司農統太倉令丞　《隋書・百官志》稱北齊司農寺下設太倉令、丞，又有梁州水次倉及石濟水次倉。⓰後周有司倉下大夫　北周仿《周禮》設天、地、春、夏、秋、冬六官府，司倉下大夫為地官府司倉司長官（一說在其上曾設中大夫，此職為次官），員一人，正四命。掌穀物之貯存、加工、使用和借貸，下設小司倉上士以佐其職。北周任司倉大夫者，據《北史》有杜杲；西魏、北周任司倉下大夫者，據《周書》有侯植、裴祥、梁榮等。⑰隋太令署令二人　句中「太令署」當是「太倉署」之訛。《隋書・百官志》稱隋司農寺統太倉等署，各置令二人。⑱皇朝署太倉令三人　《職官分紀》卷二〇引《唐六典》原注此句作「皇朝置太倉令三人」。「署」當作「置」。唐西京太倉設有二處，一在宮城西北角，稱太倉；一在東渭橋，稱北倉或東渭橋太倉。東渭橋倉又分兩部份：輸場和北倉。輸場收納之漕米，由北倉和宮城之太倉貯納，分別供應宮內御用和在京諸司百官之廪祿。⑲東都則曰含嘉倉　含嘉倉為唐東都洛陽之太倉，由司農寺丞兼知此倉事。始建於隋大業九年（西元六一三年），規模宏大，《通典・食貨十二》載其天寶八年（西元七四九年）儲糧達五百八十三萬三千四百石。近年發掘此倉遺址，探出糧窖二百五十九個。由出土的武則天時期的銘磚可知，每窖多則儲糧一萬數千石，少則數千石（見《文物》一九七二年第三期〈洛陽含嘉倉的發掘〉一文）。據此，含嘉倉在武則天時期之總儲量至少在三百萬石左右。⑳九穀廪藏　九穀，穀物之總稱。依《周禮》鄭玄注，九穀為黍、稷、粱、稻、麻、大豆、小豆、小麥和苽。廪藏，指糧食之貯藏。亦稱倉廪。有所謂「穀藏曰倉，米藏曰廪」（蔡邕《月令章句》）之說。㉑自「凡鑿窖置屋」至「又立牌如其銘焉」　此長句言租稅入倉窖時之規範程序。倉窖、倉屋，皆為儲藏糧食設施，窖在地下，圓形；屋設於地面，方形。甎即「磚」字。庾斛之數，泛指倉窖儲粟之數量。庾、斛均為古代容量單位。十六斗為一庾，十斗為一斛，南宋末年改五斗為一斛。唐制，租稅轉運至京師後，集中於輸場經簡納，然後依輸納地區之不同分別儲入倉窖。各倉、窖均有銘磚置於中、標牌立其旁，以為日後檢查監督之依據。唐時倉窖已有多處發現，窖中銘磚時有出土，《八瓊室金石補證》卷三〇錄有敖倉粟窖題字多例，如其中之一為：「貞觀八年十二月廿日，街東從北向第二院，北向南第二行，從西向東第十三窖。納轉運敖倉粟四千碩。太倉署：史，郭威；監事，馬斌；丞，方善才；令，蕭和禮。右監門翊衛，扈子光。左監門翊衛，宇文英。司農丞，鄭務德；司農卿，武城男、崔樞。」銘磚內容，包括輸納時間、倉窖方位、所納糧食之來源及數量和相關職官之姓名，其中司農卿是輸納過程中最後也是最高長官。唐代眾多倉窖銘磚之出土，印證了本書有關倉貯之記述確有所據，只是實際情況要比文字記載更為複雜一些。㉒輸米粟二㪷課稾一圍　此即所謂營窖稅。倉窖修建及其設施要由納稅人分攤。若每丁納租粟二石，便要增課填倉草料十圍。㪷，即「斗」字。稾，據正德本當為「稾」。稾，稻、麥等之稈。㉓楲　用於鑲附於窖壁之木板。㉔籧篨　以蘆葦或粗竹編成之席，用以填於窖底以防潮濕。《說文解字》：「籧篨，粗竹席也。」《淮南子》注：「籧除，葦席。」㉕四十斛者一蕃　句中「者」當作「苫」。苫，即草苫、草薦。用草編成之席狀物，以覆蓋於糧堆之上。每納粟四十斛，須加課草苫一蕃。一蕃猶言一張。㉖仍令輸人營備　輸人，納租庸者。指上述稾、橛、籧除、苫等物料，均須由納租庸者自己營備實物作為附加稅輸納。這些物料唐代前期曾一度折錢徵收，後因弊端太多，至玄宗後期又改徵實物。開元二十三年（西元七三五年）六月敕文稱：「凡是資課、稅戶、租腳、營窖、折里等應納官者，並不須令出見錢，抑遣徵備，任以當土，所司均融支料。」（《冊府元龜》卷四八七）「任以當土」，指依當地所產實物徵收；「營窖」，即此項附加稅之稅目。㉗凡京官之祿發京倉以給　指京師官員祿米由太倉發給。京倉，即太倉。唐制，京官祿半年一給。春夏二季之祿在季春，也即三月給；秋冬二季之祿在季秋，即九月給。下文原注所言給祿次序，即上旬第一般、中旬第二般、下旬第三般，是指季春、季秋兩月之上、中、下旬。據《通典·職官十七》載錄，玄宗時，京師文武官每歲給祿總數為十五萬一千五百三十三石零二斗，即約佔每歲自東都轉運至京一百萬石太倉存糧中的百分之十五強。㉘九寺　指太常、光祿、衛尉、宗正、太僕、大理、鴻臚、司農、太府等九寺。㉙三監　當為「五監」。即國子、少府、軍器、將作、都水等五個獨立的監。㉚左右春坊　太子宮官署名。隋時於東宮置門下坊及典書坊，唐改為左春坊和右春坊，設左右庶子各二人，統宮府事。㉛十八衛　唐禁軍機構總稱。包括左右衛、左右驍衛、左右武衛、左右威衛、左右領軍衛、左右金吾衛、左右監門衛、左右千牛衛和左右羽林軍衛。㉜諸王府　即諸親王府。㉝率更家令僕寺　即太子宮三寺。包括太子率更寺，掌東宮宗族次序及禮樂刑罰之事；太子家令寺，掌皇太子飲膳倉儲庫藏之事；太子僕寺，掌東宮車輿騎乘儀仗之事。㉞內坊　即太子內坊，掌東宮閤內之禁令。㉟諸公王府邑司　句中「公王」，據陳仲夫點校本當為「公主」。公主邑司，掌公主家財貨出入，田園徵封之事，隸於宗正寺。㊱東宮十率府　東宮禁衛機構總稱。包括太子左右衛率府、太子左右司禦率府、太子左右清道率府、太子左右監門率府和太子左右內率府。㊲兩京畿府官　指京兆、河南二府下屬諸畿縣之官。㊳給公糧者皆承尚書省符　諸司公糧之供給對象，是在官府從事勞役之諸色人等，包括上番官戶、官奴婢、上番丁匠。關於上番官戶之給糧標準，本書第六卷第三篇都官郎中員外郎職掌中原注規定：「丁口日給二升，中口一升五合，小口六合。其糧則季一給。諸戶留長上者，丁口日給三升五合，中男給二升。」留長上者，指超過番期繼續服役之官戶人丁。官奴婢之給糧與上番官戶三等標準相同。丁匠之給糧指其超期服役者，若在服役期內則須自備私糧。出給憑證則是尚書省所下之符文。㊴老中小男　指六十以上及十六至二十、四歲至十六歲之男人。唐制，男女始生為黃，四歲為小，十六歲為中，二十一歲成丁，六十歲稱老。㊵元　當係「无」之訛。无即「無」字。

【語　譯】太倉署：令，定員三人，品秩為從七品下。《石氏星經》說：「天倉六星在婁宿三星的南面，是儲藏倉穀的地方；在天倉西南還有四星，那是天庾，是儲積廚粟的場所。在胃宿三星的南面，又有天囷十三星。乃（囷），亦是倉廩一類所在，主管御用糧食的供應。」《史記》記載：「周武王討伐殷紂時，曾經散發鉅橋倉的積穀。」《周禮》在地官司徒的屬官中有廩人下大夫和上士。秦漢在大司農的屬官中，設有太倉令和丞各一人。漢文帝時，淳于意曾經擔任過這個職務。東漢在大司農卿下設太倉令一人，俸秩是六百石，三國魏時列為第七品，南朝的宋、齊、梁、陳亦都有太倉令的設置。北魏缺少記載。北齊司農寺統領太倉令、丞。北周曾設置司倉下大夫。隋在司農寺之下設太倉署令二人，另外又設米廩督二人，穀倉督四人，鹽倉督二人。本朝太倉署置令三人。東都則稱含嘉倉。

丞，定員六人，品秩為從八品下。秦、漢、魏、晉和宋、齊、梁、陳以及北齊的太倉署都設有丞一人，隋設太倉丞六人，本朝因承隋制。

監事，定員十人，品秩為從九品下。

太倉署的令，掌管九穀廩藏的事務，丞是令的副職。凡是開闢地窖和設置倉屋儲藏糧食，都要在磚上銘刻所儲藏糧食的數量，進藏的年、月、日，以及繳納和收受倉粟相關官吏的姓名，並在地窖或倉屋旁樹立標牌，所記內容與磚上銘文一樣。每輸納米、粟二斗，要課繳草一綑；每納三斛，課橛板一塊；每納米二十斛，課籧篨一領；每納粟四十斛，課草者（苫）一張。如果輸納的是麥或其他雜糧，也一樣要附課上述物料，以備營造倉窖之用。這些物料仍然要由輸納租稅的人自行籌備。凡是粟，要準備能儲藏九年；米及各種雜糧要能儲藏三年。貯藏滿三年，每斛容許有一升的損耗量；五年以上，可以損耗二升。凡是京官的廩祿，都從京倉供給。中書、門下、御史臺、尚書省、殿中省、內侍省、九寺、三（五）監、左右春坊、詹事府、京兆河南府，都列為第一批，在上旬發給；十八衛、各王府、太子率更寺、太子家令寺、太子僕寺、西京和東都的總監、太子內坊，都作為第二批，在中旬發給；各公王（主）府的邑司、東宮的十率府、九成宮總監、兩京畿府的屬官，都屬於第三批，在下旬發給。其餘不在上述名額範圍內的各個官司，也都在下旬發給。按規定發給公糧的服役人員，都憑尚書省的符文給付。給付公糧的標準：丁男每日給米二升、鹽二勺五撮，妻、妾、老男、小則相應減少一等。如果老、中、小男沒有官稱和現在官府供役的，包括國子監的學生和學習針灸、醫療的生員，雖未達到成丁的年齡，亦依照丁男的標準給付。

【說　明】唐代穀倉設置有太倉（東都為含嘉倉）、轉運倉、正倉、義倉、常平倉等多種，設於兩京長安的太倉亦有兩處，一稱太倉，一稱北倉。關於太倉的具體倉址，史籍缺乏明確記載，加之長安城後又毀於朱溫，故宋元以來可謂眾說紛紜。所幸是一九三四年三月，在西安南門內發現〈石刻唐太極宮殘圖〉，使得唐太倉倉址在宮城內西北角一說得以認定。北倉，亦稱北太倉、東渭橋倉，位於灞水和渭水交匯之處。唐人沈亞之在〈東渭橋給納使新廳記〉一文中稱之為「天庾」。天庾即天子之庾，與太倉同義。此倉建於高宗咸亨三年（西元六七二年），是年「關中飢，監察御史王師順奏請運晉、絳州倉粟以贍之，上委以運職。河渭之間舟楫相繼，置倉于渭南東」，每年「收貯漕運糙米一十萬石，以備水旱」（《唐會要》卷八七、卷七三六）。北倉直接接納自洛陽轉運來的漕船，貯米遠多於太倉。北倉與宮城內太倉在職能上的區別，前者所貯供百司諸衛、轉輸諸軍以及備荒，後者則主供皇室之膳和百官之祿米。據徐松《唐兩京城坊考》卷一宮城內太極殿外尚有「倉一，曰內倉廩」。此內倉廩當為供宮內膳食者，可能是太倉的一個小分倉。

關於太倉受納儲糧方面的一些規範程序，本章注釋中已簡略作了介紹，需要稍作補充的是有關出給方面的一些情況。本書第二十卷第二篇太府寺左藏令職掌中規定所有庫藏「凡出給，先勘木契，然後錄其名數及請人姓名，署印送監門，乃聽出」。太倉的出給，也規定須由司農丞依尚書省符文給木契和判文，勘合後才予支給，並登錄請領人姓名及領取的糧料之品名和數量，出入大門還須籍旁作為依憑。籍是出入大門的門籍。旁，亦作傍、牓，記錄名數及請者姓名之簡易文書。出納的數量每日都要記帳，每月、每季要彙總，歲終還要上報於司農寺。除了這些行政措施，還制定了相應的法律條文，以保證其實施。如《唐律疏議．廄庫律》規定，負責受、給的官吏，若無故留難便要受到懲罰：「諸有所輸及出給，而受給之官，無故留難，不受、不給者，一日笞五十，三日加一等，罪止徒一年。門司留難亦準此。若請輸後至，主司不依次第，先給先受者，笞四十。」倉吏對倉窖的保管，必須依照規定的操作方法，曝涼以時，否則也將受到懲罰。同律稱：「諸倉庫及積儲財物，安置不如法，若曝涼不以時，致有損敗者，計所損敗坐贓論。疏議曰：倉，謂貯粟、麥之屬；庫，謂器仗、綿絹之類；積聚，謂貯柴草雜物之所。皆須高燥之處安置，其應曝涼之物，又須曝涼以時。」

儘管唐代的倉庫管理制度及相關的法律規定，都該是中國古代歷史上最為完備的，但因受總的體制上的痼疾的影響，弊端還是不少。唐人沈亞之在《東渭橋給納使新廳記》一文中指摘太倉「輕出重入」。所謂「輕出」是指倉官在支出倉穀時扣減份量；「重入」則是受納倉穀時加重份量，也即通常說的大斗進、小斗出，從而中飽私囊。實際索取租穀的手法自然還有很多，比如所謂「加耗」，其中便大有油水可撈。《文物》一九七二年第三期《洛陽含嘉倉的發掘》一文中載有含嘉倉一組銘磚文字，其中之一是：

「（前缺）

向東第七窖

拾柒硬　伍合柒勺壹拾捌抄

州六千七百十八石六斗六升八合正　六十七石一斗八升六合六勺八撮耗」

文中納耗率為正租的百分之一，但至唐中期納耗率已提高到百分之二。《夏侯陽算經·求地稅》中有這樣一道算題：「今有田三百七十九畝，每出稅穀三升納官，每斛加二升耗，問輸正及耗各幾何？」《夏侯陽算經》據今人考證是唐中期作品，正租加耗百分之二可能就是唐中期的通制。這增加的百分之一，乘以每年百餘萬石的存儲總量，那就是一個很大的數目。至於是否真的出於不可避免的自然損耗，那就只有官吏們自己心中有數了。不僅如此，倉吏受納租稅時，在正耗之外，每量一函還要再「索耗物」；而地方負責輸納的官吏，自然也少不了做些手腳，甚至中途盜賣一部份，一概算作「納耗」，回去後再向老百姓攤派。此類情況，在玄宗開元九年（西元七二一年）十月的敕文中，也有所提及：「如聞天下諸州送租庸，行綱發州之日，依數收領，至京都不合有欠。或自為停滯，因此耗損；兼擅將貸易，交折遂多，妄稱舉債賠填，至州重徵百姓，或假託貴要，肆行逼迫，江淮之間，此事尤甚。」（《冊府元龜》卷四八七）此外，還有所謂「揚擲」，也是倉吏刁難勒索輸戶的一種辦法。揚擲本來是為了除去沙石，使租穀乾淨。《舊唐書·食貨志下》載：「先是米至京師，或砂礫糠粃，雜乎其間，開元初，詔使揚擲，而較其虛實，揚擲之名，自此始也。」但是揚擲並沒有一個量化的標準，結果又是「任吏人抑屈百姓」。如此等等，舞弊勒索的妙法，還可舉出不少。總之是，在社會對掌權者還沒有產生出有效的制約機制的條件下，納稅人與受稅人之間不可能有真正的平等的法定關係，納稅人所充當的只能是一頭任人宰割的羔羊。

三

鉤盾署：令二人，正八品上。漢少府屬官有鉤盾令、丞❶。《茂陵中書》❷云：「鉤盾，宦者近署❸，兵器所造。」《昭紀》❹云：「帝初立，年八歲，耕于鉤盾弄田❺。」應劭❻云：「帝時幼，未能親耕帝籍，鉤盾宦者近署，故往試為弄田。」後漢令六百石❼。魏氏闕文。晉大鴻臚屬官有鉤盾令❽，宋、齊、梁、陳省其官。後魏闕文。北齊大司農統鉤盾令、丞❾。隋司農統鉤盾署令三人，掌薪芻及炭、鵝鴨、蒲藺、陂池、藪澤之物❿。皇朝令二人，丞四人。

丞四人，正九品上。漢有五丞⓫。後漢置一人，四百石⓬；又有苑丞、永安、鴻池丞⓭，並隸鉤盾。魏氏因之⓮。隋鉤盾十二丞，皇朝減置四人。

監事十人，從九品下。後漢鉤盾令從官四十人⓯。晉鉤盾令置主簿、錄事各一人。

鉤盾署令掌供邦國薪芻之事；丞為之貳。凡祭祀、朝會，賓客享宴，隨其差降而供給焉。凡京官應給炭，五品已上日二斤⓰。蕃客在館⓱，第一等人日三斤，已下各有差。其和市木橦一十六萬根，每歲納寺⓲；如用不足，以苑內蒿根柴兼之，其京兆、岐、隴州募丁七千人，每年各輸作木橦八十根⑲，春、秋二時送納。若駕在都，則於河南府諸縣市之，少尹一人與卿相知檢察⑳。凡孳生鵝、鴨、雞、彘之屬，皆令官奴婢為課養之。

【章旨】敘述鉤盾署令、丞和監事之定員、品秩、沿革及職掌。

【注釋】❶漢少府屬官有鉤盾令丞　少府，秦官。兩漢皆沿舊名，掌山海地澤之稅，以給帝王供養。《漢官儀》稱：「少府掌山澤陂市之稅，名曰禁錢，以給私養，自為別藏。」少府實為秦漢皇帝私庫，有別於作為國庫之大司農，但其庫藏之豐裕甚至超過大司農，其機構之龐大，屬官之多，在列卿中居首位，其職司多係直接為皇帝個人服務。西漢鉤盾令，秩六百石，由宦官充任，官署設在未央宮中，掌京城附近皇家苑囿。有五丞，為其副貳；另有二尉及鉤盾冗從等。東漢名義上仍隸少府，僅為文屬。掌管京城內外苑囿，離宮池觀，職任頗大，鄭眾、蔡倫等皆以中常侍兼任。屬官更多，有丞、永安丞、苑中丞、果丞、鴻池丞、南園丞、濯龍監、直理監等。❷茂陵中書　當為書名。餘未詳。❸宦者近署　指由宦官主持，其官署接近中宮。宦同「宦」。❹昭紀　《漢書・昭帝紀》之簡稱。下引史實即見於〈昭帝紀〉：「始元元年（西元前八十六年）春二月，己亥，上耕于鉤盾弄田。」❺弄田　《漢書》注引「臣瓚曰：『《西京故事》：弄田，在未央宮中。』師古曰：『弄田為宴游之田，天子所戲弄耳，非為昭帝年幼創有此名。』」❻應劭　字仲袁，汝南南頓（今河南汝南）人。靈帝時舉孝廉，建安二年（西元一九七年），「詔拜劭為袁紹軍謀校尉。時始遷都於許，舊章堙沒，書記罕存。劭慨然嘆息，乃綴集所聞，著《漢官禮儀故事》，凡朝廷制度，百官典式，多劭所立」（《後漢書・應劭傳》）。❼後漢令六百石　《後漢書・百官志三》稱：「鉤盾令一人，六百石。本注曰：宦者，典諸近池苑囿遊觀之處。丞、永安丞各一人，三百石。本注曰：宦者。永安，北宮東北別小宮名，有園觀。苑中丞、果丞、鴻池丞、南園丞各一人，二百石。本注曰：苑中丞主苑中離宮。果丞主果園。鴻池，池名。在雒陽東二十里。南園在雒水南。濯龍監、直里監各一人，四百石。本注曰：濯龍亦園名，近北宮。直理亦園名，在雒陽城西南。」❽晉大鴻臚屬官有鉤盾令　《晉書・職官志》記晉大鴻臚屬官中有園池、華林園、鉤盾等令，又有青宮列丞、鄴玄武苑丞，管轄事務與鉤盾令相近。❾北齊大司農統鉤盾令丞　據《隋書・百官志》北齊設司農寺，非「大司農」。司農寺統鉤盾署令、丞。鉤盾又別領大囿、上林、遊獵、柴草、池藪、苜宿等六部丞。❿掌薪芻及炭鵝鴨蒲蘭陂池藪澤之物　句中「蘭」

字疑訛。近衛校正德本曰：「『蘭』當作『藺』。」《新唐書・百官志》載鉤盾署職掌稱：「掌供薪炭、鵝鴨、蒲藺、陂池藪澤之物，以供祭祀、朝會、饗燕賓客。」薪芻，指冬季取暖用之柴火草料，也包括木炭。蒲、藺，兩種水生植物。蒲能織蓆，藺即燈芯草，可點油燈。陂池，即池沼。藪澤，湖泊沼澤之地。⓫漢有五丞　《漢書・百官公卿表》：「鉤盾五丞兩尉。」⓬四百石　《後漢書・百官志》作「三百石」。⓭苑丞永安鴻池丞　鉤盾所屬三丞。苑丞，《後漢書・百官志》作「苑中丞」。本注曰：「苑中丞主苑中離宮。」永安，本注曰：「北宮東北別小宮名，有園觀。」鴻池，本注曰：「池名，在雒陽東二十里。」⓮魏氏因之　陳仲夫校此云：「上文鉤盾令員品條原注云：『魏氏闕文。』考《晉書・職官志》大鴻臚屬官雖有鉤盾令，而《宋書・百官志》、《南齊書・百官志》、《通典・職官八・諸卿中》鴻臚卿條及鉤盾署條敘百官沿革，均未言魏有此官，四字可疑。」姑錄以備考。⓯後漢鉤盾令從官四十人　《後漢書・百官志》劉昭注引《漢官》曰：「吏從官四十人，員吏四十八人。」⓰凡京官應給炭五品已上日二斤　唐制取暖用木炭，品官分等次供給。本書第四卷第三篇膳部郎中員外郎職掌載：親王每日木橦十根，炭十斤。三品已上供應「炭，春三斤，冬五斤」。此言五品以上日二斤，則略低於三品以上標準。⓱蕃客在館　蕃，亦作「番」。古時對外族之通稱。《周禮・秋官・大行人》：「九州之外，謂之蕃國。」此處蕃客指當時周邊國家之君主或使節等來向唐朝貢者。在館，指受接待住宿於鴻臚寺所屬之客館。唐西京客館位置，據《長安志》卷七在皇城承天門街之西，第七橫街之北，鴻臚寺之西。蕃客之等次由鴻臚寺依據其蕃望及官品論定。本書第十八卷第二篇鴻臚寺典客署令職掌原注云：「三品已上準第三等，四品、五品準第四等，六品已下準第五等。」木炭之供給，亦按蕃客等級為差次。⓲其和市木橦一十六萬根每歲納寺　和市，亦稱和買。由官府出錢向民間購買物品，但實際常常成為一種變相賦稅。木橦，木杜，亦即木料，作燃料用。司農寺每年和市木橦定額為十六萬根。木橦之價格，太宗時曾引起一場官司。《通典・刑法五》：「貞觀十四年（西元六四〇年）尚書左丞韋悰勾司農木橦七十價，百姓者四十價，奏其乾沒，上令大理卿孫伏伽亟書司農罪，伏伽曰：『司農無罪。』上驚問之，伏伽曰：『只為官木橦貴，所以百姓者賤，向使官木橦賤，百姓無由賤矣。但見司農識大體而不知其過。』」這其實是個案，更多的情況是官府以低於市場價的賤價向百姓強買。白居易就有多首詩揭露此種弊端，如〈賣炭翁〉、〈宿紫閣山北村〉等。⓳京兆岐隴州募丁七千人每年各輸作木橦八十根　京兆，府名。唐開元元年（西元七一三年）改雍州置，治長安、萬年等二十縣，轄今陝西秦嶺以北、乾縣以東、銅川以南、渭南以西地。岐，州名。治所雍縣，今陝西鳳翔；治九縣，轄今陝西之周至、麟游、隴縣、寶雞、太白等地。隴，州名。本隴東郡，治汧陰，今陝西省隴縣東南；有三縣，轄今陝西千水流域及甘肅華亭地。七千人，每人每年採木橦八十根，則司農寺每年採木橦可達五十六萬根；若以每根七十文計，年費約四萬貫。⑳若駕在都則於河南府諸縣市之少尹一人與卿相知檢察　駕在都，指皇帝若在東都洛陽過冬。河南府，原洛州，唐開元元年（西元七一三年）改為河南府，治所洛陽，唐東都所在，轄縣二十。少尹，河南府設尹一人，少尹二人，少尹為從四品下。卿，指司農卿。東都皇宮所需木橦，由司農卿及河南府少尹一起在河南府所屬諸縣和市，並互相檢察。據他書，也有部份以官戶奴婢採伐者。如《唐會要》卷三〇洛陽宮條：高宗上元二年（西元六七五年）司農少卿韋機曾上奏：「臣曹司舊式，差丁採木，皆有雇值，今戶奴采斫，足支十年，所納丁庸及蒲荷之值，在庫見貯四十萬貫，用之市材造瓦，不勞百姓，三載必成矣。」

【語　譯】鉤盾署：令，定員二人，品秩為正八品上。西漢少府的屬官中有鉤盾令、丞。《茂陵中書》說：「鉤盾，由宦者執掌，官署靠近中宮，是製造兵器的場所。」《漢書・昭帝紀》說：「昭帝剛繼位，年僅八歲，曾耕作於鉤盾的弄田。」應劭注釋：「當時昭帝尚年幼，還未能舉行親耕籍田的儀式。鉤盾，由宦者主持，官署靠近中宮，所以昭帝前往試著耕田。」東漢在少府下設鉤盾令一人，俸秩六百石。曹魏缺少這方面文字記載。西晉大鴻臚的屬官中有鉤盾令。南朝宋、齊、梁、陳都省去了這一官署的建置。北魏也缺少文字記載。北齊的司農寺下設置鉤盾令、丞。隋在司農寺下屬中有鉤盾署，設置令三人，掌管薪芻、木炭和鵝鴨、蒲藺以及陂池、藪澤所產等物品。本朝設置令二人，丞四人。

丞，定員四人，品秩為正九品上。西漢鉤盾署有五丞，東漢置丞一人，俸秩為四百石；另外還設有苑中丞、永安丞和鴻池丞，都隸屬於鉤盾署。曹魏因承漢制。隋鉤盾署置十二丞，本朝減少到四人。

監事，定員十人，品秩為從九品下。東漢鉤盾令的從官有四十人。晉朝鉤盾令下設有主簿、錄事各一人。

鉤盾署令的職掌是，分管有關國家薪柴草料供應的事務，丞是令的副職。凡是遇有祭祀、朝會和賓客享宴，對參加的官員都依據他們的官品分別等級差次供給。在京官員應給炭的，五品以上，每天供應二斤。蕃客住宿在客館，蕃望列為第一等的，每人每日供應三斤；一等以下各有差次。每年要從和市購得木橦十六萬根，繳納給司農寺。如果尚不足需用，就用苑內的蒿根柴草搭配供給。在京兆府和岐州、隴州等地招募丁傭七千人，每年每人輸交木橦八十根，分春、秋二時送納。如果皇上大駕在東都，那就在河南府所屬各縣和市收購，由河南府少尹一人與司農卿共同檢察此事。凡是孳生的鵝、鴨、雞、豬一類禽畜，都由所屬的官奴婢作為役課飼養。

【說　明】本章鉤盾署職掌中供應木橦一事，記述頗詳。說到其來源，除從園苑採樵外，還有募丁採造與和市採購。不僅宮廷，地方官府也有柴薪木炭之需，也要採造與和市。木炭主要用來取暖，因而供給標準冬高於春：三品以上「炭，春三斤，冬五斤」（見前四卷三篇）。後來，木炭成為主要的燃料，鉤盾署的職掌亦逐漸為木炭使所取代。《唐會要》卷六六：「〔玄宗〕天寶五載（西元七四六年）侍御史楊釗充木炭使，〔代宗〕永泰元年（西元七六五年）閏十月，京兆尹黎幹充木炭使，自後京兆尹常帶使，至大曆五年（西元七七〇年）停。〔德宗〕貞元十一年（西元七九五年）八月，戶部侍郎裴延齡充京西木炭採造使，十二年（西元七九六年）九月停。」這些木炭使的職銜、品秩都要高於鉤盾署令。唐代中後期宮市盛行，「宮中有要市外物，令官吏主之，與人為市，隨給其值」（韓愈《順宗實錄》二）。此時不僅以京兆尹、戶部侍郎充當採造木炭的使臣，而且還派中官作使，此後的所謂和市，常常是以宮中需要的名義，直接向燒炭的農民掠奪。白居易《新樂府》中，有一首〈賣炭翁〉，說的就是木炭使和市木炭的狀況：「賣炭翁，伐薪燒炭南山中，滿面塵灰烟火色，兩鬢蒼蒼十指黑。賣炭得錢何所營？身上衣裳口中食。可憐身上衣正單，心憂炭賤願天寒。夜來城外一尺雪，曉駕炭車輾冰轍。牛困人飢日已高，市南門外泥中歇。翩翩兩騎來是誰？黃衣使者白衫兒，手把文書口稱敕，迴車叱牛牽向北。一車炭，千餘斤，宮使驅將惜不得，半匹紅紗一丈綾，繫向牛頭充炭直。」陳寅恪先生在論及此詩時，認為韓愈《順宗實錄》所記一段史實，即樂天詩之注腳（《元白詩箋征稿》），不可不讀。其文稱：「〔德宗〕貞元末，以官者為使，抑買人物，稍不如本估。末年，不復行文書，置白望數百人於兩市并要鬧坊，閱人所賣物，但稱宮市，即斂手付與，真偽不復可辨，無敢問所從來，其（與）論價之高下者，率用百錢物，買人直數千錢物，仍索進奉門戶并腳價錢。將物詣市，至有空手而歸者。名為宮市，而實奪之。嘗有農夫以驢負柴至城賣，遇宦者稱宮市取之，纔與絹數尺。又就索門戶，仍邀以驢送至內。農夫涕泣，以所得絹付之，不肯受。曰：須汝驢送柴至內。農夫曰：我有父母妻子，待此然後食，今以柴與汝，不取直而歸，汝尚不肯，我有死而已。遂毆宦者，街吏擒以聞。詔黜此官者，而賜農夫絹十匹，然宮市亦不為之改易。」一齣悲劇居然還能帶著喜劇的色彩告終：作惡的官官得到了貶黜，受害的農民獲得了賞賜，畢竟「皇恩浩蕩」啊！就是白居易的〈賣炭翁〉，直接抨擊的也是宦官：「黃衣使者白衫兒，手把文書口稱敕」。口稱敕者，含有假借、盜用之意，彷彿皇帝總是好的。這種思想形成了一種傳統觀念，以至直到如今，人們還習慣於使用一種邏輯，以為上下兩頭任何情況下都是好的，事情就敗壞在中間一層上。但其實韓愈對此種現象的本質所在還是有所認識的，因而在喜劇落幕時還告白一句：「然宮市也不為之改易。」但韓愈的第一次倒霉也就倒在這種認識上。《舊唐書》本傳：「德宗晚年，政出多門，宰相不專機務。宮市之弊諫官論之，不聽。愈嘗上章數千言極論之，不聽。怒。貶為連州山陽令。」韓愈當時雖然官已做到監察御史，畢竟還是沒有脫盡書生意氣，結果落了個降職下放。朝政之事，你在三呼萬歲之餘，肯定「九個指頭」輝煌成就之後，不痛不癢說上三兩句一個指頭的問題以示今上言路之廣開或許還可以，豈能容你真兒八經地「極論之」呢？

四

導官署：令二人，八品上❶。秦、漢少府屬官有導官令、丞❷，主擇米以供祭祀及御饌。導，擇也。後漢屬大司農❸，令六百石，丞三百石❹。魏、晉、宋、齊皆有令、丞❺。梁在七班之下，為三品勳位❻；陳因之。後魏闕文。北齊及隋皆有令、丞❼，並屬司農。皇朝因之，置令二人。

丞四人，正九品上❽。秦、漢、魏皆有丞，晉氏不置，宋、齊又置，梁、陳復省。隋有五丞，皇朝置四人。

監事十人，從九品下。晉導官令置主簿、錄事、酒吏、豉吏等。北齊導官有御細部、麴麲部、典庫部等倉督❾。隋導官署有御細倉督、麴麲等倉督❿。

導官署令掌供御導擇米麥之事；丞為之貳。凡九穀⓫之用，有為糗精⓬，有為麴蘗⓭，有為粉脂⓮，皆隨其精麤，差其耗損，而供給之。

【章　旨】敘述導官署令、丞和監事之定員、品秩、沿革及職掌。

【注　釋】❶八品上　《通典．職官二十二．大唐官品》作「正八品下」，《新唐書．百官志》亦同；《舊唐書．百官志》則作「正八品上」。❷秦漢少府屬官有導官令丞　少府，掌山海池澤之稅，名為禁錢，以給皇帝私養，自為別藏。《漢書．百官公卿表》少府屬官中有導官令、丞。導，本為「䆃」字。《宋書．百官志》：「䆃官令一人，丞一人。」《封泥考略》卷一，十三頁有「䆃官丞印」，三十六頁有「䆃官䆃丞」封泥，可證「導」原作「䆃」。又《北堂書鈔》卷五引《環濟帝王要略》：「䆃官令掌諸御米飛麵也。」與封泥及漢印合。䆃，本義為嘉禾。《字林》：「禾一莖六蕙謂之䆃也。」用作官名，䆃、導可通，意為擇。《漢書．張湯傳》「導官」句顏師古注：「導，擇也，以主擇米，故曰導官。」其職掌為皇帝揀選御米，御米要揀選嘉禾，並除去沙石一類細小雜物才許進用。❸後漢屬大司農　《後漢書．百官志》大司農卿屬官中有「導官令一人，六百石。本注曰：主舂御米，及作乾糒。導，擇也。丞一人」。六百石俸，月七十斛。❹三百石　三百石俸，月四十斛。❺魏晉宋齊皆有令丞　魏、晉、宋、齊皆有令，然並非皆有丞。《晉書．職官志》但言導官令，未提導官丞；下文導官丞員品條原注亦云「晉氏不置」。故「丞」字當係衍文。❻梁在七班之下為三品勳位　梁在武帝天監七年（西元五〇八年）革選，徐勉為吏部尚書，定為十八班，以班多為貴。位不登十八班者，另列七班，七班之下有三品勳位和三品蘊位。據《隋書．百官志》梁導官令列三品蘊位，非三品勳位。❼北齊及隋皆有令丞　據《隋書．百官志》，隋置導官署令二人。❽正九品上　《通典．職官二十二．大唐官品》作「正九品下」。然《舊唐書．職官志》及《新唐書．百官志》導官署丞皆與此處同，為正九品上。❾北齊導官有御細部麴麮部典庫部等倉督　《隋書．百官志》句中「官」下有「署」字。又，「麮」係錯寫，當作「麪」，即今「麵」字。下一「麮」亦同。❿隋導官署有御細倉督麴麮等倉督　《隋書．百官志》隋導官署有御細倉督二人，麴麪倉督二人。⓫九穀　據《周禮》為稷、秫、黍、稻、麻、大豆、小豆、大麥、小麥。⓬糗精　由炒熟米麥製成之乾糧。糗，炒熟之米麥。精，乾糧。⓭麴蘗　蘗，正德本作「蘖」。均誤。當作「糵」或「孽」。麴糵，釀酒或製作饅頭所用之發酵劑，或稱酵母。⓮粉脂　米粉、麵粉。

【語　譯】導官署：令，定員二人，品秩為正八品上。秦漢時，少府的屬官中有導官令、丞，負責揀米，用以供應祭祀和君王的御膳。導，意思是揀擇。東漢時，導官令、丞為大司農的屬官，令的俸秩是六百石，丞是三百石。魏、晉和南朝宋、齊都設有導官令、丞。梁時導官令的品秩在七班之下的三品勳（蘊）位；陳因承梁制。北魏缺少這方面的文字記載。北齊和隋朝都設有令和丞，都是司農寺的屬官。本朝因承隋制，設令二人。

丞，定員四人，品秩為正九品上。秦、漢和三國魏導官署都設有丞，晉朝沒有設置。宋、齊又設置，梁、陳又省去。隋朝設有五丞，本朝置四人。

監事，定員十人，品秩為從九品下。晉在導官令下設有主簿、錄事、酒吏、豉吏等官吏。北齊導官署的屬官有御細部、麴麮（麮）部、曲庫部等倉督。隋朝導官署的屬官有御細倉督、麴麮（麮）倉督等員吏。

導官署令的職掌是，負責揀擇供君王御用的米、麥方面的事務；丞是令的副職。關於九穀的用途，有炒熟了製成乾糧的，有為釀酒或發麵製作麴蘗（蘖）的，有碾成為米粉、麵粉的，都要按照糧食的或精或粗，規定不等的損耗率供給。

諸倉監・司竹監・溫泉湯監・京都苑總監・四面監・諸屯監・九成宮總監

【篇　旨】本篇敘述司農寺下屬中除四署外的諸監屯的監、副監、丞和主簿的定員、品秩以及沿革和職掌。司農寺下屬的諸監，包括太原、永豐、龍門等諸轉運倉和司竹監、溫泉監、京都苑總監、京都苑四面監、諸屯監、九成宮監等。本篇末尾四庫本及諸本皆有較多闕文，為便於連讀，姑依廣雅本雜採諸書所補，詳見四章❶注說明。

太原、龍門、永豐等倉，在唐倉廩系統中屬轉運倉。秦漢和隋唐都建都於關中，而其糧食的需求，則主要依靠關東的河東、河北以及江淮地區漕運，太原、龍門、永豐等倉便是為漕運至東都洛陽的糧食再轉輸到西京長安而設。太原、永豐二倉隋時已有，前者原是陝州的常平倉，後者原為華州的廣通倉，二倉是洛陽至長安間河渭轉運系統主要糧倉。龍門倉則建於開元二年（西元七一四年），轉輸河東、河北的糧食。除上述三倉外，屬於司農寺管轄的轉運倉還有不少，如河陰倉、柏崖倉，三門峽東側的集津倉，西側的鹽倉即三門倉，以及洛州的河陽倉和渭南諸倉等。唐代諸倉糧食的出納、貯藏、轉輸、耗損及其籍帳，都有嚴格的管理制度。

司竹監掌竹園養植方面的事務，以供應宮掖及百司所需簾、籠、筐、篋等竹製品，並向尚食供竹筍。從秦漢以後，在陝西的鄠縣、盩厔、武功等地有大片天然竹園，歷代多於此設司竹監，只是後來已不見記載。

溫泉湯監，掌溫泉的管理及附近園畦瓜果的種植。溫泉湯位於新豐縣東南驪山西北麓。自秦皇、漢武在此經營離宮起，至北周、隋唐歷代皆有修建。貞觀時賜名溫湯宮，高宗時稱溫泉宮，天寶時又改名華清宮，其修建之規模在玄宗朝達到鼎盛期。天寶時，玄宗一年之中的冬春季節大多在此度過。唐置湯監的除溫泉湯監外，尚有石門湯、慶善湯、廣成湯、鳳泉湯等。

唐代西京、東都各處苑囿皆設監管理。京、都各有總監和按東、南、西、北方位而設的四面監，以掌苑內宮館、園池、禽魚、果木。

諸屯監，指畿內屬司農寺管轄的諸屯監，計有監牧屯田、鹽池屯田、軍器監屯田及宮苑屯田等共四十九屯。《新唐書・百官志》則除諸屯監外，另有諸鹽池監，也隸屬於司農寺。

九成宮總監，掌宮苑的管理。九成宮的前身是隋文帝所修建的仁壽宮，其遺址在今陝西麟遊縣城西之天台山上。唐於貞觀初年即加以擴建，為太宗每年避暑的離宮，同時也曾令術士在此為帝王煉製長生之藥，故九成宮監職掌中列有「供進合練藥餌」一事。

一

太原、永豐、龍門監❶：每倉監一人，正七品下。《漢書》酈生云：「據敖倉之粟❷。」又，吳有海陵倉；大司農屬官有諸倉長、丞❸。後漢河南尹屬官有滎陽穀倉長、丞❹。《魏書》有邸閣倉❺，亦其事也。東晉有東倉、石頭倉❻，宋、齊因之。梁司農統左、中、右三部倉丞❼，陳氏亦同。後魏闕文❽。北齊司農有梁州及石濟之水次倉❾。隋初，漕關東之粟以實京邑，衛州黎陽倉❿、滎陽洛口倉⓫、洛州河陽倉⓬、陝州常平倉⓭，潼關、渭南亦皆有倉⓮，以轉運之，各有監官。皇朝因之。

丞二人，從八品上。

諸倉監各掌其倉窖儲積之事；丞為之貳。凡粟出給者，每一屋、一窖盡，賸者附計，欠者隨事科徵；非理欠損者，坐其所由，令徵陪⑮之。凡出納帳，歲終上于寺焉。

【章旨】敘述太原、永豐、龍門諸倉監、丞之定員、品秩、沿革及職掌。

【注釋】❶太原永豐龍門監　近衛校明本曰：「依目錄，『龍門』下當有『等諸倉』三字，『監』字可削。」太原、永豐、龍門，為唐代三處轉運倉。太原倉，前身為隋之常平倉，在陝州陝縣，今河南之陝縣。《新唐書．地理志二》在河南府陝州之陝縣有太原倉。永豐倉，前身為隋之廣通倉，在京兆府華州華陰縣，今陝西之華陰縣。《新唐書．地理志》稱在京兆府華州之華陰縣「有潼關，有渭津關，有漕渠，自苑西引渭水，因古渠會灞、滻，經廣運潭至縣入渭，天寶三載（西元七四四年）韋堅開，又有永豐倉，有臨渭倉」。太原倉在黃河三門峽河段之西，永豐倉則位於黃河與渭河交會處，這是保障西京糧食供給河渭轉運線上兩個比較關鍵的轉運倉。始建於隋，《隋書．食貨志》：「開皇三年（西元五八三年）朝廷以京師倉廩尚虛」，「於衛州置黎陽倉，洛州置河陽倉，陝州置常平倉，華州置廣通倉，轉相灌注。漕關東及汾、晉之粟，以給京師」。《通典．食貨七》：「隋氏西京太倉，東京含嘉倉、洛口倉，華州永豐倉，陝州太原倉，儲米粟多者千萬石，少者不減數百萬石。」龍門倉，在唐河東道河中府龍門縣，縣之治所為今山西之河津縣，倉即置於縣城之西。《新唐書．地理志》河中府龍門縣下「有龍門倉，開元二年（西元七一四年）置」，接納汾晉之粟以轉漕關中。唐先後設置之轉運倉頗多，此處太原、永豐、龍門三倉只是舉例而已。❷漢書酈生云據敖倉之粟　《漢書》，東漢班固撰，一百篇，分一百二十卷，是我國第一部紀傳體斷代史。酈生，指酈食其，陳留高陽（今河南省杞縣西南）人，號廣野君。曾助劉邦定計下陳留，常為說客使諸侯，以憑軾下齊七十餘城著聞，後因韓信襲齊而為齊所烹。敖倉，古倉名。在河南滎陽之北。秦建為轉運倉，以使通過河、渭轉輸至咸陽。申奇彩《河陰縣志》卷二：「敖倉去邑城西北二十里，山本名敖，秦置倉其上，會天下粟，轉輸于此，故名敖倉。」漢三年（西元前二〇四年），劉邦數為項羽所困，不得已棄滎陽而退守鞏、洛；項羽拔滎陽而不據敖倉，仍引兵東進，酈食其為此說劉邦曰：「王者以民為天，而民以食為天。夫敖倉，天下轉輸久矣，臣聞其下乃有藏粟甚多。楚人拔滎陽，不堅守敖倉，乃引而東，令適卒分守成皋，此乃天所以資漢。」建議劉邦「急復進兵，收取滎陽，據敖倉之粟，塞成皋之險，杜太行之道，距飛狐之口，守白馬之津，以示諸侯形制之勢，則天下知所歸矣」。劉邦「乃從其畫，復守敖倉」（《漢書・酈食其傳》）。在當時歷史條件下，誰佔有糧倉，誰便能聚眾以贏得戰爭的勝利。漢惠帝六年（西元前一八五年）曾對敖倉作過一次修築。唐初貞觀八年（西元六三四年），敖倉作為轉運倉，又重新被啟用。❸大司農屬官有諸倉長丞　《漢書・百官公卿表》在大司農之下有「郡國諸倉監、都水六十五官長、丞皆屬焉」。《史記・倉公列傳》有淳于意為齊太倉長。《漢書・張敞傳》有張敞為甘泉倉長。❹滎陽穀倉長丞　《後漢書・百官志》大司農條本注有「滎陽敖倉官」句。句中「穀」當是「敖」之誤。❺魏書有邸閣倉　〈魏書〉，指《三國志》之〈魏書〉。《三國志》，西晉陳壽撰。記魏文帝黃初元年（西元二二〇年）至晉武帝太康六年（西元二八〇年）間魏、蜀、吳三國史事。計〈魏書〉三十卷，〈蜀書〉十五卷，〈吳書〉二十卷。邸閣，軍屯蹊要儲糧之所稱邸閣，《三國志》提到有多處。如《三國志・蜀書・蜀後主傳》：「建興十一年（西元二三三年）諸葛亮「使諸軍運米，集於斜谷口，治斜谷邸閣」。此邸閣倉位於斜谷口，在今陝西省郿縣西南。❻東晉有東倉石頭倉　《宋書・百官志》：「太倉令一人，丞一人。秦官也。晉左江以來，又有東倉、石頭倉丞各一人。」東晉時，東倉、石頭倉皆屬太倉管轄。❼梁司農統左中右三部倉丞　《隋書・百官志》稱梁「司農卿主農功倉廩，統太倉、左右中部三倉丞」。又《隋書・食貨志》稱：「其倉，京都有龍首倉，即石頭津倉也；臺城內倉，南塘倉，常平倉，東西太倉，所貯總不過五十餘萬。在外有豫章、釣磯倉、錢塘倉，並是大貯備之倉。自餘諸州郡臺傳，亦各有倉」。梁倉如此分佈，當是承東晉及宋、齊而來。上注中東晉之石頭倉，似即此龍首倉，亦稱石頭津倉，或許即三部倉之中部倉，左、右部倉則可能即是東、西太倉。❽後魏關文　《魏書》中雖未有直接記載，但《通典・食貨十》漕運條則謂北魏「于小平（今河南孟津東北）、石門（今滎陽北）、白馬津（今河南省滑縣南）、漳涯（今址不詳）、黑水（今址不詳）、濟州（今山東東阿西北）、陳郡（今河南沈丘）、大梁（今河南開封），凡八所，各立邸閣」。即沿黃河，經蒗蕩渠，接蔡水、潁水至淮北，設置八個轉運倉，以轉運中州之糧南下，便於在江淮用兵。❾北齊司農有梁州及石濟之水次倉　《通典・食貨十》漕運條稱：東魏「于諸州緣河濟津，皆官倉貯積，以擬漕運」。北齊承東魏之舊。據《隋書・百官志》，北齊之司農寺統太倉署及梁州水次倉、石濟水次倉。北齊梁州在今之河南省開封市。石濟今址不詳。❿衛州黎陽倉　衛州，北周分相州汲郡置。治所隋時為衛縣，今河南省淇縣。黎陽倉，故址在今淇縣東北部，黃河邊上。⓫滎陽洛口倉　滎陽，即今河南滎陽。洛口倉在滎陽之西，靠近鞏縣，唐時屬鞏縣。《新唐書・地理志》河南府鞏縣「有洛口倉」。隋煬帝大業二年（西元六〇六年）在洛水入河處新置洛口倉，即興洛倉（見《資治通鑑》卷一八〇）。⓬洛州河陽倉　洛州，治洛陽，唐為河南府。河陽倉在洛陽北河陽，今河南之孟縣。⓭陝州常平倉　陝州，即今河南省陝縣。隋在陝州之常平倉，即唐之太原倉，位於黃河三門峽河段之西。⑭潼關渭南亦皆有倉 潼關在今陝西之華陰縣。隋在潼關有廣通倉，即唐之永豐倉。渭南，在今陝西之渭南，有渭南倉。⑮陪 通「賠」。

【語譯】太原、永豐、龍門等〔監〕〔各個倉〕：每倉都設監，定員一人，品秩是正七品下。《漢書》中記載有酈食其建議劉邦「把守敖倉所藏糧食」這樣的話。又，三國吳有海陵倉。漢大司農屬官中有郡國各農倉的長和丞。東漢河南尹的屬官中設有滎陽穀（敖）倉長和丞。《三國志・魏書》中提到有邸閣倉，也是有關轉輸倉的事。東晉在京都設有東倉和石頭倉，南朝的宋、齊因承東晉的這一體制。梁司農卿統領左、中、右三部倉丞，陳因承梁制。北魏缺少這方面的文字記載。北齊司農寺的屬官中有梁州和石濟的水次倉。隋朝初年，為轉運關東的糧食充實京師，設置了衛州的黎陽倉，滎陽的洛口倉，洛州的河陽倉，陝州的常平倉，潼關和渭南也都設有糧倉，用以轉輸漕粟，各倉都設有監官。本朝因承隋制。

丞，定員二人，品秩為從八品上。

各倉倉監的職掌是，各自分管所轄倉窖所積儲的糧食；丞是監的副職。凡是出給儲粟，每一倉屋、每一地窖出盡後，如果還有剩餘，附上計帳；欠缺的，要隨事向轉納的科徵；屬於非理虧欠貯粟的，那就要查明其原因，令責任者徵納賠償。關於出納的帳本，每年年終要上報給司農寺。

【說明】本章所敘的太原、永豐、龍門等轉運倉，與前二章所敘的太倉署諸倉，加上本書未予提及的各地的正倉和軍倉，構成了唐代與漕運配套設置的一個完整的倉廩系統。如果說東都洛陽的含嘉倉和西京長安的北倉、太倉，分別是轉輸漕運的起點和終點的話，那麼太原、龍門、永豐諸倉便是由東向西依次分佈於黃河沿岸的中間站或中間環節。在當時，這一漕運和倉廩系統，猶如循環於人體周身的血管，是它供給了整個王朝得以啟動、運作的生命能量。不僅如此，所謂「兵馬未動，糧草先行」，在歷史上，戰爭的勝負，很大程度上還決定於誰控制了倉廩的糧食儲備。本章原注中提到的酈食其建議劉邦取滎陽、據敖倉以把握戰爭主動的策略，便是常被證引的一個例子。「王者以民為天，而民以食為天」（酈食其語，見《漢書》本傳）。王者未必以民為天，但他和他的臣屬、將士都以食為天，卻是一個淺顯而鐵定的真理。漢初周亞夫打敗吳楚七國，縱然有多種因素，就戰略角度而言，極重要的一著，便是搶先佔領了敖倉，斷了吳王的糧道，致使七國之軍不戰而潰。這一觀點，大體也適合於用來解說唐代隋興。《隋書・食貨志》稱：「是時李密據洛口倉，聚眾百萬。越王侗與段達等守東都。東都城內糧盡，布帛山積，乃以絹為汲綆，燃布以爨。代王侑與衛玄守京師，百姓饑饉，亦不能救。義師入長安，發永豐倉以賑之，百姓方蘇息矣。」可以說李密的勃起得力於洛口倉，李淵能在長安站穩腳跟，也有賴於永豐倉。具有諷刺意味的是，此二倉都以隋煬帝為他們留下的糧儲作家底。

倉廩和漕運在唐王朝整個經濟結構中的地位，《舊唐書・食貨志》前言有過一個概括性的表述：「大抵有唐之御天下也，有兩稅焉，有鹽鐵焉，有漕運焉，有倉廩焉，有雜稅焉。」在這裏，兩稅、鹽鐵和雜稅，是唐王朝財政的來源，漕運則是為賦稅提供運輸。不能認為運輸只是貨物位置的轉移，似乎並不創造價值，而把它排除在經濟部門之外。事實上任何為他人生產的產品要實現消費，都離不開運輸這一中間環節，而且越是在交通不發達的時代或地區，這種重要性就越是顯得突出。至於唐代的漕運和倉廩，由於當時市場經濟還處於初始階段，賦稅主要還是糧食和絹帛等實物形態，因而更成為有著特殊意義的經濟部門。

唐代倉廩系統的運作情況大體是這樣的：糧食斂集，主要依靠各地的正倉和軍倉，再通過漕運，主要依靠轉運倉，將其轉輸到西京和東都的太倉、含嘉倉；最後由中央財政作出分配，如何按規定把糧食輸送到皇室和各個官僚機構。很明顯，要保證上述系統的正常運作，關鍵是運輸要暢通，但在當時歷史條件下，數千里長途跋涉，實在困難重重。《新唐書・食貨志》稱：「初，江淮漕租米至東都輸含嘉倉，以車或馱陸運至陝。而水行來遠，多風波覆溺之患，其失嘗十七八，故其率一斛得八斗為成勞。而陸運至陝，纔三百里，率兩斛計傭錢千。民送租者，皆有水陸之值，而河有三門底柱之險。顯慶元年（西元六五六年）苑西監褚朗議鑿三門山為梁，可通陸運，乃發卒六千鑿之，功不成。其後將作大匠楊務廉又鑿為棧，以輓漕舟，輓夫系二鈲於胸，而繩多絕，輓夫墜崖死，則以逃亡報，因縶其父母妻子，人以為苦。」文中提到，若走水路，則其中三門峽水勢湍急險惡運段，很難超越，高宗顯慶時曾發卒欲鑿山為梁，但功不成。開通三門航程之事，早在太宗貞觀時已作過嘗試。如三門峽摩崖題刻人門VT段T6刻段便有這樣刻辭：「大唐十六年（西元六四二年）四月三日，岐州郿縣令侯懿，河北縣古城師、前三門折衝侯宗等，奉敕造兩艘，各六百石，試上三門，記之耳。」（見中國科學院考古研究所《三門峽漕運遺跡》四〈摩崖題刻與碑記〉）但貞觀時期轉運至京師的年漕運糧食量，大多保持在二十萬石左右，困難還不是很大；到了高宗時期，猛增到一百萬石以上，三門峽地段瓶頸對整個漕運能力的制約和限制就顯得非常嚴重。這樣一旦關中地區遇上乾旱災荒，連皇帝也不得不帶著文武官員和部份百姓去了供糧不受三門峽瓶頸影響的關東洛陽地區。 去幹什麼呢？史家用了一個頗為真切而形象地反映當時人們無奈和狼狽的詞：「就食」。此類就食之事，在隋文帝已有露頭，如開皇十四年（西元五九四年）「關中大旱，人飢，上幸洛陽，因令百姓就食，從官並准見口賑給，不以官位為限」（《隋書・食貨志》）；到了唐代就更多。高宗自顯慶二年（西元六五七年）至咸亨三年（西元六七二年）這十五年間，四次帶領百司和禁軍去東都，前後留駐東都達六年半之久，咸亨以後十四年，又三次去東都，並卒於東都。武后稱制及稱帝後的二十年間，實際上都生活在東都洛陽，所以那時漕糧的轉輸便以洛陽為中心。中宗即位後，朝廷自洛陽遷回長安，政治中心又轉到了關中，這時京師漕糧供應不足的矛盾再度日趨尖銳起來，到玄宗執政時期，不得不四次赴東都就食，促使他下決心來解決這一難題。開元十八年（西元七三〇年），宣州刺史裴耀卿，以朝集使的身份進京，玄宗詢以漕事，耀卿條上漕運便宜事稱：「竊見〔江南〕每州所送租及庸調，本州正二月上道，至揚州入斗門，即逢水淺，已有阻礙，須留一月已上。至四月已後，始渡淮入汴，多屬汴河乾淺，又搬運停留。至六七月始至河口，即逢黃河水漲，不得入河。又須停一兩月，待河水小，始得上河。入洛即漕路乾淺，船艘隘鬧，船載停滯，備極艱辛。計從江南至東都，停滯日多，得行日少，糧食既皆不足，欠折因此而生。又江南百姓不習河水，皆轉雇河師水手，更為損費。」（《舊唐書・食貨志》）從江南運送倉粟的船隻，一路行行停停，歷盡艱難險阻，竟要費半年多時間才能到達洛陽，其間人力、財力之費，包括沿途的損耗可想而知。裴耀卿的建議是：「可於河口置武牢倉，鞏縣置洛口倉，使江南之舟不入黃河，黃河之舟不入洛口，而河陽、柏崖、太原、永豐、渭南諸倉，節級轉運，水通則舟行，水淺則寓於倉以待，則舟無停留，而物不耗失。」（《新唐書・食貨志》）就是把由一艘船曠年長運改為「節級轉運」，即分段運輸，不但可以免受水漲水落的影響，也避開三門底柱之險，自太原倉泝河入渭，不用停留便可直抵京師長安的東渭倉。是年裴耀卿遷為京兆尹。開元二十一年（西元七三三年）

京師雨水，穀價踴起，玄宗將赴東都，又找裴耀卿詢問漕事，接受並命實施其建議，分汜水、滎澤、武陟三縣地置河陰縣並設河陰倉，又於河清縣置柏崖倉，三門東、西分置集津倉和鹽倉，兩倉之間則採取陸運。這樣，江淮的漕運至河陰倉，由河陰倉經柏崖倉、集津倉、鹽倉而至太原倉，稱之為北運；再自太原倉經河入渭至永豐倉，直抵京師太倉的北倉即東渭橋倉。至於河東、河北的糧運，則由龍門倉運至永豐倉再轉入關中，從而完成了一個全部租粟漕運至京師的有序網絡。於是玄宗大悅，拜裴耀卿為黃門侍郎、同中書門下平章事，兼江淮河南轉運都使，主持漕運大計。這個計劃實施三年，漕七百萬石，省運腳三十萬貫。天寶三年（西元七四四年），韋賢自苑西引渭水，利用漢、隋運渠故道開漕河，至永豐倉下而與渭水合，提高了永豐倉轉輸的能力，這一年漕山東粟四百萬石。這樣，便大體解決了京師缺糧這一曾長期困擾唐王朝的難題。

在安史之亂中，洛陽、長安曾先後陷落，漕運的線路遭到破壞。戰亂平息後，代宗命劉晏恢復河汴漕運轉輸設施。《資治通鑑》卷二二三載其事稱：「時兵火之後，中外艱食，關中米斗千錢，百姓挼穗以給禁軍，宮廚無兼時之給。晏乃疏浚汴水，遺元載書（胡三省注：「時元載為相，故遺書言漕運事。」），具陳漕運利病，令中外相應。自是每歲運米數十萬石以給關中。唐世推漕運之能者，推晏為首，後來者皆遵其法度云。」劉晏的辦法是「緣水置倉，轉相授給」，針對江、汴、河、渭四水不同的水文情況，通過轉運倉實施以不同的船舶節級轉輸，可說是裴耀卿經驗的繼承和發展。從而做到「江船不入汴，汴船不入河，河船不入渭；江南之運積揚州，汴河之運積河陰，河船之運積渭口，渭船之運入太倉。歲轉粟百一十萬石，無升斗溺者」（《新唐書・食貨志》）。劉晏的這番籌劃，改善了唐代中後期京師長安的糧食供應狀況，維護了國家機器的持續運轉。但當一個政權的命運在很大程度上有賴於這樣一條運輸線來支撐的時候，這個政權就再也經不起一點風吹草動了。偏偏風吹草動的事總是常有。如德宗「貞元初，關輔宿兵，米斗千錢，太倉供天子六宮之膳不及十日，禁中不能釀酒，以飛龍駝負永豐倉米給禁軍，陸運牛死殆盡……」（《新唐書・食貨志》）。

二

司竹監：監一人，正七品下。漢官有司竹長、丞。魏、晉河內淇園❶竹各置司守之官，江左省。後魏有司竹都尉。北齊、後周並闕。隋有司竹監及丞，皇朝因之。今在京兆❷鄠❸、盩厔❹，懷州河內縣❺。

副監一人，正八品下。

丞二人，從八品上。

司竹監掌植養園竹之事；副監為之貳。凡宮掖及百司所須簾、籠、筐、篋之屬，命工人擇其材幹以供之；其筍❻，則以時供尚食。歲終，以竹功之多少為之考課。

丞掌判監事。

【章旨】敘述司竹監、副監和丞之定員、品秩、沿革及職掌。

【注釋】❶河內淇園　河內，郡名。楚漢之際置。原治懷縣（今武陟西南），晉移治野王（今沁陽）。隋開皇初廢，大業及唐天寶、至德時又曾改懷州為河內郡。郡內有淇園。據《讀史方輿紀要》卷四九淇園條稱：其址在淇縣之西北，地名為禮河社。《詩經》有「瞻彼淇澳，綠竹猗猗」之句，即是。漢武帝塞瓠子決河，以淇園之竹為楗。東漢初寇恂為河內太守，講武肄射，伐淇園之竹為矢百餘萬。章帝建初時曾幸淇園。又，《通典・職官八》與《通志略・職官四》「河內」均作「河南」。河南在今河南省洛陽市。恐非。❷京兆　指京兆府。本雍州，唐開元元年（西元七一三年）建府，有二十縣。❸鄠　京兆府屬縣之一。始置於漢。在今陝西省鄠縣北。❹盩厔　縣名。本屬雍州，後改屬岐州。《新唐書・地理志》稱：「武德二年（西元六一九年）新置終南縣，貞觀八年（西元六三四年）省，天寶元年（西元七四二年）更名宜壽，至德二載（西元七五七年）復故名。有司竹園。」又，《讀史方輿紀要》卷五三盩厔縣司竹園條：「《元和郡縣志》云：在縣東十五里。隋《圖經》云：十二里。《史記》有渭川千畝竹。《漢書・王莽傳》：霍鴻負倚芒竹，即此地也。師古注：芒竹在盩厔南，芒水之曲，而多竹杖也。《穆天子傳》：天子西征之元池，奏廣樂三日，是曰樂池，乃植之竹，漢時謂之鄠杜竹林，有竹丞，魏置司守之。晉〔穆帝〕永和六年（西元三五〇年），苻堅至長安，故趙將杜洪、張琚屯司竹。秦胡楊赤起兵司竹，苻雄擊滅之。後魏有司竹都尉管領，歲終以竹功之多少為考課。《太平寰宇記》云：園周圍百里，以供國用。宋有司竹監，蘇軾云：盩厔官竹園，臨水數十里不絕，蓋跨武功，西連郿縣，連接鄠杜，皆古司竹地矣。司竹局大使典之。」其址在今陝西省周至縣。❺懷州河內縣　懷州，北魏置。治野王（隋改名河內，今河南沁陽）。河內縣，隋開皇十六年（西元五九六年）改野王縣置。唐時河內縣之竹，當即注❶所言之古淇園。❻笋　即「筍」字。

【語　譯】司竹監：監，定員一人，品秩為正七品下。漢代官制中設有司竹長和丞。魏、晉在河內淇園都設有管理的官員。東晉省去了這一建置。北魏設有司竹都尉。北齊、北周缺少這方面的文字記載。隋設有司竹監和丞，本朝因承隋制。現今在京兆府的鄠縣、盩厔縣和懷州的河內縣亦置有竹園。

副監，定員一人，品秩為正八品下。

丞，定員二人，品秩為從八品上。

司竹監的職掌是，分管竹園種植養護方面的事務；副監做他的副職。凡是後宮掖庭和各個官司所需的簾、籠、筐、篋一類竹製用品，由司竹監組織園內工匠選材製作做好供應。園內出產的竹筍，按季節供應尚食局。年末歲終，以完成竹功的多少作為考課的依據。

丞掌管監內的日常事務。

三

溫泉湯❶：監一人，正七品下。辛氏《三秦記》❷云：「驪山西有溫湯❸，先以三牲❹祭，乃得洗，不祭，則爛人肉。俗說云：『秦始皇❺與神女戲，不以禮，神女唾之生瘡，始皇怖謝，乃為出溫泉洗之，立愈。』」《抱朴子》❻曰：「水有溫泉之湯池，火有蕭丘之寒焰❼。」漢、魏已來，相承云能蕩邪蠲疫。今在新豐縣❽西，後周庾信❾有〈溫泉碑〉，皇朝置溫泉宮，常所臨幸。又京兆府藍田縣有石門湯❿，岐州郿縣有鳳凰湯⓫，同州有北山湯⓬，河南府有陸渾湯⓭，汝州有廣成湯⓮，天下諸州往往有之。然地氣溫潤，殖物尤早，卉木凌冬不凋，蔬果入春先熟，比之驪山，多所不逮。

丞一人，從八品上。

溫泉湯監掌湯池宮禁之事；丞為之貳。凡駕幸溫湯，其用物不支，所司者皆供之。若有防堰損壞，隨時脩築之。凡王公已下，至於庶人，湯泉館室有差，別其貴賤，而禁其踰越。凡近湯之地，潤瀆所及⓯，瓜果之屬先時而育者，必為之園畦，而課其樹藝；成熟，則苞匭⓰而進之，以薦陵廟⓱。

【章旨】敘述溫泉湯監、丞之定員、品秩、沿革及職掌。

【注釋】❶溫泉湯　溫泉名。湯，古稱熱水為湯，亦以湯稱溫泉。位於新豐縣東南十五里，驪山西北，今址在西安市以東五十里驪山北麓，已闢為公園。據《讀史方輿紀要》卷五三臨潼縣華清宮條：「秦始皇初砌石起宇，漢武帝更加修飾焉。《十道志》云：溫泉有三所，其一處即皇堂石井，周〔武帝〕天和四年（西元五六九年）宇文護所造。〔靜帝〕大象初，天元如溫湯，隋文帝時更修屋宇，並植松柏千餘株，開皇十五年（西元五九五年）幸溫湯，唐〔高祖〕武德六年（西元六二三年）亦幸驪山溫湯，〔太宗〕貞觀四年（西元六三〇年）復幸焉，自是歲常臨幸。十八年（西元六四四年）詔閻立本營造宮殿，賜名溫湯宮，〔高宗〕咸亨二年（西元六七一年）改溫泉宮。〔玄宗〕開元二年（西元七一四年）以後臨幸益數，十一年（西元七二三年）又改作新宮。天寶初，更驪山曰會昌山，以新豐去宮遠，折新豐、萬年二縣地，置會昌縣，治溫泉西北，遂改溫泉宮曰華清宮。〔天寶〕六載（西元七四七年）發馮翊、華陰民築羅城，益治湯井為池，環山列宮室，中有朝元、重明等閣，九龍、長生、明珠等殿，又置百司及十五宅，王公亦各置第，自是每十月臨幸，歲盡乃還宮。」又云：「天寶末為賊毀，惟太子、少陽二湯存焉。〔憲宗〕元和以後復加修治，十五年（西元八二〇年）穆宗幸華清宮，〔敬宗〕寶曆初幸溫湯，〔懿宗〕咸通中亦幸焉，〔僖宗〕廣明以後鞠為茂草矣。」❷辛氏三秦記　辛氏，生平不詳。《三秦記》，書名。陶宗儀《說郛》收有輯本，記秦漢間長安掌故。下述引文還曾為北魏酈道元《水經注》及宋代宋敏求《長安志》所徵引，文字略有出入，如「酈山西有溫湯」，《水經注》所引《三秦記》作「麗山西北有溫湯」。❸驪山西有溫湯　驪山，一稱酈山。秦嶺山脈支脈，在陝西臨潼縣城東南，因山形似馬，其色蒼青而得名。海拔一千三百零二米，相傳山上有烽火臺，為周幽王舉火戲諸侯處。山勢東高西低，北麓有秦始皇陵，其海拔五百四十米處有溫泉，現有泉眼四個，泉水無色透明，水溫恒為攝氏四十三度，水來自地下千米深處，水流量為每小時一百二十噸，適宜於人們休閑時沐浴療養。❹三牲　牛、羊、豬稱三牲。❺秦始皇　秦王朝之建立者嬴政。十三歲即位，九年親政，二十六年滅六國而統一中國。前後在位三十七年，終年五十歲。❻抱朴子　書名。晉葛洪撰。洪自號抱朴子，因以名其書。分內外篇，內篇二十卷，談神仙方藥，神怪變化，養生延年，禳邪卻禍之事；外篇五十卷，評論人間得失，世事臧否。《道藏舉要》和《諸子集成》均收其書。❼蕭丘之寒爓　蕭丘，傳說中之海島名，位於南海中。其上有寒火，春生秋滅，生長一種小而焦黑之樹木。爓即「焰」。寒焰，古人稱似火而不能引起燃燒之光焰。明謝肇淛《五雜俎・天部二》：「蕭丘有寒焰，洱海有陰火。又江寧寺有晉時長明燈，火色青而不熱，天地間有溫泉，必有寒火，未可以夏蟲之見論也。」又，引語見《抱朴子・論仙》。原文為：「水性純冷，而有溫谷之湯泉；火體宜熾，而有蕭丘之寒焰。」❽新豐縣　漢置。治陝西臨潼東北。漢高祖劉邦定都關中，因其父思歸故里豐邑，乃於故秦驪邑仿豐地街巷築城，並遷故舊居此，以娛其父。高帝十年（西元前一九七年）改名新豐，漢代自長安東出關者必由此。唐武后改曰慶山。天寶七載（西元七四八年）省入昭應縣。❾庾信　字子山，南陽新野（今河南南陽）人。初仕梁，後出使西魏，值西魏滅梁，歷仕西魏、北周，善詩賦駢文，著名者如〈哀江南賦〉、〈枯樹賦〉等。❿京兆府藍田縣有石門湯　京兆府，本雍州，唐開元元年（西元七一三年）置為府，為京師長安所在，領縣二十。藍田，縣名，在今陝西省藍田縣，因藍田山而得名。《長安志》云：「藍田山在縣東南三十里，范子計然曰：玉美出藍田，一名覆車山。郭緣生《述征記》曰：山形如覆車之象，其山出玉，亦名玉山。」《括地志》

以為藍山即驪山之北阜，驪山之陽或謂此山也。石門湯，藍田縣有石門谷，石門湯便在藍田縣西南四十里之石門谷口。《長安志》卷一六：「石門湯在縣西南四十里，石門谷口。舊《圖經》曰：唐初有異僧于此，大雪，其址雪融不積，僧曰：必溫泉也。掘之果有湯泉湧出，遂舍兩區，凡有病者，浴多痊。厥後有白魚之瑞，復神女頻降，遂立玉女堂於湯側，明皇時賜名大興湯院。」⓫岐州郁縣有鳳凰湯　岐州，即扶風郡，治雍縣，今鳳翔南；轄境包括今陝西周至、麟游、隴縣、寶雞、太白等地，唐肅宗至德元年（西元七五六年）一度更名為鳳翔。郁縣有鳳凰湯，據《新唐書·地理志》當為「郿縣」、「鳳泉湯」。陳仲夫校此稱：「唐無郁縣。考《新唐書·地理志》，鳳翔府（岐州）郿縣有鳳泉湯，是「郁」為「郿」之形訛無疑。其所以稱鳳泉湯者，蓋以隋義寧二年（西元六一八年）置郿城郡時，曾析郿置鳳泉縣（至唐貞觀八年始省），因縣而得名。」郿縣，岐州屬縣之一，今改稱眉縣，在陝西省中部偏西。鳳泉湯，《讀史方輿紀要》卷五五：「鳳泉城，在〔郿〕縣東南三十里，舊有鳳泉宮在城內，亦隋開皇中置；又有溫泉在太白山下，所謂鳳泉湯也。唐〔高宗〕永徽五年（西元六五四年）幸溫泉湯，開元中亦數臨幸焉。」⓬同州有北山湯　同州，即馮翊郡，治所武鄉，今陝西大荔，隋改名為馮翊；統八縣，轄境包括今陝西大荔、郃陽、韓城、澄城、白水等地。北山湯，具體位置不詳。⓭河南府有陸渾湯　河南府，本洛州，開元元年（西元七一三年）改為河南府。轄縣二十，有陸渾縣，與伊闕相鄰有陸渾山，一名方山。陸渾湯當在此。⓮汝州有廣成湯　汝州，隋大業二年（西元六〇六年）改伊州置，以州境有汝水得名。治梁縣，今河南臨汝。領七縣，轄境相當於今河南北汝河、沙河流域各縣。《新唐書·地理志》稱汝州梁縣「西南五十里有溫湯，可以熟米；又有黃女湯，高宗置溫泉頓。」《讀史方輿紀要》卷五一：「汝州梁縣有廣成澤，在州西四十里，東漢置廣成苑，校獵習射於此。又有湯泉在苑中，泉有水源，東南流，注廣成澤；別有寒泉在其側，西流入于溫水，雖盛夏肅起冰谷。志云：梁縣西南六十里，有溫湯可以熟米，一名曰天女湯。後魏主〔元〕修元熙二年（西元五三三年）狩於嵩高，遂幸溫湯，即梁縣之溫湯也，煬帝于此置溫泉頓，唐〔高宗〕儀鳳元年（西元六七六年）幸汝州溫湯，後又屢幸焉。武后聖曆三年（西元七〇〇年）亦幸汝州溫湯，又開元十年（西元七二二年）幸汝州廣成湯泉。」⓯潤黷所及　《舊唐書·職官志》作「潤澤所及」。「黷」當是「澤」字之訛。⓰苞匭　苞，通「包」。包裹。匭，箱子。⓱以薦陵廟　本書第十四卷第一篇太常寺卿職掌有「四時品物甘滋新成者皆薦焉」之規定，溫泉湯由於地溫較高，瓜果之屬成熟略早於周圍地區，被視為時鮮，故以其薦祭於先帝之陵廟。

【語　譯】溫泉湯：監，定員一人，品秩為正七品下。辛氏在《三秦記》中說：「驪山的西北有溫湯，要先備三牲祭祀以後，才能進去沐浴，否則會爛人肌膚。世俗流傳一種說法：『秦始皇與神女戲耍，後來有些越禮，神女唾了他，使他生了瘡。秦始皇害怕地向神女謝罪，於是神女使地下湧出溫泉來讓秦始皇洗滌，身上的瘡便立即痊癒。』」《抱朴子》說：「水是冷的，但有溫泉的湯池；火是熱的，卻有蕭丘的寒焰。」從漢魏以來，相傳認為用溫湯沐浴可以蕩滌邪氣，祛除疾疫。溫泉湯現今在新豐縣西，在那裏立有北周庾信所書寫的〈溫泉碑〉，本朝築置了溫泉宮，為本朝幾代君王所經常臨幸之處。又，京兆府藍田縣有石門湯，岐州的郁（郿）縣有鳳凰（泉）湯，同州有北山湯，河南府有陸渾湯，汝州有廣成湯。全國各個州隨處都有溫泉，但是從地氣的溫潤，植物種植時令的提前，花木的臨冬不會凋謝，蔬果進入春天的早熟這幾個方面與驪山比較起來，都還遠遠不如。

丞，定員一人，品秩為從八品上。

溫泉湯監的職務是，掌管有關湯池和宮禁方面的事務；丞是監的副職。凡是皇上駕幸溫湯，御用所需的物品如果本地無法出給，就由相關官司如數提供。倘若有防堰損壞，必須隨時加以修復。凡是王公以下官員直到布衣庶人，湯泉設有不同等次的館室，要區別各人貴賤身份，嚴格禁止踰越等第。至於靠近溫湯的地區，由於受到地熱潤黷（澤）的影響，瓜果蔬菜之類可以早於時令育種的，一定要設立果園菜畦，並督促掌握種植的技藝；成熟時，包紮裝箱進貢給內庭，用以薦享先帝陵廟。

【說　明】據西安水文部門的介紹，西安市（古都長安所在）地下熱水的儲量約為五億立方米，其在地下分佈的範圍，東至灞河，北至渭河，南至長安大斷裂層，有四百六十六平方公里。地下熱水含有氟、碘、硼、硅、溴、砷等多種微量元素，對人體健康有益。水溫除偶有高達攝氏一百度以上者外，一般多為四十度左右，適合人們沐浴。正是如此豐富的地熱資源，為歷代帝王建置溫泉湯浴提供了充份的自然條件。驪山北麓的溫泉湯，本章原注所引《三秦記》雖充滿神話色彩，但多少也能說明此處溫泉秦時已被利用來沐浴健身。《讀史方輿紀要》卷五三亦提到秦始皇曾在此「砌石起宇，漢武帝更加修飾」，建為離宮。其後北周及隋相繼經營，至唐代，先後歷經太宗、高宗、玄宗幾代帝王的修建，特別是玄宗，築羅城，建宮殿，池臺殿閣環列於山谷，又有複道與長安城相連，其規模之宏大，設施之完備，都達到了溫泉湯的歷史之最。天寶六年（西元七四七年），玄宗改其名為華清宮，取「溫泉毖湧而自浪，華清蕩邪而難老」之意。史著以及詩詞歌賦對華清宮的描述可謂數不勝數，但對宮中庭臺殿閣及湯池布局記載最為詳盡的，當推宋代宋敏求的《長安志》。此外元代李好元《長安志圖》的〈唐驪山宮圖〉亦可見華清宮布局的概貌。

四

〔京、都苑總監❶：監各一人，從五品下。

副監一人，從六品下。

丞二人，從七品下。

主簿一人，從九品上。

苑總監掌宮苑內館園池之事；副監為之貳。凡禽魚果木皆總而司之。凡給總監及苑內官屬，人畜出入，皆為差降之數❷。

京、都苑四面監：監各一人，從六品下。

副監一人，從七品下。

丞二人，正八品下。

四面監掌所管面苑內宮館園池與其種植修葺之事；副監為之貳❸。顯慶二年，改青城宮監曰東都苑北面監，明德宮監曰東都苑南面監，洛陽宮農圃監曰東都苑東面監，倉貨監曰東都苑西面監❹。

丞掌判監事❺。

諸屯監一人，從七品下❻。隋置屯監，畿內者隸司農，自外者隸諸州。皇朝因之❼。

丞二人，從八品下。

諸屯監各掌其屯稼穡；丞為之貳。凡每年定課有差❽。」

【章　旨】敘述京都苑總監、京都苑四面監及諸屯監所設監、副監、丞之定員、品秩、沿革和職掌。

【注　釋】❶京都苑總監　自此句始直至下章第三行「從七品下」，包括正文和原注均為四庫本所缺，正德、嘉靖諸本亦同。近衛本補以《舊唐書・職官志》相關文字，廣雅本則雜採《通典・職官八》、《舊唐書・職官志》及《新唐書・百官志》以補之。陳仲夫點校本稱：「二者相較，廣雅本差詳，且就殘存之正德本九成宮監職掌條原注曾及其沿革云『武德初，改隋仁壽宮監曰九成宮監』窺之，恐亦較接近於《六典》原貌，今姑據以補殘缺。」經比較，以為陳說可依，茲據以補之，供讀者參閱。所補文字加方括號以示區別，並分別注明其原出處。京都，指唐京師長安、東都洛陽。京都苑總監，官署名。唐始置，分設於京師、東都兩地。亦為官名，司農寺京都諸宮苑總監長官，京、都各一員，從五品下。京師苑總監，高祖武德初已設置；東都苑總監，《唐會要》卷六六：「武德九年（西元六二九年）七月十九日置洛陽宮監」，至高宗「永淳元年（西元六八二年）五月十日，置東都監，管諸圃苑，未置已前隸司農寺」。自此句至「皆為差降之數」，係廣雅本據《舊唐書・職官志》補。❷凡給總監及苑內官屬人畜出入皆為差降之數　《新唐書・百官志》所記與之稍異，作「凡官屬人畜出入，皆有籍」。此似為兩事。補文所指係對總監及苑內官屬之供給，依職位品秩之差別而有等次，宮內所需則由苑總監直接供給。如《唐會要》卷六六西京苑總監條：「〔玄宗〕先天元年（西元七一二年）十月十日敕總監每年支雜物列其抄數，於本門進，若宮內所需，別索供給，每月終宜令監司具破用數進。」又，「開元七年（西元七一九年）敕總監破用錢物，一事已上，須南衙勾當，宜令總監自勾，每月進一本歷來，內自勾勘」。《新唐書》則指總監所屬的人員及牲畜出入京師和東都之禁苑須有名籍。❸自「京都苑四面監」至「副監為之貳」 此係廣雅本據《舊唐書·職官志》補。京都苑四面監，《新唐書·百官志》作「京都諸園苑監、苑四面監」。四面監職掌之表述，《新唐書·百官志》亦與此有異，作「掌完葺苑面、宮館、園池與種蒔、蕃養六畜之事」。京都苑四面監，官名合稱。即唐司農寺所屬京師、東都東、西、南、北四面監長官，各置一員，從六品下。東都四面監已見於下文原注，西京禁苑之四面監，據宋敏求《長安志》卷六云：「苑中四面皆有監：南面大樂監（徐松《唐兩京城坊考》「大」作「長」），北面舊宅監，東監、西監分掌宮中植種及修葺園囿等事。又置總監領之，皆隸司農寺。」監在苑中皆有廨。其中舊宅監所轄皆漢之故蹟，有七所，為咸宜宮、未央宮、西北角亭、南昌國庭、北昌國亭、流杯亭和明水園。❹自「顯慶二年」至「東都苑西面監」 此係廣雅本據《新唐書·百官志》補。顯慶二年，即西元六五七年。顯慶為唐高宗年號。青城宮監，據《唐兩京城坊考》卷五神都苑之東北隅為宿羽宮、青城宮，隋造，在宿羽宮之西。因其位於神都苑之北，故稱北面監。明德宮，神都苑內合璧宮之東南，隔水者即為明德宮，隋曰顯仁宮。又《唐兩京城坊考》卷五言神都苑東面十七里，南面三十九里，西面五十里，北面二十四里，當是四面監各自所轄之範圍。❺丞掌判監事 此係廣雅本據《舊唐書·職官志》補。❻諸屯監一人從七品下 此係廣雅本據《舊唐書·職官志》補。❼自「隋置屯監」至「皇朝因之」 此係廣雅本據《通典·職官八·司農卿》補。《通典》原文「屯監」下有「副監」二字；「皇朝」作「大唐」。隋代屯監之設置，《隋書·百官志下》稱：「同州，總監、副監各一人，置二丞。統食貨、農圃二監、副監。岐州亦置監、副監」。「緣邊交市監及諸屯監，每監置監、副監各一人。畿內者隸司農，自外隸諸州焉」。唐承隋制，屯監亦有兩個管理系統：畿內諸屯監屬司農寺，京畿以外則隸軍州。據本書第七卷第二篇屯田郎中職掌本注所列舉之諸屯，隸軍州者九百九十二屯，隸司農者四十九屯。在司農屯田中，有監牧屯田、鹽池屯田、軍器屯田及宮苑屯田等，政令則依尚書工部屯田司。軍屯在尚書兵部有籍。❽自「丞二人」至「凡每年定課有差」 此係廣雅本據《舊唐書·職官志》補。《新唐書·百官志》所記與此有異，作「丞一人，從八品下。掌營種屯田，句會功課及畜產簿帳，以水旱蝝蝗定課。屯主勸率營農，督斂地課。」屯監掌一個地區數屯之稼穡簿帳，而每屯則設有屯主，具體負責一屯之營農；由屯監至屯主是唐代前期屯田基層管理組織和經營考核單位。司農寺所屬諸屯監是如此，諸州屯田亦是如此。開元後，隨著節度、支度使之設置，此項管理系統逐漸被打破，在屯田郎官之下，諸軍州屯田增加了道營田使、軍州城營田使；在司農所屬宮苑屯田中，長春宮屯田亦設置了使職。《唐會要》卷五九：「開元八年（西元七二〇年）六月，同州刺史姜師度兼營田長春宮使；二十年（西元七三二年）三月，左衛郎將皇惟明攝御史，充長春宮使；天寶六載（西元七四七年）三月，御史中丞王鉷，兼長春宮使；上元元年（西元七六〇年）六月四日，殿中監李輔國充長春宮使；寶應元年（西元七六二年）殿中監樂子昂充長春宮使；大曆九年（西元七七四年）宋誨除同州刺史，充長春宮使。自後遂令同州刺史充長春宮使也。」

【語譯】〔西京、東都苑總監：監，定員為西京、東都各一人，品秩是從五品下。

副監，定員亦是各一人，品秩為從六品下。

丞，定員二人，品秩為從七品下。

主簿，定員一人，品秩為從九品上。

宮苑總監掌管禁苑內各館舍園林池塘方面的事務；副監做他的助手。凡是苑內所產的家禽、魚類和果木都由他總管。倘若供給總監和苑內的官屬，都要依照規定的等級差次供給不同的數量。人員和牲畜一類物品的出入，都要依據官品不同分出等差。

西京、東都苑四面監：監，定員為東、南、西、北四面監各置一人，品秩是從六品下。

副監，定員一人，品秩為從七品下。

丞，定員二人，品秩為正八品下。

四面監的職掌是，分管各自所屬一個方面內的宮館、園池連同宮館的修葺和園池的種植方面的事務；副監做他的助手。高宗顯慶二年，改青城宮監為東都苑北面監，明德宮監為東都苑南面監，洛陽宮農圃監為東都苑東面監，食貨監為東都苑西面監。

丞主管各所在監內部的日常事務。

各屯的監，定員一人，品秩是從七品下。屯監是隋朝設置的。在畿內的各屯監，由司農寺管轄；此外各地和邊境的屯監，分屬所在的軍州。本朝因承隋制。

丞，定員二人，品秩為從八品下。

各屯監分別掌管所屬屯的播種和收穫等農事；丞做他的副職。每年考課時，各屯都規定有不同的課程和要求。〕

【說　明】屬於宮苑管理系統的，除了上二章的司竹監、溫泉湯監，和本章的京都苑總監、京都苑四面監，以及下章的九成宮監外，尚有醴泉縣（即今陝西省醴泉縣）的醴泉苑監和同州朝邑（舊縣名，在陝西省東部，一九五八年併入大荔縣）的長春宮監。據《元和郡縣圖志》卷三：「醴泉縣，在縣東北十里，并宮，并周所立，後廢。貞觀四年（西元六三〇年）置醴泉監，兼置屯五所，隸司農寺。」長春宮監與醴泉苑監的性質相同，不僅掌宮苑的庶務，還兼管所在屯田。此外，《新唐書·百官志》還提到有諸鹽池監，各設監一人，品秩是正七品下，掌鹽功簿帳；又設有丞，以為監之佐。如《舊唐書·職官志一》從第八品上諸倉諸治司竹溫湯監丞條之注文便提到：「《武德令》有鹽池鹽井監、丞。」司農寺職掌中對「凡朝會祭祀、供御所須及百官常料」（本卷一篇二章）的供應，就包括食鹽在內，故鹽池監當是司農寺所屬諸監之一。鹽池監考課以鹽功，而鹽工的供給則要依靠屯田，本書第七卷第二篇屯田郎中職掌條諸屯名目原注中，有鹽池七屯。唐朝前期的鹽政，由國家對鹽池、鹽井置監經營。《通典·食貨十·鹽鐵》載開元二十五年（西元七三七年）《倉部格》云：「蒲州鹽池，令州司監當，租分與有力之家營種之，課收鹽。每年上、中、下畦，通融收一萬石，仍差官人檢校。」唐初不僅有鹽池監，還有鹽井監，把鹽池鹽井租與私人經營，國家收稅。《太平廣記》卷三九九引《陵州圖經》云：「陵州鹽井，後漢仙者沛國張道陵所開鑿，周圍四丈，深五百四十尺，置竈煮鹽，一分入官，二分入百姓家。因利所以聚人，因人所成邑。萬歲通天二年（西元六九七年），右補闕郭文簡奏賣水，一日一夜，得四十五萬貫。」陳衍德、楊權所著《唐代鹽政》一書中據此推斷，唐初武后時，已實行稅率為三分之一的鹽稅制，徵收的是實物即鹽。而海鹽的管理則與池鹽、井鹽有所不同。《新唐書·食貨志》稱：「負海州免租為鹽二萬斛以輸司農。青、楚、海滄、棣、杭、蘇等州，以鹽價市輕貨，亦輸司農。」免租為鹽是唐前期的鹽政措施，目的在徵鹽；而「以鹽價市輕貨」，屬唐後期的鹽政，重點不在鹽，而在徵收鹽的價值量，以交換宮廷消費需要的各種輕貨。對開採鹽的政策是，凡官未採者，聽百姓私採，官府徵稅而已。

五

〔九成宮總監：監一人，從五品下。

副監一人，從六品下。

丞一人，從七品下❶。〕

主簿一人，從九品下。

九成宮監掌檢校宮苑供進合鍊藥餌❷之事；副監為之貳。

丞掌判監事。

主簿掌印，句檢監事。

【章　旨】敘述九成宮總監之監、副監、丞和主簿之定員、品秩及各自職掌。

【注　釋】❶自「九成宮總監」至「從七品下」　四庫本闕文，此係廣雅本據《舊唐書・職官志》補。九成宮，故址在今陝西省麟遊縣西天台山上。隋文帝曾於此建仁壽宮，隋末宮廢，唐貞觀五年（西元六三一年）重修，改名為九成宮。高宗永徽二年（西元六五一年）曾改稱萬年，乾封二年（西元六六七年）復名九成。九成即九重，極言其高。宮垣一千八百步，置有禁苑、武庫及宮寺，規模宏大，為隋唐諸離宮之冠。周圍山環水繞，夏日清涼，是避暑之勝地，太宗曾多次在此避暑。宮垣內殿閣林立，設施眾多。又有著名醴泉，為九成宮主要水源，其水味甘如醴，因以為名。宮宇早已圮毀，存有〈九成宮醴泉銘碑〉，貞觀六年（西元六三二年）秘書監魏徵撰，弘文館學士歐陽詢書，被稱為歐體，為歷代學書者楷模。詳《唐會要・九成宮》。❷合鍊藥餌　指九成宮內道士所煉製之長生不老藥。唐初諸帝如太宗、高宗、玄宗皆崇信道教煉丹之術，並求胡僧練長生之藥。如《舊唐書・太宗本紀》便有貞觀二十二年（西元六四八年）五月「使方士那羅邇娑婆於金飆門造延年之藥」記載；同書〈天竺傳〉也提到這位方士「自言壽二百歲，云有長生之術，太宗深加禮敬，館之於金飆門內，造延年之藥」。此外，〈高士廉傳〉言高卒時，太宗欲往臨，房玄齡諫以「上餌藥石，不宜臨喪」，說明其時太宗正在服用此類藥石。有關高宗服長生藥事，見之於《舊唐書・郝處俊傳》：「有胡僧盧伽阿逸多受詔合長年藥，高宗將餌之，處俊諫曰：『昔貞觀末年先帝令婆羅門僧那羅邇娑婆依其本國舊方合長生藥，胡人有異術，徵求靈草秘石，歷年而成，先帝服之，竟無異效，大漸之際，名醫莫知所為。時議者歸罪於胡人，將申顯戮，又恐取笑夷狄，法遂不行。龜鏡若是，惟陛下深察。』」高宗這才作罷。玄宗還親預燒煉丹藥，史書也有錄。

【語　譯】〔九成宮總監〕監，定員一人，品秩為從五品下。

副監，定員一人，品秩為從六品下。

丞，定員一人，品秩為從七品下。〕

主簿，定員一人，品秩為從九品下。

九成宮監的職掌是，管理京苑和供進修鍊藥餌方面的事務；副監為監的佐助。丞，掌管本監內部的日常事務。

主簿，執掌監印，並勾檢監事。

【說　明】九成宮的前身是隋之仁壽宮，隋文帝於開皇十三年（西元五九三年）開始營建。《隋書・食貨志》記其事稱：「帝命楊素出於岐州北造仁壽宮。素遂夷山堙谷，營構觀宇，崇臺累榭，宛轉相屬。役使嚴急，丁夫多死，疲敝顛仆者，推填坑坎，覆以土石，因而築為平地。死者以萬數。宮成，帝行幸焉。時方暑月，而死人相次於道，素乃一切焚除之。帝頗知其事，甚不悅。及入新宮遊觀，乃喜，又謂素為忠。後帝以歲暮晚日登仁壽殿，周望原隰，見宮外燐火彌漫，又聞哭聲，令左右觀之，報曰鬼火。」白骨累累，鬼哭人號，帝王的遊樂，寵臣的殊遇，正是建立在千百萬民眾的痛苦之上的。唐高祖進入長安後，便廢了仁壽宮，置為棲鳳郡（是年為隋恭帝義寧元年，西元六一七年）。太宗即位，又有了重修仁壽宮的意向，唯是年關中大飢，斗米值疋絹，又繼以蝗災、水災，帑藏枯竭，才延擱下來。至貞觀四年（西元六三〇年），「天下大稔，流散咸歸鄉里，斗米不過三四錢」，太宗便於次年九月詔令「修仁壽宮，更命曰九成宮。又將修洛陽宮，民部尚書戴冑表諫，以離亂甫爾，百姓凋弊，帑藏空虛，若營造不已，公私勞費，殆不能堪」。太宗不聽，還是既修了仁壽宮，又修了洛陽宮，並於貞觀六年（西元六三二年）三月，議擬遊幸九成宮。

散騎常侍姚思廉諫稱離宮遊幸，是「秦皇漢武之事，非堯舜禹湯之所為也」。太宗的回答是：「朕有氣疾，熱便頓劇，故非情好遊幸。」（以上均據《資治通鑑・唐紀九》）結果三月間便去了九成宮，至十月才還京師。第二年又如是。九成宮在高宗永徽二年（西元六五一年）改名為萬年宮，乾封二年（西元六六七年）又復稱九成宮。高宗久居洛陽，武則天更長期滯留在東都，鮮有遊幸九成宮記載。至玄宗，遊幸多以溫泉湯改建的華清宮為主，九成宮也漸次冷落，文宗開成五年（西元八四〇年）毀於暴雨。

卷二〇

太府寺

卷目

太府寺

卿一人
少卿二人
丞四人
主簿二人
錄事二人
府二十五人❶
史五十人
計史四人
亭長七人
掌固七人

兩京諸市署

令各一人
丞二人❷
錄事一人
府三人
史七人
典事二人❸
掌固一人

平準署

令一人❹
丞四人
錄事一人
府六人
史十三人
監事六人❺
典事二人

---

❶府二十五人　《新唐書・百官志》同此，《舊唐書・職官志》作「十五人」。
❷丞二人　指每署各二人，省「各」字。此下錄事、府等亦同。
❸典事二人　新舊兩《唐書》並作「三人」。
❹令一人　據卷中正文當為「令二人」。
❺監事六人　《舊唐書・職官志》作「二人」。

價人十人
掌固二人❻

左藏署

令三人
丞五人
府九人
史十八人
監事八人❼
典事十二人❽
掌固八人

右藏署

令二人
丞三人
府五人
史十三人❾
監事四人
典事七人
掌固十人

常平署

令一人
丞二人
府四人
史八人
監事五人
典事五人
掌固六人

---

❻掌固二人 《舊唐書・職官志》作「十人」。
❼監事八人 《舊唐書・職官志》作「九人」。
❽典事十二人 《舊唐書・職官志》作「一人」。
❾史十三人 《舊唐書・職官志》作「十人」,《新唐書・百官志》則為「十二人」。

卷旨

本卷分為兩篇：一是太府寺；二是太府所屬的兩京諸市署和平準、左藏、右藏、常平四署。

太府寺在本書的編排中，被列為唐代九寺的最後一寺，掌財貨帑藏，是一個處理錢貨貯藏出納的國家財政部門，與掌穀物出納貯藏的司農寺相並列。唐代財政中掌調度的為尚書省戶部，具體由其下屬的度支負責年度的財政預算和決算，倉部負責穀物的調度，金部負責錢貨的調度。與此相對應，司農寺的出納貯藏轉運便是執行倉部的指令，太府寺對錢貨的出納貯藏則是執行金部的指令。司農寺與太府寺在職能上的這種區分，反映了國家財政在那時還是錢、穀兩種形態，即使是錢，也是錢、帛兼用。所以財政的結算，還只能保留貨幣形態和實物形態（穀物、布帛）二者並存的格局。穀物和布帛既是人們在衣食兩方面的日常生活必需品，又兼有一般等價物的交換功能，反映了當時貨幣和市場都還不成熟的狀況。

在歷史上，太府這一機構的產生，是帝室財政與國家財政不斷分合演變的結果。西漢武帝時，以大司農掌國家財政，少府掌帝室財政，東漢光武帝已開始把原來屬於少府的山澤陂池之稅改屬司農，這樣國家財政與帝室財政便逐漸趨向合流。至南朝梁，仿四時置十二卿，十二卿之一便是太府卿，掌金帛府帑，同時又兼管太倉。北魏改少府卿為太府卿，掌財帛庫藏。北齊的太府卿除掌金帛府庫之外，兼掌營造器物，則還未完全擺脫漢代少府的職掌。隋初承北齊，至煬帝時，另建少府監，主管器物製作的事務，太府寺只管左、右藏及京師東都的市署和平準等署。至此，太府機構的設置才基本定型。

唐代太府大體承隋煬帝時的體制。在京師置東、西二市署，東都置南、北二市署，稱京都諸市署，每市署有令一人，丞二人，為兩京的工商市場管理機關，掌財貨交易。左、右藏署是國家庫藏的總管，全國賦調絹帛、麻布的簡納、貯藏、支出，由左藏掌管，其主要庫藏，在京師有西庫、東庫、朝堂庫，在東都有東都庫和東都朝堂庫；右藏則掌珍寶器玩，如金玉、珠寶，以及香料、染料、紙張、皮革等各州之雜貢；其下屬之庫藏在京師有內庫和外庫，在東都有東都庫。這些庫藏的出納、保管都有嚴格的制度。平準署掌供官市易及百司不用之物和沒官之物的出賣；常平署則掌平糴倉儲方面的事務，以穩定市場的糧價。

唐西京太府寺的官署，位於皇城內承天門街之東，第六横街之北，右與太僕寺相鄰，左與少府監相接。東都太府寺在東朝堂之南，第四横街之北，從東起，第一是太廟，其次即為太府寺。

太府寺

【篇　旨】本篇敘述太府寺卿、少卿和丞、主簿、錄事等的定員、品秩、沿革及職掌；由太府的職掌所及，對唐代絹、布的等級及其產地的分佈，各類祭祀用幣色澤的規定和太府所屬庫藏的出納制度等，也作了介紹。

唐代的賦役制度，在前期以租庸調為主，徵收的實物主要是穀物和絹布。計量單位，穀物是斗、斛，絹布是端、匹。市場流通中使用的貨幣，在唐中葉實施二稅法以前，一直是錢帛兼用，就其影響而言，帛（主要是絹布）甚至還超過了錢，無論上貢、進獻、軍費開支、官員賞賜、私人贈送、懸賞、布施、放債、租賃，乃至計贓贖罪，大多是以絹布的端、匹來計量。開元二十年（西元七三二年）九月二十九日，還曾就此發過敕文：「綾羅絹布雜貨等交易，皆合通用，如聞市肆必須見錢，深非道理。自今後，與錢貨兼用，違者準法罪之。」（《唐會要》卷八八）既然賦稅的徵集仍是以穀帛二項為主，再加上各地的土貢、雜貢更多還是實物形態，那麼與此相應的出納和貯運自然亦需要有兩個不同的系統來承擔，即賦稅中穀物的倉貯與出納，屬於上卷敘述的司農寺，而以絹布為主的錢貨，包括土貢雜貨的倉貯與出納，則歸於本卷敘述的太府寺。相對於司農寺來說，太府寺在唐代是一個分管錢貨庫藏出納以及市易、平準、常平諸方面事務的財政機構。

太府寺的建置，與錢、穀這兩項管理的分分合合的演變過程密切相關。秦漢之際，穀貨是分管的：治粟內史掌穀物，大內掌錢貨。到漢武帝時，治粟內史更名為大司農，屬官中有太倉、均輸、平準、都內等署的令、丞，其中太倉管穀物，都內管錢貨，二者都隸屬於大司農，趨向於合。這裡還牽涉到帝室財政與國家財政的分工：大司農只管國家的財政，少府兼管帝室的財政，而少府偏重於執掌錢貨，大司農偏重於穀物。東漢時，把屬於山澤陂池之稅，由少府改屬司農，這樣帝室財政與國家財政亦趨向於合一；但司農仍主要是掌穀物，實際的執掌帝室錢帛的仍是少府屬下的中藏府令，依然保留著分流時的痕跡，只是少府掌錢貨、大司農掌穀物這一區分，大體定型。太府卿的設置始於梁，除掌錢貨，同時還兼管太倉。至隋煬帝時，另置少府監，把尚方、織染等署從太府寺分離出來，太府寺專管京都諸市署和平準、常平等署及左、右藏。這樣帝室財政與國家財政的合一，錢穀管理分別設置太府、司農這樣兩個平行機構的體制才告完成。唐在太府寺諸署的設置即沿隋制而來。其左、右藏主管錢貨的出納，而京都四市署及平準、常平等署的職能，都與保持錢穀價格穩定相關。如果穀物與絹布的價格不能基本穩定，那麼一切財政收支的基本秩序就將無法保障。所以本篇之末特別提到，太府寺還兼有一條職掌，就是每年八月校核官私斗、秤、度尺，以統一全國度量衡標準，使社會的生產和交換活動得以正常進行。

一

太府寺：卿一人，從三品。《周禮》[1]天官有太府下大夫、上士、下士[2]，「掌九貢[3]、九賦[4]、九功[5]之式[6]，以受其貨賄之入[7]，頒其貨於受藏之府[8]，頒其賄於受用之府[9]。凡官府、都鄙之吏及執事者[10]，受財用焉」，則今太府之任也。秦、漢已下不置其官，其職并於司農、少府[11]。梁天監七年始置太府，班第十三[12]，掌金帛、府帑，統右藏令、上庫丞[13]，大市、南市、北市令[14]，關津亦皆屬焉。陳因之，品第三。後魏太和中，始改少府為太府卿，品第三[15]。北齊因之[16]。後周有太府中大夫，又有計部中大夫[17]。隋太府寺卿一人，正三品上[18]，其左藏，左、內、右內三尚方，司染、右藏、掌冶、甄官等署，各置令、丞[19]。至煬帝，分太府寺置少府監[20]，管三尚方及司染、掌治等署，而太府寺管左、右藏及兩市、平準等署。大業四年降為從三品㉑，皇朝因之。至龍朔二年㉒改為外府正卿，咸亨元年㉓復故。光宅元年㉔改為司府寺。神龍㉕初復舊。

少卿二人，從四品上。後魏孝文帝改少府為太府，置少卿一人，第四品上㉖。北齊因之。隋煬帝加至二人，降為從四品㉗。皇朝減一人，貞觀中復置二人㉘。龍朔、咸亨、光宅、神龍，並隨寺改復。

【章旨】敘述太府寺卿、少卿之定員、品秩和沿革。

【注釋】❶周禮　儒家經典之一。係搜集周王室官制和戰國時各國制度，添附以儒家政治理想，增減排比而成之彙編。❷太府下大夫上士下士　太府，《周禮》天官太宰屬官。下大夫爵，設二人，佐助太宰管理貢賦之收藏和支出。其下有上士四人，下士八人。另有屬員府四人，史八人，賈十六人，徒八十人。❸九貢　指諸侯向王者貢獻之九類物品。據《周禮·天官》，九貢之名目為：一、祀貢，指貢獻祭祀所用之物，如犧牲包茅之屬；二、嬪貢，指貢獻賓客之事所用之物，如皮帛之類；三、器貢，指貢獻製器所用之物，如銀鐵石磬丹漆之類；四、幣貢，指貢獻餽贈所用之物，如玉馬皮帛之屬；五、材貢，指貢獻木材之屬，如櫄、幹、栝、柏等；六、貨貢，指貢獻金玉龜貝之屬；七、服貢，指貢獻祭服所用之材料，如絺紵之屬；八、斿（即「遊」）貢，指貢獻玩好之物，如珠璣琅玕等；九、物貢，指諸侯國獻其特產之雜物，如魚鹽橘柚之屬。❹九賦　指賦斂財賄之九種名目。據《周禮·天官》，一是邦中之賦，指國中之地稅；二是四郊之賦，指距國百里，四郊六鄉之地稅；三是邦甸之賦，指距國百里至二百里，六遂公邑之地稅；四是家削之賦，指距國二百里至三百里，公邑及采邑之地稅（大夫之采地稱家，三百里內地名削）；五是邦縣之賦，指距國三百里至四百里之地稅；六是邦都之賦，指距國四百里至五百里之地稅；七是關市之賦，指關司市所徵之稅；八是山澤之賦，指山林川澤之地稅；九是幣餘之賦，指公用之餘財。鄭玄注稱所謂賦，即漢之口賦，率口以出錢。鄭司農以為邦中之賦，二十而稅一。❺九功　《周禮·天官》：太宰之職「以九職任萬民」。九功即九職。其名目：一是三農生九穀，依鄭玄注，三農指分別在高原、平地、低地從事種植之農民，九穀指黍、稷、粱、稻、麻、大豆、小豆、小麥、苽；二是園圃，指培育瓜果草木之屬；三是虞衡，指作業於山林川澤；四是藪牧，指蕃養鳥獸，從事畜牧；五是百工，指利用諸種器材，製作手工產品；六是商賈，指流通貨賄，互濟有無；七是嬪婦，指從事女工，紡絲織麻；八是臣妾，指從事雜役勞作，採集野生果實；九是閒民，指無固定崗位流動於各業之間。故九職即古代各行各業之總稱。因九職之功而受其財賄，以為邦國之賦，此即所謂九功。❻式　據《周禮》原文當是「貳」之訛。貳者，謂大宰掌其正，大府為其副貳。❼受其貨賄之入　指大府收納各項實物賦稅。貨賄即財物。《周禮·天官》「六曰商賈阜通貨賄」句鄭玄注：「金玉曰貨，布帛曰賄。」因而或言貨者為所藏之善物，賄者，為其賤物。❽受藏之府　指玉府、內府、外府。納藏貨物中之優良者，如金、銀、珠、玉、珍寶、齒革、兵器等，以供王者之大用。若邦國朝覲頒賜所需，則取而用之。❾受用之府　指職內、職歲、職幣所掌之處。納藏貨物中較粗賤者，以供邦國日常之用。❿官府都鄙之吏及執事者　此言三類官吏。一是朝廷百官；二是都鄙即諸侯大夫封國、采邑之官吏；三是執事者，即為某項事務而暫時受命以事之官吏。以上三類官吏，可按規定到太府處接受財用。⓫其職并於司農少府　太府掌管國家財賦，包括平準度量衡和庫藏兩個方面，而西漢之大司農和少府均為國家財政經濟機構，司農領天下之錢穀，少府則掌池澤之稅及關市之資，以供天子。故言漢時太府之職務已併於司農和少府。⓬梁天監七年始置太府班第十三　據《隋書·百官志》，此句「太府」下脫一「卿」字。天監七年，即西元五〇八年。天監為梁武帝蕭衍年號。是年，梁仿一年四季置十二卿，加置太府卿為十二卿之一，以太府、少府、太僕三卿為夏卿。同年，又改九品制為十八班制，以班多為貴，同班者，則以居下為劣。太府列為第十三班。⓭統右藏令上庫丞　句首「右」上脫一「左」字。《隋書·百官志》作「統左右藏令、上庫丞」。⓮大市南市北市令　句首「大」當作「太」。《職官分紀》卷二〇引《唐六典》原注此句作「太市南市北市令」。然《隋書·百官志》則作「統太倉、南北市令」。或許隋志有誤。錄以備考。⓯後魏太和中始改少府為太府卿品第三　太和，北魏孝文帝年號。太和十七年（西元四九三年）六月之職員令，以少府為六卿之一，位列第二品上；太和二十三年（西元四九九年）復次職令，改少府為太府，位列第三品。⓰北齊因之　北齊因北魏，置太府寺，為九寺之一。北齊太府寺掌金帛府庫，營造器物，統左、中、右三尚方，左藏、司染、諸冶東西道、黃藏、右藏、細作、左校、甄官等署令、丞。⓱後周有太府中大夫又有計部中大夫　北周依《周禮》設天、地、春、夏、秋、冬六官府，太府中大夫品秩為正五命，掌貢賦貨賄，以供國用。計部中大夫為天官府計部長官，品秩為正五命掌計帳戶籍之事。北周任太府中大夫者，有高賓、衛玄、李雄、李山宗（均見《隋書》）；任計部中大夫者，有趙江（《周書·趙文表傳》）、楊尚希（《隋書》本傳）等。⓲正三品上　《隋書·百官志》隋太府卿列正三品，此處「上」字似衍。⓳其左藏左內右內三尚方司染右藏掌冶甄官等署各置令丞　據《隋書·百官志》句首「其」當為「統」；句中第二個「內」字為衍文。又，隋志所記較此為詳，其文稱：「太府寺統左藏、左尚方、內尚方、右尚方、司染、右藏、黃藏、掌冶、甄官等署，各置令二人，左右尚方則加置二人，黃藏則惟置一人；丞四人，左尚則八人，右尚則六人，黃藏則一人。」⑳煬帝分太府寺置少府監　煬帝，隋朝皇帝楊廣。煬帝大業五年（西元六〇九年），將太府寺分為太府寺和少府監兩個機構，其掌百工技巧之事歸於少府，置監為從三品，少監從四品，各一人。此後，太府寺「但管京都市五署及平準、左右藏等凡八署。京師東市曰都會，西市曰利人，東都東市曰豐都，南市曰大同，北市曰通遠，及改諸令為監，唯市署曰令」（《隋書·百官志》）。㉑大業四年降為從三品　大業四年，即西元六〇八年。大業為隋煬帝年號。是年，光祿寺以下之八寺卿，皆降為從三品。㉒龍朔二年　即西元六六二年。龍朔為唐高宗李治年號。㉓咸亨元年　即西元六七〇年。咸亨亦是唐高宗李治年號。㉔光宅元年　即西元六八四年。光宅為武則天稱制時年號。㉕神龍　唐中宗李顯年號。神龍僅有一年，即西元七〇五年。㉖後魏孝文帝改少府為太府置少卿一人第四品上　孝文帝，北魏皇帝元宏，在位二十九年，終年三十三歲。孝文帝太和末，改少府為太府，九寺之少卿皆位列第四品上。㉗隋煬帝加至二人降為從四品　隋初，九寺皆置少卿一人，品秩為正四品。煬帝大業四年（西元六〇八年）光祿寺以下八寺之少卿皆降為從四品。㉘皇朝減一人貞觀中復置二人　《唐會要》卷六六：「武德初置二人，貞觀元年（西元六二七年）省兩員。龍朔二年（西元六六二年）正月十五日，加一員，以韋思齊為之。太極元年（西元七一二年）十二月十八日，又加一員，分為兩京檢校，以崔諤為之。」《舊唐書·高宗本紀》：「龍朔二年春正月乙巳，太府寺更置少卿一員，分兩京檢校。」同書《睿宗本紀》：「景雲三年（西元七一二年）二月丁酉，秘書增少監一員，光祿、大理、鴻臚、太府、衛尉、宗正各增置少卿一員。」二書所記皆與此處稍異，錄以備考。

【語　譯】太府寺：卿，定員一人，品秩為從三品。《周禮》在天官冢宰的屬官中，記有太府下大夫和上士、下士，「職掌是輔助太宰卿掌理九貢、九賦、九功，收取繳納的賦稅財物，其中優良的財物撥交給受藏之府，粗賤的財物撥交給受用之府。凡是王朝和都鄙采邑的官吏以及奉命暫時受理某項事務的吏員，都可以依照規定手續來領取需用的財物」。以上說的也就是如今太府的職任。秦漢時期沒有設置太府的機構，相關的職務分別歸屬於大司農和少府。南朝梁在武帝天監七年，方始設置太府〔卿〕，品秩列為第十三班，職掌是主管金帛和府庫的帑藏，統領〔左〕右藏令、上庫丞、大（太）市、南市、北市令，各地的關津也都歸它管轄。陳朝因承梁制，品秩列為第三品。北魏孝文帝太和時期首次改少府為太府卿，品秩列為第三品。北齊因承北魏的官制。北周在天官府設有太府中大夫，又有計部中大夫。隋朝設置太府寺，卿的定員為一人，品秩是正三品上，統領左藏和左尚方、內尚方、右尚方以及司染、右藏、掌冶、甄官等署，各署都置令和丞。到煬帝時，從太府寺分出一部分設置了少府監，由少府監管轄左、內、右〔內〕三個尚方以及司染、掌冶等署，這樣太府寺便只管左右藏和兩市、平準等幾個署了。煬帝大業四年，太府卿降為從三品。本朝因承隋制。到高宗龍朔二年，太府卿改名為外府正卿，咸亨元年恢復了舊稱。武后光宅元年再次改為司府寺卿，到中宗神龍初年又恢復了舊稱。

少卿，定員二人，品秩為從四品上。北魏孝文帝太和時期，改少府為太府，設置少卿一人，品秩為第四品上。北齊因承北魏。隋朝在煬帝時，少卿加到二人，品秩則降為從四品。本朝減為一人，太宗貞觀時期重新設置為二人。龍朔、咸亨、光宅、神龍年間，這一職名曾隨著曹名的更改和恢復而更改和恢復。

【說　明】唐代太府寺是掌理與貨幣及珍寶貯藏相關的財政事務的機構，其沿革，可以追溯到漢代的大司農和少府。當時國家財政收支上數量最大的，便是錢貨和穀物二項。秦代和漢初穀物和錢貨分別由治粟內史和大內掌管。《史記・景帝紀》載中六年（西元前一四四年）在改稱「治粟內史為大農」的同時，「以大內為二千石，置左右內官，屬大內」。《集解》引《漢書・百官公卿表》曰：「治粟內史，秦官，掌穀貨也。」又引韋昭曰：「大內，京師府藏。」《索隱》：「主天子私物曰少內，少內屬大內。」穀物與錢貨二者掌管是分流的。漢武帝時，大司農始兼掌二項，具體由其屬下太倉掌穀物，都內掌錢貨。大司農與少府的分工，前者掌國家財政，後者則掌帝室財政。漢少府的主要職司是「掌山海池澤之稅，以給供養」（《漢書・百官公卿表》）。但其實際管轄範圍紛繁而繁雜，若就職能而言，唐之內侍省、殿中省、尚書省、將作監和太府寺，在漢代幾乎都與少府有關。少府所屬的御府為庫藏機構，它的職掌中也有錢貨一項，但它所掌為屬於宮廷的錢貨，這便與大司農有了區別。東漢大司農下屬有太倉令，掌穀物，又專設一部丞，掌錢帛；掌御米的導官由少府轉入司農，少府仍領中藏府令，掌部分帝室錢物，而在西漢掌帝室錢帛的御府，至東漢已演變成為由宦官典宮婢作補浣宮中衣服等事。至魏晉，穀物與錢貨掌管的分流，更趨於明朗化。晉的司農只統穀不統錢，而少府的中黃左右藏，則只統錢貨不統穀物。這樣，作為國家財政機構的司農和少府，就不再以盡職的對象是帝室或國家來區別，而是以職能的內容是穀物還是錢貨來劃分了。但少府的職掌中仍保留著非財政的部分，即除掌錢貨外，仍分管與皇帝飲食起居相關的多種事務，仍是皇室手工工場及內府諸事務經營之司，如左、內、右三尚方，甄官、奚官等便是。太府卿始置於梁，掌金帛府帑，同時又兼管太倉。北魏改少府卿為太府卿，《通典》稱其掌財物庫藏。北齊的太府卿則除了財物庫藏外，又掌器物製作。隋在開皇時，太府寺的職掌同於北齊，至煬帝大業中而兼取梁制，從太府寺又分出一個少府監，專管手工製作諸署，太府寺則成為獨立的專司錢貨的國家財政機構，與戶部的度支和金部相配合，掌理財政的收支，這應該說是一種歷史進步。從國家財政與帝室財政，司穀物與司錢貨的分分合合，歷經一千餘年，至隋唐，才使太府寺逐漸具備國家財政出納機構的雛形。兩漢少府所屬原來為皇室服務的一些機構，至唐代分化為專司飲食起居的殿中省，主管手工工場的少府監和執掌土木興建的將作監。這些機構所需的費用，都要經過度支的計畫，金部的配給，太府的支納這樣一些程序，又納入了比部的稽核範圍，從而使國家的財務管理趨於完備。以上便是我們從太府寺的沿革中可以窺見的中國古代國家財務管理制度演化的一些軌跡。當然這個過程不是自覺的，缺乏明確的理論指導，可以說是「摸著石頭過河」，走一步，看一步，是在不斷反覆中逐步形成的，仍是處於自在狀態的一種認知過程。

唐代太府寺以掌管錢貨為主，也兼管一些穀物。如為其屬下的常平署，主要便是執掌穀物的平糴平糶。在常平署的穀物具有二重性，即除了作為人們基本生活資料這一物質屬性之外，還具有用以作為一般等價物的社會屬性。在商品交換還未充分發展的歷史條件下，設置常平倉的初衷，是為了調節糧價，備荒賑恤，故其目的不僅為了保障供給，保障農民的小生產，也包含有穩定整個市場物價的意義。此外，在經營者心目中，常平署下屬諸倉中的糧食，是作為營運的本金來對待的，它有二重使命：穩定物價，生利孳息。這大概就是常平署劃歸太府寺統轄的原因吧？司農寺的太倉、正倉、義倉、轉運倉，通常是把從民間以賦稅形式聚集起來的糧食，不是經過交換，而是通過直接分配便進入了消費領域；而常平倉的糧食則是經由流通和交換的中間環節，具有了商品的屬性。所以同樣的穀物，在太府寺管轄下的常平倉，與司農寺管轄下諸倉，若從經濟學的觀點作些分析，其屬性並不相同。

二

太府卿之職，掌邦國財貨之政令❶，總京都四市、平準、左右藏、常平八署之官屬，舉其綱目，修其職務；少卿為之貳。以二法平物：一曰度量，度謂分、寸、尺、丈❷，量謂合、升、斗、斛❸。二曰權衡。權，重也；衡，平也❹。金銀之屬謂之寶，錢帛之屬謂之貨。絹曰匹，布曰端，綿曰屯，絲曰絇，麻曰綟❺，金銀曰鋌❻，錢曰貫❼。凡四方之貢賦，百官之俸秩，謹其出納，而為之節制焉。諸州庸、調❽及折租❾等物應送京者，並貯左藏；其雜送物並貯右藏。庸、調初至京日，錄狀奏聞。每旬一奏納數。

【章　旨】敘述太府卿、少卿之職掌。

【注　釋】❶掌邦國財貨之政令　《太平御覽》卷二三二引《唐六典》原文作「掌邦國賦貨之事」。❷度謂分寸尺丈　此句解釋「度」。本書第三卷第四篇金部郎中職掌中提到：「凡度以北方秬黍中者一黍之廣為分，十分為寸，十寸為尺，一尺二寸為大尺，十尺為丈。」唐代實際使用是大尺。唐一小尺實測合今〇・二四五七八四米，一大尺合今〇・二九四九〇八米。如按唐政府規定，開元通寶錢之長度為八分，則一尺之長度為〇・三〇三一—〇・三一六米，接近於大尺。❸量謂合升斗斛　此句解釋「量」。本書第三卷第四篇金部郎中職掌中提到：「凡量以秬黍中者容一千二百為龠，二龠為合，十合為升，十升為斗，三斗為大斗，十斗為斛。」據《通典》唐代不僅斗有大斗，升亦有大升，以三升為一大升。❹權重也衡平也　權，秤錘，借以測定物體之重量，故稱「重」。衡，秤杆，用以顯示所測定之重量是否平正，故稱「平」。《漢書・律曆志上》：「衡權者，衡，平也；權，重也。衡所以任權而均物平輕重也」；「權者，銖、兩、斤、鈞、石也，所以稱物平施，知輕重也」。本書第三卷第四篇金部郎中職掌中提到：「凡權衡以秬黍中者百黍之重為銖，二十四銖為兩，三兩為大兩，十六兩為斤。」一大兩折合今四十克，小兩合今十四克弱。❺自「絹曰匹」至「麻曰綟」 此言絹、布、綿、絲、麻五種物品之不同計量單位。據本書第三卷第三篇金部郎中職掌條原注簡釋如下：絹曰匹，絹之計量單位稱匹，四丈為一匹。布曰端，布之計量單位稱端，五丈為一端。另有多說，如《資治通鑑》漢獻帝初平二年（西元一九一年）胡三省注云：「布帛六丈曰端，一曰八丈曰端，古以二丈為端。」綿曰屯，綿之計量單位稱屯，六兩為一屯。絲曰絇，絲之計量單位稱絇，五兩為一絇。麻曰綟，麻之計量單位稱綟，三斤為一綟。❻鋌 金銀之計量單位。唐制二十兩為鋌。兩又有大小之分。一九七九年山西省平魯縣出土「員外同正」進奉二十兩之金鋌，經測定重二八三克，折合每兩一四．一五克，是為小兩。同地出土乾元元年（西元七五八年）進奉歲僧錢金鋌二十兩，重為八一〇克，一兩合為四〇．一克。大體符合三小兩為一大兩之衡制。（見《文物》一九八一年第四期〈山西平魯出土一批唐代金鋌〉一文）❼貫 錢之計量單位。唐制一千文為一貫，重六斤四兩。❽庸調 指力庸和戶調兩項賦稅形式。唐制，每丁歲輸綾或絹、絁二丈，布加四分之一，即二丈五尺。輸綾、絹、絁者，兼調綿三兩，輸布者麻三斤。庸，凡丁歲役二旬，每日折絹三尺，兩旬合計為六丈，布加四分之一。❾折租 指以租折成絹或布。唐制，庸每日折絹三尺，有事加役，十五日免調，三十日免租，則二石租折絹為四十五尺，即一疋零五尺。但各個地區和市絹與粟之比價不盡相同。天寶八載（西元七四九年），「其租約百九十餘萬丁，江南郡縣折布，約五百七十餘萬端，大約八等以下戶計之，八等折租，每丁三端一丈，九等則二端二丈，今通以三端為率也」（《冊府元龜》卷四八七）。二石租，折布三端，五丈為端，即折布十五丈，計一百五十尺，遠遠超過十五日庸之比率。故租粟折成絹布，更加重了農民負擔。

【語譯】太府卿的職掌是，主管國家財貨支納的政令（事務），統領京師和東都的四個市和平準、左藏、右藏、常平等共八個署的官員，抓舉大綱節目，整飭部屬履行好職務；少卿是卿的副職。用兩種辦法來計量一切物品，一是度量，度是指以長短計量物的長度，有分、寸、尺、丈這樣一些單位；量是指以容積計量物的多少，有合、升、斗、斛這樣一些單位。二是權衡。權，借以測定物體的重量；衡，用來顯示測量是否平正。金銀一類物品稱之為寶，錢帛一類物品稱之為貨。各類物品有不同的計量單位，如絹稱匹，布稱端，綿稱屯，絲稱絇，麻稱綟，金銀稱鋌，錢稱貫。凡各地上納的貢賦，百官所支領的俸秩，太府卿都要謹慎地受納和支給，並做好節制。各州上納的庸調和折租等物品，按規定應該送京城的，都貯存在左藏；雜貢一類物品，都貯存在右藏。庸調剛運到京師那天，就要做好登錄，並以狀文的形式向上奏聞。每旬要彙總奏報一次收納的數量。

【說　明】對本章，單就古代的度量衡問題略作一點說明。

人們在生產、交換、消費過程中產生了制定度量衡的需要，而人們在生產、交換、消費中積累的經驗，又為這種制定提供了依據。本書第三卷第四篇原注中提到的以一粒中等秬黍的長度、體積、重量分別作為度、量、衡最小單位的基準這一設想的產生，便是我國古代處於農業社會形態中的中原地區的一種習見的現象。此說最早可能出自西漢劉向的《說苑．辨物》：「度量權衡，以黍生之。〔一黍〕為一分，十分為一寸，十寸為一尺，十尺為一丈。十六黍一豆，六豆為一銖，二十四銖為一兩，十六兩為一斤，三十斤為一鈞，四鈞重一石。千二百黍為一龠，十龠為一合，十合為一升，十升為一斗，十斗為一石。」《漢書．律曆志》首次完整地記錄了先秦以來的計量單位、標準器形制及其管理制度。《隋書．律曆志》概括了隋以前歷代度量衡的演化。上述二書也都提到度量衡單位的確定是以一粒中等秬黍作為基準。這種規制不僅按現代要求看來十分粗疏，就是在當時，隨著社會生活的日趨發展，也漸次暴露其內在矛盾。畢竟秬黍顆粒有大小之差，年成亦有豐歉之異，因此歷代尺的長度都不相同，缺少一個絕對的客觀標準。隋志列舉了歷代十五種尺的長度，都不統一。王國維在《觀堂集林》一篇談及歷代尺度的文章中，指出，尺度自古至清是在不斷增加的，「然其增率之速，莫劇於東晉後魏之間」，「求其原因，實由魏晉以降，以絹布為調，又欲多取於民，故尺度代有益增，北朝有甚。自金元以後，不課絹布，故八百年來，尺度猶仍唐宋之舊」。這一見解十分精到。從秦開始，度量衡的標準歷代都是由皇帝以法律形式頒佈的，而向農民徵收租庸調，用的就是這個標準，「故尺度代有益增」，也就不足為奇了。大體上隋尺比之於秦漢尺增長了百分之二十八，量器和衡器也增大了近兩倍。如一匹絹的長度和寬度的規定，都直接關係到朝廷賦稅的收入，北魏孝文帝時，特規定絹布皆幅廣二尺二寸，長四十尺為一匹，布六十尺為端。寬度在唐代規定為一尺八寸，長度絹四丈為匹，布五丈為端。

所謂「上有政策，下有對策」，既然國家在數量如此這般剋扣納稅人，納稅人便來一個以次充好，在質量玩點花樣，以求減輕一些負擔。但是「魔高一尺，道高一丈」，針對「刁民」的這一招，唐代便有了凡上納絹或布每匹都須經「書印」的規定，即要經過有關官司作質與量的檢驗和鑑定，認為合格，才肯鈐上州縣及庫司的印章，並繳納者的姓名及繳納年、月、日，這樣若日後發現問題，相關人員都將受到法律追查。至於那相關官吏利用手中這方大印向納稅人敲詐勒索，那是勢所必然的事。所以這一粒北方秬黍所反映的，並非單純地只是一個人對自然物的計量單位，而是一種頗為複雜的人與人之間的關係，是社會制度的一個側影。

三

凡絹、布出有方土，類有精粗。絹分為八等，布分為九等，所以遷有無，和利用也。宋[1]、亳[2]之絹[3]，復州[4]之紵[5]，宣[6]、潤[7]、沔[8]之火麻[9]，黃州[10]之貲[11]，並第一等。鄭[12]、汴[13]、曹[14]、懷[15]之絹，常州[16]之紵，舒[17]、蘄[18]、黃[19]、嶽[20]、荊[21]之火麻，廬[22]、和[23]、晉[24]、泗[25]之貲，並第二等。滑[26]、衛[27]、陳[28]、魏[29]、相[30]、冀[31]、德[32]、海[33]、泗[34]、濮[35]、徐[36]、兗[37]、貝[38]、博[39]之絹，楊[40]、湖[41]、沔[42]之紵，徐[43]、楚[44]、廬[45]、壽[46]之火麻，絳[47]、楚、滁[48]之貲，並第三等。滄[49]、瀛[50]、齊[51]、許[52]、豫[53]、仙[54]、棣[55]、鄆[56]、深[57]、莫[58]、洺[59]、邢[60]、恒[61]、定[62]、趙[63]之絹，蘇[64]、越[65]、杭[66]、蘄、廬之紵，澧[67]、朗[68]、潭[69]之火麻，澤[70]、潞[71]、沁[72]之貲，並第四等。潁[73]、淄[74]、青[75]、沂[76]、密[77]、壽[78]、幽[79]、易[80]、申[81]、光[82]、安[83]、唐[84]、隨[85]、黃之絹，衢[86]、饒[87]、洪[88]、婺[89]之紵，京兆[90]、太原[91]、汾[92]之貲，並第五等。益[93]、彭[94]、蜀[95]、梓[96]、漢[97]、劍[98]、遂[99]、簡[100]、綿[101]、襄[102]、褒[103]、鄧[104]之絹，郢[105]、江[106]之紵，褒、洋[107]、同[108]、岐[109]之貲，並第六等。資[110]、眉[111]、邛[112]、雅[113]、嘉[114]、陵[115]、閬[116]、普[117]、壁[118]、集[119]、龍[120]、果[121]、

洋、渠122之絹，台123、括124、撫125、睦126、歙127、虔128、吉129、溫130之紵，唐、慈131、坊132、寧133之貲，並第七等。通134、巴135、蓬136、金137、均138、開139、合140、興141、利142、泉143、建144、閩145之絹，泉、建、閩、袁146之紵，登147、萊148、鄧之貲，並第八等。金、均、合之貲，並第九等。

【章旨】敘述唐代絹、布之等級及出產之地域。

【注釋】❶宋　州名。治所宋城，今河南商丘縣南；轄境相當於今河南之商丘、虞城、寧陵、睢縣、柘城、夏邑，安徽之碭山，山東省之曹縣、單縣等地。據《新唐書・地理志》，宋州屬河南道，土貢有絹。本書第三卷第一篇戶部郎中職掌條，其賦調是絹及綿，土貢則為絹。❷亳　州名。治所譙，今河南之亳州市；轄區相當於今安徽之亳州、渦陽、蒙城，河南之鹿邑、永城等縣市地。據《新唐書・地理志》宋州亦屬河南道，土貢有絹。本書第三卷第一篇戶部郎中職掌條，亳州之賦調為綿和絹，其土貢為絹。❸絹　此處為絲織品之通稱。❹復州　唐武德時治所竟陵，貞觀時遷治沔陽，今湖北之天門；轄境相當於今湖北仙桃、天門、監利等縣。據《新唐書・地理志》復州屬山南東道，土貢有白紵。本書第三卷第一篇戶部郎中職掌條，復州之賦調為麻及布，其土貢為白紵布。❺紵　指苧麻布。《說文解字》：「布白而細曰紵。苧麻莖纖維長而細，色白，拉力強，宜于織布。」❻宣　州名。治所宣城，即今安徽之宣城；轄境相當於今安徽省長江以南黃山、九華山以北地區，及江蘇溧水、溧陽等縣地。據《新唐書・地理志》宣州屬江南道，土貢為白紵。本書第三卷第一篇戶部郎中職掌條，宣州土貢中有白紵布與綺，賦調則為紵布。❼潤　州名。治所丹徒，今江蘇之鎮江；轄境相當於今江蘇之南京、鎮江、丹陽、句容、金壇、江寧等縣市。據《新唐書・地理志》潤州屬江南道，其土貢中有火麻布。本書第三卷第一篇戶部郎中職掌條，潤州之賦調是紵布，其土貢則為方棋水波綾。❽沔　此係錯字，當為「沔」。下文「沔」亦同。沔，州名。唐武德四年（西元六二一年）置，治漢陽，今武漢市之漢陽；寶曆二年（西元八二六年）廢入鄂州。轄區僅漢陽、漢川二縣。原屬淮南道，後劃歸江南道。據《新唐書・地理志》鄂州土貢中有貲布。本書第三卷第一篇戶部郎中職掌條，沔州仍屬淮南道，土貢中有麻與貲布，其賦調則雜有紵、貲、火麻等布。❾火麻　指大麻布。大麻，俗稱火麻，雄莖細長，韌皮纖維產量多，質佳而早熟。雄株稱枲或牡麻，雌株稱苴或子麻。❿黃州　治所黃岡，今湖北之新州；轄區相當於今湖北之新洲、麻城、紅安、黃陂諸縣。據《新唐書・

地理志》黃州屬淮南道，土貢有白紵布、貲布。本書第三卷第一篇戶部郎中職掌條，黃州土貢有紵、貲布，賦調則雜有火麻布。⓫貲　指貲布，細麻布。貲通「𢂾」。⓬鄭　州名。唐武德時治虎牢城，貞觀時改治管城，今河南之鄭州；轄區相當於今河南之鄭州及滎陽、新鄭、中牟等縣。據《新唐書・地理志》鄭州屬河南道，其土貢有絹。本書第三卷第一篇戶部郎中職掌條，鄭州土貢中亦有絹，其賦調則為絹和綿。⓭汴　州名。治所開封，即今河南開封市；轄區相當於今河南之開封、封丘、尉氏、杞縣、藍考等縣市。據《新唐書・地理志》汴州屬河南道，其土貢有絹。本書第三卷第一篇戶部郎中職掌條，汴州土貢中有絹，其賦調為絹和綿。⓮曹　州名。治所濟陰，今山東曹縣西北；轄境相當於今山東菏澤、曹縣、成武、東明、定陶等縣。據《新唐書・地理志》曹州屬河南道，其土貢有絹及綿。本書第三卷第一篇戶部郎中職掌條，曹州土貢有絹，其賦調則為絹和綿。⓯懷　州名。治野王，今河南沁陽；轄境相當於今河南之焦作、沁陽、武陟、博愛、獲嘉等縣。據《新唐書・地理志》懷州屬河北道，其土貢為平紗、平紬、牛膝。本書第三卷第一篇戶部郎中職掌條，懷州之土貢為牛膝，其賦調則為絹和綿。⓰常州　治所晉陵，唐分置武進縣，同屬今江蘇常州市；轄境相當於今江蘇之常州、無錫、武進、江陰、宜興等縣市。據《新唐書・地理志》常州屬江南道，其土貢有紬、絹、布、紵。本書第三卷第一篇戶部郎中職掌條，常州土貢中有白紵布，其賦調亦是紵布。⓱舒　州名。治所懷寧，今安徽潛山；轄區相當於今安徽之宿松、太湖、懷寧、安慶、桐城、岳西等縣市。據《新唐書・地理志》舒州屬淮南道，其土貢有紵布。本書第三卷第一篇戶部郎中職掌條，舒州土貢中有白紵布，其賦調則雜有紵、貲、火麻等布。⓲蘄　州名。治所蘄春，即今湖北蘄春縣；轄區相當於今湖北之蘄春、羅田、英山、浠水、黃梅等縣市。據《新唐書・地理志》蘄州屬淮南道，其土貢有紵布。本書第三卷第一篇戶部郎中職掌條，蘄州貢物亦為白紵布，與此處原注下文所言火麻布有異，惟其賦調中雜有火麻布。⓳黃　州名。參見前注❿。據《新唐書・地理志》與本書第三卷第一篇戶部郎中職掌條，淮南道黃州之土貢均未提及有火麻布，惟其賦調雜有紵、貲、火麻等布。⓴嶽　廣雅本作「岳」。唐無嶽州，當係「岳」之誤。岳州，治巴陵，今湖南岳陽市；轄區相當於今洞庭湖東、南北沿岸華容、臨湖、汨羅、湘陰、平江諸縣市地。據《新唐書・地理志》岳州屬江南西道，其貢物為紵布。本書第三卷第一篇戶部郎中職掌條，岳州貢物亦為白紵布，與原注下文所言火麻布有異，賦調中則有麻與紵布。㉑荊　州名。治所江陵，即今湖北之江陵；轄境相當於今湖北之江陵、石首、潛江、荊門、當陽、枝江、松市等縣市。據《新唐書・地理志》荊州屬山南道，其土貢有方紋綾、貲布。本書第三卷第一篇戶部郎中職掌條，荊州貢物中有交梭縠、子方縠、紋綾，其賦調則雜有綿、絹。㉒廬　州名。治所合肥，即今安徽合肥市；轄境相當於今安徽之合肥、六安、霍山、廬江、巢湖諸縣市。據《新唐書・地理志》廬州屬淮南道，其土貢是花紗、交梭絲布。本書第三卷第一篇戶部郎中職掌條，廬州土貢是熟絲布、交梭，其賦調雜有紵、貲、火麻等布。㉓和　州名。治所曆陽，今安徽省和縣；轄區相當於今安徽之和縣、含山等縣。據《新唐書・地理志》和州屬淮南道，其土貢有紵布。本書第三卷第一篇戶部郎中職掌條，和州之土貢為紵練，惟其賦調雜有紵、貲、火麻等布。㉔晉　州名。治所臨汾，即今山西之臨汾；轄區相當於今山西臨汾、霍縣、汾西、洪洞、浮山、安澤等縣市。據《新唐書・地理志》晉州屬河東道，其土貢為蠟燭。本書第三卷第一篇戶部郎中職掌條，晉州土貢亦為蠟燭，其賦調則為麻與布。㉕泗　州名。治所臨淮，今江蘇泗洪東南；轄境相當於今江蘇之泗洪、泗陽、宿遷、漣水、灌南、邳縣、睢寧以及安徽省之泗縣等地。據《新唐書・地理志》泗州屬河南道，其土貢有錦和貲布。本書第三卷第一篇戶部郎中職掌條，泗州土貢有貲布，其賦調則為絹與綿。㉖滑　州名。治所白馬，今河南滑縣東；轄境相當於今河南之滑縣、延津、長垣等縣。據《新唐書・地理志》滑州屬河南道，其土貢有方紋綾、紗、絹。本書第三卷第一篇戶部郎中職掌條，滑州土貢亦為方紋綾和絹。㉗衛　州名。治所原為朝歌，貞觀初移治汲縣，即今河南汲縣；轄區相當於今河南之新鄉、汲縣、輝縣、浚縣及淇縣。據《新唐書・地理志》衛州屬河北道，其土貢有綾、絹、綿。本書第三卷第一篇戶部郎中職掌條，河北道衛州之調是絹和綿。㉘陳　州名。治所淮陽，即今河南之淮陽；轄區包括今河南之太康、西華、項城、商水、淮陽、沈丘等縣。據《新唐書・地理志》陳州屬河南道，其土貢為絹。本書第三卷第一篇戶部郎中職掌條，陳州調以絁、綿，土貢以絹。㉙魏　州名。治所貴鄉，今河北大名東北；轄區相當於今河北之大名、館陶、魏縣，河南之南樂、清豐、范縣，山東之冠縣、莘縣等地。據《新唐書・地理志》魏州屬河北道，土貢有花紬、平紬、絁、絹等。本書第三卷第一篇戶部郎中職掌條，魏州之賦調為絹、綿，土貢有平紬。㉚相　州名。治所安陽，即今河南安陽；轄區相當於今河北之安成、廣平和魏縣西南部，及河南之安陽、湯陰、林縣、內黃和濮陽西南地區。據《新唐書・地理志》相州屬河北道，土貢有紗、絹、隔布等。本書第三卷第一篇戶部郎中職掌條，相州調賦為絹、綿、絲，貢物為紗。㉛冀　州名。治所信都，今河北之冀縣；轄區相當於今河北之新河、冀縣、南宮、棗強、衡水、武邑、阜城、武強諸縣。據《新唐書・地理志》冀州屬河北道，其土貢有絹和綿。本書第三卷第一篇戶部郎中職掌條，冀州賦調是絹和綿，土貢為綿。㉜德　州名。治所安德，今河北之陵縣；轄區相當於今河北之景縣、德州、陵縣、平原、吳橋等縣市。據《新唐書・地理志》德州屬河北道，其土貢為絹綾。本書第三卷第一篇戶部郎中職掌條，德州賦調為絹和綿，其土貢亦為絹。㉝海　州名。治所東海，今江蘇之連雲港；轄區相當於今江蘇之連雲港、東海、沭陽、灌雲、贛榆等縣市。據《新唐書・地理志》海州屬河南道，其土貢為綾和楚布。本書第三卷第一篇戶部郎中職掌條，海州賦調是絹和綿，土貢則為楚布。㉞泗　州名。參見前注㉕。

本書第三卷第一篇戶部郎中職掌條，河南道泗州之賦調為絹和綿。㉟濮　州名。治所鄄城，今河南鄄城之北；轄區相當於今河南之濮陽、鄄城及范縣之一部分。據《新唐書・地理志》濮州屬河南道，其土貢為絹。本書第三卷第一篇戶部郎中職掌條，濮州之賦調為絹和綿，土貢亦為絹。㊱徐　州名。治所彭城，今江蘇徐州市；轄區相當於今江蘇、山東、安徽三省交界地區，包括今徐州、沛縣、豐縣、滕縣、蕭縣等縣市。據《新唐書・地理志》徐州屬河南道，其土貢有雙絲綾、絹、綿、紬、布等。本書第三卷第一篇戶部郎中職掌條，徐州之賦調是絹和綿，其土貢為絹。㊲兗　州名。治所瑕丘，今山東濟寧市東北；轄境相當於今山東之濟寧、泰安、萊蕪、泗水、鄒縣、金鄉等縣市。據《新唐書・地理志》兗州屬河南道，其土貢為鏡花綾、雙距綾、絹、雲母、防風、紫石。本書第三卷第一篇戶部郎中職掌條，兗州賦調是絹和綿，土貢為鏡花綾、防風。㊳貝　州名。治所清河，即今河北清河縣；轄境相當於今河北之清河、威縣、臨西、故城，以及山東之臨清、武城、夏津等縣市。據《新唐書・地理志》貝州屬河北道，其土貢有絹、氈等。本書第三卷第一篇戶部郎中職掌條，貝州之賦調為絹及綿，其土貢則為白氈。㊴博　州名。治所聊城，即今山東聊城；轄區相當於今山東之高唐、茌平、聊城等縣市。據《新唐書・地理志》博州屬河北道，其土貢為綾、平紬。本書第三卷第一篇戶部郎中職掌條，博州之賦調是絹、絲，土貢為平紬。㊵楊　據《新唐書・地理志》應為「揚」。州名。治所江都，今江蘇揚州市；轄區相當於今江蘇長江以北之六合、天長、揚州、高郵、泰州、海安、如皋、南通等縣市。據《新唐書・地理志》揚州屬淮南道，其土貢有錦、綾。本書第三卷第一篇戶部郎中職掌條，揚州賦調是綿和絹，土貢則為細紵。㊶湖　州名。治所烏程，今浙江湖州市；轄區相當於今浙江之湖州、長興、安吉等縣市。據《新唐書・地理志》湖州屬江南東道，土貢有綿、紬、布、紵。本書第三卷第一篇戶部郎中職掌條，湖州之賦調是麻與紵布，貢物則為白紵布。㊷沔　當作「沔」。州名。見前注❽。據《新唐書・地理志》，於唐敬宗寶曆二年（西元八二六年）併入鄂州，屬江南西道，其土貢為貲布。本書第三卷第一篇戶部郎中職掌條，沔州仍屬淮南道，其賦調雜有紵、貲、火麻布，土貢則為麻和貲布。㊸徐　州名。見前注㉟。《新唐書・地理志》及本書第三卷第一篇戶部郎中職掌條，徐州土貢皆未提及火麻布。㊹楚　州名。治所山陽，今江蘇之淮安；轄區相當於今江蘇之洪澤、淮安、建湖、盱眙等縣市。據《新唐書・地理志》楚州屬淮南道，其土貢有貲布、紵布。本書第三卷第一篇戶部郎中職掌條，楚州賦調為綿和絹，土貢則為孔雀布，皆未提到火麻布。㊺廬　州名。見前注㉒。《新唐書・地理志》及本書第三卷第一篇戶部郎中職掌條，廬州土貢中均無火麻布，惟後者言其賦調雜有紵、貲、火麻等布。㊻壽　州名。治所壽春，即今安徽壽縣；其轄區相當於今安徽之淮南市、壽縣、霍丘、六安、霍山等縣市。據《新唐書・地理志》壽州屬淮南道，其土貢有絲布、絁。本書第三卷第一篇戶部郎中職掌條，壽州賦調是絁、布、綿、麻，土貢則為葛布，皆未提到下文之火麻布。㊼絳　州名。治所正平，今山西新絳縣；轄境相當於今山西之侯馬、新絳、襄汾、翼城、聞喜、稷山、河津、萬榮、垣曲、絳縣、襄縣等縣市。據《新唐書・地理志》絳州屬河東道，土貢是白穀。本書第三卷第一篇戶部郎中職掌條，絳州賦調為麻布，其貢物則是防風，未提及貲布。㊽滁　州名。治所清流，今安徽滁縣；轄區相當於今安徽之來安、滁縣、全椒等縣。據《新唐書・地理志》滁州屬淮南道，其土貢有貲布、絲布、紵、練、麻。本書第三卷第一篇戶部郎中職掌條，滁州賦調為絹、綿、布，雜調有紵、貲、火麻等布；其土貢則為麻、貲布。㊾滄　州名。治所清池，今河北滄州市西南；轄區相當於今河北之南皮、東光、鹽山、樂陵、長蘆、無棣、寧津、交河等縣市，大體為今天津市以南地區。據《新唐書・地理志》滄州屬河北道，土貢有絲布。本書第三卷第一篇戶部郎中職掌條，滄州賦調為絹、綿，其土貢是葦蓆和柳箱。㊿瀛　州名。治所河間，即今河北河間市；轄區相當於今河北之高陽、博野、蠡縣、天成、樂壽等縣。據《新唐書・地理志》瀛州屬河北道，土貢是絹。本書第三卷第一篇戶部郎中職掌條，瀛州賦調為絹和綿，土貢亦為絹。[51]齊　州名。治所歷城，今山東濟南市；轄區相當於今山東之濟南、章丘、濟陽、臨邑、馬城、長清等縣市。據《新唐書・地理志》齊州屬河南道，土貢是絲、葛、絹、綿。本書第三卷第一篇戶部郎中職掌條，齊州賦調為絹及綿，土貢則為絲葛。[52]許　州名。治所長社，今河南許昌市；轄區相當於今河南之長葛、鄢陵、襄城、臨潁、舞陽、扶溝、許昌等縣市。據《新唐書・地理志》許州屬河南道，其土貢為絹。本書第三卷第一篇戶部郎中職掌條，許州賦調為絁和綿，土貢則是絹。[53]豫　州名。即蔡州。唐初稱豫州，肅宗寶應元年（西元七六二年）改為蔡州。治所汝陽，今河南之汝南，轄區相當於今河南淮河以北、黃河上游以南、桐柏山以東地區。據《新唐書・地理志》蔡州屬河南道，其土貢為珉立棋子，四窠、雪花、龜甲、雙距、溪鶩等綾。本書第三卷第一篇戶部郎中職掌條，豫州賦調是絹和綿，其土貢則為鸂鶒綾、雙絲。[54]仙　州名。《唐會要》卷七〇：「仙州，武德四年（西元六二一年）置葉州，五年廢。貞觀八年（西元六三四年）置魯州，九年廢。開元二年（西元七一四年）折許、魯、唐三州復置仙州，至二十六年（西元七三八年）十月三日廢。」本書第三卷第一篇戶部郎中職掌條，河南道未列仙州，其賦調為綿和絹，土貢則是方紋綾。《新唐書・地理志》亦未記仙州。開元年間，仙州之治所一度在舞陽，今河南舞陽以西。仙州處於許、魯、唐三州之間，又為偏僻山區，故常成為各處逃亡人口集中之所，唐代官府始終無法成功地控制該地區，因而州府置廢頻頻。《新唐書・地理志》及本書第三卷第一篇戶部郎中職掌條中，均未列仙州，後書唯於原注中有「仙、滑二州〔貢〕方紋綾」一句。[55]棣　州名。治所厭次，今山東惠民縣；轄區相當於今山東之黃河入海口，有陽信、滴河、惠民、利津等縣。《唐會要》卷七〇：「棣州武德四年（西元六二一年）七月十六日置，貞觀六年（西元六三二年）十二月九日廢，十七年（西元六四三年）六月十七日復置。」新舊《唐書》地理志均不載此州，本書第三卷第一篇戶部郎中職掌條，棣州賦調為絹和綿，土貢為絹。56鄆　州名。治所原為鄆城，貞觀八年（西元六三四年）徙治須昌，今山東之東平；轄區相當於今山東之巨野、梁山、鄆城、東平、嘉祥等縣市。據《新唐書・地理志》鄆州屬河南道，其土貢為絹。本書第三卷第一篇戶部郎中職掌條，鄆州賦調為絹和綿，土貢為絹。57深　州名。治所陸澤，今河北深縣；轄區相當於今河北之饒陽、安平、深縣、東鹿等縣。據《新唐書・地理志》深州屬河北道，其土貢為絹。本書第三卷第一篇戶部郎中職掌條，深州賦調為絹和綿，土貢為絹。58莫　州名。治所莫，今河北白洋淀；轄區相當於今河北之保定、清苑等縣市。據《新唐書・地理志》莫州屬河北道，其土貢為絹、綿。本書第三卷第一篇戶部郎中職掌條，莫州賦調是絹、綿，土貢為綿。59洺　州名。治所永年，今河北永年縣東南；轄境相當於今河北之邯鄲、雞澤、永年、曲調、丘縣、肥鄉、武安等縣市。據《新唐書・地理志》洺州屬河北道，其土貢為絁、綿、紬。本書第三卷第一篇戶部郎中職掌條，洺州賦調是絹和綿，土貢為平紬。60邢　州名。治所龍岡，今河北邢臺市；轄區相當於今河北之內丘、巨鹿、平鄉、廣宗、南和、任縣、邢臺等縣市。據《新唐書・地理志》邢州屬河北道，其土貢有絲布。本書第三卷第一篇戶部郎中職掌條，河北道邢州賦調為絹和綿，其土貢則為絲布。61恒　州名。唐憲宗元和十五年（西元八二〇年），因穆宗李恒（是年繼位）名諱，更名鎮州。治所真定，今河北之正定；轄區相當於今河北之石家莊、獲鹿、井陘、藁城、靈壽、行唐、阜平等縣市。據《新唐書・地理志》恒州屬河北道，其土貢為孔雀羅。本書第三卷第一篇戶部郎中職掌條，恒州賦調為絹和綿，土貢為羅。62定　州名。治所安喜，今河北定縣；轄區相當於今河北之唐縣、望都、完縣、曲陽、定縣、新樂、安國、深澤、無極等縣市。據《新唐書・地理志》定州屬河北道，其土貢有羅、紬、細綾、瑞綾、兩窠綾、獨窠綾、二包綾、熟線綾。本書第三卷第一篇戶部郎中職掌條，定州賦調為絹和綿，土貢是紬、綾。63趙　州名。治所平棘，今河北趙縣；轄區相當於今河北之趙縣、元氏、欒城、贊皇、高邑、臨城、柏鄉、寧晉等縣。據《新唐書・地理志》趙州屬河北道，其土貢為絹。本書第三卷第一篇戶部郎中職掌條，趙州賦調為絹和綿，土貢為綿。64蘇　州名。治所吳縣，今江蘇蘇州；轄區相當於今江蘇之吳縣、昆山、常熟以及上海市和浙江之嘉興市。據《新唐書・地理志》蘇州屬江南東道，其土貢有絲葛、絲綿、八蠶絲、緋綾、布等。本書第三卷第一篇戶部郎中職掌條，蘇州賦調為紵布，土貢為紅綸巾。65越　州名。治所會稽，今浙江紹興市；轄區相當於今浙江之紹興、諸暨、餘姚、上虞、蕭山、寧波等縣市。據《新唐書・地理志》越州屬江南東道，其土貢有寶花、花紋等羅，白編、交梭、十樣花紋等綾，以及輕容、生縠、花紗、吳絹等。本書第三卷第一篇戶部郎中職掌條，越州賦調為紵布，土貢為白編、交梭、吳綾等。66杭　州名。治所錢塘，今浙江杭州市；轄區相當於今浙江之杭州、餘杭、富陽、臨安等縣市。據《新唐書・地理志》杭州屬江南東道，其土貢有白編綾、緋綾。本書第三卷第一篇戶部郎中職掌條，杭州賦調為紵布，土貢為白編綾。(67)澧　州名。治所澧陽，今湖南澧縣；轄境相當於今湖南之澧縣、臨澧、安鄉、石門、慈利、桑植等縣。澧州在唐初屬江南西道，天寶初割屬山南東部，《新唐書・地理志》即記為山南東道；其土貢有紋綾、紵、練、縛巾。本書第三卷第一篇戶部郎中職掌條，澧州賦調是麻、紵，土貢為龜子綾。(68)朗　州名。治所武陵，今湖南常德市；轄區相當於今湖南之常德、桃源、龍陽等縣。唐初屬江南西道，天寶初割屬山南東道，《新唐書・地理志》即記為山南東道；其土貢有葛、紵、練。本書第三卷第一篇戶部郎中職掌條，朗州屬江南道，其賦調為麻和紵，土貢為紵、練。(69)潭　州名。治所長沙，即今湖南長沙市；轄區相當於今湖南之長沙、湘潭、湘鄉、醴陵、瀏陽等縣市。據《新唐書・地理志》潭州屬江南西道，其土貢有絲、葛、絲布。本書第三卷第一篇戶部郎中職掌條，潭州賦調為麻、紵，土貢則闕如。(70)澤　州名。治所晉城，今山西之晉城；轄區相當於今山西之陵川、高平、晉城、沁水、陽城等縣。據《新唐書・地理志》澤州屬河東道，其土貢為人蔘、石英、野雞，無貲布。本書第三卷第一篇戶部郎中職掌條，澤州賦調為麻、布，土貢則為人蔘。(71)潞　州名。治所上黨，今山西之長治市；轄區相當於今山西之武鄉、沁縣、襄垣、黎城、涉縣、屯留、潞城、長治、平順、長子、壺關等縣。據《新唐書・地理志》潞州屬河東道，其土貢為貲布、人蔘。本書第三卷第一篇戶部郎中職掌條，潞州賦調為麻和布，土貢為人蔘。(72)沁　州名。治所沁源，即今山西之沁源；轄區相當於今山西之沁源附近地區。據《新唐書・地理志》沁州屬河東郡，所轄僅三縣，除沁源外，和川是分沁源縣置，綿上是分介休之南所置。其土貢有龍鬚席、弦麻。本書第三卷第一篇戶部郎中職掌條，沁州賦調是麻和布，土貢闕如。(73)穎　據《新唐書・地理志》當作「潁」。州名。治所汝陰，今安徽之阜陽；轄區相當於今安徽之潁上、阜南、鳳臺、界首、太和、臨泉等縣。據《新唐書・地理志》潁州屬河南道，其土貢為絁、綿。本書第三卷第一篇戶部郎中職掌條，潁州賦調為絁、綿，土貢為紬、絁。(74)淄　州名。治所淄川，今山東淄博之南；轄區相當於今山東之高青、鄒平、淄博等縣市。據《新唐書・地理志》淄州屬河南道，其土貢為防風、理石，無絹、布一類。本書第三卷第一篇戶部郎中職掌條，淄州賦調為絹和綿，土貢則為防風。(75)青　州名。治所益都，即今山東之益都；轄區相當於今山東之昌邑、濰縣、濰坊、昌樂、臨朐、益都、壽光等縣。據《新唐書・地理志》青州屬河南道，其土貢為仙紋綾、絲。本書第三卷第一篇戶部郎中職掌條，青州賦調為絹和綿，土貢為仙女綾。(76)沂　州名。治所臨沂，即今山東之臨沂；轄區相當於今山東之沂源、沂水、沂南、臨沂、臨沭、蒼山、棗莊、平邑、費縣、新泰、蒙陰等縣。據《新唐書・地理志》沂州屬河南道，其土貢為紫石與鐘乳，無絹、布一類。本書第三卷第一篇戶部郎中職掌條，沂州賦調為絹及綿，土貢則為紫石英。77密　州名。治所高密，即今山東之高密；轄區相當於今山東之高密、膠縣、膠南、諸城、安丘、莒縣、莒南、日照等縣。據《新唐書・地理志》密州屬河南道，其土貢為貲布。本書第三卷第一篇戶部郎中職掌條，密州賦調是絹和綿，土貢為布。78壽　州名。參見前45注。《新唐書・地理志》記壽州土貢有絲布、絁；本書第三卷第一篇戶部郎中職掌條則言其賦調是絁、布，土貢為葛布，均未提及絹。79幽　州名。治所薊縣，今北京市；轄區相當於今北京市及所轄之通縣、房山、大興，以及天津、武清，河北之永清、廊坊等縣市。據《新唐書・地理志》幽州屬河北道，其土貢有綾、綿、絹。本書第三卷第一篇戶部郎中職掌條，幽州賦調為絹和綿，土貢為綾。80易　州名。治所易縣，即今河北易縣；轄區相當於今河北之易縣、容城、徐水、淶水、滿城等縣。據《新唐書・地理志》易州屬河北道，其土貢有綾、綿、絹。本書第三卷第一篇戶部郎中職掌條，易州賦調是絹和綿，土貢則為墨。81申　州名。治所義陽，今河南之信陽；轄區相當於今河南之信陽、羅山等縣。據《新唐書・地理志》申州屬淮南道，其土貢有緋葛、紵布、貲布。本書第三卷第一篇戶部郎中職掌條，申州賦調為綿和絹，土貢為絺、紵、葛。82光　州名。治所定城，今河南之潢川；轄區相當於今河南之固始、商城、潢川、光山、新縣等。據《新唐書・地理志》光州屬淮南道，其土貢為葛布。本書第三卷第一篇戶部郎中職掌條，光州賦調是絁、絹，土貢為絺、紵、葛。83安　州名。治所安陸，即今湖北安陸縣；轄區相當於今湖北之應山、孝感、雲夢、應城等地區。據《新唐書・地理志》安州屬淮南道，其土貢為青紵布、糟筍瓜。本書第三卷第一篇戶部郎中職掌條，安州賦調為絁、絹，土貢則為青紵布。84唐　州名。治所比陽，今河南之泌陽；轄區相當於今河南之方城、社旗、唐河、桐柏等縣。《新唐書・地理志》記為泌州，其土貢為絹布。本書第三卷第一篇戶部郎中職掌條，山南道唐州賦調為麻布，土貢為絹。85隨　州名。治所隨縣，今河南隨州市；轄區相當於今河南之隨州與棗陽縣。據《新唐書・地理志》隨州屬山南東道，其土貢有羅、綾、葛。本書第三卷第一篇戶部郎中職掌條，隨州賦調為綿、絹，土貢為葛。86衢　州名。治所信安，今浙江衢州市；轄區相當於今浙江之衢州、開化、常山、玉山、江山等縣市。據《新唐書・地理志》衢州屬江南東道，其土貢為綿、紙。本書第三卷第一篇戶部郎中職掌條，衢州賦調是紵布，土貢為籐紙、綿。87饒　州名。治所鄱陽，今江西之鄱陽；轄區相當於今江西之餘干、樂平、萬年、貴溪、橫峰、上饒、景德鎮等縣市。據《新唐書・地理志》饒州屬江南西道，其土貢為金銀之類。本書第三卷第一篇戶部郎中職掌條，饒州賦調為紵布，土貢為金。88洪　州名。治所豫章，今江西南昌市；轄區相當於今江西之豐城、高安、永修、武寧、修水、銅鼓等縣市。據《新唐書・地理志》洪州屬江南西道，其土貢為葛、絲布、梅煎、乳柑。本書第三卷第一篇戶部郎中職掌條，洪州賦調為紵布，土貢則為葛。89婺　州名。治所金華，即今浙江金華市；轄區相當於今浙江之金華、東陽、永康、蘭溪、浦江、義烏等縣市。據《新唐書・地理志》婺州屬江南東道，其土貢為綿、葛、紵布。本書第三卷第一篇戶部郎中職掌條，婺州賦調是紵布，土貢為藤紙和綿。(90)京兆　府名。唐之京師所在，今陝西西安市；領二十縣。據《新唐書・地理志》，京兆府土貢有隔紗。本書第三卷第一篇戶部郎中職掌條，京兆府賦調是綿、絹，土貢為粲草席、地骨白皮、酸棗人，無貲布。(91)太原　指太原府，治所即今之山西太原市；轄區相當於今山西之太原、孟縣、陽泉、平定、昔陽、壽陽、陽曲、榆次、太谷、交城、文水、清徐等縣市。據《新唐書・地理志》太原府屬河東道，其土貢有銅鏡等十餘種，但無貲布。本書第三卷第一篇戶部郎中職掌條，太原府賦調有麻布，土貢為龍骨、干草等，亦無貲布。(92)汾　州名。治所隰城，唐肅宗時更名為西河，今山西之汾陽；轄區相當於今山西之平遙、介休、靈石、汾陽等縣。據《新唐書・地理志》汾州屬河東道，其土貢為鞍面氈。本書第三卷第一篇戶部郎中職掌條，汾州賦調為麻和布，土貢則為石膏、龍鬚席等。(93)益　州名。治所成都，即今四川成都市；轄區相當於今四川之成都、新都、郫縣、雙流等縣市。據《新唐書・地理志》益州屬劍南道，其土貢為錦、單絲羅、高杼布和麻。本書第三卷第一篇戶部郎中職掌條，益州賦調為綿、絹及紵布，土貢為單絲羅、高杼衫段。(94)彭　州名。治所九隴，今四川省之彭縣；轄區相當於今四川之彭縣和灌縣。據《新唐書・地理志》彭州屬劍南道，其土貢為段龍、交梭。本書第三卷第一篇戶部郎中職掌條，彭州賦調為綿、絹、紵布，土貢為交梭。(95)蜀　州名。治所晉原，今四川崇慶縣東十里；轄區相當於今四川之新津、崇慶等縣。據《新唐書・地理志》蜀州屬劍南道，其土貢為錦、單絲羅、花紗、紅藍、馬策。本書第三卷第一篇戶部郎中職掌條，蜀州賦調為綿、絹及紵布，土貢為單絲羅。(96)梓　州名。治所郪縣，今四川之三臺；轄區相當於今四川之鹽亭、三臺、射洪、中江等縣。據《新唐書・地理志》梓州屬劍南道，其土貢有紅綾、絲布。本書第三卷第一篇戶部郎中職掌條，梓州賦調為綿、絹及紵布，土貢為樗蒲綾。(97)漢　州名。治所雒縣，今四川之廣漢；轄區相當於今四川之綿竹、德陽、金堂、什邡、廣漢等縣市。據《新唐書・地理志》漢州屬劍南道，其土貢有交梭、雙紃、紵布、衫段、綾等。本書第三卷第一篇戶部郎中職掌條，漢州賦調為綿、絹及紵布，土貢為紵布、彌牟布。(98)劍　州名。治所普安，今四川劍閣縣；轄區相當於今四川劍閣、梓潼等縣。據《新唐書・地理志》劍州屬劍南道，其土貢有絲布等。本書第三卷第一篇戶部郎中職掌條，劍州賦調為綿、絹和紵布，其土貢則為絲布。(99)遂　州名。治所方義，今四川遂寧市；轄區相當於今四川之潼南、遂寧、蓬溪等縣市。據《新唐書・地理志》遂州屬劍南道，其土貢有樗蒲綾、絲布等。本書第三卷第一篇戶部郎中職掌條，遂州賦調是綿、絹及紵布，其土貢則為樗蒲綾。(100)簡　州名。治所陽安，今四川簡陽縣；轄區相當於今四川簡陽縣地。據《新唐書・地理志》簡州屬劍南道，其土貢有葛、棉、紬。本書第三卷第一篇戶部郎中職掌條，簡州賦調是綿、絹和紵布，土貢為綿、紬。(101)綿　州名。治所巴西，今四川綿陽市；轄區相當於今四川之綿陽、江油、安縣等縣市。據《新唐書・地理志》綿州屬劍南道，其土貢為鏤金銀器、麩金、輕容、雙紃、綾、錦等。本書第三卷第一篇戶部郎中職掌條，綿州賦調是綿、絹和紵布，土貢則為雙紃。(102)襄　州名。治所襄陽，即今湖北襄陽市；轄區相當於今湖北之襄陽、穀城、宜城、南漳、老河口、均縣等縣市。據《新唐書・地理志》襄州屬山南道，其土貢有綸巾。本書第三卷第一篇戶部郎中職掌條，襄州賦調有綿、絹、麻、布，土貢則為白穀。(103)褒　州名。原稱梁州，唐開元十三年（西元七二五年）改梁州為褒州；開元二十年（西元七三二年）復稱梁州。本書此卷原注修於開元十三年至二十年（西元七二五—七三二年）間，故稱褒州。治所南鄭，今陝西漢中市；轄區相當於今陝西之城固、勉縣、南鄭、略陽、漢中等縣市。據《新唐書・地理志》褒州屬山南西道，其土貢有穀。本書第三卷第一篇戶部郎中職掌條，梁州賦調為綿和絹，土貢為燕脂和紅花。(104)鄧　州名。治所穰縣，今河南鄧縣；轄區相當於今河南之新野、鄧縣、內鄉、西峽、淅川、鎮平、南陽等縣市。據《新唐書・地理志》鄧州屬山南東道，其土貢為絲布。本書第三卷第一篇戶部郎中職掌條，鄧州賦調是麻和布，土貢則為絲布。(105)郢　州名。治所先後是京山、長壽，今湖北之京山和鐘祥；轄區相當於今湖北京山、鐘祥等縣。據《新唐書・地理志》郢州屬山南東道，其土貢有紵布、葛。本書第三卷第一篇戶部郎中職掌條，郢州賦調是麻、布，土貢為白紵布。(106)江　州名。治所潯陽，今江西九江市；轄區相當於今江西之彭澤、九江、都昌、瑞昌、德安、湖口等縣市。據《新唐書・地理志》江州屬江南東道，其土貢有葛。本書第三卷第一篇戶部郎中職掌條，江州賦調為紵布與麻，土貢載有生石斛、白銀，無紡織品。(107)洋　州名。治所西鄉，即今陝西西鄉縣；轄區相當於今陝西之佛坪、洋縣、西鄉、鎮巴等縣。據《新唐書・地理志》洋州屬山南西道，其土貢有白交綾、火麻布、野苧麻。本書第三卷第一篇戶部郎中職掌條，洋州賦調為麻與布，土貢為白交綾。(108)同　州名。治所馮翊，今陝西之大荔；轄區相當於今陝西之韓城、合陽、澄城、白水等縣市。據《新唐書・地理志》同州屬京畿道，其土貢為皺紋吉莫皮。本書第三卷第一篇戶部郎中職掌條，同州屬關內道，土貢亦為皺紋吉莫皮，賦調則為綿、絹。開元二十五年（西元七三七年）關輔庸調折納粟。(109)岐　州名。岐州即鳳翔府。治所雍縣，今陝西之鳳翔；轄區相當於今陝西之岐山、鳳翔、寶雞、郿縣、麟游等縣市。據《新唐書・地理志》岐州屬關內道，其貢賦為龍鬚席等。本書第三卷第一篇戶部郎中職掌條，岐州賦調是綿和絹，土貢為龍鬚席。(110)資　州名。治所盤石，今四川之資中；轄區相當於今四川之內江、資中、資陽等縣市。據《新唐書・地理志》資州屬劍南道，其土貢為麩金和柑。本書第三卷第一篇戶部郎中職掌條，資州賦調為綿、絹及紵布，土貢為麩金。(111)眉　州名。治所通義，今四川之眉山；轄區相當於今四川之彭山、青神、眉山、丹陵、洪雅等縣市。據《新唐書・地理志》眉州屬劍南道，其土貢為麩金、柑等。本書第三卷第一篇戶部郎中職掌條，眉州賦調是綿、絹及紵布，土貢為麩金。(112)邛　州名。治所臨邛，今四川之邛崍；轄區相當於今四川之大邑、邛崍、蒲江等縣。據《新唐書・地理志》邛州屬劍南道，其土貢為絲布、葛。本書第三卷第一篇戶部郎中職掌條，邛州賦調有綿、絹及紵布，土貢為絲布。(113)雅　州名。治所雅安，即今四川省雅安市；轄區相當於今四川之名山、天全、雅安、蘆山、寶興、小金等縣市。據《新唐書・地理志》雅州屬劍南道，其土貢有麩金等。本書第三卷第一篇戶部郎中職掌條，雅州賦調是綿、絹及紵布，土貢為麩金。(114)嘉　州名。治所龍游，今四川省樂山市；轄區相當於今四川之樂山、夾江、峨眉、犍為、馬邊、沐川等縣市。據《新唐書・地理志》嘉州屬劍南道，其土貢為麩金。本書第三卷第一篇戶部郎中職掌條，嘉州賦調是綿、絹及紵布，土貢為麩金。(115)陵　州名。治所仁壽，即今四川仁壽縣；轄區相當於今四川仁壽、井研等縣。據《新唐書・地理志》陵州屬劍南道，其土貢為麩金。本書第三卷第一篇戶部郎中職掌條，陵州賦調是綿、絹及紵布，土貢則為麩金。(116)閬　州名。但唐無閬州，據《新唐書・地理志》當作「閬」，與「閬」形近致訛。原為隆州，先天二年（西元七一三年）避玄宗李隆基名諱改為閬州。治所閬中，即今四川閬中縣；轄區相當於今四川之閬中、南部、蒼溪等縣。據《新唐書・地理志》閬州屬山南道，《舊唐書・地理志》則將其歸於劍南道。土貢有蓮綾、綿、絹、紬、穀等。本書第三卷第一篇戶部郎中職掌條，閬州也屬山南道，其賦調為麻與布，土貢為重蓮綾。(117)普　州名。治所安岳，今四川安岳縣；轄區相當於今四川之安岳、樂至等縣。據《新唐書・地理志》普州屬劍南道，其土貢有雙紃、葛布。本書第三卷第一篇戶部郎中職掌條，普州賦調有綿、絹、紵布，土貢為天門冬。(118)壁　州名。治所通江，又名渃水，今四川通江縣；轄區相當於今四川通江縣及附近地區。據《新唐書・地理志》壁州屬山南西道，其土貢有紬、綿。本書第三卷第一篇戶部郎中職掌條，壁州賦調是麻和布，土貢為綿紬。(119)集　州名。治所難江，今四川南江縣；轄區相當於今四川南江縣及附近地區。據《新唐書・地理志》集州屬山南西道，其土貢為蠟燭。本書第三卷第一篇戶部郎中職掌條，集州賦調為麻與布，土貢為白藥子。(120)龍　州名。治所江油，今四川江油市；轄區相當於今四川之江油、青川、平武等縣市。據《新唐書・地理志》龍州屬劍南道，其土貢為麩金及藥材。本書第三卷第一篇戶部郎中職掌條，龍州賦調為綿、絹和紵布，土貢為麩金。(121)果　州名。治所南充，即今四川南充市；轄區相當於今四川之西充、南充、岳池、蓬安等縣市。據《新唐書・地理志》果州屬山南道，其土貢為絹、絲布。本書第三卷第一篇戶部郎中職掌條，果州賦調為麻和布，土貢為絲布。(122)渠　州名。治所流江，今四川之渠縣；轄區相當於今四川之渠縣、大竹、潾水、廣安等縣市。據《新唐書・地理志》渠州屬山南西道，其土貢為紬和綿。本書第三卷第一篇戶部郎中職掌條，渠州賦調為麻和布，土貢為綿、紬。[123]台州名。治所臨海，即今浙江臨海市；轄區相當於今浙江之臨海、黃岩、天台、仙居、溫嶺、寧海、象山等縣市。《新唐書·地理志》台州屬江南東道，其土貢為乳柑等。本書第三卷第一篇戶部郎中職掌條，江南道台州賦調為麻與紵布，其土貢為金漆等。[124]括州名。唐大歷十四年（西元七七九年）更名為處州。治所括蒼，今浙江之麗水；轄區相當於今浙江之青田、龍泉、雲和、遂昌、麗水、縉雲等縣市。據《新唐書·地理志》括州即處州屬江南道，其土貢有綿、蠟等。本書第三卷第一篇戶部郎中職掌條，括州賦調為紵布，土貢為綿。[125]撫州名。治所臨川，今江西撫州市；轄區相當於今江西省撫州、臨川、崇仁、南豐、樂安、宜黃、黎川、南城、資溪、金溪、東鄉等縣市。據《新唐書·地理志》撫州屬江南西道，其土貢有金絲布和葛。本書第一卷第一篇戶部郎中職掌條，撫州賦調為紵布，土貢為葛。[126]睦州名。治所雉山，今浙江淳安西南；轄境相當於今浙江之桐廬、建德、淳安三縣地。據《新唐書·地理志》睦州屬江南東道，其土貢有文綾。本書第三卷第一篇戶部郎中職掌條，睦州賦調是麻與紵布，土貢為交綾。[127]歙州名。治所歙縣，即今安徽歙縣；轄區相當於今安徽之績溪、歙縣、休寧、黟縣、祁門、婺源等縣市。據《新唐書·地理志》歙州屬江南東道，其土貢為白紵。本書第三卷第一篇戶部郎中職掌條，歙州賦調是麻和紵布，土貢為白紵布。[128]虔州名。治所灨縣，今江西贛州市；轄區相當於今江西之于都、寧都、贛州、南康、大餘、安遠、尋鄔、定南、龍南、全南等縣市。據《新唐書·地理志》虔州屬江南西道，其土貢為絲布、紵布、竹練等。本書第三卷第一篇戶部郎中職掌條，虔州賦調是麻和紵布，土貢為白紵布。[129]吉州名。治所廬陵，今江西之吉州；轄區相當於今江西之安福、吉水、吉安、永新、泰和、遂川、寧岡、萬安、永豐、新干、峽江等縣市。據《新唐書·地理志》吉州屬江南西道，其土貢是絲、葛、紵布。本書第三卷第一篇戶部郎中職掌條，吉州賦調是麻和紵布，土貢為白紵布。[130]溫州名。治所永嘉，今浙江溫州市；轄區相當於今浙江之樂清、瑞安、溫州、永嘉、玉環、平陽、文成、泰順等縣市。據《新唐書·地理志》溫州屬江南東道，其土貢為布、柑橘。本書第三卷第一篇戶部郎中職掌條，溫州賦調為紵布，土貢為鮫魚皮。[131]慈州名。本為治州，唐貞觀八年（西元六三四年）更名為慈州。治所吉昌，今山西之吉縣；轄區相當於今山西之吉縣和鄉寧縣。據《新唐書·地理志》慈州屬河東道，其土貢為白蜜、蠟燭。本書第三卷第一篇戶部郎中職掌條，慈州賦調是麻和布，土貢為蠟。[132]坊州名。治所中部，今陝西黃陵縣；轄區相當於今陝西之黃陵、宜君、鄜城等縣。據《新唐書·地理志》坊州屬關內道，其土貢為弦麻。本書第三卷第一篇戶部郎中職掌條，坊州屬河東道，其賦調有布和麻，土貢為龍鬚席。[133]寧州名。治所安定，今陝西寧縣；轄區相當於今陝西之寧縣、正寧等縣。據《新唐書·地理志》寧州屬關內道，其土貢為龍鬚席。本書第三卷第一篇戶部郎中職掌條，寧州賦調為布與麻，土貢為龍鬚席。[134]通州名。治所通川，今四川達縣；轄區相當於今四川之達縣、永穆、開江、宣漢、萬源等縣市。據《新唐書・地理志》通州屬山南西道，其土貢有紬、綿。本書第三卷第一篇戶部郎中職掌條，通州賦調是麻與布，土貢為綿、紬。(135)巴　州名。治所化城，今四川巴中縣；轄區相當於今四川之巴中、平昌、清化、恩陽、七盤等縣。據《新唐書・地理志》巴州屬山南西道，其土貢有綿、紬、貲布。本書第三卷第一篇戶部郎中職掌條，巴州賦調是麻與布，土貢為綿、紬。(136)蓬　州名。治所蓬池，今四川儀隴以南；轄區相當於今林溪流域及迤東一帶。據《新唐書・地理志》蓬州屬山南西道，其土貢有綿、紬。本書第三卷第一篇戶部郎中職掌條，蓬州賦調是麻和布，土貢則為綿和紬。(137)金　州名。治所西城，即金川，今四川之安康；轄區相當於今四川之安康、旬陽、平利、嵐皋、紫陽、漢陰、石泉、寧陝等縣市。據《新唐書・地理志》金州屬山南東道，其土貢有麩金等。本書第三卷第一篇戶部郎中職掌條，金州賦調是麻與布，土貢為麩金。(138)均　州名。治所武當，即今湖北之武當；轄區相當於今湖北之鄖縣、鄖西、白河、十堰市及丹江口。據《新唐書・地理志》均州屬山南東道，其土貢為山雞尾。本書第三卷第一篇戶部郎中職掌條，均州賦調為綿和絹，土貢為麝香。(139)開　州名。治所盛山，今四川開縣；轄區相等於今四川開縣及附近地區。據《新唐書・地理志》開州屬山南道，其土貢為白紵布。本書第三卷第一篇戶部郎中職掌條，開州賦調是麻和布，土貢為白紵布。(140)合　州名。治所石鏡，今四川合川縣；轄區相當於今四川之合川、武勝、銅梁、大足等縣。據《新唐書・地理志》合州屬劍南道，其土貢為麩金。本書第三卷第一篇戶部郎中職掌條，合州屬山南道，其賦調為綿和紬，土貢為合藥子和牡丹皮一類草藥。(141)興　州名。治所順政，今陝西略陽縣；轄區相當於今陝西略陽縣及附近地區。據《新唐書・地理志》興州屬山南西道，其土貢是蠟、丹沙等。本書第三卷第一篇戶部郎中職掌條，興州賦調為麻與布，土貢則為蜜和蠟。(142)利　州名。治所綿谷，今四川廣元縣；轄區相當於今四川之廣元、旺蒼和陝西之寧強等縣。據《新唐書・地理志》利州屬山南西道，其土貢為金及絲布。本書第三卷第一篇戶部郎中職掌條，利州賦調為麻與布，土貢為金和鋼鐵。(143)泉　州名。治所晉江，今福建泉州市；轄區包括今福建之泉州、莆田、仙游、安溪、南安、同安、永春等縣市。據《新唐書・地理志》泉州屬江南東道，其土貢為絲綿、蕉布、葛等。本書第三卷第一篇戶部郎中職掌條，泉州賦調為麻與紵布，土貢為綿。(144)建　州名。治所建安，今福建建甌縣；轄區相當於今福建之建甌、建陽、浦城、即武、崇安、南平、順昌、沙縣、將樂、泰寧、建寧等縣市。據《新唐書・地理志》建州屬江南東道，其土貢是蕉布、花練、竹練。本書第三卷第一篇戶部郎中職掌條，建州賦調為麻與紵布，土貢為蕉布、花練。(145)閩　州名。即隋時建安郡之閩縣，唐景雲二年（西元七一一年）改為閩州，開元十三年（西元七二五年）改為福州。治所閩縣，今福建福州市；轄區相當於今福建之福州、長樂、福清、連江、羅源、寧德、古田、屏南、永泰、龍溪等縣市。據《新唐書・地理志》福州屬江南東道，其土貢為蕉布。本書第三卷第一篇戶部郎中職掌條，福州賦調是麻與紵布，土貢則為蕉布。[146]表 據《新唐書・地理志》當作「袁」。袁，州名。治所宜春，即今江西宜春市；轄區相當於今江西之宜春、新餘及湖南之萍鄉等縣市。據《新唐書・地理志》袁州屬江南西道，其土貢為白紵。本書第三卷第一篇戶部郎中職掌條，袁州賦調是麻與紵布，土貢為白紵布。[147]登 州名。治所蓬萊，今山東蓬萊縣；轄區相當於今山東半島之烟臺、黃縣、蓬萊、福山、威海、榮成、文登、棲霞、牟平等縣。據《新唐書・地理志》登州屬河南道，其土貢有貲布。本書第三卷第一篇戶部郎中職掌條，登州賦調為絹和綿，土貢為牛黃和水蔥席。[148]萊 州名。治所掖縣，即今山東掖縣；轄區相當於今山東半島之掖縣、招遠、平度、萊西、萊陽、海陽、平度、即墨、青島等縣市。據《新唐書・地理志》萊州屬河南道，其土貢為貲布、水蔥席。本書第三卷第一篇戶部郎中職掌條，萊州賦調是絹和綿，土貢為牛黃。

【語譯】凡是絹、布這類物品的出產，都各有鄉土，其類別也有精粗之分。譬如絹分為八等，布分為九等，各地以此來互通有無，調劑利用。宋州、亳州出產的絹，復州生產的紵，宣州、潤州、沔（沔）州生產的火麻，黃州出產的貲布，都列為第一等。鄭州、汴州、曹州、懷州生產的絹，常州的紵，舒州、蘄州、黃州、岳州、荊州生產的火麻，廬州、和州、晉州、泗州生產的貲布，都列為第二等。滑州、衛州、陳州、魏州、相州、冀州、德州、海州、泗州、濮州、徐州、兗州、貝州、博州生產的絹，楊州、湖州、沔（沔）州的紵布，徐州、楚州、廬州、壽州的火麻，絳州、楚州、滁州的貲布，都列為第三等。滄州、瀛州、齊州、許州、豫州、仙州、棣州、鄆州、深州、莫州、洺州、邢州、恒州、定州、趙州生產的絹，蘇州、越州、杭州、蘄州、廬州出產的紵布，澧州、朗州、潭州生產的火麻，澤州、潞州、沁州出產的貲布，都屬於第四等。潁（潁）州、淄州、青州、沂州、密州、壽州、幽州、易州、申州、光州、安州、唐州、隨州、黃州生產的絹，衢州、饒州、洪州、婺州出產的紵布，京兆府、太原府、汾州出產的貲布，都列為第五等。益州、彭州、蜀州、梓州、漢州、劍州、遂州、簡州、綿州、襄州、褒州、鄧州生產的絹，郢州、江州出產的紵，褒州、洋州、同州、岐州生產的貲布，都列為第六等。資州、眉州、邛州、雅州、嘉州、陵州、閬（閬）州、普州、壁州、集州、龍州、果州、洋州、渠州生產的絹，台州、括州、撫州、睦州、歙州、虔州、吉州、溫州生產的紵，唐州、慈州、坊州、寧州生產的貲布，都列為第七等。通州、巴州、蓬州、金州、均州、開州、合州、興州、利州、泉州、建州、閩州生產的絹，泉州、建州、閩州、表（袁）州生產的紵布，登州、萊州、鄧州生產的貲布，都列為第八等。金州、均州、合州出產的貲布，則列為第九等。

【說　明】自漢至唐，紡織品的品種有了很大發展，可分為絲織品、麻織品、毛織品和棉織品這樣四大類，其中以絲織和麻織居於更主要的地位，唐代徵收的庸調主要亦屬這兩大類。關於唐代絲絹和麻布的等第及其產地在全國的分佈情況，除本章原注有簡略載錄外，本書第三卷第一篇戶部郎中職掌正文及原注有較為全面的記述。此外，《新唐書·地理志》、《通典·食貨六》、《元和郡縣圖志》及《太平寰宇記》亦都列舉了唐代絹、布產地及其品類等第；嚴耕望、汪籛、王永興諸前輩還就此問題撰有專文。

本章原注中一再提到的絹，是唐代絲織品的通稱。當時絲織品的名稱多到上百種。如絁是比較粗糙的一種，亦可作庸調，與絹通用。綾則比較細薄和高級，各地土貢中綾的名目亦很多，據吐魯番出土的唐代的綾，按照其組織可分為平紋地暗花綾、斜紋地暗花綾和素綾三大類。羅是質地柔軟、經緯線非常顯明的絲織品，紬是紡綿成線而織成的平紋織物，顏師古在注《急就篇》時稱：「抽引粗繭緒紡而織之曰紬。」用彩色經緯絲線織出各種花紋圖案的稱錦，素地織紋起花的絲織品稱綺。此外常見的還有紗、縠、練、綀、纖、紈等名目，大體上都是以絲的生與熟、質地的粗或細以及色澤的不同來加以區分。麻布的名稱亦不少，本章原注中提到的貲、紵、蕉、葛、火麻等都屬麻布一類，大多以所取麻的不同品種為名，如以苧麻織的稱紵布，以蕉麻織的稱蕉布，以葛麻織的即稱葛。麻收穫後，須先用水浸泡，使纖維潔白柔和如絲，然後才能績麻成線以織布。麻布亦有粗細之分，粗的作軍服，細麻布作官服。

從諸書所載絲絹、麻布產地分佈情況來看，唐代前期，兩河、山東地區的絲織品質佳量多，中唐以後逐漸趨向衰落，而江淮地區的絲織業正是在中唐以後有了較大發展，西南四川地區的絲織品則始終佔據重要的地位。關於麻布產地的分佈，多在長江兩岸，並且為上等或中上等；四川、山西、陝西一帶所產多屬中等，福建、山東等地所產則被列為下等。本章原注麻布產地未提及現今河南、河北及隴右、嶺南的屬州，但本書第三卷第一篇戶部郎中職掌所列諸州土貢中，這些地區亦有麻布的出產。《通典·食貨六》記玄宗天寶中歲徵收布一百六十萬端，其中部分轉運至西北邊陸供駐軍製衣，這從近年發現的一些實物中可以得到證明。一九七二年第十二期《文物》載文稱，吐魯番出土的麻布中不少帶有清晰的墨書題款及納貢時間、屬地、布帛、品類、納布人姓名等相關記錄。如其中一端麻布上墨書題款為：「西浦里　賀恩敬　鄖縣　光同鄉賀因敬庸調布一端　開元九年八月　日　專知官主簿苑」，並鈐有朱色篆文「鄖縣之印」三方。鄖，原為古國名，在今湖北省西北部，唐時設縣，今仍為縣。

四

凡供祀昊天上帝幣以蒼❶，配帝亦如之❷；皇地祇幣以黃，配帝亦如之❸。祀大明幣以青❹；夜明幣以白❺；神州幣以黃❻；太社、太稷之幣皆以玄❼，后稷❽亦如之；先農幣以青❾；先蠶❿幣以玄。蜡祭神農幣以赤，伊祁氏幣以玄⓫。祀五方帝⓬、五帝⓭、五官⓮、內官、中官、外官⓯、五星⓰、二十八宿⓱及眾星⓲、嶽⓳、鎮⓴、海㉑、瀆㉒、林、川、澤、丘、陵、墳、衍㉓等之幣，皆以其方色㉔。祈告宗廟之幣及孔宣父、齊太公㉕皆以白。凡幣皆長一丈八尺。

【章　旨】關於各類祭祀用幣配以相應色澤之規定。

【注　釋】❶供祀昊天上帝幣以蒼　昊天上帝，天帝的代稱。幣，即繒帛，古代饋贈或祭祀時使用之禮物。蒼，深青色。《周禮》之〈春官宗伯〉：「以禋祀，祀昊天上帝」；〈天官冢宰〉：「及祀之日，贊玉幣爵之事。」鄭玄注：「玉幣所以禮神。」祀神之玉，以蒼璧，其牲及幣各隨玉色，故幣亦用蒼色，長一丈八尺。❷配帝亦如之　意謂對配祀之帝用幣也為蒼色。據《新唐書·禮樂二》：冬至祀昊天上帝於圜丘，以高祖神堯皇帝配之。❸皇地祇幣以黃配帝亦如之　皇地祇，指地神。鄭玄以為主崑崙，即是土地高著之稱。祭祀則在北方澤中之方丘。禮地神之玉用黃琮，牲用黃犢，幣用黃繒。唐制，夏至日，祭皇地祇於方丘，亦以高祖神堯皇帝配祭，所用之幣亦為黃色。❹祀大明幣以青　大明，指日。《禮記・禮器》：「大明生于東，月生于西。」指對大明祭祀所用的繒幣為青色。唐制以春分朝日於都城之東郊，用青色。❺夜明幣以白　夜明，指月亮。唐制於秋分夕月於都城之西郊，用白色。❻神州幣以黃　神州，指王者所卜居之吉土，謂崑崙東南五千里地方。唐制，孟冬祭神州於北郊，初以高祖配祭，開元時改為立冬，祭神州於北郊，以太宗配祭。祭祀所用之繒幣為黃色。❼太社太稷之幣皆以玄　太社，祭祀土地之神。或謂山林、川澤、丘陵、墳衍、原隰五土之神。太稷，於五土之中，特指原隰之神祇。以五土雖各有所生，然山林、川澤、丘陵、墳衍四者雜出材用等物，唯原隰能生五穀，五穀中又以稷為長，故取稷以名其神。太社、太稷亦概稱為社稷，以祭土地之神。玄，帶赤之黑色，泛指黑色。唐制，設社稷於含光門內之右，仲春、仲秋二時戊日，祭太社、太稷。社以勾龍配，稷以后稷配。祭祀用幣為玄色。❽后稷　祭祀太稷時配祭之神。相傳為周族始祖，名棄。其母姜嫄，傳說踏巨人足跡懷孕而生，因一度被棄，故名棄。長大後善於種植各種糧食作物，被舜任命為稷官，主管農事，教民耕作，被周族尊為始植稷、麥者。❾先農幣以青　先農，指神農氏。《漢舊儀》：「春始東耕於籍田，官祠先農。」《五經要義》云：「立壇於田所，祠之，其制度如社之壇。」指祭先農時，其幣帛用青色。唐貞觀三年（西元六二九年）太宗親祭先農，籍於千畝之甸。武后改籍田為先農壇。中宗神龍初，復改先農壇為帝社壇。開元二十三年（西元七三五年）玄宗親祀神農於東郊，以句芒配。❿先蠶　據《通典・禮七十五》錄《開元禮》祭先蠶祝文中有「惟神肇興蠶織，功濟黔黎」之語，先蠶當是始教民育蠶者，後被尊為神。一說為黃帝軒轅氏或其元妃西陵氏即嫘祖，一說為天駟，還有說是宛窳婦人和寓氏公主二神。唐制，每年季春皇后享先蠶後行躬桑之禮。⓫蜡祭神農幣以赤伊祁氏幣以玄　蜡，也作「䄍」。祭名。十二月祭百神稱蜡。《禮記・郊特牲》：「蜡也者，索也。歲十二月，合聚萬物而索饗之也。」神農，傳說中農業和醫藥之發明者，當係中國古代自原始狩獵和採集經濟向農耕生產過渡時期之部落酋長。又，傳說中神農以火德而王稱炎帝，《系本》以伏犧、神農、黃帝為三皇，軒轅氏代神農氏炎帝為王，即為黃帝。伊祁氏，即伊耆氏。傳說中堯以前之天子，一說堯即伊耆氏。唐制，季冬寅日，蜡祭百神於南郊，神農與伊耆氏各用少牢一，其籩豆數等與祭祀大明同，其幣帛分別用赤色和玄色。⓬五方帝　指五方天帝。即東方青帝靈威仰，南方赤帝赤熛怒，西方白帝白招拒，北方黑帝叶光紀，中央黃帝含樞紐。⓭五帝　指五人帝。傳說中之古代帝王，時在三皇之後，夏代以前。有多說，其一為：太昊、炎帝、黃帝、少昊、顓頊。（《禮記・月令》）⓮五官　指五行之官。《左傳・昭公二十九年》：「故有五行之官，是謂五官。」又云：「木正曰句芒，火正曰祝融，金正曰蓐收，水正曰玄冥，土正曰后土。」⑮內官中官外官　原指內廷之官、中朝之官和外廷之官。古人以天上星辰與地面人事相對應，即所謂「在野象物，在朝象官，在人象事」（《漢書・天文志》注引張衡《靈憲》）。故此處指與「內官、中官、外官」等次相對應之星座。本書第四卷第二篇祠部郎中職掌條規定：冬至祀昊天上帝時，祀內官五十五坐，於壇之第二等；中官一百五十九坐，於壇之第三等；外官一百五坐，於內壝之內。⑯五星　指金、木、水、火、土五星。⑰二十八宿　分佈於黃道、赤道附近一周天之二十八星官，為我國古代選作觀測日、月、五星在星空中運行位置及其他天象之相對標誌。分為四組，每組七宿，與東、南、西、北四方及四種動物形象相配，稱為四象，即東方蒼龍，北方玄武，西方白虎，南方朱鳥。在祭祀時，二十八宿又成了天神的象徵。⑱眾星　泛指天上之星。《尚書》孔傳：「萬物之精，上為眾星。故天有萬一千五百二十星，地有萬一千五百二十物，星之與物，各有所主。」唐制，冬至祀昊天上帝於圜丘時，設眾星三百六十座於內壝之外。⑲嶽　指五嶽。即東嶽泰山，南嶽衡山，中嶽嵩山，西嶽華山，北嶽恒山。⑳鎮　指四鎮。東鎮為沂州之沂山，南鎮為越州之會稽山，西鎮為隴州之吳山，北鎮為營州之醫無閭。㉑海　指東海、南海、西海、北海四海。㉒岻　據正德本當為「瀆」。有四瀆：東瀆淮河，南瀆長江，西瀆黃河，北瀆濟河。㉓林川澤丘陵墳衍　據正德本句首當補一「山」字。山林、川澤、丘陵、墳衍，皆為土神。土神有五，另一原隰之神為稷，已在太稷壇祭祀，故此處略而不提。祭祀時，諸土神並依五方分別設壇。㉔幣皆以其方色　指上述五方帝、五帝、五官、五星、二十八宿、五嶽、四鎮、四海、四瀆以及山林、川澤、丘陵、墳衍等諸神。在祭祀時，神位皆分別依東、南、西、北、中五方陳設，其所用之幣帛亦各依方色：東方為青色，南方為赤色，西方為白色，中間為黃色，北方為玄色。㉕孔宣父齊太公　孔宣父，指孔子。唐開元二十七年（西元七三九年）追謚孔子為文宣王。齊太公，指呂尚。年七十餘遇文王於渭水之陽，文王與語大悅曰：吾太公望子久矣。號「太公望」。佐武王滅紂，封於齊營丘，故稱「齊太公」。唐在開元十九年（西元七三一年）規定兩京及諸州，各置孔廟及太公廟，以孔子為文教之主，呂尚為武教之主。在唐人心目中，「文武二教，國宜並立，廢一不可」。

【語　譯】供給祭祀昊天上帝用的幣帛，要蒼青色，配祭的先帝所用的幣帛，也用同樣色澤。祭祀皇地祇用的幣帛為黃色，配祭的先帝所用幣帛的顏色也要相同。祭祀大明使用的幣帛是青色，夜明的幣帛為白色。祭祀神州幣帛用黃色，祭祀太社、太稷所用幣帛都是黑赤色，祭祀后稷也用這種顏色的幣帛。祭祀先農的幣帛用青色，祭祀先蠶則用黑赤色。蜡祭時，對神農的幣帛用赤色，對伊祁氏的幣帛則用黑赤色。祭祀五方帝、五帝、五官、內官、中官、外官、五星、二十八宿和眾星以及五嶽、四鎮、四海、四岾（瀆）還有〔山〕林、川澤、丘陵、墳衍等用的幣帛，都依照諸位神靈所處的方位，採用不同的方色。祈告宗廟所用的幣帛，以及祭禮孔宣父、齊太公所用的幣帛，都是白色。關於幣帛的長度，都是一丈八尺。

五

丞四人❶，從六品下❷。《梁選部》❸：「太府丞一人，品從第七❹。」陳因之。後魏亦一人，品第七下。後周太府上士一人❺，亦丞之任也。隋太府丞六人，正七品下；大業三年增為從五品❻。皇朝置四人，從六品上。垂拱❼中省一人，開元❽又加焉。

主簿二人，從七品上。梁置太府主簿一人❾，七班之中為第三❿；陳因之。後魏主簿一人，隋四人，從七品。皇朝置二人⓫，至太極中⓬省一人。太府寺管木契⓭七十隻：十隻與左藏東庫⓮合，十隻與左藏西庫⓯合，十隻與右藏內庫⓰合，十隻與右藏外庫⓱合，又十隻與東都左藏庫⓲合，十隻與東都右藏庫⓳合，各九雄、一雌。九雄，太府主簿掌；一雌，庫官掌。又，五隻與左藏朝堂庫⓴合，五隻與東都左藏朝堂庫㉑合，各四雄、一雌。其契以次行用。

錄事二人，從九品上。

丞掌判寺事。凡左、右藏庫帳禁人之有見者㉒。若請受、輸納，人名、物數皆著於簿書。每月以大摹印紙四張為之簿，而丞、眾官同署㉓。月終，留一本於署。每季

錄奏，兼申所司㉔。凡元正、冬至所貢方物應陳於殿庭者，受而進之。凡會賜及別敕錫賚㉕六品已下，即於朝堂給之。主簿掌印，省署抄目，勾檢稽失㉖。凡置木契九十五隻：二十五隻與少府、將作、苑總監合，七十隻與庫官合。十五隻刻「少府監」字，十四隻雌，付少府監㉗；五隻刻「將作監」字，四隻雄，付將作監㉘；五隻刻「苑總監」字，四隻雄，付苑總監㉙，皆應索物。雌留太府寺。凡官私斗、秤、丈尺，每年八月詣寺校印署㉚，無或差繆，然後聽用之。《禮記·月令》㉛云：「仲春、仲秋，日夜分，則同度量，平權衡，正鈞石，角斗甬。㉜」

錄事掌受事發辰㉝。

【章旨】敘述太府寺丞、主簿、錄事之定員、品秩、沿革及職掌。

【注釋】❶丞四人　《唐會要》卷六六載：「丞，武德初五員，貞觀元年（西元六二七年）省一員。」❷從六品下　據《通典·職官二十二·大唐官品》太府寺丞品秩為從六品上。❸梁選部　書名。近衛校正德本曰：「『部』當作『簿』。」是。《舊唐書·經籍志》及《新唐書·藝文志》皆著錄有「《梁選簿》，三卷，徐勉撰」。徐勉，梁武帝時任吏部尚書。❹品從第七　此當是梁在武帝天監七年（西元五〇八年）革選以前之品秩；革選後，行十八班制，太府丞列為第四班。❺後周太府上士一人　太府上士，西魏恭帝三年（西元五五六年）仿《周禮》置，北周沿置。《通典·職官八》：「《周官》為太府上士之任，後周曰太府上士。」太府上士為天官府太府司次官，員一人，正三命，隋文帝開皇元年（西元五八一年）罷。❻大業三年增為從五品　大業三年，西元六〇七年。大業為隋煬帝年號。又，《隋書·百官志》：「〔大業〕五年（西元六〇九年），寺丞並增為從五品。」「三年」似應作「五年」。❼垂拱　武則天稱制時年號之一。❽開元　唐玄宗李隆基年號。❾梁置太府主簿一人據《隋書・百官志》，梁「十二卿皆置丞及功曹、主簿」。❿七班之中為第三 據《隋書・百官志》梁十八班之外，「位不登二品者，又為七班」。太府寺主簿列為七班之中第三。⓫二人 正德本及廣池本均為「三人」。⓬太極中 太極是唐睿宗李旦年號。僅一年，是年為西元七一二年。⓭木契 木製符信。通常分作左右兩半，亦即原注下文所謂雌、雄。分執者於啟用時合對以驗證。⓮左藏東庫 收納長安以東諸州之庸調和折租。其位置據徐松《唐兩京城坊考》在太極宮城承天門東之長樂門內。⓯左藏西庫 收納長安以西諸州之庸調和折租。其位置據徐松《唐兩京城坊考》在太極宮承天門西之廣運門內。⓰右藏內庫 即司寶庫。貯每年之常貢，受納冬至、元旦各地所貢方物應陳於殿廷者。其位置在宮城殿閣之外。⓱右藏外庫 唐貢物中之雜貢及別索貢皆納於右藏外庫，包括金、玉、齒革、羽毛之屬，以供少府、將作製作所需。《唐兩京城坊考》在皇城所列之「左藏外庫院」，當即此右藏外庫。左藏無外庫之設，「左」係「右」之訛。其位置在承天門街之東，第六橫街之北，少府監之東，應是少府監之原料倉庫。⓲東都左藏庫 受納庸調之庫。其位置據《唐兩京城坊考》在東都宮城含元殿之東，有「章善門，門內門下省，弘文館在焉。章善之東為太和門，門內左藏庫在焉」。⓳東都右藏庫 受納各地之貢物。其位置缺少記載。⓴左藏朝堂庫 貯供朝堂給賜之物。其位置，據《唐兩京城坊考》，大明宮內也有一左藏庫：「〔右〕銀臺門之北為明義殿，承歡殿，還周殿，左藏庫，麟德殿。」此庫在大明宮內，故稱左藏朝堂庫。㉑東都左藏朝堂庫 貯六品以下給賜之物。《新唐書・百官志》太府寺丞職掌條：「會賜及別敕六品以下賜者，給於朝堂。」即由左藏朝堂庫或東都朝堂庫給賜。其位置缺少具體記載。㉒凡左右藏庫帳禁人之有見者 《新唐書・百官志》太府寺丞職掌：「以一人主左右藏署帳，凡在署為簿，在寺為帳。」即丞之一人掌管左右藏出納帳目，其在左藏署、右藏署者稱簿，其在太府寺者則稱帳。所有庫藏出納之帳、簿，禁止他人查閱。㉓丞眾官同署 指諸庫每月出納之帳目，由太府寺丞及左藏署、右藏署之令、丞、監事等眾官共同署名，以便查考。㉔兼申所司 所司，指尚書省戶部之金部司。《新唐書・百官三》太府寺丞職掌有「三月一報金部」之規定，即此處所言「兼申所言」。㉕錫賚 賞賜。㉖主簿掌印省署抄目勾檢稽失 主簿作為太府寺之勾官，其職掌為對來往公文省署抄錄其符目；發付施行後，要勾檢其執行和處理中有無錯失及是否延誤規定日程。須牒狀無所違礙，方可加印。㉗十五隻刻少府監字十四隻雖付少府監 句中「雖」，據正德本當作「雄」。少府監使憑此十四隻雄木契與留在太府寺一雌木契相合為驗，以領取其製作器物所需之各種物料。本書第二十二卷第一篇少府監丞職掌中規定：「凡五署（指中尚署、左尚署、右尚署、織染署、掌治署）所修之物須金石、齒革、羽毛、竹木而成者，則上尚書省，尚書省下所由司以供給焉。」文中「所由司」即指太府寺。少府諸署類似於國家手工工場，其製作之原料須每年預算經尚書省審核後，由太府寺供給。尚書省具體是由戶部之度支負責審核預算，金部下文通知太府寺，由左、右藏給予。㉘五隻刻將作監字四隻雄付將作監　將作監即憑此四隻雄木契與太府寺一雌木契勘合為驗，以領取其營建所需物料。本書第二十三卷第一篇將作監丞職掌中規定：「凡營造修理，土木瓦石不出於所司者，總其料數，上于尚書省。」指營建所需之材料不出於將作者，則申報尚書省審核後，由尚書省下文通知太府寺供給。㉙五隻刻苑總監字四隻雄付苑總監　京都苑總監掌宮苑內館園池之事，屬司農寺。宮苑內園池需用之物料，由太府寺供應者，亦須申報尚書省並憑木契領取，其制與上二注中少府監及將作監同。㉚凡官私斗秤丈尺每年八月詣寺校印署　此即每年一次的度、量、衡器具校驗制。丈尺，亦作度。《唐律疏議．雜律》：「諸校斛斗秤度不平，杖七十；監校者不覺，減一等。知情與同罪。」疏議曰：「校斛斗秤度，依關市令：每年八月詣太府寺平校，不在京者，詣所在州縣官校，並印署然後聽用。」斗，指容積之計量；秤，指重量之計量；丈尺或度，即長度之計量。對違規者，《唐律疏議．雜律》另有處罰規定：「諸私作斛斗秤度不平，而在市執用者，笞五十；因有增減者，計所增減，準盜論。」又：「即用斛斗秤度，出入官物而不平，令有增減者坐贓論，入己者以盜論；其在市用斛斗秤度雖平，而不經官司印者，笞四十。」自唐高祖武德八年（西元六二五年）至唐文宗大和六年（西元八三二年）二百餘年間，為校正度量衡曾下過多次敕令，見《唐會要》卷六六。㉛禮記月令　禮記，書名。儒家經典之一。為先秦及秦漢時期各種禮儀論著之選編，相傳為西漢戴德之姪戴聖編纂，故亦稱《小戴記》或《小戴禮記》。今本共四十九篇，相率為孔子弟子及再傳、三傳弟子所撰，是研究中國古代儒家學說及文物制度之重要參考著作。今本為東漢鄭玄注本。月令為《禮記》篇名，由秦漢間人將《呂氏春秋》十二紀諸月之首篇彙編而成，記述每年夏曆十二個月之時令及其相關政事、農事等，並以五行說加以條理，納入一完整系統。㉜仲春仲秋日夜分則同度量平權衡正鈞石角斗甬　此句與《禮記．月令》原文稍異。原文為：「日夜分，則同度量，鈞衡石，角斗甬，正權概。」《呂氏春秋》亦同。仲春仲秋指每年夏曆二月、八月之春分與秋分日。日夜分，晝夜時間相等。同度量，統一度量器具之長度。平權衡，劃一計量重量之器具。權，秤錘。衡，秤杆。正鈞石，校正重量、容量單位。鈞，三十斤為一鈞。石，十斗為一石，亦即一百二十斤。角斗甬，角，校正。斗、甬，計量用之容器。甬通「桶」。㉝錄事堂受事發辰　句中「堂」據正德本當為「掌」。受事，指公文所受之事。發辰，指受事之始日。之所以要登錄受事之始日，是為了此後稽核公文是否按規定日程處理完畢，有無延誤等情事。

【語　譯】〔太府寺：〕丞，定員四人，品秩為從六品下（上）。《梁選部（簿）》記載：「太府丞定員一人，品秩為第七品。」陳朝因承梁制。北魏太府丞定員亦是一人，品秩是第七品下。北周設太府上士一人，亦就是太府丞的職位。隋朝設太府丞六人，品秩為正七品下；到煬帝大業五年，提升為從五品。本朝太府丞的定員為四人，品秩為從六品上。武后垂拱時期省去了一人，玄宗開元年間又加了一人。

主簿，定員二人，品秩為從七品上。梁朝在太府寺設置主簿一人，品秩為十八班外的七班中的第三班；陳朝因承梁制。北魏設主簿一人。隋在太府寺設主簿四人，品秩為從七品。本朝置三人，到睿宗太極年間省去了一人。太府寺掌管左右藏庫的木契共有七十隻。其中十隻與左藏東庫相合，十隻與左藏西庫相合，十隻與右藏內庫相合，十隻與右藏外庫相合；又有十隻與東都的左藏庫相合，十隻與東都的右藏庫相合。十隻中都是九雄一雌：九雄由太府寺主簿執掌，一雌由左、右藏的庫官執掌。又，五隻與左藏朝堂庫相合，五隻與東都的左藏朝堂庫相合，都是四雄一雌。這些木契都是依照次序行用。

錄事，定員二人，品秩為從九品上。

太府丞的職掌是主管太府寺內部的日常事務。左、右藏出納的庫帳，由太府丞直接掌管，禁止他人查閱。如有人向左、右藏各庫請受或輸納物品，都要在帳簿上登錄相關人員的姓名以及物品的名稱和數量。每月要用大摹印紙四張彙總謄寫成冊，由太府丞與相關的各個官員一起署名。到月底，留一本在左藏署和右藏署。每個季度要把簿帳錄奏，同時申報給尚書省戶部的金部司。凡是元旦和冬至各州進貢的方物按規定陳列在殿廷上的，都由太府寺丞接受下來納入左右藏庫。凡是朝會對五品以上官員有賞賜，以及有特別敕旨對六品以下官員的賞賜，都由太府寺丞就在朝堂上授給。主簿的職責是掌管太府寺印章，省署來往公文的抄目，及勾檢來往公文和執行中有無延誤和錯失。太府寺共設有木契九十五隻，二十五隻與少府、將作、京都苑總監相合，其中十五隻刻有「少府監」字樣，十四隻雖（雄）的給少府監；五隻刻有「將作監」字樣，四隻雄的給將作監；五隻刻有「苑總監」字樣，四隻雄的給苑總監，都可用來向太府寺領取所需的物品。雌的留在太府寺，以便勘合。所有官府和民間使用的斗、秤和丈（度）尺，每年八月都要到太府寺校正並署印，校正時要沒有任何差誤，然後才允許繼續使用。《禮記·月令》中說：「在仲春二月、仲秋八月晝夜相等的春分、秋分那一天，要統一校正丈尺的度量，秤權的重量，和斗斛的容積。」

錄事，掌管登錄公文受事的日期。

【說明】從本章所敘太府寺有關木契與庫藏出納的一些明細規定，可以看到唐代前期在財務管理上可說是做到了出納有序，支給有制。唐代中央的支出為金部、倉部→太府寺、司農寺→庫、倉這樣一個三級系統。金部置木契一百一十隻，其中二十隻與太府寺合，十隻與行從太府寺合，二十隻與東都太府寺合。太府寺的出納依金部下達的符文和木契，然後給所屬諸庫下達木契和牒文，庫官則據以支給。這樣形成了由金部到太府、到諸庫的三級出納系統，每級都以符牒和木契作為聯繫的憑信。本書第三卷第四篇金部郎中職掌條云：「凡庫藏出納，皆行文牓，季終而會之。若承命出給，則於中書省覆而行之。百司應請月俸，則符牒到，所由皆遞覆而行之。」各官司請發官員的月俸，是預算內支出，由金部遞覆，下符牒、給木契至太府寺，太府寺據而下符牒木契給庫官，諸司於庫官處領取。若是預算外的支出，則須由金部上報中書省審覆後，上述三級出納系統才能運作起來。庫官的出給，亦有法定的程序，即本卷第二篇左藏署令職掌所言：「凡出給，先勘木契，然後錄其名數及請人姓名，署印送監門，乃聽出。」《唐律疏議・擅興律》規定：「諸戎仗，非文公出給而輒出給者，主司徒二年。雖有符牒合給，未判而出給者，杖一百；儀仗，各減三等。」戎仗的出納與庫藏的出納相同。綜合起來，庫藏的支給，必須據主司即金部的符牒、木契，太府寺的判文與木契，及記錄物品的名數及請人姓名的文牓，才能支給前來請領的人員；出宮門時，還要經過監門衛的檢驗，庫官要署印送監門，監門要檢查請人之官爵、姓名、年貌及其所領器物之名數與文牓所錄是否相符，並登錄在案後才能放行。月終，監門衛再將所登錄之文牓歸於太府寺，以會計其出入之數。

太府寺職掌中，關於每年八月校驗公私所用斗、秤、度量的規定，具有廣泛的意義。沒有統一的度量衡的計量，勢必對社會經濟生活以至各個方面帶來混亂。然而即使既有太府寺作為統一度量衡的機構，又有法律上對違法的懲處規定，在實際執行過程中，仍有種種弊端。《通典・賦稅下》載：「諸州送物，作巧生端，苟欲副于斤兩，遂則加其丈尺，有至五丈為疋者。」商人亦往往藉斗秤大小，以謀厚利，詩人杜牧便曾對此有過揭露：為工商者，「僞內而華外，納以大秤斛，以小出之，欺奪村閭戇民，銖積粒聚，以至于富」（《樊川文集》卷一〇〈杭州新造南亭子記〉）。對此類事例，唐代官府亦曾作過嚴厲的懲處，如唐武宗會昌時，柳仲郢為京兆尹，「置權量於東、西京，便貿易用之，禁私制者。北司吏入粟違約，仲郢殺而尸之，自是無敢犯」（《新唐書·柳仲郢傳》）。

附圖

一、古代度量衡器具（選自《中國古代名物大典》）

郢大府量

春秋右伯君銅權

秦詔陶量

商鞅方升

新莽銅環權

戰國齊國子禾子銅斧

新莽銅籥

二、璧玉與佩玉（除注明出處外，皆採自元・朱德潤《亦政堂重考古玉圖》）

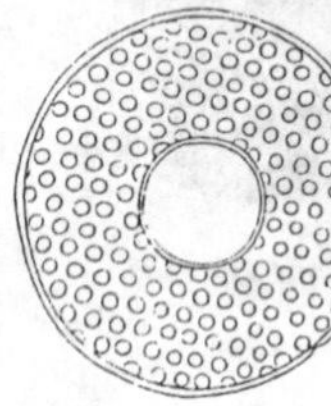

穀璧 白質黑章滿身水鏽

組琮一 白質黑章

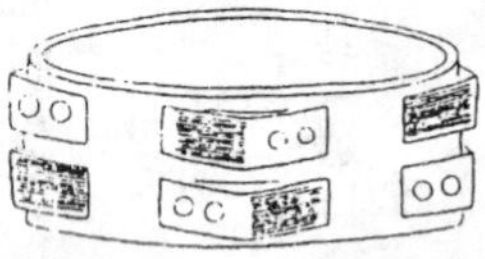

蒲璧 玉色純黑一面契蟠一面織蒲文 劉敞吉

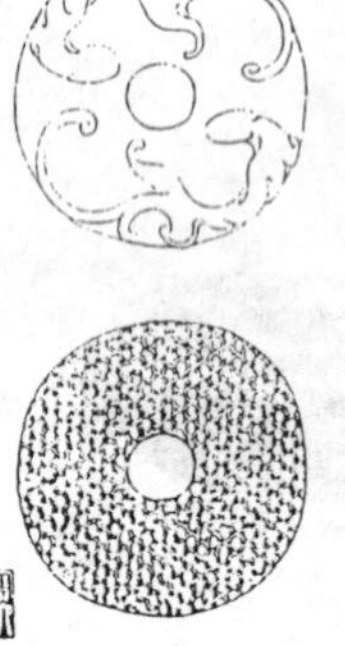

蒼璧 青玉無文制作渾樸大三代禮天之器

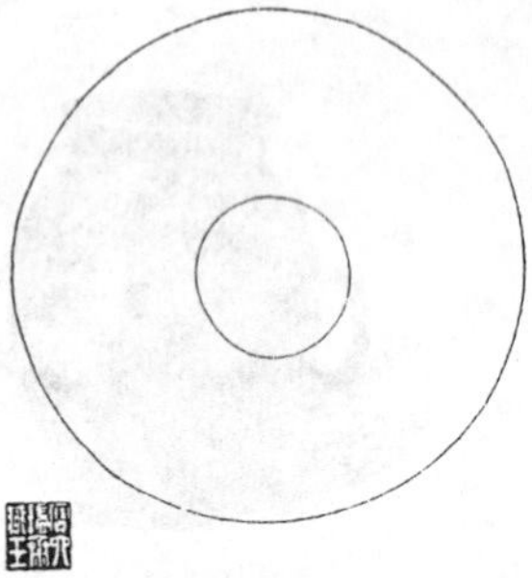

組琮二 白質黑章

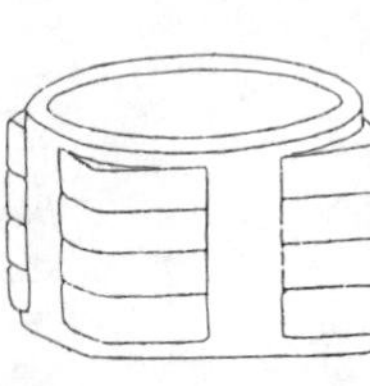

環一 青玉[illegible]形

環四 黃玉

玉戚 黃玉璊斑

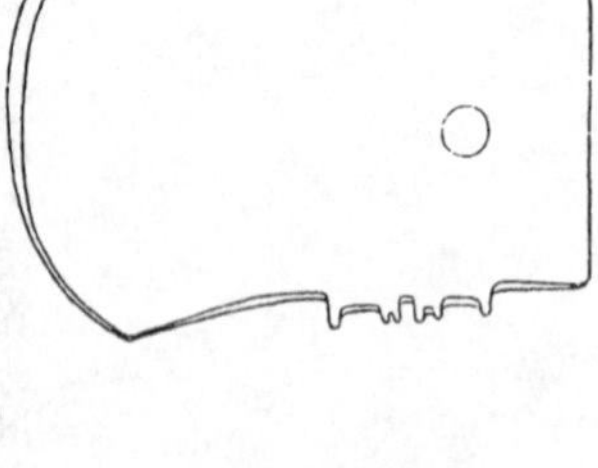

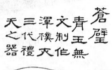

瑗 黄玉原形

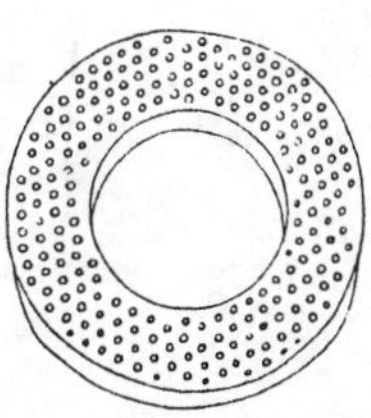

四神瑗 黄玉原形

璜 白玉黄暈

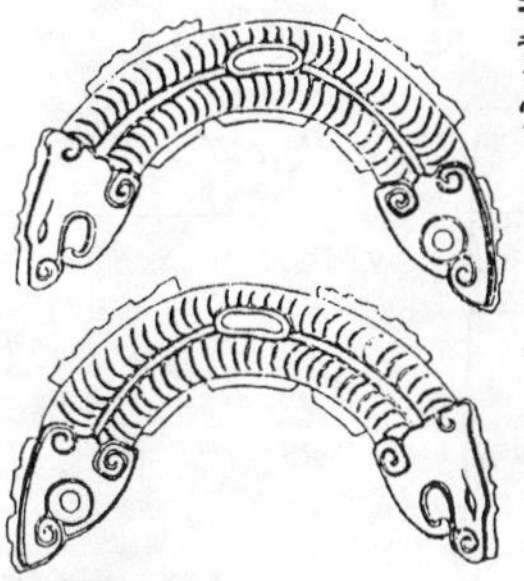

黄琮

黄玉上下邊皆有瑞班內外俱圓與琮之常制不同亦猶瓠之瑗瓠為圜與

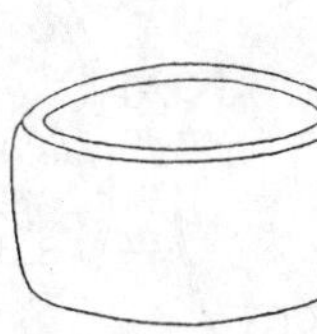

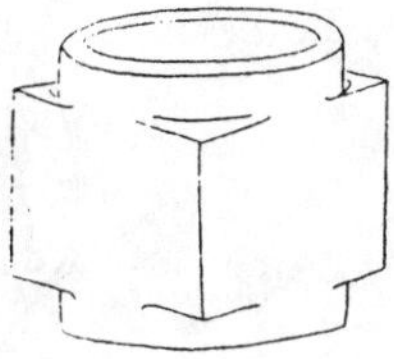

璜 白玉水銀浸

白珩 白玉瑞辨

瑗佩曾傳楚白珩當年聲價等連城豈知片玉今猶在三户徒存寶善名 憲齋題

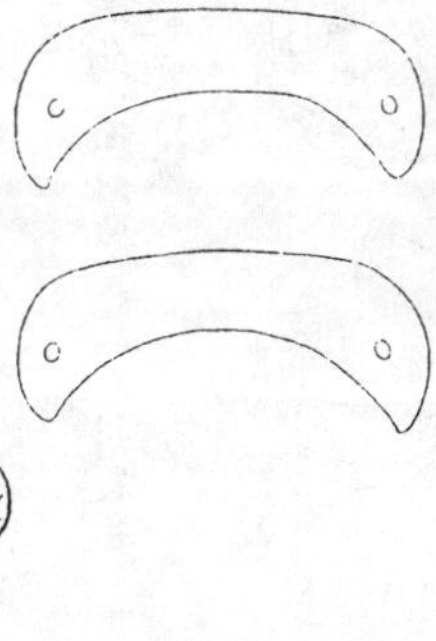

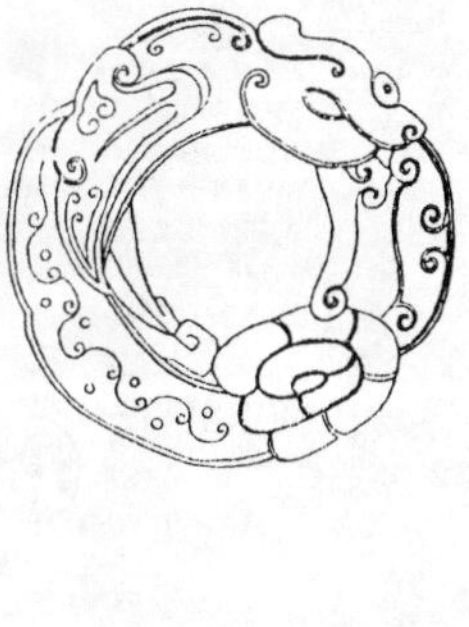

琫一 白玉

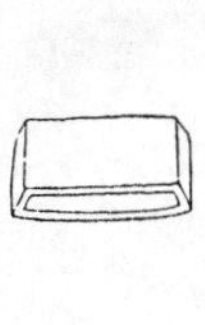

琫二 青玉 有土辨

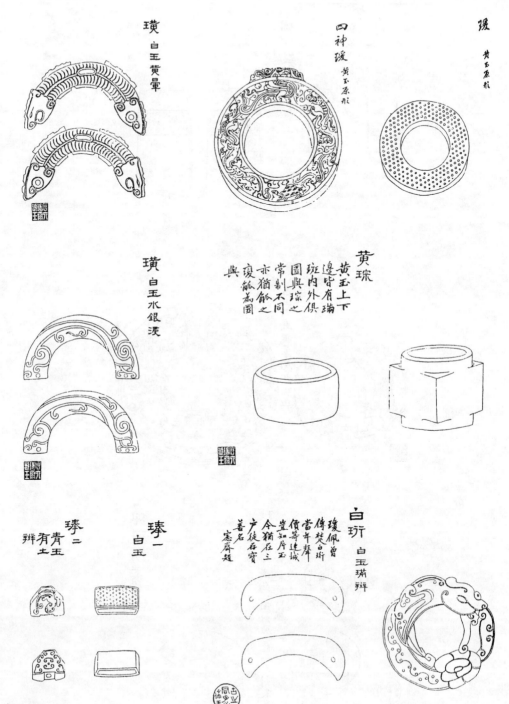

璏 山元玉

璏 白玉

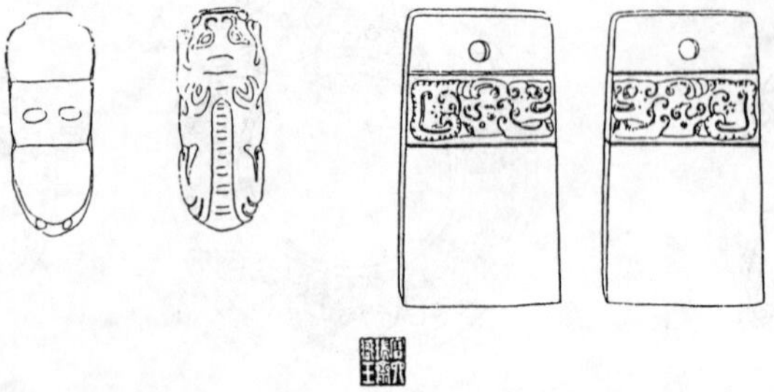

瓏 白玉滿身黃暈間有璊斑

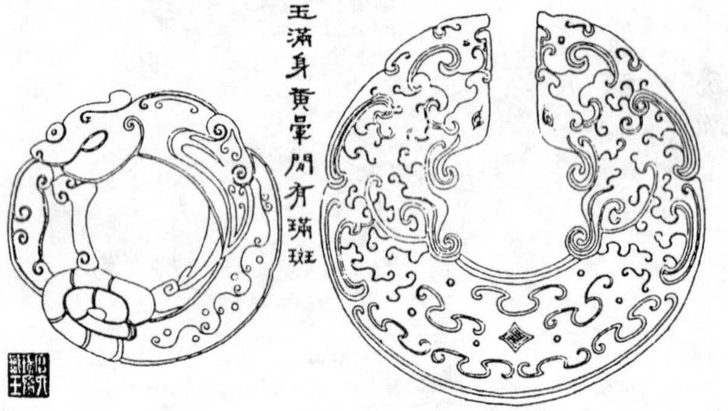

玦 青玉帶黑色一面刻蟠龍一面刻朱雀
邵漪園觀察所藏

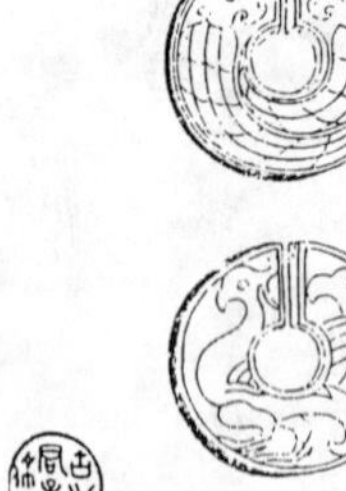

佩璜 青玉有黃暈

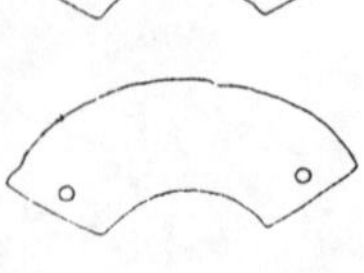

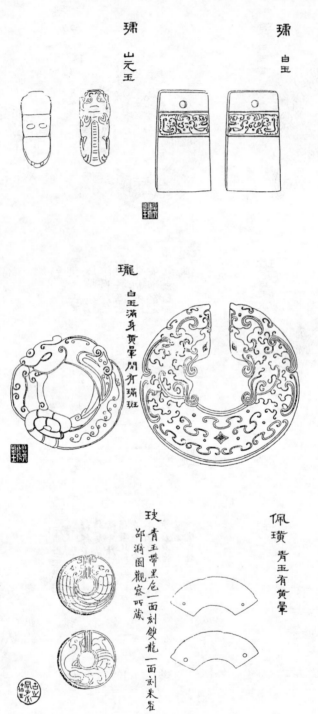

珌一 白玉質滿身璊點

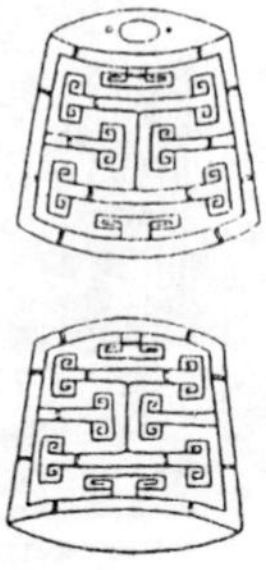

珌二 白玉質滿身璊斑 劉毅吉觀察所藏

瑱 璊玉

瑱 白玉黃暈

璏 青玉黑暈間有璊點 劉毅吉觀察藏器

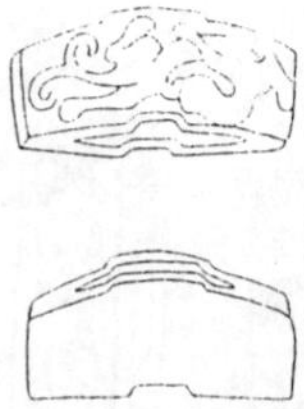

璲一 白玉有黑暈背有象鼻孔三制作古雅

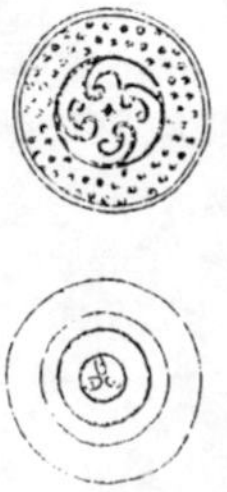

璲二 青玉

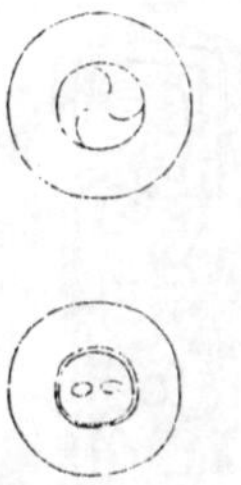

衡笄 笄一名簪 白玉黃暈

衡笄 白玉有土鏽

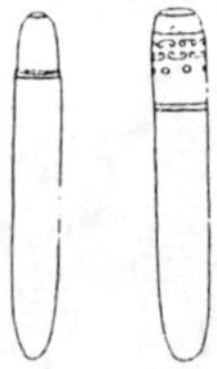

大觿 山元玉

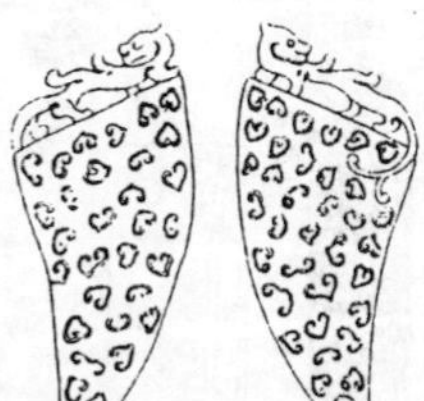

小觿 山元玉

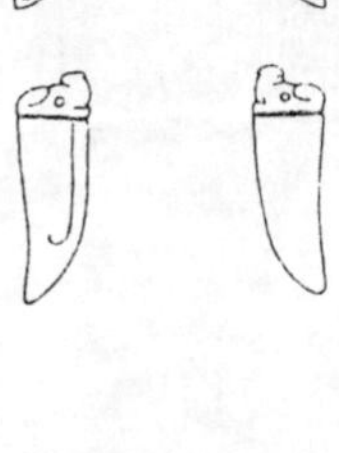

古觿多用角用象骨為之故玉觿傳世絕少

韘 玉色純白

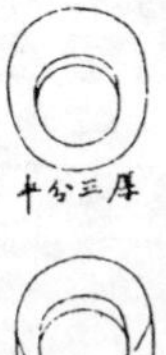

玉鉤 白玉滿身璊點

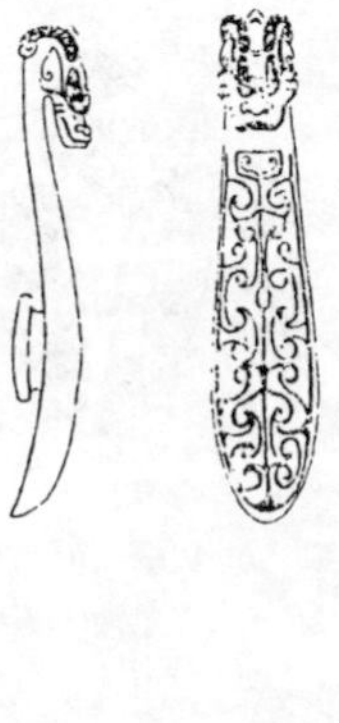

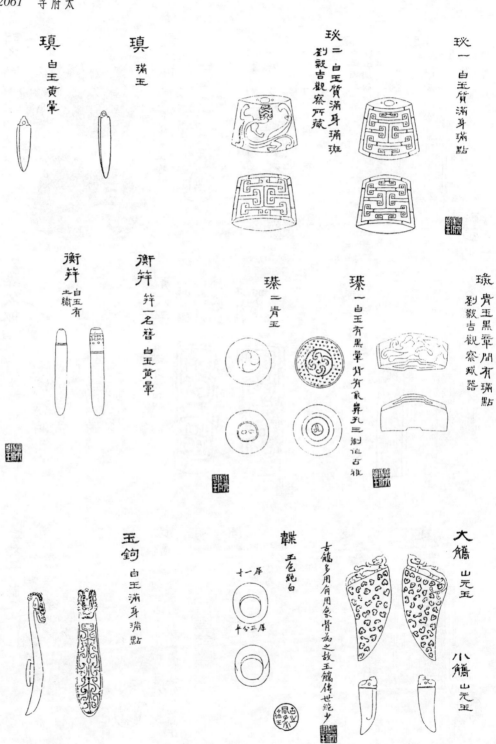

蚪文佩 綠玉璊瓣

龍文佩 白玉黃暈有土斑

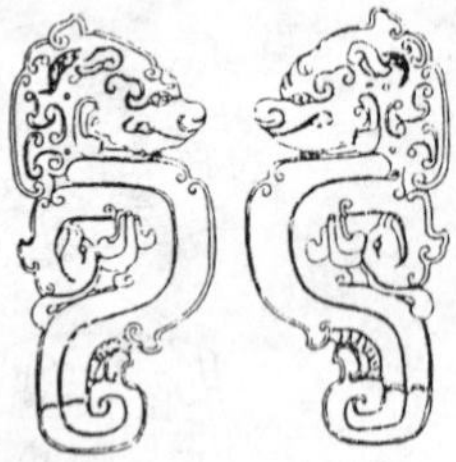

璏一 白玉滿身璊斑間帶土斑

璏二 白玉有璊斑

藻文佩 白玉璊瓣

龍文玉 青玉滿身土斑

此非佩玉也制作甚古不知何所施

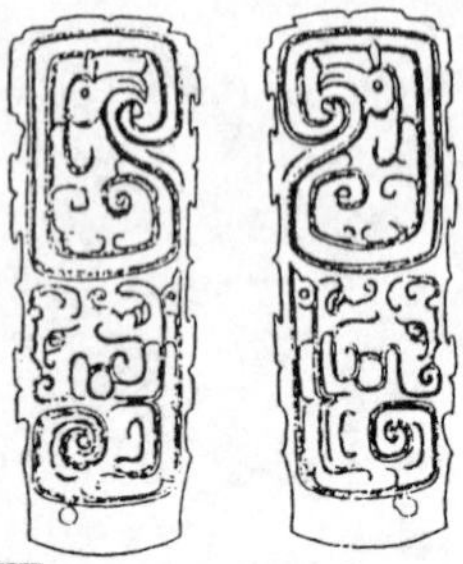

璏三 玉色純幽

璏四 白玉有黑暈文

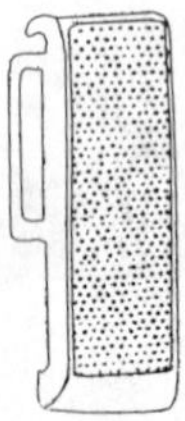

雲文佩 白玉黑文

俗名雞心佩無可攷

方璏 石之似玉者有土斑俗名菩[illegible]玏

說文玪璏石之次玉者段注云璏玏同字

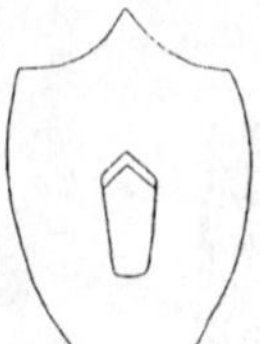

圜璏 玉色純赤

俗名穩步玏疑是馬鞭之柄

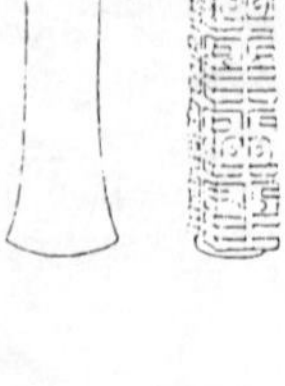

璏五 玉色純黑

璏六 白玉淺璊色

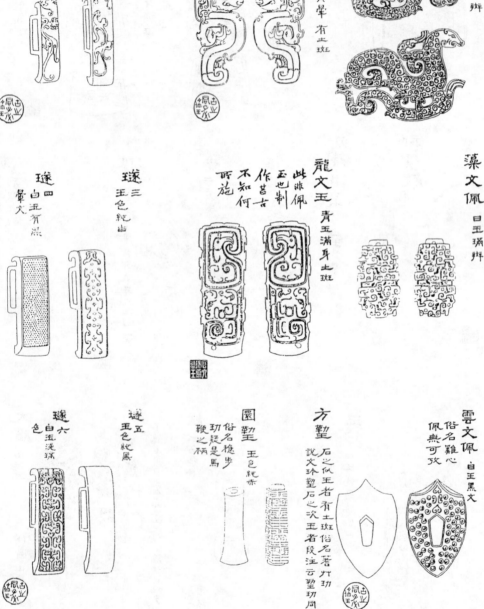

兩京諸市署·平準署·左藏署·右藏署·常平署

【篇旨】本篇敘述太府寺所轄京師東西市署、東都南北市署平準署、左右藏署、常平署的令和丞的定員、品秩、沿革及職掌。

關於市署，篇中記述的，在京師有東、西市，東都有南、北市，共四署，都屬常設。另有不常設的，為本書所未錄。如在東都，武則天時曾設過西市；在京師，高宗時一度在安善坊設過中市，皆主口馬交易。玄宗時，在威遠營置南市，華清宮置北市，這些都是即置即廢，時間不久。此外，在州縣亦置市令一人，史二人。唐代前期的市易大體還停留在坊市的階段，坊是居民區，市是商業區，二者不能混同。中唐以後隨著商業的發展，坊市的格局才逐漸被突破。本篇在諸市署令、丞的職掌中，著重敘述的是市場交易的各項規則，市署的管理職能，諸如商店的標幟和招牌，商品的陳列和標價，以及有關交易雙方必須自主自願的規定和對市場交易中各種欺詐行為的禁令，包括假冒僞劣、短斤缺兩、串通哄抬或壓抑價格等等，都在禁止之列。這些規定，同時在《唐律》中都有相應體現，借法律的威懾力保障其實施。

唐代平準署，若論沿革，一直可以追溯到漢武帝時在大司農下設置的平準，但就職掌而言，二者並不相同。漢代與平準相聯繫的有大司農部丞和各地的均輸，上下左右配合，以平準各地的物價。到東漢廢止了均輸，又把鹽鐵劃歸郡縣，此後平準平抑物價不再有巨大的物資儲備作後盾，實際上常常成為一句空話，其職掌逐漸轉向練染，自魏晉至南北朝，大體都屬這種格局。唐代的平準署也只是掌供官市易之事，也就是一個從事和市及變賣官司剩餘物資的機構。

唐代左藏署、右藏署職掌的區別，在於前者主管全國賦調絹帛、麻布的簡納、貯藏和出給，後者則負責雜貢的簡納、貯藏和出給。左藏署在京師有東庫、西庫、朝堂庫；右藏署有內庫、外庫、東都庫，其庫藏出納皆由太府寺主管。本篇中所敘的庫藏的出納手續，庫藏物品的管理，帳冊的勾檢稽核等項制度，在《唐律》中也都有相應的法律條文。

常平署主要的職能，是通過平糴平糶達到以豐補歉和穩定糧價的目的。這一經濟思想，早在《管子·輕重》中已有了相當充分的論述，在漢武帝時期及以後又曾有過多次議論和嘗試，這說明在漫長的農業社會發展階段中，年歲的豐歉與糧價的起落一直受到人們關注。只是歷代大多停留在議論階段，或雖有所嘗試，範圍既不廣，效果也不明顯。真正能認真付諸實施並推廣到全國的，只有到了唐代，特別是玄宗時期。本篇中正文所記述的，即以這一個時期為據。唐代自「垂拱兩京置常平署，〔至開元〕天下諸州亦置之」（六章原注），其範圍，其規模，都是歷史上從未有過的。通過平糴平糶，固然可起到一點平抑糧價的作用，在當時歷史條件下，對農民或可視為一種保護；但從本質上說，這種由官府利用其權力壟斷糧食購銷的行為，顯然有違經濟發展的自身規律，且時間一久，往往成為掠奪農民的一種手段和孳生腐敗的溫床，至於將這種經濟措施移植於現代社會，那更是只能導致倒退。我們在六章之末對此有所說明，寫得稍長了點，意在多引錄一些資料，以助讀者諸君思考。又，在唐代，常平倉只是整個倉儲系統中的一個子系統，對其作用，只有聯繫整體一起考察，才能得到比較完整的認識。

一

兩京諸市署：各令一人，從六品上。昔神農、祝融氏始作市易❶，曰：「日中為市。」致天下之民，聚天下之貨，交易而退，各得其所，蓋取諸〈噬嗑〉。《石氏星經》❷：「天市垣二十二星❸。」《周禮》❹地官有司市下大夫、上士、中士、下士❺，其屬有質人、廛人、胥師、賈師、司暴、司稽、肆長❻，蓋諸市官也。漢改秦內史為京兆尹❼，其屬官有長安市長、丞❽。後漢河南尹屬官有雒陽市長、丞❾，魏、晉因之❿。東晉隸丹陽尹⓫，宋、齊因之。梁始隸太府⓬。《梁選部》⓭：「大市令屬四品⓮市職之任，不容過卑，天監三年革其選⓯。」陳因之。後魏京邑市令從五品中⓰。北齊司州牧領東、西市署令丞⓱。後周司市下大夫一人⓲。隋司農寺統京市令丞⓳。煬帝三年，改京市隸太府寺⓴，京師東市曰「都會」㉑，西市曰「利人」㉒；東都東市曰「豐都」㉓，南市曰「大同」㉔，北市曰「通遠」㉕。皇朝因之。京置東、西、南三市。按：東都西則隨南市也㉖，南市則隨東市也。都南市舊兩坊之地，武德㉗中減為坊半焉。垂拱中省京南市㉘，開元十年又省都西市㉙。

丞各二人，正八品上。後漢雒陽市丞一人，三百石㉚。魏、晉、宋、齊因之。梁有太、南、北三市丞㉛，位在七班之下。陳因之。後魏闕文。北齊有東、西市丞。後周有小司市上士、下士一人。隋有京市丞㉜，皇朝因之。

【章　旨】敘述兩京諸市署令、丞之定員、品秩和沿革。

【注　釋】❶昔神農祝融氏始作市易　神農，即傳說中的炎帝。古人以伏犧、神農、黃帝為三皇。關於神農始作市易的傳說，見於《周易・繫辭下》：「包（伏）犧氏沒，神農氏作，斲木為耜，楺木為耒，耒耨之利，以教天下，蓋取諸〈益〉。日中為市，致天下之民，聚天下之貨，交易而退，各得其所，蓋取諸〈噬嗑〉。」〈益〉為卦名，卦象為䷩，上巽下震。《說卦》曰：「巽為木。」又曰：「震，動也。」故〈益〉之卦象是木動也，耒耜以木製成，動而耕田，神農創造耒耜是取象於〈益〉卦。〈噬嗑〉亦為卦名，卦象為䷔，上離下震。《說卦》曰：「離，為日。」又曰：「震，動也。」故〈噬嗑〉之卦象為人在日下動也。日中為市，眾人在日下往來。神農氏創造市場是取象於〈噬嗑〉。祝融，傳說中楚國君主之祖先，名重黎，為高陽顓頊之後，曾任帝嚳之火正，以光明四海而稱為祝融。又傳說共工氏作亂，重黎受帝嚳之命往誅而不盡，因而為帝嚳所殺，後命其弟吳回為火正，稱祝融，後世祀為火神。祝融作市之傳說，見《世本》宋衷注：「祝融，顓頊臣，為高辛氏火正。《古史考》云：神農作市，高陽氏衰，市官不修，祝融修市。」❷石氏星經　書名。戰國魏石申撰，原名《天文》，西漢以後被尊稱為《石氏星經》。在漢代此書仍不斷被修訂和補充。原書已佚。唐《開元占經》保留此書較多材料。書中有西元前四世紀之觀測記錄，說明石申在當時已製有星表，現被國際公認為世界最早之星表。❸天市垣二十二星　天市垣，三垣之一。三垣是《星經》將環繞北極比較靠近頭頂天空之星象，分為紫微、太微、天市三區，各區皆有東西兩藩星群，圍繞成牆垣狀，故稱三垣。天市垣為三垣之下垣，位於紫微垣下東南腳，主要由二十二星組成。《晉書・天文志》稱：「天市垣二十二星，在房心東北，主權衡，主聚眾。」以帝座為中樞，東西方各十一星，成屏藩狀，舊說以為天子率諸侯幸都市之象。星名大多為戰國國名，亦有市樓、車肆、帛度、屠肆、列肆、斗、斛一類與市易相關之稱謂。諸星各有所主，如市樓，主市價、金錢、珠玉；車肆，主眾貨之區，即商品市場；列肆，主寶玉之貨，即珠寶市場；屠肆，主屠畜市場等。❹周禮　儒家經典之一。係搜集周王室官制和戰國時各國制度，添附以儒家政治理想，增減排比而成之彙編。❺司市下大夫上士中士下士　司市，《周禮》地官司徒之屬官，諸市官之長，掌理市肆政務。司市諸官有下大夫二人，上士四人，中士八人，下士十六人；另有府、史、胥、徒各若干人。❻質人廛人胥師賈師司暴司稽肆長　《周禮》地官司徒所屬諸市官名。質人，專司物價之估計與核定，以防止不法商人抬高價格或欺騙買主。廛人，掌徵市中諸稅，如貨物稅、屠宰稅、房地稅等。胥師，市中分二十肆為次，胥師次之長，處理所轄市肆之政務。賈師，專司平定物價者；每二十肆配屬一人。司暴，主市易治安；每十肆設一人。司稽，掌市肆巡查稽察，檢舉不法；每五肆設一人。肆長，一肆之長，處理一肆之事務；每肆設一人。❼漢改秦內史為京兆尹　內史，春秋戰國已有，為史官，秦則掌治京師亦稱內史。《漢書・百官公卿表》：「內史，周官，秦因之，掌治京師。」漢初亦以內史掌治京師，至景帝二年（西元前一五五年）後改。據《漢書・百官公卿表》是年「分置左〔右〕內史。右內史武帝太初元年（西元前一〇四年）更名為京兆尹」，「左內史更名左馮翊」。關於京兆尹，張晏《漢書》注：「地絕高曰京，《左傳》曰：『莫之與京。』十億曰兆。尹，正也。」顏師古注：「京，大也。兆者，眾數。言大眾所在，故云京兆也。」關於左馮翊，張晏注：「馮，輔也。翊，佐也。」京兆尹與左馮翊、右扶風合而稱之為三輔。《三輔黃圖》：「三輔者，謂主爵中尉及左、右內史。武帝改曰京兆尹、左馮翊、右扶風，共治長安城中，是為三輔。」❽長安市長丞　京兆尹屬官。《漢書・百官公卿表》云：「京兆尹，屬官有長安市、廚兩令、丞。」西漢在長安設有東西二市，各設令、丞，主管城內市易。至西漢末王莽稱制時，「於長安及五都立五均官，更名長安東西市令及洛陽、邯鄲、臨淄、宛、成都皆為五均司市〔稱〕師。東市稱京，西市稱畿，洛陽稱中，餘四都各用東西南北稱，皆置交易丞五人，錢府丞一人」（《漢書・食貨志》）。此外在左馮翊屬官中，據《漢書・百官公卿表》，亦設有「長安四市四長丞」。西安城遺址中「市府」封泥頗多，又有東、西、南、北四市封泥，皆為半通式，似為左馮翊四市長所用。此處言「長安市長丞」，含義不甚確切，當是對京兆尹及左馮翊之屬官、長安東西市令、丞及長安四市四長丞之混稱。❾後漢河南尹屬官有雒陽市長丞　東漢遷都洛陽，治京師者為河南尹。《後漢書・百官志》云：「河南尹一人，主京都，特奉朝請。其京兆尹、左馮翊、右扶風三人，漢初都長安，皆秩中二千石，謂之三輔。中興都洛陽，更以河南郡為尹，以三輔陵廟所在，不改其號，但減其秩。」洛陽市長、丞，《後漢書・百官志》大司農條本注：「又有廩犧令，六百石，掌祭祀犧牲雁鶩之屬。及雒陽市長、滎陽敖倉官，中興皆屬河南尹。」劉昭注引《漢官》曰：「市長一人，秩四百石；丞一人，二百石，明法補。員吏三十六人，十三人百石嗇夫，十一人斗食，十二人佐。」❿魏晉因之　魏晉都洛陽，故承東漢置河南尹，治洛陽城內。洛陽市長、丞隸河南尹。⓫東晉隸丹陽尹　東晉建都於建業（今南京市），晉武帝太康二年（西元二八一年）分丹陽為宣城郡，治宛陵，而丹陽移治建業。元帝太興元年（西元三一八年）改為尹，京師之市長、丞屬之。⓬梁始隸太府　梁仿四時始置十二卿，太府卿為夏三卿之一。《隋書・百官志》：「太府卿，位視宗正，掌金帛府帑，統左右藏令、上庫丞，掌太倉、南北市令。關津亦皆屬焉。」⓭梁選部　書名。近衛校正德本曰：「『部』當作『簿』。」是。《舊唐書・經籍志》及《新唐書・藝文志》皆著錄有「《梁選簿》，三卷，徐勉撰」。徐勉，梁武帝時曾任吏部尚書。⓮大市令屬四品　句首「大」，正德本作「太」。太市令，當是太倉令及南、北市令之合稱。四品，係梁武帝革選以前之品秩；革選後，據《隋書・百官志上》太市令，列為一班。⓯天監三年革其選　天監三年，西元五〇四年。天監為梁武帝年號。據《隋書・百官志上》梁吏部尚書徐勉革選是在天監七年（西元五〇八年）。⓰後魏京邑市令從五品中　北魏都洛陽，亦置河南尹。據《魏書・官氏志》北魏太和十七年（西元四九三年）所頒職員令，京市邑令列為從第五品中。⓱北齊司州牧領東西市署令丞　北齊建都於鄴（今河北臨漳南部），置司州，設牧。《隋書・百官志中》稱北齊司州牧領「西、東市署令、丞」。⓲後周司市下大夫一人北周依西魏仿《周禮》設天、地、春、夏、秋、冬六官府，司市下大夫為地官府司市司長官，員一人，掌市易管理、稅收及核準度量，兼主錢幣鑄造。正四命。北周任司市下大夫者，見《周書．劉雄傳》：「孝閔帝踐阼，加大都督，歷司市下大夫、齊右下大夫。」⑲隋司農寺統京市令丞　據《隋書．百官志》隋開皇時，司農寺統京市，有肆長四十人。⑳煬帝三年改京市隸太府寺　煬帝三年，即大業三年，西元六〇七年。《隋書．百官志》稱煬帝時，「太府寺既分為少府監，而但管京都市五署及平準、左右藏等，凡八署」。㉑京師東市曰都會　隋之都會市，即唐京師之東市，南北居二坊之地。據徐松《唐兩京城坊考》，京師之東市東西南北各六百步，四面各開二門，定四面街各廣百步，北街當皇城南之大街，東出春明門，廣狹不易於舊；東西及南面三街向內開，壯廣於舊。街市內貨財二百二十行，四面立邸，四方珍奇皆所積集。東市屬萬年縣，其戶口少於長安縣，且公卿以下皆居於朱雀街以東，第宅皆為勳貴所佔，因而商賈東市遜於西市。在東市內，設有東市局、東平準局、鐵行等。其西街則是刑人之所；東北隅有放生池，稱海市。㉒西市曰利人　據徐松《唐兩京城坊考》，西市之地屬京師之萬年縣，隋曰利人市，唐稱西市。在宮城西南隅，南北盡兩坊之地，四面街門體制與東市同。市內店肆亦如東市之制，有衣肆、鞦轡行、秤行、竇家店、張家樓等，並設有西市局、市署和平準局。市西北隅有放生池，另有刑人之所。貞觀二十年（西元六四六年）斬張亮、程公潁即在西市。㉓東都東市曰豐都　《河南志》載：「唐之南市，隋曰豐都市，東西南北居二坊之地，其內一百二十行，三十餘肆，四壁有四百餘店，貨賄山積。」㉔南市曰大同　即唐東都之西市。南臨厚載門，通濟渠斜穿市區而過。㉕北市曰通遠　隋東都之北市，唐亦稱北市。《唐會要》卷八六：「高宗顯慶二年（西元六五七年）洛州置北市，隸太府寺。」㉖東都西則隨南市也　據《職官分紀》卷二〇引《唐六典》原注此句，「西」下有一「市」字；「隨」當為「隋」。下一「隨」亦同。㉗武德　唐高祖李淵年號。㉘垂拱中省京南市　垂拱，武則天稱制時年號。唐前期，京師除東市、西市外，還曾設有南市、北市、中市，唯廢置不常。又，《唐會要》卷八六所載與此有異：「(武周) 長安元年（西元七〇一年）十一月二十八日，廢京中市，至 (玄宗) 天寶八載（西元七四九年）十月五日，西京威遠營置南市，華清宮置北市。」㉙開元十年又省都西市　開元十年，即西元七二二年。《唐會要》卷八六所載省都西市時間與此稍異：「(武周) 天授三年（西元六九二年）四月十六日，神都置西市。尋廢。至長安四年（西元七〇四年）十一月二十二日又置。開元十三年（西元七二五年）六月二十三日又廢，其口馬移入北市。」㉚後漢雒陽市丞一人三百石　句中「三」疑係「二」之訛。《後漢書．百官志》大司農條本注劉昭注引《漢官》稱：「市長一人，秩四百石，丞一人，二百石。」㉛梁有太南北三市丞　據《隋書．百官志》，梁之太府卿「掌太倉、南北市令」，未見有太市丞之著錄。疑此句應為太倉丞及南北二市丞。㉜隋有京市丞　隋京市署屬上署，上署丞之品秩，據《隋書・百官志》及《通典》為正九品下階。

【語　譯】兩京各市署：令，每署設置一人，品秩為從六品上。據傳說，往昔神農氏與祝融氏創始建立市易，他們說：「太陽正當中午，就來做交易。」用這個辦法，招致了天下的百姓，會聚了四方百貨，互相交換而還，各自得到了所需要的物品。這是神農氏從《噬嗑》的卦象中得到啟發創造的辦法。《石氏星經》記載：「天市垣中有二十二顆星。〔其中就有主管人間交易的。〕」《周禮》的地官司徒卿下設有司市下大夫，又有上士、中士、下士；還有質人、廛人、胥師、賈師、司暴、司稽、肆長，都是各市署的下屬官吏。漢武帝時，把秦的內史改為京兆尹，它的屬官有長安市長、丞。東漢在京師設河南尹，屬官有雒陽市長、丞，魏、晉因襲東漢。東晉建都建業，設丹陽尹，南朝的宋、齊因襲東晉的體制。梁朝時，京師的南北市令改為隸屬於太府卿。《梁選部（簿）》記載：「大（太）市令屬於第四品，有關市職的任命，不可以過於卑微。梁武帝天監七年，對官制作了改革。」陳朝因襲梁的體制。北魏太和前制，京師市令的品秩為從五品中。北齊由司州牧統領東、西市署的令和丞。北周在地官府下設司市下大夫一人。隋由司農寺統領京師市署的令和丞。煬帝三年改制，把京師市署改為隸屬於太府寺。京師有東市稱「都會」，西市稱「利人」；東都的東市稱「豐都」，南市稱「大同」，北市稱「通遠」。本朝因承隋制，在京師設置東、西、南三個市。按：唐在東都的西〔市〕，就是隨（隋）的南市；唐的南市，就是隨（隋）的東市。東都的南市，在隋時佔有兩個坊的地面，在高祖武德時期減少到一坊半。武后垂拱年間，省去了京師的南市；玄宗開元十三年，又省去了東都的西市。

丞，各市署的定員都是二人，品秩為正八品上。東漢洛陽市署設丞一人，俸秩為三（二）百石。魏、晉和宋、齊都因承東漢的規定。梁代設有太、南、北三市丞，品位在七班之下。陳朝因承梁制。北魏缺少這方面的文字記載。北齊在京師的東、西署都設有丞。北周則設有小司市上士和下士各一人。隋朝在京師和東都各市署都設有丞，本朝因承隋制。

【說　明】集市是人類社會發展到一定階段，即大致有了最初分工後，人們出於互通有無的需要而自然形成的。本章原注把集市的最初出現說成是神農氏根據《噬嗑》卦象創造的，當然只能看作是為帝王們構製的一個神話，不過其中

「日中為市」一句，還是道出了形成集市的兩個基本要素：相對固定的時間和地點。《說文解字》：「市買賣所之也。」管仲曾對齊桓公說過：「處商必就市井。」（《管子·小匡》）東漢應劭的《風俗通》云：「市亦謂之市井，言人至市有所鬻賣者，當於井上洗濯，令香潔，然後到市也。」說明市是商貿活動自然形成的相對固定的場所，所以與井連在一起，是因為需有水源以提供洗濯。《周禮》依市易的時間分為「大市，日中而市，百族為主；朝市，朝時而市，商賈為主；夕市，夕時而市，販夫販婦為主。」不同時間的集市，反映了不同的商貿規模和參預者的不同層次。漢代長安有東西市令（見本章注❽引《漢書·食貨志》），實際恐怕並非只有東西二市。班固〈西京賦〉有「九市開場，貨別隧分」之句，李善注引〈漢宮闕〉曰：「長安立九市，其六市在道西，三市在道東。」（《昭明文選》）至隋唐，不僅在長安和洛陽各已形成相當繁華的商貿中心，其他如汴梁、揚州、蘇州、杭州、江陵、成都、廣州、太原等城市，商貿活動也十分發達，所以市署的設置除京師和東都外，諸州縣似亦應有。《唐會要》卷八六：「〔貞觀〕七年（西元六二四年）七月二十日，廢州縣市印。」既要下令廢印，恰好說明隋至唐初各州縣都曾有過管理市集的衙門，並有印。又「垂拱二年（西元六八六年）十二月敕，三輔及四大都督並衝要當路，及四萬戶以上州市令并赤縣錄事並宜省補。」這兩道政令，對地方管轄市易的官僚衙門都是一種限制，當時朝廷的主張似乎是對州縣鄉鎮集市不必多加干涉。此種民間自然形成的集市古代早有，東晉後給了它一個帶有貶意的稱謂，叫作「草市」。唐代前期也許正是因了上述較為寬鬆的政策，草市便迅速發展起來，徧及大江南北。出現在這一時期的文人筆下的野市、蠻市、蠶市、虛市、獠市等別稱，不僅說明了草市的繁榮，也多少反映了士大夫階層的某些憂慮。杜牧在談到「江賊」時，曾說：「江淮草市，盡近水際，富室大戶都居其間，江南江北，凡名草市，劫殺皆徧。」（《樊川文集》卷一一）對民間集市進行干涉和實施控制的政策，大致是在中宗以後。景龍二年（西元七〇五年）十一月所下的敕令稱：「諸非州縣之所，不得置市。」（同上）這是力圖把市易收縮到州縣能直接控制的範圍之內。此後，對州縣市易的控制便不斷加強。唐宣宗大中五年（西元八五一年）所頒的州縣職員令稱：「大都督府市令一人，掌市內交易，禁察非違。通判市事丞一人，掌判市事。佐一人，史一人，師三人。掌分行檢察州縣市，各令準此。」不久，又下敕令：「中縣戶滿三千以上，置令一人，史二人；其不滿三千戶以上者，並不得置市官，若要路當須置，舊來交易繁者，聽依三千戶法置，仍申省。諸縣在州郭下，並置市官。又準戶部格式，其市吏壁師之徒，聽於當州縣供官人市買。」（同上）至晚唐，在全國州縣設市的體制，才比較趨向規範，有了統一的法令作依據。

二

京、都諸市令掌百族❶交易之事；丞為之貳。凡建標立候❷，陳肆辨物❸；按《周禮》❹：「肆長各掌其肆之政令❺，陳其貨賄，名相近者，相遠也❻；實相近者，相邇也，而平正之。」以二物平市，謂秤以格，斗以概❼。以三賈均市❽。精為上賈，次為中賈，麤❾為下賈。凡與官交易及懸平贓物❿，並用中賈。其造弓矢、長刀，官為立樣，仍題工人姓名，然後聽鬻之；諸器物亦如之。以偽濫之物⓫交易者，沒官；短狹不中量者，還主。《周禮》：「司市偽飾之禁，在人者十有二，在商者十有二，在賈者十有二，在工者十有二⓬。」《王制》⓭亦云：「用器、兵、車不中度⓮，布帛精麤不中數，幅廣狹不中量，姦色亂正色⓯，五穀不時，果實未熟，木不中伐，禽獸魚鱉不中殺⓰，皆不鬻於市。」凡賣買奴婢、牛馬，用本司、本部公驗以立券⓱。凡賣買不和而推固⓲，推謂專略其利，固謂鄣固其市。及更出開閉共限一價⓳，謂賣物以賤為貴，買物以貴為賤。若參市而規自入者⓴，並禁之。謂在傍高下其價，以相惑亂也。凡市以日午，擊鼓三百聲而眾以會；日入前七刻㉑，擊鉦㉒三百聲而眾以散。《周禮》：「大市，日昃而市，百族為主㉓；朝市，朝時而市，商賈為主㉔；夕市，夕時而市，販婦販夫為主㉕。」丞兼掌監印、勾稽㉖。

錄事掌受事發辰㉗。

【章旨】敘述京都諸市署令、丞之職掌。

【注釋】❶百族 即百姓。❷建標立候 指店肆門前，皆要樹立自己的標幟或招牌。《新唐書·百官志》：「市肆皆建標，築土為候。」如酒店門前要立一土堆，樹以書有「酒」字之旗，亦稱酒簾、招簾、酒望、酒幌等，以使遠近來往人們識別。❸陳肆辨物 肆，原指製造器物之作場，如《論語·子張》：「子夏曰：百工居肆，以成其事。」古代常是前店而後場，肆亦指陳列樣品或商品之所，故店肆並稱。此處指店肆在陳列商品時，要標明其品級和價格，即今所謂明碼標價。❹周禮 儒家經典之一。係搜集周王室官制和戰國時各國制度，添附以儒家政治理想，增減排比而成之彙編。❺肆長各掌其肆之政令 肆長，《周禮》地官司市之屬官。賈公彥疏：「此肆長謂一肆立一長，使之檢校一肆之事，若今行頭者也。」肆，此處指若干經營同一商品之商店或攤檔相對集中之處，由肆長統轄之。《隋書·百官志》：「京市有肆長四十人。」❻陳其貨賄名相近者相遠也 意謂店肆陳列商品時，名稱相似而實質不同之貨物，不可陳列在一起，以免相混而欺騙顧客；名稱雖異而實質相同之商品則要陳列在一起，以便顧客選購。肆長要據此監督諸店肆商品之陳列格局。❼秤以格斗以概 指秤以秤杆上畫出之分格來標誌物品之重量；斗要用概使每斗之容積劃一。概，刮平斗斛之器具。《韓非子·外儲說左下》：「概者，平量者也。」❽以三賈均市 句中「賈」通「價」。指以下文原注所言上、中、下三種不同價格來均平市易。又，《太平御覽》卷二三二引《唐六典》原文此句「均」下有「平」字。❾麁 同「麤」，即「粗」字。❿懸平贓物 指甲地犯事，乙地事發，對贓物須懸地評估，亦即以甲地之中價為準。《唐律疏議·名例律》：「諸平贓者皆據犯處當時物價及上絹估。」疏議曰：「假有人蒲州盜鹽，嶲州事發，鹽已費用，依令，懸平即取蒲州中估之鹽，準蒲州上絹之價，於嶲州斷決之類，縱有賣買貴賤與估不同，亦依估價為定。」⓫偽濫之物 偽，指假貨；濫，指劣貨。《唐律疏議·雜律上》：「諸造器用之物，及絹布之屬，有行濫、短狹而賣者，各杖六十。」疏議曰：「凡造器用之物，謂供公私用，及絹布綾綺之屬。行濫，謂器用之物不牢不真。短狹，謂絹匹不充四十尺，布端不滿五十尺，幅闊不充一尺八寸之屬而賣各杖六十。故《禮》云：『物勒工名，以考其誠，工有不當，必行其罪。』其行濫之物沒官，短狹之物還主。」

⑫自「司市偽飾之禁」至「在工者十有二」 引文見《周禮·地官·司市》。偽飾之禁，指對出售違反規格和制度諸貨物之有關禁令。其中對一般人、對商人、對賈人和對工人各有十二項。賈人，古以屯積商人稱賈，而以轉運商人稱商。鄭玄原注：「通物曰商，居賣物曰賈。」諸禁令條目內容，《周禮》不列，諸注亦無及。司市對違反禁令者將行處罰，《周禮》原文此下有「市刑：小刑憲罰，中刑徇罰，大刑扑罰」，即公佈罪狀、遊行市廛、加以擊撻這樣三種不同處罰；若觸犯法律，則將移交司法機關處理。

⑬王制 《禮記》篇名。《禮記》為先秦及秦漢時期各種禮儀論著之選編，相傳為西漢戴德之姪戴勝所編纂，故又稱《小戴記》或《小戴禮記》。今本為東漢鄭玄注本，共四十九篇。《王制篇》記述封爵、賜田、朝聘、學校、養老諸制。

⑭用器兵車不中度 《禮記·王制》原文為：「用器不中度，不粥於市，兵車不中度，不粥於市。」粥同「鬻」，賣。用器與兵車，包括弓矢、長刀、耒耜、兵車、飲食器皿等。度，指其製作之規格。如耒耜長六尺，弓長六尺六寸，矢長三尺之類。兵車在《周禮·考工記》亦有長短尺度之規定。凡不符合規格之器物皆不得鬻於市。

⑮布帛精麤不中數幅廣狹不中量姦色亂正色 《禮記·王制》原文為：「布帛精麤不中數，幅廣狹不中量不鬻於市。姦色亂正色，不鬻於市。」布帛精麤之數，指其升縷之數。如朝服十五升；喪服，斬衰三升，齊衰有三等，或四升或五升或六升，大功有七升、八升、九升，小功有十升、十一升、十二升等。少於規定數者為不中數。布帛廣狹之量，指其幅寬度，古代為二尺二寸，唐制一尺八寸。少於此者為不中量。短狹不中量還包括絹匹之長度不到四十尺，布端長度不滿五十尺者。姦色亂正色，古以青、赤、黃、白、黑為正色，亦即五方之色。稱五正色之間相雜，如赤與青相雜為紫，黃與青相雜為綠等為間色或雜色。此處稱間色為姦色則含有貶意。《禮記·王制》賈公彥疏稱：「《論語》孔子惡紫之奪朱，則朱是南方正色，紫是北方姦色，紫奪朱是姦色亂正色，故孔子惡之。若然，四方皆有姦色、正色，若紅綠及碧等皆有亂正色之義也。」

⑯木不中伐禽獸魚鱉不中殺 木不中伐，指伐木不以時，則不中用。《周禮》有仲冬斬陽木、仲夏斬陰木等規定，即要求伐木以時。禽獸魚鱉不中殺，古代狩獵禽獸，捕撈魚鱉都有時令之限制，如《禮記·月令》規定仲冬時田獵禽獸，季冬時命漁師始漁等。禽獸魚鱉殺之非時者，皆不得鬻於市。

⑰凡賣買奴婢牛馬用本司本部公驗以立券 《唐律》有奴婢「律比畜產」、「奴婢同資產」一類條文，因此奴婢不僅可以上集市賣買，而且與畜產同在口馬市交易，幾與牲畜無異。高宗時，曾擬將長安萬年縣所屬安善坊及大業坊之半，立為口馬牛驢之肆，後因其地偏處京城之南，交易不便而未有實施。東都之口馬市先在西市，開元十三年（西元七二五年）後移入北市。在口馬市賣買牛馬和奴婢須經本司本部過驗並立券，賣買方始生效。本司本部，

指市署口馬市之市長和肆長。券，契約一類文書。《唐律疏議・雜律》規定：「諸買奴婢馬牛駝騾驢已過價，不立市券，過三日，笞三十，賣者減一等。立券之後，有舊病者，三日內聽悔，無病欺者市如法，違者笞四十。」疏議曰：「買奴婢馬牛駝騾驢等，依令，並立市券，兩和市賣已過價訖，若不立券，過三日，買者笞三十，賣者減一等；若立券之後，有舊病而買時不知，立卷後始知者，三日內聽悔，三日外，無疾病，故相欺罔而欲悔者，市如法。違者笞四十。若有病欺不受悔者，亦笞四十。令無私契之文，不準私券之限。」即未經市署公驗之私券無效。⑱賣買不和而搉固　句中「搉」，近衛校曰：「據《唐志》『搉』當作『榷』。」原注中「搉」字亦同。指賣買非雙方情願，而是一方強加於另一方之專橫行為。《唐律疏議・雜律》作「諸賣買不和而較固者。」疏議曰：「賣物及買物人兩不和同，而較固取者，謂強執其市，不許外人買。故注云：較謂專略其利，固謂障固其市。」⑲更出開閉共限一價　指商賈相互串通，人為操縱市場價格。《唐律疏議・雜律》所載此條之疏議云：「及更出開閉，謂販鬻之徒，共為姦計，自賣物者以賤為貴，買人物者以貴為賤，更出開閉之言，其物共限一價，望使前人迷謬，以將入己。」⑳參市而規自入者　指賣買者使同夥在一旁抬壓價格，以為自己謀取暴利，類今之「敲邊」者。《唐律疏議・雜律》所載此條之疏議云：「參市，謂負販之徒共相表裡，參合貴賤，惑亂外人。故注云：謂人有所賣買，在傍高下其價，以相惑亂，而規賣買之利入己者，並杖八十；已得利物，計贓重於八十者，計利準盜論，謂得三匹一尺以上，合杖九十，是名贓重，其贓既準盜科，即合徵還本主。」㉑日入前七刻　指日落前一小時又四十分鐘。古代一晝夜為一百刻，每刻合今十四分二十四秒。㉒鉦　古代打擊樂器。又名丁寧。形似鐘而狹長，有長柄可執，擊之而鳴。擊鉦以示歇市。㉓大市日昃而市百族為主　此下引文見《周禮・地官・司市》。昃，《說文解字》：「日在西方時側也。」即指午後。《周易》則謂「日中則昃」。百族，即百姓。中午聚而市易之人最多，故稱大市。以百姓為主，各色人等皆有。㉔朝市朝時而市商賈為主　以商賈多居於城市，故朝市以商賈為主，當也有其他諸色人等。㉕夕市夕時而市販婦販夫為主　販夫販婦，指小商小販。此輩人等多為小本經營者，須朝買而夕賣，以便次日繼續營生，故夕市以販夫販婦為主。㉖勾稽　勾檢稽失。指檢查公事處理中有無違失和是否延誤規定日程。㉗受事發辰　指登錄本司受理發送公文之始日，以為日後勾檢之依據。

【語　譯】京師、東都各市署令的職掌是，管理百姓交易方面的事務；丞是令的副職。掌管的事務包括：店肆門前要建樹標誌，築土為候；店肆內要按不同類別，陳列商品。按照《周禮》的規定是：「各肆肆長要執掌他自己一肆的政令，各店肆陳列商品時，名稱相近而實質不同的，要分開陳列；名稱不同，實質相近的，則要一起陳列。肆長要根據這個原則，調整各個店肆商品陳列的格局。」用兩種器具來均平市場的交易；這是說秤用秤杆上的分格來顯示貨物的重量，斗用概來刮平每斗的容積。分三等價格來均平市場的買賣。質量精美的可以賣上等價，次等的為中等價，粗劣的只能售下等價。凡是與官府交易和懸估異地的贓物，都用中等的價格。製造弓矢、長刀一類兵器，官府要立出樣品，便於買主對照；每件兵器上還要打上製作工匠的姓名，然後才能允許在市場上銷售。其他器物也要照這些規定做。發現有用假冒或劣質的商品上市出售的，要沒收入官；短斤缺兩和份量不足的，要退還原主。《周禮》規定：「司市執掌市肆交易中有關偽劣假冒方面的禁令，其中對一般民眾的有十二項，對商人的有十二項，對工匠的亦有十二項。」《禮記》亦說：「日用器具和兵車的製作不符合規制，布帛的精粗不夠規定數量，長短闊狹不符合標準度量，顏色混雜亂了正色要求，以及不按時令收穫的五穀，沒有成熟的瓜果，不依時令砍伐的木材，不到成熟期捕殺的禽獸魚鱉，都不能在市場上銷售。」凡是在口馬市賣買奴婢和牛馬，都要經過本司本部公驗，並立下契約，交易方始有效。凡是賣買雙方不是自願，而是一方摧（榷）固於另一方的行為，摧（榷），是說一方專橫得利；固，是說一方霸佔市場。以及同夥串通，輪番抬壓，硬性限定一種價格，是說賣物時，用次貨抬成高價；買物時，把好貨壓成低價。還有叫同夥在一旁假充賣主或買主，起哄抬壓價格，為自己謀取暴利的，都一律禁止。參市是說有同夥在一旁抬高或壓低價格，以惑亂交易的另一方。關於市場的交易，一般在每天的午後，擊鼓三百聲，眾人便聚會交易；到日落前七刻，擊鉦三百聲，眾人便散市離去。《周禮》規定：「大市，午後進行交易，以百姓為主；朝市，早晨進行交易，以商賈為主；夕市，傍晚進行交易，以販夫販婦一類小商販為主。」

丞，兼管市監的印章和勾稽方面的事務。

錄事，掌管登錄受理、發送公文開始的日期。

【說　明】從本章正文的擊鼓以會市、擊鉦以散市，以及上章原注中提到一市跨兩坊之地等記述看來，唐前期京都諸市，大體還停留在漢魏以來坊市制的發展階段。「坊市者，謂京城及諸州縣等坊市。」（《唐律疏議》卷八）坊是城市居民居住的區域，市是商貿聚集交易之所。坊與坊之間有街道和圍牆分隔，如唐長安城的外廓南北有十四街，東西十一街，其間列置諸坊，總共一百零八坊。每坊皆開四門，各東西二門，以供出入，坊的圍牆不能沿街開門，一切商業貿易集中在東西二市，晚間坊市的出入有嚴格的宵禁制度。《唐律疏議》卷二六規定：「諸犯夜者笞二十，有故者不坐。」注：「閉門鼓後，開門鼓前，行者皆為犯夜。故，謂公事急速及吉凶疾病之類。」疏議：「〈宮衛令〉：五更三籌，順天門擊鼓聽人行。晝漏盡，順天門擊鼓四百槌訖，閉門。後更擊六百槌，坊門皆閉，禁人行。違者笞二十。」故日中後擊鼓而市，日入前擊鉦而散，正是城坊宵禁制在市易上的派生制。中唐後，隨著市場和商品經濟的發展，這套古老的坊市制度方始有所突破。如唐代宗永泰二年（西元七六六年）曾下敕令「不許京城內坊市侵街築牆造舍，舊者並毀之」（《冊府元龜》卷一四）。文宗時，長安的坊門出現了「鼓未動即先開，或夜已深猶未閉」混亂現象，武宗即位時，又敕令「京夜市宜令禁斷」（《唐會要》卷八六）。段安節《樂府雜錄》提到文宗時，崇仁坊南趙家有修理樂器小忽，造樂器者悉在此坊。崇仁坊靠近皇城，不屬東市。可見中唐後，已有手工業者不居於市而居於坊。上述情況說明，儘管當國者依舊力圖維護坊市體制，但實際生活縱然舉步緩慢，卻還是或先或後超越了這道古老的門檻。就說朝廷明令「禁斷」的夜市吧，尤其是在南方各州縣，中唐以後便相繼熱熱鬧鬧地開張起來。除了著名的揚州夜市，出現在當時文人筆下的還有楚州「千竹夜市喧」，蘇州「夜市賣凌藕」，廣州「蠻聲喧夜市」等等。唐人鄭熊在《番禺雜記》中說：「海邊有鬼市，半夜而合，雞鳴而散，人從之，各得異物。」（《說郛》卷四引）所謂「鬼市」，當即夜市。宋敏求《長安志》卷七務本坊引《輦下歲時記》亦謂「秋冬夜，多聞賣乾柴」。商品經濟的發展，自有其自身的規律，就連自詡為主宰一切的皇帝陛下也奈何它不得。

唐代京師、東都諸市商業和手工業的總貌，至今還未見有系統完整的文字記載。據《長安志》只錄有京師的東市有貨財二百二十行，西市的商業是盛於東市的，至少不會低於此數。至於東都，據《河南志》記載，唐時南市有一百二十行，三十餘肆，市的四壁有四百餘店，「貨賄山積」，市面相當繁榮。具體的行業面貌，據一些見諸史著的零星材料，有肉行、衣行、絹行、鐵行、麵行、米行、秤行、藥行、鞦轡行等。韋述《兩京新紀》卷三，記西市「市署前有大衣行，雜糅貨賣之所，記言反說，不可解識」；李義山《雜纂》卷中亦謂「牙郎說咒」，「經紀人市語難理會」，都說明行業經紀人之間是以行話交談，外人無法知曉。諸行內有行頭、牙人、行東、師傅、幫工、學徒等名稱，如安祿山、史思明二人年輕時，便都曾是互市牙郎。行會內部存在著複雜的封建等級關係。行會承擔官府的徭役及其所交辦的各種事務，如唐德宗建中元年（西元七八〇年）敕：「自今已後，忽米價貴時，宜量出官米十萬石，麥十萬石，每日量付兩市行人下價糶貨。」（《舊唐書・食貨志下》）行會的商業行為要受官府行政命令的制約，中宗景龍元年（西元七〇七年）十一月敕令規定：「兩京市諸行，自有正鋪者，不得鋪前更造偏鋪，各聽用尋常一樣偏廂。諸行人濫物交易者，沒官。」（《唐會要》卷六八）城市行會由手工業者和商人自行組織起來，用以維護行業本身的利益，聯絡同行業成員，統一行業的行為規範，調節同行業主間的相互關係。就官府而言，也可利用行會組織以控制和管理分散的經營者，並便於各種賦役的徵發。

唐代京師、東都諸市店肆的分佈狀況，今只能略舉一二，以見概貌。最為眾多的還是餐飲業，《唐國史補》卷中記唐德宗時，長安「兩市日有禮席，舉鐺釜而取之，故三五百人之饌，常可立辦。」三五百人的宴席也可以輕而易舉地操辦起來，足見當時餐飲業的規模了。唐人段成式在《酉陽雜俎・前集・酒食》中說：「今衣冠家名食，有蕭家餛飩，漉去湯肥，可以瀹茗。庾家粽子，白瑩如玉。韓約能作櫻桃饆饠，其色不變；又能造冷胡突、鱠醴魚、肥連蒸詐草、皮孛餅。將軍曲良翰，能為驢騣駝峰炙。」這些著名的熟食，需有一個廣闊的飲食市場的支撐才能維持和發展，否則它不可能出現。同書〈貶誤篇〉中還提到「天寶中，進士有東西棚，各有聲勢，稍傖者多會于酒樓食饆饠。」當然數量更多的是飲食攤販。《會昌解頤錄》稱：京師「西市有食店張家樓。《乾𦠆子》：竇義西市買油靛數石，雇庖人執爨，傭人剉破麻鞋，製為法燭鬻之，獲無窮之利。先是西市秤行之南，有十餘畝坳下潛污之地，目曰小海市，為旗亭之內眾穢所聚。竇義遂求買之，其主不測，義酬錢三萬。既獲之，于其中立標，懸幡子，繞池設六七鋪，製造煎餅及糰子。召小兒擲瓦礫擊其幡標，中者以煎餅糰啗。不踰月，兩街小兒競往，計萬萬，所擲瓦礫已滿地矣，遂經度造店二十間，日收利數千，甚獲其要。店今存焉，號為竇家店。」這個靠製蠟燭起家的竇義可算是古代一個極頂聰明的經營者了。他買了一個垃圾場，利用讓小兒擲瓦礫的辦法，平整場地，造起店面二十間，單是租金便可日入數千錢。這個故事同時還說明：當時西市人口已相當密集，不然哪來那麼多擲瓦礫的孩子呢？市場更是繁榮，否則哪會很快有人來租賃這些店面呢？

末了，對本章中提到的禁止商賈「榷固」行為順便發幾句感想。提出此禁，說明唐代決策層已認識到貿易雙方應當是自願互利的，公平公正的，也是自由的；任何壟斷、專橫、欺詐行為都在禁止之列，只有這樣，才會有利於社會經濟的發展。在當時歷史條件下而有此認識，十分可貴。問題是，他們並沒有把這個原則推廣於所有商貿領域。例如唐代與自漢以來歷朝一樣，對某些可以獲得巨額商業利潤的商品實施了專賣政策，其中包括大眾普徧消費的鹽、茶、酒。要說「榷固」，這自然是最大的「榷固」行為，因為它是以國家暴力為後盾的，任何人都侵犯不得。一面自己搞大榷固，一面又禁止商賈搞小榷固，不是就有點只許自家放火、不許百姓點燈的味道嗎？近年大陸有人稱「政府是合法的黑社會，黑社會是非法的政府。」其實早在一百五十年前，法國的著名經濟學家巴師夏在《法律》一書中，就把政府的專賣行為界定為「合法的搶掠者」。

三

平準署：令二人，從七品下。《周禮》❶有賈人中士、下士❷，主平定物價也。漢大司農屬官有平準令、丞❸。韋昭《辨釋名》❹云：「平準，主平物價，使相依準。」《史記》❺云：「桑弘羊領大農令❻，以諸官各自市相事❼，以故物多騰躍，乃請置大農部丞數十人，分部主郡國❽；置平準於京師，受天下委輸，盡籠天下之貨物，貴則賣之，賤則買之，如此則富商及大賈無所牟大利矣，所以置平準焉❾。」故趙廣漢❿廉潔下士，州舉茂才，為平準令。後漢大司農屬官有平準令、丞各一人，令六百石，丞三百石，掌知物價及主練染，作采色⓫。至和帝⓬改平準為中準，以宦者為令、丞，列于內署。自是，諸署令悉用宦人。魏氏闕文。晉少府屬官有平準令、丞⓭。梁、陳有平水令、丞⑭。後魏闕文。北齊司農寺統平準令、丞⑮。後周有平準中士、下士⑯。隋司農屬官有平準署令、丞⑰。煬帝三年，改平準署隸太府寺⑱。皇朝因之。

丞四人，從八品下。

監事六人，從九品下。

平準令掌供官市易之事；丞為之貳。凡百司不在用之物⑲，則以時出貨；其沒官物者，亦如之。

【章旨】敘述平準署令、丞和監事之定員、品秩及其沿革與職掌。

【注釋】❶周禮　儒家經典之一。係搜集周王室制度和戰國時各國制度，添附以儒家政治理想，增減排比而成之彙編。❷貨人中士下士　據《周禮・地官司徒》，句首「貨人」當為「質人」。質人，地官司徒屬官，掌理市人貨物諸如奴婢、牛馬、兵器、車輦用器以及四時所產珍品之估價，以及賣買雙方之契約文書和劃一度量、巡查市中交易狀況等。其員數有中士二人，下士四人，府二人，史四人，胥二人，徒二十人。❸漢大司農屬官有平準令丞　《漢書・百官公卿表》在大司農下有屬官平準令、丞。漢代平準令、丞為調控全國物價、轉輸各地物資之官員。《史記》之《索隱》稱：「大司農屬官有平準令、丞者，以均天下郡國轉販，貴則賣之，賤則買之，貴賤相權輸，歸於京都，故命曰：『平準。』」❹韋昭辨釋名　韋昭，字弘嗣，史為晉文帝司馬昭諱，改名韋曜。《三國志》稱其為吳郡雲陽（今江蘇丹陽）人，少好學，能屬文，歷任尚書郎、太子中庶子，曾著《博奕論》為世所稱。孫皓立，為侍中，領國史。孫皓欲為其父休作本紀，昭執以未登帝位宜名為傳，皓以其不依詔命而殺之，終年七十。《新唐書・藝文志》著錄有韋昭《辨釋名》一卷。《釋名》，訓詁書，東漢劉熙撰，共二十七篇，分八卷。韋昭著《辨釋名》以辨劉熙之失。❺史記　西漢司馬遷撰。原名《太史公書》，一百三十篇，為我國第一部紀傳體通史。有本紀十二編，表十篇，書八篇，世家三十篇，列傳七十篇。下述引文出自八書末篇〈平準書〉。❻桑弘羊領大農令　《史記・平準書》原文「大農」下無「令」字。桑弘羊，洛陽（今河南洛陽市東）人，出身於商人家庭，漢武帝時，任治粟都尉，領大司農，推行鹽鐵及酒之專買，設立平準、均輸機構，以調控各地物價。昭帝即位，受命與霍光、金日磾共同輔政，任御史大夫。後因與上官桀等反對霍光專權，並謀廢昭帝立燕王旦而被殺。❼以諸官各自市相事　句末「事」據《史記・平準書》原文當為「爭」。意謂在桑弘羊看來，物價之騰貴是由諸官司機構各自在市場上爭相購物所造成。❽乃請置大農部丞數十人分部主郡國　此句言桑弘羊向漢武帝提出分部在郡國設置均輸、鹽鐵諸官之建議。《史記・平準書》原文為：「天下賦輸或不償其僦費，乃請置大農部丞數十人，分部主郡國，各往往縣置均輸鹽鐵官，令遠方各以其物貴時商賈所轉販者為賦，而相灌輸。」《漢書・百官公卿表》：「大司農屬官有均輸令。」《史記》之《集解》釋均輸引孟康曰：「謂當所輸于官者，皆令輸其土地所饒，平其所在時價，官更于它處賣之，輸者既便，而官有利。」均輸之職，在於利用州縣所徵貢賦，以諸地物價之差額轉相委輸，以攫取原來屬於商賈之利益，同時又可減輕貢賦運輸至京師費用。❾自「置平準於京師」至「所以置平準焉」　《史記・平準書》此段原文為：「置平準于京師，都受天下委輸。召工官治車諸器，皆仰給大農。大農之諸官盡籠天下之貨物，貴即賣之，賤則買之。如此，富商大賈無所牟大利，則反本，而萬物不得騰踊。故抑天下物，名曰『平準』。」平準置於京師，又有大農部丞數十人分主郡國，各地再設均輸，相互配合，依據各地不同物價，轉輸郡國所積聚金帛貨賄，或委輸於京師，京師則專設府庫受納以為貯備，這就是所謂「盡籠天下之貨物」。若能有充足之物資為基礎，便可做到貴則賣，賤則買，以保障供給和調控京師及各地物價。❿趙廣漢　字子都，涿郡蠡吾（今河北保定之南）人。少為郡吏，州從事，以廉潔通敏下士為名，漢武帝時，州舉茂才，任平準令。察廉為陽翟令，以治行尤異，遷京輔都尉，宣帝時為京兆尹。後坐法，竟被腰斬。⓫掌知物價及主練染作采色　東漢平準兼掌練染，與西漢初設時之本義有別。《後漢書・集解》引惠棟曰：「劉熙《釋名》云：『平準令主染色，色有常平之法，故準而酌之。』韋昭辨云：『主平物價，使相依準。』」王先謙《漢書補注》云：「續志所言，已非前漢設官平準之義。」⓬和帝　東漢皇帝劉肇。在位十七年，終年二十七歲。《後漢書・宦官列傳》載：「和帝即祚幼弱，而竇憲兄弟專總權威，內外臣僚莫由親接，所與居者，唯閹宦而已。故鄭眾得專謀禁中，終除大憝，遂享分土之封，超登宮卿之位，於是中官始盛焉。」⓭晉少府屬官有平準令丞　《晉書・職官志》少府屬官下有平準令、丞。又此句之下，據陳仲夫點校當補「宋順帝諱『準』，改曰染署。齊少府有平準令、丞」十七字。語譯據以補，並加方括號以示區別。宋順帝，南朝宋末代皇帝劉準，字仲謀，小字智觀，在位三年，終年十三歲。《宋書・百官志》：「平準令，一人。丞一人，掌染。秦官也，漢因之。漢隸司農，不知何世隸少府。宋順帝即位，避帝諱，改曰染署。」按：《宋書・百官志》所言有誤，平準令始設於漢武帝，非秦官。又，關於平準由原隸司農、轉隸少府之時間，平準之職掌至東漢已兼有練染，和帝時又以中官掌之，此二條已具有劃歸掌中宮服御諸物的少府之屬性，故其改隸年限當在東漢與曹魏之間。⑭梁陳有平水令丞　《職官分紀》卷二〇引《唐六典》原注此句作「平準水令丞」，《隋書・百官志》梁少府卿之屬官則又為「平水署」。⑮北齊司農寺統平準令丞　《隋書・百官志》北齊司農寺下統平準署令丞，但未言其職掌有何變化。⑯後周有平準中士下士　北周依西魏仿《周禮》設天、地、春、夏、秋、冬六官府，其地官府司市下大夫之下屬有平準中士掌平衡市易物價，其下設平準下士以佐其職。平準中士品秩正二命，下士正一命。⑰隋司農屬官有平準署令丞　據《隋書・百官志》隋承北齊，在司農寺設平準及京市署，平準置令二人。⑱煬帝三年改平準署隸太府寺　煬帝三年，即大業三年，西元六〇七年。是年煬帝改制，將司農寺之平準、京市劃歸太府寺，同時分太府寺之左尚方、內尚方、右尚方及司染、掌治等主管手工製作諸署，另立少府監。這樣太府寺職掌主要為管理京都市五署及平準、左右藏等有關市易和庫藏之職能部門。⑲不在用之物　句中「在」，《舊唐書・職官志》及《太平御覽》卷二三二引《唐六典》原文，皆作「任」。

【語　譯】平準署：令，定員二人，品秩為從七品下。《周禮》在地官司徒之下設有質人中士和下士，職掌是平定物價。漢代大司農的屬官中設有平準令和丞。韋昭在《辨釋名》中說：「平準，主管平衡物價，使相互有所依準。」《史記・平準書》中說：「桑弘羊擔任大農令，他認為各個官司都在市場上相互爭購物品，因而導致了物價的騰躍上漲。為此他奏議設置大農部丞數十人，分部主管各郡國均輸方面的事務；同時在京師設置平準，受納各地的委輸，從而總攬天下積貯的貨物，遇到市場物價昂貴就拋售，價格低落就收購。這樣一來，那些富商大賈便無處搗弄謀取大利了。所以要設置平準。」當時有個趙廣漢，以廉潔而又禮賢下士聞名，州裡舉薦他為茂才，因而便被漢武帝任命為平準令。東漢大司農的屬官中也設有平準令、丞各一人，令的品秩為六百石，丞是三百石，職掌是管理物價以及負責練帛染色。到和帝時，一度改平準為中準，並由宦官擔任令和丞，列為內署。從這時起，東漢平準署的令都用宦官充任。曹魏時期缺少有關建置平準署的記載。晉代少府的屬官有平準令和丞。〔南朝宋順帝時，因為避諱「準」這個字，故改稱平準為染署。齊少府的屬官中設有平準令和丞。〕梁、陳在司農寺的屬官中有平水（準）令、丞。北魏時缺少平準署的文字記載。北齊司農寺統轄有平準令、丞。北周在地官府設有平準中士和下士。隋文帝開皇時，司農寺的屬官有平準署令、丞，到煬帝大業三年，平準署由隸屬於司農寺改為隸屬於太府寺。本朝因承隋制。

丞，定員四人，品秩為從八品下。

監事，定員六人，品秩為從九品下。

平準令的職掌是主管為供應官司所需物資而進行市易方面的事務；丞是令的副職。凡是各個官司不再需用的物資，要及時到市場去出售；有關沒官的財物，也按這個規定處理。

【說　明】比較一下漢、唐平準署的職掌，可以發現二者差異頗大。漢武帝依桑弘羊建議在大農下設平準署，是為了調控全國物資，保障官司供給。要發揮這個作用，所依靠的不僅是平準署，還設有若干相互配合的機構，如大農部丞數十人，分主郡國；又在全國各地設置均輸，以調撥郡國所積聚的金帛貨賄，隨時委輸於京師，同時組織工官製作諸器。有了如此龐大的可以調度的物資儲備，即本章原注中所謂「盡籠天下之貨物」，才有可能「貴則賣之，賤則買之」，以平抑京師和各地的物價。大體說來，商品價格的漲落，可以通過物資和貨幣兩種供求關係來調控。而在古代商品經濟還很不發達的情況下，更多地只能依靠充分的物資儲備這種手段。事實上，桑弘羊的這一建議多半還停留在議論階段，當時究竟實行到什麼程度，實在難說。歷史上，見於記載的平準令僅有本章原注已提到的趙廣漢一人，他任平準令的時間也很短，不久便升遷為陽翟令和京兆尹；在《漢書》本傳中，也不見其任平準令時在政績上有何建樹。所以桑弘羊的設想與漢代實際施行的情況，存在著相當的距離。東漢雖依西漢舊制仍設平準令，然情況已發生很大變化：均輸官已都省廢，本來郡國的鹽官、鐵官已轉屬大司農，因此平準不可能再有巨大的物資儲備來作為平抑物價的後盾了。所以名義上「掌知物價」（本章原注），實際上則主要掌絲帛練染，且任平準令、丞者已為宦官，列入內署。所以王先謙在《漢書補注》中說「續志所言，已非前漢設官平準之義」了。由於平準主掌練染，魏晉後便轉屬於主管中宮服御諸物的少府，至南北朝的梁及北齊，方始回屬司農寺，重新賦與以平抑物價的職能，至於究竟如何實施，史著語焉不詳。

唐代平準署的職掌本章規定為「掌供官市易之事」；「百司不在（任）用之物則以時出貨；其沒官物者，亦如之」。

據此平準實際上成了官府和市的機構。和市對物價雖也有些影響，但唐代主要承擔平抑物價職能的，還是常平署（詳本篇六章）。作為市易的機構，應該包括買入和賣出兩個方面，買入就是和市，以供百司之需；賣出是百司不需用之物和沒官之物。唐代沒官的財物，包括：以偽濫之物交易者；違反或紊亂規定服色而沒官者；違法之贓物及私家資因罪籍沒者；不合度關而違禁私度者，如唐初依〈關市令〉：「錦、綾、羅、縠、綢、綿、絹、絲、布、犛牛尾、真珠、金、銀、鐵并不得度西邊、北邊諸關及至緣邊諸州興易。」至於這些沒官的物品平準署如何銷售，則缺少具體記載。和市，也非平準署專有的職能，實際上各個官司機構都在進行。如司農寺所屬鉤盾署職司柴炭供應，每年要和市木橦十六萬根，納於司農寺（見本書一九卷三篇三章）。但和市往往是帶有強制性的低價賤買，成了官吏勒索百姓的又一種手段。高宗的〈申理冤曲制〉文中，就指出了這種情況：「又境內市買，無所畏憚，虛立賤（錢）價，抑取貴物，實貪利以侵人，乃據估以防罪。」（《唐大詔令集》卷八二）唐代還有所謂宮市，亦屬和市範疇，由於它是皇帝直接派人進行市買，狐假虎威，更成了一項擾民掠民的惡政。對此，我們在第十九卷二篇三章之末，就聯繫鉤盾署的職掌已有所說明，此處從略。

四

左藏署：令三人，從七品下。《周禮》❶有外府中士❷，主泉藏之在外者，掌邦布之出入❸，以供百物，而待邦用也❹；又有職幣上士、中士❺，主貨幣之入也，並今左藏之職也。至秦、漢，則分在司農、少府❻。後漢少府屬官有中藏府令、丞各一人❼，掌中藏幣帛、金銀、貨物。魏氏因之。晉少府屬官有左、右藏令❽。東晉御史九人，各掌一曹❾，有庫曹御史，後復分庫曹置外左庫、內左庫。宋文帝省外左庫❿，而內左庫直云左庫；武帝復置⓫，前廢帝又省⓬。齊、陳、梁有右藏庫，無左藏⑬。後魏闕文。北齊太府寺統左、右藏令丞。後周有外府上士、中士二人⑭，掌絹帛、絲麻、錢物、皮角、筋骨之藏。隋有左藏署令、丞⑮，皇朝因之。左藏有東庫、西庫、朝堂庫⑯，又有東都庫、東都朝堂庫⑰，各掌木雌契一，與太府主簿合之⑱。

丞五人，從八品下。隋有四人，皇朝加一人。

監事八人，從九品下。

左藏令掌邦國庫藏之事；丞為之貳。凡天下賦調，先於輸場簡其合尺度斤兩者⑲，卿及御史監閱，然後納于庫藏，皆題以州縣、年月，所以別麤良，辨新舊也⑳。凡出給，先勘木契，然後錄其名數及請人姓名，署印送監門，乃聽出㉑。若外給者，以墨印印之㉒。凡官庫應入私，已出庫而未給付；若私物當供官之物，或雖不供官而皆掌在其官，並同官物之例㉓也。

凡藏院之內，禁人然火㉔及無故而入者。院內常四面持仗為之防守㉕，夜則擊柝分更以巡警焉㉖。

【章旨】敘述左藏署令、丞和監事之定員、品秩、沿革及職掌。

【注釋】❶周禮 儒家經典之一。係搜集和整理周王室官制及戰國時各國制度，添附以儒家政治理想，增減排比而成之彙編。❷外府中士 《周禮》在天官大宰下設外府中士，定員二人，其下屬有府一人，史二人，徒十人。❸主泉藏之在外者掌

邦布之出入　「主泉藏之在外者」係鄭玄注文，非《周禮》本文。泉，古代錢幣之名。《周禮・地官・泉府》賈公彥疏：「泉與錢，古今異名。」《漢書・食貨志下》：「故貨，寶于金，利于刀，流于泉。」顏師古注：「流行如泉也。」邦布，指邦國法定之流通貨幣。布與泉同，藏則為泉，行則為布。此句言外府之職掌為主管邦國貨幣之貯藏和出入。❹以供百物而待邦用也　意謂通過貨幣之出納和流通，以購置諸種物品供邦國之用。❺職幣上士中士　《周禮》在天官大宰之下設職幣上士二人，中士四人。其下屬尚有府二人，史四人，徒四十人。掌管公用之餘財，以供王或冢宰小用賜予。❻至秦漢則分在司農少府　司農掌穀貨，少府掌山海池澤之稅，二者皆掌財稅，為國家管理貨幣和財物出納之機構，故稱《周禮》外府之職能至秦漢而分於司農、少府。其區別在於司農掌國家財政，少府則掌帝室財政。又據《漢書・百官公卿表》，司農下屬有「斡官、鐵市兩長丞」。關於斡官之職掌，注引「如淳曰：斡，音筦，或作斡，主也。主均輸之事，所謂斡鹽鐵而榷酒酤也」。加藤繁在〈漢代國家財政和帝室財政的區別及帝室財政的一斑〉一文中認為斡官專管鹽鐵之稅，後來連均輸、酒專賣等事務也一併管理。《漢印文字徵》第六、七頁有「斡官泉丞」，則斡官尚掌貨幣，事涉少府、司農兩個機構。斡官先屬少府，中屬主爵，後屬大司農。❼後漢少府屬官有中藏府令丞各一人　《後漢書・百官志》少府屬官中，有「中藏府令一人，六百石。本注曰：掌中幣帛金銀諸貨物。丞一人。」注引《漢官》曰：「員吏十三人，吏從官六人。」東漢時，原由少府執掌之帝室財政轉歸司農，中藏府僅掌宮中幣帛金銀諸貨物。故其職掌中特加一「中」字。❽晉少府屬官有左右藏令　《晉書・職官志》在少府下有「中黃左右藏令」及「鄴中黃左右藏丞」。《太平御覽》及《職官分紀》左右藏令條，俱引《齊職儀》稱「晉置中黃左右藏」。❾東晉御史九人各掌一曹　據《晉書・職官志》，西晉始置侍御史九人，有十三曹，如吏曹、課第曹等。及東晉初，「省課第曹，置庫曹，掌廐牧牛馬市租，後分曹，置外左庫、內左庫云」。故兩晉庫曹皆屬侍御史管轄。❿宋文帝省外左庫　宋文帝，南朝宋皇帝劉義隆，小字車兒，在位三十年，終年四十七，謚號太祖。《宋書・百官志》稱：「宋太祖元嘉中，省外左庫，而內左庫直云左庫。」⓫武帝復置　據本書第十三卷第一篇侍御史員品條原注有「大明中復置二庫」之句，大明為宋孝武帝年號，則此處「武帝」上應補一「孝」字。孝武帝，南朝宋皇帝劉駿，字休龍，在位十一年，終年三十五歲，謚號世祖。《宋書・百官志》稱：「世祖大明中，復置。」指復置外左庫。⓬前廢帝又省　南朝宋朝皇帝劉子業，小字法師。即位不久，因誅殺相繼，為其左右所殺而廢，終年十七。南朝宋另有後廢帝劉昱，故稱劉子業為前廢帝。《宋書・百官志》：「廢帝景和元年（西元四六五年）又省。」又省，指省左外庫。⓭齊陳梁有右藏庫無左藏　句中「陳梁」二字倒置，《職官分紀》卷二〇引及《資治通鑑》卷二一六注引《唐六典》原注此句皆作「齊梁陳」。又，《南齊書・百官志》侍御史條，但謂「蘭臺署諸曹內外督令以下」，未言所置何曹；《隋書·百官志》稱梁置十二卿，太府卿下「統左右藏令、上庫丞」，陳承梁制。綜上二書所載，與此處原注有異。⓮後周有外府上士中士二人　北周依西魏仿《周禮》設天、地、春、夏、秋、冬六官府，外府上士為天官府太府中大夫屬官，員二人，掌絹帛絲麻錢物及皮角筋骨之藏，正三命。外府中士為外府上士佐官，員二人，正二命。此外北周尚有左府上士、中士，右府上士、中士。⓯隋有左藏署令丞　據《隋書·百官下》隋在太府寺設左藏、右藏，各置令二人，丞四人。⓰左藏有東庫西庫朝堂庫　據徐松《唐兩京城坊考》卷一宮城條：「〔正南〕承天門東長樂門，長樂門內東左藏庫，承天門西廣運門，廣運門內有西左藏庫。」又，大明宮內亦有一左藏庫，據同書大明宮條：「〔右〕銀臺門之北為明義殿，承歡殿，還周殿，左藏庫，麟德殿。」此左藏庫在大明宮內，貯藏供朝堂給賜，故稱左朝堂庫。⓱東都庫東都朝堂庫　據徐松《唐兩京城坊考》卷五東都宮城條：在含元殿之東有「章善門，門內門下省、弘文館在焉。章善之東為太和門，門內左藏庫在焉。」東都朝堂庫之位置，待考。⓲各掌木雌契一與太府主簿合之　木契，木製符信，分雌雄，合以為驗。據本卷第一篇第五章太府主簿原注，太府寺所掌木契中，有十隻與左藏東庫合，十隻與左藏西庫合，十隻與東都左藏庫合，各九雄一雌；五隻與左朝堂庫合，五隻與東都左朝堂庫合，各四雄一雌；一雌分別為各庫官掌，雄契為太府寺主簿掌。其契依次行用。⓳凡天下賦調先於輸場簡其合尺度斤兩者　賦稅輸納的第一道程序，便是由輸場進行簡納。西京庸調輸場在春明門外灞水橋附近；東京庸調輸場其址待考。簡納時，要檢查所納庸調尺度斤兩即數量與重量是否符合規定標準。《唐會要》卷八三：「開元八年（西元七二〇年）正月二十日敕：頃者，以庸調無憑，好惡須準，故遣作樣，以頒諸州，令其好不得過精，惡不得至濫，任土作貢防源斯在。而諸州送物，作巧生端，苟欲副于斤兩，遂則加其丈尺，至有五丈為匹者，理其不然，闊一尺八寸，長四丈，同文共軌，其事六行，立樣之時，亦載此數。若求兩而加尺，甚暮四而朝三，宜令所司簡閱，有逾于比年常例，丈尺過多，奏聞。」這裡強調的是作為庸調之絹，其丈尺與斤兩必須統一，亦即質與量之統一。⓴自「卿及御史監閱」至「所以別麤良辨新舊也」　卿，指太府卿少卿，其職掌中有以度量、權衡二法平物，在庸調上即表現為尺度與斤兩之統一。御史，指監察御史，其職掌之一為知太府司農出納。如開元時楊慎矜曾任監察御史，知太府出納，後遷侍御史，仍兼此事。題以州縣年月，指各地作為庸調所納之絹布，其末端皆有所納之州縣、所納之年月等題款及印鑑。如吐魯番出土之唐代麻布，其中不少墨書題款，寫明貢納年月、地區、布帛性質、納布人姓名及繳納數量等，並鈐有州、縣及庫司之印鑑。所以別麤良辨新舊，言題寫州縣、年月等之目的。麤良，指絹布等次。唐代依產地不同把絹分為八等，布分為九等。新舊，指離繳納時間之長短。㉑自「凡出給先勘木契」至「乃聽出」　此謂庫署支給及物資出監門之操作程序。勘木契，指勘驗太府寺所發之雄木契與庫官所掌之雌木契，須能相合，方可憑信。再依據其請給之符牒及判文，並錄其名數及請人姓名，然後支給。支領物資出監門須有憑證，故再需由左藏出具籍傍，署上庫印，傳送給監門。監門即左右監門衛。本書第二十八卷第二篇太子左右監門衛率府職掌規定：「凡財物、器用之出入于宮禁者，皆以籍傍為據，左右監門以出入之。」籍、傍為二物：籍，指出入之門籍，登錄請人之姓名；傍也作牓、旁，公文書之一種。此處指登錄所請領物品之品名和數量之清單。合而稱之為籍傍。其上蓋有左藏庫署朱印，以為出監門之憑證，同時也是月終會計和檢查左藏庫出納總量之原始依據。本書第二十八卷第二篇太子左右監門率府兵曹參軍條稱：「其諸司籍傍判于監門者，檢其官爵、姓名、年貌，監其器物，檢其名數。月終，諸門之籍傍歸于府者，則會其出入之數。」㉒若外給者以墨印印之　指以官物給私者，如官吏之月俸，皇帝之給賜，則其籍傍須以墨印印之，以示區別。㉓自「凡官庫應入私」至「並同官物之例」　首句中「官庫」，據正德本應作「官物」。此是對何為官物之界定。《唐律疏議・廄庫律》之表述與此略異。其文稱：「諸官物當應入私，已出庫藏而未付給，若私物當供官用，已送在官，及應供官人之物，雖不供官用，而守掌在官者，皆為官物之例。」疏議曰：「謂官物應將給賜及借貸官人及百姓，已出庫藏，仍貯在官，而未付給之間；若私物借充官用，及應徵課稅之類，已送在官貯掌；或公廨物及官人月俸，應供官人之物，雖不供官用，而守掌在官；並檢驗贓賄或兩競財物如此之類，但守掌在官者，皆為官物之例。」㉔凡藏院之內禁人然火　句中「然」，「燃」之本字。《唐律疏議・雜律下》：「諸庫藏及倉內，皆不得燃火，違者徒一年。」㉕院內常四面持仗為之防守　《舊唐書・職官志》作：「晝則外四面常持仗為之防守。」指庫藏四周皆有禁衛防守，五品以下官員出入要進行搜檢。仗，刀、戟等兵器總名。《唐律疏議・廄庫律》：「諸有人從庫藏出，防衛主司，應搜檢而不搜檢，笞二十；以故致盜，不覺者，減盜罪二等。」㉖夜則擊柝分更以巡警焉　即夜間須巡更糾察。柝，巡更者擊以報更之木梆。更，古代夜間計時單位。一夜分為五更，每更約為今二小時。若有盜不覺，將受到懲處。《唐律疏議・禁衛律》規定：「諸宮內外行夜，若有犯法，行夜主司不覺，減守衛者罪二等。」疏議曰：「宮內外行夜，并置鋪持更，即是守衛者；又有探更、行更之人，此行夜者。」同書《廄庫律》：「若夜持時不覺盜，減三等。」疏議曰：「若夜持時，謂庫藏之所持更之人，不覺人盜物者，減盜者三等。持時，謂當時專持更者。假有不覺，盜五匹絹，減三等，得杖八十之類。」

【語　譯】左藏署：令，定員三人，品秩為從七品下。《周禮》天官大宰屬官中有外府中士，職掌是主管在外流通的貨幣，執掌邦國貨幣的收入和支出用來購置各種物品，以供邦國的需用。另外還設有職幣上士和中士，掌管公用餘財的入庫。這些都屬於現今左藏署的職務。到了秦漢，這方面的職務分別劃歸了司農和少府。東漢時，少府的屬官有中藏府令和丞各一人，掌管中藏署所貯的幣帛、金、銀、貨物。三國魏因承東漢的體制。西晉少府的屬官中設有左藏令和右藏令。東晉時，御史臺中有九位侍御史，各人分管一曹，其中庫曹御史便是主管左庫藏的，後來又把庫曹分置為外左庫、內左庫。南朝宋文帝永嘉年間省去了外左庫，因而內左庫便徑直稱為左庫了。〔孝〕武帝時重新設置了外左庫，到前廢帝再次省去。南朝齊、陳、梁（梁、陳）都只設右藏庫，不設左藏庫。北魏缺少這一官制的文字記載。北齊在太府寺下設有左藏、右藏的令和丞。北周設在天官府下有外府上士、中士各二人，掌管絹帛、絲麻、錢物、皮角、筋骨的貯藏。隋時太府寺下統有左藏署令、丞。本朝因承隋制。左藏有東庫、西庫、朝堂庫，還有東都庫、東都朝堂庫，各自掌管雌木契一隻，與太府寺主簿所掌的雄木契相合。

丞，定員五人，品秩為從八品下。隋朝時定員為四人，本朝增加了一人。

監事，定員八人，品秩為從九品下。

左藏令的職掌是，分管有關國家庫藏的事務；丞是令的副職。全國各地作為庸調輸納的絹布，要先在輸場檢查每疋的尺度和斤兩是否符合規定，由太府卿和監察御史在場監閱，然後輸納入庫藏。每疋絹布都要題寫上輸納的州縣和年月，以便於區別絹布等次的粗或細，距離出產時間的遠或近。凡是出給，先要對木契進行勘合，然後記錄下所請領的物品的名稱和數量以及請領人的姓名，蓋上庫署的印章傳送給左、右監門衛，經檢驗後，方才允許出門。如果支領物品是供給私人的，所署的印章要用墨色。凡是準備支給私人的官庫（物），雖已出庫但尚未給付本人的；以及原是私物準備供給官用的，或者雖不供官用，但都已由官府守掌的，這些都屬於官物的範圍。凡是在庫藏的院落之內，禁止任何人點燃煙火，禁止閒人無故進入。在庫藏院落的四周，平常四面都要有人手執兵器防守，夜間要有人行夜，擊柝報更，通宵巡警。

【說　明】本章所述左藏署職掌中對庸調的出納和管理，《唐律疏議．廄庫律》也有相應規定，有些更為具體，可資參閱。如在出納方面，一是時間上不得留難。「諸有所輸出給，而受給之官無故留難，不受不給者，一日笞五十，三日加一等，罪止徒一年。門司留難者，亦準此。若請輸後至，主司不依次第，先給先受者，笞四十。」二是在計量上不得違制。「諸出納官物，給受有違者，計所欠剩坐贓論。」疏議曰：「監主官物，或受或給，而有違法者，謂稱量之物，出納須平，若重受輕出，即有餘剩，及當出陳而出新，應受上物而受下物，此即為欠，須計欠剩之價，準坐贓科罪。其有輕受重出，及應出新而出陳，應受下物而受上物，得罪與上文並同。」在時間上無故留難，在計量上或重或輕，或上或下，都是一種舞弊行為。這些規定就是為了限制庫藏官吏利用所掌出納之權，上下其手，營私舞弊。在庫藏管理上，除本章正文已提到的禁止燃火、禁止閒雜人等出入以及晝夜的巡視防衛外，還有諸如保管的問題，必須以法安置，及時暴涼：「諸倉庫及積聚財物，安置不如法，若暴涼不以時，致有損失者，計所損敗坐贓論。」疏議曰：「倉，謂貯粟、麥之屬；庫，謂貯器仗、綿絹之類；積聚，謂貯柴草、雜物之所。皆須高燥之處安置，其應暴涼之物，又須暴涼以時。」又如禁止庫藏官吏私自以官物借貸與人：「諸監臨主守，以官物私自貸，若貸人，及貸者，無文記，以盜論；有文記，準盜論，立判案減二等。」疏議曰：「臨監主守，謂所在之處官物有官司執掌者，以此官物私自貸，若將貸人及貸之者，此三事無文記，以盜論，有文記，準盜論。文記，謂取抄署之類，謂雖無文案，或有名簿，或取抄及署領之類皆同。無文記，以盜論者與真盜同。若監臨主守自貸，亦加凡盜二等，有文記者，準盜論，並五匹徒一年，五匹加一等。立判案減二等，謂五匹杖九十之類。」此外，《唐律疏議・雜律》對庫藏管理也有所涉及。文書簿籍既是會計制度的基礎，也是稽核勾檢的依據，因而〈雜律〉規定：「諸主守官物而亡失簿書，致數有乖錯者，計所錯數，以主守不覺盜論。其主典替代者，文案皆立正案，分付後人，違者杖一百。」疏議曰：「凡是官物，皆立簿書。」

五

右藏署：令二人，正六品上❶。《周禮》❷有內府中士❸，主良貨賄，藏在內也❹；又有藏內上士、中士❺，主泉貨所入，並今右藏之職。至秦、漢已來，則分在司農、少府❻，其職掌、廢置並與左藏同[7]。隋太府寺統右藏令、丞各三人[8]，皇朝因之。右藏有內庫、外庫、東都庫[9]，各木雌契一隻，與太府寺主簿合之[10]。

丞三人，正九品上。隋有二人[11]，皇朝置三人。

監事四人，從九品下。

右藏署令掌邦國寶貨之事；丞為之貳。雜物州土：安西于闐[12]之玉，饒[13]、道[14]、宣[15]、永[16]、安南[17]、邕[18]等州之銀，楊[19]、廣[20]等州之蘇木[21]、象牙，永州[22]之零陵香[23]，廣府[24]之沉香[25]、霍香[26]、薰陸[27]、雞舌[28]等香，京兆[29]之艾納香[30]、紫草[31]，宣、簡[32]、潤[33]、郴[34]、鄂[35]、衡[36]等州之空青[37]、石碌[38]，辰[39]、溪[40]州之硃砂[41]，相州[42]之白粉，岩州[43]之雌、雄黃[44]，絳[45]、易[46]等州之墨，金州[47]之梔子[48]、黃蘗[49]，西州[50]之高昌礬石[51]，益府[52]之大小黃白麻紙[53]、弓弩弦麻[54]，杭[55]、婺[56]、衢[57]、越[58]等州之上細黃白狀紙[59]，均州[60]之大模紙，宣、衢等州之案紙、次紙，蒲州[61]之百日油細薄白紙，河南府[62]、許[63]、衛[64]、懷[65]、汝[66]、澤[67]、潞[68]等州之兔皮，鄜[69]、寧[70]、同[71]、華[72]、虢[73]、晉[74]、蒲、絳、汾[75]等州之狸皮，越州之竹管，涇[76]、寧、邠[77]、隴[78]、蓬[79]等州之蠟，蒲、絳、鄭[80]、貝[81]等州之氈，河南府、同、鄧[82]、許等州之膠，蒲、同、虢等州之席，涇、丹[83]、鄜、坊[84]等州之麻，京兆、岐、燕等州之火燭[85]。凡四方所獻金玉、珠貝、玩好之物皆藏之；出納禁令如左藏之職[86]。

【章　旨】敘述右藏署令、丞和監事之定員、品秩、沿革及職掌。

【注　釋】❶正六品上　《舊唐書・職官志》、《新唐書・百官志》右藏署令皆列為正八品上。但《通典・職官二十二・大唐官品》則以右藏署為上署，令位從七品下；左藏署為中署，令位正八品上。《通典》似將左右藏訛倒。右藏署令之品秩還應以新舊兩《唐書》所載為是。❷周禮　儒家經典之一。係搜集周王室官制及戰國時各國制度，添附以儒家政治理想，增減排比而成之彙編。❸內府中士　《周禮》天官大宰之屬官。設有中士二人，府一人，史二人，徒十人。其職掌見下注。❹主良貨賄藏在內也　此謂內府中士職掌。係略語。《周禮・天官・內府》原文為：「掌受九貢九賦九功之貨賄、良兵、良器，以待邦國之大用。凡四方之幣獻之金玉齒革兵器，凡良貨，入焉。」故此處所言由內府中士掌管藏入內府之「良貨賄」，包括九貢、九賦、九功所收取之貨賄，如玉帛、金銀、齒革中之優良者；兵器，如弓、矢、殳、矛、戈、戟之優良者；器具，如車、器一類器用之優良者。❺藏內上士中士　句首「藏」當是「職」之訛。《周禮》在天官大宰之下，設有職內上士二人，中士四人，府四人，史四人，徒二十人。掌理邦國賦稅之入。❻至秦漢已來則分在司農少府　指右藏之職掌，在秦漢時分屬於司農和少府。漢代大司農掌國家財政，少府則掌帝室之財政。❼其職掌廢置並與左藏同　指東漢、魏晉至南北朝，右藏署職掌之或廢或置，皆與左藏署相同。唯上章原注有「齊、陳、梁（梁、陳）有右藏庫無左藏」一句，則正與此處相齟齬。而據《隋書・百官志》，有誤者恐為上章原注，參見上章⓭注。❽隋太府寺統右藏令丞各三人　《隋書・百官志》稱太府寺左藏右藏各置令二人，丞四人。❾右藏有內庫外庫東都庫　西京之右藏內庫，據徐松《唐兩京城坊考》卷一，西京宮城內除左藏庫外，尚有庫三，其一「曰司寶庫，凌煙閣東」。此司寶庫當即右藏內庫。每年元正、冬至朝會時，各州常貢陳於殿廷後，即貯納於此庫，以為皇帝對內對外賞賜之用。後與宮內中藏百寶庫合併，成為皇帝私人寶庫。右藏外庫，當即上引《唐兩京城坊考》所記之左藏外庫。唐無設置右藏外庫之記載。「右」似係「左」之訛。左藏外庫位於承天門街之東，第六橫街之北，接鄰於少府監。各地之雜貢及別索貢皆貯於此，成為少府監諸手工工場之原料倉庫。東都庫，據《唐兩京城坊考》卷五，東京宮城內儀鸞殿之「東院有教場、內庫」。此內庫是中藏內庫，抑或即此右藏之東都庫，待考。❿各木雌契一隻與太府寺主簿合之　木契，木製符信，分雌雄，合以為驗。據本卷第一篇第五章原注，太府寺共掌木契七十隻，其中十隻與右藏內庫合，十隻與右藏外庫合，十隻與右藏東都庫合，各九雄一雌，九雄太府主簿掌，一雌為庫官掌。太府寺調發庫藏物品時依次行用，其木雄契與庫官所掌之木雌契相合以為憑信。⓫隋有二人　《隋書・百官志》作「四人」。⓬安西于闐　安西，唐方鎮名。高宗顯慶三年（西元六五八年）置安西都護府於龜茲（今新疆之庫車），中宗景雲元年（西元七一〇年）以安西都護兼四鎮經略大使。于闐，安西四鎮之一。治所在今新疆和田之西南。于闐以產玉聞名於世。⑬饒　州名。治所鄱陽，即今江西之鄱陽；轄區包括今江西之上饒、景德鎮、樂平、萬年、弋陽、德興等縣市。⑭道　州名。治所營道，今湖南道縣之西；轄區包括今湖南江永、寧遠等縣。⑮宣　州名。治所宣城，今安徽之宣城；轄區包括今皖南之廣德、郎溪、蕪湖、涇縣、南陵、青陽、太平等縣市。⑯永　即下文永州。⑰安南　唐高宗調露元年（西元六七九年）在今越南北部置安南都護府，治所在今河內，轄區約相當於今越南民主共和國北部地區。⑱邕　州名。治所宣化，今廣西南寧市南；轄境相當於今廣西之南寧、邕寧、武鳴、隆安、大新、崇左、上思、扶綏等縣市。⑲楊　《新唐書・地理五》作「揚」。州名。治所江都，今江蘇揚州市；轄區相當於今蘇北揚州、泰州、海安、如皋、興化、高郵、六合、天長等縣市。⑳廣　州名。治所番禺，今廣東之廣州市；轄區包括今廣東之廣州、增城、佛岡、清遠、花縣、廣寧、番禺、順德等縣市。㉑蘇木　即蘇枋。豆科，常綠小喬木，產於我國南部。其心材可供細木工用，浸液可作紅色染料，中藥用以行血祛淤。㉒永州　治所零陵，今湖南永州市；轄區相當於今湖南之永州、安東、祁陽和廣西之全州、灌陽等縣市。㉓零陵香　一種香草，即佩蘭。本名薰，因其產於湖南之零陵而有此名。《邵氏聞見後錄》及《墨客揮犀》諸書皆以為蕙，《雲谷雜記》則以為蘭。㉔廣府　即廣州。貞觀中在廣州設中都督府，故稱廣府。㉕沉香　即奇南香。係常綠喬木，其心材為薰香料，樹根、樹幹能入藥，主治氣逆喘息。㉖霍香　即藿香。薰香料。多年生芳香草本，其莖葉可提取芳油，亦能入藥，用以解暑化濕。㉗薰陸　指薰陸香，亦即乳香，係凝固之樹脂。其樹為常綠喬木，樹脂即由其幹浸出，凝固而為薰香之料。上者為之滴乳，色淡黃，可為藥用。㉘雞舌　指雞舌香。因其形似「丁」字，故又稱丁子香，今稱丁香。其氣芬芳，可用以除口氣。古時郎官常口含雞舌香，以面君奏事對答。㉙京兆　唐京兆府即京師所在，領長安、萬年等二十二縣，轄境相當於今陝西秦嶺以北、乾縣以東、銅川以南、渭南以西地，為關內道及京畿道之治所。㉚艾納香　亦稱大艾，菊科植物。產於我國南方，其葉為製造香料原料，亦作芳香開竅之藥。或用以殺菌、防腐，亦可作興奮劑。㉛紫草　多年生草本植物，產於我國東北地區。其根可入藥，用以涼血、解毒。亦可作紫色染料。㉜簡　州名。治所陽安，今四川簡陽西北；轄區相當於今四川簡陽縣地。㉝潤　州名。治所延陵，今江蘇鎮江市；轄境相當於今江蘇之南京、鎮江、丹陽、句容、金壇、江寧等縣市。㉞郴　州名。治所郴縣，今湖南郴州市；轄境相當於今湖南永興以南和藍山、嘉禾、臨武、宜章等縣地。㉟鄂　州名。治所江夏，今武漢市武昌，轄區相當於今湖北武漢市長江以南部分地區及黃石市、咸寧等地。㊱衡　州名。以境內有衡山得名。治所衡陽，即今湖南衡陽市；轄境相當於今湖南之衡陽、安仁、攸縣、茶陵、酃縣、衡東、衡山、常寧、耒陽等縣市。㊲空青　中藥名。產銅礦中。以大塊中空有水者為良。可用以明目。詳《本草綱目》。㊳石碌　亦稱碌青。一種可用以為染料之礦物。㊴辰　州名。治所沅陵，即今湖南之沅陵；轄區相當於今湖南之沅陵、瀘溪、辰溪、溆浦等縣。㊵溪　州名。治所大鄉，今湖南永順之東；轄區相當於今湖南之永順、古丈、保靖等縣。㊶硃砂　即辰砂。為硫化汞之晶體。朱紅色，可作印泥顏料。亦可入藥，用以安神、定驚。㊷相州　治所鄴縣，今河北臨漳縣西南之鄴鎮；轄區相當於今河北之邢成安、廣平以及河南之安陽、林縣、湯陰、內黃等縣市。㊸岩州　治所來賓，即今廣西來賓，隸嶺南道。㊹雌雄黃　雌黃與雄黃二種共生礦石原料。雌黃之成分為三硫化二砷，雄黃為硫化砷，亦稱雞冠石。可製作染料，中醫外用作為解毒藥。㊺絳　州名。治所正平，今山西之新絳；轄區相當於今山西之曲沃、稷山、新絳、絳縣、翼城、垣曲、聞喜等縣市。㊻易　州名。治所易縣，即今河北之易縣；轄區相當於今河北長城以南之易縣、淶水、徐水、安新、滿城等縣市。㊼金州　治所西城，今陝西之安康；轄境相當於今陝西之寧陝、石泉、漢陰、安康、洵陽、平利、嵐皋等縣市。㊽梔子　亦稱黃梔子。茜草科。木材緻密堅實，其果實可用為黃色染料，亦可入藥，能清熱袪火。㊾黃檗　亦稱黃柏。芸香科，落葉喬木。其樹皮可製軟木，亦以之入藥，能清熱解毒。㊿西州　唐貞觀十四年（西元六四〇年）滅麴氏高昌，以其地置西州，治所高昌，今新疆吐魯番東南，轄境相當於今吐魯番盆地一帶。(51)礬石　即明礬。古人用來沉澱水中雜物。(52)益府　即成都府，治所成都，即今四川成都市；轄區相當於今四川之成都、廣都、新都、郫縣、雙流等縣市。(53)大小黃白麻紙　以四川所產之麻製作之紙張。有黃麻紙、白麻紙兩種，簡稱黃麻、白麻。黃麻紙因染以黃蘗可避蠹而尤為貴重。詔書原多用白紙，唐高宗以白紙易蠹，改用麻紙。唐李肇《翰林志》：「唐中書用黃、白二麻為綸命，其後翰林專掌白麻，中書獨得用黃麻。」(54)弓弩弦麻　指供製作弓弩用弦之麻。(55)杭　州名。治所杭州，即今浙江杭州市；轄區相當於今浙江之臨安、富陽、海寧等縣市。(56)婺　州名。治所金華，即今浙江金華市；轄區相當於今浙江之金華、義烏、東陽、永康、武義、蘭溪等縣市。(57)衢　州名。治所信安，今浙江衢州市；轄區相當於今浙江之衢州、常山、江山、玉山、開化等縣市。(58)越　州名。治所會稽，今浙江紹興市；轄區相當於今浙江之紹興、諸暨、新昌、嵊縣、蕭山、餘姚等縣市。(59)上細黃白狀紙　唐時浙江諸州所產之藤紙。據《元和郡縣志》，杭州在開元時貢黃藤紙，婺州貢白藤細紙。因多用作公文紙，故稱黃、白狀紙。(60)均州　治所武當，今湖北之均縣；轄區相當於今湖北之鄖縣、鄖西、白河、十堰等縣市。(61)蒲州　治所河東，今山西永濟縣西之蒲州；轄境相當於今山西之永濟、河津、臨猗、聞喜、萬榮、運城等縣市。(62)河南府　即洛州，開元元年（西元七一三年）改洛州為河南府。治所洛陽，即今河南之洛陽。轄區相當於今河南之洛陽、偃師、鞏縣、陽城、登封、河陽、當縣、溫縣、伊川等縣市。(63)許　州名。治所長社，今河南許昌市；轄境相當於今河南之許昌、長葛、鄢陵、扶溝、臨潁、襄城等縣市。64衛　州名。治所汲縣，即今河南汲縣；轄境相當於今河南之新鄉、汲縣、輝縣、浚縣及淇縣等地。65懷　州名。治所野王，今河南之沁陽；轄境相當於今河南之焦作、沁陽、武陟、修武、博愛、獲嘉等縣市。66汝　州名。治所梁縣，今河南之臨汝；轄境相當於今河南之臨汝、汝陽、魯山、寶豐、郟縣、葉縣、平頂山等縣市。67澤　州名。治所晉城，即今山西之晉城；轄區相當於今山西之晉城、沁水、高平、陵川、陽城等縣市。68潞　州名。治所上黨，今山西長治市；轄境相當於今山西之長治、潞城、黎城、襄垣、沁縣、武鄉、屯留、涉縣、武關等縣市。69鄜　州名。治所洛交，今陝西之富縣；轄境相當於今陝西之富縣、甘泉、洛川等縣。70寧　州名。治所定安，今陝西之寧縣；轄境相當於今陝西之寧縣、正寧等縣。71同　州名。治所馮翊，今陝西之大荔；轄境相當於今陝西之韓城、澄城、合陽、大荔等縣。72華　州名。治所鄭縣，今陝西之華縣；轄境相當於今陝西之潼關、華陰、華縣等縣。73虢　州名。治所弘農，今河南西部之靈寶；轄境相當於今河南之靈寶、欒川以西、伏牛山以北地區。74晉　州名。治所白馬城，今山西臨汾市；轄境相當於今山西之臨汾、霍縣、汾西、洪洞、浮山、安澤等縣市。75汾　州名。治所隰城，今山西之汾陽；轄區相當於今山西之汾陽、靈石、平遙、孝義等縣市。76涇　州名。治所安定，今甘肅之涇川；轄區相當於今甘肅之鎮源、涇川、靈臺等縣。77邠　州名。治所新平，今陝西之彬縣；轄境相當於今陝西之彬縣、長武、旬邑、永壽四縣。78隴　據正德本應作「龍」。州名。治所江油，今四川之平武東南；轄境相當於今四川之江油、青川、平武等縣。79蓬　州名。治所安固，今四川營山東北；開元中遷治大寅，今四川儀隴之南。下轄蓬池、良山、儀隴、伏虞、宕渠、蓬山、朗池七縣，皆在今四川儀隴東南林溪迤東一帶。80鄭　州名。治所管城，今河南鄭州市；轄境相當於今河南鄭州、滎陽、新鄭、中牟、原陽等縣市。81貝　州名。治所清河，今河北清河西北；轄境相當於今河北之清河、威縣、臨西、故城和山東臨清、武城、夏津等縣市。82鄧　州名。治所穰縣，今河南之鄧縣；轄境相當於今河南之鄧縣、新野、南陽、鎮平、內鄉、西峽、淅川等縣市。83丹　州名。治所義川，今陝西之宜川；轄區相當於今宜川縣地。84坊　州名。治所中部，今陝西之黃陵；轄境相當於今陝西之黃陵、宜君等縣。85岐萁等州之火燭　據正德本，句中「萁」似當作「華」；「火」應作「木」。岐，州名。治所雍縣，今陝西鳳翔南；轄區相當於今陝西之周至、麟游、隴縣、寶雞、太白、岐山、鳳翔等縣市。86自「凡四方所獻金玉」至「如左藏之職」　據《太平御覽》卷二三二引《唐六典》原文，此當為正文，非原注。語譯據改。

【語　譯】右藏署：令，定員二人，品秩為正六（八）品上。《周禮》天官太宰的屬官中有內府中士二人，職掌是將四方貢獻的財貨中的精良部分，收藏入內府；又有藏（職）內上士和中士，職掌是主管錢貨收入，這都是現今右藏的職務。從秦、漢以來，右藏署的職事分別劃歸了司農、少府這兩個機構，這一官職或廢或置的演變情況，都與上一章左藏署的沿革相同。隋代太府寺統領右藏署，設置令和丞各三人。本朝因承隋制。右藏署下設有內庫、外庫和東都庫，庫官各掌木雌契一隻，與太府寺主簿所掌的木雄契相合。

丞，定員三人，品秩為正九品上。隋代右藏署丞有二（四）人，本朝改為三人。

監事，定員四人，品秩為從九品下。

右藏署令的職掌是，主管國家金玉寶貨貯藏方面的事務；丞是令的副職。全國各州的土貢雜物：安西于闐所產的玉，饒、道、宣、永、安南、邕等州所貢的銀，楊（揚）州、廣州的蘇木、象牙，永州的零陵香，廣州府的沉香、霍香和薰陸、雞舌等香料，京兆的艾納香和紫草，宣、簡、潤、郴、鄂、衡等州的空青和石碌，辰、溪二州的硃砂，相州的白粉，岩州的雌黃和雄黃，絳、易等州的墨，金州的梔子、黃檗，西州高昌出產的礬石，益州府所貢的大小不等的黃麻紙和白麻紙以及製作弓弩的麻，杭、婺、衢、越等州的上等細黃狀紙和細白狀紙，均州所產的大麻紙，宣、衢等州的案紙、次紙，蒲州所貢的百日油細薄白紙，河南府和許、衛、懷、汝、澤、潞等州的兔皮，鄜、寧、同、華、虢、晉、蒲、絳、汾等州的狸皮，越州的竹管，涇、寧、邠、隴（龍）、蓬等州貢獻的蠟，蒲、絳、鄭、貝等州的氈，河南府和同、鄧、許等州的膠，蒲、同、虢的草席，涇、丹、鄜、坊等州的麻，京兆府和岐、蕪（華）等州的火（木）燭。凡是四方所貢獻的金銀玉石、珍珠寶貝和玩好之物，都由右藏署所屬各庫收藏；關於出納的制度和保管方面的禁令，與上章左藏署職掌所作的規定相同。

【說　明】本章原注開了一張右藏署所貯藏的物品清單，這些物品來自唐代五十六個州的雜物貢，計三十六種，比起本書第三卷尚書戶部第一篇所列全國各州每年的常貢來，其品種和數量都要少得多，同一個州，所貢品名也有異，如相州、辰州，第三卷所記常貢分別為胡粉、光明砂，本章則各為白粉、硃砂。其中只有易州之墨及衢、婺二州的紙，第三卷與本章相同。個別也有本章多於第三卷的，如三卷廣州常貢僅列有沉香，本章則尚有蘇木、象牙、霍香、薰陸香和雞舌香。再把本章所列與《通典》及《元和郡縣志》的開元天寶貢作比較，還缺少四十餘州的雜物貢品，也就是說本章記載並不完全。

所謂雜物貢，是指每年常貢以外的補充貢物，往往為了朝廷的某方面需要而設。本章原注清單所列，除少數如玉石金銀可以歸諸為珍寶外，大多數是屬於文書用品。如益府及杭、婺、衢、越諸州所貢各類上等紙張，多為書寫詔敕或牒狀所需；竹管，似係製筆用；象牙、狸皮、兔皮可能與製作書帙或裝幀書籍有關。至於各種香料，則為書籍或文案防蠹防霉必備用品。本書中對上述物品的用途，也有所提到，如第九卷一篇：「制書、勞慰制書、發日敕用黃麻紙，敕旨、論事敕及敕牒用黃藤紙。」同卷第三篇：集賢殿書院所寫御本四部書，「皆以益州麻紙寫」。本卷第一篇：太府寺丞書寫請受輸納人名物數簿書，「每月以大摹印紙四張為之簿」。此「大摹印紙」當即本章清單中所列均州土雜貢大模紙，也就是印有帳本格式的紙張。由上述諸例，大致可以看出右藏雜物支用概況。

六

常平署：令一人，從七品下。《漢書．食貨志》❶：「管仲❷相桓公❸。通輕重之權❹，曰：『歲有凶穰，故穀有貴賤❺；令有緩急，故物有輕重❻。人君不理，則畜賈遊於市❼，乘人之不給，百倍其本矣。故萬乘之國必有萬金之價，千乘之國必有千金之價❽者，利有所并也。計本量委則足矣❾，然人有飢餓者，谷有所藏也❿。人有餘則輕之，故人君斂之以輕⓫；人不足則重之，故人君散之以重。凡輕重斂散以時，即準平。』」「李悝⓬曰：『糴甚貴傷民⓭，甚賤傷農，民傷則離散，農傷則國貧，故甚貴、甚賤，其傷一也。是故善平糴者，必也謹觀。歲有上、中、下熟，故大熟則上糴三而舍一[14]，中熟則糴二[15]，下熟則糴一[16]。小飢則發小熟之所斂[17]，中飢則發中熟之所斂[18]，大飢則發大熟之所斂[19]而糶之。故雖遇飢饉水旱，糴不貴而人不散。』」孟子[20]曰：「狗彘食人食而不知檢，塗有餓莩而不知發[21]。」蓋並常平之義。漢宣帝[22]即位，歲數豐穰，穀至石五錢，農人少利，大司農中丞耿壽昌[23]遂曰[24]令邊郡皆築倉，以穀賤時增其價而糴，穀貴時減其價以糶，名「常平倉」，人便之。後漢明帝永平五年，歲比登稔，穀常滿倉[25]，立粟市於城東，粟斛直錢三十。晉武帝泰始四年乃立常平倉[26]，豐則糴，儉則糶，以利民。東晉、宋、齊無聞[27]。梁有常平倉而不糴[28]，陳亦如之。後魏太和十二年，有司上言[29]：請京都度支歲用之餘，各立官司，年豐，糴貯於倉；時儉，加私之二，糶之於人[30]。北齊諸州郡皆別置「富人倉」[31]。初立之日，準所領中、下之戶計口數[32]，得支一年糧，遂次當州穀價賤時，斟量割當年義租充入[33]。谷貴，下價糶之；賤則還用所糶物依時價糴貯[34]。隋開皇三年，於河西勒百姓立堡，營田積□〔穀〕[35]；京師置常平監。又以倉庫尚虛，衛州置黎陽倉[36]，洛州置河陽倉[37]，陝州置常平倉[38]，華州置廣通倉[39]，轉相委輸，漕關東之粟以給京師。又募人能於洛陽運米四十石，經砥柱[40]達于常平倉者，免其征戍，以此通轉運，亦非糴糶。皇朝垂拱初，兩京置常平署[41]，天下諸州亦置之[42]。

丞二人，從八品下。

監事五人，從九品下。

常平令掌平糴倉儲之事；丞為之貳。凡歲豐穰，穀賤，人有餘，則糴之；歲饑饉，穀貴，人不足，則糶之，與正、義倉帳具其本利同申㊸。凡出納、禁令如左藏之職焉。

【章　旨】敘述常平署令、丞和監事之定員、品秩、沿革及職掌。

【注　釋】❶漢書食貨志　《漢書》，東漢班固撰。一百篇，分一百二十卷，我國第一部紀傳體斷代史。除本紀、列傳外，另有八表、十志。〈食貨志〉，《漢書》十志之一，敘述先秦及漢代田制、稅制及貨幣制度之沿革。❷管仲　名夷吾，字仲，春秋潁上（潁水之濱，今安徽省有潁上縣）人。由鮑叔牙推薦而被齊桓公任為卿，尊稱仲父。他在齊推行改革，以「尊王攘夷」為號召，使齊國成為春秋時第一個霸主。《管子》一書則是戰國時稷下學者託名管仲所作，其中亦存有管仲遺說。❸桓公　指齊桓公。春秋齊國國君，姜姓，襄公之弟，名小白，以襄公無道出奔莒（今山東莒縣）。襄公被殺，從莒回國而得以繼位。他不計前嫌，在鮑叔牙的推薦下，任用與其有一箭之仇的管仲為卿，變法圖強，成為春秋五霸之首。❹通輕重之權　意謂管仲精通調節物價之權謀。輕重，指商品與貨幣之間相反相成之輕重對應關係。《管子》中論述輕重之作共十九篇，現存十六篇，可能是戰國和西漢早期之作，偽託管子。其主旨認為貨幣和萬物之間存在著相反相成之輕重對應關係：「幣重而萬物輕，幣輕而萬物重。」而在當時歷史條件下，穀物既是人們生活的必需品，又是商品交易的中介，因而與其他貨物之間同樣有著一種輕重關係：「穀重而萬物輕，穀輕而萬物重。」據此主張通過貨幣的供應，掌握穀物的聚散，從而控制和調節物價，在為國家謀取壟斷性的商業利益同時，維持和促進農業社會的再生產。❺歲有凶穰故穀有貴賤　語見《管子・國蓄》。意謂年成之豐歉與穀價之漲落存在著因果關係：豐年穀價賤，凶年則穀價貴。穰，農作物豐熟。❻令有緩急故物有輕重　《漢書》注引李奇曰：「上令急於求米，則民重米；緩於求米，則民輕米。」據此則此句言需求緩急與物價高下之關係。❼人君不理則畜賈遊於市　意謂國君若對商品之聚散不能及時加以調節，則商賈便會控制市場，乘民之不能自給以抬高物價，牟取暴利。又，此句中「理」，《管子・國蓄》原文為「治」；「畜」原文作「蓄」，畜、蓄可通。❽萬乘之國必有萬金之賈千乘之國必有千金之價　句中二「價」，據《漢書・食貨志》及《管子・國蓄》原文，當為「賈」。賈，商人。《周禮・天官・太宰》：「商賈，阜通貨賄。」鄭玄注：「行曰商，處曰賈。」萬乘之國、千乘之國，泛指大國、小國。周制，天子地方千里，出兵車萬乘；

諸侯地方百里，出兵車千乘。萬金之賈、千金之賈，指擁有千金、萬金資產之商人。❾計本量委則足矣 大意為：若能綜計全國糧食之總量，豐年注意積貯以備荒年，則所產足能滿足所需。委，積貯。❿然人有飢餓者谷有所藏也 句中「谷」，《管子・國蓄》原文為「穀」。《漢書》注引顏師古曰：「言富人多藏穀，故令貧者食不足也。」⓫人有餘則輕之故人君斂之以輕 《漢書》注引李奇曰：「民輕之時，為斂糴之；重之時，官為散也。」此亦即所謂「貴則賣之，賤則買之」（本篇三章原注）之意。又，據《漢書・食貨志》及《管子・國蓄》原文，句首二「人」字皆為「民」。⓬李悝 戰國時魏國法家。初為魏國上地之守，後任魏文侯相，主持變法，推行「盡地力之教」和「善平糴」政策，在鼓勵農耕的同時，於豐年時以平價糴入農民餘糧，荒年時則以平價拋售與民，從而平抑糧價，使魏國在戰國初期成為強國之一。⓭糴甚貴傷民 《漢書》注引韋昭曰：「此民謂士工商也。」⓮故大熟則上糴三而舍一 此句《漢書・食貨志》原文為：「上熟其收自四，餘四百石。」注引張晏曰：「平歲百畝收百五十石，今大熟四倍，收六百石，計民食終歲長四百石，官糴三百石，此為糴三舍一也。」又，此句係略語。單就字面頗費解，語譯姑據《漢書》及注稍加補綴。下同。⓯中熟則糴二 此句《漢書・食貨志》原文為：「中熟自三，餘三百石。」注引張晏曰：「自三，四百五十石也。終歲長三百石，官糴二百石，此為糴二舍一也。」⓰下熟則糴一 此句《漢書・食貨志》原文「下熟自倍，餘百石。」注引張晏曰：「自倍，收三百石，終歲長百石，官糴其五十石，云下熟糴一，謂中分百石之一。」《漢書》於此句下尚有「使民適足，賈平則止。」「賈」即「價」。⓱小飢則發小熟之所斂 《漢書・食貨志》注引張晏曰：「平歲百畝之收，收百五十石，今小飢收百石，收三分之二也。」又注引李奇曰：「官以斂藏出糶也。」即以小熟五十石之斂，糶於小饑之年。⓲中飢則發中熟之所斂 據《漢書・食貨志》中飢百畝年收七十石，為平歲二分之一，故需發中熟之斂即二百石，平價糶於中飢之年。⓳大饑則發大熟之所斂 據《漢書・食貨志》大饑百畝年收三十石，即僅有平歲之五分之一，故需發大熟之所斂即三百石，平價糶於大饑之年。⓴孟子 名軻，字子輿，戰國鄒（今山東鄒縣東南）人。受業於子思門人，歷游齊、宋、滕、魏等國，一度任齊宣王客卿。晚年與弟子萬象等著書立說，存有《孟子》一書，《漢書・藝文志》著錄為十一篇，現存七篇。㉑狗彘食人食而不知檢塗有餓莩而不知發 語見《孟子・梁惠王章句上》。原文係譏刺梁惠王既不知檢也不知發。趙岐注曰：「言人君但養犬彘，使食人食，不知以法度檢斂也。塗，道也。餓死者曰莩。道路旁有餓死者，不知發倉廩以賑救之也。」又，此句《漢書・食貨志》引錄時，「不知檢」作「不知斂」。顏師古注云：「言歲豐熟，菽粟饒多，狗彘食人之食，此時可斂之也。」此說與上引《管子》之《國蓄》、李悝之「平糴」同意，也許正是《漢書》「檢」作「斂」之本旨，用以闡釋常平之義。但亦有另說，如清初閻若璩云：「古雖豐穰，未有以人食與狗彘者。『狗彘食人食』即下章「庖有肥肉」意，謂厚斂於民以養禽獸者耳。」《四書釋地三續》）考慮到此處係《漢書》引語，故語譯依《漢書》。㉒漢宣帝　西漢皇帝劉詢，為戾太子之孫，字次卿。在位二十五年，終年四十三歲。《漢書・宣帝紀》：五鳳四年（西元前五十四年）春正月，「大司農中丞耿壽昌奏設常平倉，以給北邊，省轉漕，賜爵關內侯。」㉓耿壽昌　漢宣帝時人，以善為算，能商功利，得幸於宣帝。《漢書・食貨志》載：「五鳳中（壽昌）奏言：『故事，歲漕關東穀四百萬斛，以給京師，用卒六萬人。宜糴三輔、弘農、河東、上黨、太原郡穀，足供京師，可以省關東漕卒過半。』又白增海租三倍，天子皆從其計。」其後「漕事果便，壽昌遂白令邊郡皆築倉，以穀賤時增其賈而糴，以利農；穀貴時減賈而糶，名曰常平倉。民便之。上乃下詔，賜壽昌爵關內侯」。然對耿之主張，當時儒生蕭望之等皆持反對態度，故宣帝卒後元帝繼位，而望之乃元帝之師，故常平之政一時皆廢。㉔曰　據《漢書・食貨志》當作「白」。白，稟白；建白。㉕明帝永平五年歲比登稔穀常滿倉　句中「穀」，據正德本當為「作」。明帝，東漢皇帝劉莊，在位十八年，終年四十八歲。永平五年，即西元六十二年。永平為其年號。是年作常滿倉事，《通典・食貨十二・輕重》亦有載，唯「常滿倉」作「常平倉」。又，《冊府元龜・邦計部・常平》，其附注則稱：「一云，永平十一年（西元六十八年）明帝欲置常平倉，公卿議者多以為便，屯騎校尉劉般對以常平倉外有利民之名，而內實侵刻百姓，豪右因緣為奸，小民不能得其平，置之不便。帝乃止。」與此處所記有二異：一是時間，一為永平五年，一為永平十一年；二是實施情況，一為已作此倉，一為議而未行。待確考。㉖晉武帝泰始四年乃立常平倉　晉武帝，西晉皇帝司馬炎，在位二十五年，終年五十五歲。泰始四年，即西元二六八年，泰始是其年號。是年立常平倉事，互見於《通典》、《晉書・食貨志》、《冊府元龜・邦計部・常平》則除亦有上述記載外，又稱：「咸寧二年（西元二七六年），起太倉於城東，常平倉於東西市。」㉗東晉宋齊無聞　東晉諸書無置常平記載，宋、齊則有錄。關於宋，《冊府元龜・邦計部・常平》稱：「宋沈曇慶為右丞時，歲有水旱，曇慶議立常平倉以救民急，太祖納其言而事不行。」此事亦見於《宋書・沈曇慶傳》。關於齊，《冊府元龜》上引處又稱：「南齊永明中，天下米穀布帛賤，武帝欲置常平倉，市積為儲。六年（西元四八八年）下詔，兼尚書右丞李珪之等參議出上庫錢五千萬，於京師買絲綿綾絹布；揚州出錢千九百一十萬，南徐州三百萬，各於郡所市糴；南豫州二百萬市絲棉綾絹布米菽麥，江州五百萬市米胡麻；荊州五百萬、郢州三百萬，皆市絹布米大小豆大胡麻，荊州米兼粳粟；湖州二百萬市米布臘，司州二百五十萬，西豫州二百五十萬，南兗州二百五十萬，雍州五百萬，皆市絹綿布米；南兗州兼大麥大豆，使臺傳並於所在市易。」㉘梁有常平倉而不糴　句末「不糴」，《通典・職官八・諸卿中》常平署條作「不糴糶」。又據《隋書・食貨志》，梁「京都有龍首倉，即石頭津倉也；臺城內倉，南塘倉，常平倉，東、西太倉，東宮倉，所貯總不過五十餘萬」，則常平倉僅為諸倉之一，亦未言其糴糶之職司。㉙太和十二年有司上言　太和十二年，即西元四八八年。太和為北魏孝文帝元宏年號。有司上言，指秘書丞李彪「上封事七條」，下引所言，即七條之一。詳《魏書・李彪列傳》。㉚時儉加私之二糶之於人　《魏書・食貨志》及《冊府元龜・邦計部・常平》並作「加私之一」。《魏書・李彪列傳》則同此，亦為「加私之二」。時儉，指歉收之年。加私之二，似指較糴入時加二成之價。《魏書・李彪列傳》原文此下尚有：「如此民必力田以買官絹，又務貯財以取官粟；年登則常積，歲凶則直給。」其意或指：一般歉收之年加二成之價糶之於民，倘遇凶歲則「直給」，即不再加價，以豐年糴入時之價糶出。對李彪此奏議，《魏書・食貨志》結語為：「帝（高祖）覽而善之，尋施行焉。自此公私豐贍。雖時有水旱，不為災也。」㉛北齊諸州郡皆別置富人倉　此事亦見於《隋書・食貨志》所載之北齊武成帝河清三年（西元五六四年）令。㉜準所領中下之戶計口數　句中「戶計口數」廣雅本作「戶數口數」。《隋書・食貨志》則全句作「準所領中下戶口數」。㉝遂次當州穀價賤時斟量割當年義租亢入　此句《隋書・食貨志》作「逐次當州穀價賤時，斟量割當年義租充入。」即「遂」、「亢」分別作「逐」、「充」。義租，假借某種名義額外徵收之租。北齊武成帝河清三年（西元五六四年）令規定「率人一牀，調絹一匹，綿八兩，凡十斤綿中，折一斤作絲，墾租二石，義租五斗。奴婢各準之半，中調二尺，墾租一斗，義租五升」（同上）。割當年義租充入，指依郡所領之中下戶之口數得一年糧計數，以充富人倉之貯備。㉞谷貴下價糶之賤則還用所糴物依時價糴貯　句首「谷」即「穀」字；句中「糴物」，據《隋書・食貨志》當作「糶物」。意謂穀價昂貴時，將富人倉之積貯，以下於市場價糶於人；穀賤時，又以所糶糧之錢以時價糴入。然實際執行情況並非如此，《隋書・食貨志》稱：「是時頻歲大水，州郡多遇沉溺，穀價騰踊。朝廷遣使開倉，從貴價以糶之，而百姓無益，饑饉尤甚，重以疾疫相乘，死者十四五焉。」㉟開皇三年於河西勸百姓立堡營田積□　句末「積」字下原為一空格，空框為我們所加。據《隋書・食貨志》，此處所闕似為一「穀」字。姑補上，並加方括號。開皇三年，即西元五八三年。開皇為隋文帝楊堅年號。河西，指河西走廊及湟水流域地區，相當於今甘肅、青海二省。隋在此處勸令百姓立堡，營田積穀，意在防禦突厥和吐谷渾進犯，非為以豐補歉。《隋書・食貨志》稱：「是時突厥犯塞，吐谷渾寇邊，軍旅數起，轉輸勞敝。帝乃令朔州總管趙仲卿，於長城以北大興屯田，以實塞下。又於河西，勸百姓立堡，營田積穀。京師置常平監。」㊱衛州置黎陽倉　衛州，即衛縣，今河南淇縣。黎陽倉，在衛縣東，今河南浚縣境內，轉輸河北之粟。㊲洛州置河陽倉　洛州，即洛陽，今河南洛陽。河陽倉，在洛陽黃河之北，轉輸河北之粟。㊳陝州置常平倉　陝州，即陝縣，今陝西之三門峽市。常平倉，入唐為太原倉，位於今三門峽市西側，轉輸關東之粟。㊴華州置廣通倉　華州，今陝西之華縣。廣通倉入唐為永豐倉。㊵砥柱　一稱砥柱山，在三門峽市黃河中。將黃河水分成三股急流，北為人門，南為鬼門，中為神門。水流湍急，航船難以通過。古時關東漕粟，常受阻於此險灘。㊶垂拱初兩京置常平署 垂拱，武則天稱制時年號。據《舊唐書·食貨志》高宗永徽六年（西元六五五年）「京東西二市置常平倉。顯慶六年（西元六六一年）十二月，京常平倉置常平署官員」。《新唐書·百官志》作「顯慶三年（西元六五八年）置署。武后時，東都亦置署。㊷天下諸州亦置之 唐諸州設常平倉始於貞觀十三年（西元六三九年）。是年末，朝廷下令在主要產糧區洛、相、幽、徐、齊、并、秦、蒲八州置常平倉；開元二年（西元七一四年）九日，又敕令諸州除江、嶺、淮、浙、劍南地下潮濕，不堪貯積外，皆應修常平倉；開元七年（西元七一九年）六月又敕：「關內、隴右、河南、河北、五道及荊、揚、襄、夔、綿、益、彭、蜀、漢、劍、茂等州並置常平倉，其本，上州三千貫，中州二千貫，下州一千貫」（《舊唐書·食貨志》）。此後置倉範圍不斷擴大，即使遠在新疆之西州，由吐魯番文書可資證明，其州府所在地以至縣亦設有常平倉。㊸與正義倉帳具其本利同申 指常平倉出納之帳要與州縣正倉、義倉之帳一起具錄其當年本利狀況同時申報。正倉，唐代設於州、縣之倉，用以受納租稅、出給祿廩和遞糧。州倉實即設於州治所之縣倉。州倉和縣倉皆隸於州司。唐初正倉又兼有賑濟、出貸、出糶之職能。賑濟為無償，出貸則須償還。何為賑，何謂貸，則有二說。戴胄云：「歲不登則以賑民，或貸為種子，則至秋而償。」（《新唐書·食貨志》）陸贄則謂：「小歉則隨事借貸，大飢則錄奏乃頒。」（《全唐文》卷四六五）唐後期亦有以正倉出糶救荒者，如憲宗元和十二年（西元八一七年）便有此記載。正倉雖設在州縣，仍屬於朝廷，正倉之倉督每年須會計本利申報主司。義倉，又稱社倉，始置於隋，開皇五年（西元五八五年）度支尚書長孫平上疏建議：「令諸州百姓及軍人，勸課當社，共立義倉，收穫之日，隨其所得，勸課出粟及麥，于當社造倉窖貯之，即委社司，執帳檢校，每年收積，勿使損敗。當時或不熟，當社有飢饉者，即以此穀賑給。」（《隋書·食貨志》）唐貞觀二年（西元六二八年）依戴胄奏議，諸州縣並置義倉。各地徵收之義倉粟稱地子粟、地稅，本意在於備荒賑濟，但「高宗以後，稍假義倉以給它費」，到中宗神龍時，「天下義倉費用向盡」（《文獻通考·常平義倉租稅》）。玄宗於開元初年在全國重建義倉，天寶中卻將其積穀轉運至長安以充「國用」，所謂義倉也就演變成了又一種賦稅。

【語　譯】常平署：令，定員一人，品秩為從七品下。《漢書·食貨志》記載：「管仲擔任齊桓公的相，他精通調控貨幣流通和物價漲落的權謀，曾對桓公說：『每年的收成有豐登有凶災，因此穀物的價格也有時貴有時賤；國家徵調物資的法令有時急有時緩，所以物品的市場價格也有時高有時低。如果作為一國之君不懂得如何去加以調控，那麼商賈們便會操縱各地的市場，趁著人們一時急需，哄抬價格，獲得一本百利了。所以在兵車萬乘的大國裡，必定會有家產萬金的大商賈，在兵車千乘的中等國家裡，必定會有家產千金的中等商賈，原因就在於市場交易的結果，會把錢財集中到少數幾個人身上。按理說，一個國家的糧食總產量除去適當的積貯，還是足夠人們食用的，所以會出現有人挨餓，那是因為穀物被商賈收藏起來的緣故。人們對待物品的態度通常是：多餘的時候看輕它，情願以低廉的價格拋售，國君應當在人們看輕的時候收購進來，以穩住物價；不足的時候又看重它，就會人為地抬高物價，國君應當在人們看重的時候，傾銷出去，以壓低物價。這樣有規則地依照市場價格的漲落來積聚和發散商品，就稱之為『準平』。」同是這本書裡，還記載有「李悝說：『穀物的銷售價格太高要傷害城邑的居民，太低又要傷害種糧的農民；城邑居民受到傷害，就會逃亡和離散，農民受到傷害，國家要貧窮，所以糧食價格的過高過低，對國家造成的損害是一樣的。因此善於平糴糧食的國君，一定要謹慎地觀察歷年糧食供需的變化。年歲的收成可以分成上熟、中熟、下熟三等，大熟之年，一戶農民耕種一百畝，可收六百石，四倍於平年，除去口糧還餘糧四百石，國家可以向他們平糴三百石，這就是「糴三而舍一」；中熟收四百五十石，有餘糧三百石，可以向他們平糴二百石，就是「糴二舍一」；下熟收三百石，有餘糧一百石，可以向他們平糴五十石，就是「糴一舍一」。這樣如果遇上小飢的年歲，便可以發糶小熟所聚斂的糧食；中飢發糶中熟所聚斂的糧食；大飢就發糶大熟所聚斂的糧食。這樣做，即使遇到飢饉水旱的年份，糧食的價格也不會因此而昂貴，人們也不會由於災荒而拋家離舍。』」孟子曾經對梁惠王說過：「在豐年時，連狗豬也吃人吃的糧食，卻還不知道斂購貯備；遇上災荒時，路邊都倒著餓死的百姓了，卻又不曾想到應該打開倉廩去賑濟。」以上《漢書》引錄的管子、李悝、孟子說的話，都是有關設置常平的道理。漢宣帝繼承皇位後，由於連年豐收，穀物價格賤到五錢一石，農民收入大為減少。大司農中丞耿壽昌便建議下令要邊境各郡都修築糧倉，在糧價低廉時，用高於市場的價格糴穀；在糧價昂貴時，則低於時價出糶，這被稱之為「常平倉」，對當時人們帶來了便利。東漢明帝永平五年，接連幾年五穀豐登，於是便設置「常滿倉」，並在城東建立糧食市場，使每斛粟的價格穩定在三十錢的水準上。西晉在武帝泰始四年設置常平倉，豐收時期糴穀，減產年份糶穀，這樣來使百姓獲得實利。東晉及南朝宋、齊，沒有看到這方面的記載。梁代設有常平倉，但未見有糶穀的載錄。陳制與梁相同。北魏高祖太和十二年，有關官司曾經上奏：

請求用每年預算內財政收支的積餘，另設專門機構，在豐收的年歲，糴穀貯存在倉，到減收的年份，比糴進時高二成的價格，出糶給民眾。北齊各州郡都另外設置「富人倉」。在創建之初，允許各郡按照他們管轄範圍內的中等和下等的戶數統計的人口總數，支領一年的口糧，依次在當地糧價低賤時，斟量分割出當年義租中的一部分再充實「富人倉」。這樣，當穀價昂貴時，便可低於市價出糶；穀價下跌時，仍然用所糶出時的價格糴入貯藏。隋文帝開皇三年，在河西地區勒令百姓共建堡壁，營種農田積貯〔穀物〕，並在京師設置常平監。考慮到京師糧庫空虛，又在衛州設置黎陽倉，洛州設置河陽倉，陝州設置常平倉，華州設置廣通倉，這些都作為轉運倉，通過漕運，將關東的糧食轉輸給京師。同時還公開召募，倘若有人能從洛陽運米四十石，經過黃河砥柱險灘，抵達陝州常平倉的，可以免去他的征戍徭役。這些措施，包括設置常平倉，都是為了打通漕糧的轉輸，不是用來糴糶和備荒。本朝武后垂拱初年，在兩京設置常平署，全國各個州府亦都有相應的機構。

丞，定員二人，品秩為從八品下。

監事，定員五人，品秩為從九品下。

常平令的職掌是，分管倉儲糧食平糴方面的事務；丞是令的副職。凡是遇到年歲豐登，穀價低賤，農民家有餘糧時，就用平價糴入；如果逢上災年凶歲，穀價昂貴，人們難以果腹時，就把貯備在倉的糧食糶出。在管理方面，常平倉的帳目要與正倉、義倉帳目一起，具錄當年的本利狀況，同時向上申報。其他有關倉庫出納保管和各種禁令，都與上一章左藏署的規定相同。

【說　明】在古代農業社會裡，如何以豐補歉，保障災害年份的糧食和種籽的供給，始終是那個時代人們夢寐以求解決的一個問題。本章原注引錄載於《漢書·食貨志》的管仲和李悝所提的方案，即所謂豐則糴之，儉則糶之，便是秦漢戰國年間意欲解答這個難題的一種嘗試。實施這一方案是以國家壟斷糧食市場，排斥商賈操縱糧食購銷價格為前提的糧食購銷政策。建立這種經濟思想的社會理念，實際上還是孔子所主張的「不患寡而患不均，不患貧而患不安；蓋均亡貧，和亡寡，安亡傾」（《論語·季氏》），即希冀出現一個能夠實行平均主義的自然經濟社會。近代學人梁啟超在

《管子評傳》說過一段耐人尋味的話：「夫商業之自由放任過甚，則少數之豪強常能用不正之手段，以左右物價，苦人民而獨佔其利，此徵諸今世之產業組織而可知也。近世有所謂卡特爾者，所謂托辣斯者，皆起於最近一二十年間，而力足以左右全國之物價，甚者乃足以左右全世界之物價，識者謂其專制之淫威視野蠻時代之君主，殆有甚焉。而各國大政治家方相率宵旰焦慮，謀所以對待之，而未得其道也。於是乎有所謂社會主義一派之學說，欲盡禁商業之自由，而舉社會交易之機關悉由國家掌之。此其說雖非可遂行於今日，然欲為根本之救治，舍此蓋無術焉。而此主義當二千年前有實行之者焉，吾中國之管子是也。」這是梁氏由兩千七百年前的管子引起而發表於本世紀之初即一九〇九年的觀點。可見糧食由國家壟斷購銷，割斷農民與市場的直接聯繫，限制民間的糧食供應和消費，由穩定糧價進而穩定社會秩序，是一個何等古老的觀念，其中蘊含著沉重的歷史感。不過梁氏以為在春秋戰國時期便已實施了管子式的「社會主義」思想，顯然不符合史實。誠然，這種觀念與現代社會經濟思想已距離十分遙遠，但在管子提出直到真正成為現實，同樣還有一段漫長的歷史距離。本章原注歷述自漢至隋常平之制的沿革情況，但對是否真正做到了管子所說的「輕重斂散以時即準平」的實際效果，卻往往語焉不詳。其實，漢宣帝依耿壽昌奏議在邊郡建立常平倉，目的主要還是為了解決邊郡軍糧在災年的供應問題，而且在當時便受到蕭望之等人反對，待元帝一即位，因蕭係元帝之師，這些措施立即全被罷黜，前後不過六、七年時間。東漢明帝永平五年（西元六六二年）建常滿倉，到永平十一年（西元六六八年）便廢止，前後也只有五、六年時間。至於晉武帝泰始年間所設的常平倉，僅限於京師東西二市，規模不大，作用自然也有限。南朝宋對常平之制，更是空有議論而並未付諸實施。南齊曾在京師和大州嘗試設置常平倉，效果如何，則未見具體記載。梁代常平倉只是諸倉之一。北齊曾設過所謂「富人倉」，《隋書·食貨志》稱其在頻歲大水穀價騰貴時，朝廷遣使開倉，卻是「從貴價以糶之，而百姓無益，饑饉尤甚」，與常平本旨南轅而北轍。所以政策這個東西，不能單聽當政者是怎麼說的，還得看其在基層貫徹實施究竟如何，二者之間有時往往大相徑庭。隋朝設置在陝州的常平倉，只是轉輸倉之一，無糴糶之事，以豐補歉的職能轉歸了義倉或社倉。真正把常平之制付諸實施的，還是要到唐代，特別是在玄宗時期。

唐代首次頒佈有關常平之制的詔書，是在武德元年（西元六一七年）九月二十二日，《舊唐書·食貨志下》載其詔曰：「宜置常平監官，以均天下之貨。市肆騰踊，則減價而出；田穡豐羨，則增糴而收。庶使公私俱濟，家給人足，抑止兼并，宣通壅滯。」抑兼并，通壅滯，使農工商各得其宜，正是常平署平糴平糶的目的。但當時並未置倉，而且五年後連常平監亦一併廢止。因為頒佈此詔時，唐王朝尚未立穩腳跟，正窮於對付王世充、薛仁杲等人，詔書只是想起點招攬民心的作用。正式建置常平倉始於貞觀十三年（西元六三九年）。《唐會要》卷八六載：是年末「詔於洛、相、幽、徐、齊、并、秦、蒲等州置常平倉」。這八個州大體上都是初唐時主要的產糧區，但其倉本從何而來，主持者為誰，以及糴糶數量之多少，均未見記載。只是從設置的時間上，可以大致推知與當時對付北方和西北地區突厥所需的軍糧應有一定關係。到高宗「永徽六年（西元六五五年）京東西兩市置常平倉，以大雨道路不通，京師米貴」；「顯慶二年（西元六五七年）十二月三日，京常平倉置常平署官員」（同上）。此後直到開元初年這五十年間，不再有常平倉活動的記載，可能貞觀、永徽間常平倉的設置還帶有一定偶發性，它在調節糧價方面的作用還十分有限，對災害的賑濟，主要依靠各地的義倉。唐代常平倉的較大發展，是在開元、天寶時期。一是擴大了設置常平倉的範圍。開元七年（西元七一九年）六月敕：「關內、隴右、河南、河北五道，及荊、揚、襄、夔、綿、益、彭、蜀、漢、劍、茂等州，並置常平倉。」（同上）這樣，全國僅有江南、嶺南兩個大區因地下潮濕不堪貯積而未置常平倉，大體上已如本章原注所說「天下諸州亦置之」。二是平糴規模之大，也可稱唐代之最。上引開元七年敕令規定：常平倉本金，「上州三千貫，中州二千貫，下州一千貫」。此外，開元十三年（西元七二五年）監察御史宇文融檢括客戶得稅錢數百萬緡，全部留在當地做了常平倉本。此事載於《立海》卷一八四：「唐常平倉本錢，元（玄）宗取自客戶。（本注：開元初，宇文融請校天下籍，收匿戶，佐用度，於是諸道收沒戶八十萬，田稱是。歲終羨錢數百萬緡，〔開元〕十三年二月庚申，帝乃下詔以客賦所在並建常平倉，益儲九穀。）」有了如此豐厚的倉本才使大規模平糴和貯糧成為可能。《全唐文》卷三三所載天寶三載（西元七四三年）〈平糴詔〉，提供了這樣一些數字：是年命太倉出粟一百萬石，在京兆府與諸縣平糴；又命河南府畿縣出三十萬石，太原府出三十萬石，滎陽、臨汝等郡各出粟二十萬石，河內郡出米十萬石，陝郡出米二萬石，各糶與當處百姓。以上總計一年即平糶二百十餘萬石，其中雖含有太倉、正倉部分積穀，但主要還是出自常平倉。據《通典．食貨十二．輕重》統計，玄宗天寶八年（西元七四九年），全國常平倉貯糧達到四百六十萬二千二百二十石，每州平均有萬餘石。三是常平倉的管理體制更為完備。唐初常平活動還局限於京師，糴糶之事由常平倉令直接掌管。到玄宗時期，由於諸州皆設。因而又實施了道、州結合的兩級管理，即監督指揮權集中於朝廷委派的諸道按察使，實際操作平糴平糶事宜則是各州倉曹使的倉曹參軍。在此期間，最高決策部門還就新出現的一些情況，及時發出指令。如開元二年（西元七一四年）豐收在望，九月二十五日頒發的敕令指出：「天下諸州今年稍熟，穀價全賤，或慮傷農，常平之法，行之自古，宜令諸州加時價二、三錢糴，不得抑斂，仍交相領，勿許懸久。（這也說明當時官府長期拖欠農民糴糧錢的事各地還是有，即類似現今大陸購糧部門向農民『打白條』的那種情況。——引者）蠶麥熟時，穀價必貴，即令減價出糶，豆等堪貯者熟，亦宜準此，以時出入，務出利人。其常平所需錢物，宜令所司支料奏聞。」（《唐會要》卷八六）最後，第四是實施的效果也比較明顯，這從物價的起落變化中可以看出。唐代物價在貞觀、永徽時比較低廉，高宗武則天及中宗時期，一度上漲，至開元、天寶時期又趨於低廉，中唐以後物價再度上升。其中糧價，開元、天寶時期通常斗米在十五文左右。《通典・食貨七》：開元十三年（西元七二五年）米斗十三文，兩京米斗不至二十文。《資治通鑑・唐紀二十八》開元十三年十二月：「是歲東都米斗十五錢。」《新唐書・食貨志一》：「天寶五載（西元七四六年）米斗之價錢十三，青徐間斗才三錢。」平糴價，開元二年（西元七一四年）的敕文是「令諸州加時價三兩錢糴」；平糶價，天寶三載（西元七四四年）詔「令各郡縣減時價十文糶與當處百姓」（《全唐文》卷三三）。據此估算，糧價在秋收後每斗約十五文左右，春荒缺糧時，每斗則在五十文上下，大體是在這個幅度內波動。常平倉在平糴平糶過程中，還有一個糶舊糴新的問題。《唐會要》卷八八倉及常平倉條稱：「天寶六載（西元七四七年）三月二十日，太府少卿張瑄奏：準四年（西元七四五年）五月八日，并五載（西元七四六年）三月十六日敕節文：至貴時賤價出糶，賤時加價收糴，若百姓未辦錢物者，任準開元二十八年（西元七四一年）七月九日敕，量事賒糶，至粟麥熟時徵納。臣使司商量，且糶舊糴新，不同別用，其賒糶者，至納錢日，若粟麥雜種等，時價甚賤，恐更迴易艱辛，請加價便與折納。」平糴在秋收後，每斗十七、八文左右；平糶是在來年春荒時，每斗約在四十文左右。這樣農民春荒借的糧，到秋收歸還時要加一倍還多。常平倉的平糴平糶，歷來被視為「仁政」，在當時歷史條件下，農民一旦遭逢災年凶歲，也唯有仰賴此項「皇恩」才得以勉強緩解眼前困境，但從本質上說，它依然是一種高利貸，實際得益的還是官府，而不是百姓。

常平倉只是唐代倉儲中的一個子系統，整個倉儲系統，還包括在京師和東都有太倉，諸州縣皆有正倉；為轉輸漕糧，在漫長的運輸線上，分設有諸多轉運倉，如河陰倉、太原倉、龍門倉、永豐倉等。此外，軍隊屯田設有軍倉，各地另設有義倉。這樣大大小小的糧倉，徧佈全國，構成一個完整的糧食儲運和出納的系統，用以保障各個方面的需要，諸如官員的俸祿，宮廷的靡費，軍隊糧食的供應，災荒的賑濟，城市用糧的供給，維持和穩定糧價的需要等等。在玄宗的時代，整個官倉系統貯備的糧食總量非常巨大，據《通典·食貨十二》所載天寶八載（西元七四九年）全國糧食倉儲的統計，包括和糴、太倉、轉運倉、正倉、義倉、常平倉的儲存總量為一億二千三百七十萬二千二百一十四石，可供一千七百多萬人一年的口糧。如此規模巨大的財富集中，固然是被稱之為「盛唐」的一個重要基礎，同時卻也是孳生腐敗的溫床。一方面是「憶昔開元全盛日」，「公私倉廩俱豐實」；另一方面是窮兵黷武，宮廷的奢侈靡費，官吏的賄賂漁奪，在天寶年間達到了頂峰。安史之亂一起，在整個皇朝處於失控的情況下，原來常平倉的儲備，傾刻化為烏有——不是消失於戰亂，便是化公為私，成了各級主管官吏的私物。安史之亂以後，各地的常平倉只好重起爐竈。代宗廣德二年（西元七六四年）「第五琦奏：每州置常平倉及庫使，自商量置本錢，隨當處米物時價，賤則加價收糴，貴則減價糶賣」（《唐會要》卷八八）。要各州「自商量置本錢」，說明原來的國有資產在動亂中已經完全流失。唐前期常平倉本一向由中央在地方財政上劃撥，此時改由地方自籌，也即各州自行運營，常平倉的職能亦由平抑糧價變為官府斂財的一個渠道。《新唐書·劉晏傳贊》：「劉晏因平準法，斡山海，排商賈，制萬物低昂，常操天下贏資，以佐軍興，雖拿兵數十年，斂不及民而用度足。」這個所謂「斂不及民」的辦法，就是擴大官府壟斷經營範圍，除糧食的糴糶外，還經營「山海」、「萬物」，以獲取得巨額壟斷收益，其實還是斂於百姓。此後，常平倉調節糧價的功能間或還有，但已屬偶而為之，或不得已而為之，與開元時期已不可同日而語。《唐會要》卷八八載有德宗建中元年（西元七八〇年）七月的一道敕文，其中提到「米價貴時，宜量出官米十萬石，麥十萬石，每日量付市行人下價糶貨」，說明常平倉及相關官員都已不復存在，因而只好官府撥糧，交給「行人」即米行老闆去經營，說是「下價糶貨」，但那還不是與虎謀皮嗎？同書又載三年後，戶部侍郎趙贊奏議用加收商稅的辦法來籌措常平倉本：「諸道津要都會之所，皆置吏閱商人財貨，計錢每貫稅二十文，天下所出竹木茶漆皆十一稅之，以充常平本。」結果卻由於當時「國用稍廣，常賦不足，所稅亦隨得而盡，不能為常平本」，就是說加收的商稅通通落到「國用」這個無底洞去了，常平倉還是建立不起來。這樣到德宗貞元十四年（西元七九八年）京師米價昂貴時，沒奈何只得「令度支出官米十萬石，于兩街賤糶。其月，以久旱穀貴人流，出太倉粟分給京畿諸縣」；「其年十二月，以河南府穀貴人流，令以含義倉七萬石出糶」等等，在一片呼救聲中，朝廷頗有些焦頭爛額之嘆了。因而憲宗一即位，就再次計議重建常平倉。元和元年（西元八〇六年）下令：「天下州府每年所稅地子數內，宜十分取二分，均充常平倉及義倉。仍各逐穩便收貯，以時糶糴。務在救乏賑貸，所宜速須聞奏。」從憲宗元和至宣宗大中七十年間，常平充賑見於史籍的雖有十餘次，但都是由於災荒而造成大飢饉，人口流移，農民反抗而被迫啟用充賑的，與作為平抑糧價的經常性職能已是兩回事。敬宗以後，常平調節穀價之事已基本無聞，唐王朝也同時逐漸走向滅亡。

卷二一

國子監

卷目

國子監

祭酒一人
司業二人
丞一人
主簿一人
錄事一人
府七人
史十三人
亭長六人
掌固八人

國子博士二人
助教二人
學生三百人
典學四人
廟幹二人
掌固四人

太學博士三人
助教三人
學生五百人
典學四人
掌固六人

四門博士三人
助教三人
學生五百人
俊士八百人
典學四人
掌固六人

國子直講四人
大成十人

律學博士一人
助教一人
學生五十人
典學二人

書學博士二人❶

學生三十人❷

典學二人

筭學❸博士二人

學生三十人

典學二人

❶書學博士二人　新舊《唐書》官志同此，《通典・職官九・諸卿下》國子監書學博士條作「三人」。

❷學生三十人　《新唐書・百官志》：龍朔二年（西元六六二年）復置書學博士，「有學生十人，典學二人，東都學生三人」。此處可能所據時期不同。

❸筭學　即「算學」。

卷旨

唐代監這一級機構，通常稱其有五個，即國子、少府、軍器、將作、都水五監。但本書第二十二卷在編排中，將北都軍器監列為少府監的屬下，若依此，則僅有四監。對此，我們除在二十二卷卷旨及相關注釋中對原文如此編排是否妥當作出說明外，並在指稱時，姑且不用「五監」，而稱「諸監」，以免讀者誤會。

本卷所記述的國子監，在唐代為諸監之一，相當於中央一級的教育機關。漢代設祭酒博士，晉武帝始置國子學，在西漢和魏、晉，它一直隸屬於太常寺，至北齊，方自太常寺分出置國子監，隋、唐間又有反復。據《新唐書・百官志》記載，唐初國子學亦隸太常寺，貞觀二年（西元六二八年）才另置國子監；在龍朔、垂拱時期曾先後改稱司成館和成均監，神龍元年（西元七〇五年）恢復舊稱。國子監的長官稱祭酒，司業為其副，所領官學為國子學、太學、四門、律學、書學、算學六學館。六學教師都稱博士、助教。國子、太學、四門三學主要研習儒家經典，培養目標是官僚預備隊伍，其生員錄取標準都有出身貴賤限制，特別是國子學，要三品以上官員子弟才能入學；結業後，由國子監上報禮部，主要參加明經科考試，亦可應試秀才與進士科。律、書、算三學培養的是專門技術吏員，生員貴賤限制較少，八品以下官員及一般庶民子弟均可入學；結業後，由國子監報送禮部，參加明法、明書、明算三科考試。

本卷所記述的國子監六學在唐代是最高學府。此外自然還有各級各類學校，大多可散見於本書其他卷什。如門下省有宏文館，設置講經博士，收文武五品以上子弟為學生；東宮有崇文館，玄宗時宗正寺有崇玄館，亦都招收生員。地方諸州縣亦設有學校，在開元二十六年（西元七三八年），還規定全國州縣每鄉之內，各里置一學。專門性的技術學校，則有太常寺屬下的太醫署、太卜署和秘書省屬下的司天臺等，各設置博士，招收生員，分別講授醫藥、卜筮、天文曆法等專門知識。以上都是官學。唐代還允許百姓任立私學，但那自然已越出了本書作為官制書的題旨，因而並未涉及。

中國古代學校的建置，按照《周禮》和《禮記》的載錄，自鄉里至州縣到京師，就有一個比較完整的系統，其教育程序，是「八歲入小學」，「十五入大學」（《漢書·食貨志》），從識字啟蒙到詩書禮樂，有一個循序漸進教育過程。只是歷史地看，真正將這一套體制付諸實施並達到相當規模的，還應是在盛唐時期。當時國學生員一度曾達到八千餘員，貞觀時在國學附近增築的學舍就有一千二百間之多，居宿其中的還有來自高麗、百齊、新羅、日本、渤海等國的大批留學生，真可謂莘莘學子，濟濟一堂。但中唐以後，國難頻仍，朝廷財政拮据，代宗時不得不以「折曲江亭子瓦木」來修繕國學館舍（《舊唐書·禮儀志》）。至晚唐憲宗時期，國子祭酒鄭餘慶為太學荒廢日久事，先後兩次奏請要求從在京的官員的俸祿或月料錢中擠出一點油水來，「以充國子監修造文宣王廟及諸屋宇，并修理經壁、監中公廨雜用」（同上）。堂堂最高學府落到了這種近似乞討以求生存的地步，其教育效果也就可想而知。

唐代國子監官署，據徐松《兩京城坊考》，其在西京的，位於朱雀門街東第二街，監東開街若兩坊，街北抵皇城南，盡一坊之地。監中有孔子廟，貞觀四年（西元六三〇年）立。孔子廟之堂有碑，碑的題額為睿宗李旦所書。廟與學並列，形成左廟右學的體制。它既是六學所在，又是每年釋奠孔子之處。在國學有講論堂，其兩廊列有石壁九經。在東都的國子監，設於高宗龍朔二年（西元六六二年），其位置在定鼎門街東第二街，從南第二之正平坊，北臨雒水，亦是左廟右學。開元初，秘書監吳道師曾撰碑立於廟前。

國子監

【篇 旨】本篇敘述國子監祭酒、司業和丞、主簿、錄事的定員、品秩、沿革及職掌，內容還包括國子監所屬六學的教學、考試和管理，並規定每年春秋兩次要對孔宣父行釋奠之禮。

國子監是一個主管教育的機構，其下設有六學，即國子、太學、四門、律學、書學、算學六個學館。國學在漢代稱太學，屬於太常寺管轄，至北齊方始成為獨立的官署。隋初又一度回歸太常，隋煬帝大業三年（西元六〇七年）再次成為獨立的職能部門。此制一直延續到清末，光緒三十一年（西元一九〇五年）廢八股科舉考試，設立學部，國子監被併入學部，這個學部，在民國時期改稱為教育部。

國子監的長官稱祭酒，始於東漢，而在秦和西漢，博士之長稱謂為僕射。祭酒這一官名，原由古代宴饗時，照例要推舉一位年長者行以酒灑地祭祀先人之禮而來。祭酒的副職稱司業，而主管國子監日常事務的則為丞，主簿掌印及勾檢監事。

祭奠先聖孔宣父是國子監一項極其重要的職掌。規定每年春秋二分之月，上丁日，都要舉行隆重的釋奠之禮。同時受到祭祀的，還有孔門七十二弟子和二十二先儒。犧牲用太牢，樂用登歌，軒縣，六佾之舞。通常以祭酒為初獻，司業為亞獻，博士為終獻。有時候皇帝還要親臨釋奠，或者皇太子要舉行稱之為「齒胄」的入學儀式，國子監祭酒或司業就要為之執經講義，所講多為《孝經》或《禮記·文王世子》，允許參加此項禮儀者問難和辯論。隋文帝和唐代高祖、太宗都曾親臨釋奠，太宗還親自與講《孝經》的孔穎達論難。玄宗曾令太子至國子監舉行齒胄之禮。釋奠之義在於尊孔崇儒和崇尚師道。《禮記·學記》有言：「君之所不臣於其臣者二，其為尸則弗臣也，當其為師則弗臣也。大學之禮，雖詔於天子，無北面，所以尊師也。」天子不能以臣位處師，皇太子拜師時也得行束脩之禮，這是中國古代禮制中對為師者的一項特殊的禮遇。所以歷代為太子師者，在太子登上皇帝寶座時，往往成為首任宰相。至於執講這樣兩部經典的目的，無非是宣揚忠臣孝子之義。是日還特許百官以至百姓往國子監觀禮聽講，以擴大宣講效果。

國子監六學的課程可分成二類，一類是國子、太學、四門，是以儒學經典為之；一類是律學、書學、算學，是技術性的專門之學。六學生員在國子監完成學業，經考核及第，便由國子監上報於禮部參加當年貢試。國子、太學、四門應試的科目是秀才、明經、進士；律學考明法，書學考明書，算學考明算。貢試及第後，進而可以參加吏部銓選，從此步入仕途。

一

國子監：祭酒一人，從三品。《周禮》❶：「師氏❷以三德❸、三行❹教國子❺：一曰至德，二曰敏德，三曰孝德；一曰孝行，二曰友行，三曰順行。凡國之貴遊子弟學焉。」又：「保氏❻養國子以道，教之六藝，謂禮❼、樂❽、射❾、御❿、書⓫、數⓬。」《漢官儀》⓭云：「漢置博士祭酒⓮一人，秩六百石⓯。」後漢以博士聰明有威重者一人為祭酒。韋昭《辨釋名》⓰曰：「祭酒者，凡讌饗必尊長老，以酒祭先，故曰祭酒⓱。」徐廣⓲曰：「古人具饌，則賓中長者舉酒祭地，示有先也。」魏因之。晉武帝立國子學，置祭酒一人⓳。《晉令》⓴曰：「祭酒博士當為訓範，總統學中眾事。」傅暢《諸公讚》㉑云：「裴頠㉒為國子祭酒，奏立國子太學，起講堂，築門闕，刻石寫五經。」《百官志》㉓：「祭酒，皂朝服，介幘㉔，進賢兩梁冠㉕，佩水蒼玉㉖，官品第三。」

東晉及宋、齊並同㉗。梁置國子祭酒一人㉘，班第十三㉙，比列曹尚書。陳國子祭酒秩中二千石，品第三。後魏初，第四品上㉚；太和二十二年，增為從第三品㉛。北齊改為國子寺，祭酒一人，從三品㉜。後周闕㉝。隋初，國子學祭酒隸太常㉞，從三品。開皇十三年復置國子寺㉟；仁壽元年罷國子，唯置太學㊱。大業三年，改為國子監，依舊置祭酒一人㊲。皇朝因之㊳。龍朔二年㊴改為大司成，咸亨中㊵復舊。光宅元年㊶改為成均監祭酒，神龍元年㊷復舊。

司業二人，從四品下。《禮記》㊸曰：「樂正司業，父師司成㊹。」秦、漢已來無聞。隋大業三年，置司業一人，從四品；皇朝因之㊺。龍朔改為少司成，咸亨中復舊。垂拱中增置二人㊻。

【章旨】敘述國子監祭酒、司業之定員、品秩和沿革。

【注釋】❶周禮　亦稱《周官》，儒家經典之一。係搜集周王室官制及戰國時各國制度，添附以儒家政治理想，增減排比而成之彙編。❷師氏　《周禮》地官大師徒屬官。設中大夫一人，上士二人，府二人，史二人。職掌以善美之道告語王者，以德行教育王世子及公卿大夫子弟。《周禮・地官・師氏》：「掌以媺詔王，以三德教國子。」鄭玄注：「師，教人以道者之稱也。」賈公彥疏：「媺，美也。師氏掌以前世美善之道，以詔告於王，庶王行其美道也。」❸三德　即下文所言「至德」、「敏德」、「孝德」。據《周禮・地官・師氏》鄭玄注：「至德，中和之德，覆燾持載，含容者也。孔子曰：中庸之為德，其至矣乎」。至德被視為道之本；「敏德，仁義順時者也」。敏德被視為行之本；「孝德，尊祖愛親，守其所以親者也。孔子曰：武王、周公其達孝矣乎？夫孝者善繼人之志，善述人之事者也」。孝德以遵奉父母之意為善，違逆為惡。以上三德皆在心而行不見，故鄭玄稱「在心為德」。❹三行　即下文所言「孝行」、「友行」、「順行」。孝行，以親父母。據《周禮・地官・師氏》賈公彥疏：「孝行以親父母者，行善事父母之行則親父母，冬溫夏凊，昏定晨省，盡愛敬之事也。」友行，以尊賢良。賈公彥疏：「友行以尊賢良者，此行施行於外人，故尊事賢人良人，有德行之士也。」順行，以事師友。賈公彥疏：「順行施於外人者，此亦施於外人，行遜順之行，事受樂之師，及朋友之長也。」鄭玄稱此三行皆「外施之以為行」。❺國子　指王公貴族和高級官僚之子弟。即下文所謂「國之貴遊子弟」。據《周禮・地官・師氏》鄭玄注：「國子，公卿大夫之子弟，師氏教之，而世子亦齒焉，學君臣父子長幼之道。」賈公彥疏：「國子，王太子已下，至元士之適子也。」❻保氏　《周禮》地官大司徒屬官。設下大夫一人，中士二人，府二人，史二人。《周禮・地官・保氏》：「掌諫王惡，而養國子以道。」鄭玄注：「諫者，以禮義正之。〈文王世子〉曰：保也者，慎其身以輔翼之，而歸諸道者也。」❼禮　古時用以泛指社會規範和道德準則。朱熹注《論語・為政》「齊之以禮」句：「禮，謂制度品節也。」《周禮》稱有五禮，即吉、凶、賓、軍、嘉五禮。❽樂　指古代宗廟音樂。《周禮》稱有六樂，即〈雲門〉、〈大咸〉、〈大韶〉、〈大夏〉、〈大濩〉和〈大武〉。〈雲門〉，相傳為黃帝時代樂曲，周代以祀天神。〈大咸〉即〈咸池〉，亦傳說為黃帝時代樂舞。〈大韶〉，相傳為堯舜時代樂曲。〈大夏〉為夏禹時代樂曲，周代用以祭祀山川。〈大濩〉，相傳為商湯命伊尹所作之樂曲。〈大武〉，相傳為武王命周公制作之樂曲，周代用以祭祀先祖。六樂屬雅樂，其主旨是為歷代帝王歌功頌德。❾射　指射箭。《周禮》稱有「五射」。鄭眾注：「白矢，參連，剡注，襄尺，井儀也。」賈公彥疏：「白矢者，矢在侯而貫侯，過見其鏃白。參連者，前放一矢，後三矢連續而去也。剡注者，謂羽頭高鏃低而去剡剡然。襄尺者，臣謂君射，不與君並立，襄君一尺而退。井儀者，四矢貫侯如井之容儀也。」按此五種射技，今已無文可考。鄭、賈注疏，或以意說之，姑錄以供參閱。❿御　指馭車。《周禮》稱有「五馭」。鄭眾注為「鳴和鸞，逐水曲，過君表，舞交衢，逐禽左」。當是指馭車的五種技巧。據賈公彥疏：鸞、和，皆為車鈴。鳴和鸞，指車行和、鸞相應而鳴。逐水曲，指車行於屈曲之水濱而不墜水。舞交衢，指車行於交錯之路，驂服配合無間，車身運轉自如，若應舞節。逐禽左，指駕車逐禽獸於車左，便於王者射之。關於過君表，賈疏以葛纏旃以為門釋之，似欠允當。孫詒讓云：「君表猶言君位。《左傳・昭公十一年》云：朝有著定，會有表，會朝之言，必聞于表著之位。」杜預注：「野會設表以為位，蓋會同師田，君在必有表位，凡車過之，當有儀以致敬，故五御有過君表之法。」若依孫說，則過君表即指駕車過君之表位而行致敬之禮的一種駕車技術。⓫書　《周禮》稱有六書。即象形、指事、會意、形聲、轉注、假借，漢字的六種表意方法。⓬數　指數學。《周禮》稱有九數，即九種計數的方法。鄭眾注為「方田、粟米、差分、少廣、商功、均輸、方程、贏不足、旁腰」。《李籍音義》云：「諸田不等，以方為正，故曰方田。粟者米之未舂，諸米不等，以粟為率，故曰商功。均，平也；輸，委也，以均平其輸委，故曰均輸。盈者，滿也；不足者，虛也，滿盈相推，以求其適，故曰盈不足。方者，左右也，程者，課率也，左右課率，總統群物，故曰方程。句，短面也；股，長面也，短長相推，以求其弦，故曰句股。」句股即旁腰。舊名旁腰，漢名句股。⓭

漢官儀　書名。十卷，東漢應劭撰。建安二年（西元一九七年），「詔拜劭為袁紹軍謀校尉。時始遷都於許，舊章堙沒，書記罕存，劭慨然歎息，乃綴集所聞，著《漢官禮儀故事》」（《後漢書・應劭傳》）。⓮博士祭酒　即博士之長官。博士，初泛指學者，戰國齊、魏、秦等國置以為職官。秦、西漢初充當皇帝顧問，參與議政、制禮，典守書籍。博士之長官，秦與西漢皆稱僕射。《漢書・百官公卿表》云：「僕射，秦官。自侍中、尚書、博士、郎皆有。古者重武官，有主射以督課之，軍屯吏、騶、宰、永巷宮人皆有，取其領事之號。」秦朝博士僕射有周青臣。西漢至王莽而始置六經祭酒，每經各一人。《後漢書・百官志》：「博士祭酒一人，六百石。本僕射，中興轉為祭酒。」西漢吳王濞曾以劉氏長者號稱祭酒，蘇武曾以老臣威重號稱祭酒，博士祭酒即取此意。據應劭說，其職由太常指定博士兼任，後來才演化為博士長官之稱。⓯秩六百石　即月俸七十斛。秦簡〈法律問答〉：「六百石以上皆為顯大夫。」據《漢書・惠帝紀》，六百石以上者，享有減刑、減賦優待。《史記・叔孫通列傳》：通制朝儀，吏六百石以上方可朝駕。⓰韋昭辨釋名　韋昭，字弘嗣，吳郡雲陽（今江蘇丹陽）人。孫吳時曾任尚書郎、太史令、中書郎、博士祭酒、中書僕射，封高陵帝侯。因堅持不為孫皓父違制作本紀而被孫皓妄殺，時年已七旬。《三國志》本傳稱其著作有《官職訓》及《辯釋名》各一卷。《新唐書・藝文志》亦有著錄，稱《辯釋名》。辨、辯可通。⓱自「祭酒者」至「故曰祭酒」　《藝文類聚》卷四六引《辨釋名》此段引文原文為：「祭酒者，謂祭六神，以酒醱之也。辨云：『凡會同饗讌，必尊長先用，先用必以酒祭先，故曰祭酒。』」古人讌饗時，先以酒祭神，由年長者以酒祼地而祭奠之。⓲徐廣　《後漢書・百官志》及《通典・職官九・諸卿下》國子監祭酒條原注並作「胡廣」，《太平御覽》卷二三六引《唐六典》原注此句作「徐廣」。諸書所引內容則基本相同。徐廣，字野民，東晉末東莞姑幕（今山東莒縣）人。曾任祕書郎，典校祕書，奉詔撰車服儀注，著有《晉紀》及《答禮問》。胡廣，字伯始，東漢南郡華容（今湖北潛江西南）人。著有《漢官解詁》。《漢官》原名《小學漢官篇》，建武中新汲令王隆撰，胡廣為其作解詁後，原書漸為其所取代，原書正文已散佚，而《漢書解詁》仍不斷被諸書徵引。此處究竟應為徐廣抑或胡廣，似難遽斷。⓳晉武帝立國子學置祭酒一人　晉武帝，西晉皇帝司馬炎，字安世，在位二十五年，終年五十五歲。《晉書・職官志》稱：「咸寧四年（西元二七八年），武帝初立國子學，定置國子祭酒、博士各一人，助教十五人，以教生徒。」由曹志任國子祭酒。曹志係陳思王曹植之子，咸寧初為散騎常侍、國子博士，後遷祭酒。⓴晉令　書名。《舊唐書・經籍志》著錄有《晉令》四十卷，賈充等撰。㉑傅暢諸公讚　傅暢，字世道，西晉北地泥陽（今陝西耀縣南）人。曾侍講東宮，為秘書丞，尋沒於石勒，勒以為大將右司馬，諳識朝儀，恒居機密。卒於咸和五年（西元三三○年）。《諸公讚》為傅暢所撰，全名《晉諸公敘讚》，二十卷。㉒裴頠　字逸民，裴秀之子，河東聞喜（今山西聞喜）人。晉武帝太康二年（西元二八一年）徵為太子中庶子，遷散騎常侍，惠帝即位，轉國子祭酒，兼右軍將軍。史稱其奏修國學，刻寫石經。㉓百官志　書名。未見著錄。《隋書・經籍志》著錄有「《晉百官名》三十卷」，不知是否即此書。㉔介幘　漢代興起至魏晉而為文官所戴的一種長耳頭巾。其制後代多有沿革。《隋書・禮儀志六》：「幘，尊卑貴賤皆服之。文者長耳，謂之介幘；武者短耳，謂之平上幘，各稱其冠而制之。」㉕進賢兩梁冠　進賢冠，古代儒者之服。前高七寸，後高三寸，長八寸，有五梁、三梁、二梁、一梁之別，以梁多為貴。晉制秩千石以上冠二梁。㉖佩水蒼玉　古代官員按品級佩玉石。如一品山玄玉，二品以下水蒼玉。水蒼玉因其色青而有水紋故名。《禮記・玉藻》：「大夫佩水蒼玉而純組綬。」杜牧〈奉和門下相公送西川相公十八韻〉詩：「虎騎搖風旆，貂冠韻水蒼。」㉗東晉及宋齊並同　西晉咸寧四年（西元二七八年），武帝初立國子學，定置國子祭酒一人，助教五人，以教生徒。東晉以來減其員，始以袁瓌為國子祭酒，其時喪亂之後，禮教陵遲，瓌上疏求立學徒，成帝從之。故江左國學之興自瓌始。宋置國子祭酒一人，國子博士二人，國子助教十人，若不置學，則助教唯置一人，而祭酒、博士則常置。宋明帝泰始六年（西元四七〇年）以國子學廢，置總明觀，有祭酒一人。設玄、儒、文、史四科，科置學士各十人。南齊高帝建元四年（西元四八二年）定制，國子祭酒一人，博士二人，助教十人。武帝永明三年（西元四八五年）建國子學，廢總明觀，以尚書令王儉領祭酒，「八年（西元四九〇年）國子博士何胤單為祭酒，疑所服，陸澄等皆不能據，遂以玄服臨試，月餘日，博議定，乃服朱衣」（《南齊書・百官志》）。故東晉、宋、齊國子學體制不盡相同，以服飾言，南齊國子祭酒服朱色，不同於西晉皂色朝服。㉘梁置國子祭酒一人　《隋書・百官志》稱：梁「國學有祭酒一人，博士二人，助教十人，又有限外博士員。舊國子學生，限以貴賤，帝欲招來後進，五館生皆分寒門儁才，不限人數。」梁時為國子祭酒者有王承，「承祖儉及父暕嘗為此職，三世為國師，前代未之有也，當世以為榮」（《梁書・王承傳》）。㉙班第十三　梁武帝天監七年（西元五〇八年）革選，徐勉為吏部尚書，受命定十八班，以班多為貴，同班者，則以班序先後分高下。國子祭酒列第十三班，位居列曹尚書之下，宗正之上。㉚後魏初第四品上　北魏孝文帝太和十七年（西元四九三年）六月頒職員令，國子祭酒位列第四品上。北魏於道武帝拓跋珪時即已立太學，置五經博士，生員千餘人。明元帝拓跋嗣時，改國子為中書學，至孝文帝拓跋宏又改中書學為國子學，遷都洛邑，詔立國子太學，四門小學。宣武帝拓跋恪時，又詔營國學，樹小學於四門，大選儒生，以為小學博士，員四十人。孝明帝拓跋詡神龜中，詔以三品以上及五品清官之子充生選。㉛太和二十二年增為從第三品　據《魏書・官氏志》當為太和二十三年，即西元四九四年。太和為北魏孝文帝年號。是年，復次職員令，國子祭酒列從第三品。正光二年（西元五二一年）孝明帝親釋奠國學，崔光任國子祭酒，光執經南面，百僚陪列。東魏孝靜帝天平初，以韓子熙除國子祭酒。㉜北齊改為國子寺祭酒一人從三品　《隋書・百官中》：北齊「國子寺，掌訓教冑子。祭酒一人，亦置功曹、五官、主簿錄事員。」如此則國子寺亦成為與諸卿並列之官署，其祭酒位列從三品，居九卿之下，少卿之上。㉝後周闕　有關北周教授國子一類官制，史著還是有所載錄。唯北周依西魏仿《周禮》設天、地、春、夏、秋、冬六官府，官名亦循古制，與前朝有異。相等於國子監之職者，其於地官府設師氏中大夫一人，正五命；小師氏下大夫一人，正四命；小師氏上士，正三命。保氏下大夫一人，正四命；保氏上士，正三命。西魏、北周任師氏中大夫、下大夫者，有盧同之姪盧辯，「及建六官，為師氏中大夫，明帝即位，遷小宗伯」（《北史・盧同傳・兄子辯附傳》）；元偉，「世宗初，拜師氏中大夫，尋除隴右總管府長史」，「六官建，拜師氏下大夫」（《周書・元偉傳》）；樂遜，「孝閔帝踐祚，除秋官府上士，其年，治太學博士，轉治小師氏下大夫」（《周書・樂遜傳》）；盧誕，「拜給事黃門侍郎，魏帝詔曰：『經師易求，人師難得，朕諸兒稍長，欲令卿為師。』於是親臨晉王第，敕晉王以下，皆拜之於帝前。因賜名曰誕（本名恭祖——引者），加征東將軍、散騎常侍。太祖又以誕儒宗學府，為當世所推，乃拜國子祭酒，進車騎大將軍，儀同三世」（《周書・盧誕傳》）。㉞隋初國子學祭酒隸太常　句中「國子學」，據《隋書・百官志》當作「國子寺」。其文稱：「國子寺，元隸太常，祭酒一人，屬官有主簿、錄事各一人。統國子、太學、四門、書算學，各置博士、助教、學生等員。」㉟開皇十三年復置國子寺　句末「國子寺」據《隋書・百官志》當作「國子學」。其文稱：「開皇十三年，國子寺罷隸太常，又改寺為學。」開皇十三年，即西元五九三年。開皇係隋文帝楊堅年號。㊱仁壽元年罷國子唯置太學　仁壽元年，即西元六〇一年。仁壽為隋文帝楊堅年號。《隋書・百官志》稱：「仁壽元年，罷國子學，唯立太學一所，置博士五人，從五品，學生七十二人。」《隋書・劉炫傳》所記則稍異，云於「開皇二十年（西元六〇〇年），廢國子、四門及州縣學，唯置太學博士二人，學生七十二人」。所以作此改變，可能與文帝「暮年，精華稍竭，不悅儒術，專尚刑名，執政之徒，咸非篤好」（《隋書・儒林傳》）有關。㊲大業三年改為國子監依舊置祭酒一人　大業三年，即西元六〇七年。大業是隋煬帝年號。《隋書・百官志》稱是年令，「國子監依舊置祭酒，加置司業一人，從四品，丞三人，加為從六品，并置主簿、錄事各一人」。《隋書・儒林傳序》又謂：「煬帝即位，復開庠序，國子郡縣之學，盛於開皇之初。徵辟儒生，遠近畢至，使相與講論得失於東都之下，納言定其差次，一以聞奏焉。」㊳皇朝因之　《唐會要》卷六六國子監條：「武德初為國子學，隸太常寺，貞觀元年（西元六二七年）五月，改為監。」以下沿革與此處原注同。㊴龍朔二年　即西元六六二年。龍朔是唐高宗李治年號。㊵咸亨中　咸亨亦是唐高宗李治年號。恢復舊稱事在咸亨元年，即西元六七〇年。㊶光宅元年　即西元六八四年。光宅為武則天稱制時年號。㊷神龍元年　即西元七〇五年。神龍是唐中宗李顯年號。

㊸禮記　儒家經典之一。為秦漢以前各種禮儀論著之選集，相傳為西漢戴德之姪戴聖所編纂，故又稱《小戴禮記》或《小戴記》。有〈曲禮〉、〈檀弓〉、〈王制〉、〈月令〉、〈禮運〉、〈學記〉、〈樂記〉、〈中庸〉、〈大學〉等四十九篇，大率由孔子弟子及再傳、三傳弟子等所記，為研究我國古代禮儀制度之重要參考著作。有東漢鄭玄《禮記注》，唐．孔穎達《禮記正義》。㊹樂正司業父師司成　引自《禮記．文王世子》。原文為：「語曰：『樂正司業，父師司成。』」陳澔注：「語，古語也。樂正，主世子詩書之業；父師，主於成就其德行。」樂正、父師均為官名。樂正，樂官之長。相傳堯時已置。《周禮》分大、小樂正。屬員有太師、瞽工等。父師，即太師。《尚書．商書．微子》：「微子若曰：『父師、少師，殷其弗或亂正四方。』」古以太師、太傅、太保合稱三公，為輔弼帝王之重臣。按：原注引此意在說明司業一職之沿革，但古無此官稱，隋大業三年（西元六〇七年）始置時，當是取義於《禮記》。㊺皇朝因之　《唐會要》卷六六國子監條：「司業，武德初省，貞觀六年（西元六三二年）二月二日置一員。」㊻垂拱中增置二人　垂拱，武則天稱制時年號。《唐會要》卷六六國子監條：「咸亨元年（西元六七〇年）復為司業，本一員，太極元年（西元七一二年）二月十八日加一員，以蕭憲為之。」《舊唐書．睿宗本紀》：「景雲三年（太極元年）二月丁酉，國子監增置司業一員。」二書所載與此有異。太極為睿宗李旦年號。

【語　譯】國子監：祭酒，定員一人，品秩為從三品。《周禮》說：「師氏的職掌是用三德、三行教育國王的世子以及公卿大夫的子弟。三德：一是至德，二是敏德，三是孝德。三行：一是孝行，二是友行，三是順行。凡是邦國的貴族公卿子弟都要在國子學學習和接受教育。」又說：「保氏的職掌是以道義教養國子，教他們學習和掌握六藝，六藝便是禮、樂、射、御、書、數。」《漢官儀》說：「西漢設置博士祭酒一人，俸秩是六百石。」東漢時，在博士中選擇聰明和威望高的一人作為祭酒。韋昭在《辨釋名》一書中說：「所謂祭酒，就是在宴享時，必定要尊敬席上的長老，先由他以酒祼地祭奠先人，因而被稱為祭酒。」徐廣說：「古人具辨酒宴時，都要由賓客中的長者舉酒澆地，祭祀先人，藉以表示對長者的尊敬。」三國魏因承漢制。晉武帝建立國子學，設祭酒一人。《晉令》說：「祭酒和博士應當作學員們的典訓和模範，並總統學館中的一切事務。」傅暢撰作的《諸公讚》說：「裴頠在擔任國子學的祭酒時，奏議設立國子太學，建造講學的課堂，在學堂前修築門闕，並立碑刻寫五經。」《百官志》記載：「祭酒，身穿皂色的朝服，頭戴儒者的介幘和進賢兩梁冠，腰佩水蒼玉，官位列第三品。」東晉和南朝宋、齊國子學的設置，與西晉基本相同。梁代設國子祭酒一人，品秩列為第十三班，官位比照列曹尚書。陳朝國子祭酒俸秩為中二千石，位列第三品。北魏太和前制，國子祭酒列為第四品上，太和二十二（三）年升為從第三品。北齊改稱國子寺，設祭酒一人，品秩為從三品。北周缺少這方面記載。隋初〔一度不設國子寺〕，將國子祭酒隸屬於太常寺，品秩為從三品。文帝開皇十三年，恢復設置國子寺（學），仁壽元年，又撤銷了國子學，單是設置太學。到煬帝大業三年，改稱國子監，仍舊設置國子祭酒一人。本朝因承隋制。高宗龍朔二年改稱大司成，咸亨時朝恢復稱國子監；光宅元年又改名為成均監祭酒，中宗神龍元年再次恢復舊稱。

司業，定員二人，品秩為從四品下。《禮記》中說：「樂正主管對世子教習詩書學業，太師負責輔導世子成就德行。」秦漢以來，未聞有此建置。到隋煬帝大業三年方始設置司業一人，品秩為從四品。本朝因承隋制。高宗龍朔二年改稱少司成，咸亨年間恢復舊稱。武后垂拱時期定員增加到二人。

【說明】《禮記·學記》載：「古之教者，家有塾，黨有庠，術有序，國有學。」說了從最低到最高四種不同等次學校。古代二十五家為閭，同在一巷，巷首有門，門側有塾，民在家者，朝夕受教育之地，便是「塾」。五百家為黨，黨所立之學稱「庠」，教授閭學所升上來的生員。術當為「州」。一萬二千五百家為州，州之學為「序」。《周禮·地官·州長》：「春秋，以禮會民而射于序。」此「序」即是州之學校。序教由黨學所升上來的生員。天子所都之學稱「學」，亦即國子學，以教世子及王公諸卿大夫的子弟，是古代王室及貴冑子弟學校。以上便是本章原注提到的《周禮》、《禮記》等典籍中描述的古代學校建置的概貌。這類典籍都經儒家學者的整理，其中含有較多這個學派的理想成分，並非全是歷史事實的概括。

古代主持學校教育的稱樂正，這是因為教育最早是從音樂舞蹈和禮儀開始的。《禮記·月令》中所載樂正在各月的活動，就都與教學有關。如孟春之月「命樂正入學習舞」，仲春之月「又命樂正入學習樂」等。《禮記·王制》稱：「樂正崇四術，立四教，順先王四書禮樂以造士，春秋教以禮樂，冬夏教以詩書。」學校的長官稱大樂正，學員稱造士，大樂正推薦造士中的優秀者給國王，升為進士，然後由司馬向國王推薦而授以官爵祿位。在春秋戰國年間，除了官學，還有私學，孔子所教便是私學。至於博士弟子，戰國已有，但那是私人弟子，並非官置。作為官學的博士弟子制度，到漢武帝才正式建立。其事始於文帝時由賈山上書奏議設太學，武帝時董仲舒對策再上此議，元朔五年（西元前一二四年）武帝授意丞相御史二府討論，最後由御史大夫公孫弘提出方案，經武帝批准，正式建立太學。博士有了官置的弟子，博士的學官性質才完全具備，國子學的制度亦因以正式確立。博士的長官秦、西漢兩代稱僕射，至東漢始改名為祭酒。祭酒之名，原為對同列中長者之尊稱，如吳王濞以劉氏之年長者而號稱祭酒，蘇武以老臣威重號稱祭酒，後來用以稱博士們之長官，亦即國子學長官，例由太常提議，然後由皇帝任命博士兼任。國子學從西漢以來，一直屬於太常寺，因為博士們都歸太常寺管轄。儘管國子祭酒的品秩很高，如梁代列為第十三班，位比諸曹尚書，但仍無獨立的機構，只是太常寺的一個部門。到北齊時，改稱國子學為國子寺，可以與諸寺並列，才成為一個獨立的官署。在隋文帝開皇、仁壽年間，一度又撤去了國子寺的建置，仍將國學隸屬於太常寺，至煬帝大業三年（西元六〇七年）再從太常寺分離出來，但唐初高祖武德時，又曾將其歸於太常寺，直到太宗貞觀時期建立獨立的國子監才成為定制。

唐初學校的建置的規模，超過了前代。據《舊唐書·儒學序》稱：高祖李淵初定京邑，「以義寧三年（西元六一八年）正月，初令國子學置生七十二員，取三品已上子孫；大學置生一百四十員，取五品已上子孫；四門學生一百三十員，取七品已上子孫。上郡學置生六十員，中郡五十員，下郡四十員；上縣學並四十員，中縣三十員，下縣二十員」。貞觀時，太宗「數幸國學，令祭酒博士講論，畢，賜以束帛。學生能通一經已上，咸得署吏。又於國學增築學舍一千二百間，太學、四門博士亦增置生員，其書算各置博士、學生，以備學藝文，凡三千二百六十員。其玄武門屯營飛騎，亦給博士，授以經業，有能通經者，聽之貢舉。俄而高麗、新羅、高昌、吐蕃等諸國酋長，亦遣子弟請入於國學之內。鼓篋而升講筵者，八千餘人，濟濟洋洋焉，儒學之盛，古昔未之有也」。值得注意的是其中還有來自周邊諸國的留學生。中宗神龍元年（西元七〇五年）西京國子監領六學學生，其定員即本卷目錄所記：國子學學生三百人，太學學生五百人，四門學學生五百人，俊士八百人，生徒的總額為二千二百一十人。高宗龍朔二年（西元六六二年），東都亦置國子監，其生員數不詳。安史之亂後，兩京國子監生員數大幅度下降。據《唐會要》卷六六載錄，憲宗太和元年（西元八〇六年）時國子監奏兩京諸館學生定員共為六百五十員，其中西京五百五十員，包括國子館八十員，太學七十員，四門館三百員，廣文館六十員，律館六十員，書館十員，算館十員；東都一百員，包括國子館十五員，四門館五十員，太學館十五員，廣文館十員，書館三員，算館二員。其中廣文館是玄宗天寶九年（西元七五〇年）七月另置的，「領國子監進士業者博士助教各一人，品秩同太學，以鄭虔為博士，至今呼鄭虔為鄭廣文」（同上）。唐初任國子祭酒著名者，武德時有賀德仁、賀德基，時人語曰：「學行可師賀德基，文質彬彬賀德仁。」貞觀時有孔穎達，他先於武德九年（西元六二六年）授國子博士，貞觀六年（西元六三二年）除國子司業，十二年（西元六三八年）拜國子祭酒，侍講東宮。高宗時有令狐德棻，於永徽四年（西元六五三年）授國子祭酒。睿宗時有馮審，憲宗時有馬伉。曾任國子司業者，除孔穎達外，武則天時有韋叔夏，為成均司業。中宗景龍時有郭山惲，累遷國子司業。睿宗時，褚無量曾為國子司業，兼皇太子侍讀，玄宗即位，便遷任國子祭酒。德宗大歷時歸崇敬亦曾任國子司業。還有一位叫陽城，原任諫議大夫，因諫德宗貶陸贄事，被左遷為國子司業。貞元十四年（西元七九九年）太學生薛約，曾學於陽城，以言事得罪，吏在陽家捕得薛約，陽城仍與薛約相飲，訣別涕泣，送之郊外。德宗聞其事，以為「黨罪人」，於是出陽城為道州刺史。結果引發了太學諸生何蕃、李儻、王魯卿、李譚等二百人，頓首闕下，請留陽城，守闕下數日，為吏遮抑不得上。這當是中國國立學校史上一次難得的學生運動。柳宗元〈與太學生諸生喜詣闕留陽城司業書〉稱「諸生愛慕陽公之德教，不忍其去，頓首西闕下，懇悃至願，乞留如故者百數十人。不意古道復形于今」；並讚揚這些太學生為「居天子太學，可無愧矣」（《柳河東集》卷三四）。陽公、太學諸生和柳柳州，在最高權勢面前，尚且都能激揚自己正直的情性，千載之下猶令人感佩，又不禁引發今不如古之嘆。

上述作為主管學校教育的國子監這樣一種體制，一直延續到清朝末年。在西學東漸及戊戌變法等諸多歷史事件的影響下，一九〇五年十月由山西學政寶熙奏請，於十二月六日正式設立學部，以榮慶為尚書，熙瑛、嚴修為侍郎，並將國子監歸併於祭部。至此，國子監綿延一千三百餘年的歷史才宣告結束。一九一一年辛亥革命後，學部改為教育部，民國第一任教育總長為蔡元培。

二

國子祭酒、司業之職，掌邦國儒學訓導之政令，有六學[1]焉：一曰國子，二曰太學，三曰四門，四曰律學，五曰書學，六曰筭學。凡春、秋二分之月[2]，上丁[3]，釋奠[4]於先聖孔宣父[5]，以先師顏回[6]配，七十二弟子[7]及先儒二十二賢[8]從祀焉。舊《令》，唯祀十哲[9]及二十二賢。開元八年，勅列曾參於十哲之次[10]，并七十二子並許從祀。其名歷已具於祠部。

祭以太牢[11]，樂用登歌[12]、軒縣[13]、六佾[14]之舞。若與大祭祀[15]相遇，則改用中丁。祭酒為初獻，司業為亞獻，博士為終獻[16]。若皇太子釋奠，則贊相禮儀，祭酒為之亞獻[17]。皇帝視學，皇太子齒胄，則執經講義[18]焉。凡釋奠之日，則集諸生執經論議，奏請京文武七品以上清官並與觀[19]焉。凡教授之經，以《周易》[20]、《尚書》[21]、《周禮》[22]、《儀禮》[23]、《禮記》[24]、《毛詩》[25]、《春秋左氏傳》[26]、《公羊傳》[27]、《穀梁傳》[28]各為一經；《孝經》[29]、《論語》[30]、《老子》[31]，學者兼習之。諸教授正業：《周易》，鄭玄[32]、王弼[33]注；《尚書》，孔安國[34]、鄭玄注；《三禮》、《毛詩》，鄭玄注；《左傳》，服虔[35]、杜預[36]注；《公羊》，何休[37]注；《穀梁》，范寧[38]注；《論語》，鄭玄、何晏[39]注；《孝經》、

《老子》，並開元御注㊵。舊〈令〉：《孝經》，孔安國、鄭玄注；《老子》，河上公㊶注。其《禮記》、《左傳》為大經㊷，《毛詩》、《周禮》、《儀禮》為中經，《周易》、《尚書》、《公羊》、《穀梁》為小經。每歲終，考其學官訓導功業之多少，而為之殿最㊸。

【章旨】敘述國子監祭酒、司業之職掌及釋奠孔子、教授諸經之制。

【注釋】❶六學　即指下述國子、太學、四門、律學、書學、筭（即「算」）學。國子學、太學分別始設於西晉武帝咸寧四年（西元二七八年）和東晉元帝之時；四門建於北魏；律學立於晉，北齊時屬大理寺，至唐始移入國子監；書學與筭學皆始置於隋。故六學至唐方始齊備並一起歸屬於國子監。又，至天寶九載（西元七五〇年）置廣文館，設博士二人，正六品上，試附監修進士業者，置助教一人。故《新唐書‧百官志》稱「七學」。肅宗至德後廢。❷春秋二分之月　每年夏曆二月為春分之月，八月為秋分之月。春分日和秋分日，太陽直射赤道，晝夜大體等長。❸上丁　我國古代以天干、地支紀日，通常一月之內可能有三個丁日，出現於上旬之丁日即稱上丁。設初一為甲子日，則初四便是丁卯，即為上丁日；十四是丁丑，為中丁日；二十四是丁亥，為下丁日。❹釋奠　古代學校祭祀孔子的一種典禮。《禮記‧文王世子》：「凡始立學，必釋奠于先聖先師。」鄭玄注：「釋奠者，設薦饌酌奠而已。」❺孔宣父　即孔子。名丘，字仲尼。魯國陬邑（今山東曲阜東南）人。宣父是對孔子的尊稱。❻顏回　字子淵，春秋魯國人，孔子學生。少孔子三十歲。孔子稱：「賢者回也，一簞食，一瓢飲，在陋巷，人不堪其憂，回也不改其樂」；「用之則行，捨之則藏，唯我與爾有是夫」。回年二十九，早卒。「魯哀公問：『弟子孰為好學？』孔子對曰：『有顏回者好學，不遷怒，不貳過。不幸短命死矣，今也則亡。』」（《史記‧仲尼弟子列傳》）❼七十二弟子　《史記‧仲尼弟子列傳》：「孔子曰：『受業身通者七十有七人。』」《索隱》曰：「《孔子家語》亦有七十七人，唯文翁《孔廟圖》作七十二人。」七十七弟子為子淵、子騫、伯牛、仲弓、子有、子路、宰我、子貢、子游、子夏、曾參、顓孫師、澹臺滅明、宓子賤、原憲、公冶長、南宮括、公皙哀、曾點、顏路、商瞿、高柴、漆雕開、公伯繚、司馬子牛、樊遲、有若、公西赤、巫馬施、梁鱣、顏子柳、冉孺、曹卹、伯虔、公孫龍、冉季產、秦子南、漆雕哆、顏子驕、漆雕徒父、壤駟赤、商澤、石作蜀、任不齊、公夏首、公良孺、后處、秦冉、奚容箴、公肩定、顏襄、鄡單、句井疆、罕父黑、秦商、申黨、公祖子之、榮子祈、縣成、左人郢、燕伋、鄭子徒、秦非、施子常、顏噲、步叔乘、顏子僕、原元籍、樂欬、廉絜、顏何、叔仲會、狄黑、邦巽、孔忠、公西輿如、公西葴。（以上姓名排列次序依本書第四卷第三篇祠部郎中職掌原注，原注姓名中有若干字與《史記・仲尼弟子列傳》所記有異，則依列傳作了校改）

❽先儒二十二賢　唐代列為從祀的二十二先儒名單，為太宗時所定。《舊唐書・禮儀四》載：貞觀二十一年（西元六四七年）詔曰：「左丘明、卜子夏、公羊高、穀梁赤、伏勝、高堂生、戴聖、毛萇、孔安國、劉向、鄭眾、杜子春、馬融、盧植、鄭玄、服虔、何休、王肅、王弼、杜預、范寧、賈逵總二十二座，春秋二仲，行釋奠之禮。」

❾舊令唯祀十哲　舊令，指開元七年（西元七一九年）所頒〈祠令〉。十哲，即〈祠令〉所列十位先哲：顏回、閔子騫、伯牛、仲弓、子有、子路、宰我、子貢、子游和子夏。

❿開元八年敕列曾參於十哲之次　開元八年，即西元七二〇年。曾參，孔子弟子。字子輿，南武城（今山東省費縣）人，少孔子四十六歲，以孝著稱。將曾參列為十哲之次事，《舊唐書・禮儀志四》有錄：「初，開元八年，國子司業李元瓘奏稱：『先聖孔宣父廟，先師顏子配坐，今其像立侍，配享合坐。十哲弟子，雖復列像廟堂，不預享祀。謹檢〈祠令〉：何休、范寧等二十二賢，猶霑從祀，望請春秋釋奠，列享在二十二賢之上。七十子請準舊都監堂圖形於壁，兼為立讚，庶敦勸儒風，光崇聖烈。曾參等道業可崇，獨受經於夫子，望準二十二賢預饗。』敕改顏生等十哲為坐像，悉預從祀。曾參大孝，德冠同列，特為塑像，坐於十哲之次。圖畫七十子及二十二賢於廟壁上。」

⓫太牢　祭祀時，牛、羊、豬三牲齊備稱太牢。凡牲必繫養於牢（圈欄），故藉以代指祭祀之牲。

⓬登歌　古稱樂師登堂而歌為登歌。《周禮・春官・大師》：「大祭祀，帥瞽登歌，令奏擊拊。」鄭玄注引鄭司農曰：「登歌，歌者在堂也。」又，樂師登堂所奏之歌或樂器，亦可稱登歌。此處則指祭奠孔子時所奏之樂章和歌詞。《舊唐書・音樂志三》：「皇太子親釋奠樂章五首。」其中一首〈肅和〉之詞為：「粵惟上聖，有縱自天。旁周萬物，俯應千年。舊章允著，嘉贊孔虔。三化茲首，儒風是宣。」享孔廟樂章二首，其中一首〈迎神〉之詞為：「通吳表聖，問老探貞。三千弟子，五百賢人。億齡規法，萬載祠禋。潔誠以祭，奏樂迎神。」由登歌者四人立於堂上縣樂之南，按時誦唱。

⓭軒縣　祭祀時懸掛樂器不同等次的形式之一。最高為宮縣，殿堂四面皆懸掛，皇帝所用；其次即軒縣，三面懸掛，即去宮殿之南面，皇太子所用。釋奠於孔廟亦用軒縣。

⓮六佾　不同等次的樂舞隊列之一。佾，行列。古代天子用八佾，即縱橫排列之舞者皆為八人，共六十四人。諸侯用六佾，縱橫每行皆為六人，共三十六人。祭奠孔子亦用六佾。

⓯大祭祀　唐制祭祀分大祀、中祀、小祀三等。大祭祀是指對天、地、宗廟、五帝及追尊之帝、后的祭祀。對孔子之祭祀屬中祀。

⓰祭酒為初獻司業為亞獻博士為終獻　一次祭祀之獻禮分初、亞、終三次，分別有人獻禮並致祝辭。此指釋奠時，依次由祭酒為初獻，司業為亞獻，博士為終獻。唐武

德二年（西元六一九年）於國子學立周公、孔子廟各一所，四時致祭。初以儒官自祭為主，直云博士姓名，昭告於先聖。又州縣釋奠，亦以博士為主。至貞觀二十一年（西元六四七年）許敬宗奏曰：「秦漢釋奠，無文可檢，至于魏武則太常行事，自晉、宋已降，時有親行，而學官主祭，全無典實。且名稱國學，樂用軒懸，樽俎威儀，並皆官備。在于臣下，理不合專。凡在小臣，猶皆遣使行禮。釋奠既準中祀，據禮必須稟命。今後國學釋奠，令國子祭酒為初獻，祝詞稱皇帝謹遣，仍令司業為亞獻，博士為終獻，其諸州，刺史為初獻，上佐為亞獻，博士為終獻。縣學令為初獻，丞為亞獻，博士既無品秩，請主簿通為終獻，若缺，並以次差遣。既請刺史、縣令為獻主，望準祭社，給明衣，脩附禮令，為永式。學令：祭以太牢，樂用軒縣、六佾之舞，並登歌一節。與大祭祀相遇，改用中丁，州、縣常用上丁。無學，祭用少牢。」（《唐會要》卷三五）⑰若皇太子釋奠則贊相禮儀祭酒為之亞獻　意謂若皇太子赴國學釋奠，初獻應是皇太子，祭酒則協同其祭奠，並為之亞獻。唐皇太子釋奠者，如「貞觀二十年（西元六四六年）二月詔皇太子于國學釋奠于先聖先師。皇太子為初獻，國子祭酒張復裔為亞獻，光州刺史攝司業趙宏智為終獻。既而就講，宏智演《孝經》忠臣孝子之義。」此後有：「總章元年（西元六六八年）二月二十九日，皇太子宏釋奠於國學」；「永隆二年（西元六八一年）二月，皇太子親行釋奠之禮」；「開耀元年（西元六八一年）二月十九日，皇太子釋奠國學」；「太極三年（西元七一二年）皇太子親釋奠開講筵，國子司業褚無量執經」（《唐會要》卷三五）。⑱皇帝視學皇太子齒冑則執經講義　此言若皇帝赴國子學親觀釋奠，或皇太子舉行名為「齒冑」之入學儀式，則祭酒皆須執講經義。隋唐皆行此制。隋文帝「親臨釋奠，命〔元〕善講《孝經》。於是敷陳義理，兼之以諷諫」（《隋書・元善傳》）。唐「武德六年（西元六二三年）高祖幸國學，觀釋奠，遣〔徐〕文遠發《春秋》題；諸儒設難蠭起，隨方占對，皆莫能屈」（《舊唐書・徐文遠傳》）。齒，年歲。冑，指帝王及公卿大夫之後裔。《禮記・王制》：「凡入學以齒。」指在學皆以長幼受學，無論尊卑。古代王子及公卿大夫元士之子，十三入小學，二十入大學。一說十五入小學，十八入大學。帝冑在入學時，要行齒冑之禮。如唐玄宗李隆基之子李瑛立為太子後，開元三年（西元七一五年）正月，玄宗令其「詣國子學行齒冑之禮，仍敕右散騎常侍褚無量升筵講論」（《舊唐書・玄宗諸子・廢太子瑛傳》）。「開元七年（西元七一九）十一月十一日，以貢舉人將謁先師，敕皇太子及諸子宜行齒冑禮。二十一日皇太子謁先聖，皇太子初獻、亞獻、終獻，並以冑子充。右散騎常侍褚無量講《孝經》，并《禮記・文王世子篇》。初詔侍中宋璟為亞獻，中書侍郎蘇頲為終獻，臨享，上思齒冑之義，乃改焉。」（《唐會要》卷三五）⑲京文武七品以上清官並與觀　清官，相對於濁官而言。職官有清、濁之分，起自魏晉南北朝。其時，以適合於士族高門出任之官為清官。唐制，內外三品以上官及三省六部、太常寺、秘書省、國子監、詹事府之次官、太子左右庶子、左右率等稱清望官，上述官署及左右衛、左右千牛衛其他四品至八品官，皆為清官。京七品以上清官，據本書第二卷第一篇吏部郎中職掌原注，包括：三品以上：除諸司長官外，有中書、黃門侍郎、尚書左右丞、諸司侍郎並太常少卿、秘書少監、太子少詹事、左右庶子、左右率及國子司業；四品：太子左右諭德、左右衛、左右千牛衛中郎將、左右副率、率中郎將；五品：御史中丞、諫議大夫、給事中、中書舍人、贊善大夫、太子洗馬、國子博士、諸司郎中、秘書丞、著作郎、太常丞、左右衛郎將、左右率府郎將；六品：起居郎、舍人、太子司議郎、舍人、諸司員外郎、侍御史、秘書郎、著作佐郎、太學博士、詹事丞、太子文學、國子助教；七品：左右補闕、殿中侍御史、太常博士、詹事司直、四門博士、太學助教等。釋奠時，以上在京官員皆可參預觀禮。允許參預觀禮的還有：道士和沙門，宏文、崇文二館學生。如武德七年（西元六二四年）高祖親臨釋奠時，便引道士、沙門與博士雜相駁難。開元二十六年（西元七三八年）敕文規定「宏文、崇文兩館學生及監內舉人，亦聽參焉，遂為常式，每年行之」。開元二十八年（西元七四〇年）國子祭酒劉瑗奏「準故事釋奠之日，群官道俗皆合赴監觀禮，依故事著之常式。制可」（《唐會要》卷三五）。⑳周易　亦稱《易經》，簡稱《易》，儒家經典之一。內容包括《經》和《傳》兩部份，《經》是六十四卦和三百八十四爻，卦、爻各有說明，即卦辭和爻辭。《傳》為對經之解釋和注解，共七種、十篇，即〈彖〉（上、下），〈象〉（上、下），〈文言〉，〈繫辭〉（上、下），〈說卦〉，〈序卦〉和〈雜卦〉；漢人稱為《十翼》或《易大傳》、《周易大傳》。此十篇原皆單行，列於《經》後，不與《經》文相雜；今本《周易》，其〈彖傳〉、〈象傳〉皆分列於六十四卦，〈文言〉分列於〈乾〉、〈坤〉二卦，而〈繫辭〉、〈說卦〉、〈序卦〉、〈雜卦〉則仍獨立成篇，附於《經》後。此種編法，或云始於東漢鄭玄，或云始於西漢費直。關於《經》之作者，傳說為伏羲畫卦，文王作辭，歷來說法不一，其萌芽期可能早在殷周之際。《傳》是對經最古的注解，相傳為孔子所作，據近人考證，大抵是戰國秦漢之際儒生作品。《周易》認為自然和社會現象的變化都是陰陽兩種力量相互作用的結果，因而以象徵天、地、雷、風、水、火、山、澤八種自然現象的符號重疊組成六十四卦，經過一番繁複的推演程序，用來預卜天時人事的吉凶禍福。《周易》舊有鄭玄注，已佚，魏有王弼，晉有韓康伯注本。唐初，孔穎達與顏師古、司馬才章等曾奉詔撰定《五經正義》。故此處國子監使用之《周易》當即孔穎達等據王弼、韓康伯注本撰定之《周易正義》，凡十四卷；亦即今通行的《十三經注疏》所收之十卷本，卷數的變化，是因為後人把王、韓注本與《周易正義》合併的結果。㉑尚書　亦稱《書經》，簡稱《書》，儒家經典之一。「尚」即「上」，故《尚書》意即上代以來之書。為我國古代歷史文獻和部份追述古代歷史事件著作之彙編。相傳由孔子編選而成。西漢初存二十八篇，即《今文尚書》，由伏生傳授。伏生曾任秦博士，漢初惠帝時，講學於齊魯間，尚有二十九篇，後因將其中〈顧命〉與〈康王之誥〉合併而成為二十八篇，由伏生學生以當時通行之隸書繕寫成書，故稱《今文尚書》。漢武帝末年，魯恭王擴建宮室，在孔子故居壁中又得一《尚書》，由孔子後裔孔安國獻給朝廷。計四十五篇，其中二十九篇與伏生所傳基本相同。因係用古文字書寫，故稱《古文尚書》。此後，今、古文《尚書》便分別形成為兩個學派。今文學派偏重於微言大義，解說較繁瑣，古文學派偏重於名物訓詁，考訂制度。至東漢末年，馬融、鄭玄貫通今古文，為古文《尚書》作了注解。西晉永嘉之亂後皆佚而不傳。東晉時，忽有豫章內史梅賾向朝廷獻出稱為孔安國《古文尚書》共五十八篇，其中與伏生傳《今文尚書》相同部份，因有若干篇分為上下或上中下篇，故共有三十三篇。增多的二十五篇，亦稱《晚書》，自晉至唐學界多信其為孔安國所獻之《古文尚書》及其所作之傳，此後則相繼有人考訂以為係偽書，其來源是先秦諸子所引《尚書》輯佚而成，因稱其為「偽孔本」。但《今文尚書》卻因賴有「偽孔本」而得以流傳至今，且其材料頗為豐富，可補今文之不足。唐代國子監所用之《尚書正義》，即是以東晉梅賾所獻之《古文尚書》為底本，保留了孔安國的序和傳，由顏師古、孔穎達等奉詔撰定。此書亦即現今通行本，收錄於《十三經注疏》。㉒周禮　亦稱《周官》或稱《周官經》，儒家經典之一。西漢景帝時，河間獻王所得先秦舊書中有《周官》；哀帝時，劉歆校理秘書，始得序著於《錄略》，並改名為《周禮》，與《儀禮》、《禮記》合稱「三禮」。《漢書·藝文志》則仍著錄為《周官經》六篇。關於此書作者，古文學家以為書成於周公，今文學家則認定係戰國時代作品，近人多主張成書於東周以後，認為是搜集周王室官制和戰國時各國制度，添附以儒家政治理想，增減排比而成之彙編。全書用六官分為六部份，即〈天官冢宰〉、〈地官司徒〉、〈春官宗伯〉、〈夏官司馬〉、〈秋官司寇〉和〈冬官司空〉。其中〈冬官司空〉早佚，漢時補以〈考工記〉。東漢時，先有河南緱氏杜子春作注，以經書轉相佐證為解；此後又有鄭玄作注，唐代有賈公彥撰《周禮義疏》五十卷，通行於高宗永徽後。今《十三經注疏》中所收之《周禮》即由鄭注和賈疏彙刻而成。㉓儀禮　簡稱《禮》，亦稱《禮經》或《士禮》，儒家經典之一。此亦是漢景帝時河間獻王所得先秦前書之一。《史記·儒林傳》：「諸學者多言《禮》，而魯高堂生最本。《禮》固自孔子時，而其經不具，及至秦焚書，書散亡益多，於今獨有《士禮》，高堂生能言之。」《漢書·藝文志》著錄有《禮古經》五十六卷，《經》七十篇。《隋書·經籍志》稱：「漢初，有高堂生傳〔《禮》〕十七篇。」「七十」當是「十七」之訛。此書作者一說是周公制作，一說為孔子所定。近人根據書中之喪葬制度，結合考古出土之器物研究，認為是戰國年間作品。自高堂生至宣帝時，傳《禮》者有后蒼，蒼授戴德、戴聖、慶普，戴德、戴聖為叔姪，因而被稱之為有大戴、小戴、慶氏三家並立。東漢末，鄭玄傳小戴之學，以古經校之，並作注。其書內容是有關古代冠婚、喪祭、朝聘、鄉射禮儀之記載。鄭玄所注《儀禮》十七篇之次序皆依劉向《別錄》，與《大戴》、《小戴》異。其次序為〈士冠禮〉、〈士昏禮〉、〈士相見禮〉、

〈鄉飲酒禮〉、〈鄉射禮〉、〈燕禮〉、〈大射〉、〈聘禮〉、〈公食大夫禮〉、〈覲禮〉、〈喪服〉、〈士喪禮〉、〈既夕禮〉、〈士虞禮〉、〈特牲饋食禮〉、〈少牢饋食禮〉、〈有司〉。鄭玄以後，《儀禮》注本有王肅注十七卷，見於《隋書・經籍志》，今已佚。為之作義疏者，有沈重，見於《北史》；有無名氏兩家，見於《隋書・經籍志》，皆不傳。唐初賈公彥作《儀禮義疏》四十卷，即為今通行之《十三經注疏》所收之本。㉔禮記 亦稱《小戴記》或《小戴禮記》，儒家經典之一。為秦漢以前各種禮儀論著選集，大率為孔子弟子及再傳弟子所記。《隋書・經籍志》稱：「漢初，河間獻王又得仲尼弟子及後學所記一百三十一篇獻之，時亦無傳之者。至劉向考校經籍，檢得一百三十篇，向因第而敘之。而又得《明堂陰陽記》三十三篇，《孔子三朝記》七篇，《王氏史記》二十一篇，《樂記》二十三篇，凡五種，合二百十四篇。戴德刪其繁重，合而記之，為八十五篇，謂之《大戴記》。而戴聖又刪大戴之書，為四十六篇，謂之《小戴記》。漢末馬融遂傳小戴之學。融又定《月令》一篇，《明堂位》一篇，《樂記》一篇，合四十九篇，而鄭玄受業於融，又為之注。」後人亦有認為融並未增補三篇，戴聖之《小戴禮記》原來即是四十九篇，隋志有誤。唐初，孔穎達等奉敕修正義，參預編撰者有國子業朱子奢、國子助教李善信、太學博士賈公彥等人，完成於貞觀十六年（西元六四二年）。此書即為通行之《十三經注疏》所本。㉕毛詩 指毛亨所傳之《詩》。《詩》亦即《詩經》，我國最早詩歌總集，儒家列為經典之一。編成於春秋時代，共三百零五篇，分風、雅、頌三類。《史記》稱其為孔子所刪定。《隋書・經籍志》載：「孔子刪詩，上采商，下取魯，凡三百篇。至秦，獨以為諷誦，不滅。漢初，有魯人申公，受《詩》於浮丘伯，作詁訓，是為《魯詩》。齊人轅固生亦傳《詩》，是為《齊詩》。燕人韓嬰亦傳《詩》，是為《韓詩》。終于兩漢三家並立。漢初又有趙人毛萇善《詩》（據鄭玄《詩譜》、陸機《毛詩草木蟲魚疏》，當為毛亨——引者），自云子夏所傳，作《詁訓傳》，是為《毛詩》古學，而未得立。後漢又有九江謝曼卿，善《毛詩》，又為之訓，東海衛敬仲，受學於曼卿。先儒相承，謂之《毛詩》。序文為子夏所創，毛公及敬仲又加潤益。鄭眾、賈逵、馬融，並作《毛詩傳》，鄭玄作《毛詩箋》。《齊詩》，魏代已亡，《魯詩》亡於西晉；《韓詩》雖存，無傳之者。唯《毛詩鄭箋》至今獨立。」唐初，孔穎達等奉敕為《毛詩》作義疏，成書於貞觀十四年（西元六四〇年），共十四卷，定名《毛詩正義》，付國子監使用。參預其事者有太學博士王德韶、四門博士齊威。兩年後，又敕令前修人及太學助教趙乾叶、四門助教賈普曜，作過一次覆核。㉖春秋左氏傳 《春秋》，編年體史書，儒家經典之一。相傳由孔子依據魯國史官所編《春秋》，加以整理修訂而成。起於魯隱公元年（西元前七二二年），終於魯哀公十四年（西元前四八一年），凡二百四十二年。是為後代編年之濫觴。《春秋》經文文字簡奧，且微言大義，解釋《春秋》者有《左氏》、《公羊》、《穀梁》三傳。《春秋左氏傳》簡稱《左傳》，儒家經典之一，相傳為春秋左丘明所作。《史記・十二諸侯年表序》稱：「魯君子左丘明，懼弟子人人異端，各安其意，失其真，故因孔子史記（指《春秋》）具論其語，成《春秋左氏傳》。」其書之傳授大概，據《隋書・經籍志》載：「左氏，漢初出於張蒼之家，本無傳者。至文帝時，梁太傅賈誼為訓詁，授趙人貫公。其後劉歆典校經籍，考而正之，欲立於學，諸儒莫應。至建武中，尚書令韓歆請立而未行。時陳元最明《左傳》，又上書頌之，於是乃以魏郡李封為左氏博士，後群儒蔽固，數廷爭之，及封卒，遂罷。然諸儒傳左氏者甚眾。永平中，能為左氏者，擢高等為講郎。其後賈逵、服虔並為訓解。至魏遂行於世。晉時杜預又為《經傳集解》。故自杜預起，始分經比傳，為之集解。唐貞觀四年（西元六三〇年）孔穎達等奉詔撰《五經正義》，其中《春秋左氏傳》成於貞觀十四年（西元六四〇年），共三十六卷，並付國子監使用。當時參預修撰者有國子博士谷那律和四門博士楊士勳、朱長才等。貞觀十六年（西元六四二年）孔穎達又奉敕與前脩疏人及太學博士馬嘉運、王德韶和四門博士蘇德融等為之復更審核。然自唐代起，即已有人（如趙匡）懷疑《左傳》非左丘明所作，傳與經並不全合。宋代學者如王安石，亦持此說。明清之際，顧炎武認為此書「成之者非一人，錄之者非一世」。近代研究者大多認定《左傳》成書於戰國前期。㉗公羊傳　即《春秋公羊傳》，儒家經典之一。舊題戰國公羊高撰。據唐徐彥《公羊傳疏》引戴宏序文稱：「子夏傳與公羊高，高傳與其子平，平傳與其子地，地傳與其子敢，敢傳與其子壽，至漢景帝時，壽乃與齊人胡母子都著於竹帛。」漢武帝時治公羊學者有胡母子都與董仲舒。《隋書・經籍志》載其傳授大概曰：「初，齊人胡母子都傳《公羊春秋》，授東海嬴公，嬴公授東海孟卿，孟卿授魯人眭孟，眭孟授東海嚴彭祖、魯人顏安樂。故東漢《公羊》有嚴氏、顏氏之學，與穀梁三家並立。」東漢末有何休，為董仲舒之四傳弟子，依胡母子都之書作注，即《公羊解詁》。何休又與其師羊弼，作《公羊墨守》，以難《左氏》、《穀梁》二傳，意謂公羊之義不可攻，如墨翟之守城。《公羊》偏重於闡述《春秋》大義，史事記載較簡略，歷代今文學家皆用以議論時政。徐彥作《公羊傳疏》，但徐之年代、里居皆不可得而詳。《四庫全書總目提要》記其為中唐或唐末人士，清人王鳴盛則以為徐彥即《北史》之徐遵明，姑存二說。傳本二十八卷，通行《十三經注疏》所收即此傳本。㉘穀梁傳　亦稱《春秋穀梁傳》，儒家經典之一。初僅口傳，西漢時才成書，體例與《公羊傳》相近，亦偏重於闡述《春秋》，其傳義之精者，或有《公羊》所弗及。有晉范寧作集解，唐貞觀中楊士勳作義疏，陸德明為其序作釋文，稱「穀梁子名淑，字元始，魯人，一名赤，受經于子夏，子夏為經作傳，故曰《穀梁》。傳孫卿，孫卿傳魯人申公，申公傳博士江翁，其後魯人榮廣大善《穀梁》，又傳蔡千秋，漢宣帝好《穀梁》，擢千秋為郎，由是《穀梁》之傳大行于世」。通行《十三經注疏》所收錄者即楊士勳《春秋穀梁傳注疏》，共二十卷。㉙孝經　儒家經典之一。十八章。作者各說不一，以孔門後學所作較為合理。《隋書・經籍志》稱：「遭秦焚書，為河間人顏芝所藏。漢初，芝子貞出之，凡十八章，而長孫氏、博士江翁、少府后蒼、諫議大夫翼奉、安昌侯張禹，皆名其學。又有《古文孝經》，與《古文尚書》同出，而長孫有〈閨門〉一章，其餘經文，大較相似。篇簡缺解，又有衍出三章，并前合為二十二章，孔安國為之作傳。至劉向典校經籍，以顏本比古文，除其繁惑，以十八章為定。鄭眾、馬融並為之注。又有鄭氏注，相傳或云鄭玄，其立義與玄所注諸書不同，故疑之。梁代，安國及鄭氏兩家並立國學。」又梁武帝曾自撰《孝經義疏》十八卷，至唐玄宗朝，詔群儒學官集議《孝經》注疏，是以劉子幾辨鄭注有十謬七惑，司馬堅斥孔注多鄙俚不經，其餘經注亦妄生穿鑿。於是玄宗在諸儒注中去蕪存菁，撮其義理，用為注解。《唐會要》卷三六修撰條：「〔開元〕十年（西元七二二年）六月二日，上注《孝經》，頒于天下及國子學。至天寶二年（西元七四三年）五月二十二日上重注，亦頒于天下。」今《十三經注疏》所收錄之《孝經》，即係玄宗注，宋邢昺疏。㉚論語　儒家經典之一。孔子弟子及其再傳弟子關於孔子言行之記錄。西漢時有今文本《魯論》和《齊論》及古文本《古論》三種。《隋書．經籍志》載其始末曰：「漢初，有齊、魯之說。其齊人傳者二十二篇，魯人傳者二十篇；齊則昌邑中尉王吉、少府宗畸、御史大夫貢禹、尚書令五鹿充宗、膠東庸生，魯則常山都尉龔奮、長信少府夏侯勝、韋丞相節侯父子、魯扶卿、前將軍蕭望之、安昌侯張禹並名其學。張禹本授《魯論》，晚講《齊論》，後遂合而考之，刪其繁惑。除去《齊論》〈問王〉、〈知道〉二篇，從《魯論》二十篇定，號《張侯論》，當世重之。周氏、包氏為之章句，馬融又為之訓。又有《古論語》，與《古文尚書》同出，章句繁省，與《魯論》不異，唯分〈子張〉為二篇，故有二十一篇。孔安國為之傳。漢末，鄭玄以《張侯論》為本，參考《齊論》、《古論》而為之注。魏司空陳群、太常王肅、博士周生烈皆為義說，吏部尚書何晏又為集解。」今《十三經注疏》本所收錄之《論語》，係魏何晏注，宋邢昺疏。㉛老子　亦稱《道德經》、《老子五千文》，道家主要經典。相傳為春秋末老聃所作。據戰國時之記載，此書可能是老聃所草創，經戰國中期人所編定。老子，先秦著作有記為姓老名聃，或逕稱為老子、老聃。《史記．老子韓非列傳》稱其為「楚苦縣厲鄉曲仁里人也，姓李氏，名耳，字聃，周守藏室之史也」；又云「老子修道德，其學以自隱無名為務，居周久之，見周之衰，迺遂去。至關，關令尹喜曰：『子將隱矣，彊為我著書。』於是老子迺著書上下篇，言道德之意五千餘言而去，莫之其所宗」。《老子》西漢有河上公注，魏有王弼注。關於老子的思想，《呂氏春秋．不二》謂：「老聃貴柔。」《史記》本傳稱其「貴道，虛無，因應變化於無為」。老子思想具有很大的包容性，向政治方向發展，可以是《韓非子》中所闡發之君道；向兵家方向發展，便是《孫子兵法》之謀略；向思想修養方向發展，則成為《莊子》以自然為本的思想。魏晉以後，又演化為道教的思想，如漢魏之五斗米道、太平道，皆奉《老子》五千文為教典。至唐代，因《史記》曾稱老子姓李，李唐宗室便據以尊老子為「聖祖」，既藉以掩蓋其祖先的鮮卑血統，又用以應驗當時一些道士為邀功而編造的所謂「老君子孫治世」的讖言。因此，唐代國子監除以儒家經典作為「諸教授正業」外，亦列有《老子》以為兼習典籍。開元二十三年（西元七三五年）玄宗還親自為之作注，並修義疏八卷，頒示公卿。此後國子監所授即此御注本。天寶十四年（西元七五五年）十月八日，又「頒《御注道德經》并義疏，分示十道，令各巡內傳寫，以付宮觀」（《唐會要》卷三六）。又，因一九九三年郭店楚墓竹簡的出土，只有與今本《老子》多異的《老子》話本重新問世，學術界對《老子》的研究形成了新的熱點，同時對今本《老子》的作者也提出了不同見解。參見前第二卷第四篇第五章⑳注。㉜鄭玄　字康成，東漢北海高密（今山東高密）人。曾在大學受業，先後師事京兆第五元生，通今文經；從東郡張恭祖，通古文諸經。後又師從馬融，融門徒四百餘人，唯玄能登堂入室。玄歸里講學，弟子從者至數百千人，後因黨錮事被禁，潛心著述，先後注《周易》、《尚書》、《毛詩》、《儀禮》、《禮記》、《論語》、《孝經》等，唐代孔穎達奉敕撰《五經正義》皆以鄭諸注本為底本，唐國子監教授之經，亦皆以鄭本為正業。㉝王弼　字輔嗣，三國魏山陽（今河南焦作）人。曾任尚書郎，少年即有盛名，與何晏、夏侯玄等同開玄學清談風氣，援老入儒，以玄學代替漢儒之經學。其所注《易》偏重於哲理。㉞孔安國　字子國，孔子後裔。漢武帝時任諫大夫。相傳曾於孔宅壁得所藏之《古文尚書》及《論語》、《孝經》，皆科斗文字，當時無能知者。安國以今文讀之，承詔作《尚書傳》，開《尚書》古文學派。西晉永嘉之亂後，孔著《尚書傳》佚而不傳。東晉初年又有「偽孔本」事，詳前㉑注。安國另有《古文孝經傳》、《論語訓解》，亦早佚。㉟服虔　初名重，又名祇，字子慎，東漢河南滎陽（今滎陽縣東北）人。少年入太學受業，中平末，曾任九江太守。治古文經學，作《春秋左氏傳解》。㊱杜預　字元凱，西晉京兆杜陵（今陝西西安東南）人。曾任都督荊州諸軍事，滅吳有功。撰有《春秋左氏經傳集解》。唐初孔穎達奉詔撰作《五經正義》，其中《春秋左氏傳》義疏即以服虔注和杜預集注作為底本。㊲何休　字邵公，東漢任城樊（今山東兗州西南）人。太傅陳蕃徵為參政，蕃敗，休坐黨錮，潛心鑽治今文諸經，史稱其「覃思不窺門，十有七年」。撰成《春秋公羊解詁》，為《公羊傳》制訂「義例」，提出《公羊傳》有「三科九旨」，系統闡發《春秋》微言大義，成為今文經學家的主要依據。為張揚公羊學而抑左氏、穀梁二傳，曾著《公羊墨守》、《左氏膏肓》、《穀梁廢疾》，而鄭玄為此「發《墨守》，鍼《膏肓》，起《廢疾》」。休見而歎曰：「康成入吾室，操吾戈，以伐我乎！」（《後漢書．鄭玄傳》）㊳范寧　字武子，南陽順陽（今河南浙川東南）人，曾任臨淮太守，反對玄學，推崇儒學，撰《春秋穀梁傳集解》是今存最早《穀梁傳》注，被宋人收入至今通行的《十三經注疏》中。㊴何晏　字平叔，三國魏南陽宛縣（今河南南陽）人。何進之孫，曾為曹操所收養，娶魏公主。曹爽執政時為散騎侍郎，典選舉；曹爽敗，何為司馬懿所殺。好言老莊，早年有盛名，與夏侯玄、王弼等倡導玄學，援道入儒，曾作《論語》注，後為宋人收入通行的《十三經注疏》。㊵孝經老子並開元御注　指以開元時期玄宗所注之《孝經》及《老子》，為國子監諸教授正業。玄宗注此二書事，見前㉙、㉛注。㊶河上公　相傳為西漢之道家，姓氏不詳。《史記》稱其為「河上丈人」。精研老子學說。時漢文帝推崇道家，嘗遣使往問道德真義。《隋書・藝文志》著錄《老子道德經》二卷，「漢文帝時，河上公注。梁有戰國時河上丈人注《老子經》二卷」。開元七年（西元七一九年）五月，劉子幾曾上議云：「今之所注《老子》是河上公注，其序文曰：河上公者，是漢文帝時人，結草庵于河曲，因以為號，以所注《老子》授文帝，因沖空上天。此乃不經之鄙言，流俗之虛語。《漢書・藝文志》注《老子》者三家，河上所釋，無處聞焉。王弼義旨為優，請黜河上公，升輔嗣所注。司馬貞亦注云：漢史實無其人，然所注以養神為宗，以無為體。請何、王注令學者俱行，從之。」（《唐會要》卷三六）㊷大經　原注中大經、中經、小經，係唐代國子監對諸經之分類。此項分類關係到諸經學制之安排。如大經若《禮記》、《左傳》需三年；中經若《毛詩》、《周禮》、《周易》、《儀禮》為二年；小經若《尚書》、《公羊》、《穀梁》只需一年半。又關係到明經考試時之選科。如通二經者，需一大經一小經，或為二中經；通三經者，則大、中、小各一；通五經者，大經並通，《孝經》、《論語》必須兼習。考試時規定至少須通兩經，每經十帖，《孝經》二帖，《論語》八帖，每帖三言，通六以上才能試策。試進士者帖一小經及《老子》。帖經時皆經、注兼帖。在校學習期間統一經文、注本和義疏，是為了科舉考試時，可以有統一的標準答案，便於考核。㊸殿最　古代官員考課用語。殿指居後，最指領先。顏師古注《漢書・宣帝紀》「殿最以聞」一語：「殿，後也，課居後也；最，凡要之首也，課居先也。」唐代考課標準有「四善」、「十七最」。四善是：「一曰德義有聞，二曰清慎明著，三曰公平可稱，四曰恪勤匪懈。」十七最則是分別對不同官種提出的要求，其中學官是：「訓導有方，生徒充業，為學官之最。」（詳本書二卷五篇）以所得最、善之多寡來核定官員上、中、下等九個等第。考在中上以上，可以進一等，加祿一季。處於劣等稱負、殿，每一殿降一等。負、殿還有相應的刑罰規定。《隋書・刑法志》：「在官犯罪，鞭杖十為一負。閑局六負為一殿，平局八負為一殿，繁局十負為一殿。加於殿者，復計為負焉。」又：「贖銅一斤為一負，負十為殿。」

【語　譯】國子監祭酒和司業的職掌是，分管國家各級學校儒學經典教學訓導方面的政令。國子監統領六學：一是國子學，二是太學，三是四門學，四是律學，五是書學，六是算學。每年春分和秋分所在兩個月的上丁日，要為先聖孔宣父舉行釋奠的儀式，配享的有先師顏回，孔門七十二弟子和二十二先儒作為從祀。開元七年的舊令，只從祀十位先哲和二十二先儒，開元八年新下的敕令規定，曾參亦列在十哲的座次，連同七十二弟子一起從祀。他們的名單都已開列在本書第四卷第三篇祠部裏。

祭祀的犧牲用太牢，音樂有登歌誦唱，懸掛樂器按軒縣的標準，舞蹈用六佾的規格。如果當月的上丁日恰好與大祭祀的日子相重，那就改用中丁日。祭祀時，由祭酒擔任初獻，司業做亞獻，博士為終獻。倘若皇太子主持釋奠，祭酒要協助儀式的進行，並負責亞獻。如果皇帝親臨國子監視學，或者皇太子舉行稱為齒胄的入學儀式，國子監祭酒都要執經講授義理。凡是舉行釋奠典禮的日子，就要集合全體生員，由祭酒或司業執經講述義理，並進行辯論；屆時還要奏請在京師的文武七品以上的清官都來參加觀禮。關於教授的經典，有《周易》、《尚書》、《周禮》、《儀禮》、《禮記》、《毛詩》、《春秋左氏傳》、《公羊傳》、《穀梁傳》，都作為一部經典；《孝經》、《論語》、《老子》，則作為學員兼習的經典。教授經典的正業規定是：《周易》和鄭玄、王弼的《周易注》為正本；《尚書》和孔安國、鄭玄的《尚書注》為正本；《三禮》、《毛詩》，都加上鄭玄注釋為正本；《左傳》和服虔、杜預的《左傳注》為正本；《公羊傳》和何休的《公羊注》為正本；《穀梁傳》和范寧的《穀梁注》為正本；《論語》和鄭玄、何晏的《論語注》為正本；《孝經》、《老子》，都加上開元時期皇上御注為正本。開元七年以前的學令，《孝經》和孔安國、鄭玄《孝經注》為正本；《老子》和河上公《老子注》為正本。又規定《禮記》、《左傳》為大經，《毛詩》、《周禮》、《儀禮》為中經，《周易》、《尚書》、《公羊》、《穀梁》為小經。每年歲末，祭酒要考核所屬學官訓導學員的功業達到何等程度，並評定出優劣的不同等第。

【說明】國子監是一個管理教育的行政機構。所謂六學，即是六所學校或六個專業。六學可分為兩類。一類是國子、太學、四門，所學都為儒家經典，學員結業後，便可參加尚書省禮部主持的科舉考試。這三所都是貴族學校，區別僅在所收生員的出身等級上。唐制，國子取三品以上子弟，太學取五品以上子弟，四門取七品以上子弟。與此性質相似的，在京師還有弘文館、崇文館，以及州、縣所設的學館。依據武德時的定制，州、縣學，上郡置學生六十員，中郡五十員，下郡四十員；上縣學並四十員，中縣三十員，下縣二十員。開元二十六年（西元七三八年）還規定：「天下州縣，每鄉之內，各里置一學，仍擇師資，令其教授。」（《唐會要》卷三六）唐代的學校從國子監到州縣學，以至鄉里，有一個完整的教育網絡，而生員的錄取，「國子監所管學生，尚書省補，州縣學生長官補」（同上）。另一類便是律學、書學、算學，屬於專業學校，低級官吏和庶民子弟亦可入學，其教育目標是培養各類專業技術人才。與之相類的，還有分置於各相關職能部門、為本部門培養專業人員的學校，如太常寺所屬的太醫署、太卜署，設有醫博士、鍼博士、按摩博士、咒禁和卜博士，皆教授生員並組成班級；其太樂署有太樂博士、聲音博士，教坊和梨園亦有聲音博士，曹第一博士、曹第二博士等，只是在聲音人中，無論博士或生員，都是屬於奴婢或者番戶等賤民階層，故此等博士均無品，稱無品博士。太常寺又有協律郎，專職考核音樂藝術教育的功業。此外，在內侍省掖庭局還設有宮教博士，專事教授宮人書、算眾藝。以上二類學校各有自己的培養目標，前一類培養的是未來的官僚和貴族隊伍，後一類則是培養專業技術吏員。二類學校不同出身的生員，其前途截然不同。

國子監所轄國子、太學、四門三學講授的課程就是九經，禮部貢試明經也是考九經，故經須有定本，以便統一考核標準。經學在南北朝時代有南學、北學之分，北人篤守漢學，本近質樸；南人善談名理，增飾華詞，雅俗共賞。隋唐統一全國後，經學的南北學派出現了統一的趨勢，但起初主要表現為以南學統一北學。如《周易》，《隋書·經籍志》云：「梁、陳，鄭玄、王弼二注列於國學，齊代唯傳鄭義，至隋，王注盛行，鄭學浸微。」唐國子監雖然把鄭、王二家的《周易》注都作為定本，但孔穎達《五經正義》中《周易》的疏文，還是以王弼的注為主。因而在貞觀年間，唐太宗命顏師古、孔穎達等考定《五經》，就帶有通過行政手段統一南北經學分歧的學術含義。《舊唐書·顏師古傳》稱：「太宗以經籍去聖久遠，文字訛謬，令師古於秘書省考定《五經》，師古多所釐正，既成奏之。」於是「頒其所定之書於天下，令學者習焉」。同書〈孔穎達傳〉亦載此事：「先是與顏師古、司馬才章、王恭、王琰等諸儒受詔撰定《五經》義訓，凡一百八十卷，名曰《五經正義》。太宗詔曰：『卿等博綜古今，義理該洽，考前儒之異說，符聖人之幽旨，實為不朽。付國子監施行。』」這樣《五經正義》也就成了國子監法定的課本，自唐至宋，明經取士亦皆遵此本。孔穎達不過主持其事，實際參預撰述的，大都是當時國子監所統國子、太學、四門的博士助教們。據《新唐書·藝文志》載錄，《周易正義》十六卷，國子祭酒孔穎達、顏師古、司馬才章、王恭，太學博士馬嘉運，太學助教趙乾叶、王談、于志寧等奉詔撰，四門博士蘇德融、趙弘智覆審。《尚書正義》二十卷，國子祭酒孔穎達、太學博士王德韶、四門助教李子雲等奉詔撰，四門博士朱長才、蘇德融，太學助教隨德素，四門助教王士雄、趙弘智覆審。《毛詩正義》四十卷，孔穎達、王德韶、齊威等奉詔撰，趙乾叶、賈普曜、趙弘智等覆正。《禮記正義》七十卷，孔穎達和國子司業朱子奢、國子助教李善信、賈公彥、柳士宣、范義頵、魏王參軍事張權等奉詔撰，周玄達、趙君贊、王士雄、趙弘智覆審。《春秋正義》三十六卷，孔穎達、楊士勳、朱長才奉詔撰，馬嘉運、王德韶、蘇德融、隨德秦覆審。編撰《五經正義》時，孔穎達已是耄耋之年，不可能句斟字酌，不過總攬大綱，諸儒分治諸經，各取一書以為底本，因仍前儒而已。在那麼多人中標題單署孔氏一人之名，當是因其年輩在先，名位獨重。朱熹對《五經正義》有過評論，認為《周禮》的義疏最好，其次是《毛詩》、《禮記》，比較差的是《尚書》和《周易》。《周禮》等鄭玄的注已相當翔實，有此為基礎的義疏自然也好一些。至於《尚書》以孔安國傳為主，《周易》以王弼注為主，《正義》在此二書的序文中已明言原注之失，義疏專宗一家之注，也就很難避免原注的缺陷。還有《左傳》，其《正義》專宗杜預一家，盡棄賈逵、服虔之舊解，難免有偏頗之處。然《五經正義》對前注的取捨，亦當時好尚，它畢竟奠定了一代經學的規模。

從本章所記國子監的職掌，可以看到尊孔和崇儒是它的基本宗旨，而尊孔、崇儒的目的則是為了忠君。這表現在兩個方面：一是釋奠。其儀式，早在漢代已應有，如《禮記・文王世子》即載有「凡始立學，必釋奠于先聖先師」。只是如何進行釋奠，無明文記載。故貞觀時許敬宗說：「秦漢釋奠無文可檢，至于魏武，太常行事，晉宋以降，時有親行。」(《唐會要》卷三五) 釋奠的那套程式及祭奠的對象都是唐初才敕定下來，通過祭祀孔子及其七十二弟子、二十二先儒的儀式，把尊孔崇儒制度化。二是把儒學的經典作為學校的基本讀物，一代又一代地向生員灌輸王朝法定的指導思想和基本理論，意欲藉以保持其社會制度的萬世長存。這個宗旨，在釋奠的儀式上，表現得最為明白。隋唐二代，凡皇帝與皇太子親臨釋奠時，國子祭酒都要執經講學，一般所講通常是《孝經》和《禮記》中的〈文王世子篇〉，中心主題是忠君和孝親。因為對世子來說，「知為人子然後可以為人父，知為人臣然後可以為人君」；「君之於世子也，親則父也，尊則君也，有父之親，有君之尊，然後兼天下而有之」(《禮記・文王世子》)。有時皇帝也要直接參預經典的闡述，如玄宗就曾為《孝經》、《老子》作注。這樣基礎理論和指導思想才能有所依托，以達到統一思想的目的。

這一套法定的課本，經過宋人編集，成為《十三經注疏》，一直延續到清末。

國子監的這一套體制，在形式上，到清末已宣告結束。一九〇五年，清政府設立學部，並將國子監歸併入學部。學部的宗旨有五項，即忠君、尊孔、尚公、尚武、尚實。其中最重要的便是忠君與尊孔，可見國子監可謂名亡而實存。一九一一年，中華民國取代了滿清皇朝，蔡元培任第一任教育總長，他就任時，發表了〈對於教育方針之意見〉。他說：「據清末學部忠君、尊孔、尚公、尚武、尚實的五項宗旨加以修正，改為軍國民教育、實利主義、公民道德、世界觀、美育五項，前三項與尚武、尚實、尚公相等，而第四、第五兩項卻完全不同。以忠君與共和政體不合，尊孔與信仰自由相違，所以刪去。」至此，中國傳統的辦學宗旨，才第一次受到了挑戰。但傳統教育宗旨的遺產，即它遺留下來的傳統思想的影響，特別是「忠君」這種歷經千百年統治者反覆倡導，並運用嚴酷的法律武器加以護衛的傳統思想的影響，絕非僅有一兩次挑戰就會在短時間內消失的，而倘若其間社會歷史發生曲折和反復，那延續的時間還會更長。問題的關鍵不在形式，而在實質。袁世凱明火執仗的復辟帝制固然成了一齣短暫的鬧劇，但如果他換一種「名亡而實存」的帝制，就不見得會那麼快被國人識破。所以這道由古老歷史留下的思考題，還是值得我們認真地去探究。

三

丞一人，從六品下。隋大業三年❶置國子丞三人，從六品。皇朝省置一人❷。

主簿一人，從七品下。北齊國子寺置主簿員❸，隋置一人❹，皇朝因之。

錄事一人，從九品下。北齊國子寺有錄事一員，隋置一人，皇朝因之。

丞掌判監事。凡六學生❺每歲有業成上于監者，以其業與司業、祭酒試之❻：明經❼帖經❽，口試❾，策經義❿；進士⓫帖一中經⓬，試雜文⓭，策時務⓮，徵事⓯；其明法、明書筭亦各試所習業⑯。登第者⑰，白祭酒，上于尚書禮部⑱。其試法皆依考功⑲，又加以口試。明經帖限通八已上⑳，明法、明書皆通九已上㉑。

主簿掌印，勾檢監事㉒。凡六學生有不率師教者，則舉而免之㉓。其頻三年下第，九年在學及律生六年無成者，亦如之。假違程限㉔及作樂、雜戲亦同。唯彈琴、習射不禁。

錄事掌受事發辰㉕。

【章旨】敘述國子監丞、主簿和錄事之定員、品秩及職掌。

【注釋】❶大業三年　即西元六〇七年。大業為隋煬帝楊廣年號。❷皇朝省置一人　《唐會要》卷六六國子監條：「武德初，省隋三員，置一員。」❸北齊國子寺置主簿員　《隋書·百官志》：北齊國子寺「亦置功曹、五官、主簿、錄事員」。❹隋置一人　《隋書·百官志》稱隋國子寺屬官有主簿、錄事各一人。❺六學生　指國子、太學、四門、律學、書學、筭學六學之生員。《新唐書·百官志》作「七學生」。唐於玄宗天寶九年（西元七五〇年）曾增置廣文館，試附監修進士業者。❻以其業與司業祭酒試之　句中「司業、祭酒」，近衛校稱：「據《舊唐志》當作『祭酒、司業』。」按：《唐會要》卷六六載太和五年（西元八三一年）十二月國子監祭酒裴通奏引《唐六典》原文亦作「以其業與司業、祭酒試之」，《職官分紀》卷二一引《唐六典》原文亦同此。又，《新唐書·百官志》亦作「與司業、祭酒蒞試」。故此句應無誤。❼明經　唐代考試貢舉六科目之一。六科是：秀才、明經、進士、明法、書、算，大體與國子監之六學相對應。在明經科中，又可分為五經、三經、二經、學究一經、三禮、三傳等。❽帖經　亦稱帖括，科舉考試題型之一。《文獻通考·選舉二》：「凡舉司課試之法，帖經者，以所習之經，掩其兩端，中間惟開一行，裁紙為帖。」應試者須將帖沒之字填上，類今之填充題。明經科規定先以帖經試士。每經十帖，《孝經》二帖，《論語》八帖，《老子》兼注五帖。❾口試　即每經問大義十條，通六以上為及格。❿策經義　針對生員所習，提出有關經義的問題，令生員以書面作答。⓫進士　舉試科目之一。進士科始置於隋煬帝時，《通典·選舉二》謂大業三年（西元六〇七年）詔以十科舉人，其中「學業優敏，文才美秀」一項即進士科。至唐代，諸科目中以進士最為重要，禮部考試合格者，賜進士及第，其後又有「賜進士出身」及「賜同進士出身」一類名義。⓬中經　唐制把儒家經典分為大、中、小三類，其中《毛詩》、《周禮》、《儀禮》為中經。唐初，進士只試時務策五道，至高宗調露二年（西元六八〇年）劉思立任考功員外郎，主持科舉考試，「請加試雜文兩道，并帖小經」（《封氏聞見記校注・貢舉》）。自此進士科加試帖經，禮部試，進士試帖一小經並注，唐以《周易》、《尚書》、《公羊春秋》、《穀梁春秋》為小經。而國子監試則帖中經。⓭試雜文　雜文，指箴、表、銘、賦一類文體。雜文之試題，開元二十年（西元七三二年）為「梓材賦」、「武庫詩」；開元二十六年（西元七三八年）為「擬孔融薦禰衡表」、「明堂水詩」，都是一詩一賦。天寶末年，雜文便專試詩賦，其考核標準是「華實兼舉者為通」。⓮策時務　指有關時政問題之對策。《封氏聞見記校注・貢舉》稱：「策問五道，舊例，三道為時務策，一道為方略，一道為征事。」白居易有為應考而預擬之《禮部試策五道》，所問雖為時務方略，但多加進了儒家經典中與之相關內容，故仍是以經義為中心所設之問對。對策之考核標準是「義理愜當者為通」。⓯徵事　據《唐會要》卷六六載太和五年（西元八三一年）十二月國子祭酒裴通奏引《唐六典》原文當作「徵故事」。指策問之答案要以故事為徵，亦即只能從經義和古代史事中去尋找根據。⓰明法明書筭亦各試所習業　明法即律學，明書即書學，筭即「算」，算學。此三學之生員，各自考試其所學之專業課程。據本書第四卷第一篇禮部尚書侍郎職掌載錄，明法試律、令，以識達義理、問無疑滯者為通。所試律、令每部試十帖，策試十條，其中律七條，令三條。明書試《說文》、《字林》，以通訓詁兼會雜體者為通。《說文》六帖，《字林》四帖，兼口試，不限條數。明算試《九章》、《海島》、《孫子》、《五曹》、《張丘建》、《夏侯陽》、《周髀》、《五經》、《綴術》、《緝古》，以明數造術、辨明術理者為通。其中《九章》試三帖，《五經》等七部各一帖，《綴術》六帖，《緝古》四帖。⓱登第者　指六學生員在國子監考試及格者。⓲上于尚書禮部　指由國子監貢舉於尚書禮部，以參加每年仲冬之舉人考試。⓳其試法皆依考功　唐貢舉考試，原由吏部之考功員外郎掌理其事，玄宗開元二十四年（西元七三六年）敕以為考功權輕，改令禮部侍郎一人知貢舉，其舉人考試辦法，則仍依考功執掌時之制。⓴明經帖限通八已上　指明經之帖經，須十條有八條無誤，方可通過。考功及禮部試，每經十帖，通六以上，即可參加策試。㉑明法明書皆通九已上　考功考試明法，全通者為甲，通八以上為乙，以下為不第。明書諸學生規定《說文》六帖，《字林》四帖，共十帖，須通九帖，方為登第。㉒勾檢監事　指勾檢國子監內部處事有無失錯，有無在規定日程內將各項公文處理完畢。㉓不率師教者則舉而免之　指生員中有不聽從師教等劣行者，主簿可提出勒令其退學。率，遵循；順從。憲宗元和元年（西元八〇六年）四月，國子祭酒馮伉奏應解學生等，「其有藝業不勤，遊處非類，樗蒱六博，酗酒喧爭，凌慢有司，不修法度，有一于此，並請解退」（《唐會要》卷六六）。除主簿外，各館還設有知館博士，亦負責管束生員紀律事。「如生徒無故喧競者，仰館子與業長通狀領過，知館博士則準監司條流處分，其中事有過悞，眾可容恕，監司自議科決。自有悖慢師長，強暴鬥打，請牒府縣錮身，遞送鄉貫」（同上）。㉔假違程限　指超越假期規定，不按時返回者。唐時法定之節假日，有元正、冬至各給假七日，寒食通清明四日，八月十五日、夏至及臘各三日，此外每旬給假一日，以及其他例行之假日。㉕受事發辰　指由錄事登錄所受發公文之日期，以為事後勾檢其程限是否符合規定之依據。

【語　譯】〔國子監：〕丞，定員一人，品秩為從六品下。隋煬帝大業三年，在國子寺設置丞三人，品秩為從六品。大唐簡省改為一人。

主簿，定員一人，品秩為從七品下。北齊在國子寺設有主簿等吏員，隋時定員為一人，本朝因承隋制。

錄事，定員一人，品秩為從九品下。北齊在國子寺設有錄事等吏員，隋時定員為一人，本朝因承隋制。

丞主管國子監內部的日常事務。凡是六學館的生員，每年有完成了學業上報到國子監的，由司業和祭酒一起對他們進行考試。赴禮部應試明經科的，要考帖經、口試和經義的策試；應試進士科的，帖經要帖一部中經，試作雜文二篇，時務策題目五道，答案必須徵引經義和史事。至於明法、明書和算學等科，亦都考試與各自專業相關的課本。考試登第的，由丞報告祭酒，然後上報給尚書省禮部，以參加當年冬季禮部的貢試。關於考試的方法，都依照原來由考功郎中主持貢試時的各項規定，另外再增加一項口試。合格的標準是，明經科帖經，十條要通過八條以上；明法、明書科都是通過九條以上。

主簿的職掌是，保管國子監的印章，勾檢監內各項事務。凡是六學館的生員，有不聽從師教等劣行的，主簿可以報告祭酒，取消他的學籍。學員中，有連續三年結業考試不及格的，學滿九年，以及明律科學滿六年還不能考試結業的，亦可以勒令他退學。如果有假期屆滿還不按時返校，或者在外作樂玩雜戲的，亦不能繼續留館學習。只有彈琴和學習射技，不在禁止之列。

錄事掌管登錄每日所收發的公文的日期。

【說　明】就本章所敘述的唐代對六學生員的考核和管理，略作一點補充說明。

關於生員的來源。主要是國子、太學、四門三學，以及後來增設廣文四館的生員，由於結業後即可應舉進入仕途，故其出身有諸多限制。如國子規定須三品以上子弟，太學為五品以上子弟，四門為七品以上子弟，諸州縣學亦得是八、九品官之子弟。庶人出身的就要困難得多，除了年齡必須在二十一歲以下，且精神通悟有文辭史學的素養這些基本條件，還得經由規定的機構選拔，才能入學。如若入國子監所屬的學館，須由尚書省禮部選補，入州縣之學，由地方長官選補。所以稱選補，是因為各學館生員皆有定額，通常總是滿員的；只有在或因禮部考試及第等待吏部選官，或因違紀而被舉免而出現缺額，才允許選拔補充。選補有規定的程序。穆宗長慶二年（西元八二二年），國子祭酒韋乾度奏稱：「請起今已後，應四館有闕，其每年請補學生者，須先經監司陳狀，請替某人闕，監司則先考試通畢，然後具姓名申禮部，仍稱堪充學生。如無監司解申，請不在收管之限。」（《唐會要》卷六六）

關於教學與紀律。國子監生員專業的劃分，主要是進士與明經兩科。年限以所學之經來確定，一般是大經三年，中經二年，小經一年半，《孝經》、《論語》一年。教學方法，由於明經先試帖經，所以強調首先是記憶背誦，然後再講解經義。《學令》就是這樣規定的：「諸生先讀經文通熟，然後授文講義。」學生要考核及格才有假期：「每旬放一日休假，前一日博士考試，其試讀每千言，內試一帖，帖三言。講義者，每二千言內問大義一條，總試三條，通二為及第，通一及不全通者，酌量決罰。」決罰的內容之一，便是取消其假期。學業完成後，在國子監參加結業考，連續三年下第者，退學。在監的年限總的不得超過九年。據《唐會要》卷六六載錄的材料，在憲宗元和元年（西元八〇六年）出現了「比來多改名卻入」的情事，也就是超過了九年，來個改名換姓，繼續學習。為此國子祭酒馮伉奏請：「起今以後，如有此類，請退送法司。」凡在監學生，膳食和住宿都由官給。但這是有條件的：必須學有長進。學滿一年，若在考核中其學業「等第不進者，停廚，庶以上功，示其激勸」（同上）。平時對生員的紀律約束，由國子監主簿執掌。違紀情節最嚴重的是冒犯師長、打架鬥毆，可以「牒府縣錮身，遞送鄉貫」。

關於結業與應舉。唐代國子監、弘文館、崇文館以及州縣學館的生員，凡學業已成，考試合格後，分別由所屬貢舉，參加禮部主持的科舉考試，也稱省試，這既是對學校教學成果的最後鑑定，又是與學子前途命運攸關，自然要引起全體師生的分外關切。大體說來，李唐立國之初，正是用人之際，能通一大經以上的，便可署吏；開元以後，官僚隊伍本已擁擠不堪，經科舉考試而入仕的通道變得越來越狹窄。開元十七年（西元七二九年）國子祭酒楊瑒為此而上的奏疏，便頗有點不滿情緒：「監司每年應舉者，常有千數，簡試取其尤精上者不過二、三百人，省司重試，但經明行修即與擢等，不限其數。自數年以來，省司定限天下明經進士及第，每年不過百人，兩監惟得一、二十人。若常以此數而取，臣恐三千學徒虛廢官廩，兩監博士濫糜天祿。臣竊見流外入士，諸色出身每歲尚二千餘人，方於明經進士多十餘倍，自然服勤道業之士，不及胥吏浮虛之徒。」（《冊府元龜》卷六〇四）從這一條奏疏中可見開元時兩京的國子監，所屬諸學，每年報監應試的有千餘人，在監的生員開元時有二、三千人，通過國子監考試的不過二、三百人，這二、三百人由國子監報送禮部參加省試。原來禮部貢試及第沒有限額，自開元起，明經進士及第每年限取一百人，有了這個限額，兩監的學生每年只有一、二十人可以通過省試，難怪楊祭酒要為此鳴不平，認為每年流外入流有二千人，是此等「浮虛之徒」侵奪了莘莘學子的仕途。實際上，為當時士族所輕視的流外官，他們之中有幸得以入流者，須積以年勞，按次一步一步升遷，那是一條更長期、更艱難的狹窄通道。在進士和明經這二科中，又以進士最為人崇慕，也最難考，百人中僅取一、二人，故有「三十老明經，五十少進士」之嘆。唐代每次參加進士科考試的多則二千人，少則不減千人，每次能錄取的不過三十人左右，唐文宗曾召令禮部：「歲取登第者三十人，茍無其人，不必充其數。」（《新唐書・選舉上》）先是通過國子監這樣一種教育體制，誘迫千萬學子進入一切為應試做官的樊籠，然後驅趕他們去擠軋那僅有百分之一、二希望的科舉考試獨木橋，於是便有了因終生與進士無緣而抑鬱早逝的中唐奇才李賀的悲劇，後來還有吳敬梓筆下的范進、魯迅筆下的孔乙己的悲劇。

國子博士・太學博士・四門博士・國子直講

【篇　旨】本篇敘述國子、太學、四門三學館的博士和助教的定員、品秩、沿革及職掌；篇末還敘述了直講的定員和職掌，以及招收大成的員數和參加吏部試、登第放選等相關規定。

在唐代，國子、太學、四門三學是為皇室帝胄和不同品秩官員子孫入學而設的學校，國子取在京文武三品以上之子孫，太學取五品以上之子孫，四門取七品以上之子孫。三學都是官辦的貴族子弟學校，其建置各有漫長的歷史沿革過程。太學之名，起始於西漢武帝設置博士弟子員，其學員由郡國縣官的推薦，年十八以上、儀狀端正即可，後來便稱此為太學。正式以國子名學，始於西晉咸寧四年（西元二七八年），此後國子學便成為帝室胄子之學。至於四門學，則始建於北魏遷都洛陽以後，當時僅為對兒童進行啟蒙識字教育的小學，至唐代才發展成為品級次於國子、太學的又一所貴族學校。對三學的沿革情況，我們在篇中相關章節之末分別作了說明，供讀者參閱。在三學沿革過程中，其生員出身從無貴賤限制到明確規定有官品等級限制，是一個特別值得注意的現象。在唐代，三學中唯有四門學才對庶民出身的子弟開了一扇小門：「開元二十一年（西元七三三年）五月勅：若庶人生年二十一已下，通一經已上及未通經，精神通悟有文詞史學者，每年銓量舉選，所司簡試，聽入四門學，充俊士。」當然，這種機會非但稀少，而且不懂得如今通稱的「關係學」，尋常百姓子弟即使「精神通悟」也未必就能入學。不過歷史的發展，往往會走向當權者們主觀願望相反的方向。學校官辦，教育權壟斷的結果，一是導致自身的腐敗，二是從反面促進了私學的發展。耐人尋味的是，像柳宗元這樣的中唐著名政治家、文學家，其所受的卻偏偏不是官學，而是「鄉閭家塾」即私學。（詳三章末說明）

國子、太學、四門的教師稱博士和助教，本篇一章原注敘述了博士之稱的歷史沿革。博士原為對學識淵博者的泛稱，至戰國因齊、魏、秦等國設了博士之官，這才成了官稱。秦漢都有博士員，只是備顧問的閒職；漢武帝設五經博士及博士弟子員後，博士逐漸成為專經講授的教職。漢代五經的傳授各有師法和家法，要立於官學，才能取得法定的壟斷地位，而只要成為博士和博士弟子員，便已踏上了入仕超遷的捷徑。隋唐時期博士的職掌主要是講授五經。唐太宗時，奉命參預編撰《五經正義》的便主要是國子、太學、四門的博士和助教們。三學中負責教學的除博士、助教外，還有直講，本篇四章有簡略介紹。直講的職務相當於現今大學之教學輔助人員，地位低於博士、助教，其俸祿、賜會僅同於諸司直官之例。

唐代國子、太學、四門生員規定的課本是正經九部，分大、中、小三等，其中《禮記》、《春秋左氏傳》屬大經，《毛詩》、《周禮》、《儀禮》屬中經，《周易》、《尚書》、《春秋公羊傳》、《春秋穀梁傳》為小經。此外，《孝經》和《論語》作為兼習。學習期限，大經一般為三年，中經二年，小經為一年半，唯《周易》為二年，《孝經》、《論語》合起來需一年。一個學生必須學完二中經或一大經、一小經，若以二中經計則需四年，加上兼習《孝經》、《論語》的一年，大體上以五年時間完成全部學業。學生入學時，須行束脩之禮，學習期間有嚴格的考試制度和學習紀律。在漢代，學生如果完不成學業，可以終身在學校學習；而唐代則規定，若是九年尚不能完成學業，即取消其學籍。結業考試及第的，由國子監上報禮部參加貢試；貢試及第後，便取得了赴吏部銓選步入仕途的資格。其中若有資質特別聰明願意深造的，亦可以被推選回國子監繼續攻讀，稱為「大成」，本篇四章中對此有簡略介紹。

一

國子博士二人❶，正五品上。《漢書·百官表》❷云：「博士，秦官也❸，掌通古今，秩比六百石❹，員多至數十人。武帝置五經博士❺，宣帝稍增員十二人❻。」《漢儀》❼云：「文帝博士七十餘人，為待詔❽。博士，朝服，玄端章甫冠❾。」司馬彪〈百官志〉❿：「博士十四人⓫。」魏以太常統太學博士、祭酒⓬。晉初置博士十九人⓭，咸寧四年立國子學，置國子博士一人⓮。晉官品第六，介幘⓯，兩梁冠⓰，服、佩同祭酒⓱。宋、齊無所改作⓲。梁置國子博士二人，為九班⓳。陳品第四，秩千石。後魏初，國子博士從五品上；太和二十二年，增為第五品⓴。北齊置國子寺，有博士五人，品第五㉑。隋初，國子隸太常，置博士五人㉒；大業三年，置國子監博士一人，正五品㉓。皇朝增置二人㉔。

助教二人㉕，從六品上。晉武帝初立國子學㉖，置助教十五人，官品視南臺御史㉗，服同博士㉘。東晉孝武損為十人㉙，宋、齊並同㉚。梁班第二㉛。陳品第八，秩六百石。後魏第七品㉜。北齊置十人，品同後魏㉝。隋初置國子助教五人，從七品下；大業三年，減置一人㉞。皇朝增置二人。

【章　旨】敘述國子博士、助教之定員、品秩和沿革。

【注　釋】❶國子博士二人　《舊唐書·職官志》同此，《新唐書·藝文志》則作「國子學博士五人」。❷漢書百官表　《漢書》，東漢班固撰，一百篇，分一百二十卷，我國第一部紀傳體斷代史。除本紀、列傳外，設有八表十志，〈百官表〉即八表之一，全稱〈百官公卿表〉。敘述秦漢官制沿革，並排比漢代公卿大臣之升降遷免，簡明而扼要。❸博士秦官也　博士，原是對通達之士之泛稱，戰國時齊、魏、秦等國均置有博士官，因而成為官稱。秦始皇時有博士七十人，二世時有博士三十餘人，有名可考者十二人，見於《史記》、《漢書》者為周青臣、淳于越、伏勝、叔孫通、羊子、黃疵、正先；見於他書者為桂貞、李克、盧敖、圈公、沈遂。可知其學派者有八人，而儒家居其六，可見博士多數為儒生。散見於《史記》的博士官事跡，多屬議政或禮官性質。❹秩比六百石　秦、漢為月俸六十斛。《後漢書・輿服志》注引《東觀書》稱：東漢博士秩六百石。《漢舊儀》云：「博士冠兩梁。」二千石以下至小吏冠一梁。《晉書・百官表》注曰：「博士秩卑，以其傳先王之訓，故尊而異之，令服大夫之冕。」《漢書・惠帝紀》：「吏六百石以上」，「有罪當盜械者，皆頌繫」，即享有減刑、減賦之優待。漢之朝儀規定吏六百石以上方可朝駕，即可參議朝政。「朝賀位次中都官，史稱先生」（《藝文類聚》卷四六）。❺武帝置五經博士　武帝，西漢皇帝劉徹，在位五十四年，終年七十一歲。漢代設置博士官，始於文帝。東漢趙岐《全後漢文》卷六二：「孝文皇帝欲廣游學之路，《論語》、《孝經》、《孟子》、《爾雅》皆置博士，後罷傳記博士，獨立五經而已。」按《論語》、《孟子》等漢初尚屬子書，不在經書之內，其所設博士稱傳記博士。文帝時，亦已設專治一經之專經博士，如治《詩》博士有魯人申培，燕人韓嬰，景帝時又有齊人轅固；治《公羊春秋》有博士董仲舒、胡母生，治《書》有博士伏勝弟子張生等。故在漢武帝以前，《詩》、《書》、《春秋》三經已置博士。《漢書・武帝紀》載：建元五年（西元前一三六年）春「置五經博士」，即除文帝時已置《詩》、《書》、《春秋》三經博士外，又增置《易》、《禮》二經博士。武帝時博士可考者二十二人，可知其專長者十七人。其中治《魯詩》者有魯賜、徐偃、周霸、夏寬、繆生、闕門慶忌、大江公七人，皆係申培弟子；治《韓詩》者為韓商，治《書》者有孔延年、孔安國、歐陽高三人，治《易》者為田王孫，治《禮》者為高堂生，治《公羊春秋》者有董仲舒、公孫弘二人。又申培傳《魯詩》與《穀梁春秋》，故其諸弟子中當有兼治《穀梁》者，所以不見《齊詩》，可能當時無可代表人物。綜上，武帝時五經博士當有七家：《詩》有齊、魯、韓三家，《書》、《易》、《禮》、《公羊春秋》各一家。七家各設博士官一員，有空缺則遞補。而《穀梁春秋》其時尚未設專經博士，只是兼治。❻宣帝稍增員十二人　宣帝，西漢皇帝劉詢，初名病已，字謀，武帝曾孫，戾太子之孫。昭帝卒而無子，先立昌邑王，旋廢，繼由病已嗣昭帝，在位二十五年，壽四十三。武帝所設之五經七家官學，歷昭宣二世，又繁衍出一些新的流派。在宣帝初年，《易》先增加了施、孟二派，至甘露三年（西元前五一年）詔諸儒於石渠閣講五經異同，「乃立梁丘《易》，大、小夏侯《尚書》，《穀梁》春秋博士」（《漢書・宣帝紀》）。又《漢書・楚元王傳》劉歆云：「往者博士《書》有歐陽，《春秋》公羊，《易》則施、孟，然孝宣皇帝猶後立《穀梁春秋》、梁丘《易》，大、小夏侯《尚書》。」這樣石渠閣會議前後所增五家，加上武帝時之七家官學，合十二家，即：《詩》齊、魯、韓，《書》歐陽和大、小夏侯，《易》施、孟、梁丘，《禮》后，《春秋》則是公羊和穀梁。十二家各設博士一人，共十二博士。十二博士齊備於黃龍元年（西元前四九年），即石渠閣會議一年以後。❼漢儀　即《漢舊儀》。《隋書・經籍志》著錄有「《漢舊儀》，四卷，漢衛宏撰」。宏字敬仲，東漢光武時曾任議郎。其書以載西漢之制為限，主要敘述官制，兼及禮儀制度。原書有注，《史記》、《漢書》注中所引《漢儀注》者即是。宋・陳振孫《直齋書錄題解》、元・馬端臨《文獻通考》、明《永樂大典》均題其書名為《漢官舊儀》，皆以其所載為西漢之官制及儀注，並非原書之書名。❽文帝博士七十餘人為待詔　文帝，西漢皇帝劉恒之，字常，劉邦之子。在位二十三年，終年四十六歲。博士七十餘人，文帝為網羅士人，設專書專經博士，至七十餘人，超過了秦始皇博士員七十。待詔，秦官名，具員備顧問而已。如叔孫通，「秦時以文學徵，待詔博士」（《漢書・叔孫通傳》）。漢承秦制，文帝時，「諸博士具官待問，未有進者」（《漢書・儒林傳序》）。漢武帝時仍有待詔之名，如公孫弘，曾以賢良徵為博士，因使匈奴不合上意而負歸，後又至太常對策，因列為第一而再次拜為博士，令「待詔金馬門」，實際只是具員，以備皇帝隨時顧問。又如朱買臣，曾拜中大夫，後因「坐事免，久之召待詔」；買臣不是博士，只是待詔，不僅無具體職務，也無俸秩，故不得不「常從會稽守邸者寄居飯食」（《漢書・朱買臣傳》）。❾玄端章甫冠　玄端，亦作元端。緇布禮服。天子服之以燕居，諸侯服之以祭宗廟，卿大夫、士朝服玄端，夕服深衣。此服端正寬大，正幅不削。其士之衣袂皆二尺二寸，衣長亦二尺二寸，黑色，故名。三禮皆有記，如《周禮・春官・司服》：「其齊服有玄端。」章甫冠，殷代緇布禮冠，大夫服之。《釋名・釋首飾》：「章甫，殷冠名也。甫，丈夫也，服之所以表章丈夫也。」《禮記・儒行》：「丘少居魯，衣逢掖之衣。長，居宋，冠章甫之冠。」孫希旦《禮記集解》：「章甫，殷玄冠之名，宋人冠之。所謂脩其禮物也。孔子既長，居宋而冠。冠禮，始冠緇布冠，既冠而冠章甫，固其俗也。」❿司馬彪百官志　司馬彪，字紹統，河內溫縣（今河南溫縣）人，西晉皇族。著《續漢書》八十卷，論東漢史事，紀、志、傳均備。南朝梁劉昭注宋范曄所著《後漢書》時，移司馬彪《續漢書》之志八篇三十卷與范著合為一書，至北宋二書正式合刊為一書，故今本范著《後漢書》中志，即司馬彪《續漢書》之志。〈百官志〉，即《續漢書》八篇志之一，共五卷。⓫博士十四人　指東漢設有十四博士。《後漢書・儒林傳》：光武中興，「立五經博士，各以家法教授。《易》有施、孟、梁丘、京氏，《尚書》有歐陽、大小夏侯，《詩》齊、魯、韓，《禮》大、小戴，《春秋》嚴、顏，凡十四博士」。《後漢書・百官志》本注與《漢舊儀》所列之十四博士，與上文完全一致。西漢宣帝時設十二博士，至元帝又增京氏一家，在平帝及新莽時，曾立《樂經》博士，增至三十員。東漢承襲的是宣帝時之博士制度，稍加損益，恢復了元帝所立之京氏《易》，《禮》由一分為二，置大、小戴，《春秋》廢穀梁，而公羊則由一分為二，置顏、嚴二氏。光武帝所建立之五經十四博士制，直至漢末再未有大的改變。《續漢書・百官志》本注稱十四博士「掌教弟子，國有疑事，掌承問對」。⓬魏以太常統太學博士祭酒　太常，秦稱奉常，漢景帝時更名為太常。秦漢皆以太常統博士、祭酒。魏承漢制。魏文帝黃初五年（西元二二四年）夏四月，「立太學，制五經課試之法，置《春秋穀梁》博士」（《三國志·魏志·文帝紀》）。明帝太和二年（西元二二八年）詔曰：「尊儒貴學，王教之本也。自頃儒官或非其人，將何以宣明聖道？其高選博士，才任侍中常侍者。申敕郡國，貢士以經學為先」（同上書〈明帝紀〉）。魏國始建時，王郎曾為奉常，其子王肅，曾以常侍領秘書監，兼崇文觀祭酒，正始元年（西元二四〇年）遷太常。魏置博士十九員，各分掌何經，史著無詳錄，博士事跡則多有記載。如《魏志·杜畿傳》注引《魏略》云：「樂詳，字文載，時杜畿為太守，亦甚好學，署詳文學祭酒，使教後進，於是河南學業大興。至黃初中，徵拜博士。於是太學初立，有博士十餘人，學多褊狹，又不熟悉，略不親教，備員而已。」又〈王肅傳〉注亦引《魏略》稱：「以〔董〕過及賈洪、邯鄲淳、薛夏、隗禧、蘇林、樂祥等七人為儒宗，其序曰：『從初平之元，至建安之末，天下分崩，人懷苟且，綱紀既衰，儒道尤甚。至黃初元年之後，新主乃復，始掃除太學之灰炭，補舊石碑之缺壞，備博士之員錄，依漢甲乙以考課。申告州郡，有欲學者，皆遣詣太學。太學始開，有弟子數百人。至太和、青龍中，中外多事，人懷避就。雖性非解學，多求詣太學。太學諸生有千數，而諸博士率皆麤疏，無以教弟子。弟子本亦避役，竟無能習學，冬去春來，歲歲如此。』」經東漢末之動盪，魏之博士制顯然已不復有兩漢盛況。⑬晉初置博士十九人　《晉書·職官志》載：「晉初承魏制，置博士十九人。」又云：「博士皆取履行清淳，通明典義者，若散騎常侍、中書侍郎、太子中庶子以上，乃得召試。及江左初，減為九人。元帝末，增《儀禮》、《春秋公羊》（《晉書·元帝紀》尚有《周易》——引者）博士各一人，合為十一人。不復分掌五經，而謂之太學博士。」然當時博士地位不高，秩六百石。《晉書·儒林傳》所載諸儒，如劉兆、虞喜、任旭、杜夷等，徵博士皆不就。江左初，杜夷任國子祭酒，「建武中，令曰：國子祭酒杜夷安貧樂道，靜志衡門，日不暇給，雖原憲無以加也。其賜穀二百斛」。即使任為博士之長，也還是一個清苦的差使，「安貧樂道」云云，即其證。⑭咸寧四年立國子學置國子博士一人　咸寧四年，即西元二七八年。咸寧為晉武帝司馬炎年號。《晉書·職官志》載是年「武帝初立國子學，定置博士、祭酒各一人，助教十五人，以教生徒」。又《宋書·百官志》稱：「晉初復置國子學，以教生徒，而隸屬太學焉。晉初助教十五人，江左以來，損其員。」故晉初國子學為隸於太學的一個班級。太學博士在西晉初為十九人，至江左為九人，稱為太學博士，而國子學所設博士定員僅一人，另有助教協助博士教授生徒。《太平御覽》卷二三六職官門國子祭酒條稱引《齊職儀》曰：「晉令：博士祭酒掌國子學，而國子生師事祭酒，執經，葛巾，單衣，終身致敬。」⑮介幘　漢代興起魏晉時成為文官所戴的一種長耳頭巾。幘是古代韜裹鬢髮，使之不下垂之覆巾。在額前加幘屋，在兩側加耳，以耳之長短區分文服或武服。

⑯兩梁冠　指進賢兩梁冠。進賢冠，儒者所服。前高七寸，後高三寸，長八寸，有五梁、三梁、二梁、一梁之別，以梁多為貴。兩梁為卿大夫及二千石以上冠。《後漢書·輿服志》注引荀綽《晉百官表注》：「博士秩卑，以其傳先王之訓，以故尊而異之，令服大夫之冕。」⑰服佩同祭酒　意謂博士之服飾與佩玉與祭酒相同，即亦服皂朝服，佩水蒼玉。⑱宋齊無所改作　南朝宋、齊依晉制，但也略有所異。《宋書·百官志》云：「國子祭酒一人，國子博士二人，國子助教十人。《周易》、《尚書》、《毛詩》、《禮記》、《周官》、《儀禮》、《春秋左氏傳》、《公羊》、《穀梁》各為一經，《論語》、《孝經》為一經，合十經。助教分掌。」又云：「自宋世若不置學，則助教唯置一人，而祭酒、博士常置也。」此常置之祭酒、博士乃太學之博士祭酒，非國子之博士、祭酒，因宋國子學已廢於宋明帝泰始六年（西元四七〇年），改置總明觀，設玄、儒、文、史四科。《南齊書·百官志》：太常所領官有「博士，謂之太學博士」；又有「國子祭酒一人，博士二人，助教四人。建元四年（西元四八二年）有司奏置國學，祭酒準諸曹尚書，博士準中書郎，助教準南臺御史，選經學為先。若其人難備，給事中以還明經者，以本位領」。其事因齊高帝蕭道成卒而未施行，至齊武帝「永明三年（西元四八五年）立學，尚書令王儉領祭酒。八年（西元四九〇年）國學博士何胤單為祭酒。」南朝齊建國子學後，即省總明觀。⑲梁置國子博士二人為九班　《隋書·百官志》稱：梁「國學，有祭酒一人，博士二人，助教十人，太學博士八人，又有限外博士員。天監四年（西元五〇五年）置五經博士各一人。舊國子學生限以貴賤，帝欲招徠後進，五館生皆引寒門儁才，不限人數」。又國子博士，品秩列為九班。梁於武帝天監七年（西元五〇八年）革選，改九品制為十八班制，以班多為貴，同班則以班序先後分高下。國子博士在九班的中書侍郎之下，太子庶子之上。⑳後魏初國子博士從五品上太和二十二年增為第五品　後魏初，指北魏孝文帝太和十七年（西元四九三年）所頒職員令，國子博士品秩列為從第五品上。太和二十二年，據《魏書·官氏志》當為「太和二十三年」，即西元四九九年。是年復次職員令，國子博士列第五品上。此處句末「第五品」下應增一「上」字。北魏國子學之設置，據《魏書·儒林傳序》載錄，早在太祖拓跋珪時，在北方世族儒生幫助下，便已「立太學，置五經博士，生員千有餘人。天興二年（西元三九九年）增國子太學生員三千」。至「太宗（拓跋嗣）世，改國子為中書學，立教授、博士」，盧玄、高允、張偉等曾應徵為中書博士。顯祖拓跋弘天安時（西元四六六年）在高允的建議下，「詔立鄉學，郡置博士二人，助教二人，學生六十人。後詔：大郡立博士二人，助教四人，學生一百人；次郡立博士二人，助教二人，學生八十人；中郡立博士一人，助教二人，學生六十人；下郡立博士一人，助教一人，學生四十人。太和中書學為國子學，建明堂辟雍，尊三老五更，又開皇子之學。及遷都洛邑，詔立國子、太學、四門小學」。其後在孝明帝「神龜中，將立國學，詔以三品已上及五品清官之子以充生選」；「正光二年（西

元五二一年）乃釋奠於國學，命祭酒崔光講《孝經》，始置國子生三十六人」。最後於孝武帝「永熙中，復置生七十二人，及遷都於鄴，國子置生三十六人」。故國子學在北魏最初是中書學，後稱國子學，時置時停。㉑北齊置國子寺有博士五人品第五

《隋書・百官志》稱：北齊「國子寺，掌訓教胄子。領博士五人，助教十人，學生七十二人」。又博士品秩為「第五品上」，此處句末當補一「上」字。北齊國子學建置雖較完備，但實際大多徒具形式。《北齊書・儒林傳》稱其「國學博士徒有虛名，唯國子一學，生徒數十人耳。欲求官正國治，其可得乎？胄子以通經仕者，唯博陵崔子發、廣平宋遊卿而已，自外莫見其人」。諸郡縣所立之學，亦復如此：「齊制，諸郡並立學，置博士助教授經，學生俱差逼充員，士流及豪富之家皆不從調。備員既非所好，墳籍固不關懷，又多被州郡官人驅使，縱有遊惰，亦不檢治，皆由上非所好之所致也。」北齊官學雖衰敗，私學卻頗為興盛，如《北齊書・儒林傳》稱：「幸朝章寬簡，政網疏闊，遊手浮惰，十室而九，故橫經受業之侶，徧於鄉邑；負笈從官之徒，不遠千里。伏膺無怠，善誘不倦。入閭里之內，乞食為盜；憩桑梓之陰，動逾千數。燕趙之俗，此眾尤甚。」㉒隋初國子隸太常置博士五人　據《隋書・百官志》，隋初國子寺隸太常，國子寺統國子學等。國子學設博士五人，助教五人，國子學生一百四十人。唯隋代國子之置廢，《隋書》所載前後互異。如其〈儒林傳序〉稱：「暨〔文帝〕仁壽間，遂廢天下之學，惟存國子一所，弟子七十二人」；而〈劉炫傳〉又云：「〔文帝〕開皇二十年（西元六〇〇年）廢國子、四門及州縣學，唯置太學博士二人，學生七十二人」。同一傳，二說，自相矛盾。〈百官志〉所載則為：「仁壽元年（西元六〇一年）省國子祭酒、博士，置太學博士員五人，為從五品，總知學事。」姑錄以備考。㉓大業三年置國子監博士一人正五品　大業三年，即西元六〇七年。大業，隋煬帝年號。《隋書・百官志》稱：「國子學置博士，正五品，助教，從七品，員各一人。學生無常員。」故句中「監」當是「學」字之訛。㉔皇朝增置二人　指唐將國子、博士增加到二人，即較煬帝時增一人。但《新唐書・百官志》稱：「國子學博士五人，正五品上。」又，《職官分紀》卷二一國子監條引《唐六典》正文稱：「國子博士三人，正五品上。」而其原注在「皇朝增置二人」之下，尚有「龍朔二年（西元六六二年），改博士曰宣業」一句。龍朔二年曾改博士為宣業事，《新唐書・百官志》及《唐會要》卷六六亦有記；後一書又稱：「咸亨元年（西元六七〇年）復舊。」㉕助教二人

《舊唐書・職官志》同此，《新唐書・百官志》則作「助教五人」。㉖晉武帝初立國子學　晉武帝，司馬炎，字安世，在位二十五年，終年五十五歲。咸寧四年（西元二七八年）初立國子學。㉗官品視南臺御史　句中「南臺」即蘭臺。殿中蘭臺為秘書圖籍所在，又為御史中丞居地，故御史臺亦稱蘭臺，殿中侍御史亦稱蘭臺御史。《晉書・職官志》：「殿中侍御史，案蘭臺遣二御史居殿中，伺察非法。」全句意謂助教品秩比照殿中侍御史。晉殿中侍御史品列第七。又，《南齊書・百官志》亦有

「助教准南臺御史」語，而在御史中丞條則稱「蘭臺」。㉘服同博士　指助教亦介幘，兩梁冠，皂朝服，佩水蒼玉，與博士相同。㉙東晉孝武損為十人　孝武，東晉皇帝司馬曜，字昌明，在位二十一年，終年三十五歲。《晉書・職官志》稱：「孝武太元十年（西元三八五年），損國子助教員為十人。」損，減少。㉚宋齊並同　《宋書・百官志》稱：「自宋世若不置學，則助教唯置一人。」《南齊書・百官志》：齊國子學「助教十人」。齊高帝建元四年（西元四八二年），因宋明帝於泰始六年（西元四七〇年）曾廢國學，故「有司奏置國學，祭酒准諸曹尚書，博士准中書郎，助教准南臺御史」。但同年夏，「國諱廢學，有司奏省助教以下」。㉛梁班第二　據《隋書・百官志》梁國子助教品居第二班，與太學博士同。㉜後魏第七品　北魏孝文帝太和十七年（西元四九三年）所頒之職員令未列國子助教品秩，若與太學博士同階，則應是第六品中。太和二十三年（西元四九九年）復次職令，列從第七品下，與太學博士同階。若此處係據太和後制，則應補一「下」字，為「第七品下」。㉝北齊置十人品同後魏　據《隋書・百官志》，北齊國子學助教十人，其品秩列從第七品下。㉞大業三年減置一人　大業三年，即西元六〇七年。大業為隋煬帝年號。據《隋書・百官志》，是年國子助教定員減為一人，列從七品。

【語　譯】國子博士，定員二人，品秩為正五品上。《漢書・百官公卿表》記載：「博士，是秦朝已設置的官職。」它的職掌要求學識淵博，通貫古今，以備帝王隨時諮詢顧問。俸秩是比六百石，定員多到數十人。漢武帝設置五經博士，到漢宣帝時，博士定員逐漸增加到十二人。」《漢舊儀》說：「文帝時，博士設有七十餘人，都作為待詔。博士可以穿朝服，著玄端，戴章甫冠。」司馬彪的《續漢書・百官志》說：「博士定員為十四人。」三國魏博士和祭酒歸太常統領。西晉初年，因承魏制設置博士十九人。又，西晉在武帝咸寧四年建立國子學，設置國子博士一人。晉代博士的品秩為第六品，戴介幘，進賢兩梁冠，與祭酒一樣，穿皂色的朝服，佩水蒼玉。南朝宋齊承襲晉制，沒有大的改動。梁國子博士的定員是二人，品秩列為第九班；陳則列為第四品，俸秩是一千石。北魏在初期國子博士列為從五品上，到太和二十二（三）年增加為第五品（上）。北齊設有國子寺，統領國子博士五人，品秩列為第五品。隋朝初年，國子寺歸太常寺統轄，設有國子博士五人；煬帝大業三年，又設置國子監，下統國子學，設國子學博士一人，位列正五品。本朝增加到二人。

助教，定員二人，品秩為從六品上。晉武帝初年建立國子學時，設有助教十五人，品秩比照南臺御史，服飾與博士相同。東晉孝武帝時，定員減少到十人，南朝宋、齊都因承晉制。梁代助教位列第二班，陳代為第八品，俸秩六百石，北魏第七品〔下〕。北齊時，助教定員為十人，品秩與北魏相同。隋初國子學設置助教五人，品秩為從七品下，到煬帝大業三年，減為一人。本朝加為二人。

【說明】 本章原注所敘，實為兩種不同職官的沿革：一是秦漢設置博士的沿革，一是西晉始置的國子學和國子博士、助教的沿革。故需分別作些說明。

關於博士制　博士，原是對學者的泛稱，指其學識淵博，能通達古今。到戰國末年，齊、魏、秦等國都設置了博士官，博士才由泛稱變為官稱。秦始皇時有博士官七十人，漢文帝時有博士七十餘人，其長官稱僕射，職掌主要是議政和備顧問。如秦始皇三十四年（西元前二一三年），議論新建立的秦帝國是實行郡縣制還是分封制，就有博士參加，博士淳于越主張分封制，與李斯主張郡縣制形成了對立的兩派。這是秦博士參預議政一例。另一項職掌是參預制訂或顧問禮儀。《史記・封禪書》載始皇二十八年（西元前二一九年）東巡，「徵從齊魯之儒生博士七十人至乎泰山下」，便是為了顧問有關封禪的禮制。在秦二世時期為待詔博士，曾參預議論如何對付陳勝、吳廣攻蘄入陳的事，一起參預議論的有博士諸生三十餘人。其中有個叔孫通，秦亡後，又被漢高祖劉邦拜為博士，曾為漢制訂了一整套朝儀，使劉邦嚐足了做皇帝的那種八面威風的味道：「於是高帝曰：『吾迺今日知為皇帝之貴也！』迺拜叔孫通為太常，賜金五百斤」（《史記・劉敬叔孫通列傳》）。漢文帝時，賈誼也曾任博士，因議政而遷為中大夫，還為文帝草創過禮儀。此外，秦漢時期的博士，還負責管理一部份藏書，這可以從李斯向秦始皇關於焚書的奏議中有「非博士官所職，天下敢有藏《詩》、《書》百家語者」（《史記・秦始皇本紀》）如何、如何這樣的話，得到證明。博士所藏當然是官書，可見保管圖書也是博士職掌之一。秦及漢初的博士中儒生的比例很高，但也不限於儒生，諸子專書也可以設博士。漢武帝置五經博士當是「獨尊儒術」措施之一，此後博士才成為儒家壟斷的官職，博士的職能除了參預議政和制禮及藏書外，又增加了教授、試策和出使。博士收弟子，也是戰國就有的，但那是私學，非官置。至漢代文帝、武帝二朝，先後有賈山上書和董仲舒在對策中提出建立太學，元朔五年（西元前一二四年）武帝授意丞相、御史二府討論此事，後由御史大夫公孫弘擬定了一個方案，武帝認可並付諸實施，於是建立太學，置弟子五十人，這樣在歷史上，博士首次有了官置弟子，博士成了學官，立博士的經學成了官學。此後能否立博士，便成了各個經學流派能否爭取到學術地位和政治地位的關鍵。春秋戰國時期開創的學術自由風氣至此已杳如黃鶴，經學各流派在被納入了同一條政治軌道，各派紛紛以迎合時主需要為務。這便是兩漢經學今古文之政治背景。從漢武帝時的五經七家，到漢宣帝時增至十二家，東漢光武時的十四博士，佔支配地位的主要是今文經學；古文經，儘管有劉歆的鼓吹，王莽的提倡，卻始終未能取得主導地位。由於博士是經學大師，而皇帝、太子亦需懂得一點經學，所以博士的職掌也包括進宮教授皇帝或太子。最早如劉邦任叔孫通為太子太傅，便是以儒學輔導太子。後來還有韋賢以《詩》教授幼年的昭帝，鄭寬中、張禹分別以《尚書》和《論語》教授尚為太子的成帝。東漢時，桓榮以《尚書》授太子（明帝），蕭望之雖非博士，亦曾為太子（元帝）師，以《論語》、《禮記》授之。這一制度必然衍生出整個社會尊師崇儒的社會風氣。博士弟子的員數，據《漢書·儒林傳》載錄，武帝後是不斷增加的。昭帝時太學的博士弟子「員滿百人」，宣帝末「倍增之」，元帝時已為「設員千人」，成帝時更增至「弟子員三千人」。這種趨勢，到東漢桓帝時達到了最高峰：太學的生員竟有「三萬人」（《後漢書·黨錮傳》）。儒生成為弟子員或博士後，便奠定了日後做官和升遷的基礎。博士自身雖然品秩很低，但其職尊，因而往往任職不久即可升遷，而且大多是超遷，通常一躍即為二千石。《漢書·孔光傳》稱：「博士選三科，高為尚書，次為刺史，其不通政事，以久次補諸侯太傅。」成帝時，遷尚書者有孔光，遷刺史者有翟方進，補諸侯太傅者有彭宣，三人均官至三公。所以《漢官儀》說：「博士入平尚書，出部刺史、諸侯相，次轉諫大夫。」（轉引《北堂書鈔》卷六七）同樣，在漢代博士弟子也是進入仕途的捷徑。漢博士弟子員要受博士考課，稱「射策」。早期設甲、乙兩科，後又增一丙科。《漢書·儒林傳》載：「歲課甲科四十人為郎中，乙科二十人為太子舍人，丙科四十人補文學掌故。」如何武、蕭望之、翟方進等人，便是由甲科射策而為郎。如果射策不中，可以長留太學。因而一般弟子只要進了太學，早晚總有做官的機會。對博士來說，收徒講學也是擴大影響進而提高身價的一種方式。漢代博士收徒講學，動輒有數十百人以至上千者。以漢初申培為例，他的弟子趙綰官至御史大夫，王藏官至郎中令；成為博士的有十餘人，後來也大都官至郡守或內史。所以某一儒家學派一旦立於學，經過一番經營，便可以成為一個學閥體系和官僚幫派集團。這可說是兩漢儒家經學講究師法、家法真正的內在動因。博士弟子員和太學是我國官辦教育最早的原型，它為孔子「學而優則仕」的主張開闢了一條具體貫徹實施的途徑。誠如《漢書・儒林傳》所言：「自此以來，公卿大夫士吏彬彬多文學之士矣！」千百年來，這種以教育從屬於官本位的傳統一直延續至今，可謂源遠而流長。當然，隨著時代的變化，它表現形式自然也會演化若干新的色彩，如今當官不是也講究學歷和學位了嗎？這與大陸五十年代只講出身成份也可算是一種進步，然其本質仍屬於舊體制的範疇。

關於國子學制　國子，按《周禮》原意，是指王世子及公卿大夫的子弟，所以國子學就是一所專門為少數高級貴族和官僚子弟設立的學校。它創始於西晉武帝咸寧四年（西元二七八年），此前並無國子學之稱。但在兩漢時期，博士收授弟子已形成傳統，這也可說是國子學的前身。如漢武帝「為博士弟子置五十人，復其身。太常擇民年十八以上儀狀端正者，補博士弟子。郡國縣官有好文學，敬長上，肅政教順鄉里，出入不悖，所聞，令相長丞上屬所二千石，二千石謹察可者，常與計偕，詣太常，得受業如弟子」（《漢書・儒林傳》）。對學員並無出身官品等級上的限制，只要年齡在十八以上、儀狀端正便具備了資格。東漢桓帝本初元年（西元一四六年）「梁太后詔曰：『大將軍下至六百石，悉遣子就學，每歲輒於鄉射月一饗會之，以此為常。』」（《後漢書・儒林傳》）詔書中規定秩六百石以上的官員「悉遣子就學」，似乎還有點強制性。以上史實說明，兩漢時期博士收授弟子還沒有嚴格的標準和程序，因而生員素養也較差，結果是「遊學增盛，至三萬餘生。然章句漸疏，而多以浮華相尚，儒者之風蓋衰矣」（同上）。西晉武帝正式創設國子學，可能就帶有為糾正上述弊病的意向。只是《晉書・職官志》記載過於簡略，僅言「定置國子祭酒、博士各一人，助教十五人，以教生徒」，對生員錄取標準及其員額、待遇，皆未提及。《宋書・百官志》則稱其「隸屬太學焉」，即國子學是太學中特設的一個班級，但實施情況也缺乏明文記載。惠帝時，裴頠任國子祭酒，曾「奏立太學，起講堂，築門闕，刻石寫《五經》也」（《通典・職官九》本注）。東晉成帝時袁瓌曾奏議「給其宅地，備其學徒，博士僚屬初有其官，則臣之願也」（《晉書・袁瓌傳》）。元帝多次任命杜夷為國子祭酒，杜並未就職。故晉代即使曾辦過國子學，存在的時間也很短暫。宋、齊的情況也是如此。梁設有國子學，《通典・職官九》記其事稱：「舊國子學生限以貴賤，武帝欲招來後進，五館生皆引寒門雋才，不限人數。」這說明國子學在西晉創立之初，生員的出身是有官品等級規定的，與兩漢時期不作貴賤限制的博士弟子有別。北魏國子學一度改為中書學，學館設於中書，生員為王族貴胄。至高祖太和中，又改中書學為國子學，另設皇子之學，專授王公貴族子弟，但時辦時停，未能走上正軌。北齊國子學明確規定「掌訓教胄子」，也就是貴族子弟；有博士五員，助教十人，學生七十二人。《北齊書・儒林傳》對這所貴族子弟學校有一段頗為貼切的評述：「夫帝子王孫，稟性淫逸，況義方之情不篤，邪僻之路競開，自非得自生知，體包上智，而內有聲色之娛，外多犬馬之好，安能入便篤行，出則友賢者也，徒有師傅之資，終無琢磨之實。下之從化，如風靡草，是以世胄之門，罕聞強學。」它的結論是國子學不可能辦好：「生而貴者則驕，生而富者則傲，以驕以傲其能學乎！」在北魏和北齊國子生不僅能免除徭役，而且一經入學就有品秩：北魏國子學生為第七品中，北齊為視從七品。

就國子學體制的完備而言，自然要數唐代，但那已不屬沿革範圍，我們準備放到下一章末尾去略作說明。

二

國子博士掌教文武官三品已上及國公[1]子孫、從二品已上曾孫之為生者，五分其經以為之業[2]，習《周禮》[3]、《儀禮》[4]、《禮記》[5]、《毛詩》[6]、《春秋左氏傳》[7]，每經各六十人，餘經亦兼習之[8]。習《孝經》[9]、《論語》[10]限一年業成，《尚書》[11]、《春秋公羊》[12]、《穀梁》[13]各一年半，《周易》[14]、《毛詩》、《周禮》、《儀禮》各二年，《禮記》、《左氏春秋》各三年。其生初入，置束帛一篚、酒一壺、脩一案，號為束修之禮[15]。其習經有暇者，命習隸書[16]并《國語》[17]、《說文》[18]、《字林》[19]、《三蒼》[20]、《爾雅》[21]。每旬前一日，則試其所習業[22]。試讀者，每千言內試一帖；試講者，每二千言內問義一條，總試三條，通一及全不通，斟量決罰。每歲，其生有能通兩經已上求出仕者，則上于監㉓；堪秀才、進士者亦如之㉔。

助教掌佐博士，分經以教授焉。

典學㉕掌抄錄課業。

廟幹㉖掌灑掃學廟。

【章旨】敘述國子博士、助教之職掌和唐國子學教授課程、教學方法以及束脩之禮。

【注釋】❶國公　封爵稱號之一。屬第三等，從一品，食虛邑三千戶。唐制，皇帝之子，封國為親王；親王之子，承嫡者為嗣王，嗣王之子孫承襲其封爵者，降授國公。❷五分其經以為之業　意謂每一生員必須習二經方能結業。唐制，國子監教授之經共有九經，貢試明經須通二經，即九經之五分之一強。此係約而言之。❸周禮　亦稱《周官》或《周官經》，儒家經典之一。全書以六官分為六個部份，敘述周代及戰國時各國職官制度，即〈天官冢宰〉、〈地官司徒〉、〈春官宗伯〉、〈夏官司馬〉、〈秋官司寇〉和〈冬官司空〉。其中〈冬官司空〉早佚，漢時補以〈考工記〉。東漢時先有河南緱氏杜子春作注，以經書轉相證明為此書作解；此後又有鄭玄作注，至唐有賈公彥撰《周禮義疏》五十卷。朱熹在《五經正義》中以為《周禮義疏》最佳。❹儀禮　亦稱《禮經》或《士禮》，簡稱《禮》。儒家經典之一。係有關古代冠婚、喪祭、朝聘、鄉射等禮儀之記載。傳《儀禮》者漢代有大戴、小戴、慶氏三家，鄭玄注《儀禮》十七篇其次序依劉向《別錄》，故與大戴、小戴異。鄭玄後為《儀禮》作注者有王肅、沈重等。唐初，孔穎達主持撰《五經正義》，其中《儀禮義疏》四十卷實由賈公彥撰定。❺禮記　儒家經典之一。為秦漢以前各種禮儀論著之選集，大率由孔子弟子及再傳弟子所記。據《隋書・經籍志》，漢初河間獻王所得為一百三十一篇，戴德刪其繁重，合而記之為八十五篇，謂之《大戴記》；其姪戴聖又刪大戴之書為四十六篇，謂之《小戴記》。東漢末，馬融傳小戴之學，又增加了〈月令〉、〈明堂位〉、〈樂記〉三篇，合為四十九篇；鄭玄受業於馬融，又為之作注。唐初孔穎達奉命撰《五經正義》，其中《禮記義疏》亦是以賈公彥為主撰成。❻毛詩　指毛亨所傳之《詩》。《詩》是我國最早的詩歌總集，被儒家列為經典之一，因稱《詩經》。編成於春秋時代，共三百零五篇，分風、雅、頌三類。據《史記》、《詩經》為孔子所刪定。在漢代，傳《詩》者有齊、魯、韓三家並立於朝，又有趙人毛亨（一說毛萇）善《詩》，自云係子夏所傳，作《詩詁訓傳》，是為《毛詩》古學，未得立於官。東漢又有九江謝曼卿善《毛詩》，又為之訓，衛敬仲受學於曼卿，鄭眾、賈逵、馬融並作《毛詩傳》，鄭玄作《毛詩箋》。而《齊詩》、《魯詩》先後亡失於魏晉，《韓詩》未有傳之者，故唯《毛詩鄭箋》得以傳世。唐初，孔穎達等奉敕為《毛詩》作義疏，實際成其事者則是太學博士王德韶和四門博士齊威。❼春秋左氏傳　《春秋》，儒家經典之一。為編年體史書，相傳由孔子依據魯國所編《春秋》加以整理修訂而成。起於魯隱公元年（西元前七二二年），終於魯哀公十四年（西元前四八一年），計二百四十二年。《春秋》文字簡奧，且微言大義。解釋《春秋》者，有《左氏》、《公羊》、《穀梁》三傳。《春秋左氏傳》簡稱《左傳》，儒家經典之一。相傳為春秋左丘明所作。東漢時有賈逵、服虔為其訓解，晉時有杜預作經傳集解。唐初，孔穎達奉詔撰《五經正義》，其中為《春秋左氏傳》義疏者，有國子博士谷那律、四門博士楊士勳、朱長才等。義疏專宗杜預集解，盡棄賈逵、服虔舊解。❽餘經亦兼習之　餘經，指《尚書》、《春秋公羊》、《春秋穀梁》、《周易》諸經。九經分大、中、小三等：《禮記》、《春秋左氏傳》為大經，《周禮》、《儀禮》、《毛詩》為中經，《尚書》、《春秋公羊》、《春秋穀梁》、《周易》為小經。應貢試明經科必須通二經，而二經或一大一小，或二中經。故國子生必須於上述二大、三中之內選讀一經，然後才允許選讀另一中經或小經。❾孝經　儒家經典之一。全書十八章，作者各說不一，以孔門後學所作較為合理。《隋書・經籍志》稱：「遭秦焚書，為河間人顏芝所藏，漢初芝子貞出之，凡十八章，而長孫氏、博士江翁、少府后蒼、諫議大夫翼奉、安昌侯張禹皆名其學。又有《古文孝經》與《古文尚書》同出，而長孫有〈閨門〉一章，其餘經文，大較相似。篇簡缺解，又有衍出三章，并前合為二十二章，孔安國為之作傳。至劉向典校經籍，以顏本比古文，除其繁惑，以十八章為定，鄭眾、馬融為之注。又有鄭氏注，相傳或云鄭玄，其立義與鄭玄所注諸書不同，故疑之。梁代，安國及鄭氏兩家並立國學。」唐玄宗朝，曾詔群儒學官集議《孝經》注疏，是以劉子幾辨鄭注有十謬七惑，司馬堅折孔注多鄙俚不經，其餘經注亦妄生穿鑿，於是玄宗在諸儒注中去蕪存菁，撮其義理，用為注解。於開元十年（西元七二二年）頒於全國及國子學。天寶二年（西元七四三年）玄宗又曾重注《孝經》。故開元後唐國子學所用之《孝經》即為玄宗御注本。❿論語　儒家經典之一。孔子弟子及再傳弟子關於孔子言行之記錄。西漢時有今文本《魯論》和《齊論》以及古文本《古論》三種。《隋書・經籍志》稱其始末云：「漢初，有齊、魯之說，其齊人傳者二十二篇，魯人傳者二十篇。齊則昌邑中尉王吉、少府中畸、御史大夫貢禹、尚書令五鹿充宗、膠東庸生，魯則常山都尉龔奮、長信少府夏侯勝、韋丞相節侯父子、魯扶卿、前將軍蕭望之、安昌侯張禹，並名其學。張禹本授《魯論》，晚講《齊論》，後遂合而考之，刪其繁惑，除去《齊論》〈問王〉、〈知道〉二篇，從《魯論》二十篇定，號《張侯論》，當世重之。周氏、包氏為之章句，馬融又為之訓。又有《古論語》與《古文尚書》同出，章句繁省與《魯論》不異，唯分〈子張〉二篇，故有二十一篇，孔安國為之傳。漢末，鄭玄以《張侯論》為本，參考《齊論》、《古論》而為之注。魏司空陳群、太常王肅、博士周生列皆為義說，吏部尚書何晏又為集解。」今《論語》通本係採用魏何晏之注和宋邢昺之疏。⓫尚書　亦稱《書經》，簡稱《書》，儒家經典之一。係我國古代歷史文獻和部份追述古代歷史事件著述之彙編，相傳編選者為孔子。西漢初有二十八篇，即《今文尚書》，由伏生傳授。伏生曾為秦博士，漢初惠帝時講學於齊魯間時已僅剩二十九篇，後將〈顧命〉與〈康王之誥〉合而為一，便是二十八篇，因由伏生學生以當時通行隸書寫成，故稱《今文尚書》。漢武帝時，魯恭王建室，在孔子故居壁中得一《尚書》，計四十五篇，較伏生所傳多十六篇，餘二十九篇則與伏傳大致相同。由孔子後裔孔安國獻給朝廷，因其係用古文寫成，故稱《古文尚書》。在漢代，今古文《尚書》各自形成學派，今文學派偏重於微言大義，古文學派偏重於名物訓詁，考訂制度。至東漢末年，馬融、鄭玄貫通今古文，為《古文尚書》作注，西晉永嘉之亂後皆佚而不傳。東晉時，忽有豫章內史梅賾向朝廷獻出稱為孔安國《古文尚書》共五十八篇，其中與伏生所傳《今文尚書》相同部份，因有若干篇分為上、下或上、中、下篇，故共有三十三篇；增多的二十五篇被稱為《晚書》。自東晉迄唐，大多數學者都信其為孔安國所獻之《古文尚書》。此後則有學者相繼考訂認定《晚書》係偽書，其來源是由先秦諸子所引《尚書》輯佚而成，因稱其為「偽孔本」。但《今文尚書》卻因賴有「偽孔本」而得以流傳至今，且其材料頗為豐富，可補今文之不足。唐初，由孔穎達奉詔撰定之《尚書正義》，即以梅賾所獻孔安國《古文尚書》作底本，以劉焯、劉炫之義疏為基礎，由太學博士王德韶、四門助教李子雲等撰述而成，以為國子學教授生員課本。⓬春秋公羊　亦稱《公羊傳》，儒家經典之一。舊題戰國時公羊高撰，據唐徐彥《公羊傳疏》引戴宏序文稱：「子夏傳與公羊高，高傳與其子平，平傳與其子地，地傳與其子敢，敢傳與其子壽；至漢景帝時，壽乃與齊人胡母子都著於竹帛。」漢武帝時，治《公羊》學者有胡母子都與董仲舒。《隋書·經籍志》載其傳授大概曰：「初，齊人胡母子都傳《公羊春秋》，授東海嬴公，嬴公授東海孟卿，孟卿授魯人眭孟，眭孟授東海嚴彭祖、魯人顏安樂，故東漢《公羊》有嚴氏、顏氏之學，與穀梁二家並立。」東漢末有何休，為董仲舒四傳弟子，依胡母子都之書作注，即《公羊解詁》。何休又與其師羊弼作《公羊墨守》，意謂公羊之義不可攻，如墨子之守城。另作《左傳膏肓》、《穀梁廢疾》，以難《左氏》、《穀梁》二傳。公羊側重闡述《春秋》所蘊含微言大義，對史事記載較為簡略，歷代公羊學家皆藉以議論時政。徐彥作《公羊傳疏》，但徐之年代里居皆不詳。《四庫全書總目提要》以為徐彥是中唐或唐末人，而清人王鳴盛則認為徐彥即北齊儒師之宗徐遵明，姑存此二說。傳本二十八卷，通行《十三經注疏》所收即此傳本。

⓭穀梁 即《春秋穀梁傳》，儒家經典之一。初僅口傳，西漢時才成書，體例與《公羊傳》相近，亦偏重於闡述《春秋》，其傳義之精者，或有《公羊》所弗及。有晉范寧作集解，唐貞觀中楊士勳作疏，陸德明為其序作釋文，據釋文稱：「穀梁子名淑，字元始，魯人，一名赤。受經于子夏，子夏為經作傳，故曰《穀梁》。傳孫卿，孫卿傳魯人申公，申公傳博士江翁；其後魯人榮廣大善《穀梁》，又傳蔡千秋，漢宣帝好《穀梁》，擢千秋為郎，由是《穀梁》之傳大行于世。」鄭玄《六藝論》云：「《左氏》善于禮，《公羊》善于讖，《穀梁》善于經者。」通行《十三經注疏》所收即楊士勳《穀梁傳注疏》，共二十卷。

⓮周易 亦稱《易經》，簡稱《易》，儒家經典之一。內容包括《經》和《傳》兩部份，《經》是六十四卦和三百八十四爻，卦和爻各有說明，即卦辭和爻辭。《傳》為對經的解釋和注解，共有七種十篇，即〈彖〉（上、下），〈象〉（上、下），〈文言〉，〈繫辭〉（上、下），〈說卦〉，〈序卦〉和〈雜卦〉。漢人稱之為《十翼》或《易大傳》、《周易大傳》。此十篇原皆單行，列於《經》後，不與經文相雜，今本《周易》其〈彖傳〉、〈象傳〉皆分列於六十四卦，〈文言〉分列於〈乾〉、〈坤〉二卦，而〈繫辭〉、〈說卦〉、〈序卦〉、〈雜卦〉仍獨立成篇，列於《經》後。此種編排方法或云始於東漢鄭玄，或云始於西漢費直。關於《經》之作者，相傳為伏羲畫卦，文王作辭，歷來說法不一，其萌芽期可能早在殷周之際。《傳》是對《經》最古的注解，傳說《易大傳》或《十翼》皆為孔子所作，據近人考證，大抵為戰國秦漢之際儒生所作。《周易》認為自然和社會現象的變化都是陰陽兩種力量互相作用的結果，因而以象徵天、地、雷、風、水、火、山、澤八種自然現象的符號，重疊組成六十四卦，經過一番繁複的推演程序，用來預卜天時人事之吉凶禍福。《周易》舊有鄭玄注，已佚。魏有王弼、晉有韓康伯注本。唐初，孔穎達奉敕為《周易》作義疏，以王弼注本為基礎，具體由太學博士馬嘉運、太學助教趙乾叶等共同撰定，凡十四卷，稱《周易正義》。今通行之《十三經注疏》所收《周易正義》，是後人將王弼、韓康伯的注本與孔穎達、馬嘉運所撰述《周易正義》合併而成的十卷本。

⓯束帛一篚酒一壺脩一案號為束修之禮 束帛，束為成束物計量單位，帛為絲織物。通常以束計量帛一束為五兩。以帛之兩端相向捲之為一兩，五兩亦即五疋。然也可泛指為一綑帛，則三疋、五疋不等。篚，盛物竹器。脩，乾肉。案，盛肉之几。束修，修即「脩」。束脩，專指學生向教師致送之禮物。束脩也有不同等級。皇太子入學送束帛一篚，五疋；酒一壺，二斗；脩一案，五脡，脡為直長條乾肉。國子、太學各絹三疋，四門學絹二疋，俊士及律書算學各一疋；酒皆是一壺，二斗；乾肉一案。州縣學束帛一篚，一疋；酒一壺，二斗；脯一案，五脡。束脩之收入，三分入博士，二歸助教。致送束脩時，要行束脩之禮。

⓰隸書 漢字字體名。始創於秦。秦通行之小篆雖較大篆有改進，然書寫猶感不便，「是時始造隸書矣。起於官獄多事，苟趨

省易，施之於徒隸也」（《漢書・藝文志》）。相傳由程邈把這種流行於吏曹之間的字體加以搜集和整理創造了隸書。隸書將篆書圓轉的筆劃變成方折，改象形為筆劃化便於書寫，奠定了此後楷書發展的基礎。隸書雖始於秦，普及則要到漢魏，而唐代則擴大隸書的範圍，把正書稱作今隸，以區別於漢魏古隸。此處隸書便指今隸，即唐代公私文書所用之正書。⑰國語　相傳為春秋時左丘明著，二十一卷。記西周末及春秋時期周、魯等國貴族的言論，可與《左傳》相參證。其中以晉語最詳，周、魯、楚次之，以下依次為齊、鄭、吳、越諸國語。其注存於今者唯三國時吳之韋昭注，昭自序稱兼採鄭眾、賈逵、虞翻、唐固之注。《漢書・藝文志》列為《春秋》後，《隋書・藝文志》則稱為《春秋外傳・國語》。⑱說文　全稱《說文解字》，小學類字書。東漢許慎撰。本文十四卷，敘文一卷，每卷皆分上、下，共三十卷。收字九千三百五十三，字體以小篆為主，有古文、籀文等異體，則列為重文，有重文一千一百六十三字，按文字形體及偏旁構造分列五百四十部，首創依部首檢字的方法。每字依照六書解說，大抵先釋字義，再言形體構造及注讀音，是我國第一部系統分析字形、考究字源的字書，也是世界最古的字書之一。全書注文共十三萬三千四百四十字。清人段玉裁曾為《說文》作注。⑲字林　字書，晉呂忱撰。部目依據《說文解字》，也分五百四十部，收字一萬二千八百二十四，為補《說文》漏略而作。唐時此書與《說文》並重，後亡佚。⑳三蒼　亦作《三倉》，字書。秦李斯撰《蒼頡篇》，趙高撰《爰歷篇》，胡毋敬撰《博學篇》，合稱《三蒼》，為秦統一文字時頒行之識字課本，漢初仍通行。又東漢另有一《三蒼》，晉郭璞曾為之作注，據《隋書・經籍志》著錄其構成為：秦相李斯《蒼頡篇》，西漢揚雄《訓纂篇》，東漢郎中賈魴《滂喜篇》，合而稱《三蒼》。大抵四字一句，兩句一韻，用字不重複，便於兒童詠誦識字。後皆不傳。清人孫星衍，近人王國維有輯本，王輯本較為詳備。㉑爾雅　我國最早解釋字義專著。其作者，有以為周公所著，或言仲尼所增，或言子夏所益，或言叔孫通所補，莫衷一是。近人多以為大抵由戰國秦漢之小學家綴輯舊文，遞相增益而成。今本共十九篇，其中〈釋詁〉、〈釋言〉、〈釋訓〉為一般詞語，皆古書中同義詞分類歸併為各條，每條以一通用詞作解釋；〈釋宮〉、〈釋親〉、〈釋器〉等以及天、地、魚、蟲、鳥、獸，皆為對各類諸種名物所作解釋，後世儒家常用以解釋經義。其注本有晉郭璞注，宋人邢昺作疏，並收入通行之《十三經注疏》。㉒每旬前一日則試其所習業　此句及此下原注，當係節引自唐〈學令〉。〈學令〉全文史著無錄，唯《唐會要》卷六六所載文宗太和五年（西元八三一年）十二月國子祭酒裴通奏文有所引錄，日本學者仁田井陞又據以參照日本〈養老學令〉第八條作了校補，擬定唐〈學令〉全文為：「諸學生先讀經文通熟，然後授文講義。每旬放一日休假，假前一日，博士考試。其試讀者，每千言內試一帖，三言；試講者，每二千言內問大義一條。總試三條，通二為及第，通一及全不通，斟量決罰。」從〈學令〉內容看，國子監博士授經分兩個階段：令生員熟讀經文，達到能背誦的程度，然後才授文講義。與此相應考試也分兩種形式：一是帖經，每千字帖三字；二是問大義，每二千字問大義一條。題目答對三分之二算及格。每十天考試一次，考後放假一天。但學生只有考試及格才能享受例假，不及格者非但不能放假，還要斟情處罰。這大體就是國子監日常的教學方法。㉓每歲其生有能通兩經已上求出仕者則上于監　通兩經，指一大經、一小經或兩中經。通兩經方能應明經試。國子學每歲以其能通兩經之生上報於國子監，再由國子監考試，及格者申報於尚書省禮部，最後由省司重試。省試及第者即取得了明經出身，可赴吏部參選，從而步入仕途。㉔堪秀才進士者亦如之　意謂國子學生中，能應秀才科、進士科考試者，亦可上報於國子監。秀才科須考方略策五道，進士科則先帖一經，然後試雜文及策。㉕典學　據本卷卷目，國子學設典學四人。㉖廟幹　據本卷卷目國子學設廟幹二人。

【語　譯】國子博士的職掌是，負責教授從在京三品以上文武官員和封爵為國公的子孫中，以及從二品以上官員的曾孫中錄取的國子生。生員的學業是要學通九部經典的五分之一，也就是兩部。學習《周禮》、《儀禮》、《禮記》、《毛詩》和《春秋左氏傳》，每部經的名額限定為六十人。其餘四部經亦需要兼習。學習《孝經》、《論語》的期限是一年完成學業，學習《尚書》、《春秋公羊傳》、《春秋穀梁傳》各為一年半，《周易》、《毛詩》、《周禮》、《儀禮》各為二年，《禮記》、《春秋左氏傳》各為三年。生員初次入學時，要向教師行束脩之禮，送束帛一篚，酒一壺，乾肉一案。生員習經有閒暇的，要讓他們練習隸書，以及閱讀《國語》、《說文》、《字林》、《三蒼》和《爾雅》。每十天放一天假。放假前一日，由博士測試生員在這十天裡所教習的學業。對熟讀經文的測試，是每一千字之內出一道帖經題；對授文講義的測試，是每二千字之內問經文大義一條。總起來每測試三條，能通過二條的算及格，只通一條和全不通的，要斟量給予處罰。每年，國子學生員中，有能通過兩經以上而要求應試進入仕途的，就要將名單上報給國子監；能應試秀才、進士這兩科的，也同樣可以上報國子監。

助教的職掌是，佐助博士分擔教授某些經籍。

典學的職掌是抄錄課業。

廟幹的職掌是灑掃學廟。

【說　明】唐在立國之初高祖武德元年（西元六一八年）就建立了國子學。當時確定學員的名額為七十二人。貞觀時可能有所增加，具體員數不見記載。中宗神龍元年（西元七〇五年），學生定員有三百人。安史之亂後，百廢待興，國子學自然也處於衰落中。到憲宗時才有所恢復，元和元年（西元八〇六年）西京國子學的定員為八十員，東都為十五員。

不可否認，在國子學的發展史上，唐代，尤其是前期，應是它的最佳時期，無論學制的完備和教學的成效，都以這個時期最為突出。但如果我們對相關資料仔細作點分析，還是可以從學和教兩個方面看到它固有的一些弊病。正如《北齊書·儒林傳序》中說的：「夫帝子王孫，稟性淫逸」，因而「世胄之門，罕聞強學」。這些自幼生活在錦衣美食、聲色犬馬中的特殊學生，究竟能有幾個肯用心讀書呢？在太宗諸子中，曾立為太子、後被廢為庶人的承乾是不好學的，魏王泰因編撰《括地志》而有一點讀書名聲，其他就大都與書籍無緣。高宗諸子中，李弘、李賢倒是好學的，讀過不少儒家經典，但他們都不為武則天所喜歡，一個被她毒死，一個被她逼死。中宗李顯是個低能兒，不學無術。睿宗李旦還能讀一點書，史家稱其「好學，工草隸，尤愛文字訓詁之書」（《舊唐書》本紀）。比較起來，玄宗李隆基，其早年不僅自己好學，且「旁求宏碩，講道藝文」（《舊唐書》本紀史臣贊語），對六學之事也倡導頗多，開元七年（西元七一九年）還讓太子詣國子學行齒胄之禮。大體說來，唐代國子學在太宗時期和高宗初期以及玄宗前期，都還比較興旺，其他時間大都徒有其名。所以光宅元年（西元六八四年）武則天剛稱制時，時任右拾遺的陳子昂便上疏稱：「國家太學之廢，積以歲月久矣。學堂蕪穢，略無人蹤，詩書禮樂，罕聞習者」；建議「何不詔天下胄子，使歸太學而習業乎！斯亦國家之大務也」（《唐會要》卷三五）。但此時的武后正忙於鞏固自己地位，又加國學積弊日久，很難有根本改變。至聖曆二年（西元六九九年）鳳閣舍人韋嗣立再次上疏：「國家自永淳以來，二十餘載，禮樂廢散，胄子棄缺，時輕儒學之官，莫存章句之選，貴門後進，競以僥倖升班，寒族常流，復因凌弛業，考試之際，秀茂罕登」，因而治國人才短缺，建議「追集王公已下子弟，不容別求仕進，皆入國學」（同上）。這一年武則天已七十五歲，衰朽昏虐，韋嗣立的這一奏疏還能指望有什麼效果呢？

再看師資的情況。唐初，國子學博士、助教都還頗有一些人才。著名的如孔穎達，在貞觀初曾任國子博士；陸德明，先是國子助教，後來歷太學博士，貞觀中拜國子博士；司馬才章，曾任國子助教。在國子博士和國子助教中，有不少人曾參預編撰《五經正義》。高宗後期，人才日趨稀落，安史之亂以後，更是一片凋零。代宗大歷五年（西元七七〇年）國子司業歸崇敬在奏疏中提到「自艱難以來，頹門業廢，請益無從，師資禮虧，傳授義絕」；建議設置專經博士，為《禮記》、《左傳》、《周禮》、《儀禮》、《毛詩》、《尚書》、《周易》等各置博士一員，《公羊》、《穀梁》通置博士一員，並要求「國子、太學、四門三館各立五經博士」（《唐會要》卷六六）。這一份奏疏，也只是畫餅充饑，並無付諸實施，這從《職官分紀》卷二一國子監五經博士條注文中可以看出：「舊無五經學科，自〔德宗〕貞元五年（西元七八九年）二月，特敕置三禮、開元禮科，〔穆宗〕長慶二年（西元八二二年）二月，始置三傳、三史科，復又置五經博士。」決定設置五經博士已經是穆宗長慶時期，不過這也還只是敕令上這麼說，是否真能設置起來，又是另一個問題。此後，在文宗太和七年（西元八三三年）和開成元年（西元八三六年），都有國子祭酒奏請置五經博士各一人事，直到開成四年（西元八三九年）中書門下又奏：「置五經博士，以獎頹門之學，為訓胄之資，必在得人，不限官次，今定為五品俸入。」（以上均據《唐會要》卷六六）這回該是實施了的，因為《新唐書·百官志》作了這樣記載：「國子學博士五人，正五品上」；「五經博士各二人，正五品上。掌以其經之學教國子。《周易》、《尚書》、《毛詩》、《左氏春秋》、《禮記》為五經，《論語》、《孝經》、《爾雅》不立學官，附中經而已。」所據當是文宗開成制，故與本書本章所載相異。

三

太學博士三人❶，正六品上。東晉元帝增置國子博士十六人，謂之太學博士❷，品、服同國子博士❸。梁置太學博士八人❹，班第二❺。陳品第八，秩六百石。後魏初，第六品中❻；太和二十二年，從第七品❼。北齊國子寺有太學博士十人，從第七品❽。後周置太學博士下大夫六人，班第四❾。隋初置太學博士五人❿。仁壽元年罷國子，唯立太學，置博士五人⓫，從五品；大業三年減置二人，降為從六品⓬。皇朝增置三人⓭。

助教三人⓮，從七品上。後魏置太學助教，第八品中⓯。北齊國子寺有太學助教二十人，從第九品下。後周置太學助教上士六人，三命⓰。隋初，太學助教五人，正九品下⓱；大業三年，減為二人。皇朝增置三人。

太學博士掌教文武官五品已上及郡縣公⓲子孫、從三品曾孫之為生者，五分其經以為之業，每經各百人。其束脩之禮⓳、督課⓴、試舉㉑，如國子博士之法。

助教已下並掌同國子㉒。

【章旨】敘述太學博士和助教之定員、品秩、沿革及職掌。

【注釋】❶太學博士三人　《舊唐書．職官志》同此，《新唐書．百官志》作「太學博士六人」。《通典．職官九》則稱唐因隋制，而隋於文帝時太學博士有五人，煬帝時減為二人。❷東晉元帝增置國子博士十六人謂之太學博士　元帝，東晉皇帝司馬睿，字景文。在位五年，終年四十七歲。《晉書．職官志》稱：「元帝末，增《儀禮》、《春秋公羊》（《晉書．元帝紀》尚有《周易》——引者）博士各一人，合為十一人。後又增為十六人，不復分掌《五經》，而謂之太學博士也。」❸品服同國子博士　意謂太學博士之官品及服飾與國子博士相同。晉國子博士官品第六，介幘，進賢兩梁冠，皂朝服，佩水蒼玉。又，《宋書．百官志》則稱太學博士「秩六百石」。❹梁置太學博士八人　據《隋書．百官志》，梁除太學博士八人外，「又有限外博士員」。❺班第二　梁武帝天監七年（西元五〇八年），徐勉為吏部尚書，改九品制為十八班制，以班多為貴。同班者，則以班序先後分高下。太學博士列十八班之第二班。❻後魏初第六品中　北魏孝文帝太和十七年（西元四九三年）所頒職員令，太學博士列第六品中。❼太和二十二年從第七品　據《魏書・官氏志》當為太和二十三年（西元四九九年）。是年復次職員令，太學博士列從第七品下。句末「品」下似應補一「下」字。❽北齊國子寺有太學博士十人從第七品　《隋書・百官志》載：北齊國子寺太學博士十人，品秩為從第七品下。太學生二百人。北齊任太學博士者有鮑季詳等。❾後周置太學博士下大夫六人班第四　據《通典・職官二十一》，北周設太學博士下大夫六人，屬春官府之樂部，品秩為正四命。北周任太學博士下大夫者，見《周書》及《隋書》儒林傳，有樊深、樂遜、楊尚希、何妥等。❿隋初置太學博士五人　據《隋書・百官志》，隋初太學博士定員五人，太學生三百六十人。開皇初年，隋文帝「徵山東義學之士，〔馬〕光與張仲讓、孔籠、竇士榮、張黑奴、劉祖仁等俱至，並授太學博士，時人號為六儒」（《隋書・儒林・馬光傳》）。⓫仁壽元年罷國子唯立太學置博士五人　仁壽元年，即西元六〇一年。仁壽為隋文帝楊堅年號。《隋書・百官志》稱：「仁壽元年，罷國子學，唯立太學一所，置博士五人，從五品，學生七十二人。」然《隋書・儒林・劉炫傳》則謂：「開皇二十年（西元六〇〇年），廢國子、四門及州縣學，唯置太學博士二人，學生七十二人。」⓬大業三年減置二人降為從六品　大業三年，即西元六〇七年。大業為隋煬帝年號。《隋書・百官志》稱是年置「太學博士、助教各二人，學生五百人，至是太學博士降為從六品」。⓭皇朝增置三人　指唐朝太學博士定員由隋大業時之二人增至三人。⓮助教三人　《舊唐書・職官志》同此，《新唐書・百官志》則作「助教六人」。⓯後魏置太學助教第八品中　《魏書・官氏志》所載北魏孝文帝太和十七年（西元四九三年）職員令，太學助教列第八品中。⓰三命　據《通典・職官二十一》，北周太學助教上士為「正三命」。此處「三」上似脫一「正」字。⓱正九品下　據《隋書・百官志》，隋太學助教之品秩為「正九品上」。⓲郡縣公　唐代封爵名。郡公，正二品，食邑二千戶。縣公，從二品，食邑一千五戶。⓳束脩之禮　太學生束脩之禮與國子生同，即帛一篚為絹三疋，酒一壺為二斗，脩（乾肉）一案為五脡。⓴督課　指對太學生學業之督察與考核。唐時督課之依據為〈學令〉，原文史著無錄，唯《唐會要》卷六六載文宗時國子祭酒裴通奏文有所引述，日本學者仁田井陞又據以參照日本〈養老學令〉作了校補，擬定唐〈學令〉全文為：「諸學生先讀經文通熟，然後授文講義。每旬放一日休假，假前一日，博士考試。其試讀者，每千言內試一帖，三言；試講者，每二千言內問大義一條。總試三條，通二為及第，通一及全不通，斟量決罰。」㉑試舉　指由尚書省禮部主持的貢舉考試。太學生與國子生一樣，每歲若能通兩經以上，或能應秀才、進士試者，可報送國子監應試，及第者由監司上於尚書省禮部，以應每歲之貢試。㉒助教已下並掌同國子　意謂太學助教及助教以下吏員如典學等之職掌，與國子助教等所掌相同，即太學助教「掌佐博士，分經以教授焉」；典學「掌抄錄課業」等。詳上章正文。

【語　譯】太學博士，定員三人，品秩為正六品上。東晉元帝末年，把國子博士定員增加到十六人，稱之為太學博士，品秩和服飾與國子博士相同。南朝梁設有太學博士八人，品秩列為第二班，陳列為第八品，俸秩是六百石。北魏孝文帝太和初年，太學博士列第六品中，到太和二十二〔三〕年，改為從第七品〔下〕。北齊國子寺設有太學博士十人，品秩為從第七品〔下〕。北周設置太學博士下大夫六人，品秩列為第四班（正四命）。隋文帝開皇初年，設置太學博士五人，到仁壽元年撤銷了國子學，單立太學，設置博士五人，品秩為從五品。煬帝大業三年減少到二人，品秩降為從六品。本朝增加了一人，共三人。

助教，定員三人，品秩為從七品上。北魏設有太學助教，品秩為第八品中。北齊國子寺設有太學助教二十人，品秩是從第九品下。北周設置太學助教上士六人，品秩為〔正〕三命。隋朝文帝開皇初年，太學助教定員為五人，品秩是正九品上；到煬帝大業三年減為二人。本朝增加到三人。

太學博士的職掌是，負責教授從在京五品上文武官員和封爵為郡公、縣公的子孫中，以及從三品官員的曾孫中錄取的太學生。生員的學業是要學通九部經典的五分之一，也就是兩部。每部經生員的名額都是一百人。關於太學生的束脩之禮，督察功課以及應試貢舉的辦法，都與國子生的相關規定相同。

太學助教以及典學等吏員的職掌，亦都與國子學相同。

【說　明】太學之稱，要早於國子學，漢武帝始置博士弟子員五十人，就被稱作天子太學。《漢書·儒林傳》稱：「成帝末，或言孔子布衣養徒三千人，今天子太學弟子少，於是增弟子員三千人。」但那時男子年十八以上、儀狀端正，便具備了被擇取太學弟子的資格，並無出身貴賤的限制（詳本篇一章末說明）。西晉武帝咸寧四年（西元二七八年）始設國子學，生員按出身貴賤分流，國子學專收帝室胄子。但起初國子學還未形成獨立建置，只是太學中的一個特殊班級。如《宋書·百官志》稱：「晉初復置國子學，以教生徒，而隸屬太學焉。」東晉元帝沒有再設太學博士。南朝宋、齊未見有設置太學的文字記載。至梁恢復設置太學博士。北魏孝文帝太和十八年（西元四九四年）遷都洛陽，國子祭酒劉芳在奏文中曾提到洛陽學校的建置，引《洛陽記》稱：「國子學官與天子宮對，太學在開陽門外。」又引鄭玄注《學記》：「內則設師保以教，使國子學焉；外則有太學，庠序之官。」引經據典是為了說明國子學應設在宮內，太學則當在宮外。因而建議在洛陽循太學故址「仍舊營構」（《魏書·劉芳傳》）。國子學與周代師保之教相對應，是皇室和貴族子弟的教育，故設在宮內；而太學則相對於庠序之教，學員由各地推薦。國子學與太學所收生員的等級分野已很明朗。唐高祖武德元年（西元六一八年）所頒詔令，則把國子學取三品以上子孫，太學取五品以上子孫，四門學取七品以上子孫法定為一種制度。國子學的辦學宗旨是學通如何「建國君民」（《禮記·學記》）的道理和方術，太學的辦學宗旨則是「宵（通「小」）雅肄三，官其始也」（同上），即要肄習《詩經·小雅》中的〈鹿鳴〉、〈四牡〉和〈皇皇者華〉。此三詩都為君臣燕樂相勞苦之辭，意在誘以居官受任之美，讀書的出發點和歸宿都只是為了做官，所謂「學而優則仕」是也。中唐以後，人們對太學的口碑極差。柳宗元在〈與太學諸生喜詣闕留陽城司業書〉稱：「始僕少時，嘗有意遊太學，受師說，以植志持身焉。當時說者咸曰：『太學生聚為朋曹，侮老慢賢，有墮窳敗業而利口食者，有崇飾惡言而肆鬥訟者，有凌傲長上而誶罵有司者，其退然自克特殊於眾人者無幾耳。』僕聞之，恟駭怛悸，良痛其遊聖人之門，而眾為是嚚嚚也。遂退託鄉閭家塾，考厲志業。過太學之門而不敢蹈顧，尚何能仰視其學徒哉！」可見當時真正有成效的，既不是太學，也不是國子學，倒是本書作者視野之外的鄉閭私塾。

四

四門博士三人❶，正七品上。《後魏書》❷：「劉芳❸表云：『太和二十年❹立四門博士，於四門置學❺。按：《禮記》❻云天子設四學。鄭玄❼注：周四郊之虞庠也❽。今以其遼遠，故置於四門。請移與太學同處。』從之。」《後魏·百官志》❾：「四門博士，第九品❿。」北齊置二十人，正九品上。後周闕。隋置五人，從八品上。皇朝減置三人，加正七品上。

助教三人[11]，從八品上。北齊國子寺有四門助教二十人。隋初置四門助教五人，從九品下。皇朝因置三人。

四門博士掌教文武官七品已上及侯、伯、子、男[12]子之為生者，若庶人子為俊士生[13]者。《禮記・王制》曰：「命鄉論秀士，升之司徒，曰『選士』；司徒論選士之秀者，升之學，曰『俊士』。」[14]《隋書・志》[15]曰：「舊國子學處士以貴賤[16]，梁武帝[17]欲招來後進，五館生皆取寒門俊才，不拘員數[18]。」是即今之俊士也。分經同太學[19]。其束脩之禮[20]、督課[21]、試舉[22]，同國子博士之法。

助教已下[23]，掌同國子。

直講四人。皇朝初置，無員數；長安四年，始定為四員[24]。俸祿、賜會[25]，同直官[26]例。直講掌佐博士、助教之職，專以經術講授而已。

大成[27]十人。皇朝置。取貢舉及第人，考功[28]簡聰明者，試書日誦得一千言，并口試、策試所習業等十條通七，然後補充，仍授散官[29]，俸祿、賜會同直官例給。初置二十人，開元二十年[30]減十人。

大成通四經業成，上於尚書吏部試，登第者加一階放選[31]，其不第則習業如初。每三年一試。若九年無成，則免大成，從常調[32]。

【章　旨】敘述四門博士、助教之定員、品秩、沿革和職掌，以及有關設置直講、大成諸項規定。

【注　釋】❶四門博士三人　《舊唐書・職官志》及《通典・職官九》同此，《新唐書・百官志》則作「四門博士六人」。❷後魏書　即《魏書》。北齊魏收撰，一百三十卷，紀傳體北魏史書。內本紀十二卷，列傳九十八卷，志二十卷。作於北齊文宣帝天保二年至五年（西元五五一—五五四年），為記載拓跋魏較完整的基本史料。本紀材料豐富，十志較有新意，首立節義傳。唯魏收修史有時挾有酬恩報怨偏見，曾宣稱：「何物小子，敢共魏收作色，舉之則使上天，按之當入地。」（《北齊書》本傳）原書北宋初已多缺佚，劉恕、范祖禹據《北史》及高峻《高氏小史》補成今本。❸劉芳　字伯文，東漢彭城（今江蘇徐州）人。楚元王之後，因戰亂而淪為平民，在窮困中發憤苦讀，著《窮通論》以自慰。北魏孝文帝時，曾歷任中書博士、史書侍郎，遷太子庶子，入授皇太子經，為世宗元恪師，兼任國子祭酒、侍中，遷中書令。❹太和二十年　即西元四九六年。太和為北魏孝文帝元宏年號。❺於四門置學　據《魏書・儒林傳序》，北魏遷都前改中書學為國子學，又開皇子之學；太和二十年（西元四九六年）遷都後，又詔立國子學、太學、四門小學。劉芳表文要旨是為國子、太學、四門小學選址，中稱：「謹尋先旨，宜在四門。」意謂依照孝文帝的旨意，四門小學的地址應選在四門。❻禮記　儒家經典之一。傳為西漢戴德之姪戴聖所編，故亦稱《小戴記》或《小戴禮記》。為秦漢以前各種禮儀論著之選集，大率由孔子弟子及再傳弟子所記。通行本為鄭玄注及孔穎達義疏。❼鄭玄　字康成，北海高密（今山東高密）人。曾入太學學今文《易》和《公羊學》，又從張恭祖學《古文尚書》、《周禮》、《左傳》等，後又從馬融學古文經，登堂入室後歸里講學，潛心於著作，遍注群經，成為漢代經學集大成者，稱鄭學。《五經正義》中三禮，皆採鄭玄注本。❽周四郊之虞庠也　此係劉芳在表文中引用的《禮記》鄭玄注文，似有誤。《禮記》之〈王制〉及〈內則〉皆云：「周人養國老於東膠，養庶老於虞庠，虞庠在國之西郊。」鄭玄注：「東膠亦大學，在國中，王宮之東」；「虞庠亦小學也，西序，在西郊，周立小學於西郊」。周人養庶老於虞庠，此虞庠應是設在西郊之小學。抑或劉芳所見之《禮記》本，「西」字為「四」字，故有此差異。然《大戴禮・保傅篇》曰：「帝入東學，尚親而貴仁；帝入南學，尚齒而貴信；帝入西學，尚賢而貴德；帝入北學，尚貴而尊爵。」此為東、南、西、北四學。《魏書・劉芳傳》所記劉芳在表文中一再引錄儒家經典無非用以證明孝文帝敕立四門小學有古代經典可據。表文中同時提出：在四郊設學太遼遠，即使在太學坊並作四門，猶為太廣，故建議把四門小學與太學設於一處。此建議得到世宗核准。❾後魏百官志　即今本《魏書》之〈官氏志〉。❿四門博士第九品　《魏書・官氏志》列四門小學博士第九品上。此處似脫一「上」字。⓫助教三人　《舊唐書·職官志》同此，《新唐書·百官志》四門館助教為六人，《通典·職官九》則記為：助教「隋初則五人，大唐因之」。⑫侯伯子男　均為唐代封爵名。侯，即縣侯，從三品，食邑一千戶。伯，即縣伯，正四品，食邑七百戶。子，即縣子，正五品，食邑五百戶。男，即縣男，從五品，食邑三百戶。⑬俊士生　指庶民出身之學生。《唐會要》卷三五載：「開元二十一年（西元七三三年）五月敕：諸州縣學生年二十五已下，八品、九品子，若庶人生年二十一已下，通一經已上，及未通經，精神通悟，有文詞史學者，每年銓量舉選，所司簡試，聽入四門學，充俊士。」⑭自「命鄉論秀士」至「曰俊士」　此段《禮記·王制》引文，言選士、俊士之選舉程序。司徒命鄉大夫論述鄉學中之士，擇其德行道藝優秀於同輩者，舉之於司徒，經司徒考試，量才錄用為鄉遂之吏，便稱為「選士」。選士中若有志於大成而欲升國學者，由司徒論述其德藝，舉其俊美者升之於國學，便稱為「俊士」。⑮隋書志　指《隋書》中之〈百官志〉。《隋書》，唐魏徵等撰，八十五卷，紀傳體之隋代史書。紀傳由魏徵、顏師古、孔穎達等撰，成於貞觀十年（西元六三六年）；十志由于志寧、李淳風等撰，成於顯慶元年（西元六五六年）。十志原為梁、陳、齊、周、隋五代史而作，稱《五代史志》，後各史單行，十志遂併入《隋書》。〈百官志〉即十志之一。⑯舊國子學處士以貴賤　《隋書·百官志》原文作「舊國子學生，限以貴賤」。《職官分紀》卷二一引《唐六典》原注此句則為「舊時國子生限以貴賤」。⑰梁武帝　南朝梁皇帝蕭衍，字叔達，南蘭陵郡（今江蘇鎮江）人。在位四十七年，終年八十六歲。⑱不拘員數　《隋書·百官志》與《職官分紀》卷二一引《唐六典》原注此句皆作「不限人數」。⑲分經同太學　指四門學生需選修之儒學經典，與上章太學生有關規定相同，即明經必須選二中經或一大經、一小經。⑳束脩之禮　指生員入學時向教師進獻禮品時所舉行之儀式。禮品規格，四門生可略低於太學生：束帛一篚為絹二疋，酒一壺為二斗，脩一案為肉脯五脡。㉑督課　指督責和考核學生課業。唐時有〈學令〉以為督課依據。其文稱：「諸生先讀經文通熟，然後授文講義，每旬放一日休假，假前一日，博士考試。其試讀者，每千言內試一帖，三言；試講者，每二千言內問大義一條。總試三條，通二為及第，通一及全不通者，斟量決罰。」（《唐會要》卷六六，並經日本學者仁田井陞校補）㉒試舉　指由尚書省禮部主持之貢舉考試。四門生與國子生一樣，每歲若能通兩經者，可上於監，試其所習業，及第者，復上於禮部，以應每歲之貢舉考試。㉓助教已下　指典學、掌固等吏員。㉔長安四年始定為四員　長安四年，即西元七〇四年。長安為武則天稱帝時年號。《唐會要》卷六六載：「長安四年四月四日敕：國子監宜置直講四人，四考聽選。」然本書第二卷第一篇吏部郎中職掌諸司置直條原注中，國子監直官之定員為「明五經一人，文章兼明史一人」。㉕俸祿賜會　官員諸種物質待遇之合稱。在唐代，俸包括俸、料、課、雜錢四種，按月發給錢物；祿則是依據本品，春秋二季以糧食發給。此外還有各種食物，作為膳食供應。賜會，亦稱會賜，是與俸祿相平行之待遇，每年元旦、冬至朝會時賞賜，主要是絹及金銀器皿，按官員本品，分五品以上和六品以下兩個等第發給。此處對直官只是泛指一般的物質待遇。㉖直官　即伎術之官。唐諸司皆有直官，其地位介於官和吏之間，名為官實為吏。直官之選補，一般不受資歷、出身限制，主要視其有無專業特長；其俸祿低於官而接近於吏，在國子監則介於四門助教和典學、廟幹之間。直官有有品與無品之別。㉗大成　國子監所設意在提高和深造之班級，類今大學研究生班。大成，意為學業大有成就。語出《禮記・學記》：「比年入學，中年考校，一年視離經辨志，三年視敬業樂群，五年視博習親師，七年視論學取友，謂之小成。九年知類通達，強立而不反，謂之大成。」㉘考功　應是禮部。唐初貢舉考試，由尚書吏部考功員外郎執掌，玄宗開元二十四年（西元七三六年）敕以為權輕，改由禮部侍郎一人專知貢舉之事，其舉人考試之制則仍依考功執掌時。㉙仍授散官　若依明經通二經應舉及第，所授散官當為從九品上。㉚開元二十年　即西元七三二年。開元為唐玄宗李隆基年號。㉛加一階放選　指大成及第者，至吏部銓選時，可較其原科舉出身加一階放選，若原是明經從九品上階出身，加一階即為正九品下階出身；若有本蔭者，尚可在本蔭散階之上遞加。㉜從常調　指依科舉出身按常規參加吏部每年之銓選。

【語　譯】四門博士，定員三人，品秩為正七品上。《魏書・劉芳傳》記載：「劉芳上表奏議說：『太和二十年建立四門博士，在四門設置學館。按：《禮記》中說，天子設置四學。鄭玄注釋：這就是周朝設置在四郊的虞庠。如今因感到四郊太遙遠，所以改為設置在京城的四門。但四門還是遠了點，請求遷移到與太學同一個地方。』皇上聽從了他的奏議。」《魏書・官氏志》說：「四門學博士，位居第九品。」北齊國子寺四門學設有博士二十人，品秩為正九品上。北周史籍缺少這方面記載。隋初四門學博士定員有五人，品秩是從八品上。本朝減少到三人，品秩則加到從七品上。

助教，定員三人，品秩為從八品上。北齊國子寺設有四門學助教二十人。隋初設置四門助教五人，品秩為從九品下。本朝減到三人。

四門博士的職掌是，負責教授從在京七品以上文武官員和封爵為侯、伯、子、男的子弟中錄取的四門生，以及從一般庶民子弟中錄取的俊士生。《禮記・王制》中說：「讓鄉大夫評比鄉學生員的德行和道藝，選擇優秀推舉給司徒，司徒量才錄用，就稱為『選士』；司徒在選士中評比選擇秀美的，推舉到國學，就稱為『俊士』。」《隋書・百官志》

說：「按照舊制，國子學的學生有出身貴賤的限制，梁武帝為了招徠後進，規定五館生員都可以錄取出身於寒門的俊才，並且沒有員數的限制。」這也就是現今所說的俊士。關於四門學的分經與上章太學的規定相同。至於束脩的禮儀，以及督課、試舉的辦法，都與國子博士考核國子生的規定相同。

助教以下典學一類吏員的職掌，都與國子學相同。

直講，定員為四人。本朝初年設置，沒有員數的規定；到武周長安四年，方始確定為四員。直講的俸祿、賜會等物質待遇與直官同等。直講的職掌是佐助博士和助教完成任務，只是專門講授經術而已。

大成，定員為十人。本朝設置。大成的生員，是由吏部考功從貢舉及第的人員中，簡選更為聰明的，考試讀經書每天能背誦一千字，再加口試和策試他們所學習的專經，十條中能通過七條的，然後錄取補充大成，並授給貢舉及第的散官品階。大成生的俸祿、賜會等物質待遇，按照直官的標準發給。最初設置的定員為二十人，到開元二十年減為十人。

大成學通四經的學業完成時，可以上報尚書省吏部參加應試，考試及第的，可以在吏部加一階銓選放官；倘若考試不能及第，那就留在國子學像原來一樣繼續學習。每三年考一次。如果九年都沒有能通過大成的考試，就要免去大成的資歷，按照原先的貢舉及第參加吏部的常規銓選。

【說　明】《禮記》在〈王制〉、〈內則〉中提到養國老和庶老的制度，都說四郊有庠序之學，那是就三代而言：「夏后氏養國老於東序，養庶老於西序；殷人養國老於右學，養庶老於左學；周人養國老於東膠，養庶老於虞庠。」左學、右學，東序、西序，合起來便是四學。實際上這只是秦漢間人們對在學校舉行尊老禮儀的一種設想，三代是否真設有此四學，那是一件無法驗證的事。不過尊老的禮儀倒確實是在學校舉行的。東漢明帝永平二年（西元五九年）曾在辟雍，也就是太學的講堂舉行過躬養三老、五更的禮儀活動，各郡縣亦在各自學校舉行了鄉飲酒之禮。北魏由此衍生出設置四門學，這便是本章原注中引錄的國子祭酒劉芳奏議從四門移至與太學同處的四門學。與唐代的四門學不同，北魏議擬設置的四門學僅是對兒童進行啟蒙教育的小學，讀的是《蒼頡篇》一類識字課本，不學儒家經典。《魏書・官氏志》列四門小學博士為九品上，比唐代四門博士正七品上要低得多。北魏最初提出辦四門小學是在孝文帝太和二十年（西元四九六年），第二次具體著手籌建則是在世宗時。《魏書・儒林傳序》載：「世宗時，復詔營國學，樹小學於四門，大選儒生，以為小學博士，員四十人。」負責籌建四門小學的應該就是曾為世宗老師的劉芳。但很可能這回仍然未能真正辦起來，因為上述引文接下去還有這麼一句：「雖黌宇未立，而經術彌顯。」連校舍也沒有建起來，所謂「經術彌顯」多半屬於官場常見的套話。北齊、隋在體制上都有關於四門學的建置，只是未見其具體設置情況的記載。真正把四門之學建立起來的是唐代，但它已不是北魏創議建置的啟蒙小學，而是一所以講授經學為主，與國子、太學一樣以培養官僚預備隊伍為教育宗旨的學校。與國子、太學的不同僅僅在於它的生員較少出身貴賤限制，可以接受低級官僚和貴族子弟以及庶民出身的俊士們入學。開元二十一年（西元七三三年）的敕令中還規定：「諸州人省試不第情願入學者，聽。」因而四門學招收生員的範圍要比太學和國子學寬泛得多。

在國子、太學、四門三學中，四門學地位最低。中唐以後，學官社會地位大為下降，因而有所謂「一履學官，便為屏棄」（《全唐文》卷三二三〈蕭穎士贈韋司業書〉）的話頭。當時士人中願去國子監任職已屬少見，至於有人自願去四門學任助教的，更被視為奇事。柳宗元在〈四門助教廳壁記〉一文中便曾說到那時「有司命太學之官，頗以為易。專名譽好文章者，咸恥為學官。至是河東柳立始以前進士，求署茲職，天水武儒衡，閩中歐陽詹又繼之，是歲為四門助教凡三人，皆文士，京師以為異。」（《柳河東集》卷二六）從中也不難推知中唐以後國學冷落的情況。

律學博士·書學博士·算學博士

【篇　旨】本篇敘述律學、書學、算學三館博士、助教的定員、品秩及職掌；原注所記的沿革，則追述了我國古代設置法律專業教育的過程，和漢字在創始、發展過程中包括大篆、小篆、隸書等諸多字體的演變概貌，以及我國古代《九章算術》等數學典籍的大致狀況。

律學、書學、算學都是專門之學，其生員結業後，分別經禮部貢試設置的明法、明書、明算三科考試，及第者即可成為諸司具有專門技能的吏員。律學教育，在漢代法官幾乎是世襲的，如東漢陳寵一家，五代人相繼在廷尉系統為官，便是因其家藏有漢代律令，因而可以在一個家族範圍內世代承傳。本篇一章原注提到的西晉衛覬奏議設置律學博士，就是為了使律學專業知識在一個家族內部私自授受轉變為由朝廷創辦的學校來授受，但其時生員的來源還可能是法官的子弟，故梁稱律學館為胄子律博士。北齊和隋的律博士屬大理寺，至唐才移屬國子監。書學也是為培養具有專門知識（文字學）和專門技能（書寫）的人才而設的。我國文字的歷史極其悠遠，但作為一門專業學科設學以教，則「自漢以來，不見其職」（二章原注），要到隋唐才有此舉。在太宗李世民的倡導下，唐代出現了我國書法史上又一個鼎盛期，其書學之設置，可謂應運而生。算學的設置，也始於隋唐。此前雖在小學設有學計算的功課，但並未形成專業，更沒有列於國學。算學主要培養天文和曆法測算以及土木、水利工程和糧食轉輸、儲藏方面的專業計算人才。所以唐代的設置算學並將其列為國子監六學之一，也從一個側面反映了唐代前期社會經濟和文化都有了較大發展。

然而即使在唐代，律、書、算三學，無論其受重視的程度，還是博士、助教的地位或待遇，都與國子、太學、四門三學不可同日而語。高宗顯慶三年（西元六五八年）的一道詔書中稱：「書算學業明經，事唯小道，各擅專門，有乖故實，並令省廢」（《唐會要》卷六六）。「事唯小道」云云，相當典型地說出了歷代帝王對書、算等學的看法。唐在高宗顯慶後，律、書、算三學之置廢及隸屬關係變易甚多（詳三章相關注及說明），究其根源，也都與決策者的上述看法有關。

一

律學博士一人❶，從八品下。《晉百官志》❷：「廷尉❸官屬有律博士員。」《晉刑法志》❹曰：「衛覬❺奏請置律學博士，轉相教授。」東晉、宋、齊並同❻。梁天監四年❼，廷尉官屬置胄子律博士❽，位視員外郎，第三班❾。陳律博士秩六百石，品第八。後魏初，律博士第六品❿；太和二十二年⓫，為第九品上。北齊大理寺官屬有律博士四人，第九品上。隋大理寺官屬有律博士八人，正九品上。皇朝省置一人，移屬國學。

助教一人，從九品上。皇朝置之。

律學博士掌教文武官八品已下及庶人子之為生者，以《律》⓬、《令》⓭為專業，《格》⓮、《式》⓯、《法例》⓰亦兼習之。其束脩之禮⓱，督課⓲、試舉⓳，如三館博士之法。

助教掌佐博士之職，如三館助教之法。

【章　旨】敘述律學博士和助教之定員、品秩、沿革及職掌。

【注　釋】❶律學博士一人　《舊唐書・職官志》及《通典・職官九》同此，《新唐書・百官志》則為「律學博士三人」。❷晉百官志　指《晉書》之〈百官志〉。《晉書》，一百三十卷，紀傳體晉代史，完成於唐貞觀二十年（西元六四六年），房玄齡監修，令狐德棻等前後參預修撰者有二十一人。唐太宗也寫了宣帝、武帝二紀和陸機、王羲之二傳之後論，故舊稱御撰。❸廷尉　亦稱廷尉卿，秦官。漢沿置，秩中二千石，位列九卿，為中央最高審判機構長官。魏、晉和南朝亦置廷尉，屬官有丞、正、監、平、律博士各一員。北齊初沿置，後改大理卿。❹晉刑法志　指《晉書》之〈刑法志〉。❺衛覬　字伯儒，河東安邑（今山西夏縣西）人。歷仕漢、魏，魏國既建拜侍中、尚書。《三國志・魏志》本傳稱其曾上「奏曰：『《九章》之律，自古所傳，斷定刑罪，其意微妙，百里長吏，皆宜知律。刑法者，國家所貴重，而私議之所輕賤；獄吏者，百姓之所懸命，而選用者之所卑下。王政之弊，未必不由此也。請置律博士，轉相教授。』事遂施行。」故廷尉置律博士員，當始於魏，晉承魏制。❻東晉宋齊並同　設置律博士始於魏，晉承魏制。《晉書・職官志》：「廷尉，并有律博士員。」故句首「東晉」當即是晉，「東」為衍字。宋、齊廷尉皆有律博士之定員。《宋書・百官志》：「廷尉，律博士一人，魏武初建魏國制。」《南齊書・百官志》：「廷尉，律博士一人。」❼天監四年　即西元五〇五年。天監是梁武帝蕭衍年號。❽胄子律博士　官名。梁始置，位列第三班。胄子，即國子，指帝室及公卿大夫後裔。由於古代律學係專門之學，法官多為世襲律學學生，來源主要是法官子弟，故稱其教授者為胄子律博士。❾第三班　梁武帝天監七年（西元五〇八年）徐勉為吏部尚書，奉命改九品制為十八班制，以班多為貴。胄子律博士列第三班。❿後魏初律博士第六品　據《魏書・官氏志》，北魏孝文帝太和十七年（西元四九三年）初頒職員令，律博士列為第六品中。此處「第六品」下脫一「中」字。⓫太和二十二年　據《魏書・官氏志》，北魏孝文帝復次職員令當在太和二十三年（西元四九九年）。太和為其年號。⓬律　中國古代法制文書之一，此處指《唐律》。律是制罪定刑的根據，相當於後代的刑法。唐高祖武德中，命裴寂、殷開山等定律令，準隋之《開皇律》。太宗貞觀初，又命長孫無忌、房玄齡等與學士法官一起修改，定《唐律》五百條，分為十二卷：一、〈名例〉，二、〈衛禁〉，三、〈職制〉，四、〈戶婚〉，五、〈廄庫〉，六、〈擅興〉，七、〈賊盜〉，八、〈鬭訟〉，九、〈詐偽〉，十、〈雜律〉，十一、〈捕亡〉，十二、〈斷獄〉。定五刑為笞、杖、徒、流、死，共十二等。高宗永徽中，長孫無忌等十九人復承詔制疏議三十卷。此即律學博士所執教之《唐律》。⓭令　中國古代法制文書之一，此處指《唐令》。是對法律作修改和補充的法規，即所謂「天子詔所增損，不在律上者為令」（《漢書・宣帝紀》）。或謂「前主所是著為律，後主所是疏為令」（《漢書・杜周傳》）。唐建國後，在修改隋律的同時，對隋朝的令亦作了刊定。高祖武德七年（西元六二四年）頒行《唐令》三十一卷，其中目錄一卷。太宗時又作了一次改訂，於貞觀十一年（西元六三七年）頒布新令一千五百九十條，共三十卷，二十七篇。玄宗時，曾在開元四年（西元七一六年）、七年（西元七一九年）、二十五年（西元七三七年）三次刊定《唐令》，本書第六卷第一篇所載為開元七年令，共三十卷，二十七篇，一千五百四十六條。其篇目是：一、〈官品〉，二、〈三師三公臺省職員〉，三、〈寺監職員〉，四、〈衛府職員〉，五、〈東宮王府職員〉，六、〈州縣鎮戍嶽瀆關津職員〉，七、〈內外命婦職員〉，八、〈祠〉，九、〈戶〉，十、〈選舉〉，十一、〈考課〉，十二、〈宮衛〉，十三、〈軍防〉，十四、〈衣服〉，十五、〈儀制〉，十六、〈鹵簿〉，十七、〈公式〉，十八、〈田〉，十九、〈賦役〉，二十、〈倉庫〉，二十一、〈廄牧〉，二十二、〈關市〉，二十三、〈醫疾〉，二十四、〈獄官〉，二十五、〈營繕〉，二十六、〈喪葬〉，二十七、〈雜令〉。日本學者仁井田陞《唐令拾遺》所載《唐令》篇目有三十三篇，較此多六篇，即尚有〈學令〉、〈封爵令〉、〈祿令〉、〈樂令〉、〈捕亡令〉和〈假寧令〉。可能是開元七年（西元七一九年）令刪去之篇目，或是開元二十五年（西元七三七年）令新增或更改之篇名。

⓮格　中國古代法制文書之一。是規定官署辦事準則的行政法規。《新唐書・刑法志》：「格者，百官有司所常行之事也。」始於東魏《麟趾格》。隋以後，格與律、令並行。唐貞觀十一年（西元六三七年），由房玄齡刪武德、貞觀以來敕格三千餘條，定留七百條，是為《貞觀格》，共十八卷。格在分類編纂時，以尚書省二十四曹名為目，如「吏部」、「司封」、「司勳」、「考功」等。又留本司者，別為「留司格」，頒於全國州縣者，稱「散頒格」，適用於某些特定事項之單行格稱「選格」。高宗時，有長孫無忌等刪定之《永徽留司格》十八卷，《永徽留本司格後》十一卷，《散頒天下格》七卷。此後在高宗、武則天、中宗時期屢有刪改。玄宗時又有姚元崇刪定之《開元前格》十卷，宋璟等刪定之《開元後格》十卷。格是整編公佈的敕令。就內容而言，又是一個綜合性的概念，既有行政法，也有刑法，有的則只是某些職能部門的管理法規，涉及戶部的可以是戶籍法、身份法、財稅法，涉及工部的又可以是工程、水利等管理法。

⓯式　中國古代法制文書之一。大多是為貫徹執行令而制定的一些實施細則，內容包括官吏的職守和行使權力的規範等。唐代的式亦以尚書列曹及秘書、太常、司農、光祿、太僕、太府、少府及監門、宿衛、計帳為其篇目，列朝皆有刊定，前後有《永徽式》十四卷，《垂拱式》、《神龍式》、《開元式》各二十卷。其刊定之時間與令、格同步。《唐律疏議》解釋刑律條文引用《唐式》頗多，如〈刑部式〉、〈監門式〉、〈主客式〉、〈職方式〉、〈駕部式〉、〈太僕式〉、〈庫部式〉、〈兵部式〉、〈戶部式〉等，從中可以約略窺見《唐式》的涉及範圍和行文方式，還可以瞭解當時官府法定的行為規範。

⓰法例　中國古代法制書名。《舊唐書・經籍志》著錄有「《法例》

二卷，崔知悌等撰。」《新唐書‧藝文志》著錄有「趙仁本《法例》二卷，崔知悌《法例》二卷。」內容為司法機構之典型案例彙編。⑰束脩之禮　指學生入學時向博士和助教進獻禮品之禮儀。律、書、算學之束脩禮品規格皆略低於國子、太學、四門三學，其束帛一篚為絹一疋，酒一壺為二斗，脩一案為肉脯五脡。⑱督課　指對學生課業的督責及考核。律學以《律》、《令》為專業，其督責考核之制與對國子、太學、四門諸學的規定相同，亦準〈學令〉。〈學令〉內容詳上篇三章⑳注。⑲試舉　指由尚書省禮部主持之貢舉考試。律學生員每歲能通《律》、《令》者，可上於國子監試其所習業，以識達義理、問無疑滯者為通，《律》與《令》，每部試十帖，策試十條，其中《律》七條，《令》三條，登第者上於尚書省禮部，以應每歲之貢試。

【語譯】律學博士，定員一人，品秩為從八品下。《晉書‧百官志》記載：「廷尉的屬官中有律博士的定員。」《晉書‧刑法志》說：「三國魏時，衛覬曾奏請設置律博士，轉相教授律學。」〔東〕晉和南朝的宋、齊因承魏制，都設有律博士員。梁武帝天監四年，廷尉的屬官中設有胄子律博士，官位比照員外郎，列為第三班。陳朝設置律博士，官位第八品，俸秩為六百石。北魏孝文帝太和前期，律博士列為第六品〔中〕，太和二十二〔三〕年，改為第九品上。北齊大理寺的屬官設有律博士四人，品秩為第九品上。隋大理寺屬官設有律博士八人，品秩為正九品上。本朝減省為一人，並將隸屬關係轉移給國子監。

助教，定員一人，品秩為從九品上。本朝設置的官職。

律學博士的職掌是，負責教授從在京八品以下文武官員和庶民的子弟中錄取的律學生。以《律》和《令》作為生員攻讀的專業，同時兼習《格》、《式》以及《法例》。關於律學生的束脩之禮，和督課、試舉的制度，都與上篇國子、太學、四門三館博士職掌中所規定的相同。

助教的職掌是協助博士完成教學任務，亦與上篇對國子、太學、四門三館助教所規定的相同。

【說明】在隋唐時期，律學博士一職或置或廢，其隸屬關係又頻頻改易，變化甚多。《新唐書‧百官志》稱：「隋律學隸大理寺，博士八人。武德初隸國子監，尋廢。貞觀六年（西元六三二年）復置，顯慶三年（西元六五八年）又廢，以博士以下隸大理寺；龍朔二年（西元六六二年）復置。有學生二十人，典學二人。元和初，東都置學生五人。」學生數與本卷目錄所記五十人有異；龍朔以後，律學博士隸屬關係的變易則未言。《唐會要》卷六六載：「顯慶三年

（西元六五八年）九月四日，詔以書算學業明經，事唯小道，各擅專門，有乖故實，並令省廢。至龍朔二年（西元六六二年）五月十七日，復置律學、書算學官一員。三年（西元六六三年）二月十日，書學隸蘭臺，算學隸秘書，律學隸詳刑寺。」顯慶三年廢書算學，應包括律學。《舊唐書・高宗本紀》：「顯慶三年九月，廢書、算、律學」；至「龍朔二年五月乙巳復律、書、算學」。至於龍朔三年改變書、算、律學的隸屬關係，則在《舊唐書・高宗本紀》缺少相應記載。《唐會要》卷三五所載中宗神龍二年（西元七〇六年）敕文提到束脩之禮時，是將律、書、算學與國子、太學、四門三學並列的，與本卷第一篇六學並列同。這說明書、算、律三學在高宗時期曾有過短暫的廢而復置，其隸屬關係也有過變更。在帝皇心目中，書、算、律只是專門技藝，屬於「小道」，僅僅是為明經服務的，所以與國子、太學、四門三學比較起來，不僅地位低，其博士、助教、學生的定員也要少得多。

二

書學博士二人，從九品下。《代本》❶：「蒼頡❷作書。」《周禮》❸：「保氏❹教以六藝❺。其五曰『六書❻。』」鄭司農❼云：「象形、會意、轉注、指事、假借、諧聲❽也。」古謂之小學。《漢書・食貨志》❾曰：「八歲入小學，學六甲❿、五方⓫、書計⓬之事。」晉衛恒《字勢》⓭曰：「昔黃帝⓮有沮誦⓯、蒼頡，始作書契，蓋覩鳥跡以興思也。秦漢古文⓰有八體：一曰大篆⓱，二曰小篆⓲，三曰刻符⓳，四曰蟲書⓴，五曰摹印㉑，六曰署書㉒，七曰殳書㉓，八曰隸書㉔。王莽㉕時，甄豐㉖校文字，復有六書：一曰古文，二曰奇字，三曰篆書，四曰佐書，五曰繆篆，六曰鳥書㉗。」自漢已來，不見其職。隋置書學博士一人㉘，從九品下。皇朝加置二人㉙。

書學博士掌教文武官八品已下及庶人子之為生者，以《石經》㉚、《說文》㉛、《字林》㉜為專業，餘字書亦兼習之。《石經》三體書限三年業成，《說文》二年，《字林》一年。其束脩之禮㉝，督課㉞、試舉㉟，如三館博士之法。

【章旨】敘述書學博士之定員、品秩、沿革及職掌。

【注釋】❶代本　即《世本》。唐避太宗李世民名諱，改「世」為「代」。戰國時史官所撰。記自傳說中之黃帝迄春秋時諸侯大夫的氏族世系、居邑、制作等。《漢書・藝文志》在六藝之春秋類著錄有「《世本》十五篇，古史官記黃帝以來迄春秋時諸侯大夫。」《隋書・經籍志》在史部姓氏類書著錄有「《世本》二卷，劉向撰。」此書當是經過劉向整理。原書在宋代已散佚，清人有輯佚本多種，以雷學淇、茆泮林本較佳。❷蒼頡　相傳為黃帝之左史，漢字之創造者。《荀子・解蔽》：「好書者眾矣，而蒼頡獨傳者壹矣。」舊稱其生而神聖，有四目，觀鳥獸之跡，體類象形而制字，以代結繩之政。故李斯作識字讀本，以《蒼頡》為書名。❸周禮　亦稱《周官》，儒家經典之一。係搜集周王室官制和戰國時各國制度，添附以儒家政治理想，增減排比而成之彙編。❹保氏　《周禮》地官司徒之屬官。設下大夫一人，中士二人。掌教小學兼為王之諫官。❺六藝　據《周禮》，六藝為禮、樂、射、御、書、數。古代貴族子弟六門必修學科和技藝。❻六書　古人分析漢字構成方法而歸納出來的六種條例，亦稱六義。即下文所言象形、會意、轉注、指事、假借、諧聲（形聲）。❼鄭司農　即鄭眾，字仲師，東漢河南開封（今河南開封）人。曾任給事中，官至大司農，故以鄭司農相稱，以區別於為宦官之鄭眾。傳其父鄭興左氏之學，兼通《易》、《詩》。❽象形會意轉注指事假借諧聲　古人歸納漢字的六種構造法。象形，描摹實物形狀以構成字體，如日、月、車、馬、人等字。會意，利用已有的字，依據事理加以組合，構成其義可以意會的新字，如日、月左右並而為明，山、高上下合而為嵩。轉注，《說文解字・敘》：「轉注者，建類一首，同意相受，考、老是也。」關於轉注的解釋，大致上有形轉、音轉、義轉三種。指事，用象徵性符號造字，或在已有字體上加一象徵性符號構成新字。前一類如「上」，古代作「二」，「下」作「二」；後一類如「木」上加「一」成「未」，「木」下加「一」為「本」等。假借，亦稱通借、通假。《說文解字・序》：「假借者，本無其字，依聲託事。」指語言中某些詞當時尚無字，暫借同音字來表示。如借「裘」為「求」，借「闕」為「缺」，借「公」

為「功」，借「駿」為「峻」等。諧聲，即形聲，亦稱象聲。為意符和聲符並用的造字法。如《說文解字》中之〈言部〉：「論，從言，侖聲」；〈禾部〉：「秧，從禾，央聲」。「言」和「禾」是意符，表示「論」同說話有關，「秧」與「禾」有關；「侖」和「央」是聲符，表示「論」和「秧」的讀音。漢字中形聲字佔百分之八十以上。❾漢書食貨志　《漢書》，東漢班固撰。一百篇，分一百二十卷，是我國第一部紀傳體斷代史。〈食貨志〉，《漢書》十志之一，為研究中國古代經濟史的重要著作。❿六甲　王先謙《漢書補注》引顧炎武曰：「六甲者，四時六十甲子之類。」又引周壽昌曰：「猶言學數干支也。」又《小學紺珠・律歷類》謂六甲即甲子、甲戌、甲申、甲午、甲辰、甲寅。當是學習干支紀年、紀日的方法。⓫五方　指如何辨別東、西、南、北、中之方位。《漢書》注引蘇林曰：「五方之異書，如今秘書學外國書也。」臣瓚曰：「辨五方之名及書藝也。」顏師古曰：「瓚說是也。」⓬書計　書寫和計算方面的知識。⓭衛恒字勢　衛恒，字巨山，衛瓘之子，西晉河東安邑（今山西夏縣）人。少辟司空齊王府，轉太子舍人、尚書郎、秘書丞、太子庶子、黃門郎。恒善草書和隸書，著有《四體書勢》，概述古代書法之演變。《字勢》，即《四體書勢》之別名。文中稱：「古無別名，謂之《字勢》云。」⓮黃帝　古代傳說中之帝王，姬姓，號軒轅氏。先擊敗炎帝部落和蚩尤的擾亂，成為中原各族之共主。傳說中有許多創造發明皆歸之於其執政時期，如養蠶、舟車、文字、音律、醫學、算術等。⓯沮誦　傳說中黃帝時代之史官，與蒼頡一起創造漢字。⓰秦漢古文　據正德本當作「秦壞古文」。⓱大篆　秦書八體之一，與小篆相對而言。相傳「昔周宣王時，史籀始著《大篆》十五篇，或與古同，或與古異，世謂之籀書者也」（《四體書勢》）。就廣義而言，大篆可包括甲骨文、金文、籀文和春秋戰國時通行於列國之古文字。⓲小篆　秦書八體之一，大篆的對稱。亦稱秦篆。秦始皇統一中國後，採取李斯建議，統一全國文字，即所謂「書同文字」（《史記・秦始皇本紀》），其標準字體便是小篆。李斯作《倉頡篇》，中車府令趙高作《爰歷篇》，太史令胡毋敬作《博學篇》，「皆取史籀大篆或頗省改，所謂小篆者」（《四體書勢》）。小篆是在籀文基礎上發展而成，字體勻圓齊整，較籀文簡化，它對漢字的規範化起過作用。現存李斯所書〈琅邪臺刻石〉和〈泰山刻石〉之殘石，可代表其字體風格。⓳刻符　秦書八體之一，刻於符節之文字。字體屬小篆，唯因刀刻，難以婉轉如意，故筆劃較平直。如今傳〈新郪虎符〉、〈陽陵虎符〉之字體。⓴蟲書　秦書八體之一。亦稱鳥蟲書。其字結體若「蟲鳥之形，所以書幡信也」（《漢書・藝文志》顏師古注）。㉑摹印　秦書八體之一，用於印璽之文字。字體就小篆稍加變化，屈曲而縝密。秦印傳世者甚多，如清陳介祺有《十鍾山房印舉》。㉒署書　秦書八體之一。封檢門榜題字皆可稱署書。據記載，漢初蕭何曾以此體書「蒼龍白虎」四字，今已失傳。㉓殳書　秦書八體之一，刻於兵器之文字。殳為古代撞擊用兵器，似長矛，此處則泛指一切兵器。今存秦代有銘文兵器如〈相邦呂不韋戈〉，字體不脫小篆，但筆劃簡省徑直，接近於隸書。㉔隸書　秦漢八體之一，由篆書簡化演變而成。將篆書之圓轉筆劃改成方折，使漢字最終脫盡象形而進入筆劃化，使書寫更趨便捷。隸書始於秦，《漢書・藝文志》稱：「是時始造隸書矣，起於官獄多事，苟取省易，施之於徒隸也。」晉衛恒《四體書勢》謂：「或曰下土人程邈為衙獄吏，得罪秦始皇，幽繫雲陽十年，從獄中作大篆，少者增益，多者損減，方者使員，員者使方，奏之始皇。始皇善之，出以為御史，使定書。或曰邈所定乃隸字也。」《晉書・衛瓘傳》隸書的出現，奠定了方塊漢字楷書的基礎，為漢字發展史上一個轉折點。魏晉以後，亦有稱楷書為隸書者，而有波磔之隸書則別稱為「八分」。㉕王莽　字巨君，魏郡元城（今河北大名）人，原籍東平陵（今山東章丘西北）。漢元帝王皇后姪，以外戚執掌政柄，元始五年（西元五年）毒死平帝，自稱假皇帝，初始元年（西元八年）稱帝，改國號為新，最後在綠林軍攻入長安時被殺。在位十五年，終年六十八歲。㉖甄豐　王莽支持者。曾與王舜、甄柳等定策，助莽奪取漢皇室權力，被封為更始將軍，但豐內心仍不平，其子甄尋作符命，言新室當分陝，立二伯，以豐為右伯，平晏為左伯，如周召故事。莽佯從之，拜豐為右伯，當豐述職西行時，莽收捕豐子尋，尋亡，豐自殺。㉗自「一曰古文」至「六曰鳥書」　即新莽六體。古文，各時期所指不一。《說文解字・敘》：「宣王太史籀著大篆十五篇，與古文或異。」當時大篆中雖有古文，而不盡與古文同。秦之八體書有大篆而無古文，則古文已含於大篆之內；新莽六體但有古文而無大篆，則又將大篆徑稱為古文。其後古文皆相對於今文而言，即出自孔子壁中之書體。奇字，字體異於小篆，非六書偏旁所可推者稱奇字。漢衛宏、揚雄所學即為此書。篆書，指秦篆，即小篆。佐書，指佐隸亦即隸書。《晉書・衛恒傳》：「秦既用篆，奏事難成，即令隸人佐書，曰隸字。漢因行之。」繆篆，即秦書八體中之摹印。鳥書，即秦書八體中之蟲書。㉘隋置書學博士一人　據《隋書・百官志》，隋有書學博士二人，助教二人。㉙皇朝加置二人　指增至二人。若依《隋書・百官志》隋本已設有書學博士二人，則唐僅是因承隋制。唐代書學博士之置廢及隸屬關係變易情況，《新唐書・百官志》所記較詳，其文稱：「武德初，廢書學，貞觀二年（西元六二八年）復置，顯慶三年（西元六五八年）又廢，以博士以下隸秘書省，龍朔二年（西元六六二年）復。」㉚石經　亦稱《正始石經》、《三體石經》、《魏石經》，以區別於東漢蔡邕所書寫之《熹平石經》。三國魏曹芳正始二年（西元二四一年）刊立，刻有《尚書》、《春秋》和《左傳》（未刊全）。其石數諸書記載不一。據近人馬衡依殘石行款排比，推定應得二十七碑。經文皆用古文、小篆、漢隸三種字體書寫，其中古文一體，與《說文解字》所收古文字體相近。石碑原置於今河南省偃師縣朱家圪壋村，已毀。宋代以來常有殘石出土，前後所得約二千五百餘字，為《尚書》、《春秋》二經之文字。唐人以此《石經》為臨摹習字之範本。㉛說文　即《說文解字》，屬小學類字書，東漢許慎撰。本文十四卷，敘文一卷，皆分上、下，共三十卷。收字九千三百五十三，字體以小篆為主，有古文、籀文等異體別為重文者，一千一百六十三字。按文字形體及偏旁構造，分列五百四十部，首創依部首檢字之法。每字依六書釋義，大抵先明字義，再言形體構造及讀音，是我國第一部系統分析字形和考究字源的字書，也是世界最古的字書之一。全書注文共十三萬三千四百四十字，清人段玉裁曾為《說文解字》作注。㉜字林　字書，晉呂忱撰。部目依據《說文解字》，也分五百四十部，收字一萬二千八百二十四，為補《說文》漏略而作。唐時此書與《說文》並重，後亡佚。㉝束脩之禮　指學生入學向博士、助教進獻禮品之禮儀。書學生員束脩禮品規格略低於國子、太學、四門：束帛一篚為絹一疋，酒一壺為二斗，脩一案為肉脯五脡。㉞督課　指對學生課業的督責及考核。書學以《石經》、《說文》、《字林》為專業，其督責考核之制與對國子、太學、四門三學的規定相同，亦準〈學令〉。〈學令〉內容詳上篇三章⑳注。㉟試舉　指由尚書省禮部主持之貢舉考試。每歲學生通《說文》、《字林》者，可上於國子監，試其所習業，以通訓詁、兼會雜體者為通。其中帖經《說文》六帖，《字林》四帖；兼口試，不限條數。

【語　譯】書學博士，定員二人，品秩為從九品下。《世本》記載：「蒼頡創造文字。」《周禮》中說：「保氏用六藝教授國子，六藝中的第五藝便是六書。」鄭司農注釋說：「六書就是象形、會意、轉注、指事、假借、諧聲六種構造文字的方法。」文字學在古代稱為小學。《漢書·食貨志》說：「兒童到八歲入小學，學習如何用六甲記時日、用五方辨方位，以及書寫和計算的技能。」西晉的衛恒在《字勢》中說：「從前黃帝手下有兩位史官沮誦和蒼頡，是他們最先創造文字，那是從觀察鳥的足跡引發出來的一種巧思妙想。秦朝毀棄古文，統一全國文字，有八種字體：一是大篆，二是小篆，三是刻符，四是蟲書，五是摹印，六是署書，七是殳書，八是隸書。王莽稱帝時，讓甄豐校正文字，又有了六種字體：一是古文，二是奇字，三是篆書，四是佐書，五是繆篆，六是鳥書。」書學博士這一職務，從漢以來，都沒有見到哪個朝代設置過。到了隋朝，方始設置書學博士一（二）人，品秩是從九品下。本朝增加到二人。

書學博士的職掌是，負責教授從在京八品以下文武官員以及庶民的子弟中錄取的書學生。以《石經》、《說文》和《字林》作為生員攻讀的專業，同時亦要兼習其他字書。《石經》的古文、小篆、漢隸三種書體限定在三年之內學成，《說文》二年，《字林》一年結業。關於書學生員的束脩之禮，以及督課、試舉的辦法，與上篇國子、太學、四門三館博士所規定的相同。

【說　明】本章原注引錄典籍，以蒼頡為漢字的創始人，這是相沿了幾千年的一種說法。近人則多以漢字是中華民族集體智慧的創造，蒼頡則可能是一個對文字作過整理刪定、使之相對規範的人，後經代代傳說，變成了生有四目的神化人物。確實，像漢字這樣一個數以萬計而又有深邃的人文內涵的特殊的符號系統，絕非一人一時之功，原注提到的「六書」，便是古人對以前多少代構造漢字方法的歸納與總結。但作為人們交往工具的文字，又必須有一定的規範性，才會有效。這樣對多人多時創造的漢字，相隔相當長時間，便有一個需要統一或規範的問題。也許像蒼頡、沮誦這樣一些身為史官的人，便曾在那遙遠的傳說時代擔負過這一文化使命。在中國歷史上有確切記載的大規模的文字統一工程，是在秦統一六國以後。秦始皇二十六年（西元前二二一年）「書同文字」（《史記・秦始皇本紀》）。中國古代文字，由甲骨文、大篆、金文和漢後人們習慣與今文相對稱的古文，也包括戰國時期列國帶有地域性的一些文字，若追根尋源，都是由同一體系演化而來，這也正是秦始皇能以小篆即秦篆統一全國文字的基礎。李斯工小篆，作《蒼頡》七章，秦銅人銘文及始皇巡遊全國諸山刻石皆由李斯書寫。還有趙高的《爰歷》、胡毋敬的《博學》，都在推廣小篆使之成為全國通行文字上起了重要作用。原注中又提到秦毀古文，而有八體。這說明秦毀棄的僅是古文，而非除小篆外所有其他字體。到王莽稱帝時，又有甄豐改定的六書。如果仔細作些分析比較便不難發現，八體也好，六書也好，其中大多屬於同一字體在不同應用場合略作變體而已。如刻於兵器的稱殳書，刻於印章的稱摹印或繆篆，用於幡信的字形稱蟲書或鳥書等，可說是人們基於應用需要的再創造。

自秦以後，儘管再也沒有像始皇帝那樣做過全國規模的文字統一工作，但在東漢末年出現的石經這一形式，不僅在統一經文，也在統一文字方面起到頗為實際的作用。首創其事的是議郎蔡邕，《後漢書》本傳稱：「邕以經籍去聖久遠，文字多謬，俗儒穿鑿，疑誤後學，熹平四年（西元一七五年），乃與五官中郎將堂谿典、光祿大夫楊賜、諫議大夫馬日磾，議郎張馴、韓說，太史令單颺等，奏求正字六經文字。靈帝許之。邕乃自書冊（丹）於碑，使工鐫刻立於太學門外。於是後儒晚學，咸取正焉。及碑始立，其觀視及摹寫者，車乘日千餘輛，填塞街陌。」本傳注引《洛陽記》說：「太學在洛城南開陽門外，講堂長十丈，廣二丈，堂前石經四部。本碑凡四十六枚，西行，《尚書》、《周易》、

《公羊傳》十六碑存，十二碑毀。南行，《禮記》十五碑悉崩壞。東行，《論語》三碑，二碑毀。《禮記》碑上有諫議大夫馬日磾、議郎蔡邕名。」由於蔡邕的《熹平石經》被毀，才又有三國魏正始二年（西元二四一年）刊立《正始石經》，因採用古文、小篆、漢隸三種字體，故又名《三體石經》。本章正文規定唐書學館專業必修學科之一，便是這部《正始石經》。唐代在文宗時，亦刻制過《開成石經》。據《唐會要》卷六六載錄，先是在太和七年（西元八三三年）十二月敕於國子監講論堂兩廊，創立石壁九經，并《孝經》、《論語》、《爾雅》，共一百五十九卷，字樣四十卷。至開成二年（西元八三七年），用楷書刻《易》、《詩》、《書》、《儀禮》、《周禮》、《禮記》、《左傳》、《公羊傳》、《穀梁傳》、《論語》、《孝經》、《爾雅》十二種，其字體以司業張參五經字為準。此石經今仍保存在西安碑林，足見其在規範經文文字上曾經起過重要而久遠的歷史作用。與此同時，從東漢起，在太學的講論堂前及兩廊展示石經，也成為一種定式，至今我們若遊覽各地孔廟，還可看到其陳設的基本格局亦是如此。

世界各民族的文字，大抵都有實用和美觀這樣兩個要素，而漢字作為一種結體獨特的方塊字，從它誕生的那一天起，便是一個實用性和藝術性的結合體。歷經無數代先人智慧的澆灌，特別是漢字特殊的書寫工具毛筆發明以後，終於在人類藝術之林中放出了中國書法這一奇葩。書法這一高度抽象的線條藝術，不僅直接衍生出中國畫獨特的筆法和氣韻，還培育了一種富有東方特色的審美情味，甚至影響了一代又一代學人的操守情性以及人生態度——但這已越出了這篇說明的本題。在這裏要說的是，從隋唐開始設置的書學館，在普及和提高書法藝術方面也是作出了貢獻的。中國書法藝術發展到魏晉，出現了後人也許永遠難以企及的高峰和輝煌。當時領風騷者先是鍾繇的真書和張芝的草書，後來是衛覬和二王即王羲之、王獻之父子的真書。至隋唐間，王羲之的書法成了人們廣為推崇的盡善盡美的境界。唐初著名的書法家如虞世南、歐陽詢、褚遂良等，都宗於二王。如虞世南，史稱其師於同郡沙門智永，而智永善王羲之書，故世南「妙得其體，由是聲名籍甚」（《舊唐書·虞世南傳》）。歐陽詢，「初學王羲之書，後更漸變其體，筆力險勁，為一時之絕，人得其尺牘文字，咸以為楷範焉。高麗甚重其書，嘗遣使求之。高祖嘆曰：『不意詢之書名，遠播夷狄，彼觀其跡，固謂其形魁悟焉』」（《舊唐書·歐陽詢傳》）。唐太宗也寫得一手好字，並竭力推崇王羲之書法，親自為《晉書·王羲之傳》寫論，稱對其書法「心摹手追」，讚為「盡善盡美，其惟王逸少乎！」在李世民的倡導下，從宮廷到社會，臨摹王羲之的書法成了一種時尚。貞觀十年（西元六三六年），「太宗嘗謂侍中魏徵曰：『虞世南死後，無人可與論書。』徵云：『褚遂良下筆遒勁，甚得王逸少體。』太宗即日召命侍讀。嘗以金帛購求王羲之書跡，天下爭齎古書，詣闕以獻，當時莫能辨其真偽，遂良備論所出，一無舛誤」（《唐會要》卷三五）。貞觀十四年（西元六四〇年）「初置宏文館，選貴人子弟有性識者為學生，內出書命之令學，又人間有善書，追徵入官。十數年間，海內從風。至十八年（西元六四四年）二月十七日，召三品已上，賜宴於玄武門，太宗操筆作飛白書，群臣乘酒，就太宗手中相競，散騎常侍劉洎，登御床引手，然後得之。其不得者，咸稱洎登床罪當死，請付於法。太宗笑曰：『吾聞婕妤辭輦，今見常侍登床。』」高宗亦好書，許敬宗在吹捧時，說書法自「魏晉以後，惟茲二王，然逸少少力而研，子敬研而少力，今見聖跡，兼絕二王，鳳翥鸞迴，實古今聖書」（引文均同上）。用比附二王來頌揚高宗，固然是阿諛之詞，但亦從一個側面反映了當時二王已成為書界共同敬仰的一座豐碑。（附圖參見頁二一九八）

三

筭❶學博士二人，從九品下。《代本》❷：「隸首❸造數。」《周禮》❹：「保氏❺教以六藝❻，其六曰『九數』。」即《九章》❼也。一曰〈方田〉❽，二曰〈粟米〉❾，三曰〈差分〉❿，四曰〈少廣〉⓫，五曰〈商功〉⓬，六曰〈均輸〉⓭，七曰〈方程〉⓮，八曰〈贏不足〉⓯，九曰〈旁要〉⓰。《漢書·律歷志》⓱曰：「數者，一、十、百、千、萬，所以筭數事物也。小學是則⓲，職在太史⓳，羲和⓴掌之。」魏、晉已來，多在史官，不列於國學。隋置筭學博士二人㉑，從九品下。皇朝增置二人㉒。

筭學博士掌教文武官八品已下及庶人子之為生者，二分其經[23]以為之業：習《九章》、《海島》[24]、《孫子》[25]、《五曹》[26]、《張丘建》[27]、《夏侯陽》[28]、《周髀》[29]十有五人，習《綴術》[30]、《緝古》[31]十有五人；其《記遺》[32]、《三等數》[33]亦兼習之。《孫子》、《五曹》共限一年業成，《九章》、《海島》共三年，《張丘建》、《夏侯陽》各一年，《周髀》、《五經筭》[34]共一年，《綴術》四年，《緝古》一年[35]。其束脩之禮[36]，督課[37]、試舉[38]，如三館博士之法。

【章　旨】敘述筭學博士的定員、品秩、沿革和職掌。

【注　釋】❶筭　即「算」字。下同。❷代本　即《世本》。唐避太宗李世民名諱，改「世」為「代」。戰國時期史官所撰。記自傳說中之黃帝迄春秋時諸侯大夫的氏族、世系、居邑、制作等。《漢書·藝文志》六藝春秋類著錄有「《世本》十五篇，古史官記黃帝以來迄春秋時諸侯大夫」。《隋書·經籍志》史部姓氏類著錄有「《世本》二卷，劉向撰」。此書當是經過劉向整理。原書在宋代已散佚，清人有輯佚本多種，以雷學淇、茆泮林所輯較佳。❸隸首　相傳為黃帝之臣，始作算學。❹周禮　亦稱《周官》，儒家經典之一。係搜集周王室官制及戰國時各國制度，添附以儒家政治理想，增減排比而成之彙編。❺保氏　《周禮》地官屬官。設下大夫一人，中士二人。掌教小學，兼任王之諫官。❻六藝　據《周禮》六藝為禮、樂、射、御、書、數。古代貴族子弟必修的六門學科和技藝。❼九章　即《九章算術》，算經十書中最重要的一部。系統總結了從先秦到東漢初年的數學成就，全書分九章，故簡稱《九章》。先後有魏晉時劉徽和唐李淳風等為之注釋。《隋書·經籍志》著錄有「《九章算術》十卷，劉徽撰。《九章算經》二十九卷，徐岳、甄鸞等撰」等多種。《舊唐書·經籍志》著錄有「《九章算經》九卷，甄鸞撰」。《新唐書·藝文志》則著錄有「李淳風注《九章算術》九卷，及注《九章算經要略》一卷」。《四庫全書總目提要》稱此書「北宋以來，其術罕傳，自沈括《夢溪筆談》以外，士大夫少留意者，書遂幾於散佚。洎南宋慶元中始得其本於楊忠輔家，因傳寫以入秘閣。然流傳久廣，至明又亡，故二、三百年來，算術之家未有得睹其全書者。惟分載於《永樂大典》者，依類裒輯，尚九篇俱在，即慶元之舊本，蓋顯於唐，晦於宋，亡於明」。❽方田　以邊線長短求平面面積多寡的一種計算方法。李籍《音義》云：「諸田不等，以方為正，故曰方田，以御田疇界域。」❾粟米　在糧食交易中折算粟與米的一種計算方法。米未舂稱粟。諸米不等，以粟為率，以相推折算。❿差分　又稱衰分。按比例分配的一種計算方法。應用於分派和計算貧富不等的廩稅。⓫少廣　開平方和開立方的計算方法。為方田法之還原。因其運算時須裁縱之多以益廣之少，故有「少廣」之名。⓬商功　計算體積的一種方法。應用於工程，須進而求出用人工之多寡，故名商功。如先以廣、闊、高算出城堤河渠之積，再參以用力之難易，路程之遠近，求出人工總量。⓭均輸　計算田賦或運費的一種方法。如以田地之多寡、人戶之上下求賦稅，以道路之遠近、負載之輕重求腳費。此法也可應用於其他方面，如物價之參差求均停等。⓮方程　猶比例。諸物繁冗，諸價錯雜，按一定之式作出比例，便可運算。⓯贏不足　近衛校正德本稱：「『贏』當作『贏』。」廣雅本正作「贏」。贏不足，亦稱盈朒，即盈與虧、多餘與短缺。以盈虧相推，求出最適合之數值。⓰旁要　漢稱句股。句，短面；股，長面。短長相推，以求其弦。即句方加股方等於弦方。⓱漢書律歷志　《漢書》，東漢班固撰，一百篇，分一百二十卷，我國第一部紀傳體斷代史。歷通「曆」。《律曆志》是《漢書》十志之一，為我國古代敘述和聲、度量衡、天文曆法的重要著作。⓲小學是則　漢代兒童八歲入小學，算術是小學生必須學習的課目之一。⓳職在太史　秦漢以太史令兼管天文曆法和算學。古代算學在曆法上應用最廣，故曆和算皆為太史令管轄。⓴羲和　傳說時代執掌天文曆法之官。《史記・曆書》索引引《世本》稱：黃帝命羲和占日。㉑隋置筭學博士一人　據《隋書・百官志》，隋有算學博士二人，助教二人。㉒皇朝增置二人　指增至二人。若依《隋書・百官志》隋本已設有算學博士二人，則唐僅是因承隋制。關於唐代算學博士之置廢及隸屬關係變易情況，《新唐書・百官志》稱：「唐廢算學，顯慶元年（西元六五六年）復置，三年（西元六五八年）又廢，以博士以下隸太史局。龍朔二年（西元六六二年）復。有學生十人，典學二人，東都學生二人。」但《唐會要》卷六六國子監條又將置書算學時間提前到「貞觀二年（西元六二八年）十二月二十一日置，隸國子學」，而同書又稱：「律（當是「算」之誤——引者）學，顯慶元年（西元六五六年）十二月十九日，尚書左僕射于志寧奏置。令習李淳風等注釋《五曹》、《孫子》等十部算經，為分二十卷行用。」其後，「顯慶三年（西元六五八年）九月四日，詔以書算學業明經，事唯小道，各擅專門，有乖故實，並令省廢。至龍朔二年（西元六六二年）五月十七日，復置律學書算學官一員，三年（西元六六三年）二月十日，書學隸蘭臺，算學隸秘書局，律學隸詳刑寺」。此後不久，書、算、律學三館又回隸國子監，其具體年月不詳。故《唐會要》卷三五學校條中宗神龍二年（西元七〇六年）敕文提到學生束脩之禮時，仍把書、算、律學與國子、太學、四門三學并列，開元七年（西元七一九年）〈學令〉亦以六學並稱。㉓二分其經　指將算經十書分為兩部份，作為生員專攻之業。㉔海島　即《海島算經》，唐算經十書之一。魏晉時劉徽撰，附於其所著《九章算術》之後，原題為《重差》，唐初始單行，因第一例題為測量海島之高遠，故有此名。所收集皆為利用兩次或多次測望所得數據，以推算遠處目的物之高、深、廣、遠之數。《舊唐書・經籍志》著錄有「《海島算經》一卷，劉徽撰」。㉕孫子　即《孫子算經》，唐算經十書之一。著者和年代不詳。共三卷，上卷敘述算籌計數之制和籌算剩除法則；中卷舉例說明籌算分數法和開平方法；下卷有「物不知數」舉例，是一次同餘式問題。據《四庫全書總目提要》稱：「《隋書・經籍志》有《孫子算經》三卷，不著其名，也不著其時代。《唐書・藝文志》稱：李淳風注甄鸞《孫子算經》三卷，於孫子上冠以甄鸞，蓋如淳風之注《周髀算經》，因鸞所注更加辨論也。」又云：「今從《永樂大典》所載，裒集編次，仍為三卷，其甄李二家之注，不可復考。」㉖五曹　即《五曹算經》，唐算經十書之一。《新唐書・藝文志》著錄有甄鸞著《五曹算經》五卷，韓延著《五曹算經》五卷，當是甄鸞與韓延皆注是書。《四庫全書總目提要》稱「其書確在北齊前耳，自元明以來，久無刻本，藏書家傳寫譌舛，殆不可通。今散見《永樂大典》內者，甄鸞、韓延、李淳風之注雖亦散佚，而經文則逐條完善，謹參互考校，俾還舊觀。遂為絕無僅有之善本」。㉗張丘建　亦稱《張丘建算經》，唐算經十書之一。北魏張丘建撰，三卷。書中論述了等差級數、二次方程、不定方程等算題。《四庫全書總目提要》稱其書「原本不題撰人時代，唐志載《張丘建算經》一卷，甄鸞註，則當在甄鸞之前。書首丘建自序，引及夏侯陽、孫子之術，則當在夏侯陽之後也。隋志載此書作二卷，唐志一卷，甄鸞註外，別有李淳風注《張丘建算經》三卷」。又云：「此本乃北宋時秘書監趙彥若等校定刊行之本，其中稱術曰者，乃鸞所註；草曰者，乃〔劉〕孝孫所增，其細字夾注稱臣淳風等謹案者，不過十數處。蓋有疑即釋，非節節為之註也。其書體例皆設為問答，以參校而申明之，凡一百條。簡奧古質，頗類《九章》，與近術不同，而條理精密，實能探究古人之意，故唐代頒之算學，以為顓業」。㉘夏侯陽　亦稱《夏侯陽算經》，唐算經十書之一。《隋書・經籍志》著錄有《夏侯陽算經》二卷；《舊唐書・經籍志》著錄有《夏侯陽算經》三卷，甄鸞註；《新唐書・藝文志》著錄有《夏侯陽算經》一卷，甄鸞註。其傳本久佚。《四庫全書總目提要》稱：「惟《永樂大典》內有之，然諸條割裂，分附《九章算術》各類之下，幾於治絲而棼，猝不得其端緒。幸尚載原序原目，猶可以尋繹編次，條貫其文。今裒輯排比，仍依元豐監本，釐為三卷，共十二門，亦從原目。其法務切實用，雖《九章》古法，非官曹民事所必需，亦略而不載，於諸算經中最為簡要。且於古今制度異同，尤足考證云。」引文所言元豐本，刻於北宋元豐七年（西元一〇八四年），亦為唐中葉的一部算書，引用當時流傳的乘除捷法，解答日常生活中應用問題，保存了一些古代算法資料。㉙周髀　即《周髀算經》，唐算經十書之一。西漢或更早時期天文曆算著作，主要闡明當時之蓋天說和四分曆法。在數學方面，《周髀算經》應用了相當繁複的分數算法和開平方法，並最早應用勾股定理。《四庫全書總目提要》稱：「《隋書·經籍志》天文類首列《周髀》一卷，趙嬰注；又一卷，甄鸞重述。《新唐書·藝文志》李淳風釋《周髀》二卷，與趙嬰、甄鸞之註列之天文類，而曆算類中復列李淳風註《周髀算經》二卷，蓋一書重出也。是書內稱周髀長八尺，夏至之日，晷一尺六寸，蓋髀者股也，於周地立八尺之表以為股，其影為句，故曰《周髀》。其首章周公與商高問答，實句股之鼻祖。」又云：「今據《永樂大典》內所載詳加校訂，脫文一百四十七字，改譌舛者一百一十三字，刪其衍複者十八字。舊有李籍《音義》，別自為卷，今仍舊。書內凡為圖者五而失傳者三，譌舛者一，謹據正文及註為之補訂。古者九數，惟《九章》、《周髀》二書流傳最古，譌誤亦特甚。」又，據下文有「《周髀》、《五經算》共一年」一語，此處「周髀」下亦當補「五經算」三字。《五經算》，見後㉝注。㉚綴術　唐算經十書之一。南北朝祖沖之撰，《南齊書·祖沖之傳》稱其「造《綴術》數十篇」。北宋元豐七年（西元一〇八四年）刻諸算經時，此書已失傳。《隋書·律曆志》提到圓周率時稱：「自劉歆、張衡、劉徽、王番、皮延宗之徒各設新率，未臻折衷。宋末，南徐州從事史祖沖之，更開密法，以圓徑一億為一丈，圓周盈數三丈一尺四寸一分五釐九毫二秒七忽。」又謂祖「所著之書名為《綴術》，學官莫究其深奧，是故廢而不理」。《綴術》中有精密的圓周率數值以及三次方程的解法和球體積計算方法等。㉛緝古　亦稱《緝古算經》，唐算經十書之一。唐初王孝通撰，四卷。《舊唐書·律曆志》戊寅曆條下，有「武德九年（西元六二六年）五月二日校曆人算曆博士王孝通」，當即此書作者。全書共二十題，論述從各種棱臺的體積求邊長及求勾股形的解法，是我國古代解數字三次方程式現存最早著作。《四庫全書總目提要》介紹此書大旨，「以《九章·商功篇》有平地役功受袤之術，其於上寬下狹、前高後卑，闕而不論。世人多不達其理，因於平地之餘，續狹斜之法。凡推朔夜半時月之所離者一術，推仰觀臺及羨道高廣袤者一術，推築地授土上下廣及高袤不同者一術，推築龍尾堤者一術，推穿河授工斜正袤上廣及深，並濤上廣不同者一術，推四郡輸粟窖上下廣袤，餘郡別出入及窖深廣者一術，推亭倉上下方高者一術，推芻稿圓囤者各一術，推方倉圓窖對待者五術，推勾股邊積互求者六術，共合二十術之數。中間每以人戶道里、大小遠近及材物之輕重，工作之時日，乘除進退，參伍以得其法，頗不以深淺為次第，故讀者或不能驟通，而卒篇以後，由源竟委，端緒足尋，詢為思想毫芒，曲盡事理」。從引文中所列二十題可以看出，此書當屬求棱形面積、體積之幾何學一類，主要應用於丈量土地和開河、修堤以及倉儲糧食等方面的計算。㉜記遺　即《術數記遺》。此書《隋書·經籍志》未錄，而《舊唐書·經籍志》則錄有「《數術記遺》一卷，徐岳撰，甄鸞注」。

《新唐書・藝文志》亦載：「《術數記遺》一卷，甄鸞注。」《四庫全書總目提要》稱此書「舊題漢徐岳撰，北周甄鸞注。岳，東萊人，《晉書・律曆志》所稱吳中書令闞澤，受乾象法於東萊徐岳者是也」。又云：「書中稱於泰山見劉會稽，博識多文，偏於數術，余因受業。時問曰：數有窮乎？會稽曰：吾曾遊天目山中，見有隱者云云，大抵言其傳授之神秘。案《後漢志》注引袁山松書曰：劉洪，泰山蒙陰人，延熹中以校尉應太史徵，拜郎中，後為會稽東部都尉，徵還，未至，領丹陽太守，卒官。是洪官會稽，未嘗家居，不得言於泰山見之；且洪在會稽，乃官都尉，其為太守實在丹陽，而註以為官為會稽太守，錯互殊甚。又，舊本題，漢徐岳撰，據《晉書》載：岳，魏黃初中與太史丞韓翊論難日、月食五事，則岳已仕於魏，不得繫之於漢矣，考古尤為疎謬。至天門金虎等語，乃道家詭誕之說，尤為隱僻不經。註所言算式數位，按之正文，多不相蒙。」因以上諸端，《提要》認定此係偽書。然此書在數學上仍有成就。如書中所論命數法和積算（算籌計數之法）、珠算、心算等計算方法有十四種之多，其中珠算是我國最早用滾珠在盤（還不是穿珠算盤）上運行的一種古老的計算方法。㉝三等數　《舊唐書・經籍志》及《新唐書・藝文志》皆著錄有「《三等數》一卷，董泉撰，甄鸞注」。㉞五經算　即《五經算術》。《隋書・經籍志》著錄有「《五經算術》一卷」和「《五經算術遺錄》一卷」，皆不著撰者姓名。《新唐書・藝文志》著錄有「李淳風注《五經算術》二卷」。《四庫全書》據《永樂大典》本收錄此書《提要》稱：「北周甄鸞撰，唐李淳風註。鸞精於步算，仕北周為司隸校尉，漢中郡守。」又謂「是書，舉《尚書》、《孝經》、《詩》、《易》、《論語》、《三禮》、《春秋》之待算方明者列之，而推算之術悉加『甄鸞案』三字於上，則是書當即鸞所撰。又考淳風當貞觀初奉詔與算學博士梁述、助教王真儒等刊定算經，立於學官。」「此書註端悉有『臣淳風等謹案』字。然則唐時算科之《五經算》即是書矣。是書世無傳本，惟散見於《永樂大典》中，雖割裂失次，尚屬完書。」「循其義例，以各經之序推之，其舊第尚可以考見，謹以《唐書・藝文志》所載之數釐為上下二卷。其中採摭經史，多唐以前舊本。」㉟一年　據《職官分紀》卷二一引《唐六典》原文及《新唐書・選舉志》，當作「三年」。㊱束脩之禮　指學生入學時，向博士、助教進獻禮品之禮儀。算學生之禮品規格略低於國子、太學、四門三館：束帛一篚為絹一疋，酒一壺為二斗，脩一案為肉脯五脡。㊲督課　指對學生課業之督責與考核。算學以算經十書為其專攻之課業，其督責考核之制與對國子、太學、四門三館的規定相同，亦準〈學令〉。〈學令〉內容詳上篇三章⑳注。㊳試舉　指由尚書省禮部主持之貢舉考試。每歲學生通算書十經者，可上於國子監，試其所習業，取明數造術、辨明術理者為通。其中帖經是《九章》三帖，《五經算》、《海島》、《孫子》、《五曹》、《張丘建算經》、《夏侯陽算經》、《周髀》七經各一帖，《綴術》六帖，《緝古》四帖，錄大義本條為問。

【語　譯】算學博士，定員二人，品秩為從九品下。《世本》記載：「隸首創造了算術。」《周禮》中說：「保氏負責用六藝教授國子，六藝中第六藝便是九數。」九數就是《九章算術》。九章的名目，一是〈方田〉，二是〈粟米〉，三是〈差分〉，四是〈少廣〉，五是〈商功〉，六是〈均輸〉，七是〈方程〉，八是〈贏（贏）不足〉，九是〈旁要〉。《漢書・律曆志》說：「所謂數，就是一、十、百、千、萬，是用來計算事物的數目的。這是小學必學的功課，這一職掌屬太史令，在黃帝時代就是由羲和執掌此事。」從魏晉以來，有關計數的事務，多屬於太史的職掌，不歸於國學。隋朝初年，方始在國子寺設置算學博士，定員為一（二）人，品秩是從九品下。本朝增加到二人。

算學博士的職掌是，負責教授從在京八品以下文武官員以及庶民的子弟中錄取的算學生。把十部算經分成兩部份作為生員的專業。學習《九章算術》、《海島算經》、《孫子算經》、《五曹算經》、《張丘建算經》、《夏侯陽算經》、《周髀算經》（《五經算》）的，生員名額為十五人；學習《綴術》、《緝古》的，也是十五人；《術數記遺》和《三等數》兩書，也要同時兼習。《孫子算經》和《五曹算經》共限一年完成學業，《九章算術》和《海島算經》共限三年完成學業，《張丘建算經》、《夏侯陽算經》各為一年，《周髀算經》、《五經算經》共一年，《綴術》學四年，《緝古》學一（三）年。關於束脩的禮儀，以及督課和試舉的辦法，都與上篇國子、太學、四門三館博士所規定的相同。

【說　明】關於唐算學博士設置的時間，有二說。一是《新唐書・百官志》：「唐廢算學，顯慶元年（西元六五六年）復置。」《舊唐書・高宗本紀》亦謂：「顯慶元年十二月乙酉，置算學。」二是《唐會要》卷六六國子監條：「書算學，貞觀二年（西元六二八年）十二月二十一日置，隸國子學。」二者以何為是？《舊唐書・李淳風傳》：「顯慶元年，復以修國史功封昌樂縣男。先是，太司監侯王思辯表稱：《五曹》、《孫子》十部算經理多踳駁。淳風復與國子監算學博士梁述、太學助教王真儒等受詔注《五曹》、《孫子》十部算經。書成，高宗令國學行用。」又《唐會要》卷六六國子學條：「律（算）學，顯慶元年十二月十九日，尚書左僕射于志寧奏置，令習李淳風等注釋《五曹》、《孫子》等十部算經，為分二十卷行用。」以上材料說明：顯慶元年，是李淳風等注釋十部算經書成須行於國子學的時間，而他們受詔開始進行這一工作自然要早於這一年；算經又有十部之多，絕非一日之功，這段早於「顯慶元年」的時間該是相當長的。值得注意的是，當初受命從事注釋的名單中有一位「國子監算學博士梁述」，這就證實早在顯慶元年以前就已設有算學博士。二說比較起來，當以《唐會要》所載貞觀二年（西元六二八年）即已設置算學博士為是。新舊《唐書》所以把算學置博士的時間推遲了二十八年，是誤把頒行李淳風等注算經十書為始置算學博士。算經十書作為算學生必讀課本，應在貞觀時已確定，然後才有王思辯表稱其「理多踳駁」，詔令李淳風等注此十書。

順便對十部算經本身再說明幾句。《新唐書・藝文志》著錄李淳風等注釋的算經只有八部，缺《綴術》和《緝古算經》。祖沖之所著的《綴術》，宋神宗元豐七年（西元一〇八四年）刻印各種算書時已失傳，歐陽修撰作《新唐書》時，不知是否因其失傳而無錄。《緝古算經》是唐初王孝通撰，著者與李淳風同時，可能因此而李等認為沒有重注的必要。此書卷首實題孝通撰並注。李淳風等注的體例有兩類，一如《五經算術》，是在注端標以「臣淳風等謹案」字樣；二如《張丘建算經》，注文用細字夾注，亦有「臣李淳風等謹案」。算經十書，史稱其「顯於唐，晦於宋，亡於明」（《四庫全書總目提要》）。宋元豐重刊算經已無法搜集齊全，至清代彙編《四庫全書》時，如《九章算術》、《孫子算經》、《海島算經》、《夏侯陽算經》等都是從《永樂大典》中依類輯集而成，是也為四庫之一大功績，否則也隨《永樂大典》一起難逃八國聯軍焚燒搶掠之劫。從算經十書的內容可以看到其算術偏重於天文曆法、河床治理、堤岸修築和倉庫貯藏等方面的應用測算，缺少數理上的邏輯推理。在歷史上，算經等自然科學一向被視為「小道」而受到冷落，從算經十書幾近淪亡的遭遇，也可以看到中國傳統的社會制度，缺少產生嚴密的邏輯思維和發展科學技術的土壤。近現代的中國數學其主體不是建立在傳統數學的基礎之上，而是直接從西方引入的。也許正是由於一向被視為「小道」吧，近代中國在接納西方的數學等自然科學中，受到的阻力相對要小得多。至於被歷代帝王尊為「大道」的帝王制度，經過數千年的全力經營，可謂盤根錯節，根深柢固，具有濃厚的排他性，拒絕接受一切外來新思潮，特別是現代國家制度和政治體制，除非經一番改頭換面後於其維護統治地位有利。儘管最後一個封建王朝已被推翻了將近一個世紀，但這種傳統思想的阻力，依舊不容低估。也許這正是我國人民在現代化的進程上，如此舉步維艱、如此曲折多事的一個重要原因吧？

附圖

本篇第二章原注所列諸書體

商卜辭

釋文：
卜韋貞今夕不其
辛酉
辛未卜
亘貞往
逐豕
獲

商小臣艅犀尊銘文

釋文：
丁巳王省夔且
王錫小臣艅夔貝
唯王來征人方唯
王十祀又五肜日

西周杜伯盨蓋銘文

釋文：
杜伯作寶盨其用
享孝于皇申且考于
好朋友用奉壽匄永
令其萬年永寶用

秦石鼓文

釋文：
速速君子之
求孫孫角弓
茲以寺吾

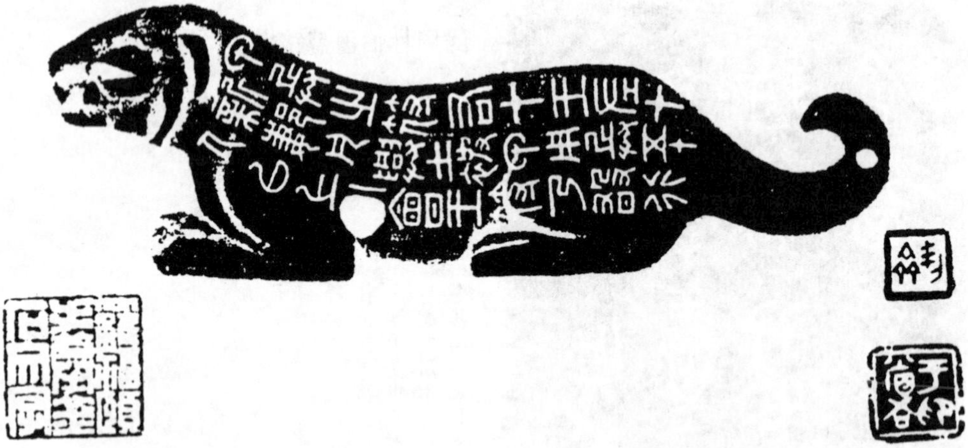

釋文：
甲兵之符右在王左在
新郪凡興士被甲用兵五十
人以上必會王符乃敢行

秦新郪虎符銘文

劉勝墓出土銅壺
壺蓋鳥蟲書銘文

釋文：
為金蓋錯書之
有言三甫金鯀

2201 士博學算·士博學書·士博學律

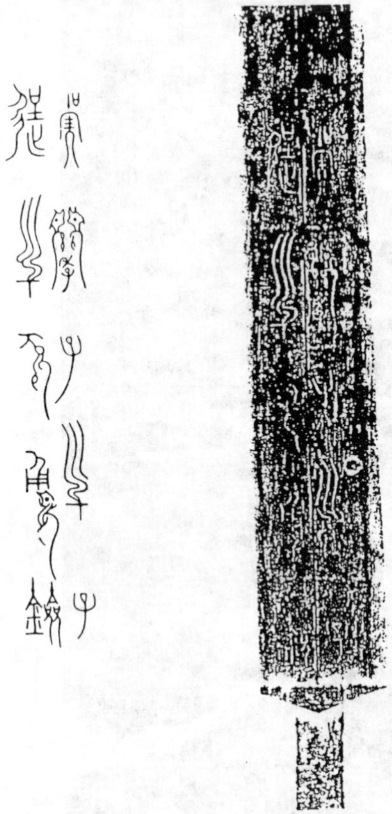

吳季子之子劍
鳥蟲書銘文

釋文：吳季子之子逞之元用鐱（劍）

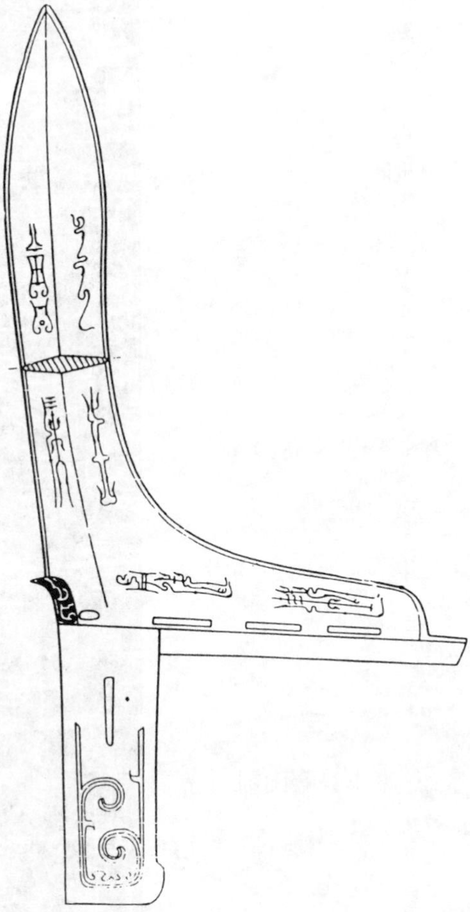

曾侯乙戟

釋文：曾侯乙之戚（勇）戟（戟）

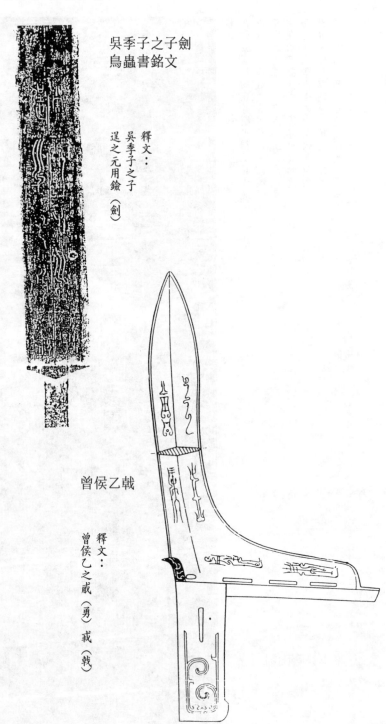

釋文：
皇帝立國維初在昔嗣世稱王討伐亂
逆威動四極武義直方戎臣奉詔經時
不久滅大暴強廿有六年上荐高號孝
道顯明既獻泰成乃降專惠寴輙遠方
登於繹山羣臣從者咸思攸長追念亂
世分土建邦以開爭理功戰曰作流血
於野自泰古始世無萬數陀及五帝莫

秦小篆嶧山刻石

秦詔銅橢量小篆銘文

釋文：
廿六年皇帝盡並
兼天下諸侯黔首大
安立號為皇帝
乃詔丞相狀綰
法度量則

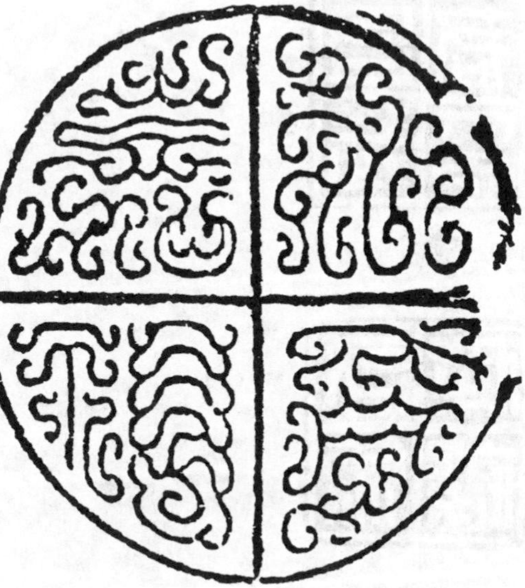

秦瓦當銘文

釋文：
永受
嘉福

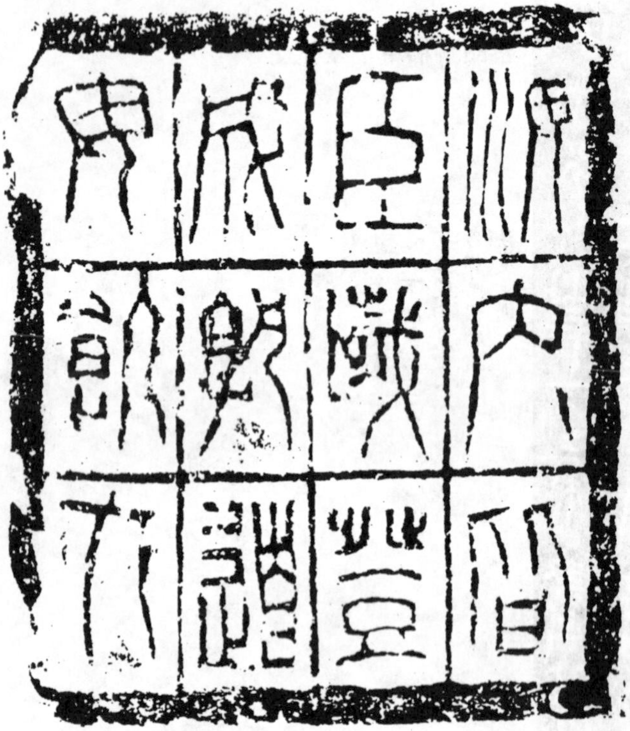

秦磚銘

釋文：
海內皆
臣歲登
成熟道
毋飢人

昌武君印

中行羞府

右馬廄將

上林郎池

秦摹印

2205 士博學算·士博學書·士博學律

祭 睢

棱 治

辟 疆

馬級私印

武 意

夷 吾

陽平家丞

奉車都尉

漢繆篆印、鳥蟲書印、官印、私印

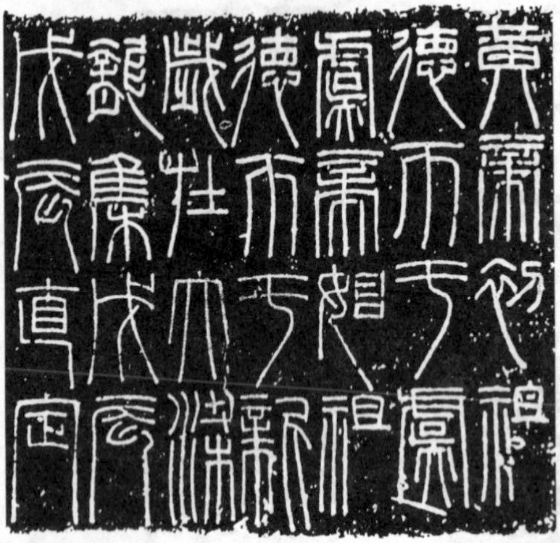

新莽銅量小篆銘文

釋文：
黃帝初祖
德帀于虞
虞帝始祖
德帀于新
歲在大梁
龍集戊辰
戊辰直定

西漢馬王堆老子帛書(隸書)

東漢禮器碑（隸書）

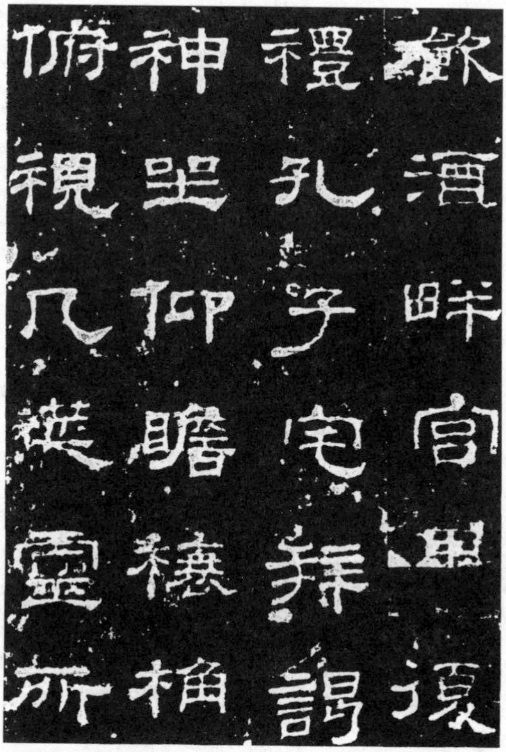

東漢史晨前碑（隸書）

現代人不可不讀的智慧經典
──古籍今注新譯叢書
集當代學者智識菁華
重現古人的文字魅力

【宗教類】

新譯列仙傳　張金嶺注　陳滿銘校
新譯維摩詰經　陳引馳注
新譯抱朴子　李中華注　黃志民校
新譯妙法蓮華經　張松輝注　丁　敏校
新譯金剛經　徐興無注　侯迺慧校
新譯神仙傳　周啟成注
新譯高僧傳　朱恒夫等注　潘栢世校
新譯碧巖錄　吳　平注
新譯藥師經　宗舜法師注
新譯無量壽經　邱高興注
新譯百喻經　顧寶田注
新譯圓覺經　張連良注
新譯法句經　劉建國注
新譯華嚴經入法界品　楊維中注
新譯悟真篇　劉國樑注
新譯景德傳燈錄　顧宏義注
新譯大乘起信論　韓廷傑注　潘栢世校
新譯楞嚴經　賴永海等注
新譯六祖壇經　李中華注　丁　敏校
新譯阿彌陀經　束景南注
新譯經律異相　顏洽茂注
新譯禪林寶訓　李中華注　潘栢世校
新譯解深蜜經　王月清注
新譯老子想爾注　顧寶田等注　傅武光校
新譯周易參同契　劉國樑注　黃沛榮校
新譯黃帝陰符經　劉連朋注
新譯道門觀心經　王　卡注　黃志民校
新譯養性延命錄　曾召南注　劉正浩校
新譯冲虛至德真經　張松輝注　周鳳五校

【歷史類】

新譯公羊傳　雪　克注　周鳳五校
新譯列女傳　黃清泉注　陳滿銘校
新譯越絕書　劉建國注　黃俊郎校
新譯燕丹子　曹海東注　李振興校
新譯穀梁傳　顧寶田注　葉國良校
新譯戰國策　溫洪隆注　陳滿銘校
新譯左傳讀本　郁賢皓等注　傅武光校

新譯尚書讀本　吳　璵注
新譯國語讀本　易中天注　侯迺慧校
新譯新序讀本　葉幼明注　黃沛榮校
新譯說苑讀本　左松超注
新譯史記讀本　羅少卿注　周鳳五校
新譯西京雜記　韓兆琦等注
新譯吳越春秋　曹海東注　李振興校
新譯東萊博議　黃仁生注　李振興校
新譯春秋穀梁傳　李振興、簡宗梧注
新譯唐摭言　周　何注
新譯唐才子傳　姜漢椿注
新譯文史通義　戴揚本注
陶梅生注

【軍事類】

新譯司馬法　王雲路注
新譯尉繚子　張金泉注
新譯三略讀本　傅　傑注
新譯六韜讀本　鄔錫非注
新譯吳子讀本　王雲路注
新譯孫子讀本　吳仁傑注
新譯李衛公問對　鄔錫非注

【教育類】

新譯三字經　黃沛榮注
新譯爾雅讀本　陳建初注
新譯幼學瓊林　馬自毅注　陳滿銘校
新譯顏氏家訓　李振興等注
新譯曾文正公家書　湯孝純注　李振興校
新譯增廣賢文・千字文　馬自毅注　李清筠校
新譯百家姓　馬自毅注

開卷解惑——汲取大師智慧，優游國學瀚海

國學常識

邱燮友 張文彬 張學波 馬森 田博元 李建崑 編著

搜羅研讀國學者不可或缺的基礎常識，
以新觀念、新方法加以介紹。
書末並附有「國學基本書目」及「國學常識題庫」，
助您深化學習，融會貫通。

國學常識精要

邱燮友 張學波 田博元 李建崑 編著

擷取《國學常識》之精華而成，易於記誦，
便於攜帶。

國學導讀（一）～（五）

邱燮友 田博元 周何 編著

將國學分為五大門類，分別由當前國內外著名學者，
匯集其數十年教學研究心得編著而成。
是愛好中國思想、文學者治學的寶典，
自修的津梁。